段 / 行						
カ行	[illegible]					
サ行	しゃ	sha	しゅ	shu	しょ	sho
タ行	ちゃ	cha	ちゅ	chu	ちょ	cho
ナ行	にゃ	nya	にゅ	nyu	にょ	nyo
ハ行	ひゃ	hya	ひゅ	hyu	ひょ	hyo
マ行	みゃ	mya	みゅ	myu	みょ	myo
ラ行	りゃ	rya	りゅ	ryu	りょ	ryo
ガ行	ぎゃ	gya	ぎゅ	gyu	ぎょ	gyo
ザ行	じゃ	ja	じゅ	ju	じょ	jo
バ行	びゃ	bya	びゅ	byu	びょ	byo
パ行	ぴゃ	pya	ぴゅ	pyu	ぴょ	pyo
	ん	n				

金榮振
日本語
漢字읽기辭典

金 榮 振 著

일어 중국어 전문
(주)진명출판사

改訂 增補版을 내면서

일본어를 습득하는 데 있어서 가장 애로를 느끼는 것은 "漢字읽기"입니다.

제가 그 간 오랫동안 講壇에서 일본어를 강의해 오면서 여러분들의 애로점을 덜어 드리려고 "日本語 漢字 읽기 辭典"의 初版을 発行한 것은 1975년 10월이었습니다.

그 후 많은 독자들로부터 漢字로 구성된 동사·형용사·명사, 그리고 더 나아가서 복합어까지를 모두 수록하여 달라는 빗발치는 요구에 응하여 1970년부터 7년간 정리하여 온 원고의 내용을 늦게나마 이 책에 수록하게 되어 여러분들과 더불어 기쁘게 생각하는 바입니다.

그 동안 이 사전을 기획·편집하는 데 있어서 가장 큰 문제점은 여러분들의 요망을 충족시켜 줄 만한 완벽한 자료가 없었다는 점입니다.

日本에서 발행된 많은 漢和辭典이 있지만, 이것은 日本人을 위해서 발행된 것이기 때문에, 우리 韓国의 젊은 세대가 사용하기에는 너무나 많은 미비점이 있어서 별다른 도움을 주지 못하고 있습니다.

그래서, 저는 無에서 有를 창조한다는 굳은 결심아래 漢字로 구성된 대부분의 단어를 기획·편집하는 데 있어서 7년이란 긴 시간이 걸린 것입니다.

또한 이 책이 발행되기까지에는 많은 애로와 곤란이 뒤따랐습니다만 특히 자료 수집과 기타 물심양면으로 이끌어 주신 여러 先生님과 여러 先輩諸賢의 끊임 없는 격려에 힘입은바 크다고 생각하며 거듭 감사드리는 바입니다.

그리고 앞으로의 저의 계획은 일본어 학습에 많은 도움이 될 수 있는 더욱 더 충실하고 알찬 좋은 참고서를 계속 발행할 것을 거듭 약속하는 바입니다.

앞으로 이 "日本語 漢字 읽기 辭典"이 여러분들의 일본어 학습에 없어서는 아니 될 좋은 伴侶가 되기를 빌어 마지 않습니다.

1977년 8월 28일

著者 金 榮 振

일러두기

1. 수록자수 : 2941字

선정기준 : ① 日本 常用漢字 1945字

② 그 외 가장 많이 이용되는 漢字 996字.

2. 辞典의 특징

① 모든 漢字는 漢和辞典과는 달리 우리말 가・나・다의 順으로 나열되어 있어서 누구나 손쉽게 찾을 수 있다.

② 모든 단어도 역시 漢和辞典과는 다르게 우리말 가・나・다 順으로 나열되어 있어서 손쉽게 찾을 수 있다.

③ 音読과 訓読・파생어・連濁音・例外를 각각 분리시켜 놓아 학습하는데 있어서 많은 도움과 능률을 높여 준다.

④ 漢字를 우리말로 못 읽을 경우에는 획수로도 찾을 수 있도록 **'획수로 찾기'**가 부록으로 붙어 있다.

3. 略語 해설

(풀) 漢字풀이	(仏)…仏教
(音)…音読	(医)…医 学
(訓)…訓読	(俗)…俗語
(形)…形容詞	(生)…生物
(形動)…形容動詞	(鳥)…鳥類
(副)…副詞	(法)…法律
(自サ)…自動詞 サ行変格活用動詞	(経)…経済
(他サ)…他動詞 サ行変格活用動詞	(虫)…昆虫
(自 5)…自動詞 五段活用動詞	(植)…植物
(他 5)…他動詞 五段活用動詞	
(自上 1)…自動詞 上一段活用動詞	
(他上 1)…他動詞 上一段活用動詞	
(自下 1)…自動詞 下一段活用動詞	
(他下 1)…他動詞 下一段活用動詞	
(カ変)… カ行変格活用動詞	

4. 注 意

当(た)り : 괄호 안의 글자는 표기할 때 생략하여 '**当り**'로 표기하여도 무방하다는 것임.

페이지 일람표

ㅎ

【가】

〔加〕 풀：더할 가. 들 가.
音：① カ ② ガ(例外)
訓：① くわえる ② くわわる

❶ **加える**〔くわえる〕(他下1) ① 더하다. 보태다. 늘리다. ② 가입시키다.
加え算〔くわえざん〕덧셈.
❷ **加わる**〔くわわる〕(自5) ① 더 많아지다. 증가하다. 늘다. ② 참가하다. 가담하다.

例外

加之〔しかのみならず〕그 뿐만 아니라. 더군다나. 더더구나. 그 위에. 게다가.

音読 ①

加減〔かげん〕가감. ① 덧셈과 뺄셈. ② 조절. ③ 건강 상태. 컨디션. ④ 영향. ⑤ 형편.
加工〔かこう〕가공. 인공(人工)을 더함.
加那陀〔カナダ〕캐나다.
加担〔かたん〕가담. 한 편이 되어 일을 같이 함.
加答児〔カタル〕카타르. 粘膜의 炎症.
加盟〔かめい〕가맹. 단체에 가입함.
加味〔かみ〕가미. 다른 것을 더 넣음.
加法〔かほう〕가법. 덧셈.
加算〔かさん〕가산. 더하여 셈함.
加勢〔かせい〕가세. 거드는 일.
加圧〔かあつ〕가압. 압력을 더함.
加熱〔かねつ〕가열. 열을 더 세게 함.
加入〔かにゅう〕가입. 단체에 들어감.
加除〔かじょ〕가제. 보탬과 뺌.
加重〔かじゅう〕가중. 더 무겁게 함.
加害〔かがい〕가해. 남에게 해를 끼침.
加護〔かご〕가호. 보호하여 줌.

音読 2

冥加〔みょうが〕눈에 보이지 않는 신의 은혜, 또는 혜택.
奉加〔ほうが〕神仏에의 헌금, 기부.

〔可〕 풀：옳을 가. 허락할 가.
音：カ
訓：

例外

可し〔べし〕(文語体의 助動詞) ①…일 것이다(추측). ②…하여라(명령). ③…하여야 한다(당연). ④…할 수 있다(가능). ⑤…하겠다(의지).
可からず〔べからず〕(可し의 부정형) … 하여서는 안된다.
可笑しい〔おかしい〕(形) ① 우습다. ② 이상하다. ③ 수상하다.

音読

可〔か〕가. 좋음. ～**とする**；가하다고(좋다고) 인정하다.
可決〔かけつ〕가결. 좋다고 인정하여 결정함.
可及的〔かきゅうてき〕가급적. 되도록.
可能〔かのう〕가능. 할 수 있음.
可憐〔かれん〕가련. 딱하고 가엾음.
可否〔かひ〕가부. 옳고 그름. 찬성과 반대
可視〔かし〕가시. 볼 수 있음.
可哀そう〔かわいそう〕(形動) 가엾음. 불쌍함.
可愛い〔かわいい〕(形) 귀엽다.
可燃性〔かねんせい〕가연성. 불에 탈 수 있음.
可溶性〔かようせい〕가용성. 액체에 잘 녹을 수 있음.
可聴〔かちょう〕가청. 들을 만함.

〔仮〕 풀：거짓 가. 잠시 가.
音：① カ ② ケ
訓：**かり**

仮〔かり〕① 임시. ② 거짓. ③ 일시적. ～**に**；임시로. 비록. 설사. ～**にも**；① 적어도. ② 결코.
仮橋〔かりばし〕가교. 임시로 놓은 다리.
仮宮〔かりみや〕임시 궁전.
仮渡し〔かりわたし〕임시로 줌. 가불.
仮埋め〔かりうめ〕가매장. 임시로 묻음.
仮縫い〔かりぬい〕가봉. 시침 바느질.
仮の世〔かりのよ〕덧없는 이 세상.
仮小屋〔かりごや〕임시로 지은 오두막집.
仮植〔かりうえ：かしょく〕임시로 심음.
仮庵〔かりお：かりいお：かりほ〕임시로 만든 오두막집.
仮屋〔かりや〕임시로 지은 작은 집.
仮条約〔かりじょうやく〕가조약.
仮住まい〔かりずまい〕임시 거처.
仮住居〔かりずまい〕임시 거처.
仮処分〔かりしょぶん〕가처분.
仮初〔かりそめ〕① 일시적임. 임시임. ② 우연. 사소. ③ 경솔. 소홀. ～**にも**；① 결코. 절대로. ② 적어도.
仮出所〔かりしゅっしょ〕가출옥. 가석방.
仮親〔かりおや〕양부모. 수양 부모.
仮枕〔かりまくら〕⇨ **仮寝**.
仮寝〔かりね〕① 잠깐 눈을 붙임. 선잠. ② 객지에서 자는 한뎃잠.

音読 ①

仮す〔かす〕(他5) ① 빌려 주다. ② 여유를 주다. 유예하다.
仮面〔かめん〕가면. 탈.
仮名〔かめい〕가명. 거짓으로 일컫는 이름.
〔かな〕일본의 문자.
仮分数〔かぶんすう〕가분수.
仮死〔かし〕가사. 죽은 것 같은 상태.
仮想〔かそう〕가상. 仮定적으로 생각함.
仮設〔かせつ〕가설. 임시로 설치함.
仮説〔かせつ〕가설.
仮装〔かそう〕가장. ① 거짓으로 꾸밈. ② 임시로 변장함.
仮定〔かてい〕가정. ① 임시로 정함. ② 임시로 인정함.
仮称〔かしょう〕가칭. 임시로 일컬음.

音読 ②

仮病〔けびょう〕 꾀병. ～をつかう；꾀병을 부리다.
仮相〔けそう〕 임시적이고 헛된 형태. 이승.
仮粧〔けしょう〕 화장(化粧).

〔伽〕 풀：절(寺) 가.
音：①カ ②ガ ③キャ
訓：とぎ

伽〔とぎ〕 ① 지루함을 위로하는 말벗. ② 간호하는 사람. ③ 귀인의 침실에서 시중을 드는 사람.

音読 1

伽陀〔かだ〕 부처를 찬미하는 노래.

音読 2

伽藍〔がらん〕 가람. 절(寺).

音読 3

伽羅〔きゃら〕 가라. ① 침향(沈香)나무. ② 침향(沈香)을 원료로 하는 향료. ③ 짙은 갈색.

〔呵〕 풀：꾸짖을 가.
音：カ
訓：しかる

呵る〔しかる〕 (他5) 꾸짖다. 야단치다.
呵り付ける〔しかりつける〕 (他下1) 몹시 꾸짖다.

音読

呵責〔かせき：かしゃく〕 몹시 꾸짖음.

〔佳〕 풀：아름다울 가. 좋을 가.
音：カ
訓：

佳景〔かけい〕 가경. 아름다운 경치.
佳境〔かきょう〕 가경. 재미있는 지경.
佳詩〔かし〕 가시. 잘 지은 시가(詩歌).
佳約〔かやく〕 가약. ① 좋은 언약. ② 약혼.
佳縁〔かえん〕 가연. 아름다운 인연.
佳人〔かじん〕 가인. 아름다운 여자.
佳作〔かさく〕 가작. 잘 된 작품.

〔価〕 풀：값 가.
音：カ
訓：あたい

価〔あたい〕 ① 값. ② 가치. 값어치. ③ 수치(数値).
価する〔あたいする〕 (自サ) 가치가 있다. …할 만하다. **千円に～**；천원의 가치가 있다. **賞賛に～**；칭찬할 만하다.

音読

価格〔かかく〕 가격. 값.
価額〔かがく〕 가액. 값. 값의 금액수.
価値〔かち〕 가치. 값. 값어치.

〔苛〕 풀：가혹할가.
音：カ
訓：さいなむ

苛む〔さいなむ〕 (他5) ① 꾸짖다. 책망하다. ② 들볶다. 못살게 굴다.

音読

苛斂誅求〔かれんちゅうきゅう〕 가렴 주구.
苛烈〔かれつ〕 가열. 가혹하고 격렬함.
苛責〔かしゃく〕 가책. 가혹하게 책망함.
苛酷〔かこく〕 가혹. 혹독하고 잔인함.

〔架〕 풀：시렁 가.
音：カ
訓：① かかる ② かける

❶ **架かる**〔かかる〕 (自5) 설치되다. 가설되다. 걸쳐지다. **電話が～**；전화가 가설되다.
❷ **架ける**〔かける〕 (他下1) 가설하다. 걸쳐놓다. 설치하다. **橋を～**；다리를 놓다.

音読

架する〔かする〕 (他サ) ⇨**架ける**.
架空人物〔かくうじんぶつ〕 가공 인물.
架橋〔かきょう〕 가교. 다리를 놓음.
架線〔かせん〕 가선. 가설하여 놓은 전선.
架設〔かせつ〕 가설. 건너질러 설치하는 일.

〔家〕 풀：집 가.
音：①カ ②ガ(例外) ③ケ
訓：①いえ ② や

家〔いえ〕 ① 집. ② 가정. 집안.
家〔うち〕 (文部省, 当用漢字에서는 **うち**라고는 읽지 않고 **いえ**라고 만 읽음에 주의)
家家〔いえいえ〕 집집.
家居〔いえい〕 (외출 않고) 집에 있음.
家継ぎ〔いえつぎ〕 호주 상속인.
家構え〔いえがまえ〕 집의 구조.
家鳩〔いえばと〕 집 비둘기.
家筋〔いえすじ〕 한 집안의 혈통.
家刀自〔いえとじ：いえとうじ〕 아내. 처.
家路〔いえじ〕 귀가(帰家).
家毎〔いえごと〕 집집마다.
家無し〔いえなし〕 집이 없음.
家並み〔いえなみ：やなみ〕 집이 즐비함.
家柄〔いえがら〕 가문(家門). 문벌.
家付き〔いえつき〕 ① 건물이 딸려 있음 ② 본디 그 집에 살고 있음.
家芸〔いえげい〕 집안에 전해 내려오는 독특한 기술.
家屋敷〔いえやしき〕 집과 대지(垈地).
家元〔いえもと〕 ① 친정. ② 芸道의 정통을 계승하는 집.
家移り〔いえうつり〕 집을 옮김. 이사.
家の子〔いえのこ〕 ① 양가(良家)집에서 태어난 사람. ② 졸개.
家主〔いえぬし：やぬし〕 집 주인.
家持ち〔いえもち〕 ① 집을 가지고 있음. ② 가장(家長). ③ 살림살이.
家の集〔いえのしゅう〕 개인의 和歌를 모은 책.
家出〔いえで〕 가출. 집을 나감.
家苞〔いえづと〕 집으로 가지고 가는 선물.

訓読 ②

家内〔やうち〕 집안. 가족.
　　〔かない〕 자기 아내. 처.
家鳴り〔やなり〕 집이 울림.
家並み〔やなみ：いえなみ〕 집이 즐비함.
家捜し〔やさがし〕 ① 집을 구함. ② 집수색.
家賃〔やちん〕 집 세.
家主〔やぬし：いえぬし〕 집 주인.

家探し〔やさがし〕⇨家捜し.
二階家〔にかいや〕2층 집.

音読 1

家計簿〔かけいぼ〕가계부.
家口〔かこう〕가구. 집안 식구.
家具〔かぐ〕가구. 집안 생활에 쓰이는 세간.
家禽〔かきん〕가금. 집에서 기르는 오리, 닭, 따위의 새.
家督〔かとく〕가독. ① 상속자. ② 장남.
家門〔かもん〕가문. 집안의 문벌.
家宝〔かほう〕가보. 한 집안의 보배.
家事〔かじ〕가사. 집안 일.
家業〔かぎょう〕가업. 집안의 직업.
家人〔かじん〕가인. 가족.
〔けにん〕부하.
家長〔かちょう〕가장. 집안 어른.
家庭〔かてい〕가정. 한 집안.
家政婦〔かせいふ〕가정부.
家族〔かぞく〕가족. 집안 식구.
家畜〔かちく〕가축. 집에서 기르는 짐승.
家訓〔かくん〕가훈. 가정의 가르침.

音読 2

山家〔やまが〕산 속의 집.
隠れ家〔かくれが〕숨어 사는 집.

音読 3

家来〔けらい〕부하. 하인. 종.
家人〔けにん〕부하.
〔かじん〕가족.

〔嫁〕

풀 : 시집갈 가. 떠넘길 가.
音 : カ
訓 : ① とつぐ ② よめ

❶ 嫁ぐ〔とつぐ〕(他 5) 시집가다. 출가하다.
❷ 嫁〔よめ〕① 며느리. ② 아내. ③ 신부.
嫁御〔よめご〕嫁의 높임말.
嫁入り〔よめいり〕시집감.
嫁菜〔よめな〕쑥부쟁이.
嫁取り〔よめとり〕장가 듦. 아내를 맞이함.

音 読

嫁する〔かする〕(自サ) 시집가다. (他サ) ① 시집 보내다. ② (죄, 책임을) 뒤집어 씌우다.
嫁期〔かき〕시집 갈 나이.
嫁女〔かじょ〕딸을 시집 보냄.
〔よめじょ〕신부. 며느리.
嫁母〔かぼ〕아버지가 죽은 후 다른 집으로 시집간 어머니.
嫁資〔かし〕시집갈 준비.
嫁娶〔かしゅ〕시집 가는 것과 장가드는것.

〔稼〕

풀 : 농사 가.
音 : カ
訓 : かせぐ

稼ぐ〔かせぐ〕(自 5) 열심히 일하다. 돈 벌다.
稼ぎ〔かせぎ〕돈 벌이. 번 돈.
稼ぎ高〔かせぎだか〕벌이한 수입.
稼ぎ人〔かせぎにん〕한 집안의 생계를 꾸어치고 열심히 일하는 사람.

音 読

稼動〔かどう〕가동. 기계를 운전함.
稼働〔かどう〕가동. 벌이함. 일함.
稼業〔かぎょう〕가업(家業). 농업.

〔暇〕

풀 : 한가할 가.
音 : カ
訓 : ひま

暇〔ひま〕틈. 짬. 시간. 휴가.
〔いとま〕(当用漢字 音訓表에서는 いとま라고는 읽지 않음에 주의할 것). 작별.
暇暇〔ひまひま〕틈틈이.
暇潰し〔ひまつぶし〕심심풀이. 시간을 보냄.
暇人〔ひまじん〕한가한 사람.
暇取る〔ひまどる〕(自 5) 시간이 걸리다. 손이 가다.

音 読

暇日〔かじつ〕한가한 날. 휴일.
暇逸〔かいつ〕한가해서 놀고 있음.
休暇〔きゅうか〕휴가. 여가.

〔歌〕

풀 : 노래 가.
音 : ① カ ② ガ(例外)
訓 : ① うた ② うたう

❶ 歌〔うた〕노래.
❷ 歌う〔うたう〕(他 5) (노래) 부르다. 歌を～ ; 노래를 부르다.
歌い女〔うたいめ〕여자 가수.
歌い文句〔うたいもんく〕사람의 주의를 끌기 위한) 표어, 글귀.
歌い上げる〔うたいあげる〕(他下 1) ① 소리 높이 노래하다. ② (노래로) 나타내다. ③ 강조하다. 선전하다.
歌い手〔うたいて〕가수.
歌歌い〔うたうたい〕〈속〉가수.
歌口〔うたぐち〕① 피리 등 관악기의 입을 대고 부는 아귀. ② 노래 부르는 투.
歌物語〔うたものがたり〕和歌를 중심으로 한 짧은 이야기를 모은 책.
歌柄〔うたがら〕和歌의 품격.
歌声〔うたごえ〕노랫소리. 합창.
歌心〔うたごころ〕詩心. 詩情.
歌詠み〔うたよみ〕和歌를 잘 짓는 사람.
歌人〔うたびと〕① 시인. ② 和歌를 잘 짓는 사람. ③ 가수.
歌枕〔うたまくら〕和歌의 소재가 된 각처의 명승지.
歌合(わ)せ〔うたあわせ〕두 패로 나뉘어 단가(短歌)를 지어 우열을 결정짓는 놀이.
歌会始〔うたかいはじめ〕정월 중순에 궁중에서 열리는, 그 해 최초의 어전(御前)和歌 발표회.
歌姫〔うたひめ〕여자 가수.

音読 ①

歌曲〔かきょく〕가곡. ① 노래. ② 노래의 곡조.
歌舞〔かぶ〕가무. 노래와 춤.
歌詞〔かし〕가사. 노래의 내용이 되는 문구.

歌手〔かしゅ〕가수. 노래를 부르는 것으로 업을 삼는 사람.
歌謡〔かよう〕가요. 노래의 총칭.
歌集〔かしゅう〕가집. 노래를 모은 책.
歌唱〔かしょう〕가창. 노래. 노래를 부름.

音 読 ②

連歌〔れんが〕보통 두 사람 이상이 모여서 長句와 短句를 서로 계속해서 읽어 나가는 형식의 和歌.

〔**街**〕 풀 : 거리 가.
音 : ① **カイ**(例外) ②**ガイ**
訓 : **まち**

街〔まち〕상점들이 늘어 선 거리. 번화한 거리.
街角〔まちかど〕길 모퉁이.
街の女〔まちのおんな〕창녀(娼女).
街の紳士〔まちのしんし〕갱. 강도.
街着〔まちぎ〕나들이옷. 외출복.

音 読 ①

街道〔かいどう〕가도. 도로. 큰길.

音 読 2

街渠〔がいきょ〕가거. 길바닥의 배수를 위하여 차도와 인도의 경계선을 따라 만든 얕은 도랑.
街頭〔がいとう〕가두. 길거리. 거리 위.
街燈〔がいとう〕가등. 가로등.
街路樹〔がいろじゅ〕가로수.

〔**嘉**〕 풀 : 아름다울 가.
音 : **カ**
訓 : **よみする**

嘉する〔よみする〕(他サ) 칭찬하다. 가상(嘉賞)히 여기다. **功績を～**; 공적을 칭찬하다.

音 読

嘉納〔かのう〕가납. 받치는 물건을 달갑게 받아들임.
嘉礼〔かれい〕가례. 결혼식.
嘉尚〔かしょう〕가상. 착하고 귀엽게 여기어 칭찬함.
嘉賞〔かしょう〕가상. 칭찬하여 기림.

【각】

〔**各**〕 풀 : 각 각.
音 : ① **カク** ② **カッ**
訓 : **おのおの**

各 : 各各〔おのおの〕각 각. 제각기.
各異なる〔おのおのことなる〕(自5) 각양각색이다. 각각 다르다.

音 読 ①

各別〔かくべつ〕각별. ① 특별함. ② 서로 다름.
各部〔かくぶ〕각부. 각각의 부.
各自〔かくじ〕각자. 제각기.
各処〔かくしょ〕각처. 여러 곳.
各層〔かくそう〕각층. 여러 층.
各派〔かくは〕각파. 각각의 파.

音 読 2

各個〔かっこ〕각개. 여러 개.
各界〔かっかい〕각계. 사회의 각 방면.
各国〔かっこく〕각국. 여러 나라.
各項〔かっこう〕각항. 각항목.
各戸〔かっこ〕각호. 집집마다.

〔**角**〕 풀 : 뿔 각.
音 : ① **カク** ② **ガク** ③ **カッ**
訓 : ① **かど** ② **つの**

角〔かど〕귀퉁이. 모가 남.
〔つの〕① (동물의) 뿔. ② 질투.
角角しい〔かどかどしい〕(形) ① 모가 많다. ② 성질이 원만치 않다.
角立つ〔かどだつ : つのだつ〕(自5) ① 모나다. 원만(원할)하지 않다. ② 부자연스럽다.
角立てる〔かどだてる〕(他下1) 모나게 하다.
角番〔かどばん〕① 승패의 기로. ② 인생의 기로. 운명의 기로.
角屋敷〔かどやしき〕길 모퉁이에 있는 그 면이 길에 면한 집.
角張る〔かどばる〕(自5) 모나다. 딱딱하다.
角店〔かどみせ〕길 모퉁이에 있는 가게.
角地〔かどち〕모퉁이의 땅.

訓 読 2

角〔つの〕① (동물의) 뿔. ② 질투
角ぐむ〔つのぐむ〕(自5) (싹이) 돋아 나오다.
角突き〔つのつき〕① 뿔로 받음. ② 매우 사이가 나빠 늘 충돌함.
角突き合い〔つのつきあい〕(사이가 나빠 서로 으르렁 거림.
角突き合わせる〔つのつきあわせる〕(他下 사이가 나빠 싸우다(충돌하다).
角目立つ〔つのめだつ〕(自5) ① 모가 나다. ② 서로 흥분해서 충돌하다.
角書き〔つのがき〕책, 논문 따위의 제목 뒤에 작게 두 줄로 갈라서 간단한 설명을 씀.
角細工〔つのざいく〕뿔 세공.
角叉〔つのまた〕(회반죽에 사용하는) 바닷말.
角隠し〔つのかくし〕일본식 결혼식 때. 신부가 머리에 쓰는 흰 천.
角笛〔つのぶえ〕목동이나 사냥꾼들이 부는 뿔로 된 피리.
角箭〔つのや〕오늬를 뿔로 만든 화살.
角樽〔つのだる〕축제 때에 쓰는 두 개의 손잡이가 달린 술통.

音 読 ①

角帯〔かくおび〕겹으로 된 딱딱하고 폭이 좁은 남자용 허리띠.
角度〔かくど〕각도.
角膜〔かくまく〕각막. 안구(眼球)의 외벽을 덮는 막.
角帽〔かくぼう〕각모. 대학생 모자.

角袖〔かくそで〕① 네모진 소매. ② 사복 형사.
角柱〔かくちゅう〕〔数〕각주.
〔かくばしら〕네모진 기둥.
角逐〔かくちく〕각축. 서로 이기려고 다툼

音読 2

方角〔ほうがく〕① 방향. ② 눈대중. 짐작.
方角違い〔ほうがくちがい〕짐작이 틀리다.

音読 3

角弓〔かっきゅう〕뿔로 장식한 활.
角行〔かっこう〕일본 장기짝의 하나.

〔覚〕
풀：깨달을 각.
音：カク
訓：① おぼえる ② おぼしい ③ さます ④ さめる ⑤ さとる

❶ 覚える〔おぼえる〕(他下1) 기억하다. 깨닫다. 익히다. 느끼다.
覚え〔おぼえ〕기억. 이해. 신임. 자신.
覚えず〔おぼえず〕무의식중에. 부지중에.
覚え書き〔おぼえがき〕각서. ① 메모. ② 비공식 외교 문서.
覚え帳〔おぼえちょう〕메모지.
❷ 覚しい〔おぼしい〕(形)…로 생각되다. …로 보이다.
❸ 覚ます〔さます〕(他5) ① 깨우다. ② 술 기운을 깨게 하다.
❹ 覚める〔さめる〕(自下1) ① 잠에서 깨다. ② 자각(自覚)하다.
❺ 覚る〔さとる〕(他5) 눈치채다. 알아차리다.
覚り〔さとり〕깨달음. 이해.

音　読

覚醒〔かくせい〕각성. 깨달음.
覚醒剤〔かくせいざい〕각성제. 흥분제.
覚悟〔かくご〕각오. 마음가짐.
覚王〔かくおう〕각왕. 부처.
覚者〔かくしゃ〕깨달은 사람. 인격의 완성자.
覚知〔かくち〕깨달음. 지각(知覚).

〔殻〕
풀：껍질 각.
音：カク
訓：から

殻〔から〕① 껍질. 껍데기. ② 허물. ③ 비지
抜け殻〔ぬけがら〕허물.

音　読

殻物〔かくぶつ〕조개류(類).
殻族〔かくぞく〕조개 종류.

〔閣〕
풀：집 각.
音：① カク ② カッ
訓：

閣僚〔かくりょう〕각료. 각부 장관.
閣臣〔かくしん〕각부장관.
閣議〔かくぎ〕각의. 국무 회의.
閣筆〔かくひつ〕각필. 붓을 놓고 쓰던 것을 중지함.

音読 2

閣下〔かっか〕각하. 높은 지위에 있는 사람을 높여 일컫는 말.

〔却〕
풀：물러날 각.
音：① キャク ② キャッ
訓：かえって

却って〔かえって〕도리어. 오히려. 반대로.

音読 1

却流〔きゃくりゅう〕물이 거꾸로 흐름.
却立〔きゃくりつ〕뒷걸음질 쳐서 멈추어 서는 것.
却説〔きゃくせつ〕각설. 그런데.
却足〔きゃくそく〕뒷걸음질치기.
却坐〔きゃくざ〕뒷걸음질쳐서 고쳐 앉음.
却退〔きゃくたい〕물러남.

音読 2

却下〔きゃっか〕각하. 신청을 받아들이지 않고 물리침.
却行〔きゃっこう〕뒷걸음침.

〔脚〕
풀：다리 각.
音：① キャク ② キャッ ③ キャ ④ ギャ
訓：あし

脚〔あし〕① 다리. ② 걸음.
机の脚〔つくえのあし〕책상 다리.
雨脚〔あまあし〕빗발.

例　外

脚気〔かっけ〕각기. 비타민 B의 부족으로 오는 영양 실조로서 다리가 저리거나 부어 오르는 병.

音読 1

脚力〔きゃくりょく〕다리의 힘.
脚本〔きゃくほん〕각본. 시나리오.
脚色〔きゃくしょく〕각색. 각본을 꾸밈.
脚線美〔きゃくせんび〕각선미.
脚注〔きゃくちゅう〕각주. 본문 밑에 다는 주석.

音読 2

脚光〔きゃっこう〕각광. 무대 전면 아래쪽에서 배우를 비추어 주는 광선. 조명.
脚下〔きゃっか〕발밑. 다리 아래.

音読 3

脚立〔きゃたつ〕(작업용) 접사다리.
脚半：脚絆〔きゃはん〕각반. 여행이나 등산할 때 다리에 감는 헝겊 띠.

音読 ④

行脚〔あんぎゃ〕① 승려가 도를 닦기 위하여 여행하는 것. ② 사방을 돌아다님.

〔刻〕
풀：새길 각.
音：① コク ② コッ
訓：きざむ

刻む〔きざむ〕(他5) ① 잘게 썰다. ② 조각하다. ③ 새기다.
刻み〔きざみ〕잘게 썲. 조각을 냄. 새김.
刻み目〔きざみめ〕칼자국. 새긴 흔적.
刻み付ける〔きざみつける〕(他下1) 새겨 두다. 조각하다. 새겨서 행적을 남기다.
刻み煙草〔きざみたばこ〕잘게 썬 담배.
刻み足〔きざみあし〕종종걸음.

音読 1

刻する〔こくする〕(他サ) 새기다. 조각 하다.

刻薄〔こくはく〕각박. 지독하게 정이 없음.
刻本〔こくほん〕목판에 새겨 인쇄한 책.
刻印〔こくいん〕각인. 도장을 새김.

音読 2

刻刻〔こっこく〕각각. 시시각각.
刻苦〔こっく〕각고. 몹시 수고함.
刻急〔こっきゅう〕각급. 너무 심함.
刻下〔こっか〕현재. 지금.

【간】

〔干〕 풀：방패 간. 마를 간.
音：カン
訓：① ほす ② ひる

❶干す〔ほす〕(他5) ① 말리다. ② 바닥이 들어나도록 하다. ③ 굶기다. 일거리를 안주고 애먹이다.
干(し) 〔ほし〕말림. 말린 것.
干(し)こ〔ほしこ〕말린 해삼.
干(し)物〔ほしもの〕말린 것. 빨래. 세탁물.
干し殺す〔ほしころす〕(他5) 굶겨 죽이다.
干し上げる〔ほしあげる〕(他下1) ①(햇볕이나 불에) 바싹 말리다. ② 굶기다.
干(し)魚〔ほしうお〕말린 물고기
干(し)柿〔ほしがき〕말린 감. 곶감.
干(し)草〔ほしくさ〕베어서 말린 풀. 건초.
❷干る〔ひる〕(自上1) ① 마르다. ② 물이 빠져 바닥이 드러나다. ③ 바닥나다.
干からびる〔ひからびる〕(自上1) 바싹 말라 버리다.
干乾し〔ひぼし〕굶주려서 쇠약해지는 것.
干物〔ひもの〕생선. 조개 등을 말린 식품.
干上がる〔ひあがる〕(自5) 바싹 마르다. 생활이 어렵다.

音読

干満〔かんまん〕간만. 썰물과 밀물.
干渉〔かんしょう〕간섭. 남의 일에 무리하게 참견하는 것.
干与〔かんよ〕간여. 관계함. 참견함
干潮〔かんちょう〕간조. 가장 낮은 썰물.
干拓地〔かんたくち〕간척지.

〔刊〕 풀：책펴낼 간
音：カン
訓：

刊行〔かんこう〕간행. 책 따위 도서를 인쇄하여 세상에 널리 폄.
創刊〔そうかん〕창간. 정기 간행물인 신문, 잡지 따위의 맨 첫 번 것을 간행함.

〔奸〕 풀：간사할 간. 어지러울 간.
音：カン
訓：

奸計〔かんけい〕간계. 간사한 꾀.
奸曲〔かんきょく〕간곡. 간악함.
奸巧〔かんこう〕간교. 간사함.
奸邪〔かんじゃ〕간사. 성질이 간교하고 행실이 바르지 못함
奸臣〔かんしん〕간신. 간사한 신하.
奸悪〔かんあく〕간악. 간사하고 악독함.

〔肝〕 풀：간 간. 중요할 간.
音：カン
訓：きも

肝〔きも〕① 간. 간장(肝臓). ② 마음.
肝試し〔きもだめし〕담력이 있나 없나를 시험하는 일.
肝玉：肝っ玉〔きもだま：きもったま〕배짱. 담력. 간덩이. 용기.
肝煎り〔きもいり〕① 돌보아 줌. 주선하여 줌. 주선. ② 돌보아 주는 사람.
肝魂：肝っ魂〔きもだま：きもったま〕담력. 용기. 배짱. 간덩이.
生き肝〔いきぎも〕살아 있는 동물의 간.

音読

肝胆〔かんたん〕간담. ① 간과 쓸개. ②속마음. 진실한 마음.
肝腎〔かんじん〕가장 긴요(중요) 함.
肝腎要〔かんじんかなめ〕(形動) 가장 중요(긴요)한 것. 핵심.
肝心〔かんじん〕가장 중요(긴요)함.
肝要〔かんよう〕간요. 긴요. 중요.
肝油〔かんゆ〕간유. 생선의 간에서 짜낸 황색 투명한 기름.
肝臓〔かんぞう〕간장. 간.

〔姦〕 풀：간음할 간. 간사할 간.
音：カン
訓：かしましい

姦しい〔かしましい〕(形) 시끄럽다. 女三人よれば～;여자 셋이 모이면 시끄럽다.

音読

姦する〔かんする〕(自サ) 간통하다. (他サ) 남의 부인의 정조를 유린하다.
姦婦〔かんぷ〕간부. 간통한 여자.
姦淫〔かんいん〕간음. 부부간이 아닌 남녀간의 성(性) 관계.
姦通〔かんつう〕간통. 남녀 사이의 불의(不義)의 밀통(密通).

〔看〕 풀：볼 간.
音：カン
訓：みる

看る〔みる〕(他上1) ① 보다. ② 보살피다. 돌보다. ③ 겪다. 당하다.
看做す〔みなす〕(他5) 간주하다. 보다. 가정하다. 가상하다.
看取る〔みとる〕(他5) 간호하다. 병 시중을 들다.
看取り〔みとり〕병간호. 간호.

音読

看過〔かんか〕관과. 보아 넘김.
看病〔かんびょう〕병간호.
看守〔かんしゅ〕간수. ① 파수 보는 사람. ② 형무소에서 죄인을 감시하는 사람.
看破〔かんぱ〕간파. 사물의 진상을 꿰뚫어 확실히 알아냄.
看板〔かんばん〕간판.
看護〔かんご〕간호. ～婦(ふ);간호원.

〔竿〕 풀：낚싯대 간. 장대 간.
音：カン
訓：さお

竿〔さお〕(대나무로 된) 장대.
竿頭〔さおがしら〕그 날 고기를 제일 많이 낚은 사람.
〔かんとう〕장대 끝.
竿立ち〔さおだち〕막대 모양으로 꼿꼿하게 섬.
竿縁〔さおぶち〕반자틀.
竿釣り〔さおづり〕낚시질.
竿竹〔さおだけ〕대나무 장대.
竿秤〔さおばかり〕대저울.

〔間〕 풀：사이 간.
音：① カン ② ケン ③ ゲン
訓：① あいだ ② ま

訓読 1

間〔あいだ〕사이. 간격. 관계. 동안.
〔ま〕① 사이. 간격. 시간. ② 방. ③형편.
〔あい〕(※ 当用漢字 音訓表에 없음)
〔かん〕사이. 동안. 기회. 틈. 관계.
〔けん〕길이의 단위. ① 6자. 약 1.82 m ② 기둥과 기둥 사이. ③ 바둑, 장기판의 눈.
間柄〔あいだがら〕(사람과 사람의) 사이, 관계.
間食い〔あいだぐい〕간식.

訓読 2

～間〔～ま〕방을 세는 말. **一間**(ひとま) 방 한 칸. **二間**(ふたま)방 두 칸.
間間〔まま〕간간이. 간혹. 가끔.
間がな隙がな〔まがなすきがな〕틈만 있으면. 언제나. 늘. (기회를 엿보는 모양).
間口〔まぐち〕① 토지, 가옥 등의 정면의 폭. ② 지식, 사업, 연구 영역의 넓이.
間近〔まぢか〕(形動) 아주 가까움.
間近い〔まぢかい〕(形) (주로 시간이)아주 임박함. 아주 가까움.
間男〔まおとこ〕서방질.
間代〔まだい〕방세.
間貸し〔まがし〕셋방을 줌.
間鈍い〔まのろい〕(形) 느리다.
間も無く〔まもなく〕이윽고. 머지않아.
間抜け〔まぬけ〕얼간이. 멍청이.
間夫〔まぶ〕창녀의 정부(情夫). 간부(姦夫)
間仕切り〔まじきり〕(방과 방사이의) 간막이.
間数〔まかず〕방의 수.
〔けんすう〕집의 간살의 수효.
間延び〔まのび〕느슨함. 새가 뜸. 멍청함.
間違い〔まちがい〕틀림. 잘못. 실수.
間違う〔まちがう〕(自５) 잘못되다. 틀리다. (他５) 잘못하다. 실수하다. 틀리다.
間違える〔まちがえる〕(他下１) 잘못하다. 틀리다. 실수하다. 착각하다.
間引き〔まびき〕솎아 냄. 줄임.
間引く〔まびく〕(他５) 솎아 내다. 빼내다.
間日〔まび〕학질에서 앓지 않는 날.
間切る〔まぎる〕(自５) 배가 파도를 헤치고 나아가다.
間際〔まぎわ〕① (바로)…직전. … 하려는 찰나. ② 바로 곁.
間柱〔まばしら〕샛기둥.
間借り〔まがり〕방을 빌림.
間借人〔まがりにん〕세 든 사람.
間尺〔ましゃく〕① 공사(工事)의 치수. ② 비율. 계산.
間取り〔まどり〕방의 배치.
間怠い〔まだるい〕(形) (답답할 정도로)미적지근 하다. 느리다.
間合い〔まあい〕짬. 틈. 사이. 타이밍.
間に合う〔まにあう〕(自５) ① 시간에 대다. ② (아쉬운대로) 쓸 수 있다. ③ 충분하다.
間に合わせ〔まにあわせ〕임시 변통.

例 外

間狂言〔あいきょうげん〕能(のう)의 막간에 상연하는 희극을 연출하는 사람이 맡은 연기.
間服〔あいふく〕① 춘추복. ② 내복과 겉옷 사이에 입는 옷.
間の手〔あいのて〕가락. 장단.
間銭〔あいせん〕수수료. 구전.
間紙〔あいがみ〕간지. 물건과 물건 사이에 끼우는 종이.
間着〔あいぎ〕⇨**間服**(あいふく)
間判〔あいばん〕종이 치수. ① (노트) 세로 약 21cm 가로 약 15cm. ② (사진 건판) 세로 13cm 가로 10cm. ③ (풍속화그림)세로 약 30cm 가로 약23cm의 크기.

音読 1

間隔〔かんかく〕간격. 틈.
間隙〔かんげき〕간극. 물건과 물건의 사이
間断〔かんだん〕간단. 끊임. 틈.
間伐〔かんばつ〕간벌. 솎아 냄.
間者〔かんじゃ〕간자. 스파이. 간첩.
間接〔かんせつ〕간접.
間諜〔かんちょう〕간첩. 스파이.

音読 2

間数〔けんすう〕간수. 집의 간살의 수효
〔まかず〕방의 수효.
世間〔せけん〕세상. 세상 사람.

音読 3

人間〔にんげん〕인간 사람.
中間〔ちゅうげん〕무가(武家)의 하인.
〔ちゅうかん〕중간. 가운데.

〔幹〕 풀：줄기 간.
音：カン
訓：みき

幹〔みき〕① 나무 줄기. ② 중요한 부분.
幹分かれ〔みきわかれ〕나무 줄기가 남.

音 読

幹部〔かんぶ〕간부. 단체의 주축이 되는 사람.
幹事〔かんじ〕간사. 모임의 중심이 되어 일을 처리하는 사람.
幹線〔かんせん〕간선. 철도, 도로 등의 주요한 선.

ㄱ

〘菅〙 풀：왕골 간.
音：カン
訓：①すげ ②すが

❶菅〔すげ〕왕골.
菅笠〔すげがさ〕왕골로 엮은 삿갓.
菅原〔すげはら〕왕골이 자라는 들.
❷菅畳〔すがだたみ〕왕골로 짠 돗자리.

〘諫〙 풀：간할 간.
音：カン
訓：いさめる

諫める〔いさめる〕(他下 1) 충고하다.
諫め〔いさめ〕간언. 충고. 훈계.

音 読

諫勧〔かんかん〕간권. 간하여 옳은 일을 하도록 권함.
諫臣〔かんしん〕간신. 임금에게 옳은 말로 간하는 신하.
諫言〔かんげん〕간언. 간하는 말.

〘艱〙 풀：어려울 간.
音：カン
訓：かたい

艱い〔かたい〕(形) 어렵다. 힘들다. 解するに～：이해하기 어렵다.

音 読

艱難〔かんなん〕간난. 몹시 어렵고 곤란함.
艱辛〔かんしん〕간신. 힘들고 고통스러움.
艱易〔かんい〕간이. 어려움과 손쉬움.

〘簡〙 풀：편지 간. 간략할 간.
音：カン
訓：

簡〔かん〕(形動) 손쉬움. 간단함. ～にすぎる：너무 간단하다.
簡潔〔かんけつ〕간결. 요령 있고 간단함.
簡単〔かんたん〕간단. 간편함.
簡略〔かんりゃく〕간략. 손쉽고 간단함.
簡明〔かんめい〕간명. 간단하고 분명함.
簡朴〔かんぼく〕간박. 간소하고 소박함.
簡素〔かんそ〕간소. 간략하고 꾸밈이 없음.
簡約〔かんやく〕간약. 손쉽고 간단함.
簡要〔かんよう〕간요. 간단하고 요긴함.
簡易〔かんい〕간이. 간단하고 쉬움.
簡便〔かんべん〕간편. 간단하고 편리함.

〘墾〙 풀：개간할 간.
音：コン
訓：

墾耕〔こんこう〕간경. 토지를 개간함.
墾植〔こんしょく〕간식. 토지를 개간하여 심는 것.
墾田〔こんでん〕새로 개간한 농지.
開墾〔かいこん〕개간. 황무지를 농지로 개척함.

〘懇〙 풀：간절한 간.
音：コン
訓：ねんごろ

懇ろ〔ねんごろ〕(形動) 친절함. 예의 바름. 정중함. 공손함. 친밀함.

音 読

懇懇〔こんこん〕간간. 매우 간절함.
懇談会〔こんだんかい〕간담회. 모여서 정답게 이야기함.
懇篤〔こんとく〕간독. 친절하고 정이 두터움.
懇望〔こんもう〕간망. 간절한 희망.
懇願〔こんがん〕간원. 간절히 원함.
懇切〔こんせつ〕간절. 지성스럽고 절실함.
懇請〔こんせい〕간청. 간절히 청함.
懇嘱〔こんしょく〕간촉. 간절히 부탁함.
懇親〔こんしん〕간친. 다정하게 사귐.
懇嘆〔こんたん〕간탄. 간곡히 탄원함.

【갈】

〘渇〙 풀：목마를 갈.
音：①カツ ②カッ
訓：かわく

渇く〔かわく〕(自5) 목이 마르다.
渇き〔かわき〕목마름. 갈증.

音 読 1

渇望〔かつぼう〕갈망. 소원. 몹시 바람.
渇仰〔かつごう〕갈앙. ① 몹시 사모함. ②깊이 믿음.

音 読 2

渇する〔かっする〕(自サ) 물이 마르다. 목이 마르다. 궁핍하다.
渇水〔かっすい〕갈수. 가뭄으로 물이 마름.

〘喝〙 풀：성낸 소리 갈.
音：①カツ ②カッ
訓：

音 読 1

喝道〔かつどう〕貴人이 지나갈 때 큰 소리로 다른 사람의 통행을 금지하는 것.

音 読 2

喝采〔かっさい〕갈채.
喝破〔かっぱ〕갈파. ①큰 소리로 남을 꾸짖어 눌러 버림. ②진리를 밝힘.

〘葛〙 풀：칡 갈.
音：①カツ ②カッ
訓：くず

葛〔くず〕칡.
葛溜り〔くずだまり〕갈분 떡.
葛餅〔くずもち〕갈분 떡.
葛粉〔くずこ〕갈분. 칡 뿌리의 하얀 가루.
葛桜〔くずざくら〕갈분을 개어 속에 팥소를 넣고 벚 잎으로 싼 과자.
葛湯〔くずゆ〕갈분탕.
葛布〔くずふ〕갈포. 칡으로 만든 피륙.

例 外

葛籠〔つづら〕옷 고리짝.
葛折〔つづらおり〕꾸불꾸불한 산길.
葛衣〔かつい〕칡의 섬유로 만든 홑옷.
葛藤〔かっとう〕갈등. 분쟁. 분규.
〔つづらふじ〕칡과 등나무.

〔褐〕 풀：굵은 베 갈.
音：カツ
訓：

褐寛博〔かっかんぱく〕① 옷이 헐렁해서몸에 맞지 않는 옷. ② 가난하고 신분이 낮은 사람

褐夫〔かっぷ〕신분이 낮은 천한 사람.

褐色〔かっしょく：かちいろ〕갈색.

褐鉄鉱〔かってっこう〕갈철광.

褐炭〔かったん〕갈탄.

【감】

〔甘〕 풀：달 감.
音：カン
訓：① **あまい** ② **あまえる** ③ **あまちょろい** ④ **あまったるい** ⑤ **あまったれる** ⑥ **あまやか** ⑦ **あまやかす** ⑧ **あまやぐ** ⑨ **あまんじる**

❶ **甘い**〔あまい〕(形) ①(맛이)달다. 달콤하다. ②(맛이) 싱겁다. ③ 후하다. ④ 무르다.

❷ **甘える**〔あまえる〕(自下1) 어리광 부리다. 응석부리다. **甘えん坊**；응석받이. 어리광 부리는 아이.

❸ **甘ちょろい**〔あまちょろい〕(形) 낙천적이다. 안이하다.

❹ **甘ったるい**〔あまったるい〕(形) 달콤하다.

❺ **甘ったれる**〔あまったれる〕(自下1) 어리광 부리다.

❻ **甘やか**〔あまやか〕(形動) 맛이 단 듯함.

❼ **甘やかす**〔あまやかす〕(他5) 응석을 받아 주다.

❽ **甘やぐ**〔あまやぐ〕(自5) 맛이 달콤해지다.

❾ **甘んじる**〔あまんじる〕(自下1) 만족하게 여기다. 달게 받다.

甘干し〔あまぼし〕① 곶감. ② 생선을 말린 것.

甘葛〔あまづら〕담쟁이.

甘口〔あまくち〕① 단 맛. ② 단 맛을 좋아함. ③ 달콤한 말. 감언. ④ 우둔함.

甘納豆〔あまなっとう〕삶은 콩이나 팥을 설탕에 버무린 과자.

甘党〔あまとう〕단 것을 좋아하는 사람.

甘栗〔あまぐり〕왕모래에 볶은 밤.

甘味〔あまみ〕감미. 단맛.
〔かんみ〕감미. 감미로운 식품.

甘味噌〔あまみそ〕싱겁게 간을 한 된장.

甘食〔あましょく〕단 맛과 식빵의 중간 맛인 원추형의 빵.

甘辛〔あまから〕단 맛과 짭짤한 맛.

甘辛い〔あまからい〕(形) 달고도 짭짤하다.

甘塩〔あまじお〕① 소금기가 적음. 싱거움. ② 생선을 싱겁게 절임.

甘煮〔あまに〕달게한 찜. (조림)
〔うまに〕달게 조린 요리.

甘酒〔あまざけ〕감주. 단술.

甘茶〔あまちゃ〕감차. 山水菊의 잎을 말린차.

甘酢〔あまず〕단 식초.

甘皮〔あまかわ〕①(나무, 과일의)속 껍질 ② 손톱 뒤의 부드러운 살갗.

甘夏柑〔あまなつかん〕시지 않게 재배한 여름 밀감.

音 読

甘美〔かんび〕감미. 달콤하여 맛이 좋음.

甘味料〔かんみりょう〕감미료.

甘受〔かんじゅ〕감수. 달게 받음.

甘心〔かんしん〕만족. 쾌락한 마음.

甘言〔かんげん〕감언. 달콤한 말.

〔柑〕 풀：귤 감.
音：カン
訓：

柑橘類〔かんきつるい〕감귤류(귤, 유자, 레몬).

柑子〔かんし〕귤의 옛 이름.
〔こうじ〕귤의 한 종류로서 보통보다도 작고 노란 것임.

〔紺〕 풀：보라 빛 감.
音：コン
訓：

紺〔こん〕감색.

紺碧〔こんぺき〕감청색.

紺絣〔こんがすり〕⇨**紺飛白**.

紺飛白〔こんがすり〕스친 듯 한 흰 무늬가 있는 감색 옷감.

紺色〔こんいろ〕감색.

紺染め〔こんぞめ〕감색으로 물들임.

紺地〔こんじ〕감색 바탕의 천.

紺青〔こんじょう〕선명한 남빛.

例 外

紺屋〔こうや〕염색하는 집.

〔敢〕 풀：감히 감. 용감할 감.
音：カン
訓：

敢えず〔あえず〕①(채)다하지 못하고. ②(미처) 끝내지 못하고. ③ 참지 못하고.

敢えて〔あえて〕(副) ① 감히. 억지로. 굳이. ② 구태여. 결코. 그다지. 그리.

敢え無い〔あえない〕(形) 허무하다. 어이없다.

音 読

敢断〔かんだん〕감단. 과단.

敢然〔かんぜん〕감연. 과감히. 단호히.

敢戦〔かんせん〕결사적으로 싸움.

敢行〔かんこう〕감행. 과감하게 행함.

〔勘〕 풀：헤아릴 감.
音：カン
訓：

勘〔かん〕육감. 직감.

勘考〔かんこう〕심사 숙고함.

勘校〔かんこう〕생각하여 비교함.

勘当〔かんどう〕① 법에 비추어 죄를 따짐. ② 부모나 스승과의 인연을 끊음.

勘弁〔かんべん〕잘못을 용서함.

勘案〔かんあん〕감안. 잘 생각함.
勘亭流〔かんていりゅう〕歌舞伎의 간판 따위를 쓰는 굵은 글씨체.
勘定〔かんじょう〕① 계산. 셈. 대금 지불. 회계. ② 예산. 고려. ③ (부기의)計定.
勘定書〔かんじょうがき〕(지불)계산서.

〔堪〕 풀：견딜 감
音：① **カン** ② **タン**
訓：① **たえる** ② **たまる**

❶ **堪える**〔たえる〕(自下1) ① 참다. ② 견디다. 버티다. ③ …할 수 있다. …할 만하다.
堪え難い〔たえがたい〕(形) 참기 어렵다. 견딜 수 없다.
堪え忍ぶ〔たえしのぶ〕(他5) 참고 견디다.
❷ **堪る**〔たまる〕(自5) 참다. 견디다.
堪らない〔たまらない〕(形) 참을 수 없다. 견딜 수 없다.
堪り兼ねる〔たまりかねる〕(自下1) 참지 못하게 되다. 견딜 수 없게 되다.

音　読

堪能〔かんのう〕능숙함. 능숙한 사람.
〔たんのう〕① 만족함. ② 기술에 숙달함.
堪当〔かんどう〕부모나 스승과의 인연을 끊음.
堪忍〔かんにん〕① 참고 견딤. 인내. ② 용서함. ～袋(～ぶくろ)：참음의 한계.

〔減〕 풀：덜 감. 줄 감.
音：**ゲン**
訓：① **へす** ② **へらす** ③ **へる**

❶ **減す**〔へす〕(他5) 줄이다. 감하다.
❷ **減らす**〔へらす〕(他5) 줄이다. 감하다.
❸ **減る**〔へる〕(自5) 줄다. 적어지다.

音　読

減じる〔げんじる〕(自他上1) ① 줄다. 적어지다. 덜리다. ② 줄이다. 감하다. 빼다.
減価〔げんか〕감가. ① 값을 낮춤. ② 가치를 떨어뜨림.
減却〔げんきゃく〕감각. 줄임.
減給〔げんきゅう〕감급. 급료를 줄임.
減等〔げんとう〕감등. 등급을 낮춤.
減法〔げんぽう〕감법. 뺄셈.
減俸〔げんぽう〕감봉. 봉급을 줄임.
減殺〔げんさい〕감쇄. 줄어듦. 줄임.
減色〔げんしょく〕경기(景気)가 나빠짐.
減税〔げんぜい〕감세. 세금을 적게 함.
減少〔げんしょう〕감소. 줄어듦. 줄임.
減損〔げんそん〕감손. 줄어듦. 줄임.
減収〔げんしゅう〕감수. 수입, 수확이 줆.
減食〔げんしょく〕감식. 식사를 줄임.
減退〔げんたい〕감퇴. 줄어듦. 쇠약해짐.
減刑〔げんけい〕감형. 형벌을 가볍게 함.

〔感〕 풀：느낄 감.
音：**カン**
訓：

感〔かん〕느낌. 기분. 마음. 감동.
感じる〔かんじる〕(自他上1) 느끼다. 감동하다.
感じ〔かんじ〕① 느낌. 기분. 분위기. ② 감각. ③ 인상.
感じ易い〔かんじやすい〕(形) 감수성이 예민하다. 다감하다.
感じ入る〔かんじいる〕(自5) 깊이 감동하다.
感覚〔かんかく〕감각. 느낌.
感激〔かんげき〕감격. 마음에 깊이 느낌.
感度〔かんど〕감도. 감응(感応)하는 정도.
感動〔かんどう〕감동. 깊이 느껴 마음이 움직임.
感銘〔かんめい〕감명. 감격하여 명심함.
感冒〔かんぼう〕감기(感気).
感謝〔かんしゃ〕감사. 고맙게 여김.
感想〔かんそう〕감상. 소감.
感傷的〔かんしょうてき〕감상적.
感受性〔かんじゅせい〕감수성.
感心〔かんしん〕감심. 깊이 마음에 느낌.
感染〔かんせん〕감염. 옮아서 물듦.
感応〔かんのう〕감응. 반응.
感情〔かんじょう〕감정. 느낌. 기분. 생각.
感知〔かんち〕감지. 느끼어 앎.
感触〔かんしょく〕감촉. 느낌.
感化〔かんか〕감화. 마음의 변화.

〔監〕 풀：볼 감. 벼슬감. 감옥 감.
音：**カン**
訓：

監禁〔かんきん〕감금. 가두어 자유를 속박하고 감시함.
監督〔かんとく〕감독. 보살피어 단속함.
監理〔かんり〕감리. 감독하고 관리함.
監房〔かんぼう〕감방. 죄인을 가두는 방.
監事〔かんじ〕감사. 단체의 업무, 재산을 감사(監査)하는 사람.
監査〔かんさ〕감사. 감독하고 검사함.
監修〔かんしゅう〕감수. 책의 저술, 편찬을 지도 감독함.
監視〔かんし〕감시. 주의하여 지킴.
監獄〔かんごく〕감옥. 교도소. 형무소.
監察〔かんさつ〕감찰. 감시하여 살핌.

〔憾〕 풀：섭섭할 감.
音：**カン**
訓：**うらむ**

憾む〔うらむ〕(他5) 유감스럽게 여기다. 유감스럽게 생각하다. ～くは；유감스러운 것은. 분한 것은.
憾み〔うらみ〕흠. 결점. 유감.

音　読

憾事〔かんじ〕유감스러운 일.
憾恨〔かんこん〕원한. 유감.
憾悔〔かんかい〕감회. 유감스러움과 후회.

〔鑑〕 풀：거울 감. 살필 감.
音：**カン**
訓：**かんがみる**.

鑑みる〔かんがみる〕(他上1) ① 비추어 보다. 감안하다. ② 본 받다. 모범으로 삼다.

音　読

鑑別〔かんべつ〕감별. 보고 판단함.
鑑査〔かんさ〕감사. 감정하고 검사함.

鑑賞〔かんしょう〕감상. 예술품의 아름다움을 깊이 맛봄.
鑑識〔かんしき〕감식. 보고 판단함.
鑑定〔かんてい〕감정. ① 진짜인지 가짜인지를 판별함. ② 정도나 가치를 따짐.
鑑札〔かんさつ〕감찰. 허가증.

【갑】

〖甲〗
풀：갑옷 갑. 첫째 갑.
音：① **カン** ② **コウ**
訓：

甲〔かん〕맑고 높은 목소리.
〔かぶと〕투구.
〔きのえ〕갑. 천간(天干)의 첫째.
〔こう〕① 갑. ② 딱딱한 껍질. 손,발등.
〔よろい〕갑옷.

音 読 ①

甲高い〔かんだかい〕(形) (목소리가) 가늘고 높고 날카롭다.
甲走る〔かんばしる〕(自5) (목소리가) 가늘고 높고 날카롭게 울리다.
甲板〔かんぱん：こうはん〕갑판.

音 読 ②

甲高〔こうだか〕손등이나 발등이 높음.
甲掛け〔こうがけ〕손등이나 발등을 보호하기 위하여 씌우는 천.
甲論乙駁〔こうろんおつばく〕갑론 을박.
甲状線〔こうじょうせん〕갑상선.
甲種〔こうしゅ〕갑종. 으뜸가는 종류.

例 外

甲斐〔かい〕보람. 효과. 효험.
甲子〔かっし：きのえね〕60갑자의 갑자.
甲冑〔かっちゅう〕갑주. 투구와 갑옷.
甲虫〔かぶとむし：こうちゅう〕투구 벌레. 투구 풍뎅이.

〖岬〗
풀：산기슭 갑.
音：**コウ**
訓：**みさき**

岬〔みさき〕갑. 곶. 호수나 바다로 뾰족하게 나온 땅.

【강】

〖江〗
풀：물 강.
音：**コウ**
訓：**え**

江〔え〕바다나 호수가 육지로 깊숙히 들어간 곳. 작은 만.
江戸〔えど〕東京의 옛 이름.
江戸幕府〔えどばくふ〕徳川家康가 1603년에 江戸에 설치한 幕府.
江戸寿司〔えどずし〕(大阪寿司에 대하여) 江戸식 초밥. 쥐어 뭉친 초밥.
江戸時代〔えどじだい〕徳川氏가 정권을 잡았던 시대(1603~1867).
江戸っ子〔えどっこ〕東京토막이. 서울나기.
江戸紫〔えどむらさき〕남색이 강한 보라.
江戸前〔えどまえ〕① 江戸식. ② 東京 앞바다에서 잡히는 고기.

音 読

江山〔こうざん〕강산. 산과 강.
江上〔こうじょう〕강상. 강위. 강가.
江心〔こうしん〕강심. 강의 中心.
江月〔こうげつ〕강월. 강 위를 비추는 달.
江村〔こうそん〕강촌. 냇가의 마을.
江湖〔こうこ〕강호. 세상. 사회.

〖岡〗
풀：산등성이 강. 언덕 강.
音：**コウ**
訓：**おか**

岡〔おか〕언덕. 작은 산. 丘陵.
岡目〔おかめ〕곁눈질.
岡目八目〔おかめはちもく〕본인보다 제 3자가 사물의 시비 곡직을 더 잘 앎. (실력 8급은 훈수 초단이라는 말).
岡辺〔おかべ〕언덕 근처.
岡山〔おかやま〕日本 中部地方의 県.
岡焼き〔おかやき〕남의 일에 공연히 질투하는 것.
岡場所〔おかばしょ〕(江戸時代의) 사창가.
岡持ち〔おかもち〕요리 배달 상자.

音 読

岡陵〔こうりょう〕크고 작은 언덕.
岡阜〔こうふ〕언덕.

〖降〗
풀：① 내릴 강. ② 항복할 항.
音：**コウ**
訓：① **おりる** ② **おろす** ③ **ふらす** ④ **ふる**

❶ **降りる**〔おりる〕(自上1) ① (차에서) 내리다. ② (熱, 물가가) 내리다. ③ (서리, 이슬이) 내리다.
降り口〔おりくち：おりぐち〕내려가는 출구.
降り立つ〔おりたつ〕(自5) 내려서다.
❷ **降ろす**〔おろす〕(他5) ① 내리게 하다. ② 낮추다. ③ 낙태시키다. ④ 베어내리다.
❸ **降らす**〔ふらす〕(他5) (비, 눈 따위를) 내리게하다.
❹ **降る**〔ふる〕(自5) (비, 눈이) 내리다. 오다.
降り〔ふり〕(비, 눈 따위가) 내림.
降りみ降らずみ〔ふりみふらずみ〕(비, 눈이) 오다 말다 함.
降り籠める〔ふりこめる〕(自下1) (비가 와서) 외출할 수 없게 되다.
降り暮らす〔ふりくらす〕(自5) 하루 종일 비나 눈이 내리다.
降り癖〔ふりぐせ〕무슨 일이 있을 때마다 비가 옴.
降り敷く〔ふりしく〕(自5) (비나 눈이) 내려 땅을 내려덮다.
降り頻る〔ふりしきる〕(自5) (비, 눈이)

심하게 내리다.
降り込む〔ふりこむ〕(自5)(비, 눈이) 들이치다. **窓から～**; 창문으로 들이치다.
降り積もる〔ふりつもる〕(自5)(눈이) 내려 쌓이다.
降り注ぐ〔ふりそそぐ〕(自5)(비가) 내리쏟아지다. (햇빛이) 내리쬐다.
降り止む〔ふりやむ〕(自5)(비, 눈이) 내리다가 그치다.
降り懸かる〔ふりかかる〕(自5) 내려 덮이다. 몸에 내려 덮이다.

連濁音에 注意

大降り〔おおぶり〕(비, 눈이) 많이 내림.
本降り〔ほんぶり〕(비, 눈이) 본격적으로 내림. **～になる**; 본격적으로 내리다.
小降り〔こぶり〕(비, 눈이)적게 내림.
土砂降り〔どしゃぶり〕억수같이 쏟아지는 비.

音 読

降級〔こうきゅう〕강급. 등급을 낮춤.
降給〔こうきゅう〕강급. 급료를 줄임.
降壇〔こうだん〕강단. ①단상에서 내려 옴. ②교직을 그만 둠.
降臨〔こうりん〕강림. ①하늘에서 신이 내려옴. ②貴人이 그곳에 옴.
降魔剣〔ごうまけん〕악마를 항복시키는 不動明王이 손에 든 劍.
降兵〔こうへい〕항복한 군인.
降伏〔こうふく〕항복. 적에게 굴복함.
〔ごうぶく〕부처의 힘으로 악마를 물리침.
降服〔こうふく〕항복. 적에게 굴복함.
降霜〔こうそう〕강상. 서리가 내림.
降雪〔こうせつ〕강설. 눈이 내림.
降水量〔こうすいりょう〕강수량. 하늘에서 내리는 비, 눈의 양.
降雨〔こうう〕강우. 비가 내림.
降人〔こうじん：こうにん〕항복한 사람.
降参〔こうさん〕항복. 적에게 굴복함.
降誕〔こうたん〕성인이나 귀인이 태어남.
降誕祭〔こうたんさい〕그리스도 예수가 태어난 날을 축하하는 축제.
降誕会〔こうたんえ〕석가가 태어난 날을 축하하는 法会.
降下〔こうか〕강하. 내려감.

〔剛〕
풀：굳셀 강.
音：**ゴウ**
訓：

剛強〔ごうきょう〕완강함. 고집이 셈.
剛健〔ごうけん〕강건. 튼튼하고 힘이 셈.
剛気〔ごうき〕①굳센 기상. ②굉장함.
剛胆〔ごうたん〕대담함. 담이 큼.
剛力〔ごうりき〕힘이 대단히 셈.
剛猛〔ごうもう〕굳세고 용감함.
剛腹〔ごうふく〕배짱이 세고 도량이 넓음.
剛勇〔ごうゆう〕대단히 용감함.
剛柔〔ごうじゅう〕굳셈과 부드러움.
剛腸〔ごうちょう〕담이 큼. 대담함.
剛の者〔ごうのもの〕호걸. 강자.
剛直〔ごうちょく〕강직. 굳세고 정직함.

〔康〕
풀：편안 강.
音：**コウ**
訓：

康健〔こうけん〕강건. 건강. 건장.
康寧〔こうねい〕강녕. 병이 없이 건강함.
康福〔こうふく〕강복. 편안하고 행복함.
康平〔こうへい〕강평. 세상이 평화로움.

〔強〕
풀：강할 강. 굳셀 강.
音：①**キョウ** ②**ゴウ**
訓：①しいて ②しいる ③つよい ④こわい ⑤つよがる ⑥つよまる ⑦つよめる ⑧あながち ⑨したたか

❶**強いて**〔しいて〕(副) ①억지로. ②구태여.
❷**強いる**〔しいる〕(他上1) 강요하다. 강권하다. 억지로 하게 하다.
❸**強い**〔つよい〕(形) ①(힘이)세다. 강하다. 세차다. ②단단하다. 튼튼하다.
❹**強い**〔こわい〕(形) ①질기다. 딱딱하다. 되다. ②풀이 세다. 뻣뻣하다.
❺**強がる**〔つよがる〕(自5) 강한 체 하다. 강한 것을 자랑하다.
❻**強まる**〔つよまる〕(自5) 강해지다. 세지다.
❼**強める**〔つよめる〕(他下1) 강하게 하다. 세게 하다.
❽**強ち**〔あながち〕(副) ①반드시. (부정이 뒤따름). ②억지로. 무리하게.
❾**強か**〔したたか〕①세게. ②몹시. **～者**; 만만찮은 사람. 다루기 힘든 사람.

파 생 어

強さ〔つよさ〕강한 정도. 강도(強度).
強気〔つよき〕①마음이 강함. 성미가 강함. ②시세가 올라간다고 생각함.
強味〔つよみ〕①強度. 세기. ②유리한 점. 장점. 강점. 든든한 힘.
強腰〔つよごし〕①배짱이 셈. ② 강경한 태도. 강경함.
強含み〔つよふくみ〕시세가 오를 듯함.
強火〔つよび〕화력이 센 불.

파 생 어

強強い〔こわじい〕강제로 함.
強談判〔こわだんぱん〕강경한 담판.
強飯〔こわめし：こわいい〕(팥을 넣고) 찜통에 찐 찰밥.
強意見〔こわいけん〕강경한 의견.
強者〔こわもの〕강자. 힘이 센 사람.
強張る〔こわばる〕(自5)(얼굴 표정이)굳어지다. 딱딱해지다.

音 読 ①

強健〔きょうけん〕강건. 건강하고 튼튼함.
強硬〔きょうこう〕강경. 굽히지 않음.
強国〔きょうこく〕강국. 国力이 강한 나라.
強権〔きょうけん〕강권. 강제적인 권력.
強大〔きょうだい〕강대. 튼튼하고 큼.
強度〔きょうど〕강도. 강한정도. 세기.
強力〔きょうりょく〕강력. 힘이 셈.
〔ごうりき〕등산의 길 안내자.
強烈〔きょうれつ〕강렬. 세차고 맹렬함.
強売〔きょうばい〕강매. 강제로 팖.

強心剤〔きょうしんざい〕강심제.
強圧〔きょうあつ〕강압. 강제로 억누름.
強弱〔きょうじゃく〕강약. 강함과 약함.
強要〔きょうよう〕강요. 무리하게 요구함.
強壮〔きょうそう〕강장. 튼튼함.
強敵〔きょうてき〕강적. 강한 적수.
強精剤〔きょうせいざい〕강정제.
強制〔きょうせい〕강제. 억지로 시킴.
強調〔きょうちょう〕강조. 강력히 주장함.
強打〔きょうだ〕강타. 강하게 때림.
強風〔きょうふう〕강풍. 강한 바람.
強行〔きょうこう〕강행. 강제로 시행함.
強化〔きょうか〕강화. 세게 하는 것.

音 読 ②

強姦〔ごうかん〕강간. 억지로 간음함.
強弓〔ごうきゅう : きょうきゅう〕강궁. 센 활. 센 활을 쏘는 사람.
強談〔ごうだん〕강경한 담판.
強盗〔ごうとう〕강도. 폭력으로 도둑질을 하는 사람.
強力〔ごうりき〕등산의 길 안내자.
〔きょうりょく〕강력. 힘이 셈.
強勢〔ごうせい〕강세. 세력이 강함.
強訴〔ごうそ〕강소. 떼를 지어 호소함.
強悪〔ごうあく〕대단히 나쁨.
強欲〔ごうよく〕만족을 모르는 욕심.
強引〔ごういん〕①(씨름에서) 세게 잡아 당김. ②억지로 강행함.
〔きょういん〕세게 당김.
強情〔ごうじょう〕고집이 셈. ～をはる ; 고집을 부리다.
強奪〔ごうだつ〕강탈. 강제로 빼앗음.

〔腔〕 풀 : 속빌 강.
音 : コウ
訓 :

腔子裏〔こうしり〕몸속.
腔腸〔こうちょう〕해파리 따위의 動物의 体内에서 영양을 돌보는 곳.
口腔〔こうこう〕구강. 입안.

〔綱〕 풀 : 벼리 강. 근본 강.
音 : コウ
訓 : つな

綱〔つな〕①밧줄. ②씨름왕.
綱開き〔つなびらき〕고기잡이 떠난 배가 무사히 돌아오기를 빌던 의식.
綱具〔つなぐ〕밧줄을 이용하는 기구.
綱渡り〔つなわたり〕①줄타기. ②모험.
綱手〔つなで〕배를 끄는 밧줄.
綱引き〔つなひき〕①줄다리기. ②물체에 줄을 매고 끄는 것.

連濁音에 注意

手綱〔たづな〕(말)고삐.
引き綱〔ひきづな〕끄는 줄.

音 読

綱紀〔こうき〕강기. 기강. 국가의 大法.
綱領〔こうりょう〕강령. ①요점. ②어떤 단체의 근본 방침.
綱目〔こうもく〕강목. 요점.
綱要〔こうよう〕강요. 요점.
綱条〔こうじょう〕국가를 다스리는 大法과 細則.

〔鋼〕 풀 : 강철 강.
音 : コウ
訓 : はがね

鋼〔はがね〕강철.

音 読

鋼管〔こうかん〕강관. 강철로 만든 관.
鋼材〔こうざい〕강재. 강철을 가공한 것.
鋼鉄〔こうてつ〕강철.
鋼板〔こうばん〕강판. 강철판.
鋼筆〔こうひつ〕강필. 鉄筆.
鋼筆版〔こうひつばん〕강필판. 謄写版.

〔講〕 풀 : 강론할 강. 강구할 강.
音 : コウ
訓 :

講じる〔こうじる〕(他上1) ①강의하다. ②강구하다. ③꾀하다.
講究〔こうきゅう〕강구. 좋은 방법을 궁리함.
講壇〔こうだん〕강단. 강의하는 높은 땅.
講談〔こうだん〕政談, 武勇談, 伝説따위를 관객 앞에서 口演함.
講堂〔こうどう〕강당. 의식에 쓰는 큰 방.
講読〔こうどく〕강독. 글을 강의, 토론하며 읽음. 책을 읽고 뜻을 밝힘.
講論〔こうろん〕강론. 학술적으로 토론함.
講師〔こうし〕강사.
講釈〔こうしゃく〕사물의 뜻을 강의하여 해석함.
講習〔こうしゅう〕강습. 배우고 익힘.
講演〔こうえん〕강연. 강의함.
講議〔こうぎ〕강의. 학설이나 책의 의미를 풀어 가르침.
講座〔こうざ〕강좌. 강습회.
講和〔こうわ〕강화.

【개】

〔介〕 풀 : 낄 개. 중개할 개.
音 : カイ
訓 :

介す〔かいす〕(他5) 개입시키다. 끼우다.
介する〔かいする〕(他サ) ⇨介す
介立〔かいりつ〕①혼자서 일을 처리함. ②둘 사이에 섬.
介士〔かいし〕갑옷을 몸에 걸친 남자.
介意〔かいい〕개의. 마음에 둠.
介入〔かいにゅう〕개입. 사건에 끼어 듦.
介在〔かいざい〕개재. 사이에 끼어 있음.
介錯〔かいしゃく〕①시중을 듦. ②割腹하는 사람의 목을 자름. 또는 그 사람.
介添え〔かいぞえ〕시중을 듦.
介抱〔かいほう〕병간호.

〔改〕 풀 : 고칠 개. 바꿀 개.
音 : カイ
訓 : ①あらたまる②あらためる

❶改まる〔あらたまる〕(自5) ① 바뀌다. 고쳐지다. 개선되다. ② 격식을 차리다. 정색하다. ③ (병이) 갑자기 악화되다.
❷改める〔あらためる〕(他下1) ①고치다. 변경하다. 새롭게 하다. ② 조사하다. 검사하다.
改めて〔あらためて〕(副) ① 딴 기회에. 다시. ② 새삼. 새삼스럽게. .
改め〔あらため〕① 변경. 고침. ② 용의자의 일제 조사.

音　読

改刊〔かいかん〕개간. 고치어 간행함.
改良〔かいりょう〕개량. 나쁜 점을 고치어 좋게 함.
改名〔かいめい〕개명. 이름을 고침. .
改変〔かいへん〕개변. 고쳐 바꿈.
改善〔かいぜん〕개선. 잘못을 고치어 좋게 함.
改修〔かいしゅう〕개수. 잘못된 데를 고치어 수정함.
改作〔かいさく〕개작. 고쳐 다시 지음.
改正〔かいせい〕개정. 틀린 데를 고침.
改定〔かいてい〕개정. 고쳐 다시 정함.
改造〔かいぞう〕개조. 다시 고쳐 만듦.
改札口〔かいさつぐち〕개찰구.
改替〔かいたい〕개체. 고치어 바꿈.
改称〔かいしょう〕개칭. 칭호를 고침.
改廃〔かいはい〕개폐. 고침과 폐지함.
改革〔かいかく〕개혁. 새롭게 뜯어 고침.

〔芥〕

풀 : 겨자 개. 짚검불 개.
音 : カイ
訓 : あくた

芥〔あくた〕티끌. 먼지. 쓰레기.
芥子〔かいし : からし〕겨자.
芥視〔かいし〕먼지처럼 얕봄.
芥塵〔かいじん〕먼지와 쓰레기.
芥屑〔かいせつ〕먼지. 휴지. 쓰레기.

〔皆〕

풀 : 다 개. 모두 개.
音 : カイ
訓 : みな : みんな

皆〔みな : みんな〕모두. 다. 전부. ～がら : 남김없이. 모두.
皆皆様〔みなみなさま〕여러분들.
皆殺し〔みなごろし〕몰살. 모두 죽음.
皆様〔みなさま〕여러분.

音　読

皆勤〔かいきん〕개근. 하루도 빠지지 않고 근무함.
皆既食〔かいきしょく〕개기식. 皆既月食과 皆既日食의 総称.
皆目〔かいもく〕전혀. 도무지. 전연.
皆無〔かいむ〕개무. 아무것도 없음.
皆伝〔かいでん〕(芸道, 武術등의 비법을) 스승으로부터 모두 이어 받음.
皆済〔かいさい〕개제. ① 죄다 마침. ② 모두 갚음. 다 갚음.

〔個〕

풀 : 낱 개.
音 : ① カ ② コ
訓 :

音 読 1

個所〔かしょ〕개소. 장소. 군데.
個条〔かじょう〕개조. 낱낱의 조목.
個条書き〔かじょうがき〕개조서. 낱낱의 조항으로 나누어 쓴 것.
一個月〔いっかげつ〕二個月〔にかげつ〕

音 読 2

個個〔ここ〕개개. 낱낱. 하나하나
個別〔こべつ〕개별. 낱낱이 따로 나눔.
個性〔こせい〕개성. ①타고난 특유의 성격 ②예술 작품에 나타난 작가의 특질. .
個数〔こすう〕개수. 셀 수 있는 물건의 수효.
個人〔こじん〕개인. 개개의 사람.
個中〔こちゅう〕개중. 여럿 있는 그 중.
個体〔こたい〕개체. 독립하여 존재하는 낱낱의 물체.

〔疥〕

풀 : 옴 개.
音 : カイ
訓 :

疥癘〔かいれい〕개려. 몹시 가려운 신경성 피부병의 하나.
疥癬〔かいせん〕개선. 옴.

〔剴〕

풀 : 낫 개. 가까울 개
音 : ガイ
訓 :

剴到〔がいとう〕개도. 알맞게 적절히 맞음.
剴切〔がいせつ〕개절. 아주 적절함.

〔凱〕

풀 : 싸움 이길 개. 화할 개.
音 : ガイ
訓 :

凱歌〔がいか〕개가. 승리를 축하하는 노래. 개선할 때 부르는 노래.
凱旋〔がいせん〕개선. 싸움에 이기고 돌아옴.
凱楽〔がいがく〕개악. 싸움에 이기고 개선할 때의 軍楽.
凱弟〔がいてい〕개제. 평안하게 즐김.
凱風〔がいふう〕개풍. 온화한 바람.

〔開〕

풀 : 열 개. 열릴 개. 필 개.
音 : カイ
訓 : ①あく ②ひらく ③あける ④ひらける.

❶開く〔あく〕(自5) 열리다.
❷開く〔ひらく〕(自5) ① (꽃이)피다. ② 열리다. ③ 간격이 생기다. (他5) ① 열다. 펴다. ② 일으키다. 시작하다. ③ 개간하다. 개척하다. ④ 트다. 터놓다. ⑤ 개최하다. ⑥ (수학에서) 근(根)을 구하다.
開き〔ひらき〕① 열림. ② 벌어짐. 차이. ③ 시작. 개시. ④ 개척. ⑤ (연회의)끝. 해산. ⑥ 생선의 내장을 꺼내고 말린 것.
開き封〔ひらきふう〕개봉. 봉하지 않음.
開き直る〔ひらきなおる〕(自5) ① 정색하고 나오다. ② 돌변하여 위압적으로 나오다.
開き戸〔ひらきど〕여닫게 된 문.

連濁音에 注意

両開き〔りょうびらき〕양쪽으로 열림.

店開き〔みせびらき〕개점. 개업.
半開き〔はんびらき〕①반쯤 열림. ②반쯤 핌
❸ **開ける**〔あける〕(他下1) ① 열다. ②(사이를) 비우다. 띄우다.
❹ **開ける**〔ひらける〕(自下1) ① 열리다. 트이다. ② 발전하다. 개화되다. ③ 이해심이 많다.
開け放す〔あけはなす〕(他5) (문을) 활짝 열어 놓다.
開けっ放し〔あけっぱなし〕① 열어 놓은 채로 둠. 개방. ② 개방적. 노골적.
開け放つ〔あけはなつ〕(他5) ⇨ **開け放す**
開け払う〔あけはらう〕(他5) ① (문을) 활짝 열어 젖히다. 떼어 치우다. ② (집, 방을) 비워주다. 내어주다. 명도하다.
開け閉て〔あけたて〕여닫기.
開け閉め〔あけしめ〕여닫음. 개폐.

音　読

開墾〔かいこん〕개간. 황무지를 개척하여 처음으로 논밭을 만드는 일.
開講〔かいこう〕개강. ① 강좌나 강습회를 시작함. ② 講経을 시작함.
開坑〔かいこう〕개갱. 광산에서 광물을 파기 위하여 굴을 뚫음.
開渠〔かいきょ〕개거. 上部를 덮지 않고 그대로 터 놓은 水路.
開館〔かいかん〕개관. 박물관, 도서관 등의 설비를 차려 놓고 처음으로 여는 일.
開校〔かいこう〕개교. 새로 세운 학교에서 처음으로 학교 일을 시작함.
開口〔かいこう〕개구. ① 입을 벌림. ② 입을 열어 말을 함.
開国〔かいこく〕개국. ① 나라를 세로 세움. ② 외국과 교섭을 시작함.
開掘〔かいくつ〕개굴. 파서 헤치어 냄.
開巻〔かいかん〕개권. 책의 첫머리.
開襟〔かいきん〕개금. ① 옷깃을 엶. ② 흉금을 털어 놓음.
開基〔かいき〕개기. ① 터를 닦음. ② 절을 건립함. 또는 그 사람.
開冬〔かいとう〕개동. 초겨울.
開立〔かいりゅう〕(数) 개립. 세재곱근 풀이.
開幕〔かいまく〕개막. ① 연극할 때 막을 올리거나 엶. ② 일을 시작함.
開明〔かいめい〕개명. 사람의 지혜가 열리고 문화가 발달됨.
開門〔かいもん〕개문. 문을 엶.
開発〔かいはつ〕개발. ① 山野를 개척하여 발전시킴. ② 천연 자원을 인간 생활에 유용하게 함. ③ 어린이의 창의성을 불러 일으킴.
開法〔かいほう〕(数) 개법. 평방근의 제곱
開闢〔かいびゃく〕개벽. ① 천지가 처음으로 생김. ② 천하가 어지럽게 뒤집힘.
開腹〔かいふく〕개복. 수술하기 위해 배를 가르는 것.
開復〔かいふく〕개복. 되돌림. 되돌아 감.
開封〔かいふう〕개봉. ① 봉한 것을 엶. ② 봉하지 않은 편지. ③ 영화를 처음으로 상영함.
開府〔かいふ〕개부. 관청을 설치하여 관리를 두는 것.
開士〔かいし〕개사. (仏) 보살의 号称
開山〔かいさん〕개산. 寺院이나 宗派를 새로 세워 창시함. 또는 그 사람.
開設〔かいせつ〕개설. ① 새로 설치함. ② 은행에서 신용장을 발행함.
開城〔かいじょう〕개성. ① 성문을 엶. ② 항복함.
開所〔かいしょ〕개소. 사무소 등을 열어 처음으로 사무를 시작함.
開市〔かいし〕개시. ① 시장을 열어 장사를 시작함. ② 가게를 열고 처음 매매함.
開示〔かいじ〕개시. ① 열어서 보임. ②가르쳐 타이름.
開始〔かいし〕개시. 비로소 시작함.
開式〔かいしき〕개식. 식을 시작함.
開申〔かいしん〕개신. ① 자기가 한 일을 웃사람에게 보고함. ② 내용이나 사정을 밝혀 말함.
開顔〔かいがん〕개안. 활짝 웃는 얼굴.
開眼 ①〔かいがん〕보이지 않든 눈이 뜨임 ②〔かいげん〕(仏) 새로 만든 불상을 공양하는 의식.
開業〔かいぎょう〕개업. 영업을 시작함.
開演〔かいえん〕개연. 연극을 시작함.
開裂〔かいれつ〕개열. ① 터지어 엶. ② 터뜨려 엶.
開悟〔かいご〕개오. 진리를 깨달음.
開運〔かいうん〕개운. 좋은 운수가 열림.
開元〔かいげん〕개원. ① 근본을 엶. ② 나라를 엶.
開院〔かいいん〕개원. ① 국회가 열림. ② 병원 등을 개업함.
開園〔かいえん〕개원. 동물원, 유원지 등을 열어 사람을 들어 가게 함.
開議〔かいぎ〕개의. 사건의 토의를 시작.
開帳〔かいちょう〕개장. ① 평소에는 보이지 않던 仏像을 信者에게 보여 줌. ② 도박장을 엶.
開場〔かいじょう〕개장. ① 일정한 장소를 공개함. ② 입장시킴.
開張〔かいちょう〕개장. 전개하여 넓게 벌여 놓음.
開展〔かいてん〕개전. ① 展開함. ② 진보하고 발전함.
開戦〔かいせん〕개전. 전쟁을 시작함.
開店〔かいてん〕개점. ① 처음으로 가게를 시작함. ② 문을 열고 영업을 시작함.
開廷〔かいてい〕개정. 재판을 시작하기 위하여 法廷을 엶.
開済〔かいさい〕개제. 임금을 補導하고 백성을 救済함.
開祖〔かいそ〕개조. 무슨 일을 처음으로 시작한 그 一派의 元祖.
開陳〔かいちん〕개진. 의견 등을 진술함.
開進〔かいしん〕개진. 개화하여 進歩함.

開札〔かいさつ〕개찰. 入札, 또는 투표상자를 열어 조사함.
開拓〔かいたく〕개척. ① 황무지를 일구어 논밭을 만듦. ② 새로운 분야를 발전시킴 ③ 영토를 확장함.
開催〔かいさい〕개최. 회합을 엶.
開秋〔かいしゅう〕개추. 아른 가을. 초가을.
開春〔かいしゅん〕개춘. 초봄. 이른 봄.
開通〔かいつう〕개통. 통행을 시작함.
開閉〔かいへい〕개폐. 열고 닫음.
開票〔かいひょう〕개표. 투표함을 열고 투표의 결과를 조사함.
開港〔かいこう〕개항. 항구를 개방하여 통상을 허락함.
開化〔かいか〕개화. 지혜가 열리고 사상과 풍속이 진보함.
開花〔かいか〕개화. 꽃이 핌.
開豁〔かいかつ〕개활. ① 막힘이 없이 앞이 너르게 튀어 있음. ② 마음이 크고 넓은 것.
開会〔かいかい〕개회. 회의나 회합을 시작함.

〔箇〕 풀：낱 개.
音：カ
訓：

箇所〔かしょ〕個所로 代用.
箇条書き〔かじょうがき〕個条書き로 代用
一箇月는 一個月로 代用.

〔慨〕 풀：슬퍼할 개. 분격할 개.
音：ガイ
訓：

慨する〔がいする〕(他サ) 개탄하다. 분개하다.
慨憤〔がいふん〕개분. 분개. 개탄.
慨世〔がいせい〕개세. 세상을 개탄함.
慨然〔がいぜん〕개연. 분개함.
慨嘆〔がいたん〕개탄. 분개.
慨恨〔がいこん〕개한. 탄식하며 원망함.

〔蓋〕 풀：뚜껑 개. 덥개 개.
音：ガイ
訓：ふた

蓋〔ふた〕뚜껑. 덮개.
蓋明〔ふたあけ〕개시. 뚜껑을 엶.
蓋物〔ふたもの〕덮개(뚜껑) 있는 그릇.

音　読

蓋笠〔がいりゅう〕개립. 쓰는 삿갓.
蓋世〔がいせい〕개세. 위력이 세상을 덮을 만한 큰 권세.
蓋壌〔がいじょう〕개양. 하늘과 땅.
蓋然〔がいぜん〕개연. 아마 그러리라고 추정하는 것.
蓋蔵〔がいぞう〕개장. 창고에 넣어 둠.

〔概〕 풀：대개 개. 절개 개.
音：ガイ
訓：おおむね

概ね〔おおむね〕(副)대체로. 대개. 대강.

音　読

概して〔がいして〕(副)대체로. 일반적으로
概見〔がいけん〕개견. 대강 살펴봄.
概観〔がいかん〕개관. ① 대충 살펴봄. ② 그림에서 윤곽, 명암, 색채, 구도 따위.
概括〔がいかつ〕개괄. 대충대충 추려 한데 뭉침.
概念〔がいねん〕개념. 많은 관념 중에서 공통되는 것을 뽑아 종합하여 얻어지는 하나의 관념.
概略〔がいりゃく〕개략. 대략. 개요.
概論〔がいろん〕개론. 전체의 내용을 추려서 대강 논함.
概算〔がいさん〕개산. 대충 계산함.
概数〔がいすう〕개수. 대강의 수.
概説〔がいせつ〕개설. 大要를 말함.
概言〔がいげん〕개언. 概要를 말함.
概要〔がいよう〕개요. 대략. 大要.
概評〔がいひょう〕개평. 개괄적인 비평.
概況〔がいきょう〕개황. 대강의 상황.

【객】

〔客〕 풀：손 객.
音：① キャク ② キャッ ③ カク ④ カッ

お客〔おきゃく〕① 손님. ② 승객.
客あしらい〔きゃくあしらい〕손님을 다룸.
客間〔きゃくま〕손님을 접대하는 방. 객실.
客筋〔きゃくすじ〕손님의 질. 손님의 종류.
客勤め〔きゃくづとめ〕손님을 접대하는 직업. 특히 창녀의 직업.
客扱い〔きゃくあつかい〕① 손님 접대 방법. ② 여객 수송에 관한 업무.
客寄せ〔きゃくよせ〕손님의 관심을 끌어서 오게 함.
客待ち〔きゃくまち〕(택시 등이) 손님을 기다림. 또는 그 곳.
客来〔きゃくらい〕손님이 찾아옴.
客坊〔きゃくぼう〕(절에서)참배자 등이 묵는 건물.
客分〔きゃくぶん〕손님으로서의 대우.
客舎〔きゃくしゃ〕객사. 객지의 숙소. 여관.
客商売〔きゃくしょうばい〕손님을 접대하는 영업. (例：여관. 음식점.)
客席〔きゃくせき〕객석. 손님의 좌석.
客船〔きゃくせん〕객선. 여객을 태우는 배.
客膳〔きゃくぜん〕손님을 접대하는 밥상.
客受け〔きゃくうけ〕손님들 간의 평판.
～がいい; 손님들에게 평판이 좋다.
客僧〔きゃくそう〕객승. ① 다른 절에 초대되어 간 승려 ② 修道를 위해 돌아 다니는 승려.
客室〔きゃくしつ〕객실. 응접실.
お客様〔おきゃくさま〕손님.
客語〔きゃくご〕객어. (文法에서) 目的語.
客演〔きゃくえん〕객연. 전속이 아닌 배우가 임시로 초빙되어 출연함.
客用〔きゃくよう〕객용. 손님용.

客位〔きゃくい〕객위 ① 손님의 좌석 ② 主된 것에 대한 従의 지위.
客人〔きゃくじん〕객인. 손님.
客引き〔きゃくひき〕손님을 끄는 일.
客員〔きゃくいん〕객원. 정규 회원이나 사원은 아니지만 賓客으로 대우를 받는사람.
客殿〔きゃくでん〕손님을 접대하는 御殿
客足〔きゃくあし〕顧客의 출입.
客種〔きゃくだね〕손님의 질. 손님의 종류.
客座敷〔きゃくざしき〕손님을 접대하는 방. 객실.
客止め〔きゃくどめ〕만원이 되어 손님의 입장을 사절함.
客車〔きゃくしゃ〕객차. 여객 열차.
客体〔きゃくたい〕객체. ①意志나 행위의 목적물. ② 대상
客好き〔きゃくずき〕손님이 오는 것이나 손님을 부르기를 좋아함.

音読 ②

客観〔きゃっかん〕객관. 자기 마음 이외의 것. 認識作用의 대상이 되는 것.

音読 3

客年〔かくねん〕객년. 작년. 지난해.
客冬〔かくとう〕객동. 지난 겨울.
客臘〔かくろう〕객랍. 구랍(舊臘)
客舎〔かくしゃ〕객사. 객지의 숙소.
客歳〔かくさい〕지난해. 작년.
客愁〔かくしゅう〕객수. 여수(旅愁)
客死〔かくし〕객사. 객지에서 죽음.
客月〔かくげつ〕객월. 지난 달.
客員〔かくいん〕객원. 손님으로서 특별한 대우를 받는 사람.
客將〔かくしょう〕손님으로서 대우받고 있는 장수.
客中〔かくちゅう〕객중. 여행중.
客地〔かくち〕객지. 여행지.
客土〔かくど〕객토. ① 客地. ② 토질을 개량하기 위하여 다른 곳에서 가져온 흙.

音読 4

客気〔かっき〕객기. 혈기(血気).

〔喀〕
풀：토할 객.
音：① カク ② カッ
訓：

音読 ①

喀痰〔かくたん〕객담. 담을 뱉음. 또는 뱉은 그 담.

音読 ②

喀血〔かっけつ〕객혈. 각혈. 피를 토함.

【갱】

〔更〕
풀：① 다시 갱 ② 고칠 경.
音：コウ
訓：① さら ② さらに ③ ふかす ④ ふける

❶ 更〔さら〕새로움. 새 것
❷ 更に〔さらに〕① 더구나. 다시금. 그 위에. ② 다시 한번. ③ 조금도. ④ 거듭.
更なり〔さらなり〕말할 것도 없다. 물론.
更更ない〔さらさらない〕전혀 없다. 결코 없다. 조금도 없다.
更紗〔さらさ〕五彩로써 새, 짐승, 꽃, 나무, 또는 기하학적 무늬를 나열한 직물.
更地〔さらち〕집과 나무가 없는 빈 터.
今更〔いまさら〕새삼스럽게. 지금에 와서.

例　外

更紙〔ざらがみ〕갱지. 한쪽이 질이 좋지 않은 종이.
満更〔まんざら〕전연. 한결같이.
❸ 更かす〔ふかす〕(他5) 밤 늦게까지 자지 않다. 밤을 지새우다.
❹ 更ける〔ふける〕(自下1) 깊어지다. 이슥해지다. 한창이다. 秋が～：가을이 깊어지다.

한글 '갱'으로 읽는 경우

更年期〔こうねんき〕갱년기. 여성의 월경이 멎는 시기.
更衣〔こうい〕갱의. ① 옷을 갈아 입음. ② 後宮의 궁녀.
更生〔こうせい〕갱생. ① 소생함. 다시 살아남. ② 폐품을 이용함. ③ 생활을 바르게 고침.
更新〔こうしん〕갱신. 새로 바꿈.
更正〔こうせい〕갱정. 고쳐서 바르게 함.

한글 '경'으로 읽는 경우

更改〔こうかい〕경개. 다시 고침.
更始〔こうし〕경시. 다시 시작함.
更張〔こうちょう〕경장. ① 부패한 제도를 개혁함. ② 고치어 다시 긴장하게 만듦.
更訂〔こうてい〕경정. 고치어 訂正함.
更迭〔こうてつ〕경질. 서로 교체함.

〔坑〕
풀：구덩이 갱.
音：コウ
訓：

坑口〔こうこう〕갱구. 갱의 입구.
坑内〔こうない〕갱내. 광산 갱도의 내부.
坑道〔こうどう〕갱도. ① 지하 통로. ② 갱내의 통로.
坑夫〔こうふ〕갱부. 광산에서 일하는 노동자. 갱내에서 일하는 인부.
坑外〔こうがい〕갱외. 광산 등의 갱도 바깥.
坑殺〔こうさつ〕갱살. 구덩이에 집어 넣어 매장하여 죽임.

【갸】

【갸】

〔醵〕 풀：거둘 갹.
音：キョ
訓：

醵金〔きょきん〕여러 사람이 돈을 냄.
醵出〔きょしゅつ〕갹출. 동일한 목적을 위하여 여러 사람이 돈을 냄.

【거】

〔巨〕 풀：클 거.
音：キョ
訓：

巨鯨〔きょげい〕거경. 큰 고래.
巨鐘〔きょしょう〕거종. 아주 큰 종.
巨大〔きょだい〕거대. 아주 큰 것.
巨頭〔きょとう〕거두. ① 머리가 큰 사람. ② 우두머리. 중요한 인물.
巨利〔きょり〕거리. 큰 이익.
巨万〔きょまん〕거만. 대단히 많음.
巨木〔きょぼく〕거목. 큰 나무.
巨歩〔きょほ〕거보. 큰 업적. 위대한 공적.
巨富〔きょふ〕거부. 막대한 재산.
巨費〔きょひ〕거비. 거액의 비용.
巨商〔きょしょう〕거상. 장사를 크게 하는 사람.
巨象〔きょぞう〕거상. 큰 코끼리.
巨視的〔きょしてき〕거시적. 장기적인 안목.
巨眼〔きょがん〕거안. 큰 눈.
巨額〔きょがく〕거액. 많은 금액.
巨億〔きょおく〕거억. 막대한 수.
巨人〔きょじん〕거인. ① 키가 큰 사람. ② 유명한 사람.
巨匠〔きょしょう〕거장. (예술계의)大家.
巨材〔きょざい〕거재. ① 큰 인물. ② 큰 재목.
巨財〔きょざい〕거재. 많은 재산.
巨刹〔きょさつ〕거찰. 큰 절.
巨体〔きょたい〕거체. 거대한 체구.
巨砲〔きょほう〕거포. 큰 대포.
巨漢〔きょかん〕거한. 거인.
巨艦〔きょかん〕거함. 큰 군함.

例　外

巨細〔こさい：きょさい〕① 큰 일과 작은 일. ② 상세함(詳細). ③ 처음부터 끝까지.

〔去〕 풀：갈 거.
音：①キョ ②コ
訓：さる

去る〔さる〕 (他五) 멀리하다. (완전히) …하다. (自5) ① 떠나다. ② 때가 지나가다. 경과하다. ③ 사라지다. 없어지다. ④ 지나간. ⑤ (어떤 곳에서 거리가) 떨어져 있다.
去り状〔さりじょう〕(남편이 아내에게 주는) 이혼장.

連濁音에 注意

置き去り〔おきざり〕내버려 두고 가버림. 뒤에 남겨 두고 가버림. ～にする。

去年〔きょねん〕거년. 작년. 지난해.
去来〔きょらい〕거래. 오고 감. 왕래.
去勢〔きょせい〕거세. ① 반항하지 못하도록 세력을 꺾어 버림. ② 동물의 수컷의 고환이나 암컷의 난소를 제거하여 성적인 특성을 없앰.
去秋〔きょしゅう〕거추. 지난 가을.
去就〔きょしゅう〕거취. 일신의 진퇴. 향배.

音読 ②

過去〔かこ〕과거. ① 지나간 때. 지나간 일. ② (仏) 전세(前世).

〔居〕 풀：살 거. 있을 거.
音：キョ
訓：いる：おる

居る ❶〔おる〕(自5) いる의 공손한 말.
❷〔いる〕(自上1) ① (동물, 사람이) 있다. ② (ている) (동작의 진행) …하고 있다.
居間〔いま〕거실. 거처하는 방.
居待ち〔いまち〕앉아서 기다림.
居留守〔いるす〕집에 있으면서도 일부러 없는 것처럼 꾸미는 것. ～を使う.
居流れる〔いながれる〕(自下1) 길게 줄지어 앉다.
居眠る〔いねむる〕(自5) 앉은 채 졸다.
居眠り〔いねむり〕앉아서 졺.
居抜き〔いぬき〕상점이나 공장을 팔 때 상품이나 시설물을 함께 파는 것.
居並ぶ〔いならぶ〕(自5) 죽 늘어 앉다. 줄지어 앉다.
居乍らに 〔いながらに〕① 아무데도 가지 않고. ② 앉은채로.
居馴染む〔いなじむ〕(自5) 오래 있어 친해지다.
居所〔いどころ〕있는 곳. 처소.
居竦む〔いすくむ〕(自5) ⇨ 居竦まる。
居竦まる〔いすくまる〕(自5) (무서움 등으로) 앉은 채 꼼짝 못하게 되다.
居竦める〔いすくめる〕(他下1) ① 눈으로 쏘아 보아 상대방의 기를 죽이다. ② 화살을 쏘아 적을 위축시키다.
居食い〔いぐい〕① 무위도식(無爲徒食) ② (낚시에서) 고기가 낚시찌를 움직이지 않고 낚시밥을 따 먹음.
居心地〔いごこち〕(어떤 장소에서의) 기분.
居溢れる〔いこぼれる〕(自下1) 많은 사람이 꽉 차 있다.
居残る〔いのこる〕(自5) 남이 간 뒤에도 남다. 남아서 일하다.

居残り〔いのこり〕① 잔류(残留). ② 잔업(残業).
居丈高〔いたけだか〕위협하듯이 무섭게 화내는 모양.
居場所〔いばしょ〕있는 곳. 거처. 앉을 곳.
居座る〔いすわる〕(自5) 눌러 앉다. ① 버티고 앉다. ② 머물러 앉다. 留任되다.
居住まい〔いずまい〕앉은 자세. 앉음 새.
居酒屋〔いざかや〕선술집. 대폿집. 목로술집.
居直る〔いなおる〕(自5) ① 앉은 자세를 바로 잡다. 바로 앉다. ② 갑자기 위압적인 태도로 돌변하다.
居直り強盗〔いなおりごうとう〕절도가 현장을 들키자 갑자기 강도로 돌변하는 것.
居職〔いじょく〕자기 집에 앉아서 일하는 직업. 앉은 일.
居催足〔いざいそく〕버티어 앉아 재촉함.
居合わせる〔いあわせる〕(自下1) 마침 그 자리에 있다.
居回る〔いまわる〕(自5)〈古〉빙 둘러 앉다.
居廻る〔いまわる〕⇨ 居回る
居回り〔いまわり〕자기의 주위.
居廻り〔いまわり〕⇨ 居回り
居候〔いそうろう〕식객(食客)

音　読

居〔きょ〕사는 집. 살림집. ～を構(かま)える：살림을 차리다.
居館〔きょかん〕살고 있는 저택.
居留〔きょりゅう〕거류. 조약에 의해 외국 영토에 자유로이 삶.
居城〔きょじょう〕거성. 거처하는 성.
居所〔きょしょ〕거소. 거처. 거주지.
居室〔きょしつ〕거실. 거처하는 방.
居屋〔きょおく〕거옥. 살고 있는 집.
居然〔きょぜん〕① 태연함. ② 본래대로의 모양. ③ 할 일이 없어 심심함.
居住〔きょじゅう〕거주. 자리를 잡고 머물러 삶. 또는 사는 곳.
居中〔きょちゅう〕거중. 두 편의 중간에 들어 있음.
居處〔きょしょ〕거처. 거주하는 곳.
居村〔きょそん〕거촌. 살고 있는 마을.
居宅〔きょたく〕거택. 살고 있는 집.

例　外

一言居士〔いちげんこじ〕일언 거사. 말참견을 좋아하는 사람.

〔拒〕
풀：막을 거. 진칠 거.
音：キョ
訓：こばむ

拒む〔こばむ〕(他5) ① 거부하다. 거절하다. ② 저지하다. 막다.

音　読

拒否〔きょひ〕거부. 승낙하지 않음. 거절.
拒絶〔きょぜつ〕거절. 거부하여 사절함.
拒止〔きょし〕거지. 항거하여 막음.

〔拠〕
풀：의지할 거.
音：①キョ ②コ
訓：よる

拠る〔よる〕(自5) ① 의지하다. 근거하다 ② 웅거(雄拠)하다.
拠り所〔よりどころ〕① 근거. ② 지주(支柱). 의지.

音 読 1

拠金〔きょきん〕거금. 갹출한 돈. 기부금.
拠点〔きょてん〕거점. 활동의 근거지.
拠守〔きょしゅ〕거수. 웅거(雄拠)하여 지킴.
拠出〔きょしゅつ〕거출. 갹출. 기부함.

音 読 2

証拠〔しょうこ〕증거. 증명할 수 있는 근거.

〔俥〕
풀：(日本漢字) 인력거 거.
音：
訓：くるま.

俥〔くるま〕인력거(人力車).

〔炬〕
풀：횃불 거. 불땔 거.
音：①キョ ②コ
訓：

炬燵〔こたつ〕이불 속에 넣는 화로.
炬火〔きょか〕거화. 횃불(漢文 말씨).

〔倨〕
풀：거만할 거.
音：キョ
訓：

倨慢〔きょまん〕거만. 겸손하지 못하여 남을 업신여김.
倨傲〔きょごう〕거오. 거만함. 건방짐(漢文 말씨).

〔挙〕
풀：들 거. 일으킬 거.
音：キョ
訓：①あげる ②あがる ③こぞる

❶**挙げる**〔あげる〕(他下1) ① 올리다. ② 들다. ③ 드리다. ④ 검거하다. ⑤ (힘을) 다하다.
挙げて〔あげて〕① 모두. 전부. 모조리. ② 일일이. 하나하나.
挙げ足：挙足〔あげあし〕① 공중에 뜬 다리. ② 말 꼬리. 말 끝.
挙げ句：挙句〔あげく〕① 렌카(連歌) 등의 끝 구(句). ② 끝. 종말. 마지막.
❷**挙がる**〔あがる〕(自5) ① 오르다. ② 알려지다. ③ 게양되다. ④ 검거되다. ⑤ 유명해지다.
❸**挙る**〔こぞる〕(自5) 모두 다 모이다.
(他5) 모두 갖추(모으)다.

音　読

挙〔きょ〕① 행동. 거동. ② 계획. 계략. ③ 추선.
挙国〔きょこく〕거국. 나라 전체. 온 나라.
挙動〔きょどう〕거동. 움직이는 태도.
挙兵〔きょへい〕거병. 군사를 모아 전란을 일으킴.
挙手〔きょしゅ〕거수. 손을 들어 올림.

挙世〔きょせい〕거세. 온 세상 사람 모두.
挙式〔きょしき〕거식. (결혼 등의) 식을 거행함.
挙用〔きょよう〕거용. 기용. 등용.
挙行〔きょこう〕거행. 의식(儀式)을 行함.

〔据〕 풀 : 일할 거. 의지할 거.
音 :
訓 : ① すわる ② すえる

❶ **据わる**〔すわる〕(自5) ① 앉다. ② 단단히 자리잡다. ③ 움직이지 않다. ④ 고정되다. ⑤ 진정되다.
❷ **据える**〔すえる〕(他下1) ① 설치하다. ② 눈여겨 보다. ③ 차려 놓다. ④ 자리잡다. ⑤ 앉히다. 모시다. ⑥ 진정하다. 가라앉히다. ⑦ 뜸질하다. ⑧ (도장을) 찍다.
据(え)付ける〔すえつける〕(他下1) 설치하다. 고정시켜 놓다.
据(え)付〔すえつけ〕설치함. 고정시켜 놓음.
据(え)膳〔すえぜん〕차려 놓은 음식상.
据え置く〔すえおく〕(他5) ① 그대로 두다. 저금, 채권 따위를 일정 기간 거치해 두다.
据(え)置(き)〔すえおき〕① 거치. 그대로 둠. ② 보류됨. 변동이 없음.
据(え)風呂〔すえふろ〕아궁이를 고정시킨 목욕통.

〔距〕 풀 : 떨어질 거. 며느리발톱 거.
音 : キョ
訓 : けづめ

距〔けづめ〕(鳥) 며느리발톱.

音　読

距離〔きょり〕거리. 두 곳 사이의 떨어진 멀고 가까운 정도.
短距離〔たんきょり〕단거리. 짧은 거리.
長距離〔ちょうきょり〕장거리. 먼 거리.

〔裾〕 풀 : 옷 뒷자락 거.
音 : キョ
訓 : すそ

裾〔すそ〕① 옷자락. 옷단. ② 산기슭. ③ 下流. ④ 머리털의 목덜미에 가까운 부분. ⑤ 〈古〉 물건의 끝부분.
裾濃〔すそご〕아래로 내려 갈수록 진하게 한 염색.
裾短〔すそみじか〕자락을 짧게 함.
裾裏〔すそうら〕단 안에 대는 천.
裾綿〔すそわた〕옷의 아랫자락에만 솜을 넣어 만드는 것. 또는 그 옷이나 솜.
裾模様〔すそもよう〕아랫자락에 무늬가 있는 옷.
裾物〔すそもの〕좋지 않은 물건.
裾分け〔すそわけ〕받은 물건이나 이익을 조금씩 나누어 가짐.
裾上がり〔すそあがり〕옷단을 접어서 꿰맨 부분(의 길이).
裾野〔すその〕火山 기슭이 완만하게 경사진 들판.
裾刈り〔すそがり〕목덜미에 난 머리털을 깎는 것.
裾前〔すそまえ〕(옷의) 앞자락.
裾除け〔すそよけ〕일본식 속치마의 하나.
裾取り〔すそとり〕⇨ 裾回し
裾回し〔すそまわし〕옷단 안쪽에 대는 천.

〔鋸〕 풀 : 톱 거.
音 : キョ
訓 : のこ(준말) : のこぎり

鋸〔のこ : のこぎり〕톱. ～で引く : 톱으로 켜다.
鋸糸〔のこいと〕실 톱.
鋸屑〔のこくず〕톱밥.
鋸歯〔のこば〕톱니.

【건】

〔巾〕 풀 : 수건 건. 머릿 건.
音 : キン
訓 : はば

巾〔はば〕① 폭. 넓이. 너비. ② 위세. ③ 여유.
巾着〔きんちゃく〕① 돈주머니. 두루 주머니. (아가리를 끈으로 매어 허리에 참). ② 항상 졸졸 붙어 다니는 사람. 호위병.
巾着網〔きんちゃくあみ〕그물을 둥글게 쳐서 주머니의 아가리를 조르듯이 해서 고기를 잡는 그물.
巾着切(り)〔きんちゃくきり〕소매치기.

例　外

腰巾着〔こしぎんちゃく〕① 허리에 차는 주머니. ② 항상 졸졸 붙어 다니는 사람.

〔件〕 풀 : 사건 건.
音 : ケン
訓 : ① くだり ② くだん

件 ❶〔くだり〕① 긴 문장의 한 절. 대문. ② 앞 글에 든 사항. 前記條目.
❷〔くだん〕① 그 이야기. ② 전술(前述)한.

音　読

件〔けん〕건. 사건. 일.
件件〔けんけん〕건건. 이일 저일. 가지 가지.
件数〔けんすう〕건수. 사건의 수.

〔建〕 풀 : 세울 건.
音 : ① ケン ② コン
訓 : ① たつ ② たてる

❶ **建つ**〔たつ〕(自5) ① 세워지다. 銅像が～; 동상이 서다. ② (집이) 지어지다.
❷ **建てる**〔たてる〕(他下1) ① (건물을) 짓다. ② (동상, 비석 등을) 세우다.
建具〔たてぐ〕문. 창호.
建(て)網〔たてあみ〕고기떼들의 통로에 쳐 두었다가 고기를 잡는 그물. 定置網.
建(て)売り〔たてうり〕집을 지어서 장삿속으로 팖.
建物〔たてもの〕건물. 건축물.

建米〔たてまい〕표준미.
建(て)付け〔たてつけ〕문의 여닫히는 상태.
建玉〔たてぎょく〕〔経〕건옥. 거래소에서 매매약정(売買約定)을 한 물건.
建て込む〔たてこむ〕(自５) 빽빽이 들어차다. 빽빽이 들어 서다.
建(て)前〔たてまえ〕① 상량(上樑). ② 방침. 원칙. 주의.
建て株〔たてかぶ〕〔経〕상장주(上場株). 거래되는 주식.
建(て)増し〔たてまし〕증축(増築).
建て直す〔たてなおす〕(他５) 새로 짓다. 개축하다. 다시 짓다.
建(て)値〔たてね〕매매 기준 가격.
建坪〔たてつぼ〕건평. 건물이 차지한 토지의 면적.

連濁音에 注意

一戸建て〔いっこだて〕독채.
二階建て〔にかいだて〕이층 건물.
平屋建て〔ひらやだて〕단층집.

音 読 1

建国〔けんこく〕건국. 새로 나라를 세움.
建立 ①〔けんりつ〕건립. 지어서 세움.
②〔こんりゅう〕〔仏〕건립. 절 등을 세움.
建白〔けんぱく〕건백. 웃사람에게 의견을 사룀. 건의. 건언.
建碑〔けんぴ〕건비. 비석을 세움.
建設〔けんせつ〕건설. ① 건물을 새로 지음. ② 시설물을 새로 만듦.
建言〔けんげん〕건언. 의견을 사룀.
建業〔けんぎょう〕건업. 사업의 기초를 세우는 것.
建議〔けんぎ〕건의. 의견을 말함.
建材〔けんざい〕건재. 건축 재료의 준말.
建造〔けんぞう〕건조. 세워 만듦. 이룩함.
建策〔けんさく〕건책. 계책을 세움.
建築〔けんちく〕건축. 집을 설계하여 세움.

音 読 ②

建立 ①〔こんりゅう〕건립. 절 등을 세움.
②〔けんりつ〕건립. 지어서 세움.
再建 ①〔さいこん〕(절 등을) 다시 건립함.
②〔さいけん〕재건. 다시 세움.

〔健〕

풀：건강할 건.
音：**ケン**
訓：① **すこやか** ② **したたか**

❶ **健やか**〔すこやか〕(形動) 건강함. 건전함. 튼튼함. 혈기 왕성함.
❷ **健か**〔したたか〕(形動) 만만치 않음.

例 外

健気〔けなげ〕(形動) ① 씩씩하고 부지런함. ② 용감함. ③ 기특함.

音 読

健脚〔けんきゃく〕건각. ① 힘센 다리. ② 걸음을 잘 걷는 사람.
健康〔けんこう〕건강. 건전함. (몸이)무사함.
健忘症〔けんぼうしょう〕건망증. 사실과 경험을 잘 잊어버림.
健勝〔けんしょう〕건승. 평안. 건전함.
健児〔けんじ〕건아. 젊은이. 청년.
健胃〔けんい〕건위. 위를 건전하게 함.
健在〔けんざい〕건재. ① 무사히 지냄. ② 충분히 활동할 수 있음.
健投〔けんとう〕(野球) 投手가 공을 계속 힘차게 던짐.
健闘〔けんとう〕건투. ① 굽히지 않고 꿋꿋이 싸움. ② 매우 열심히 노력함.
健筆〔けんぴつ〕건필. ① 씩씩하게 글씨를 잘 씀. ② 글을 잘 지음. 또는 그 사람.

〔乾〕

풀：마를 건
音：**カン**
訓：① **かわかす** ② **かわく** ③ **ほす** ④ **いぬい**

❶ **乾かす**〔かわかす〕(他５) 말리다. 습기를 없애다.
❷ **乾く**〔かわく〕(自５) 마르다. 습기가 없어지다.
乾き〔かわき〕마름. 건조.
❸ **乾す**〔ほす〕(他５) ① 말리다. ② 바닥이 드러나도록 물을 빼다. ③ 죄다 마셔 버리다. ④ 굶기다. 일거리를 안주고 애먹이다.
乾(し)〔ほし〕말림. 말린 것.
乾物 ①〔ほしもの〕볕에 말린 것.
②〔かんぶつ〕말린 식품.
乾(し)飯〔ほしいい〕찐 쌀을 말린 비상용 식량. 말린 밥.
乾し殺す〔ほしころす〕(他５) 굶겨 죽이다.
乾し上げる〔ほしあげる〕(他下１) ① 바싹 말리다. ② 굶기다.
乾(し)柿〔ほしがき〕곶감. 말린 감.
乾(し)魚〔ほしうお〕말린 물고기.
乾草〔ほしくさ〕(사료용) 마른 풀. 건초.
乾海鼠〔ほしこ〕말린 해삼.
乾海苔〔ほしのり〕해태. 말린 김.
❹ **乾**〔いぬい〕(方向) 서북(西北).

音 読

乾期〔かんき〕건기. 비가 오지 않는 계절.
乾酪〔かんらく〕치―즈.
乾留：**乾溜**〔かんりゅう〕건류. 밀폐된 속에 넣은 고체에 열을 가하여 분해해서 휘발성 화합물을 빼냄.
乾物 ①〔かんぶつ〕말린 식품.
②〔ほしもの〕햇볕에 말린 것.
乾飯〔かんぱん〕건빵.
乾杯〔かんぱい〕건배. 술잔을 치켜들고 축하하면서 마심.
乾式〔かんしき〕건식. 액체를 사용하지 않는 방식.
乾性〔かんせい〕건성. 건조한 성질. 수분이 적은 성질.
乾湿〔かんしつ〕건습. 공기의 건조함과 습함.
乾電池〔かんでんち〕건전지. 소형 전지.
乾燥〔かんそう〕건조. ① 마름. ② 재미가 없음.
乾板〔かんぱん〕건판. 사진 감광판(感光板).
乾布〔かんぷ〕건포. 마른 천.

〔鍵〕 풀：열쇠 건.
音：ケン
訓：かぎ

鍵っ子〔かぎっこ〕부모가 맞벌이하는 집안의 아이(부모가 올 때까지 열쇠를 가지고 밖에서 노는데서 오는 말).
鍵編み〔かぎあみ〕코바늘 뜨개질.
鍵穴〔かぎあな〕열쇠 구멍.

音　読

鍵〔けん〕① (피아노, 풍금의) 음을 내기 위해 손가락으로 누르는 부분. 건반. ② (타이프라이터의) 글자를 치기 위하여 누르는 곳. 키이.
鍵盤〔けんばん〕건반. 키이.

【걸】

〔乞〕 풀：① 구걸할 걸.② 구걸할 기.
音：コツ
訓：こう

乞う〔こう〕(他5) ① 청하다. 바라다. 원하다. ② 빌다. 기원하다.
乞食①〔こじき〕거지. 비렁뱅이.
②〔こうじき〕걸식. ① 탁발(托鉢). 동냥. ② 거지.

音　読

乞児〔こつじ〕걸아. 거지.
乞人〔こつじん〕걸인. 거지.

〔傑〕 풀：뛰어날 걸.
音：① ケツ ② ケッ
訓：

音読 1

傑物〔けつぶつ〕걸물. ① 걸출한 인물. ② 뛰어난 물건.

音読 2

傑士〔けっし〕걸사. 뛰어난 인물.
傑僧〔けっそう〕걸승. 뛰어난 중.
傑作〔けっさく〕걸작. 뛰어난 작품.
傑出〔けっしゅつ〕걸출. 썩 뛰어남.

【검】

〔倹〕 풀：검소할 검.
音：ケン
訓：つましい

倹しい〔つましい〕(形) 검소하다. 알뜰하다.

音　読

倹省〔けんせい〕검성. 절약하여 비용을 줄임.
倹素〔けんそ〕검소. 사치하지 않고 수수함.
倹約〔けんやく〕검약. 검소하고 절약함.

〔剣〕 풀：칼 검.
音：ケン
訓：つるぎ

剣〔つるぎ〕양쪽에 날이 있는 검. 〔참고〕(날이 한 쪽뿐인 것은 太刀(たち)임.)
剣太刀〔つるぎたち〕(古) 양날 검.
剣の山〔つるぎのやま〕(仏) 지옥에 있다고 전해지며 수많은 칼을 거꾸로 꽂아 이룩된 산.

音　読

剣〔けん〕① 검. ② 검술.
剣客〔けんかく：けんきゃく〕검객. 검술에 능숙한 사람. 검사.
剣劇〔けんげき〕검극. 칼싸움을 줄거리로 한 연극이나 영화.
剣道〔けんどう〕검도. 무술. 검술.
剣幕〔けんまく〕대단히 노하거나 흥분한 상태. 흥분하여 노기 등등함.
剣突〔けんつく〕심한 잔소리나 꾸중.
剣舞〔けんぶ〕검무. 칼춤.
剣法〔けんぽう〕검법. 칼 쓰는 법.
剣士〔けんし〕검사. 검객(剣客).
剣術〔けんじゅつ〕검술. 칼싸움하는 기술.
剣豪〔けんごう〕검호. 검술의 명인.

〔検〕 풀：검사할 검.
音：ケン
訓：あらためる

検める〔あらためる〕(他下1) 검사하다. 조사하다. 切符を～：표를 조사하다.

音　読

検する〔けんする〕(他サ) ① 조사하다. 검사하다. ② 단속하다.
検挙〔けんきょ〕검거. 용의자를 잡음.
検問〔けんもん〕검문. 조사하고 따져 물음.
検便〔けんべん〕검변. 대변 검사.
検分〔けんぶん〕입회하여 검사함. 확인. 검증.
検事〔けんじ〕검사. 검찰관 계급의 하나.
検査〔けんさ〕검사. 조사. 가려 냄.
検使〔けんし〕사실을 확인하기 위한 使者.
検算〔けんざん〕검산. 셈한 것을 확인함.
検索〔けんさく〕검색. 몸, 가택 등을 뒤져 봄.
検束〔けんそく〕검속. 임시로 경찰서에 구치함.
検収〔けんしゅう〕검수. 검사하여 받아 들임.
検屍〔けんし〕검시. 변시체(変屍体)를 검사함.
検視〔けんし〕검시. ① 사실을 취조함. ② 변사자(変死者)의 몸을 조사해 봄.
検字〔けんじ〕검자. (옥편에서) 본문에 나온 한자를 획수 차례로 적어 놓은 색인.
検定〔けんてい〕검정. 검사하여 합격, 불합격 등을 확인함.
検証〔けんしょう〕검증. ① 조사하여 밝힘. ② 법행에 관련된 사실을 밝히기 위하여 현장이나 증거물을 실제로 정확히 조사함.

検診〔けんしん〕검진. 병의 유무를 진찰함.
検札〔けんさつ〕검찰. 승차권 등의 표를 조사함.
検察〔けんさつ〕검찰. 범죄의 증거를 수집함.
検察庁〔けんさつちょう〕검찰청. 검찰관이 검찰 사무를 보는 곳.
検出〔けんしゅつ〕검출. 검사하여 찾아 냄.
検針〔けんしん〕검침. 계기(計器)의 바늘이 가리키는 눈금을 조사하는 것.
検討〔けんとう〕검토. 조사하고 따짐. 엄격하게 조사함.
検品〔けんぴん〕검품. 물건을 조사함.

〔瞼〕 풀：눈시울 검.
音：ケン
訓：まぶた

瞼〔まぶた〕눈꺼풀. ～に浮(うか)ぶ;눈에 선하다. ～の母;눈에 아로 새겨져 사라지지 않는 어머님의 모습. ～を開(ひら)く;눈을 뜨다.

【겁】

〔劫〕 풀：겁탈할 겁. 위협할 겁.
音：ゴウ
訓：

劫略〔ごうりゃく〕겁략. 위협하여 빼앗음.
劫奪〔ごうだつ〕겁탈. ① 남의 것을 폭력으로 빼앗음. ② 강간.
劫火〔ごうか〕겁화. 세계가 파멸될 때 일어 난다는 큰 불.

〔怯〕 풀：겁낼 겁. 무서워할 겁.
音：キョウ
訓：① おびえる ② ひるむ

❶ 怯える〔おびえる〕(自下1) ① 무서워하다. 겁내다. ② 가위 눌리다.
❷ 怯む〔ひるむ〕(自5) 겁에 질리다. 기가 죽다. 기가 꺾이다.

音　読

怯懦〔きょうだ〕겁나. 용기가 없음. 겁이 많고 나약함. 겁쟁이.
怯夫〔きょうふ〕겁부. 겁이 많은 사내.
怯弱〔きょうじゃく〕겁약. 겁이 많아 마음이 약함. 겁쟁이.
怯惰〔きょうだ〕겁타. 겁이 많고 게으름.

【게】

〔掲〕 풀：높이 들 게. 걸 게.
音：ケイ
訓：かかげる

掲げる〔かかげる〕(他下1) ① 내걸다. 게양하다. 旗を～：기를 달다. ② 내세우다. 싣다. スローガンを～; 슬로건을 내 걸다. ③ 언급하다. ④ 높이 쳐들다.

音　読

掲上〔けいじょう〕게상. 계획에 넣음. 計画に～：계획에 게상하다.
掲示〔けいじ〕게시. 여러 사람에게 알리기 위하여 내어 걸거나 붙이어 보게 함.
掲示板〔けいじばん〕게시판.
掲揚〔けいよう〕게양. 높이 올림.
掲載〔けいさい〕게재. (서적, 신문 등에) 실음.

〔憩〕 풀：쉴 게.
音：ケイ
訓：いこう

憩う〔いこう〕(自5) 푹 쉬다. 휴식하다.
憩い〔いこい〕휴식. 쉼.

音　読

休憩〔きゅうけい〕휴게. 잠깐 쉼.

【격】

〔格〕 풀：격식 격.
音：① カク ② カッ ③ コウ ④ ゴウ
訓：

音読 1

格〔かく〕격. ① 규칙. 격식. ② 지위.
格納庫〔かくのうこ〕격납고. 비행기를 넣어 두는 창고.
格付け〔かくづけ〕표준품과 비교하면서 품질에 따라 가격의 차이를 두는 것.
格別〔かくべつ〕격별. ① 각별함. ② 별문제임.
格殺〔かくさつ〕격살. 때려 죽임.
格式〔かくしき〕격식. ① 규칙. ② 신분에 맞는 예의 범절.
格式張る〔かくしきばる〕(自5) 격식을 차리다.
格安〔かくやす〕품질에 비해 값이 싼 것.
格言〔かくげん〕격언. 금언(金言)
格外〔かくがい〕격외. 규격에서 벗어남.
格助詞〔かくじょし〕격조사. (文法에서) 문장에서 체언(体言)이 가지는 자격을 나타내는 조사.
格調〔かくちょう〕격조. 시나 노래의 품격.
格差〔かくさ〕격차. 자격, 등급의 차이.
格致〔かくち〕격치. ① 취향. ② 모양.
格闘〔かくとう〕격투. 맞붙어 싸움.

音読 2

格好〔かっこう〕① 꼴. 모양. 모습. ② 좋은 형태. ③ 알맞음. 적당함.

音読 3

格子〔こうし〕격자. 가는 나무를 가로와 세로로 정간(井間)을 맞추어 짠 것.
格子造り〔こうしづくり〕겉에 격자를 댄

집의 구조.
格子戸〔こうしど〕격자문. 격자 미닫이.
格子縞〔こうしじま〕격자 무늬.

音読 4

格天井〔ごうてんじょう〕격자 모양으로 판자를 덴 천정.

〔隔〕
풀: 막힐 격. 멀 격.
音: **カク**
訓: ① **へだ**たる ② **へだ**てる

❶ **隔**たる〔へだたる〕(自5) ① (거리가) 떨어지다. ② (세월이) 경과하다. 지나다. ③ 가로 막히다.
隔たり〔へだたり〕간격. 거리. 격차. 차이
❷ **隔て**る〔へだてる〕(他下1) ① 사이에 두다. ② 가로 막다. 간을 막다. ③ 멀리 하다. ④ 세월을 보내다.
隔て〔へだて〕① 간막이. 경계. ② 차별. 구별. ③ 격의.

音 読

隔年〔かくねん〕격년. 일년을 거름.
隔離〔かくり〕격리. ① 사이가 막혀 서로 떨어짐. ② 전염병 환자를 다른 곳에 떼어 둠.
隔壁〔かくへき〕격벽. 간막이 벽.
隔世〔かくせ〕격세. 시대를 달리함. ～の感.
隔月〔かくげつ〕격월. 한 달씩 거름.
隔意〔かくい〕격의. 꺼리는 마음.
隔日〔かくじつ〕격일. 하루씩 거름.
隔絶〔かくぜつ〕매우 동떨어짐. 따를 바 없음.
隔週〔かくしゅう〕격주. 한 주일씩 거름.
隔地〔かくち〕격지. 떨어져 있는 지방.

〔擊〕
풀: 칠 격.
音: ① **ゲキ** ② **ゲッ**
訓: **うつ**

擊つ〔うつ〕(他5) (총을) 쏘다. 발사하다. 鉄砲(てっぽう)を～: 총을 쏘다.
擊ち落とす〔うちおとす〕(他5) 쏘아 떨어뜨리다.
擊ち抜く〔うちぬく〕(他5) ① 총으로 구멍을 뚫다. 꿰뚫다. ② 쏴대다.
擊ち払う〔うちはらう〕(他5) (총을 쏘아) 쫓아 버리다.
擊ち殺す〔うちころす〕(他5) 쏘아 죽이다.
擊(ち)手〔うちて〕총을 쏘는 사람.
擊ち止める〔うちとめる〕(他下1) 쏘아 죽이다.
擊ち取る〔うちとる〕(他5) ① (무기로 적을)죽이다. 쳐죽이다. ② 무찌르다.
擊ち破る〔うちやぶる〕(他5) (적을)쳐 부수다. 격파하다.

音読 ①

擊滅〔げきめつ〕격멸. 쳐서 멸망시킴.
擊殺〔げきさつ〕격살. 쳐 죽임.
擊砕〔げきさい〕격쇄. 쳐 부숨.
擊墜〔げきつい〕격추. (비행기 등을) 쏘아 떨어뜨림.
擊沈〔げきちん〕격침. (군함 등을)쏘아 가라 앉힘.
擊退〔げきたい〕격퇴. 쳐 부수어 물리침.
擊破〔げきは〕격파. 쳐 부숨.

音読 2

擊剣〔げっけん〕격검. 검술(劍術).

〔激〕
풀: 과격할 격. 심할 격.
音: **ゲキ ゲッ**
訓: **はげしい**

激しい〔はげしい〕(形) 과격하다. 심하다. 세차다.

音読 ①

激する〔げきする〕(他サ) ① 격렬하다. ② 격하다. 격렬해지다. 거칠어지다. 심하게 부딪다.
激減〔げきげん〕격감. 갑자기 몹시 줄어듦.
激怒〔げきど〕격노. 몹시 성냄.
激湍〔げきたん〕격단. 세차게 흐르는 여울.
激突〔げきとつ〕격돌. 격렬하게 부딪침.
激動〔げきどう〕격동. 몹시 심하게 움직임.
激浪〔げきろう〕격랑. 거센 파도.
激励〔げきれい〕격려. 마음이나 기분을 북돋우어 힘쓰도록 함.
激烈〔げきれつ〕격렬. 맹렬함.
激論〔げきろん〕격론. 논쟁.
激流〔げきりゅう〕격류. 세차게 흐르는 물.
激務〔げきむ〕격무. 몹시 바쁘고 힘도는 작업.
激発〔げきはつ〕격발. 심하게 일어남.
激変〔げきへん〕.격변. 갑자기 심하게 변함.
激忿〔げきふん〕격분. 몹시 성냄.
激憤〔げきふん〕격분. 몹시 분개함.
激奮〔げきふん〕격분. 몹시 흥분함.
激賞〔げきしょう〕격상. 격찬. 몹시 칭찬 함.
激暑〔げきしょ〕격서. 심한 더위.
激甚〔げきじん〕격심. 대단히 심함.
激揚〔げきよう〕격양. 감정이나 기운이 격발하여 높아짐.
激語〔げきご〕격어. 과격한 말.
激戦〔げきせん〕격전. 격렬한 싸움.
激情〔げきじょう〕격정. 세게 치미는 감정.
激増〔げきぞう〕격증. 갑자기 늘어나 불음.
激震〔げきしん〕격진. 격렬한 지진..
激讃〔げきさん〕격찬. 높이 칭찬함.
激闘〔げきとう〕격투. 몹시 격렬하게 싸움.

音読 2

激昂〔げっこう〕격앙. 감정이 몹시 흥분하여 높아짐.
激化〔げっか〕격화. 격렬하게 됨.

〔檄〕
풀: 격문 격. 격서 격.
音: **ゲキ**
音:

檄〔げき〕격. 격문. 널리 알려 선동하기위하여 써내는 글.
檄する〔げきする〕(他サ) 격문을 돌리다. 격문을 띄우다.
檄文〔げきぶん〕격문. 세인의 흥분을 일으키게 하는 글.
檄書〔げきしょ〕격서. 격문을 적은 문서.

【견】

〔犬〕
풀 : 개 견.
音 : ケン
訓 : いぬ

犬〔いぬ〕① (動) 개. ② (속) 앞잡이. 간첩.
犬年〔いぬとし〕개띠. 개의 해에 태어난 사람.
犬防ぎ〔いぬふせぎ〕불단앞에 세운 낮은격자.
犬死に〔いぬじに〕개죽음. 무익한 죽음.
犬殺し〔いぬころし〕들개를 잡아 도살장에 보내는 것을 업으로 하는 사람.
犬掻き〔いぬかき〕개헤엄.
犬侍〔いぬざむらい〕쓸모없는 천한 무사.
犬泳ぎ〔いぬおよぎ〕개헤엄.
犬子ろ〔いぬころ〕강아지. 작은 개.
犬張(り)子〔いぬはりこ〕종이로 만든 장난감개. 아이들의 액막이로 했음.
犬潜り〔いぬくぐり〕개구멍.
犬走り〔いぬはしり : いぬばしり〕① 건물의 벽과 바깥쪽의 개울 사이에 만든 좁은 통로. ② 제방의 침식을 막기 위해 안쪽으로 만든 작은 둔덕.
犬釘〔いぬくぎ〕① 철도의 레일을 고정시키기 위하여 박는 큰 못. ② 전신주에 오르기 위해 박는 굵은 못.
犬追物〔いぬおうもの〕말탄 무사 36명이 150마리의 개를 쫓아가며 활을 쏘는 무예.
犬畜生〔いぬちくしょう〕개나 짐승보다 못한 놈. (욕하는 말로)개새끼.

音 読

犬馬〔けんば〕견마. ① 개와 말. ② 개나 말처럼 취급하는 것.
犬牙〔けんが〕견아. 개의 이빨.
犬羊〔けんよう〕견양. ① 개와 양. ② 악한 사람과 착한 사람.
犬猿の仲〔けんえんのなか〕개와 원숭이 사이. (사이가 나쁜 것을 말함).
犬歯〔けんし〕견치. 송곳니.

〔見〕
풀 : 볼 견.
音 : ケン
訓 : ① みる ② みえる ③ みせる.

❶ **見る**〔みる〕(他上1) ① 보다. ② 돌보다. 보살피다. ③ 당하다. 겪다. ④ 체험하다.
見るからに〔みるからに〕(副) 보기만 해도. 언뜻보기에.
見るべき〔みるべき〕(連体) 볼 만한. 뛰어난.
見る見る〔みるみる〕(副) 순식간에. 보고 있는 동안에. 금새. 삽시간에.
見る影もない〔みるかげもない〕(連語) 비참하다. 불쌍하다. 볼품이 없다. 처참하다. 초라하다.
❷ **見える**〔みえる〕(自下1) ① 보이다. ② 오시다. ③ 생각되다. ……하는 모양이다.
見え〔みえ〕① 볼품. 외관. ② 겉치장. ③ 겉치레. ④ 허영. ⑤ 과장된 태도. ⑥ 제스처.
見え坊〔みえぼう〕허세 부리는 사람. 겉치장을 하는 사람.
見え隠れ〔みえがくれ〕보였다 안 보였다 함. 나타났다 숨었다 함.
見えっ張り〔みえっぱり〕허세 부리는 사람.
見え張る〔みえばる〕(自5) 겉치레하다.
見え透く〔みえすく〕(自5) ① 환히 들여다 보이다. ② 속 들여다 보이다. 속보이다. ③ 빤하다.
❸ **見せる**〔みせる〕(他下1) ① 보이다. 보여주다. ② (꼭…하여)보이겠다. 合格して～;합격하여 보이겠다.
見せしめ〔みせしめ〕본보기로 징계함.
見せつける〔みせつける〕(他下1) 과시하다. 자랑삼아 보이다. 자랑스럽게 보이다.
見せびらかす〔みせびらかす〕(他5) 자랑스럽게 남에게 보이다. 과시하다. 자랑해 보이다. 자랑스럽게 내보이다.
見せ掛け〔みせかけ〕외관. 겉보기.
見せ掛ける〔みせかける〕(他下1) 겉으로만 미끈하게 보이게 하다. …처럼 보이게 하다. 겉을 꾸미다.
見せ金〔みせがね〕(사업을 시작할 때) 신용을 얻기 위하여 상대방에게 보이는 돈
見せ所〔みせどころ〕자랑삼아 꼭 보이고 싶은 연기(장면, 솜씨).
見せ消(ち)〔みせけち〕틀린 글자를 지우지 않고, 그 글자 옆에 바른 글자를 붙여써서 틀린 데를 나타내게 함.
見せ場〔みせば〕보이고 싶은 장면. 볼 만한 장면.

파 생 어

見つかる〔みつかる〕(自5) 눈에 띄다. 발견되다. 들키다.
見つける〔みつける〕(他1) 찾아내다. 발견하다.
見まほしい〔みまほしい〕(形) 보고 싶다.
見覚え〔みおぼえ〕본 기억.
見開き〔みひらき〕책, 잡지, 신문 등을 폈을때 마주 뵈는 양페이지.
見開く〔みひらく〕(他5) 눈을 똑똑히 크게 뜨다.
見据える〔みすえる〕(他下1) 한 눈 팔지 않고 보다. 쏘아보다. ② 보고 정하다. 확인하다.
見す見す〔みすみす〕(副) 빤히 알면서. 눈앞에 보면서. 보고 있으면서.
見遣る〔みやる〕(他5) ① 먼 곳을 바라보다. ② 그쪽을 보다.
見兼ねる〔みかねる〕(他下1) 태연히 볼 수 없다.
見頃〔みごろ〕보기에 좋은 시기. 볼 만한 때.

見届ける〔みとどける〕(他下1) ① 똑똑히 보다. ② 끝까지 지켜 보다.
見苦しい〔みぐるしい〕(形) 보기 흉하다. 보기 싫다.
見果てぬ〔みはてぬ〕(連語)다 보지 않은.
見過ごす〔みすごす〕(他5) ① 보고 그냥 두다. 간과하다. ② 빠뜨리고 보다.
見慣れる〔みなれる〕(自下1) 낯익다. 자주 보아서 익숙하다.
見掛け〔みかけ〕외관. 겉보기.
見掛ける〔みかける〕(他下1)눈에 띄다. 보다.
見掛け倒し〔みかけだおし〕외관은 훌륭하지만 내용이 충실하지 못함.
見交わす〔みかわす〕(他5) 서로 마주 보다.
見巧者〔みごうしゃ〕연극 등을 잘 볼 줄 아는 사람.
見咎める〔みとがめる〕(他下1) 보고 의심하여 따지다.
見較べる〔みくらべる〕(他下1) 비교 하여 보다.
見極め〔みきわめ〕① 끝까지 봄. 확인. ② 참과 거짓을 판단함.
見極める〔みきわめる〕(他1) ① 끝까지 똑똑히 보다. 확인하다. ② 속속들이 알다. ③ 참과 거짓을 감정하다.
見奇麗〔みぎれい〕(形動ダ) 몸차림이 깨끗함.
見綺麗〔みぎれい〕(形動ダ) ⇨ **見奇麗**
見棄てる〔みすてる〕(他下1) ① 내버려 두고 돌보지 않다. ② 보고 내버려 두다.
見せ金〔みせがね〕(사업을 시작할 때)신용을 얻기 위하여 상대방에게 보이는 돈.
見納め〔みおさめ〕마지막으로 봄. 마지막 보는 것.
見当(た)る〔みあたる〕(他5) 발견하다. 찾아 내다.
見逃し〔みのがし〕① 못 보고 놓침. 빠뜨림. ② 눈감아 줌. 보아 줌.
見逃す〔みのがす〕(他5) ① 못 보고 빠뜨리다. 놓치다. ② 묵인하다. 눈감아 주다.
見渡す〔みわたす〕(他5) 멀리 넓게 보다.
見遁す〔みのがす〕(他5)⇨ **見逃す**
見得〔みえ〕① 배우의 유별난 제스처. ② 과장된 태도.
見落(と)す〔みおとす〕(他5) 간과(看過)하다. 못보고 빠뜨리다. 못보고 넘기다.
見劣り〔みおとり〕(…만)못해 보임.
見離す〔みはなす〕(他5) ① 버리고 돌보지 않다. ② 포기하다. 단념하다.
見立て〔みたて〕① 보고 정함. 보고 고름. ② 보는 바. 견해. 진단. 감정.
見立てる〔みたてる〕(他下1) ① 보고 판단하다. ② 고르다. 보고 선정하다. ③ 진단하다. ④ 간주하다. 여기다.
見忘れる〔みわすれる〕(他下1) 이 전에 본 적이 있는 것을 잊어버리다.
見た目〔みため〕볼품. 눈에 비치는 모습.
見目〔みめ〕① 외모. 외관. 겉모양. 용모. ② 체면, 면목, 명예.
見目形〔みめかたち〕용모와 자태.
見目好い〔みめよい〕(形) 잘 생기다. 용모가 아름답다.
見舞い〔みまい〕문안, 위문, 문병.
見舞い状〔みまいじょう〕문안 편지.
見聞き〔みきき〕보고들음. 견문.
見物①〔みもの〕볼만한 것. 볼 가치가 있는 것.
②〔けんぶつ〕구경, 유람.
見返し〔みかえし〕① 뒤돌아 봄. ② (책의) 면지(面紙). ③ (양재) 깃의 꺾은 부분. 안단.
見返す〔みかえす〕(他5) ① 뒤돌아보다. ② 거듭 살펴보다. ③ (멸시받은 앙갚음으로)보란듯 자랑하다. ④ 되돌아 받다.
見返る〔みかえる〕(他5) 뒤돌아보다.
見抜く〔みぬく〕(他5) 알아차리다. 꿰뚫어보다. 간파하다. 통찰하다.
見方〔みかた〕① 보는 방법. 보기. ② 견해. 보는 각도.
見え坊〔みえぼう〕허세 부리는 사람. 겉치장을 하는 사람.
見放す〔みはなす〕(他5) 버리고 돌아보지 않다. 단념하다. 포기하다.
見変える〔みかえる〕(他下1) (포기하고) 다른 것으로 바꾸다.
見本〔みほん〕견본. 전체 상품의 조그마한 본보기.
見付かる〔みつかる〕(自5) ① 눈에 띄다. 들키다. 발견되다. ② 찾아 내다.
見付き〔みつき〕외관. 바깥에서 본 모양.
見付け〔みつけ〕보초가 망을 보는 장소로 써 성의 가장 바깥 성문.
見付ける〔みつける〕(他下1) ① 자주 보아서 눈에 익다. ② 찾아내다. 발견하다.
見分け〔みわけ〕분별. 보고 구별함.
見分ける〔みわける〕(他下1) 분별하다.
見紛う〔みまがう〕(他5) 잘못 보다. 오인하다.
見比べる〔みくらべる〕(他下1) 비교하여 보다.
見事〔みごと〕(形動ダ) ① 볼 만함. 훌륭함. 멋짐. 뛰어남. ② 완전.
見捨てる〔みすてる〕(他下1) 내버려 두고 돌보지 않다. 버리다.
見殺〔みごろし〕죽게 내버려 둠. 죽게 된 것을 못 본 체함.
見上げる〔みあげる〕(他下1) ① 우러러 보다. 쳐다보다. 올려다 보다. ② 훌륭하다.
見繕う〔みつくろう〕(他5) 이것저것 적당한 것으로 골라잡다. 챙기다. 적당히 고르다.
見世〔みせ〕가게. 상품을 파는 곳.
見世物〔みせもの〕돈을 받고 곡예를 보이는 흥행. 구경 거리.
見所〔みどころ〕① 볼 만한 곳(대목). ② 장래성. ③ 장점.
見せ所〔みせどころ〕자랑삼아 꼭 보이고 싶은 연기(장면, 솜씨).

見せ消(ち)〔みせけち〕틀린 글자를 지우지 않고 그 글자 옆에 바른 글자를 붙여써서 틀린 데를 나타내게 함.
見送り〔みおくり〕전송. 배웅.
見送る〔みおくる〕(他5) ① 배웅하다. 전송하다. ② (사람이) 죽을 때까지 돌봐주다. ③ (가는 사람을) 뒤에서 바라보다. ④ 보류하다.
見収め〔みおさめ〕마지막으로 봄. 보는 마지막 기회.
見守る〔みまもる〕(他5) 지켜보다. 돌보다.
見受ける〔みうける〕(他下1) 보다. 보고 판단하다.
見馴れる〔みなれる〕(自下1) 낯익다. 늘 보아서 익숙하다.
見習い〔みならい〕견습. 수습. 보고 배우는 일.
見習う〔みならう〕(他5) 보고 배우다.
見勝手〔みがって〕자기 멋대로함.
見辛い〔みづらい〕(形) ① 보기 흉하다. (흉해서) 바로 볼 수가 없다. ② 잘 보이지 않다.
見失う〔みうしなう〕(他5) 지금까지 보던 것을 놓치다. (자태, 모습 등을) 잃다.
見悪い〔みにくい〕(形) 보기에 거북하다. 보기가 나쁘다.
見様〔みよう〕보기. 견지. 견해.
見易い〔みやすい〕(形) ① 보기 쉽다. 보기 편하다. ② 알기 쉽다.
見栄〔みえ〕허식. 허영. 허세. 겉치레.
見栄え〔みばえ〕볼품이 좋음. 보기에 좋음 돋 보임.
見栄坊〔みえぼう〕허세 부리는 사람. 허영꾼.
見栄っ張り〔みえっぱり〕겉치레를 꾸미는 사람. 허세 부리는 사람. 허영꾼.
見て呉れ〔みてくれ〕외관. 겉모양. 겉모습.
見誤る〔みあやまる〕(他5) 잘못 보다. 오인하다.
見猿聞か猿言わ猿〔みざるきかざるいわざる〕제각기 손으로 귀, 눈, 입을 막고 있는 세 마리의 원숭이. 남의 결점은 보지 말고, 듣지 말고, 말하지 말라는 비유.
見越し〔みこし〕① 미래를 추측함. 예상. ② 넘어다봄. 보아 넘김.
見越す〔みこす〕(他5) ① 미리 내다 보다. 예상하다. ② 넘어다 보다.
見違い〔みちがい〕잘못 봄. 잘못 앎.
見違える〔みちがえる〕(他下1) 잘못 보다.
見え隠れ〔みえがくれ〕보였다 안 보였다 함.
見応え〔みごたえ〕볼 만한 가치. 볼품.
見入る〔みいる〕① (自5) (귀신이)들리다. 홀리다. ② (他5) 주시하다. 열심히 보다.
見込み〔みこみ〕① 예상. 생각. ② 목표. ③ 가망. 희망.
見込む〔みこむ〕(他5) ① 생각나다. ② 목표로 하다. ③ 반하다. ④ (신) 들리다.
⑤ 안을 보다.
見逸れる〔みそれる〕(他下1) ① 전에 본 것을 잊어 버리다. ② 잘못 보다.
見縊る〔みくびる〕(他5) 깔보다. 얕보다. 업신여기다. 대수롭지 않게 여기다.
見残す〔みのこす〕(他5) ① 보다 남기다. 다 보지 못하고 남기다. ② 보고도 방치하다. 돌보지 않다.
見せ場〔みせば〕남에게 보이고 싶은 곳. 볼 만한 장면.
見張り〔みはり〕망봄. 지켜봄. 파수. 파수꾼.
見張る〔みはる〕(他5) ① (눈을) 크게 뜨다. ② 망보다. 파수하다. 경비하다. 지키다.
見えっ張り〔みえっぱり〕허세 부리는 사람. 허영꾼. 겉치레를 꾸미는 사람.
見積(も)り〔みつもり〕견적. 예산. 눈어림.
見積(も)る〔みつもる〕(他5) ① 견적하다. ② 눈어림하다. ③ 대략 계산하다.
見ず転〔みずてん〕(기생이) 사람을 가리지 않고 돈만 보고 정을 통함. 또는 그런 여자. ～を 買う; 기생을 사다. 기생과 정을 통하다.
見切り〔みきり〕끝장을 보는 것. 단념. ～品(ひん); 투매품(投売品).
見切り物〔みきりもの〕헐값으로 파는 물건.
見定め〔みさだめ〕보고 정함. 확인함.
見定める〔みさだめる〕(他下1) 보고 정하다. 정확히 확인하다.
見做す〔みなす〕(他5) 간주하다. 가정하다. 보다.
見知らぬ〔みしらぬ〕(連体) 알지 못하는. 낯선.
見知り〔みしり〕① 보고 앎. 알아봄. 안면이 있음. ～越し〔～ごし〕보아서 알고 있는 것.
見知る〔みしる〕(他5) ① 보고 알다. ② 사귀어 서로 알다.
見直す〔みなおす〕① (自5) (병이나 경기가) 좋아지다. ② 다시 보다. ③ 보고 생각을 달리 하다. ④ 몰랐던 가치를 인정하다.
見真似〔みまね〕보고 흉내냄.
見澄ます〔みすます〕(他5) 주의해서 잘 보다.
見窄らしい〔みすぼらしい〕(形) 볼품이 없다. 초라하다.
見晴かす〔みはるかす〕(他5) 먼 데를 바라보다. 멀리 바라보다.
見晴らし〔みはらし〕전망(展望).
見晴らす〔みはらす〕(他5) 전망(展望)하다. 멀리 바라보다.
見処〔みどころ〕① 볼 가치가 있는 곳. ② 장래성.
見初める〔みそめる〕(他下1) ① 처음 보다. ② 한눈에 반하다.
見出し〔みだし〕① 표제(標題). ② 색인. ③ 발탁.
見出す ①〔みだす〕(他5) 보기 시작하다.

②〔みいだす〕(他5) 찾아 내다. 발견하다.

見取り〔みとり〕훑어 보고 마음대로 택함.
～算(ざん) 씌여 있는 숫자를 보면서 주판으로 놓는 계산.
～図(ず) 건물의 약도나 배치를 알기쉽게 그린 약도(略図).

見蕩れる〔みとれる〕(自下1) 넋을 잃고 보다. 도취되어 보다. 정신없이 보다.

見通し〔みとおし〕① 전망. ② 훤히 트임. ③ 환히 앎. ④ 대상물이 일직선에 있는 것.

見通す〔みとおす〕(他5) ① (처음부터 끝까지) 모두 보다. ② 내다보다. ③ 꿰뚫어 보다. ④ 간파하다. 알아차리다 . ⑤ 통찰하다.

見透かす〔みすかす〕(他5) 꿰뚫어 보다. 간파하다.

見え透く〔みえすく〕(自5) ① 환히 비쳐 보이다. ② 속보다. 빤히 들여다보이다.

見破る〔みやぶる〕(他5) 간파하다. 알아내다.

見飽き〔みあき〕보기에 싫증남.

見飽きる〔みあきる〕(自上1) 보기에 싫증이 나다.

見表わす〔みあらわす〕(他5) 알아 내다. 꿰뚫어 보다.

見下げる〔みさげる〕(他下1) 멸시하다. 깔보다.

見下す〔みくだす〕(他5) ① 내려다 보다. 아래 쪽을 보다. ② 멸시하다. 깔보다.

見下ろす〔みおろす〕(他5) ① 밑을 보다. 내려다 보다. ② 깔보다. 얕보다.

見限る〔みかぎる〕(他5) ① 단념하다. ② 정이 떨어져 관계하지 않다.

見合い〔みあい〕① 선을 봄. ② 서로 봄.

見合う〔みあう〕① (他5) 서로 동태를 살피다. ② (自5) 걸맞다. 대응하다.

見合わせる〔みあわせる〕(他下1) ① 서로 보다. ② 보류하다. ③ 비교해 보다.

見向く〔みむく〕(他5) 향하여 보다. 돌아다보다.

見顕わす〔みあらわす〕(他5) 알아내다. 밝혀 내다. 발견해 내다.

見好い〔みよい〕(形) ① 보기 좋다. ② 보기에 편리하다.

見惚れる〔みほれる〕(自下1) ① 넋을 잃고 보다. 도취되어 보다. ② 홀딱 반하다.

見回す〔みまわす〕(他5) 둘러 보다.

見回り〔みまわり〕돌아봄. 순찰.

見回る〔みまわる〕(自5) 순찰하다. 돌다. 돌아보다.

見廻す〔みまわす〕(他5) ⇨ 見回す

見廻る〔みまわる〕(自5) ⇨ 見回る.

見詰める〔みつめる〕(他下1) 응시하다. 주시하다. 뚫어지게 보다.

音 読

見当〔けんとう〕① 목표. ② 부근. ③ 어림. 예측. 짐작. 가늠. ④ …쯤. …가량. …정도.

見台〔けんだい〕책을 올려 놓고 보는 독서대.

見料〔けんりょう〕① 관람료. ② 복채(卜債).

見聞〔けんぶん〕견문. ① 보고 들음. ② 지식.

見物①〔けんぶつ〕구경함. 유람.
②〔みもの〕구경거리. 볼 만한 것.

見番〔けんばん〕기생의 주선이나 화대의 계산, 감독을 하는 사무소.

見識〔けんしき〕견식. 식견. 품위
～張る(～ばる) (自5) 잘난체하다.

見地〔けんち〕① 견지. 관점. 견해. ② 대지를 살펴 봄.

見解〔けんかい〕견해. 의견.

見学〔けんがく〕견학. 실지로 보고 지식을 넓힘.

例 外

見参〔げんざん〕① 배알. 만나 뵘. ② 대면.

〔肩〕
풀 어깨 견
音 **ケン**
訓 **かた**

肩〔かた〕① 어깨 ② 짐승의 앞발과 날개의 윗 부분. ③ 옷의 어깨에 해당하는 부분.

肩げる〔かたげる〕(他下1) 어깨에 매다.

肩慣らし〔かたならし〕(野球) 投手가 가볍게 공 던지기 연습을 하여 어깨를 풂.

肩掛け〔かたかけ〕어깨걸이. 소올.

肩当て〔かたあて〕① 어깨 심. 어깻바대. ② 짐을 멜 때에 어깨에 대는 것.

肩代わり〔かたがわり〕① (부채나 부담을) 인수함. 떠맡음. ② 가마를 교대하여 멤.

肩台〔かただい〕양복 어깨를 다리미질할 때 쓰는 어깨 받침.

肩袋〔かたぶくろ〕어깨에 메는 자루.

肩付き〔かたつき〕어깨 모양.

肩山〔かたやま〕(옷의) 어깨 부분의 불룩한 곳.

肩上げ〔かたあげ〕(옷의) 어깨 징금.

肩書き〔かたがき〕① 본문 오른편 위에 쓰는 글. ② 이름의 오른 쪽 위에 쓰는 직위. ③ 직위. 직함.

肩先〔かたさき〕어깻죽지.

肩息〔かたいき〕어깨로 쉬는 매우 고통스러운 숨.

肩身〔かたみ〕체면. 면목.

肩揚げ〔かたあげ〕(옷의)옷의 징금.

肩凝り〔かたこり〕어깨가 뻐근함.

肩衣〔かたぎぬ〕① 어깨로부터 등에 걸쳐 입는 무사(武士)의 예복. ② 어깨나 등만을 덮는 가난한 사람의 옷.

肩入れ〔かたいれ〕편듦. 후원. 힘이 됨.

肩肘〔かたひじ〕① ～張る; 어깨를 재다. (뽐내다). ② ～いからせる; 긴장하여 딱딱한 태도를 취하다.

肩車〔かたぐるま〕① 목말. ② (유도에서) 어깨로 매기.

肩替わり〔かたがわり〕① (부채나 부담을)

떠맡음. 인수함. ② 가마를 교대하여 멤.

音 読

肩胛骨〔けんこうこつ〕견갑골. 어깨 뼈.
肩背〔けんぱい〕견배. 어깨와 등.
肩章〔けんしょう〕견장. 제복의 어깨에 붙여서 계급을 표시하는 휘장.

〔**牽**〕 풀 : 끌 견.
音 : **ケン**
訓 : **ひく**

牽く〔ひく〕(他5) ① 끌고 가다. 연행 하다. ② 예인하다.

音 読

牽念〔けんねん〕견념. 마음에 걸림.
牽連〔けんれん〕견련. 끌어서 관련시킴.
牽牛星〔けんぎゅうせい〕견우성.
牽引〔けんいん〕견인. 끌고 감. 잡아 당김.
牽制〔けんせい〕견제. ① 행동의 자유를 구속함. ② 상대방을 자기 뜻대로 끌거나 멈추게 함.

〔**堅**〕 풀 : 단단할 견.
音 : **ケン**
訓 : **かたい**

堅い〔かたい〕① 단단하다. 딱딱하다. ② 굳다. 튼튼하다. ③ 엄하다. ④ 틀림없다. 확실하다. ⑤ 건실하다. 착실하다. ⑥ 완고하다.
堅苦しい〔かたくるしい〕(形) 딱딱하다. 거북스럽다.
堅気〔かたぎ〕① 고지식함. ② 착실함.
堅物〔かたぶつ〕고지식한 사람.
堅人〔かたじん〕고지식한 사람.

音 読

堅強〔けんきょう〕견강. 단단하고 강함.
堅固〔けんご〕견고. 강함. 튼튼함.
堅実〔けんじつ〕견실.
堅持〔けんじ〕견지.
堅陣〔けんじん〕견진. 견고한 진지.

〔**遣**〕 풀 : 보낼 견.
音 : **ケン**
訓 : ① **つかう** ② **つかわす** ③ **やる**

❶ **遣う**〔つかう〕(他5) ① 부리다. ② 사용하다. 쓰다. ③ 소비하다.
遣い〔つかい〕① 심부름. ② 사용. 사용인.
遣い物〔つかいもの〕① 소용되는 물건. ② 선물.
遣い先〔つかいさき〕① 심부름 간 곳. ② 돈의 사용처.
遣い手〔つかいて〕① (연장을) 잘 사용하는 사람. ② 돈을 잘 쓰는 사람.
遣い込む〔つかいこむ〕(他5) ① (공금을) 써 버리다. ② 손때나게 오래 쓰다.
❷ **遣わす**〔つかわす〕(他5) ① 보내다. 파견하다. ② …하여 주다. ③ 주다.
❸ **遣る**〔やる〕(他5) ① 보내다. ② 주다. ③ 하다. ④ 나아가게 하다. ⑤ 풀다. 떨어버리다. ⑥ 먹다. 마시다. ⑦ 파견하다.
遣る瀬〔やるせ〕기분을 푸는 수단.
～無い〔～ない〕(形) 기분을 풀 길이 없다. 마음에 차지 않아 괴롭다.
遣る方〔やるかた〕기분을 푸는 수단.

파 생 어

遣りこなす〔やりこなす〕(他5) (어려운일을) 적절히 해내다. 잘 해내다.
遣り過ごす〔やりすごす〕(他5) ① 앞지르도록 하다. 앞에 통과시키다. ② 지나치게 하다.
遣り口〔やりくち〕하는 방법. 수단.
遣り返す〔やりかえす〕(他5) 다시 하다. 고쳐 하다. ② 반박하다. 되받아 윽박지르다.
遣り方〔やりかた〕하는 방법. 방식.
遣り放し〔やりばなし〕내버려둠. 방치함.
遣りっ放し〔やりっぱなし〕내버려 둠. 방치함.
遣り損う〔やりそこなう〕(他5) 잘못하다. 실패하다. 실수하다.
遣り手〔やりて〕① 수완이 있는 사람. ② 일을 할 사람. ③ (물건을) 줄 사람. ④ 창녀를 감독하는 늙은 할멈.
遣り水〔やりみず〕① 물을 줌. ② 뜰에 물을 끌어 들임.
遣り遂げる〔やりとげる〕(他下1) 완수하다. 끝까지 해내다. (목적을) 달성하다.
遣り込める〔やりこめる〕(他下1) 말을 못하게 하다.
遣り場〔やりば〕가지고 갈 곳. 둘 자리.
遣り切れない〔やりきれない〕(形) 끝까지 할 수 없다. 견딜 재간이 없다(우리 말로 "죽겠다"). 딱 질색이다.
遣り繰り〔やりくり〕변통. 주변. 융통.
～算段〔～さんだん〕이리저리 궁리하여 둘러 맞춤.
遣り繰る〔やりくる〕(他5) 둘러 맞추다. 융통하다.
遣り直す〔やりなおす〕(他5) 다시 하다. 고쳐하다.
遣り取り〔やりとり〕주고받음. 교환.
遣り合う〔やりあう〕(自5) ① 서로 다투다. ② 언쟁하다. ③ 경쟁을 하다.
遣り戸〔やりど〕미닫이.

音 読

遣唐使〔けんとうし〕견당사. 奈良시대부터 平安시대에 걸쳐 일본이 당나라에 파견한 使臣.
遣外〔けんがい〕견외. 외국으로 사람을 파견 함.
派遣〔はけん〕파견. 보냄.

〔**絹**〕 풀 비단 견
音 **ケン**
訓 **きぬ**

絹〔きぬ〕명주. 비단.
絹漉〔きぬごし〕명주로 곱게 거름.
絹綾〔きぬあや〕얇은 능직(綾織)의 비단.
絹笠〔きぬがさ〕비단 우산.
絹綿〔きぬわた〕허드렛고치로 만든 하얗고 광택이 나는 솜. 풀솜.
絹物〔きぬもの〕① 견직물. ② 비단옷.

絹糸〔きぬいと〕견사. 명주실.
絹張り〔きぬばり〕① 비단을, 주름을 펴기 위하여 천의 양끝에 대는 막대기. ② 비단을 팽팽하게 씌움. ③ 비단을 풀칠하여 너는 판자.
絹地〔きぬじ〕비단천.
絹織り〔きぬおり〕명주. 견직물.
絹織物〔きぬおりもの〕견직물. 명주.
絹天〔きぬてん〕견(絹) 빌로오드의 일종.
絹針〔きぬばり〕비단을 꿰맬 때 쓰는 바늘.
絹絵〔きぬえ〕명주에 그린 그림.

連濁音에 注意

薄絹〔うすぎぬ〕얇은 비단.
富士絹〔ふじぎぬ〕날과 씨를 모두 명주실을 써서 짠 평직. (안감에 쓰임)

音　読

絹糸紡積〔けんしぼうせき〕견사방적.
絹布〔けんぷ〕견포. 명주. 비단.
人絹糸〔じんけんし〕인견사. 인조 섬유로 만든 명주실.

〖繭〗 풀 누에고치 견
音 ケン
訓 まゆ

繭玉〔まゆだま〕대나무 가지에 누에고치 모양의 과자를 단 설날의 장식.

音　読

繭糸〔けんし〕견사. 누에고치와 실.
繭綢〔けんちゅう〕누에고치에서 뽑은 실로 짠 비단.

【결】

〖欠〗 풀：① 이지러질 결. ② 하품 흠.
音：① ケツ ② ケッ
訓：① かく ② かける

❶ **欠く**〔かく〕(他5) ① 부족하다. ② 게으름 피우다. ③ 빠뜨리다. ④ 부수다. ⑤ 줄이다.
❷ **欠ける**〔かける〕(自下1) ① 이지러지다. ② (있어야 할 것이)빠지다. 없다. ③ 부족하다. 모자라다. ④ 부숴지다.
欠けら〔かけら〕(부서진)조각. 단편(断片)
欠片〔かけら〕(부서진)조각. 단편(断片).

例　外

欠〔あくび〕하품. ～が 出る.
欠伸〔あくび〕하품. ～が 出る.

訓 読 1

欠礼〔けつれい〕결례. 예의를 차리지 못함.
欠漏〔けつろう〕결루. 빠져 샘. 빠짐. 누락.
欠如〔けつじょ〕결여. 빠져서 모자람. 결핍.
欠員〔けついん〕결원. 정원이 모자람.
欠除〔けつじょ〕결제. 제거함.
欠乏〔けつぼう〕결핍. 모자람.

音 読 2

欠講〔けっこう〕결강. 강의를 쉼.
欠格〔けっかく〕결격. 필요한 자격의 결여.
欠勤〔けっきん〕결근. 근무를 쉼.
欠席〔けっせき〕결석. 갈 곳에 가지 않음.
欠損〔けっそん〕결손. ① 모자람. ② 손해. 손실.
欠食〔けっしょく〕결식. 끼니를 거름.
欠点〔けってん〕결점. ① 단점. 흠. ② 과오. 잘못. ③ 낙제점.
欠陥〔けっかん〕결함. 부족. 결점.
欠航〔けっこう〕결항. 정기적인 배나 비행기가 떠나지 않음.

〖抉〗 풀：긁어낼 결. 뽑을 결.
音：ケツ
訓：① えぐる ② えぐれる

❶ **抉る**〔えぐる〕(他5) ① 도려내다. ② (핵심을)찌르다. 에다.
❷ **抉れる**〔えぐれる〕(自下1) ① 도려낸듯 해지다. ② 도려낼 수 있다.

〖決〗 풀：정할 결. 끊을 결.
音：① ケツ ② ケッ
訓：① きまる ② きめる

❶ **決まる**〔きまる〕(自5) ① 결정되다. ② 정해지다. ③ 틀이 잡히다. ④ …하게 마련이다.
決(ま)り〔きまり〕① 규칙. 습관. 정해진 바. ② 매듭. 결말. ③ ～が悪い；쑥스럽다. 창피하다. 멋적다.
決まり文句〔きまりもんく〕틀에 박힌 말.
決まり手〔きまりて〕결정적인 수.
決まり切った〔きまりきった〕① 틀에 박힌. ② 두말할 것도 없는. 당연한.

連濁音에 注意

本決まり〔ほんぎまり〕정식으로 결정되는 것.
❷ **決める**〔きめる〕(他下1) ① 정하다. 결정하다. ② 작정하다. ③ 결판내다. ④ 수를 써서 꼼짝 못하게 하다.
決め〔きめ〕① 결정. 작정. ② 약속.
決め球〔きめだま〕결정타(決定打)
決め倒し〔きめたおし〕(씨름에서) 상대방의 팔꿈치를 세게 끼고 그대로 넘어뜨림.
決め付ける〔きめつける〕(他下1) 마구 나무라다. 몹시 꾸짖다. 엄하게 책하다.
決め所〔きめどころ〕결정적인 요소.
決め手〔きめて〕① 결정적인 수. ②(범죄를 증명하는) 유력한 증거. ③ 결정하는 사람.
決め込む〔きめこむ〕(他5) ① (혼자서 결정하여)…인 줄로 믿다. ② (…된 것처럼) 우쭐해하다. ③ … 하기로 하다.
決め出し〔きめだし〕(씨름에서) 상대방 팔꿈치를 세게 끼고 그대로 씨름판 밖으로 밀어내는 수.

連濁音에 注意

独り決め〔ひとりぎめ〕독단. 자기 생각만으로 결정함.
月決め〔つきぎめ〕1개월을 단위로 하는 약속이나 계약.

音 読 ①

決〔けつ〕① 결정. ② 가부(可否)의 결정.
決断〔けつだん〕결단. ① 확고한 결정. ② 판정.
決裂〔けつれつ〕결렬. ① 여러 갈래로 찢어짐. ② 화의, 교섭 등이 갈라짐.
決別〔けつべつ〕결별. 이별. 헤어짐.
決然〔けつぜん〕결연. ① 각오를 단단히 함. ② 굳게 결심함.
決意〔けつい〕결의. 의사를 결정함.
決議〔けつぎ〕결의. (회의에서) 의견을 정함.

音 読 ②

決して〔けっして〕(副) 결코.
決する〔けっする〕 (自サ) ① 결정되다. 정해지다. ② 둑이 무너져 물이 세차게 흐르다. (他サ) ① 결정하다. 정하다. ② 처리하다. ③ 둑을 끊어 물을 흐르게 하다.
決壊〔けっかい〕① (둑 같은 것이) 무너짐. ② 무너뜨림.
決潰〔けっかい〕⇨決壊
決起〔けっき〕① 궐기. ② 벌떡 일어남. ③ 용기를 내어 뜻을 이루고자 함.
決死〔けっし〕결사. 죽음을 각오함.
決算〔けっさん〕결산. ① 최후의 계산. ② 일정기간의 수입 지출의 총계산.
決選投票〔けっせんとうひょう〕결선투표. 처음 투표에서 당선자가 결정되지 않았을 때, 다수표를 얻은 두 사람에게 다시 투표함.
決勝〔けっしょう〕결승. 승부를 가림.
決心〔けっしん〕결심. 마음을 정함.
決裁〔けっさい〕결재. 책임자가 아랫사람이 낸 안건을 결정함. 재결.
決戦〔けっせん〕결전. 승패를 결정짓는 싸움.
決定〔けってい〕결정. 정함. 정해짐.
〔けつじょう〕결정. ① 결단하여 정함. ② 틀림이 없음.
決済〔けっさい〕결제. 대금을 주고 받아 당사자간의 금전 거래를 끝맺음.
決着〔けっちゃく〕매듭 지음.
決闘〔けっとう〕결투. 원한이나 시비를 가리기 위하여 서로 약속하여 싸움.
決河〔けっか〕홍수로 인하여 강물이 제방을 파괴하며 넘치는 것.
決行〔けっこう〕결행. 결심하여 행함.

〔**結**〕 풀 : 맺을 결.
音 : ① ケチ ② ケツ ③ ケッ
訓 : ① むすぶ ② むすぼれる ③ ゆう ④ ゆわえる ⑤ ゆわく

❶ **結ぶ**〔むすぶ〕 (自5) (이슬이) 맺히다. (他5) ① 잇다. ② 매다. ③ 맺다. ④ 잡다. 쥐다. ⑤ (입을) 다물다.
結び〔むすび〕① 맺음. 매듭. ② 끝맺음. ③ 주먹밥
結び目〔むすびめ〕매듭. 맨자리.
結び文〔むすびぶみ〕말아 접어 양끝을 붙인 書状.
結び付く〔むすびつく〕(自5) ① 결부되다. ② 밀접한 관계를 갖다.
結び付ける〔むすびつける〕(他下1) ① 연결시키다. ② 결부하다. ③ 묶다. 매다. ④ 결합시키다.
結びの神〔むすびのかみ〕남녀의 인연을 맺어주는 신(神).
結び状〔むすびじょう〕⇨結び文.
❷ **結ぼれる**〔むすぼれる〕(自下1) ① 매어지다. ② (이슬 등이) 맺히다. ③ 우울해지다.
❸ **結う**〔ゆう〕(他5) ① 매다. 묶다. ②(주로) 머리를 땋다.
結い〔ゆい〕마을에서의 공동 작업.
結い付ける〔ゆいつける〕(他下1) ① 붙들어 매다. ② (머리를) 묶는 데에 익숙하다.
結い上げる〔ゆいあげる〕(他下1) ① (머리를) 땋아 위로 올리다. ② 머리 땋기를 끝내다.
結納〔ゆいのう〕약혼 선물. 약혼 예물.
結綿〔ゆいわた〕① 젊은 여자의 머리쪽 한가운데를 홀치기 냉기로 묶음. ② 가운데를 묶은 예물용의 풀솜.
❹ **結わえる**〔ゆわえる〕(他下1) 묶다. 매다.
結わえ付ける〔ゆわえつける〕(他下1) 붙들어매다. 묶다. 잡아매다.
❺ **結わく**〔ゆわく〕(他5) ⇨結わえる.

音 読 1

結縁〔けちえん：けつえん〕〔仏〕결연. 불도(仏道)에 귀의(帰依)함.
結願〔けちがん〕〔仏〕결원. 불공 등의 날수가 참.

音 読 2

結了〔けつりょう〕결료. 종료(終了)
結論〔けつろん〕결론. ① 논의 매듭. ② 단안.
結末〔けつまつ〕결말. 끝. 끝장.
結尾〔けつび〕결미. 끝. 마지막. 결말.
結実〔けつじつ〕결실. ① 열매를 맺음. ② 결과가 나타남
結合〔けつごう〕결합. 맺어짐.

音 読 3

結する〔けっする〕(自サ) 대소변이 막혀 나오지 않다.
結跏趺坐〔けっかふざ〕〔仏〕결가부좌. 불도(仏道)를 닦을 때 책상다리를 하고 앉는 것.
結界〔けっかい〕결계. ① 제한된 구획. ② 중과 속인과의 자리를 목책으로 가름.
結果〔けっか〕결과. ① 어떤 원인으로 인하여 생기는 상태. ② 열매를 맺음.
結句〔けっく〕① 결구. 시가(詩歌)의 끝 구절. ② (副) 결국. 드디어. ③ 도리어. 오히려.
結構〔けっこう〕① 짜임새. 규모. 구조. ② (形動) 훌륭함. 좋음. ③ 다행임. ④(

정중하게 사양하는 뜻으로) 괜찮음. 이제 됐음.
結局〔けっきょく〕결국. 드디어. 끝내는.
結党〔けっとう〕결당. 당(党)을 이룩함.
結氷〔けっぴょう〕결빙. 물이 얼어 얼음이 됨.
結社〔けっしゃ〕결사. 여러 사람이 공동목적을 위하여 꾸민 단체.
結成〔けっせい〕결성. 모아서 만듦. 이룩함.
結束〔けっそく〕결속. ① 단결함. ② 다발로 묶음.
結審〔けっしん〕결심. 재판의 심리를 끝냄.
結節〔けっせつ〕결절. 맺혀서 마디가 됨.
結晶〔けっしょう〕결정. ① 엉켜서 굳어짐. 또는 굳어진 것. ② 원자 배열이 규칙적으로 된 고체.
結集 ①〔けっしゅう〕결집. 모아서 하나로 함.
②〔けつじゅう〕결집. (仏)석가가 죽은 후, 仏説, 遺訓을 제자들이 편집한 것.
結着〔けっちゃく〕결착. 매듭 지음.
結託〔けったく〕결탁. 서로 맺음. 한 패가 됨.
結核〔けっかく〕결핵. 결핵균에 의해서 생기는 결절(結節)이나 병의 총칭.
結婚〔けっこん〕결혼. 혼인함.

〖潔〗 풀 : 깨끗할 결.
音 : ① ケツ ② ケッ
訓 : いさぎよい

潔い〔いさぎよい〕(形) ① (미련 없이) 깨끗하다. ② 결백하다. ③ 소탈하다. ④떳떳하다.
潔しとしない〔いさぎよしとしない〕치사하게 여기다. 더럽게 여기다.

音読 1

潔廉〔けつれん〕결렴. 결백하고 사욕이 없음.
潔浄〔けつじょう〕결정. 깨끗하고 맑음.

音読 2

潔白〔けっぱく〕결백. ① 부정이 없음. ② 깨끗하고 흼.
潔癖〔けっぺき〕결벽. ① 유별나게 깨끗한 것을 좋아하는 성격. ② 부정을 싫어하는 성격.
潔斎〔けっさい〕결재. 몸과 마음을 깨끗이 하고 부정을 가까이 하지 않음.

【겸】

〖兼〗 풀 : 겸할 겸.
音 : ケン
訓 : かねる

兼ねる〔かねる〕(他下1) ① 겸하다. ② 합치다. 하나로 만들다. ③ 예상하다. ④《動詞連用形에 접속하여》… 하기 어렵다. … 하기 곤란하다.
兼ねて〔かねて〕(副) 미리. 먼저.
兼ねない〔かねない〕《動詞連用形에 접속하여》… 할듯하다. … 할지도 모른다. … 않는다고 말할 수 없다.
兼ね備える〔かねそなえる〕(他下1) 겸비하다. 함께갖추다.
兼ね合い〔かねあい〕결맞음. 균형.
兼ね合う〔かねあう〕(他5) 어울리다. 걸맞다.

連濁音에 注意

気兼ね〔きがね〕스스러움. 어렵게 여김. 사양.

音 読

兼〔けん〕겸. 두 가지를 겸하는 것.
兼帯〔けんたい〕겸대. ① 겸용. ② 겸임(兼任).
兼務〔けんむ〕겸무. 직무를 겸함.
兼備〔けんび〕겸비. 고루 고루 갖춤.
兼業〔けんぎょう〕겸업. 본업 이외에 겸하여 하는 영업.
兼用〔けんよう〕겸용. 겸하여 사용함.
兼任〔けんにん〕겸임. 둘 이상의 직무를겸함.
兼題〔けんだい〕和歌, 俳句 등을 짓는 모임에서 미리 내는 제목.
兼行〔けんこう〕겸행. ① 밤 낮을 가리지 않고 서두름. ② 둘 이상의 일을 동시에 함.

〖謙〗 풀 : 겸손할 겸
音 : ケン
訓 : へりくだる

謙る〔へりくだる〕(自5) 자기를 낮추다. 겸손하다. 謙って話をする ; 겸손하게 이야기하다.

音 読

謙遜〔けんそん〕겸손. 자기를 낮춤.
謙譲〔けんじょう〕겸양. 겸손하고 사양함.
謙称〔けんしょう〕겸칭. 겸손히 일컫는 것.
謙虚〔けんきょ〕겸허. 허심하게 자기를 낮춤.

〖鎌〗 풀 : 낫 겸.
音 :
訓 : かま

鎌〔かま〕낫. ～をかける ; 〈넌지시〉 넘겨짚다. 마음 속을 떠보다.
鎌尾根〔かまおね〕낫의 날처럼 뾰족한 산등성이.
鎌首〔かまくび〕낫 모양의 머리(주로 뱀을 말함).
鎌止め〔かまどめ〕나무나 풀을 베지 못 하게 함.

【경】

〔京〕 풀：서울 경
音：①キョウ ②キン ③ケイ
訓：

音読①

京〔きょう〕① 서울. 수도. ② 京都를 일컫는 말. ③ 경. 조(兆)의 1만배.
京間〔きょうま〕京都에서 방의 넓이를 재는 척도. 곱자 6尺5寸(1.97m)를 한 간으로 함.
京都〔きょうと〕東京으로 수도를 옮기기 전 천여년 동안 일본의 수도였음.
京女〔きょうおんな〕京都의 여자. あずま男に~：男子는 関東, 여자는 京都.
京染め〔きょうぞめ〕京都에서 염색한 것.
京雀〔きょうすずめ〕京都에 살며 그곳사정에 밝은 사람.

音読②

南京〔なんきん〕남경. 中国의 都市. 江蘇省 揚子江 右岸에 있음.

音読 3

京師〔けいし〕경사. 서울. 수도.
京様〔けいよう〕풍류적인 모습.
京葉〔けいよう〕東京와 치바(千葉).
京阪〔けいはん〕京都와 大阪(오오사카).
京阪神〔けいはんしん〕京都와 大阪과 神戸(코오베).

〔茎〕 풀：줄기 경
音：ケイ
訓：くき

茎〔くき〕(植) 줄기.
茎短 〔くきみじか〕칼이나 창을 쥐는 방법의 하나로 자루를 많이 남겨 두고 앞쪽을 짧게하여 쥐는 방법.
茎長〔くきなが〕칼이나 창을 쥐는 방법의 하나로 자루를 조금 남겨 두고 앞쪽을 길게하여 쥐는 방법.

連濁音에 注意

水茎〔みずぐき〕① 붓. ② 필적. ③ 편지.
歯茎〔はぐき〕(生) 치경. 잇몸.

音 読

球茎〔きゅうけい〕구경. 땅속줄기.
根茎〔こんけい〕근경. 땅속 뿌리줄기. (例：연. 대.)
地下茎〔ちかけい〕지하경. 땅속에 있는 식물의 줄기. 땅속줄기의 총칭.

〔径〕 풀：지름길 경
音：ケイ
訓：

径路〔けいろ〕경로. ① 일이 되어가는 형편이나 순서. ② 거쳐 가는 길.
径行〔けいこう〕마음 먹은대로 실행함.
半径〔はんけい〕반경. 반지름. 직경의 반.
直径〔ちょっけい〕직경. 지름.

〔耕〕 풀：밭갈 경
音：コウ
訓：たがやす

耕す〔たがやす〕(他5) (논이나 밭을)갈다.
耕耘機〔こううんき〕경운기. 논밭을 갈 때 사용하는 기계.
耕作〔こうさく〕경작. 땅을 갈아 농사를 지음.
耕地〔こうち〕경지. 경작하는 땅.

〔頃〕 풀：잠깐 경
音：ケイ
訓：ころ

頃〔ころ〕① 경. 쯤. 즈음. ② 때. ③ 정도. ④ 시기.
頃おい〔ころおい〕① 무렵. ② 기회. ③ 정도.
頃しも〔ころしも〕(副) 바로 그 무렵. 때마침.
頃合〔ころあい〕적당한 기회.

連濁音에 注意

~頃〔~ごろ〕무렵. 경. 五時頃(ごじごろ) 다섯시경.

音 読

頃日〔けいじつ〕요사이. 근자.

〔経〕 풀：지낼 경. 경서 경. 다스릴 경.
音：① キョウ ② ケイ
訓：① たつ ② へる

❶経つ〔たつ〕(自5)(시간, 때가)지나다. 五分経てば；5분 있으면.
❷経る〔へる〕(自下1) ① 어떤 곳을 지나가다. ② 통과하다. 지나다. 거치다. ③ 겪다.
経巡る〔へめぐる〕(他5) 여러 곳을 두루 돌아 다니다.

例 外

経糸〔たていと〕경사. 날실.
経緯①〔いきさつ〕경위. 복잡한 내부사정.
②〔けいい〕경위. ① 가로 세로. ② 経線과 緯線. 経度와 緯度. ③ 날실과 씨실.
心経〔しんぎょう〕(仏) 般若心経의 준말.

音読 1

お経〔おきょう〕불경. 부처의 가르침을 쓴 책.
経巻①〔きょうかん〕中国 성인의 가르침을 기록한 책(例：四書五経)
②〔けいかん〕불교의 서적.
経木〔きょうぎ〕무늬목. 종이처럼 얇게 깎은 나무.
経文①〔きょうもん〕경문. 부처의 가르침을 적은 책.
②〔けいぶん〕四書五経등 유교의 가르침의 서적.
経師〔きょうじ〕표구사(表具師) ~屋(や) 표구점.
経蔵〔きょうぞう〕경장. ① 불경. ② 경문을 넣어 두는 곳.
経典 〔きょうてん〕경전. ① 교리(教理)를 적은 책. ② 불교의 경문을 적은 책.
〔けいてん〕경전. ① 성인(聖人)이 지은 책. 경서. ② 종교의 교리를적은책.

音読 2

経過〔けいか〕경과. ① 사물의 변천하는 상태. ② 때의 지나감. ③ 일을 겪어온 과정.
経口〔けいこう〕경구. 입으로 먹는 것.
経国〔けいこく〕경국. 나라를 다스리는것.
経度〔けいど〕경도. 영국의 그리니치 천문대를 통과하는 경선을 기준으로 東経, 西経으로 나타내는 각도.
経歴〔けいれき〕경력. ① 내력. ② 겪은일.
経路〔けいろ〕경로. ① 거쳐가는 일. ②일이 되어 가는 형편이나 순서.
経理〔けいり〕경리. 회계에 관한 사무.
経綸〔けいりん〕경륜. 국가를 다스리는것.
経費〔けいひ〕경비. 쓰이는 비용.
経常費〔けいじょうひ〕경상비. 매년 정해진 필요한 비용.
経書〔けいしょ〕경서. 中国의 聖人의 가르침을 기록한 책.
経線〔けいせん〕경선. 날줄. 지구의 양극을 통과하여 그 표면에 있다고 가정한 선.
経営〔けいえい〕경영. 계획을 세워 사업을 해 나감.
経緯 〔いきさつ〕경위. 복잡한 내부사정.
〔けいい〕경위. ① 날실과 씨실. ② 가로 세로. ③ 経度와 緯度. 経線과 緯線.
経由〔けいゆ〕경유. 거쳐감. 통과함.
経済〔けいざい〕경제. ① 인간의 생활을 유지하고 발전시키는데에 필요한 모든 소비, 생산 등의 활동. ② 돈이나 재물을 절약하는 것.
経学〔けいがく〕경학. 유교의 학문.
経験〔けいけん〕경험. 체험. 실제로 겪어 봄.

〔敬〕 풀 : 공경할 경.
音 : ケイ
訓 : うやまう

敬う〔うやまう〕(他5) 존경하다.공경하다. ～べき人 : 존경해야 할 사람.

音　読

敬する〔けいする〕(他サ) 공경하다. 존경하다. 敬して遠ざける : 경원하다.
敬具〔けいぐ〕경구. "공경하여 사뢴다"는 뜻으로 편지 끝 머리에 쓰는 말.
敬虔〔けいけん〕경건. 존경하고 삼가함.
敬謙〔けいけん〕⇨敬虔.
敬老〔けいろう〕경노. 늙은이를 존경하는 것.
敬礼〔けいれい〕경례. 절함.
敬慕〔けいぼ〕경모. 존경하고 사모함.
敬拝〔けいはい〕경배. 존경하여 공손히 절함.
敬白〔けいはく〕경백. "공경하여 사뢴다" 는 뜻으로 편지 끝머리에 쓰는 말.
敬服〔けいふく〕경복. 존경하여 복종함.
敬事〔けいじ〕경사. 공경하여 섬김.
敬仰〔けいぎょう〕경앙. 공경하여 우러러 봄.
敬愛〔けいあい〕경애. 존경하고 사랑함.
敬譲〔けいじょう〕경양. 남을 존경하고 자기를 낮춤.
敬語〔けいご〕경어. 높임말. 공대말.
敬遠〔けいえん〕경원. ① 존경하여 가까이 하지 않음. ② 존경하는 체하면서 상대를 의식적으로 꺼림.
敬意〔けいい〕경의. 존경하는 뜻.
敬弔〔けいちょう〕경조. 삼가 조상하는 것.
敬重〔けいちょう〕존경하여 중히 여기는 것.
敬称〔けいしょう〕경칭. 존칭. 경의를 표하는 말.

〔景〕 풀 : 볕 경. 경치 경.
音 : ケイ
訓 :

例　外

景色〔けしき〕경색. 경치. 풍경.
雪景色〔ゆきげしき〕눈 경치. 설경(雪景).

音　読

景観〔けいかん〕경관. 경치.
景気〔けいき〕경기. ① 기업의 활동을 중심으로한 경제 상태. ② 상거래의 정도나 상태.
景物〔けいぶつ〕경물. ① 사철의 자연의 모습. ② 흥취를 돋우는 것. ③ 경품.
景勝地〔けいしょうち〕경승지. 경치가 좋은 곳.
景仰〔けいこう〕경앙. 덕을 사모하여 우러러 봄.
景致〔けいち〕경치. 풍경.
景況〔けいきょう〕경황. ① 상황. ② 경기.

〔痙〕 풀 : 중풍들 경. 뻣뻣할 경.
音 : ケイ
訓 :

痙攣〔けいれん〕경련. 근육이 갑자기 굳어지며 오그라져 그 기능을 잃음.

〔硬〕 풀 : 굳을 경
音 : コウ
訓 : かたい

硬い〔かたい〕(形) ① 단단하다. ～石 ② (문장이) 딱딱하다. 흥미가 없다～ 表現. ③ 융통성이 없다. 완고하다. 表情が～ ; 표정이 굳다.

音　読

硬骨〔こうこつ〕경골. ① 굳은 뼈. ②종처럼 자기의 주장을 굽히지 않음. ～漢.
硬球〔こうきゅう〕경구. 야구, 정구 등에 사용하는 딱딱한 공.
硬度〔こうど〕경도. 물질의 굳음의 정도.
硬水〔こうすい〕경수. 광물질이 많이 들어있는 물.
硬式〔こうしき〕경식. 야구 경기에서 딱딱한 공을 사용하는 것.
硬調〔こうちょう〕① 값이 오르는 형세. 형세. ② 사진 원판의 인화에서 흑 백의 차이가 현저함. ③ 딱딱하게 굳은 상태.
硬直〔こうちょく〕경직. 굳어서 빳빳해짐.
硬質〔こうしつ〕경질. 딱딱한 성질.
硬派〔こうは〕경파. 강경파(強硬派).
硬筆〔こうひつ〕경필. 글씨를 쓰는 도구로

써 끝이 딱딱한 것.(연필, 펜 등)
硬化〔こうか〕경화. 딱딱해짐. 강경해짐.
硬貨〔こうか〕경화. 금속으로 만든 돈.

〔軽〕 풀：가벼울 경.
音：**ケイ**
訓：① **かろしめる** ② **かろんずる** ③ **かろやか** ④ **かるい**

❶軽しめる〔かろしめる〕(他下 1) ① 얕보다. 경멸하다. ② 가볍게 보다.
❷軽んずる〔かろんずる〕(他) ① 깔보다. 얕보다. ② 가볍게 보다. 아깝게 생각하지 않는다.
❸軽やか〔かろやか〕(形動) ① 경쾌함. ② 경솔함.
❹軽い〔かるい〕(形) ① 가볍다. ② 대단하지 않다. ③ 다루기 쉽다. ④ 경쾌하다. 편하다.
軽口〔かるくち〕① 우습고 재미 있는 이야기. ② 입이 가벼움. ③ 재담.

파생어

軽弾み〔かるはずみ〕(形動) 경솔함. 소홀함. 경망함.
軽み〔かるみ〕가벼운 것. 가벼움
軽軽と〔かるがると〕(副) 가볍게.
軽軽しい〔かるがるしい：かろがろしい〕(形) (言行에 있어서) 경솔하다. 신중함이 없다.
軽目〔かるめ〕보통보다도 가벼운 것.
軽焼き〔かるやき〕찹쌀 가루에 설탕을 넣어 부풀게 구운 과자.
軽業〔かるわざ〕① 위험한 곡예. ② 위험이 많은 직업.
軽子〔かるこ〕망태기 등으로 물건을 나르는 사람. 운반부.

連濁音에 注意

気軽〔きがる〕소탈함. 싹싹함.
気軽い〔きがるい〕(形) 소탈하다. 싹싹하다.
手軽〔てがる〕(形動) 손쉬움.
手軽い〔てがるい〕(形) 손쉽다. 간단하다. 간이(簡易)하다.
足軽〔あしがる〕① 싸움터의 보병(歩兵). ② 하급 무사.

音　読

軽減〔けいげん〕경감. 덜어 가볍게 함.
軽挙妄動〔けいきょもうどう〕경거 망동. 경솔한 행동.
軽蔑〔けいべつ〕경멸. 멸시. 업신여김.
軽工業〔けいこうぎょう〕경공업. 주로 소비재를 생산하는 공업.
軽金属〔けいきんぞく〕경금속. 비중이 4이하의 가벼운 금속.(알루미늄. 마그네슘)
軽量〔けいりょう〕경량. 무게가 가벼움.
軽粒子〔けいりゅうし〕경립자. 가볍고 미세한 알맹이.
軽侮〔けいぶ〕경모. 업신여김.
軽妙〔けいみょう〕경묘. 가볍고 묘함.
軽微〔けいび〕경미. 조금임. 약간임.
軽薄〔けいはく〕경박. ① 경솔함. ② 가볍고 얕음.
軽罰〔けいばつ〕경벌. 가벼운 형벌.
軽犯罪〔けいはんざい〕경범죄. 가벼운 범죄.
軽傷〔けいしょう〕경상. 조금 다친 것.
軽率〔けいそつ〕경솔. 조심성과 주의력이 없음.
軽視〔けいし〕경시. 하찮게 여김.
軽食〔けいしょく〕경식. 가벼운 식사.
軽信〔けいしん〕경신. 경솔하게 믿음.
軽油〔けいゆ〕경유. 원유를 분류하여 얻은 기름으로 발동기의 연료로 쓰기도 하고, 기계를 씻는 데에 사용하기도 함.
軽音楽〔けいおんがく〕경음악. 서양 음악중 클래식 이외의 대중 음악.(재즈, 샹송, 팝송 등)
軽装〔けいそう〕경장. 가벼운 복장.
軽重〔けいじゅう：けいちょう〕경중. ① 가벼운 것과 무거운 것. ② 하찮은 일과 중대한 일.
軽快〔けいかい〕(形動) 경쾌. ① 가볍고 민첩함. ② 기분이 가볍고 상쾌함.
軽便〔けいべん〕① 몸이 가뜬하고 민첩한 것. ② 폭이 좁은 궤도에서 소형의 기관차를 사용하는 철도.
軽爆撃機〔けいばくげきき〕경폭격기.

〔傾〕 풀：기우러질 경.
音：**ケイ**
訓：① **かたむく** ② **かたむける** ③ **かしぐ** ④ **かしげる**

❶傾く〔かたむく〕(自5) ① 기울다. 한쪽으로 쏠리다. ② (사상, 마음 등이) 한쪽으로 치우쳐지다. ③ 그런 기미를 띠다.
傾き〔かたむき〕① 경사. 기울기. ② 경향(傾向).
❷傾ける〔かたむける〕(他下1) ① 기울어지게 하다. 首を～：고개를 갸우뚱하다. ② 불안정하게 하다. ③ 집중하다. 쏟다. 耳を～：귀를 기울이다.
❸傾ぐ〔かしぐ〕(自5) 기울다. 기울어지다.
❹傾げる〔かしげる〕(他下1) 옆으로 굽히다. 首を～：고개를 갸웃하다.

音　読

傾国〔けいこく〕경국. 나라를 위태롭게 하는 것.
傾倒〔けいとう〕경도. ① 마음을 기울여 사모함. ② 기울어 쓰러짐.
傾斜〔けいしゃ〕경사. 비스듬히 한 쪽으로 기울.
傾城〔けいせい〕① (한 지방의 성을 위태롭게 할 만한) 미인. ② 유녀(遊女)
傾注〔けいちゅう〕경주. 힘을 기울임. 마음을 기울여 쏟음.
傾聴〔けいちょう〕경청. 귀를 기울여 열심히 들음. ～に直(あたい)する：경청할 만하다.
傾向〔けいこう〕경향. 한 반향으로 향함.

〔境〕 풀. 지경 경. 경계 경.
音：① キョウ ② ケイ
訓：さかい

境〔さかい〕① 경계. 구별. ② 갈림길. ③ (어떤 범위의) 땅, 장소.
境目〔さかいめ〕경계선 ; 갈림길.

連濁音에 注意

国境 ①〔くにざかい〕국경
② 〔こっきょう〕국경.
村境〔むらざかい〕마을과 마을의 경계.

音読 1

境〔きょう〕① 경지(境地) ② 경계(境界) ③ 경우(境遇)
境界 ①〔きょうかい〕경계. 구별. 장소.
②〔きょうがい〕(仏) 경계. 인과(因果)의 이치에 따라서 사람이 받는 지위, 또는 경우.
境涯〔きょうがい〕신분. 지위. 경우.
境域〔きょういき〕경역. 토지의 경계, 넓이.
境遇〔きょうぐう〕경우. 부딪친 형편이나 사정.
境地〔きょうち〕경지. 입장. 상태. 처지.

音読 2

境内〔けいだい〕경내. 신사(神社)나 사원(寺院)의 구역 안.

〔鏡〕 풀：거울 경
音：キョウ
訓：かがみ

鏡〔かがみ〕① 거울. ② 평면. ③ 술통 뚜껑.
鏡開き〔かがみびらき〕정월에 카가미모치(鏡餅)를 먹는 행사.
鏡餅〔かがみもち〕神仏에게 바치는 둥글납작한 떡.
鏡石〔かがみいし〕표면이 반들반들하여 물체가 비치는 돌.
鏡板〔かがみいた〕평평하고 큰 널빤지.
鏡形〔かがみがた〕八花形의 거울 모양.

例　外

眼鏡〔めがね〕안경

音　読

鏡台〔きょうだい〕경대. 거울을 단 화장대.
鏡面〔きょうめん〕경면. ① 거울의 표면. ② 렌즈의 표면.

〔鯨〕 풀：고래 경.
音：ゲイ
訓：くじら

鯨〔くじら〕고래.
鯨帯〔くじらおび〕안과 겉을 다른 색의 헝겊으로 만든 일본 여자 옷의 띠.
鯨幕〔くじらまく〕검정색과 흰색의 천을 번갈아 이어 만든 막(幕). (장례식에 쓰임).
鯨尺〔くじらじゃく〕천을 잴 때 쓰는 길이의 단위. 한 자는 37.8cm.

音　読

鯨油〔げいゆ〕고래 기름.
鯨肉〔げいにく〕고래 고기.
鯨飲馬食〔げいいんばしょく〕경음마식. 고래가 물을 마시듯 술을 많이 마시는 것과 말처럼 많이 먹는 것을 말함.
鯨波〔げいは〕경파. 큰 파도. 큰 물결.

〔競〕 풀：다툴 경.
音：① ケイ ② キョウ
訓：① きそう ② きおう ③ せる

❶ 競う〔きそう〕(自5) ① 다투다. 경쟁하다. 겨루다. ② 힘쓰다. 노력하다.
❷ 競う〔きおう〕(自5) 서로 지지 않으려고 다투다. 경쟁하다.
❸ 競る〔せる〕(他5) ① 다투다. 경쟁하다. ② 경쟁하여 가격을 올리다.
競り〔せり〕① 경쟁. ② 경매(競売).
競り落とす〔せりおとす〕(他5) 경매에서 물건을 사다. 낙찰(落札)시키다.
競り売り〔せりうり〕경매. 값을 제일 많이 부르는 사람에게 팖.
競売買〔せりばいばい〕경매매. 거래가격을 경쟁시켜 매매 계약을 하는 행위.
競り上げる〔せりあげる〕(他下1) 경쟁하여 값을 비싸게 올리다.
競り市〔せりいち〕경매 시장.
競り合う〔せりあう〕(自5) 경합하다. 서로 지지 않으려고 몹시 경쟁하다.

音読 ①

競輪〔けいりん〕경륜. 자전거 경기.
競馬〔けいば〕경마. 말달리기 경주.

音読 ②

競技〔きょうぎ〕경기. 우열을 겨룸.
競売〔きょうばい：けいばい〕경매. 값을많이 부르는 사람에게 팖.
競歩〔きょうほ〕경보. 빨리 걷는 경기.
競演〔きょうえん〕경연. 연기(演技) 등을 겨룸.
競泳〔きょうえい〕경영. 수영 경기.
競争〔きょうそう〕경쟁. 서로 겨룸.
競艇〔きょうてい〕경정. 모우터 보우트의 경주.
競漕〔きょうそう〕경조. 보우트 경기.

競走〔きょうそう〕경주. 달리기.
競進〔きょうしん〕경진. 다투어 나감.
競合〔きょうごう〕경합. 경쟁.

〔慶〕 풀：경사 경.
音：ケイ
訓：

慶する〔けいする〕(他サ) 경축하다. 치하하다.
慶福〔けいふく〕경복. 기쁨과 행복.
慶事〔けいじ〕경사. 축하할 만한 일.
慶雲〔けいうん〕경운. 상서로운 구름.
慶弔〔けいちょう〕경조. 기쁜 일과 슬픈 일.
慶祝〔けいしゅく〕경축. 기쁜 마음으로 축하함.
慶賀〔けいが〕경하. 기뻐하고 축하함.

〔警〕 풀：경계할 경. 깨우칠 경.
音：ケイ
訓：いましめる.

警める〔いましめる〕(他下1) ① 훈계하다. ② 경비하다.
警め〔いましめ〕① 교훈. 훈계. ② 경계. 경비. 방비.

音 読

警戒〔けいかい〕경계. 주의하고 조심함.
警告〔けいこく〕경고. 주의하라고 알림.
警固〔けいご〕경고. 경계하여 굳게 지킴.
警官〔けいかん〕경관. 경찰관.
警句〔けいく〕경구. 기발하면서도 묘한 말. 간단하고 뜻이 깊은 말.
警務〔けいむ〕경무. 경찰 사무.
警抜〔けいばつ〕경발. 현명하고 빼어난 것.
警防〔けいぼう〕경방. 경계하여 막는 것.
警報〔けいほう〕경보. 경계하라는 알림.
警棒〔けいぼう〕경봉. 경관이 차는 곤봉.
警備〔けいび〕경비. 경계하고 방비함.
警世〔けいせい〕경세. 세상 사람들을 깨우치는 것.
警視庁〔けいしちょう〕경시청. 일본 東京의 경찰 사무를 다루는 관청.(한국의 서울 특별시 경찰국에 해당함)
警衛〔けいえい〕경위. 경계하고 호위함.
警笛〔けいてき〕경적. 경계 또는 비상시에 울리는 고동.
警鐘〔けいしょう〕경종. 비상시와 위험을 경고하여 울리는 종.
警察〔けいさつ〕경찰. 경찰관.
警策〔けいさく〕경책. ① 말을 길들이기위하여 매질하는 것. ② 문장 가운데서 생기 약동하는 중요한 짧은 글귀.
警護〔けいご〕경호. 경계하고 보호함.

〔驚〕 풀：놀랄 경.
音：キョウ
訓：① おどろかす
② おどろく

❶ **驚かす**〔おどろかす〕(他5) ① 놀라게하다. ② (잠을) 깨우다. ③ 주의를 환기시키다.
❷ **驚く**〔おどろく〕(自5) ① 놀라다. ② 눈이 뜨이다.
驚くべし〔おどろくべし〕(連語) 놀랍게도. 놀랍지어다.
驚き〔おどろき〕놀람.
驚きいる〔おどろきいる〕(自5) 몹시 놀라다.

音 読

驚倒〔きょうとう〕경도. 놀라 자빠짐.
驚愕〔きょうがく〕경악. 깜짝 놀람.
驚異的〔きょういてき〕경이적. 놀랍고 기이한 것.
驚天動地〔きょうてんどうち〕경천동지. 세상을 몹시 놀라게 하는 것.
驚嘆〔きょうたん〕경탄. 몹시 놀라 감탄함.
驚怖〔きょうふ〕놀랍고 두려워함.
驚喜〔きょうき〕경희. 몹시 놀라 기뻐함.

【계】

〔系〕 풀：이을 계. 계통 계.
音：ケイ
訓：

系〔けい〕① 갈래. 계통. ② 계열. 혈통.
系図〔けいず〕계도. ① 족보. 계보. ② 유래. 내력.
系列〔けいれつ〕계열. 사물의 배열.
系譜〔けいふ〕계보. 족보. 계도(系図).
系統〔けいとう〕계통. ① 어떤 사물사이의 관계를 통일된 원칙 밑에 순서를 따라 벌인 것. ② 차례를 따라 연이어 통일됨.

〔戒〕 풀：경계할 계.
音：カイ
訓：いましめる

戒める〔いましめる〕(他下1) ① 훈계하다. 경고하다. ② 징계하다. ③ 제지하다. ④ 경비하다. ⑤ 구속하다. 포박하다.
戒め〔いましめ〕① 훈계. 경고. ② 징계. ③ 제지. ④ 경비. 경계. ⑤ 포박. 포승.

音 読

戒告〔かいこく〕계고. ① 경고하여 타이름. ② 서면(書面)으로 징계함.
戒壇〔かいだん〕(仏) 중이 계율을 받는 것.
戒律〔かいりつ〕계율. 승려가 중히 지켜야 할 법.
戒名〔かいみょう〕계명. 불문(仏門)에 들어온 사람에게 주는 이름.
戒慎〔かいしん〕계신. 경계하여 삼감.
戒心〔かいしん〕계심. 주의. 조심함.
戒厳令〔かいげんれい〕계엄령. 군대가 어느 지역을 지키며 행정, 사법의 권력을 행사하도록 하는 명령.

〔届〕 풀：이를 계. 신고할 계.
音：
訓：① とどく ② とどける

❶ **届く**〔とどく〕(自5) ① 닿다. ② 이르다. ③ 미치다.
❷ **届ける**〔とどける〕(他下1) ① 보내다. 닿게 하다. ② 상사(上司)나 관청에 신고하다.
届け〔とどけ〕① 계출(届出). ② 제출하는 서류. ③ 신고. 結婚～; 결혼 신고.
届け先〔とどけさき〕물품을 보내야 할 곳.
届け出〔とどけで〕계출. 신고.
届け出る〔とどけでる〕(他下1) 관청이나 경찰에 가서 신고하다.

〔季〕 풀：끝 계. 철 계. 계절 계.
音：キ
訓：

季〔き〕① 계절. ② 뒤 차례인 것. ③ 年月의 구분.
季刊〔きかん〕계간. 한 철에 한 번 발간하는 간행물.
季語〔きご〕(俳句 용어로) 계절을 나타내는 용어.
季節〔きせつ〕계절. 절기. 사철의 변화.

季春〔きしゅん〕늦봄.
季候〔きこう〕계절이나 날씨.

〔係〕 풀：관계될 계. 걸릴 계.
音：ケイ
訓：① かかる. ② かかわる

❶係る〔かかる〕(自5) 관계되다.
係り〔かかり〕① 관계. ② 담당. 담당하여 함.
係官〔かかりかん〕국가 기관에서 그 사무를 담당하는 담당관.
係り結び〔かかりむすび〕(文語文法에서)위에 걸린 조사나 의문사가 왔을 때 文의 술어를 終止形 以外의 형태로 맺는 것.
係員〔かかりいん〕계원. 담당자.
係長〔かかりちょう〕계장. 그 係의 우두머리.
係(り)助詞〔かかりじょし〕계조사. 술어의 활용어에 관계를 미치는 文語의 조사(か. こそ. ぞ. なむ. や).

連濁音에 注意

受付係〔うけつけがかり〕접수계.
出納係〔すいとうがかり〕출납계.
❷係わる〔かかわる〕(自5) ① 관계 되다. ② 구애 되다. ③ 관계가 있다. 상관하다.

音　読

係累〔けいるい〕계루. ① 매이는 일. ② 부모, 처자, 형제 등의 떨어질 수 없는 유대.
係留〔けいりゅう〕계류. (배 등을)매어 둠.
係船〔けいせん〕계선. ① 배를 매어둠. ② 배의 사용을 일시 중지함.
係属〔けいぞく〕① (法)訴訟係属. ② 연결되게 함.
係数〔けいすう〕계수.　대수에서 기호문자와 숫자로 된 적(積)에서 숫자를 기호문자에 대하여 계수라 함.
係争〔けいそう〕(法) 계쟁. 어떤 목적물에 대한 당사자 간의 다툼.

〔契〕 풀：맺을 계
音：ケイ
訓：ちぎる

契る〔ちぎる〕(他5) (장래를)굳게 약속하다. 부부로서의 인연을 맺다.
契り〔ちぎり〕부부의 인연. 부부의 약속.

音　読

契機〔けいき〕계기. ① 원인. 동기.　실마리. ② 본질적 요소.
契約〔けいやく〕계약. 약속. 맹세.
契印〔けいいん〕계인. 할인(割印). 관련된 두 종이에 걸쳐 찍어 그 관련성을 증명하는 계(契)자를 새긴 도장.

〔界〕 풀：경계 계. 지경 계
音：カイ
訓：

界線〔かいせん〕경계선.
世界〔せかい〕세계.
他界〔たかい〕타계. ① 죽음. ② 다른세계.

例　外

三界〔さんがい〕(仏) 삼계. 과거, 현재, 미래의 세계.

〔計〕 풀：셈할 계
音：ケイ
訓：① はからう ②はかる

❶計らう〔はからう〕(他5) ① (생각해서) 처리하다. ② 배려하다. ③ 의론하다. 상의하다.
計らい〔はからい〕① 계획. 처리. ② 주선. 알선.
❷計る〔はかる〕(他5) ① (일을) 꾀하다. ② (저울에) 달다. ③ 셈하다. 계산하다. ④ 의논하다. ⑤ 헤아리다.
計り〔はかり〕① 저울에 단 양. 저울질. ② 한도. ③ 목표. 목적.
計り減り〔はかりべり〕저울질. 되질을 定量이상으로 하였기 때문에 끝에 가서는 분량이 모자람.
計り売り〔はかりうり〕저울에 달아서 팖.
計り込む〔はかりこむ〕(他5) 정량을 초과하여 달다.
計り切り〔はかりきり〕저울의 정량대로 만 줌.
計り知れない〔はかりしれない〕(連語) 헤아릴 수 없다. 무한하다. 추측하기 어렵다.

音　読

計〔けい〕① 합계. ② 계획. 모사.
計器〔けいき〕계기. 물건의 길이와 양을 재는 기구. 계량기구(計量器具).
計略〔けいりゃく〕계략. 책략. 모략.
計量器〔けいりょうき〕계량기. 길이, 무게, 분량 등을 재고 달아 보는 기구.
計理士〔けいりし〕계리사. 회계사.
計算〔けいさん〕계산. 셈함.
計上〔けいじょう〕계상. 셈하여 넣음.　예산 편성에 넣음.
計数〔けいすう〕계수. 계산하여 얻은 숫자.
計時〔けいじ〕계시. 시간을 재는 것.
計測〔けいそく〕계측. 자(尺) 등의 계량기를 써서 잼.
計画〔けいかく〕계획. 일을 꾀함.

〔桂〕 풀：계수나무 계
音：ケイ
訓：かつら

桂〔かつら〕계수나무. 잎은 포플러와 비슷하여 이른 봄,잎이 나기 전에 조그맣고 빨간 꽃이 피는 낙엽수. 높이는 30m임.
桂剝き〔かつらむき〕무우를5～6㎝길이로 잘라 껍질 벗기듯 깍아 횟감의　곁들이로 사용함.

音　読

桂冠〔けいかん〕계관. 월계관. ～詩人.
桂林〔けいりん〕계림. ① 계수나무 숲. ② 문사(文士)의 동지.
桂馬〔けいま〕일본 장기짝의 하나. 말(馬)
桂樹〔けいじゅ〕계수. 계수나무.
桂月〔けいげつ〕계월. ① 달(月)의 다른이름. ② 음력 8월.

桂秋〔けいしゅう〕계추. 음력 8월.
桂皮〔けいひ〕계피. 계수나무 껍질. 한약제로써 사용함. 감초(甘草).

〔渓〕
풀：시내 계
音：ケイ
訓：

渓間〔けいかん〕계간. 골짜기.
渓谷〔けいこく〕계곡. 골짜기.
渓流〔けいりゅう〕계류. 시냇물.
渓水〔けいすい〕계수. 시냇물.

〔啓〕
풀：열 계.
音：ケイ
訓：

啓する〔けいする〕(他サ) 사뢰다. 말씀 드리다.
啓開〔けいかい〕계개. 물 속의 장애물을 제거하여 수로(水路)를 트는 것.
啓蒙〔けいもう〕계몽. 무지를 깨우쳐 지식을 넓히는 것.
啓発〔けいはつ〕계발. 지능을 널리 깨우쳐 줌.
啓白〔けいはく〕삼가 사룀.
啓示〔けいじ〕계시. 신(神)의 가르침.

〔械〕
풀：기계 계.
音：カイ
訓：かせ (옛날에만 사용 하였음)

械〔かせ〕① 옛 형구(刑具)인 칼. 고랑. ② 방해물. ③ 귀찮은 것.

音　読

機械〔きかい〕기계. 원동력을 이용하여 일정한 일을 하는 장치.

〔階〕
풀：섬돌 계. 층계 계.
音：カイ
訓：

階級〔かいきゅう〕계급. 지위. 신분.
階段〔かいだん〕계단. ① 층층대. ② 등급.
階上〔かいじょう〕계상. 계단 위. 계단 위의 방.
階梯〔かいてい〕계제. ① 계단. 순서. ② 입문. 초보.
階層〔かいそう〕계층. ① (사회를 형성하는)여러 가지 계급. ② 건물의 층계.
階下〔かいか〕계하. ① 계단 밑. ② 계단 밑의 방.
(참고)
一階〔いっかい〕**二階**〔にかい〕**三階**〔さんがい〕

〔継〕
풀：이을 계.
音：ケイ
訓：①つぐ ② ままし い

❶**継ぐ**〔つぐ〕(他5) ①이어 계속하다. 상속하다. ② 계승하다. ③ (해진 곳을)깁다. ④ 첨가하다.
継ぎ〔つぎ〕① 후계자. ② (천조각을 대어) 기움.
継ぎ竿〔つぎざお〕이음 낚싯대.
継ぎ端〔つぎは〕이야기를 이을 틈.
継ぎ台〔つぎだい〕① 발판. ② 접목(接木)할 때 대목(台木)이 대는 나무.
継ぎ棹〔つぎざお〕끼웠다 뺏다할 수 있는, 三味線의 대.
継ぎ立て〔つぎたて〕옛날에, 짐을 역참(駅站)에서 역참으로 송달한 일.
継ぎ立てる〔つぎたてる〕(他下1) 역참에서 말과 마부를 갈다.
継ぎ馬〔つぎうま〕역말. 역마(駅馬).
継ぎ目〔つぎめ〕① 이음매. 이은 자리. ② 호주 상속인.
継ぎ物〔つぎもの〕① (조각을 대어)깁는일. ② 기워야할 것.
継ぎ糸〔つぎいと〕꿰매는 실.
継ぎ手〔つぎて〕① (금속, 목재 등의) 이음매. ② 상속자. 계승자. ③ (바둑)이음수.
継ぎ穂〔つぎほ〕① 접 붙인 나무. ② 말을 이을 기회.
継ぎ接ぎ〔つぎはぎ〕① 누덕 누덕 기움. ② 남의 것을 이것 저것 주워 모아 문장을 만듦.
継ぎ切れ〔つぎぎれ〕(옷을 깁는 데) 대는 천 조각.
継ぎ足〔つぎあし〕① 이은 다리. ② 의족(義足). ③ 발판. 디딤대.
継ぎ足す〔つぎたす〕(他5) 보충하다. 늘이다. 보태다. 잇다. 덧붙이다.
継ぎ紙〔つぎがみ〕① 이어 맞춘 종이. ② 두루마리를 만듦.
継ぎ歯〔つぎは〕(썩은 이를 깎아내고)의치를 이어 댐. 또는 그런 이.

訓読 2

❷ **継しい**〔まましい〕(形) 의부모와 의붓자식의 사이와 같다. 배가 다르다.
継母〔ままはは：けいぼ〕계모. 의붓어미.
継父〔ままちち：けいふ〕계부. 의붓아비.
継粉〔ままこ〕반죽이 잘 안된 덩어리.
継子〔ままこ：けいし〕의붓자식.
継子扱い〔ままこあつかい〕의붓자식 취급. 푸대접.
継子虐〔ままこいじめ〕의붓자식을 학대하는 일.
継親〔ままおや〕의붓 어버이.
継兄弟〔ままきょうだい〕배다른 형제.

音　読

継母〔けいぼ：ままはは〕의붓어미. 계모.
継父〔けいふ：ままちち〕의붓아비. 계부.
継嗣〔けいし〕계사. 후계자.
継続〔けいぞく〕계속 끊이지 않고 이어 냄.
継承〔けいしょう〕계승. 조상이나 선임자의 뒤를 이어 받음.
継子〔けいし：ままこ〕의붓자식.
継電器〔けいでんき〕계전기. 먼 곳의 송신기에서 흘러와 약해진 전류를 강화하여 수신기를 가동시키는 장치.
継走〔けいそう〕계주. 릴레이.

〔誡〕
풀：경계할 계
音：カイ
訓：いましめる

誡める〔いましめる〕(他下1) 훈계하다. 경고하다.

誡め〔いましめ〕훈계. 경고.

〔稽〕 풀：상고할 계.
音：ケイ
訓：

稽古〔けいこ〕①수업. 연습. 학문. ②예능을 배움. 연습. 옛글.

滑稽〔こっけい〕골계. ①우스꽝스러움. ②익살. 재담. 농담. 해학.

〔繫〕 풀：맬 계. 묶을 계. 얽을 계.
音：ケイ
訓：①つながる ②つなぐ ③つなげる

❶繫がる〔つながる〕(自5) ①연결되다. 이어지다. ②붙어있다. ③연고가 있다. ④매이다. 묶이다. ⑤(俗)교미하다. 흘레하다.

繫がり〔つながり〕관계. 유대. 이어짐. 연결.

❷繫ぐ〔つなぐ〕(他5) ①묶어 놓다. 매놓다. 가두다. ②잇다. 연결하다. ③보존하다.

繫ぎ〔つなぎ〕①연결. 이음. ②막간. ③거래소에서 증거금을 추가하여 매매를 계속하는 것.

❸繫げる〔つなげる〕(他下1) ⇨繫ぐ

音 読

繫累〔けいるい〕계루. ①매이는 일. ②부모, 처자, 형제 등의 떨어질 수 없는 유대.

繫留〔けいりゅう〕계류. (배 등을)매어둠.

繫縛〔けいはく〕계박. 얽어 맴.

繫船〔けいせん〕계선. 배를 매어 둠.

繫属〔けいぞく〕계속. 訴訟係属.

繫鎖〔けいさい〕쇠사슬로 매어 둠.

繫囚〔けいしゅう〕계수. 옥에 갇힘.

繫獄〔けいごく〕계옥. 옥에 매어 가둠.

〔鶏〕 풀：닭 계.
音：ケイ
訓：にわとり

鶏〔にわとり〕닭. 대표적인 가금(家禽).

音 読

鶏姦〔けいかん〕계간. 남색(男色).

鶏冠〔けいかん〕계관. 닭의 볏.

鶏口〔けいこう〕계구. ①닭의 부리. ②작은 단체의 우두머리.

鶏頭〔けいとう〕계두. ①맨드라미. ②닭의 볏.

鶏卵〔けいらん〕계란. 달걀.

鶏鳴〔けいめい〕계명. ①닭의 울음 소리. ②새벽.

鶏舎〔けいしゃ〕계사. 닭장. 양계장.

鶏肉〔けいにく〕계육. 닭고기.

【고】

〔古〕 풀：옛 고.
音：コ
訓：①ふるい ②ふるす ③ふるびる

❶古い〔ふるい〕(形) ①오래되다. 낡다. ②신식이 아니다. 신선하지 않다.

❷古す〔ふるす〕(他5) (動詞 連用形에 接続하여) (사용하여)낡게하다. (쓸모 없을 정도로)종종…하다.

❸古びる〔ふるびる〕(自上1) 낡다. 헐다.

古〔ふる〕오래 된 것. 옛일.

古く〔ふるく〕(連語) 옛날. 오랜. 예전부터.

古ぼける〔ふるぼける〕(自下1) 낡아서 더러워지다.

古めかしい〔ふるめかしい〕(形) 오래된 것 같다.

古古しい〔ふるぶるしい〕(形) 매우 낡다.

古道具〔ふるどうぐ〕낡은 도구. 오래 쓴 도구.

古里〔ふるさと〕①고적(古跡). ②고향.

古狸〔ふるだぬき〕①늙은 너구리. ②경험이 많은 교활한 사람. 능구렁이.

古呆ける〔ふるぼける〕(自下1) 낡아서 더러워지다.

古物〔ふるもの〕고물. 헌 물건.

古武士〔ふるつわもの〕①경험을 쌓은 무사. ②경험이 많은 사람.

古兵〔ふるつわもの〕①경험이 많은 사람. ②경험을 쌓은 병사.

古本〔ふるほん〕고본. ①헌책. ②오래된 책.

古事〔ふるごと〕고사. ①옛부터 내려오는 일. ②관습. 전설.

古寺〔ふるでら：こじ〕오래된 절. 古刹.

古傷〔ふるきず〕①옛 상처. ②옛날에 범한 죄.

古巣〔ふるす〕①옛집. ②옛 보금자리.

古手〔ふるて〕낡은 것. 오래된 사람.

古馴染〔ふるなじみ〕오래 사귄 친구.

古顔〔ふるがお〕고참. 한 직장에 오래 있는 사람.

古屋〔ふるや〕오래 된 집. 낡은 집.

古株〔ふるかぶ〕①고참. ②낡은 그루터기.

古漬〔ふるづけ〕묵은 김치. 오래 된 김치.

古着〔ふるぎ〕헌 옷. 낡은 옷.

古川〔ふるかわ〕옛부터 흐르고 있는 강.

古鉄〔ふるかね〕고철. 헌 쇠.

古臭い〔ふるくさい〕(形) ①케케묵다. 너무 오래되다. ②심히 낡다.

古血〔ふるち〕죽은 피. 더러워진 나쁜 피.

古狐〔ふるぎつね〕①늙은 여우. ②경험이 많고 교활한 사람.

古惚ける〔ふるぼける〕(自下1) 낡아서 더러워지다.

音 読

古今〔ここん〕고금. 옛날과 지금. 옛부터 지금까지.

古代〔こだい〕고대. ①옛날. ②구식. 고풍(古風).

古都〔こと〕고도. 옛 도시.
古来〔こらい〕고래. 옛부터.
古老〔ころう〕고로. (옛일을 잘 알고 있는) 노인.
古木〔こぼく〕고목. 오래 된 나무.
古文〔こぶん〕고문. 江戸시대 이전의 文語体.
古物〔こぶつ：ふるもの〕고물. ①낡은 물건. ②옛부터 전해 내려오는 물건.
古墳〔こふん〕고분. 옛 무덤.
古寺〔こじ：ふるでら〕오래 된 절.
古色〔こしょく〕고색. 낡은 빛깔이나 풍치.
古生代〔こせいだい〕고생대. 지질학상으로 원생대 다음의 시대.
古詩〔こし〕고시. 고대의 시.
古語〔こご〕고어. 옛말. 옛 사람의 말.
古人〔こじん〕고인. 옛사람.
古跡〔こせき〕고적. 역사상의 사건이나 건물이 있었던 자리.
古伝〔こでん〕고전. ①전설. ②옛날 기록.
古典〔こてん〕고전. ①옛 서적. ②시대를 대표하는 고서(古書).
古戦場〔こせんじょう〕고전장. 옛 싸움터.
古銭〔こせん〕고전. 옛날에 통용되던 돈.
古拙〔こせつ〕꾸밈이 없고 소박함.
古参〔こさん〕고참. 오래 한 직장에 있는 사람.
古体〔こたい〕고체. 옛날의 모습.
古風〔こふう〕고풍. 옛 풍모.
古豪〔こごう〕고호. 경험이 많은 뛰어난 사람.
古画〔こが〕고화. 옛 그림, .
古訓〔こくん〕고훈. 옛부터 전 ㅣ 내려오는 교훈.
古希：古稀〔こき〕고희. 70세. 일흔살.

例　外

反古〔ほご〕①휴지. 못쓰는 종이. ②소용없는 것.

〔**考**〕 풀：생각할 고.
音：コウ
訓：かんがえる

考える〔かんがえる〕(他下1) ①생각하다. ②고안하다.
考え〔かんがえ〕생각.
考え物〔かんがえもの〕①깊이 생각해 볼 일. ②수수께끼. 퀴즈.
考え付く〔かんがえつく〕(自5) 생각나다. 생각이 떠오르다.
考え事〔かんがえごと〕갖가지 생각. 시름. 걱정거리.
考え込む〔かんがえこむ〕(自5) 골똘히 생각하다. 생각에 잠기다.
考え出す〔かんがえだす〕(他5) ①생각해 내다. ②생각하기 시작하다.

音　読

考古学〔こうこがく〕고고학. 태고의 상태를 알아내기 위하여 유적이나 유물을 발굴 조사하는 학문.
考課〔こうか〕고과. 사무의 성적을 따져 우열을 정함.
考課状〔こうかじょう〕고과장 ①고과에 관한 보고서 ②은행, 회사의 업무 보고서.
考究〔こうきゅう〕조사 연구함.
考慮〔こうりょ〕고려. 생각해 봄.
考査〔こうさ〕고사. ①학생의 성적을 조사하는 시험. ②생각해 조사함.
考試〔こうし〕고시. 지원자의 자격을 시험하여 급락(及落)을 결정하는 것.
考案〔こうあん〕고안. 어떤 안을 생각해 냄.
考証〔こうしょう〕고증. 문서를 증거로 해서 옛날의 사실을 따지고 설명함.
考察〔こうさつ〕고찰. 생각하여 살펴 봄.

〔**告**〕 풀：고할 고. 알릴 고.
音：コク
訓：つげる.

告げる〔つげる〕(他下1) 알리다. 고하다.
告げ〔つげ〕①알림. ②神仏의 계시.
告げ口〔つげぐち〕일러바침. 밀고.

音　読

告〔こく〕알림.
告発〔こくはつ〕고발. 피해자 이외의 사람이 경찰에 범죄 사실을 신고하는 것.
告白〔こくはく〕고백. 숨김없이 사실대로 말함.
告別〔こくべつ〕고별. 이별을 고함.
告辞〔こくじ〕고사. 고하여 알리는 말.
告訴〔こくそ〕고소. 경찰에 범죄 사실을 알려 공소(公訴)를 청함.
告示〔こくじ〕고시. 여러 사람이 알도록 글을 써서 게시함.
告知〔こくち〕고지. 고하여 알림. 통지.

〔**固**〕 풀：굳을 고.
音：コ
訓：①**かたい** ②**かたまる** ③**かためる** ④**もとより**

❶**固い**〔かたい〕(形) ①굳다. 단단하다. ②확실하다. 틀림없다. ③질기다. ④딱딱하다. ⑤건실하다. ⑥엄하다.
❷**固まる**〔かたまる〕(自5) ①굳어지다. ②확고해지다. ③안정되다. ④뭉치다. 덩어리지다. ⑤…쏠리다. …에 미치다. …정신이 팔리다.
固まり〔かたまり〕①덩어리. 뭉치. ②집단. 일단. ③(어떤 경향이 극단적으로) 강한사람.
❸**固める**〔かためる〕(他下1) ①굳히다. 다지다. ②확고히 하다. ③뭉치다. 덩어리로 하다. ④…으로만 하다. ⑤꼭 쥐다. ⑥안정시키다. **身を～**：ⓐ결혼하여 살림을 차리다. ⓑ일정한 직업을 갖다. ⑦경비하다.
固め〔かため〕①굳힘. ②맹세. 굳은 약속. ③경비. 방비.
固め技〔かためわざ〕(유도의) 굳히기.
固練り〔かたねり〕되게 반죽함. 된 반죽.
固目〔かため〕조금 굳은 듯함.
固肥り〔かたぶとり〕단단하게 살이 찜.
固唾〔かたず〕숨을 죽일 때 입 속에 괴는 침. ～をのむ：침을 꿀꺽 삼키다. (매우 긴장하여 숨을 죽이다).

連濁音에 注意

身固め〔みがため〕몸차림

足固め〔あしがため〕① 준비를 단단히 함. ② 다리를 튼튼하게 걸음 연습을 함. ③ 마루밑 기둥사이에 댄 튼튼한 가로나무. ④ (유도에서) 굳히기.

● **固より**〔もとより〕① 처음부터. 본래부터. ② 물론. 말할 것도 없이.

音　読

固辞〔こじ〕고사. 굳이 사양함.

固守〔こしゅ〕고수. 굳게 지킴.

固有〔こゆう〕고유. ① 본디부터 있음. ② 특유함.

固定〔こてい〕고정. ① 한곳에 박혀 움직이지 않음. ② 일정하여 변하지 아니함.

固持〔こじ〕고지. 굳게 지님.

固疾〔こしつ〕고질. 오랫동안 낫지 않는 병.

固執〔こしつ〕고집. 끝까지 자기 의견을 주장함.

固着〔こちゃく〕고착. 딱 붙음.

固体〔こたい〕고체. 일정한 부피나 모양을 가지고 있어 형태를 바꾸기 어려운 것.

固形〔こけい〕고형. 딱딱하고 일정한 형태를 가지고 있는 것.

例　外

堅固〔けんご〕견고. ① 단단하여 움직이지 않음. ② (성, 요새 등이) 격파하기 어려운 것.

〔苦〕

풀 : 괴로울 고. 쓸 고.
音 : ク
訓 : ① くるしい ② くるしめる ③ くるしむ ④ にがい

❶ **苦しい**〔くるしい〕(形) ① 괴롭다. ② 난처하다. ③ 답답하다. ④ 가난하다. ⑤ 구차하다. ⑥ 거북하다.

連濁音에 注意

見苦しい〔みぐるしい〕(形) 꼴볼견이다. 보기흉하다.

聞き苦しい〔ききぐるしい〕(形) ① 듣기 거북하다. ② 알아듣기 어렵다.

息苦しい〔いきぐるしい〕(形) 숨이 가쁘다. 답답하다.

心苦しい〔こころぐるしい〕(形) 마음이 아프다. 마음이 괴롭다.

寝苦しい〔ねぐるしい〕(形) (고통, 병 등으로) 잠이 잘 안오다. 잠들기 어렵다.

胸苦しい〔むなぐるしい〕(形) 가슴이 답답하다.

❷ **苦しむ**〔くるしむ〕(自5) ① 고생하다. 괴로와 하다. ② 고심하다. 어렵게 여기다.

❸ **苦しめる**〔くるしめる〕(他下1) ① 고통을 주다. 괴롭히다. ② 피로하게 하다.

苦し紛れ〔くるしまぎれ〕난처한 나머지(…하는). 괴로운 김에(…하는).

❹ **苦い**〔にがい〕(形) ① (맛이) 쓰다. ② (기분이) 언짢다. ③ 괴롭다. 쓰라리다.

苦さ〔にがさ〕괴로움. 맛이 씀.

苦瓜〔にがうり〕고과. 여주.

苦苦しい〔にがにがしい〕(形) 몹시 싫다. 몹시 불쾌하다. 쓰디쓰다.

苦木〔にがき〕소태나무.

苦味〔にがみ〕① 쓴맛. ② 찡그린 얼굴.

苦味走る〔にがみばしる〕(自5) 시원스럽고 늠름하다.

苦笑い〔にがわらい〕고소. 씁쓸한 웃음. 쓴웃음.

苦手〔にがて〕① 골칫거리. ② 딱 질색임.

苦塩〔にがしお : にがり〕① 소금이 습기가 차서 녹아 내리는 쓴물. 간수. ② 쓴 국물. 쓴맛.

苦り切る〔にがりきる〕(自5) 몹시 시무룩한 표정을 짓다. 아주 못마땅한 표정을 짓다.

苦竹〔にがたけ〕① 왕대. ② 해장죽.

苦汁〔にがり : くじゅう〕⇨ **苦塩**〔にがり : にがしお〕

苦菜〔にがな〕씀바귀. (食用으로 쓰이는 상치).

苦虫〔にがむし〕뒷맛이 씁쓸하여 불쾌함.

苦土〔にがつち〕풍화되지 않아 식물이 자라기에는 적합하지 않은 땅.

音　読

苦〔く〕① 고통. ② 고민. ③ 고생. 노고. ④ 걱정. ⑤ 쓴맛.

苦境〔くきょう〕고경. 괴로운 입장.

苦界〔くがい〕고계 (仏) ① 괴로움이 많은 인간세상. ② (포주에 묶인) 창녀의 처지.

苦難〔くなん〕고난. 괴로움과 어려움.

苦悩〔くのう〕고뇌. 괴로와 하여 번뇌함.

苦楽〔くらく〕고락. 괴로움과 즐거움.

苦慮〔くりょ〕고려. 애써 생각함.

苦労〔くろう〕고생. 몸과 마음이 괴로움.

苦労性〔くろうしょう〕조그만 일에도 마음을 쓰던 성질. 잔걱정이 많은 사람.

苦労人〔くろうにん〕많은 고생을 하여 세상 물정에 밝은 사람.

苦悶〔くもん〕고민. 괴로와하고 번민함.

苦杯〔くはい〕고배. ① 패배 ② 쓰라린 경험.

苦笑〔くしょう〕고소. 쓴 웃음.

苦渋〔くじゅう〕① 쓰고 떫음. ② 문장이 어려운 것.

苦辛〔くしん〕고신. 신고. ① 몹시 괴로움. ② 쓴맛과 매운맛.

苦心〔くしん〕고심. 애씀.

苦言〔くげん〕고언. 듣기는 싫으나 유익한 말.

苦役〔くえき〕고역. 괴로운 노동.

苦熱〔くねつ〕견디기 어려운 더위.

苦肉〔くにく〕고육. 자기 몸을 돌보지 않고 적을 속이는 것.

苦戦〔くせん〕고전. 괴롭고 불리한 싸움.

苦節〔くせつ〕고절. 고통가운데서도 지키는 절개.

苦情〔くじょう〕① 불평. ② 괴로운 사정.

苦汁〔くじゅう : にがり〕① 쓴맛 고생스런 경험. ② 간수.

苦衷〔くちゅう〕고충. 괴로운 마음속.

苦痛〔くつう〕고통. 괴로움. 아픔.
苦闘〔くとう〕고투. 괴로움을무릅쓰고싸움.
苦学〔くがく〕고학. 일하면서 학교에 다님.
苦海〔くかい〕(仏) 고해. 이승의 괴로움.
苦行〔くぎょう〕고행. 괴로운 수행(修行).
苦患〔くげん〕고환. 고뇌.

〖孤〗 풀：외고울 고.
音：コ
訓：

孤〔こ〕①고아. ②외로움.
孤高〔ここう〕고고. 홀로 세상에 초연함.
孤軍〔こぐん〕고군. 고립된 군사.
孤島〔ことう〕고도. 바다에 단 하나 있는 섬.
孤独〔こどく〕고독. ①돌봐 주는 사람이 없음. ②괴로움.
孤塁〔こるい〕고루. 단 하나의 보루.
孤立〔こりつ〕고립. 도와 주는 사람이 없어 홀로임.
孤児〔こじ：みなしご〕고아. 어버이가 없는 아이.
孤影〔こえい〕고영. 외로운 그림자. 외로운 모습.

〖拷〗 풀：두드릴 고.
音：ゴウ
訓：

拷問〔ごうもん〕고문. 피의자의 신체에 고통을 주어 자백을 강요하며 심문하는 것.

〖枯〗 풀：마를 고.
音：コ
訓：①からす ②かれる

❶枯らす〔からす〕(他5) (초목 등을) 말리다. 말려 죽이다. 植木を～：나무를 말라 죽게 하다.
❷枯れる〔かれる〕(自下1) ①(초목이)마르다. 시들다. ②(연기・재능이) 원숙해지다.
枯ればむ〔かればむ〕(自5) (초목이) 마르기 시작하다. 시들기 시작하다.
枯れ枯れ〔かれがれ〕초목이 거의 말라 버린 상태.
枯れ尾花〔かれおばな〕마른 참억새.
枯れ木〔かれき〕고목. 마른 나무.
枯れ薄〔かれすすき〕마른 참억새.
枯れ山〔かれやま〕초목이 말라 버린 산.
枯れ山水〔かれさんすい〕물을 사용하지 않고 地形으로만 산수를 표현한 정원.
枯れ色〔かれいろ〕초목의 마른 빛깔.
枯れ生〔かれふ〕마른 풀밭.
枯れ野〔かれの〕풀이 마른 들판.
枯れ野原〔かれのはら〕⇨枯れ野
枯れ葉〔かれは〕마른 잎.
枯れ芝〔かれしば〕마른 잔디.
枯れ枝〔かれえだ〕삭정이. 마른 나뭇가지.
枯れ草〔かれくさ〕마른 풀.

連濁音에 注意

木枯らし〔こがらし〕초겨울의 찬 바람.
枯れ枯れ〔かれがれ〕초목이 말라버린 상태.
冬枯れ〔ふゆがれ〕①겨울에 초목이 말라 버린 쓸쓸한 경치. ②겨울철, 특히 2월경에 장사가 안되는 것.
末枯れる〔うらがれる〕(自下1) (겨울이 가까와 옴에) 초목의 끝이 마르다.
立ち枯れ〔たちがれ〕(초목이) 선 채로 말라 죽음.
資金枯れ〔しきんがれ〕자금난. 자금 고갈
品枯れ〔しながれ〕品貴. 물품이 출하되지 않음.
夏枯れ〔なつがれ〕여름철의 불경기.

音 読

枯渇〔こかつ〕고갈. ①물이 마름. ②자원이 결핍됨.
枯淡〔こたん〕꾸밈이 없고 담백함.
枯木〔こぼく〕고목. 말라 죽은 나무.
枯死〔こし〕고사. 초목이 말라 죽음.

〖故〗 풀：연고 고.
音：コ
訓：ゆえ

それ故〔それゆえ〕그러므로. 그런 까닭에.
故〔ゆえ〕이유. 까닭. (접속사)…이므로.
故に〔ゆえに〕(接) 그러므로. 따라서.
故無く〔ゆえなく〕까닭 없이.
故由〔ゆえよし〕까닭. 연고.

音 読

故旧〔こきゅう〕옛 친구.
故国〔ここく〕고국. 모국(母国). 고향.
故事〔こじ〕옛날에 있었던 일. 고사.
故意〔こい〕고의. 일부러. 짐짓.
故人〔こじん〕고인. 죽은 사람.
故障〔こしょう〕고장. ①지장. 장해. ②기계나 몸이 탈이 남.
故郷〔こきょう：ふるさと〕고향.

例 外

何故〔なぜ〕왜. 어째서.

〖高〗 풀：높을 고.
音：コウ
訓：①たか ②たかい ③たかまる ④たかめる ⑤たからか ⑥たかぶる

❶高〔たか〕①분량. ②수확. ③액수 ④정도. ⑤오름. ⑥높음. ⑦고작. 기껏.
❷高い〔たかい〕(形) ①높다. ②(키가) 크다. ③거만하다. ④(정도가) 높다. ⑤(값이)비싸다.
❸高まる〔たかまる〕(自5) 높아지다. 고조되다.
❹高める〔たかめる〕(他下1) 높이다.
❺高らか〔たからか〕(形動) (음성이)높음. 드높음. 소리가 높음.
❻高ぶる〔たかぶる〕(自5) ①흥분하다. ②앙양되다. ③뻐기다. 뽐내다.
高が〔たかが〕기껏해야. 겨우. 많아 봤자.
高き〔たかき〕높은 쪽
高さ〔たかさ〕높이
高み〔たかみ〕①높은 곳. ②방관(傍観).
高見〔たかみ〕⇨高み
〔こうけん〕①뛰어난 식견. ②상대방

의 의견의 경칭.
高股〔たかもも〕허벅다리.
高高〔たかだか〕(副) ① 기껏해야. 고작. ② 드높이.
高高指〔たかたかゆび〕(方) 가운데 손가락. 中指.
高空〔たかぞら：こうくう〕고공. 높은 하늘.
高紐〔たかひも〕갑옷 동체(胴体)의 앞부분과 뒷부분을 메는 끈
高曇り〔たかぐもり〕하늘에 구름이 높게 끼는 것.
高台〔たかだい〕약간 높고 평평한 땅.
高島田〔たかしまだ〕일본의 처녀들이 높이 치켜올린 머리 모양.
高跳び〔たかとび〕높이 뛰기.
高嶺〔たかね〕높은 산봉우리. ～の花. 그림의 떡.
高瀬〔たかせ〕얕은 여울.
高瀬舟〔たかせぶね〕얕은 여울에서도 저을 수 있는 낮고 밑이 평평한 너벅선.
高望み〔たかのぞみ〕능력에 넘치는 소원.
高鳴る〔たかなる〕(自5) ① 크게 울려 퍼지다. ② 고동치다.
高目〔たかめ〕① 약간 높은 듯함. ② 약간 비싼 듯함.
高飛び〔たかとび〕① 높이 뛰기. ② 높이 날음. ③ 멀리 도망 침.
高飛車〔たかびしゃ〕고자세(高姿勢).
高砂〔たかさご〕다정한 老夫婦의 전설을 다룬 謡曲(ようきょく)의 하나로서 결혼식에서 축하하는 뜻에서 많이 쓰임.
高砂族〔たかさごぞく〕대만의 원주민.
高上がり〔たかあがり〕① 비용이 많이 듦. ② 높은 곳에 오름. ③ 상좌에 앉음.
高笑い〔たかわらい〕큰 웃음소리.
高手小手〔たかてこて〕뒷짐결박.
高蒔き絵〔たかまきえ〕옻칠 바탕에 금은박(金銀箔)으로 무늬를 돋보이게 한 그림.
高楊枝〔たかようじ〕식사후에 유유히 이를 쑤시는 짓.
高御座〔たかみくら〕천황의 옥좌. 천황의 지위.
高音〔たかね：こうおん〕고음. 높은 음.
高張り提燈〔たかはりぢょうちん〕장대 끝에 높다랗게 매다는 큰 초롱.
高低〔たかひく：こうてい〕고저. 높고 낮음.
高殿〔たかどの〕고층의 높다란 집.
高潮〔たかしお〕고조. 해일(海溢).
高調子〔たかちょうし〕① 높은 가락. ② 시세의 오름 기세.
高足〔たかあし〕① 발을 높이 들어 걸음. ② 발이 김. ③ 죽마(竹馬). ④ (연극에서)높이 만든 2중 무대.
〔こうそく〕뛰어난 제자
高札〔たかふだ：こうさつ〕① 옛날에 명령 등을 대중에게 알리기 위해 방문을 써 붙인 게시판. ② 입찰한 중에서 최고가격. ③ 상대방 편지의 높임말.

高天が原〔たかまがはら〕(일본 신화에서) 하늘위에 있으며 신들이 산다는 나라.
高値〔たかね〕값이 비쌈. 비싼 값.
高歯〔たかば〕왜나막신의 굽이 높은 것.
高枕〔たかまくら〕① 베게를 높이하고 잠. ② 안심하고 잠. ③ (일본 머리를 했을때 베는)높은 베게.
高土間〔たかどま〕(구식 歌舞伎극장에서) 약간 앞을 높게 만든 관람석.
高下駄〔たかげた〕굽이 높은 왜나막신.
高話〔たかばなし〕큰 소리로 이야기함.

連濁音에 注意

勘定高い〔かんじょうだかい〕(形) 타산적이다.
高高〔たかだか〕기껏해야. 고작. 드높이.
気高い〔けだかい〕(形) 고상하다. 품격이 높다.
売(り)上(げ)高〔うりあげだか〕매상고.
名高い〔なだかい〕(形) 유명하다.
目高〔めだか〕송사리.
物見高い〔ものみだかい〕(形) 호기심이 많다.
生産高〔せいさんだか〕생산고.
声高〔こわだか〕큰 소리. 큰 음성.
小高い〔こだかい〕(形) 약간 높다.
収穫高〔しゅうかくだか〕수확고.
円高〔えんだか〕(환시세에서)일본의 원(円)시세가 외국의 통화에 비하여 높음.
残高〔ざんだか〕잔고. 잔액.
割高〔わりだか〕(품질, 분량에 비해서) 값이 비쌈.

音　読

高じる〔こうじる〕(自上1) ① (정도가)심해지다. ② 버릇이 나빠지다. ③ 거만해 지다.
高価〔こうか〕고가. 값이 비쌈.
高架〔こうか〕고가. 높이 가설된 것.
高検〔こうけん〕고검. 고등 검찰의 준말.
高見〔こうけん〕고견. ① 뛰어난 식견이나 의견. ② 상대방 식견의 높임말.
高潔〔こうけつ〕고결. 덕이 높고 결백함.
高空〔こうくう：たかぞら〕고공. 높은 하늘.
高官〔こうかん〕고관. 지위가 높은 관직.
高校〔こうこう〕고교. 고등 학교의 준말.
高貴〔こうき〕고귀. ① 신분이 높고 귀함. ② 훌륭하며 값어치가 있음.
高級〔こうきゅう〕고급. 정도가 높은 것.
高気圧〔こうきあつ〕고기압. 주위의 기압에 비해 높은 기압.
高年〔こうねん〕고년. 나이가 많음.
高踏〔こうとう〕고답. ① 멀리 떨어짐. ② 지위나 명예를 바라지 않고 속세에 초연함
高堂〔こうどう〕고당 ① 높은 집. ② 상대방 집안의 높임말.
高大〔こうだい〕고대. 높고 큼.
高台〔こうだい：たかだい〕토지가 높고 평평한 곳.
高徳〔こうとく〕고덕. 높은 덕.

高度〔こうど〕고도. ① 해면(海面)으로 부터의 높이. ② 정도와 높음.
高等〔こうとう〕고등. ① 정도가 높음. ② 질이 좋음.
高騰〔こうとう〕고등. 물가가 많이 오름.
高齢者〔こうれいしゃ〕고령자. 나이가 많은 사람.
高炉〔こうろ〕고로. 용광로.
高論〔こうろん〕고론. 훌륭한 논설.
高楼〔こうろう〕고루. 높은 다락집.
高率〔こうりつ〕고율. 높은 비율.
高利〔こうり〕고리. 높은 이자.
高慢〔こうまん〕고만. 뽐내고 건방짐.
高明〔こうめい〕고명. 식견이 높고 지혜가 총명함.
高名 〔こうめい〕고명. ① 유명함. ②상대방 이름의 경칭.
〔こうみょう〕고명. ① 유명함. ② 상대방 이름의 경칭. ③ 싸움터에서 세운 공로.
高妙〔こうみょう〕고묘. 재주가 뛰어남.
高配〔こうはい〕고배. ① 타인의 배려를높인말. ② 높은 배당.
高峰〔こうほう〕고봉. 높은 봉우리.
高士〔こうし〕고사. ① 인격이 높은 사람.
高射砲〔こうしゃほう〕고사포.
高尚〔こうしょう〕(形動) 고상. 품위가 있음.
高説〔こうせつ〕고설. ① 식견이 높은 학설이나 견해. ② 남의 말에 대한 높임말.
高性能〔こうせいのう〕고성능. 성능이 좋음.
高速〔こうそく〕고속. 빠른 속도.
高手〔こうしゅ〕고수. 기술이 뛰어난 사람.
高僧〔こうそう〕고승. 덕행이 높은 중.
高雅〔こうが〕고아. 고상하고 우아함.
高圧〔こうあつ〕고압. 강한 압력.
高額〔こうがく〕고액. 많은 액수.
高揚〔こうよう〕고양. 높이 게양(선양)함.
高言〔こうげん〕고언. 큰소리.
高熱〔こうねつ〕고열. 높은 열.
高温〔こうおん〕고온. 높은 온도.
高原〔こうげん〕고원. ① 높은 지대의 평원. ② 好景気.
高遠〔こうえん〕고원. 높고 원대한 것.
高位〔こうい〕고위. 높은 지위.
高恩〔こうおん〕고은. 높은 은혜.
高音〔こうおん〕고음. 높은 소리.
高低〔こうてい:たかひく〕고저. 높고 낮음.
高弟〔こうてい〕고제. 뛰어난 제자.
高燥〔こうそう〕고조. 땅이 높고 메마름.
高調〔こうちょう〕고조. ① 기분이나 컨디션이 아주 좋음. ② 강력히 주장함.
高足 〔こうそく〕뛰어난 제자.
〔たかあし〕① 발을 높이 들고 걸음. ② 다리가 긴 것. ③ 竹馬. ④ 높이 만든 二重 무대.
高座〔こうざ〕(연단 등의) 한 단 높은자리.
高旨〔こうし〕훌륭한 생각.
高次〔こうじ〕고차. 높은 차원.
高札〔こうさつ:たかふだ〕① 옛날에 방문(榜文)을 써서 공중 앞에 걸어 놓던 게시판. ② (입찰에서)가장 가격이 높은 것.
高察〔こうさつ〕상대방의 생각의 높임말.
高層〔こうそう〕고층. 층 수가 높음.
高打率〔こうだりつ〕고타율. 높은 타격율.
高下〔こうげ〕고하. ① 높고 낮음. ② 우열
高血圧〔こうけつあつ〕고혈압. 높은 혈압.

〔股〕
풀:다리. 고.
音:コ
訓:① また ② もも

股 ❶〔また〕가랑이. 특히, 다리 가랑이.
❷〔もも〕넓적다리.

音　読

股東〔ことう〕株式会社의 株主.
股本〔こほん〕주식에 의하여 내 놓은 자본
股票〔こひょう〕株券.

〔庫〕
풀:창고 고.
音:コ
訓:くら

庫〔くら〕창고.
庫入れ〔くらいれ〕곳간에 넣음. 창고에 넣음.

例　外

庫裏〔くり〕① 절의 부엌. ② 절 주지(住持)의 거실. 또는 그 가족의 거실.

音　読

金庫〔きんこ〕금고. ① 돈이나 서류를 간수하여 보관하는데 쓰는 궤. ② 공공단체의 현금 출납기관.
車庫〔しゃこ〕차고. 차를 넣어 두는 곳.

〔雇〕
풀:품팔 고.
音:コ
訓:やとう

雇う〔やとう〕(他5) ① 고용하다. ② 세내다.
雇〔やとい〕① 고용함. ② 고용인. ③ 임시 직원.
雇人〔やといにん〕고용인.
雇主〔やといぬし〕고용주. 고용하는 사람.

音　読

雇用〔こよう〕고용. 품삯을 주고 부림.
雇員〔こいん〕고원. 임시 직원

〔鼓〕
풀:북 고.
音:コ
訓:つづみ

鼓〔つづみ〕장구. 북. ～を打つ:북을치다. 장구를 치다.

音　読

鼓する〔こする〕(他サ) 고무하다. 북돋다.
鼓弓〔こきゅう〕(楽) 三味線과 비슷하나 그보다 작은 활 모양의 弦楽器.
鼓動〔こどう〕고동. (심장이)펄떡펄떡 뜀.
鼓膜〔こまく〕고막. 귀청.
鼓舞〔こぶ〕고무. ① 북을 치며 춤을 춤. ② 북돋아 주어 용기가 나게 함.
鼓手〔こしゅ〕고수. 북을 치는 사람.

鼓笛〔こてき〕고적. 북과 피리.
鼓吹〔こすい〕고취. ① 북을 치며 피리를 분다는 뜻에서) 기운을 북돋아 줌. ② 의견, 사상 등을 열렬히 주장하여 널리 선전함.

〔痼〕 풀: 고질 고.
音: コ
訓:

痼癖〔こへき〕고벽. 고치기 힘든 버릇.
痼疾〔こしつ〕고질. 오랫동안 낫지 않는 병.

〔稿〕 풀: 원고 고. 볏짚 고.
音: コウ
訓:

稿〔こう〕원고. 초고(草稿).
稿料〔こうりょう〕고료. 원고료.
稿本〔こうほん〕고본. 초고(草稿).

〔膏〕 풀: 기름 고.
音: コウ
訓: あぶら

膏〔あぶら〕기름(주로 동물성). 기름기.

音読

膏粱〔こうりょう〕살찐 고기와 좋은 곡식으로 만든 훌륭한 음식.
膏薬〔こうやく〕고약. 약재를 기름에 고아 만든 약.
膏雨〔こうう〕알맞게 잘 오는 비.
膏血〔こうけつ〕① 사람의 기름과 피. ② 고생 끝에 얻은 수익.

〔顧〕 풀: 돌아볼 고.
音: コ
訓: かえりみる.

顧みる〔かえりみる〕(他上1) ① 뒤 돌아보다. ② 회고하다. 돌이켜보다. ③ 반성하다. ④ 돌보다. ⑤ 인정을 베풀다.

音読

顧客〔こきゃく〕고객. 단골 손님.
顧慮〔こりょ〕고려. ① 돌이켜 생각하여 봄. ② 염려함.
顧問〔こもん〕고문. 자문(諮問)에 응하여 의견을 말하는 직무.

【곡】

〔曲〕 풀: 굽을 곡.
音: ① キョク ② キョッ
訓: ① まがる ② まげる ③ かね ④ くせ

● 曲がる〔まがる〕(自5) ① 구부러지다. (방향을) 돌다. ② 기울어지다. 경사지다. ③ 삐뚤어지다.
曲(が)り〔まがり〕구부러짐. 구부러진 곳.
曲(が)りくねる〔まがりくねる〕(自5) 꼬불꼬불하다.
曲(が)りなり〔まがりなり〕① 구부러짐. ② 이럭저럭.
曲(が)り角〔まがりかど〕길 모퉁이. 전환점. 분기점.
曲(が)り目〔まがりめ〕구부러진 곳.
曲尺〔まがりがね: かねじゃく〕곱자.
● 曲げる〔まげる〕(他下1) ① (곧은 것을) 구부리다. 굽히다. ② (도리, 주의를 나쁜 방향으로) 왜곡하다. 굽히다.
曲(げ)木細工〔まげきざいく〕나무를 구부려서 하는 세공. 또는 그 세공품(細工品).
● 曲尺〔かねじゃく: きょくしゃく〕곱자.
● 曲〔くせ〕① 謡曲(ようきょく)에서 曲舞(くせまい)의 가락으로 부르는 부분. ② 〈古〉물굽이. ③ 〈古〉습관. ④ 〈古〉결점.
曲舞〔くせまい〕室町(むろまち)시대 초기의 춤의 한가지. 부채를 들고 노래를 읊으면서 허리에 찬 북을 두드리며 추는 춤.
曲事〔くせごと〕① 不正한 일. 괘씸한 일. 몹시 불쾌한 일. ② 흉사. 재앙. ③ 위법.
〔きょくじ〕바르지 못한 일. 도리에 어긋난 일.
曲者〔くせもの〕① 심상치 않은 놈. ② (도둑처럼) 수상한 놈. ③ 안심할 수 없는 놈.

音読 1

曲〔きょく〕곡. ① 악곡. ② 마디. ③ 구부러진 것. ④ 곡예. ⑤ 재미. 흥미.
曲技〔きょくぎ〕아슬아슬한 기술. 곡예의 기술.
曲馬団〔きょくばだん〕곡마단. 말을 부려 곡예를 하는 것.
曲面〔きょくめん〕곡면. 연속하여 구부러진 표면.
曲目〔きょくもく〕곡목. 악곡의 이름. 악곡의 순서.
曲師〔きょくし〕나니와부시(浪花節)를 三味線으로 반주하는 사람.
曲射砲〔きょくしゃほう〕곡사포.
曲線〔きょくせん〕곡선. 구부러진 선.
曲水の宴〔きょくすいのえん〕곡수연. 궁중에서 하던 음력 3월 3일의 축제. 公卿(공경)들이 曲水에 앉아 상류(上流)에서 흘러 내려오는 술잔을 기울이며 시가(詩歌)를 읊던 잔치.
曲乗り〔きょくのり〕말, 자전거를 타고 곡예를 함.
曲芸〔きょくげい〕곡예. 줄타기와 같이 위험하고 어려운 재주를 부리는 것.
曲飲み〔きょくのみ〕곡예를 하면서 마시는 일.
曲折〔きょくせつ〕곡절. 복잡한 사정.
曲節〔きょくせつ〕곡절. 가락. 선율(旋律).
曲直〔きょくちょく〕곡직. ① 굽은 것과 곧은 것. ② 옳고 그름.
曲打ち〔きょくうち〕曲芸를 하듯이 변화있게 북을 침.
曲弾き〔きょくびき〕특수한 기교를 부려 곡예를 하는 것.
曲浦〔きょくほ〕꾸불꾸불한 해변.
曲学〔きょくがく〕곡학. 진리에 벗어난 학문.

音読 2

曲球〔きょっきゅう〕곡구. (야구에서)打者 가까운 곳에서 갑자기 구부러지는 공.

曲解〔きょっかい〕곡해. 사실과 어긋나게 잘못 이해함.

例 外

音曲〔おんぎょく〕음곡. ①일본식 음악, 가곡의 총칭. ②음악의 연주.

〔谷〕 풀：골짜기 곡.
音：**コク**
訓：**たに**

谷〔たに〕①산골짜기. ②골짜기 모양을 이룬 곧. 気圧の～；기압골.

谷間〔たにあい：たにま〕골짜기.

谷渡り〔たにわたり〕①골짜기에서 골짜기로 건너 감. ②휘파람새 따위가 골짜기를 여기저기 날아다니며 욺.

谷辺〔たにべ〕골짜기의 근처.

谷底〔たにそこ〕골짜기의 밑바닥.

谷足〔たにあし〕(스키에서)경사진 면에 섰을 때의 아랫쪽의 발.

谷風〔たにかぜ〕(낮에 산허리 쪽으로 치부는)골짜기 바람.

谷懐〔たにぶところ〕(산에 둘러쌓인)골짜기.

連濁音에 注意

地獄谷〔じごくだに〕지옥의 골짜기.

音 読

渓谷〔けいこく〕계곡. 골짜기.

峡谷〔きょうこく〕협곡. 험하고 좁은 골짜기.

〔哭〕 풀：울 곡.
音：**コク**
訓：

哭する〔こくする〕(自サ) 통곡하다. 곡하다.

哭声〔こくせい〕곡성. 곡하는 소리.

〔穀〕 풀：곡식 곡.
音：**コク**
訓：

穀価〔こくか〕곡가. 곡식의 가격.

穀類〔こくるい〕곡류. 곡식의 종류.

穀粒〔こくつぶ〕곡물의 낟알.

穀物〔こくもつ〕곡물. 곡식의 총칭.

穀粉〔こくふん〕곡물의 가루.

穀食〔こくしょく〕곡식. 곡물을 상식(常食)으로 함.

穀倉〔こくぐら：こくそう〕곡창. 곡물창고.

【곤】

〔困〕 풀：곤할 곤.
音：**コン**
訓：**こまる**

困る〔こまる〕(自5) ①곤란하다. ②어려움을 겪다. ③시달리다. ④애를 먹다. ⑤난처하다. ⑥다루기 힘들다.

困り〔こまり〕①곤란. ②난처.

困り果てる〔こまりはてる〕(自下1) 몹시 곤란해하다. 난감해하다. 어찌할 바를 모르다.

困り抜く〔こまりぬく〕(自5) 곤경에 빠지다. 몹시 곤란을 겪다.

困り者〔こまりもの〕귀찮은 사람. 성가신 사람. 말썽꾸러기. 두통거리. 골칫거리.

困り切る〔こまりきる〕(自5) 몹시 난처해하다. 궁지에 몰리다. 곤경에 빠지다. 애를 먹다.

連濁音에 注意

本困り〔ほんごまり〕정말 난처함.

例 外

困じる〔こうじる〕(自上1) 곤란하다. 난처하다.

音 読

困却〔こんきゃく〕곤각. 매우 곤란(난처)

困苦〔こんく〕곤고. 살림이 몹시 어려움.

困窮〔こんきゅう〕①곤궁. ②해결책이 없어 곤란함.

困難〔こんなん〕곤란. 어려움.

困憊〔こんぱい〕곤비. 곤궁하고 고달픔.

困惑〔こんわく〕곤혹. 곤란한 일을 당하여 어찌할 바를 모름. 난처하여 당황함.

〔坤〕 풀：땅 곤. 괘(卦)이름 곤.
音：**コン**
訓：

坤〔こん〕①팔괘(八卦)의 하나. ②西南方.

坤徳〔こんとく〕황후의 덕.

坤道〔こんどう〕①大地의 道. ②여자의 길.

坤軸〔こんじく〕지축. 땅의 중심.

〔昆〕 풀：맏 곤. 같을 곤. 후손 곤.
音：**コン**
訓：

昆弟〔こんてい〕兄弟.

昆虫〔こんちゅう〕곤충. 벌레를 통틀어 일컫는 말.

昆布〔こんぶ〕다시마(미역 비슷함).

昆後〔こんご〕후손. 자손.

〔梱〕 풀：문지방 곤.
音：**コン**
訓：**こる.**

梱る〔こる〕(他5) 짐을 꾸리다. 짐을 묶다.

梱〔こり〕①포장한 짐. ②고리짝. ③포장한 짐의 수량을 나타내는 단위：짝.

音 読

梱外の任〔こんがいのにん〕장군(将軍)의 직무.

梱包〔こんぽう〕곤포. 짐을 꾸림. 꾸린 짐.

【골】

〔骨〕 풀：뼈 골.
音：①コツ ②コッ
訓：ほね

骨①〔ほね〕(生) 뼈. (기계의)뼈대.
②〔こつ〕요령. 비결. 급소. 뼈.
骨っぽい〔ほねっぽい〕(形) ①(생선에) 잔뼈(가시)가 많다. ②기골이 차다.
骨絡み〔ほねがらみ〕매독이 전신에 퍼져서 뼈가 쑤시고 아픔.
骨離れ〔ほねばなれ〕～がいい：(생선의)뼈가 잘 발라지다.
骨無し〔ほねなし〕①뼈가 없음. 줏대가 없음. ②등뼈가 물러서 서지 못하는 불구자.
骨抜き〔ほねぬき〕①골자를 뺌. ②(요리하기 위하여)뼈를 발라냄. 또는 발라낸 것.
骨惜しみ〔ほねおしみ〕수고를 아낌. 꾀를 부림.
骨身〔ほねみ〕뼈와 살. 몸.
骨違い〔ほねちがい〕관절이 어긋남.
骨張る〔ほねばる〕(自5) ①뼈가 앙상하다. ②고집을 부리다.
骨折る〔ほねおる〕(自5) 애를 쓰다. 진력하다. 수고하다. 힘을 들이다. 노력하다.
骨折り〔ほねおり〕노력. 수고.
骨折り損〔ほねおりそん〕수고한 보람이 없음.
骨節〔ほねぶし〕⇨骨っ節.
骨っ節〔ほねっぶし〕①뼈마디. ②기골(気骨).
骨接ぎ〔ほねつぎ〕접골. 접골의(接骨医).
骨組〔ほねぐみ〕뼈대. 얼개.
骨偏〔ほねへん〕한자 부수(部首)의 하나. (髄, 骸 등의 '骨'의 명칭)
骨休め〔ほねやすめ〕쉼. 휴식. 휴게.

連濁音에 注意

背骨〔せぼね〕등뼈. 척추.
小骨〔こぼね〕①작은 뼈. ②약간의 수고.
土性骨〔どしょうぼね〕타고난 천성.

音 読 ①

骨①〔こつ〕요령. 비결. 급소. 뼈.
②〔ほね〕(生) 뼈. (기계의)뼈대.
骨膜炎〔こつまくえん〕골막염. 뼈를 싼 막에 생기는 염증.
骨盤〔こつばん〕골반. 허리 밑에 있는 넓고 평평한 뼈.
骨柄〔こつがら〕①체격. 골격. ②인품.
骨箱〔こつばこ〕뼈를 넣는 상자.
骨髄〔こつずい〕골수. ①뼈속에 있는 지방과 같은 조직. ②마음속.
骨拾い〔こつひろい〕화장한 뼈를 주음.
骨壺〔こつつぼ〕뼈를 넣는 항아리.
骨揚げ〔こつあげ〕화장한 뼈를 주워 그릇에 담음.
骨肉〔こつにく〕골육. 육친(肉親).
骨材〔こつざい〕골재. (모래, 자갈 등).

音 読 2

骨幹〔こっかん〕골간. 뼈대. 골격.
骨格〔こっかく〕골격. 뼈 조직. 뼈대.
骨董品〔こっとうひん〕골동품. 실제로 사용되지 않는 옛 물건.
骨粉〔こっぷん〕골분. 뼛가루.
骨相〔こっそう〕골상. 얼굴의 뼈대.
骨子〔こっし〕골자. 요점. 요지.
骨張〔こっちょう〕①주장. 역설. ②장본인. ③제일. 가장.
骨折〔こっせつ〕골절. 뼈가 부러짐.
骨質〔こっしつ〕골질. 뼈의 섬유성 물질.
骨炭〔こったん〕골탄. 동물의 뼈를 이용하여 만든 炭質의 물질.
骨牌〔こっぱい〕골패. 카아드.
骨筆〔こっぴつ〕골필.
骨灰〔こっかい：こっぱい：こつばい〕골회. 동물의 뼈를 태워 만든 가루.

【공】

〔工〕 풀：장인 공. 공장 공. 만들공
音：①ク ②コウ
訓：

音 読 ①

工面〔くめん〕①돈 마련. ②돈의 유통.
工夫①〔くふう〕①고안. 궁리. ②깊이 생각함.
②〔こうふ〕土木工事에 종사하는 인부(人夫).
大工〔だいく〕목수. 목수일.
細工〔さいく〕①세공. 세공품. ②농간. 잔꾀.

例　外

工合〔ぐあい〕①상태. 형편. 컨디션. ②방식. 스타일. ③체면. 체통. 거북：(具合으로도 씀.)

音 読 2

工具〔こうぐ〕공구. 工作하는 데에 쓰이는 연장.
工女〔こうじょ〕공녀. 공장에서 일하는 여직공.
工率〔こうりつ〕능률. 기계가 단위 시간내에 작업을 하는 능률.
工法〔こうほう〕공법. 공사의 방법.
工夫①〔こうふ〕토목 공사에 종사하는 人夫.
②〔くふう〕①고안. 궁리. ②깊이 생각함.
工費〔こうひ〕공비. 공사에 드는 비용.
工事〔こうじ〕공사. 土木, 建築 등의 役事.
工商〔こうしょう〕공상. 공업과 상업.
工船〔こうせん〕공선. 공장과 똑같은 시설을 갖춘 배.
工手〔こうしゅ〕철도, 전기 등의 공사를 하는 노동자 역군.
工業〔こうぎょう〕공업. 자연의 원료에 인공을 가해 생활에 필요한 것을 만드는 산업.
工芸品〔こうげいひん〕공예품. 미술적인 공

작품.
工員〔こういん〕공원. 공장에서 일하는 사람.
工人〔こうじん〕공인. 직공. 공원.
工賃〔こうちん〕공임. 작업에 대한 품삯.
工作〔こうさく〕공작. ①(모형을)만듬. ②간단한 물건이나 연장을 만듬. ③준비. ④활동.
工匠〔こうしょう〕공장. 工作을 하여 물건을 만들어 내는 사람.
工場①〔こうば〕공장. 소규모의 공장. 下請~:하청공장.
②〔こうじょう〕공장. 대규모의 공장.
工専〔こうせん〕공업 전문 학교의 준말.
工程〔こうてい〕공정. ①공사의 진척 상황 ②공률(工率).
工廠〔こうしょう〕공창. (陸, 海軍에 소속되어 군수품을 제조하는 공장).
工学〔こうがく〕공학. 공업에 대한 것을 연구하는 학문.

〔公〕 풀 : 공평할 공. 귀인 공.
音 : **コウ**
訓 : **おおやけ**

公　〔おおやけ〕①정부. 국가. 관청. 조정. ②공공. 공중. 공유. (내것이 아님).
〔こう〕공. 신분이 높은 사람을 존경하여 일컫는 말.
公に〔おおやけに〕(副) 공개적으로.
公人①〔おおやけびと〕궁전에서 일보는 사람.
②〔こうじん〕공인. 공직에 있는 사람.

音　読

公家①〔こうけ〕王室.
②〔こうけ:くげ〕귀족집안.
公開〔こうかい〕공개. 공중에게 개방함.
公開状〔こうかいじょう〕공개장. 사건을 일반 공중이 알게하는 글.
公告〔こうこく〕공고. (공공단체가)일반에게 알리는 것.
公共〔こうきょう〕공공. 사회 일반.
公課〔こうか〕공과. 부과하는 세금.
公金〔こうきん〕공금. 정부나 공공(公共)의 돈.
公企業〔こうきぎょう〕공기업. 공공단체가 경영하는 기업.
公器〔こうき〕공기. 대중의 기관.
公達〔こうたつ〕공달. 관청으로부터의 공적인 통지.
公徳〔こうとく〕공덕. 공중 도덕.
公道〔こうどう〕공도. ①정의. ②공로(公路).
公論〔こうろん〕공론. 일반의 의론.
公理〔こうり〕공리. ①명백한 진리. ②(数) 근본적인 가정.
公吏〔こうり〕공리. 관리. 공무원.
公利〔こうり〕공리. 공공의 이익.
公立〔こうりつ〕공립. 공공단체에서 설립한 것.
公売〔こうばい〕(法) 공매. 공고해서 경매함.
公明〔こうめい〕공명. 공평하고 숨김이 없음.
公募〔こうぼ〕공모. 널리 모집함.
公務〔こうむ〕공무. 국가나 공공단체의 사무.
公務員〔こうむいん〕공무원.
公文書〔こうぶんしょ〕공문서. 관청이나 공공단체에서 내는 문서.
公民〔こうみん〕공민. 국가의 一員으로서 독립된 생활을 영위할 수 있는 국민.
公倍数〔こうばいすう〕공배수. 두개 이상의 수에 공통한 배수.
公法〔こうほう〕공법. 통치 관계를 규정한 법률.
公報〔こうほう〕공보. ①널리 알리기 위하여 발표하는 보고. ②관청끼리의 보고문서.
公僕〔こうぼく〕공복. 공중(公衆)을 위해 봉사하는 사람이나 공무원.
公分母〔こうぶんぼ〕(数) 공분모. 두개 이상의 분수 또는 분수식의 통분에 의해서 얻어지는 분모.
公憤〔こうふん〕공분. 사회악에 대한 분노.
公社〔こうしゃ〕공사. 국가가 전액 출자하여 만든, 공공의 이익을 위한 기업체.
公司〔こうし〕(中国에서) 주식회사.
公私〔こうし〕공사. 공과 사.
公使〔こうし〕공사. 특명 전권 공사.
公事〔こうじ〕공사. 공적인 일.
公算〔こうさん〕공산. 확률(確率).
公序〔こうじょ〕공공의 질서.
公選〔こうせん〕공선. 주민 투표에 의해 선거함.
公設〔こうせつ〕공설. 국가 또는 공공단체가 설치함. 또는 그 시설.
公訴〔こうそ〕공소. 검찰관이 특정 범죄인에 대한 심리와 재판을 청구하는 일.
公述〔こうじゅつ〕공술. 공청회에서 의견을 말함. ~人(にん) ; 공술인.
公示〔こうじ〕공시. 일반 대중에게 알림.
公式〔こうしき〕공식. ①공적인 법식. ②계산 법칙을 나타내는 관계식.
公安〔こうあん〕공안. 사회의 안전.
公案〔こうあん〕(仏) 수행자의 마음을 연마하기 위한 목표로 고찰 연구하는 문제.
公約〔こうやく〕공약. ①공중에 대한 약속. ②公法上의 계약.
公約数〔こうやくすう〕공약수. 둘 이상의 수에 공통하는 약수.
公言〔こうげん〕공언. 공공연히 말함.
公演〔こうえん〕공연. 음악, 무용, 연극을 공개하여 연출함.
公然〔こうぜん〕공공연한. 공공연히.
公用〔こうよう〕공용. ①공공(관청)의 사용. ②관청의(공공의)용무. ③국가(공공)의 비용.
公園〔こうえん〕공원. 공중의 위안, 오락을 위해 만든 유원지.
公有〔こうゆう〕공유. 국가나 공공 단체의 소유.
公儀〔こうぎ〕공의. ①정부. ②공개적인

의식.
公議〔こうぎ〕공의. ①공평한 의논. ②정부, 공공단체의 의논. ③일반 여론.
公益〔こうえき〕공익. 공공(公共)의 이익.
公認〔こうにん〕공인. 공적인 인정(인가).
公子〔こうし〕공자. 귀족의 아들.
公爵〔こうしゃく〕공작. 귀족의 제1계급.
公的〔こうてき〕공적. 公共에 관한 것.
公敵〔こうてき〕공적. 公衆의 적.
公転〔こうてん〕공전. 중심이 되는 별의 주위를 다른 별이 도는 것.
公正〔こうせい〕공정. 명백하고 옳음.
公定〔こうてい〕공정. 국가(공공단체)의 결정.
公租〔こうそ〕공조. 국세 및 지방세의 총칭.
公主〔こうしゅ〕공주. 왕의 딸.
公衆〔こうしゅう〕공중. 사회의 여러사람.
公証〔こうしょう〕공증. 공무원이 직권에 의해 행하는 증명. ～人(にん)；공증인.
公知〔こうち〕공지. 세상에 잘 알려짐.
公職〔こうしょく〕공직. 공적인 직무.
公債〔こうさい〕공채. 국가나 공공 단체의 증권. 또는 그 채무.
公庁〔こうちょう〕공청. 공공단체의 일을 취급하는 관청.
公聴会〔こうちょうかい〕공청회. 중요한 일을 결정하기 위해 관계자, 학자, 중립자 등의 의견을 듣는 모임.
公称〔こうしょう〕공칭. 공식 명칭.
公判〔こうはん〕공판. 법정에서 범죄 사실 여부를 심리하는 일.
公平〔こうへい〕공평. 치우치지 않고 올바름.
公評〔こうひょう〕공평. 공평한 비평.
公布〔こうふ〕공포. 일반인에게 널리 알림.
公表〔こうひょう〕공표. 세상에 발표함.
公海〔こうかい〕공해. 어느나라나 자유로히 사용할 수 있는 海洋.
公害〔こうがい〕공해. 공기와 물의 오염, 소음(騒音)등 공중의 생활에 끼치는 해.
公許〔こうきょ〕공허. 공적으로 허락함.
公会堂〔こうかいどう〕공회당. 공중의 회합을 위해 지은 건물.
公休日〔こうきゅうび〕공휴일. 당연히 쉬게 되어 있는 날.

〔孔〕
풀：구멍 공. 성(姓) 공.
音：**コウ**
訓：**あな**

孔〔あな〕작은 구멍.

音 読

孔子〔こうし〕공자. 중국의 大학자.
孔版〔こうはん〕공판. 인쇄의 한 종류.
孔穴〔こうけつ〕공혈. 구멍.

例 外

孔雀〔くじゃく〕공작. 꿩과에 속하는 새. 인도 원산으로 수컷은 꽁지가 길고 매우 아름다움.

〔功〕
풀：공 공.
音：①く ②**コウ**
訓：①**いさお** ②**いさおし**

❶ **功**〔いさお〕공로. 공. 공훈.
❷ **功**〔いさおし〕いさお의 힘줌말.

音 読 1

功徳❶〔くどく〕(仏) 내세에 좋은 응보를 받을 만한 선행.
❷〔こうとく〕공덕. 공적과 훌륭한 인격.
功力〔くりき〕(仏) 神仏의 좋은 보답을 받을 만한 선행의 보람.

音 読 2

功〔こう〕공. 공적. 업적.
功科表〔こうかひょう〕공과표. 근무 성적표.
功過〔こうか〕공과. 공로와 과실.
功労〔こうろう〕공로. 공과 수고.
功利〔こうり〕공리. 이익과 행복. ～的：
功名〔こうみょう〕공명. 공을 세워 유명해짐.
功成り名遂げる〔こうなりなとげる〕(連語) (훌륭한 일을해서)공을 세우고 이름을 빛내다.
功臣〔こうしん〕공신. 나라에 공이 있는 신하.
功績〔こうせき〕공적. 공로와 실적.
功罪〔こうざい〕공죄. 공과 죄.

〔共〕
풀：함께 공.
音：**キョウ**
訓：**とも**

共〔とも〕함께. 같이. 동시. 모두. 다.
共に〔ともに〕(副) ①서로. ②또한.
共稼ぎ〔ともかせぎ〕맞벌이.
共蓋〔ともぶた〕상자와 그 뚜껑이 같은 재료로 되어 있는 것.
共鏡〔ともかがみ〕뒷모습을 보기위해 앞뒤에서 거울을 비추는 것.
共共〔ともども〕(副) 함께. 서로. 다 같이.
共襟〔ともえり〕옷과 같은 천으로 된것.
共倒れ〔ともだおれ〕(쌍방이)함께 쓰러짐. 함께 망함.
共働き〔ともばたらき〕맞벌이.
共裏〔ともうら〕겉과 같은 안감.
共鳴り〔ともなり〕発音体가 외부의 音波에 자극되어 이와 동일한 진동수의소리를 냄.
共白髪〔ともしらが〕백년 해로(百年偕老).
共食い〔ともぐい〕①(동물사회에서) 같은 무리끼리 서로 잡아 먹음. 同族相残 ②서로 다투다가 다 같이 망함.
共切れ〔ともぎれ〕만든 옷과 같은 천.
共釣り〔ともづり〕놀림낚시. 낚시에 산 은어를 꿰어 물속에 놓아, 다른 은어를 꾀어 들여 낚는 낚시질.
共地〔ともじ〕동질 동색의 옷감. 같은 천.
共寝〔ともね〕동침(同寝).
共布〔ともぎれ〕만든 옷과 같은 천(조각).

連濁音에 注意

女共〔おんなども〕여자들.

私共〔わたしども〕저희들.
手前共〔てまえども〕저희들.
者共〔ものども〕너희들. 이놈들.

音　読

共感〔きょうかん〕공감. 같은 감정. 같이 느낌.
共管〔きょうかん〕공관. 공동 관리, 공동 관할의 준말.
共同〔きょうどう〕공동. ①둘 이상의 사람이 함께 함. ②같은 자격으로 결합함.
共鳴〔きょうめい〕공명.
共謀〔きょうぼう〕공모. 함께 모의함.
共犯〔きょうはん〕공범. 함께 죄를 범함.
共産〔きょうさん〕공산. 재산을 공동으로 가짐.
共演〔きょうえん〕공연. 함께 출연(出演)함.
共栄〔きょうえい〕공영. 서로 함께 번영함.
共営〔きょうえい〕공영. 공동으로 경영함.
共用〔きょうよう〕공용. 공동으로 씀.
共有〔きょうゆう〕공유. 공동으로 가짐.
共益〔きょうえき〕공익. 공동 이익.
共著〔きょうちょ〕공저. 책을 공동으로 지음.
共済組合〔きょうさいくみあい〕공제조합. 조합원 상호간의 구제와 생활향상을 목적으로 조직된 조합.
共助〔きょうじょ〕공조. 서로 도움.
共存〔きょうそん〕공존. 함께 생존함.
共催〔きょうさい〕공동주최(共同主催)의 준말.
共通〔きょうつう〕공통. 서로 통함.
共闘〔きょうとう〕공투. 共同闘争의 준말.
共販〔きょうはん〕공판. 共同販売의 준말.
共学〔きょうがく〕공학. (남녀가) 같은 학교, 같은 장소에서 함께 공부함.
共和〔きょうわ〕공화. 共同으로 和合하여 사업을 하는것.

〔攻〕 풀：칠 공.
音：コウ
訓：せめる

攻める〔せめる〕(他下1) 공격하다. 진격하다.
攻め〔せめ〕공격. 공세.
攻め口〔せめくち〕공격 방법(수법).
〔せめぐち〕공격이 용이한 곳.
攻め具〔せめぐ〕공격 용구.
攻め倦む〔せめあぐむ〕(自5) 공격을 해도 항복하지 않고, 전투가 오래 계속되다.
攻め寄る〔せめよる〕(自5) 가까이까지 쳐들어오다.
攻め寄せる〔せめよせる〕(自下1) 적진 가까이까지 쳐 들어가다.
攻め道具〔せめどうぐ〕공격 용구.
攻め落とす〔せめおとす〕(他5) ① 함락시키다. 쳐서 빼앗다. ②설복시키다.
攻め立てる〔せめたてる〕(他下1) (쉴새없이) 공격을 퍼붓다.
攻め抜く〔せめぬく〕(他5) ①공격하여 함락시키다. ②맹렬히 공격하다.
攻め上る〔せめのぼる〕(自5) (수도(首都)쪽으로) 쳐 올라가다.
攻め手〔せめて〕공격군. 공격 방법.
攻め入る〔せめいる〕(自5) 쳐들어가다.
攻め込む〔せめこむ〕(自5) 공격해 올라가다.
攻め太鼓〔せめだいこ〕공격신호로 치던 북.
攻め合う〔せめあう〕(自5) 서로 상대를 공격하다.
攻め懸ける〔せめかける〕(他下1) 일제히 쳐들어가다.

連濁音에 注意

来客攻め〔らいきゃくぜめ〕방문객이 쇄도함.
兵糧攻め〔ひょうろうぜめ〕적의 식량 보급로를 차단하여 그 전투력을 약화시키는 방법.
水攻め〔みずぜめ〕給水路를 끊거나, 강물로 침수시켜서 적의 성을 공격하는 방법.
歓迎攻め〔かんげいぜめ〕환영 공세.

音　読

攻撃〔こうげき〕공격. ① 쳐부숨. ②윽박지름.
攻略〔こうりゃく〕공략. ①공격해서 빼앗음. ② 격파함.
攻防戦〔こうぼうせん〕공방전. 서로 공격하고 방어하는 싸움.
攻勢〔こうせい〕공세. 공격 태세.
攻守〔こうしゅ〕공수. 공격과 수비.

〔供〕 풀：이바지할 공.
音：①ク ②グ ③クウ ④キョウ
訓：①そなえる. ②とも

❶供える〔そなえる〕(他下1) (神에게) 바치다. 올리다.
供え〔そなえ〕お～; 제물(祭物). (특히) 제물로 바치는 떡.
供(え)物〔そなえもの〕제물(祭物).
供(え)餅〔そなえもち〕神에게 바치는 둥근 떡.

❷供〔とも〕①수행원. 보조자. ②반려(伴侶).
供待ち〔ともまち〕문밖에서 주인이 나오기를 기다리는 것.
供頭〔ともがしら〕武家시대에 행차의 수행자들을 단속하던 직책.
供人〔ともびと〕수행원. 보조자.
供揃え〔ともぞろえ〕수행원을 모두 모음.
供回り〔ともまわり〕수행원들. 보조자들.

連濁音에 注意

子供〔こども〕어린이.

音読 1

供物〔くもつ〕(神仏에의)供養物.
供米〔くまい〕(仏) 공양미(供養米).
供養〔くよう〕공양. 부처나 죽은 사람앞에 음식을 차려 놓고 죽은 사람의 명복을 빔.
供御〔くご〕①天皇의 식사. ②장군의 식사.
供花〔くげ〕불전(仏前)에 바치는 꽃.

音 読 ②

供奉 〔ぐぶ〕 ①수행함. ②수행하는 행렬.

音 読 3

御供 〔ごくう〕 공양물(供養物).
御供料 〔ごくうりょう〕 공양물.
御供水 〔ごくうすい〕 神仏에게 바치는 물.
御供所 〔ごくうしょ〕 神仏에게 바치는 공양물을 준비하는 곳.
御供田 〔ごくうでん〕 공양물에 해당하는 논밭.

音 読 4

供する 〔きょうする〕 (他サ) ① 제공하다. 대접하다. ②내놓다. ③이바지하다. 도움이 되게 하다.
供給 〔きょうきゅう〕 공급. 물품을 제공함.
供覧 〔きょうらん〕 공람. 공개하여 관람시킴.
供述 〔きょうじゅつ〕 공술. 피의자가 하는 진술.
供与 〔きょうよ〕 공여. 공급하여 줌.
供宴 〔きょうえん〕 향연. 남을 향응하는 잔치.
供用 〔きょうよう〕 공용. 사용하도록 제공함.
供応 〔きょうおう〕 공응. 융숭하게 대접함.
供出 〔きょうしゅつ〕 공출. 民間의 물자나 식량을 정부에 매도하거나 제공함.
供託 〔きょうたく〕 공탁. ① 맡기고 보관을 부탁함. ②법의 규정에 따라 금전을 기탁하는 것.
供血 〔きょうけつ〕 공혈. 수혈用의 혈액을 제공하는 것.

〔空〕

풀 : 빌 공.
音 : **クウ**
訓 : ①**うつろ** ②**むなしい** ③**あける** ④**あく** ⑤**から** ⑥**そら**

❶**空ろ** 〔うつろ〕 ①속이 텅빔. ②얼 빠짐. 멍함.
❷**空しい** 〔むなしい〕 (形) ①허무하다. 덧없다. ②공허하다. ③보람없다. ④헛되다. ⑤이 세상에 없다. ⑥희생하다.
❸**空ける** 〔あける〕 (他下1) ①비우다. 쏟다. ②내어주다. ③(구멍을)내다. 뚫다. ④(틈, 시간을)내다.
❹**空く** 〔あく〕 (自5) ①비다. ②결원이 생기다. ③한가해지다. ④뚫리다.
〔すく〕 (自5) ①틈이나다. ②비다. ③ 성기다. ④ (속이)후련하다.
空かす 〔すかす〕 (他5) 腹を～ : 배가 고프다. 허기지다. 굶다.
空き 〔あき〕 ① 속이 빔. ② 빈 곳. ③ 빈 자리. ④ 간격. ⑤ 틈. 짬. ⑥ 사용치 않는 물건.
空家 〔あきや〕 빈 집.
空殻 〔あきがら〕 빈 껍질. 빈 그릇.
空間 〔あきま〕 ① 빈 틈. ② 빈 방.
〔くうかん〕 공간. 끝 없이 널리 퍼져 있는 곳.
空罐 〔あきかん〕 빈 깡통.
空部屋 〔あきべや〕 빈 방.
空巣 〔あきす〕 ① 빈 보금자리. ② 빈 집. ③ 빈 집을 노리는 도둑.
空地 〔あきち〕 공지. 빈 터. 빈 땅.
❺**空** 〔から〕 속이 텅 빈 것. ① 허공. ② 빈 몸. ③ 거짓. 헛됨.
空っぽ 〔からっぽ〕 텅 빔. 아무 것도 없음.
空景気 〔からげいき〕 겉으로만 경기가 좋게 보임.
空橋 〔からはし〕 육교(陸橋).
空嘔 〔からえずき〕 헛구역질.
空堀 〔からぼり〕 (城을 지키기 위해 판) 물이 없는 호(濠).
空念仏 〔からねんぶつ : そらねんぶつ〕 공념불.
空馬 〔からうま〕 빈 말. 짐을 안 실은 말.
空売り 〔からうり〕 현물을 가지지 않은 채, 차액의 이익을 목적으로 청산거래하는것.
空梅雨 〔からつゆ〕 장마철인데 비가 오지않음.
空焚き 〔からだき〕 물 없는 목욕통에 불을 땜.
空写し 〔からうつし〕 (사진을) 헛 찍음.
空相場 〔からそうば〕 빈거래.
空箱 〔からばこ〕 빈 상자.
空誓文 〔からせいもん〕 거짓 맹세하는 글.
空船 〔からぶね〕 공선. 빈 배.
空世辞 〔からせじ〕 겉치레말.
空騒ぎ 〔からさわぎ〕 헛소동. 헛되이 떠들어댐.
空送り 〔からおくり〕 (녹음 테이프를) 그냥 돌리기.
空手 〔からて〕 ① 공수. 빈손. 맨손. ② 당수.
〔そらで〕 신경통으로 손이 아픈것.
〔くうしゅ〕 맨손. 빈 손.
空手形 〔からてがた〕 ① 부도가 날 위험이 많은 어음. ② 실없는 약속. 공수표.
空身 〔からみ〕 맨몸. 빈 몸. 홑몸.
空押し 〔からおし〕 무늬를 새긴 틀에 종이, 가죽, 헝겊을 끼워 눌러서 무늬만 도드라지게 한 것.
空揚げ 〔からあげ〕 가루를 묻히지 말고 그냥 튀김.
空元気 〔からげんき〕 허세(虚勢). ～を出す.
空威張り 〔からいばり〕 허세(虚勢).
空釣り 〔からづり〕 미끼 없이 하는 낚시질.
空株 〔からかぶ〕 실제로 소유하고 있지 않는 주.
空蒸し 〔からむし〕 가미하지 않고 그냥 찜.
空振り 〔からぶり〕 (野) ①(공을)헛침. ② 타격 연습의 스윙. ③ 수포. 헛수고.
空車 〔からぐるま〕 빈 차. 짐을 싣지 않은 차.
空茶 〔からちゃ〕 과자 없이 차를 마심.
空鉄砲 〔からでっぽう〕 ① 공포. ② 허풍. 거짓말.
空籤 〔からくじ〕 꽝. 당첨 안된 제비.
空取引 〔からとりひき : くうとりひき〕 빈거래.
空便 〔からびん〕 (배나 항공기의) 손님이나

짐이 없는 便.
空風〔からかぜ〕비, 눈을 동반하지 않고 몹시 세차게 부는 바람.
空っ風〔からっかぜ〕⇨ **空風**
空下手〔からへた〕아주 형편 없이 서툶.
空っ下手〔からっぺた〕⇨ **空下手**
空咳〔からせき〕① 마른 기침. ② 헛기침.
空嘘〔からうそ〕새빨간 거짓말.
空穴〔からけつ〕텅빔. 무일푼. 빈털터리.
空濠〔からぼり〕(城을 지키기 위해 판) 물이 없는 호(濠).
空回り〔からまわり〕① 겉돎. 헛돎. ② (이론이) 空転함.
❻ **空**〔そら〕① 하늘. ② 날씨. ③ 처지. ④ 거짓. ⑤ 기분. ⑥ 들뜸.
空で〔そらで〕(副) 기억만으로. 보지않고. 암기해서.
空覚え〔そらおぼえ〕① 암기. ② 어렴풋한 기억.
空高く〔そらたかく〕하늘 높이.
空空しい〔そらぞらしい〕(形) ① 시치미떼다. 새침하다. ② 빤히 속이 들여다보이다.
空恐しい〔そらおそろしい〕(形) 어쩐지 두려운 생각이 든다. 어쩐지 무섭다.
空念仏〔そらねんぶつ：からねんぶつ〕공념불.
空豆〔そらまめ〕누에콩. 잠두콩.
空頼み〔そらだのみ〕헛기대.
空涙〔そらなみだ〕거짓 눈물.
空模様〔そらもよう〕① 날씨. ② 형세.
空目〔そらめ〕① 잘못 봄. ② 못 본 체함. ③ 칩떠봄. ～づかい：칩떠봄.
空夢〔そらゆめ〕① 헛꿈. ② 공상.
空聞き〔そらぎき〕건성 듣는 일.
空方〔そらざま〕하늘 쪽. 위쪽.
空死に〔そらじに〕짐짓 죽은 체하기.
空似〔そらに〕남남끼리 얼굴새가 닮음.
空色〔そらいろ〕① 하늘색. 복색. ② 날씨.
空笑い〔そらわらい〕거짓 웃음. 헛웃음.
空手〔そらで〕(신경통으로)노인들이 까닭 없이 팔에 느끼는 통증.
〔からて〕① 맨 손. 빈손. ② 당수
〔くうしゅ〕맨손. 빈손.
空言〔そらごと〕헛소리. 거짓말.
空誉め〔そらぼめ〕입에 발린 칭찬.
空音〔そらね〕① 우는 소리의 흉내. ② 거짓말. ③ (아무도 켜지 않는데) 들려 오는 듯한 악기 소리.
空泣き〔そらなき〕우는 시늉. 거짓 울음.
空耳〔そらみみ〕① 잘못 들음. ② 못 들은 체함.
空寝〔そらね〕거짓 잠. 헛잠.
空合い〔そらあい〕① 날씨. ② (되어가는) 형세. 형편.
空解け〔そらどけ〕(띠, 끈이) 저절로 풀어짐.
空惚ける〔そらとぼける〕(自下1) 시치미 떼다.
空薫き〔そらだき〕① 어디서 피우는지 모르도록 향을 피움. ② 어디선지 모르게 은은히 풍겨 오는 향기.
空喜び〔そらよろこび〕헛기쁨. 기쁜 일도 아닌 것을 기뻐함.

連濁音에 注意

空空しい〔そらぞらしい〕(形) ① 시치미떼다. ① 빤히 속이 들여다보이다.
冬空〔ふゆぞら〕겨울 하늘.
夜空〔よぞら〕밤하늘.
青空〔あおぞら〕① 파랗게 갠 하늘. 창공. ② 야외(野外). 옥외(屋外). 노천(露天).
秋空〔あきぞら〕가을 하늘.
夏空〔なつぞら〕여름 하늘.
寒空〔さむぞら〕① 차가운 겨울 하늘. ② 차가운 날씨.

音　読

空〔くう〕① 공간. ② 텅 빔. ③사실이 아님. ④ 헛됨. ⑤ 암기.
空間〔くうかん〕공간. 끝 없이 널리 퍼져 있는 곳.
〔あきま〕① 빈 방. ② 틈. 사이. 공산.
空軍〔くうぐん〕공군. 항공 병력.
空隙〔くうげき〕틈. 간극(間隙).
空気〔くうき〕공기. ① 지구를 둘러 싸고 있는 기체. ② 주위의 분위기. ～枕 (まくら)공기를 넣은 베개.
空洞〔くうどう〕공동. ① 텅 빔. ② 구멍.
空路〔くうろ〕공로. 항공기편.
空論〔くうろん〕공론.
空理〔くうり〕공리. 실제로 소용이 되지 않는 이론.
空白〔くうはく〕공백. ① 비어 있음. ②아무것도 행해지지 않는 상태.
空腹〔くうふく〕공복. 배가 고픔. 속이 빔
空費〔くうひ〕공비. 낭비.
空想〔くうそう〕공상. 실제할 수 없는상상.
空席〔くうせき〕공석. 빈 자리.
空疎〔くうそ〕(形動) 뚜렷한 내용이 없음.
空手〔くうしゅ〕맨손. 빈 손.
〔からて〕① 빈손. 맨손.
〔そらで〕신경통으로 손이 아픈 것.
空輸〔くうゆ〕공수. 비행기로 사람이나 물건을 실어 나름.
空襲〔くうしゅう〕공습. 비행기에 의한 습격.
空前〔くうぜん〕공전. 비교할 만한 것이 전에는 없음.
空転〔くうてん〕공전. 헛돎.
空電〔くうでん〕(라디오에서) 수신기에 소음을 일으키는 대기 중의 방전.
空挺〔くうてい〕공정. 공중으로 挺進함.
空株〔くうかぶ〕손익 계산을 할 뿐 실제로 거래하지 않는 주.
空中〔くうちゅう〕공중. 하늘.
空地〔くうち〕공지. ① 빈 터. ② 하늘과 땅.
〔あきち〕공지. 빈터. 공터. 빈땅.
空振〔くうしん〕(野球) 打者가 친 배트에 공이 맞지 않음. 헛침.

空車〔くうしゃ：からぐるま〕빈차.
空取引〔くうとりひき：からとりひき〕差金売買.
空包〔くうほう〕공포. 실탄 대신에 나무나 종이로 만든 마개를 장치하여 발사소리만 나게하는 탄약.
空砲〔くうほう〕공포. 실단을 재지 않은 총포.
空閑地〔くうかんち〕공한지. 건축이나 농사를 하지 않는 빈터.
空港〔くうこう〕공항. 비행장.
空虚〔くうきょ〕공허. 내용이 없음.

〔貢〕 풀：바칠 공.
音：①グ ②コウ
訓：みつぐ

貢ぐ〔みつぐ〕(他5) ① 공물(조공)을 바치다. ② 금품을 보태주다. ③ 금품을 선사하다.
貢(ぎ)〔みつぎ〕① 백성이 바치는 공물(貢物). ② 宗主国에 属国이 바치던 예물. 조공.
貢(ぎ)物〔みつぎもの〕공물. 공물로 드리는 물건.

音読 1

年貢〔ねんぐ〕연공. ① 소작료. ② 해마다 바치는 공물. ③ 조세. 조공.

音読 2

貢献〔こうけん〕공헌. ① 공물을 바침. ② 이바지함. 진력함.
朝貢〔ちょうこう〕조공. 属国이 宗主国에게 때 맞추어 礼物을 바침.

〔恐〕 풀：두려울 공.
音：キョウ
訓：① おそれる ② おそろしい ③ おそらく ④ おそる ⑤ こわい

❶恐れる〔おそれる〕(自下1) ① 두려워하다. ② 겁내다. ③ 무서워하다. ④ 걱정하다. 우려하다. ⑤ 경외(敬畏)하다.
恐れ〔おそれ〕① 두려움. 공포심. ② 염려. 우려.
恐れげ〔おそれげ〕두려운 기색.
恐れ多い〔おそれおおい〕(形) ① (신분이 높은 사람에 대하여) 송구하다. 황공하다. ② 매우 고맙다.
恐れ乍ら〔おそれながら〕죄송합니다만.
恐れ入る〔おそれいる〕(自5) ① 황송해하다. ② 송구스러워하다. ③ (상대방 실력에) 두손들다. 놀라다. ④ 정말 기막히다. 어이없다. 질리다. 어처구니 없다.
❷恐ろしい〔おそろしい〕(形) ① 두렵다. 무섭다. 겁나다. ② 걱정(염려)스럽다. ③ 심하다. 지독하다. ④ 이상하다. 신통스럽다.
❸恐らく〔おそらく〕(副) 아마. 어쩌면. 필시.
❹恐る〔おそる〕(自下2) (文) 두려워하다.
恐るべき〔おそるべき〕(連語) ① 무서운. 두려운. 가공할. ② 대단한. 지독한.
恐る恐る〔おそるおそる〕(副) 겁내면서. 흠칫흠칫. 주뼛주뼛. 두려워하면서.
❺恐い〔こわい〕(形) 무섭다. 두렵다.

音読

恐喝〔きょうかつ〕공갈. ① 올러서 무섭게 함. ② 돈이나 물품을 얻기 위해 위협함.
恐竜〔きょうりゅう〕공룡. 中生代에 살았던 거대한 파충류. 현재 化石으로 남아있음.
恐水病〔きょうすいびょう〕공수병. 狂犬病. 미친개에게 물려 생기는 병.
恐悦〔きょうえつ〕삼가 기뻐함. (타인에게 자신의 기쁨을 말할 때 씀).
恐妻家〔きょうさいか〕공처가. 아내를 두려워 하는 사람.
恐縮〔きょうしゅく〕공축. 황송하게 여김. 죄송스럽게 여김.
恐怖〔きょうふ〕공포. 두려워함. 무서워함.
恐惶〔きょうこう〕공황(편지끝의 인사말로) 두려워서 어찌할 바를 모름.
恐慌〔きょうこう〕공황. ① 急変한 事態에 놀랍고 두려워 당황해 하는 것. ② 경제계의 혼란 상태. 경제 공황.

〔恭〕 풀：공손할 공.
音：キョウ
訓：うやうやしい

恭しい〔うやうやしい〕(形) 공손하다. 정중하다.

音読

恭倹〔きょうけん〕공검. 공손하고 검소함.
恭謙〔きょうけん〕공겸. 공손하고 겸손함.
恭敬〔きょうけい〕공경. 공손히 섬기는 것.
恭順〔きょうじゅん〕공순. 공순하고 온순함.
恭賀〔きょうが〕공하. 삼가 축하함.

〔控〕 풀：당길 공. 덜 공.
音：コウ
訓：ひかえる

控える〔ひかえる〕(他下1) ① 못 떠나게 하다. 잡아 끌다. 대기시키다. ② 삼가다. 절제하다. ③ 가까이 두다. ④ 앞두다. ⑤ 메모해 두다. (自下1) 대기하다. 순서를 기다리다.
控(え)〔ひかえ〕① 예비로 준비해 둠. ② 대기함. ③ 기다림. ④ 보조. ⑤ 사본. 부본. ⑥ 떠받침.
控(え)力士〔ひかえりきし〕자기 차례를 기다리는 씨름꾼.
控え目〔ひかえめ〕① 조심스러우며 소극적임. ② 약간 적은 듯함.
控(え)室〔ひかえしつ〕대기실.
控屋敷〔ひかえやしき〕(본저택 외에) 예비로 지어 놓은 책.
手控える〔てびかえる〕(他下1) ① 메모해 두다. ② 예비로 남겨 두다. ③ 삼가다. ④ 보류하다.
手控え〔てびかえ〕① 메모. 비망록. ② 예비품. ③ 보류함.

音読

控訴〔こうそ〕공소. 항소(抗訴).
控除〔こうじょ〕공제. 빼어냄.

【과】

〔果〕
풀：열매 과.
音：① カ ② ガ
訓：① はたす ② はたして ③ はてる ④ おおせる ⑤ はかない

❶ **果たす**〔はたす〕(他５) ① 완수하다. 다하다. 달성하다. ② (動詞連用形＋果たす) 죄다 하여 버리다. 使い～；죄다 써 버리다.
❷ **果たして**〔はたして〕(副) 과연. 역시. 예상한대로. 정말로. 그 말대로.
果たし状〔はたしじょう〕決闘状(결투장).
果たせる哉〔はたせるかな〕(連語) 과연. 역시. 생각한대로.
果たし合い〔はたしあい〕결투.
❸ **果てる**〔はてる〕(自下１) ① 끝나다. ② 목숨이 다하다. 죽다. ③ (動詞連用形＋果てる) 극도로 하다. 완전히…하다. 몹시…하다.
果て〔はて〕끝. 끝장. 종말.
果てし〔はてし〕(否定이 뒤따름). 끝. 한정. ～ない；끝이 없다.
果ては〔はては〕(副) 끝내는. 결국은. 드디어는.
❹ **果せる**〔おおせる〕(他下１) (動詞連用形에 접속하여) 끝내다. 완수하다. 성취하다. 이룩하다.
❺ **果ない**〔はかない〕(形) 덧없다. 무상하다. 허무하다.

例　外

果敢ない〔はかない〕(形) ⇨ 果ない.
果物〔くだもの〕과실. 과일.

音 読 ①

果敢〔かかん〕과감. 결단력이 있고 용감함.
果断〔かだん〕과단. 과감하게 결정함.
果報〔かほう〕과보. ① 인과에 따르는 응보 ② 행복함. 운이 좋음.
果報者〔かほうもの〕행운아(幸運児).
果樹〔かじゅ〕과수. 과실 나무.
果実〔かじつ〕과실. 열매. 과일.
果然〔かぜん〕과연. 참으로. 듣는 바와 같이.
果肉〔かにく〕과육. 과일의 살.
果汁〔かじゅう〕과즙. 과일즙.

音 読 ②

因果〔いんが〕인과. ① 원인과 결과. ② (仏) 인과응보. 운명. ③ 불행. 불운. 숙명적.

〔科〕
풀：과목 과.
音：カ
訓：① しな ② とが

科 ❶〔しな〕① 인품. 품위. ② 애교. 교태 ③ 참피나무.
❷〔とが〕① 잘못. 과오 ② 죄. ③ 결점 허물.

例　外

科白〔せりふ〕언행(言行). 언사(言辞).

音 読

科する〔かする〕(他サ) (세금을) 부과하다.
科料〔かりょう〕과료. 가벼운 죄를 범한자에게 벌로 내게 하는 돈.
科目〔かもく〕과목. ① 학과의 구분. ② 조그만 부분.
科外〔かがい〕과외. 학과 이외의 것.
科学〔かがく〕과학 여러 방면으로 연구하여 하나의 체계를 세우는 학문.

〔菓〕
풀：과자 과.
音：カ
訓：

菓子〔かし〕과자. 밀가루 등에 甘味料를 넣어 만든 기호(嗜好)본위의 음식.
菓子折り〔かしおり〕선물용 과자 상자.

〔袴〕
풀：바지 과.
音：
訓：はかま

袴〔はかま〕일본 옷의 겉에 입는 주름잡힌 下衣(지금은 'はおり'와 함께 正装할 경우에 입음). ② 풀 줄기의 表皮.
袴能〔はかまのう〕能楽(のうがく)에서 모든 연기자가 가면이나 무대 의상을 입지 않고 紋服(가문이 든 옷)이나 袴를 입고 하는 能(のう).
袴着〔はかまぎ〕사내 아이가 처음으로 袴를 입을 때의 의식(옛날에는 3살, 후세에는 5살 때).

〔過〕
풀：지날 과. 넘을 과. 허물과.
音：カ
訓：① あやまつ ② すぎる ③ すごす ④ すぐる

❶ **過つ**〔あやまつ〕(他５) ① 실수하다. 잘못하다. 과오를 범하다. ② 실패하다. ③ (古)부상하다.
過ち〔あやまち〕① 잘못. 실수. 과오. 오류. ② (남녀 관계에서의) 도덕적인 과실. ③ 다침. 부상.
❷ **過ぎる**〔すぎる〕(自上１) ① (시간이) 지나다. 끝나다. ② 지나가다. 통과하다. ③ 지내다. 살아가다. ④ 지나치다. (수준을) 넘다. ⑤ 과분하다. ⑥ (動詞連用形；形用詞語幹에 접속하여) 너무 …하다. 지나치게 …하다. 食べ～：과식하다. 長～：너무 길다.
過ぎ〔すぎ〕① 지남. 지나감. ② 도가 지나침.
過ぎし〔すぎし〕지나간.
過ぎない〔すぎない〕…에 불과하다. …에 지나지 않다.
過ぎ去る〔すぎさる〕(自５) ① 지나가다. 통과하다. ② (세월이) 지나가 버리다.
過(ぎ)者〔すぎもの〕(결혼 등의) 상대가 과분함. 과분한 상대자.
❸ **過ごす**〔すごす〕(他５) ① (시간을) 보

내다. ② 지내다. ③ 정도를 넘다. ④(動詞連用形에 접속하여) 그냥 …하게 두다. 못…한체하다. 見～ : 못 본체하다.

❹ 過ぐる〔すぐる〕지난. ～三月 : 지난3月

音　読

過去〔かこ〕과거. 지나간 때.
過激〔かげき〕과격. 지나치게 격렬함.
過多〔かた〕과다. 너무 많음.
過当〔かとう〕(形動) 과당. 지나침. 도를 넘음.
過大〔かだい〕(形動) 과대. 지나치게 큰 것.
過渡期〔かとき〕과도기. 묵은 것에서 벗어나 새것에 이루는 도중의 있는 기간.
過労〔かろう〕과로. 지나치게 일하여 피로함.
過科〔かりょう〕과료. 行政犯에게 물리는 돈이나 물건.
過敏〔かびん〕(形動) 과민. 지나치게 예민함.
過密〔かみつ〕과밀. 지나치게 빽빽함.
過半数〔かはんすう〕과반수. 반이 넘는 수.
過不及〔かふきゅう〕과불급. 지나치게 모자람.
過分〔かぶん〕과분. 분에 넘침.
過酸化水素〔かさんかすいそ〕과산화 수소.
過賞〔かしょう〕과상. 지나치게 상을 줌.
過小〔かしょう〕(形動) 과소. 지나치게 작은 것.
過少〔かしょう〕(形動) 과소. 지나치게 적은 것.
過食〔かしょく〕과식. 너무 많이 먹음.
過信〔かしん〕과신. 지나치게 믿음.
過失〔かしつ〕과실. 부주의로 인한 잘못.
過熱〔かねつ〕과열. 너무 뜨거워짐.
過誤〔かご〕과오. 잘못. 그릇된 것.
過剰〔かじょう〕과잉. 지나침.
過程〔かてい〕과정. 사물의 진행과 발전하는 경로. 경과한 길.
過重〔かじゅう〕(形動) 과중. 힘에 겨움.
過怠〔かたい〕과태. ① 과실(過失). ② 죄의 값으로 금품을 냄. ～金.
過酷〔かこく〕과혹. 지나치게 가혹함.

〔誇〕
풀 : 자랑할 과.
音 : コ
訓 : ① ほこる ② ほこらか ③ ほこらしい ④ ほこりか.

❶ 誇る〔ほこる〕(自5) 자랑하다. 뽐내다. 명예로 삼다. 자랑으로 여기다.
誇り〔ほこり〕자랑. 명예. 긍지.
❷ 誇らか〔ほこらか〕(形動) 자랑스러움.
❸ 誇らしい〔ほこらしい〕(形) 자랑스럽다. 뽐내고 싶다. 득의만만하다.
❹ 誇りか〔ほこりか〕(形動) ⇨ 誇らか.

音　読

誇大〔こだい〕과대. ①허풍을 침. ②자만함.
誇示〔こじ〕과시. 자랑하여 보임. 사실보다 크게 나타내 보임.
誇張〔こちょう〕과장. 사실보다 크게 늘이어 말함. ～した言い方 : 과장된 표현.
誇称〔こしょう〕과칭. ① 자랑하여 말함. ② 과장해서 말함.

〔寡〕
풀 : 적을 과. 과부 과. 드물 과.
音 : カ
訓 :

寡黙〔かもく〕과묵. 말이 적음.
寡聞〔かぶん〕과문. 見聞이나 지식이 적음. (대개 겸사로 씀)～にして知らない : 과문하여 모른다.
寡婦〔かふ : やもめ〕과부. 미망인.
寡少〔かしょう〕과소. 아주 적음.
寡言〔かげん〕과언. 말이 적음.
寡欲〔かよく〕과욕. 욕심이 적음.
寡作〔かさく〕과작. 양적으로 적게 지음.
寡占〔かせん〕과점. 어떤 상품 시장의 대부분을 소수 기업이 독차지함.

〔課〕
풀 : 부과할 과.
音 : カ
訓 :

課する〔かする〕(他サ) ① (세금을)부과하다. ② (임무를)맡기다. (일을)시키다.
課目〔かもく〕과목. 학과의 종류.
課税〔かぜい〕과세. 세금을 부과함.
課業〔かぎょう〕과업. 배당된 학과나 의무.
課外〔かがい〕과외. ① 정해진 학과나 과업 이외의 것. ② (회사에서)과의 외부.
課長〔かちょう〕과장. 한 과의 우두머리.
課程〔かてい〕과정. 공부하는 내용의 범위와 순서. 課業의 정도.
課題〔かだい〕과제. 부과된 문제.

〔鍋〕
풀 : 남비 과.
音 :
訓 : なべ

鍋〔なべ〕① 남비. ② 남비요리. ③〈俗〉하녀의 대표적 이름(식순이).
鍋尻〔なべじり〕남비 밑.
鍋墨〔なべずみ〕남비 밑의 그을음.
鍋物〔なべもの〕남비로 끓이면서 먹는 요리의 총칭.
鍋敷き〔なべしき〕남비받침.
鍋焼(き)〔なべやき〕① 남비 볶음. ②남비우동의 준말. ～饂飩〔～うどん〕질그릇에 끓인 우동.
鍋底〔なべぞこ〕① 남비의 밑바닥. ② 나쁜 상태가 계속됨. ～景気 : 계속되는 불경기.
鍋鶴〔なべづる〕흑두루미.
鍋鉉〔なべづる〕남비에 달린 활 모양의 손잡이.

【곽】

〔郭〕
풀 : 바깥성 곽. 성(姓) 곽.
音 : ① カク ② カッ
訓 : くるわ

郭〔くるわ〕① 유곽(遊郭). ② 성곽. ③ 구역(区域). ④ 둘레에 흙이나 돌로 울타리를 쳐놓은 지역.

音 読

郭内〔かくない〕곽내. 성내(城内). 区域内.
郭外〔かくがい〕곽외. 성밖. 구역밖.
郭清〔かくせい〕곽청. 오랜 폐단을 없애어 깨끗하게 함. 숙청(粛清).
郭公〔かっこう〕곽공. 뻐꾸기. 뻐꾹새.

〔廓〕 풀：클 곽. 열(開) 곽.
音：カク
訓：くるわ

廓〔くるわ〕① 유곽(遊郭). ② 성곽 (城廓). ③ 구역(区域). ④ 둘레에 흙이나 돌로 울타리를 쳐 놓은 지역.

【관】

〔官〕 풀：벼슬 관. 관청 관.
音：① カン ② ガン
訓：

官〔かん〕관. ① 정부. ② 관공서. ③ 관직.
官公署〔かんこうしょ〕관공서. 관청.
官権〔かんけん〕관권. 정부의 권력.
官金〔かんきん〕관금. 정부의 돈.
官給〔かんきゅう〕관급. 정부로부터의 지급.
官妓〔かんぎ〕관기. 官庁에 부속된 기생.
官紀〔かんき〕관기. 관리가 복무상 지켜야 할 규율.
官女〔かんじょ〕궁중에서 일하는 여자. 궁녀.
官能〔かんのう〕관능. ① 감각을 일으키는 기관(器官)의 작용. ② 육체적인 쾌감.
官途〔かんと〕관도. 벼슬길.
官僚〔かんりょう〕관료. 관리. 국가 공무원.
官吏〔かんり〕관리. 관직에 있는 사람. 국가 공무원.
官民〔かんみん〕관민. 정부와 민간.
官房〔かんぼう〕관방(장관에 직속하여 기밀사항, 인사, 관인 보관, 문서, 회계, 통계 등의 총괄적 사무를 분담하는 기관. 총무과와 비서실을 합친 것에 해당).
官辺〔かんぺん〕관변. 관청 쪽.
官報〔かんぽう〕관보. ① 정부로 부터 일반 국민에게 알릴 것을 편집해서 발행하는 문서. ② 관공서에서 내는 공용(公用)의 전보.
官舎〔かんしゃ〕관사. 국가나 지방 자치 단체가 세운 관공리들의 주택.
官営〔かんえい〕관영. 정부가 경영하는 사업.
官員〔かんいん〕관원. 벼슬아치.
官印〔かんいん〕관인. 관청이나 관직(官職)의 도장.
官制〔かんせい〕관제. 정치상의 사무를 분담하는 기관에 대한 규정.
官製〔かんせい〕관제. 정부 제조품.
官尊民卑〔かんそんみんぴ〕관존민비. 관리를 존중하고 백성을 천하게 여김.
官職〔かんしょく〕관직. ① 벼슬과 직위. ② 직무. ③ 관리상의 직위.
官庁〔かんちょう〕관청. 관리로써 조직되어 국가의 정무(政務)를 맡는 기관.
官憲〔かんけん〕관헌. ① 관청. ② 관리(官吏).

音 読 ②

判官〔はんがん〕① 옛날 官制로 四等官중 세째 계급. ② 재판관. 법관.

〔冠〕 풀：갓 관.
音：カン
訓：かんむり

冠〔かんむり〕관(머리에 쓰는 것).

例 外

冠木〔かぶき〕① 문, 난간 등의 위에 대는 가로대, ② 상인방(上引枋).
冠木門〔かぶきもん〕가로대를 기둥위에 건너지른 지붕 없는 문.

音 読

冠する〔かんする〕(他サ) ① (머리에)쓰다. 씌우다. 위에 붙이다. ② 관을 쓰다.
冠たり〔かんたり〕가장 뛰어남. 으뜸가는 것. 世界に～：세계에서 으뜸가다.
冠詞〔かんし〕관사. (英文法에서)명사 앞에 위치하여 단수, 복수, 定, 不定등을 나타내는 품사.
冠省〔かんしょう〕편지에서 앞말(인사말)을 생략할 때 쓰는 말.
冠水〔かんすい〕(홍수로 인하여)물에 잠김.
冠位〔かんい〕관위. 冠의 색으로 나타낸 지위와 계급.
冠絶〔かんぜつ〕관절. 가장 뛰어남.
冠婚葬祭〔かんこんそうさい〕관혼 상제.

〔菅〕 풀：왕골 관.
音：カン
訓：すげ：すが

菅〔すげ：すが〕왕골(다다미를 짜는 데에 사용함).
菅笠〔すげがさ〕왕골로 만든 삿갓.
菅麻〔すがそ〕왕골을 쪼개어 만든 끈.
菅蓑〔すがみの〕왕골 잎으로 짠 도롱이.
菅原〔すげはら：すがはら〕왕골이 돋아나 있는 들.
菅畳〔すがだたみ〕왕골로 짠 다다미.
菅薦〔すがごも〕왕골로 짠 거적.
菅菰〔すがごも〕왕골과 줄(多年生 풀).

〔貫〕 풀：뀉 관. 뚫을 관. 달할 관.
音：カン
訓：つらぬく

貫く〔つらぬく〕(他5) ① 관통하다. ② 꿰뚫다. ③ 가로지르다. ④ 관철하다. ⑤ 일관하다.

音 読

貫〔かん〕관. ① 무게의 단위. 천 돈중. ② 돈의 단위. 천 푼.
貫録〔かんろく〕관록. 몸에 갖추어진 위엄.
貫流〔かんりゅう〕관류. 꿰뚫어 흐름.

貫目〔かんめ〕① 무게. ② 무게의 단위. 1,000돈쭝.
貫首〔かんじゅ〕(仏) 天台宗에서 최고의 僧職.
貫主〔かんじゅ〕⇨ **貫首**.
貫徹〔かんてつ〕관철. 끝까지 뚫고 나아가 목적을 이룸.
貫通〔かんつう〕관통. ① (탄환이)빠져 지나감. ② 끝까지 계속함. ③ 잘 통함.

〔棺〕 풀 : 관 관. 널 관.
音 : **カン**
訓 : **ひつぎ**

棺〔ひつぎ : かん〕관. 시체를 담는 궤. 널.

音　読

棺桶〔かんおけ〕관. 널. 시체를 담는 상자.

〔款〕 풀 : 조목 관. 정성 관.
音 : **カン**
訓 :

款〔かん〕① 진심. ② 애정. ③ 기쁨. ④ 内通. ～を通じる : 内通하다. ⑤ 조항. ⑥ 조목.
定款〔ていかん〕정관. 업무 집행에 관한 기본 규칙.
借款〔しゃっかん〕차관. 나라와 나라 사이의 資金의 貸借.

〔寛〕 풀 : 너그러울 관.
音 : **カン**
訓 : ① **くつろぐ** ② **くつろげる**

❶ **寛ぐ**〔くつろぐ〕(自5) ① 유유히 행동하다. ② 편안히 지내다. ③ 느슨해지다. ④ 너그러워지다.
❷ **寛げる**〔くつろげる〕(他下1) ① 편안하게 하다. 편히 쉬게하다. ② 느슨하게 하다(죈것을)풀다.

音　読

寛大〔かんだい〕관대. 너그럽고 큼.
寛厳〔かんげん〕관엄. 관대함과 엄함.
寛容〔かんよう〕관용. 너그럽게 받아 들이거나 용서함.
寛仁〔かんじん〕관인. 마음이 너그럽고 인정이 많음.
寛厚〔かんこう〕관후. 마음이 넓고 태도가 넓음.

〔慣〕 풀 : 익숙할 관.
音 : **カン**
訓 : ① **ならす** ② **なれる** ③ **ならわす**

❶ **慣らす**〔ならす〕(他5) 환경에 익숙하도록 하다. 순응시키다. 적응시키다.
❷ **慣れる**〔なれる〕(自下1) ① 익숙해지다. ② 길들다. ③ 습관이 되다.
慣れ〔なれ〕습관.
慣れっこ〔なれっこ〕아주 익숙해져서 별 감각이 없음. 예사. 아무렇지 않음.
❸ **慣わす**〔ならわす〕(他5) (動詞 連用形에 접속하여)항상 …하다. 흔히 …하는습관(버릇, 관습)이 있다.
慣わし〔ならわし〕습관. 풍습. 관례.

音　読

慣例〔かんれい〕관례. 습관이 된 前例.
慣性〔かんせい〕관성. 물체가 외부의 작용을 받지 아니하는 静, 動의 상태를 유지하는 성질.
慣習〔かんしゅう〕관습. ① 익은 습관. ② 관습. ③ 개인의 버릇. ④ 전통적인 행동양식.
慣用〔かんよう〕관용. 습관이 되어 쓰게 됨.
慣行〔かんこう〕관행. ① 관례가 되어 행함. ② 숙달하여 잘함.

〔管〕 풀 : 대롱 관. 관리할 관.
音 : **カン**
訓 : **くだ**

管〔くだ〕관. ① 속이 빈 둥근 막대. ② (물레의)대롱. 가락. ～を巻く : 술주정하다. ③ 대롱 모양의 피리. ④ 북의 실꾸리 대.
管玉〔くだたま〕원통형의 가느다란 구슬.
管鍼〔くだばり〕침(鍼)의 한 가지 (금속제의 대롱 속에 넣어 두고 씀).

例　外

只管〔ひたすら〕(副) 오로지. 일편 단심으로. 진심으로. 一念으로.

音　読

管〔かん〕① 관. 대롱. ② 붓대. ③ 퉁소. ④ 진공관.
管する〔かんする〕(他サ) ① 관리하다. 관장하다. ② 다스리다. 관할하다.
管鍵〔かんけん〕관건. 문제의 핵심.
管見〔かんけん〕관견. ① 좁은 견해. ② 자기의 견해를 겸사로 일컫는 말.
管区〔かんく〕관구. 관할 구역.
管内〔かんない〕관내. 관할 구역 내.
管理〔かんり〕관리. ① 책임을 지고 사무를 관할 처리함. ② 경작물의 손질.
管状〔かんじょう〕관상. 속이 비어 있으며 가늘고 긴 대롱 모양.
管船局〔かんせんきょく〕관선국. 郵政大臣의 관할에 속하는 局으로써 航路 및 그표지, 선박, 海員, 水運, 또는, 또는 그 보호 회사의 감독을 맡아하는 局.
管楽器〔かんがっき〕관악기. 管内의 공기를 진동시켜 소리를 내는 악기. 吹奏楽器.
管長〔かんちょう〕(仏) 관장. 한 宗派의 우두머리.
管掌〔かんしょう〕관장. 사무 등을 맡아서 주관함.
管財人〔かんざいにん〕재산을 관리하는 사람.
管制〔かんせい〕관제. (국가가 강제적으로) 관리 제한함.
管下〔かんか〕관하. 관할하는 범위 안.
管轄〔かんかつ〕관할. 권한에 의하여 지배하는 것.
管弦楽 : 管絃楽〔かんげんがく〕관현악. 오케스트라.

〔関〕 풀 : 관계할 관. 빗장 관.
音 : **カン**
訓 : ① **かかわる** ② **せき**

❶ **関わる**〔かかわる〕(自5) ① 관계되다. ② 상관하다. 관계가 있다. ③ 구애되다.
❷ **関**〔せき〕① 關門. ② 가로 막는 것. ③ (바둑에서) 빅.
関路〔せきじ〕關門으로 통하는 길.
関の山〔せきのやま〕고작. 최대 한도.
関所〔せきしょ〕關門. 難関.
関所手形〔せきしょてがた〕통행증.
関所破り〔せきしょやぶり〕통행증 없이 부정한 방법으로 관문을 빠져나감.
関守〔せきもり〕관문지기.
関屋〔せきや〕관문지기가 거처하는 집.
関が原〔せきがはら〕운명을 건 싸움. 운명이 좌우되는 중대한 경우, 장소.
関取〔せきとり〕(일본 씨름에서) 十両이상의 씨름꾼(우리나라의 장사급).
関破り〔せきやぶり〕⇨ **関所破り**.
関脇〔せきわき〕씨름꾼의 계급의 하나 (大関의 밑. 小結의 위).
関の戸〔せきのと〕(古) 관문.

連濁音에 注意

大関〔おおぜき〕① 직업 씨름꾼의 등급의 하나.(横綱의 다음. 関脇의 위). ② 같은 무리중 제일 뛰어난 사람.

音　読

関する〔かんする〕(自サ) 관계하다. 영향을 주다. 관계되다.
関係〔かんけい〕관계. ① 둘 이상이 서로 걸림. ② 관련. ③ 방면. ④ (남녀의) 情交.
関鍵〔かんけん〕관건. 문제의 핵심.
関東〔かんとう〕① 鈴鹿(すずか), 不破(ふわ), 愛発(あらち)의 세 関所의 동쪽지방. ② 箱根(はこね)의 동쪽 지방.
関頭〔かんとう〕① 갈림길. ② 중요한 점.
関連〔かんれん〕관련. 서로 관계됨.
関門〔かんもん〕관문. ① 국경의 성문. ② 돌파하기 어려운 곳. 난관.
関西〔かんさい〕관서. 名古屋 서쪽 京都(きょうと)와 大阪(おおさか)지방.
関税〔かんぜい〕관세. 국가가 일정한 경계선을 통과하는 화물에 대하여 부과하는조세.
関数〔かんすう〕(数) 함수(函数).
関心〔かんしん〕관심. 유의하는 마음.
関与〔かんよ〕관여. 참여함. 관계함.
関節〔かんせつ〕관절. 뼈의 마디.
関知〔かんち〕관지. 어떤 일에 관계하여 앎.

〔館〕

풀：집 관.
音：**カン**
訓：**やかた**

館〔やかた〕① (귀인의) 저택. ② 귀인에대한 높임말. お～様：귀인을 높여 부르는말.

音　読

館員〔かんいん〕관원. 館이라고 불리는 곳의 직원.
館長〔かんちょう〕관장. 館이라고 불리는 곳의 長.

〔観〕

풀：볼 관.
音：**カン**
訓：**みる**

観る〔みる〕(他上1) ① 보다. ② 돌보다. 보살피다. ③ 겪다. 당하다.

音　読

観〔かん〕관. ① 모습. ② 상태. ③ 見地. 관점.
観ずる〔かんずる〕(他サ) ① 깨닫다. 터득하다. ② 체념하다. ③ 깊이 생각하여 보다.
観客〔かんきゃく〕관객. 구경군.
観光〔かんこう〕관광. 여행하며 구경함.
観念〔かんねん〕관념. 어떤 것에 대한 생각.
観覧〔かんらん〕관람. 구경함.
観望〔かんぼう〕관망. 형세를 살핌.
観賞〔かんしょう〕관상. 보고 즐김.
観相〔かんそう〕관상. 人相을 보고 성격, 운명을 점치는 것.
観世流〔かんぜりゅう〕観世清次에 의한 能楽의 한 파.
観世水〔かんぜみず〕소용돌이치는 물 모양의 무늬.
観世音菩薩〔かんぜおんぼさつ〕관세음보살.
観桜〔かんおう〕벚꽃을 관상함. ～会.
観閲〔かんえつ〕관열. 군대를 사열함. 사열.
観音〔かんのん〕관음. 観世音菩薩의 준말.
観音開き〔かんのんびらき〕좌우 양쪽으로 앞으로 당겨 열게 된 문.
観音堂〔かんのんどう〕관음당. 관세음 보살의 像을 안치한 당.
観音力〔かんのんりき〕관음력, 관세음 보살이 중생을 구제하는 힘.
観戦〔かんせん〕관전. 시합을 봄. 싸움을 봄.
観点〔かんてん〕관점. 보는 입장. 見地.
観照〔かんしょう〕관조. 현실을 냉정히 관찰함.
観衆〔かんしゅう〕관중. 구경군. 観客.
観察〔かんさつ〕관찰. 사물을 자세히 살핌.
観測〔かんそく〕관측. ① 자연 현상의 변화를 관찰하거나 측정함. ② (장래의 일을) 미루어 헤아림.

〔灌〕

풀：물댈 관. 물줄 관.
音：**カン**
訓：**そそぐ**

灌ぐ〔そそぐ〕(自5) ① 흘러 들어가다. (비, 눈, 눈물, 물이) 쏟아지다. (他5) ① (눈물을) 흘리다. ② 집중시키다. ③ (물을) 대다. ④ (물을) 주다. ⑤ 물을 붓다.

音　読

灌漑〔かんがい〕관개. 논밭에 물을 댐.
灌木〔かんぼく〕관목. (例：사철나무, 앵두나무).
灌仏会〔かんぶつえ〕관불회. 석가의 탄생일에 불상에 향수를 뿌리는 행사.
灌水〔かんすい〕관수. 물을 댐.
灌腸〔かんちょう〕관장. 약물을 항문을 통해 주입하는 것.

〔缶〕 풀 : 물 뜨는 그릇 관.
音 : カン
訓 :

缶〔かん〕관. 양철로 만든 그릇(例 : 통조림통).
缶詰め〔かんづめ〕① 통조림. ②〈俗〉어떤 장소에 가두는 것.

【괄】

〔刮〕 풀 : 긁을 괄.
音 : カツ
訓 :

刮目〔かつもく〕괄목. 눈을 크게 뜨고 봄. 주목(注目)함. ~に価する : 괄목할 만 하다.

〔括〕 풀 : 쌀(포장) 괄.
音 : ① カツ ② カッ
訓 : ① くくる ② くびれる

❶括る〔くくる〕(他 5) ① 묶다. (붙들어) 매다. ② 결말짓다. 끝맺다. 마무리하다.
括り〔くくり〕① 묶음. 묶은 것. 단. 다발. ② 올무. ③ 일본 바지의 발회목을 졸라 매는 끈.
括り染め〔くくりぞめ〕홀치기 염색.
括り枕〔くくりまくら〕베갯속을 넣고 양마구리를 졸라 매어 만든 베개.
❷括れる〔くびれる〕(自下1) 가운데가 잘록하다. 중심 부분이 가늘다.

音　読

括約〔かつやく〕괄약. ① 벌어진 것을 오므라지게 함. ② 모아서 한데 합침.
括弧〔かっこ〕괄호. 묶음표(例 : ( )〔 〕)

〔筈〕 풀 : 그러할 터 괄.
音 :
訓 : はず

筈〔はず〕① …할 예정. …할 리. …할 터. 당연히 …할 예정(것임). 行く筈がない : 갈리가 없다. 行く筈だ : 갈 예정이다. ② (씨름 용어)손아귀를 상대방 겨드랑 밑이나 가슴에 대고 떼미는 수. ~押し : 상대방을 はず로 밀어 붙이기.

【광】

〔広〕 풀 : 넓을 광.
音 : コウ
訓 : ① ひろい ② ひろがる ③ ひろげる ④ ひろまる ⑤ ひろめく ⑥ ひろめる ⑦ ひろやか

❶広い〔ひろい〕(形) 넓다.
❷広がる〔ひろがる〕(自 5) ① 넓어지다. ② 확대되다. 퍼지다. 펴지다. スカートが~. : 치마가 펴지다.
❸広げる〔ひろげる〕(他下1) ① 펴다. 펼치다. ② 넓히다. 확장하다. ③ 온통 흩어 놓다.
❹広まる〔ひろまる〕(自 5) 넓어지다. (널리)퍼지다.
❺広めく〔ひろめく〕(自 5) 넓어지다.
❻広める〔ひろめる〕(他下1) 넓히다. 널리 퍼지게 하다. (이름을)떨치다.
❼広やか〔ひろやか〕(形動) 널찍함. 매우 넓음.
広さ〔ひろさ〕넓이.
広っぱ〔ひろっぱ〕넓은 마당. 광장(広場).
広み〔ひろみ〕넓은 곳.
広め〔ひろめ〕① 披露의 공손한말. ② 기생이 첫선을 보임. 또는 그 때의 인사. ③ 선전. 광고.
広間〔ひろま〕(회합이나 손님을 위한)큰방.
広蓋〔ひろぶた〕① 옷상자 뚜껑. ②뚜껑 비슷한 큰 쟁반.
広巾〔ひろはば〕⇨ 広幅.
広広とする〔ひろびろとする〕널찍하다.
広島〔ひろしま〕(地) 히로시마(일본 서부의 현).
広目屋〔ひろめや〕광고장이. 샌드위치맨.
広小路〔ひろこうじ〕노폭이 넓은 가로 (街路).
広袖〔ひろそで〕소맷부리의 아래쪽을 꿰매지 않은 소매.
広野〔ひろの : こうや〕광야. 넓은 들판.
広縁〔ひろえん〕넓은 툇마루.
広場〔ひろば〕광장. 넓은 장소.
広前〔ひろまえ〕神殿, 仏堂, 宮殿의 앞 마당.
広庭〔ひろにわ〕넓은 마당.
広幅〔ひろはば〕광폭. 폭이 보통 것보다 2배 되는 옷감(보통 75cm 정도).

連濁音에 注意

広広とする〔ひろびろとする〕널찍하다.
手広い〔てびろい〕(形) (장소, 규모가) 넓다. 광범하다.
だだっ広い〔だだっぴろい〕(形) 터무니 없이 넓다. 휑뎅그렁하다. 너무 넓다.

音　読

広告〔こうこく〕광고. 세상에 널리 알림.
広軌〔こうき〕광궤. 레일의 나비가 1,435cm 이상인 궤도.
広大〔こうだい〕광대. 넓고 큼.
広漠〔こうばく〕광막. 넓고 끝이 없음.
広博〔こうはく〕광박. 지식이 많음.
広範〔こうはん〕광범. 범위가 넓음.
広報〔こうほう〕광보. 일반에게 널리 알림
広野〔こうや : ひろの〕광야. 넓은 들판.
広域〔こういき〕광역, 넓은 구역.
広言〔こうげん〕광언. 호언 장담함. 큰 소리 침.
広葉樹〔こうようじゅ〕광엽수. 잎이 넓은 나무.
広義〔こうぎ〕광의. 넓은 뜻.
広壮〔こうそう〕넓고 훌륭함.
広狭〔こうきょう〕광협. 넓은 것과 좁은것.

〔光〕 풀：빛 광.
音：**コウ**
訓：①**ひかり** ②**ひかる** ③**ひからす**

❶**光**〔ひかり〕① 빛. ② 광. 윤. ③ 위세. 은덕.
光物〔ひかりもの〕① 번쩍이는 물건. ② 쇠붙이. ③ 유성. 별똥별. ④ 번개. ⑤ (화투에서) 20끗 자리 광.
光蘚〔ひかりごけ〕(植) 반짝이끼.

連濁音에 注意

稲光〔いなびかり〕번개.
油光〔あぶらびかり〕기름이 묻어 번들번들한 빛.
底光〔そこびかり〕겉으로 나타나지 않는빛.
❷**光る**〔ひかる〕(自5) ① 빛나다. 번쩍이다. ② 비치다. 반사하다. ③ 번뜩이다. ④ 뛰어나다.

連濁音에 注意

黒光り〔くろびかり〕검은 윤이남
❸**光らす**〔ひからす〕(他5) 빛나게 하다. 광나게 하다. 빛(광)내다. 번쩍이다. 번뜩거리다.

音　　読

光景〔こうけい〕광경. 풍경.
光年〔こうねん〕광년. 천체 사이의 거리를 재는 단위. 빛이 1年間에 가는 거리.
光度〔こうど〕광도. 빛의 強度.
光来〔こうらい〕来訪의 높임말.
光臨〔こうりん〕광림. 신분이 높은 사람이 어느 장소에 옴.
光明〔こうみょう〕광명. ① 밝은 빛. ② 희망. ③ 암흑을 비추는 힘.
光線〔こうせん〕광선. 빛. 빛살.
光栄〔こうえい〕광영. 명예. 영광.
光源〔こうげん〕광원. 발광체(発光体).
光陰〔こういん〕광음. 세월.
光彩〔こうさい〕광채. 눈부신 빛.
光沢〔こうたく〕광택. 빛나는 윤택.
光風〔こうふう〕광풍. ① 봄빛 따사로운 맑은 날씨에 부는 바람. ② 비가 개고 해가 나온 뒤에 부는 바람. ～霽月(～せいげつ) 광풍제월. 마음에 상쾌함.
光学〔こうがく〕광학. 빛의 작용을 연구하는 학문.
光輝〔こうき〕광휘. ① 빛. 빛남. ② 명예.

〔狂〕 풀：미칠 광.
音：**キョウ**
訓：①**くる**う ②**くる**おしい ③**くる**わしい ④**くる**わす ⑤**ふれる**

❶**狂う**〔くるう〕(自5) ① 미치다. (정신이) 돌다. ② (지나치게) 열중하다. ③ 미친듯이 …하다. ④ 고장나다. ⑤ (계획이) 빗나가다. 틀어지다. ⑥ 뒤바뀌다. ⑦ 틀리다. 잘못되다. ⑧ (상태가) 좋지않다.
狂い〔くるい〕① 미침. 돎. ② 고장. 기계의 이상. ③ 차질. ④ 착오.
狂い死に〔くるいじに〕미쳐 죽음.
狂い咲き〔くるいざき〕제철이 아닌 때에 피는 꽃. 桜が～する：제철도 아닌데 벚꽃이 피다.

連濁音에 注意

郭狂い〔くるわぐるい〕유곽에 미친 사람.
女狂い〔おんなぐるい〕여자에 미친 사람.
物狂い〔ものぐるい〕미치광이. 미친 기미.
❷**狂おしい**〔くるおしい〕(形) ⇨ **狂わしい**.
❸**狂わしい**〔くるわしい〕(形) 미칠것 같다. 미칠 듯하다. 미친것 같이 보이다.

連濁音에 注意

物狂おしい〔ものぐるおしい〕(形) ⇨ **物狂わしい**.
物狂わしい〔ものぐるわしい〕(形) 미친 듯하다. 미칠듯하다. 미칠것 같은 심정이다.
❹**狂わす**〔くるわす〕(他5) ① 미치게 하다. ② (계획이) 뒤틀리게 하다. ③틀리게 하다. ④ 뒤바꾸어 놓다. ⑤ 뒤집어 놓다.
❺**狂れる**〔ふれる〕(自下1) 미치다. (정신이) 돌다. 気が～：정신이 돌다.

音　　読

狂する〔きょうする〕(自サ) 미치다. 미치광이 처럼 열중하다.
狂犬〔きょうけん〕광견. 미친개. ～病.
狂句〔きょうく〕익살맞은 俳句.
狂気〔きょうき〕광기. 미친 기. 미치광이.
狂乱〔きょうらん〕광란. 미쳐 날뜀.
狂奔〔きょうほん〕광분. 미친듯이 뛰어다님.
狂死〔きょうし〕광사. 미쳐서 죽음.
狂想曲〔きょうそうきょく〕광상곡. 카프리치오.
狂騒〔きょうそう〕미쳐 날뛰는 것.
狂詩〔きょうし〕江戸時代에 한창 성했던 해학을 주로 한 漢時.
狂信〔きょうしん〕광신. 미친듯이 종교를 믿음.
狂言〔きょうげん〕① 能楽의 막간에 상연하는 희극. ② 歌舞伎 연극의 줄거리. ③ 농담. 미친소리. ④ 거짓. ～強盗：위장강도(극).
狂言綺語〔きょうげんきご〕흥미 본위로 과장된 문학적 표현(소설).
狂言回し〔きょうげんまわし〕(歌舞伎에서) 주인공은 아니지만 연극 진행에 필요한 역.
狂人〔きょうじん〕광인. 미치광이.
狂態：**狂体**〔きょうたい〕광태. 미친듯한 행동.
狂暴〔きょうぼう〕광포. 매우 난폭함.
狂風〔きょうふう〕광풍. 이리저리 사납게 부는 바람.
狂喜〔きょうき〕광희. 미친듯이 기뻐함.

〔鉱〕 풀：쇳돌 광. 쇳덩이 광.
音：**コウ**
訓：**あらがね**

鉱〔あらがね〕파낸 그 대로의 금속. 무쇠. 철.

音　　読

鉱坑〔こうこう〕광갱. 광산의 구덩이.

鉱工業〔こうこうぎょう〕광공업.
鉱区〔こうく〕광구. 광물을 채굴하는 구역.
鉱脈〔こうみゃく〕광맥. 광물의 줄기.
鉱物〔こうぶつ〕광물. 천연으로 땅 속에 있는 무기물.(금. 철. 동 등)
鉱夫〔こうふ〕광부. 광산에서 일하는 인부.
鉱山〔こうざん〕광산. 광물을 캐내는 산.
鉱産〔こうさん〕광산. 광업상의 생산물.
鉱床〔こうしょう〕광상. 광물을 포함하는 암석이 집합하여 있는 곳.
鉱石〔こうせき〕광석. 광물이 섞여 있는 돌.
鉱油〔こうゆ〕鉱物油.
鉱業〔こうぎょう〕광업. 광물을 제련하는 산업.
鉱滓〔こうさい〕광재. 광물을 제련할 때 나오는 非金属性의 찌꺼기.
鉱泉〔こうせん〕광천. 광물성 물질을 포함한 샘.

〖曠〗 풀：멀 광. 클 광.
音：コウ
訓：

曠年〔こうねん〕광년. 오랜 세월.
曠代〔こうだい〕광대. 当代에 비길만한 것이 없음.
曠野〔こうや〕광야. 넓은 들판.
曠原〔こうげん〕광원. 넓은 들판.
曠日〔こうじつ〕광일. 세월만 보냄.
曠土〔こうど〕광토. 황폐되어 버려진 땅.

【괘】

〖卦〗 풀：점괘 괘.
音：①カ ②ケ
訓：

音読1

卦象〔かしょう〕괘상. 易卦의 吉凶의 象.
卦兆〔かちょう〕괘조. 점괘의 吉凶의 현상.

音読2

卦〔け〕괘. 점괘.
本卦帰り〔ほんけがえり〕환갑.
有卦〔うけ〕행운. 행운의 해돌림. ～に入(い)る：행운을 만나다. 운이 트이다.
八卦〔はっけ〕팔괘. 점괘. 점칠 때의 여덟 가지의 卦.

〖掛〗 풀：걸 괘. 달아 둘 괘.
音：
訓：①かかる ②かける

❶掛かる〔かかる〕(自5) ①걸리다. 걸려있다. ②자물쇠가 잠기다. 채워지다. ③(시간, 날짜)걸리다. 소요되다. ④(함정에) 빠지다. ⑤(그물에) 잡히다. ⑥가설되다. ⑦관련되다. ⑧지목받다. ⑨공격하다. 대들다. ⑩만나뵙다. ⑪(저울에) 달리다. ⑫상정되다. ⑬(의사에게) 보이다. 진찰받다. ⑭의지하다. ⑮튀다. ⑯(폐가) 되다. ⑰(비용이) 들다. ⑱(능률이) 오르다. ⑲…에 이르다. ⑳교배하다. ㉑(끈이) 동여지다. ㉒세워지다. ㉓(구름이) 끼다. ㉔착수(시작) 하다. ㉕매달리다. ㉖막히다. 메다. ㉗(動詞 連用形에 접속하여) 막…하다. 바야흐로…하게 되다.
掛(か)り〔かかり〕비용. 씀씀이. ②공격. ③처음. 来月の～：다음 달 초. ④모양. 구조. 규모. ⑤부양을 받음. ⑥정박(碇泊).
掛(か)り付け〔かかりつけ〕언제나 그 의사의 진찰, 치료를 받는 것, ～の医者：단골 의사.
掛(か)り切り〔かかりきり〕그 일에만 매달림.
掛(か)り湯〔かかりゆ〕목욕을 다하고 난 다음에 끼얹는 깨끗한 더운 물.
掛(か)り合い〔かかりあい〕관계. 말려듦.
掛(か)り合う〔かかりあう〕(自5) ①관계하다. 상관하다. ②말려들다. 결려들다.

連濁音에 注意

～掛(か)(り)〔がかり〕①(주로 숫자에 접속하여)…이서 함. (…사람이) 대듦. ②(며칠) 걸려서 함. ③비슷함. …조(調). ④신세를 짐. ⑤…하는 김. …하는 길. ⑥공격.
気掛かり〔きがかり〕마음에 걸림. 걱정.
大掛かり〔おおがかり〕대규모.
諸掛(か)り〔しょがかり〕모든 비용.
手掛(か)り〔てがかり〕실마리. 손 댈 곳.
下掛(か)る〔しもがかる〕(他5) 이야기가 음란하게 되다. 이야기가 상스러워지다.
❷掛ける〔かける〕(他下1) ①걸다. 달다. ②잠그다. ③의지하다. (폐를) 끼치다. ④(마음을) 쓰다. ⑤(기계를) 작동케 하다 ⑥덮다. 덮어 씌우다. ⑦(액체를) 뿌리다. ⑧(안경 등을) 끼다. ⑨(돈을) 들이다. ⑩(수를) 곱하다. ⑪걸터 앉다. ⑫(분할금으로) 지불하다. ⑬(저울로) 달다. ⑭(動詞 連用形에 접속하여)…하려하다. …하기 시작하다. …하다가 그만 두다. …하다 말라.
掛け〔かけ〕①외상. ②에누리. ③곗돈. ④…하다가 마는 것. ⑤…걸이. 帽子～：모자걸이
〔がけ〕73페이지 ～掛け참조
掛けうとん〔かけうとん〕뜨거운 국물에 만 국수.
掛けそば〔かけそば〕뜨거운 국물에 만 메밀국수.
掛けまく〔かけまく〕입 밖에 내어 말함.
掛け竿〔かけざお〕①횃대. ②족자걸이.
掛け減り〔かけべり〕분량이 줆.
掛け乞い〔かけごい〕외상값 수금(원).
掛け橋〔かけはし〕①사다리. ②험한 벼랑에 널빤지 등을 걸쳐 만든 다리.

掛け構い〔かけかまい〕관계. 상관.
掛け金〔かけがね〕(문잠그는)고리. 빗장. 걸쇠.
〔かけきん〕① 일부로 월부로 붓는 돈. 부금(賦金). ② 외상값.
掛け衿〔かけえり〕(옷의)동정. 덧깃.
掛け襟〔かけえり〕(옷의) 동정. 덧깃.
掛け図〔かけず〕괘도. 걸어 놓는 지도.
掛け倒れ〔かけだおれ〕① 외상값 미수로 손실이 됨. 회수 불능. ② 비용만 들고 이익이 없음. ③ 부은 부금만 손해남.
掛け渡す〔かけわたす〕(他5) 건너지르다. 놓다.
掛け籠る〔かけこもる〕(自5) 문을 걸어잠그고 안에 들어박히다.
掛け離れる〔かけはなれる〕(自下1) 동떨어지다.
掛け売り〔かけうり〕외상 판매.
掛け買い〔かけがい〕외상으로 買入함.
掛け目〔かけめ〕① 저울에 단 무게. ② 生絲한 관을 뽑는데 요하는 고치 값. ③ 編物에서 코의 수를 증가시키는 방법
掛け物〔かけもの〕족자.
掛け捨て〔かけずて：かけすて〕보험 등의 부금 붓기를 중도에서 그만둠.
掛け算〔かけざん〕곱셈.
掛け先〔かけさき〕외상을 준 상대방.
掛け声〔かけごえ〕① (힘을 내도록)성원하는 소리. ② (장단을 맞추는)맞춤 소리. ③ (요란한)제스처. 구호.
掛け時計〔かけどけい〕괘종. 벽시계.
掛け違う〔かけちがう〕(自5) 엇갈리다.
掛け字〔かけじ〕 글씨를 쓴 족자.
掛け鯛〔かけだい〕① 설날에 한쌍의 말린 도미를 새끼로 매어 대문 위나 부뚜막에 다는 것. ② 축하 때에 놓는 아름다운 새끼로 묶은 두 마리의 도미 생선.(나무로 새긴 도미 모양도 있음.)
掛け持ち〔かけもち〕(두 가지 이상의 일을) 겸해서 함. 겸임. 겸직.
掛け紙〔かけがみ〕선물 포장지.
掛け茶屋〔かけぢゃや〕길가, 유원지 등에서 길손이 걸터앉아 쉬며, 차도 마시는 조그마한 찻집.
掛け替える〔かけかえる〕(他下1) 다시 걸다.
掛け替え〔かけがえ〕① 여벌. 예비품. ② ～のない；둘도 없는. 다시없는 소중한.
掛け軸〔かけじく〕족자.
掛け取り〔かけとり〕외상값. 수금원.
掛け値〔かけね〕① 에누리. ② 과장(誇張).
掛け布団：掛け蒲団〔かけぶとん〕이불.
掛け合い〔かけあい〕① 교섭. 흥정. ② 서로 끼얹기. ③ 두 사람 이상이 번갈아 함.
掛け合う〔かけあう〕(他5) ① 교섭(흥정)하다. ② 서로 끼얹다. ③ 번갈아 가며 하다.
掛け合わせる〔かけあわせる〕(他下1) ① 곱셈하다. ② 교배시키다.
掛け行燈〔かけあんどん〕문간 또는 복도 등에 놓는 초롱불.
掛け絵〔かけえ〕그림 족자.

連濁音에 注意

～**掛け**〔～がけ〕① (漢字의 数詞에 접속하여)～할(割). 八～；8할. ② (動詞의 連用形 접속하여)…하는 도중. …하는 김. …하는 길. 帰り～；돌아가는 길. ③ (몸에 착용하는 물건에 붙여)…걸침. …바람. ねまき～；잠옷 바람. ④ (사람 수에 접속하여) a …(이) 앉을 수 있음. 三人～のいす；세 사람이 앉을 수 있는 의자. b. …(이) 덤빔 三人～；(경기에서) 세 사람이 덤빔. ⑤ 곱. 二つ～；두 곱. 두 배. ⑥ …을 걺. 命～の仕事；목숨을 건 일.
目掛ける〔めがける〕(他下1) 목표로 하다.
手掛ける〔てがける〕(他下1) 손수(직접) 다루다.
心掛ける〔こころがける〕(他下1) 항상 주의하다. 명심하다. 유의(留意)하다.

例　外

掛人〔かかりゅうど〕식객(食客).
掛詞〔かけことば〕修辞法의 하나. 한 말에 두 가지 이상을 뜻을 갖게 한것.

〔罫〕
풀：바둑판 정간 괘.
音：**ケイ**
訓：

罫〔けい〕① 괘지에 그은 줄. 괘선(罫線). ② 바둑판, 장기판에 그은 줄.
罫線〔けいせん〕괘선. ① 용지에 친 금. ② 증권 시세의 변동을 方眼紙에 나타낸 도표.
罫紙〔けいし〕괘지. 글씨의 줄을 맞추기 편하게 줄을 그어 놓은 종이.

【괴】

〔怪〕
풀：괴이할 괴.
音：① **カイ** ② **ケ**
訓：① **あや**しい ② **あや**しがる ③ **あや**しむ

❶**怪しい**〔あやしい〕(形) ① 괴상하다. 수상하다. 괴이하다. ② 의심스럽다. ③ 위태롭다. ④ 어설프다.
❷**怪しがる**〔あやしがる〕(自5) 이상해(수상해)하다.
❸**怪しむ**〔あやしむ〕(他5) 이상히 (수상하게)여기다. 의심하다.

音 読 ①

怪傑〔かいけつ〕괴걸. 언어, 행동 등에 매우 괴상한 기량을 가지고 있는 호걸.
怪怪〔かいかい〕괴괴. 이상야릇함.
怪奇〔かいき〕괴기. 괴이하고 진기함.
怪談〔かいだん〕괴담. 괴상한 이야기.
怪力〔かいりき：かいりょく〕괴력. 이상할

정도로 센 힘.
怪聞〔かいぶん〕괴문. 괴상한 소문.
怪物〔かいぶつ〕괴물. ① 괴이한 물건. 도깨비 ② 괴상한 인물.
怪変〔かいへん〕괴변. 괴상한 변고.
怪死〔かいし〕괴사. 원인 모르게 죽음.
怪事〔かいじ〕괴사. 괴상한 일.
怪異〔かいい〕괴이. ① 괴상함. ② 도깨비.
怪火〔かいか〕괴화. ① 이상한 불. ② 원인을 알 수 없는 화재.
怪漢〔かいかん〕괴한. 정체를 알 수 없는 사나이.

音読 2

怪我〔けが〕① 상처. 부상. ② 잘못. 실수. 과실. 흠.
怪訝〔けげん〕의아스러워 납득이 안됨.

〔傀〕 풀：꼭두각시 괴.
音：カイ
訓：

傀儡〔かいらい：くぐつ〕괴뢰. ① 꼭두각시. ② 허수아비. ③ 창녀

〔塊〕 풀：덩어리 괴.
音：カイ
訓：カたまり

塊〔かたまり〕① 덩어리. ② 뭉치. ③ 어떤 경향이 극단적으로 강한 사람. 信仰の～；신앙심이 몹시 강한 사람. ④ 집단.

音読

塊茎〔かいけい〕괴경. 땅속줄기. (例：감자, 토란).
塊根〔かいこん〕괴근. 貯蔵根의 한 가지. (例：고구마, 다알리아).
塊金〔かいきん〕괴금. 금덩이.
塊状〔かいじょう〕괴상. 덩어리로 된 것.
塊鉄〔かいてつ〕괴철. 응결시킨 쇳덩이.
塊炭〔かいたん〕괴탄. 덩어리로 된 석탄.

〔壊〕 풀：무너질 괴.
音：カイ
訓：① こわす ② こわれる

❶壊す〔こわす〕(他5) ① 파괴하다. 부수다. 파손하다. ② 깨뜨리다. ③ 고장내다. 탈을 내다. ④ (약속 계획을) 망치다.
❷壊れる〔こわれる〕(自下1) ① 깨지다. 부서지다. ② 파손되다. ③ 고장나다. ④ (계획, 약속이) 깨지다.
壊れ物〔こわれもの〕① 파손된 물건. ② 파손되기 쉬운. ～注意；파손 주의.

音読

壊乱〔かいらん〕괴란. 파괴되어(하여) 어지럽게 됨(함).
壊滅〔かいめつ〕괴멸. ① 조직이 무너져 망함. ② 파괴되어 없어짐.
壊血病〔かいけつびょう〕괴혈병. 비타민C의 부족으로 일어나는 병.

【굉】

〔宏〕 풀：클 굉. 넓을 굉.
音：コウ
訓：

宏大〔こうだい〕굉대. 어마어마하게 큼.
宏図〔こうと〕굉도. 굉장한 계획.
宏謀〔こうぼう〕굉모. 굉장한 계획.
宏業〔こうぎょう〕굉업. 규모가 너무 큰 사업.
宏遠〔こうえん〕굉원. 굉장히 넓고 멂.
宏壮〔こうそう〕굉장. ① 크고 훌륭함.

【교】

〔巧〕 풀：공교로울 교.
音：コウ
訓：① たくみ ② たくむ

❶巧み〔たくみ〕① 교묘함. ② 솜씨가 좋음. ③ 기교. ④ 공들임. ⑤ 정교함. ⑥ 자지러짐.
❷巧む〔たくむ〕(他5) ① 꾸미다. ② 기교를 부리다. ③ 흉계를 꾸미다.

連濁音에 注意

悪巧み〔わるだくみ〕나쁜 계략. 간계. 흉계. ～にかかる：간계에 빠지다.

音読

巧妙〔こうみょう〕교묘. 썩 잘 되고 묘함.
巧手〔こうしゅ〕교수. 능란한 솜씨.
巧言〔こうげん〕교언. 알랑대는 말. 아첨.
巧言令色〔こうげんれいしょく〕교언 영색. (아첨을 위한) 교묘한 말과 아름답게 꾸민 태도.
巧者〔こうしゃ〕교자. 능숙한 사람.
巧拙〔こうせつ〕교졸. 잘함과 못함.
巧遅〔こうち〕교지. 능숙하지만 속도가 느림.
巧緻〔こうち〕교치. 정교하고 치밀함.

〔交〕 풀：시귈 교.
音：コウ
訓：① かう ② かわす ③ まじえる ④ まじわる ⑤ まざる ⑥ まじる ⑦ まぜる ⑧ (例外) こもごも

❶交う〔かう〕⇨筋交い. 飛び交う
❷交わす〔かわす〕(他5) ① 주고받다. 교환하다. ② 교차하다. 엇걸리게 하다. ③ (몸을) 휙 돌려 피하다.
❸交える〔まじえる〕(他下1) ① 섞다. 끼게 하다. ② 맞대다. 교차시키다. ③ 주고받다. 서로 나누다.
❹交わる〔まじわる〕(自5) ① 엇갈리다. 교차하다. ② 교제하다. 어울리다. 사귀다. ③ 성교하다.
交わり〔まじわり〕① 교제. 사귐. ② 성교(性交).
❺交ざる〔まざる〕(自5) 섞이다.

❻ **交じる**〔まじる〕(自5) 섞이다.
❼ **交ぜる**〔まぜる〕(他下1) ① 섞다. ② 뒤섞다.
交(ぜ)返す〔まぜかえす〕(他5) ⇨交ぜっ返す
交ぜっ返す〔まぜっかえす〕(他5) ① 뒤섞다. ② 말 참견이나 농을 지껄여 남의 진지한 말을 혼란시켜 망쳐 놓다.
交ぜ飯〔まぜめし〕비빔밥.
交ぜ織り〔まぜおり〕교직. 서로 질이 다른 실을 섞어 짜는 직물.
❽ **交交**〔こもごも〕(副) 교대로. 차례차례.

音 読

交〔こう〕① 계절이 바뀌는 시기. ② 교제.
交感〔こうかん〕교감. 서로 느낌.
交代〔こうたい〕교대. 서로 번갈아 대신함.
交流〔こうりゅう〕교류. ① 일정한 시간마다 번갈아 반대 방향으로 흐르는 전류. ② (문화, 사상 등의) 조류가 서로 섞임.
交尾〔こうび〕교미. 동물의 성교.
交配〔こうはい〕교배. 종류가 다른 자웅(雌雄)을 배합함.
交番〔こうばん〕① 파출소. ② 당번을 바꿈.
交付 : 交附〔こうふ〕교부. 서류를 내어 줌.
交渉〔こうしょう〕교섭. 서로 의논함.
交易〔こうえき〕교역. 물건을 팔고 삼.
交友〔こうゆう〕교우. 벗. 친구.
交遊〔こうゆう〕교유. 서로 교제함.
交戦〔こうせん〕교전. 서로 싸움.
交接〔こうせつ〕교접. 성교. 교합(交合).
交情〔こうじょう〕교정. 사귀는 정.
交際〔こうさい〕교제. 서로 사귐.
交叉 : 交差〔こうさ〕교차. 서로 엇갈림.
交錯〔こうさく〕교착. 이리저리 뒤얽힘.
交替〔こうたい〕교체. 서로 바꿈.
交通〔こうつう〕교통. 사람, 물자 등의 왕래.
交響曲〔こうきょうきょく〕교향곡.
交響詩〔こうきょうし〕교향시.
交響楽〔こうきょうがく〕교향악.
交互〔こうご〕교대. ～に ; 교대로.
交換〔こうかん〕교환. ① 바꿈. ② 거래.
交歓 : 交驩〔こうかん〕교환. 서로 즐김.

〔郊〕
풀 : 들 교. 시외 교. 문 밖 교.
音 : **コウ**
訓 :

郊外〔こうがい〕교외. 도시에 인접한 들이나 논밭이 비교적 많은 지역.
近郊〔きんこう〕근교. 도시의 가까운 주변.

〔校〕
풀 : 바로잡을 교. 학교 교.
音 : ① **キョウ** ② **コウ**
訓 :

音 読 1

校合〔きょうごう〕교합. 原本과 대조하여 틀린것을 바로잡음.

音 読 2

校する〔こうする〕(他サ) 교정하다.
校勘〔こうかん〕교감. 비교하여 생각해 봄.
校規〔こうき〕교규. 학교의 규칙.
校紀〔こうき〕교기. 학교의 기풍.
校旗〔こうき〕교기. 학교를 대표하는 기.
校内〔こうない〕교내. 학교 내부.
校了〔こうりょう〕교료. 교정을 끝냄.
校門〔こうもん〕교문. 학교 문.
校本〔こうほん〕교본. 교정한 책. 교정본
校舎〔こうしゃ〕교사. 학교 건물.
校閲〔こうえつ〕교열. 문서의 틀린 곳을 조사함.
校友〔こうゆう〕교우. 한 학교의 친구.
校医〔こうい〕교의. 학교의 의사.
校異〔こうい〕교이. (책 내용이)틀린 것을 교정하는일.
校長〔こうちょう〕교장. 학교의 장.
校正〔こうせい〕교정. 인쇄물과 원고를 대조하여 잘못된 곳을 바로 잡아 고침.
校正刷り〔こうせいずり〕교정쇄. 교정을 보기 위하여 찍은 인쇄물.
校訂〔こうてい〕교정. 문장이나 자구(字句)의 잘못을 고침.
校定〔こうてい〕교정. 서적 등의 자구(字句)를 비교해서 결정함.
校庭〔こうてい〕교정. 학교 운동장.
校則〔こうそく〕교칙. 학교의 규칙.

〔教〕
풀 : 가르칠 교.
音 : **キョウ**
訓 : ① **おし**える ② **おそ**わる

❶ **教える**〔おしえる〕(他下1) 가르치다.
教え〔おしえ〕① 가르침. 교육. 교훈. ② 종교.
教え方〔おしえかた〕가르치는 법(방법).
教え込む〔おしえこむ〕(他5) 철저히 가르치다.
教え子〔おしえご〕제자. 가르친 학생.
教えの庭〔おしえのにわ〕학원(学園). 학교.
❷ **教わる**〔おそわる〕(他5) 배우다. 가르침 받다.

音 読

教科書〔きょうかしょ〕교과서. 가르치는데에 쓰는 책.
教官〔きょうかん〕교관. (학교, 연구소에서) 학문, 기술을 가르치거나 연구하는사람.
教区〔きょうく〕교구. 포교(布教)를 하기 위하여 만든 구역.
教具〔きょうぐ〕교구. 교육에 쓰이는 기구.
教団〔きょうだん〕교단. 종교상의 집단.
教壇〔きょうだん〕교단. 가르칠 때 서는 단.
教頭〔きょうとう〕주임교사. 교무주임.
教徒〔きょうと〕교도. 신도(信従).
教導〔きょうどう〕교도. 가르쳐 인도함.
教練〔きょうれん〕교련. 학교의 군사 훈련.
教理〔きょうり〕교리. 종교상의 이론.
教務〔きょうむ〕교무. 교육에 관한 사무.
教本〔きょうほん〕교본. 교과서.
教唆〔きょうさ〕교사. 남을 선동하여 못된 일을 하게 함.
教師〔きょうし〕교사. 선생.
教生〔きょうせい〕교생. 교육 실습생.
教書〔きょうしょ〕교서. ① 미국 대통령이

국회에 제출하는 정치상의 의견서. ② 로마 교황의 포고(명령서).
教授〔きょうじゅ〕교수. ① 학문을 가르쳐 줌. 또는 그 사람. ② 대학의 정식 교원.
教習〔きょうしゅう〕교습. 가르쳐서 익히게 함.
教示〔きょうじ〕교시. 가르쳐 보임.
教室〔きょうしつ〕교실. 학문을 가르치는 방.
教養〔きょうよう〕교양. ① 가르쳐 기름. ② 넓은 지식과 풍부한 정서.
教員〔きょういん〕교원. 선생. 교사.
教諭〔きょうゆ〕교유. ①가르치고 타이름. ② 국민학교, 중고등 학교의 교원.
教育〔きょういく〕교육. ① 가르쳐 기름. ② 가르쳐 지식을 알려 줌.
教義〔きょうぎ〕교의. 종교상의 가르침.
教場〔きょうじょう〕가르치는 곳. 교실.
教材〔きょうざい〕교재. 학습의 재료.
教典〔きょうてん〕교전. 교육상 규범이 되는 책.
教程〔きょうてい〕교정. 가르치는 과정.
教祖〔きょうそ〕교조. 한 종교의 창시자.
教組〔きょうそ〕교조. 教員組合의 준말.
教主〔きょうしゅ〕교주. 한 종교의 창시자.
教職〔きょうしょく〕교직. 가르치는 직무.
教鞭〔きょうへん〕교편. 수업할 때 교사가 쓰는 회초리. ～をとる ; 교편을 잡다.
教化 〔きょうか〕교화. 가르쳐서 感化시킴.
〔きょうげ〕교화. 교도하여 仏道에 들게 함.
教会〔きょうかい〕교회. 교회당.
教訓〔きょうくん〕교훈. 가르치고 이끌어 줌.

〔喬〕
풀 : 큰 나무 교.
音 : **キョウ**
訓 :

喬木〔きょうぼく〕교목. 줄기가 굵고 곧으며 3m이상 자라며 위쪽에서 가지가 퍼지는 소나무, 전나무.

〔絞〕
풀 : 목맬 교.
音 : **コウ**
訓 : ① **しぼる** ② **しまる** ③ **しめる**

❶**絞る**〔しぼる〕(他5) ① (쥐어) 짜다. 물기를 빼다. ② 조르다. 죄다. 좁히다. ③ 착취하다. ④ 혼내다. 야단치다. ⑤ (한쪽으로) 밀어 놓다. ⑥ 홀치기 염색을 하다.
絞り〔しぼり〕① 홀치기 염색. ② 물수건. ③ (사진기의) 조리개.
絞り上げる〔しぼりあげる〕(他下1) ① 짜내다. ② 우려내다. ③ 몹시 꾸짖다.
絞(り)染(め)〔しぼりぞめ〕홀치기 염색.
絞り出し〔しぼりだし〕튜우브.
❷**絞まる**〔しまる〕(自5) ① 졸라지다. 단단하게 죄이다. ② 긴장되다. ③ 절약하다. ④ 시세가 오르다. ⑤ 닫히다.
絞(ま)り〔しまり〕① 느슨하지 않고 꼭 죄어 있음. ② 야무짐. ③ 단속. 감독. ④ 절약. ⑤ 문 단속. ⑥ 끝맺음.
絞(ま)り屋〔しまりや〕절약가. 인색한 사람.
❸**絞める**〔しめる〕(他下1) ① 죄다. 졸라 매다. ② 목졸라 죽이다. ③ (예산을) 줄이다. ④ 단속(감독)하다. ⑤ 짜 내다. ⑥ 결산하다. ⑦ 닫다. ⑧ (거래의 낙착을 축하하며) 손뼉을 치다.

音　読

絞殺〔こうさつ〕교살. 목을 졸라 죽임.
絞首刑〔こうしゅけい〕교수형. 목을 졸라 죽이는 형벌.

〔較〕
풀 : 비교할 교.
音 : ① **カク** ② **コウ**
訓 : **くら**べる

較べる〔くらべる〕(他下1) ① 비교하다. 대조하다. ② 겨루다. 경쟁하다.

音 読 1

比較〔ひかく〕비교.
較差〔かくさ : こうさ〕교차. 최대와 최소, 최고와 최저, 좋은 것과 나쁜 것의 차이.

音 読 ②

較柄〔こうへい〕 현저하게 뚜렷함.
較然〔こうぜん〕명확함. 뚜렷함.
較著〔こうちょ〕뚜렷이 나타남. 현저함.

〔僑〕
풀 : 붙어살 교.
音 : **キョウ**
訓 :

僑居〔きょうきょ〕교포. 외국에 거주하는
僑胞〔きょうほう〕교포. 외국에 거주하는 동포.

〔嬌〕
풀 : 아리따울 교
音 : **キョウ**
訓 :

嬌声〔きょうせい〕교성. 애교가 섞인 아리따운 목소리.
嬌笑〔きょうしょう〕교소. 요염한 웃음.

〔膠〕
풀 : 아교 교. 붙들 교.
音 : **コウ**
訓 : **にかわ**

膠〔にかわ〕아교. 갖풀.
膠嚢〔こうのう〕교낭. カプセル.
膠着〔こうちゃく〕교착. 단단히 달라붙음.

〔橋〕
풀 : 다리 교.
音 : **キョウ**
訓 : **はし**

橋〔はし〕다리. 교량.
橋供養〔はしくよう〕다리의 준공식 때에 지내는 고사(告祀).
橋渡し〔はしわたし〕① 다리를 놓음. ②중개 역할.
橋銭〔はしせん〕다리를 건너는 통행세.
橋板〔はしいた〕다리 위에 까는 널빤지.
橋桁〔はしげた〕다리 기둥 위에 걸쳐서 널빤지를 지탱하는 도리.
橋懸(か)り〔はしがかり〕能楽에서 무대와 분장실 사이에 걸친 통로.
橋詰〔はしづめ〕다릿가. 다리목.

連濁音에 注意

石橋〔いしばし〕돌다리.
栈橋〔さんばし〕① 잔교. 선창(船艙). 부두. ② (공사장에서) 높은 곳을 오르내리기 위해 설치한 경사진 널비계.
丸木橋〔まるきばし〕통나무로 된 외나무다리.

音　読

橋脚〔きょうきゃく〕교각. 강변에 세워진 다리를 떠받치는 기둥.
橋頭堡〔きょうとうほ〕교두보. ① 교량을 위하여 필요한 곳에 만든 보루(保塁) ② 공격 거점.
橋梁〔きょうりょう〕교량. 다리.

〔矯〕 풀：바로잡을 교.
音：**キョウ**
訓：**ためる**

矯める〔ためる〕(他下 1)① 바로잡다. 교정하다. ② 곧게 하다. ③ 겨냥하다. ④ 속이다.
矯めつ眇めつ〔ためつすがめつ〕(이모 저모로) 꼼꼼히 보다. 자세히 보다.

音　読

矯正〔きょうせい〕교정. 고쳐서 바르게 함. 시정(是正)함.

〔驕〕 풀：교만할 교.
音：**キョウ**
訓：**おごる**

驕る〔おごる〕(自 5) 거만하다. 교만하다.
驕り〔おごり〕교만. 방자. 제멋대로 임.

音　読

驕慢〔きょうまん〕교만. 겸손하지 않고 뽐내어 방자함.
驕恣〔きょうし〕교자. 교만하고 방자함.

〔攪〕 풀：어지러울 교. 흔들릴 교,
音：**カク　コウ**
訓：

攪乱〔かくらん：こうらん〕교란. 뒤섞어서 어지럽게 함.
攪拌〔かくはん：こうはん〕교반. 뒤섞음.

【구】

〔九〕 풀：아홉 구.
音：① **キュウ** ② **ク**
訓：**ここの**

九つ〔ここのつ〕아홉. 아홉 개. 아홉 살.
九つ時〔ここのつどき〕아홉살 때.
九たび〔ここのたび〕아홉 번.
九日〔ここのか〕9 일. 아흐레.
九重〔ここのえ〕구중. 아홉겹. ～奥；구중궁궐.

音 読 ①

九〔きゅう〕9. 아홉.
九大〔きゅうだい〕九州大学의 준말.
九万〔きゅうまん〕구만. 90,000.
九百〔きゅうひゃく〕구백. 900.
九死に一生を得る〔きゅうしにいっしょうをえる〕구사 일생으로 겨우 살아나다.
九十〔きゅうじゅう〕구십. 아흔. 90.
九牛の一毛〔きゅうぎゅうのいちもう〕구우일모. 많은 수 가운데 극히 적은 것.
九千〔きゅうせん〕구천. 9,000,
九天九地〔きゅうてんきゅうち〕全宇宙.
九泉〔きゅうせん〕구천. 황천. 저승.

音 読 2

九九〔くく〕구구(법)
九分　〔くぶ〕10중 9. 대체로
　〔くふん〕(시간을 말한 때의) 9 분.
九分九厘〔くぶくりん〕구분 구리. 99프로. 거의 100프로. 거의.
九分通り〔くぶどおり〕십중 팔구. 거의 대부분. 전부.
九月〔くがつ〕9 월.

〔久〕 풀：오랠 구
音：① **キュウ** ② **ク**
訓：**ひさしい**

久しい〔ひさしい〕(形) 오래다. 오래간만이다. 오래되다.
久久〔ひさびさ〕오랫동안. 오래간만.
久し振り〔ひさしぶり〕오래간만. 오랫만.

音 読 1

永久〔えいきゅう〕영구. 영원.
持久力〔じきゅうりょく〕지구력. 오랫동안 견디는 힘.
恒久〔こうきゅう〕항구. 영구. 영원.

音 読 2

久遠〔くおん〕(仏) 구원. 아득하게 멀고 오램. 영구(永久). 영겁(永劫).

〔口〕 풀：입 구
音：① **ク** ② **コウ**
訓：**くち**

口〔くち〕① 입. ② (입과 비슷한 물건의) 아가리. ③ 구두(口頭). ④ 맛. 미각. ⑤ 첫머리. 첫부분. ⑥ 식구. ⑦ 몫. ⑧ 일자리. 근무처. ⑨ 종류. ⑩ (칼을 세는 말)자루.
口コミ〔くちコミ〕사람의 입에서 입으로 전해지는 코뮤니케이션(평판, 소문)
口さがない〔くちさがない〕(形) 입 걸게 남의 험담을 좋아하다.
口ずから〔くちずから〕자기 입으로. 자기 말로.
口ずさみ〔くちずさみ〕흥얼거림.
口ずさむ〔くちずさむ〕(他 5) 흥얼거리다.
口つき〔くちつき〕① 입 모양. ② 말투. 말씨.
口まめ〔くちまめ〕잘 지껄임. 수다스러움.
口減らし〔くちべらし〕(생활비를 줄이기위해) 식구를 줄임.
口開け〔くちあけ〕① 처음으로 엶. ② 처음. 시작.
口堅い〔くちがたい〕(形) ① 입이 무겁다.

② 하는 말이 확실하다.
口軽〔くちがる〕(形動) 입이 가벼움.
口軽い〔くちがるい〕(形) 입이 가볍다.
口固め〔くちがため〕① 입막음. 함구(緘口). ② 굳은 언약.
口過ぎ〔くちすぎ〕생계. 살림.
口慣らし〔くちならし〕① (술술 말하게) 입에 익숙케 함. ② (맛을) 입에 익힘.
口巧者〔くちごうしゃ〕말주변이 좋음. 또는 그런 사람.
口口〔くちぐち〕① 제각기. 각각. ② 여러 곳의 출입구.
口寄せ〔くちよせ〕죽은 사람의 영혼을 불러 그 영혼의 말을 자기 입으로 전하는 무당.
口金〔くちがね〕① 쇠붙이 마개. ② 핸드백을 여닫는 데 쓰는 쇠붙이. ③ 소켓에 끼우는 금속 부분.
口の端〔くちのは〕입길. 평판.
口達者〔くちだっしゃ〕① 말주변이 좋음. 또느 그런사람. ② 수다스러움. 수다장이. ③ 입만 나불거림. 또는 그런 사람.
口答え〔くちごたえ〕말대답. 말대꾸.
口当(た)り〔くちあたり〕① 입맛. 구미. ② 대접.
口籠(も)る〔くちごもる〕(自 5)말을 우물거리다.
口凌ぎ〔くちしのぎ〕① 요기. 요기거리. 볼가심. ② 입에 풀칠한 정도의 생활.
口利き〔くちきき〕① 흥정, 조정, 알선, 중개하는 사람. ② 세력가(勢力家).
口裏〔くちうら〕① 말귀. ② 남에게 이야기할 내용.
口立て〔くちだて〕(배우가) 무대에서 이야기 하면서 즉흥적으로 줄거리를 꾸밈.
口明け〔くちあけ〕① 처음으로 엶. ② 시작. 처음.
口拍子〔くちびょうし〕입장단.
口返答〔くちへんとう〕말대답. 말대꾸.
口抜き〔くちぬき〕병마개 뽑이.
口煩い〔くちうるさい〕(形) 잔소리가 많다.
口癖〔くちぐせ〕입버릇.
口不調法〔くちふちょうほう〕말주변이 없음.
口付〔くちつき〕① 입모양. ② 말투. ③ 마부(馬夫). ④ 물부리가 달려 있음.
口付け〔くちづけ〕입맞춤. 키쓰.
口付ける〔くちづける〕(他下1) 키쓰하다.
口写し〔くちうつし〕(어떤 사람의) 말씨(말투)와 똑같거나 비슷함.
口酸っぱく〔くちすっぱく〕입이 닳도록.
口三味線〔くちじゃみせん〕① 입으로 三味線의 가락을 흉얼거림. ② 입에 발린 소리.
口上手〔くちじょうず〕말주변(구변)이 좋음.
口塞ぎ〔くちふさぎ〕① お~；약소한 음식. 변변치 못한 음식. ② 입막음.
口書き〔くちがき〕① 江戸시대의 죄인의 지장을 찍은 자백서. ② 붓을 입에 물고 씀.
口惜しい〔くちおしい〕(形) 분하다. 유감스럽다.
口先〔くちさき〕① 입의 끝. ② 입에 발린 말.
口数〔くちかず〕① 말수. ② 사람수. 식구. ③ 일, 사건의 수. 건수(件数).
口馴らし〔くちならし〕⇨**口慣らし.**
口悪い〔くちわるい〕(形) 말씨가 험하다.
口約束〔くちやくそく〕언약. 구두 약속.
口薬〔くちぐすり〕입씻이. 입막음.
口言葉〔くちことば〕① 구어(口語). ② 現代語.
口五月蠅い〔くちうるさい〕(形) 잔소리가 많다.
口汚し〔くちよごし〕(겸손한 말로) 음식이 적거나 맛이 없어 입만 버리게 했다는 뜻.
口汚ない〔くちぎたない〕(形) ① 입이 더럽다. 말투가 나쁘다. ② 말이 천하다. ③ 食性이 좋다.
口移し〔くちうつし〕① 음식물을 입에 머금었다가 남의 입에 넣어 줌. ② 口伝.
口入れ〔くちいれ〕① 말참견. ② (고용 살이할 사람을) 알선함. 또는 그런사람.
口任せ〔くちまかせ〕입에서 나오는 대로지껄임.
口争い〔くちあらそい〕언쟁. 입씨름.
口寂しい〔くちさびしい〕(形) 입이 심심(허전)하다.
口笛〔くちぶえ〕휘파람.
口伝え〔くちづたえ〕① 이사람 입에서 저 사람 입으로 전하여 옮김. 口伝. ② 직접 말로 가르침.
口前〔くちまえ〕말솜씨.
口切り〔くちきり〕① 開封. ② 시작. 처음.
口早〔くちばや〕빠른 말씨.
口早い〔くちばやい〕(形) 빠른 말씨로 말하다.
口調法〔くちちょうほう〕말주변이 좋음.
口走る〔くちばしる〕(他5) 엉겁결에 말하다.
口重〔くちおも〕입이 무거움.
口重い〔くちおもい〕(形) 입이 무겁다.
口止め〔くちどめ〕① 입씻이. ~料. ② 말을 한 마디도 못하게 함.
口直し〔くちなおし〕입가심으로 먹는 음식.
口振り〔くちぶり〕어조. 말씨. 말투.
口真似〔くちまね〕남의 목소리 흉내.
口車〔くちぐるま〕감언 이설. 입발린 소리.
口茶〔くちぢゃ〕다 우러난 차를 넣지 않고 새차를 넣어 달인 차.
口添え〔くちぞえ〕말을 거듦. 조언(助言).
口触り〔くちざわり〕입맛. 구미.
口出し〔くちだし〕말 참견.
口忠実〔くちまめ〕말을 잘 지껄임.
口取り〔くちとり〕① 마부(馬夫). ② 달게 지진 생선을 접시에 담은 요리. ③ 차를 마실 때 곁들여 내놓는 과자.
口八丁〔くちはっちょう〕말주변이 좋음.

口偏〔くちへん〕한자 部首 "口"입구 변.
口幅〔くちはば〕① 입의 크기. ② 말투.
口幅ったい〔くちはばったい〕(形) (분수도 모르고) 큰소리치다.
口下手〔くちべた〕말주변이 없음.
口合い〔くちあい〕① 서로 주고 받는 말이 잘 맞아들어감.
口許〔くちもと〕① 입가. 입언저리. ② 입매. 입모양. ③ 출입구 근처 문가.
口脇〔くちわき〕입가. 입언저리.
口紅〔くちべに〕입술 연지.
口火〔くちび〕도화선(導火線).
口荒い〔くちあらい〕(形) 말이 거칠다.
口喧しい〔くちやかましい〕(形) 잔소리가 많다.
口喧嘩〔くちげんか〕언쟁. 입씨름. 말싸움.
口絵〔くちえ〕책의 첫머리에 넣는 그림.

連濁音에 注意

大口〔おおぐち〕① 입을 크게 벌림. ② 큰 입. ③ 호언 장담. 큰소리. ④ 거액.
小口〔こぐち〕① 소량. ② 소액. ③ 횡단면. ④ 실마리. 단서. ⑤ ～書き：물건의 상하, 측면에 이름, 권수를 기록하는 것. ⑥ ～扱い：차 한 대 분이 안되는 적은 화물의 운송을 취급함.
入口〔いりぐち〕입구.
出口〔でぐち〕출구.
戸口〔とぐち〕(건물의) 출입구.

音 読 1

口授〔くじゅ〕구수. 말로 전하여 가르침.
口説き〔くどき〕설득. 타이름.
口説く〔くどく〕(他5) ① 설득하다. ② 투덜대다.
口舌①〔くぜつ〕(남녀간의) 말 다툼.
②〔こうぜつ〕구설. 말.
口伝〔くでん〕구전. 구수(口授). 비전(秘伝).
口調〔くちょう〕어조(語調).

音 読 2

口角〔こうかく〕입 아귀. ～あわを飛ばす：입에 거품을 물다(격렬히 논쟁하다).
口腔〔こうこう〕구강. 입안.
口径〔こうけい〕구경. ① 銃口의 内径 ② 직경.
口供〔こうきょう〕① 구두로 진술함. ②범인이 말한 것을 기록한 진술서.
口達〔こうたつ〕(연락 사항이나 명령 등을) 입으로 전함.
口答〔こうとう〕구답. 말로 대답함.
口頭〔こうとう〕구두. 입으로 하는 말.
口論〔こうろん〕말다툼.
口問〔こうもん〕구문. 입으로 물음.
口碑〔こうひ〕구비. 전설(伝説).
口上〔こうじょう〕① 말함. ② (흥행에서) 연극 줄거리를 설명을 함.
口舌①〔こうぜつ〕구설. 말.
②〔くぜつ〕(남녀간의) 말다툼.
口述〔こうじゅつ〕구술. 말로 진술함.
口承〔こうしょう〕사람의 입에서 입으로 전하여 내려 옴. 伝承.
口証〔こうしょう〕구증. 口頭証明의 준말.
口実〔こうじつ〕구실. 핑계.
口約〔こうやく〕구약. 口頭約束.
口語〔こうご〕구어. ① 会話体. ② 현대어.
口演〔こうえん〕구연. 말로 진술함.
口外〔こうがい〕구외. ① 입의 바깥. ②말을 입밖에 냄.
口銭〔こうせん〕구전. 소개료.
口座〔こうざ〕구좌. ① 정리를 하기 위해 만든 장부상의 자리. ② 振替口座의 준말.

〘仇〙 풀：원수 구.
音：キュウ
訓：あだ

仇〔あだ〕원수. ～を討つ：원수를 갚다.
仇浪〔あだなみ〕① 소란한 파도. ② 변하기 쉬운 사람의 마음,
仇名〔あだな〕(남녀관계의) 뜬소문. 헛소문.
仇敵〔あだかたき〕원수.
仇情〔あだなさけ〕풋사랑. 뜬 사랑.
仇討ち〔あだうち〕원수 갚음. 앙갚음. 설욕.

音 読

仇視〔きゅうし〕구시. 원수같이 봄.
仇怨〔きゅうえん〕구원. 원수. 적.

〘丘〙 풀：언덕 구.
音：① キュウ ② ク
訓：おか

丘〔おか〕언덕. 작은 산. 구릉(丘陵).

音 読

丘陵〔きゅうりょう〕구릉. 언덕.
比丘〔びく〕비구. 仏門에 들어간 남자 중.
比丘尼〔びくに〕비구니. 머리를 깎고 중이 된 여자.

〘区〙 풀：나눌 구.
音：ク
訓：

区間〔くかん〕구간. 일정한 지점의 사이.
区区〔まちまち：くく〕① 구구. 가지각색. ② 하찮은 것.
区内〔くない〕구내. 구역의 안.
区民〔くみん〕구민. 한 구 안에 사는 사람.
区別〔くべつ〕구별. 종류별로 나눔.
区分〔くぶん〕구분. 구별하여 나눔.
区分け〔くわけ〕구분. 따로따로 갈라 나눔.
区役所〔くやくしょ〕구청(区庁).
区域〔くいき〕구역. 갈라 놓은 지역.
区政〔くせい〕구정. 区의 행정.
区切る〔くぎる〕(他5) ① 구분짓다. 구획하다. ② 段落을 짓다.
区切り〔くぎり〕① 段落. ② 사물을 중도에서 끊음.
区処〔くしょ〕① 구획. ② 구별하여 처리함.
区割り〔くわり〕구분함.
区画〔くかく〕구획. 구별하여 획정함.

〘旧〙 풀：옛 구.
音：キュウ
訓：① ふるい ② ふるす ③ ふ

るびる ④ ふる.

❶ **旧い** 〔ふるい〕(形) ① 오래 되다. ② 낡다. ③ 구식이다. ④ 年功이 쌓이다.

❷ **旧す** 〔ふるす〕(動詞連用形에 접속하여) (사용해서) 낡게 하다.

❸ **旧びる** 〔ふるびる〕(自上1) 낡다. 오래 되다.

❹ **旧る** 〔ふる〕(自5) 낡다. 오래 되다.

音 読

旧 〔きゅう〕묵은 것. 옛 것. 오랜 것.
旧年 〔きゅうねん〕구년. 지난해. 작년.
旧道 〔きゅうどう〕구도. 예전 길.
旧来 〔きゅうらい〕구래. 옛부터 전해 옴.
旧暦 〔きゅうれき〕구력. 음력.
旧式 〔きゅうしき〕구식. 시대에 뒤진 격식이나 형식.
旧悪 〔きゅうあく〕구악. 이전의 죄악.
旧約聖書 〔きゅうやくせいしょ〕구약성서.
旧跡 〔きゅうせき〕구적. 고적(古跡).
旧制度 〔きゅうせいど〕구제도. 옛 제도.
旧態依然 〔きゅうたいいぜん〕구태 의연.
旧派 〔きゅうは〕구파. 예전부터의 형식을 따르는 사람.
旧弊 〔きゅうへい〕구폐. 전부터 내려오는 나쁜 관습.

〔句〕
풀：글귀 구.
音：**ク**
訓：

句 〔く〕구. 문장의 한 구절. 문구.
句読点 〔くとうてん〕구두점.
句法 〔くほう〕詩文의 句를 짜는 법.
句碑 〔くひ〕俳句를 새긴 비석.
句切る 〔くぎる〕(他5) ① 段落을 짓다. ② 구분짓다. 구획하다.
句点 〔くてん〕구점. 종지부. 마침표.
句集 〔くしゅう〕俳句를 모은 책.

〔求〕
풀：구할 구.
音：**キュウ**
訓：**もと**める

求める 〔もとめる〕(他下1) ① 구하다. 바라다. 찾다. ② 요구하다. 요청하다. ③ 사다.
求め 〔もとめ〕요구. 수요.
求めて 〔もとめて〕일부러. 구태여. 자진하여.

音 読

求心力 〔きゅうしんりょく〕구심력. 물체가 円運動을 할 때 그 물체를 원의 중심으로 당기는 힘.
求愛 〔きゅうあい〕구애. 異性의 사랑을 구함.
求人 〔きゅうじん〕구인. 사람을 구함.
求職 〔きゅうしょく〕구직. 직업을 구함.
求刑 〔きゅうけい〕구형. 검사가 피고인의 형벌을 요구하는 것.
求婚 〔きゅうこん〕구혼. 결혼을 청함.

〔灸〕
풀：뜸뜰 구.
音：**キュウ**
訓：

灸 〔きゅう〕뜸. 뜸질. ～をすえる：① 뜸질하다. ② 야단치다.
灸点 〔きゅうてん〕구점. 뜸을 뜰 자리에 먹물로 찍은 표지.

〔究〕
풀：연구할 구.
音：**キュウ**
訓：① **きわ**まる ② **きわ**める

❶ **究まる** 〔きわまる〕(自5) 꼼짝 못할 상태(처지)에 빠지다. 進退～：진퇴 유곡에 빠지다.

❷ **究める** 〔きわめる〕(他下1) ① 깊이 연구하다. 탐구하다. ② 알아내다. 파헤치다.

音 読

究竟 〔くっきょう〕① 결국. ② 꼭 알맞음. ③ 가장 뛰어남.
〔きゅうこう〕구경. ① 결국. 필경. ② 근본. 보편.
究極 〔きゅうきょく〕궁극. 결국.
究理 〔きゅうり〕궁리. 이치를 구명하는 일.
究明 〔きゅうめい〕구명. 깊이 파고 들어 밝힘. 규명.

〔拘〕
풀：거리낄 구.
音：**コウ**
訓：① **かか**わる ② **こだわる**

❶ **拘わる** 〔かかわる〕(自5) ① 관계되다. ② 상관하다. ③ 구애되다.

❷ **拘る** 〔こだわる〕(自5) 구애되다.

音 読

拘禁 〔こうきん〕구금. 붙들어 두어 밖에 나가지 못하게 함.
拘泥 〔こうでい〕구니. 융통성이 없음. 구애.
拘留 〔こうりゅう〕구류. 유치장에 가두어 둠.
拘束 〔こうそく〕구속. 신체의 자유를 박탈함. 자유를 얽음.
拘引 〔こういん〕구인. 신문하기 위해 。세로 일정한 장소로 가게 함.
拘置所 〔こうちしょ〕구치소. 붙들어 두는 곳.

〔欧〕
풀：유럽 구. 토할 구. 노래할 구.
音：**オウ**
訓：

欧歌 〔おうか〕구가. 입을 모아 칭송함.
欧文 〔おうぶん〕구문. 유럽에서 쓰는 로마자의 문장.
欧米 〔おうべい〕구미. 유럽과 아메리카.
欧亜 〔おうあ〕구아. 유럽과 아시아.
欧州 〔おうしゅう〕구주. 유럽. 유럽주.
欧風 〔おうふう〕구풍. 서양식. 유럽식,
欧化 〔おうか〕유럽식으로 바뀜. 西洋化됨.

〔殴〕
풀：때릴 구.
音：**オウ**
訓：**なぐ**る

殴る 〔なぐる〕(他5) ① 세게 치다(때리다) ② 일을 겉날리다. 書き～：휘갈겨 쓰다.
殴り 〔なぐり〕① 세게 때림. 구타. ② 일

을 엉성하게 함.
殴り付ける〔なぐりつける〕(他下1) 후려갈기다.
殴り飛ばす〔なぐりとばす〕(他5) 힘껏 후려 치다.(殴るの 힘줌말).
殴り書き〔なぐりがき〕갈겨 씀.
殴り込み〔なぐりこみ〕몰려가서 행패를 부림.

音読

殴打〔おうだ〕구타. 때림.
殴殺〔おうさつ〕구살. 때려 죽임.

〔具〕
풀 : 갖출 구.
音 : **グ**
訓 : ①**そな**える ②**そな**わる ③**つぶさに**

❶ **具える**〔そなえる〕(他下1) 갖추다. 구비하다. 비치하다. 마련하다.
❷ **具わる**〔そなわる〕(自5) 갖춰지다. 구비되다. 비치되다.
❸ **具に**〔つぶさに〕(副) ① 자세히. 구체적으로. ② 빠짐없이. 고루. 모두.

音読

具〔ぐ〕연장. 도구. 기구.
具する〔ぐする〕(自他サ) ① 갖추어지다. 갖추다. 준비하다. ② 동반하다. 데리고 가다. 같이 가다 ③ 말하다. 아뢰다.
具備〔ぐび〕구비. 빠짐 없이 고루 갖춤.
具象〔ぐしょう〕구상. 모양이나 내용에 있어 감각으로 알 수 있는 것.
具述〔ぐじゅつ〕구술. 자세히 서술함.
具申〔ぐしん〕구신. 情状을 상세히 아룀.
具眼〔ぐがん〕구안. 眼識이 있는 사람.
具有〔ぐゆう〕구유. 갖추어 지님.
具足〔ぐそく〕① 모두 갖춤. ② 도구. ③ 갑옷과 투구.
具体的〔ぐたいてき〕구체적, 실제적임.
具合〔ぐあい〕① 형편. 상태. ② 방법. 짜임새.
具現〔ぐげん〕구현. 구체적으로 나타냄.

〔俱〕
풀 : 함께 구. 갖출 구.동무 구.
音 : **グ**
訓 :

俱する〔ぐする〕(自他サ) ① 갖추어지다. 갖추다. ② 함께 가다. 동행하다. ③ 말하다. 아뢰다.
俱楽部〔くらぶ〕클럽. Club.
俱発〔ぐはつ〕구발. ① 한꺼번에 발생됨. ② 일시에 발생함.

〔救〕
풀 : 구원할 구. 건질 구.
音 : **キュウ**
訓 : ①**すく**う ②**たす**ける

❶ **救う**〔すくう〕(他5) ① 구하다. 구원하다. 구출하다. 구제하다. 도와 주다. 살리다. 건지다. ② 덜어 주다. ③ 볼품 없다. ④ 가망없다.
救い〔すくい〕① 구제. 구조. ② 뒷맛이 개운함. 홀가분함.
救い上げる〔すくいあげる〕(他下1) 구해내다.
救い船〔すくいぶね〕구조선.
救い小屋〔すくいごや〕江戸時代에 큰 재해의 피해자를 구제하기 위해 세운 막사.
救い主〔すくいぬし〕① 구세주(救世主). ② 구해준 사람.
救い出す〔すくいだす〕(他5) 구해내다.
❷ **救ける**〔たすける〕(他下1) ①살리다. 구조하다. ② 돕다. 거들다.
救国〔きゅうこく〕구국. 나라를 구함.
救急〔きゅうきゅう〕구급. 응급 조치를 취함.
救急箱〔きゅうきゅうばこ〕구급 상자. 구급낭.
救難〔きゅうなん〕구난. 재난을 구함.
救命〔きゅうめい〕구명. 사람의 목숨을 구함.
救世主〔きゅうせいしゅ〕구세주. 메시아.
救援〔きゅうえん〕구원. 곤란한 처지의 사람을 도와 줌.
救済〔きゅうさい〕구제. 불행한 상태에서 구하여 건져 줌.
救助〔きゅうじょ〕구조. 어려운 지경에 있는 사람을 도와 살려 줌.
救出〔きゅうしゅつ〕구출. 구해 냄.
救護〔きゅうご〕구호. ① 구조하여 보호함. ② 상병자(傷病者)를 수용하여 치료함.

〔球〕
풀 : 구슬 구.
音 : **キュウ**
訓 : **たま**

球〔たま〕① 공. ② 알. (둥근것). ③ 달걀 ④ 총알. ⑤ 전구(電球). ⑥ 렌즈. ⑦(국수의) 사리.
球算〔たまざん〕주산. 수판셈.
球入軸受〔たまいりじくうけ〕보올 베어링.
球尺〔たまざし〕球面計.

連濁音에 注意

逸れ球〔それだま〕유탄(流弾).
ピンポン球〔ピンポンだま〕탁구공.

音読

球茎〔きゅうけい〕구경. 땅속줄기.
球根〔きゅうこん〕구근. 땅속줄기의 총칭.
球技〔きゅうぎ〕구기. 공을 사용하는 운동경기.
球状〔きゅうじょう〕구상. 공같이 둥근 모양.
球場〔きゅうじょう〕구장. 야구장. 축구장
球形〔きゅうけい〕구형. 공 모양.
球戯〔きゅうぎ〕① 당구. ② 공을 가지고 노는 것.

〔溝〕
풀 : 개천 구. 도랑 구.
音 : **コウ**
訓 : ① **みぞ** ② **どぶ**

溝❶〔みぞ〕① 개천. 도랑. 수채. ② 홈.
❷〔どぶ〕도랑. 시궁창. 하수구.
溝泥〔どぶどろ〕시궁창에 쌓인 흙.
溝鼠〔どぶねずみ〕① 시궁쥐. ② 주인 눈을 속여 못된 짓을 하는 고용인.
溝板〔どぶいた〕하수구를 덮는 널빤지.
溝渠〔こうきょ〕구거. ① 도랑. ②하수구.

〔構〕 풀：얽을 구. 집세울 구.
音：**コウ**
訓：① **かまう** ② **かまえる**

❶ **構う**〔かまう〕(自他5) ① 관계하다. 상관하다. ② 상대하다. ③ 염려하다. 마음을 쓰다. 돌보다. ④ 대접하다. ⑤희롱하다. 놀리다.
構い〔かまい〕① 상대. ② 대접.
構い付ける〔かまいつける〕(他下1) 귀찮을 이만큼 돌보다(보살피다).
構い手〔かまいて〕① 상대해 주는 사람. ② 돌보아 주는 사람.
❷ **構える**〔かまえる〕(他下1) ① 꾸미다. 이루다. ② (집을) 짓다. ③ 꾸며 내다. 만들어 내다. ④ (자세를) 취하다. ⑤ (태도를)보이다. ⑤ 준비(대비)하다.
構え〔かまえ〕① 구조. 꾸밈새. ② (검도, 유도에서)자세. ③ 준비. 대비. 태세. ④ 漢字部首의 이름.
構えて〔かまえて〕① 명심하고. 준비하고. 대비하고. ② 결코. 반드시.

連濁音에 注意

気構え〔きがまえ〕마음의 준비.
面構え〔つらがまえ〕얼굴의 생김새.
門構え〔もんがまえ〕① 대문을 세움. ② 漢字 部首의 하나(間, 間등의 '門'의 명칭).
身構え〔みがまえ〕몸가짐 태세.

音 読

構内〔こうない〕구내. 구역 안.
構図〔こうず〕구도. 구성된 도형.
構文〔こうぶん〕구문. 문장의 구성.
構想〔こうそう〕구상. 생각을 얽어 놓음.
構成〔こうせい〕구성. 짜 맞춤. 조립.
構外〔こうがい〕구외. 구역 밖.
構造〔こうぞう〕구조. 기계, 조직의 짜임새.
構築〔こうちく〕구축. 쌓아 올림.

〔駆〕 풀：몰 구. 달릴 구. 쫓아낼 구.
音：**ク**
訓：① **かる** ② **かける**

❶ **駆る**〔かる〕(他5) ① 몰다. 쫓다. ②급히 달리다. ③강제로 시키다. 권하여 참가시키다. ④ (수동형이 되어) (감정에 마음이 강하게) 사로잡히다.
駆り立てる〔かりたてる〕(他下1) 휘몰다. 몰아 세우다(대다).
駆り集める〔かりあつめる〕(他下1)급히 사방에서 끌어 모으다. 동원하다.
駆り催す〔かりもよおす〕(他5) 끌어 모으다.
駆り出す〔かりだす〕(他5) ① 끌어 내다. ② 동원하다.
❷ **駆ける**〔かける〕(自下1)(사람, 말 등이 전속력으로)달리다. 뛰다.
駆けっくら〔かけっくら〕⇨**駆けっこ**
駆けっこ〔かけっこ〕달리기. 경주. 뜀박질.
駆け競べ〔かけくらべ〕달음박질. 경주.
駆け寄る〔かけよる〕(自5) 달려들다.
駆け落ち〔かけおち〕(눈 맞은 남녀가 몰래 다른 곳으로 달아나는)사랑의 도피.
駆け抜ける〔かけぬける〕(自下1) ① 뛰어서 앞지르다. ② 달려 빠져 나가다.
駆け付け〔かけつけ〕급히 달려 옴.
駆け付ける〔かけつける〕(自下1) 급히 달려 (오)가다.
駆け巡る〔かけめぐる〕(自5) 뛰어 돌다.
駆け引き〔かけひき〕① (싸움터에서) 임기응변의 진퇴. ① (売買에서)임기 응변의 술책. 흥정. 상술.
駆け込き〔かけこみ〕① 뛰어듦. ②늦지 않으려고 허둥거리는 일.
駆け込み寺〔かけこみでら〕바람난 남편이나 강제 결혼에 시달린 끝에 도망온 여자를 도와 안전하게 숨겨 주는 특권을 가졌던 절.
駆け込む〔かけこむ〕(自5) 뛰어들다.
駆け足〔かけあし〕① 뛰어감. 구보. ② 말을 달리게 함.
駆け出し〔かけだし〕① 첫 발. ② 신출나기
駆け出す〔かけだす〕(自5) ①뛰기 (달리기)시작하다 ② 뛰쳐 나가다.
駆け通し〔かけどおし〕내쳐 달림.
駆け回る〔かけまわる〕(自5) (이리저리), 뛰어다니다. 싸다니다. 이리 뛰고 저리 뛰고 하다.
駆けずり回る〔かけずりまわる〕(自5)여기저기 뛰어다니다. 이리 뛰고 저리 뛰고 하다.

連濁音에 注意

抜け駆け〔ぬけがけ〕남 모르게 앞질러행함.
先駆ける〔さきがける〕(自下1) 앞서다. 앞장서다.
朝駆け〔あさがけ〕① 아침 일찍 말을 달림. ② (특히 신문기자가 취재차) 아침 일찍 떠남.

音 読

駆動装置〔くどうそうち〕구동 장치.
駆使〔くし〕구사. 자유 자재로 부림.
駆除〔くじょ〕구제. 몰아 내어 없애 버림.
駆逐艦〔くちくかん〕구축함. 魚雷를 주요 병기로 하여 적의 主力艦, 잠수함을 격파하는 속력이 빠른 소형 군함.
駆虫〔くちゅう〕구충. 기생충을 구제(駆除)함.

〔駈〕 풀：몰 구. 달릴 구.
音：
訓：① **かる** ② **かける**

❶ **駈る**〔かる〕(他5) ① 몰다. 쫓다. ② (급히)달리다. ③ 강제로 시키다. 강권하다. =駆る〜
❷ **駈ける**〔かける〕(自下1) (사람, 말 등이)전속력으로 달리다. 뛰다.
駈け寄る〔かけよる〕(自5) 달려들다.
駈け落ち〔かけおち〕사랑의 도피.
駈け抜ける〔かけぬける〕(自下1) ① 뛰어서 앞지르다. ② 달리어 빠져나가다.
駈け付け〔かけつけ〕급히 (달려)옴.

駈け付ける〔かけつける〕(自下1) 급히 달려 가(오)다.
駈け引き〔かけひき〕① 임기 응변의 술책. ② 임기 응변의 진퇴(進退).
駈け込み〔かけこみ〕뛰어 듦. 시간에 늦지 않으려고 허둥댐.
駈け込む〔かけこむ〕(自5) 뛰어들다.
駈け足〔かけあし〕① 뛰어감. 구보, ② 말을 달리게 함. 말을 뛰어가게 함.
駈け出し〔かけだし〕① 첫 발. 시작. ②신출나기.
駈け出す〔かけだす〕(自5) ① 뛰기 시작하다. ② 뛰쳐 나가다.
駈け回る〔かけまわる〕(自5) 이리 뛰고 저리 뛰고 하다. 싸다니다.

〔駒〕 풀 : 망아지 구.
音 : **ク**
訓 : **こま**

駒〔こま〕① 망아지. ② (장기의)말.③(물건사이에 끼우는)끼움목 나무.
駒落ち〔こまおち〕(장기에서)상수가 어떤 말을 떼어 놓고 둠.
駒除け〔こまよけ〕말이 도망치거나 들어오는 것을 막기 위해 두른 木柵.
駒鳥〔こまどり〕울새.
駒組(み)〔こまぐみ〕(장기에서)말을 벌여 놓음.
駒下駄〔こまげた〕딴 굽을 달지 않고 통나무를 깎아 만든 왜나막신.
駒絵〔こまえ〕작은 삽화.

〔購〕 풀 : 살(買) 구.
音 : **コウ**
訓 : **あがなう**

購う〔あがなう〕(他5) ① 구입하다. 사들이다. ② 현상을 걸고 구하다.

音 読

購求〔こうきゅう〕사 들임.
購読〔こうどく〕구독. 사서 읽음.
購買〔こうばい〕구매. 사들임.
購入〔こうにゅう〕구입. 사들임.

【국】

〔局〕 풀 : 쪽(部) 국. 판 국. 시절 국.
音 : **キョク**
訓 : **つぼね**

局〔つぼね〕① 궁전 안에 따로따로 간막이 한 방. 또는 그 방을 가진 궁녀. ② 창녀의 계집종이 거처하는 방.

音 読

局〔きょく〕국. ① 한 부분. ②판국(版局) ③ (장기, 바둑의)판.
局する〔きょくする〕(自他サ) ① (등을)구부리다. ② 국한하다. 제한하다.
局内〔きょくない〕국내. 한 局의 안.
局面〔きょくめん〕① 바둑, 장기의 승부의 형세. ② 일이 진행되어 가는 형세.
局部〔きょくぶ〕국부. ① 한 부분. ② 陰部.
局所〔きょくしょ〕국소. ① 신체의 일부분. ② 陰部. 局部.
局外〔きょくがい〕국외. ① 관할 외. ② 그 일에 관계 없는 처지.
局地〔きょくち〕국지. 한정된 일정한 지역.
局限〔きょくげん〕국한. 어떤 부분에만 한정됨. 범위를 한정함.

〔国〕 풀 : 나라 국. 고향 국.
音 : ① **コク** ② **ゴク** ③ **コッ**
訓 : **くに**

国〔くに〕① 나라. ② 지역. ③ 고향. ④ 구획.
国境〔くにざかい : こっきょう〕국경.
国構え〔くにがまえ〕한자 부수의 하나. 에운 담(国, 因 등의 '口'의 이름).
国国〔くにぐに〕여러나라. 많은 나라.
国隣〔くにどなり〕이웃 나라. 인접국.
国柄〔くにがら〕① 그 나라의 특질. ② 국가의 성립 사정. ③ 領地의 상태.
国所〔くにどころ〕태어난 고향.
国続き〔くにつづき〕나라와 나라가 인접해 있음.
国言葉〔くにことば〕① 지방 사투리. 방언. ② 나라 말. 국어.
国原〔くにはら〕넓은 국토.
国人〔くにびと〕① 그 지방의 주민. ② 국민.
国入り〔くにいり〕領主가 자기의 領地에, 무사가 主君의 領地에 감.
国者〔くにもの〕① 지방 사람. 시골 사람. ② 동향인.
国自慢〔くにじまん〕고향 자랑. 향토자랑.
国争い〔くにあらそい〕① 정권을 노리는 싸움. ② 나라와 나라 사이의 싸움. ③ 領地와 領地의 싸움.
国造〔くにのみやつこ〕옛적에 세습으로 한 지방을 다스리던 豪族.
国酒〔くにざけ〕그 지방에서 나는 술.
国持ち〔くにもち〕(武家時代에)一国이상의 영토를 갖는 것.
国尽(し)〔くにづくし〕옛 일본의 66지방의 이름을 외우기 쉬운 문구로 나열해 만든 기사.
国津〔くにつ〕① 이 지상(국토)의 ② 그 지방의.
国風〔くにぶり〕① 나라의 사정. ② 각 지방의 풍속이나 민요.
国許〔くにもと〕① 출생지. 고향. ② 본국. 領地.
国訛(り)〔くになまり〕지방 사투리. 시골 말.
国廻り〔くにめぐり〕여러나라(지방)을 돌아다님.
国詰〔くにづめ〕江戸시대에 諸候가 자기 領地에, 또는 家臣이 主君의 領地에 있는 일.

連濁音에 注意

国国〔くにぐに〕여러나라. 많은나라.

島国〔しまぐに〕섬 나라.
山国〔やまぐに〕산이 많은 지방.
雪国〔ゆきぐに〕눈이 많이 오는 지방.

音読 1

国軍〔こくぐん〕국군. 나라의 군대.
国技〔こくぎ〕국기. 한 나라가 특별히 가지거나 장려하는 무예.
国難〔こくなん〕국난. 나라의 재난.
国道〔こくどう〕국도. 나라에서 관리하는 중요한 도로. 일등 도로.
国内〔こくない〕국내. 나라 안.
国力〔こくりょく〕국력. 나라의 힘.
国連〔こくれん〕국련. 국제연합. 유우엔.
国論〔こくろん〕국론. 국내의 公論.
国利〔こくり〕국리. 국가의 이익.
国立〔こくりつ〕국립. 나라에서 세움.
国務〔こくむ〕국무. 나라의 政務.
国文〔こくぶん〕국문. 한 나라의 국어로 쓰이는 문장.
国民〔こくみん〕국민. 국가를 조직한 백성.
国防〔こくぼう〕국방. 국가의 방비.
国法〔こくほう〕국법. 나라의 법률.
国宝〔こくほう〕국보. 나라의 보물(보배).
国富〔こくふ〕국부. 나라의 재력.
国費〔こくひ〕국비. 国庫에서 지출하는 경비.
国賓〔こくひん〕국빈. 국가적인 대우를 받는 외국 사람.
国史〔こくし〕국사. 한 나라의 역사.
国事〔こくじ〕국사. 정치에 관한 일.
国産〔こくさん〕국산. 자기나라의 생산품.
国喪〔こくそう〕국상. 국민 전체의 服喪.
国璽〔こくじ〕국새. 국가를 표시하는 印障.
国税〔こくぜい〕국세. 국민에게 부과하는 세금.
国勢〔こくせい〕국세. 나라의 형편, 세력.
国粋〔こくすい〕국수. 나라의 전통적인 장점.
国是〔こくぜ〕국시. 확정되어 있는 한 나라의 방침.
国語〔こくご〕국어. 한 나라의 말.
国営〔こくえい〕국영. 국가가 경영함.
国外〔こくがい〕국외. 나라의 밖.
国辱〔こくじょく〕국욕. 나라의 치욕.
国威〔こくい〕국위. 나라의 위세.
国有〔こくゆう〕국유. 나라의 소유.
国賊〔こくぞく〕국적. 국가에 해를 끼치는 놈.
国籍〔こくせき〕국적. 일정한 국가의 구성원이 되는 자격.
国定〔こくてい〕국정. 나라에서 제정한 것.
国政〔こくせい〕국정. 국가의 政事.
国情〔こくじょう〕국정. 나라의 정세, 형편.
国際〔こくさい〕국제. 국가 사이의 관계.
国債〔こくさい〕국채. 국가의 채무. 채권.
国策〔こくさく〕국책. 국가의 정책.
国体〔こくたい〕국체. ① 나라의 체면. ② 국가의 성립상태. ③ 国民体育大会의 준말.
国土〔こくど〕국토. 국가의 영토.
国風〔こくふう〕국풍. 그 나라의 특유한 풍속.
国憲〔こくけん〕국헌. 국가의 헌법.
国号〔こくごう〕국호. 나라의 칭호.

音読 2

南国〔なんごく〕남국. 남쪽나라.
当国〔とうごく〕이 나라.
東国〔とうごく〕① 동방의 나라. ② 関東地方.
本国〔ほんごく〕본국. ① 자기나라. ② 식민지가 아닌 본래의 영토. ③ 고향.
遠国〔おんごく〕원국. 먼 나라. 먼 지방.
戦国〔せんごく〕전국. 전쟁으로 몹시 어지러워진 세상.
天国〔てんごく〕천국. 하늘나라.

音読 3

国家〔こっか〕국가. 나라.
国境〔こっきょう；くにざかい〕국경.
国慶〔こっけい〕국경. 나라의 경사.
国庫〔こっこ〕국고. 국가 소유의 현금을 출납；보관하는 기관.
国交〔こっこう〕국교. 국가 사이의 교제.
国教〔こっきょう〕국교. 그 나라의 종교.
国権〔こっけん〕국권. 나라가 행하는 권력.
国旗〔こっき〕국기. 그 나라의 표지로 제정한 기(旗).

〔菊〕

풀：국화 국.
音：① キク ② キッ.
訓：

音読 1

菊〔きく〕(가을에 피는) 국화.
菊見〔きくみ〕국화를 바라보며 즐기는 것.
菊の宴〔きくのえん〕음력 9월 9일 일본 궁중에서 베풀던 국화를 감상하는 잔치.
菊日和〔きくびより〕국화꽃이 필 무렵의 좋은 가을 날씨.
菊作り〔きくづくり〕국화를 재배하는 것.
菊の節句〔きくのせっく〕음력 9월 9일의 重陽의 명절.
菊判〔きくばん〕국판. ① 인쇄 용지의 치수 세로 93cm 가로63cm의 것. ② 책 모양의 크기. 국판 용지를 16절로 한 크기의 책.
菊形〔きくがた〕국화 모양.

音読 2

菊花〔きっか〕① 국화. ② 국화꽃 무늬.

連濁音에 注意

野菊〔のぎく〕들국화.
残菊〔ざんぎく〕잔국. 늦가을에서 초겨울까지 피어있는 국화.
除虫菊〔じょちゅうぎく〕제충국.
寒菊〔かんぎく〕한국. 늦가을부터 겨울에 걸쳐 핌.

【군】

〘君〙 풀：임금 군. 자네 군. 그대 군.
音：クン
訓：きみ

君〔きみ〕①자네. 너. 그대. ②국왕. 임금〔くん〕군. 친구나 손아랫사람의 이름에 붙이는 말. 木村～：기무라 군.
君が代〔きみがよ〕①임금의 治世. ②日本의 국가(国歌).

連濁音에 注意

大君〔おおぎみ〕천황, 諸王, 親王의 높임말.
母君〔ははぎみ〕(상대방)어머니의 높임말.
父君〔ちちぎみ〕(상대방)아버지의 높임말. 아버님.
姫君〔ひめぎみ〕귀인의 딸의 높임말. 아가씨.

音　読

君臨〔くんりん〕군림. ①君主로서 그 나라를 거느려 다스림. ②그 방면에서 권위가 가장 높은 자리에 섬.
君臣〔くんしん〕군신. 임금과 신하.
君子〔くんし〕군자. ①학식과 덕행이 높은 사람. ②고관, 고위에 있는 사람.
君主〔くんしゅ〕군주. 왕국의 임금.

〘軍〙 풀：군사 군.
音：グン
訓：

軍〔ぐん〕군. ①군사. ②軍部. ③전쟁.
〔いくさ〕싸움. 전쟁.
軍歌〔ぐんか〕군가. 군대의 사기를 돋우기 위하여 부르는 노래.
軍犬〔ぐんけん〕군견. 군용견(軍用犬).
軍管区〔ぐんかんく〕군관구. 군의 관할구역.
軍国〔ぐんこく〕군국. 軍事가 주된 국가.
軍紀〔ぐんき〕군기. 군대의 규율.
軍旗〔ぐんき〕군기. 부대의 표상이 되는 기.
軍機〔ぐんき〕군기. 군사 기밀.
軍団〔ぐんだん〕군단. 두 개 이상의 사단으로 구성되는 군대.
軍隊〔ぐんたい〕군대. 장병의 집단.
軍刀〔ぐんとう〕군도. 군인이 차는 칼.
軍糧〔ぐんりょう〕군량. 군대의 양식.
軍牧〔ぐんぼく〕군목. 従軍牧師.
軍務〔ぐんむ〕군무. 군사에 관한 직무.
軍民〔ぐんみん〕군민. 군인과 민간인.
軍配〔ぐんばい〕①군대를 지휘하는 것. ②(일본 씨름에서)이긴 편에 올리는 심판의 판정.
軍閥〔ぐんばつ〕군벌. ①군인의 파벌. ②군을 중심으로 한 정치세력.
軍法〔ぐんぽう〕군법. 군대의 형벌.
軍服〔ぐんぷく〕군복. 군인의 제복.
軍部〔ぐんぶ〕군부. 군사의 일를 맡아보는 모든 기관.
軍備〔ぐんび〕군비. 전쟁 준비.
軍費〔ぐんぴ〕군비. 군사에 사용되는 비용.
軍事〔ぐんじ〕군사. 군대에 관한 일.
軍勢〔ぐんぜい〕군대의 위력. 병력.
軍属〔ぐんぞく〕군속. 민간인으로 군무에 종사하는 사람.
軍需〔ぐんじゅ〕군수. 군사상에 필요한 물자.
軍楽隊〔ぐんがくたい〕군악대
軍用〔ぐんよう〕군용. 군사용.
軍医〔ぐんい〕군의. 군에 소속된 의사.
軍人〔ぐんじん〕군인. 장병의 총칭.
軍裁〔ぐんさい〕군재. 군사 재판.
軍縮〔ぐんしゅく〕군축. 군비 축소.
軍艦〔ぐんかん〕군함. 해군 함정의 총칭.
軍港〔ぐんこう〕군항. 군사상의 항구.
軍靴〔ぐんか〕군화. 군인용의 구두.

〘郡〙 풀：고을 군.
音：グン
訓：

郡〔ぐん〕군. 행정 구역의 하나.
郡部〔ぐんぶ〕군부. 군에 속하는 부분.
郡史〔ぐんし〕군사. 군의 역사.

〘群〙 풀：무리 군. 떼 군.
音：グン
訓：①むら ②むらがる ③むれ ④むれる

❶群〔むら〕무리. 떼. 숲.
〔ぐん〕무리. 떼.
群立つ〔むらだつ〕(自5) 떼지어 날다.
群雀〔むらすずめ〕참새 떼.
群竹〔むらたけ〕숲을 이룬 대나무.
群千鳥〔むらちどり〕떼지은 물떼새.
❷群がる〔むらがる〕(自5)떼지어 모이다.
群がり〔むらがり〕떼를 지음. 떼. 무리.
❸群れ〔むれ〕떼. 무리.
❹群れる〔むれる〕(自下1)떼를 짓다.

音　読

群〔ぐん〕떼. 무리. ～を抜く：뛰어나다.
群居〔ぐんきょ〕군거. 떼를 지어 삶.
群鶏〔ぐんけい〕군계. 닭의 무리.
群島〔ぐんとう〕군도. 불규칙하게 모여 있는 크고 작은 섬들.
群舞〔ぐんぶ〕군무. 떼를 지어 춤을 춤.
群像〔ぐんぞう〕군상. 많은 사람들.
群棲〔ぐんせい〕군서. 떼지어 삼.
群小〔ぐんしょう〕군소. 많이 모여있는 작은 것들.
群雄〔ぐんゆう〕군웅. 많은 호걸.
群衆〔ぐんしゅう〕군중. 떼를지어 모인 집단.
群集〔ぐんしゅう〕군집. 떼를 지어 모임.
群青〔ぐんじょう〕군청. 광택이 나는 짙은 남청색의 광물성 안료.

【굴】

〘屈〙 풀：굽을 굴.
音：①クツ ②クッ
訓：①かがむ ②かがまる ③かがめる

❶屈む〔かがむ〕(自5) ①구부러지다. 굽다. ②굽히다. 구부리다. ③웅크리다.

● 屈まる〔かがまる〕(自5) 구부러지다. 웅크리다.
◐ 屈める〔かがめる〕(他下1) 구부리다. 굽히다.

音読 1

屈辱〔くつじょく〕굴욕. 남에게 굴복당하여 치욕을 받음.
屈従〔くつじゅう〕굴종. 제 뜻을 굽혀 복종함.

音読 2

屈する〔くっする〕(自他サ) ①굽히다. 구부리다. ②꺾다. 굴복시키다. ③꺾이다. 굴복하다.
屈強〔くっきょう〕굴강. 아주 썩 셈.
屈曲〔くっきょく〕굴곡. 이리저리 굽어 꺾임.
屈伏〔くっぷく〕굴복. 머리를 굽히어 꿇어 엎드림.
屈服〔くっぷく〕굴복. 힘에 굴하여 항복함.
屈折〔くっせつ〕굴절. 꺾이어서 휨.
屈指〔くっし〕굴지. 손가락을 꼽을 만큼 뛰어남.
屈託〔くったく〕①거북해 함. 꺼림칙하게 여겨 걱정함. ②진절머리. 지쳐서 진력냄.

〔掘〕 풀:팔 굴. 音:①クツ ②クッ 訓:ほる

掘る〔ほる〕(他5) ①땅을 파다. ②구멍을 뚫다. ③캐다. ④파내다.
掘(り)抜き(井戸)〔ほりぬきいど〕땅을 깊이 파서 地下水를 솟게 한 우물.
掘(り)切(り)〔ほりきり〕땅을 파서 낸 水路.
掘(り)井戸〔ほりいど〕땅을 파서 만든 우물.
掘り出す〔ほりだす〕(他5) ①파내다. ②뜻밖에 진귀한 것을 찾아내다(입수하다).
掘(り)出し物〔ほりだしもの〕우연히 얻은 진귀한 물건. 의외로 싼 물건.
掘(り)下げる〔ほりさげる〕(他下1) ①파내려가다. ②(사물을) 깊이 파고들다.
掘(り)割(り)〔ほりわり〕파서 만든 水路.

音読 1

発掘〔はっくつ〕발굴. 땅속에 묻혀있는 물건을 파냄.
採掘〔さいくつ〕채굴. 땅을파서 광물 등을 파냄.

音読 2

掘進〔くっしん〕굴진. (흙, 석탄 등을) 파 나감.
掘削 : 掘鑿〔くっさく〕굴착. 땅 파 뚫음.

〔堀〕 풀:팔 굴. 구멍 굴. 굴 굴. 音: 訓:ほり

堀〔ほり〕①도랑. ②성 둘레에 물이 괴거나 흐르게 한곳.
堀江〔ほりえ〕땅을 파서 물을흐르게 한 강
堀端〔ほりばた〕도랑 옆. 도랑 가.
堀川〔ほりかわ〕땅을 파서 물을 흐르게 한 강. ⇨堀江.

〔窟〕 풀:구멍 굴. 움(土室) 굴. 音:クツ 訓:いわや

窟〔いわや〕①암굴(岩窟). ②바위굴 집.
窟居〔くっきょ〕굴거. 바위굴에서 삶.
窟穴〔くっけつ〕굴혈. 구멍. 굴.

【궁】

〔弓〕 풀:활 궁. 音:キュウ 訓:①ゆみ ②ゆん

● 弓〔ゆみ〕활. ～を引く; 활을 당기다. 배반하다. 반역하다.
弓なり〔ゆみなり〕활과 같이 굽은 형상.
弓矢〔ゆみや〕①활과 화살. ②무기. ③전쟁.
弓引く〔ゆみひく〕(自5) ①활을 쏘다. ②배반하다. 반역하다. 반항하다.
弓張り〔ゆみはり〕활 메우는 일.
　～月〔～づき〕활 모양의 上, 下弦달.
　～提燈〔～ぢょうちん〕활 모양으로 굽은 대막대기 아래위 양끝에 걸게 된 초롱.
弓取(り)〔ゆみとり〕①활을 손에 듬. 또, 그사람. ②활을 잘 쏘는 사람. 武士.
弓偏〔ゆみへん〕漢字部首의 하나. 활궁변.
弓形〔ゆみがた : きゅうけい〕궁형. 활 모양

訓読 2

弓勢〔ゆんぜい〕활을 쏘는 힘.
弓手〔ゆんで〕①(활 잡는) 왼손. ②왼쪽.
弓杖〔ゆんづえ〕①활을 지팡이 삼아 짚음. ②활의 길이.

音読

弓道〔きゅうどう〕궁도. 궁술에서 지켜야 할 도의와 궁술을 연마하는 것.
弓状〔きゅうじょう〕활모양. 弓形.
弓術〔きゅうじゅつ〕궁술. 활을 쏘는 기술.

〔宮〕 풀:집 궁. 궁궐 궁. 音:①キュウ ②ク ③グウ 訓:みや

宮〔みや〕①신사(神社). ②임금이 기거하는 곳. ③황족의 높임말.
宮居〔みやい〕①神社가 있는 곳. ②궁성.
宮家〔みやけ〕황족(皇族)의 집안.
宮大工〔みやだいく〕神社, 절, 궁전등의 건축을 전문으로 하는 목수.
宮腹〔みやばら〕皇女의 소생.
宮仕え〔みやづかえ〕①궁중 또는 귀인 밑에서 일함. ②벼슬살이. ③고용살이. 월급장이 노릇.
宮司〔みやづかさ〕옛날 궁중일을 맡아보던 관청.
宮寺〔みやでら〕神仏를 함께 모신 절.
宮相撲〔みやずもう〕神社의 境内에서 하는

씨름.
宮城〔きゅうじょう〕궁성. ①천황이 사는 곳. ②궁궐을 싸고 있는 성벽.
〔みやぎ〕日本 東北지방 동부에 있는 県. 県庁소재지는 仙台(せんだい).
宮守り〔みやもり〕궁을 지킴. 궁지기.
宮巡り〔みやめぐり〕神社를 순례함.
宮芝居〔みやしばい〕神社의 축제 때 境内에서 흥행하는 연극.
宮様〔みやさま〕皇族을 경애하여 부르는 말.
宮人〔みやびと〕①벼슬아치. ②神에 봉사하는 사람. 神官.
宮柱〔みやばしら〕궁전의 기둥.
宮参り〔みやまいり〕남자아이는 3살과 5살, 여자아이는 3살과 7살 되는 해에 그해의 11월 15일에 고운 옷을 입혀 그 고장 수호신에게 참배시키는 일.
宮号〔みやごう〕宮(みや)의 칭호.

音 読 1

宮闕〔きゅうけつ〕궁궐. 임금이 사는 집.
宮城〔きゅうじょう〕궁성. 천황이 거하는 곳.
宮殿〔きゅうでん〕궁전. 임금이 거하는 집.
宮庭〔きゅうてい〕궁정. 궁성 안의 마당.
宮中〔きゅうちゅう〕궁중. 궁전 안.

音 読 2

宮内庁〔くないちょう〕궁내청. 황실에 관한 사무를 맡아보는 관청.

音 読 3

宮司〔ぐうじ〕神社의 제사를 맡은 神官.
東宮〔とうぐう〕동궁. 황태자.
竜宮〔りゅうぐう〕용궁. 바닷속의 궁전.
神宮〔じんぐう〕신궁. ①신을 모신 궁. ②격식이 높은 神社의 칭호.
新宮〔しんぐう〕본래의 神宮에서 神霊을 옮겨 모신 새로운 神社.
行宮〔あんぐう〕행궁. 왕이 여행할 때의 임시 궁전.

〘窮〙 풀：막힐 궁. 다할 궁. 가난 궁.
音：**キュウ**
訓：①**きわまる** ②**きわめる**

❶窮まる〔きわまる〕(自5) ①극히…하다. ②…하기 짝이 없다. ③끝나다. 다하다. ④…이 최상이다. ⑤(곤란한 처지에) 빠지다.
窮まり〔きわまり〕궁극. 종국. 마지막. 끝.
窮まり無い〔きわまりない〕한이(짝이) 없다. 不健全～：불건전하기 짝이 없다.
❷窮める〔きわめる〕(他下1) ①극에 다다르다. ②더없이 …하다. ③깊이 연구하다. ④알아내다. 끝까지 밝히다. ⑤몹시 …하다.
窮め尽くす〔きわめつくす〕(他5) ①남김없이 다하다. ②철저히 연구(조사)하다.

音 読

窮する〔きゅうする〕(自サ) 궁하다. 변통할 수가 없다.
窮境〔きゅうきょう〕궁경. 난처한 입장.
窮屈〔きゅうくつ〕거북함. 불편함. 옹색함.
窮極〔きゅうきょく〕궁극. 한도나끝에 이름.
窮迫〔きゅうはく〕궁박. 몹시 곤궁함.
窮状〔きゅうじょう〕궁상. 곤궁한 상태.
窮余〔きゅうよ〕궁여. 매우 궁박한 나머지 ～の一策(いっさく)：궁여지책.
窮鳥〔きゅうちょう〕궁조. ①쫓기어 곤경에 빠진 새. ②쫓기는 사람.
窮乏〔きゅうぼう〕궁핍. 몹시 가난함.

【권】

〘券〙 풀：문서 권.
音：**ケン**
訓：

券面〔けんめん〕권면. ①증권에 금액이 쓰여진 겉면. ②증권에 쓰여진 금액.
旅券〔りょけん〕여권. 외국 여행을 허가하고 그 신분을 증명하는 문서.
証券〔しょうけん〕증권. ①수표. ②株券, 公債, 社債 등의 총칭. 유가증권.

〘巻〙 풀：굽을 권. 책 권.
音：①**カン** ②**ガン** ③**ケン**
訓：①**まく** ②**まき**

❶巻く〔まく〕(自他5) ①감다. 말다. ②소용돌이치다. ③싸다. 둘러싸다. ④(나사못을) 틀어서 죄다. ⑤管(くだ)を～：술이 취해 혀꼬부라진 소리를 하다.
巻(き)タバコ〔まきタバコ〕궐련. 담배.
巻き起(こ)す〔まきおこす〕(他5) (어떤 일이 계기가 되어 예상 밖의 일을) 일으키다.
巻き落(と)す〔まきおとす〕(他5) (씨름에서) 맞잡은 채로 상대방이 밀어오는 것을 상대방의 허리를 안고 오른편 또는 왼편으로 감듯이 돌려 넘기다.
巻(き)網〔まきあみ〕고기 떼를 둘러 싸서 잡는 그물. 주망(周網).
巻(き)物〔まきもの〕①두루마리. ②둥글게 만 초밥.
巻き返す〔まきかえす〕(他5) ①되감다. ②반격하다.
巻き付く〔まきつく〕(自5) 감기다. 휘감기다.
巻き上げる〔まきあげる〕(他下1) ①말아올리다. 감아 올리다. ②빼앗다. 우려내다.
巻き線〔まきせん〕코일. コイル.
巻(き)舌〔まきじた〕혀 끝을 마는 듯이 힘차게 발음하는 語調.
巻き狩り〔まきがり〕몰이 사냥.
巻き上げる〔まきあげる〕(他下1) ①말아올리다. 감아 올리다. ②빼앗다. 우려내다.
巻(き)煙草〔まきタバコ〕궐련. 담배.
巻(き)雲〔まきぐも〕권운. 새털구름.
巻き込む〔まきこむ〕(他5) ①말려들게 하

다. ②휩쓸리게 하다. ③끌어 넣다.
巻(き)尺〔まきじゃく〕줄자. 권척.
巻(き)添え〔まきぞえ〕남의 사건에 말려들어 골탕을 먹음. 연결.
巻(き)取(り)紙〔まきとりし〕(신문 인쇄에 쓰는) 큰 두루마리 종이.
巻(き)貝〔まきがい〕고둥(소라. 우렁이 등)
❷巻〔まき〕①서화의 두루마리. ②서적. ③서적의 구분. 권. ④감은 것.
巻物〔まきもの〕①두루마리. ②만 초밥.
巻紙〔まきがみ〕①두루마리. ②마는 종이.

音 読 1

巻頭〔かんとう〕권두. 책의 첫머리.
巻頭言〔かんとうげん〕권두언. 머리말.
巻末〔かんまつ〕권말. 책의 끝.

音 読 2

万巻〔まんがん〕많은 책. ～の書：많은 책.

音 読 3

席巻〔せっけん〕석권. 돗자리를 말아 감듯이 세차게 차례로 침략함.

〖倦〗
풀：게으를 권.
音：ケン
訓：うむ

倦む〔うむ〕(自5) 싫증나다. 지치다.

音 読

倦厭〔けんえん〕권염. 권태가 생겨 염증이 남. 싫어짐.
倦怠〔けんたい〕권태. 싫증이 나서 게을러짐. 탐탁한 맛이 없어져 싫증을 느낌.

〖拳〗
풀：주먹 권.
音：①ケン ②ゲン
訓：こぶし

拳〔こぶし〕주먹.

音 読 1

拳〔けん〕①주먹. ②(태권도 등의) 권법. ③(손, 손가락등으로) 여러 모양을 만들어 승부를 다투는 놀이.
拳固〔けんこ〕주먹.
拳拳〔けんけん〕삼가 받들어 지님.
拳法〔けんぽう〕권법. 당수. 태권도.

音 読 2

拳骨〔げんこつ〕주먹.

〖捲〗
풀：거둘 권. 주먹 불끈 쥘 권.
音：ケン
訓：①まく ②まくる

❶捲く〔まく〕(自他5) ①감다. 말다. ②싸다. 포장하다. ③(돌려서) 죄다.
捲き上げる〔まきあげる〕(他下1) ①감아올리다. ②빼앗다. 우려내다.
捲き雲〔まきぐも〕권운. 새털구름.
捲き込む〔まきこむ〕(他5) ①말려들게 하다. ②휩쓸리게 하다. ③(사건에) 끌어넣다.
❷捲る〔まくる〕(他5) ①(옷자락을) 걷어 올리다. ②(달력을) 넘기다. ③(動詞 連用形에 접속하여) 마구(상하게)…하다. 계속 …하다.

捲り〔まくり〕①걷어 올림. ②(붙인 그림이나 글을) 떼는 일.

〖圏〗
풀：범위 권.
音：ケン
訓：

圏内〔けんない〕권내. 범위 안. 테두리 안.
圏点〔けんてん〕권점. 글자 옆에 찍는 동그라미.(뜻을 강조하기 위한 것)
圏外〔けんがい〕권외. 둘레 밖. 범위 밖.

〖勧〗
풀：권할 권
音：カン
訓：すすめる

勧める〔すすめる〕(他下1) 권하다. 권고하다. 권장하다.
勧め〔すすめ〕권고. 권장. 권함.

音 読

勧告〔かんこく〕권고. 하도록 권함.
勧善懲悪〔かんぜんちょうあく〕권선 징악. 착한 것을 권하고 악한 것을 징계함.
勧業〔かんぎょう〕권업. 산업을 장려함.
勧誘〔かんゆう〕권유.
勧奨〔かんしょう〕권장. 권하여 장려함.
勧進〔かんじん〕①불교를 권장함. ②절을 설립하기 위하여 기부를 모집하는 일.
勧懲〔かんちょう〕勧善懲悪의 준말.
勧請〔かんじょう〕神仏의 来臨을 빎.
勧学〔かんがく〕권학. 학문을 권장함.
勧化〔かんげ〕①불교를 권장함. ②절이나 부처를 만들기 위하여 기부를 모집함.

〖権〗
풀：권세 권. 저울질할 권.
音：①ケン ②ゴン
訓：

音 読 1

権家〔けんか〕권가. 권세가 큰 집.
権能〔けんのう〕권능. 권력과 능력.
権道〔けんどう〕권도. 임기 응변의 수단.
権度〔けんど〕저울과 자.
〔けんたく〕저울로 무게를 다는 것.
権力〔けんりょく〕권력. 사회적 실력.
権利〔けんり〕권리. ①자격. ②사용권.
権謀術数〔けんぼうじゅっすう〕권모술수.
権柄ずく〔けんぺいずく〕권력을 남용함.
権勢〔けんせい〕권세. 권력과 세력.
権威〔けんい〕권위. 권세와 위력.
権益〔けんえき〕권익. 권리와 이익.
権限〔けんげん〕권한. 권리.
権衡〔けんこう〕권형. ①저울의 추와 저울대. ②균형.

音 読 2

権者〔ごんじゃ〕①神仏이 사람으로 化身하여 나타난 사람.
権殿〔ごんでん〕社殿을 造営, 修理할 때, 임시로 神体를 奉安하는 곳.
権現〔ごんげん〕神仏이 중생을 제도하기 위하여 모습을 바꾸어 일시 나타나는 것.
権化〔ごんげ〕①神仏이 중생을 건지기 위해 인간 세상에 나타나는 것. 化身. ②어떤 抽象的 특질을 구체화 또는 類型化한 것.

【궐】

〔蹶〕 풀：뛸 궐.
音：① ケツ ② ケッ
訓：

❶ **蹶然**〔けつぜん〕궐연. 분기함. 벌떡 일어남.
❷ **蹶起**〔けっき〕궐기. ① 벌떡 일어남. ② 용기를 내어 뜻을 이루고자 함. 분기.

【궤】

〔机〕 풀：책상 궤. 느티나무 궤.
音：キ
訓：つくえ

机〔つくえ〕책상. desk. ～に向かう (공부하기 위해) 책상에 앉다.

連濁音에 注意

勉強机〔べんきょうづくえ〕공부하는 책상
座り机〔すわりづくえ〕앉은뱅이 책상.

音　読

机辺〔きへん〕책상 근처.
机上〔きじょう〕책상 위.
机下〔きか〕책상 밑. (편지에서) 이름 아래 덧붙이는 말.

〔軌〕 풀：수레바퀴 궤.
音：キ
訓：

軌〔き〕궤도(軌道). 길. ～を一にする：방법을 같이하다. 같은 길을 밟다.
軌道〔きどう〕궤도. ① 기차 또는 전차를 운행하기 위한 레일. ② 올바른 길. ③ 天体가 운행하는 일정한 길. ④ ～に乗る：본격화(本格化) 되다.
軌跡〔きせき〕궤적. 주어진 조건에 적합한 点이나 線의 전체를 나타내는 図形. ② 수레바퀴가 지나간 바퀴 자국.
軌条〔きじょう〕기차, 전차 등의 선로. 궤도.

〔跪〕 풀：꿇어 앉을 궤.
音：キ
訓：ひざまずく

跪く〔ひざまずく〕(自5) 무릎을 꿇다. 꿇어 앉다.

音　読

跪拝〔きはい〕궤배. 무릎을 꿇고 비는 것.
跪坐〔きざ〕궤좌. 꿇어 앉음.

〔詭〕 풀：괴이할 궤
音：キ
訓：

詭計〔きけい〕궤계. 거짓 계책.
詭弁〔きべん〕궤변. ① 도리에 맞지 않는 변론. ② 불합리한 이론.
詭策〔きさく〕궤책. 거짓 책략. 적을 속이는 계략.

〔潰〕 풀：무너뜨릴 궤.
音：カイ
訓：① つぶす ② つぶれる.

❶ **潰す**〔つぶす〕(他5) ① 찌부러뜨리다 ② 부수다. 으깨다. ③ 눌러 죽이다. ④ 탕진하다. 없애다. ⑤ 망치다. 손상하다. ⑥ 몹시 놀라다. ⑦ (녹여서) 다른 용도로 쓰다. ⑧ (가축을) 도살하다. 잡다. ⑨ (구멍을) 메우다. (시간을) 때우다. 보내다. ⑩ 엉망으로 만들다. ⑪ 취해 쓰러지도록 술을 먹이다.
潰し〔つぶし〕찌부러뜨림. 으깸. 짓이김.
潰し値段〔つぶしねだん〕제품으로서의 값이 아닌 원료(재료)로서의 값.
❷ **潰れる**〔つぶれる〕(自下1) ① 찌부러지다. ② 깨지다. ③ (눈이) 멀다. ④ (체면이) 없어지다. ⑤ 망하다. ⑥ 망가지다. 못쓰게 되다. ⑦ 엉망이 되다. 과음하여 녹아 떨어지다. ⑧ (목소리가) 잠기다. ⑨ 낭비되다. 허비되다. ⑩ 몹시 놀라다. ⑪ 막히다. 덮이다.

音　読

潰瘍〔かいよう〕궤양. 피부의 점막(粘膜)이 헐어서 짓무르는 것.
潰裂〔かいれつ〕궤열. 헤져 갈라지거나 찢어짐.

【귀】

〔亀〕 풀：① 거북 귀. ② 틀 균. ③ 나라이름 구.
音：キ
訓：かめ

亀〔かめ〕거북이.
亀の甲〔かめのこう〕① 귀갑. 거북의 등딱지. ～より年の功：뭐니뭐니 해도 오래 경험이 소중함. ② 육각형이 상하 좌우로 연속된 무늬.
亀の子〔かめのこ〕① 거북의 새끼. ② ～束子(～だわし) 종려(棕櫚) 섬유로 만든 타원형의 (솔)솔.
亀節〔かめぶし〕작은 가다랭이를 반으로 갈라서 만든 가다랭이포.

音　読

亀甲〔きっこう〕귀갑. ① 거북의 등 딱지. ② 거북 딱지 모양의 육각형이 연속된 무늬.
亀卜〔きぼく〕거북점. 거북의 등을 태워서 점치던 일.
亀裂〔きれつ〕균열. 거북의 등처럼 갈라지는 것.
亀鑑〔きかん〕귀감. 사물의 본보기. 보범.

〔貴〕 풀：귀할 귀.
音：キ
訓：①たっとい とうとい ② たっとぶ とうとぶ

❶ **貴い**〔たっとい：とうとい〕(形) ①귀중하다. 귀하다. 소중하다. ②(신분이) 높다. 고귀하다.

❷ **貴ぶ**〔たっとぶ：とうとぶ〕(他5) 존중하다. 존경하다. 공경하다.

音 読

貴公子〔きこうし〕귀공자. 귀한 집의 자손.
貴金属〔ききんぞく〕귀금속. 金, 銀, 白金 등.
貴婦人〔きふじん〕귀부인. ① 신분이 높은 부인. ② 上流의 부인.
貴賓〔きひん〕귀빈. 귀한 손님.
貴社〔きしゃ〕귀사. 상대편 회사의 높임말.
貴紳〔きしん〕신분이 높은 사람. 貴人.
貴様〔きさま〕동년배 또는 아랫사람을 경멸해서 부르는 말. 너.
貴人〔きじん：きにん〕귀인. 신분이 높은 사람.
貴殿〔きでん〕貴下와 같음.
貴族〔きぞく〕귀족. 신분이 높은 사람들.
貴重品〔きちょうひん〕귀중품. 진귀하고 중요한 물건.
貴地〔きち〕귀지. 상대편이 사는 곳의 높임말.
貴紙〔きし〕귀지. 상대편 신문, 편지를 존대하여 이르는 말.
貴誌〔きし〕귀지. 상대편 잡지를 존대하여 이르는 말.
貴賤〔きせん〕귀천. 부귀와 빈천.
貴下〔きか〕귀하. 상대편의 높임말.
貴顕〔きけん〕귀현. 존귀하고 이름이 높음.
貴兄〔きけい〕귀형. 동년배나 약간 손위인 상대방을 친근하게 부르는 말.

〔鬼〕 풀：귀신 귀.
音：キ
訓：おに

鬼〔おに〕① 귀신. 도깨비. ② 귀신 같은 사람. ③ 매우 무서운 사람(것). ④ 어떤 일에 몹시 열중함. ⑤ 냉혹한 사람. ⑥ 술래. ⑦ 영혼. 망령.
鬼ごっこ〔おにごっこ〕술래 잡기.
鬼ゆり〔おにゆり〕참나리.
鬼遣(い)〔おにやらい〕立春 전날 밤에 (복은 안으로, 악귀는 밖으로)라고 외치면서 볶은 콩을 뿌리고 악귀를 쫓는 행사.
鬼が島〔おにがしま〕옛날, 도깨비가 살고 있었다는 섬.
鬼神〔おにがみ〕(사납고 무서운) 귀신.
〔きしん〕귀신. 유령. 도깨비. 마귀
鬼瓦〔おにがわら〕귀신 모양의 혀가 달린 큰 기와(용마루 끝에 사용).
鬼子〔おにご〕① 귀신 아들. ② 이가 난채 태어난 아이. ③ 부모를 닮지 않은 아이.
鬼将軍〔おにしょうぐん〕무서운 장군.
鬼蜘蛛〔おにぐも〕왕거미.
鬼歯〔おにば〕버드러진 덧니.
鬼婆〔おにばば〕마귀할멈.
鬼火〔おにび〕① 도깨비불. ② 出棺할 때 문 앞에 피워 놓는 불.

音 読

鬼気〔きき〕귀기. ① 귀신이 나올 듯한 무서운 기색. ② 귀신이 붙은 기운.
鬼面〔きめん〕귀면. 귀신의 얼굴.
鬼没〔きぼつ〕귀몰. 귀신처럼 사라짐.
鬼神〔きしん〕귀신. 도깨비. 유령.
〔おにがみ〕(사납고 무서운) 귀신.
鬼才〔きさい〕귀재. 세상에 드물게 뛰어난 재주 있는 사람.
鬼畜〔きちく〕귀축. ① 餓鬼와 畜生. ② 恩義를 모르는 간악한 사람. ③ 残酷한 짓을 하는 사람.
鬼形〔きけい〕귀형. 귀신 같은 모양.

〔帰〕 풀：돌아갈 귀.
音：キ
訓：① かえす ② かえる

❶ **帰す**〔かえす〕(他5) 돌려보내다. 돌아가게하다. 嫁を親元に～：며느리(아내)를 친정으로 돌려 보내다.

❷ **帰る**〔かえる〕(自5) 돌아가다. 돌아오다.

帰り〔かえり〕귀로. 돌아옴. 돌아올 때
帰りがけ〔かえりがけ〕돌아오는(가는) 길.
帰りなん〔かえりなん〕이제 (고향으로) 돌아가자.
帰り道〔かえりみち〕귀로(帰路). 돌아가(오)는 길.
帰り新参〔かえりしんざん〕(그만둔 사람이) 다시 돌아와서 일함. 또는 그 사람.
帰り支度〔かえりじたく〕돌아갈 채비(준비).
帰り車〔かえりぐるま〕돌아가는 빈 택시.

連濁音에 注意

里帰り〔さとがえり〕결혼 후 여자가 처음으로 가는 친정 나들이.
日帰り〔ひがえり〕당일치기 왕복. 하루에 왕복. ～の旅行：당일치기 여행.

音 読

帰する〔きする〕(自他サ) ① 귀착되다. 돌아가다. …으로 끝나다. 無に～：무로 돌아가다. ② 돌리다. 탓으로 하다. 罪を他人に～；죄를 남에게 돌리다. ③ 귀결되다. ～所；귀결 되는 바. 결국.
帰結〔きけつ〕귀결. 끝이 맺어짐. 결론.
帰京〔ききょう〕귀경. 수도(首都)로 돌아옴. 또는 돌아 감.
帰国〔きこく〕귀국. 자기 나라로 돌아 옴. 또는 돌아 감.
帰納〔きのう〕귀납. 여러 구체적인 사실로부터 일반적인 원리를 유도해 냄.
帰農〔きのう〕귀농. 농사를 지으려고 고향으로 돌아 감.
帰途〔きと〕귀도. 돌아 가는(오는) 길.
帰路〔きろ〕귀로. 돌아 가는(오는) 길.
帰服〔きふく〕귀복. 명령에 복종함.
帰省〔きせい〕귀성. 고향에 돌아 감.
帰属〔きぞく〕귀속. 재산이나 권리가 특정

한 주체에 속하게 되는 것.
帰順〔きじゅん〕귀순. 반항심을 버리고 순종함.
帰心矢のごとし〔きしんやのごとし〕돌아가고 싶은 마음이 매우 간절하다.
帰依〔きえ〕(仏) 귀의. 마음으로 부터 순종하고 신앙하여 의지하는 일.
帰朝〔きちょう〕귀국. 외국에서 돌아 옴.
帰着〔きちゃく〕귀착. ① 돌아가 닿음. ② 의논이 낙착됨.
帰参〔きさん〕① 돌아 옴. ② 일단 떠났었던 주인을 다시 돌아와 섬김.
帰趨〔きすう〕귀추. 帰結. 帰着. 落着.
帰宅〔きたく〕귀택. 자기 집으로 돌아 감
帰降〔きこう〕귀항. 항복함. 귀순(帰順).
帰港〔きこう〕귀항. 배가 떠난 항구로 되돌아 옴(감).
帰航〔きこう〕귀항. 배나 비행기가 돌아감. 또는 돌아 옴.
帰郷〔ききょう〕귀향. 고향으로 돌아 감.
帰化〔きか〕귀화. ① 徳에 감화되어 복종함. ② 다른 나라의 국적을 얻어 그 국민이 되는 것.
帰還〔きかん〕귀환. (싸움터에서) 돌아옴.

【규】

〔叫〕
풀 : 부르짖을 규.
音 : **キョウ**
訓 : **さけぶ**

叫ぶ〔さけぶ〕(自5) ① 외치다. 부르짖다. ② 소리내어 울다.
叫び〔さけび〕외침. 부르짖음. 큰소리 짐.
叫び声〔さけびごえ〕부르짖는 소리.

音　読

叫喚〔きょうかん〕규환. 큰 소리로 부르짖음.
叫喚地獄〔きょうかんじごく〕(仏) 규환지옥. 불교에서 말하는 지옥의 하나.
叫号〔きょうごう〕부르짖음. 외침.

〔糾〕
풀 : 살필 규.
音 : **キュウ**
訓 : ① **あざ**なう ② **ただす**

❶ **糾う**〔あざなう〕(他5) (새끼를) 꼬다. 뒤섞어 얽다.
❷ **糾す**〔ただす〕(他5) (조사해서) 밝혀내다. 조사(규명)하다.

音　読

糾明〔きゅうめい〕규명. 밝혀 냄.
糾問〔きゅうもん〕규문. 따져 물음.
糾罪〔きゅうざい〕규죄. 죄상을 규탄함.
糾弾〔きゅうだん〕규탄. 잘못이나 허물을 따지고 캐어 밝힘.
糾合〔きゅうごう〕규합. 모아서 합침. 불러 모음.

〔規〕
풀 : 법 규.
音 : ① **キ** ② **ギ**
訓 :

規格〔きかく〕규격. 일정한 표준.
規例〔きれい〕규례. 일정한 규칙.
規模〔きぼ〕규모. 짜임새. 예산의 한도.
規範〔きはん〕규범. 본보기.
規約〔きやく〕규약. 約定한 규칙.
規律〔きりつ〕규율. 일정한 법규.
規正〔きせい〕규정. 바르게 고침.
規定〔きてい〕규정. 규칙.
規程〔きてい〕규정. 행동의 準則이 되는 규칙. 사무 집행상의 준칙.
規整〔きせい〕규정. 규율에 맞추어 정리함
規制〔きせい〕규제. 규율을 세워 제한함.
規則〔きそく〕규칙. 사무처리의 표준 준칙.

音 読 2

定規〔じょうぎ〕정규. ① 자. 三角～; 삼각자. ～で線を引く; 자로 선을 긋다. ② 본보기. 모범. 사물의 표준. ～に当てたように; 판에 박은 듯이. 杓子(しゃくし)～; 융통성 없는 태도.

〔硅〕
풀 : 유리만드는 흙 규.
音 : **ケイ**
訓 :

硅砂〔けいしゃ〕규사. 石英을 함유한 바위가 분해되어 생긴 모래.
硅酸〔けいさん〕규산. 硅素, 酸素, 水素가 화합한 약한 酸.
硅石〔けいせき〕규석. 규산을 화학 성분으로 하는 광물의 총칭.
硅素〔けいそ〕규소. 非金属元素의 하나.
硅肺〔けいはい〕규폐. 광산에서 채굴작업에 종사하는 사람에게 생기는 직업병.

【균】

〔均〕
풀 : 고를 균.
音 : **キン**
訓 : ① **ならす** ② **ひと**しい

❶ **均す**〔ならす〕(他5) ① 고르다. 고르게 하다. 土を～; 흙을 고르다. ② 평균화(平均化)하다.
均し〔ならし〕① 고르게 함. ② 평균.
❷ **均しい**〔ひとしい〕(形) 동등하다. 같다.

音　読

均等〔きんとう〕균등. 고르고 가지런하여 차별이 없음.
均分〔きんぶん〕균분. 고르게 나눔.
均一〔きんいつ〕균일. 똑같아 차별이 없음.
均斉〔きんせい〕균제. 고루 가지런함.
均質〔きんしつ〕균질. 성분, 성질이 일정함.
均衡〔きんこう〕균형. 한 편으로 치우쳐 기울어지지 않고 고름.

〘菌〙 풀：버섯 균. 곰팡이 균.
音：きン
訓：きのこ

菌〔きのこ〕버섯.
〔きん〕균. 세균. 병균.
菌雲〔きのこぐも〕버섯 구름.
菌〔きん〕균. 세균. 병균
菌類〔きんるい〕균류. 잎파랑이를 갖지 않는 민꽃 식물.(버섯. 곰팡이. 효모. 세균 등)
病菌〔びょうきん〕병균. 병의 근원이 되는 세균.

【귤】

〘橘〙 풀：귤 귤.
音：①キツ ②キッ
訓：たちばな

橘〔たちばな〕①コウヅ. コミカン(홍귤나무)의 옛이름. ②귤나무.

音 読

橘葉〔きつよう〕귤엽. 귤나무 잎.
橘包〔きっぽう〕귤포. 귤나무 열매.

【극】

〘克〙 풀：이길 극.
音：①コク ②コッ
訓：①かつ ②よく

❶克つ〔かつ〕(自5) 극복하다. おのれに～：자기를 이기다. 극기(克己)하다.
❷克く〔よく〕(副) 능히. ～困難に打ち勝つ：능히 어려운 일을 이겨내다.

音 読 1

克励〔こくれい〕극려. 私慾을 이기고 열심히 노력함.
克明〔こくめい〕극명. 똑똑히 밝힘.
克服〔こくふく〕극복. 곤란을 이겨 냄.
克捷〔こくしょく〕극첩. 싸움에 이김.

音 読 2

克己〔こっき〕극기. 충격, 욕망, 감정 등을 理智로써 누름. 자기를 이김.
克己心〔こっきしん〕극기심.

〘極〙 풀：지극할 극. 다할 극. 멀 극.
音：①キョク ②キョッ ③ゴク ④ゴッ
訓：①きわまる ②きわみ ③きわめる

❶極まる〔きわまる〕(自5) ①극히 …하다. …하기 짝이 없다. ②…이 최상이다. ③끝나다. 다하다.
極まり〔きわまり〕궁극. 종극. 마지막. 끝.
❷極み〔きわみ〕극도. 극점. 끝. 한(限).
❸極める〔きわめる〕(他下1) ①한도에 이르다. ②더없이 …하다. 몹시 …하다. 다하다.
極め〔きわめ〕①노력. 궁리. ②최종 확인. 감정(鑑定).
極めて〔きわめて〕(副) 극히. 더없이. 지극히.
極(め)付(き)〔きわめつき〕①書畵, 골동품 등에 鑑定 증명서가 붙어 있음. ②정평(定評) 있음.
極(め)書(き)〔きわめがき〕(書畵, 골동품 등의) 鑑定 증명서.
極め尽くす〔きわめつくす〕(他5) 남김없이 다하다. 철저히 조사(연구, 규명)하다.

音 読 1

極〔きょく〕극. ①끝. 限. ②종말. 종극.
極口〔きょくこう〕극구. 갖은 말을 다 함.
極端〔きょくたん〕극단. 한 쪽으로 치우침.
極大〔きょくだい〕극대. 지극히 큼.
極度〔きょくど〕극도. 궁극의 정도.
極東〔きょくとう〕극동. 동쪽의 맨 끝.
極力〔きょくりょく〕극력. 있는 힘을 아끼지 않고 다함.
極烈〔きょくれつ〕극렬. 지극히 맹렬함.
極論〔きょくろん〕극론. 극단적인 논의.
極小〔きょくしょう〕극소. 아주 작음.
極言〔きょくげん〕극언. 몹시 심한 말.
極右派〔きょくうは〕극우파.
極点〔きょくてん〕극점. 극도에 이른 점.
極左派〔きょくさは〕극좌파.
極地〔きょくち〕극지. 지구의 양극 지방.
極致〔きょくち〕극치. 더 없는 풍치(風致).
極限〔きょくげん〕극한. 사물의 끝닿은 데.

音 読 2

極官〔きょっかん〕극관. 가장 높은 벼슬.
極冠〔きょっかん〕극관. 火星의 両極 지방에 해당하는 부분에 보이는 하얀 부분.
極光〔きょっこう〕극광. 오로라.
極刑〔きょっけい〕극형. 가장 중한 형벌.

音 読 3

極楽〔ごくらく〕극락. 안락하고 근심·걱정이 없음.
極秘〔ごくひ〕극비. 지극한 비밀.
極貧〔ごくひん〕극빈. 지극히 가난함.
極上〔ごくじょう〕극상. 제일 좋음.
極悪〔ごくあく〕극악. 몹시 악함.
極熱〔ごくねつ〕극열. 심히 뜨거운 열.
極意〔ごくい〕극의. 깊은 의미.

音 読 4

極寒〔ごっかん〕극한. 지독한 추위.

〘戟〙 풀：갈라진 창 극.
音：ゲキ
訓：

戟〔げき〕끝이 세 갈래로 된 창.
刺戟〔しげき〕자극. ①흥분시키는 일. ②

영향을 주는 외계의 조건. ③ 독특한 감각을 일으키게 하는 것.

〔劇〕 풀：심할 극. 연극 극.
音：ゲキ
訓：

劇〔げき〕극. 연극.
劇界〔げきかい〕극계. 연극 관계자의 사회.
劇团〔げきだん〕극단. 연극의 상연을 목적으로 모인 단체.
劇壇〔げきだん〕극단. 연극인들의 사회.
劇毒〔げきどく〕극독. 심한 독.
劇薬〔げきやく〕극약. 표준 용량을 지나치면 중독되거나 죽는 약.
劇映画〔げきえいが〕극영화.
劇作家〔げきさっか〕극작가. 연극의 각본을 만드는 사람.
劇場〔げきじょう〕극장. 영화를 상영하는 곳.
劇的〔げきてき〕극적. 극을 보는 것 같이 인상적인 것.
劇評〔げきひょう〕극평. 연극의 비평.

【근】

〔斤〕 풀：도끼 근. 무게 근.
音：キン
訓：

斤〔きん〕근. 무게의 단위.
斤量〔きんりょう〕근량. 근수.
一斤〔いっきん〕한 근. 600g.
三斤〔さんぎん〕세 근.

〔近〕 풀：가까울 근.
音：キン
訓：①ちかい ②ちかしい ③ちかづく ④ちかづける ⑤ちかやか

❶ 近い〔ちかい〕(形) 가깝다.
❷ 近しい〔ちかしい〕(形) 친하다. 친밀하다.
❸ 近づく〔ちかづく〕(自5) ① 접근하다. ② 가까이 가다. ③ 다가오다. ④ 친해지다. 가까이 사귀다. ⑤ 비슷해지다. 닮아가다.
❹ 近づける〔ちかづける〕(他下1) ① 가까이 하다. ② 가까이 대다. ③ 가까이 지내다.
❺ 近やか〔ちかやか〕(形動) 가까움.
近く〔ちかく〕① 가까운 곳. 근처. ②근간. 멀지 않아.
近間〔ちかま〕근처. 부근. 가까운 곳.
近頃〔ちかごろ〕① 요즈음. 최근. 요사이. 근래. ② 매우.
近近〔ちかぢか〕멀지 않아. 근간.
近寄せる〔ちかよせる〕(他下1) ① 접근시키다. ② 친하여지게 하다.
近寄る〔ちかよる〕(自5) ① 접근하다. 가까이 가다. ② 친근히 하다. 가까이하다.
近道〔ちかみち〕① 가까운 길. 지름길. ② 첩경. 빠른 길.
近目〔ちかめ〕① 근시안(近視眼) ② 경박한 식견. ③ 보통보다 가까운 정도(곳).
近付き〔ちかづき〕친하게 교제함. 친지.
近付く〔ちかづく〕(自5) ⇨❸ 近づく.
近付ける〔ちかづける〕(他下1) ⇨ ❹ 近づける.
近優り：近勝り〔ちかまさり〕멀리서 보는 것보다 가까이서 보는 것이 좋아 보임.
近劣り〔ちかおとり〕가까이서 보면 멀리서 보는 것보다 못해 보임.
近回り：近廻り〔ちかまわり〕① 지름길로 감. ② 근처. 가까운 곳.

連濁音에 注意

間近〔まぢか〕(形動) 아주 가까움.
手近〔てぢか〕(形動) ① 가까이 있음. ② 비슷함.
身近〔みぢか〕(形動) ① 신변. 자기 몸에 가까운 곳. ② 친근함. ③ (자신에게) 긴밀함.

音　読

近刊〔きんかん〕근간. 가까운 앞날에 출판될 간행물.
近距離〔きんきょり〕근거리. 가까운 거리.
近古〔きんこ〕근고. 과히 멀지 않은 옛적.
近郊〔きんこう〕근교. 도시의 가까운 주변.
近年〔きんねん〕근년. 요사이.
近代〔きんだい〕근대. 요즈음. 근세(近世).
近来〔きんらい〕근래. 최근. 요즈음.
近隣〔きんりん〕근린. 가까운 이웃.
近傍〔きんぼう〕근방. 가까운 곁.
近辺〔きんぺん〕근변. 가까운 곳.
近似値〔きんじち〕근사치. 근사 계산에 의해서 얻어진 수치.
近世〔きんせい〕근세. 근대.
近所〔きんじょ〕가까운 곳. 근처.
近視〔きんし〕근시. 가까운 데는 잘 보이나 먼 데의 것은 잘 못보는 시력
近影〔きんえい〕근영. 최근에 찍은 인물사진.
近日〔きんじつ〕근일. 요사이.
近接〔きんせつ〕근접. 가까이 접촉함 (닿음).
近親〔きんしん〕근친. 가까운 친척.
近火〔きんか〕근화. 가까운 곳의 화재.
近況〔きんきょう〕근황. 요즈음의 형편.

〔根〕 풀：뿌리 근.
音：コン
訓：ね

根〔ね〕① 뿌리. ② 근본. ③ 천성. ④ 마음속.
〔こん〕① 근. ② 平方根. ③ 근기(根気).
根から〔ねから〕(副) ① 애초부터. 나면서부터. 천성이. ② (否定이 오면) 도무지. 전혀.
根強い〔ねづよい〕(形) 뿌리 깊다. 꿋꿋하다.

根継ぎ〔ねつぎ〕기둥 밑동의 썩은 부분을 갈아댐. 柱の~をする.
根刮〔ねこそぎ〕(副) 송두리채. 뿌리채. 모조리.
根扱ぎ〔ねこぎ〕~にする : 뿌리채 뽑다.
根掛け〔ねがけ〕여자의 트레머리에 꽂는 장식품(보석, 쇠붙이, 천으로 만듦).
根の国〔ねのくに〕저승. 황천(黃天).
根掘り〔ねぼり〕뿌리를 캠. 또, 그 도구.
根芹〔ねぜり〕(뿌리를 먹는) 미나리.
根瘤〔ねこぶ〕(소나무 등의)밑동의 혹처럼 불거진 부분.
根無し〔ねなし〕① 뿌리가 없음. 뿌리가 내리지 않음. ② 근거가 없음. ~言(ごと) 뜬 소문. 근거 없는 말.
根問い〔ねどい〕꼬치꼬치 캐어 물음.
根方〔ねかた〕(나무의)밑동.
根本〔ねもと〕① 뿌리. 밑. 밑동. ②근본.
根付く〔ねづく〕(自5) 뿌리를 내리다 (박다).
根付け〔ねづけ〕① 江戸시대에 남자가 담배 쌈지나 지갑의 끈 끝에 매달아, 허리띠에 질러서 빠지지 않게 하는 세공품. ② 늘 붙어다니는 사람.
根分け〔ねわけ〕뿌리를 갈라서 이식함.
根上(が)り〔ねあがり〕뿌리가 땅위에 드러남.
根生い〔ねおい〕① (어떤 곳에서) 태어남. ~の地 ; 태어난 곳. 출생지. ② 처음부터 근무하거나 또는 관여함(창립 멤버).
根城〔ねじろ〕근거로 삼는 성. 아성(牙城) (활동의)근거지.
根笹〔ねざさ〕(들에 저절로 자라는 가느다란 대나무)뿌리대.
根深い〔ねぶかい〕(形) 뿌리 깊다. ~恨み ; 뿌리깊은 원한.
根魚〔ねうお〕(낚시에서) 암초(暗礁)의 둘레에서 노는 물고기.
根芋〔ねいも〕토란.
根元〔ねもと〕① 뿌리. 밑. 밑동. ② 근본.
根引き〔ねびき〕①뿌리채 뽑음. ②몸값을 내고 유녀(遊女)등을 빼냄.
根っ子〔ねっこ〕(俗) 뿌리. 松の~ ; 소나무뿌리.
根抵当〔ねていとう〕(法) 근저당.
根切り〔ねきり〕뿌리를 자름.
根切り虫〔ねきりむし〕농작물, 묘목의 뿌리를 잘라 먹는 해충의 총칭.
根絶やし〔ねだやし〕근절. 뿌리째 뽑음.
根株〔ねかぶ〕① (나무의)그루터기. ② 말뚝
根竹〔ねだけ〕대나무 밑동의 마디가 촘촘한 부분.
根差す〔ねざす〕(自5) ①뿌리가 내리다. ②뿌리 박다. ③ 기인(基因)하다.
根締(め)〔ねじめ〕①옮겨 심은 나무에 흙을 덮고 다짐. ② (꽃꽂이에서)꽂은 나무 밑동에 모양을 내기위해 덧꽂는 다른 꽃. ③정원수나 화분에 심은 나무 밑동 둘레에 심는 풀.

根太　〔ねぶと〕(등과 엉덩이에 생기는)골는 부스럼.
　　〔ねだ〕마루청을 깔기 위하여 가로지른 길고 튼튼한 나무.
根回し〔ねまわし〕① (移植할 때 또는 좋은 결실을 위해)나무의 둘레를 파고, 주된 뿌리 이외의 잔 뿌리를 쳐 내는것. ②사전 교섭.
根回り〔ねまわり〕나무뿌리의 둘레(에 심어 놓은 초목).

音　読

根❶〔こん〕①근. ②平方根. ③ 근기(根気).
❷〔ね〕①뿌리. ②근본. ③천성. ④마음속.
根幹〔こんかん〕①뿌리와 줄기. ②근본.
根拠〔こんきょ〕근거. 근본이 되는 바탕.
根茎〔こんけい〕근경. 뿌리 줄기.
根気〔こんき〕근기. 사물에 견디어 낼수 있는 힘.
根基〔こんき〕근저(根底). 기초.
根毛〔こんもう〕근모. 뿌리털.
根本〔こんぽん〕근본. 근원. 근저(根底).
根負け〔こんまけ〕①근기(根気)에 짐. ②근기가 계속되지 않음.
根比べ〔こんくらべ〕지구력(持久力)기르기.
根性〔こんじょう〕근성. 타고난 마음씨.
根葉〔こんよう〕근엽. 줄기의 下部나 뿌리에 가까운 부분에 나는 잎.
根源〔こんげん〕근원. 근본.
根底〔こんてい〕근저. 뿌리. 바탕.
根絶〔こんぜつ〕근절. 뿌리째 뽑아 없앰.
根菜類〔こんさいるい〕근채류. (주로, 뿌리를 먹는 야채. 무. 당근 등).
根治〔こんち : こんじ〕근치. 완전히 치료함. 뿌리째 고침.
根限り〔こんかぎり〕힘자라는 대로 열심히.
根号〔こんごう〕(数) 근호. 루우트($\sqrt{\ }$).

〔勤〕

풀 : 부지런할 근.
音 : ① **キン** ② **ゴン**
訓 : ① **つと**まる ② **つと**める ③ **いそ**しむ

❶ 勤まる〔つとまる〕(自5) 감당해 내다. 근무할 수 있다.
❷ 勤める〔つとめる〕(他下1) ①근무하다. 종사하다. ②역활을 하다. 임무를 맡다. ③ 힘쓰다. 노력하다. 진력하다. 애쓰다.
勤め〔つとめ〕①근무. ②의무. 임무. 책무. ③유녀(遊女)로서의 직업. ~上がり ; 창녀출신. 유녀 퇴물.
勤め口〔つとめぐち〕근무처. 직장.
勤め先〔つとめさき〕직장. 근무처.
勤め人〔つとめにん〕월급장이.
勤め向き〔つとめむき〕근무 내용에 관한 일. 또는 그 방면.

連濁音에 注意

役所勤め〔やくしょづとめ〕관공서 근무.
会社勤め〔かいしゃづとめ〕회사 근무.

❸ **勤しむ**〔いそしむ〕(自5)(부지런히) 힘쓰다. 노력하다. 勉強に～；공부에 힘쓰다.

音読 ①

勤倹〔きんけん〕근검. 부지런하고 검소함.
勤労〔きんろう〕근로. 일에 힘씀.
勤勉〔きんべん〕근면. 부지런히 힘써 함.
勤務〔きんむ〕근무. 직무에 종사함.
勤番〔きんばん〕근번. 교대로 근무함.
勤続〔きんぞく〕근속. 한 곳에서 계속하여 오래 근무함.
勤王〔きんのう〕근왕. 임금을 위하여 나라 일에 힘씀.
勤惰〔きんだ〕근타. 부지런함과 게으름.
勤怠〔きんたい〕근태. 부지런함과 게으름.
勤学〔きんがく〕근학. 학문에 힘씀.
勤皇〔きんのう〕근황. ⇨ 勤王.

音読 ②

勤行〔ごんぎょう〕(仏) 근행. (중이)불전(仏前)에서 독경(読経)함. 회향(回向)함.

〖筋〗 풀：힘줄 근.
音：**キン**
訓：**すじ**

筋〔すじ〕①줄거리. ②힘줄. 심줄. 근육. ③핏대. ④선(線). 금. ⑤줄. 줄무늬. ⑥핏줄. 혈통. ⑦소질. ⑧이치. 조리. 사리. ⑨관계자. 당국. 측(側). ⑩가닥. 줄기. ⑪연변(沿辺). ⑫(바둑)수순. 방향.
筋骨〔すじぼね〕근골. ①힘줄과 뼈. ②軟骨.
筋交い〔すじかい〕①비스드함. 비스듬히 교차함. ②(建) 支柱.
筋金〔すじがね〕①힘을 받치기 위해 넣는 철근, 철사 등. ②확고한 신념이 있음.
筋立て〔すじだて〕대강의 줄거리.
筋目〔すじめ〕①(치마, 바지 등의) 주름. ②가문. 내력. 혈통. 연고.
筋書き〔すじがき〕①(소설, 극, 사건 등의) 대략의 줄거리. ②미리 꾸며 놓은 계획.
筋屋〔すじや〕(철도에서) 열차 운행표를 전문으로 짜는 사람.
筋違い〔すじちがい〕①(도리에)어긋남. ②절차에 어긋남. ③착각. 착오. 잘못 짐작.
筋揉み〔すじもみ〕근육을 따라 몸을 주무름. 안마(按摩).
筋子〔すじこ〕연어 알젓.
筋張る〔すじばる〕(自5) ①힘줄이 불거지다. ②힘줄이 당기다. ③(言行이) 딱딱하다.

筋播き〔すじまき〕줄을 따라 씨를 뿌림.
筋合(い)〔すじあい〕①(사물에 대한) 조리. 근거. 이유. 도리. ②(조리가 통하는) 관계. 처지.
筋向(か)い〔すじむかい〕비스듬히 맞섬.
筋向こう〔すじむこう〕⇨ 筋向(か)い.

音　読

筋力〔きんりょく〕근력. ①근육의 힘. ②기력.
筋膜〔きんまく〕근막. 근육의 표면을 싸고 있는 結締織性의 막.
筋肉〔きんにく〕근육. 신체의 운동과 官能의 중요한 조직.
筋腫〔きんしゅ〕근종. 근육에 생기는 부스럼.

〖僅〗 풀：겨우 근. 조금 근. 가까울 근.
音：**キン**
訓：**わずか**

僅か〔わずか〕①조금. 약간. ②불과. ～三日間. ③사소함. ④～に；겨우.

音　読

僅僅〔きんきん〕근근. 겨우. 간신히.
僅少〔きんしょう〕근소. 아주 적음.

〖謹〗 풀：삼갈 근.
音：**キン**
訓：①**つつしむ** ②**つつしんで**

❶ **謹む**〔つつしむ〕(他5) ①삼가다. 조심하다. 주의하다. ②경의(敬意)를 표하다. ③不浄을 피하다.
❷ **謹んで**〔つつしんで〕(副) 삼가. 공손히. ～祝意を表する：삼가 축의를 표하다.

音　読

謹啓〔きんけい〕근계. "삼가 아뢰니다"의 뜻으로 편지 虚頭(허두)에 쓰는 말.
謹告〔きんこく〕근고. 삼가 알림.
謹上〔きんじょう〕근상. 편지 끝에 씀.
謹身〔きんしん〕근신. 행동을 삼감.
謹慎〔きんしん〕근신. ① 삼가 조심함. ②잘못에 대하여 반성하고 들어 앉아 행동을 삼감.
謹言〔きんげん〕근언. "삼가 말씀 드림"의 뜻으로 편지 끝에 써서 경의를 표함.
謹厳〔きんげん〕근엄. 점잖고 엄숙함.
謹呈〔きんてい〕근정. 삼가 증정(贈呈)함.
謹製〔きんせい〕근제. 삼가 지음.
謹直〔きんちょく〕근직. 근실하고 정직함.
謹聴〔きんちょう〕근청. 공손한 태도로 조심하여 들음.
謹賀新年〔きんがしんねん〕근하신년.

【금】

〖今〗 풀：이제 금.
音：① **キン** ② **コン**
訓：**いま**

今〔いま〕① 지금. 이제. 현재. ② 곧. 바로. ③ 방금. 막. ④ 한번 더. 더욱 더.

今し〔いまし〕지금 바로. 방금. (し는 강조).
今しも〔いましも〕바로 지금. 지금 막.
今では〔いまでは〕지금은. 지금에는.
今に〔いまに〕① 곧. 조만간. 이제. ② 밀지 않아. 언젠가.

今にして〔いまにして〕지금에 와서. 이제 와서.
今にも〔いまにも〕이제 곧. 막. 조금 있으면.
今は〔いまは〕최후. 임종(臨終).
今めかしい〔いまめかしい〕(形) 현대적이다.
今や〔いまや〕① 지금이야말로. 당장. 바야흐로. ② 이제 곧. ③ 이제는. 이미.
今更〔いまさら〕이제와서. 새삼스럽게.
今頃〔いまごろ〕① 지금 쯤. ② 이맘때. ③ 이제.
今方〔いまがた〕방금. 아까. 조금 전에.
今少し〔いますこし〕좀 더.
今し方〔いましがた〕방금. 조금 전에.
今の所〔いまのところ〕지금 단계(에서는).
今時〔いまどき〕(老) ① 요즈음. 요새 세상. ② 이맘 때. 지금 쯤. 이제(와서).
今時分〔いまじぶん〕(老) 지금 쯤. 이맘때.
今様〔いまよう〕① 今様うた의 준말. 平安 시대에 새로 생긴 7.5調 4 句의 노래.
今以て〔いまもって〕지금까지도. 아직도.
今程〔いまほど〕① 조금 전. 방금. ② 요즈음.
今川焼〔いまがわやき〕물에 갠 밀가루에 팥소를 넣고 長圓形으로 구운 과자.
今出来〔いまでき〕요즈음 만들어진(거칠고 나쁜) 것.
今風〔いまふう〕현대의 풍속. 요즘의유행.
今迄〔いままで〕지금까지. 여태껏. 종래.

例 外

今年〔ことし〕금년. 올해.
今宵〔こよい〕오늘 밤(저녁). 금소.
今日〔きょう〕오늘. 금일.
〔こんにち〕① 오늘날. ② 오늘. ③ 최근.
今朝〔けさ〕오늘 아침. 금조.

音 読 ①

今古〔きんこ〕금고. 지금과 옛날.
今上〔きんじょう〕금상. 현재의 임금.

音 読 2

今季〔こんき〕금계. 지금의 계절.
今期〔こんき〕금기. 이번 시기. 바로 지금 시기.
今度〔こんど〕① 이번. ② 이다음.
今冬〔こんとう〕올 겨울. 이번 겨울.
今晩〔こんばん〕오늘 밤.
今般〔こんぱん〕금반. 이번.
今生〔こんじょう〕이승. 살아 있는 이세상.
今夕〔こんせき〕금석. 오늘저녁.
今昔〔こんじゃく〕금석. 지금과 옛날. ～の感 ; 금석지감.
今夜〔こんや〕오늘 밤.
今月〔こんげつ〕금월. 이번 달.
今人〔こんじん〕지금 살아 있는 사람.
今日〔こんにち〕① 오늘날. ② 금일. ③ 현대. ～様 ; 太陽의 높임말. ～は ;낮 인사.
〔きょう〕금일. 오늘.
今節〔こんせつ〕(야구, 경마에서)이번 계절.
今週〔こんしゅう〕금주. 이번 주.
今次〔こんじ〕이번.
今秋〔こんしゅう〕금추. 금년 가을.
今春〔こんしゅん〕금춘. 금년 봄. 이번 봄.
今夏〔こんか〕금하. 금년 여름. 이번 여름.
今回〔こんかい〕금회. 이번. 이번 회(回).
今暁〔こんぎょう〕오늘 새벽.
今後〔こんご〕금후. 이후(以後).

〔金〕
풀 : 쇠 금
音 : ① **キン** ② **ギン** ③ **コン** ④ **ゴン**
訓 : ① **かね** ② **かな～**

❶ **金** 〔かね〕① 돈. ② 금속. ③ 광석.
〔きん〕금.
金ずく〔かねずく〕돈의 힘으로 해결함.
金遣い〔かねづかい〕돈의 씀씀이.
金叩き〔かねたたき〕① 징을 치는 사람. ② 撞木. ③ 징을 치면서 구걸하고 다니는거지.
金高〔かねだか〕금액. 돈머리.
金掘り〔かねほり〕광산에서 광석을 캐냄.
金貸(し)〔かねかし〕돈놀이. 대금업자.
金離れ〔かねばなれ〕돈 쓰는 솜씨.
金蔓〔かねづる〕돈줄. 돈을 대 주는 사람.
金売(り)〔かねうり〕① 換銭商. ② 금장수
金箱〔かねばこ〕① 돈궤. 금고. ② 돈줄.
金性〔かねしょう〕금속의 성질.
金元〔かねもと〕자본주(資本主).
金入れ〔かねいれ〕① 돈 지갑. ② 돈을 넣어 두는 장소(물건).
金蔵〔かねぐら〕① 금고. 돈이나 보물을 넣어 두는 창고. ② 돈구멍. 돈줄.
金儲け〔かねもうけ〕돈벌이.
金請け〔かねうけ〕빚 보증인.
金吹き〔かねふき〕화폐 주조(자).
金偏〔かねへん〕① 漢字 部首의 하나. 쇠금변. ② 금속에 관계가 있는 산업.
金回り〔かねまわり〕① 돈의 유통. 금융. ② 주머니 사정. 재정 상태. 수입 형편.
金詰(ま)り〔かねづまり〕돈의 융통이막힘. 자금이 딸림.

連濁音에 注意

筋金〔すじがね〕① 힘을 받치기 위해 넣는 철근, 철사. ② 확고한 신념이 있음.
小金〔こがね〕적은 돈.
偽金〔にせがね〕가짜 돈.
有り金〔ありがね〕현재 수중에 지닌 돈.
引き金〔ひきがね〕방아쇠.

訓 読 ②

金串〔かなぐし〕쇠 꼬챙이.
金具〔かなぐ〕쇠 장식물.
金気〔かなけ〕① 철분(鉄分). ② 쇳녹. 쇳물. 녹.
金輪〔かなわ〕쇠고리.
金網〔かなあみ〕철망.
金物〔かなもの〕① 철물. ② 쇠장식물.
金縛り〔かなしばり〕① (쇠사슬, 철사로)단단히 묶음. ② 돈으로 자유를 속박함.
金棒〔かなぼう〕① 쇠몽둥이. 철장(鉄杖). ②

(기계 체조에 쓰이는) 체조.
金棒引き〔かなぼうひき〕허풍떨고(소문을 퍼뜨리고) 돌아다니는 사람.
金敷〔かなしき〕대장간에서 금속을 단련할 때 받침으로 쓰는 철침(鉄砧).
金仏〔かなぶつ：かなぼとけ〕① 금속제의 불상. ② 몹시 냉정한(차가운) 사람.
金山〔かなやま〕광산(鉱山).
金渋〔かなしぶ〕쇳녹물.
金屑〔かなくず〕철설(鉄屑). 쇠 부스러기.
金切り声〔かなきりごえ〕(여자의) 째지는 외마디 소리.
金釘〔かなくぎ〕쇠 못.
金錆〔かなさび〕녹.
金臭い〔かなくさい〕(形) (물 등이) 쇳내나다.
金槌〔かなづち〕① 쇠망치. ② 헤엄을 전혀 못 치는 사람. ～頭；돌대가리.
金鋏〔かなばさみ〕① 금속을 자르는 가위. 양철가위. ② 부집게.
金壺〔かなつぼ〕쇠 단지. 쇠 항아리.
金火箸〔かなひばし〕부젓가락. 부집게.

音 読 1

金閣〔きんかく〕금각. 금으로 장식한 楼閣.
金庫〔きんこ〕① 돈이나 중요한 서류를 보관하는데 쓰는 쇠로 만든 궤. ② 국가, 공공 단체의 현금 출납 기관.
金冠〔きんかん〕금관. 금으로 만든 관.
金鉱〔きんこう〕금광. 금광을 캐내는 광산.
金塊〔きんかい〕금괴. 금 덩어리.
金句〔きんく〕① 아름다운 구절. ② 격언.
金権〔きんけん〕금권. 돈의 위력.
金泥〔きんでい〕금니. 金泊가루를 아교 풀에 갠 물건.(書画에 씀.)
金力〔きんりょく〕금력. 돈의 힘.
金利〔きんり〕금리. 이자. 변리.
金満家〔きんまんか〕금만가. 재산가.
金脈〔きんみゃく〕금맥. 황금의 광맥.
金箔〔きんぱく〕금박. 금을 두드려 종이처럼 얇게 만든 것.
金髪〔きんぱつ〕금발. 금색의 머리 털.
金杯〔きんぱい〕금배. 금으로 만든 잔.
金本位〔きんほんい〕금 본위.
金粉〔きんぷん〕금분. 금가루.
金肥〔きんぴ〕금비. 화학 비료.
金色〔きんしょく：きんいろ：こんじき〕금색. 황금빛.
金星〔きんせい〕금성. 샛별.
金城〔きんじょう〕굳게 방비한 성.
金属〔きんぞく〕금속. 쇠붙이.
金額〔きんがく〕금액. 돈의 액수.
金言〔きんげん〕금언. 격언.
金曜日〔きんようび〕금요일.
金融〔きんゆう〕금융. 돈의 융통.
金銀〔きんぎん〕금은. 금과 은.
金一封〔きんいっぷう〕금일봉. 봉투에 넣은 얼마간의 돈.
金子〔きんす〕돈. 화폐.
金字塔〔きんじとう〕금자탑. ① 피라밋. ② 영원히 후세에 남길 가치가 있는 것.
金銭〔きんせん〕금전. 돈.
金側〔きんがわ〕① (팔목 시계의) 금으로 만든 금 껍데기. 금 시계. ② 껍데기가 금으로 된 물건.
金牌〔きんぱい〕금패. 금 메달.
金婚式〔きんこんしき〕금혼식. 결혼한지 만 50년을 축하하는 식.
金貨〔きんか〕금화. 금으로 만든 동전.
金環食〔きんかんしょく〕금환식. 日蝕.

音 読 ②

賃金〔ちんぎん〕임금. 노동의 댓가로 지불하는 금전 또는 물품.

音 読 3

金剛石〔こんごうせき〕금강석. 다이아몬드.
金堂〔こんどう〕금당. ① 금으로 장식한 당. ② 本尊을 모시는 仏殿.
金銅〔こんどう〕금동. 금으로 도금하거나 금박을 씌운 구리.
金輪際〔こんりんざい〕금륜제. ① 大地의 밑바닥. ② 사물의 根底. ③ (副) 절대로. 결단코. 어디까지나.
金色〔こんじき：きんいろ：きんしょく〕금색. 황금색.
金色夜叉〔こんじきやしゃ〕고리 대금 업자.
金平糖〔こんぺいとう〕별사탕.

音 読 4

黄金〔おうごん〕황금. 돈.

〔衿〕
풀：옷깃 금.
音：
訓：**えり**

자세한 것은 98페이지 '襟' 참조.

〔琴〕
풀：거문고 금.
音：**キン**
訓：**こと**

琴〔こと〕거문고.
琴歌〔ことうた〕거문고에 맞춰 부르는 노래.
琴の緒〔ことのお〕거문고 줄. 琴弦.
琴爪〔ことづめ〕(비파 등을 탈 때) 손톱에 끼는 깍지.

連濁音에 注意

竪琴〔たてごと〕하아프. 거문고.

音 読

琴曲〔きんきょく〕금곡. 거문고의 가곡(歌曲.)
琴線〔きんせん〕금선. ① 거문고의 줄. ② 마음의 감정. 心の～に触れる；심금을 울리다.

〔禽〕
풀：새(鳥) 금.
音：**キン**
訓：

禽獣〔きんじゅう〕금수. ① 새나 짐승. ② 은혜나 의리를 모르는 사람.
禽鳥〔きんちょう〕금조. 새. 조류(鳥類).

〔禁〕
풀：금지할 금.
音：**キン**
訓：

禁〔きん〕① 금함. ② 금령(禁令). ③ 경고.
禁じる〔きんじる〕(他上1) 금지하다. 제지하다. 못 하게 하다.
禁戒〔きんかい〕금계. 나쁜 일을 금하는 계율(戒律).
禁固：禁錮〔きんこ〕금고. 자유형(自由刑)의 하나로 단순히 교도소에 구치 되었을 뿐 강제로 정역(定役)이 부과되지 않음.
禁忌〔きんき〕금기. 꺼려서 금함.
禁断〔きんだん〕금단. 어떤 행동을 금함.
禁令〔きんれい〕금령. 못 하게 금하는 법령.
禁猟〔きんりょう〕금렵. 사냥을 금지함.
禁物〔きんもつ〕금물. 해서는 안 될짓.
禁煙〔きんえん〕금연. 담배를 못 피우게 함.
禁欲〔きんよく〕금욕. 욕망을 누르고 금함.
禁足〔きんそく〕금족. 규칙을 어긴 벌로 외출을 금하는 일.
禁酒〔きんしゅ〕금주. 먹든 술을 끊고 먹지 않거나 못 먹게 함.
禁止〔きんし〕금지. 금하여 못 하게 함.
禁治産〔きんじさん〕금치산. 정신 상실자를 보호하기 위하여 법원이 법률상 그가 재산을 관리할 능력이 없음을 인정하고 재산을 처분하지 못하게 하는 일.
禁婚〔きんこん〕금혼. 결혼을 못 하게 금함.

〔錦〕 풀：비단 금.
音：**キン**
訓：**にしき**

錦〔にしき〕① 비단. ② 아름답고 훌륭한 것.
錦木〔にしきぎ〕화살나무.
錦蛇〔にしきへび〕비단뱀.
錦絵〔にしきえ〕풍속화를 색도 인쇄한 목판화(木版画).

音　読

錦繡〔きんしゅ〕금수. 비단과 수놓은 직물
錦衣〔きんい〕금의. 비단 옷.
錦地〔きんち〕금지. 貴地. 남의 고장의 높임말.

〔襟〕 풀：옷깃 금
音：**キン**
訓：**えり**

襟〔えり〕① 옷깃. 동정. 칼라. ② 목덜미
襟巻〔えりまき〕목도리. 마후라.
襟垢〔えりぬか〕옷깃의 때.
襟髪〔えりがみ〕목덜미의 머리털.
襟首〔えりくび〕목덜미.
襟飾り〔えりかざり〕양복 깃에 다는 장식.
襟芯〔えりしん〕깃 속에 넣는 빳빳한 천.
襟腰〔えりこし〕(양재에서) 깃 중에서 목 둘레의 세운 부분.
襟元〔えりもと〕옷깃 언저리. 목 언저리.
襟章〔えりしょう〕옷깃에 다는 기장.
襟足〔えりあし〕목덜미의 머리털이 난 어름. ～の美しい女；목덜미가 예쁜 여자.

音　読

襟度〔きんど〕금도. 남을 받아들일 만한 도량.
襟懐〔きんかい〕금회. 가슴에 깊이 품 고 있는 회포.

【급】

〔及〕 풀：미칠(全) 급. 및 급.
音：**キュウ**
訓：① **および** ② **およぶ** ③ **およぼす**

❶ **及び**〔および〕및. 国語～数学.
及び腰〔およびごし〕엉거주춤(한 자세).
❷ **及ぶ**〔およぶ〕(自5) ① 이르다. 미치다. 달하다. ② 견주다. ③ 돌이킬 수 있다. ④ 실현되다. ⑤ (～に及ばない) …할 필요 없다.
❸ **及ぼす**〔およぼす〕(他5) (영향을) 미치게 하다. 影響を～；영향을 미치다.

音　読

及落〔きゅうらく〕급락. 급제와 낙제.
及第〔きゅうだい〕급제. 시험에 합격됨.

〔扱〕 풀：취급할 급. 다룰 급.
音：
訓：① **あつかう** ② **こく** ③ **しごく** ④ **こぐ**

❶ **扱う**〔あつかう〕(他5) ① 다루다. ② 취급하다. 처리하다. ③ 돌보다. ④ 담당하다. ⑤ 대우하다. 접대하다. ⑥ 중재하다. 말리다.
扱い〔あつかい〕① 취급. 다룸. 담당. ② 대우. 접대. ③ 중재(仲裁). ④ 다루는 법. 취급 방법.
❷ **扱く**〔こく〕(他5) 훑다.
扱き交ぜる〔こきまぜる〕(他下1) 뒤섞다. 혼합하다.
扱き落とす〔こきおとす〕(他5) 문질러 떨어 뜨리다. 훑어 내리다.
扱き下ろす〔こきおろす〕(他5) ① 헐뜯다 내리까다. ② 문질러 떨어 뜨리다. 훑어 내리다.
❸ **扱く**〔しごく〕(他5) ① 훑다. ② 바싹 당기다. 稲を～；벼를 훑다. ③ (운동에서) 훈련을 심하게 시키다.
❹ **扱ぐ**〔こぐ〕(他5) 뿌리채 뽑다. 뿌리 뽑다.

〔汲〕 풀：물 길을 급.
音：**キュウ**
訓：**くむ**

汲む〔くむ〕(他5) ① (물을)푸다. 퍼 올리다. 水を～물을 긷다. ② (그릇에) 따라서 마시다. ③ 추측하다. 참작하다.
汲み干す〔くみほす〕(他5) 몽땅 퍼내다. 몽땅 길어 내다.
汲み交わす〔くみかわす〕(他5) (술잔을)

서로 주고 받다.
汲み立て〔くみたて〕방금 길은(푼) 것.
汲み分ける〔くみわける〕(他下1) ① 여러 번에 나누어 푸다. ② 퍼서 나누다. ③ 각자의 사정을 참작하다.
汲み上げる〔くみあげる〕(他下1) 퍼 올리다. 퍼 버리다.
汲み入れる〔くみいれる〕(他下1) ① 퍼 넣다. ② 참작하다.
汲み込む〔くみこむ〕(他5) 퍼 넣다. 길어 넣다(담다).
汲み出す〔くみだす〕(他5) ① 퍼 내다 길어 내다. ② 푸기(긷기) 시작하다.
汲み取り〔くみとり〕변소 치기. 변소 치는 사람. ～口；변소 치는 구멍.
汲み取る〔くみとる〕(他5) ① 퍼 내다. ② 짐작하다. 이해하다. 추측하다.

音　読

汲汲〔きゅうきゅう〕급급. 한 가지 일에만 열심히 마음을 쏟는 것.
汲水〔きゅうすい〕급수. 물을 길어 올림.
汲引〔きゅういん〕급인. ① 물을 길어 올림. ② 인재(人材)를 뽑아 씀.

〔急〕 풀：급할 급
音：**キュウ**
訓：① **いそ**ぐ ② **いそ**がす ③ **せ**く ④ **せ**かす ⑤ **せ**かせる

❶**急ぐ**〔いそぐ〕(自他5) ① 서두르다. 재촉하다. ② 급하다.
急ぎ〔いそぎ〕급함. 화급. ～物；급한 것.
急ぎ足〔いそぎあし〕급한 걸음. 빠른 걸음.
❷**急がす**〔いそがす〕(他5) 재촉하다.
❸**急く**〔せく〕(自5) ① 조급히 굴다. 서두르다. ② 급해지다. 심해지다. 息が～；숨이 가빠지다.
急き込む〔せきこむ〕(自5) ① 조급히 굴다. 서둘러대다. ② 안달하다. ③ 흥분하다.
❹**急かす**〔せかす〕(他5) ⇨**急かせる**
❺**急かせる**〔せかせる〕(他下1) 재촉하다. 서둘게 하다.

音　読

急〔きゅう〕(形動) ① 서두름. 급함. ② 엄함. ③ 심함. ④ 절박함. 위험함. ⑤ 성급함.
急激〔きゅうげき〕급격. 급하고 격렬함.
急騰〔きゅうとう〕급등. 물가가 급격히 오름.
急流〔きゅうりゅう〕급류. 급하게 흐르는 물.
急務〔きゅうむ〕급무. 급한 용무.
急迫〔きゅうはく〕급박. 조금의 여유도 없이 절박함.
急変〔きゅうへん〕급변. ① 갑자기 달라짐 ② 별안간 일어난 사변(事変).
急病〔きゅうびょう〕급병. 위급한 병.
急報〔きゅうほう〕급보. 급한 소식.
急死〔きゅうし〕급사. 갑자기 죽음.
急逝〔きゅうせい〕급서. 갑자기 세상을 떠남
急性〔きゅうせい〕급성. 갑자기 일어나는 것.
急所〔きゅうしょ〕급소. ① 신체에서 생명에 관계되는 가장 중요한 부분. ② 요점.
急速〔きゅうそく〕급속. 몹시 빠름.
急須〔きゅうす〕차를 끓이는 데 쓰는 주전자. (사기. 금속 제품이 있음).
急襲〔きゅうしゅう〕급습. 갑자기 습격함.
急信〔きゅうしん〕급신. 급한 소식.
急用〔きゅうよう〕급한 용무，
急場〔きゅうば〕급한 경우. 급할 때.
急転〔きゅうてん〕급전. 갑자기 형세가 바뀜.
急転直下〔きゅうてんちょっか〕급전직하. 갑자기 형세가 바뀌어 걷잡을 수 없게 됨
急電〔きゅうでん〕급전. 지급 전보.
急造〔きゅうぞう〕급조. 갑자기 만듦.
急増〔きゅうぞう〕급증. 갑자기 증가함.
急進〔きゅうしん〕급진. ① 서둘러 급히 진행함. ② 급히 理想을 실현하고자 함.
急派〔きゅうは〕급파. 급히 파견함.
急坂〔きゅうはん〕가파른 언덕.
急行〔きゅうこう〕급행. 급히 감. 빨리 감
急患〔きゅうかん〕급환. 急病에 걸린 환자.

〔笈〕 풀：책 상자 급.
音：**キュウ**
訓：**おい**

笈〔きゅう〕　등에 짊어지는 책궤.
笈〔おい〕　수행자(修行者), 행각승(行脚僧)등이 불구(仏具), 의무, 식기, 책 등을 넣어서 짊어지고 다니던 궤.
笈摺〔おいずる〕순례자들이 옷 위에 입는 소매 없는 はおり 비슷한 얇은 옷

〔級〕 풀：차례 급.
音：**キュウ**
訓：

級数〔きゅうすう〕급수. 일정한 법칙에 따라 증감(増減)하는 수를 일정한 차례로 배열한 수열(数列).
級友〔きゅうゆう〕급우. 같은 학급에서 배우는 벗.

〔給〕 풀：줄 급. 공급할 급.
音：**キュウ**
訓：① **たま**う ② **たま**わる

❶**給う**〔たまう〕(他下1) ① 주시다. 내리시다. ② (動詞連用形에 접속하여)…하시다. 作り～；만드시다. (주로 성년 남자들 사이에서 명령형으로만 쓰임.) 見給え；보게. 来給え；오게.
❷**給(わ)る**〔たまわる〕(他5) ① 웃사람에게서 받다. ② 내려 주시다.

音　読

給する〔きゅうする〕(他サ) 지급하다. 공급하다. 주다. 手当を～；수당을 지급하다.
給料〔きゅうりょう〕급료. 일한 것의 보수
給付〔きゅうふ〕급부. ① 재물을 공급 교부함. ② 채권의 목적인 채무자의 행위
給費生〔きゅうひせい〕급비생. 학비 등 비용을 받아가며 공부하는 학생.

給仕〔きゅうじ〕① 식사 시중을 듦(드는사람). ② 급사, 사환. ③ 식당 등에서 음식물을 나르는 사람.
給水〔きゅうすい〕급수. 물을 공급함.
給食〔きゅうしょく〕급식. 식사를 제공함.
給養〔きゅうよう〕급양. 생존에 필요한 양식. 의료 등을 공급함.
給与〔きゅうよ〕급여. 임금. 급료. 수당.
給源〔きゅうげん〕급원. 공급하여 주는 원천(源泉)
給油〔きゅうゆ〕급유. 기름을 공급함.
給資〔きゅうし〕급자. 자본을 공급함.

【긍】

〔肯〕 풀：즐길 긍. 감히 긍.
音：コウ
訓：①うけがう. ② かえんじる

❶ 肯う〔うけがう〕(他5) 승낙하다. 맡다.
❷ 肯じる〔かえんじる〕(他上1) 수긍하다. 승낙하다. 응하다.
肯綮〔こうけい〕긍경. 요점. 급소.
肯定〔こうてい〕긍정. 그렇다고 인정함.
首肯〔しゅこう〕수긍. 고개를 끄덕이며 승낙함.

【기】

〔己〕 풀：몸 기
音：① キ ② コ
訓：① おのれ ② つちのと

己 ❶〔おのれ〕(1) 자기 자신. 그 자신. ② 너. 자네. ③ 너. 이놈. ～今に見ていろ；너 (이놈) 어디 두고 보자.
❷〔つちのと〕天干의 여섯 번째.

音 読 1

克己心〔こっきしん〕극기심. 자기의 욕심이나 사념(邪念)을 이겨내는 마음.
知己〔ちき〕지기. ① 서로 마음이 통하는 벗. ② 아는 사람. 지인(知人).

音 読 2

利己〔りこ〕이기. 자기의 이익만 꾀하는 것.
自己〔じこ〕자기. 자신.

〔企〕 풀：꾀할 기. 바랄 기.
音：キ
訓：① くわだてる ② たくらむ

❶ 企てる〔くわだてる〕(他下1) 계획하다. 기획하다. 事業を～：사업을 계획하다.
企て〔くわだて〕기획. 기도. 계획.
❷ 企む〔たくらむ〕(他5) 계획하다. 꾀하다. (특히) 나쁜 짓을 꾀하다.
企み〔たくらみ〕계획. 기도(企図)

音 読

企及〔ききゅう〕계획을 세워 따라감. 어깨를 나란히 함.
企図〔きと〕기도. 일을 꾸며 내려고 꾀함.
企業〔きぎょう〕기업. 생산, 영리 등을 목적으로 하는 사업을 하는 것.
企画〔きかく〕기획. 일을 계획함.

〔肌〕 풀：살갗 기
音：キ
訓：はだ

肌〔はだ〕① 피부. 살갗. 살결. ② 거죽. 겉. 표면. ③ 기질. 성미.
肌付き〔はだつき〕① 살갗에 직접 댐. ② 속옷. ③ 피부의 상태. 살결의 모양.
肌色〔はだいろ〕① 살색. ② 기물(器物)등의 바탕이 되는 색깔.
肌身〔はだみ〕몸. 살갗.
肌着〔はだぎ〕내의(内衣). 속옷.
肌触り〔はだざわり〕촉감. 살에 닿는 느낌
肌脱ぎ〔はだぬぎ〕옷을 벗어 상반신을 드러냄. ～になる；상반신을 벗다.
肌寒い〔はださむい〕(形) 으스스 춥다.
肌合い〔はだあい〕성품. 성질. 기질, .
肌荒れ〔はだあれ〕살갗이 거칠어짐.

音 読

肌骨〔きこつ〕살과 뼈.

〔気〕 풀：기운 기. 숨 기.
音：① キ ② ギ ③ ケ ④ ゲ
訓：

音 読 1

気〔き〕① 기운. 山の～；산에 어린 기운. ② 기. ～をくじく. 기를 꺾다. ③ 기염. ～を吐く；기염을 토하다. ④ 마음. ～になる；걱정이 되다. ～に入る；마음에 들다. ～が進む；마음이 내키다. ～を引く；마음을 끌다. ～が～でない；안절부절 못하다. ⑤ 성질. ～短；성질이 급하다 ⑥ 마음씨～がいい；마음씨가 좋다. ⑦ 정신. ～を失う；정신을 잃다. ～をつける 정신을 차리다. 주의(조심)하다. ～がつく；정신이 들다. 생각이 나다. ⑧ 생각. やる～が無い；할 생각이 없다. ⑨ 기분. 감정. ～が晴れる；기분이 활짝 개다, 상쾌해지다. ⑩ 숨. 호흡. ～が詰まる；숨이 막히다. ⑪ 김. ～の抜けたビール；김빠진 맥주. ⑫ 맥. ～が抜ける；맥이 빠지다.
気さく〔きさく〕(形動) 인품이나 태도가 담백하고 명랑함. 소탈함. 싹싹함.
気ぶっせい〔きぶっせい〕(形動) 마음이 우울함. 또는 갑갑함.
気まずい〔きまずい〕(形) 불쾌하다.
気強い〔きづよい〕(形) ① 마음 든든하다. 안심이다. ② 매정하다.
気概〔きがい〕기개. 씩씩한 기상과 꿋꿋한 절개. ～のある人；기개가 있는 사람.

気遣い〔きづかい〕 마음을 씀. 염려. 걱정.
気遣う〔きづかう〕(自5) 마음을 쓰다. 염려하다.
気遣わしい〔きづかわしい〕(形) 마음을 놓을 수 없다. 걱정스럽다. 염려스럽다.
気軽〔きがる〕 소탈함. 싹싹함.
気軽い〔きがるい〕(形) 소탈하다. 싹싹하다.
気兼〔きがね〕 사양. 스스러움. 어렵게 여김.
気嵩〔きがさ〕 지기 싫어하는 모양.
気苦労〔きぐろう〕 걱정. 잔 걱정.
気骨〔きこつ〕 기골. 씩씩한 의기. 기개.
〔きぼね〕 근심. ～が折れる：심적 부담으로 정신이 피로하다. 힘이 들다.
気孔〔きこう〕 기공. 숨구멍.
気管〔きかん〕 기관. 숨통. ～支炎(しえん)：기관지염.
気掛(か)り〔きがかり〕 마음에 걸림. 걱정. 근심.
気構え〔きがまえ〕 ①마음의 준비. ②마음가짐. ③시세 변동에 거는 마음.
気圏〔きけん〕 기권. 대기권(大気圏).
気根〔きこん〕 ①인내력. 끈기. ②공기 중에 노출되어 있는 식물의 뿌리.
気難しい〔きむずかしい〕(形) 성미가 까다롭다. 신경질적이다.
気団〔きだん〕 기단. 수평 방향으로 온도, 습도 등이 어디나 같게, 넓은 범위에 걸쳐서 퍼져있는 공기의 덩어리.
気短〔きみじか〕 조급함. 성급함.
気道〔きどう〕 기도. 숨통.
気の毒〔きのどく〕 ①딱함. 가엾음. 불쌍함. ②미안스러움.
気動車〔きどうしゃ〕 기동차.
気働き〔きばたらき〕(임기 응변의) 재치.
気落ち〔きおち〕 낙심. 낙담.
気楽〔きらく〕 ①마음이 편함. 홀가분함. ②무사 태평함.
気力〔きりょく〕 기력. 원기. 정력. 박력.
気流〔きりゅう〕 기류. 공기의 흐름.
気立て〔きだて〕 마음씨. ～のやさしい人：마음씨 고운 사람. 気脈(きみゃく) ～を通じる：몰래 연락을 꾀하고 의사소통을 하다. 한패가 되다.
気迷い〔きまよい〕 ①망설임. ②시세의 변동이 심함. 시세가 오르락내리락함.
気味〔きみ〕 ①기미. 경향. 기색. ②기분.
気味合い〔きみあい〕 ①기분. 마음. ②취향 구미.
気密〔きみつ〕 기밀. 気体의 流通을 막음.
気迫〔きはく〕 기백. 진취성 있는 정신.
気抜け〔きぬけ〕 맥이 빠짐. 얼빠짐.
気配〔きはい〕 ①배려. 수배. ②(거래의) 景気.
〔けはい〕 ①기미. 낌새. ②景気. 시세.
気配り〔きくばり〕 배려. 여러 모로 마음을 씀.
気魄〔きはく〕 기백. 패기. 진취성 있는 정신.
気病み〔きやみ〕 근심으로 생기는 울화병.
気の病〔きのやまい〕 정신상의 병. 노이로제.
気不味い〔きまずい〕(形) 서먹서먹하다. 어색하다. 멋적다. 거북하다.
気付き〔きづき〕 눈치챔. 알아차림.
気付く〔きづく〕(自5) ①눈치 채다. 깨닫다. ②(실신 상태에서) 정신이 들다.
気付け〔きづけ〕 ①정신(기운)을 차리게함. 깨어나게 함. ②각성제(覚醒剤). ③(편지 겉봉의) …방(方).
気負う〔きおう〕(自5) (지지 않으려고) 기를 쓰다. 분기하다. 다투다.
気負い〔きおい〕(지지않으려고) 기를 씀.
気負い肌〔きおいはだ〕 약한 자를 돕는 성질.
気負い立つ〔きおいたつ〕(自5) (지지않으려고)기를 쓰다.
気分〔きぶん〕 기분. ～屋：기분파.
気紛れ〔きまぐれ〕 ①변덕스러움. 변덕쟁이. ②일시적인 생각(기분).
気崩れ〔きくずれ〕 ①기세가 약화됨. ②원인도 없이 증권 시세가 떨어짐.
気散じ〔きさんじ〕 ①기분 전환. ②마음 편함.
気相〔きっそう〕 기상. 안색. 기색.
気象〔きしょう〕 기상. ①날씨의 상태. ～台(だい)：기상대. ②(적극적으로 하려는) 심적 경향.
気色〔きしょく〕 기색. 안색. 기분.
〔けしき〕 ①기색. 징조. 기미. ②기분. ③느낌. 인상. 생각.
気色ばむ〔けしきばむ〕(自5) ①(얼굴에)성난 기색을 나타내다. ②젠 체하다.
気先〔きさき〕 기세. 세력. 기세가 나아가는 곳.
気性〔きしょう〕 타고난 성질. 천성. 기질.
気勢〔きせい〕 기세. 기운과 세력. 원기.
気受け〔きうけ〕 남이 그 사람에 대해서 갖고 있는 느낌. 평판. 세평(世評).
気随〔きずい〕 마음대로 함. 제 멋대로 함.
気乗り〔きのり〕 ①마음에 당김(내킴). ②거래가 부진함. 세월이 없음.
気息〔きそく〕 기식. 호흡.
気心〔きごころ〕 기질. 마음속. 속마음.
気安い〔きやすい〕(形) 마음 편하다. 허물없다.
気圧〔きあつ〕 기압. 대기의 압력.
気炎〔きえん〕 기염. 대단한 기세.
気鋭〔きえい〕 기예. 기백이 날카로움.
気温〔きおん〕 기온. 대기의 온도.
気運〔きうん〕 기운. 되어가는 시세의 형편.
気鬱〔きうつ〕 기울. 마음이 울적함.
気違い〔きちがい〕 ①미치광이. 정신이상자. ②광(狂). 映画～：영화광. 本～：책미치광이. 책벌레. ③～雨：소나기 ④～沙汰：미치광이 같은 짓. ⑤～じみる：(自上1) 미친 것 같다. ⑥～水(みず)：술. (취하면 제 정신을 잃으므로)
気位〔きぐらい〕 자존심. 우월감.

気慰み〔きなぐさみ〕기분전환.
気移り〔きうつり〕정신이나 주의가 딴 데로 쏠림.
気任せ〔きまかせ〕마음(기분) 내키는 대로.
気丈〔きじょう〕마음이 굳셈(다부짐).
気丈夫〔きじょうぶ〕① 마음이 든든함. ② 다부짐. 굳셈.
気長〔きなが〕느긋함.
気張る〔きばる〕(自5) ① 분발하다. 용기를 내다. ② 호기 있게 많은 돈을 내다.
気障〔きざ〕① 같잖음. 아니꼬움. 거드럭거림. ② 마음에 걸림. 언짢음.
気障っぽい〔きざっぽい〕(形) 아니꼽다.
気障り〔きざわり〕아니꼬움. 비위에거슬림.
気前〔きまえ〕① 기질. ② 금전이나 돈을 아끼지 않는 성품. ～がいい. 돈을 잘 쓰다.
気節〔きせつ〕① 기개. 의기와 절조(節操). ② 기후. 시절(時節).
気絶〔きぜつ〕기절. 졸도. 까무러침.
気早〔きばや〕성급함. 조급함.
気組み〔きぐみ〕마음가짐. 마음의 자세.
気重〔きおも〕① 기분이 침울함. ② 景気가 없음. 증권 거래가 활발치 못함.
気持ち〔きもち〕① 마음. 기분. 감정. ② (副) 어느정도. 약간.
気儘〔きまま〕제멋대로. 방자함.
気質 ①〔きしつ〕기질. 성질. 경향. 성미. ②〔かたぎ〕기질. 기풍. 경향.
気晴らし〔きばらし〕기분전환.
気体〔きたい〕기체. 공기처럼 일정한 형체를 갖지 않고 자유로히 유동하는 물질.
気取り〔きどり〕～체함(뽐냄). 자처함.
気取る〔きどる〕(自5) ① 뽐내다. 거드름피우다. ② 점잔 빼다. ～체하다. ～연(然)하다. ③ 알아 차리다. 눈치채다. 깨닫다.
気泡〔きほう〕기포. 공기를 품은 거품.
気胞〔きほう〕기포. ① 肺胞. ② 물고기부레.
気品〔きひん〕기품. 고상한 품위. 위엄.
気風〔きふう〕기풍. 기상과 풍채.
気疲れ〔きづかれ〕마음이 피로함. 지침.
気合(い)〔きあい〕① 기합. 정신. ② 마음. 성질.
気化〔きか〕기화. 액체, 고체 등이 기체로 변하는 것.
気候〔きこう〕기후. 날씨의 상태.
気後れ〔きおくれ〕기가 죽음. 겁을 먹음.
気休め〔きやすめ〕한 때의 위안(안심). ～を言う; 일시적인 위안의 말을하다.
気胸〔ききょう〕기흉.
気詰(ま)り〔きづまり〕어색함. 서먹 서먹함.

音読 2

堅気〔かたぎ〕① 고지식함. ② 건실한 직업.
男気〔おとこぎ〕약자나 정의를 위하는마음
悪気〔わるぎ〕악의(悪意). 나쁜 마음.
移り気〔うつりぎ〕변덕스러움. 들뜬 마음.
親切気〔しんせつぎ〕친절심.

例外

意気地〔いくじ〕～がない; 무기력 하다. 패기가 없다. 기개가 없다.
意気地無し〔いくじなし〕패기 없음. 무기력한 사람.

音読 ③

気高い〔けだかい〕(形) 고상하다. 품격이 높다.
気配〔けはい〕① 기색. 낌새. ② 景気. 시세.
〔きはい〕① 배려. 수배. ② 景気. 시세.
気色〔けしき〕기색. ② 기분. ③ 느낌.
〔きしょく〕기색. 안색. 기분.
気圧される〔けおされる〕(自下1) 기세에 눌리다. 압도되다. 기가 죽다.
湿気〔しっけ〕습기. 습한 기운. 축축한 기운.

音読 ④

似気無い〔にげない〕(形) 어울리지 않다.
若気〔わかげ〕젊은 패기(기질・혈기)
湯気〔ゆげ〕김. 수증기.

〔妓〕 풀：기생 기
音：ギ
訓：

妓女〔ぎじょ〕기녀. 기생이나 창녀.
妓楽〔ぎがく〕기악. 여자 가수가 부르는 노래나 음악.

〔忌〕 풀：꺼릴 기.
音： キ
訓：① い(ま)わしい. ② いまいましい. ③ いむ

❶忌(ま)わしい〔いまわしい〕(形) ① 꺼림칙하다. ② 혐오하다. ③ 불길하다. 나쁘다. 흉하다.
❷忌忌しい〔いまいましい〕(形) 분하다. 화가 치밀다. 지긋지긋하다.
❸忌む〔いむ〕(他5) ① 꺼리다. 기피하다 ② 미워하다. ③ 기피하다.
忌み〔いみ〕① 꺼림. ② 상중(喪中). 복중(服中).
忌み名〔いみな〕① 죽은 사람의 생전의 이름. ② 신분이 높은 사람의 이름
忌み明け〔いみあけ〕① 복(服)을 벗음. 脱喪함. ② 解産의 부정(보통 40일)이 가심.
忌み詞〔いみことば〕⇨忌み言葉.
忌(み)言葉〔いみことば〕꺼리는 말.
忌日 〔いみび〕① 陰陽家에서 재난이 있다고 기피하는 날. ② 부정(不浄)을 피하고 조심하는 날.
〔きじつ：きにち〕기일. 제삿날.
忌み嫌う〔いみきらう〕(他5) 몹시 싫어하다.

音読

忌明け〔きあけ〕⇨忌み明け
忌服〔きぶく〕상중(喪中). 거상(居喪).
忌引き〔きびき〕근친이 죽어서 근무를쉬고

집안에 있는 일.
忌日 〔きじつ：きにち〕 기일. 제사날.
〔いみび〕 ① 陰陽家에서 재난이 있다고 기피하는 날. ② 부정(不浄)을 피하고 조심하는 날.
忌中 〔きちゅう〕 기중. 상중(喪中)(특히 죽은 후 49일 동안).
忌憚 〔きたん〕 기탄. ～無く言えば；기탄없이 말하자면.
忌避 〔きひ〕 기피. 꺼리어 피함.
忌諱 〔きい：きき〕 기휘. 꺼리어 싫어함.

〔**岐**〕 풀：가닥나뉠 기
音：**キ**
訓：**わか**れる

岐れる 〔わかれる〕 (自下1) (길이) 갈리다. 道が二つに～；길이 두 갈래로 갈리다.

音　讀

岐路 〔きろ〕 기로. 갈림길.
分岐点 〔ぶんきてん〕 분기점. 갈라지는 곳.
岐阜 〔きふ〕 (固有名詞) 日本 中部地方 西部의 内陸의 県.

〔**汽**〕 풀：김 기
音：**キ**
訓：

汽罐 〔きかん〕 기관. 보일러.
汽船 〔きせん〕 기선. 증기선(蒸汽船)
汽笛 〔きてき〕 기적. 증기의 힘으로 부는 고동. 汽車の～；기차의 기적.
汽車 〔きしゃ〕 기차. 증기, 전기 등의 원동력으로 철도 위를 달리는 열차.

〔**技**〕 풀：재주 기
音：**ギ**
訓：**わざ**

技 〔わざ〕 기법. 기술. 기량. 재주. ～を研く；기술을 연마하다.

音　讀

技工 〔ぎこう〕 기공. 능숙한 기술자.
技巧 〔ぎこう〕 기교. 묘한 모습.
技官 〔ぎかん〕 기관. 기술을 담당하는 관리
技能 〔ぎのう〕 기능 기술상의 재능.
技量 〔ぎりょう〕 기량. 기능. 수완.
技法 〔ぎほう〕 기법. 기교와 방법.
技師 〔ぎし〕 기사. 전문적인 기술자.
技手 〔じしゅ：きて〕 기수. 기사(技師)밑에서 기술을 담당하는 사람.
技術 〔ぎじゅつ〕 기술. 과학을 실지로 응용하여 인간 생활에 이용하는 재주.
技芸 〔ぎげい〕 기예. 기술상의 재주와 솜씨.

〔**杞**〕 풀：구기자 기. 산버들 기.
音：**キ**
訓：

杞憂 〔きゆう〕 기우. 쓸 데 없는 걱정. 공연한 걱정.

〔**奇**〕 풀：기이할 기.
音：**キ**
訓：**く**し**く**も

奇しくも 〔くしくも〕 이상하게도. 묘하게도. 기이하게도. 死んだと思った人に～再会する；죽은 줄로 알았던 사람과 이상 하게도 다시 만나다.

音　讀

奇 〔き〕 ① 진기한 것. ② 이상한 것. ③수상한 것. ④ 기수(奇数).
奇計 〔きけい〕 기계. 기묘한 계획.
奇観 〔きかん〕 기관. 기이(奇異)한 광경.
奇矯 〔ききょう〕 기교. 言行이 보통과 달리 이상함. 기이함.
奇談 〔きだん〕 기담. 기이한 이야기. 怪談.
奇麗 〔きれい〕 ① 고움. 아름다움. ② 깨끗함. ～事(～ごと) ① 겉치레만 좋은것. ② 더러워지지 않고 할수 있는 깨끗한 일 ～所(～どころ) 기생. 예쁘게 치장한 여자. ～好き(～ずき) 깨끗한 상태를 좋아하는 사람.
奇妙 〔きみょう〕 기묘. 기이하고 묘함.
奇抜 〔きばつ〕 기발. 유달리 뛰어남.
奇弁 〔きべん〕 궤변. 불합리한 이론.
奇想天外 〔きそうてんがい〕 기상 천외. 깜짝놀랄 만큼 기발한 것.
奇数 〔きすう〕 기수. 홀수. ⟷偶数(ぐうすう).
奇術 〔きじゅつ〕 기술. 기묘한 재주. 요술.
奇習 〔きしゅう〕 기습. 신기한 풍습. 습관.
奇襲 〔きしゅう〕 기습. 불의(不意)에 습격함.
奇勝 〔きしょう〕 기승. ① 좋은 경치. ② 의외(意外)의 승리.
奇縁 〔きえん〕 기연. 이상한 인연.
奇遇 〔きぐう〕 기우. 이상한 인연으로 만남.
奇異 〔きい〕 기이. 기괴하고 이상함.
奇人 〔きじん〕 기인. 품행이 기이한 사람.
奇跡：奇蹟 〔きせき〕 기적. 사람의 힘으로나 생각으로는 할 수 없는 신기한 사실.
奇策 〔きさく〕 기책. 기묘한 계책.
奇態 〔きたい〕 기태. 진기한 모양.
奇特 〔きとく〕 기특. 훌륭하고 뛰어남.
奇行 〔きこう〕 기행. 기이한 행동.
奇形 〔きけい〕 기형. 생물의 형태가 정상적인 체제와는 달리 불완전함. ～児(じ)

〔**祈**〕 풀：빌 기.
音：**キ**
訓：**いの**る

祈る 〔いのる〕 (他5) (신에게) 빌다. 기원하다. 기도하다. 희망하다. 바라다.
祈り 〔いのり〕 기도. 기원. ～を捧げる；기도를 올리다 (드리다).

音　讀

祈年祭 〔きねんさい〕 기년제. 풍년을 비는 축제.
祈念 〔きねん〕 기념. 기도. 기원.
祈禱 〔きとう〕 기도. 소원이 이루어지기를 신에게 빎.
祈雨 〔きう〕 기우. 비 오기를 비는 것.
祈願 〔きがん〕 기원. 기도. 신에게 비는 것.

〔**其**〕 풀：그(代名詞) 기
音：**キ**
訓：① **そ**の ② **そ**れ

❶ **其の**〔その〕그(代名詞). ～本;그 책.
其の間〔そのかん:そのあいだ〕그간. 그 동안.
其の筈〔そのはず〕それも～;그것도 그럴 것.
其の筋〔そのすじ〕① 그 방면. 그 계통. ② 당국. (특히, 경찰)
其の代(わ)り〔そのかわり〕그 대신.
其の道〔そのみち〕그 방면. 그 계통.
其の物〔そのもの〕바로 그것. 그 자체.
其の方〔そのほう〕① 그 방향. ② 너. 그대. ③ 그쯤. 그 정도.
其の癖〔そのくせ〕그런데도. 그럼에도 불구하고
其の辺〔そのへん〕① 그 근처. 그 근방. ② 그러한 것. ③ 그 쯤, 그 정도.
其の上〔そのうえ〕더구나. 게다가. 또한.
其の昔〔そのむかし〕그 옛날. 아득한 옛적
其の手〔そのて〕그런 수단. 그 계략.
其の実〔そのじつ〕사실은. 실은.
其の様〔そのよう〕그런 식. 그렇게.
其の儀〔そのぎ〕그 일.
其の日稼ぎ〔そのひかせぎ〕날품팔이
其の日暮らし〔そのひぐらし〕하루 벌어 하루 사는 생활. 여망 없는 하루살이.
其の場〔そのば〕① 그 자리. 그 곳. 현장. ② 즉석. 즉시.
其の場逃れ〔そのばのがれ〕임시 변통. 일시 모면. 어물어물 넘김.
其の場凌ぎ〔そのばしのぎ〕일시 모면.
其の場限り〔そのばかぎり〕그 때 뿐.
其の伝〔そのでん〕그런 식(생각).
其の節〔そのせつ〕그 때. 그 당시. 그 무렵.
其の儘〔そのまま〕(그냥) 그대로. 즉시.
其の他〔そのた〕기타. 그 밖에. 그 밖의
其の後〔そのご〕그 뒤. 이후.
❷ **其れ**〔それ〕① 그 것. ② 그. 그때. 그런일. ③ 그 곳. 거기. ④ 그 사람. 그 이
其れ其れ〔それぞれ〕각기. 각각. 각자.
其れ故〔それゆえ〕그러므로. 그러니까.
其れと無く〔それとなく〕슬며시. 넌지시.
其(れ)相当〔それそうとう〕그에 상당함. 그 나름. 그 정도.
其(れ)相応〔それそうおう〕그에 알맞음. 응분.
其(れ)位〔それくらい〕그 정도. 그 만큼.
其(れ)者〔それしゃ〕① 그 길에 능숙한 사람(나쁜뜻으로 쓰임) ② 기생.
其れ丈〔それだけ〕① 그 만큼. 그 정도. 그쯤. ② 그것뿐. 그것만.
其れ程〔それほど〕그렇게. 그 만큼. 그 정도. 그다지.

〔**紀**〕 풀: 벼리 기. 기록기. 다스릴 기.
音: ① **キ** ② **ギ**
訓:

紀綱〔きこう〕기강. ① 기율(紀律)과 법강(法綱). ② 정치의 대강.
紀要〔きよう〕大学 등에서 정기적으로 내놓는 연구 보고서.
紀元前〔きげんぜん〕기원전.
紀律〔きりつ〕기율. 일정한 정서.
紀伝体〔きでんたい〕기전체. 王, 高官 등의 인물 전기(人物伝記)를 중심으로 서술한 역사 편찬의 한 체재(体裁).
紀行文〔きこうぶん〕기행문. 여행의 감상을 적은 문장.

〔**既**〕 풀: 이미 기
音: **キ**
訓: **すでに**

既に〔すでに〕① 이미. 벌써. 이전에. ② 거의. 자칫.
既にして〔すでにして〕그러는 동안에. 그러는 사이에.

音 読

既刊〔きかん〕기간. 이미 간행함.
既決〔きけつ〕기결. 이미 결정(결재)된것.
既得権〔きとくけん〕기득권. 이미 손에 넣는 권리.
既設〔きせつ〕기설. 이미 설치됨.
既成〔きせい〕기성. 이미 이루어 진 것.
既往〔きおう〕기왕. 과거.
既定〔きてい〕기정. 이미 정해져 있는 것.
既製〔きせい〕기제. 이미 만들어진 것.
既存〔きそん〕기존. 이미 존재하는 것.
既知〔きち〕기지. 벌써 알고 있는 것.
既婚〔きこん〕기혼. 이미 결혼한 것.

〔**記**〕 풀: 기록할 기.
音: **キ**
訓: **しるす**

記す〔しるす〕(他5) 적다. 기록하다. (마음에) 새기다. 心に～;마음에 새기다.
記〔しるし〕기록. 적어 두는 일.

音 読

記する〔きする〕(他サ) ① 쓰다. 기록하다. ② 잊지 않고 마음에 새기다. 명심하다.
記紀〔きき〕古事記(こじき)와 日本書記(にほんしょき).
記念日〔きねんび〕기념일. 기억하여 잊지 않고 기념하는 날.
記録〔きろく〕기록. ① 글로 적은 서류나 문서. ② 경기나 운동의 최고의 점수.
記名〔きめい〕기명. 이름을 써 넣음.
記事〔きじ〕기사. 사실을 적은 글.
記述〔きじゅつ〕기술. 글로 나타냄.
記憶〔きおく〕기억. 잊지 아니함.
記入〔きにゅう〕기입. 써 넣음.
記者〔きしゃ〕기자. 신문, 잡지 등의 기사를 집필하거나 편집하는 사람.
記章〔きしょう〕기장. ① 신분, 명예를 나타내는 표지. ② 기념의 표지.
記帳〔きちょう〕기장. 장부에 기록함.
記載〔きさい〕기재. 써서 실음.
記号〔きごう〕기호. 사람들 사이에서 약속으로 쓰이는 표지.

〔**起**〕 풀: 일어날 기
音: ① **キ** ② **ギ**
訓: ① **おきる** ② **おこす** ③

おこる

❶**起きる**〔おきる〕(自上1) ① 일어나다. ② 뜬눈으로 있다. ③ 생기다. 발생하다.

起き掛け〔おきがけ〕(잠자리에서)막 일어남.

起き抜け〔おきぬけ〕⇨起き掛け.

起き伏し〔おきふし〕① 일어남과 자리에 듦. ② 미동. 나날(의 생활). ③ (副) 자나깨나. 항상. 언제나.

起き上がる〔おきあがる〕(自5) 일어나다. 일어서다.

起き上がり小法師〔おきあがりこぼし〕오뚝이.

起き直る〔おきなおる〕(自5) 일어나서 고쳐 앉다. 다시 일어서다.

❷**起(こ)す**〔おこす〕(他5) ① 일으키다. 세우다. ② 깨우다. ③ (밭을) 일구다. ④ 파내다. ⑤ 들어 올리다. ⑥ 잦히다. ⑦ …하기 시작하다. ⑧ 출판하다. ⑨ (불을)피우다.

❸**起(こ)る**〔おこる〕(自5) ① 일어나다. 발생하다. ② 흥하다. ③ (불이 활활) 피다.

起(こ)り〔おこり〕① 시초. 기원. 유래. 발단. ② 원인.

音読 1

起居〔ききょ〕기거. 일상 생활.

起稿〔きこう〕기고. 원고를 쓰기 시작함.

起工式〔きこうしき〕기공식. 공사를 시작하는 식을 행함.

起立〔きりつ〕기립. 일어섬.

起伏〔きふく〕기복. 높아졌다 낮아졌다 함.

起死回生〔きしかいせい〕기사회생. 다 죽어가다 다시 살아남.

起床〔きしょう〕기상. 잠자리에서 일어남.

起訴〔きそ〕기소. 소송(訴訟)을 제기함.

起用〔きよう〕기용. 관직에 등용함. 발탁함.

起原〔きげん〕기원. 사물이 생긴 근원.

起因〔きいん〕기인. 일이 일어나는 원인.

起点〔きてん〕기점. 사물의 첫머리. 출발점.

起重機〔きじゅうき〕기중기. 무거운 물건을 이동시키는 기계.

起債〔きさい〕기채. 빚을 얻음.

起請〔きしょう〕① 청원(請願)함. ② 신에게 서원(誓願)함. ③ 서약서.

起草〔きそう〕기초. 글자 초안을 잡음.

音読 2

縁起〔えんぎ〕① 기원. 유래(특히 절(寺) ② 길흉의 조짐. 운수. 재수. ③ 불길함.

縁起物〔えんぎもの〕① 길조를 비는 물건. ② 神社나 절에 가는 사람을 상대로 파는 물건. ③ 유래를 적은 책 등.

縁起棚〔えんぎだな〕연예인의 집이나 요리집, 가게 등에서 재수 있기를 빌기위하여 신을 모신 단.

縁起直し〔えんぎなおし〕조짐이 나쁜 것을 좋아지도록 빌어서 고침.

〔**飢**〕 풀：굶주릴 기
音：キ
訓：うえる

飢える〔うえる〕(自下1) 굶주리다. **愛情に～**；애정에 굶주리다.

飢え〔うえ〕굶주림. 허기. 배고픔.

飢(え)死(に)〔うえじに〕굶어 죽음.

音 読

飢渇〔きかつ〕기갈. 굶주림과 목마름.

飢饉〔ききん〕기근. 곡식이나 물자의 부족.

飢餓〔きが〕기아. 굶주림.

飢寒〔きかん〕기한. 굶주림과 추위.

〔**寄**〕 풀：붙어살 기.
音：キ
訓：① よせる ② よる

❶**寄せる**〔よせる〕(自他下1) ① 밀려오다. ② 빗대어 말하다. 비유하다. ③ 오게 하다. 들르게하다. ④ 바싹 옆으로 대다. ⑤ 옆에 가까이 붙이어 대다. ⑥ 의지하다. ⑦ 마음을 두다(붙이다). ⑧ 한군데로 모으다. 불러 모으다. ⑨ 보내다. ⑩ 더하다.

寄せ〔よせ〕① 끌어 모음. 가까이 모이게 함. ②(바둑, 장기의)종반전.

寄(せ)鍋〔よせなべ〕고기, 생선, 야채 등을 잘게 썰어 넣어 많은 국물에 넣어 끓이면서 먹는 요리.

寄せ掛ける〔よせかける〕(他下1) ① 기대게하다. 기대어 세우다. 기대다. ② 쳐들어가다.

寄(せ)物〔よせもの〕다져서 으깬 생선에 밀가루, 달걀 등을 넣어 익힌 것을 우무로 굳혀 만든 식품.(술안주로 사용).

寄(せ)木〔よせぎ〕나무 토막을 짜맞춰서 만든 물건. **～細工**；나무쪽 세공.

寄せ付ける〔よせつける〕(他下1) 다가 오게하다. 접근시키다.

寄(せ)算〔よせざん〕덧셈.

寄(せ)書き〔よせがき〕여럿이 한장의 종이에 서화(書画)를 쓰는 것. 또 쓴 것.

寄(せ)手〔よせて〕공격해 오는 군대.

寄せ集め〔よせあつめ〕급한대로 긁어 모은 사람들. 어중이 떠중이. 오합지졸.

寄せ集める〔よせあつめる〕(他下1)모으다. 긁어 모으다.

寄せ場〔よせば〕사람을 집합시키는 장소.

寄せ切れ〔よせぎれ〕재단하고 남은 천조각을 모아 놓음.

❷**寄る**〔よる〕(自5) ① 접근하다. 다가서다. ②(생각이)미치다. ③ 들르다. ④ 겹치다. 많아지다. ⑤ 밀리다. ⑥ 치우치다. 기울다. ⑦ 의지하다. 기대다. ⑧(씨름에서)상대방의 샅바를 잡고서 뒤로 떠밀치다. ⑨ 한 장소에 모이다. ⑩(거래소에서)그 날 시초의 매매가 성립되다.

寄り〔より〕① 집합. 모임. 모인사람 ②(씨름에서) 상대방의 샅바를 잡고서 미는 일.

寄り掛(か)り〔よりかかり〕기대는 것.

寄り掛(か)る〔よりかかる〕(自5) ① 기대다. ② 의지하다. 의존하다.

寄り寄り〔よりより〕① 여기 저기에서 한 곳으로 모여듦. ② 끼리 끼리. ③ 이따금.
寄り道〔よりみち〕가는 길에 들름. 지나는 길에 들름. 돌아서 가는 길.
寄り倒す〔よりたおす〕(他5)(씨름에서)서로 샅바를 맞 잡은 채 상대방을 씨름판 밖으로 떠 밀어 쓰러 뜨리다.
寄り付き〔よりつき〕① (거래소에서) 시초의 매매 거래(시세). ② 들어서면서 첫째 방. ③ 정원 등의 간단한 휴게소.
寄り付く〔よりつく〕(自5) ① 접근하다. 가까이 다가가다. ② (거래소에서) 그 날 시초의 매매 거래가 성립하다.
寄り身〔よりみ〕(씨름에서)맞붙어서 상대방을 떠 밀침. 또는 그런 자세.
寄り切る〔よりきる〕(他5) ⇨**寄り倒す**.
寄り集まる〔よりあつまる〕(自5) (많은것들이)한데 모여들다. 모이다.
寄り添う〔よりそう〕(自5) 바싹 달라붙다.
寄り縋る〔よりすがる〕(自5) (바싹)매달리다. 믿고 의지하다. 기대다.
寄り合い〔よりあい〕① 모여듦. 모임. ② 집회. 회합. ③ (씨름에서)서로 샅바를 맞잡은 채로 비비대어 떠밀거나 누르려고 하는 것. ～**所帯**〔～じょたい〕모여 사는 세대. 통일이 없는 모임. 집단 세대.
寄り合う〔よりあう〕(自5) (의논하기 위하여)사람이 모여 들다.

例　外

寄席〔よせ〕사람을 모아 돈을 받고 만담, 야담 등을 들려 주는 연예장. ～**芸人**(～げいにん)만담가.
寄越す〔よこす〕(他5) ① 보내(오)다. 넘겨 주다. ② (動詞連用形에 접속하여) …해 오다.
寄人〔よりゅうど：よりうど〕궁중의 御歌所(おうたどころ)의 직원.

音　読

寄稿〔きこう〕기고. 원고를 신문사나 잡지사에 보냄.
寄留〔きりゅう〕기류. 타향 또는 남의 집에 머물러 삶.
寄付〔きふ〕기부. 어떠한 일에 재물을 내어 줌.
寄生虫〔きせいちゅう〕기생충. 다른 동물에 기생하여 생활하는 동물.
寄宿舎〔きしゅくしゃ〕기숙사. 공동으로 생활시키기 위한 시설.
寄食〔きしょく〕기식. 남의 집에 붙어서 얻어 먹음.
寄与〔きよ〕기여. 이바지 함. 공헌(貢献)
寄贈〔きぞう〕기증. 물건을 증정함.
寄進〔きしん〕(남에게) 재물을 기부하거나 희사함.
寄託〔きたく〕기탁. 부탁하여 맡기어 둠.
寄港：寄航〔きこう〕기항. 항해 중의 배가 어떤 항구에 들름

〔基〕
풀：터 기. 근본 기.
音：キ
訓：①もとい ②もとづく ③もと

❶ **基い**〔もとい〕토대. 기초. 기본. 근본. **農は国の～だ**：농업은 나라의 근본이다.
❷ **基づく**〔もとづく〕(自5) 기초를 두다. 기인하다. 의거(依據)하다.
❸ **基**〔もと〕① 기초. 근본. ② 원인. ③ 원료(특히, 누룩)

音　読

基幹〔きかん〕기간. 본 바탕이 되는 줄기.
基金〔ききん〕기금. 일정한 목적을 위하여 모아서 준비해 놓은 자금
基盤〔きばん〕기반. 토대. 기초.
基部〔きぶ〕기부. 기본이 되는 부분. 토대.
基本〔きほん〕기본. 기초나 토대가 되는것.
基数〔きすう〕기수. 1에서 9까지의 정수.
基因〔きいん〕기인. 원인이 됨.
基底〔きてい〕기저. 토대가 되는 본바탕.
基点〔きてん〕기점. 근본이 되는 점.
基調〔きちょう〕기조. 사상, 행동의 기준.
基準〔きじゅん〕기준. 기본이 되는 표준.
基地〔きち〕기지. (행동을 일으키는) 근거지.
基礎〔きそ〕기초. 근본. 밑바닥.

〔崎〕
풀：산길 험할 기.
音：キ
訓：さき

崎〔さき〕① 갑(岬). ② 산이 튀어나온 끝. 산부리.

音　読

崎嶇〔きく〕기구. ① 산길이 험함. ② 세상을 살아가기가 험악하고 사나움
崎崖〔きぎ〕기애. 험한 상태.

〔幾〕
풀：얼마 기. 몇 기.
音：キ
訓：いく

幾〔いく〕① 얼마. 몇. ② 여러
幾つ〔いくつ〕① 몇 ② 몇 개. ③ 몇 살.
幾ら〔いくら〕① 얼마. 어느 정도. ② 아무리.
幾らか〔いくらか〕약간.
幾久しく〔いくひさしく〕오래오래. 언제까지나.
幾年〔いくねん〕몇 년.
幾度〔いくど：いくたび〕몇 번. 여러 번.
幾等〔いくら〕⇨**幾ら**
幾分〔いくぶん〕어느 정도. 약간. 다소.
幾時〔いくじ〕몇 시＝何時.
幾夜〔いくよ〕몇 밤. 몇일 밤.
幾人〔いくにん：いくたり〕몇 사람.
幾日〔いくにち：いくか〕며칠. 몇 날.
幾程〔いくほど〕얼마. 어느 정도.
幾重〔いくえ〕겹겹. 여러 겹. 거듭.
幾千代〔いくちよ〕몇 천대. 오랜 세월.
幾遍〔いくへん〕몇 번. 여러 번.

音　読

幾何〔きか〕기하. 기하학(幾何学)의 준말.
幾何学〔きかがく〕기하학. 点, 線, 面, 입체 등으로 되어 있는 図형의 성질을 연구하는 학문.

〔棋〕
풀：바둑 기.
音：① キ ② ギ
訓：

棋界〔きかい〕기계. 장기나 바둑의 세계.
棋局〔ききょく〕기국. 바둑의 국면(局面).
棋道〔きどう〕기도. 바둑을 두는 사람으로써 지켜야 할 도리.
棋盤〔きばん〕기반. 바둑의 국면(局面).
棋譜〔きふ〕기보. 장기나 바둑의 対局한 순서를 기록한 책.
棋士〔きし〕기사. 바둑, 장기를 직업적으로 두는 사람.
棋院〔きいん〕기원. 바둑의 전문가가 조직하는 단체. 또는 그 집합소.
棋敵〔きてき〕기적. 바둑 상대.
棋布〔きふ〕기포. 바둑 알을 늘어 놓은 것처럼 흩어지는 것.

音読 2

将棋〔しょうぎ〕장기. **～倒し**(～だおし)한쪽 끝에서부터 차례로 겹쳐져 넘어지는 것.

〔欺〕
풀：속일 기
音：ギ
訓：**あざむく**

欺く〔あざむく〕(他５) ① (거짓으로)속이다. ② 무색케 하다. 착각시키다. **花を～美人**：꽃을 무색케 할 정도의 미인. **鬼を～男** 귀신으로 착각할 만한 거인.

音　読

欺慢〔ぎまん〕기만. 남을 그럴 듯하게 속여 넘김.
欺騙〔ぎへん〕거짓으로 속이는 일. 기만.

〔期〕
풀：기약할 기.
音：① キ ② ゴ
訓：

音読 1

期す〔きす〕(他５) ⇨**期する**
期する❶〔きする〕(他サ) ① 기하다. ②시일(기한)을 정하다. ③ 기약하다. 기대하다.
❷〔ごする〕(他サ) 기대하다. 예기하다. 기하다. 각오하다.
期間〔きかん〕기간：어느 일정한 시기.
期待〔きたい〕기대. 예기하여 기다림.
期末〔きまつ〕기말. 기간의 끝.
期成〔きせい〕기성. 성공을 기약함.
期首〔きしゅ〕기수. 기한의 시작.
期日〔きじつ〕기일. 기한의 날짜.
期限〔きげん〕기한. 미리 한정한 시기.
定期〔ていき〕정기. 일정한 기간.

音読 2

期〔ご〕시기(時期).
末期〔まつご〕말기. 일생의 끝. 임종.
一期〔いちご〕일기. 생애. 일생.
最期〔さいご〕마지막 끝.

〔碁〕
풀：바둑 기
音：ゴ
訓：

碁〔ご〕바둑. **～を打つ**；바둑을 두다.
碁盤〔ごばん〕기반. 바둑판.
碁石〔ごいし〕바둑돌.
碁打ち〔ごうち〕바둑을 좋아하는, 또는 잘 두는 사람.
碁会所〔ごかいしょ〕돈을 내고 바둑을 두는 집. 기원.

〔棄〕
풀：버릴 기.
音：キ
訓：**すてる**

棄てる〔すてる〕(自下１) ① 버리다. ②…하여 버리다. 완전히…하다. **読み～**；다 읽고 버리다.
棄児〔すてご〕기아. 어린(갓난) 아이를 버림.

音　読

棄却〔ききゃく〕기각.〔法〕이유가 없다 하여 소송(訴訟)을 수리하지 않는 것.
棄権〔きけん〕기권. 자기 권리를 포기함.
棄約〔きやく〕기약. 약속한 것을 지키지 않는 것.

〔旗〕
풀：기 기
音：キ
訓：**はた**

旗〔はた〕① 기. 깃발. ② 표어. 슬로우건.
旗竿〔はたざお〕깃대. **～を立てる**
旗頭〔はたがしら〕한편의 우두머리.
旗本〔はたもと〕江戸시대에 대장이 있는 본진(本陣)의 무사. **～奴**(～やっこ) 장군 직속의 하급 무사로서 의협을 일삼던 사람.
旗色〔はたいろ〕(전쟁이나 경기의)형세. 전황. **～がよくない**；형세가 좋지 않다.
旗揚げ〔はたあげ〕새로 일을 시작함.
旗雲〔はたぐも〕깃발처럼 길게 뻗친 구름.
旗日〔はたび〕국경일. 국기를 게양하는 날.
旗印〔はたじるし〕(명백히 내 건) 목표. 기치.
旗持ち〔はたもち〕① 기수(旗手). ② 지위가 낮은 부하.
旗指物〔はたさしもの〕옛날 싸움터에서 갑옷의 등에 꽂아 표지로 삼던 작은 깃발.
旗標〔はたじるし〕(명백히 내건) 목표. 기치.
旗行例〔はたぎょうれつ〕기를 든 행렬.

連濁音에 注意

手旗〔てばた〕손에 쥐는 작은 기.

音　読

旗鼓〔きこ〕① 軍旗와 북. ② 병력. ③ 싸움터.
旗鼓堂堂〔きこどうどう〕위세 당당.
旗手〔きしゅ〕기수. 기를 든 사람.
旗幟〔きし〕기치. ① 기(旗). ② 태도. 방침.
旗艦〔きかん〕기함. 함대 사령관이 타는 군함.

〔綺〕
풀：무늬 놓은 비단 기.
音：キ
訓：

綺羅〔きら〕기라. ① 곱고 아름다운 비단. ② 아름다운 옷. ③ 요염하고 아름다움. ④ 몹시 영화로운~を張る; 아름다운비단으로 꾸미다.

綺羅星〔きらぼし〕기라성. 아름답게 빛나는 별. ~のごとく居ならぶ; (화려하게차린)사람들이 기라성처럼 늘어서 있다.

綺麗〔きれい〕① 고움. 아름다움. ② 깨끗함. ~事(~ごと) ① 겉치레만은 좋은 것. ② 더러워지지 않고 할 수 있는 깨끗한 일. ~所(~どころ) 기생. 예쁘게 치장한 여자. ~好き(ずき) 깨끗한 상태를 좋아함.

綺語〔きご〕기어. ① 아름답게 나타낸 말. ② 공교롭게 주며 겉과 속이 다른 말.

〔器〕 풀 : 그릇 기,
音 : ① キ. ② ギ(例外)
訓 : うつわ

器〔うつわ〕① 그릇. ② 도구. 기구. ③인물. 재능. …감. 社長の~; 사장 감.

器物〔うつわもの〕기물.

音読 1

器械〔きかい〕기계. ① 그릇. 연장. 기구 등의 총칭. ② 실험, 측정 등의 목적으로 만든 도구~体操.

器官〔きかん〕기관. 생물체가 작용을 하는 기관(機関).

器具〔きぐ〕기구. ① 간단한 기계. ② 세간, 그릇, 연장 등의 총칭.

器機〔きき〕기기. 기구. 기계.

器量〔きりょう〕기량. ① 사람의 덕과 재능. ② 얼굴 모양. 용모. ~がよい; 잘생겼다.

器用〔きよう〕솜씨가 뛰어남. 잘 함. ~貧乏; 재능이 있는 사람이 도리어 성공하지 못하고 가난함.

器材〔きざい〕기재. 기구의 재료.

器財〔きざい〕그릇. 도구.

音読 ②

神器〔じんぎ〕신기. 神으로부터 받은 보기(宝器). (특히) 일본 황위(皇位)의 상징. 三種の~; 세가지의 신기(칼, 구슬, 거울)

〔機〕 풀 : 기계 기. 베틀 기.
音 : キ
訓 : はた

機 〔はた〕베틀. ~を織る; 베를 짜다.

機屋〔はたや〕베 짜는 집.

機織(り)〔はたおり〕① 베틀로 베를 짬. ② 베를 짜는 사람. ~女(め) 베짜는 여인. ~姫(ひめ) 직녀성의 딴 이름. ~虫(むし) 베짱이.

音 読

機〔き〕① 시기. 기회. ② 기계. ③ 비행기. ~が熟する; 기회가 무르익다.
~に乗じる; 기회를 타다.
~を見る; 기회를 보다.
~を失う; 기회를 잃다.

機甲〔きこう〕기갑. 戦車 또는 装甲車로 무장한 것. ~部隊

機械〔きかい〕기계. 원동력을 이용하여 일을 하는 장치.

機関〔きかん〕기관. ① 조직의 작용을 맡아 활동하는 것. ② 엔진. ③어떤 목적을 이루는 수단으로서 설치한 조직.

機具〔きぐ〕기구. 기계.

機構〔きこう〕기구. 얽어 세운 구조. 조직.

機器〔きき〕기기. 기구. 기계.

機能〔きのう〕기능. 작용. 활동.

機動〔きどう〕기동. 조직적이며 기민한 행동.

機略〔きりゃく〕기략. 임기 응변의 계략.

機微〔きび〕기미. 낌새.

機敏〔きびん〕기민. 날쌔고 재빠름.

機密〔きみつ〕기밀. 매우 중요한 비밀.

機上〔きじょう〕기상. 비행기의 안.

機先〔きせん〕기선. ① 일이 발생할 즈음. ② 남보다 앞질러 하는 것.

機船〔きせん〕発動機船의 준말.

機縁〔きえん〕기연. 인연. 기회.

機業〔きぎょう〕織造事業. 紡織業.

機運〔きうん〕기운. 시기.

機宜〔きぎ〕시기와 형편에 알맞는 것.

機材〔きざい〕기재. 기계의 재료.

機転〔きてん〕① 재치. ② 임기 응변.

機知〔きち〕기지. 재치. 임기 응변.

機体〔きたい〕기체. 비행기의 동체(胴体).

機銃〔きじゅう〕기총. 기관총.

機軸〔きじく〕기축. ① 활동의 근원이 되는 중심. ② 방식. 구조. ③ 機関의 굴대.

機嫌〔きげん〕① 기분. ② 안부. ③ 좋은 기분.

機会〔きかい〕기회. 가장 알맞은 때.

〔磯〕 풀 : 물 속의 자갈 기.
音 : キ
訓 : いそ

磯〔いそ〕물가. 해변. 둔치.

磯め〔いそめ〕갯지렁이.

磯明け〔いそあけ〕바다낚시 따위의 정식해금(시기).

磯辺〔いそべ〕바위가 많은 바닷가.

磯松〔いそまつ〕① 바닷가의 소나무. ② 갯질경이.

磯魚〔いそうお〕해안에서 잡히는 고기.

磯陰〔いそかげ〕바닷가 바윗 그늘.

磯釣り〔いそづり〕해안에서의 바다 낚시.

磯菜〔いそな〕해변에 나는 바닷나물.

磯千鳥〔いそちどり〕해변에사는 물떼새.

磯臭い〔いそくさい〕바닷내가 나다. 비릿내가 나다.

磯況〔いそきょう〕해안에서의 바닷낚시 상황.

〔騎〕 풀 : 말탈 기.
音 : キ
訓 :

騎馬〔きば〕기마. 말을 탐.

騎兵〔きへい〕기병. 말 탄 병사.

騎士〔きし〕기사. ① 말 탄 무사. ② 무사.

騎乗〔きじょう〕기승. 말을 탐.

【긴】

〔緊〕 풀：긴요할 긴.
音：キン
訓：

緊急〔きんきゅう〕긴요하고도 급함.
緊密〔きんみつ〕긴민. 아주 엄밀함.
緊迫〔きんぱく〕긴박. 아주 절박함.
緊要〔きんよう〕긴요. 대단히 중요함.
緊張〔きんちょう〕긴장. 마음을 단단히 먹고 조심성 있게 함.
緊縮〔きんしゅく〕긴축. 바짝 줄임.

【길】

〔吉〕 풀：길할 길.
音：① キチ. ② キツ. ③キッ
訓：

音 読 ①

吉〔きち〕길. 경사(慶事).
吉例〔きちれい〕길례. 경사스러운 습관. 좋은 전례(前例).
吉夢〔きちむ〕길몽. 좋은 꿈.
吉事〔きちじ〕길사. 경사스러운 일.
吉日〔きちにち：きつじつ〕길일. 좋은 날.

音 読 ②

不吉〔ふきつ〕불길. 좋지 아니함.

音 読 3

吉報〔きっぽう〕길보. 좋은 속식.
吉相〔きっそう〕길상. ① 좋은 일이 있을 징조. ② 좋은 의상(人相).
吉祥〔きっしょう〕길상. 경사스러운 징조.
吉左右〔きっそう〕좋은 소식.
吉兆〔きっちょう〕길조. 좋은 일이 있을 조짐.
吉辰〔きっしん〕길진. 경사스러운 날.
吉凶〔きっきょう〕길흉. 좋은 일과 궂은일. 행복과 재앙.

〔拮〕 풀：손 깍지낄 길.
音：キツ
訓：

拮据〔きっきょ〕바쁘게 일함. ～ **経営十年**；부지런히 경영한지 10년.
拮抗〔きっこう〕① 뛰어 올랐다 내렸다 함. ② 서로 세력을 다투어 우열(優劣)이 없음. ③ 굴종하지 않음.

【끽】

〔喫〕 풀：마실 끽.
音：①キツ ② キッ
訓：

音 読 1

喫煙〔きつえん〕끽연. 담배를 피움. 피움.
満喫〔まんきつ〕만끽. 충분히 맛보고 만족함.

音 読 2

喫する〔きっする〕(他サ) ① 마시다. 먹다. ② (담배를) 피우다. ③ 입다. 당하다. 받다.
喫驚〔きっきょう〕깜짝 놀라는 것.
喫緊〔きっきん〕끽긴. 긴요. 중요함.
喫水〔きっすい〕끽수. 배가 물에 가라앉는 깊이.
喫茶店〔きっさてん〕다방. 커피 숍.

【나】

〔那〕 풀：나라 이름 나
音：ナ
訓：

那辺〔なへん〕나변. 어느 근방. 어디.

〔奈〕 풀：어찌 나
音：ナ
訓：

奈落〔ならく〕(仏) ① 나락. 지옥. ② 무대 밑에 만든 지하실. ③ 밑바닥. ～の底；① 지옥의 밑바닥. ② 한 없이 깊은 곳. ③ 두 번 다시 일어 설 수 없는 경우.
奈良〔なら〕日本 近畿 지방 중앙부의 県庁 또 그 県庁 소재지.

【낙】

〔諾〕 풀：대답할 낙.
音：ダク
訓：

諾する〔だくする〕(他サ) 승낙하다. 떠맡다. 条件を～；조건을 승낙하다.
諾諾〔だくだく〕낙낙. 남의 말에 그냥 따르는 것.
諾否〔だくひ〕낙부. 승낙함과 거절.

【난】

〔暖〕 풀：따뜻할 난.
音：ダン
訓：① あたたか ② あたたかい ③ あたたまる ④ あたたまる

❶ **暖か**〔あたたか：あったか〕(形動) 따뜻함. 따스함. 훈훈함. ～な天気；따뜻한날씨.
❷ **暖かい**〔あたたかい：あったかい〕 (形) ① 따뜻하다. ② 포근하다. 훈훈하다. 다정하다. 懐が～；호주머니(경제) 사정이 좋다.
❸ **暖まる**〔あたたまる〕(自5) 따뜻해지다. 훈훈해지다. 心～思い；마음이 훈훈해지는 듯한 심정.
❹ **暖める**〔あたためる〕(他下1) ① 따뜻하게 하다. 덥게하다. 部屋を～；방을 덥게 하다. ② (원고를) 다듬기 위해 발표를 안하다. ③ (새가) 알을 품다. ④ 새로히 하다. 되살리다. ⑤ (출전하지 않은 보결 선수가) 벤치를 지키다. ⑥ 슬그머니 후무리다.

音 読

暖〔だん〕따뜻한 것. ～を取る；몸을 따뜻하게 하다.
暖国〔だんこく〕① 난국. 기후가 따뜻한 나라.
暖気〔だんき〕난기. 따뜻한 기후, 공기.
暖冬〔だんとう〕난동. 따뜻한 겨울.
暖炉〔だんろ〕난로. 스토오브.
暖流〔だんりゅう〕난류. 적도 부근에서 温帶로 흐르는 온도가 높은 海流.
暖房〔だんぼう〕난방. 방안을 따뜻하게 함.
暖衣飽食〔だんいほうしょく〕난의 포식. 따뜻한 옷을 입고 배부르게 먹음.
暖地〔だんち〕난지. 따뜻한 곳.
暖春〔だんしゅん〕난춘. 따뜻한 봄.

〔難〕 풀：어려울 난.
音：ナン
訓：① むずかしい ② かたい

❶ **難しい**〔むずかしい〕(形) ① 어렵다. 곤란하다. ② 까다롭다. 말썽이 많다. 투정이 많다. ③ 못마땅하다. 기분이 언짢다.
❷ **難い**〔かたい〕(形) 어렵다. 힘들다.
難き〔かたき〕① 어려운 일② 어려움.
難んずる 〔かたんずる〕(他サ) 어렵게 여기다. 〔なんずる〕⇨ 音読참조.
理解し難い〔りかいしかたい〕이해하기 어렵다.

連濁音에 注意

有り難い〔ありがたい〕(形) 감사하다. 고맙다.

音 読

難〔なん〕① 어려움. ～た当る；어려움에 부딪치다. ② 괴로움. 고초. 난처. 재난. 난리. ③ 비난. 힐난.
難ずる〔なんずる〕(他サ) ① 힐난하다. 나무라다. ② 책망하다. 비방하다. 욕하다.
難なく〔なんなく〕무난히. 쉽사리. 손쉽게.
難工事〔なんこうじ〕난공사. 어려운 공사.
難攻不落〔なんこうふらく〕난공 불락.
難関〔なんかん〕난관. 일을 진척시키는 데 곤란한 점.
難局〔なんきょく〕난국. 처리하기 어려운 사건이나 형편.
難問〔なんもん〕난문. 어려운 질문, 문제.
難民〔なんみん〕난민, 피난민. .
難病〔なんびょう〕난병. 낫기 어려운 병.
難産〔なんざん〕난산. ① 어려운 해산(解産). ② 쉽사리 성립하지 않음.
難渋〔なんじゅう〕난삽. ① 일이 순조롭게 진척되지 않음. ② 괴로와함. 거북함.
難色〔なんしょく〕난색. 난처한 기색.
難船〔なんせん〕난선. 난파된 배. 난파선.
難所〔なんしょ〕난소. 통행이 어려운 곳.
難儀〔なんぎ〕① 어려움. ② 괴로와함.
難易〔なんい〕난이. 어려움과 쉬움.
難点〔なんてん〕난점. 어려운 점. 결점. 단점.
難題〔なんだい〕난제. 어려운 문제, 조건.
難治の病〔なんちのびょう〕난치병.
難破〔なんぱ〕난파. 폭풍을 만나 배가 파괴되거나 뒤집힘.
難航〔なんこう〕난항. ① 어려운 항해. ② 회의 등이 잘 진척되지 않음.
難解〔なんかい〕난해. 이해하기 어려움.
難行〔なんぎょう〕난행. 괴로운 수행(修行).
難詰〔なんきつ〕난힐. 비난하고 힐책함.

【날】

〔捺〕 풀：손으로 누를 날.
音：① ナツ ② ナッ
訓：おす

捺す〔おす〕(他5) 찍다. 누르다. 印を～；도장을 찍다. 도장을 누르다.

音 読 ①

捺印〔なついん〕날인. 도장을 찍음.

音 読 ②

捺染〔なっせん〕날염. 프린트 염색.

【남】

〔男〕 풀：사내 남.
音：① ダン ② ナン
訓：① おとこ ② お

訓 読 ①

男〔おとこ〕① 사나이. 남자. 남성. ② 다른 남자. 정부(情夫). ③ 동술의 수컷. ④ 남자의 명예. 남자의 위신. 남자의 체면.
男らしい〔おとこらしい〕(形) 사내답다. 남

자답다.
男やもめ〔おとこやもめ〕홀아비.
男結び〔おとこむすび〕끈을 매는 방법의 하나.
男狂い〔おとこぐるい〕(여자가) 남자에 미침. 또는 그 여자. 탕녀.
男気〔おとこけ〕남자가 있는 기색.
〔おとこぎ〕의협심(義俠心).
男女〔おとこおんな〕남자이면서 여자와 같고, 여자이면서 남자와 같은 사람.
男帯〔おとこおび〕남자용의 폭이 좁은 띠.
男郎花〔おとこえし〕(植) 뚜깔.
男冥利〔おとこみょうり〕남자로 태어난 행복.
男腹〔おとこばら〕아들만 낳는 여자,
男盛り〔おとこざかり〕남자로서의 한창 때.
男所帯〔おとこじょたい〕홀아비 살림.
男手〔おとこで〕① 남자의 손(힘). ② 남자의 필적(筆跡).
男勝り〔おとこまさり〕남자 못지 않음. 또는 그런 여사.
男心〔おとこごころ〕① 남자의 마음. 사나이 다운 마음. ② 남자의 바람기.
男役〔おとこやく〕여배우가 남자역할을 함.
男泣き〔おとこなき〕(좀처럼 울지 않을)남자가 복받쳐 엉엉 우는 울음.
男一匹〔おとこいっぴき〕사내 대장부.
男伊達〔おとこだて〕사나이다움을 행동으로 나타내 보임.
男の子〔おとこのこ〕사내아이. 젊은 남자
男前〔おとこまえ〕남자답고 잘 생긴 사나이. 멋있는 남자.
男柱〔おとこばしら〕다리나 난간 등의 양끝에 있는 다른 것보다 높고 큰 기둥.
男衆〔おとこしゅ〕① 사나이들. 남정네. ② 남자하인. 고용인.
男持ち〔おとこもち〕(휴대용으로서) 남자용
男振り〔おとこぶり〕① 남자다운 용모. ② 남자로서의 명예, 체면, 면목.
男妾〔おとけめかけ〕정부(情夫)로서 여자가 먹여 살리는 남자.
男臭い〔おとこくさい〕(形) ① 남자 냄새가 나다. ② 남성답다. ③ (여자가) 남자처럼 보이다.
男坂〔おとこざか〕神社나 절에 참배하러 들어가는 비탈길의 두개 중 더 가파른 길.
男旱〔おとこひでり〕남자 기근. 남자 흉년.
男嫌い〔おとこぎらい〕여자가 남자와 접하는 것을 싫어함. 또는 그런 여자.
男好き〔おとこずき〕① 남자들이 좋아함. 남자의 기호에 맞음. ② (여자가) 남자를 바짐.

訓読 2

男浪〔おなみ〕⇨ 男波
男波〔おなみ〕높낮이가 있는 파도 중에서 높은 편의 파도.
益荒男〔ますらお〕사내 대장부.

音読 1

男系〔だんけい〕남계. 남자의 계통.
男工〔だんこう〕남공. 남자 직공.
男女〔だんじょ〕남녀. 남자와 여자.
男性〔だんせい〕남성. 사내. 사나이.
男児〔だんじ〕남아. 사나이. 남자. 남성.
男優〔だんゆう〕남우. 남자 배우.
男子〔だんし〕남자. 사내. 남성.
男爵〔だんしゃく〕남작. (작위의 다섯째).
男装〔だんそう〕남장. 여자가 남자처럼 꾸밈.
男尊女卑〔だんそんじょひ〕남존 여비.

音読 2

男色〔なんしょく：だんしょく〕남색. 남자끼리의 성행위(性行為).
美男〔びなん〕미남. 잘 생긴 남자.
長男〔ちょうなん〕장남. 첫째 아들.
次男〔じなん〕차남. 둘째 아들.
下男〔げなん〕남자 하인. 머슴.

〖南〗 풀：남녘 님.
音：① ナ ② ナン
訓：みなみ

南〔みなみ〕남쪽. 남녁.
南する〔みなみする〕(自サ) 남쪽으로 가다.
南半球〔みなみはんきゅう〕남반구. 지구의 적도에서 남쪽 부분.
南十字星〔みなみじゅうじせい〕남십자성. 남방 해역의 밤하늘에 십자로 빛나는 네별.
南支那海〔みなみしなかい〕남지나해. 중국 남부, 인도지나반도, 보르네오, 필리핀 제도를 둘러 싸고 있는 바다.
南風〔みなみかぜ〕남풍. 마파람.
南向き〔みなみむき〕남향.
南回帰線〔みなみかいきせん〕남회귀선. 적도의 남쪽으로 23도 27분을 통한 적도와 평행으로. 그은 위선.

音読 1

南無三宝〔なむさんぼう〕① (仏) 불(仏), 법(法).승(僧)의 三宝에 帰依하는 것. ② 실수했을 때 하는 말. 아차. 아뿔싸
南無阿彌陀仏〔なむあみだぶつ〕나무아비타불.

音読 2

南郊〔なんこう〕남교. 남쪽 외교.
南国〔なんごく〕남국. 남쪽 나라.
南極〔なんきょく〕남극. 지축의 남쪽.
南端〔なんたん〕남단. 남쪽 끝.
南東〔なんとう〕남동. 동남쪽.
南面〔なんめん〕남면. 남쪽으로 향함.
南方〔なんぽう〕남방. 남쪽.
南北〔なんぼく〕남북. 남쪽과 북쪽.
南部〔なんぶ〕남부. 남쪽 부문.
南西〔なんせい〕남서. 남쪽과 서쪽의 사이.
南岸〔なんがん〕남안. 남쪽 해안.
南洋〔なんよう〕남향. 남양 군도의 총칭.
南進〔なんしん〕남진. 남쪽으로 진출함.
南下〔なんか〕남하. 남쪽으로 진출함.
南海〔なんかい〕남해. 남쪽 바다.

【납】

〔納〕 풀：들일 납.
音：① **トウ** ② **ナ** ③ **ナツ** ④ **ナン** ⑤ **ノウ**
訓：① **おさまる** ② **おさめる**

❶**納まる**〔おさまる〕(自5) ① 수습되다. ② 수납되다. ③ 가라앉다. ④ 회복되다. ⑤ 자리잡다. 안정되다. .

納まり〔おさまり〕수습. 결말 짓는 일.

❷**納める**〔おさめる〕(他下1) ① 거둬 들이다. 거두다. ② 바치다. 납입하다. 납품하다. ③ (動詞連用形에 접속하여)…하기를 끝내다. **歌い～**；노래를 마치다.

納め〔おさめ〕끝냄. 종료. 끝장. 마지막.

音 読 1

出納〔すいとう〕출납. 내어 줌과 받아들임.

音 読 2

納屋〔なや〕창고. 헛간.

音 読 3

納得〔なっとく〕납득. 이해함.

納豆〔なっとう〕삶은 콩을 발효한 식품.

納所〔なっしょ〕① (仏) 禅教에서 돈이나 쌀의 収納을 맡은 사람. ② 절의 잡무를 맡아 하는 중.

音 読 ④

納戸〔なんど〕① 의복, 가구 등을 간직하여 두는 방. ② 가재 도구(家財道具)를 두는 곳. ～色(いろ) 쥐색을 띤 남빛.

音 読 ⑤

納骨〔のうこつ〕납골. 화장한 유골을 통에 넣어 간수 함.

納棺〔のうかん〕납관. 시체를 관에 넣음.

納金〔のうきん〕납금. 돈을 바침.

納期〔のうき〕납기. (돈, 제품을)바칠 기한.

納涼〔のうりょう〕납량. 더위를 피하여 서늘한 바람을 쐬는 것.

納付〔のうふ〕납부. 납입함.

納税〔のうぜい〕납세. 세금을 납부함.

納受〔のうじゅ〕납수. 수납. 받아 들임.

納入〔のうにゅう〕납입. (돈, 제품을)바침.

納品〔のうひん〕납품. 물건을 납입함.

納会〔のうかい〕납회. ① 그해의 최후의 회합. ②(거래소에서)월말의 입회(立会).

【낭】

〔娘〕 풀：아가씨 낭
音：**ジョウ**
訓：**むすめ**

娘〔むすめ〕① 딸. ② 미혼 여성. 처녀.

娘分〔むすめぶん〕임시로 딸로 우대함.

娘師〔むすめし〕곳집 뚫는 도둑.

娘盛り〔むすめざかり〕처녀의 한창 아리따운 나이.

娘心〔むすめごころ〕순정적인 처녀의 마음.

音 読

娘子〔じょうし〕낭자. ① 처녀. 소녀. ② 부인.

娘子軍〔じょうしぐん〕낭자군. ① 여자로 조직된 군대. ② 부녀자의 단체.

〔嚢〕 풀：주머니 낭. 자루(전대) 낭.
音：**ノウ**
訓：**ふくろ**

袋〔ふくろ〕자루. 주머니.

嚢網〔ふくろあみ〕자루 그물

音 読

嚢底〔のうてい〕주머니 밑 바닥. ～の知；있는 대로의 모든 지혜.

嚢腫〔のうしゅ〕〔医〕낭종. 종기의 일종.

嚢中〔のうちゅう〕낭중. 주머니 속. 지갑.

【내】

〔内〕 풀：안 내. 속 내.
音：① **ダイ** ② **ナイ**
訓：**うち**

内〔うち〕① 안. 내부. ② 범위내. ③ 이내. 이전. ③ 집안. 집. ④ (会話時) 우리. ～の学校；우리 학교. ～の会社；우리 회사.

内つ〔うちつ〕안의. 속의. 천황이 사는.

内減り〔うちべり〕① 곡식을 절구로 찧었을 때 처음 보다 좀 줄어듦. ② 줄어드는 양.

内開き〔うちびらき〕문이 안쪽으로 열림.

内稽古〔うちげいこ〕자기 집에서 하는 연습.

内掛け〔うちがけ〕(씨름에서) 상대방의 몸에 자기 몸을 맡기 듯이 밀고 나가다 안걸이로 끌어 넘어뜨리는 수.

内高〔うちだか〕(江戸시대에)大名의 실제 수입.

内股〔うちもも〕안쪽 허벅지.
〔うちまた〕① 허벅다리, 넓적다리의 안쪽. ② 안짱다리의 걸음걸이. ③ 유도의 수.

内堀り〔うちぼり〕성 안에 있는 호(濠).

内金〔うちきん〕대금의 일부를 선불하는돈.

内気〔うちき〕내성적인 성격. ～な人.

内気配〔うちけはい〕(증권 거래에서) 다음 입회시(立会時)의 시세의 예상. 뒷 시세.

内内〔うちうち〕동지 (집안)끼리의 비밀.

内輪 〔うちわ〕① 집안. ② 비밀. ③ 줄임.
〔ないりん〕내륜. 안쪽의 바퀴.

内貸し〔うちがし〕(보수, 임금의) 일부를 선

금으로 지불함.
内渡し〔うちわたし〕内入金을 지불함.
内幕〔うちまく：ないまく〕내막. ① 안쪽에 치는 장막. ② 내부의 사정.
内面①〔うちづら〕집안 사람을 대하는 태도 ②〔ないめん〕내면. 안쪽. 내부.
内法〔うちのり〕① 용기(容器)의 안치수. ② 문지방에서 상인방(上引枋) 까지의 거리.
内弁慶〔うちべんけい〕집안 호랑이. ～の子；이불 안에서 활개치는 아이.
内釜〔うちがま〕목욕탕의 솥이 목욕탕의일부로서 붙박이 된 것.
内払い〔うちばらい〕대금(빚)의 일부를 미리 지불하는 것.
内孫〔うちまご〕친손자. ⟷外孫(そとまご)
内訳〔うちわけ〕내역. 명세(明細). ～書.
内劣り〔うちおとり〕겉보기보다 내용이 못함.
内隠し〔うちかくし〕양복의 안 호주머니.
内の人〔うちのひと〕① 집안 사람. 식구. 가족. ② 자기 남편을 남에게 말할 때, 우리 집 양반.
内入り〔うちいり〕내입. ①빚이나 대금의일부를 갚는 일. ② 수입(収入).
内の者〔うちのもの〕① 집안 사람. 가족. ② 집사람. 아내. ③ 집의 고용인.
内庭〔うちにわ〕안뜰. 안 마당.
内弟子〔うちでし〕스승 집에서 침식하고 일을 도우면서 그 기예를 배우는 제자. 데리고 있는 제자.
内借り〔うちがり〕(보수, 임금 등의) 일부를 선불 받음.
内祝(い)〔うちいわい〕① 집안끼리의 축하행사. ② 자기나 집안 사람의 경사를 기념하기 위하여 선사하는 물건.
内側〔うちがわ〕내측. 안쪽. 내면.
内湯〔うちゆ〕① (주택, 여관 등의)옥내 목욕탕. ② 집 안에 끌어들인 온천.
内風呂〔うちぶろ〕건물 안에 시설된 목욕탕.
内海〔うちうみ〕내해. 육지 깊숙히 들어간 바다. 만(湾).
内玄関〔うちげんかん〕가족들이 사용하는 현관. 안 현관.
内回り〔うちまわり〕① 동심원(同心圓) 의 안쪽을 도는 것. ② 집 안. 가정내.
内懐〔うちぶところ〕① 웃옷의 품안. ② 내심. 내막.

音 読 1

内裏〔だいり〕① 천황이 사는 대궐. ② 大裏様, 大裏雛의 준말.
内裏様〔だいりさま〕천황과 황후의 모습을 본떠서 만든 남녀 한 쌍의 인형.
内裏雛〔だいりびな〕⇨ **内裏様**
境内〔けいだい〕경내. 神社, 절의 구내(경내).
宇内〔うだい〕우내. 온 세계. 천하.
参内〔さんだい〕참내. 궐내에 들어감.
海内〔かいだい〕① 국내(国内). ② 천하. ～

音 読 2

内閣〔ないかく〕내각. 국무 대신이 조직하는 합의제(合議制)의 최고 관청 관부.
内剛外柔〔ないごうがいじゅう〕내강 외유. 마음 속은 단단하나 태도는 부드러운 것.
内攻〔ないこう〕내공. 병독(病毒)이 내부를 침범하여 몸에 해를 끼침.
内科〔ないか〕내과. 내장에 관한 의학.
内郭〔ないかく〕내곽 안쪽. 테두리.
内国〔ないこく〕국내 나라안. 국내.
内規〔ないき〕내규. 부내의 규정.
内勤〔ないきん〕내근. 室内에서 근무함.
内乱〔ないらん〕내란. 국내의 반란.
内陸〔ないりく〕내륙. 육지의 안쪽.
内輪 〔ないりん〕내륜. 안 쪽의 바퀴. 〔うちわ〕① 집안. ② 비밀. ③ 줄임.
内面①〔ないめん〕내면. 안쪽 내부. ②〔うちづら〕집안 사람을 대하는 태도.
内務〔ないむ〕내무. 내무 행정.
内聞〔ないぶん〕내분. 비밀히 들음.
内密〔ないみつ〕내밀, 비밀.
内報〔ないほう〕내보. 몰래 알림.비밀 보고.
内服〔ないふく〕내복. 약을 먹음. 먹는 약.
内部〔ないぶ〕내부. 안쪽. 내적인 일.
内分泌〔ないぶんぴ〕내분비.동물의 몸 안의 어떤 기관이(器官) 이 호르몬을 직접 혈액 안에 분비하는 것.
内紛〔ないふん〕내분. 내부의 구분.
内査〔ないさ〕내사. 비밀히 조사함.
内緒〔ないしょ〕① 비밀. ② 집안 형편. ③ 아내.
内線〔ないせん〕내선. ① 안 쪽의 선 . ② 구내(構内)의 전화선.
内省〔ないせい〕내성. 스스로 마음 속으로 반성함.
内需〔ないじゅ〕내수. 국내의 수요.
内示〔ないじ〕내시. 비밀히 표시함.
内申〔ないしん〕내신. (人事 문제 등에서) 비밀히 문서를 냄.
内実〔ないじつ〕내실. 내부의 실정.
内室〔ないしつ〕내실. 영부인(令夫人).
内心〔ないしん〕내심. 마음속. 심중.
内野〔ないや〕내야. (야구에서) 1루, 2루, 3루, 본루 사이를 연결하는 직선 범위안.
内縁〔ないえん〕내연. ～の妻；비공식적인 부부 관계.
内燃〔ないねん〕내연. 연료가 기통 내부에서 타는 것.
内奥〔ないおう〕(정신 등의)속 깊은 곳. 人間性の～；인간성의 심부(深部).
内用〔ないよう〕① 집안의 볼일. ② 내복(内服).
内容〔ないよう〕내용. 알맹이.
内憂外患〔ないゆうがいかん〕내우 외환.
内意〔ないい〕내의. 마음 속의 생각.
内儀〔ないぎ〕① (상인 층의) 아내, お～；주인마님.
内議〔ないぎ〕내의. 은밀한 모의.

內蔵〔ないぞう〕내장. 안에 가지고 있음.
內臓〔ないぞう〕내장. 뱃속의 모든 기관(器官)
內在〔ないざい〕내재. 내부에 존재함.
內争〔ないそう〕내쟁. 집안 싸움.
內的〔ないてき〕내적. 내부에 관한 것.
內戦〔ないせん〕내전. 내란. 국내의 전쟁
內定〔ないてい〕내정. 비밀히 정함.
內偵〔ないてい〕내정. 비밀히 탐색함.
內政〔ないせい〕내정. 국내의 정치.
內情〔ないじょう〕내정. 내부의 사정.
內助〔ないじょ〕내조. 처가 남편을 도움.
內証〔ないしょう〕비밀.
內地〔ないち〕내지. ①(식민지에 대하여) 본국. ② 국내. ③ 내륙(內陸).
內職〔ないしょく〕부업(副業)
內親王〔ないしんのう〕황녀(皇女).
內通〔ないつう〕내통. 비밀히 적과 통함.
內包〔ないほう〕내포. 한 관념에 포함됨.
內向〔ないこう〕내향. 자기 아는 세계에 파묻히기 잘하는 것.

〔耐〕 풀 : 견딜 내.
音 : タイ
訓 : たえる

耐える〔たえる〕(自下1)(외부의 힘, 자극에) 견디다. 버티다.
耐え難い〔たえがたい〕(形) 참기 어렵다. 견딜 수 없다.
耐え忍ぶ〔たえしのぶ〕(他5)(괴로움 등을) 참고 견디다.

音 読

耐久〔たいきゅう〕내구. 오래 견디는 것.
耐酸〔たいさん〕내산. 산에 견디는 것.
耐暑〔たいしょ〕내서. 더위에 견디는 것.
耐水〔たいすい〕내수. 물에 견딤.
耐熱〔たいねつ〕내열. 열에 견딤.
耐用〔たいよう〕내용. 기계가 사용에 견디는 것. ~年数(ねんすう) 내용 연수
耐震〔たいしん〕내진. 지진에 견딤.
耐乏〔たいぼう〕내핍. 물건이 결핍된 것을 참고 견딤.

【녀】

〔女〕 풀 : 계집 녀.
音 : ① ジョ ② ニョ ③ ニョウ
訓 : ① おんな ② め

訓 読 ①

女〔おんな〕① 여자. 계집. ② 애인. 첩.
女らしい〔おんならしい〕(形) ① 여자답다. ② 여자같다.
女だてらに〔おんなだてらに〕(副) 여자 답지 않게. 여자인 주제에.
女たらし〔おんなたらし〕여자를 농락함. 난봉꾼. 탕아. 색마. 색한.
女結び〔おんなむすび〕끈을 매는 방식의 하나.
女狂い〔おんなぐるい〕(남자가) 여자에 미침.
女気〔おんなけ〕여자가 있음으로써 이루어지는 분위기. 여자가 있는 기색.
女童〔おんなわらべ〕① 계집아이. ② 여자와 어린아이. 아녀자.
女文字〔おんなもじ〕① 여자의 글씨. 여자의 필적. ② ひらがな의 일컬음.
女髪結〔おんなかみゆい〕여자 머리를 쪽찌는 직업의 여자.
女方〔おんながた〕①(歌舞伎에서) 여자역을 하는 남자 배우. ② 여자 모양의 꼭두각시. ③ 창녀.
女腹〔おんなばら〕계집애만 낳는 여자.
女付き〔おんなつき〕여자로서의 용모.
女殺し〔おんなごろし〕① 여자를 죽임. ② 여자를 미혹하는 매력적인 남자. 미남자.
女盛り〔おんなざかり〕여자로서의 한창인 때.
女手〔おんなで〕① 여자의 힘. 여자의 일손. ② 여자의 필적.
女心〔おんなごころ〕여자의 마음.
女の子〔おんなのこ〕① 계집아이. ② 젊은 여자. 아가씨. 처녀. 소녀.
女持ち〔おんなもち〕여자용
女振り〔おんなぶり〕여자다운 모습.
女出入り〔おんなでいり〕여자 관계의 말썽거리.
女坂〔おんなざか〕(神社나 절 경내의) 두 개의 비탈길 가운데 경사가 가파르지 않은 쪽. ↔男坂
女偏〔おんなへん〕漢字 部首의 하나. 계집녀 변(始, 妙 등의 '女'의 이름)
女旱〔おんなひでり〕(연애, 결혼 상대가 될) 여자가 귀함. 여자 가뭄.
女嫌い〔おんなぎらい〕남자가 여자에 접하기를 싫어함. 또는 그러한 남자.
女形〔おんながた〕①(歌舞伎에서) 여자역을 하는 남자 배우. ② 여자 모양의 꼭두각시. ③ 창녀.
女好き〔おんなずき〕① 여성과 늘 교제하지 않으면 살 보람을 못느끼는 성질의 남성. ② 여성이 좋아하는 형.

訓 読 2

女女しい〔めめしい〕(形) 연약하다. 사내답지 않다. 계집애 같다. 기개가 없다.
女郎〔めろう〕여자를 욕하는 말. 계집아이. 년.
女神〔めがみ〕여신. 여자의 신.
女捕り〔めとり〕부인을 도중에서 붙잡아서 강간하는 일.
女波〔めなみ〕큰 물결 사이에 이는 낮고 약한 물결.
浮かれ女〔うかれめ〕유녀(遊女). 창녀.
山女〔やまめ〕담수에서 자란 송어.
端女〔はしため〕하녀. 부리는 여자.
手弱女〔たおやめ〕우아하고 아름다운 여자.
遊び女〔あそびめ〕유녀. 창녀. 노는 계집.
乙女〔おとめ〕① 소녀. ② 처녀.

早乙女〔さおとめ〕① 모내기하는 처녀. ② 아가씨.

例　外

海女〔あま〕해녀. 바다에 잠수하여 전복, 해삼, 미역등을 따는 여자.

音読 ①

女傑〔じょけつ〕여걸. 여자 호걸.
女官〔じょかん〕여관. 궁중에서 얼하는 여자 관리.
女権〔じょけん〕여권. 여성의 권리.
女給〔じょきゅう〕여급. 손님을 접대하는 여자.
女流〔じょりゅう〕여류. 여성～作家.
女史〔じょし〕여사. 여자 이름 밑에 붙이는 말.
女色〔じょしょく〕여색. 여자와의 육체 관계.
女婿〔じょせい〕여서. 딸의 남편. 사위.
女性〔じょせい:にょしょう〕여성① 여자의 성질. ② 여자.
女児〔じょじ〕여아. 여자 아이. 계집애.
女王〔じょおう〕여왕. 여성 군주～蜂(ばち) 여왕벌.
女優〔じょゆう〕여우. 여자 배우.
女子〔じょし〕여자. ① 계집애. 처녀. ② 여성.
女丈夫〔じょじょうふ〕여장부. 남자 못지 않게 씩씩한 여자.
女装〔じょそう〕여장. 남자가 여자로 변장함.
女中〔じょちゅう〕하녀. 식모. 여자종업원
女学校〔じょがっこう〕여학교. 여자를 교육시키는 학교.
女学生〔じょがくせい〕여학생.

音読 2

女院〔にょういん〕佛門에 들어간 황태후(皇太后), 국모(国母)의 높임말.
女人〔にょにん〕여인. 여자.
女体〔にょたい〕여체. 여성의 몸.
女護が島〔にょごがしま〕여자만이 산다는 섬.

音読 3

女房〔にょうぼう〕① 마누라. 아내. ② 궁중의 궁녀. ③ 어편네. 여자. 부인.
女房役〔にょうぼうやく〕중심 인물을 곁에서 돕는 역할의 사람.
女御〔にょうご〕平安시대에 中宮에 버금가는 후궁(後宮).

【년】

〖年〗 풀：해 년.
音：**ネン**
訓：**とし**

年　〔とし〕① 해. ② 나이.
〔ねん〕① 해. ② 1년을 단위로 정한 기간.
年甲斐〔としがい〕나잇값. 나이 먹은 보람
年格好〔としかっこう〕어림나이. 연령의 정도.
年の頃〔としのころ〕대강의 나이.
年頃〔としごろ〕① 알맞은 나이. 특히 여자의 시집갈 나이. ② 대체로 본 나이의 정도.
年嵩〔としかさ〕① 나이가 위임. 연상(年上). ② 고령(高齢).
年の功〔としのこう〕나이 들어 경험을 쌓음.
年寄り〔としより〕① 늙은이. 노인.
年寄る〔としよる〕(自5) 늙다. 노인이 되다.
年男〔としおとこ〕새해 맞이 청소와 장식을 하고 설날 아침에 정수를 긷는 일 등을 하는 남자.
年の内〔としのうち〕① 年内. 해 안. ②연말.
年年〔としどし：ねんねん〕연년. 해마다. 매년.
年の端〔としのは〕(어린이의) 나이.
年端〔としは〕(어린아이의) 나이.
年頭　〔としがしら〕최고 연장자.
〔ねんとう〕새해. ～教書
年老いる〔としおいる〕(自上1) 나이를 먹다.
年籠〔としごもり〕연말, 연시에(일을 쉬고) 神社, 절에 들어 박혀 기도를 드리는 일.
年の瀬〔としのせ〕세모(歳暮).
年忘れ〔としわすれ〕망년회.
年の暮れ〔としのくれ〕연말. 세모(歳暮).
年上〔としうえ〕연상. 연장.
年の市〔としのいち〕연말의 대목(장).
年若〔としわか〕젊음. 젊은이.
年弱〔としよわ〕① 젊은이. ② 달력 나이로 연령을 칠 때 7월 이후에 출생한 것.
年月〔としつき:ねんげつ〕①연월. 해와 달 ② 세월. ③ 긴 세월. ④ 지금까지의 긴 기간
年越し〔としこし〕묵은 해를 보내고 새해를 맞이하는 것. 섣달 그믐날 밤 또는 입춘 전날밤(의 행사)
年子〔としご〕연년생(年年生).
年増〔としま〕처녀다운 때를 지난 여자(江戸시대에는 20전후, 현대에는 30대를 말함) 大～ ; 40대 여자.
年取り〔としとり〕① 나이를 먹음. ② 섣달 그믐날 밤 또는 입춘 전날밤의 행사.
年取る〔としとる〕(自5) 나이를 먹다. 늙ㄴ다.
年波〔としなみ〕나이. 연륜.
年下〔としした〕연하. 손아래.
年回り〔としまわり〕나이에 따른 연운(年運).
年廻り〔としまわり〕⇨年回り.
年恰好〔としかっこう〕어림나이.

連濁音에 注意

同い年〔おないどし〕동갑. 같은 나이.
数え年〔かぞえどし〕태어난 해를 한 살로 쳐서 세는 나이. 달력 나이.
厄年〔やくどし〕재난이 많은 해.
閏年〔うるうどし〕윤년.

音　読

年〔ねん〕년. 1년을 한 기간으로 한 것.
年刊〔ねんかん〕연간. 1년에 한 번씩 간행하는 간행물.
年間〔ねんかん〕연간. 한 해 동안.
年鑑〔ねんかん〕연감. 1년간의 통계, 사건 등을 실어 1년에 한 번씩 발행하는 책.
年功〔ねんこう〕연공. 여러 해의 공로.
年貢〔ねんぐ〕연공. ① 해마다 바치는 공물. ② 소작료(小作料) ③ 해마다 조세.
年金〔ねんきん〕연금. 해마다 지불하는 일정한 금액.
年給〔ねんきゅう〕연급. 연봉(年俸)
年忌〔ねんき〕(仏) 해마다 돌아오는 제사날.
年内〔ねんない〕연내. 그해 동안.
年年〔ねんねん：としどし〕연연. 해마다. 매년.
年年歳歳〔ねんねんさいさい〕연년세세. 매년.
年代〔ねんだい〕연대. 시대. ～**記**. 연대기
年度〔ねんど〕연도.
年頭〔ねんとう〕연두. 새해. ～**教書**.
〔としがしら〕최고 연장자.
年来〔ねんらい〕연래. 수년 이래.
年齢〔ねんれい〕연령. 나이.
年輪〔ねんりん〕연륜. 해가 지날수록 깊어가는 경험이나 인간미. **心の～**;마음의 연륜.
年利〔ねんり〕연리. 1년의 이윤.
年末〔ねんまつ〕연말. 그 해의 마지막.
年明け〔ねんあけ〕① 새해. 신년. ② 고용기간이 끝남.
年配〔ねんぱい〕연배. ① 비슷한 나이. ② 상당한 나이. 중년(中年).
年別〔ねんべつ〕연별. 해에 따른 구별.
年報〔ねんぽう〕연보. 1년간의 보고.
年俸〔ねんぽう〕연봉. 1년을 단위로 한 봉급.
年賦〔ねんぷ〕연부. 매년 나누어서 지불함
年払い〔ねんばらい〕연불. 연부(年賦)
年産〔ねんさん〕연산. 1년간의 생산고.
年少〔ねんしょう〕연소. 나이가 어림.
年収〔ねんしゅう〕연수. 1년 수입.
年始〔ねんし〕① 연시. 연초. 연두(年頭) ② 연하(年賀). 세배. ～**まわりをする**;세배를 하다.
年額〔ねんがく〕연액. 한 해 동안의 총액.
年月〔ねんげつ：としつき〕연월. 세월.
年一年〔ねんいちねん〕해가 감에 따라. 해를 거듭할 수록.
年長者〔ねんちょうしゃ〕연장자. 나이가 위인 사람.
年中〔ねんじゅう：ねんちゅう〕연중. ① 1년동안. ② 언제나. 항상. ～**いそがしい**. 늘 바쁘다.
年次〔ねんじ〕연차. ① 해의 순서. ②매년
年初〔ねんしょ〕연초. 새해.
年歯〔ねんし〕연치. 연령. 나이.
年表〔ねんぴょう〕연표. 역사상 중요한 사건을 연대순으로 쓴 표.
年賀状〔ねんがじょう〕연하장. 새해를 축하하는 엽서나 편지.
年限〔ねんげん〕연한. 정한 해의 기간.
年号〔ねんごう〕연호. 임금이 즉위하는 해에 붙이는 칭호.

【념】

〔念〕
풀：생각할 념.
音：**ネン**
訓：

念〔ねん〕① 생각. ② 주의. 조심. ③ 소원. ～**を押す**;다짐하다. 확인하다. ～**を入れる**;십분 주의하다.
念じる〔ねんじる〕(他上1) ① (깊이, 늘) 생각하다. ② 마음속으로 빌다. ③ 중얼거리다.
念念〔ねんねん〕염념. ① 한결같이 마음을 그 일에 집중시키는 것. ② 하나 하나의 생각. ②〔仏〕하나하나의 순간(찰나).
念頭〔ねんとう〕염두. 마음 속. ～**に置く**.
念慮〔ねんりょ〕생각. 사려(思慮).
念力〔ねんりき〕염력. 생각과 힘. 온 정력. 일념(一念)
念無う〔ねんのう〕① 뜻밖에. 생각한 것보다. ② 쉽사리.
念仏〔ねんぶつ〕염불.
念書〔ねんしょ〕각서. 다짐장. 증거 문서.
念誦〔ねんじゅ〕염송. 불경을 욈.
念願〔ねんがん〕염원. 바람. 소원.
念の為〔ねんのため〕다짐하기 위해. 만일을 위해서.
念入り〔ねんいり〕(形動) 정성들임. 공들임. 매우 조심함.
念者〔ねんしゃ〕일에 몹시 주의하는 사람.
念珠〔ねんじゅ〕염주. 염불할 때 손으로 돌려 수효를 세는 기구.
念持〔ねんじ〕부처의 공덕을 마음 속 깊이 간직하는 것.
念晴らし〔ねんばらし〕의혹 또는 집념을 풂. ～**のために**;의혹을 풀기 위해서.

〔捻〕
풀：손 비빌 념.
音：**ネン**
訓：① **ひねる** ② **ひねくる**

❶**捻る**〔ひねる〕(他5) ① (손끝으로) 비틀다. 틀다. 꼬다. **スイッチを～**; 스윗치를 틀다. ② 뒤틀다. 돌리다. ③ 이리저리 생각하다. ④ 색다르게 하다. ⑤해치우다.

해내다.

捻り〔ひねり〕① 비틂. 한 줌. 한 움큼. ② お～;포장지의 위를 비틀어서 건네어 주는 정표.

捻り出す〔ひねりだす〕(他5) (겨우) 짜내다. 생각해내다. (무리해서) 염출하다.

捻り回す〔ひねりまわす〕(他5) (손끝으로) 이리저리 만지작거리다. 주물럭거리다(여러가지로 궁리하여) 생각을 짜내다.

❷捻くる〔ひねくる〕(他5) ① 만지작거리다. 이리저리 비틀다. ② 이리저리 이유를 붙이다. 말을 둘러대다.

捻転〔ねんてん〕염전. 비틀려 방향이 바뀜 뒤틀림 **腸～**;장염전.

捻挫〔ねんざ〕염좌. 관절을 삠.

【녕】

〔寧〕 풀 : 편안할 녕. 차라리 녕.
音 : **ネイ**
訓 : **むしろ**

寧ろ〔むしろ〕(副) 차라리. 오히려.

寧日〔ねいじつ〕영일. 편할 날. 무사한 날

安寧〔あんねい〕안녕. 평안.

【노】

〔奴〕 풀 : 종 노
音 : **ド**
訓 : **やつ**

奴〔やつ〕놈. 녀석. 자식.

奴等〔やつら〕놈들.

音　読

奴隷〔どれい〕노예. ① 머슴. 하인. ② 남의 지배 밑에서 권리와 자유가 없이 부림을 당하여 매매의 대상이 되는 사람. 종.

守銭奴〔しゅせんど〕수전노. 인색한 사람을 낮추어 일컫는 말.

〔努〕 풀 : 힘쓸 노.
音 : **ド**
訓 : ① **つとめて** ② **つとめる**

❶努めて〔つとめて〕(副) 노력해서. 가능한 한. 될 수 있는대로. 애써.

❷努める〔つとめる〕(他下1) 힘쓰다. 노력하다. 애쓰다. 진력하다. **完成に～**; 완성에 힘쓰다.

音　読

努力〔どりょく〕노력. 애씀. 힘을 기울임. 힘을 들임. **～した結果**; 노력한 결과.

〔怒〕 풀 : 성낼 노. 짜증낼 노. 분할 노.
音 : **ド**
訓 : ① **おこる** ② **いかる** ③ **いからかす** ④ **いからす**

❶怒る〔おこる〕(口語)(自5) ① 성내다. 화내다. 노하다. 노하다. ② 꾸짖다. 꾸지람하다.

❷怒る〔いかる〕(文語) (自5) ① 성내다. 화내다. 노하다. ② 모나다. 모지다.

怒り〔いかり〕분노. 노여움. **～にふれる**; 노여움을 사다.

怒り肩〔いかりがた〕딱 바라지고 올라간 어깨.

怒りっぽい〔おこりっぽい〕(形) 화를 잘내는 성질이다.

怒り上戸〔おこりじょうご〕술 취하면 성을 내는 버릇이 있는 사람.

❸怒らかす〔いからかす〕(他5) ① 눈을 부라리다. ② ⇨**怒らす**

❹怒らす〔いからす〕(他5) ① 성나게 하다. ③ (어깨 등을)으쓱 치키다. **目を～**; 눈을 부라리다.

音　読

怒気〔どき〕노기. 화가난 얼굴.

怒涛〔どとう〕노도. 성난 파도.

怒鳴る〔どなる〕(自5) 큰 소리로 부르다. 고함치다. 호통치다.

怒髪〔どはつ〕노발. 노해서 곤두서는 머리털. **～天を衝く**; 노한 머리털이 하늘을 찌른다(몹시 노한 모양).

怒号〔どごう〕노호. 노하여 외침.

【농】

〔農〕 풀 : 농사 농
音 : **ノウ**
訓 :

農〔のう〕농사. **～は国の本**.

農家〔のうか〕농가. 농업을 본업으로 하는 집.

農耕〔のうこう〕농경. 농밭을 경작하는 일.

農工〔のうこう〕농공. 농업과 공업.

農機具〔のうきぐ〕농기구. 농업에 사용 되는 기계.

農道〔のうどう〕농도. 농업에 이용되는 도로.

農民〔のうみん〕농민. 농부. 농사짓는 사람.

農繁期〔のうはんき〕농번기. 농사 일이 한창 바쁜 시기.

農夫〔のうふ〕농부. 농사 짓는 사람.

農事〔のうじ〕농사. 곡식을 가꾸는 일.

農産物〔のうさんぶつ〕농산물. 농사를 지어 생산한 곡식. 농업상의 생산물.

農相〔のうそう〕농림부 장관.

農薬〔のうやく〕농약. 농산물의 병충을 구제하는 데 쓰이는 약품.

農業〔のうぎょう〕농업. 농사 짓는 직업.

農園〔のうえん〕농원. 농장.
農作物〔のうさくぶつ〕농작물. 농산물.
農場〔のうじょう〕농장. 농사를 짓는 곳.
農地〔のうち〕농지. 농사짓는데 쓰는 땅.
農村〔のうそん〕농촌. 농사짓는 마을.
農土〔のうど〕농토. 농사짓는 땅.
農閑期〔のうかんき〕농한기. 농사 일이 바쁘지 않는 시기.

〔濃〕 훈：짙을 농. 진할 농.
音：ノウ
訓：① こい ② こまやか

❶濃い〔こい〕(形) 진하다. 짙다. ～霧；짙은 안개. ～スープ；진한 수우프
濃さ〔こさ〕진함. 짙음.
濃い口〔こいくち〕짙음. 짙은 것.
濃い目〔こいめ〕약간 진함(짙음).
濃い茶〔こいちゃ〕① 진한 차. ② 짙은 갈색.
❷濃やか〔こまやか〕(形動)① 색깔이 짙음(진함). ② 아기자기함. 자상함. ～な愛情；아기자기한 애정. 자상한 애정.

音　読

濃褐色〔のうかっしょく〕농갈색. 진한 갈색.
濃淡〔のうたん〕농담. 진함과 묽음.
濃度〔のうど〕농도. 용액의 일정한 용적 속에 녹아 들어 있는 물질의 비유.
濃霧〔のうむ〕농무. 짙은 안개.
濃密〔のうみつ〕농밀. 진하고 빽빽함.
濃縮〔のうしゅく〕농축. 바짝 졸여서 매우 짙게 함.
濃厚〔のうこう〕농후. ① 짙은(진한) 것. ② 가망. 경향.

例　外

美濃紙〔みのがみ〕미농지. 반지보다 크고 두꺼운 종이.

〔膿〕 훈：고름 농
音：ノウ
訓：① うむ ② うみ

❶膿む〔うむ〕(自5) 곪다. 傷口が～；상처가 곪다.
❷膿〔うみ〕① 고름. ② 악폐. ～を出す；ㄱ 고름을 짜내다. ㄴ 철저하게 개혁하여 악폐를 제거하다.

音　読

膿瘍〔のうよう〕농양. 염증이 생기어 세포가 죽어 고름이 생기는 것.
膿汁〔のうじゅう〕농즙. 고름.
膿血〔のうけつ〕농혈. 피고름.

【뇌】

〔悩〕 훈：괴로와할 뇌
音：ノウ
訓：① なやむ ② なやます ③ なやましい

❶悩む〔なやむ〕(自5) 괴로와하다. ① 고민하다. 번민하다. ② (아파서)고생하다.
悩み〔なやみ〕① 고민. 번민. 걱정. ② 병(病).
悩める〔なやめる〕(連語) 고민하는. ～姿.
❷悩ます〔なやます〕(他5) 괴롭히다. 성가시게 굴다. 心を～；마음을 괴롭히다.
❸悩ましい〔なやましい〕(形) ① 고통스럽다. 괴롭다. ② 관능(官能)이 자극을 받아 마음이 흐트러지다.

音　読

悩殺〔のうさつ〕뇌쇄. 매혹시켜 괴롭힘.
苦悩〔くのう〕고뇌. 괴로와 하고 번뇌함.
煩悩〔ぼんのう〕번뇌. 마음이나 신체를 괴롭히는 일체의 욕망.

〔脳〕 훈：머릿골 뇌. 정신 뇌.
音：ノウ
訓：

脳〔のう〕뇌. (두개골 속에 있는 복잡한 정신 작용을 담당하는)골.
脳裏〔のうり〕뇌리. 머리 속.
脳貧血〔のうひんけつ〕뇌빈혈. 출혈 등으로 뇌의 피가 적어져서 생기는 병.
脳性〔のうせい〕뇌성 뇌에 관계가 있는 것.
脳髄〔のうずい〕뇌수. 뇌. 머릿골.
脳水腫〔のうすいしゅ〕뇌수종.
脳炎〔のうえん〕뇌염. 뇌에 생기는 병.
脳溢血〔のういっけつ〕뇌일혈. 뇌 내부의 출혈. 뇌출혈.
脳漿〔のうしょう〕뇌장. ① 뇌 속의 점액. ② 온 갖 지혜. ～をしぼる.
脳震盪〔のうしんとう〕뇌진탕. 강한 충격을 받아 뇌가 심하게 흔들려 기능 장해를 일으키는 증상.
脳脊髄膜炎〔のうせきずいまくえん〕뇌척수막염.
脳天〔のうてん〕뇌천. 두상(頭上). 정수리.
脳充血〔のうじゅうけつ〕뇌충혈. 뇌 혈관 속에 많은 피가 흘러 들어가는 병.
脳波〔のうは〕뇌파. 大脳의 활동에 따라 뇌에서 주기적으로 흐르는 전류.

【뇨】

〔尿〕 훈：오줌뇨
音：ニョウ
訓：

尿〔にょう〕뇨. 오줌. 소변.
尿道〔にょうどう〕요도. 오줌을 방광 밖으로 내보내는 관(管).
尿毒症〔にょうどくしょう〕요도증. 신장의 고장으로 오줌 속에 질소 성분이 충분히 배출되지 못하여 생기는 중독 증상.
尿素〔にょうそ〕요소. 오줌 속에 포함되는 단백질의 최후 생성물(生成物). 공업적으로는 암모니아에서 만듦.

【뉴】

〔紐〕 풀：맺을 뉴. 끈 뉴.
音：チュウ
訓：ひも

紐〔ひも〕① 끈. ② 정부(情夫). ③ 조건.
紐付〔ひもつき〕① 조건부(条件付). ② 끈이 붙어 있음. ③ (여자에게) 정부(情夫)가 있음.
紐解く〔ひもとく〕(自5) ① 속옷의 끈을 풀다. . 띠를 끄르다. ② (꽃 봉오리가) 벌어지다. 피다.

音 読

紐釦〔ちゅうこう〕양복 등의 단추.

【능】

〔能〕 풀：능할 능.
音：ノウ
訓：あたう

能う〔あたう〕(自5) 할 수 있다. 가능하다.
能わず〔あたわず〕할 수 없다. **感嘆おく～**; 감탄해 마지 않는다.

音 読

能〔のう〕① 능력. ～**ある鷹**(たか)**はつめをかくす**; 능력이 있는 매는 발톱을 숨긴다. ② 재주. 기능. ③ 효력. 효능. ④ 가능.
能狂言〔のうきょうげん〕能楽의 사이 사이에 행하는 狂言.
能動〔のうどう〕능동. ① 적극적으로 다른 것에 작용함. ② 작용.
能力〔のうりょく〕능력. ① 일을 할 수 있는 힘. ② 권리를 행사할 수 있는 자격.
能率〔のうりつ〕능률. 일정한 시간에 일이 진척되는 비율.
能吏〔のうり〕능리. 유능한 관리.
能面〔のうめん〕能楽을 한 때 쓰는 탈(仮面).
能無し〔のうなし〕쓸모 없는 것. 무능한것. 무능한 사람.
能弁〔のうべん〕능변. 말재주기 능란함.
能事〔のうじ〕능사. 해야할 일. ～**終われりとする**; 해야할 일을 다 마쳤다고 만족해하다.
能書き〔のうがき〕① 약의 효능을 쓴 쪽지. ② 효능을 선전하는 문구.
能楽〔のうがく〕일본 고유의 가면(仮面) 음악극. 반주에 맞추어 謡曲를 부르면서 탈을 쓰고 춤을 춤. ～**師**; 能楽를하는 사람.
能役者〔のうやくしゃ〕能楽를 하는 배우.
能筆〔のうひつ〕능필. 글씨를 잘 쓰는 것.

【니】

〔尼〕 풀：여승 니.
音：ニ
訓：あま

尼〔あま〕① 여승(女僧). 비구니. ② 수녀(修女) ③ 여자를 욕하는 말. この～出て行け; 이년 나가라.
尼っちょ〔あまっちょ〕계집년.
尼君〔あまぎみ〕높은 신분 출신 여승(女僧)의 높임 말.
尼寺〔あまでら〕① 여승만이 사는 절. ② (가톨릭에서) 수녀원(修女院).
尼っ子〔あまっこ〕계집년. 이년.

音 読

尼僧〔にそう〕여승(女僧). 비구니(比丘尼).
修道尼〔しゅうどうに〕수도하는 여승.
比丘尼〔びくに〕비구니. 여승(女僧).

〔泥〕 풀：진흙 니.
音：デイ
訓：① なずむ ② どろ

❶**泥む**〔なずむ〕(自5) ① (마음에) 걸리다. 구애되다. ② …할 듯하면서 …하지 않는다. 降り～空; 비가 올 듯하면서 오지 않는 하늘. ③ 집착하다. ④ 제자리를 찾다.
❷**泥**〔どろ〕① 진흙. 흙탕. ② 도둑.
泥んこ〔どろんこ〕신이나 옷을 더럽히는 흙탕.
泥道〔どろみち〕(비만 오면 진창이 되는) 수렁길. 진창길.
泥塗れ〔どろまみれ〕진흙투성이. 흙탕.
泥坊〔どろぼう〕도둑. 도둑질.
泥棒〔どろぼう〕도둑. 도둑질⇨泥坊.
泥仕合〔どろじあい〕(서로 상대방의 비밀, 약점 등을 들추는) 추잡한 싸움.
泥沼〔どろぬま〕① 수렁. 진구렁. ② 곤경.
泥水〔どろみず〕흙탕물. 탁한(더러운)물. ～**稼業**(かぎょう) 화류계 생활(좀처럼 헤어날 수 없는 진구렁 생활이란 뜻에서).
泥縄〔どろなわ〕① 도둑을 보고서야 새끼를 꼰다는 뜻. ② 일을 당해서야 허둥지둥 대책을 세움. ～**の勉強**; 벼락치기공부.
泥試合〔どろじあい〕(서로 상대방의 비밀, 약점 등을 들추는)추잡한 싸움.
泥深い〔どろぶかい〕(形) (강바닥, 논바닥의)진흙층이 두꺼워 푹푹 빠질 정도다.
泥田〔どろた〕수렁논.
泥除け〔どろよけ〕흙받이.
泥足〔どろあし〕① 흙 묻은 더러운 발. 흙발. ② 화류계 신세.
泥臭い〔どろくさい〕(形) ① 흙내가 나다.

ㄷ

② 촌스럽다. 세련되지 않다.
泥土 〔どろつち〕 이토. 진흙. 찰흙.
〔でいど〕 ① 진흙. ② 가치가 없음.
泥海 〔どろうみ〕 ① 흙탕물로 누런 바다. ② 질펀한 흙탕. 진펄.
泥絵の具 〔どろえのぐ〕 distemper.

音 読

泥中 〔でいちゅう〕 진흙 속.
泥質 〔でいしつ〕 진흙의 성질
泥炭 〔でいたん〕 이탄. 연대가 오래지 않아 충분히 탄화(炭化)되지 않은채 땅속에 묻힌 석탄.
泥酔 〔でいすい〕 이취. 의식이 없을 정도로 몹시 취함.

【닉】

〔匿〕 풀 : 숨길 닉
音 : **トク**
訓 : **かくまう**

匿う 〔かくまう〕 (他 5) 몰래 숨겨두다. 은닉하다. 犯人を～ ; 범인을 숨겨 두다.

音 読

匿名 〔とくめい〕 익명. 이름을 감춤. 본명을 숨기고 다른 이름을 쓰는 것.
隠匿 〔いんとく〕 은닉. 숨김. 감춤.

〔溺〕 풀 : 빠질 닉. 빠뜨릴 닉.
音 : **デキ**
訓 : ① **おぼらす** ② **おぼれる**

❶ **溺らす** 〔おぼらす〕 (他 5) (물에)빠지다 빠지게 하다. 물에 빠뜨리다.
❷ **溺れる** 〔おぼれる〕 (自下 1) (물에) 빠지다.
溺れ死に 〔おぼれじに〕 익사. 물에 빠져 죽음.

音 読

溺死 〔できし〕 익사. 물에 빠져 죽음
溺愛 〔できあい〕 익애. 맹목적으로 사랑함. 함빡 빠져 사랑함.

【다】

〔多〕 풀 : 많을 다.
音 : **タ**
訓 : **おおい**

多い 〔おおい〕 (形) 많다. 人が～ ; 사람이 많다.
多かれ 〔おおかれ〕 (連語) 많이 있어라. 많이 깃들여 지어라.
多き 〔おおき〕 (文語) 많음.
多く 〔おおく〕 ① 많음. 많은 것. ② 대부분. 대개. 대체로. 보통은.
多くとも 〔おおくとも〕 많아도. 많아봤자.
多目 〔おおめ〕 넉넉함. ～に ; 넉넉하게.

音 読

多とする 〔たとする〕 인정하다. 고맙게 여기다.
多角 〔たかく〕 다각. 많은 각도. 여러 방면.
多感 〔たかん〕 다감. 감동하기 쉬움.
多寡 〔たか〕 다과. 수효의 많음과 적음.
多岐 〔たき〕 다기. 여러 갈래.
多難 〔たなん〕 다난. 어려움이 많음.
多能 〔たのう〕 다능. 재주가 많음.
多量 〔たりょう〕 다량. 많은 분량.
多忙 〔たぼう〕 다망. 매우 바쁨.
多方面 〔たほうめん〕 다방면. 여러 방면.
多分 〔たぶん〕 (副) ① 아마. ② 대개. ③ 수가 많음.
多宝塔 〔たほうとう〕 다보탑.
多産 〔たさん〕 다산. 새끼를 많이 낳음.
多勢 〔たぜい〕 다세. 많은 세력(인원).
多少 〔たしょう〕 다소. 정도의 많음과 적음.
多数 〔たすう〕 다수. 수효가 많음.
多額 〔たがく〕 다액. 많은 액수.
多様 〔たよう〕 다양. 여러가지 모양.
多人数 〔たにんず〕 많은 사람.
多情 〔たじょう〕 다정. 인정이 많음.
多種 〔たしゅ〕 다종. 종류가 많음.
多彩 〔たさい〕 다채. 여러가지로 호화로움.
多血質 〔たけっしつ〕 다혈질. 쾌활하고 친절하나 인내력이 부족한 기질.

〔茶〕 풀 : ① 차 다. ② 차 차
音 : ① **サ**(다) ② **チャ**(차)
訓 :

(①) 한글로 '다'로 읽는 경우임.
茶菓 〔さか〕 다과. 차와 과자.
茶道 〔さどう〕 ⇨ (ちゃどう) (486 페이지 참조).
茶飯事 〔さはんじ〕 다반사. 예사로운 일.
茶房 〔さぼう〕 다방. 차를 파는 집.
茶話会 〔さわかい〕 차를 마시면서 이야기하는 모임. 다과회.
喫茶店 〔きっさてん〕 다방. 차를 파는 집.
(②) 한글로 '차'로 읽는 경우는 486 페이지 참조.

【단】

〔丹〕 풀 : 붉을 단. 진심 단.
音 : **タン**
訓 :

丹念 〔たんねん〕 단념. 정성과 공을 들여서함.
丹誠 〔たんせい〕 정성을 다함.
丹心 〔たんしん〕 단심. 정성스러운 마음.

丹田〔たんでん〕단전. 아랫배. 배꼽 아래.
丹前〔たんぜん〕솜을 둔 두루마기 같은 방한복(防寒服). 잠옷이 되기도 함.
丹精〔たんせい〕정성을 다함.
丹青〔たんせい〕단청. 그림물감. 채색.

〔旦〕 풀：아침 단. 일찍 단.
音：① タン ② ダン
訓：

旦夕〔たんせき〕① 아침 저녁. ② 시기가 절박한 상태. 목전(目前). 경각(頃刻). 命～にせまる; 목숨이 경각에 달리다.
旦那〔だんな〕① 주인. ② 영감. ③ 손님 양반. ④ 나리. ⑤ ～寺(でら) 선조 대대의 위패를 모신 절. ⑥ ～芸; 큰 가게 주인 등이 심심풀이로 배운 예능(芸能).

〔団〕 풀：둥글 단. 덩어리질 단.
音：① ダン ② トン ③ ドン
訓：

例　外

団居〔まどい〕⑴ 둘러 앉음. ② 모여서 즐김

音読 1

団結〔だんけつ〕단결. 많은 사람이 서로 마음을 합쳐 뭉침.
団交〔だんこう〕団体交渉의 준말.
団円〔だんえん〕① 둥근 것. ② 집안이 화목함. 단란함. ③ 끝. 종말.
団子〔だんご〕고물 등을 묻힌 동그랗고 조그만 떡.
団長〔だんちょう〕단장. 단의 우두머리.
団地〔だんち〕단지. 집단 주택이 많이 있는 지역. ～族; 아파트에 사는 사람들.
団体〔だんたい〕단체. 어떤 목적을 위한 사람들의 집단.

音読 2

水団〔すいとん〕수제비. 밀가루를 반죽하여 국물에 적당한 크기로 뜯어 넣어 끓인 음식.
布団〔ふとん〕① 방석. ② 이부자리.

音読 3

団栗〔どんぐり〕도토리. 떡갈나무 열매.
炭団〔たどん〕① 숯가루를 뭉친 연료. ② 승부에 진것, 실패.

〔但〕 풀：다만 단.
音：
訓：ただし

但し〔ただし〕① 단. ② 혹은. 그렇지 않으면. ～は; 그렇지 않으면. 혹은.
但し書き〔ただしがき〕단서. 본문에 붙여 예외, 조건등을 나타낸 문장.

〔単〕 풀：홀로 단. 홑 단.
音：タン
訓：ひとえ

単：単衣〔ひとえ〕안을 받치지 않은 홑옷.
単なる〔たんなる〕단순한.
単に〔たんに〕단지. 다만. 그저.
単価〔たんか〕단가. 단위 가격.
単機〔たんき〕단기. 한 대의 비행기.
単刀直入〔たんとうちょくにゅう〕단도직입. 서론을 빼고 직접 본론으로 들어 가는 것.
単発〔たんぱつ〕단발. ① 발동기의 하나. ② 한 발씩 발사하는 것.
単独〔たんどく〕단독. ① 혼자. ② 단하나
単文〔たんぶん〕단문. ① 간단한 글. ② (문법에서) 주어와 술어가 각기 하나씩있는 글.
単弁〔たんべん〕외겹으로 된 꽃잎.
単色〔たんしょく〕단색. 한 가지의 색.
単線〔たんせん〕단선. 철로가 한 선로뿐임.
単細胞〔たんさいぼう〕단세포. 단 하나의 세포.
単数〔たんすう〕단수. (文法에서) 하나,한 사람을 나타내는 말과 그에 따른 어형상의 구별.
単純〔たんじゅん〕단순. ① 섞인 것이 없음. ② 복잡하지 않음. ③ 유치함. ～な考え.
単身〔たんしん〕단신. 자기 혼잣몸. 홑몸.
単語〔たんご〕단어. 하나의 말. 낱말.
単元〔たんげん〕단원. ① 그것만으로서 하나로 뭉쳐진 실체. ② 教材의 단위가 되는 한 묶음의 재료나 재목.
単位〔たんい〕단위. ① 계산의 기준이되는 것. ② 전체를 형성하는 기초가 되는 것.
単一〔たんいつ〕단일. ① 하나. ② 간단함.
単作〔たんさく〕단작. 일모작(一毛作).
単調〔たんちょう〕단조 , 단순하고 변화가 적음.
単行本〔たんこうぼん〕단행본. 잡지, 전집 등의 형식이 아니고 그것 하나만 간행된 책.

〔段〕 풀：층계 단.
音：ダン
訓：

段〔だん〕① 단. 계단. ② 단계. ③ 단락(段落). 구획. ④ 조목. …관한 일. ⑤ 경우. 때. ⑥ 기술을 갖는 사람들의 등급.
段ボール〔だんボール〕마분지. 안쪽에 울룩불룩 골이 진 엷은 종이를 붙인 것. 포장용임.
段階〔だんかい〕단계. ① 등급. ② 순서. ③ 계단.
段段〔だんだん〕① 계단. ② 조목. ③차차. 점점.
段落〔だんらく〕단락. ① 문장 중의 큰 매듭. ② 구획. 구별.
段物〔だんもの〕じょうるり(浄瑠璃)에서 몇 단으로 나뉘어 연속되는 曲이나 이야기.
段別〔だんべつ〕① 논을 1단(一段)마다 나누는 것. ② 정(町), 단(段), 무(畝)등의 단위로 재는 전답(田畓) 면적의 넓이.
段違い〔だんちがい〕현격한 차이. 매우 거리가 먼 것. 차이가 심함.
段畑〔だんばたけ〕산의 경사진 곳에 계단처럼 만들어진 밭.
段取り〔だんどり〕① 마음 가짐. 마음의 준

ㄷ

비. ② 순서. 차례. 준비. ③ 수단.

段平〔だんびら〕① 나비가 넓은 것. ② 도신(刀身)이 넓은 칼.

〔蛋〕
풀 : 새 알(鳥卵) 단.
音 : **タン**
訓 :

蛋白〔たんぱく〕단백. 계란의 흰자위처럼 단백질로 이루어진 것.

蛋白質〔たんぱくしつ〕단백질. 흰자질.

〔断〕
풀 : 끊을 단. 끊어질 단. 정할 단.
音 : **ダン**
訓 : ① **ことわる** ② **たつ**

❶**断る**〔ことわる〕(他5) ① 거절(사절)하다. ② 미리 알리다. 미리 양해를 얻다 미리 말하다.

断り〔ことわり〕① 거절. 사절. ～を言う; 거절하다. ② 예고. 미리 얻는 양해.

❷**断つ**〔たつ〕(他5) ① 자르다. ② 끊다. ③ (神仏에게 발원하는 동안 어떤 음식물을) 금기(禁忌)하다.

断ち物〔たちもの〕(神仏에게 소원을 빌때) 어떤 음식을 금기(禁忌)하는 것. 또 그 음식물.

断ち切る〔たちきる〕(他5) ① 자르다. 절단하다. ② 끊다. 連絡を～; 연락을 끊다.

断ち割る〔たちわる〕(他5) 쪼개다. 빼개다.

連濁音에 注意

塩断ち〔しおだち〕신에게 기도드리기 위해, 또는 병으로 인하여 일정한 기간 염분이 있는 음식을 먹지 않음.

茶断ち〔ちゃだち〕신에게 기도드리기 위해 일정한 기간 차를 마시지 않음.

音　読

断〔だん〕① 결단. 판단. 단안. ② 단행. 끊는 것.

断じる〔だんじる〕(他上1) ① 단정하다. 판단을 내리다. ② 판가름하다. 처단하다.

断じて〔だんじて〕① 결코. 단연코. ② 단호히.

断固〔だんこ〕단호. ～たる決意; 단호한결의.

断交〔だんこう〕단교. ① 국교를 단절함. ② 교제를 끊음. 절교.

断念〔だんねん〕단념. 체념. 생각을 끊음.

断断固〔だんだんこ〕단호히(강조한 말).

断頭台〔だんとうだい〕단두대. 죄인의 목을 자르는 대.

断面〔だんめん〕단면. ① 자른 표면. ② 실체를 나타내는 일면(一面).

断髪〔だんぱつ〕단발. ① 머리를 자름. ② 짧게 자른 여자의 머리 모양.

断線〔だんせん〕단선. 선이 끊어짐.

断続〔だんぞく〕단속. 끊어졌다 이어졌다 함.

断水〔だんすい〕단수. ① 수도의 물이 끊어짐. 또는 물을 끊음. ② 물의 흐름이끊어짐.

断食〔だんじき〕단식. 어느 기간 동안 음식을 먹지 않음.

断案〔だんあん〕단안. ① 판단. 단정. ② 결정.

断崖〔だんがい〕단애. 깎아지른 듯한 절벽.

断言〔だんげん〕단언. 확실히 잘라 말함.

断然〔だんぜん〕단연. 단호. 결연.

断熱〔だんねつ〕단열. 열을 차단함.

断腸〔だんちょう〕단장. 창자가 끊어지는 듯한 괴로움이나 슬픔.

断裁〔だんさい〕종이를 자름. 재단.

断絶〔だんぜつ〕단절. 끊음. 끊어짐.

断定〔だんてい〕단정. 확실한 판단을 함.

断罪〔だんざい〕단죄. 범죄를 처단함.

断層〔だんそう〕단층. 지층의 어긋남.

断片〔だんぺん〕단편. 조각. 토막.

断行〔だんこう〕단행. 결단성 있게 행함.

断乎〔だんこ〕단호. 단연.

〔短〕
풀 : 짧을 단.
音 : **タン**
訓 : **みじかい**

短い〔みじかい〕(形) 짧다.

短目〔みじかめ〕약간 짧막함.

短夜〔みじかよ〕(여름철의) 짧은 밤.

音　読

短〔たん〕부족, 결핍.

短歌〔たんか〕和歌의 한 체. 5. 7. 5. 7. 7의 5구(句)로 이루어지는 식.

短距離〔たんきょり〕단거리. 짧은 거리.

短剣〔たんけん〕단검. 짧은 칼.

短見〔たんけん〕단견. 좁은 소견.

短径〔たんけい〕단경. 타원의 중심을 통하여 장경(長径)에 수직되게 그은 가장 짧은 직경.

短気〔たんき〕성미가 급함.

短期〔たんき〕단기. 짧은 기간.

短慮〔たんりょ〕단려. 좁은 생각.

短命〔たんめい〕단명. 수명이 짧음.

短文〔たんぶん〕단문. 짧은 글.

短兵急〔たんぺいきゅう〕① 도검(刀剣)과 같은 짧은 병기로 급히 적에게 대들어 싸움. ② 성급하게. 갑자기. **～な要求**; 갑작스런 요구.

短小〔たんしょう〕단소. 짧고 작음.

短所〔たんしょ〕모자라는 곳. 단점. 결점.

短信〔たんしん〕단신. 짤막한 편지.

短冊〔たんざく〕和歌, 그림 등을 그리는 조붓하고 기다란 종이.

短銃〔たんじゅう〕단총. 권총.

短縮〔たんしゅく〕단축. 짧게 줄임.

短針〔たんしん〕단침. 시계의 짧은 바늘.

短波〔たんぱ〕단파. 파장(波長)이 짧은 전파.

短編〔たんぺん〕단편. 짧은 소설이나 영화

〔端〕
풀 : 끝 단.
音 : **タン**
訓 : ① **は** ② **はし** ③ **はした** ④ **はた.**

❶ **端**〔は〕① 끝. 가장자리. ② 조각.

❷〔はし〕① 끝. ② 처음. 시초. ③ 조각. ⇨② 端 참조.

❸〔はた〕가. 가장자리. 池の～ ; 연못가. ⇨③ 端 참조.

口の端〔くちのは〕(사람들의) 입길. ～にのぼる (사람들의)입에 오르내리다.

山の端〔やまのは〕산의 끝 (산의 능선 또는 그 근처)

端物〔はもの〕갖추어 지지 않은 것.빠진 것. 파치. ～ですから安くします. 파치이니까 싸게 하겠읍니다.

端本〔はほん〕여러 권이 한 질로 된 책에서 빠진 책.

端数〔はすう〕우수리.

端役〔はやく〕단역. 하찮은 역할.

端株〔はかぶ〕단주(500株 이하의 주).

端切れ〔はぎれ〕조각난 천. 자투리.

端唄〔はうた〕三味線에 맞추어 부르는 짧은 속요(俗謠).

連濁音에 注意

木端〔こば〕① 지저깨비. ② 노송나무 등을 엷게 켠 널(지붕널로 쓰임). ～板 ; 지붕널.

軒端〔のきば〕처마 끝. 처마 근처.

半端〔はんぱ〕① 전부가 갖춰지지 않음. 불완전함. 끝 수. 우수리. 파치. ② 어중간한 것. ③ 반편이. 멍청이. 팔푼이.

下っ端〔したっぱ〕(신분이나 지위가)낮음. 하급. 말석. 말단. ～役人 ; 말단 관리.

❷ 端〔はし〕① 끝. 棒の～ ; 막대의 끝. ② 시초. 처음. ～からはじめる ; 처음부터 시작하다. ③ 잘라낸 조각. 木の～ ; 나뭇조각. ④ 일부분.

端から〔はしから〕차례로. 순차로.

端くれ〔はしくれ〕① 나무부랑이. ② 조각. 부스러기.

端ミシン〔はしミシン〕오우버랩 미싱 : 천 끝을 약간 접어서 틀로 박는 것(천 끝이 풀어지는 것을 막음)

端居〔はしい〕집의 마루 끝에 앉아 있음.

端近〔はしぢか〕집의 툇마루나 입구에 가까운 곳.

端端〔はしばし〕사소한 부분. 이모저모. 끝.

端無くも〔はしなくも〕뜻하지 않게. 뜻밖에도.

端縫い〔はしぬい〕천 끝을 약간 접어서 꿰매는 일.

端書(き)〔はしがき〕① 머리말. 서문(序文) ② 추기(追記). 추신(追伸).

連濁音에 注意

一端〔いっぱし〕① 남 못지 않음. ② 남 못지않게. ③ 제법 ……인 체.

突端〔とっぱし〕튀어 나온 끝.

切れっ端〔きれっぱし〕토막. 자투리.

片っ端〔かたっぱし〕한 쪽 끝.

❸ 端た〔はした〕① 우수리. 끝수. ② 어중간.

端たない〔はしたない〕(形) ① 상스럽다. 야비하다. ② 조심성이 없다. 버릇이 없다. ③ 경박하다.

端た金〔はしたがね〕푼돈.

端た女〔はしため〕하녀(下女). 부리는 여자.

端た銭〔はしたぜに〕푼돈. 잔돈.

❹ 端〔はた〕가. 가장자리. 끝. 炉の～ ; 노변. 화롯가. 池の～ ; 연못가.

連濁音에 注意

道端〔みちばた〕길가.

炉端〔ろばた〕화롯가.

船端〔ふなばた〕뱃전.

井戸端〔いどばた〕우물가. ～会議 ; 우물가의 쑥덕공론. 우물가의 잡담.

音 読

端〔たん〕끝. 가. 가장자리. 실마리. ～を開く ; 시작이 되다.

端緒〔たんしょ : たんちょ〕단서. 실마리.

端厳〔たんげん〕단정하고 엄숙한 것.

端然〔たんぜん〕단연. 단정하고 바른 것.

端午〔たんご〕단오. 음력 5 월 5 일의 명절.

端子〔たんし〕전극(電極). terminal.

端的〔たんてき〕단적. ① 명백함. ② 곧. 즉각. ③ 솔직. 요점.

端正〔たんせい〕단정. 정돈되어 있음. 바름.

端整〔たんせい〕단정. 바르게 정리되어 있음.

端艇〔たんてい〕단정. 조그만 배.

端座〔たんざ〕단좌. 예절 바르게 단정히 앉음.

〔緞〕 풀 : 비단 단
音 : ドン
訓 :

緞子〔どんす〕생사로 두껍게 짠 광택이 있고 무늬가 있는 비단.

緞帳〔どんちょう〕① 무늬가 있는 두꺼운 막(幕). ② 말아서 오르내리게 하는 막. ～役者(やくしゃ) 하등(下等) 연극의 배우. ～芝居(しばい) 하등(下等) 연극.

〔壇〕 풀 : 제터 단. 단 단.
音 : ① タン ② ダン
訓 :

音 読 1

土壇場〔どたんば〕① 목을 베는 형장. ② (거의 절망적인) 막다른 판. 마지막 순간. 막판.

音 読 2

壇〔だん〕단. ① 흙을 쌓아 올려 만든 제단(祭壇). ② 특수한 사회. ③ 높다랗게 만든 장소.

壇家〔だんか〕단가. 사원(寺院)에 시주(施主)하는 사람의 집.

壇徒〔だんと〕〔仏〕단도. 단가(壇家)의 사람들.

壇上〔だんじょう〕단상. 단의 위.

〔鍛〕 풀 : 단련할 단.
音 : タン
訓 : きたえる

ㄷ

鍛える〔きたえる〕(他下1) ① (쇠(鉄) 등을) 불리다. ② 단련하다. 맹렬히 훈련하다.

音　読

鍛鋼〔たんこう〕단강. 프레스로 단조(鍛造)한 강철.
鍛工〔たんこう〕대장장이.
鍛練 : 鍛錬〔たんれん〕단련. ① 쇠붙이를 불에 달구어 두드림. ② 몸, 마음, 기능을 닦아서 수양을 쌓음.
鍛造〔たんぞう〕단조. 금속을 가열하여 두드려 필요한 형체로 만듦.
鍛鉄〔たんてつ〕단철. 불순물을 제거하고 잘 단련한 쇠. 연철(錬鐵).

【달】

ㄷ

〔達〕 풀 : 이를(到達) 달. 이룰(成就) 달.
音 : ① **タチ** ② **タツ** ③ **タッ**
訓 :

音読 1

～達〔たち〕(접미) (사람, 동물 등의) 복수(複数)를 나타내는 말. …들. **子供～** : 어린이들. **若者～** : 젊은이들.

連濁音에 注意

友達〔ともだち〕친구. 벗. 동무

音読 2

達文〔たつぶん〕달문. 능숙한 문장.
達意〔たつい〕달의. 뜻을 충분히 나타냄.
達人〔たつじん〕달인. ① 학술, 기예에 뛰어난 사람. ② 인생을 달관한 사람.

例　外

先達〔せんだつ〕① 선배. ② 안내인.

音読 3

達する〔たっする〕(自他サ) ① 달하다. 도달하다. 달성하다. 이르다. 이루다. ② 숙달하다. 달통하다. ③시달하다. 알리다. 전하다.
達し〔たっし〕시달. 훈령(訓令)
達見〔たっけん〕달견. 전체나 장래를 충분해 내다보는 의견.
達観〔たっかん〕달관, 널리 전체의 정세를 바라봄.
達成〔たっせい〕달성. 이룩함. 성취함.
達示〔たっし〕시달. 훈령(訓令).
達識〔たっしき〕달식. 식견.
達者〔たっしゃ〕① 건강. 건장. ② 능숙한 사람. ③ 능숙. ④ 빈틈없음. **～なやつ** : 빈틈 없는 놈.
達筆〔たっぴつ〕달필. 힘차게 잘 쓴 글씨.

例　外

達磨〔だるま〕달마. 〔仏〕① 중국 禅宗의 開祖. ② 오뚝이 ③ 술통처럼 배가 부르고 짤막하게 둥근 것. ④ 매춘부.

【담】

〔担〕 풀 : 멜 담.
音 : **タン**
訓 : ① **になう** ② **かつぐ**

❶ **担う**〔になう〕(他5) ① 짊어지다. 메다 ② (책임을) 떠 맡다. 지다. **責任を～** ; 책임을 지다. **将来の韓国を～** ; 장래의 한국을 짊어지다.
担い籠〔にないかご〕어깨에 메는 바구니.
担い商い〔にないあきない〕등짐장수.
担い手〔にないて〕떠맡는 사람. 담당자.
担い太鼓〔にないだいこ〕둘이서 메고 다니며 치는 아악(雅楽)에 쓰는 북.
担い桶〔にないおけ〕멜대로 메어 나르는 큰 통.
❷ **担ぐ**〔かつぐ〕(他5) ① 메다. 짊어지다 ② 떠 받들다. 추대하다. ③ 속이다. ④ (미신에) 사로 잡히다.
担ぎ屋〔かつぎや〕① 미신가(迷信家). ② 산지(産地)에서 직접 식량, 야채 따위를 날라다가 파는 장사꾼.
担ぎ出す〔かつぎだす〕(他5) ① 메어 내다. ② 떠 받들다. 받들어 모시다.

音　読

担架〔たんか〕담가. 부상자, 환자를 실어 나르는 것. 들 것.
担当〔たんとう〕담당. 맡아 함.
担保〔たんぽ〕담보. 채무자가 채권자에게 내놓는 물건.
担税〔たんぜい〕담세. 조세를 부담함.
担任〔たんにん〕담임. 맡아 함. 맡은 사람.

〔胆〕 풀 : 쓸개 담. 씻을 담.
音 : **タン**
訓 :

胆嚢〔たんのう〕담낭. 쓸개.
胆力〔たんりょく〕담력. 용기. 어떤 일에도 놀라지 않고 겁내지 않는 기력.
胆石〔たんせき〕담석. 담즙의 성분이 담낭에서 굳어진 것.
胆汁〔たんじゅう〕담즙. 간장에서 나오는 쓴 소화액. **～質** : 감정적이 아니고 참을성이 강하며 의지도 강하나, 오만하고 잔인한 기질.

〔淡〕 풀 : 맑을 담.
音 : **タン**
訓 : ① **あわい** ② **あわめる**

❶ **淡い**〔あわい〕(形) ① (맛, 빛깔이) 진하지 않다. 담담하다. 엷다. ② 희미하다. 어렴풋하다. 덧없다.
淡雪〔あわゆき〕얇게 깔린 눈. 담설.
淡海〔あわうみ〕호수.

❷ 淡める〔あわめる〕(他下1) 묽게(엷게) 하다.

音 読

淡淡〔たんたん〕담담. ① 산뜻함. 담백함. ② 미련이 없음.
淡緑色〔たんりょくしょく〕담록색. 연한 녹색.
淡味〔たんみ〕담미. 산뜻한 맛. 담백한 맛.
淡泊〔たんぱく〕담백. ① 담담함. ② 미련이 없음. ③ 맛이나 취향(趣向)이 없음.
淡水〔たんすい〕담수. 염분을 포함하지 않은 물. 단물. 민물. ～魚. 담수어
淡彩〔たんさい〕담채. 연한 채색.
淡紅色〔たんこうしょく〕담홍색. 엷은 홍색.

〔談〕 풀 : 말씀 담. 이야기 담.
音 : ダン
訓 :

談〔だん〕이야기. 담화.
談じる〔だんじる〕(自上1) ① 말하다. 이야기하다. ② 담판하다.
談じ込む〔だんじこむ〕(自5) 강하게 상대와 담판하다.
談論〔だんろん〕담론. 이야기하며 의논함.
談笑〔だんしょう〕담소. 웃으며 이야기함.
談義〔だんぎ〕담의. ① 도리를 말함. ② 훈계.
談議〔だんぎ〕의논. 서로 이야기함.
談判〔だんぱん〕담판. 사건을 해결하기 위하여 서로 상의함. 따짐.
談合〔だんごう〕담합. 상의함. ～ずく상의해서 결정 짓는 일.
談話〔だんわ〕담화. 이야기. 이야기함.

〔曇〕 풀 : 흐릴 담.
音 : ドン
訓 : ① くもらす ③ くもる

❶ 曇らす〔くもらす〕(他5) ①흐리게 하다. ② 근심스러운(슬픈) 표정을 하다.
❷ 曇る〔くもる〕(自5 ① 흐리다. 흐려지다. ② (마음이)우울해지다. 어두워지다.
曇り〔くもり〕① 흐림. ② 우울함. 어두움 ～ガラス; 젖빛 유리.
曇り勝ち〔くもりかち〕흐릴 때가 많음. 구름이 낄 때가 많음. 자칫 흐려지기 쉬움.

連濁音에 注意

薄曇り〔うすぐもり〕약간 흐림.
本曇り〔ほんぐもり〕(금방 비나 눈이 내릴 듯이) 날씨가 아주 흐림.

音 読

曇天〔どんてん〕담천. 흐린 날씨.
晴曇〔せいどん〕청담. 갠 것과 흐린 것.

【답】

〔答〕 풀 : 대답할 답.
音 : ① トウ ② ドウ(例外)
訓 : こたえる

答える〔こたえる〕(自下1) 대답하다.
答(え)〔こたえ〕① 대답. ② 답안. 해답.

連濁音에 注意

口答え〔くちごたえ〕말대답, 말대꾸.
手答え〔てごたえ〕반응. 손에 받는 느낌.

音 読 ①

答礼〔とうれい〕답례. 상대방의 예(礼)에 대해서 답함. 반례(返礼).
答弁〔とうべん〕답변. 질문에 답함.
答辞〔とうじ〕답사. ① 대답하는 말. ②축사(祝辞), 식사(式辞)에 답하여 하는 말.
答申〔とうしん〕답신. 웃사람의 질문에 대답함.
答信〔とうしん〕답신. 답장의 편지.

音 読 ②

問答〔もんどう〕문답. ① 묻고 답함. 문제와 답. ② 말다툼.

〔踏〕 풀 : 밟을 답.
音 : トウ
訓 : ① ふまえる ② ふむ

❶踏まえる〔ふまえる〕(他下1) ① 밟아누르다. 힘차게 밟다. ②근거로 하다. 입각(立脚)하다.
踏まえ所〔ふまえどころ〕① 밟을 곳. ②근거
踏んまえる〔ふんまえる〕(他下1)⇨ 踏まえる
❷ 踏む〔ふむ〕(他5) ① 밟다. ② (과정을)거치다. ③ 경험하다. ④ (값을 어림쳐서)매기다. ⑤ (자료, 정세를 종합하여 평가하다.
踏み〔ふみ〕(거래소에서)손해를 각오하고 공매(公売)한 것을 도로 사들임.
踏み堪える〔ふみこたえる〕(他下1) 발에 힘주어 버티다. 참고 견디다. 끝까지 버티다.
踏み均す〔ふみならす〕(他5) (흙, 땅 등을) 밟아 고르다. 고르게 다지다.
踏(み)段〔ふみだん〕층층대, 계단, 사닥다리의 발 디디는 곳.
踏み台〔ふみだい〕발판. 발돋음.
踏み倒す〔ふみたおす〕(他5) ① 밟아 쓰러뜨리다. ② (대금, 빚을)떼어먹다.
踏み拉く〔ふみしだく〕(他5) 밟아 망치다.
踏み躙る〔ふみにじる〕(他5) 밟아 뭉개다. 짓밟다. 유린하다.
踏み面〔ふみづら〕계단의 발디디는 곳.
踏み鳴らす〔ふみならす〕(他5) (마루 등을)발로 쿵쿵 구르다.
踏み迷う〔ふみまよう〕(自5) 길을 잃다. 헤매다.
踏み抜く〔ふみぬく〕(他5) ① 세게 밟아서 구멍을 뚫다. ② 밟아서 찔리다.
踏み付ける〔ふみつける〕(他下1) 짓밟다.

무시하다. 깔보다. 밟고 누르다.

踏み分ける〔ふみわける〕(他下1) 발로 헤치다.

踏(み)石〔ふみいし〕① 댓돌. 디딤돌. ② 징검돌.

踏み所〔ふみど〕발 디딜 곳.

踏み外す〔ふみはずす〕(他5) ① 잘못 밟다. 헛디디다. ② (도리에) 벗어난 일을하다.

踏み越える〔ふみこえる〕(自下1) 밟고 넘다. 밟고 넘어서다.

ㄷ

踏み込み〔ふみこみ〕① (현관 등에서) 신을 벗어 놓는 곳. ② (씨름에서) 일어서는 순간, 재빨리 상대편 쪽으로 육박하는 것.

踏み込む〔ふみこむ〕(自他5) ① 발을 디디다. 발을 들여놓다. ② 무단으로 남의 집에 들어가다. 뛰어들다. 덮치다. ③ 밟아서 집어(쑤셔) 넣다.

踏(み)跡〔ふみあと〕발자국. 밟은 자국.

踏み切り〔ふみきり〕① (철도의) 건널목. ② (도약경기에서) 지면(地面)을 세게 굴러 그 반동으로 뜀. 또는 그 장소.

踏み切る〔ふみきる〕(自5) ① 결단하다. 단행하다. ② (도약경기에서) 땅을 힘차게 걷어차고 뛰어 오르다. ③ (씨름에서) 씨름판 밖으로 발을 내딛다. ④ 힘차게 밟는 순간 끊다.

踏み止まる〔ふみとどまる〕(自5) ① 남아 처지다. ② (앞으로 나아가고 싶은 생각을) 참고 견디다. 버티다. ③ 뻗디디어 멈추다.

踏み出す〔ふみだす〕(自5) ① 발을 내디디다. ② 출발하다. 진출하다. 착수하다. 시작하다.

踏み破る〔ふみやぶる〕(他5) ① 차서 부수다. ② 답파(踏破)하다.

踏み板〔ふみいた〕① (도랑, 개울 등의) 발판. ② (오르간 등의) 발판.

踏み荒らす〔ふみあらす〕(他5) 밟아 망치다. 마구 짓밟다.

踏み絵〔ふみえ〕(江戸시대에) 기독교인가 아닌가를 식별하기 위하여 밟게 했던, 그리스도나 마리아상 등을 새긴 널쪽을 밟게 한 것.

例　外

踏んまえる〔ふんまえる〕(他下1)⇨**踏まえる**

踏ん反り返る〔ふんぞりかえる〕(自5) (의자에 앉은 사람이) 뽐내어 몸을 뒤로 젖히다. 뽐내다. 턱 버티고 앉아 있다.

踏ん付ける〔ふんづける〕(他下1) 짓밟다. (踏み付ける의 강조)

踏ん張る〔ふんばる〕(自5) ① 양 다리를 벌리고 힘껏 버티다. ② 완강히 버티다. 참고 견디다.

踏ん切り〔ふんぎり〕결단. 단호한 결심. 과단(果断)

連濁音에 注意

足踏み〔あしぶみ〕① 제자리걸음. ② 답보상태.

値踏み〔ねぶみ〕헤아려서 대충 값을 매김. 평가(評価). **〜を頼む**; 평가를 부탁하다.

音　読

踏歌〔とうか〕발을 구르며 노래하고 춤을 춤.

踏査〔とうさ〕답사. 그곳에 실지로 가서 보고 조사함.

踏襲〔とうしゅう〕답습. 선인의 행적을 그대로 따라 행함.

踏青〔とうせい〕① 봄날 교외를 걷는 것. ② 정월 8일에 남녀가 모여서 노는 것. ③ 清明날에 교외로 나가서 노는 것

踏破〔とうは〕답파. 험한 길이나 먼 길을 끝까지 걸어 나감.

【당】

〔当〕

풀：마땅할 당. 적합할 당.
音：① **トウ** ② **ドウ**(例外)
訓：① **あたる** ② **あてる** ③ **あたらす** ④ **まさに**

❶ **当(た)る**〔あたる〕(他5) ① 빻다. ② 면도하다. (自5) ① 명중하다. 적중하다. 맞다. ② (예상이) 들어맞다. ③ 부딪다. 들이치다. ④ (이슬, 비, 바람을) 쐬다. 맞다. ⑤ 당첨되다. (제비) 뽑히다. ⑥ 상대하다. 대하다. ⑦ 성공하다. 히트하다. ⑧ 쬐다. **火に〜**; 불을 쬐다. ⑨ (볕이) 들다 ⑩ 해당하다. …꼴이(되)다. 적용되다. ⑪ (방향이) …쪽이다. ⑫ …이되다. **失礼に〜**; 실례가 되다. ⑬ (돌아가는) 차례가 되다. ⑭ (손에) 닿다. ⑮ 꼭 끼다. ⑯ 대조하다. ⑰ 떠보다. 알아보다. ⑱ 즈음하다. ⑲ (임무를) 맡다. ⑳ 상하다. ㉑ 중독 되다.

当(た)り〔あたり〕① 촉감. 감촉. ② 사귀는 품. 붙임성. ③ 짚어 봄. 짐작. 단서. ④ 떠봄. 가늠해 봄. ⑤ 명중. 적중. ⑥ 당첨. ⑦ 타격. ⑧ 성공. ⑨ (음식, 더위로 인한) 탈. 중독. ⑩ (바둑에서) 단수(単手). ⑪ (낚시질에서) 입질. ⑫ …에 대해서. …당. **一日〜千円**; 일당 천원

当(た)り狂言〔あたりきょうげん〕매우 평판이 좋은 狂言.

当(た)り年〔あたりどし〕이익이나 수확이 많은 해. 풍년. 일이 뜻대로 되는 해.

当(た)り散らす〔あたりちらす〕(自5) (애먼 주위 사람에게) 마구 화풀이하다.

当(た)り役〔あたりやく〕(배우가) 호평을 받은 배역.

当(た)り屋〔あたりや〕① 잘 맞는 사람. ② (도박에서) 재수가 좋은 사람. ③ 안타(安打)를 잘 치는 사람. ④ 인기를 얻은 가

게. ⑤ 달리는 자동차에 일부러 부딪쳐서 치료비를 강요하는 사람.

当(た)り障り〔あたりさわり〕지장. 방해.

当(た)り前〔あたりまえ〕① 당연함. 마땅함. ② 보통. 예사. 여느.

❷**当てる**〔あてる〕(自下1) 한몫보다. 성공하다. (他下1) ① 맞히다. 명중시키다. ② 알아맞히다. ③ (비바람을)맞게 하다. ④ 대다. 얹다. ⑤ (불, 햇볕)쬐다. ⑥붙이다. 달다. ⑦ (자로)재다. ⑧할당하다. 충당하다. ⑨ 맡기다. 돌리다. ⑩ 깔고앉다. ⑪ …에게 보내다. ⑫ 눈길을 돌리다. 보다. ⑬ 해당시키다. ⑭ 급소를 찌르다. ⑮ (남녀가 의가 좋음을)보아란듯이 내뵈다. ⑯ 지명하다. ⑰ 해를 주다. 중독시키다.

当て〔あて〕① 댐. 댄 것. 닿게 함. ② 목표. 기대. 전망. ③ 방법. 수단. 길.

当てっこ〔あてっこ〕저희끼리 수수께끼나 예상하는일. 알아맞히기.

当てられる〔あてられる〕(連語) ① 중독되다. ② (남녀간의 정다운 것을 보거나 또는 정담을 듣거나 해서) 면구스럽다. 겸연쩍다. ③ 지명되다. ④ 할당받다. 충당되다.

当て嵌まる〔あてはまる〕(自5) 꼭 들어맞다. 적용시키다.

当て嵌める〔あてはめる〕(他下1) 꼭 들어맞게 하다. 적용시키다.

当て逃げ〔あてにげ〕(자동차, 배가) 딴 자동차(배)를 받고 뺑소니치는 것.

当て馬〔あてうま〕① 씨말이 올 때까지 발정을 촉진하기 위해 암말에게 임시로 짝지어 주는 말. ② (경마에서)대항마(対抗馬). ③ (선거에서) 당선이 예상되는 유력한 후보자를 견제할 목적으로 명목상 세워지는 대립(들러리)후보.

当て無し〔あてなし〕지향 없음.

当て物〔あてもの〕① 알아 맞히기. 수수께끼. ② 현상. ③ 물 등이 새지 않게 대는 물건.

当て付ける〔あてつける〕(他下1) ① 상대방에게 들으란 듯이 넌지시 빗대어 말하다. ② 자랑삼아 보여 주다.

当て事〔あてごと〕① 기대하고 있는 일. ② 알아맞히기.

当て所〔あてど〕목표. 목적지. 정처.

当て身〔あてみ〕(유도에서) 급소지르기.

当て外れ〔あてはずれ〕기대가 어긋남. 짐작이 빗나감.

当て込む〔あてこむ〕(他5) (좋은 결과가 되리라고) 기대하다. 꼭 믿다. 예상하다.

当て字〔あてじ〕취음자(取音字). 차자(借字). (한자 본래의 뜻과는 관계없이 음(音)이나 훈(訓)을 빌어서 쓰는 한자. (アジア를 亜細亜로)

当て擦り〔あてこすり〕빗대어서 넌지시 빈정댐.

当て擦る〔あてこする〕(自5) 빗대어 욕하거나 빈정대다.

当て推量〔あてずいりょう〕억측. 멋대로 짐작함.

❸**当たらす**〔あたらす〕(他5) 맡게(담당케 하다.

当たらざる〔あたらざる〕(連語) 적당하지 않다. 당치 않다.

当たらず障らず〔あたらずさわらず〕(連語) (마찰이 없도록 또는 비위를 건드리지 않게) 조심조심.

❹**当に**〔まさに〕당연히. 마땅히.

音読 1

当〔とう〕① 당선. 맞음. ② 도리에 맞음. ③ 清算去来에 있어서 그달 말에 受渡하기로 하는 약정 매매(約定売買):

当局〔とうきょく〕당국. 어떤 일을 맡아보는 관청.

当代〔とうだい〕당대. ① 현대. ② 그 세상

当落〔とうらく〕당락. 당선(当選)과 낙선(落選).

当面〔とうめん〕당면. 일이 바로 눈 앞에 당함.

当方〔とうほう〕당방. 이쪽. 여기. 우리쪽.

当番〔とうばん〕당번. 차례가 됨.

当否〔とうひ〕당부. 맞음과 맞지 않음.

当社〔とうしゃ〕당사. 이 회사(会社).

当事者〔とうじしゃ〕당사자. 직접 그 일에 관계하는 사람.

当選〔とうせん〕당선. 선거에 뽑힘.

当時〔とうじ〕당시. 그때. 그 즈음.

当夜〔とうや〕당야. ① 그날 밤. ② 이 밤

当然〔とうぜん〕당연. 마땅히 그러함.

当用〔とうよう〕당용. 눈 앞의 일. 당면한 일.

当為〔とうい〕당위. 마땅히 그래야 할 것.

当日〔とうじつ〕당일. 그날.

当座〔とうざ〕당좌. ① 그 자리. 즉석. ② 당분간. ③ 당좌 예금의 준말.

当地〔とうち〕당지. 이 땅. 이 지방.

当直〔とうちょく〕당직. 숙직, 일직의 임무를 수행하는 사람.

当千〔とうせん〕당천. 한 사람의 힘이 천 사람만큼 강한 것.

当籤〔とうせん〕당첨. 제비에 뽑힘.

当限〔とうぎり〕당한. (長期 清算 去来에서 受渡 期日이 그달末임).

当該〔とうがい〕당해. 해당.

当惑〔とうわく〕당혹. 당황. 어찌할 바를 모름.

音読 ②

勘当〔かんどう〕의절(義絶). 못된 짓을 저질러서 부모나 스승이 자식 또는 제자와의 인연을 끊음.

〔唐〕

풀: 당나라 당
音: **トウ**
訓: **から**

唐〔から〕중국이나 외국에서 온 것.

唐めく〔からめく〕(自5) ① 중국풍으로보이다. 중국식이다. ② 보통과 다르다. 운치있다.

唐金〔からがね〕청동(青銅).
唐錦〔からにしき〕당금. 중국산(중국식)의 비단.
唐綾〔からあや〕(중국에서 전해진) 도드라지게 짠 능직(綾織).
唐名〔からな〕당명. 중국식의 이름.
唐木〔からき〕당목. 열대산 목재의 총칭.
唐物屋〔からものや〕양품점. 잡화상.
唐獅子〔からじし〕미술적으로 장식(도안)화한 사자. 사자무늬.
唐傘〔からかさ〕지우산(紙雨傘).
唐手〔からて〕당수. 태권.
唐様〔からよう〕중국식. 중국 양식(様式).
唐衣〔からぎぬ〕당의. 中世의 여자 예복의 하나.
唐子〔からこ〕중국식 머리 모양과 옷차림.
唐紙〔からかみ〕당지를 사용한 무늬 있는 고운 종이. (주로 장지용).
唐織り〔からおり〕명주실에 오색으로 누인 명주실이나 금실을 섞어 짜서 꽃, 새등의 무늬를 문돋이한 것. (중국식 직조법).
唐草〔からくさ〕당초. 덩굴풀이 비꾀어 뻗어 나가는 모양을 그린 무늬.
唐皮〔からかわ〕호피(虎皮).

音 読

唐茄子〔とうなす〕호박의 다른 이름.
唐突〔とうとつ〕당돌. 별안간. 돌연.
唐変木〔とうへんぼく〕얼빠진 놈. 바보.
唐詩〔とうし〕당시. 중국 당나라 시대의 시
唐辛子〔とうがらし〕고추. 고춧가루.
唐人〔とうじん〕당인. ① 중국인. ② 외국인.
唐風〔とうふう〕당풍. 중국식.

〔党〕 풀 : 무리 당.
音 : ① **トウ** ② **ドウ**(例外)
訓 :

音 読 1

党〔とう〕① 당. 정당. ② 무리. 떼.
党する〔とうする〕(自サ) 한 패가 되다. 아첨하다. 한쪽으로 치우치다.
党規〔とうき〕당규. 당의 규칙.
党紀〔とうき〕당기. 당의 기풍.
党略〔とうりゃく〕당략. 당의 입장에서 쓰는 책략(策略).
党論〔とうろん〕당론. 당의 인견 또는의론
党首〔とうしゅ〕당수. 당의 우두머리.
党員〔とういん〕당원. 당에 소속한 사람.
党人〔とうじん〕당인. 정당에 속한 사람.
党争〔とうそう〕당쟁. 당파 싸움.
党派〔とうは〕당파. 당의 분파(分派).

音 読 2

郎党〔ろうどう〕주인과 혈연 관계가 없는 무가(武家)의 가신(家臣).

〔堂〕 풀 : 집 당
音 : **ドウ**
訓 :

堂〔どう〕여러 사람이 모여드는 집. ~入(い)る; 연구, 기술이 깊은 경지에이르다
堂堂と〔どうどうと〕당당히. 버젓이. 거침없이.
堂堂巡り〔どうどうめぐり〕① 소원을 이루기 위해 神社나 절의 堂 주위를 돎. ② (의론 등이) 공전되기만 하고 진전이 없음. ③ 의회에서 국회의원이 차례차례로 연단 아래로 나아가 투표함.
堂塔〔どうとう〕당탑. 절의 당(堂)과 탑.

〔撞〕 풀 : 칠. 당. 두드길 당.
音 : **ドウ**
訓 : **つく**

撞く〔つく〕(他5) 치다. 鐘を~; 종을 치다. 玉を~; 당구공을 치다.
撞球〔どうきゅう〕당구. 玉突き(たまつき)
撞着〔どうちゃく〕당착. ① 모순됨. 전후가 맞지 않음. 일치하지 않음. ② 부딪침.

〔瞠〕 풀 : 똑바로 볼 당.
音 : **ドウ**
訓 :

瞠目〔どうもく〕당목. (감동해서) 눈을 크게 뜨고 봄.
瞠若〔どうじゃく〕당약. 놀라거나 괴이쩍게 여겨서 눈을 크게 뜨고 보는 것.

〔糖〕 풀 : 사탕 당. 엿 당.
音 : **トウ**
訓 :

糖尿病〔とうにょうびょう〕당뇨병. 당뇨가 계속해서 나오는 만성병.
糖類〔とうるい〕당류. 잘 녹고 단 맛이 있는 탄수화물(炭水化物).
糖蜜〔とうみつ〕당밀. 설탕을 끓인 액체.
糖分〔とうぶん〕당분. 설탕의 성분(成分).
糖衣錠〔とういじょう〕당의정. 알약을 먹게 좋게 하기 위하여 당제품(糖製品)으로 싼 것. 또는 그 제품.

【대】

〔大〕 풀 : 큰 대
音 : ① **タイ** ② **ダイ**
訓 : ① **おおきい** ② **おおきな** ③ **おおいに**

❶ **大きい**〔おおきい〕(形) ① 크다. ② 허풍을 떨다.
❷ **大きな**〔おおきな〕(連語) 큰. ~音; 큰 소리.
大きに〔おおきに〕(文語) 매우. 대단히.
❸ **大いに**〔おおいに〕(副) 대단히. 크게; 매우.
大あぐら〔おおあぐら〕~をかく; 책상다리하다.
大いさ〔おおいさ〕(분량, 정도의)크기.
大いなる〔おおいなる〕(連体) ① 큰. 위대한. ② 대단한. 심한.
大どか〔おおどか〕(形動) 성질이 태평스러움.

大まか〔おおまか〕(形動) (마음이)후함. 너그러움. 대범함. 손이 큼.
大家①〔おおや〕① 셋집 주인. ② 본채. 안채.
②〔たいか〕대가. 그 방면에서 특히 뛰어난 사람
③〔たいけ〕① 부자집. ② 귀인의 집
大袈裟〔おおげさ〕① 과장됨. 허풍을 떪. ② 야단스러움. 어마어마함. ③ 어깨에서 비스듬히 내리쳐 벰.
大甘〔おおあま〕① (엄하지 않고) 아주 너그러움. ② 아주 낙관적임.
大岡裁き〔おおおかさばき〕(江戸中期의 명재판관)의 재판(을 소재로 한 야담). (인정미 있는 훌륭한 재판의 전형으로 침)
大降り〔おおぶり〕큰비. 큰눈. (눈, 비 등이) 많이 쏟아짐(내림).
大綱〔おおづな〕① 굵은 밧줄. ② 대강령(大綱領). 대본(大本).
大見え〔おおみえ〕～を切る; 허세 부리다.
大見得〔おおみえ〕⇨大見え.
大股〔おおまた〕가랑이를 크게 벌림. 황새걸음. ～に歩く; 성큼성큼 걷다.
大鼓〔おおつづみ：おおかわ〕能楽에서 쓰는 북의 하나(왼쪽 무릎 위에 올려 놓고 손으로 두드림)
大谷石〔おおやいし〕宇都宮(うつのみや)시 大谷町에서 나는 응회석(凝灰石). (건축 자재에 쓰임).
大空〔おおぞら〕넓은 하늘.
大供〔おおども〕철이 안 든 어린이.
大口〔おおぐち〕① 큰 입. 입을 크게 벌림. ② 호언장담. 큰 소리. ③ 거액(의 거래).
大君〔おおきみ〕천황의 높임말.
大宮〔おおみや〕① 대궐, 神宮의 높임말. ② 태황태후, 황태후의 높임말.
～人(びと) 궁중에서 일하는 벼슬아치.
大摑み〔おおづかみ〕대충 파악함.
大関〔おおぜき〕① 직업 씨름꾼의 등급의 하나. ② 같은 무리중 제일 뛰어난 사람.
大広間〔おおひろま〕(회합을 위한) 썩 넓은 방.
大掛(か)り〔おおがかり〕(形動) 대규모적임. 어마어마함. 크게 벌임.
大根①〔おおね〕① 사물의 근본. ② 굵은 화살촉.
②〔だいこん〕① 무우. ② (연극이) 서투름.
大筋〔おおすじ〕요점. 대강의 줄거리. 대강.
大金〔おおがね：たいきん〕대금. 큰 돈. 많은 돈.
大金持ち〔おおがねもち〕갑부. 큰 부자.
大男〔おおおとこ〕몸집이 큰 사나이.
大内〔おおうち〕궁궐. 대궐. ～刈(がり) (유도에서) 안다리 후리기. ～山(やま) 대궐. 궁궐.
大女〔おおおんな〕몸집이 큰 여자.
大年〔おおとし〕섣달 그믐.
大年増〔おおどしま〕(나이가 한창 때를 훨씬 지난) 40대 여인. 중년 여인.
大当り〔おおあたり〕크게 적중함. 히트함. 대성공함. 크게 성공함.
大台〔おおだい〕① (증권시장에서) 日貨百円을 단위로 하는 가격의 범위. 五百円の～に乗せる; (시세를) 5백원 선으로 올리다.
大島餡〔おおしまあん〕흑설탕을 넣어 만든 팥소.
大島紬〔おおしまつむぎ〕鹿児島県 大島에서 나는, 붓으로 살짝 스친 것 같은 무늬가 많이 있게 짠 명주.
大道具〔おおどうぐ〕① 무대 장치. ② 창(槍)의 별칭. ～方(がた) 장치 담당계원.
大路〔おおじ〕대로. 한길.
大鹿〔おおしか〕고라니. 큰사슴.
大立者〔おおだてもの〕① 가장 뛰어난 배우. ② 가장 중요시되는 인물. 거물(巨物).
大立(ち)回り〔おおだちまわり〕(연극) 가장 구경거리가 되는 활극.
大麦〔おおむぎ〕대맥. 보리.
大目〔おおめ〕① 넉넉함. ② 대충 어림잡음. ③ 관대함. 너그러움. ～に見る; 너그러이 봐 주다.
大目玉〔おおめだま〕① 왕방울눈. 크고 튀어 나온 눈. ② 몹시 꾸중함.
大文字〔おおもじ〕① (로마자의) 대문자. ② (표제에 쓰는) 큰 글자.
大門〔おおもん〕대문 ① 큰 문. ② (성. 유곽의) 정문.
大物〔おおもの〕① 큰 물건. ② 거물 (巨物).
～食い(ぐい) 자기보다 훨씬 실력이 나은 상대를 잘 이기는 사람 : 상수잡이.
大味〔おおあじ〕① 맛이 덤덤하고 감칠맛이 없음. ② 아기자기한 멋.
大方〔おおかた〕① 대충. 대부분. 대개. 거의. ② 일반 사회(사람). ～の読者; 일반 독자.
大凡〔おおよそ〕① 대강. 대체로. 약. ② 대요.
大柄〔おおがら〕① 몸집이나 형상이 보통보다 큼. ② 무늬나 모양이 큼.
大本①〔おおもと〕대본. 근본. 근원.
②〔たいほん〕대본. 극본.
大部屋〔おおべや〕① 큰 방. ② 하급 배우들이 함께 쓰는 큰방. ③ 하급배우. ④ (병원의) 보통 입원실. 공동 입원실.
大敷(き)網〔おおしきあみ〕定置漁網의하나
大写し〔おおうつし〕클로우즈엎. ～の画面 ; 클로우즈엎 된 화면.
大仕掛(け)〔おおじかけ〕대규모임.
大事 〔おおごと〕큰일. 중대한 일.
〔だいじ〕① 큰일. ② 신중. ③소중함. 중요함.
大相撲〔おおずもう〕① 직업 씨름꾼의 씨름 대회. ② (씨름에서) 좀처럼 승부가 나지 않는 열띤 대전.
大商い〔おおあきない〕대상. 큰 장사.

大霜〔おおしも〕 큰 서리. 서리가 많이 내림.
大昔〔おおむかし〕 아주 오랜 옛날.
大船〔おおぶね〕 큰 배.
大雪〔おおゆき〕 대설. 큰 눈.
大声〔おおごえ〕 대성. 큰 소리.
大盛り〔おおもり〕 수북하게 담음(담은 것).
大勢① 〔おおぜい〕 많은 사람.
②〔たいせい〕 대세. 전체의 형세.
大歳〔おおとし〕 섣달 그믐.
大笑い〔おおわらい〕 ① 큰 소리로(비)웃음 ② 여러 사람의 웃음거리가 됨.
大掃除〔おおそうじ〕 ① 대청소. ② (조직체의) 대대적인 내부 숙청.
大束〔おおたば〕 ① 큰 다발. ② 대충. ③ 과장. 과대.
～をきめる; 잘난체 하다. 뽐내다.
大水〔おおみず〕 홍수. 큰 물.
大手〔おおて〕 ① 城의 정문. ② 적의 정면으로 쳐들어가는 군대. ③ 큰 거래처.
〔おおで〕 활개. 어깨에서 손끝까지.
～を振って; 활개를 치며. 꺼리낌없이.
大手亡〔おおてぼう〕 (덩굴없는) 강남콩의 상표명.
大手合(い)〔おおてあい〕 (바둑) 기사의 서열을 정하는 공식 대전. 승단전.
大時代〔おおじだい〕 시대에 뒤짐. 구식.
大食い〔おおぐい〕 많이 먹음. 대식가.
大息〔おおいき〕 큰 숨. 한숨. ～をつく; 한숨쉬다.
大身〔おおみ〕 ① (칼, 창의) 날이 길고 큼. ② 천황의 몸. 옥체.
大神〔おおかみ〕 위대한 神.
大野〔おおの〕 넓은 들판. 너른 들.
大弱り〔おおよわり〕 (어려운 문제에 부딪쳐) 대단히 난처함.
大様〔おおよう〕 대범함. 의젓함. 점잖음.
大御〔おおみ〕 (神이나 天皇에 관해서)존경의 뜻을 나타내는 말. ～心; 천황의 마음.
大御代〔おおみよ〕 천황이 다스리는 세상.
大御宝〔おおみたから〕 (천황의) 국민. 백성.
大御所〔おおごしょ〕 ① 대가(大家). 중진(重鎮). ② 은퇴한 장군.
大業〔おおわざ〕 (씨름 등에서) 대담하게 부리는 수. 과감하게 부리는 수.
大業物〔おおわざもの〕 썩 잘드는 칼.
大玉〔おおだま〕 ① 큰 구슬. ② 직경 8㎜ 이상의 큰 진주 알. ③ 알이 굵은 과일.
大奥〔おおおく〕 ① (江戸성에서) 将軍부인이 있던곳. ② 대궐 안 깊숙한 곳.
大外刈〔おおそとがり〕 (유도에서)바깥 다리 후리기.
大雨〔おおあめ〕 큰 비.
大威張り〔おおいばり〕 크게 뽐냄. 아주 으시댐.
大有〔おおあり〕 ① 많이 있음. ② 있음의 힘줌말.
～だとも; 있고 말고.
大引〔おおびき〕 장선을 받치는 가로대.
大引け〔おおびけ〕 ① (거래소에서) 오전이나 오후의 立会가 끝남. 막장. 최종 시세 ② 유곽에서 오전 2 시(문닫는 시간).
大入り〔おおいり〕 손님이 많이 드는 것.
～袋(ぶくろ) 손님이 많이 들었을 때 종업원에게 주는 특별 상여금을 넣은주머니
大一番〔おおいちばん〕 (씨름에서) 우승에 관계있는 중대한 대진(対陣).
大字〔おおあざ〕 日本의 말단 행정 구획의 하나(町. 村 아래 있음).
大雑把〔おおざっぱ〕 ① 조잡함. ② 대충. 얼추.
大場〔おおば〕 (바둑의 판세로 보아) 돌을 꼭 먼저 놓아야 할 큰 곳.
大場所〔おおばしょ〕 ① 1월, 3월, 5월, 7월, 9월, 11월에 개최되는 정기 씨름대회. ② 넓은 장소.
大蔵〔おおくら〕 조정의 창고.
大蔵省〔おおくらしょう〕 대장성. (우리 나라의 재무부에 해당)
大殿〔おおとの〕 ① 대전. 궁전의 높임말. ② 대신의 높임말. ③ 귀인의 부친의 높임말.
大切り〔おおぎり〕 ① 크게 토막침. 큰토막 ② 그 날의 마지막 흥행. ③ 끝장. 최후.
大店〔おおだな〕 크게 차린 가게.
大政所〔おおまんどころ〕 섭정(攝政), 関白의 어머니의 높임말.
大鳥〔おおとり〕 몸집이 큰 새.
大組〔おおぐみ〕 (印) 대판.
大潮〔おおしお〕 조수의 차가 제일 큰 때의 밀물과 썰물.
大足〔おおあし〕 ① 큰 발. ② 발자국을 크게 뗌.
～に歩く; 성큼성큼 걷다.
大酒〔おおざけ〕 대주. 많은 술.
大持て〔おおもて〕 대인기(大人気). 대환영.
大振り〔おおぶり〕 ① 크게 흔듦(휘두름). ② (모양, 부피가)보다 큼. 큼지막함.
大真面目〔おおまじめ〕 남이 보기는 우습지만 자기 딴은 진지한 것.
大川〔おおかわ〕 ① 큰 강. ② 隅田川의 下流.
大出来〔おおでき〕 훌륭하게 됨. 썩 잘됨.
大太鼓〔おおだいこ〕 큰 북.
大太刀〔おおだち〕 큰 칼.
大筒〔おおづつ〕 ① 커다란 대통(술을 담음). ② (옛날의) 대포(大砲).
大通り〔おおどおり〕 (시내의) 넓은 길. 큰 거리.
大阪〔おおさか〕 오오사카. 日本의 제 2 의 대도시.
大判〔おおばん〕 ① 대판. 넓은 지면(紙面) ② 타원형의 큰 금화(金貨). 은화(銀貨).
大八洲〔おおやしま〕 일본의 옛 이름.
大幅〔おおはば〕 대폭. 큰 폭.
大風〔おおかぜ〕 대풍. 큰(사나운) 바람.
〔おおふう〕 ① 거만함. ② 활달함.
〔たいふう〕 대풍. ① 큰 바람. ② 문둥병.
大風呂敷〔おおぶろしき〕 ① 큰 보자기. ②

허풍.
大汗〔おおあせ〕몹시 나는 땀.
大向(こ)う〔おおむこう〕① (극장)무대 정면의 관람석 뒤에 있는 입석. ② 입석의 관람자. ③ 일반관람자. 대중.
大穴〔おおあな〕① 큰 구멍, ② 큰손해(결손). ③ 예상외의 결과.
大形〔おおがた〕대형. 큰 형체.
大型〔おおがた〕대형. 큰 형체.
大戸〔おおど〕대문. 큰 가겟문.
大荒れ〔おおあれ〕① 매우 사납게 날뜀. ② 큰 파란. ③ 심한 폭풍우.
大回り〔おおまわり〕① 크게 돎. ② 멀리 돌아감. 우회함. ③ 광대가 무대를 한바퀴 돎.
大晦日〔おおみそか〕섣달 그믐날.
大喜び〔おおよろこび〕몹시 기쁨. 대단히 기쁨.
大詰〔おおづめ〕① 연극의 마지막 장면. ② 끝장. 종국. ③ 대단원.

例 外

大人〔おとな〕어른. 어른스러움. ～しい; 어른스럽다. 점잖다.
大和〔やまと〕일본의 딴 이름.

音 読 ①

大した〔たいした〕(連体) 엄청난. 굉장한. 대단한.
大して〔たいして〕그다지. 별로.
大家 〔たいか〕① 큰 집. ② 그 방면에서 특히 뛰어난 사람.
〔たいけ〕① 부자집. ② 귀인의 집.
〔おおや〕셋집 주인.
大綱〔たいこう〕대강. 요점. 대요.
大概〔たいがい〕대개. 대강. 대략.
大挙〔たいきょ〕대거. ① 큰 계획. ② 많은 사람이 한꺼번에 일함.
大計〔たいけい〕대계. 큰 계획.
大功〔たいこう〕대공. 큰 공로.
大過〔たいか〕대과. 큰 과실.
大局〔たいきょく〕대국. 전체적인 국면.
大軍〔たいぐん〕대군. 많은 군대.
大群〔たいぐん〕대군. 많은 무리.
大権〔たいけん〕대권. 나라를 통치하는 권한.
大気〔たいき〕대기. 지구를 둘러싼 공기의 전체.
大器晩成〔たいきばんせい〕대기 만성.
大乱〔たいらん〕대란. 큰 소란.
大略① 〔たいりゃく〕대략. 대개. 거의
② 〔だいりゃく〕웅대한 계략, 계획.
大量〔たいりょう〕대량. 양이 많은 것.
大力〔だいりき〕대력. 매우 센 힘.
大陸〔たいりく〕대륙. 지구상의 광대한 육지.
大輪〔たいりん〕커다란 꽃송이.
大利〔たいり〕대리. 큰 이익.
大望〔たいもう : たいぼう〕대망. 큰 소원.
大半〔たいはん〕반 이상. 거의 대부분.
大変〔たいへん〕① 큰 변. 큰 사건. ② 매우. 대단히. ③ 비상함. ④ 골칫거리.
大別〔たいべつ〕대별. 크게 나눔.
大兵① 〔たいへい〕대병. 大軍.
② 〔だいひょう〕덩치가 큰 사람.
大本① 〔たいほん〕대본. 극본.
② 〔おおもと〕근본. 대본. 근원.
大使館〔たいしかん〕대사관. 대사(大使)가 주재국(駐在国)에서 사무를 보는 곳.
大西洋〔たいせいよう〕대서양
大暑〔たいしょ〕대서. 7월23일경의 절기.
大成〔たいせい〕대성. ① (학문, 인품이) 크게 이루어짐. ② 관계되는 항목, 자료를 많이 모아 만든것.
大勢① 〔たいせい〕대세. 전체의 형세.
② 〔おおぜい〕많은 사람.
大勝① 〔たいしょう〕대승. 크게 이김.
大勝利② 〔だいしょうり〕대승리. 크게이김.
大洋〔たいよう〕대양. 큰 바다.
大王〔たいおう〕대왕. 왕의 높임말.
大要〔たいよう〕대요. 대체적인 요점.
大欲〔たいよく〕대욕. 큰 욕망. 큰 욕심.
大尉〔たいい〕대위. 장교 계급의 하나.
大意〔たいい〕대의. 대강의 뜻.
大義〔たいぎ〕대의 바른 도리.
大儀〔たいぎ〕대의. ① 중대한 의식. ②수고. ③ 귀찮음.
大人 〔たいじん〕① 어른. ② 덕이 높은 사람.
〔おとな〕어른
大任〔たいにん〕대임. 큰 임무.
大作〔たいさく〕대작. 뛰어난 작품.
大将〔たいしょう〕대장. ① 장군 계급의맨 위. ② 두목. ③ 지휘자.
大抵〔たいてい〕대저. 대개. 보통.
大全〔たいぜん〕대전. 완전히 갖추어진것.
大戦〔たいせん〕대전. 세계 대전. 큰 싸움.
大切〔たいせつ〕중요함. 귀중함. 소중함.
大宗〔たいそう〕대종. ① 종가(宗家). ② 대본(大本). 주체(主体).
大佐〔たいさ〕대좌. 장교 계급의 대령.
大衆〔たいしゅう〕대중. 세상 사람들. 민중
大志〔たいし〕대지. 큰 뜻.
大差〔たいさ〕대차. 큰 차이.
大冊〔たいさつ〕대책. 부피가 큰책.
大層〔たいそう〕매우. 굉장히. 대단히.
大破〔たいは〕대파. 심하게 파괴됨.
大敗〔たいはい〕대패. 크게 짐.
大平洋〔たいへいよう〕태평양.
大砲〔たいほう〕대포. 포를 쏘는 화기.
大風 〔たいふう〕대풍. 큰 바람.
〔おおかぜ〕대풍. 큰(사나운)바람.
〔おおふう〕① 거만함. ② 활달함.
大海〔たいかい〕대해. 큰 바다.

音 読 2

大〔だい〕① 큰것. ② 많은 것. ～にする : 크게하다. ～なり小なり : 크건 작건.
大それた〔だいそれた〕아주 건방진. 괘씸한.
大工〔だいく〕목수. 목수일.
大工事〔だいこうじ〕대공사.

大根〔だいこん〕①무. ②연기가 서투름.
〔おおね〕①사물의 근본. ②굵은 화살촉.
大農〔だいのう〕대농. 농사를 많이 짓는 농가.
大脳〔だいのう〕대뇌. 큰골.
大多数〔だいたすう〕대다수. 대부분.
大団円〔だいだんえん〕대단원. 종말. 끝남.
大胆〔だいたん〕대담. ①겁내지 않음. ②뻔뻔스러움.
大大的〔だいたいてき〕대대적. 거창함. 대규모적임.
大同小異〔だいどうしょうい〕대동 소이.
大豆〔だいず〕대두. 콩. ～油：콩기름.
大盤石〔だいばんじゃく〕대반석. ①커다랗고 평평한 돌. ②묵직하고 흔들리지 않음.
大兵〔だいひょう〕덩치가 큰 사람.
〔たいへい〕대병. 대군(大軍).
大分〔だいぶ：だいぶん〕제법. 상당히. 대개.
大事〔だいじ〕①중대함. ②소중함. ③중요함.
〔おおごと〕큰일. 중대한 일. 큰 사건.
大師〔だいし〕대사. 덕이 높은 승려(僧侶).
大上段〔だいじょうだん〕(검도에서)칼을 머리 위로 높이 쳐드는 자세.
大小〔だいしょう〕대소. 크고 작은 것.
大小便〔だいしょうべん〕대소변. 대변과 소변.
大勝利〔だいしょうり〕대승리. 크게 이김.
大臣〔だいじん〕대신. 각부 장관(長官).
大英帝国〔だいえいていこく〕대영제국.
大音声〔だいおんじょう〕대음성. 큰 목소리.
大丈夫〔だいじょうふ〕대장부. 씩씩한 사내.
〔だいじょうぶ〕①염려없음. ②틀림없음. 확실함.
大地〔だいち〕대지. 매우 넓은 땅. 대륙.
大地震〔だいじしん〕대지진. 큰 지진.
大体〔だいたい〕대체. ①대략. 대강. ②본시.
大腿〔だいたい〕대퇴. 넓적다리.
大統領〔だいとうりょう〕대통령.
大学〔だいがく〕대학. ～生：대학생.
大学者〔だいがくしゃ〕대학자.
大好き〔だいすき〕대단히 좋아함.
大好物〔だいこうぶつ〕대단히 좋아하는 것.

〖代〗 풀：대신 대.
音：①タイ ②ダイ
訓：①かえる ②かわる ③しろ ④よ

❶代える〔かえる〕(他下1) ①대신하다. あいさつに～：인사를 대신하다. ②교환하다. 바꾸다. ③갈다. ④고치다. 새로… 하다.
代え〔かえ〕①대치. 교환. 대체. ②대신. 대리. ③(교환의)비율.
❷代わる〔かわる〕(自5) ①대리(대신)하다. ②갈리다. 교체되다.
代(わ)り〔かわり〕①대리. 대신. 대용. ②교체. 교대. ③한 그릇을 다 먹고 다시 한 그릇 더 먹는 것. お～をする：한 그릇 더 들다(먹다).
代(わ)りに〔かわりに〕그 대신.
代(わ)り代(わ)り〔かわりがわり〕차례로. 번갈아.
代(わ)る代(わ)る〔かわるがわる〕교대로. 차례차례로.
代(わ)り目〔かわりめ〕새로운 것이 시작됨.
代(わ)り番〔かわりばん〕교대. 순번. 교대.
代(わ)り映え〔かわりばえ〕바뀐 보람.
代(わ)り合う〔かわりあう〕(自5) 번갈아하다.
❸代〔しろ〕①재료・기초가 되는 것. ②대용물. ③(나눈) 몫.
代馬〔しろうま〕써레질에 쓰이는 말.
代物〔しろもの〕①상품. 물품. ②사람. 인물. 미인. ③대금(代金).
代掻き〔しろかき〕써레질. ～をする：써레질을 하다.
身の代金〔みのしろきん〕몸값.
❹代〔よ〕①때. ②일생. ③시대. 연대.
〔だい〕①대. 집이나 왕위를 맡고 있는 동안. ②대신하는 사람. ③값.
代代〔よよ：だいだい〕①대대. 대를 거듭함. ②(仏). 과거, 현재, 미래.
君が代〔きみがよ〕①군주가 통치하는 시대. ②日本 國歌의 이름.

音 読 1

代謝〔たいしゃ〕대사. 새로운 것과 낡은 것과를 교체함. 신진 대사.
代赭〔たいしゃ〕적갈색.
交代〔こうたい〕교대. 교체.
永代〔えいたい〕오랜 세월. 영구(永久).

音 読 2

代価〔だいか〕대가. 값.
代講〔だいこう〕대강. 본인을 대신하여 강의를 함.
代官〔だいかん〕(江戸시대) 幕府의 地方官.
代金〔だいきん〕대금. 물건 값.
代納〔だいのう〕대납. 대신 납부함.
代理〔だいり〕대리. 본인을 대신함.
代名詞〔だいめいし〕대명사.
代弁〔だいべん〕대변. 대신해서 의견을 말함.
代書〔だいしょ〕대서. 대필함.
代署〔だいしょ〕본인 대신 서명함.
代数〔だいすう〕대수. ①세대(世代)의 수. ②대수학(代數學).
代役〔だいやく〕대역. 대신 출연함.
代用〔だいよう〕대용. 대신 씀.
代議士〔だいぎし〕국회의원.
代引き〔だいひき〕①증권 단기 거래에서 引渡株가 많을 때에 증권 회사가 대신인수하는 일. ②대금 상환 우편.
代診〔だいしん〕대진. 의사대신으로 진찰함.

代替〔だいたい〕대체. 다른 것과 바꿈.
代替(わ)り〔だいがわり〕(王, 戸主, 経営主의) 대(代)가 바뀜.
代打〔だいだ〕대타.(야구에서)어떤 打者 대신에 침. 또는 그 사람.
代表〔だいひょう〕대표. 단체나 수를 대신해서 의사를 나타냄. 또는 그 사람.
代行〔だいこう〕대행. 대신해서 행동함.

〔台〕 풀 : 대 대. 집 대. 높을 대.
音 : ① タイ ② ダイ
訓 :

音読 ①

台閣〔たいかく：だいかく〕대각. ① 높은 누각. ② 내각(内閣).
台頭〔たいとう〕대두. ① 머리를 쳐듦. ② 세력을 증가함.
台覧〔たいらん〕'보다의 높임말. (貴人에게 씀).
台臨〔たいりん〕皇后, 皇族의 임석(臨席).
台風〔たいふう〕태풍. 심한 바람.
舞台〔ぶたい〕무대.

音読 ②

台〔だい〕① 받침대. ② 보통보다 높이 지은 건축물. ③ 기계를 셀 때 쓰는 말.
台尻〔だいじり〕총의 개머리판.
台木〔だいぎ〕① 삽목(挿木)할 때 바 탕이 되는 나무. ② 받침나무.
台無し〔だいなし〕아주 망그러짐. 엉망이 됨.
台本〔だいほん〕대본. 각본. 시나리오.
台詞〔だいし：せりふ〕대사. 연극할 때 배우가 하는 말.
台所〔だいどころ〕음식을 요리하는 곳. 부엌.
台数〔だいすう〕대수. 차량의 수.
台帳〔だいちょう〕대장. 장부. 원장.
台座〔だいざ〕물건을 얹어 놓는 대.
台紙〔だいし〕그림, 사진 등을 붙이는 두꺼운 종이.
台地〔だいち〕대지. 주위보다도 높아져 있는 넓고 평평한 토지.
台秤り〔だいばかり〕앉은뱅이 저울.
台形〔だいけい〕사다리꼴.

〔対〕 풀 : 대할 대.
音 : ① タイ ② ツイ
訓 :

音読 ①

対 ❶〔たい〕수의 대조를 나타냄. 五～3 : 5대 3.
❷〔つい〕쌍. 짝. 한 벌. 一対の男女 : 한쌍의 남녀. ～の着物 : 한 벌 옷.
対する〔たいする〕(自サ) ① 대하다. 마주보다. ② 상대하다. 응하다. ③ 대항하다. 맞서다.
対価〔たいか〕대가. 보수로 받는 재산상의 이익.
対角線〔たいかくせん〕대각선. 맞모금.
対決〔たいけつ〕대결. 맞서서 승부를 가림.
対空〔たいくう〕대공. 공중에 대한 것.
対校〔たいこう〕① 학교끼리 대항함. ② 대조해서 교정함.
対局〔たいきょく〕대국. 바둑, 장기를 둠.
対内〔たいない〕대내. 내부, 국내에 관한 것.
対談〔たいだん〕대담. 마주 앉아 이야기함.
対等〔たいとう〕대등. 우열이 없고 동등함.
対流〔たいりゅう〕대류. 열을 가했을 때에 액체나 기체가 순환하는 운동.
対立〔たいりつ〕대립. 맞서 있음.
対面〔たいめん〕대면. ① 마주 봄. ② 면회. 만남.
対比〔たいひ〕대비. ① 비교함. ② 대조함.
対象〔たいしょう〕대상. 보거나 생각하거나 하는 동작의 상태.
対外〔たいがい〕대외. 외부나 외국에 대한 것.
対応〔たいおう〕대응. ① 마주 봄. ② 균형을 이룸. ③ 상대방이나 상황에 따라대처함.
対人〔たいじん〕대인. 사람을 대하는 일.
対照〔たいしょう〕대조. ① 비교해 봄. ② 서로 맞대어 견주어 봄.
対症的〔たいしょうてき〕대증적. ① 환자의 병증상에 따라 치료하는 것. ② 미봉책을 쓰는 것.
対地〔たいち〕대지. 공중에서 지상을 대하는 것.
対陣〔たいじん〕대진. 마주 진을 침.
対質〔たいしつ〕대질. 쌍방을 맞대어 진술시킴.
対策〔たいさく〕대책. 상대방이나 사건에 대하여 취하는 방책.
対処〔たいしょ〕대처. 어떤 일에 대하여 적절한 처리를 함.
対峙〔たいじ〕대치. 노려보고 대립함.
対置〔たいち〕대치. 마주 놓음.
対称〔たいしょう〕대칭. ① 맞섬. 균형을 이룸. ② 제 2 인칭.
対抗〔たいこう〕대항. 서로 경쟁함.
対話〔たいわ〕대화. 서로 얘기함.

音読 2

対〔つい〕(둘로 짝을 이루는 것). 쌍. 짝. 한 벌. ～の着物 : 한벌 옷. 一対の男女 한 쌍의 남녀.
対句〔ついく〕대구. 어격(語格)이나 뜻이 상대되는 둘 이상의 구를 대조적으로 내놓아 표현하는 修辞的 技巧. (例 : 人生は短く, 芸術は長し).

例　外

対馬〔つしま〕대마도(対馬島). (九州와 우리 나라 사이에 있는 섬. 長崎県에 속함)

〔待〕 풀 : 기다릴 대.
音 : タイ
訓 : まつ

待つ〔まつ〕(他5) ① 기다리다. ② 기대하다. ③ 대비하다.

待ちあぐむ〔まちあぐむ〕(他5) 기다림에 지치다. 진력이 나도록 오래 기다리다.
待ちくたびれる〔まちくたびれる〕(自下1) 기다리다 못해 지치다.
待ち兼ねる〔まちかねる〕(他下1) ① 기다리다 못해 …하다. 더 기다릴 수 없다. ② 고대하다. 학수 고대하다.
待ち構える〔まちかまえる〕(他下1) (준비를 다하고)기다리다. 대기하다.
待(ち)女郎〔まちじょろう〕혼례 때 신부의 시중을 드는 여자.
待ちに待った〔まちにまった〕기다리고 기다리던. 오랫동안 기다리던.
待ち明かす〔まちあかす〕(他5) 밤새도록 기다리다. 기다리느라고 밤을 세우다.
待ち暮らす〔まちくらす〕(他5) 기다리며 살다.
待(ち)伏せ〔まちぶせ〕매복(埋伏)하여 기다림.
待ち付ける〔まちつける〕(他下1) 만날 때까지 기다리고 있다. 기다려 만나다.
待(ち)肥〔まちごえ〕밑거름.
待ち設ける〔まちもうける〕(他下1) ① 대비하고 기다리다. 대기하다.
待ち受ける〔まちうける〕(他下1) 오기를 기다리다. 기다려 맞이하다.
待ち遠〔まちどお〕오래 기다림. お～様(さま)：오래 기다리셨읍니다.
待ち遠しい〔まちどおしい〕(形) 몹시 기다려지다. 학수 고대하다.
待ち焦がれる〔まちこがれる〕(他下1) 애타게(초조히)기다리다. 고대하다. 손꼽아 기다리다.
待(ち)針〔まちばり〕가봉(仮縫) 바늘.
待ち侘びる〔まちわびる〕(他上1) 애타게 기다리다. 고대하다.
待ち合う〔まちあう〕(他5) 서로 기다리다
待合(い)〔まちあい〕① 약속하고 서로 기다림. 사람이나 차례를 기다림. ② 요릿집. 남자가 기생을 불러들여 유흥하는 곳. ～政治：요정에서 이루어지는 정치. ③ 기다리는 곳.
待合室〔まちあいしつ〕대합실.
待ち合(わ)せる〔まちあわせる〕(自下1) (시간, 장소를 미리 정하고 거기서)만나기로 하다.
待(ち)惚け〔まちぼうけ〕① 기다리다 못하여 얼이 빠짐. ② 기다리던 사람이 오지 않음. ～を食う：바람 맞다. 기다리다가 허탕치다. ～を食わせる：바람 맞히다.

音　読

待機〔たいき〕대기. 준비를 갖추고 기다림.
待望〔たいもう：たいぼう〕대망. 기다리고 바람.
待命〔たいめい〕대명. 명령을 기다림.
待遇〔たいぐう〕대우. ① 대접함. ② 고용 조건.
待避〔たいひ〕대피. 위험을 피해서 지나가기를 기다림.

〔帯〕

풀：띠 대.
音：**タイ**
訓：① **お**びる ② **おび**

❶ **帯びる**〔おびる〕(他上1) ① 띠다. 머금다. 酒気を～주기를 띠다. 雨を～帯びた雲, 비를 머금은 구름. 使命を～：사명을 띠다. ② (허리에)차다. 刀を～：칼을 차다. ③ 끼다. 川を帯びた丘：강을 낀 언덕.
❷ **帯**〔おび〕허리띠.
帯ドラ(マ)〔おびドラマ〕일일 연속극. 연속 방송극.
帯鋼〔おびこう〕강철 띠. 쇠테.
帯鋸〔おびのこ〕띠톱.
帯金〔おびがね〕① 쇠테. ② 칼집의 고리.
帯代裸〔おびしろはだか〕(일본 옷을 입은) 여자의 가는 끈 띠만 매고 있는(단정치 못한)모습.
帯番組〔おびばんぐみ〕매일 같은 시간에 방송하는 프로. 연속 프로.
帯封〔おびふう〕(신문, 잡지 등의)봉 띠.
帯芯〔おびしん〕띠 속에 넣는 빳빳한 심.
帯揚げ〔おびあげ〕(일본 여자 옷에서)띠가 흘러 내리지 않도록 매듭에 대어 뒤에서 앞으로 돌려 매는 헝겊 끈.
帯桟〔おびざん〕門의 중간의 가로살.
帯際〔おびぎわ〕띠를 맨 언저리.
帯止(め)〔おびどめ〕① (일본 여자 옷에서) 양끝을 장식으로 물리도록 된, 띠 위를 누르는 끈. ② 칼집의 중간에 튀어 나오게 댄 쇠 (칼을 뽑으면 허리띠에 걸림).
帯地〔おびじ〕띠 감. 띠를 만들 천.
帯紙〔おびがみ〕① 포장하는 데 쓰는 종이 오라기. ② (책의 겉에 씌우는)가는 종이 띠. 책 띠.
帯締め〔おびじめ〕(일본 여자 옷에서)띠가 흘러 내리지 않게 띠 위에 눌러 매는 끈.
帯祝い〔おびいわい〕임신 5개월째에, 복대(腹帯)를 떨 때의 축하.
帯側〔おびがわ〕(일본 옷에서)여자의 겹띠의 겉감으로 쓰는 두꺼운 천.
帯皮〔おびかわ〕① 혁대. 가죽띠. ② 피대.
帯革〔おびかわ〕⇨ **帯皮**.

例　外

白帯下〔こしけ〕여자의 자궁이나 질에서 분비되는 액체. 대하 냉.

音　読

帯する〔たいする〕(他サ) 허리에 차다(띠다). 몸에 지니다.
帯剣〔たいけん〕대검. 칼을 허리에 참.
帯刀〔たいとう〕대도. 허리에 칼을 참.
帯同〔たいどう〕대동. 함께 데리고 감.
帯分数〔たいぶんすう〕대분수. 정수(整数)가 붙은 분수.
帯電〔たいでん〕대전. 물체가 전기를 띰.

〔袋〕

풀：자루 대. 주머니 대.
音：**タイ**
訓：**ふくろ**

袋〔ふくろ〕① 자루. 주머니. ② 껍질.
袋叩き〔ふくろだたき〕뭇매. ～にする：뭇

매를 때리다.
袋帯〔ふくろおび〕전대(錢袋)모양으로 속이 비게 짠 띠.
袋網〔ふくろあみ〕자루 그물.
袋物〔ふくろもの〕지갑, 쌈지, 핸드백 등 주머니 모양으로 된 일용품의 총칭.
袋縫(い)〔ふくろぬい〕천의 겉을 맞꿰맨후, 뒤집어서 다시 꿰매는 것.
袋棚〔ふくろだな〕① 床の間의 옆 윗쪽에 만든, 벽장 같은 선반. ② 다도(茶道)에서 쓰는 찻장의 하나.
袋床〔ふくろどこ〕삼면(三面)이 벽으로 둘러싸인 床の間(とこのま).
袋小路〔ふくろこうじ〕막다른 골목길.
袋耳〔ふくろみみ〕① 한 번 들으면 잊지 않음. 또 그런 사람. ② 직물의 가장자리를 통 모양으로 속이 비게 두 겹으로 짠 것.
袋入り〔ふくろいり〕봉지(주머니)에 넣음(넣은 것).
袋織り〔ふくろおり〕자루 모양으로 속이 비게 짜는 방법. 또 그렇게 싼 천.
袋綴じ〔ふくろとじ〕종이를 반으로 접어, 접히지 않은 쪽을 철하는 東洋式製冊法(동양식 제책법)

連濁音에 注意

手袋〔てぶくろ〕장갑.
紙袋〔かみぶくろ〕종이 봉지. 봉투.
知恵袋〔ちえぶくろ〕① 지혜 주머니. 두뇌. ② 지혜 있는 사람. 꾀보.
戸袋〔とぶくろ〕덧문이나 빈지의 두껍닫이

例　外

足袋〔たび〕일본식 버선.
布袋〔ほてい〕七福神의 하나로 배가 뚱뚱하며 항상 자루를 메고 있음.

音　読

郵袋〔ゆうたい〕우편을 넣어서 수송하는 주머니.
風袋〔ふうたい〕저울에 달 때 쓰는 빈 주머니.

〔隊〕 풀：떼 대. 무리 대.
音：タイ
訓：

隊〔たい〕대. ① 병사들로 이루어진 한 무리. ② 정열(整列)한 무리.
隊列〔たいれつ〕대열. 대를 지어 선 행렬.
隊付〔たいづき〕부대에 소속(배속)되어 있음.
隊商〔たいしょう〕대상. 대오(隊伍)를 짜서 왕래하는 상인의 단체.
隊伍〔たいご〕대오. 군대의 항오(行伍).
隊員〔たいいん〕대원. 대(隊)의 성원(成員)
隊長〔たいちょう〕대장. 한 무리의 우두머리

〔貸〕 풀：빌려줄 대.
音：タイ
訓：かす

貸す〔かす〕(他5) ① 빌려 주다. 이용하게 하다. ② 도와 주다. 手を～；도와 주다.
貸し〔かし〕① 꾸어 줌. 빌려 줌.
貸(し)ビル〔かしビル〕세(貰) 빌딩.
貸家〔かしや〕셋집. 家を～にする：세놓다.
貸間〔かしま〕셋방.
貸(し)金〔かしきん〕빌려 준 돈.
貸(し)倒れ〔かしだおれ〕외상값이나 빚돈을 떼임.
貸料〔かしりょう〕임대료. 세.
貸(し)売り〔かしうり〕외상 판매.
貸(し)方〔かしかた〕① 빌려 주는 쪽. ② 빌려주는 방법. ③ (복식 부기의)대변(貸邊).
貸本〔かしほん〕대본. 빌려 주는 책.
貸(し)付(け)〔かしつけ〕대부. 빌려 줌.
貸し付ける〔かしつける〕(他下1)대부하다.
貸席〔かしせき〕(회합을 위하여)빌려 주는 방.
貸(し)手〔かして〕빌려 주는 사람.
貸(し)室〔かししつ〕셋방.
貸元〔かしもと〕① 돈을 빌려 주는 사람. ② 노름꾼의 두목.
貸(し)越(し)〔かしこし〕대월. 은행이 일정한도 내에서 예금 잔고 이상의 금액을 결제하는 것.
貸(し)賃〔かしちん〕세. 임대료(賃貸料).
貸し切る〔かしきる〕(他5) ① 전세(專貰) 주다. ② 전부(몽땅)빌려 주다.
貸(し)切(り)〔かしきり〕전세(專貰).
貸店〔かしみせ〕세 주는 가게.
貸座敷〔かしざしき〕① (회합을 위하여)빌려 주는 방. ② 유곽(遊郭).
貸(し)主〔かしぬし〕빌려 주는 사람.
貸(し)地〔かしち〕세를 받고 빌려 주는 땅.
貸し借り〔かしかり〕대차. ⇨ 貸借
貸し出し〔かしだし〕대출.
貸し出す〔かしだす〕(他5) 대출하다.
貸し下げる〔かしさげる〕(他下1) 빌려 주다. 관청에서 민간인에게 빌려주다.

連濁音에 注意

間貸し〔まがし〕셋방을 줌.
賃貸し〔ちんがし〕세를 줌.

音　読

貸費〔たいひ〕비용을 빌려 줌. ～生. 학비를 빌려서 공부하는 학생.
貸船料〔たいせんりょう〕대선료. 배를 빌려 주는 삯.
貸与〔たいよ〕대여. 빌려 줌.
貸借〔たいしゃく〕대차. 꾸어 줌과 꾸어옴.

【덕】

〔德〕 풀：큰 덕. 은혜 덕.
音：① トク ② ドク ③ トッ
訓：

音読 1

德〔とく〕① 덕. ② 미덕. ③ 인격. ④ 이익.

徳とする〔とくとする〕덕으로 삼다. 고맙게 여기다.
徳望〔とくぼう〕덕망. 덕이 높고 인망이 있음.
徳目〔とくもく〕도(道)나 덕(徳)의 하나하나를 분류한 이름.
徳利〔とくり〕①가늘고 길며 아가리가 좁은 술을 넣는 그릇. 술병. ②헤엄을 못치는 사람.
徳性〔とくせい〕덕성. ①도덕심. ②본성(本性).
徳用〔とくよう〕덕용. 쓸모가 많음.
徳育〔とくいく〕덕육. 도덕적인 능력을 양성하여 길러내는 교육.
徳義〔とくぎ〕덕의. 도덕상의 의무. ～心(しん)덕의심. 덕의를 중히 여기는 마음.
徳政〔とくせい〕덕정. 덕으로 다스리는 정치.
徳操〔とくそう〕변함없는 굳은 절조.

音読 2

功徳〔くどく〕①공덕. ②선행(善行). ③녁분.

音読 3

徳教〔とっきょう〕도의(道義)와선행(善行)의 가르침.
徳器〔とっき〕착한 행동과 좋은 재능(才能).
徳行〔とっこう〕덕행. 도덕스러운 행동.
徳化〔とっか〕덕화. 덕으로 감화시킴.

【도】

〔刀〕 풀：칼 도.
音：トウ
訓：かたな

刀〔かたな〕①외날의 칼. ②큰 칼. ③칼.
刀鍛冶〔かたなかじ〕칼을 만들거나 벼리는 대장장이. 도공(刀工).
刀狩り〔かたながり〕1588年에 豊臣秀吉(とよとみひでよし)가 전국 통일을 위해 농민 등으로부터 무기를 몰수한 일.

連濁音에 注意

小刀〔こがたな〕창칼. ①주머니 칼. ナイフ. ②작은 칼.
懐刀〔ふところがたな〕①품에 지니고 다니는 호신용 칼. ②비밀 계획에 참여하는 지혜가 많은 사람.

例 外

竹刀〔しない〕죽도. 검도(剣道) 연습용으로 대를 쪼개 만든 검.
太刀〔たち〕허리에 차는 칼(길이 60㎝이상의 외날의 것).

音 読

刀剣〔とうけん〕도검. 칼.
刀工〔とうこう〕도공. 칼 만드는 사람.
刀身〔とうしん〕도신. 칼의 몸.
刀匠〔とうしょう〕도장. 칼 만드는 사람.
刀痕〔とうこん〕도흔. 칼자국.

〔図〕 풀：그림 도.
音：①ズ ②ズウ ③ト
訓：はかる

図る〔はかる〕(他5) 도모하다. 꾀하다. 방법을 생각하다. 의견을 나누다.
図らざりき〔はからざりき〕전연 뜻하지 않음.
図らずも〔はからずも〕뜻밖에도. 우연히도. 의외에도. 공교롭게도.

音読 1

図〔ず〕①지도. ②그림. ③생각한 바. ④형편. ～に当たる；계획(예상)대로 들어맞다. ～に乗る；뜻대로 되어 우쭐하다.
図鑑〔ずかん〕도감. 사진이나 그림으로 사물을 알기쉽게 설명한 책.
図工〔ずこう〕도화(図画)와 공작(工作).
図録〔ずろく〕도록. 그림이 실린 책이나 기록.
図面〔ずめん〕도면.
図抜ける〔ずぬける〕(自下1) 두드러지게 우수하다. 큰 차가 나다.
図柄〔ずがら〕직물등의 도안(図案)의 모양.
図上〔ずじょう〕도상. 지도나 도면의 위.
図説〔ずせつ〕도설. 그림이나 도표(図表)로 설명함.
図星〔ずぼし〕①생각한 욧점. 급소. ②핵심.
図示〔ずし〕도시. 그림으로 그려보임.
図式〔ずしき〕도식. ①그림의 형식. ②사물의 관계를 설명하기 위한 그림. ③부호(符号).
図案〔ずあん〕도안. 미술, 공예 작품 등의 색채, 무늬 배치등을 그린 것.
図題〔ずだい〕그림의 주제.
図太い〔ずぶとい〕(形) 뻔뻔스럽다. 대담하다.
図版〔ずはん〕도판. 인쇄해서 책에 실린 그림.
図表〔ずひょう〕도표. 그라프.
図解〔ずかい〕도해. 그림이나 도표로 설명함.
図形〔ずけい〕도형. ①그림의 형상. ②그림으로 그린 모양.
図絵〔ずえ〕그림책. 그림을 모은 것.
図画〔ずが〕도화. ①그림과 도안. ②그림을 그림.

音読 2

図図しい〔ずうずうしい〕(形) 뻔뻔스럽다.
図体〔ずうたい〕덩치. 체통. ～ばかり大きい；덩치만 크다.

音読 ③

図書〔としょ〕도서. 책. ～館(かん)도서관.

〔到〕 풀：이를 도.
音：トウ
訓：いたる

到る〔いたる〕(自5) ①이르다. 도달하다. ②닥치다. 찾아오다. ③(마침내)… 하게 되다. ④두루 미치다. ⑤到って; 지극히. 극히.
到る所〔いたるところ〕⇨到る処.
到る処〔いたるところ〕도처에. 가는 곳마다.
到れり尽くせり〔いたれりつくせり〕극진함. 빈틈없음. 더할 나위 없음.

音 讀

到達〔とうたつ〕도달. 정한 곳에 다다름.
到頭〔とうとう〕드디어. 마침내. 결국.
到来〔とうらい〕도래. ①시기가 옴. ②보낸 선물이 도착함. ～物(もの) 선물로 받은 것.
到底〔とうてい〕도저히. 아무리 하여도.
到着〔とうちゃく〕도착. 어느 장소에 다다름.

〔**度**〕 풀: 법도 도. 잴 도. 자(尺) 도.
音: ①タク(例外) ②ト(例外) ③ド
訓: たび

度〔たび〕①때. 번. 적. この～は; 이번은. ②때(적)마다. 見る～に; 볼적마다. ③횟수. 회. 번. ひと～; 한 번.
〔ど〕①자. 척도. 정도. ②규준. ③질서. ④회수. 번. 회. ⑤시대. ⑥각도의 단위. 직각의 90분의 1. ⑦온도의 단위. 도. ⑧경도(経度), 위도(緯度)의 단위.
度度〔たびたび〕여러 번. 자주.
度毎〔たびごと〕때마다. 매번.
度重なる〔たびかさなる〕거듭되는. ～失敗.

音 讀 1

支度〔したく〕준비. 채비.
忖度〔そんたく〕촌탁. 추측. 미루어 헤아림.

音 讀 2

法度〔はっと〕법령(法). 금령(禁令). 금지(禁止).

音 讀 3

度〔ど〕①규준. ②정도. ③질서. ④(단위의)도.
〔たび〕①때. 번. 적. ②때(적)마다. ③횟수.
度する〔どする〕(他サ) 구제하다. 구하다. 度しがたいやつだ: 볼장 다 본 놈이다. 구제 불능이다.
度肝〔どぎも〕①간(肝). ②담력(胆力). 정신. ～を抜く: 몹시 놀라게 하다.
度し難い〔どしがたい〕구제할 수 없다. 구할 수 없다. 도리를 이해시킬 수 없다.
度量〔どりょう〕도량. ①길이와 부피. ②자와 되. ③남을 잘 받아 들이는 관대한 성질. ～衡(こう)도량형. ①길이. 부피. 무게. ②자. 되. 저울.
度忘れ〔どわすれ〕깜박 잊어 버려 좀처럼 생각이 떠오르지 않는 것.
度数〔どすう〕도수. ①(나타나는)회수. ②온도나 각도 등을 나타내는 수.
度外れる〔どはずれる〕(自下1) 정상을 벗어나다.
度外れ〔どはずれ〕정상을 벗어남.
度外〔どがい〕도외. ①범위 밖. ②마음에 두지 않음. ～視: 도외시. 무시(無視).
度合い〔どあい〕정도. 強弱の～: 강약의 정도.
度胸〔どきょう〕담력. 배짱. 女は愛嬌, 男は～; 여자는 애교, 남자는 배짱.

〔**逃**〕 풀: 도망할 도. 달아날 도.
音: トウ
訓: ①にがす ②にげる ③のがす ④のがれる

❶ **逃がす**〔にがす〕(他5) ①놓아 주다. 풀어 주다. ②놓치다. 犯人を～: 범인을 놓치다.
❷ **逃げる**〔にげる〕(自下1) ①도망치다. 달아나다. 도피하다. ②회피하다. 거절하다. ③(경마에서)뒤쫓기기 전에 이기다.
逃げ〔にげ〕～を打つ(張る): 도망칠 준비를 하다.
逃げ去る〔にげさる〕(自5) 도망쳐 멀리가다.
逃げ口〔にげぐち〕도망갈 구멍(길).
逃げ口上〔にげこうじょう〕발뺌. 핑계.
逃げ道〔にげみち〕도망갈 길.
逃げ水〔にげみず〕신기루의 일종(草原이나 아스팔트 길 같은 데서 멀리 물이 있는것 같이 보이다가, 가까이 가 보면 또 멀어져 가는 대기 현상).
逃げ失せる〔にげうせる〕(自下1) 도망쳐 행방을 감추다. 도망쳐 종적이 묘연하다.
逃げ言葉〔にげことば〕핑계. 발뺌.
逃げ延びる〔にげのびる〕(自上1) 잡히지 않고 (멀리)도망치다. 도망쳐 피하다.
逃げ腰〔にげごし〕도망치려는 태도. 발뺌하려는 태도.
逃げ隠れ〔にげかくれ〕도망쳐 숨음.
逃げ込む〔にげこむ〕(自5) ①(안전한 곳으로) 도망쳐 들어가다(오다). ②(경기에서) 막 따라 붙으려는 상대를 누르고 이기다.
逃げ場〔にげば〕도망갈 곳.
逃げ切る〔にげきる〕(自5) ①따라붙을 수 없게 잘 달아나다. ②(경마, 경륜(競輪)에서) 따라붙기 전에 멋지게 결승점에 들어가 이기다.
逃げ足〔にげあし〕①도망치는 일(발걸음) ②달아나려는 자세. ③막바지를 달리는 속력.
逃げ支度〔にげじたく〕도망칠 준비.
逃げ出す〔にげだす〕(自5) ①도망가다. 도망치다. ②도망치기 시작하다.
逃げ惑う〔にげまどう〕(自5) 도망치려고 허둥대다. 도망치려고 우왕좌왕하다.
逃げ回る〔にげまわる〕(自5) 여기저기 도망쳐 다니다. 方方を～:
❸ **逃す**〔のがす〕(他5) ①놓치다. ②…못 하고 말다. 못…한 체하다. 見～: 못

본 체하다. 못 보고 말다.

❶ **逃れる** 〔のがれる〕 (自下1) ① 달아나다. ② 피하다. 면하다. 벗어나다.

逃れ言葉 〔のがれことば〕 핑계. 발뺌.

| 音 読 |

逃亡 〔とうぼう〕 도망. 피하여(쫓기어) 달아남.

逃走 〔とうそう〕 도주. 빠져 달아남. 도망침.

逃避 〔とうひ〕 도피. 도망쳐 피함. 빠져 나감.

〔**挑**〕 풀：집적거릴 도.
音：**チョウ**
訓：**いどむ**

挑む 〔いどむ〕 (他5) (싸움을) 걸다 (청하다). (自5) ① 도전하다. 정복하려고 덤벼들다. ② (이성"異性")에게 집적거리다.

| 音 読 |

挑燈 〔ちょうちん〕 ① 초롱. 초롱불. ② 콧물 방울. ~屋(や) ① 초롱을 만들어 파는 가게(사람). ② 써 놓은 글자 위에 다시 가필함(하는 사람). ~持ち：① 초롱을 들고 인도하는 사람. ② 남의 앞잡이가 되어 그 사람을 잘 선전하는 사람.

挑発 〔ちょうはつ〕 도발. 집적거리어 일이 일어나게 함.

挑戦 〔ちょうせん〕 도전. 싸움을 겲.

〔**倒**〕 풀：넘어질 도. 쓰러질 도.
音：①**トウ** ②**ドウ** (例外)
訓：① **たおす** ② **たおれる**

❶ **倒す** 〔たおす〕 (他5) ① 쓰러뜨리다. 넘어뜨리다. ② 허물다. 무너뜨리다. ③(빚을 갚지 않고)떼어먹다.

| 連濁音에 注意 |

将棋倒し 〔しょうぎだおし〕 (장기짝이 잇달아 넘어지듯)우르르 겹쳐 쓰러짐. 장기튀김.

❷ **倒れる** 〔たおれる〕 (自下1) ① 쓰러지다. 자빠지다. 넘어지다. ② (병으로) 몸져 눕다.

| 連濁音에 注意 |

~倒れ 〔~だおれ〕 ① 쓰러져 죽음. ② 지나친 사치로 돈을 탕진함. ③ 실속 (쓸모) 없음.

看板倒れ 〔かんばんだおれ〕 겉만 훌륭하고 실제로는 그렇지 않음.

共倒れ 〔ともだおれ〕 양쪽이 모두 망함.

食い倒れ 〔くいだおれ〕 재산을 탕진함.

議論倒れ 〔ぎろんだおれ〕 의론에 그치고 성과를 거두지 못함.

着倒れ 〔きだおれ〕 옷치장으로 재산을 탕진함.

行き倒れ 〔ゆきだおれ〕 (굶주림, 추위, 병으로)길가에 쓰러져 죽음. 또 그런 사람.

| 音 読 1 |

倒閣 〔とうかく〕 도각. 반대파가 내각(内閣)을 넘어뜨림.

倒壊 〔とうかい〕 도괴. 무너짐.

倒立 〔とうりつ〕 도립. 물구나무 서기.

倒産 〔とうさん〕 도산. 가산이 파산 (破産) 됨.

倒影：**倒映** 〔とうえい〕 도영. 거꾸로 비 친 그림자.

倒錯 〔とうさく〕 도착. 거꾸로 됨.

倒置 〔とうち〕 도치. 위치가 뒤바뀜. 거꾸로 놓임.

| 音 読 2 |

面倒 〔めんどう〕 ① 번잡하고 귀찮음 (성가심). ② 돌봄. 보살핌. ~を見る：돌보아 주다.

〔**徒**〕 풀：무리 도. 걸을 도. 다만도.
音：**ト**
訓：① **いたずら** ② **あだ**

❶ **徒ら** 〔いたずら〕 쓸데 없음. 무익함. 헛됨. ~に：헛되이. ~事(ごと)헛된 일. ~者(もの)쓸모 없는 사람.

❷ **徒** 〔あだ〕 ① 헛됨. 부질없음. ~に：헛되이. ② 대수롭지 않음.

徒浪 〔あだなみ〕 (공연히)놀치는 파도.

徒夢 〔あだゆめ〕 허무한(허망한) 꿈.

徒事 〔あだごと〕 헛된 일. 헛일.

徒疎か 〔あだおろそか〕 대수롭지 않게 여김. 우습게 여김. 깔봄.

徒矢 〔あだや〕 빗나간 화살.

徒桜 〔あだざくら〕 ① 하루 사이에 져버리는 벚꽃. 덧없는 벚꽃. ② 바람기 있는 계집.

徒情 〔あだなさけ〕 ① 일시적인 부질없는 친절. ② 뜬 정. 풋사랑.

徒花 〔あだばな〕 수꽃.

| 音 読 |

徒 〔と〕 무리. 떼. 한패.

徒競走 〔ときょうそう〕 뜀박질. 경주.

徒党 〔ととう〕 도당. 무리. 패.

徒労 〔とろう〕 도로. 헛된 수고. 헛수고.

徒歩 〔とほ〕 도보. 걸어서 감.

徒費 〔とひ〕 헛된 비용. 낭비.

徒渉 〔としょう〕 물을 걸어서 건넘.

徒手 〔としゅ〕 도수. 빈손. 맨손.

徒然 〔とぜん〕 심심함. 할 일이 없음.

徒長 〔とちょう〕 도장. 농작물의 줄기나 잎이 쓸 데 없이 자라기만 함.

徒食 〔としょく〕 도식. 놀고 지냄.

徒刑 〔とけい〕 ① 징역. ② 섬으로 귀양 보내던 옛날의 형벌.

〔**途**〕 풀：길 도.
音：① **ズ**(例外) ② **ト** ③ **ド**(例外).
訓：**みち**

途 〔みち〕 ① 길. ② 도리. . 도덕. 진리.

| 音 読 1 |

一途 〔いちず〕 (形動) 외곬. 한결같음. ~な性質：한결같은 성질. ~に思い込む：외곬으로만 생각하다.

音読 2

途〔と〕길. 帰国の~に就く：귀국의 길에 오르다.
途端〔とたん〕마침 그때. 찰나.
途方〔とほう〕① 수단. 방법. ~に暮れる：어떻게 해야 좋을지 아주 난처해지다. ② 도리. ~もない：당치도 않다.
途上〔とじょう〕도상. ① 길 위. ② 도중.
途絶〔とぜつ〕두절. 도중에서 막히어 끊김. 連絡が~する：연락이 두절되다.
途次〔とじ〕길 가는 도중.
途轍〔とてつ〕이치. 도리. ~もない：당치도 않다.

音読 3

先途〔せんど〕① 운명의 갈림길(이 되는중요한 때). ② 전도(前途). (종국적인) 결망. ③ (옛날에)집안의 문벌에 따라 결정되어 있던, 최고의 벼슬.

〔桃〕
풀：복숭아 도.
音：**トウ**
訓：**もも**

桃〔もも〕① 복숭아. ~の木：복숭아 나무. ② 桃色(분홍빛)의 준말.
桃尻〔ももじり〕말타기가 서툴러서 궁둥이가 안장에 잘 좌정되지 않음.
桃色〔ももいろ〕① 도색. 분홍색. ② 남녀가 성실하지 못한 교제에 빠짐. ③ 약간 좌익 사상으로 기울어져 있음.
桃の節句〔もものせっく〕삼짇날. (계집아이들을 위하여 인형을 장식함).
桃太郎〔ももたろう〕복숭아에서 태어났다는 동화의 주인공.

音読

桃源〔とうげん〕도원. 별천지. 선경(仙境) ~郷(きょう)：도원향. 이상향.
白桃〔はくとう〕백도. 흰복숭아(나무).
桜桃〔おうとう〕버찌.

〔島〕
풀：섬 도.
音：**トウ**
訓：**しま**

島〔しま〕① 섬. ② 토지. 取り付く~もない：발붙일(의지할) 데도 없다.
島国〔しまぐに〕섬나라.
島根〔しまね〕① 섬. ② 섬나라.
島台〔しまだい〕섬처럼 들쭉날쭉한 판 위에 소나무, 대나무, 매화나무, 늙은 부부인형, 거북 등의 모형을 벌여 놓은 결혼식 때의 장식품.
島島〔しまじま〕많은 섬, 섬들. 바다섬.
島流し〔しまながし〕유형(流刑). 유배(流配).
島抜け〔しまぬけ〕유배(流配)된 죄인이 몰래(섬에서) 도망침. 도망친 죄인.
島山〔しまやま〕① 섬에 있는 산. 산 모양의 섬. ② 정원에 만든 섬.
島守〔しまもり〕섬지기.
島影〔しまかげ〕섬 그림자. 섬의 모습.
島隠れ〔しまがくれ〕배가 섬 그늘에 숨음.
島陰〔しまかげ〕섬에 가려서 보이지 않는 곳. 섬 저쪽.
島人〔しまびと〕섬 사람. 섬을 지키는 사람.
島田髷〔しまだまげ〕(주로 처녀나 결혼식 때에 틀어 올리는)여자의 머리 속발의 하나.
島伝い〔しまづたい〕섬에서 섬으로 옮겨감. 섬을 따라 감.

連濁音에 注意

離れ島〔はなれじま〕외딴 섬.
小島〔こじま〕작은 섬.

音読

島嶼〔とうしょ〕도서. 섬. 섬들.
無人島〔むじんとう〕무인도. 사람이 살지 않는 섬.

〔盗〕
풀：훔칠 도. 도둑 도.
音：**トウ**
訓：**ぬすむ**

盗む〔ぬすむ〕(他5) ① 훔치다. 속이다. ② (야구). 도루(盗塁)하다.
盗み〔ぬすみ〕훔침. 도둑질.
盗み見〔ぬすみみ〕몰래 엿봄. 훔쳐 봄.
盗み読み〔ぬすみよみ〕① 옆에서 슬쩍훔쳐 읽음. ② 남의 편지를 몰래 읽음.
盗み聞き〔ぬすみぎき〕몰래 엿들음.
盗み食い〔ぬすみぐい〕(몰래) 훔쳐 먹음.
盗み心〔ぬすみごころ〕도둑질하려는 마음.
盗み足〔ぬすみあし〕발 소리 나지 않게 슬금슬금 걸음.

例　外

盗人〔ぬすびと：ぬすっと〕도둑. ~にも三分の理あり：도둑에게도 할 말은 있다(처녀가 아이를 낳아도 할 말은 있다).

音読

盗難〔とうなん〕도난. 도둑 맞는 재난.
盗塁〔とうるい〕도루. (야구에서)走者가 기회를 엿보아 재빨리 다음 누(塁)로 뛰어가는 것.
盗伐〔とうばつ〕도벌. 산의 나무를 몰래벰.
盗犯〔とうはん〕도범. 도둑질을 한 범죄(인).
盗癖〔とうへき〕도벽. 물건을 훔치는버릇.
盗用〔とうよう〕도용. 몰래 훔쳐 씀.
盗賊〔とうぞく〕도적. 도둑.
盗聴〔とうちょう〕도청. 몰래 숨어서 엿들음.
盗品〔とうひん〕도품. 훔친 물건. 장물(贓物).

〔悼〕
풀：슬퍼할 도.
音：**トウ**
訓：**いたむ**

悼む〔いたむ〕(他5) 애도(哀悼)하다. 슬퍼하다. 死を~：죽음을 슬퍼하다.
悼み〔いたみ〕슬픔. 쓰라림. 고통.

音読

悼辞〔とうじ〕사람의 죽음을 슬퍼하는 말. 또는 그 글. 조사(弔辞).
悼惜〔とうせき〕도석. 죽은 사람을 애석하

게 여겨 슬퍼함.
哀悼〔あいとう〕애도. 고인(故人)의 죽음을 슬퍼하고 상심함.

〖陶〗 풀：질그릇 도
音：トウ
訓：

陶工〔とうこう〕도공. 도자기를 만드는 사람.
陶器〔とうき〕도기. 도자기.
陶冶〔とうや〕도야. 재능이나 인격을 닦아서 기름.
陶芸〔とうげい〕도예. 도자기의 예술.
陶然と〔とうぜんと〕도연하게. 기분좋게. 얼근하게.
陶磁器〔とうじき〕도자기. 질그릇, 사기그릇, 오지 그릇의 총칭.
陶製〔とうせい〕도토(陶土)로 구워 만든 물건. 도자기 제품.
陶土〔とうど〕도토. 도자기의 원료가 되는 양질(良質)의 점토(粘土).
陶酔〔とうすい〕도취. 기분 좋게 취함. 온 정성을 쏟음.

〖都〗 풀：도읍 도.
音：① ズ(例外) ② ツ(例外) ③ ト
訓：みやこ

都〔みやこ〕①서울. 수도. 도읍지. ②(그 지방의)중심 도시. ③(무언가를 특징으로 하고 있는) 도시. 水の～ベニス：물의 도시 베니스. ④가장 살기 좋은 곳. 住めば～：살면 고향.
都落ち〔みやこおち〕낙향(落郷). 서울을 떠남.
都育ち〔みやこそだち〕도시에서 자람.
都入り〔みやこいり〕서울로 들어감(옴).
都鳥〔みやこどり〕검은머리 물떼새.

音 読 1

僧都〔そうず〕승도. (仏) 승직(僧職)의 하나. 승정(僧正)의 다음 계급.

音 読 2

都度〔つど〕그 때마다. …할 때마다.
都合〔つごう〕①형편. 사정. 편의. ②변통. 융통. 둘러 댐. 마련. ③합계. 총계.

音 読 3

都内〔とない〕東京都의 안.
都督〔ととく〕①총대장(総大将) ②장관(長官).
都立〔とりつ〕東京都 設立의 준말.
都城〔とじょう〕도성. 도시에 있는 성곽. 도읍을 둘러싼 성곽.
都市〔とし〕도시. 도회지.
都心〔としん〕도심. 도시의 중심 지대.
都雅〔とが〕도아. 품위 있는 고상함.
都邑〔とゆう〕도읍. ①도시와 마을. ②번화가.
都議会〔とぎかい〕도의회. 東京都를 대표하는 기관.
都人〔とじん〕도회지에 사는 사람.
都政〔とせい〕東京都의 행정.
都塵〔とじん〕도시의 번잡함.
都下〔とか〕①수도(首都) 안. ②東京都의 안.
都会〔とかい〕도회. 도시. 도회지.

〖渡〗 풀：건널 도.
音：ト
訓：① わたす ② わたる

❶渡す〔わたす〕(他5) ①건네다. 건네 주다. ②걸치다. 건너지르다. 놓다. (건너) 매다. ③(넘겨)주다. 내주다.
渡し〔わたし〕①건네 줌. 건넴 ②나루터. 나룻배. ③발판. ④인도(引渡). 工場～値段：공장도 가격.
渡し船〔わたしぶね〕나룻배.
渡し守〔わたしもり〕나룻배 사공. 나루터지기.
渡し賃〔わたしちん〕①나루삯. ②특정한 다리를 건널 때의 요금.
渡し場〔わたしば〕나루터. 도선장.
渡し銭〔わたしせん〕①도선 운임(渡船運賃). 나루삯. ②특정한 다리를 건널때의 요금.
渡し舟〔わたしぶね〕나룻배.
❷渡る〔わたる〕(自5) ①건너다. ②이동하다. ③지나가다. ④살아가다. ⑤(남의 손에) 넘어가다. ⑥고루 돌아가다. ⑦맞서다. ⑧(動詞 連用形에 접속하여) 널리 … 하다. 知れ～：널리 알려지다. 鳴り～：울려 퍼지다.
渡り〔わたり〕①건넘. ②이동. ③나루터. 도선장. ④교섭. 협상. 관계. ～をつける：교섭하다. ⑤외래(外来). 도래(渡来). ⑥떠돌아 다님. 떠돌이.
渡り稼ぎ〔わたりかせぎ〕떠돌아 다니며 돈벌이함.
渡り台詞〔わたりぜりふ〕(歌舞伎에서) 하나의 대사(台詞)를 여럿이 나눠서 차례차례로 말하는 것.
渡り廊下〔わたりろうか〕두 건물을 잇는 복도.
渡り物〔わたりもの〕①선조 대대로 내려오는 물건. ②수입품. 외래품. ③주인으로부터 받은 급료.
渡り歩く〔わたりあるく〕(自5) (일거리를 찾아)여기저기 떠돌아다니다. 전전(転転)하다.
渡り奉公〔わたりぼうこう〕떠돌아다니며 (주인을 바꿔가며) 고용살이함.
渡り船〔わたりぶね〕나룻배.
渡り者〔わたりもの〕①떠돌아다니는 사람. 떠돌이. ②타관 사람.
渡り鳥〔わたりどり〕철새. 후조(候鳥).
渡り初め〔わたりぞめ〕다리의 개통식(에서 맨 처음 다리를 건넘).
渡り板〔わたりいた〕(배와 육지를 연결하는) 발판. ～を渡す：발판을 걸쳐 놓다.
渡り合う〔わたりあう〕(自5) ①서로 칼부림하다. 서로 싸우다. ②논전(論戦)하다.

音　読

渡来〔とらい〕도래. (외국에서)건너옴. 수입.
渡米〔とべい〕도미. 미국으로 건너감.
渡船場〔とせんば〕도선장. 나루터.
渡線橋〔とせんきょう〕철도 선로 위를 건너 질러 가설한 다리. 육교.
渡世〔とせい〕도세. ① 세상을 살아 나감. 생업(生業). ② ～人(にん)노름꾼.
渡河〔とか〕도하. 강을 건넘.
渡航〔とこう〕도항. 배를 타고 바다를 건너감.

〔道〕 풀：길 도.
音：① トウ(例外) ② ドウ
訓：みち

道〔みち〕① 길. 도로. ② 방법. ③ 분야. 방면. ④ 도덕. 도리. 진리.
道しるべ〔みちしるべ〕① 길잡이. 이정표. ② 지침.
道すがら〔みちすがら〕길을 가면서. 가는 노중.
道ならぬ〔みちならぬ〕도덕(윤리)에 어긋나는.
道筋〔みちすじ〕① 지나가는 길(통로). 코오스. ② 이치. 도리. 조리(条理).
道端〔みちばた〕길가. 길의 주변.
道道〔みちみち〕길을 가면서. 걸으면서.
道連れ〔みちづれ〕동행자. 길동무. 반려자.
道の辺〔みちのべ〕길가. 노변(路辺).
道普請〔みちぶしん〕도로 공사(工事).
道糸〔みちいと〕낚싯대 끝에서 낚싯바늘을 매는 목줄까지의 낚싯줄.
道順〔みちじゅん〕(목적지에 가는)길순서.
道案内〔みちあんない〕길잡이. ① 이정표. ② 길안내. 선두에 서서 인도함.
道程〔みちのり〕거리(距離).
道中　〔みちなか〕① 길 한복판. ② 길가는 도중.
　　〔とうちゅう〕(音読) 道中참조.
道芝〔みちしば〕길가에 나는 잔디.
道草〔みちくさ〕① 길가의 풀. ②～を食う：길가는 도중에 딴짓으로 시간을 보냄.
道幅〔みちはば〕도폭. 길 너비.
道行(き)〔みちゆき〕① 歌舞伎에서)여행하는 장면. 남녀가 눈이 맞아 도망가는 장면. ② 여행 도중의 풍경이나 여정 등을 서술한 옛 운문체(韻文体)의 하나. ③ 일본옷에 입는 여성용의 외출용 코―트.
道火〔みちび〕화약의 도화선.

音 読 1

神道〔しんとう〕일본 민족의 전통적인 신앙.
天道〔てんとう〕① 천지를 지배하는 신. ② 태양. ③ 천체가 운행하는 길.

音 読 2

道具〔どうぐ〕도구. 용구(用具). 기구(器具).
～立て〔だて〕필요한 연장을 마련해 둠.
～方〔かた〕(연극에서)필요한 도구를 취급하는 사람.
～屋〔や〕헌 도구나 골동품을 매매하는 집.
道念〔どうねん〕도의심(道義心).
道断〔どうだん〕도단. 당치도 않은 것.
道徳〔どうとく〕도덕. 인륜(人倫).
道楽〔どうらく〕도락. ① 본직(本職)이 아닌 다른 일에 빠져서 즐김. ②방탕(放蕩).
道路〔どうろ〕도로. 사람과 車馬가 다니는 길.
道理〔どうり〕도리. 이치(理致). ～で：과연. 그 때문에.
道服〔どうふく〕도복.
道心〔どうしん〕도심. ① 도덕심. ② 불도(仏道)를 믿는 마음.
道義〔どうぎ〕도의. 도덕상의 도리. 본분.
道場〔どうじょう〕도장. 불도, 무예를 닦는 곳.
道中　〔どうちゅう〕① 여행 도중. ② 기생들이 고운옷을 입고 유곽(遊廓)안을 거니는 것.
　　〔みちなか〕길 가운데.
道庁〔どうちょう〕도청. 道의 시무를 맡아 보는 관청.
道破〔どうは〕끝까지 다 함. 딱 잘라 말함.
道標〔どうひょう〕도표. 길잡이. 이정표.
道学〔どうがく〕도학. 도덕에 관한 학문.
道化〔どうけ〕말, 몸짓 등으로 남을 웃김. 광대.
道化る〔どうける〕(自下1) 광대짓을 하다. 익살을 부리며 놀다.

〔跳〕 풀：① 뛸 도. ② 뛸 조
音：チョウ
訓：① とぶ ② はねる ③ はねかす

❶ **跳ぶ**〔とぶ〕(自5) 뛰다. 뛰어 오르다. 뛰어 넘다. 건너 뛰다.
跳び越す〔とびこす〕(他5) ① 뛰어 넘다. ② 건너뛰다.
跳(び)箱〔とびばこ〕(체조 기구의)뜀틀.
❷ **跳ねる**〔はねる〕(自下1) ① 뛰다. 뛰어오르다. ② 튀다. ③ (값이)급등하다. ④ (그 날의 흥행이)끝나다. 芝居が～：연극이 끝나다.
跳ね〔はね〕① 종연(終演). 그 날의 흥행이 끝남. ② 튐. ③ (옷자락에)튄 흙.
❸ **跳ねかす**〔はねかす〕(他5) 튀기다. 튀게 하다.
跳ね橋〔はねばし〕① 평소에는 매달아 두고 유사시에만 내려 걸치는 다리. ② 배가 지나 다닐 때만 위로 걷어 올리는 다리.
跳ね起きる〔はねおきる〕(自上1) 벌떡 일어나다. 힘차게 일어나다.
跳ね返す〔はねかえす〕(他5) ① 힘차게 본디 상태로 되돌리다. 되튀기다. ② 벌떡 뒤집다.
跳ね返り〔はねかえり〕① (튀어서) 되돌아옴. ② 되튀어옴. ③ 끼친(미친)영향. 파급. ④ 말괄량이.
跳ねっ返り〔はねっかえり〕말괄량이.

跳ね返る〔はねかえる〕(自5) ① 튀어서되돌아오다. ② 튀어 오르다. ③ 되미치다. 영향이 오다. ④ 날뛰다.
跳ね上がり〔はねあがり〕① 뛰어 오름. 튀어 오름. ② 말괄량이. ③ 과격한 행동(가).
跳ね上がる〔はねあがる〕(自5) 뛰어 오르다. ① 튀다. ② 날뛰다. ③ 껑충 뛰다. ④ (값이)폭등하다.
跳ね炭〔はねずみ〕(불이 붙을 때)잘 튀는 숯.
跳ね退く〔はねのく〕(自5) 튀어서 물러나다.
跳ね回る〔はねまわる〕(自5) 여기저기 뛰어 돌아다니다.

| 音 読 |

跳梁〔ちょうりょう〕도량. 함부로 날뜀(설침).
跳馬〔ちょうば〕도마. 뜀틀. 뜀틀넘기.
跳躍〔ちょうやく〕도약. ① 뛰어 오름. ② 높이뛰기. ③ 넓이 뛰기.

〔塗〕
풀 : 바를 도.
音 : ト
訓 : ① ぬる ② まぶす ③ まみれる

❶ **塗る**〔ぬる〕(他5) ① 바르다. 칠하다. ② (죄, 책임 등을)덮어 씌우다.
塗(り)〔ぬり〕① 칠. ② 칠한 모양. ③ 칠하는 일. ④ 칠한 물건. ⑤ 옻칠.
塗りたくる〔ぬりたくる〕(他5) (칠할 필요가 없는 곳까지)마구 칠하다. 뒤바르다.
塗りむら〔ぬりむら〕칠에 얼룩이 짐.
塗り潰す〔ぬりつぶす〕(他5) 빈틈 없이 모두 칠하다.
塗籠〔ぬりごめ〕두껍게 흙을 발라 만든 방.
塗り立てる〔ぬりたてる〕(他下1) ① 분등을) 지나치게 바르다. 화장을 짙게 하다. ② 예쁘게 칠하여 단장하다.
塗(り)立(て)〔ぬりたて〕갓칠했음.
塗(り)物〔ぬりもの〕칠기.
塗り付ける〔ぬりつける〕(他下1) ① 처바르다. ② (죄, 책임 등을)덮어 씌우다.
塗(り)師〔ぬりし〕칠장이. 칠하는 사람 ⇨ 塗師.
塗(り)薬〔ぬりぐすり〕(피부에)바르는 약.
塗(り)椀〔ぬりわん〕옻칠한 공기.
塗り隠す〔ぬりかくす〕(他5) 칠하여 가리다.
塗り込める〔ぬりこめる〕(他下1) 안에 넣고 둘레를 모두 칠하여 보이지 않게 하다. 빈 틈을 메우다.
塗(り)残し〔ぬりのこし〕아직 칠하지 않은 곳이 부분적으로 남아 있음.
塗(り)箸〔ぬりばし〕옻칠한 젓가락.
塗り直す〔ぬりなおす〕(他5) (칠한 데를) 다시 고쳐 칠하다.
塗(り)替え〔ぬりかえ〕(칠한 위에)다시 칠함.
塗(り)板〔ぬりいた〕옻칠한 판자(게시판用)
塗(り)絵〔ぬりえ〕색칠을 하도록 윤곽만그려 놓은 그림(어린이의 놀이, 학습에 씀)
❷ **塗す**〔まぶす〕(他5) 온통 처바르다.
❸ **塗れる**〔まみれる〕(自下1) 투성이가 되다. 泥に~ : 진흙투성이가 되다. 汗に~ ; 땀 투성이가 되다.

| 例 外 |

塗師〔ぬし〕칠장이. 칠하는 사람.

| 音 読 |

塗料〔とりょう〕도료. 페인트.
塗装〔とそう〕도장. 페인트를 칠하거나 발라서 치장함.
塗炭〔とたん〕도탄. ① 진구렁에 빠지고 불에 탐. ② 말할 수 없는 고생.
塗布〔とふ〕도포. 칠함

〔搗〕
풀 : 찧을 도.
音 : トウ
訓 : つく

搗く〔つく〕(他5) ① 찧다. 빻다. 米を~ : 쌀을 찧다(빻다). ② 치다. もちを~ : 떡을 치다.
搗き〔つき〕찧기. (떡을)치기.

| 音 読 |

搗精〔とうせい〕도정. 쌀을 희고 깨끗하게 찧음.

〔稲〕
풀 : 벼 도.
音 : トウ
訓 : ① いね ② いな~

| 訓 読 1 |

稲〔いね〕벼.
稲扱き〔いねこき〕벼훑이. 벼를 훑는 일.
稲刈り〔いねかり〕벼 베기.

| 訓 読 2 |

稲架け〔いなかけ〕(벤 벼를 걸어 말리는) 볏덕.
稲幹〔いながら〕볏짚.
稲光り〔いなびかり〕번개.
稲掛け〔いなかけ〕⇨ 稲架け.
稲城〔いなぎ〕옛날 전쟁 때 볏단을 쌓아보루(保壘)로 삼던 일.
稲穂〔いなほ : いなぼ〕벼 이삭.
稲子〔いなご〕메뚜기.
稲作〔いなさく〕벼농사. 벼농사의 작황(作況).
稲雀〔いなすずめ〕벼 이삭을 쪼아 먹으러 오는 참새.
稲田〔いなだ〕논.
稲株〔いなかぶ〕볏 그루.
稲車〔いなぐるま〕벤 벼를 나르는 수레.
稲倉〔いなぐら〕벼 창고.
稲妻〔いなずま〕번개. ~形(がた)번개무늬.
稲叢〔いなむら〕볏가리.
稲荷〔いなり〕곡식을 맡은 신. ~寿司(ずし) 유부 초밥.

| 例 外 |

稲熱病〔いもちびょう〕도열병.
早稲〔わせ〕① 올벼. ② 조숙한 아이.

音 読

稲苗〔とうびょう〕도묘. 벼의 묘종.
水稲〔すいとう〕수도. 논에 심는 벼.
晩稲〔ばんとう〕만도. 늦벼.

〔導〕 풀：인도할 도. 이끌 도.
音：ドウ
訓：①みちびく ②しるべ

❶導く〔みちびく〕(他5) ① 인도하다. 이끌다. ② 길잡이를 하다. 데리고 가다. ③ 지도하다. ④ (어떤 일을)그렇게 되게 하다.
導(き)〔みちびき〕인도. 지도. 유도. 안내.
❷導べ〔しるべ〕길 안내. 길잡이.

音 読

導管〔どうかん〕도관. 파이프.
導師〔どうし〕주로 法会, 葬礼를 맡아 하는 승려(僧侶).
導水〔どうすい〕물을 이끌어 흐르게 함.
導引〔どういん〕안내함.
導入〔どうにゅう〕도입. 이끌어 들임.
導体〔どうたい〕도체. 열, 전기를 전하는 물체.
導火線〔どうかせん〕도화선. ① 화약이 폭발하도록 점화(点火)하는 심지. ② 사건이 일어나게 하는 직접 원인.

〔賭〕 풀：내기 도. 도박할 도.
音：ト
訓：かける

賭ける〔かける〕(他下1) ① 내기를 하다. (돈을)걸다. ② 내걸다. 命を～：목숨을 걸다.
賭〔かけ〕내기. ～碁：내기 바둑.
賭碁〔かけご〕내기 바둑.
賭馬〔かけうま〕경마말.
賭(け)物〔かけもの〕내기에 거는 물건(돈).
賭事〔かけごと〕내기. 도박. 노름.

音 読

賭(す)る〔とする〕(他サ) ① 내기하다. 걸다. ② 희생하다. 내버리다.
賭博〔とばく〕도박. 노름.
賭場〔とば〕노름판. ～荒らし：노름판 털기.

〔淘〕 풀：물 흐를 도.
音：トウ
訓：

淘汰〔とうた〕도태. ① 씻어 깨끗이 함. ② 좋은 것을 취하고 나쁜 것을 버림. ③ 생물 중에서 환경에 적응하지 못하는 것은 사멸(死滅)되는 자연의 법칙.

〔屠〕 풀：죽일 도. 잡을 도.
音：ト
訓：

屠腹〔とふく〕배를 가름. 할복(割腹).
屠殺〔とさつ〕도살. 짐승을 잡아 죽임.
屠蘇〔とそ〕도소. 정초에 마시는 도소산을 넣은 약주.
屠蘇散〔とそさん〕도소산. 한약의 한가지. (山椒, 防風, 肉桂皮 등 7가지의 성분)
屠所の羊〔としょのひつじ〕도살장으로 끌려가는 양. 죽음이 눈앞에 당도한 사람. 기운을 잃고 맥이 빠진 사람.
屠牛〔とぎゅう〕도우. 소를 죽임.

【독】

〔毒〕 풀：독할 독. 해할 독. 악할 독.
音：ドク
訓：

毒〔どく〕① 독. ② 독약. ③ 해(害).
毒する〔どくする〕(他サ) 해치다. 社会を：사회를 해치다. 青年を～書：청년을 해치는 책.
毒見〔どくみ〕① 음식물에 독이 있나 없나를 조사함. ② 맛을 봄.
毒気〔どくけ〕독기. ① 독의 성분. ② 독살스러운 기색. 악의(悪意).
毒毒しい〔どくどくしい〕(形) ① 독살스럽다. 독기가 있어 보이다. ② 밉살스럽다. ③ (색이)너무 짙어 보기 흉하다. ～口紅：너무 짙어 보기 흉한 입술연지.
毒突く〔どくづく〕(自5) 독설(毒舌)을 퍼붓다. 심하게 욕하다.
毒物〔どくぶつ〕독물. 독이 있는 약물.
毒味〔どくみ〕⇨毒見.
毒蛇〔どくじゃ〕독사. 독을 가진 뱀.
毒殺〔どくさつ〕독살. 독약을 써서 죽임.
毒舌〔どくぜつ〕독설. 심한 욕설.
毒性〔どくせい〕독성. 독이 있는 성질.
毒素〔どくそ〕독소. 독의 원소.
毒消し〔どくけし〕① 해독(解毒). ② 해독제(剤).
毒手〔どくしゅ〕① 사람을 죽이려는 수단. ② 악랄한 수단.
毒液〔どくえき〕독액. 독이 있는 액체.
毒薬〔どくやく〕독약. 독이 들어 있는 약.
毒酒〔どくしゅ〕독주. 독을 넣은 술.
毒草〔どくそう〕독초. 독이 있는 풀.
毒筆〔どくひつ〕독필. 남을 해치려고 쓴글.

〔独〕 풀：홀로 독.
音：①ドク ②ドッ
訓：ひとり

独り〔ひとり〕① 혼자. 독신. ② 다만. 단지.
独りでに〔ひとりでに〕(副) 저절로. 자연히.
独りぼっち〔ひとりぼっち〕단 혼자. 고립됨.
独り決め〔ひとりぎめ〕독단(独断). 혼자 정함.
独り娘〔ひとりむすめ〕외동딸.
独り立ち〔ひとりだち〕독립. 자립.
独り暮らし〔ひとりぐらし〕독신 생활.
独り舞台〔ひとりぶたい〕독무대. 독판.
独り歩き〔ひとりあるき〕혼자서 걸음.
独り相撲〔ひとりずもう〕독씨름. 독무대.

独り善がり〔ひとりよがり〕독선적.
独り息子〔ひとりむすこ〕외아들.
独り身〔ひとりみ〕독신. 홀몸.
独り案内〔ひとりあんない〕자습서(自習書).
独り言〔ひとりごと〕혼잣말. 독백.
独り子〔ひとりご〕외동아들. 독자.
独りっ子〔ひとりっこ〕독자. 외동아들.
独り者〔ひとりもの〕독신자.
独り占い〔ひとりうらない〕스스로 자기 일을 점침.
独り占め〔ひとりじめ〕독점. 독차지.
独り天下〔ひとりでんか〕독무대. 독판.
独り合点〔ひとりがてん〕혼자의 속단. 스스로 이해한 듯이 독단함. 지레 짐작.

例　外

独楽〔こま〕팽이. ～をまわす：팽이를 돌리다.

音 読 1

独断〔どくだん〕독단. ① 자기만의 생각으로 정함. ② 충분히 생각하지 않고 판단함.
独立〔どくりつ〕독립. 혼자 섬.
独善〔どくぜん〕독선. 자기만 옳다고 생각함.
独修〔どくしゅう〕독수. 독학(独学).
独習〔どくしゅう〕독습. 자습(自習).
独身〔どくしん〕독신. 결혼하지 않은 사람. 홀몸.
独語〔どくご〕독어. 독일어.
独自〔どくじ〕독자. 혼자.
独自的〔どくじてき〕독자적.

独裁〔どくさい〕독재. 모든 일을 자기만의 판단으로 함.
独占〔どくせん〕독점. 혼자 차지함.
独走〔どくそう〕독주. 혼자서만 달림(활동함).
独奏〔どくそう〕독주. 혼자서 연주함.
独唱〔どくしょう〕독창. 혼자서 노래 부름.
独創〔どくそう〕독창. 모방하지 않고 자기 혼자의 힘으로 생각해 내거나 처음으로 만들어 냄.
独特〔どくとく〕독특. 혼자만이 지닌 것.
独学〔どくがく〕독학. 혼자의 힘으로 공부함.

音 読 2

独居〔どっきょ〕독거. 혼자 삶.
独歩〔どっぽ〕독보. ① 혼자 걸음. ② 비교할 것이 없을 만큼 뛰어남.
独航船〔どっこうせん〕독항선. 물고기를 잡아서 母船으로 보내는 中型어선.
独行〔どっこう〕독행. 혼자의 힘으로 행함.

〔督〕
풀：살필 독.
音：**トク**
訓：

督する〔とくする〕(他サ) ① 재촉하다. 독촉하다. ② 단속하다. 감독하다. ③ 통솔하다.
督励〔とくれい〕독려. 감독하며 격려함.
督戦〔とくせん〕독전. ① 부하를 격려하여 싸우게 함. ② 뒤에서 싸움을 감독함.
督促〔とくそく〕독촉. 재촉함.
督学〔とくがく〕독학. 学事를 감독함.

〔読〕
풀：읽을 독.
音：① **トウ**(例外) ② **トク**((例外) ③ **ドク** ④ **ドッ**
訓：① **よむ** ② **よめる**

❶ **読む**〔よむ〕(他5) ① 읽다. ② 읊다. ③ 세다.
読み〔よみ〕① 읽기. ② 선견지명. 앞을 내다봄.
読みこなす〔よみこなす〕(他 5) 읽고 내용을 충분히 이해하다. 읽어서 삭이다.
読みさす〔よみさす〕(他5) 읽다가 중단하다.
読みで〔よみで〕읽을 만함.
読み流す〔よみながす〕(他5) ① 죽 훑어 읽다. ② 줄줄 읽어 내리다.
読(み)売(り)〔よみうり〕江戸시대에, 사회에 일어난 사건을 와판(瓦版)으로 인쇄해서 거리를 누비며 읽으면서 팔러 다니던 일.
読(み)物〔よみもの〕① (흥미 위주로 만들어진) 읽을거리. ② 만담가가 연출하는연제. ③ 읽을만한 문장, 기사.
読み方〔よみかた〕① 읽기. 읽는 방법. ② 문장 내용을 이해하기. ③ 독본.
読み癖〔よみくせ〕① 습관상으로 정해진 숙어, 고유 명사의 읽는 법. ② 그 사람 특유의 읽는 버릇.
読み上げる〔よみあげる〕(他下 1) ① 소리를 내어 읽다. ② (끝까지)다 읽다. 독파(読破)하다.
読み書き〔よみかき〕읽기와 쓰기.
読み手〔よみて〕읽는 이(사람).
読み応え〔よみごたえ〕읽을만함. 읽은 반응.
読(み)人〔よみびと〕시가(詩歌)의 작자.
読み込む〔よみこむ〕(他 5) 詩歌에 사물의 이름을 넣어서 짓다.
読み切り〔よみきり〕① 다 읽음. ② (1회로 완결하는)단편 소설.
読み振り〔よみぶり〕읽는(읊는) 태도(투).
読み札〔よみふだ〕和歌를 적어 읽는 패.
読み替える〔よみかえる〕(他下 1) ①(하나의 한자를)다른 음으로 읽다. ② 조문의 구절에 같은 조건의 다른 구절을 붙여 읽고 그대로 적용하는 것.
読み取る〔よみとる〕(他 5) 독해(読解)하다. 읽고 알아차리다(이해하다).
読み耽る〔よみふける〕(他 5) 탐독하다. 열중해서 읽다. 小説を～：소설을 탐독하다.
読み通す〔よみとおす〕(他 5) (책 등을)통독하다. 끝까지 다 읽다.
読み破る〔よみやぶる〕(他 5) 독파하다. 다 읽다.
読み下す〔よみくだす〕(他 5) ① (처음부터 끝까지) 내리 읽다. 읽어 내리다. 대충

훑어 보다. ② 한문을 일본말 어순(語順)으로 고쳐서 읽다.

読み合(わ)せ〔よみあわせ〕① (원고와 교정쇄를) 읽어 맞추어 봄. ② 극본(劇本) 읽기.

読み合(わ)せる〔よみあわせる〕(他下1) (원고와 교정쇄 등을) 읽어 가며 맞추다.

読み解く〔よみとく〕(他5) 표기상(表記上) 내용상 어려운 문장이나 암호 등을 바르게 읽다. 해독(解読)하다.

● **読める**〔よめる〕(自下1) ① 읽을 수 있다. ② 의미를 알다. 이해되다. ③ 읽을 가치가 있다. なかなか～: 꽤 읽을 만하다.

例　外

読経〔どきょう〕독경. 소리 내어 경을 읽음. ～の声: 경을 읽는 소리.

音読 1

読点〔とうてん〕문장이 끊어지는 곳에 찍는 점.

句読点〔くとうてん〕구두점.

音読 2

読本〔とくほん〕독본. ① 어학 교과서. ② 일반인을 위한 입문서(入門書).

音読 ③

読了〔どくりょう〕다 읽음.

読書〔どくしょ〕독서. 책을 읽음.

読心術〔どくしんじゅつ〕독심술. 직관(直観)에 의해서 남의 생각을 판단하는 술법.

読者〔どくしゃ〕독자. (신문, 잡지, 서적 등을) 읽는 사람.

読破〔どくは〕독파. 완전히 읽음.

読後感〔どくごかん〕독후감. 책을 읽은 뒤에 그 느낌을 글로 나타낸 것.

音読 ④

読解〔どっかい〕독해. 문장을 읽고 그 뜻을 이해함. ～力: 독해력.

読会〔どっかい〕독회. 의회(議会)에서 중요한 법안을 심의하는 단계.

〔篤〕 풀: 두터울 독. 위독할 독.
音: ① トク ② トッ
訓:

篤い〔あつい〕(形) ① 위독하다. ② (뜻이) 깊다. 독실하다. 두텁다. ～友情: 두터운 우정.

音　読

篤と〔とくと〕(副) 신중히. 잘. 차분히.

篤農〔とくのう〕독농. 독실(篤実)한 농사군.

篤信〔とくしん〕독신. 믿음이 두터움.

篤実〔とくじつ〕독실. 정직하고 친절함.

篤志家〔とくしか〕독지가. 두텁고 친절한 뜻과 마음을 베풀어 주는 사람.

篤学〔とくがく〕독학. 학문에 충실함.

篤行〔とっこう〕독행. 인정이 두터운 행실.

篤厚〔とっこう〕독후. 인정이 두터움.

【돈】

〔豚〕 풀: 돼지 돈.
音: トン
訓: ぶた

豚〔ぶた〕돼지.

豚箱〔ぶたばこ〕(경찰서의) 유치장.

豚小屋〔ぶたごや〕① 돼지우리. ② 돼지우리 같이 작고 지저분한 집.

子豚〔こぶた〕돼지 새끼.

親豚〔おやぶた〕어미 돼지.

音　読

豚カツ〔とんカツ〕포오크커틀렛. 돼지고기 커틀렛.

豚舎〔とんしゃ〕돈사. 돼지우리.

豚児〔とんじ〕돈아. (남에게) 자기의 아들을 낮추어 부르는 말.

豚肉〔とんにく〕돈육. 돼지고기.

〔敦〕 풀: 두터울 돈.
音: トン
訓:

敦篤〔とんとく〕돈독. 인정이 두텁고 화목함.

敦厚〔とんこう〕돈후. 인정이 두터움.

〔頓〕 풀: 별안간 돈.
音: トン
訓: とみに

頓に〔とみに〕갑자기. ～活気づく: 갑자기 활기를 띠다.

音　読

頓狂〔とんきょう〕갑자기 엉뚱한 짓을 함. 또는 그 사람. ～な声: 괴상하고 얼빠진 소리.

頓服〔とんぷく〕돈복. 단번에 먹음.

頓死〔とんし〕돈사. 갑자기 죽음.

頓首〔とんしゅ〕돈수. 머리가 땅에 닿도록 절한다는 뜻으로 편지 끝에 쓰는 말.

頓悟〔とんご〕돈오. 갑자기 도를 깨달음.

頓才〔とんさい〕돈재. 재치. 약삭빠른 재능.

頓挫〔とんざ〕① 좌절. 중단. ② 문장의 기세가 갑자기 변함.

頓着〔とんちゃく〕염려. 관심을 가짐.

頓痴気〔とんちき〕얼간이.

【돌】

〔突〕 풀: 부딪칠 돌.
音: ① トツ ② トッ
訓: ① つく ② つっ

● **突く**〔つく〕(他5) ① 찌르다. ② (뿔로) 받다. ③ 치다. ④ 찍다. 밀다. 밀어내다. ⑤ 덮쳐 누르다. ⑥ 무릅쓰다. ⑦

짚다. 괴다. ⑧ 숨을 돌리다. ⑨ 말하나. うそを～：거짓말을 하다. ⑩ 토하다.

突き〔つき〕 짜름. 찌르기.

突き当たり〔つきあたり〕① 충돌. 마주침. ② 막다른 곳. 길이 막힌 곳. ～の部屋：맨 끝방.

突き当(た)る〔つきあたる〕(自5) ① 맞부딪치다. 충돌하다. ② 막다른 곳에 이르다.

突き落とす〔つきおとす〕(他5) 찔러 떨어뜨리다.

突き戻す〔つきもどす〕(他5) ①되밀치다. 되돌리다. ② 되찌르다.

突き立てる〔つきたてる〕(他下1) ① (찔러서)꽂다. 박아 세우다. ② 마구 찌르다.

突き目〔つきめ〕 눈을 찔려서 아픔. ～をする 눈을 찔리다.

突き返す〔つきかえす〕(他5) ① (찔린 대신)되찌르다. ② (내놓은 것을 거절하고) 되돌리다.

突き抜く〔つきぬく〕(他5) 관통하다. 꿰뚫다.

突き抜ける〔つきぬける〕(自下1) 관통하다. 꿰뚫고 나가다. 빠져 나가다. 통과하다.

突き放す〔つきはなす〕(他5) ① 떼어 버리다. 떼밀어 버리다. ② 관계(손)를 끊다. 돌보지 않다.

突き付ける〔つきつける〕(他下1) 들이대다. (거칠게)내밀다. ピストルを～：권총을 들이대다.

突き崩す〔つきくずす〕(自5) ① 찔러 무너뜨리다. ② 맹렬하게 공격하여 적의 방어진을 무너뜨리다.

突き飛ばす〔つきとばす〕(他5) (냅다 부딪쳐) 나가 떨어지게 하다. 들이받다.

突き上げる〔つきあげる〕(他下1) 밀어 올리다. 쳐 올리다.

突き上げ戸〔つきあげど〕 들창.

突(き)傷〔つききず〕 찔린 상처.

突(き)袖〔つきそで〕 (거드름 필때)소매 속에 손을 넣어 앞으로 내밂.

突き込む〔つきこむ〕(自他5) 꿰찌르다.

突き刺す〔つきさす〕(他5) 푹 찌르다.

突き切る〔つききる〕(他5) ① 꿰뚫다. ② 가로지르다.

突き除ける〔つきのける〕(他下1) 밀어 젖히다.

突き止める〔つきとめる〕(他下1) (끝내)밝혀내다. 알아내다.

突(き)指〔つきゆび〕 손가락을 삠.

突き進む〔つきすすむ〕(自5)돌진하다. 힘차게 나아가다.

突き出す〔つきだす〕(他5) ① 밀어 내다. ② (앞으로)쑥 내밀다. ③ 끌고 가다. 보내다.

突き出し〔つきだし〕① 쑥 내밂. ② 밀어냄 (일본요리에서) 처음에 내놓는 가벼운 안주. 전채(前菜). ④처음으로 그 업(業)에 발을 디딤. 첫발을 디딤. ⑤ 창녀가 처음으로 손님을 받음. 또는 그런 창녀.

突き通す〔つきとおす〕(他5) ① 꿰뚫다. ② 꿰다. ③끝까지…하다. 主張を～；끝까지 주장하다.

突き通る〔つきとおる〕(自5) 뚫고 나가다.

突き破る〔つきやぶる〕(他5) ①돌파하다. 뚫다. ② 미어뜨리다. 찢다. ③ (밀어) 무너뜨리다.

突き合わす〔つきあわす〕(他5) ⇨ 突き合わせる.

突き合わせる〔つきあわせる〕(他下1) ① 맞대다. ② 대조하다. ③ 대질시키다.

突き詰める〔つきつめる〕(他下1) ① 깊이 파고 들다. 밝혀내다. 추궁하다. ② 골똘히 생각하다. 깊이 생각하다.

連濁音에 注意

毒突く〔とくづく〕(他5) 악담을 하다. 욕설을 퍼붓다.

小突く〔こづく〕(他5) ① (손가락 등으로) 쿡 찌르다. ② 짓궂게 지분거리다.

訓 読 2

突っ～〔つっ～〕 突き의 音便形. (감정을 강하게 나타내는 말). (注意：다음에 오는 동사의 발음이 か, た, は行으로 시작할 때 쓰임).

突っ掛(か)る〔つっかかる〕(自5) ① 달려들다. 덤벼들다. ② 대들다. 반항하다. ③ 트집을 잡아 싸움을 걸다. ④ 걸리다. ⑤ 부딪치다.

突(っ)掛(け)〔つっかけ〕 (발끝에 걸치는) 짚신.

突っ掛ける〔つっかける〕(他下1) ① (신을)아무렇게나 신다. ②몹시 부딪치다. ③단숨에 하다. ④ 강제로 시키다.

突っ突く〔つっつく〕(他5) ①쿡쿡 찌르다. ②쿡쿡 쪼다. ③들쑤시다. ④ 꼬드기다. 선동하다. ⑤ 괴롭히다.

突っ立つ〔つったつ〕(自5) ①우뚝 서다. ②우두커니 서다.

突っ立てる〔つったてる〕(他下1) ① 꽂아 세우다. 찔러 박다. ②우뚝 세우다.

突っ返す〔つっかえす〕(他5) ①내밀어 붙이다. 되밀쳐 버리다. ② 냉담하게 물리치다.

突っ撥ねる〔つっぱねる〕(他下1) ① 되밀쳐 버리다. ②완강히 거절하다. ③ 일축하다. 퇴짜놓다.

突っ放す〔つっぱなす〕(他5) ⇨ 突き放す.

突っ伏す〔つっぷす〕(自5) 푹 엎드리다.

突っ込み〔つっこみ〕 ①철저하게 파헤침(추구함). 파고 듦. ②가리지 않고 통틀어서 홍정함.

突っ込む〔つっこむ〕(自5)돌입(돌격)하다. (他5) ① 처박다. 쳐넣다. ② (잘못, 문제점을)날카롭게 찌르다. 추궁하다. 핵심을 찌르다. ③깊이 파고 들다. ④깊이 관계하다. 몰두하다.

突っ張る〔つっぱる〕(自5) (몸의) 근육이 땅기다.

(他5) ①대고 버티다. 지탱하다. ②몹시 고집을 부리다. ③(씨름에서) 팔을 뻗어 손바닥으로 상대방을 내밀치다.
突っ張り〔つっぱり〕받침목. 받침대.
突っ転ばす〔つっころばす〕(他5) 냅다 밀어 넘어뜨리다.
突っ切る〔つっきる〕(他5) 돌파하다. 곧장 뚫고 나가다. (힘있게)가로 지르다.
突っ走る〔つっぱしる〕(自5) 냅다 달리다. 힘차게 빨리 달리다.

音 読 1

突撃〔とつげき〕돌격. 돌진하여 적을 공격함.
突如〔とつじょ〕갑자기. 돌연. 별안간.
突然〔とつぜん〕돌연히. 갑자기. ~変異 : 돌연변이.
突入〔とつにゅう〕돌입. 세차게 뛰어 듬.

音 読 2

突角〔とっかく〕①솟아 나온 각(角). ②유별난 특징.
突貫〔とっかん〕①꿰뚫음. ②돌진(突進)함. ③벼락치기로 완성함. ~工事 : 벼락공사.
突起〔とっき〕돌기. ①높이 솟아 오름. ②우뚝 솟음. ③뾰족하게 튀어 나온 부분.
突端〔とっぱし〕튀어 나온 끝.
〔とっぱな〕①튀어 나온 끝. ②시초.
〔とったん〕불쑥 솟은 끝.
突発〔とっぱつ〕돌발. 갑자기 일어남.
突変〔とっぺん〕돌변. 갑자기 변함.
突飛〔とっぴ〕엉뚱함. ~な行動 : 엉뚱한 행동.
突外れ〔とっぱずれ〕떨어진 맨 끝. 村の~の森 : 마을 끝에 있는 숲.
突堤〔とってい〕해안에서 바다로 쑥 내민 제방.
突進〔とっしん〕돌진. 거침없이 힘차게 앞으로 나아감.
突出〔とっしゅつ〕돌출. 툭 튀어 나옴.
突破〔とっぱ〕돌파. 뚫어 깨뜨림. 무찔러 깨뜨림.
突風〔とっぷう〕돌풍. ①갑자기 불어오는 바람. ②갑자기 세게 불다가 그치는 바람.

【동】

〖冬〗
풀 : 겨울 동.
音 : トウ
訓 : ふゆ

冬〔ふゆ〕겨울. ~休み : 겨울 방학(휴가).
冬ざれ〔ふゆざれ〕황량한 겨울철.
冬ざれた〔ふゆざれた〕겨울이 되어 황량해진
冬枯れ〔ふゆがれ〕①겨울이 되어 초목이 마름. 황량한 경치. ②겨울철, 특히 2월경에 상가(商街)의 경기(景気)가 나쁜 것.
冬空〔ふゆぞら〕겨울 하늘. 冬天.
冬籠(も)り〔ふゆごもり〕(겨울철에 사람이나 동물이) 집안에 틀어 박혀서 밖에 나가지 않음. 동면(冬眠).
冬籠(も)る〔ふゆごもる〕(自5) 겨울 동안 집이나 둥지에 틀어 박혀 있다. 동면(冬眠)하다.
冬毛〔ふゆげ〕(새, 짐승의) 겨울 털.
冬木〔ふゆき〕①상록수. ②겨울에 잎이 다 떨어진 나무.
冬物〔ふゆもの〕겨울철의 의류품(衣類品).
冬服〔ふゆふく〕동복. 겨울 옷.
冬山〔ふゆやま〕①등산의 대상으로서의 겨울 산. ②겨울철의 황량한 산.
冬日〔ふゆび〕겨울 해. 겨울 햇살.
冬仔〔ふゆご〕겨울에 태어난 동물의 새끼.
冬将軍〔ふゆしょうぐん〕동장군. 몹시 추운 겨울의 다른 이름. ナポレオンを破ったロシアの~ : 나폴레옹을 격파한 러시아의 동장군.
冬鳥〔ふゆどり〕겨울 철새.
冬着〔ふゆぎ〕겨울 옷. 冬服.
冬草〔ふゆくさ〕①겨울풀. ②겨울의마른풀.
冬休み〔ふゆやすみ〕겨울 방학(휴가).

音 読

冬季〔とうき〕동계. 겨울철.
冬期〔とうき〕동기. 겨울의 기간.
冬扇夏炉〔とうせんかろう〕동선 하로. (겨울철의 부채와 여름철의 화로) 계절에 맞지 않는 쓸데없는 것.
冬眠〔とうみん〕동면. 동물 들이 겨울 잠을 자는 것.
冬至〔とうじ〕동지. 일년중 밤이 가장 긴 날.

〖同〗
풀 : 한가지 동. 마찬가지 동.
音 : ドウ
訓 : ①おなじい ②おなじ

❶同じい〔おなじい〕(形) 같다.
❷同じ〔おなじ〕①같음. 동일함. ②(なら를 동반하면) 어차피. 이왕에. 기왕.
同じく〔おなじく〕(副) 같이. 같게. 마찬가지로. 동(同).
同じくは〔おなじくは〕같은 값이면. 같은 일이라면.
同い年〔おないどし〕동갑. 같은 나이.

音 読

同〔どう〕①같음. 동(同). ②그. ~店では : 그 가게에서는.
同じる〔どうじる〕(自サ) 동의하다. 찬성하다. 한 패가 되다.
同感〔どうかん〕동감. 느낌이 같음.
同居〔どうきょ〕동거. 한집에서 같이 삶.
同格〔どうかく〕동격. 같은 자격.
同系〔どうけい〕동계. 같은 계통.
同級〔どうきゅう〕동급. 같은 등급.
同期〔どうき〕동기. 같은 시기.
同等〔どうとう〕동등. 같은 등급.
同僚〔どうりょう〕동료. 같은 직장에서 일

하는 사람.
同類〔どうるい〕동류. 같은 종류.
同盟〔どうめい〕동맹. 같이 행동하기로 약속함.
同伴〔どうはん〕동반. 같이 데리고 감.
同封〔どうふう〕동봉. 같이 넣어 함께 봉함.
同士〔どうし〕①동지. ②~끼리. 男~; 남자끼리.
同士討ち〔どうしうち〕같은 패끼리의 싸움.
同性〔どうせい〕동성. 같은 성질.
同乗〔どうじょう〕동승. 같이 탐.
同時〔どうじ〕동시. 같은 시각. 동시에. 한편.
同様〔どうよう〕같음. 다름 없음. 마찬가지임.
同位〔どうい〕동위. 같은 위치.
同義〔どうぎ〕동의. 같은 의미.
同意〔どうい〕동의. 같은 의견. 같은 뜻.
同人〔どうじん:どうにん〕동인. 뜻을 같이 하는 사람.
同情〔どうじょう〕동정. 같은 느낌을 가짐.
同調〔どうちょう〕동조. 보조를 같이 함.
同族〔どうぞく〕동족. 같은 겨레(종족).
同志〔どうし〕동지. 사상과 행동이 같은 사람.
同質〔どうしつ〕동질. 같은 성질.
同窓〔どうそう〕동창. 같은 학교에서 배운 사람.
同胞〔どうほう:はらから〕동포. 같은 겨레.
同行〔どうこう〕동행. 길을 같이 감.
同郷〔どうきょう〕동향. 같은 고향.
同型・同形〔どうけい〕동형. 같은 모양.
同好〔どうこう〕동호. 어떤 일이나 물건을 같이 좋아함.
同化〔どうか〕동화. ①서로 다른 물건이 닮아서 같게 되는 것. ②생물이 외계에서 무기물, 유기물을 섭취하여 자신의 영양으로 변화시키는 작용.

〔東〕
풀: 동녘 동.
音: トウ
訓: ①ひがし ②あずま

訓読 1

東〔ひがし〕동쪽.
東する〔ひがしする〕(自サ) 동쪽으로 가다.
東半球〔ひがしはんきゅう〕동반구.
東方〔ひがしがた〕①동방. 동쪽. ②(경기에서) 동서(東西)로 나눈 때의 동쪽 진영(사람).
東日本〔ひがしにっぽん〕동일본. 일본의 동쪽 지역.
東支那海〔ひがししなかい〕동지나해. 중국과 日本의 琉球島 사이에 있는 바다.
東側〔ひがしがわ〕①동측. 동쪽. ②(유럽에서) 소련에 동조하는 여러나라.
東風〔ひがしかぜ〕동풍. 동쪽에서 부는 바람.
東向き〔ひがしむき〕동향. 동쪽으로 향함.

訓読 2

東〔あずま〕일본 동부 지방의 옛이름.
東コート〔あずまcoat〕明治시대부터 유행한 일본옷용의 여자 외투.
東歌〔あずまうた〕⇨東遊(あずまあそび).
東琴〔あずまごと〕일본의 육현금(六絃琴).
東男〔あずまおとこ〕동부지방, 関東지방의 사나이. ~に京(きょう)おんな; 남자는 우람한 関東사나이, 여자는 우아한 京都여인.
東路〔あずまじ〕京都에서 関東지방으로 통하는 옛길. 일본의 동부지방.
東屋〔あずまや〕정자(亭子).
東遊〔あずまあそび〕平安시대의 歌舞의 일종.
東夷〔あずまえびす〕京都사람이 関東지방 사람을 동쪽 오랑캐라고 경멸하는 말.
東下駄〔あずまげた〕여성용의 왜나막신.(모가 없이 둥글고 굽이 낮으며, 윗바닥에 삿자리를 대었음).

音 読

東京〔とうきょう〕동경. 일본의 수도(首都).
東経〔とうけい〕동경. 경도(経度).
東国〔とうこく〕동국. 동방의 나라.
東宮〔とうぐう〕동궁. 황태자. 세자(世子).
東都〔とうと〕①동쪽의 도읍. ②東京.
東北〔とうほく〕동북. 동쪽과 북쪽.
東奔西走〔とうほんせいそう〕동분서주.
東上〔とうじょう〕서부 지방에서 東京으로 감.
東西〔とうざい〕동서. ①동쪽과 서쪽. ②방향.
東洋〔とうよう〕동양. 아시아의 동남부 지방.
東海〔とうかい〕동해. 동쪽에 있는 바다.
東海道〔とうかいどう〕①東京에서 京都까지의 해안선을 따른 가도(街道). ②東京에서 静岡, 名古屋를 경유하여 京都, 大阪, 神戸에 이르는 간선도로.

〔洞〕
풀: 깊을 동. 마을 동.
音: ドウ
訓:

洞見〔どうけん〕동견. 꿰뚫어 봄.
洞窟〔どうくつ〕동굴. 깊고 넓은 굴.
洞門〔どうもん〕동문. 동굴의 문.
洞察〔どうさつ〕통찰. 꿰뚫어 봄.
洞穴〔どうけつ〕동혈. 동굴.

〔凍〕
풀: 얼 동.
音: トウ
訓: ①こおる ②こごえる ③いてる ④しみる

❶**凍る**〔こおる〕(自5) 얼다. **水が~**; 물이 얼다.
凍り豆腐〔こおりどうふ〕얼린 두부. 언 두부.
凍り付く〔こおりつく〕(自5) ①얼어 붙다. ②꽁꽁 얼다.
❷**凍える**〔こごえる〕(自下1) ①얼다. **寒さに~**; 추위에 얼다. ②(추위로 인하여 손, 발이)곱아지다. **手が~**; 손이 곱아지다.
凍え死に〔こごえじに〕동사. 얼어 죽음.

❸ **凍てる**〔いてる〕(自下1) 얼다. 얼것 같이 춥다.
❹ **凍みる**〔しみる〕(自上1) 얼어 붙다.

音 読

凍結〔とうけつ〕동결. ①얼어 붙음. ②자금이 회수(유통)되지 않게 됨.
凍死〔とうし〕동사. 얼어 죽음.
凍傷〔とうしょう〕동상. 심한 추위로 피부가 얼어서 상하는 것.
凍土〔とうど〕동토. 얼어 붙은 땅.
凍害〔とうがい〕동해. 추위나 서리로 인한 농작물의 피해.

〔胴〕 풀 : 형상(形状) 동. 큰창자 동.
音 : **ドウ**
訓 :

胴〔どう〕①몸통. ②물건의 가운데 부분.
胴巻き〔どうまき〕돈을 넣어 허리에 차는 자루 모양의 띠.
胴突き〔どうづき〕①(집을 짓기 전에) 땅을 고르는 일. ②땅을 고르는 연장. 달굿대.
胴乱〔どうらん〕식물 채집에 쓰는 아연판에 페인트칠을 한 채집통.
胴元〔どうもと〕노름판을 빌려주고 판돈의 얼마를 먹는 사람.
胴中〔どうなか〕①몸통의 중간. ②한가운데.
胴切り〔どうぎり〕몸통을 가로 자르는 것.
胴震い〔どうぶるい〕(추위나 무서움 때문에) 온몸이 떨림.
胴着〔どうぎ〕저고리와 속옷 사이에 입는 짧은 동옷.
胴体〔どうたい〕동체. 몸통.
胴締め〔どうじめ〕허리를 졸라 맴.
胴丸〔どうまる〕몸통에 대는 갑옷 (통처럼 둥글게 되어 있음).
胴回り〔どうまわり〕몸통 둘레.

〔桐〕 풀 : 오동나무 동.
音 : **トウ**
訓 : **きり**

桐〔きり〕오동나무.
桐一葉〔きりひとは〕초가을에 떨어지는 벽오동나무의 한잎. **～落ちて天下の 秋を知る**; 떨어지는 벽오동나무 한 잎으로 천하가 가을임을 알다. (쇠약의 징조를 알다)
桐油〔とうゆ〕동유. 오동나무 열매로 짠 기름.

〔動〕 풀 : 움직일 동.
音 : **ドウ**
訓 : ①**うごかす** ②**うごく**

❶ **動かす**〔うごかす〕(他5) 움직이게 하다. 움직이다.
❷ **動く**〔うごく〕(自5) ①움직이다. ②흔들리다. ③활동하다. 행동하다. ④ 변하다. **世の中が～**; 세상이 변하다.
動き〔うごき〕움직임. 동태(動態).

音 読

動〔どう〕움직임. 흔들림.
動じる〔どうじる〕(自上1) ①가슴이 두근거리다. 동요하다. ②당황하다. ③ 현기증이 나다. 어지럽다.
動機〔どうき〕동기. 행동을 일으키게 하는 직접적인 원인.
動乱〔どうらん〕동란. ①전쟁. ②소란(騒乱).
動力〔どうりょく〕동력. 기계를 움직이는 힘.
動脈〔どうみゃく〕동맥. ①혈관. ②중요한 줄기.
動物〔どうぶつ〕동물. 움직이는 생물. 특히 짐승.
動詞〔どうし〕동사. (文法에서) 동작, 존재, 상태를 나타내는 말.
動産〔どうさん〕동산. 不動産이외의 재산.
動植物〔どうしょくぶつ〕동식물. 동물과 식물.
動揺〔どうよう〕동요. ①흔들려서 움직임. ②어수선함. ③불안.
動員〔どういん〕동원. 어떤 목적 아래 사람이나 물건을 집중시키는 일.
動議〔どうぎ〕동의. 임시로 내놓은 의제(議題).
動因〔どういん〕직접적인 원인. 동기.
動作〔どうさ〕동작. 움직임.
動電気〔どうでんき〕동전기.
動静〔どうせい〕동정. 움직임. 상태. 소식.
動態〔どうたい〕동태. 활동하는 상태.
動向〔どうこう〕동향. 움직이는 방향. 움직임.

〔棟〕 풀 : 들보 동.
音 : **トウ**
訓 : ① **むね** ② **むな～**.

訓 読 ①

棟〔むね〕①(지붕의 면과 면이 서로 이어지는) 용마루. ②마룻대. ③칼의 등줄기. ④(가옥을 세는 助数詞) 채. 동. 二(ふた)～; 두 채.
棟上げ〔むねあげ〕상량(上梁). 상량식(上梁式).
棟割長屋〔むねわりながや〕한 채를 벽으로 간막이해서 여러 세대로 나눈 긴 집.

訓 読 ②

棟木〔むなぎ〕마룻대.
棟瓦〔むながわら〕마룻대로 쓰는 목재.
棟札〔むなふだ〕上梁할 때, 공사의 내역, 건축의 年月, 건축자의 이름 등을 기록하여 마룻대에 박아 두는 패.

音 読

棟梁〔とうりょう〕동량. ①마룻대와 들보. ②목수의 우두머리. ③한 나라를 버티는 중요한 임무를 맡은 사람.

〔童〕 풀 : 아이 동.
音 : **ドウ**
訓 : **わらべ**

童〔わらべ〕①어린이. 동자(童子). 아동. ②부리는 아이. 사동(使童).
童歌〔わらべうた〕어린이의 노래.

童遊び〔わらべあそび〕어린이 놀이.

音 読

童女〔どうじょ〕동녀. 계집아이.
童僕〔どうぼく〕동복. 사내아이 종.
童詩〔どうし〕동시. 어린이를 위한 시.
童心〔どうしん〕동심. 어린이의 순진한 마음.
童顔〔どうがん〕동안. ①어린이의 순진한 얼굴. ②어린이 같은 얼굴.
童謡〔どうよう〕동요. 어린이를 위한 노래.
童子〔どうじ〕동자. 어린이. 아동.
童貞〔どうてい〕동정. 순결을 지켜 이성과 관계를 맺지 않는 것.
童画〔どうが〕동화. ①어린이의 그림. ②어린이를 위해서 그린 그림.
童話〔どうわ〕동화. 어린이를 위해서 지어낸 이야기.

〖働〗 풀：(日本漢字) 일할 동.
音：ドウ
訓：①はたらく ②はたらかす

❶働く〔はたらく〕①일하다. ②활동하다. 움직이다. ③작용하다. ④(文法에서) 활용(活用)하다.
働き〔はたらき〕①활동. ②작용. 기능. 효능. ③근무. 노동. ④능력. ⑤수입(収入). ⑥(文法에서) 활용. 動詞の～：동사의 활용.
働き掛ける〔はたらきかける〕(自下1)(상대방이 응하도록 적극적으로)공작을 하다.
働き蜂〔はたらきばち〕일벌.
働き盛り〔はたらきざかり〕한창 일할 나이.
働き手〔はたらきて〕①(생계를 맡은)한 집안의 기둥. ②유능한 일꾼.
働き蟻〔はたらきあり〕일개미.
働き者〔はたらきもの〕열심히 일하는 사람. 유능한 일꾼.

連濁音에 注意

共働き〔ともばたらき〕맞벌이.
節句働き〔せっくばたらき〕(남들은 명절날에 쉬는 데) 일부러 바쁜듯이 일함.
❷働かす〔はたらかす〕(他5) 일을 시키다. 활동시키다. 頭を～：두뇌를 쓰다. 머리를 쓰다.

音 読

稼働〔かどう〕가동. 기계를 운전함.
労働〔ろうどう〕노동. 힘을 써서 일함.
実働〔じつどう〕실제로 노동함.

〖銅〗 풀：구리 동.
音：ドウ
訓：

銅〔どう〕동. 구리.
銅盤〔どうばん〕동반. 구리 쟁반.
銅山〔どうざん〕동산. 구리를 파내는 산.
銅像〔どうぞう〕동상. 구리로 만든 초상(肖像).
銅線〔どうせん〕동선. 구리 철사.
銅銭〔どうせん〕동전. 구리 돈.
銅製〔どうせい〕동제. 구리로 만든 것.
銅板〔どうばん〕동판. 구리로 만든 판.
銅版〔どうばん〕동판. 구리판에다 그림이나 문자를 새긴 인쇄용 원판.
銅貨〔どうか〕동화. 구리로 만든 돈. 동전.

〖憧〗 풀：동경할 동. 마음 들뜰 동.
音：ドウ
訓：あこがれる

憧れる〔あこがれる〕(自下1) 동경하다. 그리워하다. 俳優を～：배우를 동경하다.
憧れ〔あこがれ〕동경(憧憬). ～の的(まと)：동경의 대상.
憧憬〔どうけい〕동경. 그리워함. 이상(理想)으로 삼고 있는 것을 애틋하게 여김.

〖瞳〗 풀：눈동자 동.
音：ドウ
訓：ひとみ

瞳〔ひとみ〕눈동자. 동공(瞳孔). 눈. ～をこらす：응시(凝視)하다. つぶらな～：귀여운 둥근 눈.
瞳孔〔どうこう〕동공. 눈동자.
瞳子〔どうし〕동자. 눈동자.

【두】

〖斗〗 풀：말 두. 열되 들이 두.
音：ト
訓：

斗酒〔としゅ〕두주. 한 말의 술. 말술. 많은 술. ～も辞せず：말술도 사양하지 않는다.
北斗七星〔ほくとしちせい〕북두칠성.

〖豆〗 풀：콩 두.
音：トウ
訓：まめ

豆〔まめ〕①콩. ②(콩알같은) 물집. 足に～ができる：발에 물집이 생기다. ③소형(小型). ～自動車：소형 자동차.
豆幹〔まめがら〕콩가지. 콩대. 콩깍지.
豆科〔まめか〕콩과.
豆絞り〔まめしぼり〕콩알 모양의 무늬를 넣어서 염색한 천.(수건용으로 씀)
豆単〔まめたん〕(영어의) 작은 단어집.
豆名月〔まめめいげつ〕음력 9월 13일 밤의 달. (청대콩을 바치고 제사 지냄)
豆粕〔まめかす〕콩깻묵. 두박.
豆本〔まめほん〕휴대용의 작은 책.
豆の粉〔まめのこ〕콩가루.
豆蒔き〔まめまき〕①立春 전날 밤, 액막이로 콩을 뿌리는 것. ②밭에 콩을 심는 일.
豆油〔まめあぶら〕콩기름.
豆蔵〔まめぞう〕①옛날 익살스러운 몸짓과 빠른 말씨로 사람들을 웃기고 동냥다니던 거지. ②수다스러운 사람을 비웃는 말.
豆鉄砲〔まめでっぽう〕콩을 총알로 사용하는 장난감 대나무 총.
豆炭〔まめたん〕조개탄.
豆板〔まめいた〕①납작하게 굳힌 콩엿. ②

豆板銀의 준말.
豆板銀〔まめいたぎん〕江戸시대의 콩알만한 은화(銀貨).

例　外

小豆〔あずき〕팥.
大豆〔たいず〕대두. 콩.
大豆油〔たいずあぶら〕대두유. 콩기름.

音　読

豆腐〔とうふ〕두부.
豆乳〔とうにゅう〕두유. 콩국.
豌豆〔えんどう〕완두. 완두콩.

〔杜〕 풀：막을 두.
音：ト
訓：

杜鵑〔とけん〕두견. 두견새.
杜門〔ともん〕두문. 문을 걸어 잠금. ～不出.
杜絶〔とぜつ〕두절. 도중에서 막히어 끊김.

〔逗〕 풀：머무를 두.
音：トウ
訓：

逗留〔とうりゅう〕두류. 머물러 잠시 유숙함. 체재(滞在).

〔痘〕 풀：마마 두.
音：トウ
訓：

痘瘡〔とうそう〕두창. 천연두.
種痘〔しゅとう〕종두. 우두를 놓아 천연두에 대한 면역을 기르는 것.
天然痘〔てんねんとう〕천연두. 마마. 두창.

〔頭〕 풀：머리 두.
音：① ズ ② トウ ③ ドウ ④ ド
訓：① あたま ② かしら

頭❶〔あたま〕①머리. 두뇌. ②인원수. ③두목. ④자세.
❷〔かしら〕①머리. ②두목. 우두머리.
頭から〔あたまから〕(副) 처음부터. 전적으로.
頭でっかち〔あたまでっかち〕①짱구. 몸에 어울리지 않게 머리가 큼. ② (조직에서) 간부가 지나치게 많음. ③지식만 풍부하고 (말만많고) 행동이 따르지 않는 사람.
頭金〔あたまきん〕① (선불) 계약금. ②담보물의 싯가와 대부금의 차액.
頭数〔あたまかず〕인원수. 머릿수.
頭株〔あたまかぶ〕간부. 두목. 우두머리.
頭打ち〔あたまうち〕한계점에 도달함.
頭割り〔あたまわり〕인원수대로 나눔.

訓 読 2

頭〔かしら〕① 머리. ②두목. 우두머리.
頭立つ〔かしらだつ〕(自5) 남의 위에 서다. 장(長)이 되다.
頭文字〔かしらもじ〕두문자. 머리 글자.
頭分〔かしらぶん〕우두머리. 두목.
頭書(き)〔かしらがき〕(본문 위의)두주(頭註).
頭役〔かしらやく〕우두머리. 장(長).
頭字〔かしらじ〕머리 글자.

連濁音에 注意

～頭〔～がしら〕①…하자마자. 出合い～；만나자마자. ② 가장…한 사람. 出世～;가장 출세한 사람. ③ (시각의) 첫머리 月～;月初.
旗頭〔はたがしら〕한파(한편)의 우두머리.
目頭〔めがしら〕눈자위. 눈시울.
座頭〔ざがしら〕(극단의) 주역배우. 우두머리.

音 読 1

頭〔ず〕(老) 머리. ～が高い；거만하다.
頭蓋骨〔ずがいこつ〕두개골. 머리뼈의 총칭.
頭巾〔ずきん〕두건. 천으로 만들어 머리에 쓰는 것.
頭脳〔ずのう〕두뇌. ①머릿골. ②머리. 판단력.
頭上〔ずじょう〕두상. 머리 위. ～注意.
頭陀〔ずだ〕두타. (仏) 탐욕을 제거하기 위한 수행.
頭痛〔ずつう〕두통. ～がする；머리가 아프다.

音 読 2

頭角〔とうかく〕두각. ①머리 끝. ②뛰어남.
頭領〔とうりょう〕두령. 우두머리. 두목.
頭目〔とうもく〕두목. 우두머리.
頭髪〔とうはつ〕두발. 머리털.
頭部〔とうぶ〕두부. 머리 부분.
頭状花〔とうじょうか〕두상화. 많은 꽃이 뭉쳐서 두상(頭状)을 이룬 꽃. (例：국화).
頭書〔とうしょ〕두서. 서류의 첫머리에 씀.
頭首〔とうしゅ〕①머리와 목. ②우두머리.
頭注〔とうちゅう〕두주. 본문(本文)의 위에 붙이는 주석(註釈).
頭取〔とうどり〕① (은행의 대표자) 銀行の～은행장. ②배우 분장실이나 씨름판의 감독자.

音 読 3　音 読 4

船頭〔せんどう〕선장. 뱃사공.
音頭〔おんど〕①여러사람이 노래에 맞추어 춤을 춤. ②앞장. 선창(先唱). ③ 아악(雅楽)에서 관악기를 불기 시작하는 사람 ～取り(とり) 선창자(先唱者). 발기인.

【둔】

〔屯〕 풀：모일 둔.
音：トン
訓：たむろ

屯〔たむろ〕사람이 모임. 모인 곳. 특히 진영(陣営). ～する；사람이 많이 모이다.

音　読

屯所〔とんしょ〕둔소. ①여럿이 모이는 곳 진치는 곳. ②경찰서의 옛이름.
屯営〔とんえい〕둔영. 병사들이 진을 침.
屯田〔とんでん〕둔전. 옛날에 군사를 국경

가까운 곳에 모아 兵事와 농사일을 시키던 제도.

〔鈍〕 풀：둔할 둔.
音：ドン
訓：①にぶい ②にぶる

❶ 鈍い〔にぶい〕(形) ①둔하다. ② 무디다. ③희미하다. ④둔탁하다.

❷ 鈍る〔にぶる〕(自5) 둔해지다. 무디어지다.

音 読

鈍〔どん〕(形動) 둔함. 미련함. ～な頭.

鈍する〔どんする〕(自サ) 둔해지다. 멍청해지다.

鈍角〔どんかく〕둔각. 90도보다 크고 180도보다 작은 각.

鈍感〔どんかん〕둔감. 감각이 둔함.

鈍根〔どんこん〕재치가 없는 것. 둔함.

鈍器〔どんき〕둔기. ①육중하고 단단한 흉기. ②무딘 칼.

鈍刀〔どんとう〕둔도. 날이 무딘 칼.

鈍物〔どんぶつ〕둔물. 머리가 둔한 사람.

鈍腕〔どんわん〕둔완. 둔한 솜씨.

鈍才〔どんさい〕둔재. 둔한 재주의 사람.

鈍重〔どんじゅう〕둔중. 동작이 둔하고 느림.

鈍痛〔どんつう〕둔통. 무지근하게 아픔.

鈍行〔どんこう〕둔행. 역마다 정거하는 열차.

鈍化〔どんか〕둔화. 둔해짐.

〔遁〕 풀：달아날 둔.
音：トン
訓：

遁甲〔とんこう〕둔갑. 귀신처럼 몸을 숨김.

遁辞〔とんじ〕둔사. 책임이나 관계에서 빠져 나가려고 꾸며대는 말.

遁世〔とんせい〕둔세. 세상을 피해 삶.

遁走〔とんそう〕둔주. 뛰어 달아남.

【득】

〔得〕 풀：얻을 득. 취할 득.
音：トク
訓：①える ②うる ③えたり ④えてる

得る ❶〔える〕(他下1) ①얻다. ② 알다. 깨닫다.

❷〔うる〕(他下2) ①(文語) 得(え)る ②(動詞連用形에 接続하여)…할 수 있다. **考え～**；생각할 수 있다. **有り～**；있을 수 있다. **書き～**；쓸 수 있다. **知り～限り**；알 수 있는 한. 아는대로.

得ない〔えない〕(連語) 할 수 없다. **止(や)むを～**；부득이하다.

得難い〔えがたい〕(形) 구하기(얻기) 어렵다.

得物〔えもの〕①무기(武器). (자기가 가장 자신있게 다루는 무기). ② 자기의 장기(長技).

得手〔えて〕특기(特技). 장기(長技). **～勝手**；자기 위주.

得体〔えたい〕정체. **～が知れない**；정체를 알 수 없다.

❸ 得たり〔えたり〕(連語) (뜻대로 되어 힘이 나서 하는 말) (잘) 됐다. 옳다 됐다. **～とばかり**；옳지 잘 됐다는 듯이.

得たり顔〔えたりがお〕자신만만한 얼굴.

得たりや応〔えたりやおう〕좋아! 됐어!

得たり賢し〔えたりかしこし〕옳다 됐다.! 얼씨구나, 잘 됐다! 이거 참 고맙군!

❹ 得てる〔えてる〕(自下1) 잘하다. 능숙하다.

音 読

得〔とく〕(形動. 名) ①득. 이익. ②편리. **～な品**；편리한 물건. **～な方**；편리한쪽.

得する〔とくする〕(自サ) 득보다. 이익(이득)을 얻다.

得度〔とくど〕(仏) 仏門에 들어가 중이 됨.

得道〔とくどう〕득도. 불도(仏道)를 깨침.

得得として〔とくとくとして〕자랑스럽게. 의기 양양하게. 자신 만만하게.

得喪〔とくそう〕득상. 얻음과 잃음.

得失〔とくしつ〕득실. 이익과 손해.

得心〔とくしん〕납득함. 이해.

得業〔とくぎょう〕학문, 기예(技芸) 등의 일정한 과정을 마침.

得意〔とくい〕득의. ①(성공하여) 자신 만만함. 만족함. ②가장 뛰어남. ③단골손님. **～先(さき)**；단골손님. 거래처. **～顔(がお)**；자랑스러운 듯한 얼굴.

得点〔とくてん〕득점. 얻은 점수.

得策〔とくさく〕득책. 유리한 책략(策略).

得票〔とくひょう〕득표. 얻은 표.

【등】

〔灯〕 풀：등불 등.
音：①トウ ②ドウ
訓：①ひ. あかし. ともしび ②ほ～

자세한 것은 153 페이지 16획의 '燈' 참조할 것.

〔登〕 풀：오를 등.
音：①ト ②トウ
訓：のぼる

登る〔のぼる〕(自5) (산을) 오르다. **山に～**；산에 오르다.

登り〔のぼり〕오름. 올라감. **山～**；등산.

登り詰める〔のぼりつめる〕(自下1) 꼭대기까지 오르다. **山頂に～**；산꼭대기까지 오르다.

音読 1

登山〔とざん〕등산. 산에 오름.

登城〔とじょう〕①성내(城内)로 들어 감. ②막부(幕府)에 출근함.

音読 2

登校〔とうこう〕등교 (학생이)학교에 감.
登極〔とうきょく〕등극. 임금이 지위에 오름.
登記〔とうき〕등기. 일정한 사항을 공식 장부에 기재하여 명확히 함.
登壇〔とうだん〕등단. 단(壇)에 오름.
登録〔とうろく〕등록. 공식 장부에 올림.
登竜門〔とうりゅうもん〕등용문. 그 곳을 통과하면 반드시 출세한다는 관문.
登攀〔とうはん〕등반. 산이나 높은 곳에 오름.
登用〔とうよう〕등용. 사람을 좋은 지위에 올려서 씀.
登院〔とういん〕등원. 議員이 議院에 출석함.
登場〔とうじょう〕등장. ① 무대에 나아감. 출연. ② 세상에 나타남.
登載〔とうさい〕등재. 게재(掲載).
登頂〔とうちょう〕등정. 정상(頂上)에 오름.
登庁〔とうちょう〕등청. 관청에 출근함.
登板〔とうばん〕등판. (야구에서)投手가 마운드(投手板)에 섬.

〔等〕 풀:등급 등. 무리 등.
音:① トウ ② ドウ
訓:① ひとしい ② など ③ ら

❶ 等しい〔ひとしい〕(形) ① 다름없다. 같다. 동일하다. 동등하다. 똑같다. ②한결같다. ③ ～と等しく:…하자마자, …과 동시에. 着くと等しく引き返す:도착하자마자 되돌아가다.
等し並〔ひとしなみ〕(形動) 동등함. 같음.
❷ 等〔など〕(副助) ① (例示하는 말). 따위. 등. 国会～で問題になる :국회 등에서 문제가 되다. 金～は要らない:돈 따위는 필요 없다. ② (경멸하여) …같은. 私～は:나 같은 것은.
❸ ～等〔～ら〕(名詞에 접속하여)복수를 나타냄. …들. これ～:이것들. お前～:너희들.

音読 1

等高線〔とうこうせん〕등고선. 지도상, 해수면에서 같은 높이의 지점을 이은 선.
等級〔とうきゅう〕등급. 높낮이의 차례.
等方性〔とうほうせい〕물리적 성질이 방향에 따라 달라지지 않는 것.
等辺〔とうへん〕등변 길이가 같은 변.
等分〔とうぶん〕등분. 같은 부분으로 나눔.
等比〔とうひ〕등비. 두 개의 비(比)가 서로 같음.
等数〔とうすう〕등수. 차례를 매겨 붙인 번호.
等圧線〔とうあつせん〕등압선. 기압이 같은 지점을 이어 그린 지도상의 선.
等閑〔とうかん〕등한. 주의하지 않으며, 대수롭지 않게 여김.

音読 2

平等〔びょうどう〕평등. 모두 다 같음. 차별이 없음. 동등함.

〔灯〕 풀:등불 등.
音:①トウ ② ドウ ③ ドン ④チン
訓:① ともす ② ともる ③ ひ ④ ほ～

❶ 灯す〔ともす〕(他5) (불을) 켜다. 火を～:불을 켜다. ろうそくを～:촛불을 켜다. 켜
❷ 灯る〔ともる〕(自5) (불이)켜지다. 電灯が ～:전등이 켜지다.
❸ 灯〔ひ:ともし:ともしび:あかし〕등불. 불빛.
❹ 灯影姿〔ほかげすがた〕등불의 불빛에 비치는 모습.

音読 1

灯台〔とうだい〕① 등대. ② 등잔 받침대. ～もと暗し:등잔 밑이 어둡다. ～守:등대지기.
灯明〔とうみょう〕神仏에게 올리는 등불.
灯心〔とうしん〕등심. 등잔불의 심지.
灯油〔とうゆ〕등유. ① 등잔 기름. ② 등유.
灯下〔とうか〕등하. 등불 밑.
灯火〔とうか〕등화. 등불. ～親しむ候:등화가친(燈火可親)의 계절. 독서의 계절.

音読 2

万灯〔まんどう〕① 많은 등. ② 손에 드는 등롱. ～会:많은 등롱에 불을 밝혀 중생의 죄과를 참회하는 法会.

音読 3

行灯〔あんどん〕네모난 나무틀에 종이를 바르고 그 속에 등잔을 넣은 것. 호롱.

音読 4

提灯〔ちょうちん〕① 초롱. ② 콧물 방울. ～持ち:① 초롱을 들고 행렬 앞에 선 사람. ② 타인의 선전이나 앞잡이로 이용되는 사람.

〔藤〕 풀:등나무 등.
音:トウ
訓:ふじ

藤〔ふじ〕등나무.
藤葛〔ふじかずら〕① 등나무의 덩굴. ② 덩굴풀.
藤袴〔ふじばかま〕등골나무.
藤蔓〔ふじづる〕등나무의 덩굴.
藤棚〔ふじだな〕등나무 덩굴의 시렁.
藤色〔ふじいろ〕연보랏빛.
藤衣〔ふじごろも〕등나무 섬유로 짠 옷.
藤波〔ふじなみ〕등꽃이 바람에 물결처럼 너울거리는 모양.

音 読

葛藤〔かっとう〕갈등. 분쟁. 분규.

〔謄〕 풀:베낄 등.
音:トウ
訓:

騰本〔とうほん〕등본. 원본을 등사한 문서.
騰写〔とうしゃ〕등사. 써서 베낌.
騰写版〔とうしゃばん〕등사판. 같은 문서를 많이 등사할 수 있는 간편한 인쇄기.

〖騰〗 풀 : 오를 등.
音 : **トウ**
訓 : ① あがる ② あげる

❶ **騰がる**〔あがる〕(自5) (값이)오르다. 비싸지다. **物価が～** : 물가가 오르다.
❷ **騰げる**〔あげる〕(他下1) (값을)올리다. 비싸지게 하다. **値段を～** : 값을 올리다.
騰貴〔とうき〕등귀. 물가가 오름.
騰落〔とうらく〕등락. 물가의 오름과 내림.
騰勢〔とうせい〕등세. 물가가 오르는 경향.

【라】

〖裸〗 풀 : 벌거숭이 라.
音 : **ラ**
訓 : **はだか**

裸〔はだか〕① 알몸. 맨몸. 벌거숭이. ② 무일푼. **～で嫁入りさせる** : 알몸으로 시집보내다.
裸馬〔はだかうま〕안장을 얹지 않은 말.
裸麦〔はだかむぎ〕쌀보리.
裸文〔はだかぶみ〕봉하지 않은 편지.
裸ん坊〔はだかんぼう〕알몸뚱이. 벌거숭이.
裸山〔はだかやま〕민둥산.
裸踊り〔はだかおどり〕나체 춤.
裸一貫〔はだかいっかん〕맨몸. 알몸. 빈주먹.
裸参り〔はだかまいり〕한추위에 발가벗고 神仏에 참배함.
裸虫〔はだかむし〕① 나충. 날개나 털이 없는 벌레의 총칭. 곤충의 유충. ② 인간. ③ 가난해서 옷이 없는 사람.

連濁音에 注意

素っ裸〔すっぱだか〕알몸뚱이. 맨몸.
真っ裸〔まっぱだか〕발가벗음. 알몸.

例 外

裸足〔はだし〕① 맨발. **～で歩く** ; 맨발로 걷다. ② 도저히 따라가지 못함.

音 読

裸婦〔らふ〕나부. 벌거벗은 여자.
裸像〔らぞう〕나상. 벌거벗은 사람의 형상.
裸身〔らしん〕나신. 나체.
裸子植物〔らししょくぶつ〕나자 식물(은행나무, 소나무 등).
裸体〔らたい〕나체. 벌거숭이. 알몸.
裸出〔らしゅつ〕나출. 노출(露出).

〖螺〗 풀 : 소라 라.
音 : **ラ**
訓 : **にし**

螺〔にし〕(바다에서 나는)고둥의 총칭.
螺旋〔らせん〕나선. ① 나사 모양으로 된 것. ② 나사못.
螺鈿〔らでん〕나전. 자개, 금조개 껍데기를 썰어낸 조각. (장식에 쓰임)자개.

〖羅〗 풀 : 벌일 라.
音 : **ラ**
訓 :

羅列〔られつ〕나열. 죽 벌려 놓음.
羅紗〔らしゃ〕나사. 양복지, 양장지.
羅針儀〔らしんぎ〕나침의. 나침반.

〖癩〗 풀 : 문둥병 라.
音 : **ライ**
訓 : **かったい**

癩〔かったい〕문둥병. 한센씨병. **～の瘡うらみ** : 문둥이가 담장이를 부러워한다. (조금이라도 나은 것을 보고 부러워함의 비유).
癩菌〔らいきん〕나균. 나병의 균.
癩病〔らいびょう〕나병. 문둥병. 한센씨병.
癩患者〔らいかんじゃ〕나환자. 문둥병 환자.

【락】

〖洛〗 풀 : 서울 락.
音 : **ラク**
訓 :

洛陽〔らくよう〕낙양. ① 중국의 고도(古都). ② 서울. 수도(首都).
洛外〔らくがい〕서울 밖.
洛中〔らくちゅう〕서울 안.

〖烙〗 풀 : 지질 락.
音 : **ラク**
訓 : やく

烙く〔やく〕(他5) 지지다. 낙인을 찍다.
烙印〔らくいん〕낙인. ① 불에 달구어 찍는 쇠로 만든 도장. ② 씻기 어려운 좋지 못한 이름. **～を押される** : 낙인이 찍히다.

〖落〗 풀 : 떨어질 락.
音 : ① **ラク** ② **ラッ**
訓 : ① おとす ② おちる

❶ **落とす**〔おとす〕(他5) ① 떨어 뜨리다. ② (실수해서)놓치다. **ボールを～** 공을 놓치다. ③ 잃어 버리다. 분실하다. ④ (정도를)줄이다. 낮추다. ⑤ **命を～** : 목숨을 잃다. ⑥ 죽이다. **鶏を～** : 닭을 잡다. ⑦ 빠뜨리다. ⑧ 누락시키다. ⑨ 함락시키다. ⑩ (물을)빼다. ⑪ (빛을) 어둡게하다. ⑫ 달아나게 하다. ⑬ 없애다. 지우다. ⑭ 낙찰하다. ⑮ 자백하게 하다. ⑯ 기절시키다. ⑰ 잘 처리하다 ⑱ 공제하고(빼고) 처리하다. ⑲ (아이를)낳다. 낙태시키다. ⑳ **気を～** : 낙심하다. 실망하다.
落(と)し〔おとし〕① 떨어뜨림. 흘림. ② 덫. ③ 함정. ④ 말의 끝맺음.
落(と)し蓋〔おとしぶた〕① 남비 안에 들어가게 만든 작은 뚜껑. ② 궤짝 측면의 세로 홈을 따라 위아래로 여닫는 뚜껑.

落(と)し文〔おとしぶみ〕공공연하게 말할 수 없는 일을 글로 써서 자연히 남들이 읽어 볼 수 있도록 일부러 떨어뜨려 놓은 익명(匿名)의 문서.

落(と)し物〔おとしもの〕분실물. 빠뜨린 물건.

落(と)し胤〔おとしだね〕낙윤. 貴人이 본처 아닌 여자에게 낳게 한 아이.

落(と)し入れる〔おとしいれる〕(他下1) ① (위기에) 빠뜨리다. ② 계략에 걸리게 하다. ③ 함락시키다.

落(と)し子〔おとしご〕부산물(副産物).

落(と)し前〔おとしまえ〕(깡패 사회 에서) 싸움의 뒷처리(로 주고 받는 금전).

落(と)し紙〔おとしがみ〕화장지. 뒤지.

落(と)し差し〔おとしざし〕(단정하게 차지 않고)칼끝이 밑으로 처지게 칼을 참.

落(と)し穴〔おとしあな〕① 함정. ② 모략. 계략.

落(と)し話〔おとしばなし〕만담.

❷ **落ちる**〔おちる〕(自上1) ① 떨어지다. ② (비가)내리다. ③ 빠지다. ④ 무너져 내려앉다. ⑤ 누락되다. ⑥ (색이)바래다. ⑦ 약해지다. ⑧ 자백하다. ⑨ (해, 달이) 기울다. ⑩ (전쟁에 져서)몰래 도망하다. ⑪ 기절하다. ⑫ 비치다. ⑬ 죽다.

落ち〔おち〕① 누락. 실수. 빠뜨림. ② 도망침. ③ (뻔한)결말. ④ 끝맺는 매듭. ⑤ (장기에서)떼고 두기.

落ちくぼむ〔おちくぼむ〕(自5) 움푹 패다. 움푹 들어가다.

落ちぶれる〔おちぶれる〕(自下1) 영락(零落)하다. 몰락(没落)하다.

落ち口〔おちぐち〕① 물이 흘러내려 떨어지는 곳. ② 당첨자. 낙찰자.

落ち度〔おちど〕잘못. 과실.

落ち目〔おちめ〕① 한물 감. 내리막길에 들어선 상태(운명). ② 상품의 중량이 送状의 내용보다 줄어 있는 일.

落ち武者〔おちむしゃ〕싸움에 지고 도망치는 무사.

落ち穂〔おちぼ〕(떨어진)이삭.

落ち様〔おちざま〕떨어지려고 할때.

落ち魚〔おちうお〕① (물 온도가 내렸기 때문이거나) 산란하러 강을 내려가는 물고기(은어). ② 죽은 물고기.

落ち延びる〔おちのびる〕(自上1) (무사히) 멀리 달아나다.

落ち縁〔おちえん〕방바닥보다 낮은 툇마루.

落ち葉〔おちば〕① 낙엽. ② 갈색. 고동색.

落ち栗〔おちぐり〕떨어진 밤.

落人〔おちうど〕사람 눈을 피해(싸움에 지고) 도망가는 사람.

落ち込む〔おちこむ〕(自5) ① (구멍, 물에)빠지다. ② 움푹 패다. 쑥 들어가다.

落ち着き〔おちつき〕① 침착성. 침착한 태도. ② 기물(器物)의 안정성. **~が悪い机**; 안정성이 없는 책상.

落ち着く〔おちつく〕(自5) ① 자리잡다. ② 머물다. ③ 가라앉다. 진정되다.

落ち着ける〔おちつける〕(他下1) ① 안정시키다. 진정시키다. ② 귀결시키다.

落ち着き払う〔おちつきはらう〕(自5) 태연자약하다. 조금도 덤비지 않고 유연하다.

落ち札〔おちふだ〕낙찰.

落ち合い〔おちあい〕① 만남. ② 두 강이 합류하는 곳.

落ち合う〔おちあう〕(自5) (약속한 곳에서)만나다. 합류하다.

音読 1

落胆〔らくたん〕낙담. 실망함.

落雷〔らくらい〕낙뢰. 벼락이 떨어짐.

落涙〔らくるい〕낙루. 눈물을 흘림.

落馬〔らくば〕낙마. 말에서 떨어짐.

落盤〔らくばん〕낙반. 갱내(坑内)의 천장이나 벽의 암석이 무너져 떨어짐.

落書き〔らくがき〕낙서. 장난으로 아무 데나 함부로 글씨를 씀.

落選〔らくせん〕낙선. 선거에 떨어짐.

落成〔らくせい〕낙성. 건축 공사를 다이룸.

落陽〔らくよう〕낙양. 지는 해.

落語〔らくご〕만담(漫談).

落葉樹〔らくようじゅ〕낙엽수. 가을에 잎이 떨어져 이듬해 봄에 새 잎이 나는 나무.

落伍〔らくご〕낙오. 동료로부터 뒤떨어짐.

落丁〔らくちょう〕낙정. 책장이 빠지는 것.

落第〔らくだい〕낙제. ① 불합격. ② 진급하지못함. ③ 부적당. ④ 실패.

落着〔らくちゃく〕낙착. 일이 끝남.

落札〔らくさつ〕낙찰. 경쟁 입찰에서 매매, 청부등의 권리를 얻음.

落後〔らくご〕낙후. 뒤떨어짐.

音読 2

落款〔らっかん〕낙관. 書画에 필자가 서명(署名)하거나 도장을 찍음.

落果〔らっか〕낙과. 떨어진 과일.

落下〔らっか〕낙하. 떨어짐. **~傘**; 낙하산.

落花〔らっか〕낙화. 꽃이 떨어짐.

例外

洒落〔しゃれ〕① 익살. ② 깔끔하고 재치가 있음. ③ お~: 멋장이. 멋부림.

〔絡〕

풀: 이을 락.
音: **ラク**
訓: ① **からむ** ② **からます** ③ **からまる** ④ **からげる**

❶ **絡む**〔からむ〕(自5) ① 휘감기다. 얽히다. 얽매이다. ② 시비를 걸다. 성가시게 굴다.

絡み付く〔からみつく〕(自5) ① 휘감기다. ② 귀찮게 시비를 걸다. ②성가시게 달라붙다.

絡み付ける〔からみつける〕(他下1) ① 휘감기게하다. ② 얽히게 하다.

❷ **絡ます**〔からます〕(他5) 얽히게(휘감기게)하다.

❸ **絡まる**〔からまる〕(自5) 얽히다. 휘감기다.

❹ **絡げる**〔からげる〕(他下1) ① 얽다. 매

다. ② (옷자락을) 걷어 올리다.

音 読

連絡〔れんらく〕연락. ① 서로 이어짐. ② 기분, 정보 등을 상대방에게 알림.

〖楽〗 풀 : ① 즐거울 락. ② 풍류 악.
音 : ① ラク. ② ラッ
③ ガク(풍류악 참조)
訓 : ① たのしい ② たのしむ

❶ 楽しい〔たのしい〕(形) 즐겁다.
❷ 楽しむ〔たのしむ〕(他 5) ① 즐기다. ② 기뻐하다. 좋아하다. 上達を～; 숙달함을 기뻐하다.
楽しみ〔たのしみ〕즐거움. 낙(楽).

音読 1

楽〔らく〕① 즐거움. ② 편안함. ③ 손쉬움. ～に : 편히. 쉽게. 용이하게.
楽焼(き)〔らくやき〕① 손으로 만든 결이 거친 도기(陶器). ② 토기(土器)에 손님으로 하여금 그림을 그리게 한 다음 단시간에 구워 내는 도자기.
楽園〔らくえん〕낙원. 안락하게 살 수 있는 즐거운 곳.
楽土〔らくど〕낙토. 즐거운 땅. 낙원.
楽天〔らくてん〕낙천. ① 세상과 인생을 즐겁게 생각하는 것. ② 태평스러운 것.

音 読 2

楽観〔らっかん〕낙관. 일이 잘되리라고 봄. 밝은 전망을 가짐.

例 外

神楽〔かぐら〕① 神에게 제사지낼 때 연주하는 무악(舞楽). ② 연극의 반주 음악의 하나.
倶楽部〔クラブ〕Club.

ガク(한글의 "악")으로 발음 되는 경우는 349 페이지 楽(풍류 악)참조.

〖酪〗 풀 : 소젖 락.
音 : ラク
訓 :

酪農〔らくのう〕낙농. 소나 양(羊)을 기르며 우유,버터,치이즈 등을 생산하는 농업.
乾酪〔かんらく〕건락. 치이즈.
牛酪〔ぎゅうらく〕우락. 버터.
乳酪〔にゅうらく〕유락. 버터.

〖駱〗 풀 : 낙타 락.
音 : ラク
訓 :

駱駝〔らくだ〕낙타. 등에 큰 혹이 있고 사막(沙漠)에 살 수 있음(그 털은 품질이 좋은 모직물을 만듦).

【란】

〖乱〗 풀 : 어지러울 란.
音 : ラン
訓 : ① みだす ② みだれる

❶ 乱す〔みだす〕(他 5) ① 어지럽히다. 어지르다. 흩트리다. ② 혼란시키다.
❷ 乱れる〔みだれる〕(自下 1) 어지러워지다. 흩어지다. 혼란(문란)해지다.
乱れ〔みだれ〕① 흐트러짐. 어지러움. 혼란. ② (能楽에서)잦은 속도로 변하는 춤, 반주.
乱れ髪〔みだれがみ〕마구 흐트러진 머리. 어수선한 머리 산발(散髪).
乱れ箱〔みだればこ〕벗은 의복 등을 넣는 뚜껑없는 상자.

音 読

乱国〔らんごく〕난국. 어지러운 나라.
乱気流〔らんきりゅう〕난기류.
乱立〔らんりつ〕난립. 난잡하게 늘어 섬.
乱脈〔らんみゃく〕난맥. 질서가 어지러움.
乱舞〔らんぶ〕난무. 어지럽게 춤을 춤.
乱射〔らんしゃ〕난사 .마구 쏨.
乱世〔らんせい〕난세. 어지러운 세상.
乱雑〔らんざつ〕난잡. 질서가 문란함.
乱戦〔らんせん〕난전. ① 혼전(混戦).②승부가 쉽게 결정되지 않는 싸움.
乱切り〔らんぎり〕(요리에서) 난도질. ～にする : 난도질하다.
乱打〔らんだ〕난타. ① 함부로 마구 때림. ② (야구에서) 안타(安打)를 연발함.
乱暴〔らんぼう〕난폭. 거칠고 사나움.
乱筆〔らんぴつ〕난필. 되는 대로 마구 갈겨 씀.
乱行〔らんこう〕난행. 도리에 어긋나는 행동.

〖卵〗 풀 : 알 란.
音 : ラン
訓 : たまご

卵〔たまご〕알. 계란. 달걀.
卵色〔たまごいろ〕① 달걀색. ② 연노랑색
卵焼き〔たまごやき〕달걀부침.
卵綴じ〔たまごとじ〕국건더기 등에 계란을 풀어 얹어 엉기게 한 것.
卵形〔たまごがた : らんけい〕달걀 모양.

音 読

卵殻〔らんかく〕난각. 알의 껍질.
卵管〔らんかん〕난관.
卵白〔らんぱく〕난백. 계란의 흰자위.
卵生〔らんせい〕난생. 알을 낳아 새끼를 깜.
卵巣〔らんそう〕난소. 난자(卵子)를 만들어 내는 기관.
卵子〔らんし〕난자. 자성(雌性)의 생식 세포.
卵形〔らんけい : たまごがた〕달걀 모양.
卵黄〔らんおう〕난황. 계란의 노른 자위.

〖蘭〗 풀 : 난초 란.
音 : ラン
訓 :

蘭〔らん〕① 난초. ②네델란드(和蘭)의 약칭.
蘭交〔らんこう〕난교. 뜻이 맞아 서로 친

밀한 사람들의 사귐.
蘭虫〔らんちゅう〕난금붕어.
蘭塔場〔らんとうば〕묘지. 무덤.

〔**懶**〕 풀：게으를 란.
音：**ラン**
訓：**ものうい**

懶い〔ものうい〕(形) 울적하다. 어쩐지 몸이 나른하고 마음이 내키지 않는다.

音 読

懶意〔らんい〕난의. 게으른 마음.
懶惰〔らんだ〕난타. 게으름. 태만함.

〔**欄**〕 풀：난간 란.
音：**ラン**
訓：

欄〔らん〕① 난간. ② 둘레. 테. ③ 기사(記事)종류의 구분. **文芸～**; 문예란.
欄干〔らんかん〕난간. 층계나 다리의 가장자리에 나무나 쇠 등을 가로 세로로 건너질러 놓아 사람이 떨어지지 않게 한 살.
欄間〔らんま〕채광. 통풍(通風)을 위하여 천정과 중방사이에 있는 벽에 창문이나 격자등을 댄 곳.
欄外〔らんがい〕난외. 테로 친 선의 바깥.

〔**爛**〕 풀：찬란할 란
音：**ラン**
訓：**ただれる**

爛れる〔ただれる〕(自下1) ① 진무르다. **傷が～**; 상처가 진무르다. ② (어떤 일에) 빠지다. 탐구하다. **酒に～**; 술에 빠지다.
爛れ〔ただれ〕문드러짐. 문드러진 상태.
爛爛〔らんらん〕반짝반짝 빛나는. **～たる眼光**; 반짝반짝 빛나는 안광.
爛熟〔らんじゅく〕난숙. ① 무르익음. ② 충분히 발달함. 극도로 성숙함.

ㄹ

【람】

〔**嵐**〕 풀：산기운 람.
音：**ラン**
訓：**あらし**

嵐〔あらし〕① 폭풍우. **～の前の静けさ**; 폭풍전(야)의 고요함. ② 폭풍(가정, 사회에서의 시끄러움이나 비상 사태에 비유하는 말).

音 読

嵐光〔らんこう〕난광. 산속의 안개가 밝게 햇빛을 받아 생기는 현상.
嵐気〔らんき〕난기. 산속에 생기는 푸르스름하고 흐릿한 기운, 공기, 안개.

〔**覧**〕 풀：볼 람.
音：**ラン**
訓：**みる**

覧る〔みる〕(他上1) ① 보다. ② 구경하다.

音 読

博覧会〔はくらんかい〕박람회.
回覧〔かいらん〕회람. 차례차례로 돌려 가며 봄. **～雑誌**; 회람잡지.

〔**藍**〕 풀：남빛 람.
音：**ラン**
訓：**あい**

藍〔あい〕(植) 쪽. 마디풀과에 속하는1년초. 잎에서 남빛 물감을 얻음.
藍色〔あいいろ〕남빛.
藍玉〔あいだま〕쪽잎을 발효(発酵) 시켜서 굳힌 물감.
藍汁〔あいしる〕쪽잎을 찧어 굳힌 물감.
藍地〔あいじ〕남빛의 옷감.(천).

音 読

藍褸〔らんる〕남루. ①헌 누더기. ②누더기 옷.
藍綬褒章〔らんじゅほうしょう〕발명, 발견, 사회사업등을 통해서 사회생활 개선에 이바지한 사람에게 일본정부가 수여하는 남색 리본이 달린 기장(記章).
藍青色〔らんせいしょく〕남청색. 짙고 검푸른 색.

〔**濫**〕 풀：넘칠 람.
音：**ラン**
訓：**みだり**

濫り〔みだり〕사리에 어긋남. 마구(함부로) 행동함. **～なふるまい**; 함부로 구는 행동.

音 読

濫する〔らんする〕(自サ) 문란해지다. 어지러워지다. 복잡해지다.
濫発〔らんぱつ〕남발. ①法令, 지폐 등을 마구 발포하거나 발행함. ②총을 마구 발사함.
濫伐〔らんばつ〕남벌. 나무를 함부로 벰.
濫用〔らんよう〕남용. 함부로 씀. 헛되이 씀.
濫獲〔らんかく〕남획. 마구 잡거나 채취함.
濫行〔らんこう〕남행. 난잡한 행동.

【랍】

〔**拉**〕 풀：끌고 갈 랍.
音：**ラツ. ラ**
訓：

拉する〔らっする〕(他サ) 납치하다.
拉致〔らち〕납치. 강제 수단을 써서 억지로 데리고 감. 강제로 끌고 감.

【랑】

〔郎〕 풀：사내 랑.
音：ロウ
訓：

郎君〔ろうくん〕낭군. ①젊은 귀공자. ②아내가 남편을 부르는 말.
郎党〔ろうどう〕무가(武家)의 가신(家臣).
新郎〔しんろう〕신랑. 새로 결혼한 남사.

例 外

弥次郎兵衛〔やじろべえ〕막대 위 끝에 T형으로 가로대를 대고, 그 가로대 양끝에 무거운 물건을 매달아 좌우가 균형을 이뤄 막대가 넘어지지 않도록 한 장난감의 하나.

〔浪〕 풀：물결 랑.
音：ロウ
訓：なみ

浪〔なみ〕①파도. ②물결. ③굴곡. 기복(起伏).
浪路〔なみじ〕뱃길. 항로.

例 外

浪花節〔なにわぶし〕三味線의 반주로 곡조를 붙여 노래하다가 이야기하다가하는 노래의 한가지. 내용은 무용담, 인정담 등.

音 読

浪曲〔ろうきょく〕⇨浪花節.
浪漫〔ろうまん〕낭만. 정서적(情緒的)이면서 더 아름다운 미래를 지향하는 낙천적(楽天的)인 상태.
浪費〔ろうひ〕낭비. 재물이나 시간을 필요치 않은 곳에 헛되이 씀.
浪士〔ろうし〕낭사. 일정한 소속이나 섬길 주인이 없는 무사(武士).
浪人〔ろうにん〕낭인. ①주인이나 소속이 없는 무사(武士). ②실업자(失業者). ③학교를 졸업하고 상급학교의 입학시험에 떨어진 자. 재수생(再修生).

〔狼〕 풀：이리(늑대) 랑.
音：ロウ
訓：おおかみ

訓 読

狼〔おおかみ〕(動) 이리. 늑대. 街の～；거리의 늑대. 색한(色漢). 送り～；늑대같은 사나이(여자를 바래다 주는 체하면서 덮치는 사내).

音 読

狼心〔ろうしん〕낭심. 늑대처럼 욕심이 많음.
狼煙〔ろうえん〕낭연. 적의 내습, 위급을 알리기 위해 피우는 불. 봉화(烽火).
狼藉〔ろうぜき〕①어지럽게 여기저기 흩어져 있음. ②난폭함.
狼狽〔ろうばい〕낭패. 일이 실패로 돌아가 당황하는 것.
狼虎〔ろうこ〕낭호. 늑대와 호랑이.
狼火〔ろうか〕낭화. 봉화불. 狼煙.

〔朗〕 풀：달 밝을 랑.
音：ロウ
訓：ほがらか

朗らか〔ほがらか〕(形動) ①쾌활함. 명랑함. ～な人；명랑한 사람. ～に笑う；쾌활하게 웃는다. ②(날씨가)쾌청함. ～な天気；쾌청한 날씨.

音 読

朗読〔ろうどく〕낭독. 소리를 내어 읽음.
朗朗と〔ろうろうと〕낭랑하게. 소리가 매우 맑고 명랑하게.
朗報〔ろうほう〕낭보. 기쁜 소식.
朗詠〔ろうえい〕詩歌에 가락을 붙여서 읊음.
朗月〔ろうげつ〕낭월. 밝은 달.
朗吟〔ろうぎん〕낭음. 詩歌를 가락에 맞추어 소리높여 읊음.

〔廊〕 풀：곁채 랑. 복도 랑.
音：ロウ
訓：

廊下〔ろうか〕낭하. 복도. ～続き；두 건물이 복도에 의해서 이어져 있는 것.
画廊〔がろう〕화랑. 미술 전람실.

【래】

〔来〕 풀：올 래.
音：ライ
訓：①くる ②きたる ③きたす

❶ 来る〔くる〕(カ変) 오다. (시간적, 거리적으로) 이리로 오다. 다가오다.
来ない〔こない〕(未然形)：오지 않는다.
来ます〔きます〕(連用形)：옵니다.
来る〔くる〕(終止形)：오다.
来れば〔くれば〕(仮定形)오면. 온다면.
来い〔こい〕(命令形)：오너라.
来よう〔こよう〕(未然形)：오자. 오겠다. 올 것이다.

❷ 来る〔きたる〕(自5) ①오다. 다가오다. 颱風が～；태풍이 다가오다. ②(動詞連用形에 접속하여)…하여 오다. 用い～；사용하여 오다. (連体) 오는. 이번. ～十日. 오는 10일.
来るべき〔きたるべき〕(連体) 다음에 오는. 요 다음의. ～総選挙には；요 다음 선거에는.

❸ 来す〔きたす〕(他5) 오게하다. 초래하다. 일으키다. 失敗を～；실패를 초래하다.

来合わせる〔きあわせる〕(自下) (마침) 와 있어 만나다. 우연히 만나다. いい所へ来合わせた；때 마침 잘 만났다(왔다).
出来る〔できる〕(自上1) ①할 수 있다. 할 줄 안다. ②생기다. ③만들어지다.

例 外

出来す〔でかす〕(他5) ①(잘) 되게 하다. ②만들다.

例 外

来ん年〔こんとし〕내년. 명년.

音 読

来客〔らいきゃく〕내객. 방문객(訪問客).
来年〔らいねん〕내년. 다음해.
来歴〔らいれき〕내력. 역사. 유래.
来訪〔らいほう〕내방. 찾아 옴.
来賓〔らいひん〕내빈. 초대되어 온 손님.
来月〔らいげつ〕내월. 다음달. 새달.
来日〔らいじつ〕내일. 장차 오는 날.
〔らいにち〕일본에 찾아 옴. 訪日.
来週〔らいしゅう〕내주. 다음 주.
来診〔らいしん〕내진. 의사가 환자의 집에 와서 진찰함.
来着〔らいちゃく〕내착. 목적지에 닿음.
来会〔らいかい〕내회. 와서 모임.

【랭】

〔冷〕

풀：찰 랭.
音：レイ
訓：① さます ② さめる ③ つめたい ④ ひえる ⑤ ひや ⑥ ひやす ⑦ ひやかす ⑧ ひややか

❶冷ます〔さます〕(他5) 식히다. 湯を～：더운물을 식히다. 興を～：흥을 깨다.
湯冷まし〔ゆざまし〕① 끓여 식힌 물. ② 끓인 물을 식히는 데 쓰는 그릇.
❷冷める〔さめる〕(自下1) 식다. 湯が～：더운물이 식다. 恋が～：사랑이 식다.
湯冷め〔ゆざめ〕목욕 후 한기를 느낌.
❸冷たい〔つめたい〕(形) ① 차다. ～飲み物：찬 음료수. ② 냉정(냉담)하다. 쌀쌀하다. ～目で見る：쌀쌀한 눈(초리)으로 보다. 매몰차다. 매정하다. ③ 날카로운 대립 관계에 있다.
❹冷える〔ひえる〕(自1) ① 차가워지다. ② 식다. ③ 냉담해지다. 心が～：마음이 냉담해지다.
冷え〔ひえ〕① 차가움. 냉기. ② 냉(冷). 냉병.
冷え冷え〔ひえびえ〕냉랭함. 쌀쌀함.
冷え性〔ひえしょう〕냉한 체질(体質).
冷え込む〔ひえこむ〕(自5) ① 몹시 차가워지다. 갑자기 기온이 내려가다. ② 추위가 몸 속까지 스며들다.

連濁音에 注意

底冷え〔そこびえ〕몸 속까지 추위가 스며듦.
寝冷え〔ねびえ〕차게 자서 배탈이나 감기에 걸림.
❺冷や〔ひや〕차가운 것. 찬 것. お～：냉수.
冷やっこい〔ひやっこい〕(形) 차갑다. ～水：차가운 물.
冷や奴〔ひややっこ〕날두부에 간장과 양념을 곁들인 음식.
冷や冷や〔ひやひや〕① 서늘함. ② 조마조마함.
冷や麦〔ひやむぎ〕냉국수.
冷や飯〔ひやめし〕찬밥. ～食い：식객. ～草履(ぞうり)：막치 짚신.
冷や水〔ひやみず〕냉수. 찬물.
冷や酒〔ひやざけ〕찬술. 데우지 않은 술.
冷や汗〔ひやあせ〕냉한. 식은 땀.
❻冷やす〔ひやす〕(他5) 차게 하다. 식히다. 서늘하게 하다. 肝を～：간담이 서늘해지다.
冷やし〔ひやし〕차게 함. 차게 한 것. ～ビール：냉맥주.
❼冷やかす〔ひやかす〕(他5) ① 식히다. 차게하다. ② 희롱하다. 놀리다. 물건을 보거나 값 만 물어보다. 露店を～：노점에서 물건 구경만 하고 값 만 물어보다.
冷やかし〔ひやかし〕놀림. 놀리는 사람. ～半分に：반놀림조로.
❽冷ややか〔ひややか〕(形動) ① 싸늘함. 차가움. 냉랭함. ② 냉정함. 냉담함. 쌀쌀함. 냉혹. ～な態度：냉정한 태도.

音 読

冷却〔れいきゃく〕냉각. ① 식힘. ② 얼마동안 이야기를 중단하고 서로의 기분을 가라앉힘.
冷淡〔れいたん〕냉담. ① 열의가 없음. ② 동정심이 없음. 무정(無情).
冷凍〔れいとう〕냉동. 식품을 얼림.
冷房〔れいぼう〕냉방. 실내의 온도를 외부의 온도보다 낮게 함.
冷床〔れいしょう〕냉상. 온상이 아닌 자연 그대로의 못자리.
冷笑〔れいしょう〕냉소. 비웃음. 조소.
冷水〔れいすい〕냉수. 찬물.
冷遇〔れいぐう〕냉우. 냉대(冷待).
冷肉〔れいにく〕냉육. 소, 돼지, 닭고기를 찐 후 그대로 식힌 고기.
冷蔵庫〔れいぞうこ〕냉장고.
冷静〔れいせい〕냉정. 침착해서 감정에 흐르지 않는 것.
冷評〔れいひょう〕냉평. ① 냉정하게 비평함. ② 비웃음.
冷害〔れいがい〕냉해. 한랭기후에 의한 피해.
冷血〔れいけつ〕냉혈. ① 体温이 외기보다 차가움. ② 온정이 없음. 냉혹.
冷酷〔れいこく〕냉혹. 인정이 없고 혹독함.

【략】

〔掠〕 풀：노략할 략. 빼앗을 략.
音：リャク
訓：① かすめる ② かする

❶掠める〔かすめる〕(他下1) ① 훔치다. 빼앗다. ② (눈을) 속이다. ③ 스치다.
掠め取る〔かすめとる〕(他5) ① 닥치는대로 빼앗다. ② 남의 눈을 속여 훔치다.
❷掠る〔かする〕(他5) ① 스치다. ② 슬쩍 가로채다. ③ (들어 있는 물건이 적어서) 바닥이 긁히다. ④ (먹을 조금 묻혀) 스치듯이 쓰다.
掠り〔かすり〕① 스침. ② (남의 몫의 일부를 가로챔. ③ 붓글씨에 (먹이 조금 묻어) 흰자국이 남. ④ 긁힌 상처. 찰상(擦傷) ⑤ 재담.

ㄹ

音 読

掠奪〔りゃくだつ〕약탈. 폭력을 써서 남의 것을 강제로 빼앗음.

〔略〕 풀：간략할 략.
音：① リャク ② リャッ
訓：ほぼ

略略〔ほぼ〕거의. 대부분. 대개. 대강

音読①

略〔りゃく〕약. ① 대강. 대략. ② 생략.
略す〔りゃくす〕(他サ) ⇨ 略する
略する〔りゃくする〕(他サ) 생략하다. 本文を～ ; 본문을 생략하다. 以下～ ; 이하 생략한다.
略図〔りゃくず〕약도. 간략하게 그린 도면.
略歴〔りゃくれき〕약력. 간단한 이력.
略綬〔りゃくしゅ〕훈장, 기장 대신에 다는 리본. 약식 훈장이나 기장.
略述〔りゃくじゅつ〕약술. 간략하게 논술함.
略式〔りゃくしき〕약식. 간략한 형식.
略語〔りゃくご〕약어. 줄여서 쓰는 말.
略儀〔りゃくぎ〕약식(略式). ～ながら ; 약식이지만.
略字〔りゃくじ〕약자. 글자의 획수를 줄여서 간단하게 쓴 글자.
略取〔りゃくしゅ〕약취. 빼앗아 가짐.
略称〔りゃくしょう〕약칭. 생략해서 일컬음.
略奪〔りゃくだつ〕약탈. 폭력을 써서 강제로 빼앗음.
略号〔りゃくごう〕약호. 생략한 기호.

音読 2

略記〔りゃっき〕약기. 간략하게 적음.
略解〔りゃっかい〕약해. 골자만 추려 간략하게 해석함. 또는 그렇게 한 것.

【량】

〔両〕 풀：둘 량.
音：リョウ
訓：

両〔りょう〕① 양. 둘. 두 개. ② 무게의 단위.
両家〔りょうけ〕양가., 양쪽 집.
両建て〔りょうだて〕정기 예금의 예입과 담보로 한 대출을 동시에 하는 것.
両国〔りょうこく〕양국 두 나라. 양쪽 나라.
両極〔りょうきょく〕양극. ① 남극과 북극. ② 양극(陽極)과 음극(陰極).
両党〔りょうとう〕양당. 두 개의 정당.
両得〔りょうとく〕양득. 이중의 이익.
両論〔りょうろん〕양론. 대립하는 두 가지 의론.
両立〔りょうりつ〕양립. 둘이 함께 섬.
両面〔りょうめん〕양면. ① 두 가지 방면. ② 두면. 겉과 안 양쪽의 면.
両方〔りょうほう〕양방. 두 편. 양쪽.
両三〔りょうさん〕두셋. ～度; 두세 번～日 : 2,3일.
両性〔りょうせい〕양성. ① 남성과 여성. ② 양성(陽性)과 음성(陰性).
両手〔りょうて〕양손. 두 손.
両袖〔りょうそで〕양소매.
両様〔りょうよう〕두 가지. 두 종류.
両腕〔りょううで〕양팔.
両用〔りょうよう〕양용. 양쪽 방면에 쓰임.
両院〔りょういん〕양원. ① 上院과 下院. ② 参議院과 衆議院. 上下(じょうげ)～ :
両為〔りょうだめ〕쌍방을 위한 것.
両日〔りょうじつ〕양일. 이틀.
両前〔りょうまえ〕(양복 저고리의)더블. ダブル.
両次〔りょうじ〕양차. 두 번. 2회.
両替〔りょうがえ〕어떤 종류의 돈을 다른 돈으로 바꾸는 것. 환전(換銭).～屋.
両側〔りょうがわ〕양측. 양쪽. 양편.
両親〔りょうしん〕양친. 부모. 어버이.

〔良〕 풀：좋을 량. 어질 량.
音：リョウ
訓：① よい ② よく ③ よし

❶良い〔よい : いい〕(形) ① 좋다. ② 괜찮다. ③ 효과가 있다. ④ 아름답다. ⑤ 선량하다. 착하다. ⑥ 알맞다. 적당하다. ⑦ 충분하다. ⑧ 이롭다.
❷良く〔よく〕(副) ① 늘. 자주. ② 잘.
❸良し〔よし〕(文語) 좋다.

音 読

良家〔りょうけ〕양가. 가문이 좋은 집안.
良導体〔りょうどうたい〕양도체. 열 또는 전기를 잘 전하는 물체.
良民〔りょうみん〕양민. 선량한 백성.
良否〔りょうひ〕양부. 좋은 것과 나쁜 것.
良書〔りょうしょ〕양서. 좋은 서적.
良識〔りょうしき〕양식. 높은 식견.
良心〔りょうしん〕양심. 선악을 판단하는 마음.
良薬〔りょうやく〕양약. 잘 듣는 약.
良縁〔りょうえん〕양연. 좋은 인연.
良友〔りょうゆう〕양우. 유익한 벗.
良質〔りょうしつ〕양질. 성질이 좋음.

良妻〔りょうさい〕양처. 좋은 아내.

良風美俗〔りょうふうびぞく〕양풍 미속 . 좋은 풍습과 아름다운 풍속.

良好〔りょうこう〕양호. 성적, 상태가 좋음.

〔涼〕 풀：서늘할 량
音：リョウ
訓：① **すず**しい ② **すず**む

❶涼しい〔すずしい〕(形) ① 시원하다. 서늘하다. ② 맑고 시원하다. 상쾌하다. 산뜻하다. ③ 소탈하다. 미련없다. 깨끗하다.

❷涼む〔すずむ〕(自5) 시원한 바람을 쐬다.

涼み〔すずみ〕바람을 쐼. 川へ～に行く；강에 바람 쐬러 가다. 夕～；(시원한) 저녁 바람을 쐼.

涼み台〔すずみだい〕시원한 바람을 쐴 때 사용하는 평상(걸상).

音 読

涼 〔りょう〕선선한 것. 시원한 것. ～を取る；납량(納涼)하다.

涼気〔りょうき〕시원한 공기. 서늘한 바람.

涼味〔りょうみ〕시원한 맛. 선선한 기운.

涼雨〔りょうう〕시원한 비.

涼秋〔りょうしゅう〕양추. 서늘한 가을.

涼風〔りょうふう〕양풍. 시원한 바람. 서늘한 바람.

〔量〕 풀：헤아릴 량
音：リョウ
訓：はかる

量る〔はかる〕(他5) (무게를)달다. (되로) 되다. 目方を～；무게를 달다. 升で～；되로 되다.

量り〔はかり〕저울질. 저울질한 양. ～をよくする；근을 잘 주다.

量り売り〔はかりうり〕저울에 달아서 팖.

量り込む〔はかりこむ〕(他5) 저울로 달 때 정량 이상을 달다.

音 読

量〔りょう〕① 양·② 무게. ③ 부피.

量器〔りょうき〕양기. 재는 기구.

量目〔りょうめ〕중량. 무게.

量産〔りょうさん〕양산. 대량 생산(大量生産).

量水器〔りょうすいき〕양수기. 水位, 水量을 재는 기구.

量子〔りょうし〕양자. 불연속적인 양적 변화를 하는 최소량의 단위. 에네르기양자, 광량자(光量子) 등.

量的〔りょうてき〕양적. 양으로 따짐.

〔諒〕 풀：생각하여 줄 량.
音：リョウ
訓

諒〔りょう〕진실. 참다운 것.

諒恕〔りょうじょ〕양해하고 용서함.

諒闇〔りょうあん〕양암. 임금이 부모의 상(喪)을 입는 기간.

諒察〔りょうさつ〕양찰. 동정해서 推量함.

諒解〔りょうかい〕양해. 이해함.

〔輛〕 풀：수레 량
音：リョウ
訓：

輛〔りょう〕양. (열차의 수를 세는 말).

車輛〔しゃりょう〕차량. 차.

〔糧〕 풀：곡식 량. 양식 량.
音：① リョウ ② ロウ
訓：かて

糧〔かて〕양식. 心の～；마음의 양식. 生活の～に窮する；생활의 양식이 궁하다.

音 読 ①

糧穀〔りょうこく〕양곡. 양식으로 쓰는 곡식.

糧道〔りょうどう〕양도. (군대의)식량을 수송하는 통로.

糧米〔りょうまい〕양미. 양식으로 쓰는 쌀.

糧食〔りょうしょく〕양식. 식량.

音 読 2

兵糧〔ひょうろう〕① 군대의 식량. 군량미. ② 활동의 원동력.

【려】

〔励〕 풀：힘쓸 려
音：レイ
訓：① はげむ ② はげます

❶励む〔はげむ〕(自5) 힘쓰다. 研究に～；연구에 힘쓰다. 仕事に～；일에 힘쓰다.

励み〔はげみ〕① 힘씀. 노력함. ② 자극. ～になる；자극이 되다.

❷励ます〔はげます〕(他5) ① 북돋다. 격려하다. ② 힘을 주어 강하게 하다. 声を～；언성을 높이다.

励まし〔はげまし〕① 힘줌. ② 격려. 북돋음.

音 読

励行〔れいこう〕애써 행함. 힘껏 행함.

奨励〔しょうれい〕장려. 좋은 일에 힘쓰도록 권하여 북돋우어 줌.

〔戻〕 풀：돌려줄 려.
音：
訓：① もどす ② もどる

❶戻す〔もどす〕(他5) ① (제자리로) 되돌리다. 갚다. 金を～；돈을 갚다. 書類を～；서류를 되돌리다. ② 토하다. 薬を～；약을 토하다.

❷戻る〔もどる〕(自5) 되돌아가(오)다. 席に～；자리로 되돌아가다.

戻り〔もどり〕① 되돌아감(옴). ② 원상복귀. ③ 귀가(帰家). 귀로(帰路). ④ 시세가 회복됨. ⑤ (낚시, 뜨게 바늘의) 바늘끝의 미늘.

戻り掛〔もどりがけ〕돌아오(가)는 도중.

戻り道〔もどりみち〕귀로(帰路).

戻り売り〔もどりうり〕내린 시세가 다시 올랐을 때 팖.

〔旅〕
품：나그네 려
音：リョ
訓：たび

旅〔たび〕여행. ～憂いもの, 辛いもの；여행은 서글프고 고생스러운 것. ～は道づれ, 世は情け. 여행에는 길동무, 세상살이에는 인정.
旅稼ぎ〔たびかせぎ〕타향에 가서 벌이를 함.
旅の空〔たびのそら〕① 객지에서 바라보는 하늘. ② 객지. ～に病む；객지에서 앓다.
旅路〔たびじ〕여로. 여행 길. ～につく；여행길에 오르다.
旅立つ〔たびだつ〕(自5) 여행을 떠나다.
旅立ち〔たびだち〕여행 길에 오름
旅物〔たびもの〕먼 곳에서 수송되어 온 야채나 생선.
旅歩き〔たびあるき〕여행. 도보 여행.
旅商い〔たびあきない〕행상(行商).
旅商人〔たびあきんど〕객상(客商). 행상인.
旅先〔たびさき〕여행지. 행선지.
旅所〔たびしょ〕제사 때 本宮에서 메어 내온 神位를 모신 가마를 잠시 멈춰 두는 곳.
旅僧〔たびそう〕행각승(行脚僧). 객승(客僧).
旅心〔たびごころ〕① 여심. 여정(旅情). ② 여행하고 싶은 마음.
旅役者〔たびやくしゃ〕지방 순회 극단의 배우.
旅芸人〔たびげいにん〕유랑(流浪)하는 연예인.
旅烏〔たびがらす〕① 정처 없는 나그네. ② 뜨내기. 타향 사람. ③ 노름꾼.
旅衣〔たびごろも〕여행할 때에 입는 옷.
旅人 ①〔たびにん〕떠돌이(노름꾼, 약장수) ②〔たびびと〕여행자. 나그네.
旅日記〔たびにっき〕여행 일기.
旅住(ま)い〔たびずまい〕여행 도중 묵고 있는 곳.
旅支度〔たびじたく〕① 여행 준비. ② 여장(旅装). ～を揃える；여장을 갖춘다.
旅枕〔たびまくら〕객지 생활(잠).
旅寝〔たびね〕여행 중의 잠. 객지 잠.
旅疲れ〔たびづかれ〕여행에서 오는 피로.
旅回り〔たびまわり〕(연예인, 상인 등이) 전국 방방곡곡을 돌아다님.
旅興行〔たびこうぎょう〕지방 순회 공연.

例　外

旅籠〔はたご〕① 여행용 말의 사료(飼料) 바구니. ② ～屋(や)；옛날의 여인숙.

音　読

旅客〔りょかく：りょきゃく〕여객. 손님. 여행자.
旅客機〔りょかっき〕여객기. 여행자를 태우는 비행기.
旅館〔りょかん〕여관. 여행자가 묵는 숙소.
旅券〔りょけん〕여권. 외국 여행을 허가하고 그 신분을 증명하는 문서.
旅団〔りょだん〕여단.
旅費〔りょひ〕예비. 여행 비용.
旅装〔りょそう〕여장. 여행하는 몸 차림. ～を解く；여장을 풀다.
旅情〔りょじょう〕여정. 여행 중의 느낌.
旅程〔りょてい〕여정. 여행의 일정(日程).
旅愁〔りょしゅう〕여수. 나그네의 근심.
旅行〔りょこう〕여행. 볼일이나 유락의 목적으로 다른 고장이나 외국으로 감.

〔慮〕
품：생각할 려
音：リョ
訓：おもんぱかる

慮る〔おもんぱかる〕(他5) ① 깊이 생각하다. 숙고하다. ② (세세히)배려하다. ③ 일을 꾀하다.
慮り〔おもんぱかり〕① 생각. 사려(思慮). ② 조치. 선처. ③ 모사(謀事).

音　読

慮外〔りょがい〕① 뜻 밖. 의외(意外). ② 무례함. 버릇이 없음. ～者(もの)；무례한 자.

考慮〔こうりょ〕고려. 생각해 봄.

〔黎〕
품：동틀 려. 무리 려.
音：レイ
訓：

黎明〔れいめい〕여명. ① 희미하게 밝아오는 새벽. ② 희망의 빛.
黎民〔れいみん〕여민. 일반 국민.
黎元〔れいげん〕여원. 일반 백성.

〔麗〕
품：고울 려. 빛날 려.
音：レイ
訓：① うるわしい. ② うららか.

❶麗しい〔うるわしい〕① 아름답다. 곱다. ② (기분이)좋다. 명랑하다. (날씨가)좋다. (맑다). ③ 마음이 포근해지다. 사랑할 만하다. 마음이 따스해지다.
❷麗らか〔うららか〕(形動) ① 화창함. ～な春の日ざし；화창한 봄 볕. ② 명랑함.

音　読

麗句〔れいく〕여구. 아름답게 꾸민 말.
麗麗と〔れいれいと〕(副) 번지르르하게.
麗麗しい〔れいれいしい〕(形) 번지르르 하다.
麗容〔れいよう〕여용. 아름다운 모습.
麗人〔れいじん〕여인. 미인.
麗姿〔れいし〕아름다운 자태.
麗筆〔れいひつ〕깨끗하고 훌륭한 글씨.

【력】

〔力〕 풀：힘 력
音：① リキ ② リョク
訓：① りきむ ② ちから

❶ 力む〔りきむ〕(自5) ① 힘주다. 힘을 모으다. ② 힘 있는 체하다. 허세를 부리리다. 뽐내다.

❷ 力〔ちから〕힘. 女の涙に男を動かす～がある：여자의 눈물에는 남자를 움직이는 힘이 있다. ～を落とす；낙심하다. 힘이 빠지다.

力ずく〔ちからずく〕① 있는 힘을 다하여. ② 우격다짐으로. ～で承諾させる；우격다짐으로 승낙 시키다.

力強い〔ちからづよい〕(形) ① 마음 든든하다. ② 힘차다. ～行進; 힘찬 행진.

力競べ〔ちからくらべ〕힘내기. 힘겨룸.

力落(と)し〔ちからおとし〕실망하여 기운이 빠짐. 낙담. さぞ～でございましょう；오죽이나 낙심이 되겠읍니까!

力頼み〔ちからだのみ〕원조해 주리라고 믿고 의지함. 君を～にしている；자네만 믿네.

力瘤〔ちからこぶ〕알통. ～が出た. 알통이 나왔다.

力無げ〔ちからなげ〕힘없음. 자신이없음.

力抜け〔ちからぬけ〕낙담함. 힘이 빠짐.

力餅〔ちからもち〕① 먹으면 힘이 난다는 떡(산길을 갈 때 지니고 감). ② 산부(産婦)의 식용으로 친정에서 보내는 떡.

力付く〔ちからづく〕(自5) 기운이 (용기가) 나다.

力付ける〔ちからづける〕(他下1) 격려(위로)하다.

力負け〔ちからまけ〕① 힘을 지나치게 들여서 도리어 실패함. ② 힘이 달려 짐.

力比べ〔ちからくらべ〕힘겨룸. 힘내기.

力業〔ちからわざ〕① 힘으로 하는 기술. ② 육체 노동.

力一杯〔ちからいっぱい〕(副) 힘껏.

力任せ〔ちからまかせ〕① 전력을 다함. 힘껏함. ② 힘을 믿고 설침.

力足〔ちからあし〕힘을 준 다리. ～を踏む; 씨름꾼이 발을 올렸다 내렸다 하여 시합을 위한 준비 운동을 하다.

力持(ち)〔ちからもち〕힘이 셈. ～の男.

力紙〔ちからがみ〕① 씨름에서 씨름꾼이 몸을 닦는 데 쓰는 종이. ② 철(綴)한 데를 보강키 위해 바르는 종이.

力添え〔ちからぞえ〕원조. ～をする； 원조하다.

力布〔ちからぬの〕바늘질 한(단추 단)곳이 해지지 않도록 뒤에서 대는 천.

音読 ①

力量〔りきりょう〕역량. 일을 해낼 수 있는 능력.

力士〔りきし〕역사. ① 씨름 꾼. ② 장사. 힘이 센 사람.

力役〔りきえき〕① 국가에 대해 의무로 하는노동. ② 육체 노동.

力演〔りきえん〕역연. 열연(熱演).

力泳〔りきえい〕역영. 힘을 다해 헤엄침.

力作〔りきさく〕역작. 힘을 들여 지은 작품.

力戦〔りきせん〕역전. 전력을 다해 싸움.

力点〔りきてん〕역점. 주안점(主眼点). 중점(重点). 힘 들일 점.

力漕〔りきそう〕역조. 보오트를 힘껏 저음.

力走〔りきそう〕역주. 힘껏 달림.

力投〔りきとう〕역투. 힘껏 던짐.

力闘〔りきとう〕역투. 전력을 다해 싸움.

力学〔りきがく〕역학. 물체에 작용하는 힘에 관해서 연구하는 학문.

例　外

力行〔りっこう〕역행. 힘써 행함. 노력함. 苦学～の士；고학 역행한 선비.

音読 2

国力〔こくりょく〕국력. 나라의 힘.

努力〔どりょく〕노력. 힘써 행함.

能力〔のうりょく〕능력. 할 수 있는 재능.

活力〔かつりょく〕활력.

〔歴〕 풀：지낼 력
音：レキ
訓：

歴代〔れきだい〕역대. 대대(代代).

歴覧〔れきらん〕역람. 여러 곳을 두루 돌아다니며 구경함

歴歴〔れきれき〕① 사회적으로 유명한 사람들. 명사(名士). ② 역력히. 뚜렷하게.

歴訪〔れきほう〕역방. 여러 곳. 여러 사람들을 차례로 방문함.

歴史〔れきし〕역사.

歴世〔れきせい〕역세. 대대(代代).

歴然〔れきぜん〕역연. 뚜렷함.

歴任〔れきにん〕역임. 차례로 여러 가지 일에 임명됨.

歴戦〔れきせん〕역전. 많은 싸움이나 시합에 나간 일이 있음. ～の勇士.

〔暦〕 풀：달력 력. 책력 력.
音：レキ
訓：こよみ

暦〔こよみ〕달력. 책력. 카렌다.

連濁音에 注意

盲暦〔めくらごよみ〕글을 모르는 사람을 위해 만든 그림 달력.

花暦〔はなごよみ〕꽃 달력.

音　読

暦年〔れきねん〕역년. 달력상으로 정한 1년.

暦法〔れきほう〕역법. 책력 만드는 법.

暦数〔れきすう〕역수. ① 햇수. ② 자연의 운명.

暦日〔れきじつ〕역일. ① 달력. ② 세월. ③ 달력상의 하루. 역법상의 하루.

〔轢〕 풀：수레바퀴에 치일 력.
音：レキ
訓：ひく

轢く〔ひく〕(他5) (차가) 치다. 車が人を

～；자동차가 사람을 치다.
轢き逃げ〔ひきにげ〕(사람을 친 자동차 등이) 뺑소니치기.
轢き殺す〔ひきころす〕(他5) 치어 죽이다. 역살(轢殺)하다. 犬を～；개를 치어 죽이다.

音 読

轢断〔れきだん〕역단. (열차가) 생물을 치어서 끊음.
轢死〔れきし〕역사. 차에 치어 죽음.
轢殺〔れきさつ〕역살. (차로) 치어 죽임.

【련】

〔恋〕

풀：사모할 련.
音：レン
訓：① こう ② こいしい ③ こい

❶ **恋う**〔こう〕(他5) 그리워하다. 연모(恋慕)하다. 母を～；어머니를 그리워하다.
❷ **恋しい**〔こいしい〕(形) 그립다. 故郷が～；고향이 그립다. ～人；그리운 사람.
❸ **恋**〔こい〕(남녀간의)사랑. 연애. ～は思案の外；사랑은 이성이나 상식으론 판단할 수 없는 것이다.
恋する〔こいする〕(他サ) 연애(사랑)하다.
恋歌〔こいか：こいうた〕연가. 사랑의 노래.
恋女房〔こいにょうぼう〕연애 결혼한 아내. 사랑하는 아내.
恋路〔こいじ〕사랑의 길. 연애. 사랑.
恋慕う〔こいしたう〕(他5) 연모하다.
恋文〔こいぶみ〕연문. 연애 편지.
恋煩い〔こいわずらい〕연애병. 상사병.
恋死に〔こいじに〕상사병으로 죽음.
恋心〔こいごころ〕연심. 연정(恋情).
恋敵〔こいがたき〕연적. ライバル.
恋仲〔こいなか〕사랑하는 사이. ～の娘.
恋い焦がれる〔こいこがれる〕(自下1)애타게 그리다.
恋風〔こいかぜ〕(바람처럼 스며드는) 연정(恋情).

音 読

恋恋〔れんれん〕연연. 그립고 애틋하여 잊지 못함.
恋慕〔れんぼ〕연모. 깊이 사모함.
恋愛〔れんあい〕연애. 남녀간의 사랑.
恋情〔れんじょう〕연정. 연모하는 마음.

〔連〕

풀：잇닿을 련.
音：レン
訓：① つらねる ② つらなる ③ つれる

❶ **連ねる**〔つらねる〕(他下1) ① 늘어세우다. 늘어놓다. ② 동반하다. 데리고 가다. 거느리고 가다. ③ 합하여 하나로 만들다.
連ね〔つらね〕歌舞伎의 대사의 하나.
❷ **連なる**〔つらなる〕(自5) ① 나란히 줄지어 있다. 나란히 늘어서 있다. 나란히 연속해 있다. ② 참석하다. ③ 관계가 미치다.
❸ **連れる**〔つれる〕(他下1) ① 데리고 가(오)다. 거느리다. 동반하다. 동행하다. 連れて行く；데리고 가다. ② …につれて …함에 따라. 年がたつ～；해가 지남에 따라.
連れ〔つれ〕① 동행. 동반자. 한패. ② 함께 동작함. 합주(合奏).
連れ立つ〔つれだつ〕(自5) 같이 가다. 동행하다. 連れ立って行く；함께 가다.
連れ舞〔つれまい〕남과 같이 추는 춤.
連れ小便〔つれしょうべん〕덩달아 소변 봄. 남을 따라 같이 소변 봄.
連れ込む〔つれこむ〕(他5) 데리고 들어가다. 女をホテルに～；여자를 호텔에 데리고 들어가다.
連れ子〔つれこ〕(재혼하는 사람이)전 배우자의 자식을 데리고 옴. 덤받이. 의붓 자식.
連れ添う〔つれそう〕(自5) 부부가 되다. 부부로서 같이 살다.
連れ弾き〔つれびき〕(거문고, 三味線 등을) 둘 이상이 함께 탐. 합주(合奏).
連れ合い〔つれあい〕① (부부가 서로 상대방을 일컫는 말로서)배우자. ② 동행자. 동반자. 일행.
連れ合う〔つれあう〕(自5) ① 행동을 같이하다. 동행하다. 동반하다. 같이 가다. ② 부부가 되다. 一度～と一生別れない；한번 부부가 되면 일생 헤어지지 않는다.
連れ行く〔つれゆく〕(他5) (같이) 데리고 가다. 동행하다. 동반하다. 연행하다.

連濁音에 注意

～連れ〔～づれ〕① 동행. 같이 감. ②…따위.
二人連れ〔ふたりづれ〕두 사람 일행.
子供連れ〔こどもづれ〕어린애가 딸림.
親子連れ〔おやこづれ〕부모와 자식간의 동행.
職人連れ〔しょくにんづれ〕직공 따위.

音 読

連歌〔れんが〕보통 두 사람 이상이 모여서 上句와 下句를 서로 읽어 나가는 형식의 和歌.
連結〔れんけつ〕연결. 이어 맴.
連関〔れんかん〕연관. 관련. 연결.
連年〔れんねん〕연년. 매년(毎年).
連帯〔れんたい〕연대. ① 연합해서 책임을 짐. ② 이음. 이어짐. ③ 国鉄線과 私鉄線이 연합해서 서로 통용되는 차표로 여객을 수송하는 일.
連隊〔れんたい〕연대. 보통 3개대대로 이루어지는 군대의 편제 단위.
連絡〔れんらく〕연락. ① 서로 이어댐. 이어짐. ② 기분, 정보 등을 상대방에 알림.
連累〔れんるい〕연누. 남의 범죄에 관련됨.
連類〔れんるい〕연류. 한패. 동류(同類).
連立〔れんりつ〕연립. 여럿이 어울려 섬.

連盟〔れんめい〕연맹. 같은 목적을 위해서 같은 행동을 취할 것을 서약한 단체.
連綿〔れんめん〕연면. 계속해서 그치지 않음.
連名〔れんめい〕연명. 두 사람 이상의 이름을 한 곳에 죽 잇달아 씀.
連発〔れんぱつ〕연발. ① 계속해서 일어남. ② 계속해서 쏘는 것.
連邦〔れんぽう〕연방. 둘 이상의 나라가 공통으로 주권을 갖고 결합한 국가.
連峰〔れんぽう〕연봉. 죽 이어져 있는 산봉우리.
連想〔れんそう〕연상. 한 관념으로 인하여 다른 관념을 생각하게 되는 현상.
連署〔れんしょ〕연서. 여러 사람들이 잇달아 서명함.
連鎖〔れんさ〕연쇄. 사슬처럼 연결하는 것.
連続〔れんぞく〕연속. 이어짐. 이음.
連勝〔れんしょう〕연승. 계속해서 이김.
連用〔れんよう〕연용. ① 약을 계속해서 복용함. ② (文法) 용언(用言)에 이어지는 것.
連日〔れんじつ〕연일. 매일. 날마다.
連載〔れんさい〕연재. 신문, 잡지 등에 매호 마다 계속해서 실음.
連座〔れんざ〕연좌. 직접 범행은 하지않았으나 범인과 관계가 있다하여 같이 처벌됨.
連珠〔れんじゅ〕연주. ① 한 줄에 꿴 구슬. ② 오목(五目) 바둑.
連中〔れんじゅう〕일당. 패거리. 한패. 사람들.
連体〔れんたい〕연체. (文法) 체언(体言)에 이어짐.
連打〔れんだ〕연타. 연속적으로 침.
連判〔れんぱん〕연판. ① 연명(連名)으로 서명함. ② 연서(連署).
連敗〔れんぱい〕연패. 계속해서 패배함.
連覇〔れんぱ〕연패. 계속해서 우승함.
連合〔れんごう〕연합. 두 가지 이상이 합함.
連行〔れんこう〕연행. 범인 등을 데려감.
連携〔れんけい〕(어떤 일을) 제휴(提携)하여 같이 함.

〔煉〕
뜻 : 쇠 불릴 련. 반죽할 련.
音 : レン
訓 : ねる

煉る〔ねる〕(他5) ① 반죽하다. 개다. 餡を～; 팥소를 재다. ② 단련하다. 가다듬다.
煉り固める〔ねりかためる〕(他下1) 개어서 굳히다.
煉(り)物〔ねりもの〕① 이기거나 개어서 굳힌 물건. ② 축제 때 대열을 지어 돌아다니는 가마나 행렬.
煉(り)塀〔ねりべい〕찰흙과 기왓장으로 쌓고 위를 기와로 인 담.
煉り上げる〔ねりあげる〕(他下1) 이겨서 (단련하여, 두고 두고 손질하여) 훌륭히 마무르다.
煉(り)薬〔ねりぐすり〕연약. 개어서 만든 약.
煉(り)羊羹〔ねりようかん〕붉은 팥을 삶아 거른 다음 우무, 밀가루에 설탕을 쳐서 반죽하여 조린 과자.
煉(り)雲丹〔ねりうに〕날성게 알을 으깨어 소금을 쳐서 갠 식품.
煉(り)餌〔ねりえ〕물고기가 좋아하는 것을 이겨 만든 미끼.
煉(り)製〔ねりせい〕이겨서(개어서) 만듦. ～品(ひん); 물고기를 으깨어 가공한 식품.
煉(り)歯磨〔ねりはみがき〕크리임 치약.
煉り合(わ)せる〔ねりあわせる〕(他下1) 고루 고루 섞이도록 이기다.
煉(り)香〔ねりこう〕향료 가루를 개어 굳힌 향.
煉(り)革〔ねりかわ〕아교물에 넣어 두드려 굳힌 가죽.

音 読

煉獄〔れんごく〕연옥. 종교상의 지옥.
煉瓦〔れんが〕연와. 벽돌.

〔蓮〕
뜻 : 연꽃 련.
音 : レン
訓 : はす

蓮〔はす〕(植) 연. 연꽃.
蓮の台〔はすのうてな〕연화대(蓮花台).
蓮糸〔はすいと〕연사. 연줄기의 섬유로 만든 실(극락 왕생의 인연을 맺는다 함).
蓮葉〔はすは〕⇨蓮っ葉
蓮っ葉〔はすっぱ〕여자의 언행이 경박하고 천함. 여자의 품행이 좋지 못함. ～な娘; 왈가닥. 바람둥이 처녀.
蓮池〔はすいけ〕연꽃의 연못. 연못.

音 読

蓮根〔れんこん〕연근. 연 뿌리.
蓮歩〔れんぽ〕연보. 미인의 우아한 걸음걸이.
蓮華〔れんげ〕연화. 연꽃. ～草(そう)자운영.

〔練〕
뜻 : 익힐 련.
音 : レン
訓 : ① ねる ② ねれる

❶ **練る**〔ねる〕(自他5) ① (명주, 실 따위를) 누이다. ② 개다. 粉を～가루를 개다. ③ (쇠붙이를) 불리다. ④ 단련하다. ⑤ 대오를 지어 행진하다. ⑥ (고기잡이에서) 바람을 거슬러 배를 저어 올라가다.
練り〔ねり〕① 이김. 반죽. ～が足りない; 반죽이 덜 되다. ② 천천히 나아감.
❷ **練れる**〔ねれる〕(自下1) ① (수양, 경험이 쌓여서) 인품이 원숙해지다. ② 숙련되다. ③ 갤 수 있(는 상태가 되)다.

파 생 어

練貫〔ねりぬき〕숙사(熟絲)를 씨실로 하고 생사를 날실로 해서 짠 비단.
練(り)絹〔ねりぎぬ〕누인 명주(비단).
練り固める〔ねりかためる〕(他下1) 개어서 굳히다.

練(り)物〔ねりもの〕① 이기거나 개어서 굳힌 물건. ② 축제 때 대열을 지어 돌아다니는 가마나 행렬.
練(り)白粉〔ねりおしろい〕개어서 만든 분.
練(り)屏〔ねりべい〕찰흙과 기왓장으로 쌓고 위를 기와로 인 담.
練り歩く〔ねりあるく〕(自5) 대열을 지어서 기운차게 천천히 걷다.
練(り)糸〔ねりいと〕누인 명주실(희고 광택이 남).
練り上げる〔ねりあげる〕(他下1) 이겨서 (두고 두고 손질하여) 훌륭히 마무르다.
練(り)薬〔ねりぐすり〕연약. 개어서 만든 약.
練(り)羊羹〔ねりようかん〕붉은 팥을 삶아 거른 다음 우무, 밀가루에 설탕을 쳐서 반죽하여 조린 과자.
練(り)雲丹〔ねりうに〕날섬게알을 으깨어 소금을 쳐서 갠 식품. 섬게알젓.
練り込む〔ねりこむ〕(他5) 이겨서 속에 넣다.
練(り)餌〔ねりえ〕물고기가 좋아하는 것을 이겨 만든 이끼.
練(り)製〔ねりせい〕이겨서 (개어서) 만듦.
練(り)製品〔ねりせいひん〕물고기를 으깨어 가공한 식품(생선묵 등).
練り直す〔ねりなおす〕(他5) ① 새로 개다. ② 재검토(再検討)하다. 다시 생각하다.
練(り)歯磨〔ねりはみがき〕크리임 치약.
練り合(わ)せる〔ねりあわせる〕(他下1) 고루 고루 섞이도록 이기다(개다).
練(り)香〔ねりこう〕향료 가루를 개어 굳힌 향.

音 読

練金術〔れんきんじゅつ〕연금술.
練達〔れんたつ〕숙달.
練摩〔れんま〕연마. 여러번 갈고 닦음.
練武〔れんぶ〕연무. 무술을 단련함.
練兵〔れんぺい〕연병. 군대의 군사 교련.
練成〔れんせい〕연성. 단련 육성함.
練習〔れんしゅう〕연습. 되풀이해서 익힘.
練乳〔れんにゅう〕연유. 설탕을 타고 수분을 증발시켜서 진하게 한 우유.
練炭〔れんたん〕연탄. 석유, 목탄 등의 가루에 피치 등을 섞어 이겨 굳힌 연료.

〔錬〕 풀 : 단련할 련. 音 : レン 訓 : ねる

錬る〔ねる〕(他5) 금속을 달구어 두드리다.

音 読

錬金術〔れんきんじゅつ〕연금술. 금속류를 정련(精錬)해서 금으로 만드는 기술.
錬磨〔れんま〕연마. 여러번 갈고 닦음.
錬鉄〔れんてつ〕연철. 잘 단련된 쇠.

【렬】

〔劣〕 풀 : 용렬할 렬 音 : ① レツ ② レッ 訓 : おとる

劣る〔おとる〕(自5) (딴 것과 비교하여) 못하다. 뒤떨어지다. 能力が人に～; 능력이 남에게 뒤 떨어지다. (남만 못하다)
劣り〔おとり〕뒤떨어짐. 남보다 못함.

音 読 1

劣悪〔れつあく〕열악. 뒤떨어지고 좋지 못함.
劣弱〔れつじゃく〕열약. 뒤떨어지고 약함.
劣位〔れつい〕열위. 딴 것에 뒤떨어져 있는 위취.
劣情〔れつじょう〕열정. 비열한 성욕.

音 読 2

劣等〔れっとう〕열등. 정도나 등급이 뒤떨어짐. ～感; 열등감. 스스로가 남보다 뒤떨어졌다고 느끼는 감정.
劣性〔れっせい〕열성. ① 열등한 성질. ② (멘델 법칙에 따라 유전하는 형질(形質) 중 우성(優性)이 아닌 쪽.
劣勢〔れっせい〕열세. 세력이 약함.
劣者〔れっしゃ〕열자. 열등한 사람.
劣敗〔れっぱい〕열패. 실력이 모자라는 자가 경쟁에서 패배함.

〔列〕 풀 : 벌일 렬. 音 : ① レツ ② レッ 訓 : ① つらなる ② つらねる

❶列なる〔つらなる〕(自5) ① 나란히 줄지어(늘어서, 연속해) 있다. ② 참석(참가)하다. ③ 관계(영향)가 미치다.
❷列ねる〔つらねる〕(他下1) ① 늘어 놓다(세우다). 한 줄로 연결하다(잇다). ② 합하여 하나로 만들다. ③ 동반하다.

音 読 1

列〔れつ〕① 열. (길게 늘어선)줄. 행렬. ② 계급. 축. 동료～～を作る; 열을 짓다.
列代〔れつだい〕열대. 대대(代代).
列立〔れつりつ〕열립. 줄을 섬. 늘어 섬.
列伝〔れつでん〕열전. 여러 사람의 전기를 열거한 것.
列次〔れつじ〕벌여 놓은 차례. 순서.

音 読 ②

列する〔れっする〕(自他サ) ① 참석하다. ② 나란히서다. 축에 끼다. ③ 늘어놓다. 나란히 세우다. 名(な)を～; (명단에) 이름을 올리다.
列強〔れっきょう〕열강. 여러 강국(強国)
列挙〔れっきょ〕열거. 하나씩 들어 말하거나 씀.
列国〔れっこく〕열국. 여러 나라.
列記〔れっき〕열기. 죽 벌여서 기록함.
列島〔れっとう〕열도. 줄을 지은 모양으로 죽 늘어선 여러 개의 섬. 日本～.
列聖〔れっせい〕열성. 대대(代代)의 임금.
列車〔れっしゃ〕열차. 기차.

〔烈〕 풀：뜨거운 렬. 맹렬할 렬.
音：①レツ ②レッ
訓：はげしい

烈しい〔はげしい〕(形) ① 세차다. 격심하다. ② 잦다. 빈번하다. ③ 과격하다. 세다.

音読 1

烈女〔れつじょ〕열녀. 정조를 굳게 지키는 여자.

烈烈〔れつれつ〕열렬. ～たる意気; 열렬한 의기.

烈日〔れつじつ〕열일. 강하게 내려 쬐는 해.

音読 2

烈婦〔れっぷ〕열부. 열녀.

烈士〔れっし〕열사. 신념과 절개를 굳게 지키는 사람.

烈震〔れっしん〕열진. 가장 강한 지진. 건물이 넘어지고 산사태 등이 일어나며 땅이 갈라짐.

烈風〔れっぷう〕열풍. 거센 바람. 나무 뿌리를 흔들 정도의 센 바람.

烈火〔れっか〕열화. 세차게 타는 불.

〔裂〕 풀：찢을 렬.
音：①レツ ②レッ
訓：① さく ② さける ③ きれ

❶裂く〔さく〕(他 5) ① 찢다. ② 쪼개다. 빠개다. ③ 벌어지게 하다. 떼다. ④ 가르다. ⑤ 할애하다. 時間を～; 시간을 내다.

❷裂ける〔さける〕(自下 1) 찢어지다. 터지다. 갈라지다. 地面が～; 땅이 갈라지다.

裂け目〔さけめ〕갈라진 곳. 터진 곳. 금.

❸裂れ〔きれ〕헝겊. 옷감. 직물.

音読

裂傷〔れっしょう〕열상. 피부가 찢어진 상처. ～を受ける; 열상을 입다.

分裂〔ぶんれつ〕분열. 갈라져서 늘어섬.

破裂〔はれつ〕파열. 터져서 찢어짐.

【렴】

〔廉〕 풀：청결할 렴
音：レン
訓：かど

廉 〔かど〕① 조목(条目). 조리(条理). ② 이유(理由). 점(点). 病気の～により許す; 병을 이유로 용서하다. 不審の～がある; 의심스러운 점이 있다.

音読

廉価〔れんか〕염가. 값이 쌈. 싼 값.

廉潔〔れんけつ〕염결. 청렴하고 결백함.

廉売〔れんばい〕염매. 싸게 팖.

廉直〔れんちょく〕염직. 결백하고 정직함.

廉恥〔れんち〕염치. 청렴하고 깨끗하고 부끄러움을 아는 것.

【렵】

〔猟〕 풀：사냥할 렵.
音：リョウ
訓：

猟 〔りょう〕사냥. ～に出る; 사냥하러 나가다.

猟官〔りょうかん〕엽관. 야심 있는 사람들이 관직을 얻으려고 또는 승진하려고 다투는 일.

猟犬〔りょうけん〕엽견. 사냥개.

猟奇〔りょうき〕엽기. 괴이(怪異)한 사물을 즐겨 쫓아 다니는 일.

猟期〔りょうき〕엽기. 사냥의 시기.

猟師〔りょうし〕엽사. 사냥꾼.

猟銃〔りょうじゅう〕엽총. 사냥에 쓰는 총

【령】

〔令〕 풀：명령할 령. 착할 령.
音：レイ
訓：

令 〔れい〕① 영. 명령. 분부. ～を下す; 명령을 내리다. ② 법령.

令名〔れいめい〕영명. 좋은 평판. 명성(名声).

令妹〔れいまい〕영매. 남의 누이 동생의 높임말.

令夫人〔れいふじん〕영부인. ① 남의 부인의 높임말. ② 신분이 높은 사람의 부인.

令色〔れいしょく〕① 영색. 남에게 아첨하는 얼굴. ② 정색한 얼굴.

令息〔れいそく〕영식. 남의 아들의 높임말.

令室〔れいしつ〕영실. 영부인(令夫人).

令嬢〔れいじょう〕영양. 남의 딸의 높임말.

令姉〔れいし〕영자. 남의 손위 누이의 높임말.

令状〔れいじょう〕영장. 출두, 구금을 명령한 문서.

令旨〔れいし〕영지. 東宮이나 親王의 명령.

令兄〔れいけい〕영형. 남의 형의 높임말.

〔鈴〕 풀：방울 령.
音：①リン ②レイ
訓：すず

鈴 〔すず:りん〕방울. ～を鳴らす; 방울을 울리다.

鈴蘭〔すずらん〕은방울꽃.

鈴生り〔すずなり〕(과일 등이) 주렁주렁 달림. ～の柿(かき) 주렁주렁 달린 감.

鈴虫〔すずむし〕방울벌레.

音読

鈴〔りん〕① 방울. ② 종. 초인종. 벨. ～を鳴らす; 방울을 울리다.
呼び鈴〔よびりん〕초인종. 벨.

音読 2

銀鈴〔ぎんれい〕은방울.
電鈴〔でんれい〕벨. 초인종.

〖零〗 音：떨어질 령
音：レイ
訓：① こぼす ② こぼれる

❶零す〔こぼす〕(他5)① 흘리다. 엎지르다. ② 불평하다. 투덜대다. 우는 소리를 하다.
零し〔こぼし〕(다도(茶道) 에서) 찻잔을 씻은 물을 담는 그릇.
零し屋〔こぼしや〕불평가.
❷零れる〔こぼれる〕(自下1) ① 넘치다. ② 넘쳐 흐르다. 흘러 나오다. ③ 냄새를 풍기다. ④(애교가)넘치다.
零れ〔こぼれ〕넘쳐 흐름. 흘린 것. 쓰다 남은 것.
零れ種〔こぼれだね〕① 저절로 땅에 떨어진 것. ② 사생아(私生児).
零れ幸い〔こぼれざいわい〕뜻하지 않은 행운(幸運). 요행(僥幸).
零れ話〔こぼればなし〕후문(後聞). 여담. 뒷 이야기. 에피소드.

音 読

零〔れい〕영. 제로. 아무 것도 없는 것.
零度〔れいど〕영도. 도수를 계산하는 데 기준이 되는 점.
零落〔れいらく〕영락. 전에 세력이나 재산이 많았다가 천해지거나 가난해짐.
零墨〔れいぼく〕단편적으로 남은 옛날 사람의 필적(筆跡).
零細〔れいさい〕영세. 규모가 작음.
零時〔れいじ〕영시. 12시
零点〔れいてん〕영점. ① 점수가 없는 것. 제로 점수. ② 빙점(氷点).
零下〔れいか〕영하. 섭씨 영도 이하.

〖領〗 音：거느릴 령.
音：リョウ
訓：

領する〔りょうする〕(他サ) ① 차지하다. 영유하다. ② 납득하다. 승낙하다.
領空〔りょうくう〕영공. 영토, 영해(領海) 위의 하늘.
領内〔りょうない〕영내. 영토내. 영지의 안.
領分〔りょうぶん〕영분. ① 영지. ② 세력범위. 영역(領域).
領事〔りょうじ〕영사. 외국에 주재하여 재류민의 보호, 감독, 자국의 통상 촉진 등을 담당하는 관직.
領収〔りょうしゅう〕영수. 받아 들임.
領域〔りょういき〕영역. ① 영지의 구역. ② 관계, 권력이 미치는 범위.
領有〔りょうゆう〕영유. 자기 것으로 소유함. 소유하여 통치함.
領主〔りょうしゅ〕영주. 영토의 주인.
領地〔りょうち〕영지. 영토.

〖霊〗 音：신령 령
音：① レイ ② リョウ
訓：たま

霊〔たま〕넋. 혼.영혼. 御～を祭る.
〔れい〕영. 혼. 영혼. 망령(亡霊).
霊代〔たましろ〕신이나 죽은 사람의 혼령 대신으로 모시는 것.
霊迎え〔たまむかえ〕(음력 7월 13일에)영혼을 집에 맞아 들임. 또 그 의식.
霊屋〔たまや〕영혼을 모신 건물. 사당.

音読 ①

霊〔れい〕영. 영혼. 혼. 망령(亡霊).
霊感〔れいかん〕영감. 영묘(霊妙)한 느낌.
霊界〔れいかい〕영계. 영혼이 사는 세계.
霊柩車〔れいきゅうしゃ〕영구차. 시체를 운반하는 차.
霊気〔れいき〕영기. 영묘한 기분.
霊媒〔れいばい〕영매. 무당. 무녀.
霊妙〔れいみょう〕영묘. 신기하고 뛰어남.
霊峰〔れいほう〕영봉. 신성한 봉우리.
霊域〔れいいき〕영역. 신성한 지역.
霊長〔れいちょう〕영장. 신기한 힘을 갖은 우두머리.
霊魂〔れいこん〕영혼. 사람의 넋.

音読 2

死霊〔しりょう〕사령. 죽은 사람의 영혼.
悪霊〔あくりょう〕악령. 못된 재앙을 내린다는 망령(亡霊)

〖齢〗 音：나이 령.
音：レイ
訓：よわい

齢〔よわい〕나이. 연령. 연세. ～八十; 나이 팔십. (年齢의 격식 차린말씨).
齢する〔よわいする〕(自サ) 한패로 사귀다. 한패로 대우하다.

音 読

高齢〔こうれい〕고령. 나이가 많음.
年齢〔ねんれい〕연령. 나이.
妙齢〔みょうれい〕묘령. 젊은 나이.

〖嶺〗 音：산 고개 령. 봉우리 령.
音：レイ
訓：みね

嶺〔みね〕① 봉우리. 富士の～; 富士산 봉우리. ② 칼등. ③ 봉우리처럼 높게된 부분.

音 読

嶺上〔れいじょう〕영상. 봉우리 위.
嶺雲〔れいうん〕영운. 봉우리에 걸린 구름.
峻嶺〔しゅんれい〕준령. 험하고 높은봉우리.

【례】

〔礼〕 풀 : 예절 례
音 : ① ライ ② レイ
訓 :

音読 1

礼拝 ①〔らいはい〕(불교의) 예배.
②〔れいはい〕(그리스도교의) 예배.
礼賛〔らいさん〕예찬. ① 감사하다고 생각하거나 위대하다고 느껴 찬탄함. ② 부처를 예배하고 공덕을 찬탄함.
礼参〔らいさん〕예참. 神仏에게 가서 예배함.

音読 2

礼〔れい〕예. ① 예의. ～をつくす ; 예의를 다하다. ② 의식. ③ 절. 인사. ～をする ; 절. 인사. ④ お～ ; 사례. 사례로 드리는 금품.
礼法〔れいほう〕예법. 예의 범절.
礼服〔れいふく〕예복. 예식 때 입는 옷.
礼式〔れいしき〕예식. 예의 법식.
礼遇〔れいぐう〕예우. 후한 내우.
礼儀〔れいぎ〕예의. 예를 차리는 절차와 지키는 몸가짐.
礼状〔れいじょう〕예장. 사례 편지. 감사장.
礼節〔れいせつ〕예절. 예의.
礼砲〔れいほう〕예포. 경의를 표하기 위해서 발사하는 공포(空砲).

〔例〕 풀 : 법식 례. 견줄 례.
音 : レイ
訓 : ① たとえる ② たとえば ③ ためし

❶ 例える〔たとえる〕(他下1) 예를 들다. 비유하다. 美人を花に～ ; 미인을 꽃에 비유하다. 例えて言えば ; 예를 들어 말하면.
❷ 例えば〔たとえば〕예를 들면. 예컨대.
例え〔たとえ〕① 예. ② 비유. ～を挙げる ; 예를 들다.
例え話〔たとえばなし〕비유. 예를 들어서 설명하는 이야기.
❸ 例し〔ためし〕① 선례(先例). 예. ② 보기. 예로 드는 사항.

音読

例〔れい〕예. 보기. ② 통례. ③ 유례
例規〔れいき〕예규. 범례(範例)가 되어 있는 규칙.
例年〔れいねん〕예년. 해마다. 매년.
例文〔れいぶん〕예문. 보기로 드는 글.
例示〔れいじ〕예시. 예를 들어 보임.
例言〔れいげん〕예언. 서적의 범례(凡例)로서 적은 말.
例外〔れいがい〕예외. 원칙이나 통례에서 벗어나는 것.
例祭〔れいさい〕예제. 해마다 정규적으로 행하는 제사.
例題〔れいだい〕예제. 연습을 위해 출제한 문제.
例解〔れいかい〕예해. 예를 들어 해석함.

〔隷〕 풀 : 노예 례
音 : レイ
訓 :

隷書〔れいしょ〕예서. 漢字 서체의 하나.
隷属〔れいぞく〕예속. 남의 지배 아래 매임. 종속(従属).
隷下〔れいか〕예하. 주장(主將)의 지휘 아래. 또는 그 아래 딸린 자.
奴隷〔どれい〕노예. 종.

【로】

〔老〕 풀 : 늙을 로
音 : ロウ
訓 : ① おいる ② ふける

❶ 老いる〔おいる〕(自上1) ① 늙다. 늙어 빠지다. ② (철이)다 되다. 春も～ ; 봄도 다 되었다.
老い〔おい〕① 늙음. ② 늙은 사람. 노인.
老いさらぼう〔おいさらぼう〕(自5) 늙어 빠지다.
老いぼれる〔おいぼれる〕(自下1) 늙어 빠지다. 노쇠하다.
老いらく〔おいらく〕늘그막. 노년. ～の恋
老い木〔おいき〕노목. ～に花 ; 고목에 핀 꽃.
老い先〔おいさき〕(노인의) 여생.
老い込む〔おいこむ〕(自5) 눈에 띄게 늙다. めっきり～ ; 와짝(버썩) 늙다.
老い朽ちる〔おいくちる〕(自上1) ① 사람이 나이를 먹어 쓸모 없이 되다. ② 나무 따위가 오래 되어 완전히 썩다.
❷ 老ける〔ふける〕(自下1) ① 나이를 먹다. 늙다. 年より老けて見える ; 나이보다 늙어 보이다. ② 오래 돼 변(질)하다. (注意) ② 는 老를 쓰지 않음.
老け役〔ふけやく〕(劇) 노인역(役).

音読

老境〔ろうきょう〕노경. 노년. 늘그막.
老練〔ろうれん〕노련. 경험을 쌓아 숙달함.
老齢〔ろうれい〕노령. 늙은 나이.
老兵〔ろうへい〕노병. 노련한 병사.
老少〔ろうしょう〕노소. 늙은이와 젊은이.
老衰〔ろうすい〕노쇠. 늙어서 쇠약해짐.
老僧〔ろうそう〕노승. 나이 많은 중.
老若〔ろうじゃく : ろうにゃく〕노약. 늙은이와 젊은이.
老幼〔ろうゆう〕노유. 늙은이와 어린이.
老人〔ろうじん〕노인. 늙은이.
老婆心〔ろうばしん〕노파심. 남의 일에 대한 지나친 염려. 지나친 친절.
老廃〔ろうはい〕노폐. 늙어서 소용 없음.
老朽〔ろうきゅう〕노후. 늙어서 쓸모 없음.

〔労〕 풀 : 수고로울로
音 : ロウ
訓 : ① いたわる ② いたわしい

❶ 労る〔いたわる〕(他5) ① (노약자를 동

정하여) 친절하게 돌보다. ② (노고를)위로한다. 年寄を～; 노인을 돌보다.
労り〔いたわり〕① 위로함. 위로하는 마음. ② 수고. 공로

● 労しい〔いたわしい〕(形) 가 없다. 딱하다. 애처롭다.

音　読

労〔ろう〕수고. 노고 ～に報いる; 노고(수고)에 보답하다
労する〔ろうする〕(自他サ) ① 애쓰며 일하다. 수고하다. ② 피로하게 하다.
労苦〔ろうく〕노고. 수고.
労働〔ろうどう〕노동. 힘을 써서 일함.
労力〔ろうりょく〕노력. ① 수고. ② 노동력
労務〔ろうむ〕노무. 노동에 관한 사무.
労使〔ろうし〕노사. 노동자와 사용자.
労役〔ろうえき〕노역. 육체 노동.
労銀〔ろうぎん〕노음. 노동 임금.
労賃〔ろうちん〕노임. 노동 임금.
労作〔ろうさく〕노작. ① 노동. ② 공들여서 만든 작품.
労災〔ろうさい〕労動者災害補償의 약칭.
労組〔ろうくみ〕노조. 労動組合의 준말.

〔炉〕

풀 : 화로 로
音 : ロ
訓 :

炉〔ろ〕다다미를 사각으로 잘라 내고 재를 넣고 불을 묻어 두는 곳. ～を切る; 방바닥에 화로를 만들다.
炉端〔ろばた〕화롯가. 난로가
炉辺〔ろへん〕노변. 화롯가.

〔路〕

풀 : 길 로
音 : ロ
訓 : ① みち ② ～じ

訓読 1

路〔みち〕길. 거리.

訓読 2

家路〔いえじ〕(집으로의) 귀로(帰路).
旅路〔たびじ〕여로. 여행길.
山路〔やまじ〕산길.
小路〔こうじ〕① 소로. 좁은 골목. ② (고유명사로는) 네거리. 큰 길. 広～; 넓은 길.
潮路〔しおじ〕① 조수가 드나드는 길. ② 뱃 길. 항로. 해로.
波路〔なみじ〕뱃길. 항로.

音　読

路面〔ろめん〕노면. 도로의 표면.
路上〔ろじょう〕노상. 길 위.
路線〔ろせん〕노선. ① 도로, 선로 등의 교통선. ② 방침.
路地〔ろじ〕① 골목. ② 대문 안이나 뜰안에 있는 길.
路辺〔ろへん〕노변. 길가. 길바닥.
道路〔どうろ〕도로. 거리.
線路〔せんろ〕선로. 노선.
通路〔つうろ〕통로. 길.

〔虜〕

풀 : 사로잡을 로
音 : リョ
訓 : とりこ

虜〔とりこ〕사로잡힌 사람. 포로. ～になる; 포로가 되다. 恋の～になる; 사랑의 포로가 되다.

音　読

虜囚〔りょしゅう〕포로. 사로 잡힌 사람.
捕虜〔ほりょ〕포로. 전쟁터에서 사로 잡은 적군의 장병. ～収容所(しゅうようじょ).

〔露〕

풀 : 이슬 로
音 : ① ロ ② ロウ
訓 : つゆ

露〔つゆ〕① 이슬. ～の命; 이슬 같은 목숨. 袖(そで)の～; 소매를 적시는 눈물. ② 약간. 조금.
露けし〔つゆけし〕이슬을 머금다. 촉촉하다. 다. 눈물을 머금다.
露も〔つゆも〕(副) 조금도.
露の間〔つゆのま〕잠시. 잠깐 동안.
露払(い)〔つゆはらい〕① 선도(先導)함. 선도자. ② 씨름 판에 올라가는 씨름꾼. ③ (연극 따위서) 맨 처음 출연함. 또 그 사람.
露霜〔つゆじも〕얼어서 서리처럼 보이는 이슬.
露の宿〔つゆのやど〕노숙. 한뎃잠.

音読 ①

露〔ろ〕러시아 (소련) 의 준말. ～和辞典.
露見〔ろけん〕비밀이나 비행이 폭로됨.
露骨〔ろこつ〕노골. 숨기지 않고 그대로 드러냄.
露台〔ろだい〕노대. ① 지붕이 없는 무대. ② 발코니.
露頭〔ろとう〕노두. ① 암석, 광맥 등이 지표에 드러난 부분. ② 아무 것도 쓰지 않은 머리.
露命〔ろめい〕이슬처럼 덧 없는 생명.
露宿〔ろしゅく〕노숙. 한데서 잠.
露悪〔ろあく〕자기의 결점을 일부러 드러냄.
露営〔ろえい〕노영. 야외에 진을 침.
露店〔ろてん〕노점. 길가에 벌여놓은 가게.
露点〔ろてん〕노점. 공기 중의 수증기가 냉각되어 이슬 방울로 맺는 온도.
露程〔ろてい〕노정. 드러남. 드러냄.
露地〔ろじ〕노지. 아무 것도 덮지 않은 토지.
露天〔ろてん〕노천. 한데. 지붕이 없는곳.
露出〔ろしゅつ〕노출. 밖으로 드러남.

音読 ②

披露〔ひろう〕피로. ① 문서를 펼쳐 보임. ② 널리 공포(公布)함. ～宴(えん)피로연.

【록】

〔鹿〕 풀：사슴 록.
音：ロク
訓：しか

鹿〔しか〕사슴. ～を追う者は山を見ず；사슴을 쫓는 자는 산을 보지 않는다. (한가지 일에 열중하는 자는 다른 일은 돌아보지 않는다).
鹿笛〔しかぶえ〕사냥꾼이 사슴을 꾀어 내는데 쓰는 피리.
鹿革〔しかがわ〕녹비. 사슴 껍질.

音 読

鹿苑〔ろくえん〕사슴을 풀어 놓아 기르는 뜰.
鹿茸〔ろくじょう〕녹용. 사슴의 연한 뿔.

例 外

鹿毛〔かげ〕사슴이나 말의 털과 같은 갈색.

〔緑〕 풀： 푸를 록.
音：① リョク ② リョッ ③ ロク
訓：みどり

緑〔みどり〕① 녹색. 초록. 松の～ 소나무의 푸른 빛. ② 나무의 새싹. ③ 새잎. ④ 푸른색. 청색.
緑色〔みどりいろ〕녹색. 초록.
緑の羽根〔みどりのはね〕산에 나무를 심기 위한 모금 운동에 협조한 사람에게 주는 녹색 깃털.
緑の黒髪〔みどりのくろかみ〕(젊은 여성 등의) 윤이 나는 검은 머리.

音 読 1

緑内障〔りょくないしょう〕녹내장. 안구(眼球)의 압력이 높아지는 병.
緑豆〔りょくとう〕녹두. (콩과에 속함)
緑林〔りょくりん〕녹림. ① 푸른 숲. ② 도적.
緑肥〔りょくひ〕녹비. 풋거름.
緑樹〔りょくじゅ〕녹수. 푸른 나무.
緑十字〔りょくじゅうじ〕녹십자.
緑野〔りょくや〕녹야. 초목이 무성한 들.
緑葉〔りょくよう〕녹엽. 푸른 잎.
緑陰〔りょくいん〕녹음. 푸른 잎이 우거진 나무 그늘.
緑地〔りょくち〕녹지. ① 초목이 무성한 땅. ② 공원. ～帯(たい) 녹지대.
緑茶〔りょくちゃ〕녹차. 차나무의 어린 잎을 쪄서 푸른 빛이 그대로 나도록 말린 찻잎.
緑青色〔ろくしょういろ〕녹청색, 푸른 빛을 띤 청색.
緑便〔りょくべん〕녹변. 유아(乳児)가 소화 불량 등으로 배설하는 푸른 대변.
緑黄色〔りょくおうしょく〕녹황색. 녹색을 띤 황색.

音 読 ②

緑化〔りょっか〕녹화. 푸르게 만듦. 나무나 풀을 심어서 푸르게 함. ～運動.

音 読 ③

緑青〔ろくしょう〕녹청. ① 동(銅)으로 만든 그릇의 표면에 생기는 녹색의 유독성 녹. ② 녹색 그림 물감의 색 원료. ～が吹く；푸른 색의 녹이 슬다.

〔録〕 풀：기록할록.
音：ロク
訓：

録する〔ろくする〕(他サ) 기록하다. 쓰다. 事実を～；사실을 기록하다.
目録〔もくろく〕목록. 목차. 일람표.
付録〔ふろく〕부록. 부속(附属)된 것.

【론】

〔論〕 풀：의논할 론. 생각 론.
音：ロン
訓：あげつらう

論う〔あげつらう〕(他５) 왈가 왈부하다. (시비, 가부를) 논하다. 따지다.
論 〔あげつらい〕왈가 왈부(함).
〔ろん〕① 논. 논하는 것. ② 이론. ③ 견해.

音 読

論じる〔ろんじる〕(他上１) 논하다. 是非を～；시비를 론하다. ～足りない；족히 논할 거리가 못된다.
論拠〔ろんきょ〕논거. 논설이나 의론의 근거.
論告〔ろんこく〕논고. 법에서 검찰관이 피고인의 죄를 논정하여 구형하는 것.
論功行賞〔ろんこうこうしょう〕논공 행상.
論壇〔ろんだん〕논단. 언론계.
論理〔ろんり〕논리. 논증의 이치.
論文〔ろんぶん〕논문. 연구 결과를 종합 정리한 문장.
論法〔ろんぽう〕논법. 논술하는 방법.
論説〔ろんせつ〕논설. 의견, 주장을 진술함.
論語〔ろんご〕논어. 공자(孔子)의 제자들이 공자의 언행(言行)을 진술한 서적.
論議〔ろんぎ〕논의. 의론(議論).
論争〔ろんそう〕논쟁. 말이나 글로 논하여 다툼.
論点〔ろんてん〕논점. 의론의 핵심.
論題〔ろんだい〕논제. 논의할 문제.
論証〔ろんしょう〕논증. 사물의 도리를 이론으로 증명함.
論陣〔ろんじん〕논진. 의론의 구성.
論評〔ろんぴょう〕논평. 내용을 논술하여 비평함.

【롱】

〔弄〕 훈：희롱할 롱.
音：ロウ
訓：もてあそぶ

弄ぶ〔もてあそぶ〕(他5) ① 가지고 놀다. 장난하다. ② (위안물로서)즐기다, 사랑하다, 완상(玩賞)하다. ③ 농락하다. 女を〜：여자를 농락하다.

音 読

弄する〔ろうする〕(他サ) 놀리다. 술책을 부리다. 技巧を〜;기교를 부리다.
弄舌〔ろうぜつ〕농설. 혀를 놀림. 여러 말을 지껄이는 일.
弄筆〔ろうひつ〕농필. 사설을 그릇되게 쓰는 것.

〔滝〕 훈：여울 롱. 젖을 롱.
音：
訓：たき

滝 〔たき〕폭포. 〜糸;폭포 줄기.
滝口〔たきぐち〕폭포물이 떨어지기 시작하는 곳.
滝登り〔たきのぼり〕폭포를 거슬러 오름.
滝飲み〔たきのみ〕(입에 들어 붓듯이)꿀꺽꿀꺽 마심. 쭉 들이킴. 酒を〜する.
滝津瀬〔たきつせ〕급류(急流).
滝川〔たきがわ〕골짜기를 흐르는 급류.
滝壺〔たきつぼ〕폭포수가 떨어져 흘러 들어 가는 못.
滝縞〔たきじま〕(옷감의)처음에는 굵었다가 차츰 가늘어지는 세로줄 무늬.
雄滝〔おだき〕한 쌍의 폭포 중에서 굵고 큰 폭포.
雌滝〔めだき〕두 개의 폭포 중에서 물살이 약하고 폭이 좁은 폭포.

〔朧〕 훈：달 처음 밝을 롱.
音：
訓：おぼろ

朧 〔おぼろ〕몽롱함. 희미함. 어슴푸레함. 아련함. 記憶が〜になる;기억이 희미해지다.
朧昆布〔おぼろこんぶ〕삶은 다시마를 말려서 얇고 가늘게 썬 식품.
朧気〔おぼろげ〕몽롱함. 어슴푸레함.
朧夜〔おぼろよ〕으스름 달밤.
朧雲〔おぼろぐも〕(하늘 전면에 퍼진) 흐릿한 회색 구름
朧月〔おぼろづき〕으스름 달. 〜夜：으스름 달밤.

〔籠〕 훈：바구니 롱
音：ロウ
訓：① かご ② こもる

❶籠〔かご〕바구니 花〜;꽃바구니.
籠写し〔かごうつし〕서화(書画)의 윤곽 만을 가는 선으로 베끼기.
籠耳〔かごみみ〕들은 것을 이내 잊어버림.
籠の鳥〔かごのとり〕새장에 갇힌 새.
籠枕〔かごまくら〕등이나 대로 결어 만든 여름용 베개. 죽침(竹枕).

籠脱け〔かごぬけ〕① 몸을 솟구쳐 바구니를 빠져 나가는 곡예(曲芸). ②(그럴듯하게 그 집 사람인 양)문앞에서 금품(金品)을 받아 쥔 다음 뒷문으로 빠져 도망치는 사기.
❷籠(も)る〔こもる〕(自5) ①자욱하다. 가득차다. ②(감정 등이)깃들이다. 어리다. ③두문 불출하다. 틀어 박히다. ④ 분명하지 못하다. 명확하지 않다.

音 読

籠居〔ろうきょ〕농거. 집 안에 들어 박혀 있음.
籠絡〔ろうらく〕농락. 잘 구슬림.
籠城〔ろうじょう〕농성. ① 성 안에 머물러 적을 막음. ② 집 안에만 틀어박힘.

〔聾〕 훈：귀머거리 롱.
音：ロウ
訓：

聾 〔ろう〕귀머거리.
聾する〔ろうする〕(他サ) 귀먹게하다. 먹먹하게 하다. 耳を〜;귀가 먹먹하다.
聾啞〔ろうあ〕농아. 귀머거리와 벙어리.
聾児〔ろうじ〕농아. 귀먹은 아이.
聾者〔ろうしゃ〕농자. 귀머거리.
聾学校〔ろうがっこう〕농아학교. 귀가 들리지 않는 사람들을 가르치는 학교.

【뢰】

〔牢〕 훈：감옥 뢰
音：ロウ
訓：

牢 〔ろう〕① 감옥. 유치장. ② 아주 굳음.
牢固〔ろうこ〕뇌고. 튼튼하고 견고함 굳음. 〜たる決意;굳은 결의.
牢記〔ろうき〕뇌기. 마음 속 깊이 새겨둠.
牢屋〔ろうや〕뇌옥. 감옥
牢獄〔ろうごく〕뇌옥. 감옥.
牢破り〔ろうやぶり〕탈옥(脱獄). 탈옥수.

〔雷〕 훈：우뢰 뢰. 천둥 뢰.
音：ライ
訓：かみなり

雷〔かみなり〕① 천둥. 우뢰. 〜が鳴る; 천둥이 울리다. ② 벼락. 〜を落とす; 벼락을 내리다(호통치다).
雷雲〔かみなりぐも：らいうん〕뇌운. 우뢰 소리가 나며 비가 내릴 때 이는 구름.
雷族〔かみなりぞく〕요란한 소리를 내며 맹렬한 속도로, 무모하게 오토바이를 몰고 다니는 젊은이들.
雷親爺〔かみなりおやじ〕버럭 소리를 지르며 큰 소리로 야단을 잘 치는 아버지(영감).

音 読

雷管〔らいかん〕뇌관. 화약에 점화(点火)하는 발화 용구(発火用具).
雷光〔らいこう〕뇌광. 번갯불.

雷同〔らいどう〕뇌동. 무조건 찬성함.
雷名〔らいめい〕뇌명. 세상에 널리 알려진 것.
雷鳴〔らいめい〕뇌명. 우뢰 소리.
雷神〔らいじん〕뇌신. 우뢰를 맡고 있다고 생각하는 신.
雷雨〔らいう〕뇌우. 우뢰와 함께 내리는 비.
雷鳥〔らいちょう〕뇌조. (들꿩과에 속하는 새).
雷電〔らいでん〕뇌전. 우뢰 소리와 번개.

〔頼〕 풀 : 의지할 뢰
音 : ライ
訓 : ① たよる ② たのむ ③ たのもしい。

❶頼る〔たよる〕(自5) ① 의지하다. 의뢰하다. 믿다. ② 연고를 찾아가다.
頼り〔たより〕의지. 의지(의뢰)하는 사람, 물건. 杖を~に行く; 지팡이를 의지해서 걷다.
頼り無い〔たよりない〕(形) ① 의지할 곳(사람)이 없다. ② 어설프다. 미덥지 못하다. 기대할 수 없다. ③ 반응이 없다. 감각에 별로 호소해 오지 않다. ~味 ; 감칠맛이 없다.
❷頼む〔たのむ〕(他5) ① 부탁하다. 당부하다. ② 믿다. 의지하다. 신뢰하다.
頼み〔たのみ〕① 부탁. 청. ② 의지. 믿음
頼み少ない〔たのみすくない〕(形) 믿을 수 없다. 마음이 놓이지 않는다. 불안하다.
頼み入る〔たのみいる〕(他5) ⇨頼み込む。
頼み込む〔たのみこむ〕(他5) 신신 부탁하다. 신신 당부하다.
❸頼もしい〔たのもしい〕(形) 믿음직하다. 미덥다. 기대할 만하다. ~青年. 미더운 청년.
頼母子〔たのもし〕계(契).

音 読

頼信紙〔らいしんし〕전보 용지(電報用紙).
信頼〔しんらい〕신뢰. 믿으며 의지함.

〔瀬〕 풀 : 여울 뢰.
音 :
訓 : せ

瀬 〔せ〕 ① 여울. ② 기회. 会う~; 만날 기회.
③ 입장. 체면. 立つ~がない; 체면이 서지 않는다. 설 곳이 없다.
瀬踏み〔せぶみ〕① 여울을 밟아 물 깊이를 시험해 봄. ② (일을 하기 전에) 미리 떠봄. 우선 시험해 봄.
瀬戸〔せと〕좁은 해협(海峡). ~内海 (ないかい) ; 本州, 四国, 九州에 둘러 싸인 긴 내해(内海). ~焼(やき); 愛知県 瀬戸 지방에서 만드는 도자기. ~引き(びき); 철제의 기구에 녹이 슬지 않도록 사기칠을 입힘. ~際(ぎわ); 승부(勝負), 성패(成敗), 생사(生死) 등의 운명의 갈림길. 고빗사위.
早瀬〔はやせ〕물살이 세게 흐르는 곳.,
浅瀬〔あさせ〕얕은 여울.

【료】

〔了〕 풀 : 마칠 료
音 : リョウ
訓 :

了 〔りょう〕끝. 완료. 종료.
了する〔りょうする〕(自他サ) ① 끝내다. 마치다. ② 깨닫다. 事情を~사정을 깨닫다. ③ 결정하다.
了見〔りょうけん〕① 생각. ② 마음. ③ 참음.
了得〔りょうとく〕깨닫아 앎. 납득.
了承〔りょうしょう〕납득. 받아 들임.
了悟〔りょうご〕잘 깨달음. 잘 납득함.
了察〔りょうさつ〕생각하여 미루어 살핌.
了解〔りょうかい〕양해. 이해함.

〔料〕 풀 : 헤아릴 료.
音 : リョウ
訓 :

料る〔りょうる〕(他5) 요리하다.
料金〔りょうきん〕요금. 대금(代金).
料理〔りょうり〕요리. ① 계획하고 다스림. ② 음식물을 만듦. ③ 일을 적절히 처리함.
料飲〔りょういん〕요리와 음식.
料亭〔りょうてい〕요정. 요리집
料地〔りょうち〕어느 목적을 위해 사용하는 토지. 용지(用地).
料紙〔りょうし〕소용되는 종이. 용지(用紙)

〔僚〕 풀 : 동료 료.
音 : リョウ
訓 :

僚機〔りょうき〕같은 임무를 띤 다른 동료 비행기.
僚友〔りょうゆう〕요우. 같은 직장의 벗.
同僚〔どうりょう〕동료. 같은 직장의 사람.

〔寮〕 풀 : 집 료.
音 : リョウ
訓 :

寮 〔りょう〕기숙사. ~生活(せいかつ).
寮母〔りょうぼ〕기숙사에서 기숙생들을 뒷바라지하는 여자.
寮舎〔りょうしゃ〕기숙사의 건물.
寮生〔りょうせい〕기숙사 생활하는 학생

〔療〕 풀 : 병고칠 료.
音 : リョウ
訓 :

療法〔りょうほう〕요법. 치료하는 방법.
療病〔りょうびょう〕요병. 병을 치료함.
療養〔りょうよう〕요양. 치료하고 養生함.
療友〔りょうゆう〕요우. 요양을 같이 하고 있는 벗.
療治〔りょうじ〕요치. 병을 고침. 치료.

〔瞭〕 풀 : 눈 밝을 료.
音 : リョウ
訓 :

瞭然〔りょうぜん〕요연. 똑똑하고 분명함. 명료(明瞭)함. 一目～;일목 요연.

【룡】

〔竜〕 훈:용 룡
音:リュウ
訓:たつ

竜:龍〔たつ〕용. 하늘을 날아다닌다는 상상의 뱀.

竜宮〔りゅうぐう〕용궁. 전설에서 말하는 바닷속의 궁전.

竜頭〔りゅうず〕① 종을 매달기 위해서 종 위에 붙인 용 머리 모양의 꼭지. ② 시계의 태엽을 감는 꼭지.

竜頭蛇尾〔りゅうとうだび〕용두 사미.

竜燈〔りゅうとう〕용등. ① 바다의 인광(燐光)이 등불처럼 연이어 나타나는 현상. ② 神社에서 켜는 神燈.

竜馬〔りゅうめ〕용마. 훌륭한 말.

竜眼〔りゅうがん〕용안. 무화과 나무에 속하는 상록 교목.

竜顔〔りゅうがん〕.용안. 임금님의 얼굴.

竜王〔りゅうおう〕용왕. 仏法의 수호신. 水神, 海神, 竜神.

【루】

〔陋〕 훈:더러울 루. 추할 루.
音:ロウ
訓:

陋 〔ろう〕① 더러운 것. ② 좁고 낮은 것. ③ 천한 것.

陋見〔ろうけん〕누견. 좁은 생각.

陋俗〔ろうぞく〕누속. 나쁜 풍속.

陋習〔ろうしゅう〕누습. 좋지 못한 습관.

陋劣〔ろうれつ〕누열. 천하고 뒤떨어짐.

陋屋〔ろうおく〕누옥. 비좁고 누추한 집.

〔涙〕 훈:눈물 루
音:ルイ
訓:なみだ

涙 〔なみだ〕눈물. ～を流す;눈물을 흘리다. ～の日日;눈물로 보내는 나날.

涙ぐましい〔なみだぐましい〕(形)눈물겹다.

涙ぐむ〔なみだぐむ〕(自5)눈물을 머금다. 눈물 짓다. 눈물이 글썽하다.

涙する〔なみだする〕(自サ) 울다. 눈물을 흘리다.

涙ながら〔なみだながら〕울면서. 눈물을 흘리면서. ～に語る;울면서 이야기하다.

涙金〔なみだきん〕동정금. 위자료.

涙声〔なみだごえ〕울먹이는 소리.

涙顔〔なみだがお〕눈물에 젖은 얼굴.

涙雨〔なみだあめ〕① 조금 오는 비. ② 슬픈 일이 있을 때 내리는 비.

涙脆い〔なみだもろい〕(形)눈물을 잘 흘리다.

[音　読]

涙腺〔るいせん〕누선. 눈물이 나오는 기관. 눈물샘.

落涙〔らくるい〕낙루. 눈물을 흘림.

〔楼〕 훈:다락 루
音:ロウ
訓

楼閣〔ろうかく〕누각. 높다랗게 지은 다락.

楼台〔ろうだい〕누대. 다락.

楼門〔ろうもん〕누문. 위에 다락(망루)이 있고 그 밑으로 통행하게 한 문.

楼上〔ろうじょう〕누상.① 망루(다락)위. 2층

〔累〕 훈:여러 루.
音:ルイ
訓:

累 〔るい〕누. 폐. 근심. 걱정. ～をおよぼす;누를 끼치다.

累加〔るいか〕누가. 겹쳐서 보태짐.

累計〔るいけい〕누계. 전체를 계산한 결과

累年〔るいねん〕누년. 여러 해.

累代〔るいだい〕누대. 여러 세대.

累犯〔るいはん〕누범. 두 번 이상의 범죄.

累世〔るいせい〕누세. 여러 세대.

累乗〔るいじょう〕누승 같은 수를 몇 번이고 곱해 나감. (例:3^3.5^5)

累積〔るいせき〕누적. 겹쳐 쌓임.

累増〔るいぞう〕누증. 점점 불어남.

累進〔るいしん〕누진. ① 차차로 올라감. ② 비유이 차차로 높아짐.

累次〔るいじ〕누차. 여러 차례. 때때로.

〔塁〕 훈:보루 루. 진(陣) 루.
音:ルイ
訓:

塁〔るい〕① 작은 성(城). ② (야구의) 베이스. ～に進む;진루하다. ～を摩する;수준에 가까와지다.

塁上〔るいじょう〕누상. (야구에서)베이스 위.

塁審〔るいしん〕누심. (야구에서) 1, 2, 3루 곁에 있는 심판.

〔漏〕 훈:샐 루
音:ロウ
訓:① もらす ② もれる ③ もる

❶漏らす〔もらす〕(他5) ① 새게하다. 흘러 나오게하다. ② 입 밖에 내다. 누설하다. ③ (오줌을) 싸다. 小便を～;오줌을 싸다. ④ 빠뜨리다. 빼먹다.

❷漏れる〔もれる〕(自下1) ① (물이) 새다. ② 누락되다. 빠지다. ③ (비밀이)누설되다.

漏れ〔もれ〕샘. 빠짐. 누락. 누설.

漏れ無く〔もれなく〕(副) 죄다. 빠짐없이.

漏れ聞く〔もれきく〕(他5) ① 간접적으로

듣다. 주워듣다. ② きく(듣다)의 겸양어.
❸ 漏る〔もる〕(自5) (액체가) 새다. 水が～ : 물이 새다. 天井から雨が～ : 천정에서 비가 새다.
漏り〔もり〕(액체가)샘. ～がひどい : 몹시 새다. 雨～(あまもり) : 비가 샘.

音 讀

漏刻〔ろうこく〕물시계. 누각.
漏斗〔ろうと : じょうご〕깔때기.
漏水〔ろうすい〕누수. 물이 샘.
漏洩〔ろうえい〕누설. 비밀이 샘.
漏電〔ろうでん〕누전. 전기가 다른 데로 샘.
漏出〔ろうしゅつ〕누출. 새어 나옴.

【류】

〔柳〕 풀 : 버들 류.
音 : リュウ
訓 : やなぎ

柳〔やなぎ〕버드나무. ～の糸 : 버드나무의 실가지. ～に風 : 버드나무에 바람(거스르지 않음).
柳腰〔やなぎごし〕버들가지 같이 날씬한 미인의 허리. ～の美人 : 세요 미인.
柳樽〔やなぎたる〕(경사에 쓰는) 술통(주배가 부르고 길쭉하며, 붉게 칠함).
柳行李〔やなぎごうり〕버들고리.

例 外

柳川〔やながわ〕'柳川なべ'의 준말. 뼈를 발라 낸 미꾸라지와 우엉을 넣고 질그릇에 끓여 달걀을 풀어 얹은 요리.

音 讀

柳眉〔りゅうび〕유미. 버들잎처럼 모양이 아름다운 눈썹.
柳暗花明〔りゅうあんかめい〕유암화명. ①버드나무는 무성하여 그득히 어둡고, 꽃은 활짝 피어 밝고 아름답다는 뜻으로 봄의 아름다운 경치를 말함. ②화류가(花柳街).

〔留〕 풀 : 머무를 류.
音 : ①リュウ ②ル
訓 : ①とまる ②とめる

❶ 留(ま)る〔とまる〕(自5) ① 멈추다. 멎다. ②정지하다. ③고정되다. ④(날 짐승이) 앉다. ⑤(통하던 것이)끊어지다. ⑥(눈에)띄다. 들어오다. ⑥お高く～ : 도도하게 굴다.
留(ま)り〔とまり〕①멈춤. 정지. ②(열차의)종점. ③막다름. 막힘. ④끝. 종점.
留(ま)り木〔とまりぎ〕(닭장, 새장 속의) 홰.
❷ 留める〔とめる〕(他下1) ①멈추다. ②잠그다. ボタンを～ : 단추를 잠그다. ③고정시키다. ④못하게 하다. 말리다. 막다. ⑤(마음에) 새기다.
留め〔とめ〕①중지. 금지. 通行～ : 통행금지. ②끝. 끝막음.
留め具〔とめぐ〕떨어지지 않도록 붙이는 작은 쇠붙이. 물림쇠. 잠그개.
留め男〔とめおとこ〕①싸움을 말리는 남자. ②(여관의) 손님을 끄는 남자.
留め女〔とめおんな〕①싸움을 말리는 여자. ②(여관의) 손님을 끄는 여자.
留め立て〔とめだて〕제지. 말림.
留め袖〔とめそで〕일본 여자 옷의 하나.(축의(祝儀)용의 예복으로 소매 길이는 보통이며 무늬와 문장(紋章)이 있음)
留め役〔とめやく〕싸움 따위를 말려 화해시키는 역. 또 그 사람. 중재인.
留め置き〔とめおき〕①돌려 보내지 않고 잡아 둠. 남아있게 함. ②(우편물의) 유치.
留め置く〔とめおく〕(他5) ①유치하다. 돌려 보내지 않고 잡아두다. ②보관해두다. ③적어(기록해) 두다. ③끝내다.
留針〔とめばり〕①임시로 찔러서 움직이지 않게 하는 바늘. 시침바늘. ②머리핀.
留め湯〔とめゆ〕①전날 사용한 목욕물을 다시 사용함. ②혼자 독점한 목욕탕. ③요금을 月額으로 정하고 수시로 목욕하는 것. ④영주가 일반의 사용을 금지한 온천.
留め桶〔とめおけ〕목욕탕에서 물을 퍼서 쓰는 통.

音 讀 1

留年〔りゅうねん〕대학생이 소정(所定)의 연한(年限) 이상을 재학함.
留保〔りゅうほ〕유보. ①보류. ②남겨둠.
留意〔りゅうい〕유의. 마음에 둠. 조심.
留任〔りゅうにん〕유임. 그 직책에 머물러 있음.
留置〔りゅうち〕유치. ①머물러 있게 함. ②사람이나 물건을 일정한 권력의 지배 아래에 둠. ～場(じょう) : 유치장.
留学〔りゅうがく〕유학. 외국에 가서 배움.

音 讀 2

留守〔るす〕①외출하고 집에 없음. 不在中. ②부재중 집을 지킴. ③(다른데 정신이 팔려서) 할 일을 하지 않음. 勉強がお～になる : 공부가 소홀해지다.
留守居〔るすい〕부재중 집을 지킴.
留守番〔るすばん〕⇨留守居.

〔流〕 풀 : 흐를 류.
音 : ①リュウ ②ル
訓 : ①ながす ②ながれる

❶ 流す〔ながす〕(他5) ①흘리다. 흐르게 하다. ②뿌리다. ③흘러나오게 하다. ④씻어 내다. ⑤떠내려 보내다. 띄워 보내다. ⑥퍼뜨리다. ⑦알리다. ⑧귀양보내다. ⑨(택시가) 손님을 찾아 거리를 돌아다니다. ⑩유산(流産)시키다. 유회(流会)시키다. 유질(流質)시키다.
流し〔ながし〕①흘림. 흘린 것. ②설겆이대. ③(목욕탕에서) 사람을 시켜 때를 밀.

④ (안마사, 택시 등이) 손님을 찾아 돌아 다님.
流し台〔ながしだい〕설겆이대.
流し網〔ながしあみ〕수류(水流)를 횡단하여 그물을 쳐서 고기를 잡는 방법.
流し目〔ながしめ〕곁눈질. 스쳐 봄. 추파.
流し箱〔ながしばこ〕우뭇가사리의 점장을 넣어 굳히는 상자.
流し元〔ながしもと〕설겆이대가 있는 곳.
流し場〔ながしば〕목욕통 옆의 몸 씻는 곳.
流し撮り〔ながしどり〕움직이는 물체를 속사(速写)함. 스냅.
流し打ち〔ながしうち〕공을 우타자일 경우에는 우측으로 좌타자일 경우에는 좌측으로 가볍게 치는 것.
流し板〔ながしいた〕① 설겆이대에 깐 판자 ② 목욕탕에서, 앉아 씻게끔 판자를 깐 곳
❷ **流れる**〔ながれる〕(自下1) ① 흐르다. ② 흘러가다. ③ 빗나가다. ④ 흘러나오다. ⑤ 떠내려가다(오다). ⑥ 떠돌다. ⑦ 방랑(유랑)하다. ⑧ 성립되지 않다. 중지되다. ⑨ 유산되다. 허사로 되다. ⑩ 헛딛다.
流れ〔ながれ〕① 흐름. ② 시냇물. 흐르는 물. 물살. ③ 물결. ④ 계통. 혈통. 집안. ⑤ (모임이 끝난 후의) 흩어져 돌아가는 무리. ⑥ 떠돎. 유랑. 방랑. ⑦ 무효. 유회(流会). ⑧ 웃사람으로부터 내린 (먹다 남은) 술. ⑨ 기(旗)를 세는 말. 폭(幅).
流れ物〔ながれもの〕① 유질물(流質物). ② 필요가 없게 된 물건.
流れ歩く〔ながれあるく〕(自5) 떠돌다. 헤매다.
流れ星〔ながれぼし〕① 유성. 별똥별. ② 말(馬)의 이마에서 코로 내려온 흰 얼룩.
流れ矢〔ながれや〕유시. 빗나간 화살.
流れ者〔ながれもの〕떠돌이. 방랑자.
流れ作業〔ながれさぎょう〕① 콘베어 시스템. ② 순서있게 차례로 담당자에게 일을 보내어 진척시켜 나아감.
流れ造り〔ながれづくり〕지붕에 물매를 두어 앞면을 뒷면보다 길게 구부려지게 한 神社 건축의 한 양식.
流れ弾〔ながれだま〕유탄.
流れ解散〔ながれかいさん〕(시위 행진의 종착점에서) 도착순으로 해산함.

例 外

流行る〔はやる〕(自5) ① 유행하다. 인기가 있다. ② 만연하다. 널리 퍼지다. ③ 번창하다. 번성하다.
流行らす〔はやらす〕(他5) 유행시키다.
流行らせる〔はやらせる〕(他下1) 유행시키다.
流行〔はやり：りゅうこう〕① 유행. ② 풍조.
流行歌〔はやりうた：りゅうこうか〕유행가.
流行っ妓〔はやりっこ〕인기가 있는 기생.
流行っ児〔はやりっこ〕인기있는 연예인.
流行眼〔はやりめ〕유행성 결막염.
流行唄〔はやりうた〕유행가.
流行り廃り〔はやりすたり〕유행. 기복(起伏).
流行風邪〔はやりかぜ〕유행성 감기.

音 読 1

流感〔りゅうかん〕'유행성 감기'의 준말.
流動〔りゅうどう〕유동. 흘러 움직임.
流覧〔りゅうらん〕유람. 여기저기를 바라다 봄.
流量〔りゅうりょう〕유량. (1초 동안에) 흐르는 流体의 양.
流麗〔りゅうれい〕유려. 글이 유창함.
流離〔りゅうり〕유리. 정처없이 떠돎.
流産〔りゅうざん〕유산. ① 태아가 달이 차기 전에 죽어서 나옴. ② 계획이 중지됨. 성립되지 못함.
流線形〔りゅうせんけい〕유선형. 물, 공기의 저항을 적게 하는 曲線으로 된 형태.
流星〔りゅうせい〕유성. 별똥별.
流水〔りゅうすい〕유수. 흐르는 물.
流失〔りゅうしつ〕유실. 떠내려가서 없어짐.
流域〔りゅういき〕유역. 강가의 지역.
流言〔りゅうげん〕유언. 근거 없는 말.
流用〔りゅうよう〕유용. 목적이외에 사용함.
流儀〔りゅうぎ〕유의. 유파(流派)의 의식이나 방법. 주의(主義).
流体〔りゅうたい〕유체. 気体와 液体의 총칭.
流出〔りゅうしゅつ〕유출. 흘러 나감.
流弾〔りゅうだん〕유탄. 빗나간 화살.
流通〔りゅうつう〕유통. ① 흘러서 통함. ② 널리 세상에 통용됨.
流派〔りゅうは〕유파. 어떠한 파에서 갈려 나온 갈래.
流行〔りゅうこう〕유행.
流血〔りゅうけつ〕유혈. 피를 흘림.
流刑〔りゅうけい〕유형. 귀양.
流会〔りゅうかい〕유회. 회의가 성립되지 않고 끝남.

音 読 2

流浪〔るろう〕유랑. 정처없이 떠돌아 다님.
流説〔るせつ〕유설. 근거 없는 소문.
流人〔るにん〕유인. 流配刑에 처해진 사람.
流転〔るてん〕유전. ① (仏) 生과死, 因果가 끝없이 계속됨. ② 한없이 변함.
流罪〔るざい〕유죄. 流刑. 流配. 귀양.
流布〔るふ〕유포. 널리 퍼짐.
流布本〔るふぼん〕유포본. 동일한 原本에서 나온 책 중 가장 널리 퍼진 책.

〔硫〕
풀：유황 류.
音：リュウ
訓：

硫酸〔りゅうさん〕유산. 황산, 유황, 산소, 수소가 화합한 강한 산성의 액체. 물에 섞으면 많은 열을 냄.
硫安〔りゅうあん〕유안. 황산 암모니아.
硫化〔りゅうか〕黃化. 유황과 다른 물질이

화합함.

例 外

硫黄〔いおう〕유황. 노랗고 잘 부스러지는 비금속 원소. 탈 때 파란 불이 생김.

〔溜〕

풀 : 물방울 류
音 : **リュウ**
訓 : ① **たまる** ② **ためる**

❶ **溜まる**〔たまる〕(自5) ① 괴다. 한 곳에 모이다. ② 쌓이다. 仕事が～; 일이 밀리다.

溜(ま)り〔たまり〕① 굄. 괸 곳. ② 대기실. 집합소. ③ (보리를 섞지 않고) 콩만으로 담근 간장. ④ 된장에서 우러난 물.

溜(ま)り水〔たまりみず〕괸 물.

溜(ま)り場〔たまりば〕집합소.

❷ **溜める**〔ためる〕(他下1) 모으다. 저축하다. 金を～; 돈을 저축하다.

溜(め)〔ため〕① 모아 둠. 그 장소. 특히, 분뇨 모으는 곳. ② 江戸시대에 병든 죄수를 수용하던 삼옥.

溜(め)塗(り)〔ためぬり〕옻칠의 일종.

溜(め)息〔ためいき〕한숨. ～をつく 한숨 쉬다.

溜め込む〔ためこむ〕(他5) 모아서 저축하다. 부지런히 모으다.

溜(め)池〔ためいけ〕저수지(貯水池).

音 読

溜水〔りゅうすい〕유수. 괸 물.

溜飲〔りゅういん〕유음. 음식물이 위 속에 괴어서 신 액체가 나오는 증상. 위산과다증(胃酸過多症). ～が下がる; 가슴이 후련해지다.

〔類〕

풀 : 닮을 류. 종류 류.
音 : **ルイ**
訓 : ① **たぐう** ② **たぐ(い)**

❶ **類う**〔たぐう〕(自5) (같은 정도의 것이) 나란히 있다(서다).

❷ **類(い)**〔たぐい〕같은 부류(무리). 유례. 유(類). よたものの～; 깡패족속. ～ない名人; 유례 없는 명수. この～の品; 이런 유(類)의 물건.

音 読

類〔るい〕① 같은 종류. 무리. ② 닮은 것. ～のない事件 유례 없는 사건.

類する〔るいする〕(自サ) 닮다. 비슷하다. これに～品物; 이것과 비슷한 물건.

類例〔るいれい〕유례. 비슷한 예. 닮은 예.

類別〔るいべつ〕유별. 분류해서 구별함.

類似〔るいじ〕유사. 서로 비슷함.

類語〔るいご〕유어. 뜻이 비슷한 말.

類人猿〔るいじんえん〕유인원. 사람과 비슷한 원숭이류. (例: 고릴라. 침팬지이).

類形〔るいけい〕유형. 비슷한 형.

類化〔るいか〕유화. 동화(同化).

【륙】

〔六〕

풀 : 여섯 륙.
音 : ① **ロク** ② **ロッ**
訓 : ① **むっつ:むつ** ② **むい** ③ **む**

❶ **六つ**〔むっつ : むつ〕여섯. 여섯 살. 여섯 개. 여섯 째.

六つ時〔むつどき〕옛날의 시각의 이름. 오전, 오후 6 시쯤.

❷ **六日**〔むいか〕6 일. 엿새. ～の菖蒲(あやめ); 엿샛날(단오 다음날)의 창포. (시기가 늦어 소용이 없음의 비유).

❸ **六～**〔む～〕(여섯이라는 뜻을 가짐).

六色〔むいろ〕여섯 가지 색갈.

六月 〔むつき〕여섯 달.
〔ろくがつ〕6 월.

六品〔むしな〕여섯 가지 물건.

音 読 1

六大州〔ろくだいしゅう〕육대주. 육대륙.

六六判〔ろくろくばん〕육육판. 가로 세로 6 센티미터 크기의 사진판.

六枚〔ろくまい〕6 매. 여섯 장.

六面体〔ろくめんたい〕육면체.

六十〔ろくじゅう〕육십. 60.

六月 〔ろくがつ〕6 월.
〔むつき〕여섯 달.

六尺〔ろくしゃく〕6 척.

六千〔ろくせん〕육천. 6,000.

六万〔ろくまん〕육만. 60,000.

音 読 2

六角〔ろっかく〕육각. 여섯 개의 모.

六曲一双〔ろっきょくいっそう〕여섯 겹으로 접게 된 큰 병풍.

六根清浄〔ろっこんしょうじょう〕육근 청정.

六百〔ろっぴゃく〕육백. 600.

六法〔ろっぽう〕육법. 여섯 가지 대표적 법률. ～全書(ぜんしょ)

六本〔ろっぽん〕여섯 자루.

〔陸〕

풀 : 땅 륙.
音 : ① **リク** ② **リッ**
訓 : **おか**

陸〔おか〕① 육지. 뭍. ② 목욕통 밖의 몸을 씻는곳. ③ 벼루의 먹가는곳.

陸稲〔おかぼ : りくとう〕육도. 밭에 심는 벼. 밭벼.

陸釣り〔おかづり〕(배로 바다에 나가지 않고) 육지에서 낚시질 함.

陸湯〔おかゆ〕(공동 목욕탕에서 목욕을 끝내고 나올 때 몸을 헹구는) 깨끗한 온수(温水).

音 読 ①

陸軍〔りくぐん〕육군. 육상에서의 전투, 방위를 맡고 있는 군대.

陸路〔りくろ〕육로. 육상의 도로.

陸離〔りくり〕육리. 여러 빛갈이 뒤섞여 눈이 부시게 아름다움.

陸産〔りくさん〕육산. 육지에서 나는 것.

陸上〔りくじょう〕육상. 땅 위. 육지 위.

陸続〔りくぞく〕계속하여 끊이지 않음. 속속(続続).
陸揚げ〔りくあげ〕배의 짐을 육상으로 올림.
陸運〔りくうん〕육운. 陸上 運送.
陸将〔りくしょう〕육군의 장군.
陸戦〔りくせん〕육전. 육상에서의 전투.
陸地〔りくち〕육지. 육상. 지상.
陸風〔りくふう〕육풍. 육지에서 바다로 부는 바람.

音読 2

陸橋〔りっきょう〕육교. 계곡이나 도로, 철로를 건너기 위해 놓은 다리.
陸行〔りっこう〕육행. 육로로 감.

【륜】

〔倫〕
풀 : 인륜 륜.
音 : リン
訓 :

倫理〔りんり〕윤리. 사람이 지켜야 할 도리. 도덕. ～学.
人倫〔じんりん〕인륜. ① 사람이 지켜야할 도리. ② 사람과 사람과의 질서, 관계. 夫婦は～の始めである; 부부는 인륜의 시작이다.

〔輪〕
풀 : 바퀴 륜.
音 : リン
訓 : わ

輪〔わ〕① 고리. 원형 ～になって並ぶ; 원형으로 늘어서다. ② 바퀴. 테. 테두리.
輪ゴム〔わゴム〕(물건의 포장에 사용하는) 고리 모양의 고무줄. 고무 밴드.
輪留め〔わどめ〕(경사진 곳에서) 세워 놓은 차가 움직이지 못하게 바퀴에 괴는 쐐기.
輪抜け〔わぬけ〕몸을 날려 바퀴 속을 빠져 나가는 곡예.
輪乗り〔わのり〕말을 타고 원형으로 돎.
輪飾り〔わかざり〕둥글게 짚을 엮어, 상록수 잎 등을 붙이고 몇 오라기의 짚을 드리운 장식물(설날에 대문, 실내에 닮).
輪切り〔わぎり〕둥글고 긴 물건을 둥글게 자름. ～にする; 둥글게 썰다.
輪差〔わさ〕올가미.
輪取る〔わどる〕(自5) 고리 모양으로 둥글게 하다.
輪投げ〔わなげ〕고리 던지기(놀이). 또 그 기구.
輪形〔わなり〕고리(둥근) 모양. 원형.

音 読

輪講〔りんこう〕윤강. 여러 사람이 차례로 읽거나 강의하는 것.
輪郭〔りんかく〕윤곽. ① 둘레. ② 외부의 모양. ③ 얼굴 생김. ④ 사물의 대강 줄거리.
輪光〔りんこう〕윤광. 바퀴 모양의 빛.
輪舞〔りんぶ〕윤무. 원을 그리며 추는 춤.
輪番〔りんばん〕윤번. 여러 사람이 차례로 돌아가며 맡은 임무를 처리함.
輪作〔りんさく〕윤작. 농작물을 일정한 순서에 따라 순환하여 재배하는 경작법.
輪転機〔りんてんき〕윤전기. 원통형을 한 인쇄판 사이에 종이를 끼워서 빠른 속도로 인쇄하는 기계.
輪禍〔りんか〕윤화. 자동차로 인한 사고로 있는 재난.
輪回 : 輪廻〔りんね〕윤회. (仏) 생물이 죽어서 태어나는 과정을 영구히 반복함.

【률】

〔律〕
풀 : 법률 률.
音 : ① リチ ② リツ ③ リッ
訓 :

音読 1

律儀〔りちぎ〕① 의리가 두터움. 성실하고 정직함. ～者の子沢山; 성실하고 정직한 사람 자식이 많다. ② (仏) 계율(戒律)을 지킴.

音読 2

律〔りつ〕율. ① 노래의 가락. 운율. ② 법칙. 규칙. ④ 계율(戒律).
律動〔りつどう〕율동. ① 규칙적으로 반복되는 운동. ② 리듬.
律呂〔りつりょ〕율려. 음율(音律).
律令〔りつれい〕율령. 法律의 총칭.
律文〔りつぶん〕율문. ① 法律의 条文. ② 韻文.
律語〔りつご〕율어. 운율을 갖는 언어.

音読 3

律する〔りっする〕(他サ) (어떤 기준에 맞추어서) 다루다. 조처하다.
律格〔りっかく〕율격. ① 규칙. 법도. ② 언어. 또는 문자가 음악적으로 배열된 시.
律師〔りっし〕율사. ① 계율을 지키고 덕망이 높은 승려(僧侶). ② 僧侶의 하나.
律詩〔りっし〕漢詩의 형식의 하나.
律宗〔りっしゅう〕율종. 戒律宗.

例 外

呂律〔ろれつ〕말씨. 말하는 투. ～がまわらない; (어린이나 취객(酔客)등의) 말이서툴다(혀가 잘 안 돌아가다).

〔栗〕
풀 : 밤 률.
音 : リツ
訓 : くり

栗〔くり〕① 밤. ② 밤색. 고동색.
栗名月〔くりめいげつ〕음력 9월13일 밤의 달.
栗毛〔くりげ〕말의 밤색 털.
栗色〔くりいろ〕밤색.

栗鼠〔くりねずみ〕다람쥐.
栗石〔くりいし〕직경 15cm정도의 둥근 돌.
栗薯〔くりいも〕밤고구마.

〔率〕 풀：① 비율 율 ② 거느릴 솔.
音：① リツ ② ソツ ③ ソッ
訓：ひきいる

率いる〔ひきいる〕(他上1) 거느리다. 인솔하다. 통솔하다. 大軍を～; 대군을 통솔하다.

音読 1

率〔りつ〕율. 비율.
能率〔のうりつ〕능률. 일정한 시간에 일이 진척되는 비율.
比率〔ひりつ〕비율. 비교한 율.

音読 2

한글 '솔'로 발음되는 경우는 317 페이지 率 참조.

【륭】

〔隆〕 풀：높을 륭.
音：リュウ
訓：

隆起〔りゅうき〕융기. 높게 일어나 들뜸.
隆隆〔りゅうりゅう〕① 기세가 왕성함. 힘참. ～たる勢い; 왕성한 기세. ～と栄える; 힘차게 번창(번영)하다. ② (힘살이)울퉁불퉁 튀어나옴. ～たる筋肉; 울퉁불퉁 튀어나온 근육.
隆鼻〔りゅうび〕융비. 얕은 코를 높임.
隆盛〔りゅうせい〕융성. 매우 힘차고 기운차게 일어남. 크게 번성함.
隆運〔りゅううん〕융운. 융성하는 기술.
隆替〔りゅうたい〕융체. 성(盛)함과 쇠(衰)함.

【륵】

〔肋〕 풀：갈빗대 륵.
音：
訓：あばら

肋〔あばら〕늑골. 갈빗대.
肋骨〔あばらぼね：ろっこつ〕갈빗대. 늑골.

音読

肋木〔ろくぼく〕늑목. 운동 기구의 한 가지. 몸을 바르게 하는 운동에 쓰이는 데 기둥인 세로 나무 사이에 많은 가로장 나무를 갈빗대 모양으로 고정시켰음.
肋膜〔ろくまく〕늑막. 갈빗대 안쪽에 있어서 흉곽의 내면과 폐의 표면을 싼 막.

【릉】

〔凌〕 풀：업신여길 릉.
音：リョウ
訓：しのぐ

凌ぐ〔しのぐ〕(他5) ① 참고 견디어 내다. ② 헤어나다. ③ 막다. 피하다. ④ 능가하다. ⑤ 업신여기다. 깔보다.
凌ぎ〔しのぎ〕견디어 냄. 참고 견딤. 헤어남. 一時～に; 임시 방편으로.

音読

凌駕〔りょうが〕능가. 어떤 수준을 넘음.
凌侮〔りょうぶ〕능모. 업신여김.
凌辱〔りょうじょく〕능욕. 업신여기어 욕보임.

〔陵〕 풀：언덕 릉.
音：リョウ
訓：みささぎ

陵〔みささぎ〕능. 임금, 황후의 묘.

音読

陵墓〔りょうぼ〕능묘. 능.
陵辱〔りょうじょく〕능욕. ① 여자에게 욕을 보임. ② 창피를 줌.

〔綾〕 풀：무늬 있는 비단 릉.
音：リョウ
訓：あや

綾〔あや〕① (사선(斜線)으로 교차된)줄무늬. ② (사건의) 복잡한 줄거리(내용) ③ 멋진 표현.
綾錦〔あやにしき〕무늬 있는 얇은 비단과 두꺼운 비단.
綾糸〔あやいと〕실뜨기에 쓰는 실.
綾地〔あやじ〕능직물의 바탕.
綾織(り)〔あやおり〕① 능직 무늬(로 짠 비단). 능직물(綾織物). ② 능직물을 짬.
綾取り〔あやとり〕실뜨기. 실의 두 끝을 마주 맨 것을 손에 걸고 여러가지 모양을 만드는 놀이.
綾取る〔あやどる〕(他5) ① (멜빵 등을) "X"모양으로 교차시킨다. ② 교묘하게 조종하다. (문장 등을)꾸미다.

音読

綾羅〔りょうら〕능라. 두꺼운 비단과 얇은 비단. 아름다운 옷.

【리】

〔吏〕 풀：관리 리. 아전 리.
音：リ
訓：

吏員〔りいん〕공공 단체의 직원. 공무원.
公吏〔こうり〕공리. ① 관리. ② 지방 공무원.

官吏〔かんり〕관리. 국가 공무원.
能吏〔のうり〕능리. 유능한 관리.

〔李〕 풀：오얏 리.
音：リ
訓：すもも

李〔すもも〕(植) 자두. 자두 나무.

音 読

桃李〔とうり〕도리. 복숭아와 오얏.
行李〔こうり〕고리. 고리짝.

〔利〕 풀：이로울 리.
音：リ
訓：きく

利く〔きく〕(他5) 口を～; 말을 하다. (남을 위해) 말을 하여 (주선해) 주다.
(自5) ① (약이) 듣다. 효과가 있다. 薬が～; 약이 듣다. ② 기능을 발휘하다. 体が利かない; 몸이 말을 잘안 듣는다. ③ 가능하다. ④ 통하다. 無理が～; 무리가 통하다.
利き〔きき〕기능. 작용. 左～; 왼손잡이
利(き)目〔ききめ〕효과. 효험. 보람.
利(き)所〔ききどころ〕들어 두어야 할 부분
利(き)手〔ききて〕① 주로 잘 쓰는 쪽의 팔(보통) 오른팔. ② 솜씨가 뛰어난 사람.
利(き)酒〔ききざけ〕술의 좋고 나쁨을 가려내기 위해 조금 먹어 보는 술. ～をする; 술을 시음(試飲)하다.
利(き)腕〔ききうで〕주로 잘 쓰는 쪽의 팔. (주로) 오른팔.

音 読

利〔り〕① 이익. ② 승리. ③ 유리. ④ 이자.
利する〔りする〕(自他サ) ① 이롭다. 이롭게하다. ② 이득을 보다. ③ 이용하다.
利巧〔りこう〕영리함. 현명함. 똑똑함. ～者(もの); 영리한 자.
利口〔りこう〕① 영리함. 똑똑함. ～者(もの)：영리한 사람. ② 요령이 좋음. 빈틈없음.
利権〔りけん〕이권. 이익과 실권(実権).
利己〔りこ〕이기. 자기의 이익 만을 꾀함.
利器〔りき〕이기. 편리한 기계(器械).
利尿剤〔りにょうざい〕이뇨제. 오줌을 잘 나오게 하는 약.
利達〔りたつ〕입신 출세하는 것.
利徳〔りとく〕이익. ～に走る; 이익을 좇다.
利得〔りとく〕이득. 이익.
利率〔りりつ〕이율. 이식(利息)의 비율.
利発〔りはつ〕영리함. 현명함.
利付き〔りつき〕이자 또는 이익 배당이 붙음. 三分(さんぶ)～の債券; 3부 이자가 붙는 채권.
利払い〔りばらい〕이자(利子)의 지불.
利水〔りすい〕이수. 물을 잘 이용함.
利食い〔りぐい〕(주식(株式)가격의 상승 또는 하락에 맞추어) 주식을 팔거나 되사들여 그 차액을 버는 것.
利殖〔りしょく〕이식. 돈벌이.
利息〔りそく〕이식. 빌린 돈의 이자. 金利.
利欲〔りよく〕이욕. 이익을 추구하는 욕심.
利用〔りよう〕이용. 잘 사용함.
利潤〔りじゅん〕이윤. 이익. ～を上げる.
利益〔りえき〕이익. 유익하고 보탬이 됨.
利子〔りし〕이자. 빌린 돈의 이식(利息).
利敵〔りてき〕이적. 적을 이롭게 함.
利点〔りてん〕이점. 이익이 되는 점.
利他〔りた〕이익. 남의 이익을 꾀하는 것.
利害〔りがい〕이해. 이득과 손해.
利回り〔りまわり〕이율(利率).

〔里〕 풀：마을 리.
音：リ
訓：さと

里〔さと〕① 마을. 촌락. ② 친정. 본가(本家). お～が知れる; (보기와는 달리) 천하게 자란 것을 알수 있다.
里帰り〔さとがえり〕① (출가한 여자의) 첫 친정 나들이. ② 고용인이 휴가로 자기 집에 돌아감(옴).
里道〔さとみち〕평지에 난 시골길.
里方〔さとかた〕친정. 본가(本家).
里腹〔さとばら〕친정에 돌아온 색시가 밥을 많이 먹음. ～三日; 친정 밥은 한 끼를 먹어도 사흘 간다.
里雪〔さとゆき〕평야 지방에 오는 눈.
里神楽〔さとかぐら〕宮中 이외의 各地의 神社에서 행하는 민속적인 舞楽.
里心〔さとごころ〕친정 생각. 고향 생각.
里言葉〔さとことば〕① 시골말. 사투리. ② 화류계에서 쓰는 독특한 말.
里芋〔さといも〕(植) 토란.
里人〔さとびと〕마을 사람. 시골 사람.
里子〔さとご〕수양 아들(딸). ～に出す; 수양아들(딸)로 주다.
里親〔さとおや〕수양(収養) 부모.
山里〔やまざと〕산속 마을.
村里〔むらざと〕시골. 촌. 마을. 촌락.

音 読

里〔り〕리. 거리의 단위. 10리.
里俗〔りぞく〕그 지방의 풍속.
里数〔りすう〕이수. 이정(里程).
里謡〔りよう〕각 지방에서 불리는 민요.
里程〔りてい〕이정. 길이 이수(里数).

〔厘〕 풀：리 리.
音：リン
訓：

厘〔りん〕리. ① 옛날 화폐의 단위. 1전의 10분의 1. ② 길이의 단위. 1리는 1척(尺)의 1000분의 1 ③ 중량의 단위. 1리는 한 돈의 100분의 1. ④ 1의 100분의 1. 1할의 100분의 1.

厘毛〔りんもう〕극소. 추호.

〔梨〕 풀：배나무 리.
音：リ
訓：なし

梨〔なし〕배. 배나무. ～のつぶて; 편지를 내도 회답이 없음. (함흥 차사) (なし를 無(な)し에 엇걸어서 쓴 말). (無しは'없음'이라는 뜻).
梨瓜〔なしうり〕배참외.
梨子地〔なしじ〕① 금은(金銀) 가루를 뿌린 위에 투명한 칠을 하여 그 가루가 비쳐 보이도록 만든 그림이나 공예품. ② 바둑판 비슷하게 짠 직물.
梨割〔なしわり〕(배를 쪼개듯이) 짝 쪼갬.

音＿読

梨園〔りえん〕이원. ① 배나무를 심어 가꾸는 뜰. ② 배우들의 사회. 연극계.
梨花〔りか〕이화. 배꽃.

〖理〗 풀：이치 리.
音：リ
訓：

理〔り〕① 법칙. 원리. ② 이치. 이유. ③ 도리.
理工〔りこう〕이공. 理学과 工学.
理科〔りか〕이과. 자연 과학 계통 학문.
理屈〔りくつ〕① 이유. 까닭. 도리. ② 이론. 이치. ③ 구실. 핑계.
理念〔りねん〕이념. 개념.
理路〔りろ〕이론이나 생각의 줄거리.
理論〔りろん〕이론. 원칙, 원리에서부터 시작하여 사물을 논하는 것.
理髪〔りはつ〕이발. 머리를 깎고 다듬음.
理不尽〔りふしん〕이치에 닿지 않음.
理事〔りじ〕이사. 사무를 집행하고 권리를 행사하는 역(役).
理想〔りそう〕이상. 이성으로 상상할 수 있는 최선의 이념과 상태. 목적.
理性〔りせい〕이성. 이치에 따라 사리를 올바로 판단하는 능력.
理外〔りがい〕도리가 아님. 이유가 안됨. ～の理; 당치 않은 이유.
理容〔りよう〕이용. 이발과 미용.
理由〔りゆう〕이유. 까닭.
理財〔りざい〕이재. 재산이나 금전을 잘 운영하는 것.
理知〔りち〕이지. 이성과 지혜.
理学〔りがく〕이학. 자연. 과학.
理解〔りかい〕이해. 깨달아 알아 들음.
理化学〔りかがく〕이화학. 물리학과 화학.
理詰め〔りづめ〕이론으로 몰아댐. 이치적으로 따짐.

〖痢〗 풀：이질 리.
音：リ
訓：

疫痢〔えきり〕역리. 이질.
下痢〔げり〕설사. ～止め.

〖裏〗 풀：옷속 리. 속 리. 안 리.
音：リ
訓：うら

裏〔うら〕① 뒷면. 뒤쪽. 뒤. ② (옷의) 안(감). ③ 내막. 이면(裏面). ④ (야구에서) 말(末). 二回～; 2회 말.
裏街道〔うらかいどう〕뒷길. 뒤안길.
裏曲〔うらがね〕곱자 뒤의 눈금.
裏口〔うらぐち〕① 뒷문. ② 뒷구멍. 부정한 수단. 비밀.
裏金〔うらがね〕① 구두창에 박는 징. ② 뒷거래할 때 주고 받는 돈. 커미션.
裏襟〔うらえり〕겹옷의 안깃.
裏道〔うらみち〕① 뒷길. 골목길. ② 샛길.
裏漉し〔うらごし〕가는 체.
裏漏(り)〔うらもり〕주전자로 액체를 부을 때에 주둥이 밑쪽을 타고 새어 내려옴.
裏毛〔うらけ〕내의(内衣) 안쪽에 있는 털.
裏木戸〔うらきど〕① 집 부엌으로 통하는 나무로 된 문. ② 흥행장의 뒤쪽 출입문.
裏目〔うらめ〕① 자(尺)의 뒷면의 눈금. ② 주사위의 반대쪽의 면.
裏門〔うらもん〕뒷문.
裏紋〔うらもん〕약식(略式) 家紋.
裏返す〔うらがえす〕(他5) 뒤집다.
裏返る〔うらがえる〕(自5) ① 뒤집히다. ② 배반하다. 적과 내통하다.
裏方〔うらかた〕① 귀인의 아내. ② 무대 뒤에서 일하는 사람.
裏背戸〔うらせど〕집의 뒷문.
裏番組〔うらばんぐみ〕(방송국에서의) 예비 프로. 인기 프로에 대항하는 프로.
裏腹〔うらはら〕모순됨. 정반대임.
裏付け〔うらづけ〕뒷받침. 확실한 증거.
裏付ける〔うらづける〕(他下1) 뒷받침하다. 증명하다.
裏山〔うらやま〕① 뒷산. ② 산의 응달쪽.
裏書き〔うらがき〕① 어음, 수표 등의 뒷면에 주소 성명을 씀. ② 뒷면에 글을 씀. ③ (사실에 대한) 뒷받침. 증명.
裏声〔うらごえ〕① 三味線의 가락보다 낮게 부르는 소리. ② 자기의 보통 목소리보다 일부러 낮거나 높게 부르는 소리.
裏手〔うらて〕뒷면. 뒤쪽.
裏芸〔うらげい〕연예인들의 숨은 재주.
裏日本〔うらにほん〕本州의 동해 지방.
裏作〔うらさく〕주된 농작물을 수확하고 난 뒤에 채소를 심는 농사.
裏長屋〔うらながや〕서민용 연립 주택.
裏切り〔うらぎり〕배반. 배신.
裏切る〔うらぎる〕(他5) ① 배반하다. ② 배신하다. ② (기대에) 어긋나다. 반대 결과가 되다.
裏店〔うらだな〕뒷골목의 초라한 셋집.
裏正面〔うらじょうめん〕씨름판에 마주한 정면 좌석의 반대쪽.
裏定理〔うらていり〕(数学 등에서) 어떤 定理의 仮説과 終結을 둘 다 부정하여 만든 定理.
裏町〔うらまち〕뒷골목의 거리.
裏地〔うらじ〕(의복의) 안감.
裏打ち〔うらうち〕① 의복의 안에 천을 댐. ② 종이나 가죽의 뒷면에 다른 종이나 가죽을 덧붙임. ③ 뒷받침. 증명.
裏通り〔うらどおり〕큰길과 큰길 사이에 있는 좁은 길.
裏編(み)〔うらあみ〕편물의 기초의 하나. 메리야스의 안쪽과 같은 모양으로 짜짐.
裏表〔うらおもて〕① 안과 겉. 안팎. ②뒤

집음.

裏話〔うらばなし〕그다지 많은 사람에게 알려지지 않은 내막적인 이야기. 秘話.

音 読

裏面〔りめん〕이면. 뒷면. 내면.

脳裏〔のうり〕뇌리. 머리 속.

〔履〕풀：밟을 리.
音：リ
訓：はく

履く〔はく〕(他5)(발에) 신다.

履(き)物〔はきもの〕신. 신발.

履き違える〔はきちがえる〕(他下1) ①(신을) 잘못하여 바꾸어 신다. ② 잘못 생각하다.

連濁音에 注意

上履き〔うわばき〕집이나 건물 안에서 신는 실내화(室内靴).

音 読

履歴〔りれき〕이력. 경력. ～書(しょ).

履修〔りじゅう〕이수. 차례대로 학과를 배움.

履行〔りこう〕이행. 실천에 옮김.

〔罹〕풀：걸릴 리. 근심할 리.
音：リ
訓：かかる

罹る〔かかる〕(自5)(병에) 걸리다. (재난을) 만나다. 病気に～; 병에 걸리다. 資難に～; 도난 당하다. 도둑맞다.

音 読

罹病〔りびょう〕이병. 병에 걸림. ～する; 병에 걸리다.

罹災〔りさい〕이재. 재해를 입음. 재앙에 걸림. ～民(みん).

〔鯉〕풀：잉어 리.
音：リ
訓：こい

鯉〔こい〕잉어.

鯉こく〔こいこく〕잉어를 넣어 끓인 된장국.

鯉口〔こいぐち〕칼집 아가리.

鯉幟〔こいのぼり〕종이나 천으로 잉어를만들어 단오날에 올리는 기(旗). (사내아이가 있는 집만 달 수 있음).

〔離〕풀：떠날 리.
音：リ
訓：① はなす ② はなれる

❶ **離す**〔はなす〕(他5) ① 떼다. ② 끄르다. 풀다. ③ 떼어 놓다. 사이를 두다. ④ 놓다.

❷ **離れる**〔はなれる〕(自下1) ① 떠나다. 떨어지다. ② 간격이 벌어지다. ③ 관계가 없어지다. ③ 夫に～; 남편과 이혼하다.

離れ〔はなれ〕떨어져 있음. 별채.

離れ家〔はなれや〕외딴집.

離れ島〔はなれじま〕외딴섬.

連濁音에 注意

離れ離れ〔はなればなれ〕분산. 따로따로 떨어짐. 뿔뿔이 흩어짐.

世離れる〔よばなれる〕(自下1) 속세를 멀리하다.

乳離れる〔ちばなれる〕젖떼기. 이유기 (離乳期).

音 読

離間〔りかん〕이간. 두 사람 사이가 서로 멀어지게 술책을 씀.

離京〔りきょう〕이경. 서울을 떠남.

離陸〔りりく〕이륙. 비행기가 떠 오름.

離反〔りはん〕떨어져 배반함.

離別〔りべつ〕이별. ① 헤어짐. ② 이혼.

離散〔りさん〕이산. 분산. 떨어져 흩어짐.

離縁〔りえん〕이연. 인연을 끊음.

離職〔りしょく〕이직. 직장을 떠남.

離脱〔りだつ〕이탈. 떨어져 나감.

離合〔りごう〕이합. 헤어짐과 모임.

離郷〔りきょう〕이향. 고향을 떠남.

離婚〔りこん〕이혼. 부부관계를 끊음.

【린】

〔隣〕풀：이웃 린.
音：リン
訓：① となる ②となり

❶ **隣る**〔となる〕(自5) 이웃하다.

❷ **隣**〔となり〕이웃. 이웃 집. ～の国.

隣近所〔となりきんじょ〕이웃. 근처.

隣付き合い〔となりつきあい〕이웃과의 교제.

隣組〔となりぐみ〕제2차 대전 중 국민을 통제하기 위해서 만든 지역 조직.

隣(り)合う〔となりあう〕(自5) 서로 이웃하다.

隣(り)合(わ)せ〔となりあわせ〕서로 이웃해 있음.

音 読

隣家〔りんか〕인가. 이웃 집, 옆집.

隣国〔りんごく〕인국. 이웃 나라.

隣邦〔りんぽう〕인방. 이웃 나라.

隣保〔りんぽ〕인보. 가까운 이웃끼리 조직된 모임.

隣席〔りんせき〕인석. 옆자리.

隣室〔りんしつ〕옆방. 이웃 방.

隣人〔りんじん〕이웃 사람. 옆 사람.

隣接〔りんせつ〕인접. 잇닿아(이웃해)있음.

【림】

〔林〕 풀：수풀 림.
音：リン.
訓：はやし

林〔はやし〕 나무가 많이 자라 있는 곳. 숲.
林道〔はやしみち〕 숲속의 길.

連濁音에 注意

雑木林〔ぞうきばやし〕 잡목숲. 건축용으로 사용할 수 없는 여러 가지 나무 숲.
松林〔まつばやし〕 송림. 솔밭. 소나무숲.

音 読

林間〔りんかん〕 임간. 숲 사이. 숲 속.
林立〔りんりつ〕 숲의 나무처럼 죽 늘어서 있는 것. ～する; 죽 늘어서다.
林木〔りんぼく〕 임목. 수풀의 나무.
林産〔りんさん〕 임산. 산림에서 산출되는 것.
林野〔りんや〕 임야. 숲과 들.
林業〔りんぎょう〕 임업. 삼림경영(森林経営)의 사업.

〔淋〕 풀：물댈 림.
音：リン
訓：さびしい

淋しい〔さびしい〕(形) ① 쓸쓸하다. 적막하다. 외롭다. ② 허전하다. ふところが～; 호주머니가 허전하다(돈이 떨어지다). ③ 섭섭하다.

音 読

淋病〔りんびょう〕 ⇨淋疾.
淋疾〔りんしつ〕 임질. 성병(性病)의 한가지.

〔臨〕 풀：임할 림. 잠시 림.
音：リン
訓：のぞむ

臨む〔のぞむ〕(自5) ① 향(向)하다. 면(面)하다. 湖～家; 호수에 면한 집. ② 출석하다. 임하다. ③ 당면하다. 즈음하다. ④ (아랫사람을) 대하다.

音 読

臨検〔りんけん〕 임검. 현장에 가서 검사함.
臨界〔りんかい〕 임계. 경계.
臨機応変〔りんきおうへん〕 임기 응변. 그때 그때 그 경우에 알맞게 적절히 처리함.
臨本〔りんぽん〕 습자, 도화의 본보기 책.
臨床〔りんしょう〕 임상. 환자를 실지로 진찰하여 치료함.
臨書〔りんしょ〕 임서. 원본을 보고 베껴 씀
臨席〔りんせき〕 임석. 그 자리에 임함. 출석.
臨時〔りんじ〕 임시. 일시적인 일.
臨月〔りんげつ〕 임월. 해산할 달.
臨戦〔りんせん〕 임전. 전장에 임함.
臨終〔りんじゅう〕 임종. 죽음에 임하는 것.
臨海〔りんかい〕 임해. 바다에 임함.
臨幸〔りんこう〕 임행. 임금이 그 자리에 거동함. ～を仰ぐ; 임행을 받잡다.
臨画〔りんが〕 임화. 교본을 보고 그림을 그림.

【립】

〔立〕 풀：설 립.
音：① リツ ② リッ ③リュウ
訓：① たてる ② たつ

❶ **立てる**〔たてる〕(他下1) ① 세우다. ② 건립하다. ③ 나게 하다. 내다. ③ 일으키다. ④ 닫다. ⑤ 놓다. ⑥ 꽂다. ⑦ 지키다. ⑧ 데우다.
立て〔たて〕 ① 첫째. 최고. ② 세움. ③ (動詞連用形에 접속하여) …한지 얼마 안됨. …막 하였음. 焼き～のパン; 갓 구운 빵. ④ (숫자에 접속하여) 연패(連敗) 三～を食らう; 3連敗를 당하다.
立て看板〔たてかんばん〕 세운간판.
立て掛ける〔たてかける〕(他下1) 기대어 세워 놓다. 傘を壁た～; 우산을 벽에 기대어 세워 놓다.
立女形〔たておやま〕 여자 역을 맡은 남자 배우 중 으뜸 배우.
立て籠(も)る〔たてこもる〕(自5) 농성(籠城)하다. (외출하지 않고 들어 박히다. 굳게 버티다.
立(て)網〔たてあみ〕 고기떼들의 통로에 쳐두었다가 고기를 잡는 그물.
立て付け〔たてつけ〕 (문의) 여닫는 상태.
立て付ける〔たてつける〕(他下1) ① 문이나 미닫이 등을 잘 맞춰 달다. ② 잇달아 행하다.
立て続け〔たてつづけ〕 계속. 잇달아. 연이어.
立(て)膝〔たてひざ〕 한쪽 무릎을 세우고 앉음.
立(て)役〔たてやく〕 (연극에서의) 주역(主役).
立(て)役者〔たてやくしゃ〕 ① (연극에서의) 중요한 배우. 주역(主役). ② 중심 인물.
立(て)引(き)〔たてひき〕 ① 서로 고집을 부려 다툼. ② 호기(豪気)로 금품을 대신냄.
立て引く〔たてひく〕(他5) ① 돈을 대신 치르다. ② 서로 고집을 부리다.
立て込む〔たてこむ〕(自5) ① (많은 사람이) 붐비다. ② 빽빽이 들서 차다(서다).
立て込める〔たてこめる〕(他下1) (문을) 꼭 닫다. 밖에 나가지 않다.
立て場〔たてば〕 ① 옛날, 가도(街道)에서 교군꾼등이 작대기로 가마를 버티고 휴식하던 곳. ② 넝마주이에게서 넝마를 사는 고물상.
立て切る〔たてきる〕(他5) ① (문을) 꽉 닫아 버리다. ② 끝내…하다. 시종 일관하다.
立て直す〔たてなおす〕(他5) 다시 세우다. 재건하다. 만회하다. 다시 일으키다.
立(て)札〔たてふだ〕 팻말.
立て替〔たかえ〕 대신 치름. 입체

立て替える〔たてかえる〕(他下1) 돈을 대신 치르다. 입체하다.
立て通す〔たてとおす〕(他5) (주장을) 끝까지 고집하다. 끝까지 굽히지 않다.
立て板〔たていた〕기대여 세워 놓은 판자.
立坪〔たてつぼ：りゅうつぼ〕흙, 자갈 등의 1평(坪) 넓이.
立(て)行司〔たてぎょうじ〕씨름 심판 중 가장 높은 사람.
❷**立つ**〔たつ〕(自5) ① 일어서다. 일어나다. ② 서다. ③ 곤두서다. ④ 나서다. ⑤ 물이 목까지 차다. ⑥ 자립하다. ⑦ (눈에) 띄다. ⑧ 치솟다. ⑨ 나다. ほこりが～; 먼지가 나다. ⑩일다. ⑪ 떠나다. ⑫ 오르다. ⑬ 흙다. ⑭ 꽂히다. 박히다. ⑮ 닫혀 있다. ⑯ 유지되다. ⑰ (소리가) 울리다. ⑱ 꺼지다. ⑲ 먹혀 들어가다.
立ち〔たち〕① (연극계에서) 분장하지 않고 하는 연습. ② (動詞連用形의 転成名詞나 動詞의 앞에 접속하여 표현을 강조하기 위하여 덧붙이기도 함)
立ちはだかる〔たちはだかる〕(自5) 앞을 가로막아 서다. 가로 놓여 있다.
立(ち)見〔たちみ〕선 채로 봄. 입견.
立ち去る〔たちさる〕(自5) 물러가다. 떠나다.
立(ち)居〔たちい〕(서고 앉는) 동작. ～振(る)舞(い); 행동 거지. 기거 동작.
立(ち)稽古〔たちげいこ〕(연극) 대본 읽기가 끝난 다음 본격적인 연습에 들어가기 전에 분장(粉装)없이 하는 연습.
立(ち)枯れ〔たちがれ〕(초목이) 선채로 말라 죽음.
立ち枯れる〔たちがれる〕(自下1) (초목이) 선 채로 말라 죽다.
立(ち)高跳(び)〔たちたかとび〕제자리 높이 뛰기.
立(ち)高飛(び)〔たちたかとび〕⇨立(ち)高跳(び).
立ち掛(か)る〔たちかかる〕(自5) ① 일어서려고 하다. ② 덤벼들다.
立ち交じる〔たちまじる〕(自5) 섞이다.
立ち均す〔たちならす〕(他5) 땅을 밟아 고르다.
立ち寄る〔たちよる〕(自5) ① 다가서다. ② 들르다.
立(ち)台〔たちだい〕단(壇).
立待(ち)の月〔たちまちのつき〕음력 17일 밤의 달.
立ち渡る〔たちわたる〕(自5) 널리 미치다.
立(ち)読み〔たちよみ〕(책방에서 책을 사지 않고) 서서 읽음.
立ち働く〔たちはたらく〕(自5) 부지런히 일하다.
立ち戻る〔たちもどる〕(自5) 되돌아 오다(가다).
立(ち)流し〔たちながし〕서서 일하게 된 설겆이대.
立(ち)売(り)〔たちうり〕서서 물건을 팖.
立ち明かし〔たちあかし〕세워 두는 횃불.
立(ち)毛〔たちげ〕논밭에 자라고 있는 농작물(주로 '벼'를 말함)
立(ち)木〔たちき〕입목. 서 있는 나무.
立(ち)聞き〔たちぎき〕멈춰 서서 엿들음.
立ち返る〔たちかえる〕(自5) 되돌아 가다(오다).
立方〔たちかた〕(무용의 반주자에 대하여) 춤을 추는 사람.
立ちん坊〔たちんぼう〕① 내내 서 있음. ② 수레의 뒤를 밀어 주고 돈을 받는 사람. ③ 날품팔이.
立(ち)番〔たちばん〕서서 망을 봄.
立(ち)別れる〔たさわかれる〕(自下1) 작별하다. 헤어지다. 이별하다.
立ち並ぶ〔たちならぶ〕(自5) ① 나란히(줄지어)서다. ② 겨루다. 견주다. 어깨를 나란히 하다.
立(ち)腐れ〔たちぐされ〕① (나무, 기둥이) 선채로 썩음. ② (공사가 중단된 건물이) 황폐해 감.
立ち上がり〔たちあがり〕① 일어섬. ② 지면에 우뚝 솟아 있는 것. ③ 첫동작. 시작
立ち上がる〔たちあがる〕① 일어나다. ② 일어서다. ③ 나서다. ④ (행동을)시작하다. ⑤ (연기가) 떠오르다.
立ち塞がる〔たちふさがる〕(自5) 가로 막아 서다. 앞을 가로 막다.
立(ち)小便〔たちしょうべん〕(남자가 변소 이외의 장소에서 오줌을 누는) 한뎃 소변.
立ち所に〔たちどころに〕(副) 당장. 이내. 곧.
立(ち)消え〔たちぎえ〕① (불이)타다 말고 꺼짐. ② 흐지부지됨. 슬그머니 중단됨.
立ち騒ぐ〔たちさわぐ〕(自5) 마구 떠들어대다.
立ち続ける〔たちつづける〕(自下1) 그 자리에 내내 서 있다.
立ち竦む〔たちすくむ〕(自5) (두려움 때문에) 선 채로 꼼짝 못하다.
立ち馴(ら)す〔たちならす〕(他5) 길들이다.
立ち勝る〔たちまさる〕(自5) 뛰어나다. 더 낫다. 더 좋다.
立(ち)食い〔たちぐい〕① 서서 먹음. ② 카운터에서 먹음. ～する; 카운터에서 먹다.
立(ち)暗み〔たちぐらみ〕일어섰을 때에 느끼는 현기증.
立(ち)業〔たちわざ〕(유도, 레슬링에서) 서서 상대방을 넘어뜨리는 수.
立(ち)役〔たちやく〕(歌舞伎에서) 主演 男優.
立(ち)泳ぎ〔たちおよぎ〕손은 사용하지 않고 발로 자전거 페달을 밟듯이 치는 헤엄.
立(ち)往生〔たちおうじょう〕(열차, 자동차가) 선채로 가지도 오지도 못함. 꼼짝 못함. ② 쩔쩔 맴.
立(ち)飲み〔たちのみ〕서서(선 채로) 마심.
立ち入る〔たちいる〕(自5) ① 출입하다. 들어가다. ② 간섭하다. 참견하다. 끼어들다.

立ち込める〔たちこめる〕(自下1)(연기, 안개) 자욱히 끼다.
立(ち)姿〔たちすがた〕① 서 있는 모습. ② 춤 추는 모습.
立場〔たちば〕① 입장. 처지. 조건. 형편. ② 설 곳. ～がない; 설 데가 없다.
立ち止(ま)る〔たちどまる〕(自5) 멈추어 서다.
立ち至る〔たちいたる〕(自5)(중대한, 심각한) 사태에 이르다.
立ち直る〔たちなおる〕(自5) ① 몸을 가누다. (기우뚱하다가) 다시 일어서다. ② 회복하다.
立ち尽(く)す〔たちつくす〕(自5) 내내 서 있다.
立(ち)振(る)舞(い)〔たちふるまい〕행동거지.
立ち添う〔たちそう〕(自5) 바싹 다가서다.
立ち打ち〔たちうち〕(총) 서서 쏘기.
立(ち)退き〔たちのき〕퇴거(退去). 물러감.
立ち退く〔たちのく〕(自5) 퇴거하다. 물러나다.
立(ち)通し〔たちどおし〕계속 섬. 내내 섬.
立(ち)幅飛び〔たちはばとび〕제자리 넓이 뛰기.
立(ち)幅跳び〔たちはばとび〕제자리 넓이 뛰기.
立ち行く〔たちゆく〕(自5) ① 가다. ② 되어가다. ③ (세월이) 지나가다.
立ち向かう〔たちむかう〕(自5) ① 직면하다. ② 맞서다. 대항하다. ③ (목표로) 향하다.
立(ち)話〔たちばなし〕서서 하는 이야기
立(ち)回り〔たちまわり〕① 돌아다님. ② (연극에서) 격투 장면. 싸움. 난투.
立ち回る〔たちまわる〕(自5) ① 이리저리 뛰어 다니다. ② 약삭빠르게 굴다. ③(피해 다니다가) 들르다. ④ (연극에서) 격투하다.
立(ち)会い〔たちあい〕① 입회. 모여 있음. ② 거래소에 모여 매매를 함. ③ (씨름이 시작되어) 벌떡 일어섬.
立ち会う〔たちあう〕(自5) ① 그 자리에 입회하다. ② 격투하다. 승부를 맞겨루다.
立(ち)後れ〔たちおくれ〕① 뒤짐. 뒤 떨어짐. ② 늦게 일어섬.
立ち後れる〔たちおくれる〕(自下1) ①뒤지다. 뒤떨어지다. ② 출발이 늦다. 늦게 일어서다. ③ 남보다 늦게 일을 착수하다.
立ち休らう〔たちやすらう〕(自5) ① 머뭇거리다. ② 쉬다.
立ち詰め〔たちづめ〕내내 서 있음. 계속섬.

音読 ①

立礼〔りつれい〕서서 하는 경례.
立論〔りつろん〕입론. 이론의 순서. 취지를 능을 세움.
立像〔りつぞう〕입상. 서 있는 자세의 상.
立案〔りつあん〕입안. ① 계획을 세움. ② 초안(草案)을 만듦.
立言〔りつげん〕입언. 훌륭한 의견을 말함.
立願〔りつがん：りゅうがん〕神仏에게 소원을 祈願함.

音読 ②

立脚〔りっきゃく〕입각. 근거로 함.
立国〔りっこく〕입국. ① 나라를 세움. 건국(建国). ② 어떤 사업을 토대로 국가를 운영하는 것. 工業～; 공업 입국.
立党〔りっとう〕정당이나 당파를 조직함.
立冬〔りっとう〕입동. (양력 11월 7, 8일경)
立方〔りっぽう〕입방. 3승(三乗).
立法〔りっぽう〕입법. 법률을 제정함.
立腹〔りっぷく〕성을 냄. 화를 냄.
立身〔りっしん〕입신. 성공함.
立証〔りっしょう〕입증. 증거를 내세움.
立地〔りっち〕입지. 地勢나 地質등의 자연조건의 역할.
立志〔りっし〕입지. 목적을 세움.
立体〔りったい〕입체. 공간의 일부분을 점유하고 위치, 모양, 두께를 갖는 것.
立秋〔りっしゅう〕입추. 24절기의 하나.
立錐の余地〔りっすいのよち〕입추의 여지. 송곳을 세울 정도의 극히 좁은 자리.
立春〔りっしゅん〕입춘. 24절기의 하나.
立太子〔りったいし〕입태자. 공식(会式)으로 태자를 정함.
立派〔りっぱ〕(形動) ① 훌륭함. ② 근사함.
立標〔りっぴょう〕입표. 암초 등에 기(旗), 나무 등으로 표를 세움.
立夏〔りっか〕입하. 24절기의 하나.
立憲〔りっけん〕입헌. 헌법을 제정하는 것.
立花〔りっか〕꽃꽂이 형식의 한 가지.
立候補〔りっこうほ〕입후보. 선거의 후보자로 나섬.

音読 3

立米〔りゅうべい〕입방미터의 준말.
立坪〔りゅうつぼ：たてつぼ〕흙, 모래 등의 부피를 헤아리는 단위. (여섯자 입방).
建立〔こんりゅう〕절 등을 세움.

〔笠〕

풀：삿갓 립.
音：リュウ
訓：かさ

笠〔かさ〕① 삿갓. ② 갓. 電燈の～; 전등갓.
笠の台〔かさのだい〕목. ～が飛ぶ; 목이 잘리다.
笠木〔かさぎ〕문, 난간 등의 위에 대는 가로대.

〔粒〕

풀：낟알 립. 쌀알 립.
音：リュウ
訓：つぶ

粒〔つぶ〕① (작고 둥근 것의 총칭)알맹이 ② (낟알을 가리켜) 알. ③ 주판알.
粒立つ〔つぶだつ〕(自5) ① 거품이 일다. ② 알알이 솟아나다. 소름이 끼치다.
粒粒〔つぶつぶ〕① 많은 알맹이. 응어리. ② 알알이.
粒選り〔つぶより〕좋은 것만 골라냄. 알짜

만 골라냄.
粒銀〔つぶぎん〕江戸시대의 콩알만한 銀貨.
粒揃い〔つぶぞろい〕① 하나같이 모두 훌륭함. ② 알알이 모두 고름.

音 読

粒粒辛苦〔りゅうりゅうしんく〕(한알 한알을 고심(苦心)해서 이룬다는 뜻) 어떤 일의 성취를 위해서는세세한 데까지 노력함.
粒状〔りゅうじょう〕입상. 알맹이 모양.
粒子〔りゅうし〕입자. 아주 미세한 알맹이.
微粒子〔びりゅうし〕미립자. 몹시 작은 알맹이.

【마】

〖馬〗

풀：말 마.
音：バ
訓：① うま ② ま

訓 読 1

馬〔うま〕(動) ① 말. ② ～が合う;마음이 맞다.
馬なり〔うまなり〕(경마에서) 말이 달리는 대로 내버려 둠.
馬の骨〔うまのほね〕① 말뼈. ② 내력을 잘 모르는 사람에 대한 욕. どこの～だ; 어디서 굴러온 놈이냐.
馬面〔うまづら〕긴 얼굴. ～の男.
馬返し〔うまがえし〕산이 험하여, 더 이상 말을 타고 갈 수 없음.
馬方〔うまかた〕마부.
馬の背〔うまのせ〕산의 능선.
馬筏〔うまいがた〕말을 물 속에 죽 세워 물살을 약하게 하고 내를 건너는 것.
馬飛(び)〔うまとび〕말타기 놀이.
馬の巣〔うまのす〕말총. 말의 꼬리털.
馬乗り〔うまのり〕① 말타기. 승마. ② 말을 탄 사람. ③ 말 탄 것처럼 양다리로 걸터 앉음.
馬市〔うまいち〕말 시장.
馬屋〔うまや〕마굿간.
馬印〔うまじるし〕옛날 싸움터에서 대장의 말 곁에 세워 그 소재를 알리는 표지.
馬槽〔うまぶね〕① 말이나 소의 먹이를 담는 그릇. 구유. ② (나무로 만든) 큰 통.
馬跳(び)〔うまとび〕말타기 놀이.
馬の足〔うまのあし〕서투른 배우.
馬追い〔うまおい〕① 말을 몰아 들임. ② 마부. ③ ～虫; 베짱이.
馬標〔うまじるし〕⇨馬印
馬回り〔うままわり〕① 말탄 장수를 수호하던 무사들. ② 장수가 탄 말의 주위

訓 読 2

馬糞〔まぐそ：ばふん〕마분. 말똥.
馬子〔まご〕마부. ～にも衣装; 옷이 날개
馬鍬〔まぐわ〕써레.
伝馬船〔てんません〕짐을 나르는 조그만배.
走馬燈〔そうまとう〕주마등.
絵馬〔えま〕神社나 절에 봉납하는, 말을 그린 액자.

音 読

馬脚〔ばぎゃく〕마각. ① 말의 다리. ② 정체.
馬具〔ばぐ〕마구. 말을 부리는 기구.
馬券〔ばけん〕마권. 승마(乗馬) 투표권.
馬力〔ばりき〕마력. ① 동력을 나타내는 동력. ② 짐마차. ③ 정력.
馬齢〔ばれい〕자기 나이를 겸손하게 말함. ～を重ねる; (헛되이) 나이만 먹다.
馬鹿〔ばか〕① 바보. ② 어처구니 없음.
馬術〔ばじゅつ〕마술. ① 말을 타는 기술. ② 곡마(曲馬).
馬耳東風〔ばじとうふう〕마이 동풍.
馬場〔ばば〕마장. 말 타기 연습을 하는 곳.
馬賊〔ばぞく〕마적. 옛날 만주에 나타났던 도둑의 무리.
馬車〔ばしゃ〕마차. 마차가 끄는 수레.
馬匹〔ばひつ〕마필. 말.

〖麻〗

풀：삼 마.
音：マ
訓：あさ

麻〔あさ〕(植) 삼. 모시.
麻裏〔あさうら〕삼베로 된 안감.
麻糸〔あさいと〕마사. 삼베 실.
麻縄〔あさなわ〕마승. 삼으로 꼰 끈.
麻の葉〔あさのは〕삼 잎.
麻織り〔あさおり〕삼을 원료로 하여 짠 옷감. 삼베.
麻布〔あさぬの〕삼포. 삼베.

音 読

麻痺〔まひ〕마비. 저려서 감각이 없어짐.
麻薬〔まやく〕마약. 진정, 마취에 사용하는 약. (例：모르핀, 코카인).
麻疹〔はしか：ましん〕마진. 홍진(紅疹).
麻酔〔ますい〕마취. 몸의 감각을 마비시킴.

例 外

麻幹〔おから〕껍질을 벗긴 삼대의 줄기.

〖摩〗

풀：문지를 마.
音：マ
訓：① さする ② する ③ すれる

❶ 摩る〔さする〕(他5) 어루만지다. 쓰다듬다.
❷ 摩る〔する〕(他5) 문지르다. 비비다.
❸ 摩れる〔すれる〕(自下1) ① 스치다. 비비어지다. ② (사람이) 닳고 닳다. 반드러지다. 摩れた男; 닳고 닳은 사내.

音 読

摩する〔まする〕(他サ) ① 문지르다. 비비다. ② 갈다. 닦다. ③ 접근하다.
摩滅〔まめつ〕마멸. 닳아 없어짐.
摩耗〔まもう〕마모. 닳아서 엷어짐.
摩擦〔まさつ〕마찰. 물체와 물체가 서로 닿아 생기는 저항.

摩天楼〔まてんろう〕 마천루. (하늘을 찌를 듯이) 솟아 있는 고층 건물.

〘磨〙 풀：갈 마. 멧돌 마.
音：マ
訓：①みがく ②とぐ ③する

❶磨く〔みがく〕(他5) ①(문질러) 닦다. 윤을 내다. ②깨끗이 하다. 아름답게 하다.
磨き〔みがき〕①닦음. 윤이 나게 함. ②광택. 아름답게 함.
磨き立てる〔みがきたてる〕(他下1) ①자꾸 자꾸 닦다. ②아름답게 몸을 치장하다.
磨き粉〔みがきこ〕닦는 데 쓰는 가루. 마분.
磨き砂〔みがきすな〕금속성의 그릇을 닦는 데 쓰는 모래.
❷磨ぐ〔とぐ〕(他5) ①(칼을) 갈다. ②(물로 비벼) 씻다. ③윤이 나게 하다.
磨ぎ水〔とぎみず〕①쌀을 씻는 물. ②쌀뜨물.
磨ぎ汁〔とぎしる〕쌀뜨물.
❸磨る〔する〕(他5) ①(칼을) 갈다. ②문지르다.
磨りガラス〔すりガラス〕젖빛 유리.
磨り減らす〔すりへらす〕(他5) ①닳아 없애다. 무지러뜨리다. ②소모시키다.
磨り糠〔すりぬか〕왕겨.
磨臼〔すりうす〕맷돌.
磨り出す〔すりだす〕(他5) 갈아서 (닦아서) 윤을 내다.

音　読

磨滅〔まめつ〕마멸. 닳아 없어짐.
達磨〔だるま〕달마. 오뚝이.

〘魔〙 풀：마귀 마.
音：マ
訓：

魔〔ま〕①마귀. 악마. 귀신. ②어떤 일에 병적으로 열중하는 사람. 色～：색마. ～が差す：마귀가 들다.
魔窟〔まくつ〕마굴. 악마가 살고 있는 굴.
魔鬼〔まき〕마귀. 나쁜 귀신.
魔女〔まじょ〕마녀. 악마의 힘을 가진 여자.
魔力〔まりょく〕마력. 마술의 힘.
魔物〔まもの〕마물. ①악마. ②(비유적으로) 무서운 것. 金は～：돈은 무서운 것.
魔法〔まほう〕마법. 마술. 요술.
魔性〔ましょう〕마성. 악마의 성질.
魔手〔ましゅ〕마수. 악마의 손.
魔術〔まじゅつ〕마술. 사람을 현혹시키는 이상한 술법.
魔王〔まおう〕마왕. 악마의 왕.
魔除け〔まよけ〕마귀를 쫓는 물건. 부적.

ㅁ

【막】

〘莫〙 풀：클 막. 없을 막.
音：①バク ②マク
訓：なかれ

莫れ〔なかれ〕(금지를 나타내는 말) 말라. 말지어다. 騒ぐこと～：떠들지 말지어다.

音　読

莫大〔ばくだい〕막대. 대단히 크고 많음.
莫莫〔ばくばく〕막막. ①멀고 넓음. ②막연함.

〘幕〙 풀：휘장 막.
音：①マク ②バク ③バッ
訓：

音 読 1

幕〔まく〕①막. 휘장. ②연극의 일단락. ③끝. ④경우. 장면. 出る～じゃない：나설 경우(장면)가 아니다.
幕間〔まくあい〕막간. 연극의 한 막이 끝나서 막이 내려져 있는 동안.
幕開き〔まくあき〕①막이 올라 연극이 시작되는 것. 개막. ②일의 시작.
幕内〔まくうち〕(씨름 対戦表에서) 맨 위에 이름이 씌어지는 씨름꾼.
幕の内〔まくのうち〕① ⇨幕内. ②주먹밥에 깨를 뿌린 것과 반찬을 넣은 도시락.
幕屋〔まくや〕①막사. ②휘장을 둘러친 막 뒤의 분장실.
幕張り〔まくばり〕막을 침. 또는 그 곳.
幕切れ〔まくぎれ〕①극의 한 막이 끝남. ②끝. 종말.
幕板〔まくいた〕가로로 댄 긴 판자.
幕下〔まくした〕(씨름 대전표에서) 幕内의 아래의 급(級).
〔ばっか〕①陣営. ②장군이 있는 본진. ③부하.
幕合〔まくあい〕막간. ⇨幕間.

音 読 2

幕僚〔ばくりょう〕막료. ①참모 장교. ②중요한 계획에 참여하는 부하.
幕末〔ばくまつ〕江戸 幕府의 末期.
幕府〔ばくふ〕막부. ①진영(陣営) ②武臣政権의 최고 권력 기관. ③鎌倉, 室町, 江戸시대의 幕府장군.
幕舎〔ばくしゃ〕막사. 천막을 친 야외 숙박소.
幕臣〔ばくしん〕幕府의 신하.
幕政〔ばくせい〕幕府에 의한 정치.

音 読 3

幕下〔ばっか〕①陣営. ②本陣. ③부하.
〔まくした〕(씨름 대전표에서) 幕内의 아래의 급(級).

〘漠〙 풀：아득할 막. 사막 막.
音：バク
訓：

漠漠〔ばくばく〕막막. ①아득하게 넓음. 광막함. ②막연함. ～として：막연해서.
漠然〔ばくぜん〕막연. ～とした事を言う：막연한 말을 하다. ～たる不安：막연한 불안.

〘膜〙 풀：꺼풀 막.
音：マク
訓：

膜〔まく〕막. ① 어떤 것의 표면을 덮고 있는 얇은 막. ② 동물의 근육, 내장을 덮은 얇은 막.

角膜〔かくまく〕각막. 안구(眼球)의 안막(眼膜).

鼓膜〔こまく〕고막. 귀청.

【만】

〔万〕

풀 : 일만 만.
音 : ① マン ② バン
訓 : よろず

万〔まん〕만. 10,000. 천의 열배.
〔よろず〕① 수가 매우 많음. ～の神 ; 수많은 신. ② 온갖. 만사. 모두. 전부

万代〔よろずよ〕만대. 영구. 만세(万世).

万度〔よろずたび〕여러 차례. 여러 번.

万屋〔よろずや〕① 만물상(万物商). ② 무엇이든지 두루 알고 있는 사람.

音 読 1

万〔まん〕만. 천의 10배. 10,000. ～が一 ; 만의 하나. 만일에. 만약에.

万巻〔まんがん〕많은 책. 많은 서적.

万金〔まんきん〕만금. 많은 돈.

万年床〔まんねんどこ〕밤 낮으로 펴 놓은 이부자리.

万年雪〔まんねんゆき〕만년설. 높은 산에 1년 내내 쌓여 있는 눈.

万年筆〔まんねんひつ〕만년필.

万能〔まんのう〕만능. 못하는 것이 없음.
〔ばんのう〕만능. ① 모든 것에 효력이 있음. ② 모든 면에서 뛰어남.

万燈〔まんどう〕많은 등. ～会(え) ; 〔仏〕많은 등불을 켜 중생의 죄과를 참회하는 법회(法会).

万力〔まんりき〕작은 공작물을 사이에 끼워 움직이지 않게 나사로 죄어 고정시키는 기계. vice.

万万年〔まんまんねん〕만만년. 만 년을 강조한 말.

万万一〔まんまんいち〕"만일"을 강조한 말.

万病〔まんびょう〕만병. 온갖 병.

万分の一〔まんぶんのいち〕만분의 1

万葉〔まんよう〕(万葉集). 일본에서 제일 오래 된 가집(歌集). 총 20권. 奈良(なら) 시대 말기에 완성된 것임.

万葉仮名〔まんようがな〕뜻에는 관계 없이 漢字의 音이나 訓으로 말을 표기한 文字(例 : "あ, い, う"를 "安, 以, 宇"로 쓴 것).

万一〔まんいち〕만일. 만약. 만일의 경우.

万人〔まんにん : ばんにん〕만인. 모든 사람. 여러 사람. 많은 사람. ～向き ; 누구에게나 맞는 것.

万引き〔まんびき〕물건을 사는 체하고 훔침. 또는 그런 사람.

万遍無く〔まんべんなく〕① 남김 없이. 모조리. 구석구석까지. 예외 없이. ② 닥치는 대로.

万華鏡〔まんげきょう〕만화경. 기다란 삼각형 유리통 속에 색종이를 잘라 넣고 이리저리 들여다 보는 장난감.

音 読 ②

万感〔ばんかん〕만감. 여러 가지 생각.

万国〔ばんこく〕만국. 세계 여러 나라.

万国旗〔ばんこくき : ばんこっき〕만국기. 세계각국의 국기.

万古〔ばんこ〕만고. 영원. 영구.

万能〔ばんのう〕① 모든 것에 요력이 있음. ② 모든 면에 뛰어남.
〔まんのう〕못하는 것이 없음. 全能.

万端〔ばんたん〕만단. 여러 가지 일. 일체(一切). ② 모든 방법.

万代不易〔ばんだいふえき〕만대 불역. (영구히 변치 않음).

万録〔ばんりょく〕만록. 전부 녹색임.

万雷〔ばんらい〕만뢰. 많은 우뢰.

万里〔ばんり〕만리. 극히 먼 곳.

万万〔ばんばん〕(副) ① 결코. ② 전혀. ③ 각종.

万万歳〔ばんばんざい〕반만세. (만세를 강조 하는 말. 경사스러울 때 사용하는 말)

万物〔ばんぶつ〕만물. 우주에 있는 모든 것.

万民〔ばんみん〕만민. 많은 인민.

万般〔ばんぱん〕만반. 여러 방면.

万邦〔ばんぽう〕만방. 모든 나라.

万福〔ばんぷく〕만복. 많은 행복.

万事〔ばんじ〕만사. 모든 일.

万象〔ばんしょう〕만상. 많은 것의 여러 가지 형태.

万世〔ばんせい〕만세. 영원. 영구. 만고(万古).

万歳〔ばんざい〕만세. ① 언제까지나 살아서 번영함. ② 경사스러움. ③ 손을 듦. 끝장. ④ 미래의 발전을 축복해서 부르짖는 말.

万有〔ばんゆう〕만유. 만물.

万人〔ばんにん : まんにん〕만인. 많은 사람

万丈〔ばんじょう〕만장. ① 만 길. ②매우 높이 올라 감.

万障〔ばんしょう〕만장. 온갖 지장. ～繰り合わせて ; 만사를 제쳐 놓고.

万全〔ばんぜん〕만전. 아주 완전함.

万策〔ばんさく〕만책. 여러 가지 방책.

万態〔ばんたい〕만태. 여러 가지 상태

〔挽〕

풀 : 수레 끌 만.
音 : バン
訓 : ひく

挽く〔ひく〕(他5) ① (톱으로) 켜다. ② 끌다. 끌고 가다. ③ 연행하다.

挽(き)子〔ひきこ〕① 인력거꾼. ② 수레를 끄는 사람. 배 따위를 끄는 사람. ③ 나무를 켜는 사람.

音 読

挽歌〔ばんか〕만가. 장송곡(葬送曲).

挽詩〔ばんし〕만시. 죽은 사람을 슬퍼하는 시(詩)⇨挽歌.
挽回〔ばんかい〕만회. 회복. 되찾음. 본래의 상태대로 되돌림.

〔蛮〕
풀 : 오랑캐 만.
音 : バン
訓 :

蛮声〔ばんせい〕만성. 야만적인 큰 소리.
蛮性〔ばんせい〕만성. 야만인 성격.
蛮勇〔ばんゆう〕만용. 함부로 날뛰는 용기.
蛮人〔ばんじん〕만인. 야만인.
蛮族〔ばんぞく〕만족. 야만적인 종족.
蛮行〔ばんこう〕만행. 야욕적인 행동.

〔満〕
풀 : 가득할 만. 넘칠 만.
音 : マン
訓 : ① みたす ② みつ ③ みちる

❶ **満たす**〔みたす〕(他5) ① (가득) 채우다. ②만족시키다. 충족시키다. (욕망을) 채우다.
❷ **満つ**〔みつ〕(自5) (가득) 차다. 百円に満たない; 백원이 되지 않는다. 백원에 미달이다. 定員に満たない; 정원 미달이다.
❸ **満ちる**〔みちる〕(自上1) ① (가득) 차다. 넘치다. ② (달이) 차다. 月が〜; 달이 차다. ③ (기한이) 차다. ④ 만조 (満潮)가 되다.
満(ち)干〔みちひ〕간만(干満). 밀물과 썰물.
満ち欠け〔みちかけ〕달의 참과 이지러짐.
満ち潮〔みちしお〕만조. 밀물.
満ち足りる〔みちたりる〕(自上1) 만족하다. 흡족하다. 충분하다.

音　読

満〔まん〕① 만. 〜三十一; 만 31세. ②가득참. 〜を持する; 충분히 준비하고 기다림. 〜を引く; 가득찬 술잔을 들고 마심.
満干〔まんかん〕간만. 밀물과 썰물.
満腔〔まんこう〕만강. 온몸. 전신.
満開〔まんかい〕만개. 만발. 꽃이 활짝 핌.
満更〔まんざら〕① 전연. 한결같이. ② 반드시.
満期〔まんき〕만기. 기한이 참.
満喫〔まんきつ〕만끽. 실컷 맛보고 만족함.
満堂〔まんどう〕만당. 만장(満場).
満了〔まんりょう〕만료. 완전히 끝남.
満塁〔まんるい〕만루. 베이스마다 走者가 차 있는 것.
満満〔まんまん〕만만. 〜と; 넘치도록.
満面〔まんめん〕만면. 얼굴 가득히.
満目〔まんもく〕눈에 띄는 모든 것.
満配〔まんぱい〕만배. 충분히 배급함.
満腹〔まんぷく〕만복. 배가 부름.
満水〔まんすい〕만수. 물이 가득 참.
満身〔まんしん〕만신. 전신. 온 몸.
満員〔まんいん〕만원. 정원(定員)이 참.
満願〔まんがん〕기도나 法会가 끝남.
満月〔まんげつ〕만월. 보름달. 둥근 달.
満作〔まんさく〕풍년.
満場〔まんじょう〕만장. 회장에 가득 모임.
満載〔まんさい〕만재. 가득 실음.
満点〔まんてん〕만점. 규정된 점수의 최고점.
満潮〔まんちょう〕만조. 밀물.
満足〔まんぞく〕만족. 흡족함. 충분함.
満座〔まんざ〕만좌 그 자리에 있는 사람 모두. 〜の中で; 여러 사람 앞에서.
満州〔まんしゅう〕만주. 중국 동북부 지방.
満幅〔まんぷく〕전체의 폭. 전폭적임.

〔湾〕
풀 : 물굽이 만
音 : ワン
訓 :

湾〔わん〕만. 바다가 육지 가운데로 쑥 들어 온 곳.
湾曲〔わんきょく〕만곡. 활처럼 굽음.
湾口〔わんこう〕만구. 만(湾)의 입구.
湾内〔わんない〕만내. 만의 안쪽.
湾頭〔わんとう〕만두. 만의 가장자리.
湾入〔わんにゅう〕만입. 바닷물이나 강물이 활처럼 육지로 휘어 들어옴.

〔晩〕
풀 : 늦을 만.
音 : バン
訓 : おそい

晩い〔おそい〕(形) (시간이) 늦다. 夜晩くまで; 밤 늦게 까지. 帰りが〜; 돌아오는 (귀가) 시간이 늦다.

音　読

晩〔ばん〕① 저녁때. 해가 진 뒤. ② 밤.
晩景〔ばんけい〕만경. 저녁 경치.
晩年〔ばんねん〕만년. ① 나이를 먹었을 때 노년(老年). ② 일생의 마지막 무렵.
晩稲〔ばんとう〕만도. 늦게 익는 벼.
晩冬〔ばんとう〕만동. 늦겨울. 음력 12월.
晩生〔ばんせい〕만생. 늦게 피거나 늦게 열매를 맺는 초목.
晩酌〔ばんしゃく〕저녁 식사 때 마시는 술. 저녁 반주.
晩鐘〔ばんしょう〕만종. 저녁에 치는 종.
晩餐〔ばんさん〕만찬. 저녁 식사.
晩秋〔ばんしゅう〕만추. 늦가을.
晩春〔ばんしゅん〕만춘. 늦은 봄.
晩夏〔ばんか〕만하. 늦여름.
晩学〔ばんがく〕만학. 늦게 배움.
晩婚〔ばんこん〕만혼. 보통보다도 나이를 먹은 후 늦게 결혼함.

〔蔓〕
풀 : 덩굴 만.
音 : マン
訓 : つる

蔓〔つる〕① 덩굴. ② 단서. 실마리. ③ 연줄. ④ 광맥(鉱脈). ⑤ 인연. 계통.
蔓巻〔つるまき〕① 감기는 덩굴. ② 코일처럼 철사를 감은 것.
蔓立〔つるだち〕덩굴식물.
蔓植物〔つるしょくぶつ〕덩굴식물.
蔓草〔つるくさ〕덩굴풀의 총칭.

音　読

蔓生〔まんせい〕만생. 줄기가 덩굴이 되어 자람. 덩굴식물.
蔓延〔まんえん〕만연. 유행함. 퍼져 나감.

〔慢〕
풀 : 거만할 만.
音 : マン
訓 :

慢じる〔まんじる〕(自上1) 자만심을 갖다. 자만하다. 뽐내다. 자랑하다.
慢性〔まんせい〕만성. 빨리 낫지 않는 병의 성질.
慢心〔まんしん〕만심. 공연한 우월감.

〔漫〕 풀：부질 없을 만. 音：マン 訓：そぞろ

漫ろ〔そぞろ〕① 마음이 들뜸. ② 공연히 ～に；공연스레.
漫ろ歩き〔そぞろあるき〕산책.
漫ろ心〔そぞろごころ〕들뜬 마음.
漫ろ言〔そぞろごと〕무심코 하는 말.

音 読

漫談〔まんだん〕만담. 익살스럽고 재미있게 세상 인정을 비판 풍자하는 이야기.
漫漫〔まんまん〕만만. 멀리 확 트인 상태. ～たる湖；멀리 확 트인 호수.
漫歩〔まんぽ〕만보. 한가롭게 걸음.
漫然〔まんぜん〕만연. ～と；뜻 없이. 멍하니.
漫評〔まんぴょう〕만평. 체계가 없이 생각나는 대로 하는 비평.
漫筆〔まんぴつ〕만필. 체계가 없이 생각나는 대로 쓴 글.
漫画〔まんが〕만화. ① 장난 삼아 그린 그림. ② 사회를 풍자한 그림. ③ 이야기를 그림으로 그려 대충 뜻을 단 것.

〔瞞〕 풀：속일 만. 音：マン 訓：

瞞着〔まんちゃく〕배반함. 속임.
欺瞞〔ぎまん〕기만. 남을 그럴듯하게 속여 넘기는 것.

【말】

〔末〕 풀：끝 말. 音：① マツ ② マッ ③ バッ 訓：すえ

末〔すえ〕① 끝. 마지막. ② (인생의) 말년 ③ 막내. ④ 장래. 미래. ⑤ 자손. 후예.
末恐ろしい〔すえおそろしい〕(形) 장래가 두렵다. 장래가 염려되다.
末広〔すえひろ〕(점차로 끝 쪽이 퍼져 가는) 쥘부채.
末広がり〔すうひろがり〕① 점차로 끝쪽이 퍼짐. ② 점차 번창함. ③ 쥘부채.
末頼もしい〔すえたのもしい〕(形) 장래가 촉망되다. 장래가 기대되다.
末末〔すえずえ〕① 내내. 장래. ② 후손. 자손. ③ 서민. 평민.
末つ方〔すえつかた〕말경(末頃). 끝.
末の世〔すえのよ〕① 후세(後世). ② 말세.
末始終〔すえしじゅう〕(副) 두고두고 쭉. 끝끝내. 언제까지나.
末永く〔すえながく〕(副) 길이길이. 오래오래.
末っ子〔すえっこ〕막내. 막내동이.
末長く〔すえながく〕(副) 오래오래. 길이길이.

連濁音에 注意

野末〔のずえ〕들판 끝. 들가.
月末〔つきずえ：げつまつ〕월말.

音 読 1

末期①〔まつご〕말기. 일생의 끝. 임종(臨終) ②〔まっき〕말기. 끝 무렵. 말엽(末葉)
末男〔まつなん〕말남. 막내 아들.
末女〔まつじょ〕막내 딸.
末年〔まつねん〕말년. 인생의 끝 무렵.
末代〔まつだい〕① 끝 세대. ② 다음 세대. ③ 죽은 다음의 세상. 후세.
末路〔まつろ〕말로. 일생의 끝. 종말.
末流〔まつりゅう〕말류. ① 끝의 흐름. ② 자손. ③ 대수롭지 않은 유파.
末尾〔まつび〕말미. 끝. 마지막.
末葉〔まつよう〕말엽. ① 끝 세대. 끝 무렵. ② 자손. 후세.
末日〔まつじつ〕말일. 마지막 날.
末座〔まつざ〕말석. 뒷자리.

音 読 2

末期①〔まっき〕말기. 끝 무렵. 말엽(末葉). ②〔まつご〕말기. 일생의 끝. 임종.
末端〔まったん〕말단. 맨 끝. 끝 부분.
末世〔まっせ〕말세. ① 세상의 끝. ② 도덕이 타락된 세상.
末席〔まっせき：ばっせき〕말석. 끝 좌석. 낮은 자리.
末孫〔まっそん：ばっそん〕끝의 자손.
末子〔まっし：ばっし〕막내. 끝 아이.
末弟〔まってい：ばってい〕막내 동이.
末梢〔まっしょう〕말초. 맨 끝.
末香〔まっこう〕붓순나무의 껍질로 잎과 만든 가로로 된 향.

音 読 3

末席〔ばっせき：まっせき〕말석. 끝 자리.
末孫〔ばっそん：まっそん〕끝의 자손.
末子〔ばっし：まっし〕막내 동이.
末弟〔ばってい：まってい〕막내 동생.

例 外

末生り〔うらなり〕철 늦게 덩굴 끝에 열린 호박, 참외, 오이등의 식물의 열매. 끝물.
末成り〔うらなり〕① 끝물⇨末生り. ② 안색이 창백하고 허약함. 또 그런 사람.

〔抹〕 풀：없앨 말. 音：マツ 訓：

抹殺〔まっさつ〕말살. 문질러 지움.
抹消〔まっしょう〕말소. 없앰.

【망】

〔亡〕 풀：망할 망. 잃을 망.
音：① ボウ ② モウ
訓：① ない ② なくす ③ なくなる ④ ほろびる ⑤ ほろぼす

❶ **亡い**〔ない〕(形) 죽다. 今は~人; 지금은 죽고 없는 사람.
亡き〔なき〕살아 있지 않는. 작고하신.
亡き数〔なきかず〕죽은 사람 축. ~に入る; 죽은 사람 축에 끼다.
亡き人〔なきひと〕고인(故人). 죽은 사람.
亡き者〔なきもの〕죽은 사람. ~にする;죽이다. 없애 버리다.
亡き後〔なきあと〕죽은 뒤. 사후(死後).
亡骸〔なきがら〕유해. 시체. ~を前にして; 시체를 앞에 놓고.
❷ **亡くす**〔なくす〕(他5) 잃다. 죽다. 親を~; 부모를 여의다.
❸ **亡くなる**〔なくなる〕(自5) 죽다. 돌아가시다. 交通事故で~; 교통 사고로 돌아가시다.
❹ **亡びる**〔ほろびる〕(自上1) 망하다. 멸망하다. 근절되다.
❺ **亡ぼす**〔ほろぼす〕(他5) 멸망시키다. 망치다. 근절시키다. 身を~; 몸을망치다.

音読 1

亡国〔ぼうこく〕망국. ① 망한 나라. ② 나라를 멸망시키는 일.
亡霊〔ぼうれい〕망령. 유령. 죽은자의 혼.
亡命〔ぼうめい〕망명. 외국으로 몸을 피함.
亡夫〔ぼうふ〕망부. 죽은 남편.
亡父〔ぼうふ〕망부. 돌아 가신 아버지.
亡失〔ぼうしつ〕망실. 없어짐.
亡室〔ぼうしつ〕망실. 죽은 아내.

音読 ②

亡者〔もうじゃ〕① 죽은 사람. 특히 죽어서 성불(成佛)하지 못하고 방황하는 자 ② 금전(金銭)에 사로 잡힌 사람. 金の~ 수전노(守銭奴).

〔妄〕 풀：망령될 망.
音：① ボウ ② モウ
訓：みだり

妄〔みだり〕① 도리에 어긋남. ② 마구(함부로) 행동함. ③ 단정치 못함.
妄に〔みだりに〕(副) 함부로. 멋대로.

音　読

妄動〔もうどう〕망동. 깊이 생각하지 않고 함부로 하는 행동.
妄想①〔もうそう〕망상. 사실이 아닌 생각. ②〔もうぞう〕(仏)망상. 옳지 못한생각.
妄言〔もうげん：ぼうげん〕망언. 도리에맞지 않는 말.

〔忙〕 풀：바쁠 망.
音：ボウ
訓：① いそがしい ② いそがわしい

❶ **忙しい**〔いそがしい：せわしい로도 읽음〕(形) ①바쁘다. 틈이 없다. ② (마음이) 조급하다. 급하다. 다급하다.
❷ **忙わしい**〔いそがわしい〕(形) 바쁘다. 분주스럽다. 분주하다.

音読 2

忙殺〔ぼうさつ〕망쇄. 몹시 바쁨. 仕事に~される; 일이 몹시 바쁘다.
忙中閑〔ぼうちゅうかん〕망중한. 바쁜 가운데서도 한가한 짬이 있음.

〔忘〕 풀：잊을 망.
音：ボウ
訓：① わすれる ② わすられる

❶ **忘れる**〔わすれる〕(自他下1) 잊다. 잊어 버리다. 恩を~; 은혜를 잊다.
❷ **忘られる**〔わすられる〕(自下1) 잊혀지다.
忘れっぽい〔わすれっぽい〕(形) 잊기 쉽다. 잘 잊어 버리다.
忘れ難い〔わすれがたい〕(形) 잊을 수 없다.
忘れ物〔わすれもの〕잊은 물건. 분실물.
忘れ霜〔わすれじも〕立春부터 88일째 무렵. 5월초 쯤 내리는 서리.
忘れ水〔わすれみず〕들판 가운데를 끊일락 말락 사람의 눈에 잘 띄지않게 흐르는 물.
忘れな草〔わすれなぐさ〕물망초(勿忘草).
忘れ形見〔わすれがたみ〕① (오래오래 잊지 않기 위한)기념물. ②부모가 죽은 뒤 남은 아이. ③유복자(遺腹子).

音　読

忘ず〔ぼうず〕(文語) (他サ) 잊다. 저버리다.
忘却〔ぼうきゃく〕망각. 잊어버림.
忘年会〔ぼうねんかい〕망년회. 연말(年末)에 그해의 온갖 괴로움을 잊자는 뜻으로 모이는 연회(宴会).
忘失〔ぼうしつ〕망실. 잊어버림.
忘我〔ぼうが〕망아. 열중한 나머지자기 자신을 잊어버림.
忘恩〔ぼうおん〕망은. 은혜를 저버림.

〔茫〕 풀：망망할 망.
音：ボウ
訓：

茫漠〔ぼうばく〕망막. 넓고 멈. 아득함.
茫茫〔ぼうぼう〕망망. 넓고 아득함.
茫洋〔ぼうよう〕망양. 끝없이 넓음.
茫然〔ぼうぜん〕망연. 멍청함. ~自失; 망연 자실. 정신을 잃고 어리둥절함.

〔望〕 풀：바랄 망.
音：① ボウ ② モウ
訓：① のぞましい ② のぞむ

❶ **望ましい**〔のぞましい〕(形) 바람직하다.
❷ **望む**〔のぞむ〕(他5) ①바라다. 기대하다. 소망하다. ②바라다보다. ③흠모하다. 따르다. ~べくんば; 바랄 수 있다면.

ㅁ

～らくは；바라건데. 원컨데. 제발…하기를.
望まれる〔のぞまれる〕(連語) 바람직스럽다. 요망되다.
望み〔のぞみ〕①소망. ②희망. 전망. 가망. ③인망(人望).

例 外

望月〔もちづき〕망월. 음력 15일 밤의 달.

音読 1

望〔ぼう〕만월(滿月). 음력 보름달. ～の月
望見〔ぼうけん〕망견. 먼 데를 바라봄.
望楼〔ぼうろう〕망루. 먼 곳을 바라보는 높은 망대(望台).
望外〔ぼうがい〕기대한 이상의 성과. 뜻밖.
望遠鏡〔ぼうえんきょう〕망원경.
望郷〔ぼうきょう〕망향. 고향을 그리워함.
渇望〔かつぼう〕갈망. 간절히 바람.
希望〔きぼう〕희망. 바라고 원함.

冂

音読 2

大望〔たいもう〕대망. 큰 소원.
本望〔ほんもう〕본망. ①본래의 소망. ②만족.
所望〔しょもう〕소망. 바라는 바. 소원.

〔網〕 풀：그물 망.
音：モウ
訓：あみ

網〔あみ〕①그물. ②(끈, 철사로 만든)망 ③(범인을 잡는) 수사망.
網ジバン〔あみジバン〕그물처럼 만든 여름용 속옷(레이스로 만듬).
網結き〔あみすき〕그물을 만듬. 또는 그 사람.
網目〔あみめ〕그물코. ～が あらい；그물코가 성기다. ～版(ばん)；망판. 사진 동판
網棚〔あみだな〕그물 선반.
網焼(き)〔あみやき〕숯불 위에 석쇠를 놓고 굽는 요리. 석쇠구이 요리.
網元〔あみもと〕고깃배나 그물을 갖고 많은 어부를 거느리는 사람. 선주(船主).
網子〔あみこ〕그물을 끄는 사람.
網打ち〔あみうち〕①그물을 던져 물고기를 잡음. ②(씨름에서) 상대방의 팔을 잡고 뒤로 젖혀 넘어뜨리기.
網版〔あみはん〕망판. 사진 동판.
網杓子〔あみじゃくし〕그물 국자.
網戸〔あみど〕방충망을 친 문.

例 外

網代〔あじろ〕①회나무, 대 등을 쪼개어 엇걸어 엮은 것. 울타리, 간막이에 사용. ②겨울에 물속에 대나 나무를 발처럼 쳐놓고 물고기를 잡는 장치. 어살. ～木(ぎ) 어살의 말뚝. ～車(ぐるま) 지붕을 갈대나 대로 엮어 인 우차(牛車). 귀인용.

音 読

網羅〔もうら〕망라. 남김없이 수록(収録).
網膜〔もうまく〕망막. 視神経의 막.
放送網〔ほうそうもう〕방송망.
通信網〔つうしんもう〕통신망.

【매】

〔毎〕 풀：늘 매.
音：マイ
訓：～ごと

～毎〔～ごと〕…마다. 家～に；집집마다.

音 読

毎期〔まいき〕매기. 그 기간마다.
毎年〔まいねん〕매년. 해마다.
毎度〔まいど〕매번. 번번이. 늘. 항상.
毎晩〔まいばん〕매일 밤. 밤마다.
毎毎〔まいまい〕항상. 늘. 매번.
毎分〔まいふん〕매분. 1분마다.
毎時間〔まいじかん〕매시간. 한 시간마다.
毎食〔まいしょく〕식사마다.
毎月〔まいげつ〕매월. 매달.
毎日〔まいにち〕매일. 날마다.
毎朝〔まいあさ〕매일 아침. 아침마다.
毎週〔まいしゅう〕매주. 일주일마다.
毎次〔まいじ〕언제나. 그때마다.
毎秒〔まいびょう〕매초. 1초마다.
毎号〔まいごう〕매호. 호마다.
毎回〔まいかい〕매회. 회마다.

〔売〕 풀：팔 매.
音：バイ
訓：①うる ②うれる

❶売る〔うる〕(他5) ①팔다. 安く～；싸게 팔다. ②걸다. けんかを～； 싸움을 걸다.
売り〔うり〕팔기. 파는 것.
売(り)家〔うりいえ：うりや〕팔 집.
売(り)繫ぎ〔うりつなぎ〕①(주식 거래에서) 시세가 내릴 것을 예상하고 시장에 팔려고 내놓음. ②집안의 물건을 팔아 생활을 이어 감.
売り叩く〔うりたたく〕(他5) 싸구려로 팔다. 마구 팔다. 덤핑하다.
売り高〔うりだか〕매상고. 매상금.
売(り)掛け〔うりかけ〕외상 판매. 외상값.
売(り)口〔うりくち〕(상품을 팔)상대. 팔 곳. 판로.
売り急ぐ〔うりいそぐ〕(他5) 서둘러 팔다.
売(り)気〔うりき〕매기. 팔려는 기미.
売(り)逃げ〔うりにげ〕갖고 있는 물건을 팔아서 한몫 보고 손을 뗌.
売り渡す〔うりわたす〕(他5) 팔아 넘기다. 매도하다.
売(り)溜め〔うりだめ〕매상금(売上金).
売(り)立て〔うりたて〕소장품을 (입찰, 경매로) 한번에 팔아 치움.
売(り)買い〔うりかい〕매매. 팔고 삼.
売(り)物〔うりもの〕매물. 팔 물건.
売(り)方〔うりかた〕①파는 방법. 판매술. ②파는 사람. 파는 쪽.

売り捌く〔うりさばく〕(他５)(재고를) 신속하게 팔아치우다.
売り付ける〔うりつける〕(他５) 강매(強売)하다.
売り払う〔うりはらう〕(他５) 전부 팔아 버리다.
売り飛ばす〔うりとばす〕(他５) ①미련 없이 팔아치우다. ②(몸값을 받고) 팔아 멀리 보내다.
売(り)上げ〔うりあげ〕매상. 매상고.
売(り)惜しみ〔うりおしみ〕매석. 팔기를 꺼림.
売り先〔うりさき〕판로. 판매처. 팔곳.
売(り)声〔うりごえ〕행상인(行商人)이 물건을 팔려고 외치는 소리.
売(り)手〔うりて〕물건을 파는 사람. ～市場(しじょう); 사는 쪽보다 파는 쪽이 유리한 시장의 상황.
売(り)食い〔うりぐい〕수입이 없어 재산을 조금씩 팔아서 살아감.
売り言葉〔うりことば〕싸움을 거는 말.
売り込む〔うりこむ〕(他５) ①판로를 넓히다. ②(신용을 얻어) 잘 팔리다. 이름나다. 평판을 얻다. ③(정보를) 팔아 먹다.
売(り)子〔うりこ〕①車内의 행상인(行商人)판매원. ②여점원.
売(り)場〔うりば〕①파는 곳. 판매장. 매표소. ②팔기에 좋은 기회. 팔 시기.
売り切る〔うりきる〕(他５) 모두 팔아 버리다.
売り切れる〔うりきれる〕(自下1) 다 팔리다. 매진(売盡)되다. 품절(品切)되다.
売(り)主〔うりぬし〕매주. 물건을 파는 사람.
売(り)地〔うりち〕팔 땅.
売(り)出し〔うりだし〕①매출. ②팔기 시작함. ③갑자기 인기가 높아짐.
売(り)出す〔うりだす〕(他５) ①매출하다. 대대적으로 팔다. ②팔기 시작하다. ③유명해지다. 세상에 널리 알려지다.
売り値〔うりね〕파는 값.
❷ **売れる**〔うれる〕(自下１) ①팔 수 있다. ②(잘) 팔리다. (처녀가) 결혼하다. ③널리 알려지다. ④유행되다.
売れ〔うれ〕판로(販路).
売れ高〔うれだか〕매상고.
売れ口〔うれくち〕①팔곳. 판로(販路). 살 사람. ②시집갈 곳.
売れっ子〔うれっこ〕인기 있는 사람. 잘 팔리는 사람.
売れ残り〔うれのこり〕①팔다 남은 물건. ②시집 못간 노처녀.
売れ足〔うれあし〕팔리는 속도. 팔림새.
売れ出す〔うれだす〕(自５) ①팔리기 시작하다. ②판로(販路)가 넓어지다. ③유명해지기 시작하다.
売れ行き〔うれゆき〕팔리는 상태. 팔림새.

音　読

売価〔ばいか〕매가. 파는 값.
売却〔ばいきゃく〕매각. 물건을 팔아치움.
売国奴〔ばいこくど〕매국노. 나라를 배반하는 놈.
売買〔ばいばい〕매매. 팔고 삼.
売名〔ばいめい〕매명. 이름을 팖.
売文〔ばいぶん〕매문. 글을 써서 원고료를 받는 일.
売約〔ばいやく〕매약. 팔기로 약속을 함. **～済(ず)み**; 팔기로 약속이 된것.
売薬〔ばいやく〕매약. ①파는 약. ②약을 파는 행위.
売淫〔ばいいん〕매음. 매춘(売春).
売店〔ばいてん〕매점. 물건을 파는 가게.
売春〔ばいしゅん〕매춘, 매음(売淫).
売品〔ばいひん〕매품. 파는 물건.

〔妹〕
풀: 누이동생 매.
音: **マイ**
訓: **いもうと**

妹〔いもうと〕①누이동생. ②처제(妻弟). 시누이동생.
妹分〔いもうとぶん〕임시로 여동생으로 정한 사람.
妹婿〔いもうとむこ〕여동생의 남편. 매부.
妹御〔いもうとご〕남의 누이동생에 대한 높임말. 영매(令妹).

例　外

妹背〔いもせ〕①부부(夫婦). **～の契りを結ぶ**; 부부의 인연을 맺다. ②여자와 남자. ③오누이. 누이와 남자동생. 오빠와 여동생.

音　読

令妹〔れいまい〕영매. 남의 누이동생의 높임말.
姉妹〔しまい〕자매. 여자끼리의 언니와 아우. 여자 형제.

〔枚〕
풀: 낱 매.
音: **マイ**
訓:

～枚〔まい〕종이를 한 장, 두 장 셀 때 사용하는 말.
枚挙〔まいきょ〕매거. 일일이 셈. 하나 하나 열거함.
枚数〔まいすう〕매수. 장 수. 종이 등의 수.
紙一枚〔かみいちまい〕종이 한 장.

〔埋〕
풀: 묻을 매.
音: **マイ**
訓: ①**うまる** ②**うめる** ③**うもれる** ④**いける**

❶ **埋まる**〔うまる〕(自５) ①파묻히다. ②메워지다. 가득차다. ③벌충되다.
❷ **埋める**〔うめる〕(他下１) ①파묻다. ②메우다. 채우다. ③벌충하다. 보충하다. ④(뜨거운 물에) 찬물을 타서 미지근하게 하다.
埋め立てる〔うめたてる〕(他下１) 매립하다.
埋立〔うめたて〕매립. 매축. 메움.
埋立地〔うめたてち〕매립지. 매축지.
埋め木〔うめき〕기둥 따위의 갈라진 틈이

나 구멍에 나무를 박아 메움. 또는 그 나무 조각.
埋(め)草〔うめくさ〕(잡지 등에서) 여백을 메우는 짧은 기사.
埋め合わせ〔うめあわせ〕벌충. 보충.
埋め合わせる〔うめあわせる〕(他下1) 벌충하다. 보충하다.
❸埋もれる〔うもれる〕(自下1) 파묻히다.
埋もれ木〔うめれぎ〕①흙속에 파묻혀 탄화(炭火)한 나무. ②버림받은 처지.
❹埋ける〔いける〕(他下1) 묻다. 매장하다. 土管を～ : 토관을 묻다.

音　読

埋骨式〔まいこつしき〕매골식. 유골(遺骨)을 묻는 의식.
埋没〔まいぼつ〕매몰. 파묻음.
埋伏〔まいふく〕매복. 적을 불시에 공격 하기 위하여 숨어 있는 것.
埋設〔まいせつ〕매설. 땅속에 묻어 장치함.
埋葬〔まいそう〕매장. 시체를 땅속에 묻음.
埋蔵〔まいぞう〕매장. ①묻어서 감춤. ②광물(鉱物)이 땅속에 묻혀 있음.

〖梅〗 풀 : 매화 매.
音 : バイ
訓 : うめ

梅〔うめ〕매실. 매화나무.
梅干(し)〔うめぼし〕①매실장아찌. ②물엿을 굳혀 매실같이 만든 엿.
梅見〔うめみ〕매화꽃 구경.
梅醬〔うめびしお〕매실장아찌에 설탕을 섞어 갠 식품.
梅田熱〔うめだねつ〕유행성 출혈열.
梅酒〔うめしゅ〕매실주.
梅が枝〔うめがえ〕꽃핀 매화나무의 가지.
梅漬〔うめづけ〕매실 절임.(소금, 술에 절임)
梅酢〔うめず〕매실을 소금에 절인 즙.
梅が香〔うめがか〕매화꽃의 향기.
梅割り〔うめわり〕매실주를 탄 소주.

例　外

梅雨〔つゆ : ばいう〕장마.
梅雨冷え〔つゆびえ〕장마철에 날씨가 갑자기 차가워지는 일.
梅雨明け〔つゆあけ〕장마가 갬.
梅雨入り〔つゆいり〕장마철에 접어 듦.
梅雨晴れ〔つゆばれ〕①장마철에 이따금씩 갬. ②장마가 끝나서 갬.
梅寒〔つゆざむ〕장마철에 찬 바람이 불어 추운 현상.

音　読

梅毒〔ばいどく〕매독. 성병의 한가지.
梅林〔ばいりん〕매화나무 숲.
梅雨〔ばいう : つゆ〕장마. ～前線(ばいうぜんせん) : 장마전선.
梅園〔ばいえん〕매원. 매화나무를 많이 심은 정원(庭園).
梅天〔ばいてん〕장마철의 하늘.
梅花〔ばいか〕매화. 매화꽃.

〖媒〗 풀 : 중매 매.
音 : バイ
訓 : なかだち

媒〔なかだち〕중매. 중개. 結婚の～をする : 결혼 중매를 하다. 友だちの～で : 친구의 중매로(중개로).

音　読

媒介〔ばいかい〕매개. 둘 사이에 서서 어떤 일을 서로 맺어주거나 전해 줌.
媒酌〔ばいしゃく〕결혼을 중매함. 중매인. ～人(にん) : 결혼 중매인.
媒質〔ばいしつ〕매질. 波動을 전하는 물체.
媒体〔ばいたい〕매체. 媒質이 되는 물체.

〖買〗 풀 : 살 매.
音 : バイ
訓 : かう

買う〔かう〕(他5) ①사다. 구입하다. ②인정하다. (높이) 평가하다. ③도맡다. 떠맡다. ④불러서 놀다. 女を～ : 창녀를 데리고 놀다.
買い〔かい〕(물건을)삼. 사기.
買(い)繫ぎ〔かいつなぎ〕(증권에서) 시세가 오를 것을 예상하고 사둠.
買い叩く〔かいたたく〕(他5) (팔사람의 약점을 이용하여) 부당하게 몹시 값을 깎아서 사다.
買(い)掛け〔かいかけ〕외상 값. 외상 매입.
買い気〔かいき〕매기. 살 생각.
買い得〔かいどく〕싸게 사서 손해는 없음.
買(い)戻す〔かいもどす〕(自5)(판 것을) 되사다.
買(い)溜め〔かいだめ〕물건을 필요 이상으로 사서 저장해 둠. 매점(買占).
買募る〔かいつのる〕(他 5) 점차로 사들여가다.
買(い)物〔かいもの〕①물건사기. 쇼핑. ②살 물건. 산 물건. ③사서 이득이 된 물건.
買(い)付け〔かいつけ〕①단골. ②(大量으로) 사들임. 매입(買入).
買い付ける〔かいつける〕(他下1) ①늘 사다. ②(大量으로) 사 들이다.
買(い)上(げ)〔かいあげ〕①(정부가 민간인에게서)사들임. ②お～品 : (손님께서) 사신 물건.
買い煽る〔かいあおる〕(他5) 시세를 올리기 위해 마구 사다. 매점(買占)하다.
買(い)損〔かいぞん〕손해 보고 삼.
買(い)手〔かいて〕사는 사람. 살 사람. ～筋 : (거래 관계에서)사는 사람. 살사람. 매주(買主). ～市場(しじょう) : 공급에 비하여 수요가 적어 사는 측이 유리한 시장.
買い受ける〔かいうける〕(他下1) 매수하다. 값을 치르고 사들이다.
買(い)食い〔かいぐい〕군것질.
買い薬〔かいぐすり〕의사의 처방 없이도 약국에서 살 수 있는 약.
買い漁る〔かいあさる〕(他5) 여기저기 다

니며 구해서 사 모으다.
買い言葉〔かいことば〕응수하는 욕설.
買い入れる〔かいいれる〕(他下1) 매입하다. 사들이다. (소비자의 입장에서는 사용하지 않음).
買い込む〔かいこむ〕(他5) (시세를 내다보고 대량으로) 사들이다.
買(い)切り〔かいきり〕몽땅 사 버림.
買い切る〔かいきる〕(他5) ① 몽땅 사 버리다. 전세내다. ② (소매점이 팔다 남더라도 반품하지 않는다는 조건으로) 모두 사 버리다.
買(い)占め〔かいしめ〕매점. 사서 독차지함.
買い占める〔かいしめる〕(他下1) (필요이상으로)사서 독차지하다. 매점하다.
買(い)主〔かいぬし〕매주. 사는 사람.
買(い)初め〔かいぞめ〕(정월 초이튿날에) 새해들어 처음으로 물건을 삼.
買い出し〔かいだし〕① (상품을) 도매상에 가서 삼. ② 소비자가 생산지까지 직접 가서 삼.
買い取る〔かいとる〕(他5) 사서 차지하다. 매입(買入)하다.
買値〔かいね〕매가. 산 값. 매입 원가.
買い被る〔かいかぶる〕과대(높이) 평가하다.

連濁音에 注意

仲買〔なかがい〕중개인. 브로우커

音　読

買価〔ばいか〕매가. 파는 값.
買弁〔ばいべん〕① (중국에서) 외국 무역의 중개업자. ② 외국 자본에 붙어 사리(私利)를 보는 것. ③ 외국인의 앞잡이.
買収〔ばいしゅう〕매수. ① 물건을 사들임. ② 남을 꾀어 제편으로 만듬.

〔煤〕 풀：그을음 매. 석탄 매.
音：バイ
訓：① すす ② すすける ③ すすばむ.

❶ **煤**〔すす〕① 그을음. 검댕. ② 매연.
❷ **煤ける**〔すすける〕(自下1) 거무스름해지다. 그을리다. 그을다.
❸ **煤ばむ**〔すすばむ〕(自5) 그을다.
煤払い〔すすはらい〕천장의 그을음과 마루 밑의 먼지까지 털어내는 대청소.
煤色〔すすいろ〕누루스름한 엷은 검정색.
煤掃き〔すすはき〕⇨ **煤払い**.
煤埃〔すすほこり〕그을음과 먼지.
煤竹〔すすたけ〕그을음을 터는 대.

音　読

煤煙〔ばいえん〕매연. 그을음이 섞인 연기.
煤炭〔ばいたん〕매탄. (중국에서) 석탄.

〔邁〕 풀：힘쓸 매.
音：マイ
訓：

邁往〔まいおう〕용기를 내어 가다.
邁進〔まいしん〕매진. 힘차게 나아감. 두려움 없이 바로 나아감.

〔魅〕 풀：도깨비 매. 호릴 매.
音：ミ
訓：

魅する〔みする〕(他サ) 매혹하다. 반하게 하다.
魅せられる〔みせられる〕(自下1) 매혹되다. 매혹당하다. 반하다.
魅力〔みりょく〕매력. 마음을 끌어 당기는 힘. 마음을 사로잡는 힘.
魅了〔みりょう〕매료. 마음을 사로잡음.
魅入る〔みいる〕(自5) 신들리다. 홀리다.
魅惑〔みわく〕매혹. 마음을 끌어 정신을 현혹하게 함.

【맥】

〔麦〕 풀：보리 맥.
音：① バク ② バッ
訓：むぎ

麦〔むぎ〕보리.
麦とろ〔むぎとろ〕보리밥에 마즙(汁)을 친 음식.
麦わら〔むぎわら〕보릿짚. 밀짚.
麦踏み〔むぎふみ〕보리밟기.
麦搗〔むぎつき〕보리찧기.
麦飯〔むぎめし〕보리밥.
麦粉〔むぎこ〕맥분. 보릿가루. 특히 밀가루.
麦蒔〔むぎまき〕보리 파종.
麦作〔むぎさく〕맥작. 보리 수확량.
麦笛〔むぎぶえ〕보리 피리.
麦畑〔むぎばたけ〕보리밭.
麦茶〔むぎちゃ〕보리 차.
麦焦(が)し〔むぎこがし〕보리 미싯가루.
麦の秋〔むぎのあき〕맥추. 보릿가을.
麦秋〔むぎあき：ばくしゅう〕맥추. 보릿가을(특히, 음력 4월을 가리키기도 함).
麦打ち〔むぎうち〕보리 타작.
麦湯〔むぎゆ〕보리 차.

音　読

麦芽〔ばくが〕맥아. 보리싹. 엿기름.
麦酒〔ばくしゅ〕맥주. 비어. ビール.
麦角〔ばっかく〕맥각. 보리 이삭에 세균이 기생하여 생기는 까맣고 단단한 물질.
麦稈〔ばっかん〕맥간. 보리짚. 밀짚.

〔脈〕 풀：맥 맥.
音：ミャク
訓：

脈〔みゃく〕① 맥. 혈맥. ② 이어진 것. 연결. ③ 가망성～**がある**；가망이 있다.
脈動〔みゃくどう〕맥동. ① 지면의 규칙적인 미동(微動). ② 힘있게 맥박이 뜀.
脈絡〔みゃくらく〕맥락. 맥. 줄거리.
脈流〔みゃくりゅう〕맥류. 흐르는 방향은 일정하나 그 크기가 시시각각으로 변하는 전류(電流).
脈脈〔みゃくみゃく〕① 끊어지지 않고 길게

口

계속됨. 면면함. ② 맥박이 뛰는 듯함.
脈拍〔みゃくはく〕맥박. 혈액의 운동.
脈所〔みゃくどころ〕맥소. ① 맥박을 짚는 곳. ② 사물의 급소.
脈打つ〔みゃくうつ〕(自5) ① 맥이 뛰다. 고동치다. ② 억세게(세차게) 흐르다.

【맹】

〔**盲**〕 풀：눈멀 맹.
音：**モウ**
訓：**めくら**

盲〔めくら〕장님.
盲縞〔めくらじま〕씨와 날을 모두 감색(紺色)으로 짠 면포(綿布).
盲暦〔めくらごよみ〕문맹자(文盲者)를 위해 만든 그림 달력.
盲滅法〔めくらめっぽう〕무턱대고 함. 되는대로 함. 엉터리.
盲法師〔めくらほうし〕장님 중.
盲蛇〔めくらへび〕사정도 모르고 함부로 날뜀(장님은 뱀이 보이지 않아 겁이 없으므로).
盲捜し〔めくらさがし〕더듬어서 찾음. 맹목적으로(무턱대고) 찾음.
盲探し〔めくらさがし〕⇨ **盲捜し**.
盲判〔めくらばん〕(내용을 잘 보지도않고) 무턱대고 찍는 도장.

音 読

盲管銃創〔もうかんじゅうそう〕탄환의 파편이 体内에 박혀 생긴 상처.
盲亀〔もうき〕맹귀. 눈먼 거북. ～**浮木**(ふぼく)；거의 있을 수 없는 행운.
盲目的〔もうもくてき〕맹목적. 조금도 이성이 없음. ～**愛情**.
盲想〔もうそう〕망상 사실이 아닌 생각.
盲信〔もうしん〕맹신. 맹목적으로 믿음.
盲唖〔もうあ〕맹아. 장님과 벙어리.
盲愛〔もうあい〕맹애. 맹목적인 사랑.
盲人〔もうじん〕맹인. 장님. 소경.
盲者〔もうしゃ〕맹자. 장님.
盲点〔もうてん〕맹점. ① 사물이 안 보이는 곳. ② 주의가 미치지 못해 소홀한 점.
盲従〔もうじゅう〕맹종. 맹목적인 복종.
盲腸〔もうちょう〕맹장. 오른쪽 下腹部에 있는 장의 일부.
盲爆〔もうばく〕맹폭. 무차별 폭격.
盲学校〔もうがっこう〕맹학교. 소경을 교육시키는 학교.

〔**孟**〕 풀：맏(長) 맹. 클(大) 맹.
音：**モウ**
訓：

孟母三遷〔もうぼさんせん〕맹모 삼천：맹자의 어머니가 세 번 거처를 옮겨가며 맹자를 교육했었던 고사(故事).
孟子〔もうし〕맹자：기원전 372～289년 사이의 전국 시대의 중국의 학자.

〔**猛**〕 풀：사나울 맹.
音：**モウ**
訓：**たける**

猛る〔たける〕(自5) 사납게 날뛰다. 설치다.
猛り立つ〔たけりたつ〕(自5) ① 사납게 울부짖다. ② 흥분해서 고함을 지르다.
猛猛しい〔たけだけしい〕(形) ① 사납다. 용맹스럽다. ② 배짱이다. 뻔뻔스럽다.

例 外

猛者〔もさ〕맹자. 용감한 사람.

音 読

猛犬〔もうけん〕맹견. 사나운 개.
猛攻〔もうこう〕맹공. 맹렬한 공격.
猛毒〔もうどく〕맹독. 맹렬한 독.
猛烈〔もうれつ〕맹렬. 기세가 사납고 세참.
猛暑〔もうしょ〕맹서. 심한 더위.
猛省〔もうせい〕맹성. 깊이 반성함.
猛獣〔もうじゅう〕맹수. 사나운 짐승.
猛襲〔もうしゅう〕맹습. 맹렬한 습격.
猛悪〔もうあく〕맹악. 사납고도 악독함.
猛然と〔もうぜんと〕맹렬하게.
猛威〔もうい〕맹위. 맹렬한 기세.
猛将〔もうしょう〕맹장. ① 용맹한 장수. ② 우수한 선수.
猛進〔もうしん〕맹진. 용맹스럽게 나아감.
猛打〔もうだ〕맹타. (야구에서) 강한 타격.
猛爆〔もうばく〕맹폭. 맹렬히 폭격함.
猛虎〔もうこ〕맹호. 성질이 사나운 범.

〔**盟**〕 풀：맹세할 맹
音：**メイ**
訓：

盟〔めい〕맹세. 동맹. ～**を結ぶ**；결맹하다.
盟邦〔めいほう〕맹방. 동맹을 맺은 나라.
盟約〔めいやく〕맹약. 굳게 맹세함.
盟友〔めいゆう〕맹우. 굳게 약속한 벗.
盟主〔めいしゅ〕맹주. 동맹을 맺은 사람들 중의 우두머리.
盟兄〔めいけい〕맹형. 친한 친구의 높임말.

【면】

〔**免**〕 풀：면할 면.
音：**メン**
訓：**まぬかれる**

免れる〔まぬかれる〕(他下1) 면하다. 피하다. 벗어나다. **死を～**；죽음을 면하다.

音 読

免〔めん〕면직. 면관(免官).
免ずる〔めんずる〕(他サ) ① 면제하다. ② 해임시키다. 면직시키다. ③ 용서하다.
免税〔めんぜい〕면세. 세금을 면제함.
免訴〔めんそ〕면소. 不起訴의 결정을 내림.
免役〔めんえき〕면역. 병역(兵役), 징역(懲

役)을 면제함.
免疫〔めんえき〕면역. 병균이나 독소에 대항하는 성질이 생겨 발병하지 않게되는것.
免状〔めんじょう〕면장. 면허장.
免除〔めんじょ〕면제. 책임이나 의무를 지우지 않음.
免罪〔めんざい〕면죄. 죄를 용서함.
免職〔めんしょく〕면직. 직책을 그만두게 함.
免責〔めんせき〕면책. 책임을 면함.
免許〔めんきょ〕면허. 관청에서 허가함.

〔面〕 풀：낯 면.
音：**メン**
訓：① **おも** ② **おもて** ③ **つら**

面❶〔おも〕① 얼굴모습. ② 표면. **池の〜;**
❷〔おもて〕① 얼굴. ② 가면. 탈. ③표면. **〜も振らず**：한눈도 팔지않고 열심히.
❸〔つら〕① 얼굴. 낯짝. ② (물건의)표면. (顔：かお에 비하여 멸시하는 뜻임).

訓 読 1

面やつれ〔おもやつれ〕수척해 보임. 얼굴이 야위어 보임.
面繫〔おもがい〕말 머리에서 부터 재갈에 걸친 장식 끈.
面輪〔おもわ〕앞에서 본 얼굴.
面立たし〔おもだたし〕(文語)명예롭다.
面立ち〔おもだち〕용모. 얼굴 생김새.
面忘れ〔おもわすれ〕(남의) 얼굴을 잊음.
面白い〔おもしろい〕(形) ① 재미있다. ② 우습다.
面白可笑しい〔おもしろおかしい〕(形) 재미있으면서도 우습다.
面白味〔おもしろみ〕재미.
面変(わ)り〔おもかわり〕변모. 모습이 달라짐.
面影〔おもかげ〕① (기억에 남아 있는 옛날의) 모습. ② 옛 유풍(遺風). ③ (누군가와 닮은)얼굴 모습.
面長〔おもなが〕얼굴이 갸름함. **〜の人.**
面持ち〔おももち〕표정. 용모.
面差し〔おもざし〕(어떤 느낌을 주는)용모, 얼굴 모습.
面舵〔おもかじ〕① 뱃머리를 오른쪽으로 돌릴 때의 키잡이. ② 우현(右舷).

訓 読 2

面構え〔つらがまえ〕억센(고약한)얼굴. 상판.
面当て〔つらあて〕(미운 사람에게 일부러 하는 비꼬는 말, 골탕을 먹이는 짓궂은 일이나 행동). 앙갚음. 골탕. 보복.
面付き〔つらつき〕(천한 말로)얼굴 생김새
面汚し〔つらよごし〕수치. 체면 문제.
面憎い〔つらにくい〕(形) 보기도 싫다. 얄밉다.
面出し〔つらだし〕얼굴(낯짝) 내놓기.
面の皮〔つらのかわ〕낯가죽. 낯짝.
面魂〔つらだましい〕다부진 표정.

音 読

面〔めん〕① 얼굴. ② 가면. ③ 겉. 평평한 부분. ④ 신문의 지면. **〜と向かって**：얼굴을 맞대고. ⑤ 방면. 방향. ⑥ 부분.
面する〔めんする〕(自サ) 향하다. 인접하다 직면하다. 당면하다. 임하다. 마주 대하나
面談〔めんだん〕면담. 만나서 이야기함.
面倒〔めんどう〕① 귀찮음. ② 보살핌. **〜を見る**：보살펴 주다. **〜くさい**：아주 귀찮다.
面面〔めんめん〕제각기. 각자. 각기.
面貌〔めんぼう〕면모. 용모.
面目〔めんぼく：めんもく〕면목. ① 용모. ② 체면. ③ 면목. 모양. ④ 명예. 자랑. **〜無い**：면목없다. 볼 낯이 없다. **〜玉**(だま)체면. **〜をつぶす**：**〜次第**(しだい)**がありません**：면목이 없읍니다.
面部〔めんぶ〕면부. 얼굴 부분.
面上〔めんじょう〕면상. 얼굴 위. 얼굴.
面相〔めんそう〕면상. 얼굴 모습. 인상.
面食い〔めんくい〕얼굴이 고운 사람만 좋아하는 사람. 얼굴만 보고 여자를 고르는 사람.
面喰らう〔めんくらう〕(自5) ① 허둥대다. 당황하다. ② 어지럽다. 현기증을 느끼다.
面積〔めんせき〕면적. 한정된 부분의 넓이.
面前〔めんぜん〕면전. 눈앞. 보는 앞.
面接〔めんせつ〕면접. 대면. 만남.
面従腹背〔めんじゅうふくはい〕면종 복배. 겉으로는 복종하는 체하면서 内心으론 반대함.
面責〔めんせき〕면책. 맞대놓고 책망함.
面通し〔めんどおし〕대질(対質). 사건의 용의자를 관계자에게 보여 범인 여부를 확인함.
面皮〔めんぴ〕면피. 낯가죽. 체면.
面と向かって〔めんとむかって〕맞대놓고.
面向不背〔めんこうふはい〕어느 모로 보나 예쁘고 반듯하여 결점이라고는 없음.
面割り〔めんわり〕⇨ **面通し.**
面会〔めんかい〕면회. 사람과 만남. 면접.
面詰〔めんきつ〕면힐. 맞대놓고 힐난함.

〔勉〕 풀：힘쓸 면.
音：**ベン**
訓：①**つとめる** ②**つとめて**

❶ **勉める**〔つとめる〕(他下1) 노력하다. 힘쓰다. 애쓰다. 전력을 다하다.
❷ **勉めて**〔つとめて〕(副) 되도록. 애써. 가능한 한. 될 수 있는 대로. 노력해서.

音 読

勉強〔べんきょう〕① 공부. 학문을 배움. ② 부지런함. 근면. ③ (값을)싸게 팖.
勉励〔べんれい〕면려. 힘씀. 힘쓰게 함.
勉学〔べんがく〕면학. 학문에 열중함. 열심히 공부함. 힘써 공부함.

〔眠〕 풀：잠잘 면. 졸 면.
音：**ミン**
訓：①**ねむい** ②**ねむたい** ③**ねむらす**. ④**ねむる**.

❶ **眠い**〔ねむい〕(形) 졸리다. ⇨ **眠たい**.
❷ **眠たい**〔ねむたい〕(形) 졸리다. **春は～**：봄은 졸음이 온다.
❸ **眠らす**〔ねむらす〕(他5) ① 자세하나. 재우다. ② 없애다. 죽이다.
❹ **眠る**〔ねむる〕(自5) ① 자다. 잠들다. ② 죽다.

파 생 어

眠り〔ねむり〕① 수면. 잠. ② 누에 잠.
眠りこける〔ねむりこける〕(自下1) 정신없이 자다. 푹 잠들어 버리다.
眠気〔ねむけ〕졸음. 자고 싶은 느낌.
眠気覚(ま)し〔ねむけざまし〕졸음을 쫓는 수단.
眠り込む〔ねむりこむ〕(自5) 푹 잠들다.
眠り薬〔ねむりぐすり〕마취제. 수면제.

音 読

睡眠〔すいみん〕수면. 잠을 잠.
安眠〔あんみん〕안면. 편히 잠을 잠.
催眠〔さいみん〕최면. 잠을 자게함.

〔綿〕 풀：솜 면.
音：**メン**
訓：**わた**

綿　〔わた〕① 목화. ② 솜.
　〔めん〕면. ① 면사(綿糸). ② 면직물.
綿繭〔わたまゆ〕풀솜을 만드는 허드렛고치.
綿毛〔わたげ〕솜털.
綿帽子〔わたぼうし〕풀솜으로 만든 여자의 머리 쓰개.
綿抜き〔わたぬき〕핫옷의 솜을 빼고 겹옷으로 만든 것.
綿上〔わたがみ〕① 갑옷의 양어깨 부분을 일컫는 말. ② 후두부(後頭部).
綿雪〔わたゆき〕함박눈.
綿雲〔わたぐも〕뭉게 구름.
綿油〔わたあぶら〕목화씨를 짜서 얻은 기름. 면실유(綿実油).
綿入れ〔わたいれ〕솜옷
綿繰り〔わたくり〕목화씨를 빼내는 작업. **～機**：조면기(繰綿機). **～車**：씨아
綿種〔わただね〕목화씨.
綿打ち〔わたうち〕① 무명활 ② 솜을 탐.

音 読

綿〔めん〕면. ① 면사(綿糸). ② 면직물.
綿価〔めんか〕면가. 솜값.
綿綿〔めんめん〕면면. 한없음.
綿密〔めんみつ〕면밀. 빈틈이 없음.
綿糸〔めんし〕면사. 무명실.
綿実油〔めんじつゆ〕면실유. 목화씨로 짠 기름.
綿羊〔めんよう〕면양. 양(羊).
綿製品〔めんせいひん〕면제품. 면직물.
綿織物〔めんおりもの〕면직물. 면제품.
綿布〔めんぷ〕면포. 무명.
綿火薬〔めんかやく〕면화약. 솜화약.
綿花〔めんか〕면화. 목화.

【멸】

〔滅〕 풀：사라질 멸.
音：①**メツ** ②**メッ**
訓：①**ほろびる** ②**ほろぼす**

❶ **滅びる**〔ほろびる〕(自上1) 멸망하다. 망하다. **生物が～**：생물이 멸망하다.
❷ **滅ぼす**〔ほろぼす〕(他5) 멸망시키다. 망치다.

音読 1

滅〔めつ〕멸. ① 전등이 꺼지는 신호. ② 망함.
滅裂〔めつれつ〕멸렬. 짜임새가 무너짐.
滅亡〔めつぼう〕멸망. 망하여 없어짐.
滅罪〔めつざい〕멸죄. 속죄(贖罪).
滅尽〔めつじん〕멸진. 완전히 멸망됨.

音読 2

滅する〔めっする〕(自他サ) 멸망하다. 멸망시키다. 없어지다. 없애다.
滅却〔めっきゃく〕① 멸망함. ② 없애버림.
滅菌〔めっきん〕멸균. 살균(殺菌).
滅金〔めっき〕① 도금(鍍金). ② 겉만 번지르함. **～がはげる**：본색이 드러나다.
滅多〔めった〕분별 없음. **～に**：좀처럼.
滅法〔めっぽう〕굉장함. 대단함.
滅相〔めっそう〕당치도 않음. 터무니 없음.
滅失〔めっしつ〕멸실. 망하여 없어짐.

例 外

滅入る〔めいる〕(自5) ① 우울해지다. 기가 죽다. ② 처박히다. 쑥 빠져들다.
滅茶滅茶〔めちゃめちゃ〕엉망임. 뒤죽박죽임.

【명】

〔皿〕 풀：그릇 명.
音：**ベイ**
訓：**さら**

皿〔さら〕접시. 一(～ひと)～：한 접시,
皿盛り〔さらもり〕접시에 담음. 접시에 담은 물건.
皿秤〔さらばかり〕① 접시 달린 저울. ② 앉은뱅이 저울.
皿回し〔さらまわし〕접시를 손가락 끝이나 막대기 끝에 올려 놓고 돌리는 곡예. 접시돌리기.

連濁音에 注意

大皿〔おおざら〕큰 접시.
小皿〔こざら〕작은 접시.
手塩皿〔てしおざら〕작은 접시.

〘名〙 풀：이름 명.
音：①メイ ②ミョウ
訓：な

名〔な〕①이름. ②명분. ③평판. 명성 ④명예. ⑤겉치레 ⑥구실. 빙자.
名うての〔なうての〕유명한. 쟁쟁한.
名だたる〔なだたる〕유명한.
名高い〔なだかい〕(形) 유명하다.
名代〔なだい〕①유명함. ②명의. 명목.
〔みょうだい〕(윗사람의) 대리(代理). 대리 역할.
名無し〔ななし〕이름이 없음.
名付け〔なづけ〕①이름을 지어 줌. 명명(命名). ②약혼자. ～親(おや)：아이에게 이름을 지어 주는 사람. 대부(代父).
名所〔などころ〕①명승지. 명소. ②성명과 주소. ③기물(器物)의 각 부분의 명칭.
〔めいしょ〕명소. 명승지. 관광지.
名乗る〔なのる〕(自他5) ①자기 이름을 대다. ②자칭하다.
名乗り〔なのり〕자기의 이름을 댐.
名乗り出る〔なのりでる〕(自下1) 자기의 이름을 대며 나오다.
名宛〔なあて〕수신인(受信人)의 주소, 성명.
名残り〔なごり〕①자취. 흔적. (옛 것을) 생각케 하는 것. ②기념. 추억. ③잊혀지지 않음. ④이별. 석별. ⑤아쉬움. 미련.
名残り惜しい〔なごりおしい〕(形) 이별하기 섭섭하다. 아쉽다.
名残り惜がる〔なごりおしがる〕(他5) 이별하기 섭섭해 하다. 아쉬워하다.
名前〔なまえ〕①이름. ②명성. 평판.
名前負け〔なまえまけ〕이름이 너무 훌륭해서 실물이 오히려 못해 보임.
名折れ〔なおれ〕명예 손상. 불명예.
名指し〔なざし〕지명.
名札〔なふだ〕명찰. 명패. 문패.
名取り〔なとり〕①音楽이나 舞踊을 배우는 사람이 능숙해져 스승에게서 예명(芸名)의 사용을 허락받음. ②유명함.

音 読 1

名剣〔めいけん〕명검. 훌륭한 칼.
名君〔めいくん〕명군. 훌륭한 군주(君主).
名答〔めいとう〕명답. 훌륭한 대답.
名利〔めいり〕명리. 명예와 이익.
名望〔めいぼう〕명망. 사람들로부터 존경받음.
名目〔めいもく〕명목. ①명칭. ②구실. 이유.
名文〔めいぶん〕명문. 훌륭한 문장.
名門〔めいもん〕명문. 훌륭한 가문.
名聞〔めいぶん〕명문. 세상의 평판. 소문. 세평(世評).
〔みょうもん〕①명예. ②세상의 평판. 세평(世評).
名物〔めいぶつ〕명물. 유명한 물건.
名簿〔めいぼ〕명부. 이름을 적는 장부.
〔みょうぶ〕귀인을 면회할 때나 스승에게 入門할 때 보내던 官位. 생년월일을 적은 명찰.
名分〔めいぶん〕명분. ①지켜야 할 도리. ②명목. 명칭. 구실. 이유.
名士〔めいし〕명사. 유명한 사람.
名産〔めいさん〕명산. 그 지방의 특산물.
名相〔めいしょう〕명상. 이름 높은 재상.
名声〔めいせい〕명성. 평판. 소문.
名所〔めいしょ〕명소. 유명한 관광지.
〔などころ〕①이름과 주소. ②각 부분의 명칭. ③이름난 곳. 명소. 명승지.
名手〔めいしゅ〕명수. 기술이 훌륭한 사람.
名勝〔めいしょう〕명승. 경치가 좋은 곳.
名実共に〔めいじつともに〕명실공히. 명성과 실적. 평판과 실제.
名案〔めいあん〕명안. 뛰어난 생각.
名言〔めいげん〕명언. 훌륭한 말.
名誉〔めいよ〕명예. 자랑스런 평판.
名優〔めいゆう〕명우. 유명한 배우.
名月〔めいげつ〕명월. 음력 8월 15일 밤의 달.
名医〔めいい〕명의. 유명한 의사.
名人〔めいじん〕명인. 기술이 뛰어난 사람.
名刺〔めいし〕명함. ～入れ：명함 지갑. 명함 꽂이. ～判：명함판.
名作〔めいさく〕명작. 훌륭한 작품.
名匠〔めいしょう〕명장. 유명한 예술가.
名状〔めいじょう〕상태를 말로 설명함. ～しがたい：상태를 말로 설명하기 어렵다.
名将〔めいしょう〕명장. 유명한 장수.
名著〔めいちょ〕명저. 훌륭한 저서.
名節〔めいせつ〕명절. 명예와 절조.
名称〔めいしょう〕명칭. 부르는 이름.
名筆〔めいひつ〕명필. 서화(書画)에 뛰어난 사람.
名画〔めいが〕명화. 유명한 그림이나 영화.

音 読 2

名代〔みょうだい〕(윗사람의)대리(代理).
〔なだい〕유명. 고명(高名).
名聞〔みょうもん〕①명예. ②세상의 평판.
〔めいぶん〕세상의 평판. 소문.
名利〔みょうり：めいり〕명예와 이익.
名字〔みょうじ〕성(姓).
名跡〔みょうせき〕(뒤를 이어야 할)이름 자(字)나 가명(家名).

〘命〙 풀：목숨 명.
音：①メイ ②ミョウ
訓：いのち

命〔いのち〕①목숨. 생명. ②생애.
〔めい〕①명령. 명. ②운명. ③생명.
命からがら〔いのちからがら〕(副) 간신히. 겨우 목숨만 살아 남아. 겨우 살아 남아.
命綱〔いのちづな〕위험한 곳이나 바다와 같은 곳에서 작업할 때 몸에 매는 밧줄.
命乞い〔いのちごい〕살려 달라고 빎.
命冥加〔いのちみょうが〕(신의 가호로) 신기하게 목숨을 건짐.

命毛〔いのちげ〕붓끝의 가장 긴 털.
命拾い〔いのちびろい〕구사 일생으로 살아남.
命知らず〔いのちしらず〕① 죽음을 두려워하지 않음. ② 물건이 튼튼하여 오래 쓸 수 있음.
命取り〔いのちとり〕① 생명에 관계됨. ② 실패의 원인. 실각의 원인.
命懸け〔いのちがけ〕목숨을 걺. 결사적임.

音読 1

命〔めい〕① 명. 명령. ② 운명. ③ 생명.
〔いのち〕① 목숨. 생명. ② 생애.
命じる〔めいじる〕(他サ) ① 명하다. 임명하다. ② 이름짓다. 명명(命名)하다. 이름하다.
命令〔めいれい〕명령. 분부.
命脈〔めいみゃく〕명맥. 생명.
命名〔めいめい〕명명. 이름을 지음.
命数〔めいすう〕① 목숨. 생명. ② 운명.
命日〔めいにち〕사람이 죽은 날. 기일(忌日).
命題〔めいだい〕명제. ① 제목이나 이름을 붙임. ② 이론적인 판단을 말로 표현한것.
命中〔めいちゅう〕명중. 빗나가지 않고 바로 맞음. 적중.

音読 2

宣命〔せんみょう〕① 칙명(勅命). ② 순수한 일본 글로 쓰여진 조칙(詔勅)의 총칭.
寿命〔じゅみょう〕수명. 생명.
定命〔じょうみょう〕(仏) 정명. 前世로부터의 인과에 이미 정해진 수명.

〔明〕

풀 : 밝을 명
音 : ① ミョウ ② メイ
訓 : ① あかす ② あかり ③ あかる ④ あくる ⑤ あく ⑥ あける ⑦ あかるい ⑧ あかるむ ⑨ あからむ ⑩ あきらか ⑪ あきらめる.

❶ **明かす**〔あかす〕(他5) ① 밝히다. ② 털어 놓다. 명백히하다. ③ (밤을) 새우다. ④ **鼻を～** : 허를 찌르다. 앞지르다.
明かし〔あかし〕(文語) 밝다. 깨끗하다. 밝다.
❷ **明かり**〔あかり〕① 등불. 불빛. ② (밝은)빛. ③ 결백. 결백한 증거.
明かり先〔あかりさき〕빛이 들어 오는 쪽. 들창 쪽. 불빛 쪽.
明かり障子〔あかりしょうじ〕얇은 종이를 바르거나 유리를 끼운 장지문.
明かり取り〔あかりとり〕들창. 빛을 들이기 위한 창문. 영창.
❸ **明かる**〔あかる〕(自5) 저절로 열리다.
❹ **明くる**〔あくる〕다음의. 이듬…. 이튿….
明くる年〔あくるとし〕이듬해. 다음해.
明くる日〔あくるひ〕다음 날. 이튿 날.
明くる朝〔あくるあさ〕다음(이튿)날 아침.
❺ **明く**〔あく〕(自5) ① 열리다. ② 면해있다. 나 있다. ③ 비다. 벌어지다. ④ 뚫리다. ⑤ 다 …하다. ⑥ (기한이)다 되다. 다 차다.
明き〔あき〕① 속이 빔. ② 빈 터. 빈 곳. 틈새. ③ 빈 자리. 결원. ④ 간격. ⑤ 안 쓰는 물건. ⑥ 틈. 짬.
明き間〔あきま〕① 틈. 빈틈. ② 빈 방.
❻ **明ける**〔あける〕 (他下1) ① 열다. ② 비우다. ③ 내어 주다 ④ 뚫다. ⑤ (틈, 시간을)내다. (自下1) ① (날이)새다. 밝아지다. ② 새해가 되다. ③ (기간이) 끝나다.
明け〔あけ〕① 새벽녘. 날이 샘. ② 기간이 끝남. 끝난 직후.
明けて〔あけて〕새해 들어 해가 바뀌어.
明けやらぬ〔あけやらぬ〕밤이 아직 덜 밝음. 새벽이 덜 밝음.
明けっ広げ〔あけっぴろげ〕① 노골적임. ② 활짝 열어젖힘. 넓게 트임.
明け六つ〔あけむつ〕새벽 6시. 새벽 종.
明け離れる〔あけはなれる〕(自下1) 날이 밝다. 날이 훤히새다.
明け暮れ〔あけくれ〕① 나날. ② 아침과 저녁. ③ 자나 깨나. 항상 늘.
明け暮れる〔あけくれる〕(自下1) ① 날이 새고 해가지다. 세월이 가다 ② 몰두하다.
明け方〔あけがた〕새벽녘. 동틀녘.
明け放す〔あけはなす〕(他5) 활짝 열어놓다.
明け放つ〔あけはなつ〕(他5) ⇨ **明け放す**.
明けっ放し〔あけっぱなし〕① 개방. 활짝 열어 놓음. ② 노골적임. 개방적임.
明け番〔あけばん〕② 철야 근무를 마치고 나옴. ② (야간 2교대 근무에서)새벽번.
明け払う〔あけはらう〕(他5) ① 활짝 열어 젖히다. ② 비워 주다. 내어 주다. 양도하다.
明け烏〔あけがらす〕새벽에 우는 까마귀.
明け残る〔あけのこる〕(自5) 지는 달, 별이 아직도 남아있다.
明けの鐘〔あけのかね〕새벽에 절에서 치는 종. 새벽종.
明け透け〔あけすけ〕노골적임. 꺼리낌이 없음. 조금도 숨김이 없음.
明け荷〔あけに〕① 포장하지 않은 짐. ② 골풀로 엮은 고리짝.
❼ **明るい**〔あかるい〕(形) ① 밝다. 환하다. ② 명랑하다. ③ 공평하다. ④ (사물에) 정통하다. (사물에)밝다.
❽ **明るむ**〔あかるむ〕(自5) 밝아지다.
明るみ〔あかるみ〕① 밝은 곳. ② 공개된 곳. 세상. 표면.
❾ **明らむ**〔あからむ〕(自5) (날이 새서)훤해지다. 밝아지다.
❿ **明らか**〔あきらか〕(形動) ① 명확함. 분명함. ② 밝음. 환함.
⓫ **明らめる**〔あきらめる〕(他下1) 밝히다.

音読 1

明〔みょう〕명. 내일의. **～十五日** : 명15일.
明年〔みょうねん〕명년. 내년.
明晩〔みょうばん〕내일 밤. 내일 저녁.
明星〔みょうじょう〕명성. 샛별. 금성.
明神〔みょうじん〕신의 높임말.

明日〔あす：あした：みょうにち〕명일. 내일.
明朝〔みょうちょう〕명조. 내일 아침.
明春〔みょうしゅん〕명춘. 내년 봄.
明後〔みょうご〕모레. **～年**：명후년. **～日**(にち)：명후일. 모레.

音 読 2

明〔めい〕① 밝음. ② 식견(識見). **先見の～**：선견지명. ③ 시력. ④ 明治大学의 준말.
明潔〔めいけつ〕명결. 밝고 깨끗함.
明鏡止水〔めいきょうしすい〕명경지수. 맑은 거울과 잔잔한 물.
明記〔めいき〕명기. 똑똑히 기록함.
明答〔めいとう〕명답. 확실한 답.
明朗〔めいろう〕명랑. 기분이 밝고 쾌활함.
明瞭〔めいりょう〕명료. 명백함. 분명함.
明滅〔めいめつ〕명멸. 밝았다 어두웠다 함.
明文〔めいぶん〕명문. 정확한 조문(条文).
明敏〔めいびん〕명민. 재치가 있고 민첩함.
明白〔めいはく〕명백. 명확하고 의심이 없음.
明色〔めいしょく〕명색. 밝은 색.
明細書〔めいさいしょ〕명세서. 정확하고 상세하게 기록한 문서.
明示〔めいじ〕명시. 명확하게 표시함.
明暗〔めいあん〕명암. 밝음과 어두움.
明言〔めいげん〕명언. 똑똑하게 말함.
明月〔めいげつ〕명월. 밝은 달.
明察〔めいさつ〕명찰. 훌륭한 추찰(推察).
明哲〔めいてつ〕명철. 현명하여 사리에 능함.
明治〔めいじ〕명치. 明治天皇의 연호.
明快〔めいかい〕명쾌. 명확하여 기분이 맑고 좋음.
明解〔めいかい〕명해. 똑똑하고 올바른 해석.
明確〔めいかく〕명확. 바르고 정확함.

〔冥〕
풀：어두울 명. 저승 명.
音：① **ミョウ** ② **メイ**
訓：

音 読 1

冥加〔みょうが〕① 눈에 보이지 않는 神仏의 은혜. ② 혜택. ③ (이상하게 도움을 받아)행복함. **～金**(きん)：神社나 절에 기부하는 돈.
冥慮〔みょうりょ〕명명(冥冥)한 가운데 생각해 주신 神仏의 마음.
冥利〔みょうり〕① 은연 중에 입는 神仏의 은혜, 행복. ② 善行의 결과로 받는 은혜.
冥罰〔みょうばつ〕명벌. 신이 내리는 벌.
冥助〔みょうじょ〕명조. 神仏의 도움.
冥護〔みょうご〕명호. 신의 보호.

音 読 2

冥界〔めいかい〕명계. 저승.
冥冥〔めいめい〕명명. ① 눈에 보이지 않음. ② 사정이 분명치 않음.
冥府〔めいふ〕명부. 저승.
冥福〔めいふく〕명복. 사후(死後)의 행복.
冥王星〔めいおうせい〕명왕성.
冥土〔めいど〕명토. 저승.

〔鳴〕
풀：울 명.
音：**メイ**
訓：① **なく** ② **ならす** ③ **なる.**

❶ **鳴く**〔なく〕(自5) (짐승, 벌레가)울다.
鳴き頻る〔なきしきる〕(自5) (새, 짐승, 벌레가)요란하게 울어 대다(지저귀다).
鳴き声〔なきごえ〕(새, 짐승, 벌레의)울음소리. **～が美しい**：벌레울음 소리가 곱다.
鳴き真似〔なきまね〕우는 흉내.
鳴き虫〔なきむし〕(가을에)우는 벌레.
❷ **鳴らす**〔ならす〕(他5) ① 소리를 내다. 울리다. **鐘を～**：종을 울리다. ② (이름, 명성을) 떨치다. 날리다. ③ 투덜거리다. 책하다. **鼻を～**：킁킁거리다. 응석을 부리다.
❸ **鳴る**〔なる〕(自5) ① 울리다. ② (이름을)날리다. 떨치다. ③ 널리 알려지다.
鳴り〔なり〕① 울림. 울림 소리. ② 떠드는 소리.
鳴り渡る〔なりわたる〕(自5) 울려 퍼지다. 멀리까지 떨치다(퍼지다).
鳴り物〔なりもの〕① 악기. ② 박자를 맞추거나 흥을 돋우기 위한 음악. **～入り**：대대적인 선전.
鳴り響く〔なりひびく〕(自5) ① (사방에)울리다. 울려 퍼지다. ② (명성, 이름이)널리 떨치다.

音 読

鳴動〔めいどう〕명동. 소리가 울려 흔들림.
鳴謝〔めいしゃ〕깊이 사례함.
悲鳴〔ひめい〕비명. 놀라거나 위험할 때 외치는 소리.
自鳴鐘〔じめいしょう〕자명종. 때가 되면 그 시를 알리는 시계.

〔銘〕
풀：새길 명.
音：**メイ**
訓：

銘〔めい〕① 조각한 문구. ② 찬양하는 말. ② 훈계의 말. ④ 제작물에 넣은 작자의 이름. **～を打つ**：작자의 이름을 넣다.
銘じる〔めいじる〕(他上1) 마음 속에 깊이 새기다, 명심(銘心)하다.
銘する〔めいする〕(他サ) 금석(金石)에 새기다.
銘肝〔めいかん〕마음속 깊이 간직함. 銘心.
銘記〔めいき〕명기. 마음속 깊이 새겨 잊지 않음. 명심.
銘刀〔めいとう〕이름이 새겨진 칼.
銘銘〔めいめい〕제각기. **～の考え**；각자의 생각. 제각기의 생각. **～皿**(ざら)；한 사람분 씩 과자 등을 나누어 담는 접시.
銘柄〔めいがら〕거래하는 유가 증권, 상품의 이름.
銘仙〔めいせん〕꼬지 않은 실로 거칠게 짠 비단(이불감으로 씀).
銘打つ〔めいうつ〕(他5) 이름을 붙이다. 명목을 내걸다. 이름을 내세우다.(내걸다).

〔瞑〕 풀：눈감을 명.
音：メイ
訓：つぶる：つむる

瞑る〔つぶる：つむる〕(他5) 눈을 감다. 명목하나. **目を～**; 눈을 감다. 죽다. 못 본 체 하다.

音 読

瞑する〔めいする〕(自サ) 눈을 감다. (편안하게)죽다. **地下に～**; 지하에 고이 잠들다.
瞑想〔めいそう〕명상. 눈을 감고 깊이 생각함. 묵상. **～にふける**; 명상에 잠기다.

【모】

〔毛〕 풀：털 모.
音：モウ
訓：け

毛〔け〕①털. ②머리털. ③솜털. ④벼의 꺼끄러기.
毛ピン〔けピン〕머리핀. hairpin.
毛唐〔けとう〕코쟁이. 구라파 사람을 멸시해서 하는 말. **毛唐人**의 준말.
毛裏〔けうら〕안에 털을 댄 옷.
毛描き〔けがき〕(日本画에서) 짐승, 사람의 털을 가는 붓으로 하나하나 그림.
毛抜き〔けぬき〕족집게. **～合わせ**; 안팎 가장자리를 맞대어 가지런히 꿰맴.
毛並み〔けなみ〕①(동물의) 가지런히 난 털의 모양. ②출신 성분. ③성질. 종류.
毛糸〔けいと〕모사. 털실.
毛色〔けいろ〕①털빛. ②모양. 종류. 성질.
毛生え薬〔けはえぐすり〕털이 나도록 바르는 약. 모생약.
毛焼き〔けやき〕털을 뽑고 잔 털을 태워 없앰.
毛染め〔けぞめ〕머리 염색.
毛玉〔けだま〕①털실 중간에 덩어리가 진 것. 곱슬마디.
毛羽〔けば〕①잔털. ②종이나 천의 보풀. ③누에가 고치를 만들 때 발판으로 처음 치는 실. ④지도에서 등고선을 나타내는 가는 선.
毛羽立つ〔けばだつ〕(自5) ①(마찰되어) 보풀이 일다. ②머리가 흩어져 헝클어지다.
毛衣〔けごろも〕모피(毛皮)로 만든 옷.
毛蚕〔けご〕애누에. 알에서 갓 깐 누에.
毛際〔けぎわ〕털이 난 가장자리.
毛彫り〔けぼり〕털 같이 가는 선으로 무늬나 글자를 새김.
毛織物〔けおりもの〕모직물.
毛虫〔けむし〕모충. 털벌레. 송충이.
毛皮〔けかわ〕모피. 털가죽.
毛穴〔けあな〕모공. 털구멍.

連濁音에 注意

眉毛〔まゆげ〕눈썹.
抜け毛〔ぬけげ〕빠진 털. 빠진 머리털.

音 読

毛管〔もうかん〕모관. ①모세관. ②모세혈관.
毛根〔もうこん〕모근. 털이 박힌 부분.
毛頭〔もうとう〕조금도. 전연.
毛髪〔もうはつ〕모발. 머리털.
毛細管〔もうさいかん〕모세관. 모세 혈관.
毛氈〔もうせん〕모전. 양탄자.
毛布〔もうふ〕모포. 담요.
毛筆〔もうひつ〕모필. 짐승의 털로 만든 붓.

〔矛〕 풀：창 모.
音：ム
訓：ほこ

矛〔ほこ〕(쌍날칼을 꽂은) 창.
矛山車〔ほこだし〕양쪽에 날이 선 창을 세워 장식한 수레.
矛先〔ほこさき〕①창끝. ② 공격(비난)의 화살.

音 読

矛盾〔むじゅん〕모순. 앞뒤가 맞지 않음. 서리가 맞지 않음. **～した言葉**; 모순된 말. **～する**; 모순된다.

〔母〕 풀：어미 모.
音：ボ
訓：はは

母〔はは〕①어머니. ②근원. **発明の～** :
母君〔ははぎみ〕남의 어머니의 높임말.
母物〔ははもの〕(영화나 연극이) 모성애를 주제로 한 것.
母方〔ははかた〕외가(外家)쪽.
母上〔ははうえ〕어머니의 높임말. 어머님.
母御〔ははご〕상대방 어머니의 높임말.
母の日〔ははのひ〕어머니날(5월의 제 2 일요일).
母親〔ははおや〕모친. 어머니.

例 外

お母さん〔おかあさん〕어머니.
母家：母屋〔おもや〕①주요 건물. 안채 ②몸채. ③본가. 본점.
乳母〔うば〕유모. 젖어머니.
頼母子〔たのもし〕계의 한가지. 서로 돈을 내어 돈의 융통을 꾀하는 조합.

音 読

母系〔ぼけい〕모계. 어머니를 중심으로 한 계통.
母校〔ぼこう〕모교. 자기가 졸업한 학교.
母国〔ぼこく〕모국. 자기가 태어난 나라.
母堂〔ぼどう〕남의 어머니의 높임말.
母船〔ぼせん〕모선. 큰 배.
母性愛〔ぼせいあい〕모성애. 어머니가 자식에 대해서 갖는 본능적인 애정.
母音〔ぼいん：ぼおん〕모음. 홀소리.
母子〔ぼし〕모자. 어머니와 아들.
母指〔ぼし〕엄지 손가락.
母体〔ぼたい〕모체. ①어머니의 몸. ②갈려 나온 사물중의 본래의 것.
母胎〔ぼたい〕모태. 어머니의 태안(胎内).

母型〔ぼけい〕도형. 활자를 만들어 내는 거푸집.

〔**侮**〕 풀：업신여길 모.
音：**ブ**
訓：**あなどる**

侮る〔あなどる〕(他5) 경시하다. 깔보다. 업신여기다. 멸시하다.
侮り〔あなどり〕업신여김. 깔봄. 멸시. 경멸.

音 読

侮慢〔ぶまん〕모만. 남을 깔봄.
侮蔑〔ぶべつ〕모멸. 깔봄. 업신여김.
侮辱〔ぶじょく〕모욕. 깔보아 욕되게 함.

〔**冒**〕 풀：무릅쓸 모.
音：**ボウ**
訓：**おかす**

冒す〔おかす〕(他5) ① 무릅쓰다. 危険を～：위험을 무릅쓰다. ② (종교, 도덕을) 더럽히다. 모독하다. 간음하다. ③ (남의 이름을) 사칭(私称)하다. ④ 병에 걸리다.

音 読

冒瀆〔ぼうとく〕모독. 침범하여 욕되게 함.
冒頭〔ぼうとう〕모두. ① 문장 또는 담화(談話)의 첫머리. ② 일의 시초.
冒険〔ぼうけん〕모험. 위험을 각오하고 행함.

〔**某**〕 풀：아무개 모.
音：**ボウ**
訓：① **それがし** ② **なにがし**

某〔それがし〕① 아무개. ② 본인. 저.
〔なにがし〕① 아무개. ② 얼마간. 약간.

音 読

某国〔ぼうこく〕모국. 어떤 나라.
某女〔ぼうじょ〕모녀. 어떤 여자.
某某〔ぼうぼう〕모모. 아무개 아무개.
某所〔ぼうしょ〕모처. 어느 곳.
某氏〔ぼうし〕모씨. 어떤 분.
某月某日〔ぼうげつぼうじつ〕모월 모일.
某紙〔ぼうし〕어느 신문.
某誌〔ぼうし〕어느 잡지.

〔**耗**〕 풀：덜릴 모.
音：① **コウ** ② **モウ**
訓：

音 読 1

心神耗弱〔しんしんこうじゃく〕심신 모약. 心神喪失보다는 가벼우나 정신이 쇠약해서 識別力이 극히 부족한 것.

音 読 2

耗尽〔もうじん〕모진. 소모되어 없어짐.
消耗〔しょうもう〕소모. ① 써서 없어짐. (없앰). ② 체력, 정신력을 다 써 버림.

〔**帽**〕 풀：모자 모.
音：**ボウ**
訓：

帽子〔ぼうし〕모자. 추위, 더위, 먼지 등을 막기 위하여 머리에 쓰는 것.
帽章〔ぼうしょう〕모자의 기장(記章).
角帽〔かくぼう〕각모. 사각 모자.
学帽〔がくぼう〕학모. 학생이 쓰는 모자.

〔**募**〕 풀：모을 모.
音：**ボ**
訓：**つのる**

募る〔つのる〕① (自5) 점점 심해지다. 격화되다. 더해지나. ② (他5) 모집하다. 希望者を～：희망자를 모으다(모집하다).

音 読

募金〔ぼきん〕모금. 돈을 거둠. 기부금을 모음.
募兵〔ぼへい〕모병. 널리 병사를 모음.
募集〔ぼしゅう〕모집. 널리 알려 희망자를 모이게 함.
募債〔ぼさい〕모채. 公債, 私債를 모집함.

〔**慕**〕 풀：사모할 모.
音：**ボ**
訓：① **したう** ② **したわしい**

❶ **慕う**〔したう〕(他5) ① 뒤를 쫓다. 母を～子：어머니를 뒤쫓는 아이. ② 사모하다. 연모하다. 그리워하다. ③ 경모(敬慕)하다.
❷ **慕わしい**〔したわしい〕(形) 그립다. 연모하다. 사모하다.

音 読

慕心〔ぼしん〕모심. 그리워하는 마음.
慕情〔ぼじょう〕모정. 그리워하는 마음.

〔**暮**〕 풀：해질 모
音：**ボ**
訓：① **くらす** ② **くれる**
③ **くれ**

❶ **暮らす**〔くらす〕(自他5) ① (하루를)보내다. ② 생활하다. 살아가다. 지내다. 살다. ③ 세월을 보내다.
暮(ら)し〔くらし〕① 살림. 생계. ② 일상생활.
暮(ら)し向き〔くらしむき〕살림살이.
❷ **暮れる**〔くれる〕(自下1) ① (날이) 저물다. 해가 지다. ② (한 해가)저물다. 세월이 지나가다. ③ 어찌 할 바를 몰라 그냥 …하기만 하다.
❸ **暮れ**〔くれ〕① 저묾. 저물 때. ② 해질 녘. ③ 계절의 마지막. 秋の～：늦가을. ④ 한해의 마지막. 연말. 年の～：연말.
暮れなずむ〔くれなずむ〕(自5) 해가 질듯 질듯 하면서 지지 않는다.
暮れ果てる〔くれはてる〕(自下1) 해가 완전히 지다. 날이 저물다.
暮れ六つ〔くれむつ〕저녁 여섯시(의 종).
暮れ暮れ〔くれぐれ〕저물 녘.
暮れ方〔くれがた〕해질 녘. 저녁 때.
暮れ残る〔くれのこる〕(自5) 땅거미지다. 어렴풋이 보이다.
暮れ行く〔くれゆく〕(自5) (해가) 저물어 가다.

連濁音에 注意

夕暮れ〔ゆうぐれ〕황혼. 해질 녘.
日暮れ〔ひぐれ〕해질 녘. 일모.

音　読

暮色〔ぼしょく〕모색. 황혼. 석양의 경치.
暮雪〔ぼせつ〕석양에 내리는 눈.
暮夜〔ぼや〕밤.
暮秋〔ぼしゅう〕모추. 늦가을.
暮春〔ぼしゅん〕모춘. 늦봄.

〘模〙 풀：본뜰 모.
音：モ
訓：

模する〔もする〕(自他サ) 모방하다. 본뜨다. 흉내 내다. 닮게하다.
模倣〔もほう〕모방. 흉내 냄. 본뜸
模範〔もはん〕모범. 본받아 배울 만한 것.
模写〔もしゃ〕모사. 그대로 흉내 내어 베낌.
模索〔もさく〕모색. 더듬어서 찾음.
模試〔もし〕모의 시험의 준말.
模型〔もけい〕모형. 실물을 작게 만든 것.
模糊〔もこ〕모호. 멍청함. 曖昧～：애매모호.

訓読 1

例　外

規模〔きぼ〕규모. 사물의 짜임새. 구조.

〘謀〙 풀：꾀할 모.
音：ボウ
訓：はかる

謀る〔はかる〕(他5) ①꾀하다. 도모하다. 기도하다. 暗殺を～；암살을 꾀하다. ②속이다.
謀：謀り事〔はかりごと〕계략. 일을 꾀함. 속임수.

音　読

謀略〔ぼうりゃく〕모략. 남을 해치려는 꾀.
謀殺〔ぼうさつ〕모살. 계획적으로 사람을 죽이는 일.
謀臣〔ぼうしん〕모신. 계략을 꾀하는 신하.
謀議〔ぼうぎ〕모의. ①일의 계획을 논의함. ②범죄의 계획, 방법을 의논함.

例　外

謀反：謀叛〔むほん〕모반. 임금이나 정부를 배반하여 난을 일으킴.

【목】

〘木〙 풀：나무 목.
音：①ボク ②ボッ ③モク ④モッ.
訓：①き ②こ～

訓読 1

木〔き〕①나무. ②재목. ③(극장에서) 딱따기.
木遣(り)歌〔きやりうた〕①무거운 나무나 암석을 운반할 때, 땅을 다질 때, 축제일에 꽃수레를 끌때에 부르는 노래.
木口〔きぐち〕①건축용 목재의 질. ②목재의 가로 자른 면. ③나무 손잡이.
木登り〔きのぼり〕나무에 오름. 나무타기.
木木〔きぎ〕많은 나무. 여러가지 나무들.
木目〔きめ：もくめ〕①나뭇결. ②살결.
木鉢〔きばち〕나무 대접. 목대접.
木仏〔きぼとけ：きぶつ〕목불. 나무 부처.
木の性〔きのしょう〕나뭇결 모양.
木の実〔きのみ：このみ〕나무 열매.
木の芽〔きのめ〕①새싹. ②산초나무의 순.
木賃宿〔きちんやど〕싸구려 여인숙.
木場〔きば〕재목 저장소. 재목상들이 많이 있는 곳.
木切れ〔きぎれ〕나뭇조각. 나무토막.
木彫り〔きぼり〕나무에 조각함. 목각(木刻).
木組み〔きぐみ〕나무를 마름질하는 것.
木地〔きじ〕①나뭇결. ②칠하지 않은 나무. ③나뭇결 모양을 나타낸 옻칠.
木振り〔きぶり〕나무의 생김새.
木槌〔きづち〕나무 방망이. 나무 망치.
木取り〔きどり〕나무를 켬. 재목의 마름질.
木の香〔きのか〕나무 향기. 재목 냄새.
木型〔きがた〕나무로 만든 거푸집. 목형.
木戸〔きど〕①지붕없는 대문. ②흥행장의 출입구. ～御免(ごめん)；입장료를 내지 않고 출입이 허가됨. ～銭(せん)；입장료.

訓読 2

木の間〔このま〕나뭇 사이.
木枯らし〔こがらし〕초겨울(늦가을)의 찬 바람.
木端〔こっぱ〕①나무 부스러기. ②쓸모없음. 시시함. ～微塵(みじん)；산산조각이 남.
木立〔こだち〕나무 숲.
木挽(き)〔こびき〕①나무를 톱질해서 자름. ②톱질꾼. 나무꾼.
木末〔こずえ〕나뭇가지 끝.
木の実〔このみ：きのみ〕나무열매.
木深い〔こぶかい〕(形) 나무가 우거지다.
木の葉〔このは：きのは〕①나뭇잎. ②보잘것 없는 것. 작은 것.
木隠れ〔こがくれ〕나무 그늘에 가리어 잘 안 보임.
木陰〔こかげ〕나무 그늘.
木の下〔このした：きのした〕나무 아래.

音読 1

木刀〔ぼくとう〕목도. 나무칼. 목검.
木訥〔ぼくとつ〕목눌. 순진하며 말이 적음.
木履〔ぼくり：ぽっくり〕소녀들이 신는 옻칠을 한 왜나막신.
木石〔ぼくせき〕목석. ①나무와 돌. ②인정이 없는 사람. ③정사(情事)를 모르는 사람.
木偶〔ぼくぐう〕목우. 나무로 만든 인형.
木鐸〔ぼくたく〕목탁. 사회의 선도자.
巨木〔きょぼく〕거목. 큰 나무.
土木工事〔どぼくこうじ〕토목 공사.

音読 2

木幹〔ぼっかん〕목간. 나무 줄기.
木剣〔ぼっけん〕목검. 나무칼.

例　外

木綿〔もめん〕①솜. ②면직물. 무명. ③무명실. 면사(綿糸). ~綿(わた); 무명솜. ~糸(いと); 무명실. ~織(り); 무명. 광무.

音 読 ③

木蓮〔もくれん〕목련.
木馬〔もくば〕목마. 나무로 만든 말.
木目〔もくめ:きめ〕나무결.
木部〔もくぶ〕목부. 목질부(木質部).
木像〔もくぞう〕목상. 나무로 만든 상(像).
木星〔もくせい〕목성.
木魚〔もくぎょ〕(중들이 사용하는)목탁.
木曜日〔もくようび〕목요일.
木材〔もくざい〕목재. 재목.
木製〔もくせい〕목제. 나무로 만든 것.
木造〔もくぞう〕목조. 나무로 만듦.
木炭〔もくたん〕목탄. 숯.
木版〔もくはん〕목판. 나무에 조각한 인쇄판.

音 読 ④

木工〔もっこう〕목공. 목수. 목재 공예.
木管〔もっかん〕목관. ①나무로 된 관악기(管楽器). ②실을 감는데 쓰는 대롱.
木琴〔もっきん〕목금. 실로폰.

〔目〕 풀：눈 목.
音：①モク ②モッ
訓：①め ②ま~

訓 読 ①

目〔め〕①눈. ②안목(眼目). ③외모. ④경험. 체험. ⑤저울 눈. ⑥수량.
目っける〔めっける〕(他下1) 찾아내다.
目まぐるしい〔めまぐるしい〕(形) 어지럽다. 눈이 아찔하다. 눈이 팽팽돌다.
目もあやに〔めもあやに〕눈부실 정도로 화려하게. 찬란하게.
目角〔めかど〕①무섭게 보는 눈. ②눈초리
目覚(ま)し〔めざまし〕①잠을 깸. 잠을 깨게 함. ②(아이들이)잠에서 깨어났을 때 받는 과자. ~時計; 자명종.
目覚ましい〔めざましい〕(形) 놀랍다. 눈부시다.
目覚ます〔めざます〕(他5) ①잠을 깨우다. ②불러 깨우다. 깨우치다.
目覚め〔めざめ〕①잠에서 깸. 기상. ②(잘못에서)깨어남. ③(본능이)싹틈. 눈뜸.
目覚める〔めざめる〕(自下1) ①잠에서 깨다. 눈뜨다. ②깨닫다. 깨어나다. ③(본능이)싹트다. 性に~; 성에 눈뜨다.
目減り〔めべり〕새거나 증발하여 분량이 줄어 듦.
目見え〔めみえ〕①손윗사람을 처음으로 만나뵘. ②임시 고용됨. ③첫 무대에 섬.
目尻〔めじり〕눈초리.
目高〔めだか〕송사리.
目交ぜ〔めまぜ〕눈짓.
目貫き〔めぬき〕칼이 칼집에서 빠지지 않도록 칼자루에 지르는 못.
目慣れる〔めなれる〕(自下1) 눈에 익다.
目掛ける〔めがける〕(他下1) 목표로 하다.
目潰し〔めつぶし〕(모래나 재 등을 던져) 상대의 눈을 못뜨게 함.
目端〔めはし〕눈치. 재치.
目も当てられない〔めもあてられない〕차마 눈뜨고 볼 수 없다.
目塗り〔めぬり〕이은 곳을 바름.
目頭〔めがしら〕눈자위. 눈시울.
目籠〔めかご〕눈이 성기게 짠 바구니.
目利き〔めきき〕(골동품을)감정함.
目立つ〔めだつ〕(自5) 두드러지다. 눈에 띄다.
目立て〔めたて〕(톱의)날의 세움.
目立って〔めだって〕현저하게. 눈에 띠게.
目敏い〔めざとい〕(形) ①재빠르다. ②잠귀가 밝다. ②(보는)눈이 빠르다.
目抜き〔めぬき〕제일 눈에 잘 띠는 곳. 중심가. 번화가.
目方〔めかた〕무게. 중량.
目配せ〔めくばせ〕눈짓.
目配り〔めくばり〕관심을 가지고 두루 살핌. 경계함. 주의하여 둘러봄.
目白〔めじろ〕동박새. ~押し; ①많은 아이들이 서로 밀고 노는 밀치기놀이. ②많은 사람이 밀치락달치락 늘어섬.
目付き〔めつき〕눈의 표정. 눈매.
目付け〔めつけ〕위법(違法), 부정을 감시하는 무사의 직명. ~役; 감찰관.
目腐れ〔めくされ〕①눈병으로 눈가가 진무름. ②(남을 욕할때 씀). ~金(がね); 약소한 돈. 눈에 차지 않는 돈.
目分量〔めぶんりょう〕눈대중. 눈어림.
目紛しい〔めまぐるしい〕(形) 눈이 아찔하다. 어지럽다.
目糞〔めくそ〕눈곱.
目鼻〔めはな〕①눈과 코. ②(사물의)윤곽. ③얼굴의 생김새. ~立ち; 이목구비. 얼굴의 생김새.
目上〔めうえ〕웃사람. 연장자.
目色〔めいろ〕눈빛. 눈짓.
目先〔めさき〕①눈앞. 목전. ②선견(先見) ③장래. ④외모. 겉모양.
目線〔めせん〕눈길. 시선(視線).
目性〔めしょう〕눈. 눈의 질(質).
目星〔めぼし〕①목표. ②눈동자의 角膜白斑.
目星い〔めぼしい〕(形) 두드러지다. 유달리 눈에 띄다. 값 나가다.
目盛り〔めもり〕(계량기의)눈금.
目盛る〔めもる〕(他5) 눈금을 새기다(긋다).
目速い〔めばやい〕(形) 눈치가 빠르다.
目安〔めやす〕①목표. ②요점을 기록한 문서.
目顔〔めがお〕눈짓. 눈 표정.
目薬〔めぐすり〕눈약. 안약(眼薬).
目の玉〔めのたま〕눈알.
目違い〔めちがい〕잘못 봄. 그릇된 판단.
目元〔めもと〕눈매. 눈언저리.
目隠し〔めかくし〕①눈을 가림. ②가리개.
目医者〔めいしゃ〕안과의사.

目移り〔めうつり〕(다른 곳으로) 눈이 쏠림.
目印〔めじるし〕표적. 목표물.
目溢し〔めこぼし〕묵인함. 눈감아 줌.
目の子〔めのこ〕어림셈. 암산(暗算).
目刺し〔めざし〕눈을 꿰어서 말린 정어리.
目張り〔めばり〕①틈을 종이로 발라 봉함. ②눈을 크게 보이게 하는 화장법. 눈의 악센트.
目障り〔めざわり〕눈에 거슬림.
目積り〔めづもり〕눈대중.
目の前〔めのまえ〕목전. 눈앞.
目切れ〔めぎれ〕중량이 모자람.
目釘〔めくぎ〕칼이 자루에서 빠지지 않게 끼우는 못.
目早い〔めばやい〕(形) 눈치가 빠르다.
目脂〔めやに〕눈곱.
目指す〔めざす〕(他5) 목표로 하다. 노리다.
目処〔めど〕①목표. 전망. ②바늘귀.
目打ち〔めうち〕①송곳. ②手芸用具. ③우표를 한 장 씩 떼기 쉽게 줄줄이 뚫은 작은 구멍.
目通し〔めどおし〕한 번 훑어 봄.
目通り〔めどおり〕①접견(接見). 배알함. ②눈 높이. ③눈앞.
目板〔めいた〕이은 사이에 대는 오리목.
目下〔めした〕아랫사람. 손아래.
目の下〔めのした〕물고기의 크기를 재는 기준. 눈에서 꼬리 끝까지의 길이.
目許〔めもと〕눈언저리. 눈매.
目眩む〔めくらむ〕(自5) 어지럽다. 현기증이 나다. 눈이 팽팽돌다.
目眩めく〔めくるめく〕(自5) 어지러워지다. 눈이 아찔하다. 눈이 돌다.
目懸ける〔めがける〕(他下1) 목표로 하다.
❷目見〔まみ〕(사물을 보는) 눈매.
目の当(た)り〔まのあたり〕①눈앞. 목전(目前). ②직접. 친히.
目縁〔まぶち〕눈언저리. 눈가.
目深〔まぶか〕(모자를) 깊이 눌러 씀.
目映い〔まばゆい〕(形) ①눈부시다. ②부끄럽다. 수줍다. ③눈부시게 아름답다.
目蔭〔まかげ〕이마에 손을 대고 햇빛을 가림.

音 読 1

目する〔もくする〕(他サ) ①보다. ②목격하다. ③지목하다. 주목하다. ④인정하다. 촉망하다.
目撃〔もくげき〕목격. 실제로 봄.
目途〔もくと〕목도. 목표. 표현.
目礼〔もくれい〕목례. 눈짓으로 하는 인사.
目録〔もくろく〕목록. 일람표.
目論む〔もくろむ〕(他5) 계획하다. 꾀하다.
目論見〔もくろみ〕계획. 의도. 목적.
目算〔もくさん〕목산. 견적. 대충 셈함.
目送〔もくそう〕안 보일 때까지 배웅함.
目的〔もくてき〕목적. 목표.
目前〔もくぜん〕목전. 눈앞.
目次〔もくじ〕목차. 항목. 순서.
目測〔もくそく〕목측. 눈대중. 눈어림.
目標〔もくひょう〕목표. 목적.

音 読 2

目今〔もっこん〕목금. 바로 지금.
目下〔もっか〕목하. 지금. 현재.

例 外

面目〔めんぼく〕면목. 체면. 명예.

〖牧〗 풀：기를 목.
音：①ボク ②ボッ
訓：まき

牧〔まき〕목장.
牧場〔まきば：ぼくじょう〕목장.

音 読 1

牧童〔ぼくどう〕목동. 목장에서 말과 소를 돌보는 아이.
牧民〔ぼくみん〕목민. 지방의 백성을 다스리는 일. ～官：지방 장관.
牧師〔ぼくし〕목사. 기독교에서 신자를 지도하는 사람.
牧羊〔ぼくよう〕목양. 양을 기르는 일.
牧笛〔ぼくてき〕목적. 목장에서 가축을 돌보기 위해 부는 피리.
牧草〔ぼくそう〕목초. 가축이 먹는 풀.
牧畜〔ぼくちく〕목축. 가축을 사육하는 일.

音 読 2

牧歌〔ぼっか〕①목동들의 노래. ②목동이나 농부의 생활을 주제로 하여 田園의 정조(情調)를 나타낸 시가(詩歌).

【몰】

〖没〗 풀：빠질 몰.
音：①ボツ ②ボッ
訓：

音 読 1

没〔ぼつ〕①침몰. ②투서(投書). ③죽음. 投稿を～にする：투고를 채용하지 않다.
没年〔ぼつねん〕몰년. 죽은 해.
没落〔ぼつらく〕몰락. ①세력이 약해짐. ②파산(破産) 함. ③나라가 망하여 없어짐.
没常識〔ぼつじょうしき〕몰상식. 상식이 없음.
没我〔ぼつが〕몰아. 자기를 잊어 버리는 일.
没入〔ぼつにゅう〕몰입. ①물속에 가라앉음. ②몰두. 열중.
没後〔ぼつご〕몰후. 죽은 뒤.

音 読 2

没する〔ぼっする〕(自他サ) ①가라앉다. 침몰하다. ②잠기다. 빠지다. ③사라지다. 묻히다. ④잊혀지다. ⑤(해가)지다. ⑥죽다. ⑦무시하다. ⑧몰수하다.
没交渉〔ぼっこうしょう〕몰교섭. 거래 또는 교제가 없음.
没頭〔ぼっとう〕몰두. (일에) 열중함.

没書〔ぼっしょ〕몰서. 투서(投書)가 채용되지 않음.
没収〔ぼっしゅう〕몰수. 빼앗음.
没趣味〔ぼっしゅみ〕몰취미. 아무런 취미가 없음. 무취미.
没義道〔もぎどう〕도의에 어긋남. 잔인함.

【몽】

〖夢〗 풀 : 꿈 몽
音 : ム
訓 : ゆめ

夢〔ゆめ〕꿈. ～を見る; 꿈을 꾸다.
夢見〔ゆめみ〕꿈을 꿈. 꿈.
夢見る〔ゆめみる〕(自他上1) 꿈꾸다. 공상하다.
夢見心地〔ゆめみごこち〕꿈을 꾸는 듯한 황홀한 기분.
夢更〔ゆめさら〕(副) 조금도. 꿈에도. 티끌만큼도.
夢路〔ゆめじ〕꿈길. ～に入る; 잠이 들다.
夢の世〔ゆめのよ〕덧없는 이 세상.
夢心地〔ゆめごこち〕꿈을 꾸는 듯한 기분.
夢語り〔ゆめがたり〕꿈 이야기. 꿈같은(덧없는) 이야기.
夢違え〔ゆめちがえ〕나쁜 꿈을 꾸었을 적에 액막이를 하여 재난을 면함.
夢占〔ゆめうら〕해몽(解夢).
夢枕〔ゆめまくら〕꿈을 꾸는 베갯머리.
夢合わせ〔ゆめあわせ〕해몽(解夢).
夢現〔ゆめうつつ〕비몽사몽(非夢似夢).
夢幻〔ゆめまぼろし〕꿈과 환상.

音 読

夢想〔むそう〕무상. ① 꿈 같은 헛된 생각. ② 공상. ③ 신의 현몽(現夢).
夢遊病〔むゆうびょう〕몽유병. 잠을 자다가 꿈에 유도되어 자기도 모르게 걷거나 행동을 하다가 잠을 자고 깨어나면 전혀 기억이 없음.
夢中〔むちゅう〕① 몽중. 꿈속. ② 열중해서 자기를 잊음. ～になる; 몰두하다. 열중 하다.

【묘】

〖妙〗 풀 : 묘할 묘. 예쁠 묘.
音 : ミョウ
訓 :

妙〔みょう〕① 묘함. 신기함. ② 이상함. ～な音; 이상한 소리. 묘한 소리. ③ 묘.
妙に〔みょうに〕(副) 묘하게.
妙ちきりん〔みょうちきりん〕기묘함. 이상함
妙計〔みょうけい〕묘계. 대단히 좋은 계략
妙技〔みょうぎ〕묘기. 묘한 기술.
妙齢〔みょうれい〕묘령. 젊은 나이.
妙理〔みょうり〕묘리. 기묘한 도리.
妙味〔みょうみ〕묘미. ① 뛰어난 맛. ② 좋은점.
妙法〔みょうほう〕묘법. 기묘한 수단.
妙手〔みょうしゅ〕묘수. 묘한 수
妙案〔みょうあん〕묘안. 훌륭한 생각.
妙薬〔みょうやく〕묘약. 비상한 효험을 가진 약. 명약(名薬).
妙用〔みょうよう〕묘용. 신기한 작용.
妙策〔みょうさく〕묘책. 묘한 생각.

〖苗〗 풀 : 싹 묘.
音 : ビョウ
訓 : ① なえ ② なわ

訓 読 ①

苗〔なえ〕① 모종. ② 모. ③ 양식용 치어稚魚).
苗木〔なえぎ〕묘목. 모종 나무.
苗床〔なえどこ〕모판. 모종판. 못자리.

訓 読 ②

苗代〔なわしろ〕못자리.
苗代水〔なわしろみず〕못자리 물.
苗代時〔なわしろどき〕못자리를 준비할 절.
苗代田〔なわしろだ〕못자리.

音 読

育苗〔いくびょう〕육묘. 모종을 기름.
種苗〔しゅびょう〕종묘. 씨와 모종.

〖畝〗 풀 : 밭이랑 묘.
音 :
訓 : ① うね ② せ

訓 読 1

畝〔うね〕밭이랑. 이랑. 물결.
畝間〔うねま〕이랑과 이랑사이. 고랑.
畝織(り)〔うねおり〕직물을 굵은 실과 가는 실을 섞어서 골지게 짜는 방식.

訓 読 2

畝〔せ〕토지의 면적 단위. 묘. 30평
一畝〔いっせ〕1 묘. 30평.

〖描〗 풀 : 그릴 묘.
音 : ビョウ
訓 : えがく

描く〔えがく〕(他5) ① 그리다. 風景を～; 풍경을 그리다. ② 묘사하다. 표현하다.
描き出す〔えがきだす〕(他5) 그려내다.

音 読

描写〔びょうしゃ〕묘사. 실제의 느낌이나 상태를 있는 그대로 나타냄.
描出〔びょうしゅつ〕묘출. 그려 냄. 묘사.

〖猫〗 풀 : 고양이 묘
音 : ビョウ
訓 : ねこ

猫〔ねこ〕고양이.
猫かれいがり〔ねこかれいがり〕맹목적으로

귀여워함. 분별없이 귀여워 함.
猫目石〔ねこめいし〕묘안석(猫眼石). 광석의 한 가지.
猫撫で声〔ねこなでごえ〕간사한 목소리.
猫婆〔ねこばば〕시치미를 뗌.
猫舌〔ねこじた〕뜨거운 음식을 못 먹음.
猫の額〔ねこのひたい〕토지나 장소가 지극히 협소함. 손바닥만 함.
猫要らず〔ねこいらず〕쥐약,
猫耳〔ねこみみ〕귀에지가 무르고 고린내가 나는 귀.
猫足〔ねこあし〕① 고양이 다리 같이 생긴 책상이나 상의 다리. ② (씨름에서) 좀처럼 넘어지지 않는 다리.
猫車〔ねこぐるま〕손잡이를 뒤에서 잡고 밀어서 흙을 나르는 일륜차(一輪車).
猫板〔ねこいた〕장방형의 화로 끝에 얹어 놓은 판자.
猫被り〔ねこかぶり〕시치미를 뗌.

〔墓〕 풀：무덤 묘.
音：ボ
訓：はか

墓〔はか〕묘. 무덤.
墓掘り〔はかほり〕무덤을 팜.
墓石〔はかいし：ぼせき〕묘석.
墓所〔はかしょ：はかどころ〕묘소.
墓守り〔はかもり〕묘지기.
墓原〔はかはら：はかわら〕묘소.
墓場〔はかば〕묘지. 산소.
墓参り〔はかまいり〕성묘(省墓).
墓標〔はかじるし〕묘비.
墓穴〔はかあな：ぼけつ〕묘혈. 무덤.

音 読

墓碑〔ぼひ〕묘비. 묘에 세운 비석.
墓碑銘〔ぼひめい〕묘비명. 비석에 새긴 글.
墓前〔ぼぜん〕묘전. 무덤 앞. 묘 앞.
墓地〔ぼち〕묘지. 무덤.
墓参〔ぼさん〕묘참. 성묘.

【무】

〔武〕 풀：군사 무
音：① ブ ② ム
訓：

音 読 ①

武家〔ぶけ〕무가. 무사 출신의 집안.
武骨〔ぶこつ〕① 예의를 모름. ② 무능(無能)
武功〔ぶこう〕무공. 전쟁에서 세운 공적.
武官〔ぶかん〕무관. 군인.
武器〔ぶき〕무기. 전쟁에 쓰이는 기구.
武断〔ぶだん〕무단. 힘을 믿고 강제로 함.
武道〔ぶどう〕무도. 무예. 무술. 무사도.
武力〔ぶりょく〕무력. 무용(武勇)의 힘.
武士〔ぶし〕무사. 옛날에 무예를 닦고 싸움에 종사했던 사람.
武術〔ぶじゅつ〕무술. 무예.
武臣〔ぶしん〕무신. 무관(武官)인 신하.
武芸〔ぶげい〕무예. 무술.
武勇〔ぶゆう〕무용. 무술에 능하고 용기가 있음.
武運〔ぶうん〕무운. 승패에 관한 운명.
武人〔ぶじん〕무인. 무사. 군인.
武将〔ぶしょう〕무장, 무사, 군인의 우두머리.
武装〔ぶそう〕무장. 전투 준비.
武張る〔ぶばる〕(自5) 무술을 하는 사람처럼 용감한 행동을 하다.

音 読 2

武者〔むしゃ〕무사(武士). 투구와 갑옷을 입은 무사.
～奉行(ぶぎょう); 군사를 지휘하던직명.
～修行(しゅぎょう); 돌아다니며 무술을 닦음.
～人形(にんぎょう); 무사 차림의 인형.
～振り(ぶり); 무사다운 태도.
～絵(え); 무사나 전쟁을 소재로하여 그린 그림.

〔茂〕 풀：무성할 무.
音：モ
訓：① しげる ② しげみ

❶茂る〔しげる〕(自5) (초목이)무성하다.
茂り合う〔しげりあう〕(自5) 무성하다. (초목이) 빽빽하게 들어차다.
❷茂み〔しげみ〕우거짐. 수풀. 숲. 立木の～; 나무숲.

音 読

茂林〔もりん〕무림. 무성한 수풀.
茂樹〔もじゅ〕무수. 무성한 나무숲.

〔務〕 풀：힘쓸 무
音：ム
訓：つとめる

務める〔つとめる〕(他下1) 임무를 맡다. 역할을 하다. 主役を～; 주역을 맡다.
務め〔つとめ〕의무. 임무. 도리. 主婦の～; 주부의 임무.

音 読

公務〔こうむ〕공무. 공공 단체의 사무.
事務〔じむ〕사무. 취급하는 업무.
任務〔にんむ〕임무. 주어진 의무.

〔無〕 풀：없을 무.
音：①ブ ②ム
訓：①ない ②なくす ③なくなる

❶無い〔ない〕(形) 없다. お金が～：돈이 없다.
❷無くす〔なくす〕(他5) ① 없애다. ② 잃다.
❸無くなる〔なくなる〕(自5) ①없어지다. ② (돈이)다 떨어지다. お金が～：돈이 다 떨어지다.
無くもがな〔なくもがな〕차라리 없느니만 못함. 차라리 안하느니만 못함.
無し〔なし〕없음. 異状～：이상 없음.

音 読 1

無難〔ぶなん〕무난. 지장이 없음. 안전함. 결점이 없음. 무사함.
無礼〔ぶれい〕무례. 예의에 어긋남. 실례.
無頼漢〔ぶらいかん〕무뢰한. 일정한 직업이 없고 품행이 불량한 사람.
無事〔ぶじ〕무사. 안전함. 변함 것이 없음.
無勢〔ぶぜい〕사람의 수효가 적음.
無粋〔ぶすい〕세련되지 않음.
無愛想〔ぶあいそう〕무뚝뚝함. 붙임성이 없음.
無遠慮〔ぶえんりょ〕사양하지 않음. 무례하게 행동함.
無音 〔ぶいん〕무소식. 소식을 전하지 않음.
〔むおん〕소리가 나지 않음.
無精〔ぶしょう〕등한히 함. 게으름 피움. ～ひげ：자라도 내버려 두고 깎지 않은수염.

音読 2

無〔む〕무. ① 없음. ② 헛됨. 허사(虚事).
無届け〔むとどけ〕신고하지 않음.
無関係〔むかんけい〕무관계. 관계가 없음.
無関心〔むかんしん〕무관심. 관심이 없음.
無感覚〔むかんかく〕무감각. 감각이 없음.
無考え〔むかんがえ〕지각 없음. 분별없음.
無窮〔むきゅう〕무궁. 끝이 없음. 영원.
無軌道〔むきどう〕무궤도. ① 궤도가 없음. ② 言行에 일정한 방향이 없음.
無給〔むきゅう〕무급. 급료가 없음.
無記名〔むきめい〕무기명. 이름을 쓰지 않음.
無気力〔むきりょく〕무기력. 기력이 없음.
無期〔むき〕무기. 기한이 없음.
無機〔むき〕無機物의 준말.
無断〔むだん〕무단. 양해나 허락이 없음.
無慮〔むりょ〕무려. 약(約).
無力〔むりょく〕무력. 힘이나 능력이 없음.
無料〔むりょう〕무료. 공짜.
無理〔むり〕무리. 도리에 어긋남. 억지.
無理強い〔むりじい〕강제. 어거지.
無名〔むめい〕무명. 이름이 없음. 유명하지 않음.
無謀〔むぼう〕무모. 사려나 분별이 없음.
無味〔むみ〕무미. 맛이 없음. 재미 없음.
無法〔むほう〕무법. 법이나 질서가 없음.
無比〔むひ〕무비. 뛰어나서 비할 데 없음.
無常〔むじょう〕무상. 덧없음.
無傷〔むきず〕상처나 결점이 없음. 결백함.
無償〔むしょう〕무상. 무료(無料).
無線〔むせん〕무선. 전파를 사용하는통신.
無手勝つ流〔むてかつりゅう〕싸우지 않고 책략으로써 상대를 이김.
無数〔むすう〕무수. 대단이 많음.
無視〔むし〕무시. 업신 여김.
無神論〔むしんろん〕무신론. 신의 존재를 부정하는 논(論).
無心〔むしん〕무심. ① 천진함. ②(금품을 내라고) 강청(強請).
無我〔むが〕무아. 일에 몰두하여 자기를 잊음. 무의식.
無言〔むごん〕무언. 말을 하지 않음.
無煙炭〔むえんたん〕무연탄.
無為〔むい〕무위. 아무것도 하지 않음.
無医村〔むいそん〕무의촌. 의사가 없는 마을.
無益〔むえき〕무익. 이익이 없음.
無人〔むじん：むにん〕사람이 살지 않음.
〔ぶにん〕사람의 손(일손)이 모자람. 사람의 수가 적음.
無慈悲〔むじひ〕무자비. 잔인함.
無残〔むざん〕가련함. 무참함. 참혹함.
無情〔むじょう〕무정. 정이 없음. 비정(非情).
無題〔むだい〕무제. 제목이 없음.
無造作〔むぞうさ〕어렵잖음. 수월함. 손쉬움.
無知〔むち〕무지. 모름. 지식이 없음.
無尽蔵〔むじんぞう〕무진장. 한이 없음.
無責任〔むせきにん〕무책임. 책임이 없음.
無駄〔むだ〕쓸데 없음. 보람 없음.
無下に〔むげに〕함부로. 무턱대고. 딱 잘라.
無限大〔むげんだい〕무한대. 한 없이 큼.
無害〔むがい〕무해. 해가 없음.
無形〔むけい〕무형. 형태가 없음.
無効〔むこう〕무효. 효과나 효력이 없음.

〔貿〕
풀：무역할 무.
音：**ボウ**
訓：

貿易〔ぼうえき〕무역. 외국과 물건을 사고 팔고 하는 상업행위를 함.
貿易商〔ぼうえきしょう〕무역상.
貿易風〔ぼうえきふう〕무역풍. 위도(緯度) 20도 내외의 지역에서 적도(赤道)를 향하여 1년 내내 거의 끊임 없이 부는 바람.

〔舞〕
풀：춤출 무.
音：**ブ**
訓：まう

舞う〔まう〕(自5) ① 춤추다. ② 흩날리다.
舞〔まい〕무용. 춤. ～を舞う：춤을 추다.
舞妓〔まいこ〕(연회석에서 춤을 추는) 나이 어린 동기(童妓).
舞い納める〔まいおさめる〕(他下1) 춤을 끝내다 마지막 춤을 추다.
舞い戻る〔まいもどる〕(自5) (본래의 장소로) 되돌아오다.
舞舞〔まいまい〕① 달팽이. ② 물무당.
舞い上がる〔まいあがる〕(自5) 날려 올라가다.
舞扇〔まいおうぎ〕춤출 때 사용하는 부채.
舞人〔まいびと〕춤을 추는 사람.
舞い込む〔まいこむ〕(自5) ① 날아 들어오다. ② (예기치 않은 것이)난데 없이나 타나다.
舞子〔まいこ〕(연회석에서 춤을 추는)나이 어린 동기(童妓).
舞姫〔まいひめ〕무희. 발레를 하는 여자. 춤을 추는 여자.

音 読

舞曲〔ぶきょく〕무곡. 춤과 악곡(楽曲).
舞台〔ぶたい〕무대. ① 연기를 보이는 장소. ② 마음껏 실력을 발휘할 수 있는 곳.
舞踏会〔ぶとうかい〕무도회. (많은 사람이) 리듬에 맞추어 춤을 추는 모임.
舞楽〔ぶがく〕무악. 춤이 따르는 아악(雅楽).
舞踊〔ぶよう〕무용. 춤.

〔撫〕 풀：어루만질 무. 위로할 무.
音：ブ
訓：なでる

撫でる〔なでる〕(他下 1) ① 어루만지다. 쓰다듬다. ② 위로하다. 무마하다. ③ 빗질하다.
撫でさする〔なでさする〕(他 5) 쓰다듬다.
撫で肩〔なでがた〕민듯하게 내려온 어깨.
撫で付ける〔なでつける〕(他下 1) (머리를) 빗질하여 곱게 매만지다.
撫で上げる〔なであげる〕(他 5) (머리 등을) 매만져 위로 올려 붙이다.
撫でし子〔なでしこ〕패랭이 꽃.
撫で斬り〔なでぎり〕① 닥치는대로 모조리 벰. ② 칼날을 앞으로 밀듯이 해서 벰.
撫で下す〔なでおろす〕(他 5) 쓰다듬어 내리다.

〔霧〕 풀：안개 무
音：ム
訓：きり

霧〔きり〕① 안개. ② 안개 같은 액체.
霧雨〔きりさめ〕이슬비.
霧雲〔きりぐも〕안개 구름.
霧隠れ〔きりがくれ〕안개에 덮여 안 보이게 됨. 안개속으로 숨어 버림.
霧吹き〔きりふき〕분문(噴霧)함. 또 분무기. ～にする：물을 뿜다.

連濁音에 注意

夕霧〔ゆうぎり〕저녁 안개.
夜霧〔よぎり〕밤 안개.
朝霧〔あさぎり〕아침 안개.
川霧〔かわぎり〕냇가에 낀 안개.

音 読

霧散〔むさん〕무산. 안개가 걷히듯이 흩어져 없어짐.
霧笛〔むてき〕무적. 안개가 자욱할 때 항해(航海)의 안전을 위해 울리는 기적.
霧中〔むちゅう〕무중. 안개 속. 五里～：

【묵】

〔墨〕 풀：먹 묵.
音：①ボク ②ボッ
訓：すみ

墨〔すみ〕① 먹. ② 먹물. ③ 그을음.
墨継ぎ〔すみつぎ〕① 붓에 먹물을 다시 먹여 씀. ② 손에 먹이 묻지 않도록 먹을 싸는 물건.
墨袋〔すみぶくろ〕(오징어의) 먹주머니.
墨付(き)〔すみつき〕① 먹이 묻은 정도. ② 필적(筆跡).
墨糸〔すみいと〕(목수가 쓰는) 먹줄.
墨色〔すみいろ〕먹 빛. 검은 빛깔.
墨書き〔すみがき〕먹으로 그림. 묵화.
墨縄〔すみなわ〕먹줄. ～を打つ：먹줄을 치다.
墨染(め)〔すみぞめ〕① 먹 빛깔. ② 중 옷.
墨打〔すみうち〕먹줄을 침.
墨絵〔すみえ〕묵화(墨画).

連濁音에 注意

朱墨〔しゅずみ〕주묵. 붉은 먹.
薄墨〔うすずみ〕연한 먹물. 연한 흑색.

音 読 1

墨書〔ぼくしょ〕묵서. 먹으로 씀.
墨守〔ぼくしゅ〕묵수. 굳게 지킴.
墨汁〔ぼくじゅう〕묵즙. 먹물.
墨画〔ぼくが〕묵화. 먹으로 그린 그림.

音 読 2

墨客〔ぼっかく〕묵객. 글씨를 쓰거나 그림을 그리는 사람.

〔黙〕 풀：고요할 묵.
音：①モク ②モッ
訓：だまる

黙る〔だまる〕(自 5) ① 아무 말 하지않다. 잠자코 있다. 묵묵히 있다. ② (손을 쓰지 않고) 가만히 있다.
黙りこくる〔だまりこくる〕(自 5) 잠자코만 있다. 끝까지 말이 없다.
黙り込む〔だまりこむ〕(自 5) (이야기에 끼지않고) 잠자코 있다. 입을 다물고 있다.

音 読 ①

黙する〔もくする〕(自サ) 잠자코 있다. 잠잠하다. 가만히 있다. 묵묵히 있다.
黙劇〔もくげき〕묵극. 무언극(無言劇).
黙諾〔もくだく〕묵낙. 말없이 승낙함.
黙念〔もくねん〕묵념. 묵묵히 생각함. 말없이 기도함.
黙禱〔もくとう〕묵도. 소리내지 않고 기도함.
黙読〔もくどく〕묵독. 소리내지 않고 읽음.
黙礼〔もくれい〕묵례. 말 없이 고개만 숙여 하는 인사.
黙黙と〔もくもくと〕묵묵히. 잠자코.
黙秘権〔もくひけん〕묵비권. (자기에게 불리한 일을) 말하지 않고 침묵을 지키는 권리.
黙想〔もくそう〕묵상. 말 없이 생각에 잠김.
黙示〔もくし〕묵시. 계시(啓示).
黙視〔もくし〕묵시. ① 말 없이 봄. ② 간섭하지 않고 보고만 있음.
黙約〔もくやく〕묵약. 묵계(黙契).
黙認〔もくにん〕묵인. ① 말 없이 인정함. ② 못 본 체함.
黙座〔もくざ〕묵좌. 말 없이 앉아 있음.
黙止〔もくし〕묵지. 침묵을 지킴.

音 読 2

黙契〔もっけい〕묵계. 말 없는 가운데 우연히 뜻이 서로 맞음.
黙考〔もっこう〕묵고. 말 없이 생각함.
黙過〔もっか〕묵과. 묵묵히 지나침. 모르는 체하고 넘겨 버림.
黙許〔もっきょ〕묵허. 말리지 않고 슬그머니 허락함.

【문】

〖文〗
풀 : 글월 문.
音 : ①ブン ②モン
訓 : ふみ

文　〔ふみ〕편지(특히 연애 편지).
〔ぶん〕문장. 논문. 문학. 글.
〔もん〕(접미어) ① 구멍뚫린 엽전으로 1전의 10분의 1. ② 신발의 치수. 1문은 2.4㎝.
文机〔ふみづくえ : ふづくえ〕일본식 책상.
文使い〔ふみづかい〕편지를 전하는 심부름꾼. 파발꾼.
文箱〔ふみばこ : ふばこ〕문서나 편지를 넣어 두는(보내는) 갸름한 함.
文月〔ふみづき : ふづき〕음력 7월.

音 読 1

文〔ぶん〕문. 문장. 논문. 문학. 글.
文庫〔ぶんこ〕① 책을 넣어 두는 창고. ② 문서나 책을 넣어 두는 상자. ③ 동일한 형(型)으로 계속 발행되는 총서.
文科〔ぶんか〕문과. 문학, 철학, 사학(史学)에 관한 학문의 부문.
文官〔ぶんかん〕문관. 문과 출신의 관원.
文教〔ぶんきょう〕문교. 학문을 가르치는 일.
文具〔ぶんぐ〕문구. 학용품, 사무용품.
文壇〔ぶんだん〕문단. 문학인들의 사회.
文理〔ぶんり〕문리. 文科와 理科.
文明〔ぶんめい〕문명. 정신적, 물질적 생활이 풍부하고 편리하게 됨.
文物〔ぶんぶつ〕문물. 문화의 산물.
文房具〔ぶんぼうぐ〕문방구. 학용품, 사무용품.
文法〔ぶんぽう〕문법. 문장에 있어서의 어형(語形) 변화의 체계.
文相〔ぶんしょう〕文部大臣. 문교부 장관.
文書〔ぶんしょ〕문서. 문자를 기록한 서류.
文弱〔ぶんじゃく〕문약. 글만 숭상하고 기풍이 약함.
文語体〔ぶんごたい〕문어체. 글로만 쓰고 말로는 쓰지 않는 말.
文芸〔ぶんげい〕문예. 문학과 예술.
文人〔ぶんじん〕문인. 문학에 종사하는 사람.
文章〔ぶんしょう〕문장. 글로써 사상, 감정을 표현한 것.
文才〔ぶんさい〕문재. 글 재주.
文体〔ぶんたい〕문체. 문장의 양식.
文通〔ぶんつう〕편지를 주고 받음. 펜-팔.
文筆〔ぶんぴつ〕문필. 글을 쓰는 일.
文学〔ぶんがく〕문학. 글에 대한 학문.
文献〔ぶんけん〕문헌. 학문 연구에 참고가 될 만한 기록이나 책.
文豪〔ぶんごう〕문호. 크게 뛰어난 문학가.
文化〔ぶんか〕문화. 정신적인 활동.
文化財〔ぶんかざい〕문화재. 문화적으로 가치가 있는 사물.

音 読 ②

文句〔もんく〕① 문구. ② 불평. 시비. 트집.
文盲〔もんもう〕문맹. 글을 모름.
文無し〔もんなし〕① 한 푼도 없음. ② 월등하게 큰 버선.
文部省〔もんぶしょう〕문부성. 문교부.
文選〔もんせん〕문선. 고대 중국의 시나 문장을 集成한 서적.
文言〔もんごん〕문언. 문장 중의 어귀.
文様〔もんよう〕무늬. 무늬 모양.
文字〔もんじ : もじ〕문자. ① 글자. ② 문장.

〔匁〕
풀 : 몸메 문(日本 漢字)
音 :
訓 : もんめ

匁〔もんめ〕① 무게의 단위. 돈. 3.75g. ② 일본 옛 돈의 단위(金貨한 량)의 60분의1.

〖門〗
풀 : 문 문.
音 : モン
訓 : かど

門　〔かど〕① 문. ② 집안. ③ 집앞.
〔もん〕① 문. ② 출입구. ③ 대포를 세는 말.
門口〔かどぐち〕집의 출입구. 문간.
門構え〔かどがまえ : もんがまえ〕① 대문을 세움. 대문의 구조. ② 漢字 部首의 하나. (例 : 間, 間의 '門').
門柳〔かどやなぎ〕문전에 심은 버드나무.
門並(み)〔かどなみ〕① 죽 늘어선 집들. ② 집집마다.
門付け〔かどづけ〕문 앞에서 노래 등을 불러 돈을 받고 돌아 다님.
門松〔かどまつ〕설날에 문 앞에 세우는 장식. 소나무.
門違い〔かどちがい〕① 잘못 찾은 집. ② 틀린 방향. ③ 사람을 잘못 봄.
門出〔かどで〕집을 나섬. 여행을 떠남.
門火〔かどび〕죽은 사람의 영혼을 보내기 위하여 문앞에서 피우는 불.

音 読

門〔もん〕① 문. ② 출입구. ③ 대포를 세는 말.
門鑑〔もんかん〕문감. 문의 출입구.
門内〔もんない〕문내. ① 대문 안. ② 문중.
門徒〔もんと〕문도. 문하생. 제자.

門燈〔もんとう〕문등. 대문에 놓은 달아 등.
門楼〔もんろう〕문루. 문 위에 지은 다락집.
門留め〔もんどめ〕출입 금지.
門番〔もんばん〕문번. 문지기. 수위.
門閥〔もんばつ〕문벌. 가문(家門).
門扉〔もんぴ〕문비. 대문. 문짝.
門外〔もんがい〕문외. 문 밖. ～漢: 문외한. 그 전문 분야에 지식이 없는 사람.
門衛〔もんえい〕문지기.
門前〔もんぜん〕문전. 문 앞.
門弟〔もんてい〕문하생. 제자.
門柱〔もんちゅう〕문기둥.
門札〔もんさつ〕문패.
門標〔もんぴょう〕문표. 문패.
門歯〔もんし〕앞니. 문치.
門下生〔もんかせい〕문하생. 제자.
門限〔もんげん〕(밤에)문 닫을 시각.
門戸〔もんこ〕문호. ① 출입구. ②자기 파.

〖紋〗 풀: 무늬 문.
音: モン
訓:

紋〔もん〕① 무늬. ② 가문(家紋). 마ー크.
紋絽〔もんろ〕돋을 무늬로 짠 여름용 비단.
紋白蝶〔もんしろちょう〕배추흰나비.
紋柄〔もんがら〕무늬의 모양.
紋服〔もんぷく〕⇨ 紋付(き).
紋付(き)〔もんつき〕가문(家紋)을 넣은 일본 예복.
紋所〔もんどころ〕가문(家紋).
紋御召し〔もんおめし〕 가문(家紋)의 무늬를 솟을 무늬로 넣고 주름이 지게 짠 비단.
紋章〔もんしょう〕문장. 마ー크.
紋切り型〔もんきりがた〕판에 박힌 양식.
紋織り〔もんおり〕솟을 무늬로 짠 옷감.
紋帖〔もんちょう〕무늬의 견본을 모은 책.

〖蚊〗 풀: 모기 문.
音:
訓: か

蚊〔か〕모기. ～の涙: 새발의 피. 쥐꼬리만함.
蚊遣り〔かやり〕모깃불을 피움.
蚊遣り火〔かやりび〕모깃불.
蚊帳〔かや: かちょう〕모기장.
蚊柱〔かばしら〕떼를 지어 날고 있는 모기떼.
蚊取り線香〔かとりせんこう〕모기향.

〖問〗 풀: 물을 문.
音: モン
訓: ① とう ② とん

❶ 問う〔とう〕(他5) ① 묻다. 질문하다. ② 문초하다. 따지다. 캐묻다. 問わず: 불문하고.
問(い)〔とい〕질문. 물음. 문제.
問い掛ける〔といかける〕(他下1) 묻다. 질문하다. 물어보다.
問い返えす〔といかえす〕(他5) ① 되묻다. 다시 묻다. ② 반문하다.
問い声〔といごえ〕남에게 묻는 음성.
問い質す〔といただす〕(他5) 추궁하다. 따져 묻다. 캐묻다. 물어 밝히다.
問い合(わ)せ〔といあわせ〕조회. 문의.
問い合わ)せる〔といあわせる〕(他下1) 조회하다. 문의하다. 물어서 확인하다.
問丸〔といまる〕도매상(都売商).
問い詰める〔といつめる〕(他下1) 힐문하다. 추궁하다. 캐묻다.

訓読 2

問屋〔とんや〕도매상(都売商).

音 読

問答〔もんどう〕문답. 묻고 답함.
問注所〔もんちゅうじょ〕鎌倉幕府의 소송사무를 취급하던 관청(지금의 재판소에 해당함).
問題〔もんだい〕문제. ① 답을 받기 위한 질문. ② 해결을 요하는 일. ③ 일. 사정. ④ 말썽. 좋지않은 사건.
問責〔もんせき〕문책. 책임을 묻고 따짐.

〖聞〗 풀: 들을 문. 물을 문.
音: ① ブン ② モン
訓: ① きく ② きこえる ③ きこす.

❶ 聞く〔きく〕(他5) ① 듣다. ② 들어 주다. ③ 묻다. 질문하다. ③ (냄새나 맛을) 분간하다.
聞きかじる〔ききかじる〕(他5) 일부만 듣다. 설부르게 알다.
聞きただす〔ききただす〕(他5) 캐어 묻다. 물어 밝히다.
聞きともない〔ききともない〕① 듣고 싶지 않다. ② 소문이 좋지 않다.
聞(き)覚え〔ききおぼえ〕① (한 번) 들은 기억. ② 들은 풍월. 귀동냥. ③ 듣고 익힘.
聞(き)間違い〔ききまちがい〕잘못 들음.
聞(き)届ける〔ききとどける〕(他下1) 들어주다.
聞き継ぐ〔ききつぐ〕(他5) ① 계속해서 듣다. ② 전해 온 이야기를 듣다.
聞き古した〔ききふるした〕귀가 닳도록 들은.
聞き苦しい〔ききぐるしい〕(形) ① 듣기에 거북하다. ② 알아듣기 힘들다(어렵다).
聞き過(ご)す〔ききすごす〕(他5) 귀담아 듣지 않다. 듣고 흘려버리다.
聞き慣れた〔ききなれた〕귀에 익은.
聞き咎める〔ききとがめる〕(他下1) 귀에 거슬리다. 듣고 따지다.
聞き及ぶ〔ききおよぶ〕(他5) ① 전해 듣다. ② 익히 들어서 알다., 전부터 듣고 있다.
聞き納め〔ききおさめ〕마지막으로 듣는 일.
聞き落とす〔ききおとす〕(他5) 빠뜨리고 듣다.
聞き良い〔ききよい〕(形) ① 듣기 좋다. ② 듣기에 알맞다.
聞き漏らす〔ききもらす〕(他5) 빠뜨리고 듣다.

聞き流す〔ききながす〕(他5) 듣고도 흘려 버리다. 들은 체 만 체하다.
聞き忘れる〔ききわすれる〕(他下1) ① 들은 것을 잊다. ② 들어야 할 것을 잊다.
聞き物〔ききもの〕들을 만한 것. 들어 두면 좋은 것.
聞き返す〔ききかえす〕(他5) 되묻다. 반문하다.
聞き方〔ききかた〕① 듣는 방법(태도). 듣기. ② 듣는 편.
聞き付ける〔ききつける〕(他下1) ① 우연히 듣다. ② 노상 듣고 있다.
聞き分け〔ききわけ〕알아들음. 들어 분별함.
聞き分ける〔ききわける〕(他下1) ① 들어서 구별하다. ② 알아듣다. 분별하다. 납득하다.
聞き事〔ききごと〕(주의해서)들어 둘 만한 일.
聞き捨て〔ききずて〕들어 넘김. 들은 체만 체함. 듣고도 모른 체함.
聞き捨てる〔ききすてる〕(他下1) 들은 체만 체하다. 듣고도 못 들은 체하다.
聞(き)上手〔ききじょうず〕남의 이야기를 잘 들어 주는 사람.
聞(き)書(き)〔ききがき〕들은 바를 적음.
聞(き)所〔ききどころ〕들어 둘 만한 부분. 들어 두어야 할 곳.
聞(き)損い〔ききそこない〕헛들음. 잘못 들음.
聞(き)損う〔ききそこなう〕(他5) ① 잘못 듣다. ② 빠뜨리고 듣다.
聞(き)手〔ききて〕듣는 사람.
聞き辛い〔ききづらい〕(形) ① 알아듣기 힘들다. ② 듣기에 거북하다
聞き悪い〔ききにくい〕(形) ① 알아 듣기 힘들다. ② 질문하기에 곤란하다. ③ 차마 들을 수 없다. 듣기에 거북하다.
聞(き)様〔ききよう〕① 듣기. 듣는 방법(태도). ② 묻기. 묻는 태도(방법).
聞(き)役〔ききやく〕듣는 입장.
聞(き)誤り〔ききあやまり〕잘못 들음.
聞き外す〔ききはずす〕(他5) 빠뜨리고 듣다.
聞(き)違い〔ききちがい〕잘못 들음. 헛들음.
聞(き)応え〔ききごたえ〕들을 만함. 듣는 반응.
聞き入る〔ききいる〕(自5) 열심히 듣다.
聞き入れる〔ききいれる〕(他下1) ① 들어주다. ② 들어서 알다.
聞(き)耳〔ききみみ〕들으려고 애쓰는 귀. ～を立てる：귀를 기울이다.
聞き込む〔ききこむ〕(他5) 정보를 얻어듣다. 들어서 알다.
聞き込み〔ききこみ〕얻어들은 정보. 들은 바.
聞(き)伝え〔ききづたえ〕전해 들음.
聞き済ます〔ききすます〕(他5) 귀 기울여 듣다.
聞(き)酒〔ききざけ〕조금 맛보고 술의 좋고 나쁨을 가려냄. 시음(試飲). 시음술.
聞き直す〔ききなおす〕(他5) 되묻다. 다시 물어 보다.
聞き澄ます〔ききすます〕(他5) 귀를 기울여 듣다.
聞き出す〔ききだす〕① 듣기 시작하다. ② 캐어서 알아내다.
聞(き)取り〔ききとり〕① 듣기. 청취력(聴取力). hearing. ② 조사하기 위하여 사정을 들음.
聞き取る〔ききとる〕(他5) ① 듣고 이해하다. 알아듣다. ② 청취(聴取)하다.
聞き置く〔ききおく〕(他5) 들어만 두다.
開き蕩れる〔ききとれる〕(自下1) 도취되어 듣다.
聞(き)怖じ〔ききおじ〕～する：듣고 두려워하다.
聞き下手〔ききべた〕남의 말을 듣는 솜씨가 서투름.
聞き合(わ)せる〔ききあわせる〕(他下1) 조회하다.
聞き惚れる〔ききほれる〕(自下1) 넋을 잃고 듣다. 도취되어 듣다.

連濁音에 注意

立ち聞き〔たちぎき〕멈춰 서서 엿들음.
人聞き〔ひとぎき〕남이 들음. 소문. 평판.

訓　読

❷ **聞こえる**〔きこえる〕(自下1) ①들리다. ② 이해하다. 납득이 가다. ③ 이름나다.
聞(こ)え〔きこえ〕① 평판. 소문. ② 들림. 들리는 느낌. ③ 남이 들음.
聞(こ)えよがし〔きこえよがし〕들어 보라는 듯이 ～に言う：들어 보라는 듯이 말하다.
❸ **聞(こ)す**〔きこす〕(他5) ① '言う' 의 높임말. ② '聞く'의 높임말.
聞(こ)し召す〔きこしめす〕(他5) ① 酒を飲む(술마시다)의 뜻을 농으로 하는 말. 一杯聞こし召したと言うわけさ：한 잔 하셨다 그말이야. ② 聞く, 飲む, 食う, 行う, 治む의 아주 높임말.

音 読 1

見聞〔けんぶん〕견문. 보고 들음. 지식.
旧聞〔きゅうぶん〕구문. 오랜 이야기.
百聞〔ひゃくぶん〕백문. 많이 듣는 것.
新聞〔しんぶん〕신문. 사회의 새로운 사건을 빨리 알리는 정기 간행물.
伝聞〔でんぶん〕전문. 전하여 들음.
醜聞〔しゅうぶん〕추문. 좋지 못한 소문.
側聞〔そくぶん〕측문. 풍문에 들음. 얼핏 얻어 들음.
風聞〔ふうぶん〕풍문. 소문.

音 読 2

多聞天〔たもんてん〕(仏) 다문천. 四天王의 하나. 북방의 수호신.
相聞〔そうもん〕和歌 분류의 하나. 사랑을 읊은 것. 연가(恋歌).
前代未聞〔ぜんだいみもん〕전대 미문. 아직까지 들은 적이 없는 것.
聴聞会〔ちょうもんかい〕청문회. 공청회.

【물】

〖勿〗

풀：금할 물.
音：①モチ ②モッ
訓：なかれ

勿れ〔なかれ〕…말라. …말지어다. 見ること～：보지 말지어다.

音 読 1

勿論〔もちろん〕물론. 말할 것도 없이.

音 読 2

勿怪〔もっけ〕뜻하지 않음. 의외. ～この幸い：뜻밖의 행운. ～顔：의아스러운 얼굴.

勿体〔もったい〕～をつける：거드름 피우다. 재다. ～ない：① 과분하다. 황송하다. ② 죄스럽다. ③ 아깝다. ～らしい：어마어마 하다. 과장스럽다. ～振(ぶ)る：거드름 피우다. 점잔 빼다. 뽐내다.

〖物〗

풀：물건 물. 만물 물
音：① ブツ ② ブッ ③ モツ
訓：もの

物〔もの〕①것. 물건. 물질. ②어떤 사물. ③물체. ④인물. ⑤이야기. ⑥음식물.

物かは〔ものかは〕①아랑곳하지 않음. ②대수롭지 않음. ③…할소냐? …것이냐?

物さびた〔ものさびた〕고색(古色) 창연(蒼然)한. 고색이 그윽한.

物する〔ものする〕(他サ) (무엇인가를) 하다. (특히) 문장(글)을 쓰다. 本を～：책을 쓰다.

物覚え〔ものおぼえ〕기억. 기억력.

物干し〔ものほし〕빨래를 널어 말림.

物乞い〔ものごい〕①구걸. ②거지.

物見〔ものみ〕①구경. 관광. ②경비. 파수. ③망루(望楼). ～高い：호기심이 많음.

物の見事に〔もののみごとに〕멋들어지게. 훌륭하게

物堅い〔ものがたい〕(形) 의리가 있고 예의가 바르다. 견실하다.

物驚き〔ものおどろき〕～する：무엇에 놀라다.

物恐ろしい〔ものおそろしい〕(形) 어쩐지 무섭다. 어쩐지 두렵다.

物慣〔ものなれる〕(自下1) 익숙해지다.

物狂い〔ものぐるい〕미치광이.

物狂おしい〔ものぐるおしい〕(形) 미친 듯하다. 미칠 것만 같은 심정이다.

物狂わしい〔ものぐるわしい〕(形) 미친 듯하다. 미칠 듯하다.

物の怪〔もののけ〕(사람을 괴롭히는) 귀신.

物の具〔もののぐ〕일용품. 갑옷.

物忌(み)〔ものいみ〕(불길하다고 사물을) 꺼림.

物頭〔ものがしら〕우두머리. 두목.

物淋しい〔ものさびしい〕(形) 어쩐지 쓸쓸하다. 호젓하다.

物忘れ〔ものわすれ〕잊음. 건망.

物売り〔ものうり〕물건을 파는 일. 행상.

物物しい〔ものものしい〕(形) ①어마어마하다. ②위엄이 있다. ③삼엄하다.

物別れ〔ものわかれ〕(의견의) 결렬(決裂).

物病〔ものやみ〕병.

物の本〔もののほん〕(그 방면의) 책.

物分(か)り〔ものわかり〕이해. 이해력.

物悲しい〔ものがなしい〕(形) 서글프다. 어딘지 모르게 구슬프다.

物事〔ものごと〕일. 여러 가지 일.

物思い〔ものおもい〕근심. 수심. 깊은 생각.

物惜み〔ものおしみ〕아까워 남에게 주기를 꺼려함. 인색함.

物羨み〔ものうらやみ〕시기함. 부러워함.

物貰い〔ものもらい〕①거지. ②다래끼.

物笑い〔ものわらい〕비웃음. 웃음거리.

物騒がしい〔ものさわがしい〕(形) ①떠들썩하다. 소란스럽다. ②어수선하다. 뒤숭숭하다.

物の数〔もののかず〕셀 수 있는 정도의 것. 특히 셈에 넣을 가치.

物申す〔ものもうす〕(自5) ①말을 하다. ②주문을 하다. 항의하다. ③"여봐라"하고 말함.

物心〔ものごころ〕철. 물정. ～がつく：철이 들다.

物案じ〔ものあんじ〕근심함. 걱정함.

物哀れ〔ものあわれ〕어딘지 모르게 가엾음. 처량함. 서글픔.

物の哀れ〔もののあわれ〕①왠지 서글퍼짐. ②무상(無常の)해짐.

物語〔ものがたり〕①이야기. ②전설.

物語る〔ものがたる〕(他5) ①이야기하다. ②(비유적으로) 말해주다.

物言い〔ものいい〕①말씨. ②말다툼. 언행.

物影〔ものかげ〕(물건의) 형태나 모습.

物詣(で)〔ものもうで〕神社나 절에 참배함.

物要り〔ものいり〕비용이 많이 듦.

物腰〔ものごし〕①말씨. 언행. ②태도.

物欲しそう〔ものほしそう〕몹시 갖고 싶어함.

物憂い〔ものうい〕(形) 울적하다. 몸이 나른하고 마음이 내키지 않다.

物越し〔ものごし〕건너. 너머.

物柔らか〔ものやわらか〕(태도가) 온화함.

物音〔ものおと〕(무엇인가의) 소리.

物陰〔ものかげ〕가리어서 보이지 않는 곳.

物日〔ものび〕명절(名節). 축제일(祝祭日).

物寂しい〔ものさびしい〕(形) 어쩐지 쓸쓸하다. 호젓하다.

物静か〔ものしずか〕①고요함. ②침착함.

物足りない〔ものたりない〕어딘가 부족하다.

物種〔ものだね〕(사물의 근원이 되는) 제

일의 것.
物知り〔ものしり〕박식(博識)함. 박식한 사람.
物持ち〔ものもち〕①부자. ②재산가. ③물건을 소중히 오래 지님(씀).
物尽くし〔ものづくし〕같은 종류의 것을 다 열거하기.
物珍しい〔ものめずらしい〕(形) 신기하다. 진기하다.
物真似〔ものまね〕흉내.
物差し〔ものさし〕①자(尺). 척도. ②기준.
物凄い〔ものすごい〕①무섭다. 끔찍하다. ②굉장하다. 지독하다.
物凄まじい〔ものすさまじい〕(形) 무섭다. 굉장하다. ～光景 : 무서운 광경.
物取り〔ものとり〕노상 강도.
物置〔ものおき〕곳간. 광. 헛간.
物怖じ〔ものおじ〕겁을 냄. 겁을 먹음.
物学び〔ものまなび〕학문(学問).
物好き〔ものずき〕①호기심. ②유별난 것을 좋아하는 사람.

音 読 1

物量〔ぶつりょう〕물량. 물건의 분량.
物理〔ぶつり〕물리. 물체의 성질이나 상태.
物物交換〔ぶつぶつこうかん〕물물교환.
物欲〔ぶつよく〕물욕. 물질에 대한 욕망.
物議〔ぶつぎ〕물의. 항간의 의론.
物情〔ぶつじょう〕물정. 세상 인심. 세상 형편.
動物〔どうぶつ〕동물.

音 読 2

物価高〔ぶっかだか〕물가고.
物件〔ぶっけん〕물건. 물품.
物故者〔ぶっこしゃ〕죽은 사람.
物産〔ぶっさん〕물산. 산물(産物).
物象〔ぶっしょう〕물상. 물리, 화학의 총칭.
物色〔ぶっしょく〕물색. ①물건의 빛깔. ②쓸 만한 것을 찾아 고름.
物騒〔ぶっそう〕①뒤숭숭함. 어수선함. ②위험.
物心〔ぶっしん〕물심. 물질과 정신.
物資〔ぶっし〕물자. 물품. 자료.
物的〔ぶってき〕물적. 물질적.
物証〔ぶっしょう〕물증. 물적 증거.
物質〔ぶっしつ〕물질. 물체. 물건.
物体〔ぶったい〕물질이 모여서 된 것.
物品〔ぶっぴん〕물품. 물건.

音 読 3

物焼き〔もつやき〕조수(鳥獣)의 내장을 꼬챙이에 꿰어 구운 요리.
穀物〔こくもつ〕곡물. 곡식.
供物〔くもつ〕공물. 神仏에게 바치는 물건.
禁物〔きんもつ〕금물. 금지한 일.
書物〔しょもつ〕책. 서적.
食物〔しょくもつ〕음식물.
作物〔さくもつ〕작물. 농작물.
進物〔しんもつ〕진상하는 물건. 선물.
荷物〔にもつ〕화물. 짐.
貨物〔かもつ〕화물. 하물. 수송하는 짐.

【미】

〖未〗

풀 : 아닐 미.
音 : ミ
訓 : まだ

未だ〔まだ〕①아직. ②아직도. 여태까지. 여지껏. ③그 외에도. 더욱. 또.
未だき〔まだき〕일찍. 일찍부터.
未だしも〔まだしも〕그런 대로. 불충분하지만. 아직 그렇지도 않으나.
未だ未だ〔まだまだ〕아직. 아직도.

音 読

未決〔みけつ〕미결. 아직 결정되지 않은 것.
未納〔みのう〕미납. 아직 납부하지 않음.
未来〔みらい〕미래. 먼 훗날. 장래.
未練〔みれん〕미련. 단념하기 어려움.
未満〔みまん〕미만. 미달되는 것.
未亡人〔みぼうじん〕미망인. 과부.
未払い〔みはらい〕미불. 아직 지불하지 않음.
未遂〔みすい〕미수. 시작하여 끝내지 못함.
未然〔みぜん〕미연. 아직 그렇게 안 된 것. ～形 : 미연형(文法上 가정, 추측, 부정).
未完〔みかん〕미완. 아직 완성되지 않음.
未定〔みてい〕미정. 아직 정하지 않음.
未曾有〔みぞう〕미증유. 이제까지 없었던 일.
未知〔みち〕미지. 아직 모르는 것.
未婚〔みこん〕미혼. 아직 결혼하지 않은 것.

〖米〗

풀 : 쌀 미.
音 : ①ベイ ②マイ
訓 : こめ

米〔こめ〕쌀.
〔べい〕미국(美国). 아메리카.
米糠〔こめぬか〕쌀겨.
米代〔こめだい〕쌀값.
米搗き〔こめつき〕쌀을 찧음.
米粒〔こめつぶ〕쌀알.
米の飯〔こめのめし〕쌀밥.
米の粉〔こめのこ〕쌀가루.
米所〔こめどころ〕곡창(穀倉). 쌀의 산지.
米騒動〔こめそうどう〕쌀소동.
米食い虫〔こめくいむし〕①바구미. 쌀벌레. ②(俗) 인간. 사람.
米俵〔こめだわら〕쌀 가마니.

音 読 1

米〔べい〕미국. 아메리카.
米価〔べいか〕미가. 쌀 값.
米穀〔べいこく〕미곡. 쌀. 곡물.
米国人〔べいこくじん〕미국인. 미국 사람.
米軍〔べいぐん〕미군. 미국 군대.

米寿〔べいじゅ〕미수. 88세(를 축복하는 것)(米는 八十八과 비슷하여 생긴 말).
米塩〔べいえん〕미염. 쌀과 소금.
南米〔なんべい〕남미. 남(南) 아메리카.
北米〔ほくべい〕북미. 북(北) 아메리카.

音読 ②

白米〔はくまい〕백미. 하얀 쌀.
配給米〔はいきゅうまい〕배급미.
新米〔しんまい〕① 햅쌀. ② 풋나기.
秋田米〔あきたまい〕秋田 지방에서 나는 쌀.
玄米〔げんまい〕현미. 벼의 껍질만 벗긴 누런 쌀.

〔尾〕
풀：꼬리 미.
音：ビ
訓：お

尾〔お〕① 꼬리. ② 길게 뻗은 산 기슭.
尾鰭〔おひれ〕(물고기의)꼬리와 지느러미.
〔おびれ〕(물고기의)꼬리 지느러미.
尾根伝い〔おねづたい〕산등성이를 탐.
尾頭付(き)〔おかしらつき〕머리와 꼬리가 달려 있는 통채의 생선.
尾の上〔おのうえ〕산꼭대기. 정상.
尾羽〔おは〕새의 꽁지와 깃.
尾花〔おばな〕(植) 참억새(꽃).

音読

尾骨〔びこつ〕미골. 척추 아래의 끝 뼈.
尾燈(灯)〔びとう〕미등. 전차나 자동차 등의 뒤에 단 위험 표지의 등불.
尾籠〔びろう〕① 실례됨. ② 더러움. 지저분함.
尾翼〔びよく〕미익. 비행기의 동체 뒤에 달린 수평 날개.
尾行〔びこう〕미행. 몰래 뒤따름.

〔味〕
풀：맛 미.
音：ミ
訓：① あじわう ② あじ

❶ 味わう〔あじわう〕(他5) ① 맛보다. 음미하다. ② 체험하다. ③ 감상하다. 음미하다.
味わい〔あじわい〕① 맛. 맛의 깊이. ② 은근한 운치. 차차 알게되는 재미.
❷ 味〔あじ〕① 맛. ② (체험으로 얻는)맛. 체험. ③ 운치. 재미. 멋. ④ ～な：제법 신통한. ～な事をする：제법 신통한 짓을 하다.
味加減〔あじかげん〕맛. 간. ～を見る：맛을 보다. 간을 보다.
味見〔あじみ〕맛을 봄. 간을 봄.
味気無い〔あじきない〕(形) 맛이 없다. 싱겁다. 따분하다. 시시하다. 재미없다.
味付(け)〔あじつけ〕(양념하여)맛을 냄.

音読

味覚〔みかく〕미각. 혀로 맛본 감각.
味到〔みとう〕(내용을)잘 새겨 충분히 앎.
味読〔みどく〕미독. 내용을 잘 음미(吟味)하면서 읽음.
味得〔みとく〕잘 새겨 자기 것으로 함.
味方〔みかた〕자기편. 아군(我軍).
味噌〔みそ〕① 된장. ② 특색. ③ 체면. 실수. ～豆(まめ)：삶은 메주콩. ～汁(しる) 된장국. ～漬け(づけ)：생선이나 야채 등을 된장속에 넣어서 절인 것.

〔眉〕
풀：눈썹 미.
音：ビ
訓：まゆ

眉〔まゆ〕눈썹.
眉尻〔まゆじり〕눈썹 꼬리(끝).
眉根〔まゆね〕눈썹 뿌리.
眉毛〔まゆげ〕눈썹.
眉唾物〔まゆつばもの〕불확실하고 의심스러운 것. 君の話は～だ：자네 말은 수상하다.

音読

眉目〔びもく〕① 눈섭과 눈. ② 체면.면목.
眉雪〔びせつ〕미설. 눈 처럼 하얀 눈썹.
眉宇〔びう〕눈썹의 주위.
眉月〔びげつ〕초생달. 월초(月初).

〔迷〕
풀：미혹할 미.
音：メイ
訓：① まよう ② まよわす

❶ 迷う〔まよう〕(自5) ① 갈피를 못잡다. 망설이다. ② 방황하다. 헤매다. ③ 깨닫지 못하다. ④ (나쁜 길에)빠지다. 미혹되다.
迷い〔まよい〕① 갈피를 잡지 못하여 헤맴. 망상(忘想). ② 도를 깨닫지 못함.
❷ 迷わす〔まよわす〕(他5) 미혹시키다. 헷갈리게 하다. 현혹시키다.

例外

迷子〔まいご〕미아. 길 잃은 아이.

音読

迷宮〔めいきゅう〕미궁. ① 나올 길을 찾을 수 없는 궁전. ② 해결할 수 없는 사건.
迷路〔めいろ〕미로. 한 번 들어가면 잘 나오지 못하는 길.
迷論〔めいろん〕미론. 무엇인지 알 수 없는 의론.
迷夢〔めいむ〕미몽. 흐릿한 생각.
迷想〔めいそう〕미상. 헷갈린 생각.
迷信〔めいしん〕미신. 망녕된 신앙.
迷彩〔めいさい〕미채. 적의 눈을 속이기 위해 위장(偽装)하는 것.
迷惑〔めいわく〕미혹. ① 정신이 헷갈려서 갈팡질팡 헤맴. ② 괴로움. 귀찮음. 폐. ～をかける：괴로움(폐)를 끼치다.

〔美〕
풀：아름다울 미.
音：ビ
訓：うつくしい

美しい〔うつくしい〕(形) 아름답다. 곱다. ～花：아름다운 꽃. 心の～人：마음씨가 고운 사람.

例外

美濃紙〔みのがみ〕미농지. 반지(半紙)보다 크고 두꺼운 종이.
美味しい〔おいしい〕(形) 맛있다. 맛좋다.

音 読

美観〔びかん〕미관. 아름다운 경치.
美男〔びなん〕미남. 잘생긴 남자.
美男子〔びだんし〕미남자. 미남.
美女〔びじょ〕미녀. 예쁜 여자.
美談〔びだん〕미담. 들어서 흐뭇한 이야기.
美徳〔びとく〕미덕. 아름다운 덕(행동).
美麗〔びれい〕미려. 아름답고 고움. 〜に見える：미려하게 보이다. 아름답게 보이다.
美名〔びめい〕미명. 좋은(그럴듯한)명목.
美貌〔びぼう〕미모. 아름다운 용모.
美美しい〔びびしい〕(形) 화려하며 아름답다.
美辞麗句〔びじれいく〕미사 여구. 아름다운 말과 훌륭한 글귀.
美色〔びしょく〕미색. 아름다운 용모.
美術〔びじゅつ〕미술. 미를 표현하는 예술.
美食〔びしょく〕미식. 맛 있고 사치스런 음식을 먹는 일.
美顔〔びがん〕미안. 아름다운 얼굴.
美容〔びよう〕미용. 용모를 아름답게 다듬는 일. 〜院(いん)：미용원. 미장원.
美人〔びじん〕미인. 용모가 아름다운 여자.
美風良俗〔びふうりょうぞく〕미풍 양속. 아름다운 풍습과 좋은 풍속.
美化〔びか〕미화. 아름답게 꾸미는 일.
美花〔びか〕미화. 아름다운 꽃.

〔媚〕 풀：아첨할 미. 사랑할 미.
音：ビ
訓：こびる

媚びる〔こびる〕(自上1) ① (여자가)아양떨다. 교태부리다. ② 알랑거리다.
媚〔こび〕아첨. 아양. 교태. 〜を売る：아양 떨다. 아첨하다.

音 読

媚付〔びふ〕미부. 알랑거리며 복종함. 아첨하며 따름.
媚態〔びたい〕미태. 알랑거리는 모습.

〔微〕 풀：작을 미.
音：ビ
訓：かすか

微か〔かすか〕(形動) 희미함. 미미함. 미약함. 초라함. 살짝. 〜に見える：희미하게 보이다. 〜な音：희미한 소리.

音 読

微〔び〕세밀：〜入り細をうがつ：세밀한 곳까지 미치다.
微光〔びこう〕미광. 희미한 빛.
微動〔びどう〕미동. 조금 움직임.　욱
微量〔びりょう〕미량. 아주 적은 양(量).
微粒子〔びりゅうし〕미립자. 아주 작은 알맹이.
微妙〔びみょう〕미묘. ① 심오하고 뛰어남. ② 간단하게 표현하기 곤란한 상태.
微微たる〔びびたる〕미미한.
微分〔びぶん〕미분.
微粉〔びふん〕미분. 자잘한 가루.
微生物〔びせいぶつ〕미생물. 현미경으로만 볼 수 있는 것들. (例：세균, 단세포).
微細〔びさい〕미세. 가늘고 작음.
微小〔びしょう〕미소. 아주 작음.
微少〔びしょう〕미소. 양이 적음.
微笑〔びしょう〕미소. 웃음 지음.
微弱〔びじゃく〕미약. 가냘프고 약함.
微温的〔びおんてき〕미온적. 미지근함. 철저하지 못함.
微賤〔びせん〕미천. 신분이 천함.
微風〔びふう〕미풍. 산들바람.
微行〔びこう〕미행. 지위가 높은 사람이 변장하여 남 모르게 다님.

例 外

微睡む〔まどろむ〕(自五) 잠깐(기분좋게) 졸다.
微塵〔みじん〕미진. ① 작은 먼지. ② 자디 잔 것. 〜に切る：잘게 썰다.

【민】

〔民〕 풀：백성 민.
音：ミン
訓：たみ

民〔たみ〕국민. 백성.
民草〔たみぐさ〕백성. 〜の声を聞く；백성의 소리를 듣다.

音 読

民家〔みんか〕민가. 일반 국민의 집.
民間〔みんかん〕민간. 일반 국민의 사회.
民権〔みんけん〕민권. 국민의 권리.
民団〔みんだん〕민단. 남의 나라에 거주하면서 자기 나라 사람들이 조직한 단체.
民法〔みんぽう〕민법. 국민 개인의 통칙을 규정한 법률.
民事〔みんじ〕민사. 사람과 사람 사이의 소송.
民俗〔みんぞく〕민속. 민간 풍속.
民需品〔みんじゅひん〕민수품. 민간의 수요.
民心〔みんしん〕민심. 백성들의 마음.
民営〔みんえい〕민영. 민간인이 경영하는 일.
民芸品〔みんげいひん〕민예품.
民謡〔みんよう〕민요. 향토색이 짙은 가요.
民意〔みんい〕민의. 국민의 의사.
民政〔みんせい〕민정. 국민 위주의 정치.
民情〔みんじょう〕민정. 국민의 사정.
民族〔みんぞく〕민족. 한 나라 안의 백성.
民主〔みんしゅ〕민주. 주권이 인민에게 있는 것.
民衆〔みんしゅう〕민중. 많은 인민. 대중.

〔敏〕 풀：민첩할 민.
音：ビン
訓：

敏感〔びんかん〕민감. 느낌이 예민함.
敏速〔びんそく〕민속. 재빠름.
敏腕〔びんわん〕민완. 일을 잘 처리하는 솜씨
敏活〔びんかつ〕민활. 동작이(재능) 재빠름.

【밀】

〘密〙 풀：빽빽할 밀.
音：①ミツ ②ミッ
訓：①ひそか ②ひそやか

❶密か〔ひそか〕(形動) 남모르게 살며시 함. 살그머니 함. 은근히 함. 몰래 함.
❷密やか〔ひそやか〕(形動) ①남 몰래함. ②조용히 함.

音読1

密〔みつ〕(形動) ①비밀. ②빈틈이 없음. ③고루 미침.
密談〔みつだん〕밀담. 비밀 이야기.
密度〔みつど〕밀도. 꽉 차 있는 상태.
密猟〔みつりょう〕밀렵. 금지된 구역 안에서 몰래 사냥하는 일.
密林〔みつりん〕밀림. 빽빽하게 들어선 숲.
密売〔みつばい〕밀매. 몰래 팖.
密密〔みつみつ〕①몰래. 살짝. ②초록이 무성함. ③자디잔 모양.
密輸〔みつゆ〕밀수. 세관을 거치지 않고 몰래하는 밀수출입.
密漁〔みつりょう〕밀어. 금지된 구역 안에서 물고기를 잡는 일.
密議〔みつぎ〕밀의. 비밀 회의.
密入国〔みつにゅうこく〕밀입국. 법을 어겨 남의 나라, 또는 자기 나라에 몰래 숨어서 들어감.
密造〔みつぞう〕밀조. 몰래 만듦. ～酒(しゅ)：밀주.
密出国〔みつしゅっこく〕밀출국. 몰래 자기 나라를 빠져 나가는 일.

音読2

密告〔みっこく〕밀고. 몰래 고발함(이름).
密封〔みっぷう〕밀봉. 엄중하게 봉함.
密使〔みっし〕밀사. 몰래 보내는 사자(使者).
密殺〔みっさつ〕밀살. 밀도살(密屠殺).
密生〔みっせい〕밀생. 빈틈 없이 남.
密書〔みっしょ〕밀서. 비밀 편지.
密送〔みっそう〕밀송. 몰래 보냄.
密室〔みっしつ〕밀실. 비밀의 방. 출입을 허용하지 않는 방.
密葬〔みっそう〕밀장. 남 몰래 장사 지냄.
密接〔みっせつ〕밀접. 관계가 깊음.
密偵〔みってい〕밀정. 스파이.
密集〔みっしゅう〕밀집. 빽빽이 들어 섬.
密着〔みっちゃく〕밀착. 달라 붙음.
密通〔みっつう〕밀통. 남녀가 몰래 정을 통함.
密閉〔みっぺい〕밀폐. 문을 꼭 닫음.
密航〔みっこう〕밀항. 배나 비행기에 몰래 숨어서 항해함. 규칙을 어기고 항해함.

〘蜜〙 풀：꿀 밀.
音：ミツ
訓：みつ

蜜〔みつ〕벌꿀. 꿀물.
蜜豆〔みつまめ〕삶은 완두콩에 골패짝같이 썬 무우를 넣고 꿀을 친 음식.
蜜蠟〔みつろう〕밀랍. 꿀벌의 집을 만드는 주 성분. 밀. 황랍.
蜜蜂〔みつばち〕밀봉. 꿀벌.
蜜腺〔みっせん〕밀선. 꿀샘.
蜜語〔みつご〕밀어. 달콤하게 속삭이는 말.
蜜月〔みつげつ〕밀월. 결혼한 후의 달콤한 꿈 같은 한 두 달 동안.

【박】

〘朴〙 풀：순박할 박.
音：ボク
訓：

朴念仁〔ぼくねんじん〕①벽창호. 아무리 타일러도 알아 듣지 못하는 사람. 억지소리를 하는 사람. ②말이 적고 무뚝뚝한 사람.
朴訥〔ぼくとつ〕목눌. 순직하고 말이 적음. 순직하고 말 재주가 없음.
朴直〔ぼくちょく〕박직. 순박하고 정직함.

〘拍〙 풀：손뼉칠 박
音：①ハク ②ヒョウ
訓：

音読1

拍〔はく〕박자를 맞추는 횟수. 二～：2박자.
拍手〔はくしゅ〕박수. 손뼉을 침.
拍車〔はくしゃ〕박차. 말에 타는 사람의 구두 뒤축에 대는 쇠로 만든 도구. ～をかける：박차를 가하다. 속력을 내다.

音読2

拍子〔ひょうし〕박자. ①음악의 리듬. ②장단. ③때. 때마침. 순간.
拍子木〔ひょうしぎ〕딱따기.
拍子抜〔ひょうしぬけ〕맥 빠짐. 김 빠짐.

〘迫〙 풀：핍박할 박.
音：①ハク ②ハッ ③パク
訓：せまる

迫る〔せまる〕(他5) 강요하다. 핍박하다. (自5) ①다가오다. 다가가다. ②닥쳐오다. ③(거리가) 좁혀지다. ④육박하다. ⑤쪼들리다. 부대끼다. ⑥막히다. 답답해지다. ⑦촉박해지다.

音読1

迫撃砲〔はくげきほう〕박격포. 포신이 짧고 가벼운 대포의 한 가지.
迫力〔はくりょく〕박력.
迫真〔はくしん〕박진. 표현 등이 진실감을 느끼게 함. 진짜와 꼭같아 보임.
迫害〔はくがい〕박해. 핍박하여 해롭게 함.

音読2

迫劫〔はっきょう〕박겁. 덤벼 들어 위협함.
迫急〔はっきゅう〕박급. 급박. 바짝 다가와 매우 급함.

音読 3

緊迫〔きんぱく〕긴박. 아주 급박함.
圧迫〔あっぱく〕압박. 내려 누름.
切迫〔せっぱく〕절박. 시기나 기한이 아주 가까이 닥쳐서 여유가 없어짐.

〔泊〕 풀：배댈 박. 머무를 박.
音：①ハク ②パク
訓：①とめる ②とまる

❶ 泊める〔とめる〕(他下1) ①(배를)정박시키다. ②숙박시키다. 묵게하다.재우다.
❷ 泊(ま)る〔とまる〕(自5) ①(배가) 정박하다. 머무르다. ②묵다. 숙박하다. ③숙직하다.
泊(ま)り〔とまり〕①정박지. 부두. 항구. ②묵음. 숙박. ③숙직. ④숙소.
泊(ま)り掛け〔とまりがけ〕묵을 예정으로 떠남.
泊(ま)り明け〔とまりあけ〕숙직 다음날.
泊(ま)り番〔とまりばん〕숙직. 숙직 차례.
泊(ま)り込む〔とまりこむ〕(自5)(그대로) 머무르다. (그대로)묵다.

音読 1

泊地〔はくち〕배가 안전하게 머무를 수 있는 곳.
宿泊〔しゅくはく〕숙박. 유숙함.
外泊〔がいはく〕외박. 자기 집 이외의 장소에서 잠을 잠.

音読 ②

淡泊〔たんぱく〕담백. 담담함. 미련이 없음.
民泊〔みんぱく〕민박. 영업집이 아닌 일반 민가에서 묵음.

〔剝〕 풀：벗길 박. 깎을 박.
音：ハク
訓：①はぐ ②はがす ③むく

❶ 剝ぐ〔はぐ〕(他5) ①벗기다. ②박탈하다.
剝(ぎ)取り〔はぎとり〕전차나 기차가 만원이 되어 못 들어가고 매달린 승객을 끌어 내림. 또는 그 직분의 사람.
❷ 剝がす〔はがす〕(他5) 벗기다. 떼다.
剝がし暦〔はがしごよみ〕(매일 한 장씩 떼는) 일력.
❸ 剝く〔むく〕(他5) (껍질을)벗기다. 까다.
剝き身〔むきみ〕조개 껍질을 벗긴 속살.
剝き出し〔むきだし〕①드러냄. 노출함. ②드러남. 노골적임. 공공연함.
剝き出す〔むきだす〕(他5) 노출시키다. 드러내다.

音 読

剝落〔はくらく〕박락. 벗겨져서 떨어짐.
剝製〔はくせい〕박제. 동물의 가죽은 두고 속을 발라 낸 뒤에 속을 메우고 살아 있는 것처럼 만든 표본.
剝脱〔はくだつ〕박탈. 벗겨져 떨어짐.
剝奪〔はくだつ〕박탈. 강제로 빼앗음.

〔舶〕 풀：큰 배 박.
音：①ハク ②パク
訓：

音読 1

舶来〔はくらい〕외국에서 배에 싣고 오는 물건. 외국 제품. 외래품. ～品(ひん).
舶用〔はくよう〕선박용.
舶載〔はくさい〕박재. ①배에 실어 운반함. ②외국으로 부터 배로 실어 옴.

音読 2

船舶〔せんぱく〕선박. 배.

〔博〕 풀：넓을 박
音：①ハク ②バク ③パク
訓：

音読 1

博する〔はくする〕(他サ) ①떨치다. 얻다. 名声を～：명성을 떨치다. ②독차지하다.
博覧会〔はくらんかい〕박람회. 여러 가지 물건을 전시하여 일정한 기간 사람들에게 보이는 행사.
博聞強記〔はくぶんきょうき〕박문 강기. 널리 견문하고 이를 잘 기억함.
博物館〔はくぶつかん〕박물관. 여러 가지 자료, 생산품, 예술품을 널리 모아 진열하여 일반인에게 보여 주는 곳.
博士〔はくし：はかせ〕박사. 학문이나 학식이 많아 전문적인 학술 논문 심사에 합격한 자에게 주는 학위. 또는 그 학위를 받는 사람.
博識〔はくしき〕박식. 널리 많이 앎.
博愛〔はくあい〕박애. 모든 인류를 평등하게 사랑함.
博引〔はくいん〕박인. 널리 인용함.
博学〔はくがく〕박학. 학식이 넓고 많음.

音読 2

博徒〔ばくと〕도박꾼. 직업적 노름꾼.
博労〔ばくろう〕말이나 소의 매매나 중개를 하는 사람. 馬商人.
博打〔ばくち〕도박. 노름. 큰 모험.
博打打ち〔ばくちうち〕도박꾼. 노름꾼.
賭博〔とばく〕도박. 노름. 모험.

音読 3

万博〔まんぱく〕만박. 万国博覧会의 준말.
文博〔ぶんぱく〕문박. 文学博士의 준말.

〔箔〕 풀：발 박.
音：①ハク ②パク
訓：

音読 1

箔〔はく〕①종이처럼 편 금속. ②좋은 가치나 값.
箔押し〔はくおし〕①칠기에 금, 은박으로 그림을 박음. ②책 표지에 금,은박을 찍음.

音読 2

金箔〔きんぱく〕금박. ①금을 종이처럼 얇

ㅂ

게 만든것. ② 보증. 값어치.
銀箔〔ぎんぱく〕은박. 은을 종이처럼 얇게 만든 것.

〔**駁**〕 풀：논박할 박.
音：**バク**
訓：

駁する〔ばくする〕(他サ) 반박하다. 반대하다.
駁撃〔ばくげき〕박격. 남의 말을 비난함.
駁論〔ばくろん〕박론. 반론(反論).
反駁〔はんばく〕반박. 반대해서 비난함.

〔**撲**〕 풀：두드릴 박.
音：**ボク**
訓：**なぐる**

撲る〔なぐる〕(他5) 세게 때리다(치다).
撲り付ける〔なぐりつける〕(他下1) 후려갈기다.
撲り飛ばす〔なぐりとばす〕(他5) 힘껏 후려 치다.

音 読

撲滅〔ぼくめつ〕박멸. 없애 버림.
撲殺〔ぼくさつ〕박살. 때려 죽임.

例 外

相撲〔すもう〕씨름. ～取り：씨름꾼.

〔**縛**〕 풀：묶을 박.
音：**バク**
訓：① **しばる** ② **いましめる**

❶ **縛る**〔しばる〕(他5) ① 묶다. 얽어 매다. ② 구속하다. 속박하다. ③ 결박하다. 붙들어 매다. ④ 매다. 동이다. ⑤ 체포하다.
縛り付ける〔しばりつける〕(他下1) 붙들어 매다. 동여매다.
縛り上げる〔しばりあげる〕(他下1) 꼭꼭 묶다.
縛り首〔しばりくび〕옛날, 죄인의 두 손을 뒷짐 결박하고, 목을 벤 형벌.
❷ **縛める**〔いましめる〕(他下1) 포박하다. 묶다. 결박하다.
縛め〔いましめ〕포박. 결박. 포승.

音 読

縛〔ばく〕새끼줄. 포승. ～につく：묶이다.
縛する〔ばくする〕(他サ) 묶다. 포박(결박)하다.
束縛〔そくばく〕속박. 자유를 빼앗음.

〔**薄**〕 풀：엷을 박
音：① **ハク** ② **ハッ** ③ **パク**
訓：① **うすい** ② **うすめる** ③ **うすまる** ④ **うすら** ⑤ **うすらぐ** ⑥ **うすれる**

❶ **薄い**〔うすい〕(形) ① 얇다. ② 담백하다. 싱겁다. 산뜻하다. ③ 연하다. ④ 적다. 박하다.
❷ **薄める**〔うすめる〕(他下1) (물 등을 타서)묽게 하다. 水で～물을 타서 묽게 하다.
❸ **薄まる**〔うすまる〕(自5) 묽게 되다. 엷어지다.
❹ **薄ら**〔うすら〕엷은. 얇은. 희미한. 좀. 어쩐지. ～氷(ひ)：살얼음. ～明り：희미한 빛(등불). ～寒い：좀(으스스)춥다. ～日：(흐린날) 희미하게 보이는 태양.
❺ **薄らぐ**〔うすらぐ〕(自5) 조금씩 줄어지다. 덜해지다. 痛みが～：아픔이 덜해지다.
❻ **薄れる**〔うすれる〕(自下1) (농도가) 묽어지다. 엷어지다. (정도가)약해지다. 점차로 줄다. 霧が～：안개가 걷히다.
薄っぺら〔うすっぺら〕① 얄팍함. ② 경박함.
薄絹〔うすぎぬ〕얇은 명주.
薄口〔うすくち〕① (맛이)담백함. ② (빛깔이)묽은 것. ③ (술잔을)얇게 만든 것.
薄気味悪い〔うすぎみわるい〕(形) 어쩐지 으스스하다.(무시무시하다. 겁이 나다). 어쩐지 기분이 나쁘다.
薄端〔うすばた〕꽃꽂이의 금속제 화반의 하나.
薄曇り〔うすぐもり〕약간 흐림.
薄馬鹿〔うすばか〕지능이 낮아 둔한 사람.
薄明り〔うすあかり〕① 희미한 빛. ② (해뜨기 (해지기)전후의 하늘이 희미하게 밝은 상태.
薄模様〔うすもよう〕① (거래에서의) 품귀(品貴)상태. ② 연보라빛으로 물들인 무늬.
薄墨〔うすずみ〕연한 먹물. 거무스레한 빛깔.
薄物〔うすもの〕얇게 짠 옷감. 얇은 옷.
薄味〔うすあじ〕엷은 맛.
薄薄〔うすうす〕(副) 어렴풋이. 희미하게.
薄白い〔うすじろい〕(形) 약간(좀) 희다.
薄氷〔うすごおり〕살얼음.
薄雪〔うすゆき〕조금 온 눈.
薄笑い〔うすわらい〕(남을 비웃는 듯한)엷은 웃음.
薄焼き〔うすやき〕살짝 구워 낸 식품.
薄手〔うすで〕① 가벼운 상처. 경상(軽傷) ② 얄팍함. 얇음. ③ 조잡함.
薄暗い〔うすぐらい〕(形) 어둑어둑하다.
薄野呂〔うすのろ〕지능이 낮고 둔한 사람.
薄様〔うすよう〕① 엷게 뜬 고급 안피지(雁皮紙). ② 위에서 아래쪽으로 내려올수록 점점 연하게 물들이는 염색 방법.
薄縁〔うすべり〕가장자리에 헝겊을 댄 돗자리.
薄塩〔うすじお〕① 짠 맛을 적게 함. ② 소금을 조금 침.
薄汚い〔うすぎたない〕(形) 약간 더럽다. 누추하다.
薄汚れる〔うすよごれる〕(自下1) 좀 더러워지다. 꾀죄죄하다.
薄雲〔うすぐも〕엷게 낀 구름.
薄肉〔うすにく〕① 엷은 살색. ② 얇게 썬 고기. ③ 얇게 드러내어 새긴 조각.
薄刃〔うすば〕칼날이 얇음(얇은 식칼).
薄切れる〔うすぎれる〕(自下1) 닳아 얇아져서 해어지다.
薄地〔うすじ〕바탕이 얇은 금속이나 옷감.
薄紙〔うすがみ〕얇은 종이.
薄茶〔うすちゃ〕① 묽은 차. ② 연한 갈색.

薄着〔うすぎ〕(추울 때에) 옷을 얇게 입음.
薄板〔うすいた〕① 얇은 판자. ② 얇은 옷감. ③ 나무를 종이처럼 얇고 넓게 켠 것.
薄皮〔うすかわ〕① 얇은 막(膜). ② 속껍질.
薄紅〔うすべに〕연분홍.
薄化粧〔うすげしょう〕엷은 화장.
薄黒い〔うすぐろい〕(形) 거무스름하다.

音 読 ②

薄利多売〔はくりたばい〕박리 다매. 이익을 적게 하여 많이 파는 것.
薄命〔はくめい〕박명. ① 짧은 목숨. ② 불행.
薄弱〔はくじゃく〕박약. 연약함. 흐릿함.
薄情〔はくじょう〕박정. 의리나 인정이 없음. 냉정함.

音 読 2

薄給〔はっきゅう〕박급. 적은 급료(월급).
薄荷〔はっか〕박하.
薄幸〔はっこう〕박행. 불행함.

音 読 3

浅薄〔せんぱく〕천박. 경솔함. ～な考え; 경솔한 생각. 얕은 생각.

【반】

〔反〕 풀 : 돌이킬 반.
音 : ① タン ② ハン ③ ホン
訓 : ① そらす ② そる ③ かえって

❶ 反らす〔そらす〕(他5) ① 뒤로 젖히다. ② (반대 방향으로) 휘게 하다.
❷ 反る〔そる〕(自5) ① 몸을 뒤로 젖히다. ② (반대 방향으로) 휘다. 젖혀지다.
反り〔そり〕① 젖혀짐. 휘어짐. ② 칼이 활 모양으로 휘어 있음.
反り橋〔そりはし〕한복판이 아치형으로 된 다리. 홍예다리.
反り返る〔そりかえる〕(自5) ① 몸을 뒤로 젖히다. 거만하게 굴다. ② 휘이다. 젖혀지다.
❸ 反って〔かえって〕(副) 도리어. 반대로. 오히려.

音 読 ①

反〔たん〕① 거리의 단위. 약10.9m. ② 면적의 단위. 약 9.92m². ③ 피륙을 세는 단위. 필. 길이는 약10m, 폭은 약34cm. (1反은 어른의 옷을 한 벌 만들 수 있음).
反当(たり)〔たんあたり〕단당(段当).
反物〔たんもの〕피륙. 옷감. ～屋; 포목점.
反歩〔たんぶ〕(숫자에 접속하여) 단보(段歩).

音 読 2

反する〔はんする〕(自サ) ① 반대하다. 배반하다. 거스르다. ② 어긋나다. 위배되다. 위반되다. ③ 어그러지다. 반하다.
反感〔はんかん〕반감. 반항하는 감정.
反撃〔はんげき〕반격. 공격해 오는 적을반대로 이쪽에서 공격함.
反骨〔はんこつ〕반골. 반대하려는 마음.
反共〔はんきょう〕반공. 공산주의를 반대함.
反軍〔はんぐん〕반군. 군부(軍部)에 반대함.
反旗〔はんき〕반기. 반란인이 세우는 깃발.
反対〔はんたい〕반대. ① 맞서서 서로 다툼. ② 거역함. 대항.
反徒〔はんと〕반도. 반역자.
反動〔はんどう〕반동. 반대로 일어나는 동작.
反騰〔はんとう〕반등. 한 번 떨어진 시세가 다시 오름.
反乱〔はんらん〕반란. 배반하여 내란을 일으킴.
反論〔はんろん〕반론. 반대 의론.
反面〔はんめん〕반면. ① 반대 방면. ②··하는 한편.
反目〔はんもく〕반목. 대립(対立).
反問〔はんもん〕반문. 되물음.
反駁〔はんばく〕반박. 반대하여 비난함.
反発〔はんぱつ〕반발. ① 되받아 퉁겨짐. ② 반항.
反復〔はんぷく〕반복. 자꾸 되풀이함.
反比例〔はんぴれい〕반비례.
反射〔はんしゃ〕반사. 빛이 물체에 부딪혀 되돌아 옴. 되쏨.
反省〔はんせい〕반성. 자기의 행동을 되돌아봄.
反語〔はんご〕반어. ① 앞의 말의 뜻을 뒤집어 쓰는 말. ② 반대의 뜻으로 쓰는 말 ("그것 잘 됐다"를 나쁜 뜻으로 씀)
反逆〔はんぎゃく〕반역. 배반함. 거역함.
反映〔はんえい〕반영. ① 비쳐서 나타남. ② 반사해서 비침.
反応〔はんのう〕반응. 자극의 결과로 일어나는 현상, 변화.
反作用〔はんさよう〕반작용. 반동(反動).
反転〔はんてん〕반전. 뒤집힘.
反戦〔はんせん〕반전. 전쟁을 반대함.
反証〔はんしょう〕반증. 반대 증명.
反則〔はんそく〕반칙. 규칙에 위반함.
反抗〔はんこう〕반항. 대항(対抗).
反響〔はんきょう〕반향. ① 메아리. ② 영향.

音 読 3

謀反〔むほん〕모반. 정부를 배반하여 난을 일으킴. 반역(反逆).

例 外

反古〔ほご：ほぐ〕① 휴지. ② 쓸모 없는 물건.

〔半〕 풀 : 반 반. 절반 반.
音 : ハン
訓 : なかば

半ば〔なかば〕① 반. 절반. ② 복판. 중앙 중간. ③ 중도. ④ 중순. ⑤ 한창일 때.

ㅂ

音読 1

半可通〔はんかつう〕잘 알지도 못하면서 아는 채 함.
半減〔はんげん〕반감. 절반으로 줄어듦.
半径〔はんけい〕반경. 반지름.
半官半民〔はんかんはんみん〕반관 반민.
半金〔はんきん〕반금. 반값. 반액.
半年〔はんとし：はんねん〕반 년. 1년의 반
半端〔はんぱ〕①우수리. ②반편이. 팔푼이. ③어느쪽인지 알 수 없음. 어중간.
半島〔はんとう〕반도. 삼면이 바다에 둘러싸인 육지.
半道〔はんみち〕①10리의 절반. 5리. ②갈 길의 절반.
半途〔はんと〕①길의 도중. ②사업의 중도.
半面〔はんめん〕반면. 얼굴의 반쪽. 한쪽 면
半半〔はんはん〕반반. 절반식.
半白〔はんぱく〕반백. 흰머리털이 섞인 머리.
半分〔はんぶん〕반분. 반. 절반. 반조각.
半死半生〔はんしはんしょう〕반사 반생. 곧 죽을 것 같은 상태.

日

半殺し〔はんごろし〕반죽음. 거의 죽이다시피 함.
半生〔はんせい〕반생. 반평생. 일생의 절반.
半袖〔はんそで〕반소매.
半数〔はんすう〕반수. 전체 수의 반.
半熟〔はんじゅく〕반숙. 반쯤 익음(삶음).
半身〔はんみ〕반신. ①(씨름에서) 상대방에 대하여 몸을 비스듬히 잡음. ②물고기를 반으로 자른 그 한 토막.
半身不随〔はんしんふずい〕반신 불수. 몸의 한쪽이 기능을 상실하여 움직이지 않음.
半信半疑〔はんしんはんぎ〕반신 반의. 반쯤은 믿고 반쯤은 의심함.
半額〔はんがく〕반액. 절반의 금액.
半月〔はんつき〕한 달의 반.
〔はんげつ〕반월. 반달.
半煮え〔はんにえ〕반쯤 익힌 것.
半切〔はんせつ〕반절. 반으로 자름.
半切り〔はんぎり〕반절. 반으로 자름.
半鐘〔はんしょう〕반종. 화재 등을 알리기 위한 조그마한 종.
半紙〔はんし〕얇은 습자지(習字紙).
半天〔はんてん〕반천. ①하늘의 반. ②하늘 복판. 중천(中天).
半畳〔はんじょう〕①다다미의 반 장. ②(옛날 극장에서 관람자가) 깔고 앉던 방석. 깔개.
半値〔はんね〕반값. 반액.
半濁音〔はんだくおん〕반탁음. ハ行의 음.
半幅〔はんはば〕반폭. 폭의 절반.

音読 2

一半〔いっぱん〕일반. 절반. 일부분.
折半〔せっぱん〕절반, 반분.

例外

夜半〔よわ〕밤중.

〖伴〗 풀：짝 반.
音：①ハン ②バン
訓：ともなう.

伴う〔ともなう〕(自他5) ①동반하다. 데리고 가다. 함께 가다. 따라가다. ②어울리다. 맞다. ③수반하다. 따르다.

音読 1

伴侶〔はんりょ〕반려. 길동무. 동반자. 벗.
同伴〔どうはん〕동반. 데리고 같이 다님.
随伴〔ずいはん〕수반. 부수(附随).

音読 2

伴食〔ばんしょく〕반식. ①손님을 모시고 같이 먹음. ②어떤 직책에 있을 뿐 실권이 없음. ～大臣; 실권이 없는 대신
伴奏〔ばんそう〕반주. 성악이나 기악의 주주부(主奏部)를 좇아 다른 악기로 이를 돕는 주악(奏楽).
伴走〔ばんそう〕반주. 마라톤 경주에서 선수와 함께 달리는 것.
相伴〔しょうばん〕상반. ①손님의 상대가 되어 함께 대접을 받음. 따라 다님. 어울려 다님.

例外

接伴〔せっぱん〕손님을 접대함. 또는 그 사람.

〖返〗 풀：돌이킬 반.
音：ヘン
音：①かえす. ②かえる.

❶ **返す**〔かえす〕(他5) ①되돌리다. 되돌아오(가)다. ②돌려 주다. 돌려보내다. ③갚다. ④토하다. 게우다.
返し〔かえし〕①돌려줌. 반환. ②답례. ③바람, 파도, 지진 등이 멎었다가 다시 일어남.
返し歌〔かえしうた〕답가(答歌).
返す返す〔かえすがえす〕(副) ①거듭거듭. 되풀이하여 ②아무리 생각해도.
返し縫い〔かえしぬい〕박음질.

連濁音에 注意

裏返す〔うらがえす〕(他5) 뒤집다.
恩返し〔おんがえし〕은혜를 갚음.
❷ **返る**〔かえる〕(自5) (원 상태로) 되돌아가(오)다.
返り〔かえり〕(원 상태로) 되돌아감.
返り病〔かえりやみ〕재발(再発)하는 병.
返り咲き〔かえりざき〕①철이 지났는데도 꽃이 핌. ②복귀(復帰). 다시 활동함.
返り咲く〔かえりざく〕(自5) ①철이 지났는데도 꽃이 피다. ②복귀(復帰) 하다.
返り点〔かえりてん〕한문을 일본식으로 해독할 때 한자 왼편에 붙여 아래에서 위로 올려 읽는 기호. (例：レ).
返り初日〔かえりしょにち〕(흥행에서 흥행을 중단하였다가) 다시 열었을 때의 첫날.
返り忠〔かえりちゅう〕배반. 내통(内通).
返り討ち〔かえりうち〕원수를 갚으려다가

도리어 죽임을 당하는 것.
返り花〔かえりばな〕철이 지난 뒤에 피는 꽃. 제철이 아닌 꽃.

連濁音에 注意

若返る〔わかがえる〕(自5) ① 젊음을 되찾다. 다시 젊어지다. ② (구성원이)선보다 더 젊은층으로 바뀌다.

音 読

返歌〔へんか〕반가. 답가(答歌).
返却〔へんきゃく〕돌려 보냄.
返納〔へんのう〕반납. 도로 돌려 바침.
返答〔へんとう〕반답. 회답.
返戻〔へんれい〕반려. 되돌려 보냄. 반환.
返礼〔へんれい〕반례. 답례(答礼).
返報〔へんぽう〕① 은혜를 갚음. ② 보복.
返事〔へんじ〕① 회답. 답장. ② 대답.
返送〔へんそう〕반송. 되돌려 보냄.
返信〔へんしん〕반신. 회답. 답장.
返済〔へんさい〕반제. 빌린 것을 돌려줌.
返還〔へんかん〕반환. 되돌려 줌.

〔叛〕
풀 : 배반할 반.
音 : ハン
訓 : そむく

叛く〔そむく〕(自5) ① 배반하다. ② 어기다. 위반하다. ③ 등지다. ④ 거역(반항)하다.

音 読

叛旗〔はんき〕반기. 반란을 일으켜 드는기.
叛徒〔はんと〕반도. 반란의 무리.
叛逆〔はんぎゃく〕반역. 배반함.
叛将〔はんしょう〕반장. 반역한 장수.

〔班〕
풀 : 나눌 반.
音 : ハン
訓

班〔はん〕반. 그룹. 하나의 집단.
班紋〔はんもん〕반문. 얼룩 무늬.
班長〔はんちょう〕반장 반의 우두머리.
班点〔はんてん〕반점. 얼룩점.
一班〔いっぱん〕1반. 첫째 조(組). 한 조. 첫째 반. 하나의 반.

〔畔〕
풀 : 물가 반.
音 : ハン
訓 :

畔❶〔あぜ〕논두렁. 밭두렁.
❷「くろ」(논, 밭의) 두둑. 평지의 둔덕.
❸〔ほとり〕부근. 근처. 池の～; 못가.
橋畔〔きょうはん〕교반. 다리 근처(부근).
池畔〔ちはん〕지반. 못가. 연못가.
湖畔〔こはん〕호반. 호숫가.

〔般〕
풀 : 일반 반.
音 : ① ハン. ② パン
訓 :

音 読 1

般若〔はんにゃ〕(仏) 반야. ① 실상(実相)을 달관(達観)하는 지혜. ② 무서운 얼굴을 한 귀녀(鬼女). ～湯(とう) 반야탕. 술.
各般〔かくはん〕각반. 모든. 여러.
過般〔かはん〕과반. 지난번.
諸般〔しょはん〕제반. 여러 가지.

音 読 2

今般〔こんぱん〕금번. 이번.
万般〔ばんぱん〕만반. 여러 가지.
一般〔いっぱん〕일반. ① 보통. ② 전체.
全般〔ぜんぱん〕전반. 여러 방면.

〔飯〕
풀 : 밥 반.
音 : ハン
訓 : めし

飯〔めし〕밥. 식사.
飯粒〔めしつぶ〕밥알. 밥풀.
飯屋〔めしや〕주로 밥을 파는 음식점. 밥집.
飯炊き〔めしたき〕 취사. 밥을 지음.
飯杓子〔めしじゃくし〕밥주걱.

音 読 1

飯台〔はんだい〕식탁. 네 발 달린 밥상.
飯米〔はんまい〕반미. 밥을 해 먹는 쌀.
飯場〔はんば〕노무자 들의 합숙소.
飯店〔はんてん〕반점. (중국에서) 요리점.
飯盒〔はんごう〕반합. 밥을 지을 수 있는 알미늄으로 된 그릇. (군대용임).

音 読 2

噴飯〔ふんぱん〕웃음을 참을 수가 없음.
一飯〔いっぱん〕한끼의 식사.
残飯〔ざんぱん〕먹다 남은 밥.

〔斑〕
풀 : 아롱질 반. 얼룩질 반.
音 : ハン
訓 :

斑〔ぶち : まだら : むら〕얼룩. 얼룩이 짐.
斑紋〔はんもん〕반문. 얼룩 무늬.
斑点〔はんてん〕반점. 얼룩 점.

〔搬〕
풀 : 운반할 반.
音 : ハン
訓 :

搬送〔はんそう〕반송. 운반하여 보내는 것.
搬入〔はんにゅう〕반입. 운반해 들임. 가지고 들어 감.
搬出〔はんしゅつ〕반출. 운반해 내는 것.
運搬〔うんぱん〕운반. 옮김. 나름.

〔頒〕
풀 : 반포할 반.
音 : ハン
訓 : わかつ

❶ **頒つ**〔わかつ〕(他5) 분배하다. 利益を～ : 이익을 분배하다.
❷ **頒ける**〔わける〕(他下1) 분배하다. 遺産を～유산을 분배하다.

音 読

頒布〔はんぷ〕반포. 세상에 널리 퍼뜨림.

〔盤〕
풀 : 쟁반 반.
音 : バン
訓 :

盤〔ばん〕① 바둑판. 장기판. ② 접시. 대야. ③ 레코오드판.
盤根錯節〔ばんこんさくせつ〕반근 착절. 뿌리와 엉크러진 마디. 난처한 일.
盤上〔ばんじょう〕반상. 장기, 바둑판 위.
盤石〔ばんじゃく〕반석. ① 큰 돌. 바위. ② 튼튼한 것.

ㅂ

【발】

〔抜〕 풀：뺄 발.
音：① バツ ② バッ
訓：① ぬかす ② ぬかる
③ ぬく ④ ぬける

❶ **抜かす**〔ぬかす〕(他 5) 빠뜨리다. (사이를) 거르다. 빼다.

❷ **抜かる**〔ぬかる〕(自 5) 실수하다. 실패하다.

抜からぬ顔〔ぬからぬかお〕① 시치미떼는 얼굴. ② 빈틈 없는 얼굴.

❸ **抜く**〔ぬく〕(他 5) ① 빼내다. 뽑다. ② 골라 뽑다. ③ 덜다. 줄이다. 거르다. 함락시키다. ⑤ 앞지르다. ⑥ (動詞 連用形에 접속하여)…해치우다. 끝까지…해내다

抜き〔ぬき〕① 빼기. 제외함. ②…없이. 거름. ③ (사람 수를 나타내는 숫자에 접속하여) 이겨 냄.

抜きんでる〔ぬきんでる〕(自下 1) 뛰어나게 우수하다. 뛰어나다.

抜き去る〔ぬきさる〕(他 5) 앞지르다.

抜き難い〔ぬきがたい〕(形) ① 아무래도 없앨수 없다. ② 함락시키기 어렵다.

抜(き)読み〔ぬきよみ〕(어떤 부분 만을) 뽑아 내서 읽음.

抜き連ねる〔ぬきつらねる〕(他下 1) (여러 사람이) 한꺼번에 칼을 빼다.

抜き連れる〔ぬきつれる〕(他下 1) ⇨ 抜き連ねる.

抜き放つ〔ぬきはなつ〕(他 5) 칼을 힘차게 빼다.

抜(き)本〔ぬきほん〕필요한 부분만을 뽑아 쓴 책.

抜き糸〔ぬきいと〕실밥.

抜(き)書(き)〔ぬきがき〕필요한 부분만을 골라서 씀. 발췌하여 씀.

抜(き)刷(り)〔ぬきずり〕발췌하여 인쇄함.

抜(き)手〔ぬきて〕양손을 번갈아 차례로 물을 끌어 당기며 헤엄치는 법.

抜(き)身〔ぬきみ〕빼어 든 칼.

抜(き)染(め)〔ぬきぞめ〕발염.

抜(き)衣紋〔ぬきえもん〕일본옷의 깃을 뒤로 젖혀서 옷을 입는 것.

抜き足〔ぬきあし〕① 살금살금 걸음. ② (높이뛰기에서) 지면을 딛고 나가는 쪽의 다리. ～差し足；살금살금 걸음.

抜き差し〔ぬきさし〕① 뺐다 끼웠다 함. 빼고 넣고 함. ② 뺌과 더함. ③ 몸을 움직여 봄. ④ 변통. 처지.

抜き出す〔ぬきだす〕(他 5) 빼내다. 골라내다. 뽑아내다.

抜き取る〔ぬきとる〕(他 5) ① 빼내다. 뽑아 내다. 골라 내다. ② 훔치다. 훔쳐 내다.

抜(き)打ち〔ぬきうち〕① 칼을 뺌과 동시에 벰. ② 예고 없이 갑자기 함. 벼락치기로 함.

抜(き)荷〔ぬきに〕상품(商品) 중에서 알맹이를 몰래 빼냄.

抜き合(わ)せる〔ぬきあわせる〕(他下 1) 서로 칼을 빼서 맞서다

❹ **抜ける**〔ぬける〕(自下 1) ① 빠지다. ② 떨어지다. ③ 뚫리다. 관통하다. ④ 얼빠지다. ⑤ 툭 트이다. ⑥ 사태가 나다. ⑦ 꿰뚫려 있다.

抜け〔ぬけ〕① (시세가)그 가격을 넘음. ② 누락. 빠짐. ③ 지혜가 모자람.

抜(け)駆け〔ぬけがけ〕남 모르게 앞질러 행함.

抜け代わる〔ぬけかわる〕(自 5) ① 털갈이하다. ② 이갈이 하다.

抜(け)道〔ぬけみち〕① 샛길. ② 도망칠 길. 책임 따위를 교묘히 벗어날 수단. 빠져 나갈 길.

抜(け)落ち〔ぬけおち〕누락. 빠람.

抜け裏〔ぬけうら〕막다르지 않은 뒷골목.

抜(け)毛〔ぬけげ〕빠진 머리털. 빠진 털.

抜(け)目〔ぬけめ〕빈틈. 허술한 점.

抜け上がる〔ぬけあがる〕(自 5) ① 머리털이 치벗어지다. ② 얼빠지다.

抜(け)作〔ぬけさく〕얼빠진 녀석. 바보.

抜け出す〔ぬけだす〕(自 5) ① 빠져 나가다. 살짝 도망치다. ② 빠지기 시작하다. ③ 살짝 빠져 나가다.

抜け出る〔ぬけでる〕(自下 1) ① 빠져 나오다. 떨어져 나오다. ② 우뚝 솟아나다. 뛰어나다.

抜(け)荷〔ぬけに〕밀수품.

抜(け)穴〔ぬけあな〕① 빠져 나갈 구멍. ② 도망쳐 나갈 구멍. 빠져 나갈 수단.

音 読 ①

抜群〔ばつぐん〕발군. 여럿 중에서 뛰어남.

奇抜〔きばつ〕기발. 유달리 뛰어남.

選抜〔せんばつ〕선발. 많은 중에서 골라 뽑아 냄.

音 読 2

抜刀〔ばっとう〕발도. 칼을 뺌.

抜本〔ばっぽん〕발본. 근본적인 원인을 제거.

抜粋〔ばっすい〕발췌. 중요한 부분을 빼냄.

抜糸〔ばっし〕발사. (상처의) 꿰맨 실을 뽑음.

抜染〔ばっせん〕발염.

抜歯〔ばっし〕발치. 이를 뽑음.

〔発〕 풀：필 발. 쏠 발. 떠날 발.
音：① ハツ ② ハッ ③ パッ
④ ホツ ⑤ ホッ
訓：① あばく. ② たつ

❶ **発く**〔あばく〕①(비밀을)폭로하다. ② 파헤치다.

❷ **発つ**〔たつ〕(自 5) 출발하다. 떠나다. 旅に～；여행 떠나다.

ㅂ

音 読 1

発〔はつ〕① 출발. 10時～;10시 출발. ② 발신.
発動〔はつどう〕발동 .① 움직이기 시작함. ② 동력을 일으킴.
発令〔はつれい〕발령. 法令, 辞令을 냄.
発露〔はつろ〕발로. 겉으로 나타남.
発売〔はつばい〕발매. 팔기 시작함.
発明〔はつめい〕발명. 처음으로 만들어냄.
発病〔はつびょう〕발병. 병이 생김.
発芽〔はつが〕발아 싹이 틈.
発案〔はつあん〕발안. 議案을 제출함.
発揚〔はつよう〕발양. 国威の～;국위를 떨침.
発言〔はつげん〕발언. 의견을 말함.
発駅〔はつえき〕발역. 출발역.
発育〔はついく〕발육. 자라남. 성장.
発音〔はつおん〕발음. 소리를 냄.
発議〔はつぎ〕발의 . 의안(議案)을 제출함.
発電〔はつでん〕발전. 전기를 일으킴.
発情〔はつじょう〕발정, 정욕(情欲)이 일어남.
発条〔はつじょう〕용수철.
発現〔はつげん〕발현. 밖으로 나타남.

音 読 2

発する〔はっする〕(自他サ) ① 발하다. ② 일으키다. 시작하다. ③ 출발하다. ④ 시작되다. ⑤ 발사하다. ⑥ 발표하다. 공표하다. ⑦ 사람을 보내다.
発覚〔はっかく〕발각. 드러나 알려짐.
発刊〔はっかん〕발간. 서적, 신문, 잡지를 발행함.
発見〔はっけん〕발견. 알려지지 않은 것을 남보다 먼저 찾아냄.
発光〔はっこう〕발광. 빛을 냄.
発狂〔はっきょう〕발광. 미침.
発掘〔はっくつ〕발굴. 파냄.
発給〔はっきゅう〕발급. 발행하여서 줌.
発達〔はったつ〕발달. ① 성장함. ② 진보함.
発奮〔はっぷん〕발분. 마음을 떨쳐 일으킴.
発射〔はっしゃ〕발사. 총이나 활을 쏨.
発散〔はっさん〕발산. 외부로 내뿜음.
発祥地〔はっしょうち〕발상지. 어떤 일이 처음 시작된 곳.
発想法〔はっそうほう〕발상법. 생각을 표시 하는 방법.
発生〔はっせい〕발생. 일어남. 생김.
発声〔はっせい〕발성. 소리를 냄.
発送〔はっそう〕발송. 보냄.
発信〔はっしん〕발신. 우편물이나 전보를 보냄.
発展〔はってん〕발전. 퍼지고 뻗어 나감.
発注〔はっちゅう〕발주. 물건을 주문함.
発疹〔はっしん〕발진. 피부에 부스럼이 남
発進〔はっしん〕발진. 비행기 등의 출발.
発振〔はっしん〕발진. 진동을 일으킴.
発車〔はっしゃ〕발차. 차가 떠남.
発着〔はっちゃく〕발착・출발함과 도착함.
発破〔はっぱ〕발파. 화약으로 바위 등을 폭파하는 일.
発布〔はっぷ〕발포. 세상에 퍼뜨려 알림.
発砲〔はっぽう〕발포. 총을 쏨.
発表〔はっぴょう〕발표 . 여러 사람에게 알림.
発汗〔はっかん〕발한. 땀을 냄.
発行〔はっこう〕발행. ① 인쇄물을 세상에 내어 놓음. ② 증명서를 만들어 효력을 발생시킴.
発火〔はっか〕발화. 불을 냄.
発効〔はっこう〕발효. 효력이 발생함.
発酵〔はっこう〕발효, 효소에 의한 유기물(有機物)의 분해.
発揮〔はっき〕발휘. 나타내어 표시함.

音 読 3

突発〔とっぱつ〕돌발. 갑자기 일어남.
乱発〔らんぱつ〕남발. 발포 또는 발행함.
連発〔れんぱつ〕연발 .① 계속해서 일어남.(일으킴) ② 계속해서 총을 쏨.
散発〔さんぱつ〕산발. 때때로 일어남.
出発〔しゅっぱつ〕출발. 떠남.

音 読 4

発願〔ほつがん〕발원. 神仏에게 소원을 빎.
発議〔ほつぎ〕발의. 의견이나 의안(議案)을 냄.

音 読 ⑤

発句〔ほっく〕和歌의 제 1 구(句).
発起〔ほっき〕발기. 계획을 세워 시작함.
発端〔ほったん〕발단. 일의 시초. 실마리.
発頭人〔ほっとうにん〕장본인(張本人).
発心〔ほっしん〕발심. ① 생각이 떠오름. ② 속세를 떠나 삭발하고 중이 됨.
発作〔ほっさ〕발작. 갑자기 일어났다가 그치는 병의 증상.
発足〔ほっそく〕발족. 단체의 활동이 시작됨.

〔髪〕 풀 : 터럭 발.
音 : ① ハツ. ② パツ
訓 : かみ

髪〔かみ〕머리털. ～を刈る ; 머리를 깎다.
髪綱〔かみづな〕머리털로 꼰 줄.
発結い〔かみゆい〕머리를 쪽짐(빗음).
髪筋〔かみすじ〕① 빗질한 자국. ② 머리카락.
髪の毛〔かみのけ〕머리털. 머리카락.
髪癖〔かみくせ〕머리털의 결.
髪上げ〔かみあげ〕머리를 땋아 올림.
髪洗い〔かみあらい〕세발. 머리 감기.
髪飾〔かみかざり〕머리치장.
髪油〔かみあぶら〕머리기름.
髪際〔かみぎわ〕이마의 머리털이 난 언저리.
髪型〔かみがた〕: 머리 모양. 헤어스타일.
髪形〔かみかたち〕⇨髪型.

例 外

白髪〔しらが〕백발.

音 読 1

理髪〔りはつ〕이발. 머리를 깎고 다듬음.
長髪〔ちょうはつ〕장발. 길게 기른 머리.

音 読 2

金髪〔きんぱつ〕금발. 금빛 나는 머리털.
断髪〔だんぱつ〕단발. 머리를 짧게 자름.
散髪〔さんぱつ〕산발. ①머리를 깎음. ②흐트러진 머리.
洗髪〔せんぱつ〕세발. 머리를 감음.
銀髪〔ぎんぱつ〕은발. 은빛 나는 머리털.

〘撥〙 풀：다스릴 발. 구부릴 발.
音：ハツ
訓：①ばち ②はねる

❶撥〔ばち〕①비파나 三味線 등의 줄을 튀기는 도구. ②북채. 징채.
❷撥ねる〔はねる〕(他下1) ①튀기다. 튕기다. ②가려내다. ③일부를 가로 채다(빼앗다). ④붓끝을 위로 채다. ⑤首を～：목을 치다.
「채는 운필(運筆).
撥ね〔はね〕①뻬어 냄. 깜. ②붓끝을 위로
撥ね掛かる〔はねかかる〕(自5) 튀어오르다.
撥ね物〔はねもの〕흠이 있어 제값에 팔리지 않는 물건.
撥ね返す〔はねかえす〕(他5) (충고를) 단호히 거부하다. 박차다. 퇴박하다.
撥ね付ける〔はねつける〕(他下1) (요구를) 딱 잘라(무정하게) 거절하다. 잡아 떼다.
撥ね銭〔はねせん〕①구전(口銭). ②남의 이익의 일부를 뗀 돈.
撥ね除ける〔はねのける〕(他下1) ①밀어제치다. 뿌리치다. ②제거하다. 가려내다.
撥ね釣瓶〔はねつるべ〕두레박틀.

音 読

撥音〔はつおん〕혀 속 표면을 들어 숨이 코를 통해서 나오도록 발음하는 음(音). "ん"으로 나타냄. 콧소리.

〘鉢〙 풀：바리때 발.
音：ハチ
訓：

鉢〔はち〕①중이 사용하는 식기. 바리때. ②사발. 주발. お～：밥통. ③(화초를 심는) 화분. ④초목의 뿌리에 흙이 엉겨 덩어리 진 것. ⑤두개골. 머리 둘레. ⑥투구의 머리를 덮는 부분.
鉢叩(き)〔はちたたき〕표주박과 징을 두들기며 염불을 외면서, 기쁨의 정(情)을 나타내며 추는 춤. 또는 그 중.
鉢巻(き)〔はちまき〕①머리를 수건으로 동여맴. ②머리띠.
鉢の木〔はちのき〕화분에 심은 나무.
鉢物〔はちもの〕①화분에 심은 초목. 분재(盆栽). ②사발에 담아 내는 안주.
鉢植(え)〔はちうえ〕화분에 심음(심은 것).
鉢の子〔はちのこ〕탁발승(托鉢僧)의 쇠바리때.
鉢合(わ)せ〔はちあわせ〕①머리를 맞부딪침. 박치기. ②우연히 만남.

連濁音에 注意

捨(て)鉢〔すてばち〕자포자기(自暴自棄)함.
植木鉢〔うえきばち〕화분에 옮겨 심은 나무. 분재(盆栽).
乳鉢〔にゅうばち〕유발. 결정체를 갈아서 가루로 만드는 그릇.

【방】

〘方〙 풀：방향 방.
音：①ホウ ②ボウ ③ポウ
訓：かた

方〔かた〕①분. 男の～：남자 분. ②방법.
〔ほう〕방향. 쪽. 편.
方方〔かたがた〕①(人人의 공손한 말) 제현(諸賢). 여러분 ②여러분들. 당신네들.
〔ほうぼう〕여기 저기. 여러 곳. 사방.

例 外

行方〔ゆくえ〕행방. ①간 곳. 갈 곳. ②장래.

音 読 1

方角〔ほうかく〕①방향. 방위. ②눈대중. 짐작. ③수단. 방법.
方略〔ほうりゃく〕계략. 수단. 꾀.
方面〔ほうめん〕방면. 분야(分野).
方法〔ほうほう〕방법. 수단.
方式〔ほうしき〕방식. 일정한 법식.
方眼紙〔ほうがんし〕그래프용지.
方言〔ほうげん〕방언. 사투리.
方位〔ほうい〕방위. 방향.
方程式〔ほうていしき〕방정식.
方策〔ほうさく〕방책. 방법. 책략. 수단.
方寸〔ほうすん〕①사방 한 치. ②마음 속.
方針〔ほうしん〕방침. 계획.
方便〔ほうべん〕방편. 수단. 방법.
方向〔ほうこう〕방향. ①향하는 쪽. 방위. ②목적. 방침.

音 読 2

三方〔さんぼう〕①세 방면. ②仏前이나 높은 사람 앞에 음식물을 받쳐 내놓는 굽이 달린 쟁반.

音 読 3

先方〔せんぽう〕①상대편. ②앞쪽.
遠方〔えんぽう〕원방. 먼 곳.
一方〔いっぽう〕한 편. 한 쪽.
漢方〔かんぽう〕한방. 중국의 의술.

〘妨〙 풀：방해할 방.
音：ボウ
訓：さまたげる

妨げる〔さまたげる〕(他下1) 방해하다. 지장을 주다. 進出を～：진출을 방해하다.
妨げ〔さまたげ〕방해. 장애. 지장.

音 読

妨止〔ぼうし〕방지. 방해를 하여 못하게 함.
妨害〔ぼうがい〕방해. 일을 가로 막고 못

하게 함.

〘坊〙 풀：동네 방.
音：①ボウ ②ボッ
訓：

音 読 1

坊さん〔ぼうさん〕중. 스님. お~：스님.
坊や〔ぼうや〕①사내 아이를 귀엽게 부르는 말. 아가. ②철없는 젊은 사나이.
坊間〔ぼうかん〕시내. 시중(市中).
坊主〔ぼうず〕①(절의 주지인) 중. ②대머리. ③(사내 아이의 애칭) 꼬마 녀석. 풋내기.
坊主読み〔ぼうずよみ〕중이 염불하듯 뜻도 모르고 읽기만 함.

音 読 2

坊ちゃん〔ぼっちゃん〕①도련님. 아드님. ②철부지.

〘芳〙 풀：꽃다울 방.
音：ホウ
訓：かんばしい

芳しい〔かんばしい〕(形) ①향기롭다. ~かおり：향기로운 향기. ②훌륭하다. 成績が~：성적이 훌륭하다. ③좋다. 곱다. ④재미있다.

音 読

芳紀〔ほうき〕젊은 여자의 나이. 芳年.
芳年〔ほうねん〕방년. 꽃다운 나이.
芳名〔ほうめい〕방명. 남의 이름에 대한 높임말.
芳書〔ほうしょ〕상대방 편지의 높임말.
芳純〔ほうじゅん〕향기가 높은 술.
芳香〔ほうこう〕방향. 좋은 향기.

〘彷〙 풀：방황할 방
音：ホウ
訓：

彷徨う〔さまよう〕(自5) 방황하다. 헤매다.
彷徨〔ほうこう〕방황. 헤맴. 떠돌아 다님.
彷彿〔ほうふつ〕방불. 썩 닮음. 아주 비슷함.

〘防〙 풀：막을 방.
音：ボウ
訓：ふせぐ

防ぐ〔ふせぐ〕(他5) 방어하다. 막다. 방비하다. 지키다. 攻撃を~：공격을 막다. 敵を~：적을 막다.

音 読

防共〔ぼうきょう〕방공. 공산 주의를 막음.
防空壕〔ぼうくうごう〕방공호. 공습 때에 대피하기 위하여 땅속에 파 놓은 시설.
防毒〔ぼうどく〕방독. 독(毒)가스를 막음.
防犯〔ぼうはん〕방범. 범죄를 막음.
防腐剤〔ぼうふざい〕방부제. 물건이 썩는 것을 막아 주는 약.
防備〔ぼうび〕방비. 공격을 막고 지킴.
防水〔ぼうすい〕방수. 물이 새는 것을 막음.
防圧〔ぼうあつ〕막아서 못하게 함.
防御〔ぼうぎょ〕방어. 적의 공격을 막음.
防疫〔ぼうえき〕방역. 전염병을 예방함.
防衛〔ぼうえい〕방위. 적을 막아 지킴.
防災〔ぼうさい〕방재. 재난을 막음.
防除〔ぼうじょ〕방제. 예방하여 해(害)를 막음.
防止〔ぼうし〕방지. 막아서 못하게 함.
防縮〔ぼうしゅく〕방축. 줄어 들지 않게 함.
防波堤〔ぼうはてい〕방파제. 파도를 막기 위한 둑.
防風林〔ぼうふうりん〕방풍림.
防寒〔ぼうかん〕방한. 추위를 막음.
防火〔ぼうか〕방화. 화재를 방지함.

〘邦〙 풀：나라 방.
音：①ホウ ②ポウ
訓：

音 読 1

邦家〔ほうか〕방가. 국가. 나라.
邦文〔ほうぶん〕방문. 그 나라의 글자.
邦語〔ほうご〕방어. 그 나라 말. 국어.
邦訳〔ほうやく〕방역. 그 나라 말로 번역함.
邦画〔ほうが〕방화. ①자기 나라에서 만든 영화. ②자기 나라의 그림.
邦貨〔ほうか〕방화. 자기 나라의 돈.

音 読 2

連邦〔れんぽう〕연방. 서로 주권을 갖고 결합한 국가.
隣邦〔りんぽう〕인방. 이웃 나라.
万邦〔ばんぽう〕만방. 모든 나라.
本邦〔ほんぽう〕본방. 자기 나라. 이 나라.

〘房〙 풀：방 방.
音：ボウ
訓：ふさ

房〔ふさ〕①(꽃이나 열매의)송이. ②(실로 만든) 술. ③축 늘어진 것.

連濁音에 注意

玉房〔たまぶさ〕실로 끝을 방울처럼 둥글게 만든 술.
乳房〔ちぶさ〕유방. 젖통.
花房〔はなぶさ〕①꽃송이. ②꽃 받침.

音 読

房事〔ぼうじ〕방사. 성교(性交).
冷房〔れいぼう〕냉방. 실내의 온도를 외부의 온도보다 낮게 하는 일.

例 外

阿房〔あほう〕바보. 천치.

〘放〙 풀：놓을 방.
音：①ホウ ②ボウ
訓：①はなす ②はなつ ③はなれる

❶放す〔はなす〕(他5) ①놓아 주다. 풀어 놓다. ②(손에서) 놓다. ③(국물, 물에) 넣다.
放し〔はなし〕①내버려둠. 놓아둠. ②방임함. …인채로 버려둠. 방치함. ③멤. 놓음.
放し飼い〔はなしがい〕①놓아 먹임. 방목(放牧). ②(仏)방생화.

❷ **放つ**〔はなつ〕(他５) ① 놓아 주다. 풀어 놓다. ② 떼어 놓다. (손에서) 놓다. ③ 내보내다. 발(発)하다. 光を～; 빛을 발하다. ④ 火を～; 불을 놓다. 불을 지르다.

❸ **放れる**〔はなれる〕(自下１) ① (화살,총알이) 발사되다. ② (쥐고 있던 것이) 놓이다. 풀리다.

放れ馬〔はなれうま〕달아나는 말. 고삐 풀린 말.

音 読 1

放免〔ほうめん〕방면. 용서하여 자유롭게 함.
放牧〔ほうぼく〕방목. (가축을) 놓아 기름.
放物線〔ほうぶつせん〕포물선. 물건을 던졌을 때에 그리는 곡선.
放射〔ほうしゃ〕방사. 중심에서 둘레로 내뻗음.
放生会〔ほうじょうえ〕방생회. 잡은 동물을 놓아 살려주는 모임.
放送〔ほうそう〕방송.
放映〔ほうえい〕방영.
放任〔ほうにん〕방임. 내버려 둠.
放電〔ほうでん〕방전. 전기를 방출함.
放題〔ほうだい〕내버려 두고 돌보지 않음. 食べ～; 먹는대로 내버려 둠.
放縦〔ほうじゅう〕방종. 불규칙하고 멋대로 놀아나는 것.
放逐〔ほうちく〕방축. 내쫓음. 추방.
放出〔ほうしゅつ〕방출. 모아 두었던 것을 한꺼번에 풀어 놓음.
放置〔ほうち〕방치. 내버려 둠.
放蕩〔ほうとう〕방탕. 酒色에 빠져 품행이 나쁨. 난봉을 부림.

音 読 2

民放〔みんぽう〕민방. 民間放送의 준말.
奔放〔ほんぽう〕분방. 제멋대로 행동함.

〔肪〕

풀：기름 방.
音：**ボウ**
訓：

脂肪〔しぼう〕지방. 동식물로 부터 얻는 영양소의 한 가지인 기름.
脂肪分〔しぼうぶん〕지방분.
脂肪太り〔しぼうぶとり〕몸시 뚱뚱한 현상

〔倣〕

풀：본받을 방.
音：**ホウ**
訓：**なら**う

倣う〔ならう〕(他５) 모방하다. 흉내내다. 따르다. 前例に～; 전례를 따르다.
模倣〔もほう〕모방. 흉내냄.

〔紡〕

풀：실뽑을 방. 길쌈 방.
音：**ボウ**
訓：**つむ**ぐ

紡ぐ〔つむぐ〕(他５) (고치, 목화로) 실을 뽑다. 잣다. 綿を～; 목화를 자아 실을뽑다. 糸を～; 실을 뽑다.

音 読

紡績〔ぼうせき〕방적. 실을 자음.
紡績糸〔ぼうせきいと〕방적사. 섬유를 가공하여 만든 실.
紡織〔ぼうしょく〕방직. 기계를 이용하여 실로 옷감을 짬.
紡錘〔ぼうすい〕방추. 물레의 가락.

〔訪〕

풀：찾을 방.
音：① **ホウ** ② **ボウ**
訓：① **おとず**れる ② **たず**ねる, ③ **と**う

❶ **訪れる**〔おとずれる〕(自下１) ① 방문하다. ② 편지하다. 편지로 소식을 묻다. ③ (계절이) 찾아오다.
訪れ〔おとずれ〕① 방문. ② 편지. 소식

❷ **訪ねる**〔たずねる〕(他下１) 방문하다. 찾다. 友だちを～친구를 방문하다.

❸ **訪う**〔とう〕(他５) 방문하다. 찾다. 先生を～선생님을 방문하다.

音 読 1

訪客〔ほうきゃく〕방문객. 찾아 온 손님.
訪問〔ほうもん〕방문. 남의 집을 찾아 감.
訪問着〔ほうもんぎ〕외출복.
訪日〔ほうにち〕방일. 일본을 방문함.
訪韓〔ほうかん〕방한. 한국을 방문함.

音 読 2

尋訪〔じんぼう〕심방. 방문하여 찾아 봄.
探訪〔たんぼう〕탐방. 탐문하여 찾아 다님.

〔傍〕

풀：곁 방.
音：**ボウ**
訓：① **かたわら** ② **そば**

❶ **傍ら**〔かたわら〕① 곁. 옆. 가. 道の～; 길 가. 母の～; 어머니의 곁. ② (…하는) 한편. …함과 동시에. 仕事の～; 일하는 한편. 일함과 동시에.

❷ **傍**〔そば〕① 옆. 곁. ② (動詞에 접속하여) …하자마자. 금방. 習う～から忘れる; 배우자마자 금새 잊는다.

音 読

傍系〔ぼうけい〕방계. 直系에서 갈려 나간 계통. ～会社; 방계회사.
傍観〔ぼうかん〕방관. 관여하지 않고 곁에서 보고만 있음.
傍線〔ぼうせん〕방선. 글자옆에 그은 줄.
傍若無人〔ぼうじゃくぶじん〕방약 무인. 버릇 없이 함부로 행동함.
傍点〔ぼうてん〕방점. 문장 중의 주의해야 할 곳이나 중요한 부분에 찍는 점.
傍証〔ぼうしょう〕방증. 간접적인 증거.
傍聴〔ぼうちょう〕방청. 연설, 회의, 공판을 곁에서 들음.
傍訓〔ぼうくん〕방훈. 漢字옆에 다는 토.

〘拝〙 풀：절할 배.
音：① ハイ ② パイ
訓：おがむ

拝む〔おがむ〕(他5) ①(두손 모아) 공손히 절하다. 합장하다. ② 절하다. ③('見る'의 겸손한 말) 뵙다.
拝み撃ち〔おがみうち〕 칼을 양손으로 쥐고, 머리 위로 높이 쳐들었다가 내리침.
拝み倒す〔おがみたおす〕(他5) 사정 사정해서 억지로 승낙케 하다.
拝み打ち〔おがみうち〕⇨拝み撃ち

音読 1

拝する〔はいする〕(他サ) ① 절하다. ②임명하다. ③ 우러러 뵙다. ④ (…처럼) 보이다.
拝見〔はいけん〕 배견. ちょっと～; 잠깐보여 주십시오.
拝啓〔はいけい〕 배계. (편지 첫머리에 쓰는 인사말) 삼가 사뢰나이다.
拝金〔はいきん〕 배금. 돈을 숭배하는 일.
拝読〔はいどく〕 배독. 삼가 읽음.
拝礼〔はいれい〕 배례. 머리 숙여 절함.
拝命〔はいめい〕 배명. 삼가 명령을 받음.
拝受〔はいじゅ〕 배수. 삼가 받음.
拝謁〔はいえつ〕 배알. 웃어른께 뵘.
拝呈〔はいてい〕 배정. 삼가 드림.
拝借〔はいしゃく〕 배차. 삼가 빌려 씀.
拝聴〔はいちょう〕 배청. 삼가 들음.

音読 2

三拝九拝〔さんぱいきゅうはい〕 몇 번이고 절함. 여러 번 청탁함.
巡拝〔じゅんぱい〕 여러 神社나 절을 순회하며 참배함.
参拝〔さんぱい〕 참배. 神仏에게 절함.

〘杯〙 풀：술잔 배.
音：① ハイ ② パイ
訓：さかずき

杯 〔さかずき〕 술잔. ～を乾す; 술잔을 비우다. 술을 마시다.
〔はい〕 잔. 술잔. ～を挙げる; 술잔을 들다. 건배하다.
杯事〔さかずきごと〕 ① 술잔을 주고 받고 하여 술을 마심. ② 신랑, 신부, 형제, 주종(主従) 관계를 맺는 맹세의 술잔.

音読 1

杯洗〔はいせん〕 연회석에서 술잔을 씻는 그릇.
苦杯〔くはい〕 고배. ① 쓴 잔. ② 쓰라린 경험.
祝杯〔しゅくはい〕 축배. 축하의 술잔.

音読 2

乾杯〔かんぱい〕 건배. 술잔을 치켜 들고 축복하면서 마심.
金杯〔きんぱい〕 금배. 금으로 만든 술잔.
一杯〔いっぱい〕 일배. 한 잔.

〘背〙 풀：등 배.
音：ハイ
訓：① そむく ② そむける ③ せ ④ せい

❶**背く**〔そむく〕(自5) ① 등지다. 등을 돌리다. ② 위반하다. 어기다. 約束に～; 약속을 어기다. ③ 배반하다. ④ 반항하다. 거역하다.
❷**背ける**〔そむける〕(他下1) 외면하다. 등을 돌리다. 배반하다.
背 ❸〔せ〕 ① 등. ② 산등성이. ③ 신장. 키
❹〔せい〕 높이. 키. 木の～; 나무높이.

파 생 어

背広〔せびろ〕 신사복. 양복.
背の君〔せのきみ〕 낭군. 남편. 사랑하는 그 이.
背筋〔せすじ〕 등줄기. 등골.

訓読 ③

背抜き〔せぬき〕 남자의 여름 양복 상의(上衣)의 등에 안찝을 대지 않고 만듦.
背番号〔せばんごう〕 운동 선수의 유니포옴에 붙이는 번호. Back number.
背縫い〔せぬい〕 옷의 등솔기를 꿰맴.
背負う〔せおう〕(他5) ① 짊어지다. 업다. 메다. ② (책임을) 지다. 떠맡다.
背伸び〔せのび〕 ① 발돋움함. ② 안간 힘을 씀.
背泳(ぎ)〔せおよぎ〕 배영. 송장 헤엄.
背丈〔せたけ〕 ① 신장. 키. ② 옷길이. 옷기장.
背節〔せぶし〕 등살로 만든 가다랭이포.
背中〔せなか〕 ① 등. ② 뒷면. 뒤.
背皮〔せがわ〕 책의 표지에 붙이는 가죽.
背革〔せがわ〕 ⇨背皮
背戸〔せど〕 뒷문. ～口; 뒤쪽의 출입구.

訓読 ④

背格好〔せいかっこう〕 키와 몸집.
背高〔せいたか〕 키가 큰 사람.
背比べ〔せいくらべ〕 키 대보기.
背低〔せいひく〕 키가 작은 사람.

音 読

背景〔はいけい〕 배경. 배후 부분(背後部分)
背嚢〔はいのう〕 배낭. 물건을 넣어 등에지는 주머니.
背徳〔はいとく〕 배덕. 도리에 어긋남.
背離〔はいり〕 배리. 배반하여 갈라짐.
背面〔はいめん〕 배면. 뒤쪽. 등쪽.
背反〔はいはん〕 배반. 거역(拒逆).
背水の陣〔はいすいのじん〕 배수의 진.
背信〔はいしん〕 배신. 배반하는 일.
背泳〔はいえい〕 배영. 송장헤엄.
背任〔はいにん〕 배임. 임무를 배반함.
背後〔はいご〕 배후. 뒤. 뒤편.

〘俳〙 풀：배우 배.
音：ハイ
訓：

俳句〔はいく〕 하이쿠. 일본 고유의 짧은 시. (5. 7. 5의 17음절로 이루어짐).
俳文〔はいぶん〕 俳句가 섞여 있는 문장.
俳味〔はいみ〕 俳諧. 특유의 멋.
俳友〔はいゆう〕 俳句를 짓는 관계로 알게

된 친구.
俳優〔はいゆう〕배우. 영화, 연극에 출연하는 사람.
俳人〔はいじん〕俳句를 짓는 사람.
俳諧〔はいかい〕유모러스한 和歌(わか).
俳画〔はいが〕俳諧의 趣向을 담은 간단한 그림.

〔倍〕 풀：곱 배. 갑절 배.
音：バイ
訓：

倍〔ばい〕배. 갑절. 두 곱. 두 배.
倍する〔ばいする〕(自他サ) ① 갑절이 되다. ② 곱하다. ③ 증가시키다.
倍加〔ばいか〕배가. 두 곱이 됨.
倍旧〔ばいきゅう〕배구. 배전(倍前).
倍率〔ばいりつ〕배율. 렌즈를 통하여 보는 크기와 실물의 크기와의 비율.
倍数〔ばいすう〕배수. 갑절이 되는 수.
倍額〔ばいがく〕배액. 두 배의 액수.
倍増〔ばいぞう〕배증. 갑절로 늘어남.
倍増し〔ばいまし〕배증. 갑절로 늘어남.

〔配〕 풀：나눌 배. 짝 배.
音：① ハイ ② バイ ③ パイ
訓：くばる

配る〔くばる〕(他5) ① 배부하다. 노느다 ② 보급하다. ③ 배차하다. 目を～; 두루두루 살피다. 살펴 보다. 気を～; 배려하다.

音読 1

配する〔はいする〕(他サ) ① 짝짓다. 부부(夫婦)로 하다. ② 배합하다. ③ 배치하다. ④ 배속시키다. ⑤ 유배(流配)시키다
配管〔はいかん〕배관. 관(管)을 묻음.
配給制〔はいきゅうせい〕배급제. 물자를 분배하여 나누어 주는 제도.
配達〔はいたつ〕배달. 운반하여 갖다 줌.
配当〔はいとう〕배당. 나누어 줌. ～落ち; 배당금의 지불을 받는 권리를 가까운 장래에 행사할 수 없는 株券.
配慮〔はいりょ〕배려. 이리저리 마음을 씀.
配列〔はいれつ〕배열. 차례로 늘어놓음.
配本〔はいほん〕배본. 책을 배부함.
配付〔はいふ〕배부. 나누어 줌.
配分〔はいぶん〕배분. 할당하여 나누어 줌.
配色〔はいしょく〕배색. 색의 배합.
配船〔はいせん〕배선. 배를 할당함.
配線〔はいせん〕배선. 전기 기계의 각 부분을 전선으로 연결함.
配膳〔はいぜん〕상을 차림.
配所〔はいしょ〕배소. 죄인이 유배된 곳.
配水〔はいすい〕배수. 물을 나누어 줌.
配役〔はいやく〕배역· 역할을 배당함.
配偶者〔はいぐうしゃ〕배우자. 부부의 한쪽.
配意〔はいい〕배의. 신경(마음)을 씀.
配電〔はいでん〕배전. 전기를 나누어 줌.
配剤〔はいざい〕배제. 알맞게 배합함.
配車〔はいしゃ〕배차. 차를 할당함.
配置〔はいち〕배치. 임무를 할당하여 저마다의 자리에 둠
配布〔はいふ〕배포. 널리 나누어 줌.
配下〔はいか〕배하. 아랫사람. 부하.
配合〔はいごう〕배합. 여러가지를 알맞게 섞음.

音読 1

軍配〔ぐんばい〕① 군대를 지휘함. ② 권모술수. ～団扇(うちわ); 옛날에 장수가 군대를 지휘할 때 사용한 부채 모양의 도구. ② 씨름 경기에서 심판이 사용하는 부채 모양의 도구.

音読 2

減配〔げんばい〕감배. 배당을 줄임.
年配〔ねんぱい〕① 비슷한 나이. ② 중년(中年).
分配〔ぶんぱい〕분배. 나누어 줌.
心配〔しんぱい〕근심. 걱정.
完配〔かんぱい〕완배. 완전히 나누어 줌.

〔培〕 풀：북돋을 배.
音：バイ
訓：つちかう

培う〔つちかう〕(他5) ① 뿌리에 흙을 덮어 주다. 북돋우다. ② 배양하다. 기르다. 가꾸다. 愛国心を～; 애국심을 기르다.

音 読

培養〔ばいよう〕배양. ① 초목을 북돋아 키움. ② 사람을 가르쳐서 기름. ③ 미생물을 길러서 증식(増殖) 시킴.
栽培〔さいばい〕재배. 식물을 심어서 가꿈.

〔徘〕 풀：어정거릴 배.
音：ハイ
訓：

徘徊〔はいかい〕배회. 목적 없이 거닐음. 이리저리 거닐어 다님. 公園を～; 공원을 배회하다. すりが～; 소매치기가 배회하다.

〔排〕 풀：물리칠 배.
音：ハイ
訓：

排する〔はいする〕(他サ) ① 물리치다. 배척하다. 배제하다. ② 밀어 젖히다. 밀어서 열다. ③ 늘어놓다. 배열하다. 나열하다.
排撃〔はいげき〕배격. ① 공격하여 물리침. ② 배척하고 공격함.
排球〔はいきゅう〕(日本에서는 이 용어를 사용하지 않고 외래어인) バレボール.
排気〔はいき〕배기. 배출되는 증기나 가스.
排卵〔はいらん〕배란. 卵巣에서 卵子를 배출하는 일.
排列〔はいれつ〕배열. 차례로 죽 늘어놓음
排便〔はいべん〕배변. 대변을 봄.
排泄〔はいせつ〕배설. 동물이 대소변을 몸 밖으로 배출하는 일.
排水〔はいすい〕배수. ① 물을 밖으로 뽑아냄. ② 물을 좌우로 밀어젖힘.
排外〔はいがい〕배외. 외국인과 외국의 문물, 사상 등을 배척하는 일.
排日〔はいにち〕배일. 일본을 반대하는 일.

排除〔はいじょ〕배제. 물리침. 제거함.
排斥〔はいせき〕배척. ① 그 장소에서 쫓아냄. ② 밀어 내어 물리침.
排出〔はいしゅつ〕배출. ① 안에 있는것을 밖으로 내보냄. ② 배설(排泄).
排他〔はいた〕배타. 남을 배척함.

〔陪〕 풀 : 도울 배.
音 : バイ
訓 :

陪観〔ばいかん〕손윗사람을 모시고 구경함.
陪席〔ばいせき〕배석. 귀인(貴人)과 자리를 같이함.
陪乗〔ばいじょう〕배승. 귀인(貴人)을 모시고 같이 탐.
陪食〔ばいしょく〕배식. 귀인(貴人)을 모시고 식사를 같이 함.
陪臣〔ばいしん〕배신. ① 신하(臣下)를 받들어 모시는 부하. ② 영주(領主)의 신하.
陪従〔ばいじゅう〕배종. 임금을 모시고 따라감. 또는 그 사람.

〔賠〕 풀 : 배상할 배.
音 : バイ
訓 :

賠償〔ばいしょう〕배상. 손해를 보상하는 일. 남에게 끼친 손해를 물어 주는 일. ~金(きん) ; 배상하는 돈. 손해를 물어 주는 돈.

〔輩〕 풀 : 무리 배.
音 : ① ハイ ② パイ
訓 :

輩〔ともがら : やから〕패거리. 동지. 한패. 동료. 일족(一族). 무리.

音読 1

輩出〔はいしゅつ〕배출. 인재(人材)가 연달아 나옴. 人材を~する ; 인재를 배출하다.
後輩〔こうはい〕후배. ① 나이나 경험이적은 사람. ② 같은 학교 또는 같은 직장에 늦게 들어온 사람.

音読 2

末輩〔まっぱい〕말배. 지위가 낮은 사람.
先輩〔せんぱい〕선배. ① 같은 학교나 같은 직장에 먼저 들어온 사람. ② 나이나 경험이 많은 사람.

【백】

〔白〕 풀 : 흰 백.
音 : ① ハク ② ハッ ③ パク ④ ビャク
訓 : ① しろい ② しろばむ ③ しらける ④ しらむ

❶ 白い〔しろい〕(形) 희다.
❷ 白ばむ〔しろばむ〕(自5) 흰 빛을 띠다. 희어지다. 夜空が~ ; 먼동이 트다.

파 생 어

白①〔しろ〕① 백. 흰색. ② 백인종. ③ (경기에서의) 백군(白軍). ④ 무죄. 결백 ②〔しら〕진실. 정직. 바른 마음. ~を切る ; (알면서도) 모르는 체 하다. 딱 잡아떼다.
白タク〔しろタク〕영업 행위를 하는 자가용차(자가용차의 번호판이 흰 색임).
白っぽい〔しろっぽい〕(形) ① 흰 빛을 띠다. ② 풋나기 띠가 나다.
白ナンバ〔しろnumber〕자가용차.
白バイ〔しろバイ〕경찰 오오토바이.
白根〔しろね : しらね〕땅 속에 묻힌 흰 뿌리.
白豆〔しろまめ〕 흰콩.
白練り〔しろねり〕희게 누빈 비단.
白馬〔しろうま〕① 흰말. 백마. ② 막걸리.
白蔓〔しろづる〕등나무 껍질을 벗긴 것.
白目〔しろめ〕① 눈의 흰자. ② 흰자위가 많은 눈망울. ③ 냉담한(경멸하는)눈초리.
白妙〔しろたえ〕① 흰 빛. ② 흰 천(옷).
白無垢〔しろむく〕아래 위가 모두 흰 복장.
白蜜〔しろみつ〕① 꿀. ② 흰설탕을 진하게 타서 달인 물.
白白と〔しろじろと〕(副) 새하얗게.
白糸〔しろいと : しらいと〕흰 실.
白砂糖〔しろざとう〕백설탕.
白蛇〔しろへび〕백사. 흰 뱀.
白鼠〔しろねずみ〕① 흰 쥐. ② 새앙쥐. ③ 충실한 고용인(일꾼). ④ 엷은 쥐색.
白石〔しろいし〕(바둑의) 흰 돌.
白星〔しろぼし〕① 흰동그라미표(지). ② 승리를 표시하는 부호. ③ 성공. 공훈.
白水〔しろみず〕쌀뜨물.
白首〔しろくび〕창녀. 매춘부. (목에 분을 진하게 바르기 때문).
白身〔しろみ〕① (계란의) 흰자위. ② 고기의 흰 부분. ③ 재목의 흰 부분.
白煉瓦〔しろれんが〕흰 벽돌.
白熊〔しろくま〕백곰. 흰곰.
白蟻〔しろあり〕흰개미.
白飴〔しろあめ〕흰엿.
白装束〔しろしょうぞく〕흰 옷차림. 소복.
白酒〔しろざけ〕단 술. 감주(甘酒).
白地〔しろじ〕흰 바탕. 흰 색의 천.
白黒〔しろくろ〕흑백. ① 백과 흑. ② 옳고 그름. ③ 무죄와 유죄.
❸ 白ける〔しらける〕(自下1) ①퇴색하다. 색이 바래서 희어지다. ② 흥이 깨어지다
❹ 白む〔しらむ〕(自5) ① 희게 보이다. 희어지다. 새벽에 동이 트다. ② 흥이 깨어지다. 분위기가 깨지다. ③ 기가 꺾이다. 쇠하다.

파 생 어

白絞油〔しらしめゆ〕정제한 콩기름. 면실유(綿実油).
白菊〔しらぎく〕흰 국화. 백국.
白肌〔しらはだ〕흰 살결.

白旗〔しらはた：はっき〕 백기. ① 흰 색의 깃발. ② 항복이나 열차의 통과 가능의 표시로써 쓰는 흰 기.
白南風〔しらはえ〕 ① 장마가 끝날 무렵에 부는 바람. ② 6월경에 부는 남서풍.
白露〔しらつゆ〕 (하얗게 빛나는) 이슬.
白鷺〔しらさぎ〕 백로.
白綾〔しらあや〕 백릉. 흰 능직물(綾織物).
白梅〔しらうめ〕 흰 매화.
白木〔しらき〕 껍질만 벗겨 칠하지 않은 나무.
白木綿〔しらゆう〕 닥나무 껍질의 섬유로 만든 흰 배(실).
白髪〔しらが〕 백발. ～染め; 머리염색약.
白白〔しらしら〕 (副) ① 날이 차차 밝아옴. ② 희뭂게. ～明け; 동틀 무렵. 새벽녘.
白白しい〔しらじらしい〕 (形) ① 알면서도 모르는 체하다. ② 시치미를 떼다. ③ 흥이 깨지다. 멋이 없다. ～男; 멋이 없는 사나이. 흥을 깨뜨리는 사나이.
白百合〔しらゆり〕 흰 백합.
白帆〔しらほ〕 흰 돛.
白壁〔しらかべ〕 흰 벽.
白砂〔しらすな〕 흰 모래.
白雪〔しらゆき：はくせつ〕 백설. 흰 눈.
白焼(き)〔しらやき〕 생선에 양념을 하지않고 그대로 구움.
白魚〔しらうお〕 뱅어.
白玉〔しらたま〕 ① 백옥. 흰 색의 옥. ② 진주. ③ 찹쌀가루로 만든 경단. ～粉(こ); 곱게 빻은 새하얀 찹쌀가루. ～椿(つばき); 흰 꽃이 피는 동백.
白羽〔しらは〕 흰 깃이 달린 화살. 흰 화살의 깃. ～の矢が立つ; 특별히 뽑혀 희생자가 되다(영예를 걸머지다).
白雲〔しらくも〕 흰 구름.
白刃〔しらは〕 칼 집에서 뺀 칼.
白子 〔しらす〕 멸치, 청어, 은어의 새끼 고기.
〔しらこ〕 ① (물고기 수컷의 뱃속에 있는) 이리. ② 선천성 백피증(白皮症).
白煮〔しらに〕 소금만으로 삶음.
白鳥①〔しらとり〕 흰 새.
②〔はくちょう〕 백조.
白蒸〔しらむし〕 (팥을 넣지 않음) 찰밥.
白紙〔しらかみ：はくし〕 백지. 흰 종이.
白真弓〔しらまゆみ〕 칠하지 않은 참빗살. 나무로 만든 활.
白茶〔しらちゃ〕 엷은 갈색. ～ける (自下1) 색이 바래서 엷은 갈색이 되다.
白歯〔しらは〕 ① 흰 이. ② 미혼 여자. 처녀.
白土〔しらつち〕 백토. 흰 흙.
白波〔しらなみ〕 ① 흰 물결. ② 도둑.
白泡〔しらあわ〕 흰 거품.
白河夜船〔しらかわよふね〕 잠이 깊이 들어 아무것도 모름.

例　外

白湯〔さゆ〕아무것도 넣지 않고 끓인 물.

音読 1

白内障〔はくないしょう〕 백내장. 眼球의수정체가 흐려지는 병.
白墨〔はくぼく〕 백묵. 분필.
白米〔はくまい〕 백미. 하얀 쌀.
白兵戦〔はくへいせん〕 백병전.
白書〔はくしょ〕 백서. 정부에서 발표하거나 공개하는 실정 보고서(実政報告書).
白眼視〔はくがんし〕 백안시. 냉대(冷待)함
白熱〔はくねつ〕 백열. ① 물체가 높은 열을 받아 흰 빛을 냄. ② 最高潮에 달했을 때.
白衣①〔はくい〕 백의. 흰옷. ～の天使; 간호원.
②〔びゃくえ〕 백의. 흰옷. 소매가 작은 흰 저고리와 바지만 입는 것.
白人〔はくじん〕 백인. 백색 인종.
白日〔はくじつ〕 백일. 대낮. 백주.
白磁〔はくじ〕 백자. 흰 자기(磁器).
白昼〔はくちゅう〕 백주. 대낮.
白菜〔はくさい〕 백채. 배추.
白痴〔はくち〕 백치. 바보. 천치.
白票〔はくひょう〕 백표. 국회에서 찬성 투표에 사용되는 흰 표.

音読 2

白骨〔はっこつ〕 백골. 살이 없는 흰 뼈.
白金〔はっきん〕 백금. 은백색의 금속 원소.
白血球〔はっけっきゅう〕 백혈구. 흰피톨.

音読 3

建白〔けんぱく〕 건백. 웃사람에게 의견을 사룀.
潔白〔けっぱく〕 결백. ① 깨끗하고 힘. ② 부정이 없음.
関白〔かんぱく〕 옛날에 천황을 도와 국가를 다스리던 중직(重職).
蛋白質〔たんぱくしつ〕 단백질.
純白〔じゅんぱく〕 순백. 새하얌.

音読 4

白蓮〔びゃくれん〕 백련. 흰 연꽃.
黒白〔こくびゃく：くろしろ〕 흑백. 옳고그름.
白狐〔びゃっこ〕 백호. 흰 털의 여우.

〖百〗

풀：일백 백.
音：① ヒャク ② ビャク ③ ピャク ④ ヒャッ

音読 1

百〔ひゃく〕 백. 100. 십의 열배. ～も承知(しょうち); 충분히 알고 있음.
百度参り〔ひゃくどまいり〕 神社나 절을 백번 왕복하며 자기 소원을 비는 일.
百錬〔ひゃくれん〕 백련. 몇 번이고 단련함.
百雷〔ひゃくらい〕 많은 천둥.
百万長者〔ひゃくまんちょうじゃ〕 백만장자.
百聞は一見に如かず〔ひゃくぶんはいっけんにしかず〕 백문이 불여 일견(百聞不如一見).
百分率〔ひゃくぶんりつ〕 백분율.
百姓①〔ひゃくしょう〕 농민. 시골 사람. 농부. 농사 짓는 사람.
②〔ひゃくせい〕 백성. 일반 국민.

百獣〔ひゃくじゅう〕백수. 많은 짐승.
百薬の長〔ひゃくやくのちょう〕백약의 으뜸.
百葉箱〔ひゃくようばこ〕백엽상. 기상관측을 위하여 옥외에 설치한 상자.
百日咳〔ひゃくにちぜき〕백일해.
百戦百勝〔ひゃくせんひゃくしょう〕백전백승.
百出〔ひゃくしゅつ〕백출. 여러 가지가 나옴.
百害〔ひゃくがい〕백해. 많은 해.

音読 2

三百〔さんびゃく〕삼백. 300.

音読 3

六百〔ろっぴゃく〕육백. 600.
八百〔はっぴゃく〕팔백. 800.
凡百〔ぼんびゃく〕각가지. 여러 가지.

音読 ④

百個〔ひゃっこ〕백개. 100개.
百科事典〔ひゃっかじてん〕백과 사전.
百般〔ひゃっぱん〕백반. 모든 방면.
百発百中〔ひゃっぱつひゃくちゅう〕백발백중
百方〔ひゃっぽう〕백방. 모든 방면.
百花〔ひゃっか〕백화. 여러 가지 많은 꽃.
百貨〔ひゃっか〕백화. 여러가지 상품.

例 外

八百屋〔やおや〕채소 가게.
八百長〔やおちょう〕미리 짜고 겉으로만 승부를 겨루는 시합. 사기(詐欺) 시합.
百千の鳥〔ももちのとり〕많은 새.

〔伯〕 풀：맏 백.
音：ハク
訓：

伯母〔はくぼ：おば〕백모. 아주머니.
伯父〔はくふ：おじ〕백부. 큰아버지.
伯爵〔はくしゃく〕백작. 五等爵의 제3위.
伯仲〔はくちゅう〕백중. 우열(優劣)의 차이가 없음, (실력이) 비슷함.

〔柏〕 풀: 잣 백. 측나무 백.
音：ハク
訓：かしわ

柏〔かしわ〕떡갈나무.
柏餅〔かしわもち〕① 떡갈나무 잎으로 싼 팥소의 찰떡. ② 잘 때 이불을 접어서 한 자락은 깔고 한 자락으로 덮고 자는 일.
柏手〔かしわで〕神에게 절할 때 양손을 쳐서 소리를 냄.

【번】

〔番〕 풀：차례 번.
音：バン
訓：① つがう ② つがえる

❶番う〔つがう〕(自5) ① 짝이 되다. 한 쌍이 되다. ② 교미(交尾)하다.
番　〔つがい〕① 한 쌍. ② 마디.
　〔ばん〕번. ① 차례. ② 당번. ③ 보초. 파수.
番鳥〔つがいどり〕암컷과 수컷이 언제나 함께 있는 새(사이 좋은 남녀에 비유됨).
❷番える〔つがえる〕(他下1) ① (어긋난 것을) 맞추다. ② (화살을) 시위에 메기다. ③ 서로 언약(약속)하다.

音 読

番〔ばん〕① 차례. 순번. ～になる; 차례가 되다. ② 당번. ③ 번호. ④ 보초. ～をする; 파수를 보다.
番狂わせ〔ばんくるわせ〕① (예상외의 사건으로) 순번이 틀려짐. ② 예상외의 결과가 됨. ～が起こる; 예상외의 결과가 일어나다(생기다).
番台〔ばんだい〕목욕탕의 카운터.
番頭〔ばんとう〕(상점의) 지배인.
番付〔ばんづけ〕① 순위(順位). ② 연예의 프로그램이나 배우의 역할, 줄거리 등을 기록한 것.
番小屋〔ばんごや〕파수막. 초소(哨所).
番外〔ばんがい〕① 일정한 프로그램외. ② 정식이 아님. 준(準). ③ 특별한 것. 예외
番組〔ばんぐみ〕프로그램.
番地〔ばんち〕번지. 주소. (지금은 地番임).
番茶〔ばんちゃ〕질이 낮은 엽차.
番号〔ばんごう〕번호. 순번.

〔煩〕 풀：번거로울 번.
音：① ハン ② ボン
訓：① わずらう ② わずらわしい ③ わずらわす

❶煩う〔わずらう〕(自他5) ① 걱정하다. 고민하다. ② (動詞連用形에 접속하여) 좀처럼 …못 하다. …하기를 망설이다. …하려고 하지 않는다.
煩い〔わずらい〕번거로움. 고민. 걱정. 근심.
　〔うるさい〕(形) 시끄럽다. 번거롭다. 귀찮다.
❷煩わしい〔わずらわしい〕(形) 귀찮다. 번거롭다. 성가시다.
❸煩わす〔わずらわす〕(他5) ① 걱정을 끼치다. 괴롭히다. 번거롭게 하다. ② 수고를 끼치다. 귀찮은 일을 부탁하다.

音読 1

煩〔はん〕번거로움. ～に堪えない; 번거로와 견딜 수 없다.
煩多〔はんた〕번다. 번거롭게 많음.
煩労〔はんろう〕번로. 번거로와 수고스러움.
煩雑〔はんざつ〕번잡. 귀찮고 복잡함.

音読 2

煩悩〔ぼんのう〕번뇌. 마음이나 신체를 괴롭히는 일체의 욕망.

〔繁〕 풀：번성할 번.
音：ハン
訓：① しげい ② しげみ

③ しげる

❶ **繁い**〔しげい〕(形) 빈번하다. 잦다. 끊임없다. 사이를 두지 않고 계속되다. 繁く通う; 빈번히 다니다. 자주 다니다.
❷ **繁み**〔しげみ〕우거짐. 우거진 곳. 숲.
❸ **繁る**〔しげる〕(自5) 무성하다. 빽빽히 들어차다. 繁り合う〔しげりあう〕(自5) 무성하다(초목이) 빽빽하게 들어차다.
繁繁〔しげしげ〕(副) ① 번번히. 뻔질나게 ② 자상하게. 찬찬히.

| 音　読 |

繁劇〔はんげき〕번극. 번거롭고 바쁜 것.
繁茂〔はんも〕번무. 초목이 무성하게 자람
繁務〔はんむ〕번무. 바쁜 사무.
繁盛〔はんじょう〕번성. 번창. 번영.
繁殖〔はんしょく〕번식. 태어나서 증식함.
繁栄〔はんえい〕번영. 번창하고 영화로움.
繁用〔はんよう〕볼일이 많아 바쁨.
繁華街〔はんかがい〕번화가. 번성하고 화려한 거리.

〔翻〕 풀 : 펄럭일 번.
音 : **ホン**
訓 : ① **ひるがえす**
② **ひるがえる**

❶ **翻す**〔ひるがえす〕(他 5) ① 뒤집다. 바꾸다. 거꾸로 하다. 手を～; 손바닥을 뒤집다. 태도를 바꾸다. ② (깃발을) 나부끼게 하다. 펄럭이게 하다.
❷ **翻る**〔ひるがえる〕(自5) ① 뒤집히다. 바뀌다. ② 나부끼다. 旗が～; 깃발이 나부끼다.
翻って〔ひるがえって〕(副) 이에 반(反)하여. 뒤집어서. 반대로. 바꾸어. ～考えれば; 바꾸어 생각하면.

| 音　読 |

翻刻〔ほんこく〕번각. 한번 새긴 책판 (冊板) 같은 것을 본보기로 삼아 다시 새김.
翻覆〔ほんぷく〕번복. 이리저리 뒤집어 고침.
翻案〔ほんあん〕번안. 외국의 희곡, 소설의 원작(原作)을 토대로 하여 개작 (改作)함.
翻訳〔ほんやく〕번역. 한 나라의 말이나 글을 다른 나라의 말이나 글로 옮김.
翻意〔ほんい〕번의. 결심을 다시 고침.

〔藩〕 풀 : 울타리 번.
音 : **ハン**
訓 :

藩閥〔はんばつ〕번벌. 세력 있는 지방의 영주(領主)가 형성한 파벌.
藩士〔はんし〕번사. 領主의 신하.
藩政〔はんせい〕번정. 지방 영주가 그 영토 내에서 행하는 정치.
藩主〔はんしゅ〕번주. 지방의 領主.

【벌】

〔伐〕 풀 : 칠 벌.
音 : ① **バツ** ② **バッ**
訓 : **きる**

伐る〔きる〕(他5) (나무를) 베다. 자르다. 木を～; 나무를 베다.

| 音　読 |

伐木〔ばつぼく〕벌목. 나무를 벰
征伐〔せいばつ〕정벌. 복종하지 않는 자를 쳐서 복종시킴.
伐採〔ばっさい〕벌채. 나무를 벰.

〔罰〕 풀 : 벌줄 벌.
音 : ① **バツ** ② **バッ** ③ **バチ**
訓 :

罰① 〔ばつ〕벌. ～を受ける; 벌을 받다. ② 〔ばち〕벌. (인간의 나쁜 행위를 신이 징계하는 것.) ～があたる; 천벌을 받다. ～当たり; 천벌을 받음.
罰する〔ばっする〕(他サ) 벌주다. 벌하다. 처벌하다.
罰金〔ばっきん〕벌금. 벌로써 무는 돈.
罰俸〔ばっぽう〕벌봉. 징계로 일정 기간봉급을 줄이는 것. 감봉(減俸).
罰則〔ばっそく〕벌칙. 벌하기 위한 규칙.

〔閥〕 풀 : 문벌 벌.
音 : **バツ**
訓 :

閥〔ばつ〕① 가문(家門). ② 집단. 파벌. 출신이나 이해 관계를 같이 하는 자의 집단.
門閥〔もんばつ〕문벌. 가문(家門).
派閥〔はばつ〕파벌. 출신, 이해 관계 등으로 이루어진 무리.

【범】

〔凡〕 풀 : 무릇 범.
音 : **ボン**
訓 : ① **およそ** ② **すべて**

❶ **凡そ**〔およそ〕① 대충. 대개. 대강. 대략. ② 무릇. 일반적으로. ③ 전연. 도무지.
❷ **凡て**〔すべて〕전부. 모조리. 모두. 전체.

| 例　外 |

凡例〔はんれい〕범례. 책 속의 대강(大綱)과 주의 사항을 책 맑리에 따서 적은 글. 일러두기.

| 音　読 |

凡骨〔ぼんこつ〕범골. 평범한 사람.
凡百〔ぼんひゃく〕범백. 갖가지.
凡夫〔ぼんぷ〕범부. 평범한 사람.
凡俗〔ぼんぞく〕범속. 통속적임.
凡失〔ぼんしつ〕범실. (야구에서) 대수롭지 않은 경우에 하는 실수.

凡眼〔ぼんがん〕범안. 평범한 안식.
凡庸〔ぼんよう〕범용. 평범. 평범한 사람.
凡愚〔ぼんぐう〕범우. 세상에 흔히 있는일
凡人〔ぼんじん〕범인. 보통 사람.
凡作〔ぼんさく〕범작. 평범한 작품.
凡才〔ぼんさい〕범재. 평범한 재능.
凡下〔ぼんげ〕평범한 일. 평민.

〔氾〕 풀：물넘칠 범.
音：ハン
訓：

氾濫〔はんらん〕범람. 물이 가득 차서 넘침.
氾論〔はんろん〕범론. 개괄적인 의론.

〔犯〕 풀：범할 범.
音：① ハン ② パン
訓：おかす

犯す〔おかす〕(他5) ① 범하다. ②(법을) 어기다. ③ 거역하다. 감히 하다. ④(여자를) 욕보이다. 간음하다. 女を～; 여자를 욕보이다.

音読 1

犯意〔はんい〕범의. 죄를 범하려는 의사.
犯人〔はんにん〕범인. 범죄자.
犯罪〔はんざい〕범죄. 법률에 어긋나는 행위.
犯則〔はんそく〕범칙. 법규를 위반함.
犯行〔はんこう〕범행. 범죄 행위.

音読 2

戦犯〔せんぱん〕전범. 전쟁 범죄인의 준말.
侵犯〔しんぱん〕침범. 다른 나라의 권리나 영토를 범함.

〔帆〕 풀：돛 범.
音：① ハン ② パン
訓：ほ

帆〔ほ〕돛. ～を揚げる; 돛을 달다. 尻に～をかける; 엉덩이에 돛을 달다 (쏜살같이 도망치다).
帆綱〔ほづな〕돛댓줄.
帆掛け舟〔ほかけぶね〕범선. 돛단배.
帆影〔ほかげ〕멀리 보이는 돛단배.
帆前船〔ほまえせん〕서양식 대형 범선.
帆柱〔ほばしら〕돛대.
帆布〔ほぬの〕돛에 쓰는 천.

音読

帆船〔はんせん〕범선. 돛단배.
帆走〔はんそう〕범주. 배가 돛에 바람을 받아 물위를 달림.
出帆〔しゅっぱん〕출범. 배가 항구를 떠남.

〔汎〕 풀：띄울 범. 뜰 범.
音：ハン
訓：

汎論〔はんろん〕범론. 전반에 걸쳐 개관한 이론.
汎神論〔はんしんろん〕범신론. 일체의 만유가 신이며 신의 일체는 만유라는 종교관.
汎心論〔はんしんろん〕범심론. 모든 물건에는 마음이 있다는 종교 철학관.

〔梵〕 풀：불경 범. 경 읽을 범
音：ボン
訓：

梵語〔ぼんご〕범어. 고대 인도의 문어인 산스크리트의 한 분파.
梵字〔ぼんじ〕범자. 고대 인도의 글자.
梵鐘〔ぼんしょう〕범종. 절의 종.
梵妻〔ぼんさい〕범처. 중의 아내.

〔範〕 풀：법 범.
音：① ハン ② パン
訓：

範〔はん〕모범. 본보기. ～を示す; 모범을 보이다.
範例〔はんれい〕범례, 규범(規範) 또는 본보기가 되는 예(例).
範囲〔はんい〕범위. 행동이나 생각이 미치는 한계(限界).
模範〔もはん〕모범. 본받아 배울만한 것.

音読 2

典範〔てんぱん〕전범. 규율(規律). 규범.

【법】

〔法〕 풀：법 법.
音：① ホウ ② ボウ ③ ポウ ④ ホッ
訓：のっとる

法る〔のっとる〕(自5) 본받다. 기준으로 삼고 따르다. 준(準)하다.

例外

法度〔はっと〕법도. ① 규율. 법률. ② 금지의 법령이나 규칙.

音読 1

法〔ほう〕법. 법률.
法科〔ほうか〕법과. 법률에 관한 학과.
法規〔ほうき〕법규. 법률상의 규정. 규칙.
法律〔ほうりつ〕법률. 법.
法令〔ほうれい〕법령. 법률의 총칭.
法名〔ほうみょう〕법명. 불교식의 이름.
法務省〔ほうむしょう〕법무성. 법무부.
法文〔ほうぶん〕법문. 법령의 조문.
法師〔ほうし〕법사. 중. 스님.
法式〔ほうしき〕법식. 하는 법. 방식.
法案〔ほうあん〕법안. 법률의 안건(案件).
法王〔ほうおう〕법왕. 로마교황.
法外〔ほうがい〕① 도(度)가 지나침. ～な値段; 터무니 없는 값. ② 도리에 어긋남.
法衣〔ほうい〕법의. 중의 옷.
法人〔ほうじん〕법인. 법률상으로 인격이 주어진 권리, 의무의 주체(主体).
法典〔ほうてん〕법전. 법규를 체계적으로 한데 모아 조직한 책.
法定〔ほうてい〕법정. 법률로 정하는 것.
法廷〔ほうてい〕법정. 재판을 하는 곳.
法制〔ほうせい〕법제. 법률과 제도.
法条〔ほうじょう〕법조. 법률의 조문.

法曹〔ほうそう〕 법조. 법률에 종사하는 법관.
法治〔ほうち〕 법치. 법률에 의거하여 정치함.
法則〔ほうそく〕 법칙. 규정. 규칙.
法会〔ほうえ〕 법회. 説法을 위한 모임.

音読 2

影法師〔かげぼうし〕 햇빛이나 불빛에 비쳐 보이는 사람의 그림자.
一寸法師〔いっすんぼうし〕 난장이.
正法〔しょうぼう〕 정법. 옳은 길.

音読 ③

文法〔ぶんぽう〕 문법. 말의 규칙.
民法〔みんぽう〕 민법. 국민의 개인 권리의 통칙을 규정한 법률.
仏法〔ぶっぽう〕 불법. 불교. 불도.
〔ふつほう〕 프랑스 법학(法学).
説法〔せっぽう〕 설법. 불교의 교리를 풀어 밝혀 들려줌.
便法〔べんぽう〕 편법. 편리한 방법.
憲法〔けんぽう〕 헌법. 국가의 법.

音読 ④

法界〔ほっかい〕 법계. ① 불법의 범위. ② 법조계(法曹界).
法体〔ほったい〕 법체. 삭발한 중의 모습.
法華〔ほっけ〕 법화. ① 法華経. ② 法華宗.

【벽】

〔碧〕 풀：푸른 은빛 벽.
音：ヘキ
訓：

碧空〔へきくう〕 벽공. 푸른 하늘.
碧落〔へきらく〕 벽락. 푸른 하늘.
碧水〔へきすい〕 벽수. 푸른 빛이 감도는 깊은 물.
碧眼〔へきがん〕 벽안. 푸른 눈. 서양 사람.
碧海〔へきかい〕 벽해. 푸른 바다.

〔僻〕 풀：두메 벽. 깊숙할 벽.
音：ヘキ
訓：ひがむ

僻む〔ひがむ〕 (自5) 비뚤어지다. 곡해(曲解)하다. 옥생각하다.

파생어

僻歌〔ひがうた〕 잘못된 노래.
僻目〔ひがめ〕 ① 사팔 눈. ② 그릇 봄.
僻事〔ひがごと〕 사실과 다른 일. 잘못 생각한 일.
僻心〔ひがごころ〕 ① 비뚤어진 마음. ② 그릇된 생각.
僻耳〔ひがみみ〕 잘못 들음.

音 読

僻する〔へきする〕 (自サ) 한쪽으로 치우치다. 비뚤어지다.
僻見〔へきけん〕 벽견. 치우친 생각.
僻遠〔へきえん〕 벽원. 한쪽으로 치우쳐 먼 곳.
僻在〔へきざい〕 벽재. 으슥한 벽지에 외따로 있음.
僻地〔へきち〕 벽지. 도시에서 멀리 떨어져 으슥하고 한적한 곳.
僻村〔へきそん〕 벽촌. 외딴 곳에 떨어져 있는 마을.

〔壁〕 풀：바람벽 벽.
音：① ヘキ ② ペキ
訓：かべ

壁〔かべ〕 ① 벽. ② 깎아 세운 듯한 암벽(岩壁).
壁掛け〔かべかけ〕 벽걸이. 벽에 걸어서 장식용으로 하는 것.
壁塗り〔かべぬり〕 벽에 흙을 바름.
壁隣〔かべどなり〕 (공동 주택에서) 벽을 사이에 둔 이웃.
壁書き〔かべがき〕 벽서. 벽에 글을 씀.
壁訴訟〔かべそしょう〕 ① 혼자서 불평을 함 ② 뒷공론. ③ 빗대어 빈정거림.
壁新聞〔かべしんぶん〕 벽신문.
壁越(し)〔かべごし〕 벽 너머.
壁紙〔かべがみ〕 벽지. 도배지.
壁土〔かべつち〕 벽토. 벽에 바르는 흙.

音読 1

壁面〔へきめん〕 벽면. 바람벽의 표면.
壁報〔へきほう〕 벽보. 벽에 내붙여서 여러 사람에게 알리는 것.
壁書〔へきしょ〕 벽서. ① 벽에 씀. ② 여러 사람에게 알리기 위한 벽보.
壁画〔へきが〕 벽화. ① 장식용으로 벽에 그린 그림. ② 벽에 걸어 놓은 그림.

音読 2

岸壁〔がんぺき〕 안벽. ① 물가의 벼랑. ② 부두나 항구에 시설한 콘크리트 벽.
岩壁〔がんぺき〕 암벽. 벽처럼 깎아세운 듯이 높이 솟은 바위.
絶壁〔ぜっぺき〕 절벽. 깎아 세운 듯한 벼랑.

〔癖〕 풀：버릇 벽.
音：① ヘキ ② ペキ
訓：くせ

癖 〔くせ〕 ① 버릇. ② (재단) 몸매의 굴곡. 〔へき〕 버릇.
癖毛〔くせげ〕 한쪽으로 눕는 버릇이 있는 (머리) 털.
癖直し〔くせなおし〕 (접히거나 구긴 자국을) 김에 쐐어 바로 잡음.

連濁音에 注意

口癖〔くちぐせ〕 입버릇(이 된말).
笑い癖〔わらいぐせ〕 웃는 버릇.
酒癖〔さけぐせ〕 주벽. 술버릇.

音読 1

盗癖〔とうへき〕 도벽. 물건을 훔치는 버릇.
悪癖〔あくへき〕 악벽. 나쁜 버릇.

音読 2

癇癖〔かんぺき〕 성내기 쉬운 성질.
潔癖〔けっぺき〕 결벽. ① 부정을 싫어하는 성격. ② 유별나게 깨끗한 것을 좋아하는 성격.

【변】

〔**弁**〕 풀 : 말잘할 변.
音 : **ベン**
訓 : **わきま**える

弁える〔わきまえる〕 (他下1) 분별하다. 판별하다. 분수를 알다. 礼儀を弁えない男 ; 예의를 차릴 줄 모르는 사나이.

音 読

弁〔べん〕 ① 말. 말씨. ② 말재주. ③ 판. 막.
弁じる〔べんじる〕 (自他上1) ① 끝나다. 끝내다. ② 처리하다. ③ 갖추다. ④ 입장을 분명히 하기 위하여 의견을 말하다. ⑤ 주선하다.
弁当〔べんとう〕 도시락.
弁論〔べんろん〕 변론. 여러 사람 앞에서 사리를 밝혀 옳고 그름을 말함.
弁理士〔べんりし〕 변리사. 特許, 実用新案의 신청, 出願 등의 대리를 업으로 하는 사람.
弁膜〔べんまく〕 변막. 판막. 심장이나 동맥에 있는 막으로 피의 逆流를 방지함.
弁明〔べんめい〕 변명. 이유를 설명하여 밝힘.
弁駁〔べんばく〕 변박. 상대의 이야기를 공격함. 반박함. 반론(反論).
弁別〔べんべつ〕 변별. 구별. 식별(識別).
弁士〔べんし〕 변사. ① 연단에서 강연하는 사람. ② 無声映画의 설명자.
弁償〔べんしょう〕 변상. 손해를 물어 줌.
弁舌〔べんぜつ〕 변설. 말을 잘하는 재주.
弁才〔べんさい〕 변재. 말재주.
弁済〔べんさい〕 변제. 빚을 갚음.
弁証〔べんしょう〕 변증. 변론으로 증명함.
弁解〔べんかい〕 변해. 말로 풀어 밝힘. 변명(弁明).
弁護士〔べんごし〕 변호사. 소송에 관한 법률 사무를 행하고 피고를 변호하는 사람.

〔**辺**〕 풀 : 가 변
音 : ① **ヘン** ② **ペン**
訓 : ① **あたり** ② **べ**

訓 読 ①

辺り〔あたり〕 ① 그 곳. ② 주변. 근처. 부근. 언저리. ③ …같은 곳. ④ 쯤. 경(頃). ⑤ 정도 같은 사람. 따위.

訓 読 2

浜辺〔はまべ〕 바닷가. 해변.
寄る辺〔よるべ〕 의지할 곳. 기댈 곳.
岸辺〔きしべ〕 물가. 강가. 바닷가.
野辺〔のべ〕 ① 들. 들판. ② ～の送り ; 장례의 전송. 장송(葬送).
沢辺〔さわべ〕 늪가. 못가.
海辺〔うみべ〕 해변. 바닷가.

音 読 1

辺〔へん〕 ① 변. 三角形の～ ; 삼각형의 변. ② 부근. 근처. この～では ; 이 부근에서는. ③ 정도. 쯤. その～だ ; 그 정도다.
辺境〔へんきょう〕 변경. 국경(国境).
辺地〔へんち〕 변지. 벽지(僻地).
辺土〔へんど〕 변토. 시골. 도시의 변두리.
辺幅〔へんぷく〕 표면. 외관. ～を飾る ; 겉치레를 하다. 꾸미다.

音 読 2

近辺〔きんぺん〕 가까운 곳. 근방.
身辺〔しんぺん〕 신변. 몸의 주의.
一辺倒〔いっぺんとう〕 일변도. 한쪽으로만 치우침.

〔**変**〕 풀 : 변할 변.
音 : ① **ヘン**. ② **ペン**
訓 : ① **か**える. ② **か**(わ)る.

❶ **変える**〔かえる〕 (他下1) ① 바꾸다. 변화시키다. 변하다. ② 고치다. 변경시키다. 바꾸다. 갈다. ③ (장소를) 옮기다.
❷ **変(わ)る**〔かわる〕 (自5) ① 변하다. 바뀌다. ② 색다르다. 変わった人だ ; 별난 사람이다. 색다른 사람이다.
変(わ)り〔かわり〕 ① 변함. 다름. ② 별고. 이상.
変(わ)り果てる〔かわりはてる〕 (自下1) 딴판으로 변하다. 완전히 변해 버리다.
変(わ)り目〔かわりめ〕 ① 바뀔 때. 気候の～ ; 환절기(換節期). ② 구별. 차이.
変(わ)り飯〔かわりめし〕 별식(別食).
変(わ)り身〔かわりみ〕 몸의 위치를 순간적으로 바꿈. 전향(転向).
変(わ)り者〔かわりもの〕 괴짜. 기인(奇人).
変(わ)り種〔かわりだね〕 별종(別種). 괴짜.
変(わ)り雛〔かわりひな〕 그 때의 풍속을 짜넣어 만든 雛人形(ひなにんぎょう).

音 読 1

変〔へん〕 ① 이상함. ② 변. 불시에 당함.
変じる〔へんじる〕 (自他上1) 바꾸다. 변경하다. 변화하다.
変格〔へんかく〕 변격. 변칙(変則).
変更〔へんこう〕 변경. 바꾸어서 고침.
変動〔へんどう〕 변동. 변하여 움직임.
変乱〔へんらん〕 변란. 사변(事変)이 일어나 세상이 어지러움.
変死〔へんし〕 변사. 뜻밖의 재난으로 죽음.
変色〔へんしょく〕 변색. 빛깔이 변함 (바뀜).
変声〔へんせい〕 변성. 목소리가 변함.
変成岩〔へんせいがん〕 변성암.
変性〔へんせい〕 변성. 성질이 이상함.
変速〔へんそく〕 변속. 속력을 바꿈.
変身〔へんしん〕 변신. 모습을 바꿈.
変心〔へんしん〕 변심. 마음이 변함.
変容〔へんよう〕 변용. 용모를 바꿈.

変異〔へんい〕변이. 이변(異変).
変移〔へんい〕변이. 변화하여 옮김.
変人〔へんじん〕이상한 사람. 별난 사람.
変装〔へんそう〕변장. 남의 눈을 속이기 위해 옷차림이나 모양을 바꿈.
変転〔へんてん〕변전. 변하여 다른 상태로 됨.
変節〔へんせつ〕변절. 종래의 태도나 주의(主義)를 바꿈.
変造〔へんぞう〕변조. 가공하여 모양이나 내용을 바꿈.
変調〔へんちょう〕변조. 말이나 행동이 먼저와 달라짐. 보통과 다름.
変種〔へんしゅ〕변종. 종류가 바뀜.
変遷〔へんせん〕변천. 시간에 따라 달라짐.
変哲〔へんてつ〕변철. 변함. 변한 점. 다름.
変則〔へんそく〕변칙. 규칙에서 벗어남.
変態〔へんたい〕변태. ① 동물이 시기에 따라 형태를 바꿈. ② 이상한 형태.
変通〔へんつう〕변통. 경우에 따라서 막힘없이 일을 잘 처리함.
変革〔へんかく〕변혁. 바꾸어 새롭게 함.
変形〔へんけい〕변형. 형태를 바꿈.
変化〔へんか〕변화. 상태나 성질이 변함.
〔へんげ〕① 요괴(妖怪). ② 권화(権化).
変換〔へんかん〕변환. 변하여 바뀜.
変換え〔へんがえ〕변환. 혁신(革新).

音読 2

一変〔いっぺん〕일변. 아주 변함.
転変〔てんぺん〕전변. 바뀌어 달라짐.
千変万化〔せんぺんばんか〕천변 만화.
天変地異〔てんぺんちい〕천변 지이.

〖便〗 풀：① 오줌 변. ② 편할 편.
音：① ベン ② ビン
訓：

便〔べん〕① 대소변(大小便). ～の検査; 변검사. ② 형편. 편리. 交通の～がよい; 교통편이 좋다. 교통이 편리하다.
便器〔べんき〕변기. 대소변을 보는 그릇.
便秘〔べんぴ〕변비. 대변이 잘 나오지않음.
便所〔べんじょ〕변소. 대소변을 보는 곳.
便意〔べんい〕변의. 대소변을 보고 싶은 마음.
便通〔べんつう〕변통. 대변이 잘 나옴.

(편)으로 발음 되는 경우는 537 페이지 '便'참조할 것.

【별】

〖別〗 풀：다를 별.
音：① ベツ ② ベッ
訓：① わかつ ② わかれる ③ わきて

❶ **別つ**〔わかつ〕(他5) ① 나누다. 가르다. ② 구분하다. ③ 가리다. ④ 분별하다.
別ち〔わかち〕구별. 차별. 구분.
別ち書き〔わかちがき〕띄어 쓰기.
❷ **別れる**〔わかれる〕(自下1) 헤어지다. 이별하다. 갈라서다. 작별하다.
別れ〔わかれ〕① 이별. ② 헤어짐. 고별. 결별(決別). ③ 갈라져 나온 것. 분파(分派).
別れ道〔わかれみち〕갈림길. 기로(岐路). 이별하는 길.
別れ路〔わかれじ〕이별의 길. 갈림길. 이별.
別れ目〔わかれめ〕갈림길. 헤어질 때.
別れ別れ〔わかれわかれ〕뿔뿔이 헤어짐.
別れ霜〔わかれじも〕입춘부터 88일째, 5월 초에 내리는 서리. 그 해의 마지막 서리.
❸ **別きて**〔わきて〕(副) 특히. 그 중에서도.

音読 1

別〔べつ〕① 다름. ② 차이. ③ ～に; 따로 별로. 그밖에. 특별히.
別間〔べつま〕따로 만든 방.
別納〔べつのう〕별납. 별도로 바침.
別段〔べつだん〕각별. 보통과 달리.
別動隊〔べつどうたい〕별동대. 특별한 임무를 띠고 별도로 행동하는 부대.
別棟〔べつむね〕별채. 따로 떨어져 있는집.
別離〔べつり〕이별. 헤어짐.
別名〔べつめい〕별명. 본명 이외의 이름.
別命〔べつめい〕특별한 명령. 특명.
別別〔べつべつ〕① 따로따로 ② 각자. 개개.
別状〔べつじょう〕이상(異状). ～なし; 이상없음.
別刷り〔べつずり〕발췌(抜萃) 인쇄.
別言〔べつげん〕달리 말함.
別儀〔べつぎ〕특별한 사정. 다른 일.
別人〔べつじん〕다른 사람. 딴 사람.
別条〔べつじょう〕보통과 다름. 이상 (異状).
別便〔べつびん〕별도의 우편.

音読 2

別して〔べっして〕(副) 특히. 특별히.
別個〔べっこ〕별개. 별도. 따로따로.
別居〔べっきょ〕별거. 따로 삶.
別格〔べっかく〕별격. 특별.
別科〔べっか〕별과. 本科 외에 따로 설치한 과목.
別館〔べっかん〕별관. 본관과 떨어진 별채.
別途〔べっと〕별도. 다른 방법.
別世界〔べっせかい〕별세계. 別天地.
別送〔べっそう〕별송. 따로 보냄.
別室〔べっしつ〕별실. 특별한 방. 다른 방.
別荘〔べっそう〕별장. 본집 이외에 세운집.
別製〔べっせい〕별제. 特製.
別種〔べっしゅ〕별종. 다른 종류.
別紙〔べっし〕별지. 다른 종이.
別冊〔べっさつ〕별책. 따로 만든 책.
別表〔べっぴょう〕별표. 따로 붙인 表示.

【병】

〔丙〕 풀：남녘 병.
音：ヘイ
訓：

丙〔へい〕 병. 사물의 차례의 제 3 위.
丙夜〔へいや〕 오전 영시부터 2 시까지
丙種〔へいしゅ〕 병종. 3 등급.

〔兵〕 풀：군사 병.
音：① ヘイ ② ペイ
③ ヒョウ ④ ビョウ

兵〔へい〕 ① 무기. ② 군인. 군대. ③전쟁 군사(軍事). ～を構える; 전쟁 준비를 하다. ④ 사병. 병졸.
兵家〔へいか〕 병가. 군인.
兵器〔へいき〕 병기. 전쟁에 쓰는 무기.
兵団〔へいだん〕 병단. 군단(軍団).
兵隊〔へいたい〕 군대. 군인.
兵略〔へいりゃく〕 병략. 군사상의 전략.
兵力〔へいりょく〕 병력. 군대의 힘.
兵馬〔へいば〕 병마. ① 군사와 군마(軍馬) ② 군대. ③ 전쟁.
兵法〔へいほう〕 병법. 군사상의 전략, 전술.
兵士〔へいし〕 병사. 사병(士兵).
兵舎〔へいしゃ〕 병사. 군대가 거처하는 집.
兵事〔へいじ〕 병사. 군사(軍事).
兵役〔へいえき〕 병역. 군무에 복무함.
兵営〔へいえい〕 병영. 군대가 거주하는 곳.
兵員〔へいいん〕 병원. 병사의 수효
兵長〔へいちょう〕 병장. 사병 계급의 하나.
兵曹〔へいそう〕 병조. 해군 하사관.
兵卒〔へいそつ〕 병졸. 군인. 병사.
兵站〔へいたん〕 병참. 군수품을 전선에 보급하는 기관.

音読 2

観兵式〔かんぺいしき〕 관병식. 군대의사열
新兵〔しんぺい〕 신병. 갓 입대한 군인.
出兵〔しゅっぺい〕 출병. 군대를 보냄.
憲兵〔けんぺい〕 헌병.

音読 3

兵糧〔ひょうろう〕 ① 군대의 식량. ② 활동의 원동력. ③ 식량.
兵糧攻め〔ひょうろうぜめ〕 적의 식량 운반로를 막아 전투력을 약화시키는 일.
大兵〔だいひょう〕 몸이 큰 것(사람).
雑兵〔ぞうひょう〕 졸병. 지위가 낮은 부하.

音読 4

生兵法〔なまびょうほう〕 서투른 무술. 서투른 지식. 불충분한 병법.
軍兵〔ぐんびょう〕 군병. 군인.
兵児帯〔へこおび〕 한 폭의 천을 그대로 매는 띠.

〔併〕 풀：나란히 할 병.
音：ヘイ
訓：① あわせる ② しかし

❶**併せる**〔あわせる〕(他下1) 합치다. 会社を～; 회사를 합치다.
併せて〔あわせて〕(副) 아울러. 겸해서.
併せ持つ〔あわせもつ〕(他5) 겸해. 갖추다. 둘 다 갖추다.
❷**併し**〔しかし〕 그러나. 그렇지만.

音読 1

併発〔へいはつ〕 병발. 동시에 일어남.
併殺〔へいさつ〕 double play.
併設〔へいせつ〕 병설. 아울러 설치함.
併用〔へいよう〕 병용. 함께 씀.
併有〔へいゆう〕 병유. 함께 소유함.
併存〔へいそん〕 병존. 아울러 존재함.
併置〔へいち〕 합해서 설치함.
併称〔へいしょう〕 병칭. 한데 묶어서 일컬음.
併合〔へいごう〕 병합. 하나로 합침.

音読 2

兼併〔けんぺい〕 겸병. 한데 합쳐 하나로함.
合併〔がっぺい〕 합병. (국가, 사회를)하나로 합침.

〔並〕 풀：나란히 할 병.
音：ヘイ
訓：① ならぶ ② ならべる
③ なみ

❶**並ぶ**〔ならぶ〕(自5) ① 늘어 서다. 한 줄로 서다. ② 병행(並行)하다. ③ 견주다. ④ 동시에 존재하다.
並び〔ならび〕 ① 늘어선 것. 줄(例). ② 유례(類例). 비교.
並びに〔ならびに〕 및. 日本～韓国; 일본및 한국.
並び立つ〔ならびたつ〕(自5) 나란히 서다. 両立하다.
並び無い〔ならびない〕(形) 비할 바가 없다. 둘도 없다.
❷**並べる**〔ならべる〕(他下1) ①(일렬로) 늘어놓다. 나란히 하다. ② 진열하다. ③ 열거하다. 차례차례로 말하다.
並べ立てる〔ならべたてる〕(他下1) (하나하나)늘어 놓다.
❸**並**〔なみ〕 ① 보통. 중간치. ② 평범. 보통. ③ 늘어섬. 줄 지음. ④ …같이. …같음. ⑤ …마다. 月～の会; 달마다 열리는 회합. ⑥ 足～; 보조.
並み居る〔なみいる〕(自上1) 한 자리에 나란히(앉아) 있다.
並大抵〔なみたいてい〕(부정문에 사용함) 이만저만. 흔함. 보통 정도.
並等〔なみとう〕 보통의 등급.
並木〔なみき〕 가로수.
並物〔なみもの〕 흔한 보통의 물건.
並並〔なみなみ〕 ～ならぬ; 보통이 아니다. 이만저만이 아니다.
並外れる〔なみはずれる〕(自下1) 보통 이상이다. 유별나다. 뛰어나다.
並肉〔なみにく〕 질이 나쁜 하급 고기.
並一通り〔なみひととおり〕 보통. 엔간함.
並製〔なみせい〕 보통제.

並足〔なみあし〕① 보통 속도의 걸음. ② 말의 속도에서 가장 느린 걸음.
並幅〔なみはば〕(옷감의) 보통 폭.

〔**屛**〕 풀：병풍 병.
音：① **ヘイ** ② **ビョウ**
訓：

音読 1

屛居〔へいきょ〕물러감.
屛息〔へいそく〕병식. 숨을 죽임. 겁이 나서 움츠러짐.

音読 2

屛風〔びょうぶ〕병풍. 바람을 막거나 물건을 가리기 위해 또는 장식용으로 방안에 쳐놓는 물건.
屛風絵〔びょうぶえ〕병풍에 그린 그림.

〔**柄**〕 풀：자루 병.
音：① **ヘイ** ② **ペイ**
訓：① **え** ② **がら**

柄 ❶〔え〕자루. 손잡이. なべの～; 남비손잡이.
❷〔がら〕① 체격. 몸집. ② 분수. 격. ③ 품위. ④ 무늬. はでな～; 화려한무늬.
柄行〔がらゆき〕무늬. 체제. 무늬나 체제로 인하여 받는 좋고 나쁨의 느낌.

音読 1

柄臣〔へいしん〕권력을 쥐고 있는 신하.
葉柄〔ようへい〕잎꼭지.

音読 2

権柄〔けんぺい〕권병. 권력으로 남을 누르려고 함.

例　外

柄杓〔ひしゃく〕(국을 뜨는) 국자.

〔**病**〕 풀：병들 병.
音：① **ビョウ** ② **ペイ**
訓：① **やむ** ② **やめる**
③ **やまい**

❶ **病む**〔やむ〕(自他5) ① 병들다. 앓다. 肺を～; 폐를 앓다. ② 걱정하다.
病み付き〔やみつき〕① (나쁜) 버릇이 들어 고칠 수 없게 됨. 고질이 됨. ② 병이 듦. ～は先月だ; 병이 든 것은 지난 달이다.
病み上がり〔やみあがり〕병이 나아 얼마되지 않은 상태.
❷ **病める**〔やめる〕(自下1) ① 아프다. 병들다. ～母をいたわる; 병든 엄마를 위로하다. ② 괴로와하다.
❸ **病**〔やまい〕병. 不治の～; 불치의 병.
病犬〔やまいぬ〕① 병든 개. ② 미친 개③ 나쁜 버릇이 있는 개.
病垂〔やまいだれ〕漢字 部首의 하나. (例；'病' '痛'의 '疒'의 이름).

音読 1

病苦〔びょうく〕병고. 병의 괴로움.
病菌〔びょうきん〕병균. 바이러스.
病気〔びょうき〕병. 몸이 아픈 것. 질병.
病棟〔びょうとう〕병동. 병실로 쓰는 건물.
病歴〔びょうれき〕병력. 병에 걸린 경력.
病魔〔びょうま〕병마. 병.
病名〔びょうめい〕병명. 병의 이름.
病没〔びょうぼつ〕병몰. 병으로 죽음.
病死〔びょうし〕병사. 병으로 죽음.
病舎〔びょうしゃ〕병사. 병원 건물. 병실.
病床〔びょうしょう〕병상. 환자가 눕는 침상.
病状〔びょうじょう〕병상. 병의 상태.
病勢〔びょうせい〕병세. 병의 상태.
病巣〔びょうそう〕병소. 병원균이 있는 곳.
病院〔びょういん〕병원.
病原菌〔びょうげんきん〕병원균. 병균.
病因〔びょういん〕병인. 병의 원인.
病人〔びょうにん〕병인. 환자. 병자.

音読 2

疾病〔しっぺい〕질병. 병.

〔**塀**〕 풀：담 병.
音：**ヘイ**
訓：

塀〔へい〕① 담. ② 널판장.

〔**瓶**〕 풀：항아리 병
音：**ビン**
訓：

瓶〔びん〕① 단지. ② 병. ③ 도자기.
瓶詰〔びんづめ〕병에 담음. 병에 담은 것.
花瓶〔かびん〕화병. 꽃병.

【보】

〔**宝**〕 풀：보배 보.
音：① **ホウ** ② **ボウ** ③ **ポウ**
訓：**たから**

宝〔たから〕보물. 보배. お～; 돈.
宝物〔たからもの：ほうもつ〕보물. 보배.
宝船〔たからぶね〕보물선.
宝捜し〔たからさがし〕보물찾기.
宝籤〔たからくじ〕복권(福券).
宝探し〔たからさがし〕보물 찾기.
宝貝〔たからがい〕자패(紫貝).

音読 1

宝鑑〔ほうかん〕보감. 모범이 될 만한 내용을 기록한 서적.
宝剣〔ほうけん〕보검. 보물로 여기는 칼.
宝庫〔ほうこ〕보고. ① 보물 창고. ② 많은 물품을 산출, 공급하는 토지.
宝物〔ほうもつ：たからもの〕보물. 보배.
宝石〔ほうせき〕보석.
宝玉〔ほうぎょく〕보옥. 보석.
宝位〔ほうい〕보위. 임금의 자리.
宝典〔ほうてん〕보전. 중요한 책. 편리하게 간추린 책.
宝珠〔ほうじゅ〕보주. 보배로운 구슬.

音読 2

三宝〔さんぼう〕① 눈, 귀, 입의 가장 중요한 세 가지. ② 仏, 法, 僧. ③ 부처.

音読 3

神宝〔しんぽう〕신성한 보물. 神社의 보물.
珍宝〔ちんぽう〕진보. 진귀한 보물.
七宝〔しっぽう〕칠보. 일곱 가지의 보배.
七宝焼(き)〔しっぽうやき〕금, 은, 구리에 법랑을 올려 구워 여러 가지 무늬를 나타낸 것.

〔歩〕 풀 : 걸을 보.
音 : ① フ ② ブ ③ ホ ④ ポ
訓 : ① あるく ② あゆむ

❶ 歩く〔あるく〕(自5) ① 걷다. ② 산책하다. ③ (動詞連用形에 접속하여) 여기저기 돌아다니며…하다. 酒場を飲み～; 여러 술집을 돌아다니며 마시다.
❷ 歩む〔あゆむ〕걷다. 나아가다.
歩み〔あゆみ〕① 걸음. 보조. ② 진행. 발걸음. 흐름. ③ 같은 간격으로 늘어선 물건의 중심선에서 중심선까지의 거리.
歩み寄る〔あゆみよる〕(自5) 서로 다가서다. 서로 양보하여 의견(주장)을 일치시키다.
歩み板〔あゆみいた〕디딤널.
歩み合い〔あゆみあい〕서로 양보하여 합의함. 서로 다가 섬.

音読 1　音読 2

歩〔ふ〕(일본 장기의 말) 졸(卒).
〔ぶ〕① 거래의 수수료. 구전. ② 비율. 이율(利率). ③ 보. 토지 면적의 단위. 1보는 6척(尺) 평방(약3.3평방미터)
歩留まり〔ぶどまり〕물건을 만들 때 원료의 허비. 원료에 대한 제품의 비율.
歩積み〔ぶづみ〕은행이 어음을 할인할 때에 그 일부를 강제적으로 예금시킴.

音読 3

歩〔ほ〕걸음. ～を進める; 걸음을 옮기다.
歩道〔ほどう〕보도. 인도(人道).
歩武〔ほぶ〕보무. 걸음걸이.
歩兵〔ほへい〕보병. 도보(徒歩)로 전투 하는 군의 주력 부대.
歩歩〔ほほ〕한 걸음 한 걸음. 한 발짝씩.
歩調〔ほちょう〕보조. 발걸음.
歩哨〔ほしょう〕보초. 경계, 감시의 임무를 띠는 병사.
歩測〔ほそく〕보칙. 걸음걸이의 너비로 거리를 재는 일.
歩行〔ほこう〕보행. 걸어 다님.

音読 4

独歩〔とっぽ〕독보. ① 뛰어남. ② 독립하여 행함.
漫歩〔まんぽ〕만보. 한가롭게 걸음.
散歩〔さんぽ〕산보. 산책.
進歩〔しんぽ〕진보. 발달함.
闊歩〔かっぽ〕활보. 힘차고 당당하게 걸음.

〔保〕 풀 : 보호할 보.
音 : ① ホ ② ポ
訓 : たもつ

保つ〔たもつ〕(自他5) ① 유지하다. 유지되다. ② 견디다. ③ 지키다. 보전하다. ④ 가지다. 보유하다.

音読 1

保する〔ほする〕(他サ) 보증하다.
保健〔ほけん〕보건. 건강을 유지하는 일.
保管〔ほかん〕보관. 잘 간수함.
保菌者〔ほきんしゃ〕보균자. 병균을 몸에 가지고 있는 사람.
保塁〔ほるい〕보루. 작은 요새(要塞).
保留〔ほりゅう〕보류. 결정을 연기함.
保母〔ほぼ〕보모. 유치원 등에서 어린이들을 보호하고 가르치는 여자.
保釈〔ほしゃく〕보석. 피고인을 석방함.
保税〔ほぜい〕보세. 수입 수속이 끝날 때까지 세금을 받지 않음.
保守〔ほしゅ〕보수. 전통을 지키고 급격한 개선을 반대함.
保身〔ほしん〕보신. 자기 몸을 지키는 일.
保安〔ほあん〕보안. 사회의 안녕 질서를 보전하는 일.
保養〔ほよう〕보양. 몸을 휴양시켜 기름.
保有量〔ほゆうりょう〕보유량. 가지고 있는 양.
保育園〔ほいくえん〕보육원. 어린 아이를 돌보아 기르는 곳.
保障〔ほしょう〕보장. 장애가 되지 않게 보증함.
保全〔ほぜん〕보전. 보호하여 안전하게 함.
保存〔ほぞん〕보존. 잘 간수함.
保証〔ほしょう〕보증. 책임을 지고 틀림없음을 증명함.
保持〔ほじ〕보지. 보존하고 유지함.
保険〔ほけん〕보험. 손해를 보상 하겠다는 보증.
保護〔ほご〕보호. 돌보고 지켜 줌.

音読 2

健保〔けんぽ〕건강 보험의 준 말.
担保〔たんぽ〕담보. 저당(抵当).
隣保〔りんぽ〕가까운 이웃. 국민반.
安保〔あんぽ〕안보. 安全 保障의 준말.

〔報〕 풀 : 갚을 보.
音 : ① ホウ ② ポウ
訓 : ① むくいる ② むくう

❶ 報いる〔むくいる〕(自他上1) ① 보답하다. 갚다. ② 앙갚음을하다. 보복하다.
報い〔むくい〕응보. 보답. 보수.
❷ 報う〔むくう〕(自5) 보답하다. 갚다.

音読 1

報〔ほう〕소식. 알리는 일. この～を得て; 이 소식을 듣고.
報じる〔ほうじる〕(自他上1) ① 보답하다 갚다. ② 보복하다. ③ 이바지하다. ④ 알리다. 보도하다.
報告〔ほうこく〕보고. 알림. 통지.
報徳〔ほうとく〕보덕. 恩徳을 갚음.
報道〔ほうどう〕보도. 전해서 알림. 뉴우스
報労〔ほうろう〕보로. 노고(労苦)에 보답

함.
報復〔ほうふく〕보복. 앙갚음.
報謝〔ほうしゃ〕보사. 은혜에 보답함.
報賞〔ほうしょう〕보상 칭찬하여 상을 줌
報償〔ほうしょう〕보상. 손해를 입은 사람에게 변상하여 줌.
報酬〔ほうしゅう〕보수. 사례. 수당.
報恩〔ほうおん〕보은. 은혜에 보답함.
報奨〔ほうしょう〕근로에 보답하고 이를 권장함.

音 読 2

官報〔かんぽう〕관보. ① 정부가 국민에게 알릴 것을 발행하는 문서. ② 관청에서 내는 公用의 전보.
吉報〔きっぽう〕길보. 좋은 소식.
年報〔ねんぽう〕년보. 1년간의 보고.
雑報〔ざっぽう〕잡보. 자질구레한 보도.
電報〔でんぽう〕전보.

〔普〕 풀：넓을 보.
音：フ
訓：あまねく

普く〔あまねく〕(副) 널리. 보편적으로. 골고루. ～知らせる; 널리 알리다.

音 読

普及〔ふきゅう〕보급. 널리 퍼뜨림. ～率.
普請〔ふしん〕(건축, 토목의) 공사 .
普通〔ふつう〕보통. 일반적임.
普遍〔ふへん〕보편. ① 널리 알려져서 널리 통함. ② 널리 퍼짐. ～性(せい); 보편성.

〔補〕 풀：도울 보.
音：ホ
訓：おぎなう

補う〔おぎなう〕(他5) (부족을) 보충하다. 메우다. 벌충하다. 損失を～; 손실을 보충하다.
補い〔おぎない〕보충. 벌충. 赤字の～に苦しむ; 적자를 메우느라고 고생하다.

音 読

補する〔ほする〕(他サ) ① 직책을 맡기다. 보하다. 보충하다.
補強〔ほきょう〕보강. 더 튼튼하게 함.
補講〔ほこう〕보강. 보충 강의.
補欠〔ほけつ〕보결. 빈자리를 채움. 대기선수. 후보선수.
補給〔ほきゅう〕보급 대어줌. 응어 줌.
補導〔ほどう〕보도. 나쁜 길에 빠지지 않도록 충고하고 지도함.
補償〔ほしょう〕보상. 남의 손해를 물어줌
補修〔ほしゅう〕보수. 보충하여 손질함. 수리.
補習〔ほしゅう〕보습. 정규 수업 이외에 공부하고 배움.
補完〔ほかん〕보완. 보충하여 완전하게 함.
補翼〔ほよく〕보익. 도와줌. 보좌(補佐).
補正〔ほせい〕보정. 보충하여 바로 잡음.
補整〔ほせい〕보정. 보충하여 정돈함.
補足〔ほそく〕보충하여 채움.
補佐〔ほさ〕보좌. 사람을 도와 일을 처리함.
補職〔ほしょく〕보직. 직책을 맡김.
補聴器〔ほちょうき〕보청기.
補充〔ほじゅう〕보충. 부족을 채워 메움.
補則〔ほそく〕보칙. 법령의 규정을 보충하기 위하여 첨가한 규칙.
補筆〔ほひつ〕보필. 덜 된 곳을 보충하여 써 넣음.
補血〔ほけつ〕보혈. 약을 먹어서 몸의 피를 도움.

〔譜〕 풀：계보 보.
音：① フ ② プ
訓：

譜〔ふ〕악보(楽譜). 歌曲の～; 가곡의 악보
譜代〔ふだい〕① 대대로 이어 내려 오는 계통(系統). ② 대대로 섬겨 온 신하.
譜面〔ふめん〕악보를 큰 종이에 그린 것.
棋譜〔きふ〕기보. 장기나 바둑의 대국 (対局) 순서를 기록한 책.

音 読 2

年譜〔ねんぷ〕연보. 특정한 사건이나 개인의 경력을 년대(年代)대로 쓴 기록.
新譜〔しんぷ〕신보. 새로운 악보.
音譜〔おんぷ〕음부. 악부.

【복】

〔伏〕 풀：엎드릴 복.
音：① フク ② ブク ③ プク
訓：① ふす ② ふせる

❶ **伏す**〔ふす〕(自5) ① 엎드리다. 쓰러지다. ② 숨다. 엎드려 몸을 감추다. ③ 드러 눕다.
伏して〔ふして〕(副) ① 엎드려. ② 간곡히. 간절히
伏し目〔ふしめ〕(남과 마주 대하여서) 내리 뜨는 눈. ～になる; 눈을 내리 뜨다.
伏し沈む〔ふししずむ〕(自5) 생각에 잠기다. 비탄(悲嘆)에 잠기다.

連濁音에 注意

うつ伏す〔うつぶす〕(自5) 엎드리다.
山伏〔やまぶし〕산과 들에서 기거하며수행(修行)하는 중.
突っ伏す〔つっぷす〕(自5) 푹 엎드리다.
❷ **伏せる**〔ふせる〕(他下1) ① 엎드리다. 숨기다. ② (눈을) 내리뜨다. ③ 쏟어내리다. ④ 엎어놓다. ⑤ 내리눌러 깔다. ⑥ 덮어서 숨기다. ⑦ 덮어 씌우다. ⑧ 잠복시키다. ⑨ 묻다. 매립하다. 土管を～;토관을 묻다.
伏(せ)籠〔ふせご〕불 위에 씌워 놓고 옷을 걸어서 따뜻하게 하는 바구니.
伏(せ)縫い〔ふせぬい〕공고르기.
伏(せ)勢〔ふせぜい〕복병(伏兵).

伏(せ)屋〔ふせや〕 낮고 작은 오두막집.
伏(せ)字〔ふせじ〕 인쇄물에서 明記하는것을 피하기 위하여 그 자리를 비워 두거나 ○×로 표하는 것.

連濁音에 注意

うつ伏せる〔うつぶせる〕(他下1) ① 엎드리다. ② 엎어 놓다.
待ち伏せ〔まちぶせ〕 매복(埋伏)하고기다림
突っ伏せる〔つっぷせる〕(他下1) 푹 엎드리게 하다.

音読 1

伏する〔ふくする〕(自他サ) ① 항복하다. 항복시키다. 복종하다. 굽히다. ② 숨다. 숨게하다.
伏魔殿〔ふくまでん〕 복마전. 악마가 숨어 있는 전당(殿堂).
伏兵〔ふくへい〕 복병. 숨어 있다가 적을 갑자기 공격하는 병사.
伏線〔ふくせん〕 복선. 뒷일의 준비 때문에 미리 암암리에 베풀어 두는 것.
伏在〔ふくざい〕 복재. 몰래 숨어 있음.

音読 2

折伏〔しゃくぶく〕 ① 悪人, 悪法을 굴복시킴. ② 적을 굴복시킴.
調伏〔ちょうぶく〕 조복. 부처의 힘으로 악마를 항복시킴. 저주하여 죽임.

音読 3

三伏〔さんぷく〕 삼복. 여름의 가장 더운기간. 초복. 중복. 말복의 복중.
説伏〔せっぷく〕 설복. 설득(説得) 시킴.
潜伏〔せんぷく〕 잠복. 몰래 숨어 엎드림.

〔服〕

풀 : 옷 복. 일할 복. 먹을 복.
音 : ① フク ② プク
訓 :

音読 1

服〔ふく〕 ① 옷. 양복. ② 一服(いっぷく) 한 모금. (약) 한 봉지(한 첩).
服する〔ふくする〕(自他サ) ① 복종하다. ② 종사하다. 복무하다. ③ (약을)마시다 먹다. ④ 입다. ⑤ 복종시키다.
服毒〔ふくどく〕 독약을 마심. 음독(飲毒).
服喪〔ふくも〕 복상. 상(喪)을 입음.
服飾〔ふくしょく〕 복식. 의복과 장식.
服薬〔ふくやく〕 복약. 약을 먹음.
服役〔ふくえき〕 복역. ① 징역을 삶. ② 公役에 종사함.
服用〔ふくよう〕 복용. 약을 먹음.
服装〔ふくそう〕 복장 옷차림.
服従〔ふくじゅう〕 복종. 순종함.
服地〔ふくじ〕 복지. 양복지.

音読 2

感服〔かんぷく〕 감복. 마음으로 느끼어 충심으로 따름.
軍服〔ぐんぷく〕 군복. 군인의 제복.
屈服〔くっぷく〕 굴복. 힘에 굴하여 복종함.
心服〔しんぷく〕 심복. 충심으로 복종함.

〔復〕

풀 : ① 회복할 복. ② 다시 부
音 : ① フク ② フッ ③ プク
訓 :

音読 1

復する〔ふくする〕(自他サ) ① 회복하다. ② 대답하다. ③ (원래의 상태로) 되돌아가다. 돌아가게 하다. 돌려 보내다. ④ 되풀이하다. ⑤ 갚다. 보상하다. 보답하다.

復読〔ふくどく〕 되풀이 하여 읽음.
復路〔ふくろ〕 복로. 돌아 오는 길. 귀로.
復命〔ふくめい〕 복명. 주어진 명령을 수행한 후 결과를 상관에게 보고하는 일.
復配〔ふくはい〕 복배. 배당을 부활시킴.
復讐〔ふくしゅう〕 복수. 원수를 갚음. 보복함.
復習〔ふくしゅう〕 복습. 배운 것을 익힘.
復元〔ふくげん〕 복원. 원래대로 회복함.
復籍〔ふくせき〕 복적. 이전의 호적으로 다시 돌아감.
復職〔ふくしょく〕 복직. 물러났던 (휴직했던) 직책에 다시 나아감.

音読 2

復刊〔ふっかん〕 복간. 부활시켜 간행함.
復交〔ふっこう〕 복교. 외교 관계를 다시 재개함.
復校〔ふっこう〕 복교. 다시 학교에 다님.
復旧〔ふっきゅう〕 복구. 예전의 상태로 회복됨.
復権〔ふっけん〕 복권. 잃었던 권리를 다시 회복시킴.
復帰〔ふっき〕 복귀. 본래대로 다시 돌아옴.
復航〔ふっこう〕 복항. 목적지로 되돌아 오는 航海나 航空.
復活〔ふっかつ〕 부활. ① 다시 원상태로 돌이킴. ② 죽었던 사람이 다시 살아남.
復興〔ふっこう〕 부흥. 한때 쇠잔했던 것이 예전의 번영 상태로 되돌아 감.

音読 3

反復〔はんぷく〕 반복. 되풀이 함.
本復〔ほんぷく〕 병이 완쾌됨.

〔腹〕

풀 : 배 복.
音 : ① フク ② プク
訓 : はら

腹〔はら〕 ① (척추 동물의) 배. ② 마음. 생각. ③ 담력. 배짱. ④ (불쾌한) 감정. 기분. ⑤ 물건의 가운데만 볼록한 부분.
腹ごなし〔はらごなし〕 운동 따위로 음식의 소화를 도움.
腹ぺこ〔はらぺこ〕 배가 몹시 고픔.
腹鼓〔はらつづみ〕 (많이 먹어 만족할때) 배를 내밀고 북처럼 두들기는 일.
腹掛け〔はらがけ〕 가슴과 배를 덮고 등에서 끈을 묶는 천. 배두렁이.
腹具合〔はらぐあい〕 뱃속의 상태.
腹巻き〔はらまき〕 배가 차갑지 않도록 배에 두르는 것.

腹当て〔はらあて〕⇨腹掛け.
腹帯〔はらおび〕배에 감는 띠.
腹立つ〔はらだつ〕(自5) 화가 나다.
腹立てる〔はらだてる〕(他下1) 화내다. 노하다.
腹変(わ)り〔はらがわり〕① 배 다름. ② 본래의 결심이 변함. 약속을 어김.
腹時計〔はらどけい〕배고픔의 정도로 알수 있는 대강의 시각. 배꼽 시계.
腹芸〔はらげい〕① (연극에서) 대사나 동작에 의하지 않고 무언(無言)으로 심중을 나타내어 그 역의 기분을 살리는 일. ② 배짱이나 경험으로 일을 처리함. ③ 누워 있는 사람의 배 위에서 하는 곡예. ④ 배에 사람의 얼굴을 그려놓고 호흡으로 요리조리 움직이게 하는 곡예.
腹癒せ〔はらいせ〕화풀이. 분풀이.
腹違い〔はらちがい〕배다름. 배다른 형제.
腹一杯〔はらいっぱい〕① 배가 부름. ② 생각의 전부.
腹這い〔はらばい〕엎드려서 기어감. 엎드림.
腹這う〔はらばう〕(自5) 엎드려서 기어가다. 엎드리다.
腹積(も)り〔はらづもり〕① 의도(意図). ② 초지 일관의 결심.
腹切り〔はらきり〕할복(割腹).
腹正しい〔はらただしい〕(形) 화가 나다.
腹拵え〔はらごしらえ〕(일에 착수하기 전에) 배를 채워 둠.
腹の中〔はらのなか〕마음속.
腹持ち〔はらもち〕(소화 시간이 길어서) 배가 든든함.
腹の虫〔はらのむし〕① 회충(蛔虫). ② 비위.
腹痛〔はらいた：ふくつう〕복통. 배가 아픔
腹皮〔はらかわ〕(생선의) 뱃가죽.
腹の皮〔はらのかわ〕뱃가죽. 뱃살. ～をよじって笑う; 뱃살을 움켜 잡고 웃다.
腹下し〔はらくだし〕① 설사. ② 설사약.
腹下り〔はらくだり〕설사. ～がする; 설사하다.
腹合(わ)せ〔はらあわせ〕① 안팎이 각각다른 천으로 만들어진 여자용 허리 띠. ② 서로 몸을 마주 대함.
腹黒い〔はらぐろい〕(形) 속이 검다. 마음이 삐뚤어져 있다.

連濁音에 注意

太っ腹〔ふとっぱら〕배짱이 큼.
脇腹〔わきばら〕옆구리.

音 読 1

腹膜〔ふくまく〕복막. 내장을 감싸고 있는 엷은 막.
腹部〔ふくぶ〕복부. 배의 부분.
腹案〔ふくあん〕복안. 마음속의 생각. 아직 발표하지 않은 구상(構想).
腹中〔ふくちゅう〕복중. ① 뱃속. ② 마음속.
腹痛〔ふくつう：はらいた〕복통. 배가 아픔.

音 読 2

満腹〔まんぷく〕만복. 배가 부름.
山腹〔さんぷく〕산복. 산허리.
船腹〔せんぷく〕선복. 배의 허리. 배의 짐을 쌓는 곳.
切腹〔せっぷく〕절복. 배를 갈라 죽음. 할복(割腹) 자살.

〔僕〕

풀 : 종 복.
音 : **ボク**
訓 :

僕〔ぼく〕(남자의 지칭) 나. (손아랫 사람이나 대등한 사이인 청소년들이 많이 사용함).
僕達〔ぼくたち〕우리들.
僕等〔ぼくら〕우리들.
公僕〔こうぼく〕공복. 공중(公衆)을 위해 봉사하는 사람이나 공무원.

〔福〕

풀 : 복 복.
音 : ① **フク** ② **プク**
訓 :

音 読 1

福〔ふく〕복. 행복.
福徳〔ふくとく〕복덕. 복과 덕.
福利〔ふくり〕복리. 행복과 이익.
福福しい〔ふくぶくしい〕(形) 복스럽다.
福音〔ふくいん〕복음. 기쁜 소식.
福耳〔ふくみみ〕복귀. 귓불이 큰 귀.
福引(き)〔ふくびき〕경품 추첨.
福助〔ふくすけ〕복을 가져다 준다는 키가 작고 머리가 큰 인형.
福祉〔ふくし〕복지. ① 불행한 사람들을 위한 행복. ② 행복과 이익.

音 読 2

万福〔まんぷく〕만복. 많은 복. 온갖 복.

〔複〕

풀 : 겹칠 복.
音 : **フク**
訓 :

複利〔ふくり〕복리. 이자에 대하여 또 이자를 붙이는 계산.
複写〔ふくしゃ〕복사. 다시 베끼는 것.
複線〔ふくせん〕복선. 둘 이상을 나란히 부설해 놓은 선로(線路).
複数〔ふくすう〕복수. 둘 이상의 수효.
複式〔ふくしき〕복식. 이중 또는 그 이상으로 된 방식. 복잡한 방식.
複眼〔ふくがん〕복안. 작은 눈이 여러 개 모여 이루어진 눈. (곤충, 새우, 게 등).
複雑〔ふくざつ〕복잡. 뒤섞여 어수선함.
複製〔ふくせい〕복제. 저작자(著作者)이외의 다른 사람이 원작과 똑같이 만들어냄.
複合〔ふくごう〕복합. 두 가지 이상이 하나로 합해짐.

〔輻〕

풀 : 바퀴살 복.
音 : **フク**
訓 :

輻射〔ふくしゃ〕복사. ① 중앙의 한 지점에서 사방으로 방사(放射)하는 현상. ② 빛이나 열 등이 공간에서 물결 모양으로 진행하는 현상.

輻射熱〔ふくしゃねつ〕복사열. 복사가 물체에 흡수되어 생기는 열.
輻湊 : 輻湊〔ふくそう〕사물이 한 곳으로 집중함.

〔覆〕 풀 : 덮을 복. 엎을 복.
音 : ① フク ② プク
訓 : ① おおう ② くつがえす ③ くつがえる

❶ 覆う〔おおう〕(他5) ① 덮다. ② 씌우다. ③ 가리다. 막다. ④ 감추다. ⑤ 뒤덮다. ⑥ 한 마디로 표현하다.
覆い〔おおい〕덮개. 씌우개. 씌움.
覆い隠す〔おおいかくす〕(他5) 덮어서 가리다. 덮어서 숨기다.
覆い被さる〔おおいかぶさる〕(自5) ① 덮여 씌워지다. ② 넘겨 씌워지다.
覆い被せる〔おおいかぶせる〕(他下1) ① 덮어 씌우다. ② 계속해서 말하다.
❷ 覆す〔くつがえす〕(他5) 뒤집다. 뒤집어 엎다.
❸ 覆る〔くつがえる〕(自5) 뒤집히다. 判決が～; 판결이 뒤집히다.

音読 1

覆面〔ふくめん〕복면. 남이 알아보지 못하게 얼굴을 싸서 가림.
覆没〔ふくぼつ〕복몰. 엎어져 가라앉음.
覆水盆にかえらず〔ふくすいぼんにかえらず〕엎지른 물을 다시 담을 수는 없다.
覆土〔ふくど〕복토. 흙을 덮음.

音読 2

転覆〔てんぷく〕전복. 뒤집혀 엎어짐. ② 멸망함.

【본】

〔本〕 풀 : 근본 본.
音 : ① ホン ② ボン ③ ポン
訓 : もと

本 〔もと〕① 근본. 원인. 기원. ② 포기. 그루.
〔ほん〕책. 日本語の～; 일본어 책.
本歌〔もとうた : ほんか〕근본이 되는 和歌.
本宮〔もとみや〕① 神社의 本社. ② 本殿.
本木〔もとき〕① 나무 밑동. ② 前남편. 前妻.
本生り〔もとなり〕밑둥치 가까운 곳에 열매가 열림. 또는 그 열매.
本船〔もとぶね〕본선. 母船.
本舟〔もとぶね〕⇨本船.
本結(め)〔もとづめ〕제조원(製造元)에서 담은 병술이나 통조림.

音読 1

本〔ほん〕책. 서적.
本降り〔ほんぶり〕(비, 눈이) 본격적으로 내림.
本拠〔ほんきょ〕본거. 근거지.
本格的〔ほんかくてき〕본격적. 정식의.
本決まり〔ほんぎまり〕정식으로 결정됨.
本科〔ほんか〕본과. 본격적인 과정.
本国〔ほんごく〕본국. 자기 나라.
本気〔ほんき〕진실. 진심. 본격적임.
本能〔ほんのう〕본능. 외부의 변화에 따라 나타나는 통일적인 心身의 반응 형식.
本堂〔ほんどう〕본당. 절의 중심이 되는 곳.
本読み〔ほんよみ〕① 독서가. ② 작가, 연출가 등이 한데 모여 각본을 읽으며 연구함.
本来〔ほんらい〕본래. 당초. 처음.
本論〔ほんろん〕본론. 주된 의론.
本流〔ほんりゅう〕본류. 주류(主流).
本立て〔ほんたて〕책꽂이.
本名〔ほんみょう〕본명. 진짜 이름.
本文〔ほんぶん〕본문. 중심이 되는 문장.
本物〔ほんもの〕진짜.
本部〔ほんぶ〕본부. 중심이 되는 곳.
本分〔ほんぶん〕본분. 의무.
本棚〔ほんだな〕책을 얹는 선반.
本社〔ほんしゃ〕본사. ① 중심이 되는 神社. ② 중심이 되는 회사.
本性〔ほんしょう〕본성. 본래의 성질. 본색.
本然〔ほんぜん〕본연. 본래부터의 것.
本業〔ほんぎょう〕본업. 본래의 직업.
本屋〔ほんや〕① 안채. 안집. ② 책방. 서점.
本腰〔ほんごし〕제대로 일을 하려는 것. ～を入れる; 본격적으로 하다.
本源〔ほんげん〕본원. 근본. 근원.
本位〔ほんい〕본위. 표준. 중심.
本音〔ほんね〕① 본음색(本音色). ② 본심(本心).
本意〔ほんい〕본의. 참뜻. 본래의 마음.
本人〔ほんにん〕본인. 당사자. 장본인.
本日〔ほんじつ〕금일. 오늘.
本場〔ほんば〕① 정식의 장소. ② 본고장. 본 바닥. 주산지(主産地).
本籍〔ほんせき〕본적. 호적의 소재지.
本州〔ほんしゅう〕본주. 日本列島의 主島이며 가장 큰 섬.
本質〔ほんしつ〕본질. 본래의 성질.
本妻〔ほんさい〕본처. 정식 아내.
本土〔ほんど〕본토. 본국. 중심이 되는 국토.

音読 2

校訂本〔こうていぼん〕교정본. 문장이나 자구(字句)를 고친 책.
単行本〔たんこうぼん〕단행본. 그것 하나만 간행된 책.
流布本〔るふぼん〕유포본. 동일한 원본에서 나온 책 중 가장 널리 퍼진 책.

音読 3

刊本〔かんぽん〕간본. 인쇄된 책.
根本〔こんぽん〕근본. 근저(根底).

抜本〔ばっぽん〕발본. 근본적인 원인을 제거.
善本〔ぜんぽん〕내용, 교정, 제본이 훌륭한 책.
新本〔しんぽん〕신본. 신간 서적. 새 책.
完本〔かんぽん〕완본. 권수가 모두 갖추어진 책.
元本〔がんぽん〕원금(元金).
版本〔はんぽん〕판본. 판목으로 인쇄한 책.

【봉】

〖奉〗 풀 : 받들 봉.
音 : ① ホウ ② ボウ ③ ブ
訓 : たてまつる

奉る〔たてまつる〕(他5) ① 바치다. 드리다. ② 받들다. 모시다. ③ (動詞連用形에 접속하여) …하여 드리다(올리다). 賀し～; 축하를 드리나이다.
奉り物〔たてまつりもの〕바치는 물품. 공물. 진상품.

音読 1

奉じる〔ほうじる〕(他サ) ① 바치다. 드리다. 올리다. ② 분부를 받들다. ③ 신봉하다. ④ 공손히 받다. 받들어 올리다.
奉加〔ほうが〕神仏에 献金함. 기부.
奉公〔ほうこう〕봉사함. ～人(にん); 고용인.
奉納〔ほうのう〕봉납. 神仏에게 바침.
奉仕〔ほうし〕봉사. 남을 위하여 일함.
奉伺〔ほうし〕여쭘. 말씀 드림. ごきげん～; 문안 드림.
奉送〔ほうそう〕봉송. 신분이 높은 사람을 전송함.
奉持〔ほうじ〕받들어 가짐.
奉賛〔ほうさん〕봉찬. 神社의 사업에 찬조함.
奉賀〔ほうが〕경건한 마음으로 축복함.
奉還〔ほうかん〕봉환. 웃어른에게 도로 돌려 드림.

音読 2

順奉〔じゅんぽう〕준봉. 관례나 명령을 좇아서 받듦.
信奉〔しんぽう〕신봉. 믿고 받듦.

音読 3

奉行〔ぶぎょう〕① 옛날에 한 부분의 행정사무(行政事務)를 맡아 보던 무사(武士)의 우두머리. ② 명령을 받고 행하는 것.

〖封〗 풀 : 봉할 봉.
音 : ① フウ ② ブウ ③ ホウ
訓 :

音読 1

封〔ふう〕봉함.
封じる〔ふうじる〕(他上1) ① 봉하다. ② 봉쇄하다. 막다. 처넣다.
封じ目〔ふうじめ〕봉한 자리.
封じ手〔ふうじて〕① (바둑, 장기의) 대국이 그 날로 끝나지 않았을 때, 적어서 봉해두는 그 날의 마지막 수. ② (유도, 씨름에서) 써서는 안되는 수.
封じ込める〔ふうじこめる〕(他下1) 봉쇄하다. 가두다. 처넣다. 안에 가두고 봉하다.
封殺〔ふうさつ〕봉살. 야구에서 다음 베이스로 가는 走者를 베이스에 닿기 전에 아웃시키는 일.
封書〔ふうしょ〕봉서. 봉한 우편물.
封鎖〔ふうさ〕봉쇄. 봉하여 다른 나라의 해상 교통을 실력으로 막음.
封印〔ふういん〕봉인. 봉한 데 찍는 도장.
封入〔ふうにゅう〕봉입. 넣고 봉함.
封切り〔ふうきり〕봉절. ① 봉한 것을 뜯음. ② 영화관에서 새 영화를 상영함. 개봉(開封). ～館; 개봉관.
封筒〔ふうとう〕봉투. 종이 봉지.
封緘〔ふうかん〕봉함. 봉하여 붙임.

音読 2

金一封〔きんいっぷう〕금일봉. 봉투에 넣은 얼마간의 돈.
密封〔みっぷう〕밀봉. 엄중하게 봉함.
厳封〔げんぷう〕엄봉. 엄중하게 봉함.
完封〔かんぷう〕완봉. ① 완전히 봉쇄함. ② 활동을 못하게 함.

音読 3

封ずる〔ほうずる〕(他サ) (領主로) 봉하다.
封建〔ほうけん〕봉건. 토지를 나누어 주어 諸侯에게 領有시키던 일. ～的 : 봉건적.
封地〔ほうち〕領主등이 받은 토지.
封土〔ほうど〕봉토. ① 領地. ② 祭壇에 쌓아 올린 흙.

〖俸〗 풀 : 봉급 봉.
音 : ① ホウ ② ボウ
訓 :

音読 1

俸給〔ほうきゅう〕봉급. 급료(給料). 급여.
号俸〔ごうほう〕호봉. 직책의 등급으로 매긴 급료의 등급.

音読 2

減俸〔げんぽう〕감봉. 급료의 액수를 줄임.
年俸〔ねんぽう〕연봉. 1년을 단위로 하여 정한 봉급. 연급(年給).
罰俸〔ばっぽう〕벌봉. 징계로 일정기간 동안 봉급을 줄이는 일. 減俸.
月俸〔げっぽう〕월봉. 월급.

〖峰〗 풀 : 봉우리 봉.
音 : ① ホウ ② ボウ
訓 : みね

峰〔みね〕① 봉우리. ② 칼등. ③ 물건이 봉우리 처럼 높게 된 부분.
峰続き〔みねつづき〕봉우리의 연속.
峰打ち〔みねうち〕칼등으로 침.

音読 1

峰頭〔ほうとう〕봉두. 봉우리의 정상.

高峰〔こうほう〕고봉. 높은 봉우리.
靈峰〔れいほう〕영봉. 신성한 봉우리.

音読 2

群峰〔ぐんぽう〕군봉. 많은 봉우리.
連峰〔れんぽう〕연봉. 죽 이어져 있는 산봉우리.
山峰〔さんぽう〕산봉. 산봉우리.

〔逢〕
풀：만날 봉.
音：**ホウ**
訓：**あう**

逢う〔あう〕(自5) ① 우연히 만나다. 道で～; 길에서 마주치다. ② 우연히 겪다. 맞다. 雨に～; 비를 만나다. 目に～; 혼이 나다.

音　読

逢迎〔ほうげい〕봉영. ① 사람을 맞이하여 대접함. ② 마음에 들도록 하여 줌.
逢遇〔ほうぐう〕봉우. 뜻밖에 만남.
逢着〔ほうちゃく〕봉착. 직면. 맞부딪침.

〔捧〕
풀：두 손으로 받들 봉.
音：**ホウ**
訓：**ささげる**

捧げる〔ささげる〕(他下1) ① 바치다. 받들어 올리다. ② 받들어서 드리다. ③ 드리다. 올리다. 祈りを～; 기도를 드리다.
捧げ物〔ささげもの〕공물. 神仏에 바치는 물건.
捧げ銃〔ささげつつ〕받들어총(구령).

音　読

捧読〔ほうどく〕봉독. 글을 받들어 읽음.
捧持〔ほうじ〕받들어 가짐.

〔棒〕
풀：막대기 봉.
音：**ボウ**
訓：

棒〔ぼう〕① 막대기. ② 짐을 걸어 나르는 멜대. ③ (그은) 줄(線). ～に振る; 수고가 헛되게 하다. ④ 지휘봉. ～を振る;지휘봉을 휘두르다. 지휘하다.
棒グラフ〔ぼうgraph〕막대 그래프.
棒高跳び〔ぼうたかとび〕봉고도. 장대 높이 뛰기.
棒読み〔ぼうよみ〕① 句読点이나 억양을 고려하지 않고 그저 읽음. ② 한문을 토를 달지 않고 音読함.
棒頭〔ぼうがしら〕가마꾼의 우두머리.
棒立ち〔ぼうだち〕막대 모양으로 꼿꼿하게 섬.
棒上げ〔ぼうあげ〕시세가 단번에 올라감.
棒先〔ぼうさき〕가마 채의 끝.
棒術〔ぼうじゅつ〕봉술. 나무 토막으로 막고 공격하는 무술.
棒暗記〔ぼうあんき〕무턱대고 욈.
棒引き〔ぼうびき〕① 세로 줄을 그음. ② 대금을 치른 표지로 먹으로 줄을 그어 지음.
棒切れ〔ぼうきれ〕나뭇토막.
棒組〔ぼうぐみ〕① 한패. ② 가마의 맞채잡이. ③ 活字를 일정한 테 속에 넣지 않고 임시로 판을 짜는 것.
棒下げ〔ぼうさげ〕시세가 단번에 내려감.
棒縞〔ぼうじま〕세로로 된 굵은 줄무늬.

〔蜂〕
풀：벌 봉.
音：**ホウ**
訓：**はち**

蜂〔はち〕벌. ～の巣をつついたよう; 벌집을 쑤셔 놓은 듯.
蜂の頭〔はちのあたま〕전혀 쓸모가 없는것.
蜂蜜〔はちみつ〕봉밀. 벌꿀. 꿀.
蜂師〔はちし〕양봉업(養蜂業)을 하는 사람.
蜂の巣〔はちのす〕벌집.
蜂鳥〔はちどり〕벌새.
蜂の子〔はちのこ〕말벌 따위의 유충.

音　読

蜂起〔ほうき〕봉기. 많은 사람들이 벌떼처럼 일어나 폭동을 일으킴.
養蜂〔ようほう〕양봉. 꿀벌을 치는 일.

〔縫〕
풀：꿰맬 봉.
音：**ホウ**
訓：**ぬう**

縫う〔ぬう〕(他5) ① 꿰메다. 바느질하다. ② 수놓다. ③ 누비고 나아가다. ④(창, 화살이) 뚫고 나가다.
縫い〔ぬい〕① 바느질. ② 자수. ③ 꿰맨 자리.
縫いぐるみ〔ぬいぐるみ〕(속에 든 것을)싸듯이 꿰맴.
縫(い)代〔ぬいしろ〕시접.
縫(い)模様〔ぬいもよう〕수놓은 무늬.
縫(い)目〔ぬいめ〕① 바느질 자리. ② 꿰맨 줄.
縫(い)紋〔ぬいもん〕수를 놓아 나타낸 家紋.
縫(い)物〔ぬいもの〕① 바느질. 바느질감. ② 자수.
縫(い)箔〔ぬいはく〕금실, 은실을 사용한 자수.
縫い返す〔ぬいかえす〕(他5)① 곱쳐서 한번 더 꿰매다. ② 고쳐 꿰매다.
縫い方〔ぬいかた〕① 꿰매는 방법. ② 재봉 담당.
縫(い)糸〔ぬいいと〕재봉실.
縫(い)上がり〔ぬいあがり〕바느질이 완성된 것.
縫(い)上げ〔ぬいあげ〕(어린이 성장에 대비해서) 옷의 어깨, 허리를 접어 넣어 꿰맴. 또는 그 부분.
縫い上げる〔ぬいあげる〕(他下1) ① 접어 넣어 꿰매다. ② 꿰매어서 완성시키다.
縫(い)込み〔ぬいこみ〕① 시접. ② 천안에 다른 것을 넣고 꿰맴.
縫い込む〔ぬいこむ〕(他5) ① 물건을 안에 넣고 꿰매다. ② 시접이 안쪽으로 들어가도록 꿰매다.
縫(い)直し〔ぬいなおし〕꿰맨 것을 뜯어서 다시 새로 꿰맴.
縫い直す〔ぬいなおす〕(他5) 꿰맨 것을 뜯어서 새로 꿰매다.

縫い出す〔ぬいだす〕(他5) 시접을 내서 작아진 옷을 늘리다. 품을 늘리다.
縫(い)取り〔ぬいとり〕수놓음. 수놓은무늬
縫い針〔ぬいはり〕바느질. 재봉.
〔ぬいばり〕바느질 바늘. 재봉 바늘.
縫い合(わ)せる〔ぬいあわせる〕(他下1) (천이나 가죽을 꿰매 맞추다(잇다).

音 読

縫製〔ほうせい〕봉제. 재봉틀로 박아서 만듦.
縫合〔ほうごう〕봉합. 상처나 수술한 자리 등을 꿰매어 붙임.

【부】

〖不〗

풀: ① 아님 부. ② 아닐 불.
音: フ ('不' 다음에 'ㄷ.ㅈ'을 첫소리로 하는 글자가 오면 '불'은 '부'로 발음 된다).
訓:

不断〔ふだん〕부단. 끊임이 없음.
不当〔ふとう〕부당. 정당하지 못함.
不徳〔ふとく〕부덕. 덕이 없음.
不渡り〔ふわたり〕부도. 어음이나 수표에 쓰인 금액을 받을 수 없는 일.
不道徳〔ふどうとく〕부도덕. 도덕에 어긋남.
不導体〔ふどうたい〕부도체. 열이나 전기를 통하는 율이 매우 적은 물체.
・不動〔ふどう〕부동. 몸이나 물건이 움직이지 않음.
不動産〔ふどうさん〕부동산.
不凍液〔ふとうえき〕부동액. 얼지 않는 액체.
不得手〔ふえて〕잘 못함. 서투름. 즐기지 않음.
不得要領〔ふとくようりょう〕부득 요령. 요점을 모름. 요령이 없음.
不得意〔ふとくい〕잘 못함. 서투름.
不得策〔ふとくさく〕부득책. 유리하지 못함. 좋은 계책이 못됨.
(不다음에 'ㅈ'발음의 글자가 올 경우)
不作為〔ふさくい〕부작위. 소극적 행동.
不在〔ふざい〕부재. 그 곳에 있지 않음.
不正〔ふせい〕부정. 옳지 못함.
不定〔ふてい〕부정. 일정하지 않음.
不貞〔ふてい〕부정. 아내로서의 정조를 지키지 못함.
不足〔ふそく〕부족. 모자람.
不注意〔ふちゅうい〕부주의. 주의하지 않음.
不仲〔ふなか〕사이가 나쁨.
不振〔ふしん〕부진. 일이 잘 되어 가지 않음. 세력이 떨치지 못함.
(上記 以外의 단어는 즉'不'다음에'ㄷ'과 'ㅈ'발음이외의 글자가 올 경우는 258 페이지'不'참조할 것)

〖夫〗

풀: 사내 부. 남편 부.
音: ① フ ② ブ ③ プ ④フウ
訓: **おっと**

夫〔おっと〕남편. 愛する~; 사랑하는 남편. ~を失う; 남편을 잃다.

音 読 1

夫君〔ふくん〕부군. 남편의 높임말.
夫人〔ふじん〕부인. 타인의 아내를 높이어 부르는 말.
夫唱婦随〔ふしょうふずい〕부창부수. 남편이 말하면 부인이 그것을 따름.
夫妻〔ふさい〕부처. 남편과 아내. 부부.

音 読 2

丈夫〔じょうぶ〕① 튼튼함. ② 견고함.
〔じょうふ〕장부. 훌륭하고 씩씩한 남자.

音 読 3

凡夫〔ぼんぷ〕범부. 평범한 사람.
本夫〔ほんぷ〕본부. 정식 남편. 본 남편.
人夫〔にんぷ〕인부. 짐을 나르는 사람.
一夫多妻〔いっぷたさい〕일부 다처.
匹夫〔ひっぷ〕필부. 신분이 낮은 사나이.

音 読 ④

夫婦〔ふうふ〕부부. 남편과 아내.
夫子〔ふうし〕① 손윗 사람에 대한 높임말 ② 본인. 자신.
工夫〔くふう〕여러 가지로 방법을 생각함. 고안. 궁리. 연구.

例 外

村夫子〔そんぷうし〕① 시골 글 방의 스승. ② 학식이 좁은 사람.

〖父〗

풀: 아비 부.
音: ① フ ② プ
訓: **ちち**

例 外

お父さん〔おとうさん〕아버지.

訓 読

父〔ちち〕아버지 (자기 아버지를 남에게말할때에 사용함).
父君〔ちちぎみ〕아버지의 높임말. 아버님.
父母〔ちちはは: ふぼ〕부모. 아버지. 어머니.
父方〔ちちかた〕아버지 쪽의 혈통. 父系.
父上〔ちちうえ〕아버지의 높임말. 아버님.
父御〔ちちご〕상대방 아버지의 높임말. 어르신네. 춘부장.
父親〔ちちおや〕부친.

音 読 1

父系〔ふけい〕부계. 아버지 쪽의 혈연관계에 속하는 것.
父母〔ふぼ: ちちはは〕부모. 아버지 어머니.
父子〔ふし〕부자. 아버지와 아들.
父祖〔ふそ〕부조. ① 아버지와 할아버지. ② 조상(祖上).

父兄〔ふけい〕 부형. ① 아버지와 형. ② 아동, 학생의 보호자.

音 読 2

君父〔くんぷ〕 군부. 임금과 아버지.
神父〔しんぷ〕 신부. 카톨릭교의 司教者.
実父〔じっぷ〕 실부. 친아비지.
厳父〔げんぷ〕 엄부. ① 엄한 아버지. ② 상대방 아버지에 대한 높임말.
尊父〔そんぷ〕 존부. 상대방 아버지에 대한 높임말. 御~; 춘부장. 엄친.
親父〔しんぷ〕 친부. 친아버지.
〔おやじ〕 ① 아버지. ② 영감. 노인. 늙은이. ③ 주인 영감. ④ 직장의 우두머리

〔付〕 풀 : 줄 부.
音 : ① フ ② ブ
訓 : ① つく ② つける

❶**付く**〔つく〕(自5) ① 붙다. ② 달라 붙다. ③ 매달리다. ④ 묻다. ⑤ 생기다. 나다. ⑥ (기계가) 작동하다. 켜지다. ⑦ 따르다. ⑧ (물이) 들다. ⑨ 기입되다. ⑩ 되다. ⑪ 재수가 있다. ⑫ 해당되다. 셈이 되다. ⑩ (정신이) 나다. (정신을) 차리다. ⑪ 배당되다. ⑫ 처리되다. ⑬ 매듭을 짓다. ⑭ 뿌리 박다. ⑮ (감각 기관인 눈, 코, 귀에) 들어오다.
付(き)〔つき〕 ① 붙음. 부착성(付着性). ② 배합. 어울림. ③ 붙임성. ④ 불붙음. 引火性. ⑤ 수상함. ⑥ 운수. 운. ⑦ …に~; …에 관하여 ㄴ…에 대하여. 당(当). ㄷ…때문에.
付き物〔つきもの〕 붙어 다니는 것. 따라다니는 것.
付(き)人〔つきびと〕 (연예인 등의) 따라다니며 시중드는 사람.
付き切り〔つききり〕 항상 옆에 붙어 있음.
付きっ切り〔つきっきり〕 ⇨付き切り.
付き従う〔つきしたがう〕(自5) ① 수행하다. 뒤따르다. ② 부하가 되다. 복종하다.
付き合い〔つきあい〕 교제. 교제함.
付き合う〔つきあう〕(自5) ① 서로 달라붙다. ② 교제하다. 사귀다. ③ (교제나 의리상) 어떤 일을 같이 하다. 映画を~; 영화를 같이 보러 가다. 一杯付き合おう; 한 자 하자.

連濁音에 注意

気付く〔きづく〕(自5) ① 깨닫다. 알아차리다. 눈치 채다. ② 정신이 들다.
色付く〔いろづく〕(自5) ① 물이 들다. 물들다. ② 처녀티가 나다.

❷**付ける**〔つける〕(他下1) ① 붙이다. ② 묻히다. ③ 입다. 걸치다. ④ 익히다. 숙달시키다. ⑤ 부착하다. 달다. ⑥ 기입하다. ⑦ 뒤를 따라가다. 미행하다. 뒤쫓다. ⑧ (감각으로) 알아내다. ⑨ 결말을 짓다. 마무리하다. ⑩ 결부시키다. 관련시키다. ⑪ 할당하다. ⑫ …に付け; …에 따라서 …에 관련하여. ⑬ (動詞連用形에 접속하여) ㄴ…해오다. ㄴ…하는 버릇이 있다.
付け〔つけ〕 ① 붙임. 달아 둠. ②외상. 외상으로 구입함. ③ 계산서. 청구서. ④ (動詞連用形에 접속하여) ㄴ …하고 있음. 行き~の店; ㄴ 가는 가게. 단골 가게.
付けひげ〔つけひげ〕 붙인 수염. 가짜 수염.
付けまつげ〔つけまつげ〕 (만들어 붙인) 속눈썹
付け加える〔つけくわえる〕(他下1) 덧붙이다. 보태다. 첨가하다.
付け加わる〔つけくわわる〕(自5) 덧붙여지다. 보태지다. 첨가되다.
付け景気〔つけげいき〕 경기가 좋은 것처럼 꾸밈.
付け届け〔つけとどけ〕 선물함. 선물.
付け根〔つけね〕 물건이 붙어 있는 부분.
付け紐〔つけひも〕 (아이들의) 허리에 꿰매단 띠.
付け台〔つけだい〕 (초밥집에서) 초밥을 카운터의 손님에게 내어 놓는 받침대.
付け落ち〔つけおち〕 기입 누락.
付け落とし〔つけおとし〕 기입 누락.
付け馬〔つけうま〕 덜 지불된 유흥비를 받기 위해 손님 집까지 따라가는 사람.
付け木〔つけぎ〕 불쏘시개.
付け目〔つけめ〕 목표. 노리는 곳. 착안점.
付け文〔つけぶみ〕 몰래 보내는 연애편지.
付け上がる〔つけあがる〕(自5) 상대방이 점잖거나 관대함을 이용하여 버릇없이 굴다. 기어 오르다.
付け所〔つけどころ〕 특히 주의할 점.
付け焼(き)〔つけやき〕 간장을 발라서 구움.
付け焼(き)刃〔つけやきば〕 없는 실력을 갑작스레 만들어 내거나 꾸며대는 일. 임시변통.
付け薬〔つけぐすり〕 바르거나 붙이는 약.
付け元気〔つけげんき〕 허세(虚勢).
付け人〔つけびと〕 ① 곁에서 시중 드는 사람. ② 감독으로서 곁에 붙여 두는 사람.
付け入る〔つけいる〕(自5) (기회를 타서) 잘 이용하다.
付け込む〔つけこむ〕(自5) ① 헛점을 이용하다. …을 기화로 삼다. ② 기회를 이용하다. ③ (장부에) 기입하다. ④ (장부에) 사실보다 많은 금액을 기입하다.
付込帳〔つけこみちょう〕 사항순에 따라 기입하다.
付け状〔つけじょう〕 ① 첨부한 편지. ② 貴人에게 편지를 내는 것이 송구스러워 그 측근자 이름 앞으로 쓴 편지.
付け狙う〔つけねらう〕(他5) 뒤를 노리다. ㄴ 뒤쫓아 다니며 노리다.
付け足す〔つけたす〕(他5) ① 첨가하다. 덧붙이다. ② (그릇에) 좀 더 담다.
付け知恵〔つけぢえ〕 남에게서 배운 꾀.
付け差し〔つけざし〕 입에 대었던 잔이나 담뱃대를 상대방에게 줌.
付け札〔つけふだ〕 (상품에 매단) 가격표.
付け出し〔つけだし〕 ① (외상 대금의) 청구서. 계산서. ② (씨름의) 대전표에서 처음으로 이름이 오름.
付け出す〔つけだす〕(他5) ① (외상 대금

의) 청구서를 써내다. ② 기입하기 시작하다. ③ 짐을 실어 보내다.

付け値〔つけね〕(손님이) 부르는 값.

付け合(わ)せ〔つけあわせ〕주된 요리에 곁들이는 야채, 해초 등.

付け火〔つけび〕방화(放火). 불을 지름.

付け回す〔つけまわす〕(他5) 악착스럽게(귀찮게) 따라다니다.

連濁音에 注意

力付ける〔ちからづける〕(他下1) 격려하다. 위로하다.

名付ける〔なづける〕(他下1) 이름을 짓다.

音読 1

付する〔ふする〕(他サ) ① 붙이다. 첨부하다. ② 맡기다. 회부하다.

付加〔ふか〕부가. 첨가. 덧붙임.

付近〔ふきん〕부근. 근처. 주변.

付記〔ふき〕부기. 첨가하여 적음.

付帯〔ふたい〕부대. 곁들여서 덧붙임.

付図〔ふず〕부도. 본문에 붙어 있는 그림이나 지도.

付録〔ふろく〕부록. 본문 이외에 붙어 있는 것. 부속된 것.

付属〔ふぞく〕부속. 딸려 붙음.

付随〔ふずい〕부수. 딸려 붙음.

付言〔ふげん〕부언. 덧붙여 말함.

付与〔ふよ〕부여. 딸려 줌.

付議〔ふぎ〕부의. 회의나 토의에 붙임.

付着〔ふちゃく〕부착. 달라 붙음.

付則〔ふそく〕부칙. 딸린 규칙.

付託〔ふたく〕부탁. 의뢰함.

付表〔ふひょう〕부표. 딸린 표.

音読 2

発付〔はっぷ〕발부. 발행.

添付〔てんぷ〕첨부. 덧붙임. 더하여 붙임.

還付〔かんぷ〕환부. 도로 돌려 보냄.

〔扶〕

풀：도울 부.
音：フ
訓：

扶植〔ふしょく〕부식. ① (세력 등을)뿌리박음. ② 도와서 일으켜 줌.

扶養〔ふよう〕부양. 생활을 도와 줌.

扶育〔ふいく〕부육. 도와서 양육함.

扶翼〔ふよく〕부익. 힘을 보태 도와 줌.

扶助〔ふじょ〕부조. 힘을 써 도와 줌.

扶持〔ふち〕부지. ① 도움. ② 옛날 武士의 급여(給与).

〔否〕

형：아니 부.
音：① ヒ ② ピ
訓：① いな ② いや

訓　読

否〔いな〕아님. 아니.
〔いや〕① 싫어. ② 아냐. 아니오 ③ 그러면.
〔ひ〕비. ① 취소. ② 찬성하지 않는 것.

否とよ〔いなとよ〕아니아니. 아니오.

否む〔いなむ〕(他5) ① 거절하다. 사절하다. ② 부정(否定)하다.

否めない〔いなめない〕(連語) ① 부정 못한다. 부정할 수 없다. ② 거절할 수없다.

否や〔いなや〕① 가부(可否). ② 이의(異議). ③ …や否や; …と否や; ㄱ…하자마자. 聞くや否や; 듣자마자. ㄴ…인지. 아닌지. ④ 어떻겠는가. ⑤ 아니아니. 아니 이젠.

否否〔いやいや〕① 아니 아니 아니오. ② 마지 못해서. ～ながら; 마지 못해.

否応〔いやおう〕좋다, 나쁘다의 대답. 可否. 이의(異議).

否が応でも〔いやがおうでも〕가부간에. 여하튼.

否でも応でも〔いやでもおうでも〕싫든 좋든간에. 어떻든. 아무래도.

音読 1

否とする〔ひとする〕(連語) 찬성하지 않다.

否決〔ひけつ〕부결. 의안(議案)을 승인하지 않음.

否認〔ひにん〕부인. 어떤 사실을 부정하며 인정하지 않음.

否定〔ひてい〕부정. 그렇지 않다고 부인함

音読 2

安否〔あんぴ〕안부. 무사한지의 여부.

認否〔にんぴ〕인부. 인정과 부정.

存否〔そんぴ〕존부. 있는지 없는지의 여부.

真否〔しんぴ〕진부. 사실인지 아닌지의 여부.

賛否〔さんぴ〕찬부. 찬성과 불찬성.

〔府〕

풀：마을 부.
音：① フ ② プ
訓：

音読 1

府〔ふ〕① 수도(首都). ② 관청. ③ 곳집. ④ 지방 행정 구역의 하나. (都, 道, 県과 함께 가장 상급의 지방 자치 단체)

府立〔ふりつ〕부립. 府에서 설립한 것.

府庁〔ふちょう〕부청. 府의 관청.

府下〔ふか〕府의 구역내.

政府〔せいふ〕정부. 行政을 행하는 국가의 기관.

音読 2

官府〔かんぷ〕관부. ① 정부. ② 관청.

天府〔てんぷ〕손목 시계 등의 유사의 속도를 조절하는 톱니바퀴.

〔附〕

풀：붙일(붙을) 부.
音：(요즈음은 249 페이지'付'로
訓：대체됨.)

〔負〕

풀：짐질 부.
音：① フ ② ブ
訓：① おう ② まかす ③ まかる ④ まける

❶**負う**〔おう〕(他5) ① 짊어지다. 업다. ② 맡다. 지다. 責任を～ 책임을 지다. ③ 名に～; 유명하다. ④힘입다. ⑤ 해를 보다. 다치다.

負い目〔おいめ〕(갚아야 할 물질적, 정신적인) 부채. 빚.

❷**負かす**〔まかす〕(他5) 이기다. 相手を

～：상대를 이기다.
❸負かる〔まかる〕(自5) 값을 싸게 할 수 있다. これ以上は負かりません：이 이상은 싸게 할 수 없습니다.
❹負ける〔まける〕(自他下1) ①(싸움에)지다. 패하다. ②양보하다. 봐주다. 생각해 주다. ③옻타다. うるしに～：옻을 타다. ④값을 깎아 주다. ⑤덤으로 주다.
負け〔まけ〕①패배(敗北). 짐. ②값을 싸게 함. 경품. 덤으로 주는 물건.
負け軍〔まけいくさ〕싸움(전쟁)에 짐.
負(け)腹〔まけばら〕지고 나서 화를 냄.
負(け)色〔まけいろ〕패색. 싸움에 지는 형세.
負け惜しみ〔まけおしみ〕(지거나 실패하고도) 억지를 씀. 좀처럼 체념을 안함.
負(け)星〔まけぼし〕(씨름에서)졌다는 표시로 찍는 검은 점.
負けず劣らず〔まけずおとらず〕막상 막하.
負け越す〔まけこす〕(自5) 진 횟수가 이긴 횟수보다 많아지다.
負け嫌い〔まけぎらい〕유달리 지기 싫어함.
負けず嫌い〔まけずぎらい〕⇨負け嫌い.
負けじ魂〔まけじだましい〕지지 않으려는 정신. 투지(鬪志).

音 読 1

負〔ふ〕영(零) 보다 작은 것. 마이너스.
負担〔ふたん〕부담. 맡겨진 의무.
負傷〔ふしょう〕부상. 상처를 입음.
負数〔ふすう〕음수. 영(零)보다 작은 수. 마이너스를 붙여 나타냄.
負債〔ふさい〕부채. 빚. 채무(債務).
負荷〔ふか〕부하. ①원동기(原動機)에 가해지는 작업량. ②짊어짐. ③아들이나 제자가 아버지나 스승의 일을 계승하여 그 임무를 맡음.

音 読 2

勝負〔しょうぶ〕승부. ①이기고 짐. 승패. ②이기고 짐을 결정함.

〘赴〙 풀：다다를 부.
音：フ
訓：おもむく

赴く〔おもむく〕(自5) ①향하여 가다. 任地に～：임지로 가다. ②(어떤 상태로) 향하다. 病気も快方に～：병이 차차 나아지다. ③동의하다. 따르다. 大勢に～：대세를 따르다.

音 読

赴援〔ふえん〕부원. 도와 주러 감.
赴任〔ふにん〕부임. 임지(任地)로 감.

〘釜〙 풀：가마 부.
音：フ
訓：かま

釜〔かま〕솥. 가마.
釜飯〔かまめし〕솥밥(솥째로 밥상에 냄).
釜敷き〔かましき〕솥, 냄비 등을 놓을 때 그 밑에 까는 밑받침.
釜師〔かまし〕차(茶)솥을 만드는 사람.
釜茹で〔かまゆで〕솥에 넣고 삶음. 데침.
釜日〔かまび〕다도(茶道)에서 제자를 모아 놓고 실습하는 날.

連濁音에 注意

茶釜〔ちゃがま〕차 끓이는 가마.
土釜〔どがま〕질그릇. 밥솥.

音 読

釜中の魚〔ふちゅうのうお〕①가마솥의 고기가 멀지 않아 삶아진다는 뜻으로 오래 살 수 없다는 비유. ②먹을 것이 없어서 살아갈 수가 없을 만큼 가난함.

〘浮〙 풀：뜰 부.
音：フ
訓：①うく ②うかす ③うかされる ④うかせる ⑤うかれる ⑥うかぶ ⑦うかばれる ⑧うかべる

❶浮く〔うく〕(自5) ①뜨다. ②(마음이) 들뜨다. ③흔들거리다. ④(밖으로)나타나다. ⑤여분이 생기다. 남다.
浮き〔うき〕①뜸. 뜨는 일. ②낚시찌. ③(수영에 쓰는) 부대(浮袋). 부낭.
浮(き)橋〔うきはし〕부교. 배다리.
浮(き)袋〔うきぶくろ〕①부대(수영할 때 사용하는 것). ②(물고기의) 부레.
浮(き)貸(し)〔うきがし〕(은행원 등이) 정식 절차를 밟지 않고 장부를 속여서 하는 부정 대부.
浮(き)島〔うきしま〕호수, 늪 위의 풀이 우거져 섬처럼 보이는 것.
浮(き)立つ〔うきたつ〕(自5) (마음이) 들뜨다.
浮(き)名〔うきな〕남녀 관계에 관한 소문. 염문(艶聞). ～が立つ：염문이 나다.
浮(き)木〔うきぎ〕①부목. 물 위에 떠 있는 나무. ②뗏목.
浮(き)上がる〔うきあがる〕(自5) ①(물 위로) 떠오르다. ②(사이가)들뜨다. 벌어지다. 출세하다.
浮(き)石〔うきいし〕①물 위에 뜨는 돌. 속돌. ②흔들리는 불안정한 암석(岩石).
浮(き)世〔うきよ〕①뜻대로 잘 안되는 괴로운 세상. 덧없는 세상. ②뜬세상. 속세. ～離れた山里：속세를 떠난 산촌.
～草子〔ぞうし〕：江戸시대의 花柳界를 중심으로 한 세태・인정을 묘사한 소설.
～絵〔え〕：江戸시대에 성행하던 유녀(遊女)나 연극을 다룬 풍속화.
浮(き)巣〔うきす〕①물 위에 뜨게 만든 둥지. ②주소가 일정하지 않음.
浮(き)身〔うきみ〕물 위에 반드시 누워서 뜨는 방법.
浮(き)実〔うきみ〕(수프에) 띄우는 건더기.
浮(き)魚〔うきうお〕海水面 가까이에서 사는 물고기의 총칭.(꽁치. 고등어. 송어 등)
浮(き)腰〔うきごし〕①허리에 힘을 주지 않음. ②방침이 서지 않아 갈피를 못 잡음. ～になる：이러지도 저러지도 못하다.

③ 엉거주춤한 자세.
浮(き)雲〔うきぐも〕① 뜬 구름. ② 불안정함.
浮(き)彫り〔うきぼり〕부조. 형상이 도드라지게 조각함.
浮き足〔うきあし〕① 발끝으로 서서 지면에서 들떠 있는 발. ② 도망치려는 자세.
浮き足立つ〔うきあしだつ〕(自5) 도망치려 하다. 들떠 있다.
浮(き)舟〔うきふね〕물 위에 뜬 배.
浮(き)織(り)〔うきおり〕돋을 무늬를 짬.
浮(き)草〔うきくさ〕① 부평초(浮萍草). ② 불안정한 상태. ～稼業(かぎょう)：떠돌이 직업.
浮き出す〔うきだす〕(自5) ① 떠오르다. ② (무늬가)도드라지다. ③ 뜨기 시작하다.
浮き出る〔うきでる〕(自下1) 떠오르다.
浮(き)沈み〔うきしずみ〕부침. ① 뜸과 가라앉음. ② 흥망 성쇠(興亡盛衰).
浮(き)寝〔うきね〕① 물 위에서 잠. ② 선잠. ③ 매번 상대가 다른 잠자리.
浮(き)河竹〔うきかわたけ〕쓰라린 생활의 유녀(遊女)의 신세.
浮(き)荷〔うきに〕① (破船 등으로) 물 위에 떠도는 화물. ② 거래할 사람이 없어 배에 실은 채로 파는 것.
❷ **浮かす**〔うかす〕(他5) ① 띄우다. 뜨게 하다. ② (시간이)남도록 짜내다. ③ (경비, 비용이)남도록 절약하다.
浮かし〔うかし〕① 띄움. ② 국의 건더기.
❸ **浮かされる**〔うかされる〕(自下1) ①(얼빠져) 들뜨다. ② (熱로)의식이 흐릿해지다.
❹ **浮かせる**〔うかせる〕(自下1) ① 띄우다. 뜨게 하다. ② (시간이)남도록 짜내다. ③ (비용이)남도록 절약하다.
❺ **浮かれる**〔うかれる〕(自下1) 마음이 들떠서 신이 나다.
浮かれ女〔うかれめ〕창녀. 유녀(遊女).
浮かれ烏〔うかれがらす〕달밤에 들떠서 우는 까마귀(들떠서 밤에 놀러 다니는 남자의 비유).
浮かれ調子〔うかれちょうし〕들뜬 기분. 마음을 들뜨게 하는 상태.
浮かれ出す〔うかれだす〕(自5) 들뜨기 시작하다. 신이나기 시작하다.
浮かれ出る〔うかれでる〕(自下1) 마음이 들떠서 나오다.
❻ **浮(か)ぶ**〔うかぶ〕(自5) ① 뜨다. ② 떠오르다. ③ 출세하다.
浮(か)ぶ瀬〔うかぶせ〕① 행운을 잡을 기회. ② 편안할 때. ③ 행복해질 기회.
浮(か)び上がる〔うかびあがる〕(自5) ① 떠오르다. ② 출세하다. ③ 세상에 알려지다.
浮(か)び出る〔うかびでる〕(自下1) ⇨ **浮かび上がる**.
❼ **浮(か)ばれる**〔うかばれる〕(自下1) ① 죽은 사람의 혼이 성불(成仏)하다. ② 체면이 서다.
❽ **浮(か)べる**〔うかべる〕(他下1) ① 띄우다. 뜨게 하다. ② 생각해 내다. 상기(想起)하다. ③ (표면에)나타나다.

例　外

浮つく〔うわつく〕(自5) (기분이)들뜨다. 마음이 들썽거리다.
浮気〔うわき〕① 바람기가 있음. ～する：바람을 피우다. ～者(もの)：바람둥이. ② 애정이 잘 변함. ③ 변덕스러움.

音　読

浮動票〔ふどうひょう〕부동표. 고정되어 있지 않은 표.
浮浪〔ふろう〕부랑. 떠돌아 다님. 방황함.
浮力〔ふりょく〕부력. 어떤 물체가 기체나 물 위로 뜨게 되는 힘.
浮木〔ふぼく〕부목. 물 위에 떠 있는 나무.
浮薄〔ふはく〕부박. 경솔함.
浮説〔ふせつ〕부설. 근거없이 떠돌아 다니는 말. 유언(流言).
浮揚〔ふよう〕부양. 떠오름.
浮遊〔ふゆう〕부유. ① 물 위나 물 속에 둥둥 떠서 움직임. ② 장소를 가리지 않고 들떠서 노는 것.
浮腫〔ふしゅ〕부종. 몸이 부어 오르는 병.
浮沈〔ふちん〕부침. ① 뜸과 가라앉음. ② 흥망 성쇠(興亡盛衰).
浮標〔ふひょう〕부표. 물 위에 띄워 어떤 표지(標識)로 삼는 물건.
浮華〔ふか〕부화. 겉만 화려하고 실속이 없음.

〔剖〕
풀：쪼갤 부
音：**ボウ**
訓：

解剖〔かいぼう〕해부. ① 생물의 몸을 조사하기 위하여 그 몸을 갈라 헤치는 일. ② 세세하게 분석하고 연구함.

〔副〕
풀：버금 부.
音：① **フク** ② **フッ**
訓：① **そう** ② **そえる**

❶ **副う**〔そう〕(自5) ① 첨가하다. 더하다. ② 항상 붙어 있다. 시중들다. ② 함께 살다.
❷ **副える**〔そえる〕(他下1) ① 첨가하다. 첨부하다. ② 딸리다. 곁들이다. ③ 더하다. ④ 돕다. 거들다.
副え木〔そえぎ〕받침대. 부목(副木).

音　読　1

副本〔ふくほん〕부본. 원본을 그대로 베낀 것.
副使〔ふくし〕부사. 正使를 돕는 使臣.
副詞〔ふくし〕부사. (文法에서, 품사의 하나).
副賞〔ふくしょう〕부상. 정식상에 곁들여 주는 상.
副産物〔ふくさんぶつ〕부산물. 부수적으로 생기는 산물(産物).
副腎皮質〔ふくじんひしつ〕부신 피질.
副業〔ふくぎょう〕부업. 본업 이외에 하는 일. 내직(内職).

副作用〔ふくさよう〕부작용. 치료 효과의 이외에 일어나는 작용.
副助詞〔ふくじょし〕부조사.
副次的〔ふくじてき〕부차적. 이차적 (二次的).

音読 2

副官〔ふっかん〕부관. 군대에서 지휘관의 명을 받아 행정 임무를 관장(管掌)하는 무관(武官).

〔埠〕 풀 : 선창 부
音 : フ
訓 :

埠頭〔ふとう〕부두. 배를 대는 선창(船艙) 배를 대기 위하여 육지에서 바다로 달아 내어 쌓은 선창.

〔婦〕 풀 : 며느리 부.
音 : ① フ ② プ
訓 :

音読 1

婦女〔ふじょ〕부녀. 여자. 부인.
婦徳〔ふとく〕부덕. 부녀가 지켜야 할 부인의 아름다운 덕행.
婦道〔ふどう〕부도. 부녀가 지켜야 할 도리.
婦人〔ふじん〕부인. 여자. 여성.
婦長〔ふちょう〕부장. 간호원의 우두머리. 간호부장(看護婦長).

音読 2

新婦〔しんぷ〕신부. 새색시.
妊婦〔にんぷ〕임부. 임신한 부인.
妊産婦〔にんさんぷ〕임산부. 임부(妊婦)와 산부(産婦).

〔部〕 풀 : 떼 부.
音 : ブ
訓 :

例　外

部屋〔へや〕① 방. ② 헛간. 광.
部屋着〔へやぎ〕실내복.
部屋割(り)〔へやわり〕방을 배당하는 일.

音　読

部〔ぶ〕부. 부분.
部隊〔ぶたい〕부대. 한 단위의 군대.
部落〔ぶらく〕부락. 마을. 동리.
部類〔ぶるい〕부류. 종류를 따라 나눔.
部立て〔ぶだて〕분류(分類).
部面〔ぶめん〕부면. 부분의 면(面).
部門〔ぶもん〕부문. 분류(分類).
部分〔ぶぶん〕부분. 전체를 몇개로 나눈 것의 하나.
部署〔ぶしょ〕부서. 근무 상 나누어진 부분.
部数〔ぶすう〕부수. 책의 수.
部員〔ぶいん〕부원. 部에 속한 인원.
部位〔ぶい〕부위. 부분의 위치.
部長〔ぶちょう〕부장. 部의 우두머리.
部族〔ぶぞく〕부족. 氏族의 집안 단체.
部品〔ぶひん〕부품. 部分品의 준말.
部下〔ぶか〕부하. 지위상으로 본 아랫사람.

〔符〕 풀 : 증거 부.
音 : ① フ ② プ
訓 :

音読 1

符節〔ふせつ〕① 목패(木牌)에 문자를 쓰고 증인에 제인(契印)을 눌러 둘로 나눈 것. ② 나중에 맞춰 봐서 증거로 하는 것.
符合〔ふごう〕부합. 빈틈 없이 꼭 맞음.
符号〔ふごう〕부호. 기호. 표지.

音読 2

切符〔きっぷ〕① 차표. 승차권. 입장권. ② 표. ③ 납세 통지서.

〔富〕 풀 : 부자 부.
音 : ① フ ② プ ③ フウ
訓 : ① とむ ② とみ

訓読 1

富む〔とむ〕(自 5) ① 재산이 많다. 부(富)하다. ② 풍부하다. 많다. 話題に～ : 화제가 풍부하다. 春秋に～ : 장래가 창창하다.

訓読 2

富〔とみ〕① 부(富). 재산. 자원. ② 복권.
富札〔とみふだ〕복권.
富籤〔とみくじ〕江戸 시대에 유행했던 복권의 일종.

音読 1

富強〔ふきょう〕부강. 나라가 부하고 강함.
富国〔ふこく〕부국. 재물이 풍부한 나라.
富農〔ふのう〕부농. 농사를 많이 짓는 사람.
富士絹〔ふじぎぬ〕명주실로 짠 평직(平織).
富士山〔ふじさん〕후지산. 일본에서 제일 높은 산. 休火山으로 경치가 좋음.
富士額〔ふじびたい〕이마의 머리털이 후지산(富士山)모양으로 난 것. 부인들의 이마.
富有〔ふゆう〕부유. 부자(富者). 재산가.
富裕〔ふゆう〕부유. 재산이 넉넉함.
富豪〔ふごう〕부호. 재산이 많고 권세가 있는 사람.

音読 2

貧富〔ひんぷ〕빈부. 가난함과 부유함.

音読 3

富貴〔ふうき〕부귀. 부(富)하고 귀(貴)함.

〔腐〕 풀 : 썩을 부.
音 : ① フ ② プ
訓 : ① くさす ② くさらかす ③ くさらす ④ くさる ⑤ くされる.

❶ **腐す**〔くさす〕(他 5) (대수롭지 않은 것을)욕하다. 헐뜯다.
❷ **腐らかす**〔くさらかす〕(他 5) 썩히다.
❸ **腐らす**〔くさらす〕(他 5) 썩히다. 썩게 하다.
❹ **腐る**〔くさる〕(自 5) ① 썩다. 부패하다. 상하다. ② 풀이 죽다. 기운을 잃다. 낙심하다. 상심하다. 속썩다.

腐り〔くさり〕썩음. 상한 부분. 상한 정도.
❺腐れ〔くされ〕① 썩음. 썩은 것. ②썩어 빠짐. 더러움. ～女：더러운 년. 화냥년. ～金：더러운 돈.
腐れ縁〔くされえん〕(끊을래야 끊을 수 없는)지겨운 사이. 바람직하지 않은관계(인연).

連濁音에 注意

立ち腐れ〔たちぐされ〕① (기둥, 나무가) 선채로 썩음. ② (공사가 중단된 건물이) 황폐하여 가는 일.

音 読 1

腐食〔ふしょく〕부식. ① 썩어서 형체가 문드러짐. ② 물질에 약품을 작용시켜 썩게 함.
腐植〔ふしょく〕부식. 낙엽 등의 유기물이 땅 속에서 썩어 분해된 것.
腐心〔ふしん〕부심. 근심 걱정으로 마음을 썩힘.
腐敗〔ふはい〕부패. ① 썩음. ② 타락해서 나쁘게 됨. 타락해서 생기가 없음.
腐朽〔ふきゅう〕부후. 썩음. 노후(老朽).

音 読 2

陳腐〔ちんぷ〕진부. 새로운 맛이 없음. 묵어서 썩음. ～化する：진부하게 되다.

〔敷〕 풀：펼 부. 깔 부.
音：フ
訓：しく

敷く〔しく〕(他5) ① 깔다. ふとんを～：요를 깔다. ② 깔고 앉다. ③ 덮쳐 누르다. ④ 부설하다. 鉄道を～：철도를 부설하다. ⑤ (진을)치다. ⑥ 배치하다. ⑦ 널리 시행하다. 펴다. ⑧ 퍼지다. ⑨ (動詞連用形에 접속하여 自動詞的으로) 널리 깔리다. 雪が降り～：눈이 내려 깔리다.
敷(き)〔しき〕(그릇 밑에 까는)깔개.
敷居〔しきい〕문턱. 문지방. ～越し：문지방 너머(에서 무엇인가를 함).
敷(き)金〔しききん〕① 전세 보증금. ②거래 보증금.
敷島〔しきしま〕일본의 다른 이름.
敷(き)物〔しきもの〕깔개.
敷(き)写(し)〔しきうつし〕투명한 종이를 대고 그 대로 복사함.
敷(き)石〔しきいし〕(길이나 뜰에 깐)납작한 돌.
敷(き)瓦〔しきがわら〕지면에 까는 납작한 기와.
敷(き)地〔しきち〕부지. 집이나 도로에 사용되는 토지. 대지(垈地).
敷(き)紙〔しきがみ〕물건 밑에 까는 종이.
敷(き)寝〔しきね〕밑에 깔고 잠.
敷(き)板〔しきいた〕① 밑에 까는 널판대기 ② 발판. ③ 마루청.
敷(き)布〔しきふ〕(요 위에 까는) 요 홑이불.
敷(き)布団〔しきぶとん〕(잘 때 까는)요.
敷き皮〔しきがわ〕모피(毛皮)의 깔개.
敷(き)革〔しきがわ〕구두 안창.
敷(き)詰め〔しきつめ〕(방 전체에 까는)깔개.
敷き詰める〔しきつめる〕(他下1) 전면에 깔다. 죽 깔다.

音 読

敷設〔ふせつ〕부설. (철로 등을)깔아 설치함.
敷延〔ふえん〕부연. ① 말을 덧붙여 자세히 설명함. ② 뜻을 자세히 설명함.

〔膚〕 풀：살갗 부.
音：フ
訓：はだ

膚〔はだ〕① 피부. 살갗. 살결. ② 거죽. 표면. ③ 성질. 성미. 기질.
膚着〔はだぎ〕내복. 내의.
膚触り〔はだざわり〕살에 닿는 느낌. 촉감. ～のいい人：접촉하기 좋은 사람.

音 読

皮膚〔ひふ〕피부. 살갗. 살결.

〔賦〕 풀：세금 거둘 부.
音：① フ ② ブ ③ プ
訓：

音 読 1

賦する〔ふする〕(他サ) ① 할당하다. 부과하다. ② 시가(詩歌)를 짓다.
賦課〔ふか〕부과. 세금이나 의무를 할당하여 부담시킴.
賦与〔ふよ〕부여. 나누어 줌.
賦役〔ふえき〕부역. ① 노역(労役). ② 토지에 대한 수익세(収益税).
賦存〔ふそん〕부존. 땅 속에 묻혀 있음.

音 読 2

賦払い〔ぶばらい〕부불. 월부 등의 형식으로 여러번으로 나눠서 갚음. 割賦.

音 読 3

年賦〔ねんぷ〕년부. 금액을 년(年) 단위로 나누어서 지불하는 일.
月賦〔げっぷ〕월부. 금액을 월(月) 단위로 나누어서 지불하는 일.
天賦〔てんぷ〕천부. 천성. 성품.

〔簿〕 풀：장부.
音：ボ
訓：

簿記〔ぼき〕부기. 출납과 거래 내용을 정리하는 기장(記帳)방법.
名簿〔めいぼ〕명부. 이름을 적는 장부.
帳簿〔ちょうぼ〕장부. 금품의 수입과 지출을 기록하는 책.
出納簿〔すいとうぼ〕출납부. 내어 줌과 받아 들임을 기록하는 책.

〔北〕 풀：① 북녘 북. ② 달아날 배
音：① ホク ② ボク ③ ホッ
訓：きた

北〔きた〕① 북. 북쪽. ② 북풍(北風)～が強い：북풍이 세다.
北する〔きたする〕(自サ) 북쪽으로 가다.
北面〔きたおも〕북면. 북으로 향한 쪽.
北半球〔きたはんきゅう〕북반구.
北浜〔きたはま〕大阪 증권 거래소.
北山〔きたやま〕① 북쪽 산. ② 배가 고파 옴. ③ 음식물이 상함. ④ 상대방이 정을 붙여 옴.
北窓〔きたまど〕북창. 북쪽의 창문.
北側〔きたがわ〕북측. 북쪽.
北枕〔きたまくら〕머리를 북으로 두고 잠 (일반에서는 불길하다 하여 꺼림).
北風〔きたかぜ〕북풍. 북새 바람.
北向き〔きたむき〕북향. 북쪽으로 향함.

音 読 1

北端〔ほくたん〕북단. 북쪽 끝.
北東〔ほくとう〕북동. 북쪽과 동쪽의 중간 방위(方位).
北斗七星〔ほくとしちせい〕북두 칠성.
北西〔ほくせい〕북서. 북쪽과 서쪽의 중간 방위(方位).
北上〔ほくじょう〕북상. 북쪽으로 올라감.
北岸〔ほくがん〕북안. 북쪽 해안.
北洋〔ほくよう〕북양. 북쪽 바다. 북해(北海).
北緯〔ほくい〕북위.
北地〔ほくち〕북지. 북쪽 땅.
北進〔ほくしん〕북진. 북쪽으로 나아감.

音 読 2

東西南北〔とうざいなんぼく〕동서 남북.
敗北〔はいぼく〕패배. 싸움이나 시합에 짐.

音 読 3

北郊〔ほっこう〕북쪽 교외.
北国〔ほっこく〕북국. 북쪽 나라.
北極〔ほっきょく〕북극. ～圏(けん)：북극권. ～星(せい)：북극성. ～熊(ぐま)：북극곰. 흰곰.
北方〔ほっぽう〕북방. 북쪽.
北韓〔ほっかん〕북한.
北海道〔ほっかいどう〕북해도.

【분】

〔分〕 풀：나눌 분.
音：① ブ ② フン ③ ブン
訓：① わかつ ② わかる ③ わかれる ④ わける

❶ **分かつ**〔わかつ〕(他5) ① 구별하다. 구분하다. ② 가리다. ③ 분배하다. 実費で～：실비로 나누다. ④ 분별하다.
分かち〔わかち〕① 구별. 구분. ② 분별.
分かち書き〔わかちがき〕띄어 쓰기.
❷ **分(か)る**〔わかる〕(自5) ① 알다. 이해하다. ② 판명되다. ③(사정이나 기분을) 이해하다.
分(か)り〔わかり〕이해. 깨달음. 납득.
分かり切った〔わかりきった〕당연한. 뻔한. 충분히 알고 있는.
❸ **分かれる**〔わかれる〕(自下1) ① 헤어지다. 이별하다. 작별하다. ② 갈라지다. 나누이다. 갈리다. ③ 구별되다. 판가름나다.
分かれ〔わかれ〕갈라져 나온 것. 분파 (分派).
分かれ道〔わかれみち〕① 갈림길. 기로(岐路). ② 이별하는 길.
分かれ目〔わかれめ〕갈림길. 갈리는 때.
❹ **分ける**〔わける〕(他下1) ① 나누다. 가르다. 구분하다. ② 분배하다. ③ 말리다. 중재하다. ④ 헤치다. 波を分けて進む：파도를 헤치고 나아가다.
分(け)〔わけ〕① 나눔. 가름. ② 분배. 배당량. 나눈 몫. ② 무승부. 비김.
分け目〔わけめ〕① 갈라지는 경계. 髪の～：머리의 가리마. ② (승패의)판가름. 갈림길.
分け入る〔わけいる〕(自5) 헤치고 들어가다.
分け前〔わけまえ〕배당. 몫. 할당.
分け取り〔わけどり〕나누어 가짐.

音 読 1

分〔ぶ〕① 한 치의 10분의 1. ② 일할(一割)의 10분의 1. 四～六～：4할과 6할. ③ 두께. ④ 우열(優劣)의 비율. ～が悪い：불리하다. ⑤ 10으로 나눈 것 중의하나. 할(割).
分限者〔ぶげんしゃ〕벼락부자.
分厚い〔ぶあつい〕(形) 두껍다. ～本；두꺼운 책.
九分通り〔くぶどおり〕십중 팔구. 거의.
大分〔だいぶ〕(副) 제법. 꽤. 상당히.
五分五分〔ごぶごぶ〕실력이 비슷함.

音 読 2

分〔ふん〕① 시간의 단위. 1시간의 60분의 1. ② 각도(角度)의 단위. 1도의 60분의 1. ③ 무게의 단위. 1돈중의 10분의 1.
分銅〔ふんどう〕분동. 저울 추.
分別〔ふんべつ〕분별. 지각. 식별(識別). 세상 물정을 알아서 가림. ～のある年；철이 든 나이. ～らしい；분별력이 있음직하다. ～盛り(ざかり)；가장 잘 사리를 분별할 수 있는 나이. 중년 정도. ～臭い(くさい)；지각이 있는 듯 하다.

音 読 3

分〔ぶん〕① (하늘이 내려 준)분수. ② 몫. ③ 신분. 분수. ④ 종류. 물건. ⑤ 정도. 상태. この～なら；이 정도라면. ⑥ 사람의 본분. ～をつくす; 본분을 다하다.
分家〔ぶんけ〕분가. 가족의 일부가 따로 독립하여 일가(一家)를 이룸.
分科〔ぶんか〕분과. 갈라놓은 업무나 학과.
分課〔ぶんか〕분과. 일을 나눠서 맡음.
分岐〔ぶんき〕분기. 몇 가닥 나뉘어 갈라짐.
分納〔ぶんのう〕분납. 여러 차례로 나누어서 바침.
分断〔ぶんだん〕분단. 여러 개로 나누어 끊음.
分担〔ぶんたん〕분담. 부담을 나눠서 맡음.
分度器〔ぶんどき〕분도기. 각도기(角度器).
分量〔ぶんりょう〕분량. 많고 적은 정도.
分列〔ぶんれつ〕분열. 갈라져서 늘어섬.
分裂〔ぶんれつ〕분열. 갈라져서 찢어짐.
分類〔ぶんるい〕분류. 종류에 따라 가름.
分離〔ぶんり〕분리. 갈라져서 떨어짐.
分明〔ぶんめい〕분명. 흐리지 않고 뚜렷함.
分配〔ぶんぱい〕분배. 고르게 나눠줌.
分泌〔ぶんぴ〕분비.
分散〔ぶんさん〕분산. 갈라져 흩어짐.
分相応〔ぶんそうおう〕신분에 어울림.
分析〔ぶんせき〕분석. 나눠서 가름.
分数〔ぶんすう〕분수.
分身〔ぶんしん〕분신. 갈라져 나간 지체(支体).
分野〔ぶんや〕분야. 범위. 영역(領域).
分譲〔ぶんじょう〕분양. 일부분을 갈라서 양도함.
分業〔ぶんぎょう〕분업. 손을 나눠서 일함.
分際〔ぶんざい〕분재. 분수. 신분(책망할 때).
分派〔ぶんぱ〕분파. 갈라져 나온 단체.
分布〔ぶんぷ〕분포. 나누어져 널리 퍼짐.
分捕る〔ぶんどる〕(他5) ① 싸워서 적의 무기나 군용품을 빼앗다. ② 남의 물건을 탈취(奪取)하다.
分割〔ぶんかつ〕분할. 여러 개로 나눔.
分解〔ぶんかい〕분해. 부분으로 갈라냄.

〔扮〕
풀 : 잡을 분.
音 : **フン**
訓 :

扮する〔ふんする〕(自サ) 분장(扮装)하다.
扮飾〔ふんしょく〕분식. 꾸밈. 단장함.
扮装〔ふんそう〕분장. 몸이나 복장을 다른 모양으로 꾸밈.

〔奔〕
풀 : 달릴 분.
音 : ① **ホン** ② **ポン**
訓 : **はしる**

奔る〔はしる〕(自5) ① 달아나다. 도망치다. ② (길, 산맥이) 뻗다. ③ 이따금씩 쑤시다(아프다). ④ (나쁜 방향으로) 치우치다. 쏠리다. 기울다. 感情に～; 감정에 치우치다.

音読 1

奔騰〔ほんとう〕분등. 물가 등이 걷잡을 수 없이 오름. 폭등(暴騰).
奔流〔ほんりゅう〕분류. 물이 대단히 세차게 흐름. 격류(激流).
奔命〔ほんめい〕분명. 명령을 받고 바쁘게 움직이는 것.
奔放〔ほんぽう〕분방. 제멋대로 행동함.
奔走〔ほんそう〕분주. 바쁘게 돌아다님.

音読 2

出奔〔しゅっぽん〕출분. 도망쳐 행방을 감춤.

〔盆〕
풀 : 동이 분.
音 : **ボン**
訓 :

盆〔ぼん〕쟁반. お～; 쟁반.
盆景〔ぼんけい〕분경. 쟁반같은 데에 산수(山水)의 경치를 만들어 담은 것.
盆石〔ぼんせき〕분석. 쟁반 같은 데에 운치 있는 돌을 놓고 즐기는 것.
盆踊り〔ぼんおどり〕음력 7월 15일 밤에 남녀들이 모여서 추는 윤무(輪舞).
盆栽〔ぼんさい〕분재. 화분에 심은 화초.
盆地〔ぼんち〕분지. 산으로 둘러쌓인 평지.

〔粉〕
풀 : 가루 분.
音 : ① **フン** ② **プン**
訓 : ① **こ** ② **こな**

訓読 1

粉〔こ〕가루. 분말. 火の～; 불티. 불똥. 〔こな〕가루. 특히, 밀가루. ～薬; 가루약.
粉米〔こごめ〕싸라기.
小麦粉〔こむぎこ〕밀가루. 소맥분.

訓読 2

粉〔こな〕가루. 특히. 밀가루.
粉ミルク〔こなmilk〕분유(粉乳).
粉微塵〔こなみじん〕산산조각이 남. 박살이 남.
粉粉〔こなごな〕박살이 남. 산산조각이 남.
粉雪〔こなゆき〕가루눈. 분설.
粉食〔こなしょく : ふんしょく〕분식.
粉薬〔こなぐすり〕가루약.
粉屋〔こなや〕(밀가루 등)가루 파는 가게.

音読

粉骨砕身〔ふんこつさいしん〕분골 쇄신. 죽을 힘을 다하여 노력함. 희생적 노력.
粉末〔ふんまつ〕분말. 가루.
粉本〔ふんぽん〕① (동양화에서)초벌 그림. ② 그림공부의 교본이 되는 책.
粉砕〔ふんさい〕분쇄. ① 가루처럼 잘게 부숨. ② 완전히 쳐 부숨.
粉食〔ふんしょく : こなしょく〕분식.
粉乳〔ふんにゅう〕분유. 가루로 만든 우유.
粉剤〔ふんざい〕분제. 가루로 된 약제(薬剤)
粉塵〔ふんじん〕분진. 돌이나 금속 등이 부서져서 된 가루(먼지).
金粉〔きんぷん〕금분. 금가루. 금빛 가루.
散粉〔さんぷん〕산분. 가루를 뿌림.
銀粉〔ぎんぷん〕은분. 은가루. 은빛 가루.

〔紛〕
풀 : 어지러울 분
音 : **フン**
訓 : ① **まぎれる** ② **まぎらす**

③ まきらわす ④ まぎらわしい ⑤ まがう

❶ **紛れる**〔まぎれる〕(自下1) ① 헛갈리다. 혼동되다. ② 다른 것에 몰두하여 시름을 잊다.

紛れ〔まぎれ〕① 헛갈림. ②(形容詞 어간에 접속하여)…한 나머지. 苦し～; 괴로운 나머지. くやし～; 분한 나머지.

紛れ込む〔まぎれこむ〕(自5) (혼잡한 틈을 타서)잠입하다. (잘못)섞여 들다.

❷ **紛らす**〔まぎらす〕(他5) ① 얼버무리다. ② 숨기다. 감추다. ③ (마음을)달래다.

❸ **紛らわす**〔まぎらわす〕(他5) ⇨ 紛らす.

❹ **紛らわしい**〔まぎらわしい〕(形) 헛갈리기 쉽다. 혼동하기 쉽다.

❺ **紛う**〔まがう〕(自5) ① 착각하다. 잘못 보다. 혼동하다. ～かたなく; 틀림없이. 뚝뚝히. ② 혼잡하다.

紛い〔まがい〕① 모조품. ② 뒤섞여 구별하기 어려움.

紛い物〔まがいもの〕모조품. 유사품. 가짜.

音 読

紛糾〔ふんきゅう〕분규. 뒤얽혀 시끄러움.
紛乱〔ふんらん〕분란. 뒤섞이고 떠들썩함.
紛紛〔ふんぷん〕분분. 뒤숭숭하게 시끄러움.
紛失〔ふんしつ〕분실. 자기도 모르는 사이에 잃어 버림. 또는 없어짐.
紛議〔ふんぎ〕분의. 분분(紛紛)한 의론.
紛争〔ふんそう〕분쟁. 시끄럽게 다툼.

〔焚〕 풀 : 불사를 분.
音 : フン
訓 : たく

焚く〔たく〕(他5) ① 불을 피우다. 불을 때다. ② (향을)피우다. 香(こう)を～; 향을 피우다.
焚(き)口〔たきぐち〕아궁이.
焚(き)落(と)し〔たきおとし〕장작이 다 탄 뒤에 남은 불.
焚(き)物〔たきもの〕땔감. 땔거리. 연료.
焚(き)付(け)〔たきつけ〕불쏘시개.
焚(き)出し〔たきだし〕(비상시에 사람들에게)밥을 지어 돌림.
焚(き)火〔たきび〕① 모닥불. ② 횃불.

音 読

焚香〔ふんこう〕분향. 향을 피움.

〔雰〕 풀 : 눈 펄펄 날릴 분. 안개 분.
音 : フン
訓 :

雰囲気〔ふんいき〕분위기. ① 지구를 둘러싸고 있는 공기. ② 그 자리의 기분이나 상태. 楽しい～; 즐거운 분위기.

〔噴〕 풀 : 뿜을 분.
音 : フン
訓 : ふく

噴く〔ふく〕(自他サ) 뿜다. 솟다. 煙を～; 연기를 내뿜다.
噴き上げる〔ふきあげる〕(他下1) 내뿜다.
噴き井戸〔ふきいど〕물을 뿜어내는 우물.
噴き出す〔ふきだす〕(自5) ① (액체가) 내뿜다. ② 웃음을 터뜨리다.
噴き出る〔ふきでる〕(自下1) 내솟다. 汗が～; 땀이 내솟다.

音 読

噴霧器〔ふんむき〕분무기. 액체를 안개처럼 뿜어내는 기구.
噴門〔ふんもん〕분문. 위(胃)의 입구(入口).
噴飯〔ふんぱん〕웃음을 참을 수가 없음.
噴射〔ふんしゃ〕분사. 세차게 내뿜게 함.
噴水〔ふんすい〕분수. 내뿜는 물.
噴煙〔ふんえん〕분연. 연기를 뿜어 냄.
噴出〔ふんしゅつ〕분출. 뿜어 냄. 솟아 남.
噴火〔ふんか〕분화. 불을 뿜음. ～口(こう); 분화구.

〔墳〕 풀 : 무덤 분.
音 : フン
訓 :

墳墓〔ふんぼ〕분묘. 무덤. ～の地; ① 묘지. ② 선조의 묘가 있는 곳. 고향.
古墳〔こふん〕고분. 옛 무덤.

〔憤〕 풀 : 분할 분.
音 : ① フン ② プン
訓 : いきどおる

憤る〔いきどおる〕(自5) 분개하다. 노하다.
憤り〔いきどおり〕분개. 분노. 노여움. ～を発する; 성을 내다. 분노를 터뜨리다.

音 読

憤慨〔ふんがい〕분개. 몹시 화를 냄.
憤激〔ふんげき〕분격. 격분. 몹시 성냄.
憤怒〔ふんど〕분노. 몹시 화를 냄.
憤死〔ふんし〕분사. ① 분개하여 죽음. ② (야구에서)아깝게 아우트 됨.
憤然〔ふんぜん〕분연. 벌컥 성을 냄.
鬱憤〔うっぷん〕울분. 쌓이고 쌓인 분노.

〔奮〕 풀 : 떨칠 분.
音 : ① フン ② プン
訓 : ふるう

奮う〔ふるう〕(自5) ① 떨치다. ② 용기를 내다. ③ 성해지다. ④ 분발하다. ⑤ 색다르다. 기발하다.
奮い起(こ)す〔ふるいおこす〕(他5) 분기하다. 분발하게 하다. 불러 일으키다.
奮い起つ〔ふるいたつ〕(自5) 분기하다. 분발하다.
奮い立つ〔ふるいたつ〕(自5) 분발하다.

音 読

奮起〔ふんき〕분기. 분발하여 일어남.
奮励〔ふんれい〕분려. 기운을 내어 힘씀.
奮発〔ふんぱつ〕분발. ① 가라앉았던 마음 힘을 돋우어 일으킴. ② 큰마음을 먹고 삼. 큰 마음을 먹고 돈을 냄.
奮迅〔ふんじん〕분신. 분발하여 일어남.
奮然〔ふんぜん〕분연. 힘을 내어 일어남.
奮戦〔ふんせん〕분전. 힘을 다하여 싸움.
奮闘〔ふんとう〕분투. ① 분발해서 싸움. ② 부지런히 노력함.

感奮〔かんぷん〕감분. 마음에 느끼어 분발함.
発奮〔はっぷん〕발분. 마음을 떨쳐 일으킴.

〖糞〗 풀：똥 분.
音：フン
訓：くそ

糞〔くそ〕똥. 대변. 찌꺼기.
〔ふん〕분. 대변. 똥.
糞度胸〔くそどきょう〕무턱대고 센 배짱.
糞落(ち)着き〔くそおちつき〕(불안해질 정도로)너무 침착함.
糞力〔くそぢから〕몹시 센 힘. 뚝심.
糞溜〔くそだめ〕똥구덩이.
糞味噌〔くそみそ〕①좋고 나쁘고 간에 구별없이 취급함. 엉망임. ②마구.
糞垂れ〔くそたれ〕①대변을 쌈. 똥을 쌈. ②빌어먹을 놈. 똥싸개.
糞食らえ〔くそくらえ〕똥이나 처먹어라. 돼져라. 될대로 돼라. 빌어먹을.

音 読

糞尿〔ふんにょう〕분뇨. 대변과 소변.
糞詰まり〔ふんづまり〕대변이 나오지 않음. 변비(便秘).

【불】

〖不〗 풀：①아닐 불. ②아닐 부.
音：①フ ②ブ
訓：

音読 1

不可〔ふか〕불가. 옳지 않음.
不可欠〔ふかけつ〕불가결. 없어서는 안될 것.
不可能〔ふかのう〕불가능. 할 수 없음.
不可分〔ふかぶん〕불가분. 도저히 못 나눔.
不可思議〔ふかしぎ〕불가사의. 상상조차 할 수 없는 이상한 일.
不可侵〔ふかしん〕불가침. 침범해서는 안됨.
不覚〔ふかく〕불각. 깨닫지 못함.
不健全〔ふけんぜん〕불건전. 건전하지 못함.
不潔〔ふけつ〕불결. 깨끗하지 않음.
不景気〔ふけいき〕불경기. 물건의 거래가 활발하지 않는 형편.
不届き〔ふとどき〕괘씸함. 못됨. ～な事；괘씸한 짓. ～者(もの)；고얀놈.
不慣れ〔ふなれ〕서투름. 익숙하지 않음. 낯섬. ～の土地；낯선 땅.
不具〔ふぐ〕불구. 몸의 한 부분이 온전하지 못함.
不屈〔ふくつ〕불굴. 굽히지 않음.
不規則〔ふきそく〕불규칙. 규칙적이 아님.
不吉〔ふきつ〕불길. 재수가 좋지 않음.
不能〔ふのう〕불능. 능히 할 수 없음.
不良〔ふりょう〕불량. 좋지 않음.
不慮〔ふりょ〕뜻하지 않음. 의외(意外).
不例〔ふれい〕(몸이)정상이 아님. 병환(病患).
不倫〔ふりん〕불륜. 인도(人道)에 어긋남.
不利〔ふり〕불리. 이롭지 못함.
不満〔ふまん〕불만. 마음에 차지 않음.
不眠不休〔ふみんふきゅう〕불면 불휴. 잠시도 쉬지 않음.
不面目〔ふめんぼく〕불면목. 면목이 없음.
不滅〔ふめつ〕불멸. 사라져 없어지지 않음.
不文律〔ふぶんりつ〕불문률.
不美〔ふび〕불미. 아름답지 못함.
不発〔ふはつ〕불발. 쏜 총알이나 폭탄이 터지지 않음.
不法〔ふほう〕불법. 법이나 도리에 어긋남.
不変〔ふへん〕불변. 변하지 않음.
不払い〔ふばらい〕지불하지 않음. 미불(未払).
不死身〔ふじみ〕불사신. 어떠한 고난 속에서도 잘 견디어 내는 사람.
不似合い〔ふにあい〕어울리지 않음.
不思議〔ふしぎ〕불가사의(不可思議). 기괴(奇怪).
不祥事〔ふしょうじ〕불상사. 상서롭지 못함.
不世出〔ふせいしゅつ〕불세출. 좀처럼 세상에 있을 수 없을 만큼 뛰어남.
不手際〔ふてぎわ〕솜씨(됨됨이)가 나쁨.
不首尾〔ふしゅび〕결과가 나쁨. 성공하지 못함.
不随〔ふずい〕불수. 마음대로 되지 않음.
不純〔ふじゅん〕불순. 순수하지 못함.
不順〔ふじゅん〕불순. 순조롭지 못함.
不承不承〔ふしょうぶしょう〕억지로. 마지못해.
不時着〔ふじちゃく〕불시착. 비행장 이외의 곳에 임시로 착륙함.
不始末〔ふしまつ〕①정리가 안되고 어지러움. ②실수. 실패.
不信〔ふしん〕불신. 믿지 못함.
不審〔ふしん〕불심. ①자세히 알지 못함. ②의심스러움. ～紙(がみ)；책 등의 의심스러운 곳에 표적으로 붙이는 종이. ～火(か)；원인모를 화재.
不案内〔ふあんない〕사정을 잘 모름.
不易〔ふえき〕불역. 변하지 않음.
不穏〔ふおん〕불온. 평온치 않고 험악함.
不要〔ふよう〕불요. 필요하지 않음.
不用意〔ふようい〕①준비하지 않음. ②부주의(不注意).
不遇〔ふぐう〕불우. 불운(不運).
不意〔ふい〕불의. 뜻밖의 일.
不意打ち〔ふいうち〕불의의 습격.
不義〔ふぎ〕불의. 의리나 도리에 어긋남.
不一〔ふいつ〕충분히 갖추어지지 못했음.
不日〔ふじつ〕멀지 않아. 가까운 날에.
不入り〔ふいり〕입장자가 적음.
不肖〔ふしょう〕불초. 어리석음.
不出来〔ふでき〕됨됨이가 나쁨.
不測〔ふそく〕예측할 수 없음.

不治〔ふち〕불치. 낫지 아니함.
不快〔ふかい〕불쾌. 기분이 나쁨.
不通〔ふつう〕불통. 통하지 아니함.
不便〔ふべん〕불편. 편리하지 아니함.
不偏〔ふへん〕불편. 한쪽에 치우치지 않음.
不行き届き〔ふゆきとどき〕충분히 손이 미치지 않음. 용의주도(用意周到)하지 않음.
不幸〔ふこう〕불행. 행복하지 못함.
不幸せ〔ふしあわせ〕불행. 불운(不運).
不向き〔ふむき〕적합하지 않음.
不惑〔ふわく〕불혹. 미혹(迷惑)되지 않음.
不和〔ふわ〕불화. 사이가 좋지 못함.
不確か〔ふたしか〕불확실. 애매함.
不況〔ふきょう〕불황. 경기(景気)가 좋지 않음.
不朽〔ふきゅう〕불후. 썩어 없어지지 않음. 후세까지 오래 남음.
不興〔ふきょう〕①재미가 없음. ②웃사람의 기분을 상하게 함.

音 読 2

不格好〔ぶかっこう〕모양이나 태도가 흉함.
不気味〔ぶきみ〕기분이 나쁨. 무서움.
不器用〔ぶきよう〕①서투름. 손재주가 없음. ②비겁함.
不念〔ぶねん〕①뉘우침. 후회함. ②不注意.
不細工〔ぶさいく〕①서투름. ②못생김.
不粋〔ぶすい〕세련되지 않음. 世情에 어두움.
不様〔ぶざま〕보기 흉함.
不用心〔ぶようじん〕주의가 부족함. 조심하지 않음.
不作法〔ぶさほう〕예의에 벗어남. 무례함.
不精〔ぶしょう〕게으름 피움. 등한히 함.
不調法〔ぶちょうほう〕①고루 미치지 못함. ②소홀함. ③서투름. ④술, 담배를 못함.
不風流〔ぶふうりゅう〕풍류를 모름.
不祝儀〔ぶしゅうぎ〕불길한 일.

'不 다음에 'ㄷ'과 'ㅈ' 발음의 글자가오면 '不'는 한글 '부'로 발음된다. '부'로 발음되는 경우는 248 **페이지 '不' 참조.**

〔仏〕

풀 : 부처 불.
音 : ①ブツ ②ブッ
訓 : **ほとけ**

仏〔ほとけ〕부처. 불상(仏像).
仏いじり〔ほとけいじり〕무턱대고 불공만 드림.
仏性〔ほとけしょう〕불성. 정직하고 자비로운 성질.
仏心〔ほとけごころ〕불심. 자비로운 마음.
仏様〔ほとけさま〕부처님.

音 読 1

仏壇〔ぶつだん〕불단. 부처를 모신 단(壇).
仏堂〔ぶつどう〕불당. 절.
仏道〔ぶつどう〕불도. 불교.
仏力〔ぶつりき〕불력. 부처의 힘.
仏門〔ぶつもん〕불문. 불도(仏道).
仏寺〔ぶつじ〕불사. 절.
仏事〔ぶつじ〕불사. 불가에서 행하는 일.
仏像〔ぶつぞう〕불상. 부처의 상.
仏前〔ぶつぜん〕불전. 부처 앞.
仏殿〔ぶつでん〕불전. 부처를 모신 대청.
仏弟子〔ぶつでし〕불제자. 석가의 제자.

音 読 2

仏家〔ぶっか〕불가. 절. 중.
仏閣〔ぶっかく〕불각. 절.
仏経〔ぶっきょう〕불경. 불교의 경전.
仏教〔ぶっきょう〕불교.
仏徒〔ぶっと〕불도. 불교를 믿는 사람.
仏法〔ぶっぽう〕불법. 불교.
仏舎利〔ぶっしゃり〕불사리. 석가의 유골.
仏師〔ぶっし〕仏像이나 仏具를 만드는 사람.
仏生会〔ぶっしょうえ〕불생회.
仏性〔ぶっしょう：ほとけしょう〕불성. 정직하고 자비로운 성질.
仏身〔ぶっしん〕불신. 부처의 몸.
仏心〔ぶっしん：ほとけごころ〕불심. 부처의 마음. 자비심.
仏頂面〔ぶっちょうづら〕무뚝뚝한 얼굴.

〔払〕

풀 : 떨칠 불.
音 : ①フツ ②フッ
訓 : **はらう**

払う〔はらう〕(他5) ①지불하다. 값을 치르다. ②(먼지를)털어 내다. 털다. ③제거하다. 없애버리다. ④팔아버리다. ⑤(사방에) 떨치다. 널리 펼치다. ⑥가로 베다.
払い〔はらい〕①지불. ②없앰. 제거. ③팔아 치움. ④(탄관의) 채탄장(採炭場).
払い渡す〔はらいわたす〕(他5) ①지불하다. ②필요없는 것을 팔아 넘기다.
払い戻す〔はらいもどす〕(他5) ①(정산(精算)한 나머지를)되돌려 주다. ②(은행에서)예금을 내어주다.
払い物〔はらいもの〕필요없게 되어 팔아 버릴 물건.
払い上げる〔はらいあげる〕(他下1) 아래에서 위로 떨어 버리듯 흔들다.
払い込む〔はらいこむ〕(他5) 불입하다. 돈을 납부하다.
払(い)込(み)資本〔はらいこみしほん〕불입자본.
払い除ける〔はらいのける〕(他下1) 제거하다. 물리치다. 없애다. 뿌리치다. 쫓아버리다.
払い超〔はらいちょう〕초과 지불.
払い出す〔はらいだす〕(他5) (저금을)찾다.
払い下げ〔はらいさげ〕불하. ～品(ひん)；불하품.
払い下げる〔はらいさげる〕(他下1) 불하하다.

連濁音에 注意

月払い〔つきばらい〕월부. 다달이 지불함.
前払い〔まえばらい〕선금. 선불(先払).
後払い〔あとばらい〕후불. 나중에 지불함.

音 読

払拭〔ふっしょく〕불식. 털고 훔침. 씻어 버림. 일소(一掃).
払底〔ふってい〕물건이 몹시 결핍(欠乏)됨. 모자람. 부족함.
払暁〔ふつぎょう〕불효. 새벽녘. 밝을 무렵.

【붕】

〔崩〕
풀：산무너질 붕.
音：**ホウ**
訓：① **くず**す ② **くず**れる

❶ **崩す**〔くずす〕(他5) ①무너뜨리다. ②흩어뜨리다. 흩뜨리다. ③(글씨를) 흘려 쓰다. ④(큰 돈을)헐다. 잔돈으로 바꾸다.
崩し〔くずし〕①무너뜨림. ②허무는 방법.
崩し書き〔くずしかき〕①흘림. 흘림체로 쓴 글씨. 초서. ②약자(略字).
崩し字〔くずしじ〕흘려 쓴 글자. 초서(草書).
❷ **崩れる**〔くずれる〕(自下1) ①무너지다. ②허물어지다. ③흐트러지다. ④(날씨가) 나빠지다. ⑤(상처가)진무르다. 헐다. ⑥(시세가)내리다. ⑦(큰돈을)잔돈으로 바꿀 수 있다.
崩れ〔くずれ〕①허물어짐. 붕괴. 무너짐. ②한때…이었다가 지금은 몰락한 사람. 퇴물. 学生～；불량 학생. 役者～；퇴물 배우.

| 例　外 |

雪崩〔なだれ〕①사태. ②눈사태. ③비스듬히 기울어짐. 경사. 山の～；산비탈.

| 音　読 |

崩じる〔ほうじる〕(自上1) 승하(붕어) 하시다. 王が～；왕이 승하하시다.
崩壊〔ほうかい〕붕괴. 허물어져 무너짐.
崩落〔ほうらく〕붕락. ①허물어져 떨어짐. ②갑자기 시세가 떨어짐.
崩御〔ほうぎょ〕붕어. 승하(昇遐).

〔棚〕
풀：시렁 붕.
音：**ホウ**
訓：**たな**

棚〔たな〕①선반. 시렁. ②산의 경사가 완만한 곳. 大陸～；대륙붕.
棚ぼた〔たなぼた〕선반에서 떡이 굴러 떨어짐. 뜻밖의 행운이 닥쳐 옴. ～式；뜻밖의 횡재를 기다리는 식.
棚機〔たなばた〕七夕祭～津女(つめ) ①베를 짜는 여자. ②직녀성(織女星).
棚上げ〔たなあげ〕①보류해 둠. ②일시 저장. ③은근히 무시함.
棚雲〔たなぐも〕길게 꼬리져 뻗치는 구름.
棚引く〔たなびく〕(自5) (구름이나 안개 등이)가로로 길게 뻗치다.
棚田〔たなだ〕(경사지에 이룬)계단식 논.
棚浚え〔たなざらえ〕염가 대매출(廉価大売出). 재고 정리.

| 連濁音에 注意 |

大陸棚〔たいりくだな〕대륙붕. 대륙의 주위에 있어 해저(海底)의 경사가 급하지않고 완만한 얕은 바다.
本棚〔ほんだな〕책을 얹는 선반.

〔硼〕
풀：붕사 붕.
音：**ホウ**
訓：

硼砂〔ほうしゃ〕붕사. 백색 결정을 이룬 붕산 나트륨염(塩). 방부(防腐), 방충(防虫)용.
硼酸〔ほうさん〕붕산. 소독용. 방부용.

【비】

〔比〕
풀：견줄 비.
音：①**ヒ** ②**ビ** ③**ピ**
訓：**くら**べる

比べる〔くらべる〕(他下1) ① 비교하다. 대조하다. ②경쟁하다. 겨루다. 力を～；힘을 겨루다. 根気を～；근기를 겨루다.
比べ〔くらべ〕비교. 겨룸. 경쟁.
比べ馬〔くらべうま〕옛날의 말타기 경주.
比べ物〔くらべもの〕～にならない；비교가 안되다('차이가 심하다'는 뜻).

| 音読 1 |

比〔ひ〕비. ①비교. 유례(類例). ②(공식의 식)비. ～の価(あたい)；비의 값.
比する〔ひする〕(他サ) 비하다. 비교하다. 在来品に比して；재래품에 비해서.
比肩〔ひけん〕비견. 어깨를 나란히 함.
比較〔ひかく〕비교. 견주어 봄. 맞추어 봄.
比例〔ひれい〕비례. 두 양(量)의 비가, 다른 두 양의 비와 같은 것. 또는 그것을 나타내는 수식(数式).
比類〔ひるい〕비류. 유례. ～なき才能；비할 데 없는 재능.
比率〔ひりつ〕비율. 비교한 율.
比翼〔ひよく〕비익. ①날개를 가지런히함. ②옷단을 이중으로 하는 것. ③부부. ～連理(れんり)；화목한 남녀의 비유. ～塚(づか)；정사(情死)했거나 서로 사모한 사이의 젊은 남녀를 함께 묻은 무덤.
比重〔ひじゅう〕비중. 물의 밀도와 비교한 물질의 밀도.

| 音読 2 |

比丘〔びく〕비구. 남자 중.
比丘尼〔びくに〕비구니. 여자 중.

| 音読 ③ |

単比例〔たんぴれい〕단비례. 단순한 비례 관계.
反比例〔はんぴれい〕반비례. 역비례.

〔妃〕
풀：왕비 비.
音：ヒ
訓：

妃〔ひ〕임금, 세자, 황족 등의 정처(正妻).
妃殿下〔ひでんか〕비전하. 전하비의 높임말.
王妃〔おうひ〕왕비. 임금의 아내. 왕후.
皇太子妃〔こうたいしひ〕황태자비.

〔批〕
풀：비평할 비.
音：ヒ
訓：

批難〔ひなん〕비난. 잘못이나 흠을 나무람.
批正〔ひせい〕비정. 비판하여 옳게 고침.
批准〔ひじゅん〕비준. 서명에 의하여 내용이 확정된 조약을 원수가 심사하여 국가로서 마지막으로 확인하여 동의함.
批判〔ひはん〕비판. 비평하여 판정함.
批評〔ひひょう〕비평. 결점, 장점을 들어 평함.

〔泌〕
풀：분비할 비.
音：ヒ. ピ. ピツ
訓：

泌尿器〔ひにょうき〕비뇨기. 오줌의 분비와 배출을 맡은 장기(臟器).
分泌〔ぶんぴ：ぶんぴつ〕분비. ① 액체가 배출됨. ②선세포(腺細胞)에서 생명 유지에 필요한 특수한 물질을 배출함.

〔沸〕
풀：끓을 비.
音：フツ
訓：①わかす ②わく

❶ 沸かす〔わかす〕(他５) ①끓이다. 데우다. ②열광시키다. 흥분시키다.
沸かし湯〔わかしゆ〕끓인 물. 보통 목욕물.
❷ 沸く〔わく〕(自５) ①끓다. ②(흥분으로)들끓다. 열광하다. ③발효하다. 뜨다.
沸き〔わき〕끓는 속도. ～が早い；빨리 끓는다. 끓는 속도가 빠르다.
沸き起(こ)る〔わきおこる〕(自５) ①끓어 오르다. (밑바닥에서부터) 표면으로 나타나다. (구름이)피어 오르다. ②(흥분, 감동 등이)일어나다. (박수가)터져 나오다.
沸き立つ〔わきたつ〕(自５) ①끓다. 끓어 오르다. ②구름이 뭉게뭉게 피어 오르다. ③(흥분으로)들끓다.
沸き返る〔わきかえる〕(自５) ① 들끓다. ②화가 나서 참을 수 없다. 울컥울컥 치밀다. ③몹시 열광하다.
沸き上がる〔わきあがる〕(自５) ①끓어 오르다. ②(열광하여)들끓다. (환성이나 박수가)터져나오다. ③구름이 피어 오르다.

音　読

沸騰〔ふっとう〕비등. ①액체가 끓어 오름. ②의논이 물끓듯 함.
沸騰点〔ふっとうてん〕비등점. 액체가 끓어 오르는 온도.

〔肥〕
풀：살찔 비.
音：①ヒ ②ピ
訓：①こやす ②こえる ③ふとる.

❶ 肥やす〔こやす〕(他５) ①살찌우다. 살찌게 하다. ②땅을 기름지게 하다. ③감상력을 기르다(높이다).
肥(や)し〔こやし〕거름. 비료. ～溜(だ)め；거름 구덩이.
❷ 肥える〔こえる〕(自下１) ①살이 찌다. ②(땅이)비옥해지다. ③사치스러워지다. 높아지다. 口が～；입이 높아지다.
肥〔こえ〕①비료. 거름. ②분뇨. 똥과 오줌.
肥たご〔こえたご〕거름통.
肥溜め〔こえだめ〕분뇨를 모아 두는 곳. 분뇨 구덩이.

連濁音에 注意

基肥(え)〔もとごえ〕밑거름.
元肥(え)〔もとごえ〕밑거름.
追肥(え)〔おいごえ〕추비. 뒷거름.
下肥(え)〔しもごえ〕똥과 오줌의 거름.
❸ 肥る〔ふとる〕(自５) ①살이 찌다. 통통해지다. ②늘어나다. 財産が～； 재산이 늘어나다.

音 読 1

肥大〔ひだい〕비대. 살이 쪄서 뚱뚱해짐.
肥料〔ひりょう〕비료. 거름.
肥立ち〔ひだち〕①날로 성장함. ②날로 병이 나아지는 것.
肥満〔ひまん〕비만. 살이 쪄서 뚱뚱해짐.
肥培〔ひばい〕비배. 거름을 주어서 농작물을 기름.
肥育〔ひいく〕비육. 가축에게 먹이를 많이 주어 살찌게 하는 것.
肥効〔ひこう〕비효. 비료의 효력.
肥厚〔ひこう〕비후. 살이 쪄서 두꺼워짐.
肥厚性鼻炎〔ひこうせいびえん〕비후성 비염.

音 読 2

金肥〔きんぴ〕금비. 화학 비료.
燐肥〔りんぴ〕인산 비료(燐酸肥料)의 준말.
原肥〔げんぴ〕밑거름.

〔非〕
풀：아닐 비.
音：①ヒ ②ピ
訓：あらず

非ず〔あらず〕(흔히 '…に, …には, …にも'의 형태로)그렇지 않다. 아니다. 雲に～；구름이 아니다. さに～；그렇지 않다.

音 読 1

非〔ひ〕①나쁜 일. 부정. ② 불리(不利). ③죄. 죄악. ④잘못. 실수. ⑤결점. 흠. ～の打ちどころがない；나무랄데가 없다.
非公式〔ひこうしき〕비공식. 공식적이 아님.
非金属〔ひきんぞく〕비금속. 금속이 아닌 모든 원소.
非難〔ひなん〕비난. 책망하고 힐난함.
非能率〔ひのうりつ〕비능율. 능율적이 아님.
非道〔ひどう〕비도. 도리에 어긋남.
非道い〔ひどい〕(形) ①지독하다. ②심하다.

非力〔ひりき〕비력. 힘이 약함(없음).
非礼〔ひれい〕비례. 예의에 벗어남.
非望〔ひぼう〕비망. 분에 넘치는 소원.
非売品〔ひばいひん〕비매품. 팔지 않는 것.
非番〔ひばん〕비번. 당번이 아님.
非凡〔ひぼん〕비범. 보통이 아님. 뛰어남.
非常〔ひじょう〕비상. 보통이 아님.
非常に〔ひじょうに〕(副) 대단히. 심히.
非常口〔ひじょうぐち〕비상구.
非業〔ひごう〕(仏) 재난으로 죽는 것. ～の死.
非違〔ひい〕비위. 법에 어긋남.
非情〔ひじょう〕비정. 인정이 없음.
非鉄金属〔ひてっきんぞく〕비철금속.
非行〔ひこう〕비행. 옳지 않은 행동.

音読 ②

先非〔せんぴ〕선비. 이전의 잘못.
前非〔ぜんぴ〕전비. 과거의 잘못.

〔卑〕 풀：낮을 비.
音：①ヒ ②ビ ③ピ
訓：①いやしい ②いやしむ ③いやしめる

❶ **卑しい**〔いやしい〕(形) ①천하다. ②지나치게 욕심부리다. ③초라하다. 너절하다.
❷ **卑しむ**〔いやしむ〕(他5) ① 지나치게 욕심부리다. ②천하게 굴다. 卑しみの目で見る；천한 눈초리로 보다.
❸ **卑しめる**〔いやしめる〕(他下1) 경멸하다. 멸시하다. 깔보다.

音読 1

卑屈〔ひくつ〕비굴. 기력이 없고 행동이 천박한 모양.
卑近〔ひきん〕비근. 흔함. 가까움.
卑金属〔ひきんぞく〕비금속. 공기 중에서 쉽게 산화되는 금속.
卑俗〔ひぞく〕비속. 천하고 속됨.
卑属〔ひぞく〕비속. 친족 중에서 자기보다 손아랫사람(例：아들, 손자, 조카 등).
卑語〔ひご〕비어. 천한 말.
卑劣〔ひれつ〕비열. 성질이나 행동이 천함.
卑賎〔ひせん〕비천. 천함.
卑下〔ひげ〕비하. ①자기를 낮춤. 겸손. ②비하. 비천함.

音読 2

下卑〔げび〕비열하고 천함.
下卑る〔げびる〕(自上1) 품위가 없다. 야하게 보이다. 下卑た話；천한 이야기.

音読 3

尊卑〔そんぴ〕존비. 신분의 높음과 낮음.

〔飛〕 풀：날 비.
音：①ヒ ②ピ
訓：①とばす ②とぶ

❶ **飛ばす**〔とばす〕(他5) ①날게 하다. 날리다. ②(물을)튀기다. ③건너뛰다. (중간을)빼놓다. ④쏘다. ⑤띄우다. ⑥(차를)달리다. ⑦(무책임한 말을)내뱉다.
❷ **飛ぶ**〔とぶ〕(自5) ①(하늘을)날다. ②날아가다. ③흩날리다. ④급히 달려가다. (오다). ⑤뛰다. ⑥건너뛰다. 빠지다. ⑦퍼지다. 나돌다. ⑧튀다.
飛びっこ〔とびっこ〕뛰기 내기.
飛び降りる〔とびおりる〕(自上1) 뛰어 내리다.
飛び競〔とびくら〕뛰기 내기. 뛰기 경기.
飛び掛かる〔とびかかる〕(自5) 덤벼들다. 대들다.
飛び交う〔とびかう〕(自5) 어지러이 날다.
飛び起きる〔とびおきる〕(自上1) (자리에서)벌떡 일어나다.
飛び台〔とびだい〕①다이빙대. ②중간에 0이 끼어 있는 수. 1203(せんにひゃくトビさん)；
飛び道具〔とびどうぐ〕(멀리서 적을 공격할 수 있는 무기) 총. 활.
飛び渡る〔とびわたる〕(自5) ①건너 뛰다. 뛰어 건너다. ②갑자기 저쪽에 도달하다.
飛び離れる〔とびはなれる〕(自下1) ①펄쩍 뛰어서 떨어지다. ②큰 차이가 나다.
飛び立つ〔とびたつ〕(自5) ①날아 오르다. ②뛰어 오르다.
飛び抜ける〔とびぬける〕(自下1) 뛰어나다.
飛び歩く〔とびあるく〕(自5) 뛰어다니다.
飛び付く〔とびつく〕(自5) ① 덤벼들다. 달려들다. ②따르다. 流行に～；유행에 따르다.
飛び飛び〔とびとび〕①날면서. ②띄엄띄엄. 건너뛰어. ～に読む；띄엄띄엄 읽다.
飛び石〔とびいし〕징검돌. ～連休； 하루거른 연휴.
飛び散る〔とびちる〕(自5) 사방으로 흩날리다. 튀다. 火花が～；불똥이 튀다.
飛び上がり〔とびあがり〕①뛰어오름. 높이 날아오름. ②벼락 출세. ③엉뚱함.
飛び上がる〔とびあがる〕(自5) ①뛰어 오르다. 날아 오르다. ②(놀래거나 기뻐서) 펄쩍 뛰다. ③(계급, 단계, 순서를) 뛰어넘다.
飛び箱〔とびばこ〕뜀틀.
飛び翔る〔とびかける〕(自5) 공중을 날아가다.
飛び乗る〔とびのる〕(自5) (움직이는 것에)뛰어 올라타다.
飛び魚〔とびうお〕날치.
飛び越える〔とびこえる〕(他下1) (장애물을) 뛰어넘다.
飛び越す〔とびこす〕(他5) ① 건너뛰다. ②뛰어넘다. みぞを～；개울을 뛰어넘다.
飛び違う〔とびちがう〕(自5) ①뒤섞여 날다. 어지러이 날다.
飛び入り〔とびいり〕①다른 것이 섞임. ②(가욋사람이 불쑥)뛰어들어 참가함.
飛(び)込み〔とびこみ〕①뛰어듦. ②다이빙.
飛(び)込み台〔とびこみだい〕다이빙대.
飛(び)込み自殺〔とびこみじさつ〕(달리는

차에 뛰어드는)투신 자살.
飛び込む〔とびこむ〕(自5) 뛰어들다.
飛(び)将棋〔とびしょうぎ〕 장기놀이의 하나. (각각 9개의 말을 갖고, 적의 말을 만나면 뛰어넘어 먼저 석진에 말을 늘어 놓는 편이 이김).
飛(び)切り〔とびきり〕①높이 뛰어 오르면서 적을 벰. ②뛰어남. 월등함.
飛(び)地〔とびち〕본토에서 뚝 떨어진 영토.
飛び出す〔とびだす〕(自5) ①뛰어나가다. ②튀어 나오다. ③별안간 튀어 나오다.
飛び出る〔とびでる〕(自下1) ⇨ 飛び出す.
飛び退く〔とびのく〕(自5) 홱 비켜서다. 갑자기 물러서다.
飛(び)板〔とびいた〕뜀판. 도약판(跳躍板).
飛び下りる〔とびおりる〕(自上1) 뛰어내리다.
飛(び)火〔とびひ〕①흩어져 튀는 불똥. ②불똥이 튀어 번진 화재. ③(사건이 엉뚱한 곳으로)번짐.
飛び回る〔とびまわる〕(自5) 날아다니다. 돌아다니다. 뛰어다니다.

音読 ①

飛球〔ひきゅう〕(야구에서) 타자(打者)가 높이 쳐 올린 공.
飛来〔ひらい〕날아 옴.
飛沫〔ひまつ〕비말. ①부딪쳐 튀는 물방울. ②연좌(連坐). 공연히 화를 입음.
飛報〔ひほう〕비보. 급한 소식.
飛散〔ひさん〕비산. 날아 흩어짐.
飛翔〔ひしょう〕비상. 날아 다님. 비행.
飛躍〔ひやく〕비약. 뛰어 오름. 갑자기 진보함. 지위가 갑자기 높아짐.
飛揚〔ひよう〕비양. 날아 오름.
飛電〔ひでん〕①번개. ②급한 전보.
飛鳥〔ひちょう〕비조. 나는 새.
飛車〔ひしゃ〕①일본 장기짝(한국 장기의 포(包)와 비슷). ②하늘을 난다는 수레.
飛行〔ひこう〕비행. 하늘을 날음.

音読 2

群飛〔ぐんぴ〕군비. 떼를 지어 날음.
突飛〔とっぴ〕엉뚱함. ～な考え; 엉뚱한 생각.

〔**砒**〕 풀: 비상(砒霜) 비.
音: ヒ
訓:

砒霜〔ひそう〕비상. 비석(砒石)을 태워 만든 결정체. 독약임.
砒素〔ひそ〕비소. 회백색의 금속 광택을 갖는 무른 비금속 원소. 유독하여 살충제(농약)의 원료로 쓰임.

〔**秘**〕 풀: 숨길 비.
音: ①ヒ ②ピ
訓: ひめる

秘める〔ひめる〕(他下1) 숨겨서 모르게 하다. 숨기고 보이지 않게 하다. 心に～; 마음속에 숨기다.
秘め事〔ひめごと〕비밀스러운 일. 숨기는 일.

音読 1

秘〔ひ〕비밀. ～中の～; 비밀중의 비밀.
秘する〔ひする〕(他サ) 숨기다. 감추다. 비밀로 하다.
秘訣〔ひけつ〕비결. 비법. 신묘한 방법.
秘計〔ひけい〕비계. 비밀 계획.
秘録〔ひろく〕비록. 비밀 기록.
秘密〔ひみつ〕비밀. 몰래함.
秘方〔ひほう〕비방. 남에게 알려주지 않는 약의 처방.
秘法〔ひほう〕비법. 비밀의 방법.
秘史〔ひし〕비사. 숨은 역사.
秘書〔ひしょ〕비서. ①비밀 문서. ②상사에 직속되어 중요 사무를 다루는 사람.
秘薬〔ひやく〕비약. 특효약.
秘蔵〔ひぞう〕비장. 비밀히 감추어서 소중히 가지고 있음.
秘中の秘〔ひちゅうのひ〕극비(極秘).
秘策〔ひさく〕비책. 비밀의 계책.
秘話〔ひわ〕비화. 비밀 이야기.

音読 2

禁秘〔きんぴ〕금비. 금하여 비밀로 함.
神秘〔しんぴ〕신비. 인간의 지혜로는 헤아릴 수 없는 것.
厳秘〔げんぴ〕엄비. 극비(極秘).
便秘〔べんぴ〕변비. 대변이 잘 나오지 않음.

〔**備**〕 풀: 갖출 비.
音: ビ
訓: ①そなえる ②そなわる

❶**備える**〔そなえる〕(他下1) ①대비하다. 준비하다. ②갖추다. 구비하다. 지니다.
備え〔そなえ〕①대비. 준비. ②방비. 경계.
備え付ける〔そなえつける〕(他下1) 설치하다. 비치하다.
❷**備わる**〔そなわる〕(自5) ①갖춰지다. 구비되다. 비치되다. ②가입되다. 끼다.

音　読

備考欄〔びこうらん〕비고란. 참고로 첨가하는 란.
備忘録〔びぼうろく〕비망록. 메모.
備蓄〔びちく〕비축. 만일의 경우에 대비해서 저축해 두는 것.
備品〔びひん〕비품. 비치해 두는 물건.
備荒〔びこう〕비황. 흉작(凶作)에 대비함.

〔**扉**〕 풀: 문짝 비.
音: ヒ
訓: とびら

扉〔とびら〕①문짝. ～をあける; 문을 열다. ②(책의)안 겉장. 속 표지. (잡지의) 본문(本文) 앞의 첫 페이지.
扉絵〔とびらえ〕①(책의)속 표지 그림. ②쌍바라지 문짝에 그린 그림.

〔**脾**〕 풀: 지라 비.
音: ヒ
訓:

脾腹〔ひばら〕배의 옆. 옆구리.
脾肉〔ひにく〕비육. 넓적다리의 살.
脾肉の嘆〔ひにくのたん〕비육지탄. 솜씨를

보이거나 공명을 세울 기회를 얻지못함에 대한 한탄. ～をかこつ; 비육지탄을 하다.
脾臓〔ひぞう〕비장. 위(胃)의 왼쪽에 있는 작은 내장. 지라.

〔鼻〕 풀：코 비.
音：ビ
訓：はな

鼻〔はな〕①코. ②콧물.
鼻っぱし〔はなっぱし〕콧대. 고집.
鼻歌〔はなうた〕콧노래. ～まじりで; 콧노래를 부르면서.
鼻綱〔はなづな〕소의 고삐.
鼻欠け〔はなかけ〕(매독 등으로)코가 떨어져 없음. 또는 그런 사람.
鼻高高〔はなたかだか〕의기 양양함. 매우 뻐김. 콧대가 높음.
鼻曲(が)り〔はなまがり〕①코가 삐뚤어짐. ②성격이 삐뚤어진 사람.
鼻筋〔はなすじ〕콧날.
鼻聾〔はなつんぼ〕코머거리.
鼻輪〔はなわ〕①쇠코뚜레. ②(아프리카의 원주민 등이) 코에다 장식용으로 다는 뼈나 금속의 고리.
鼻面〔はなづら〕콧등. 코끝.
鼻毛〔はなげ〕①코털. ②～を読まれる;얕보이다. 만만하게 보이다. ③～をのばす; 여자에게 무르게 대하다.
鼻白む〔はなじろむ〕(自5) 기가 질린 표정을 하다. 머쓱해지다.
鼻糞〔はなくそ〕코딱지.
鼻緒〔はなお〕왜나막신의 끈이나 짚신의 갱기.
鼻先〔はなさき〕①코끝. ②코앞. 눈앞.
鼻の先〔はなのさき〕코끝.
鼻声〔はなごえ〕콧소리. 코멘 소리.
鼻水〔はなみず〕콧물.
鼻息〔はないき〕①콧김. ②콧대. 의기. 기세.
鼻薬〔はなぐすり〕①코약. ②약간 쥐어 주는 뇌물. ③어린애 달래는 과자.
鼻眼鏡〔はなめがね〕①콧대에 끼워서 쓰는 코안경. ②코에 걸려있는 안경.
鼻摘み〔はなつまみ〕남들이 싫어함. 따돌림을 받는 사람. 미운 사람.
鼻柱〔はなばしら〕콧등. 콧날. 콧대.
鼻汁〔はなしる〕콧물.
鼻紙〔はながみ〕코를 푸는 종이. 휴지.
鼻持ち〔はなもち〕냄새를 참고 견딤. ～ならない; ①냄새가 나서 코를 쳐들 수 없다. ②보거나 듣기에 역겹다.
鼻差〔はなさ〕근소한 차이.
鼻唄〔はなうた〕콧노래.
鼻風邪〔はなかぜ〕코감기.
鼻血〔はなぢ〕코피. ～を流す; 코피를 흘리다.
鼻詰まり〔はなつまり〕코가 멤.

連濁音에 注意

小鼻〔こばな〕콧방울.
手鼻〔てばな〕손으로 코를 풂.

音　読

鼻腔〔びこう〕비강. 코의 내부.
鼻孔〔びこう〕비공. 콧구멍.
鼻音〔びおん〕비음. 콧소리.
鼻翼〔びよく〕비익. 콧방울. 코의 불룩 나온 양쪽 부분.
鼻祖〔びそ〕비조. 선조. 원조(元祖).

〔費〕 풀：소비할 비.
音：①ヒ ②ピ
訓：①ついえる ②ついやす

❶ **費える**〔ついえる〕(自下1) ①줄다. 적어지다. ②허비되다. **時間が～**; 시간이 허비되다.
費え〔ついえ〕①비용. ②낭비.
❷ **費やす**〔ついやす〕(他5) ①소비하다. 써 버리다. ②허비하다. 낭비하다.

音読 1

費途〔ひと〕돈의 용도.
費目〔ひもく〕비목. 비용을 내는 명목.
費消〔ひしょう〕비소. 써 버림. 公金～; 공금 횡령.
費用〔ひよう〕비용. 어떤 일에 쓰는 돈.

音読 2

官費〔かんぴ〕관비. 관청에서 지출하는 비용.
軍費〔ぐんぴ〕군비. 군사상의 비용.
雑費〔ざっぴ〕잡비. 자질구레한 비용.
戦費〔せんぴ〕전비. 전쟁 비용.

〔悲〕 풀：슬플 비.
音：ヒ
訓：①かなしい ②かなしむ

❶ **悲しい**〔かなしい〕(形) ①슬프다. ②애처롭다.
❷ **悲しむ**〔かなしむ〕(他5) 슬퍼하다. 마음이 아파하다. 死を～; 죽음을 슬퍼하다.
悲しみ〔かなしみ〕슬픔. ～の余り; 슬픈 나머지. ～に暮れる; 슬픔에 잠기다.

音　読

悲歌〔ひか〕비가. 슬픈 노래.
悲境〔ひきょう〕비경. 슬픈 처지.
悲観〔ひかん〕비관. 슬프게 여김. 낙심함.
悲劇〔ひげき〕비극. ①비참함을 표현한 연극. ②비참한 인생살이.
悲恋〔ひれん〕비련. 슬픈 연애. 비극으로 끝나거나 이루어지지 않는 사랑.
悲鳴〔ひめい〕비명. 놀라거나 위험할 때에 외치는 소리. ～をあげる; 비명을 지르다.
悲報〔ひほう〕비보. 슬픈 소식.
悲憤〔ひふん〕비분. 슬프고 분함.
悲哀〔ひあい〕비애. 슬픔. 가엾음.
悲運〔ひうん〕비운. 슬픈 운명.
悲願〔ひがん〕비원. 비장한 소원.
悲壮〔ひそう〕비장. 괴로움이나 슬픔 속에서도 마음을 분기시킴.
悲惨〔ひさん〕비참. 슬프고 참혹함.
悲嘆〔ひたん〕비탄. 슬퍼서 한탄함.
悲痛〔ひつう〕비통. 슬퍼서 마음이 아픔.
悲喜〔ひき〕비희. 슬픔과 기쁨.

〔碑〕 풀：비석 비.
音：ヒ
訓：

碑〔ひ〕비. 비석. ～を建てる；비를세우다.
碑銘〔ひめい〕비명. 비석에 새긴 글.
碑文〔ひぶん〕비문. 비석에 새긴 글.

【빈】

〔貧〕 풀：가난 빈.
音：①ヒン ②ビン
訓：まずしい

貧しい〔まずしい〕(形) 가난하다. 빈약하다. 家が～；집이 가난하다. ～経験でも；빈약한 경험이라도.

音読 1

貧する〔ひんする〕(自サ) 가난해지다. 貧すれば鈍する；가난해지면 뛰어난 사람도 어리석어진다.
貧困〔ひんこん〕빈곤. ①(생활이) 곤궁함. ②아주 모자람.
貧鉱〔ひんこう〕빈광. ①품질이 낮은 광석 ②산출량이 적은 광산.
貧農〔ひんのう〕빈농. 가난한 농민.
貧民〔ひんみん〕빈민. 가난한 백성.
貧富〔ひんぷ〕빈부. 가난함과 부유함.
貧相〔ひんそう〕빈상. 가난한 인상(人相).
貧僧〔ひんそう〕빈승. 가난한 중.
貧弱〔ひんじゃく〕빈약. ①초라함. ②보잘것 없음. ③볼품이 없음.
貧者〔ひんじゃ〕빈자. 가난한 사람.
貧血〔ひんけつ〕빈혈. 혈액이 감소됨.

音読 2

貧乏〔びんぼう〕빈핍. 가난함.
貧乏性〔びんぼうしょう〕①가난하지도 않은데 궁상을 떠는 것. ②사소한 일이나 지나간 일에 끙끙대는 성질.

〔浜〕 풀：물가 빈.
音：ヒン
訓：はま

浜〔はま〕①해변의 모래 사장. ②(바둑에서)딴 돌.
浜茄子〔はまなす〕해당화.
浜開き〔はまびらき〕해안을 해수욕을 위해 일반 관광객에게 개방함.
浜納豆〔はまなっとう〕콩을 삶아 밀가루를 묻혀서 발효시킨 부식품.
浜路〔はまじ〕해변길.
浜木綿〔はまゆう〕문주란.
浜辺〔はまべ〕바닷가.
浜焼(き)〔はまやき〕도미 등을 소금가마에 넣어서 쪄내거나 솥에서 소금구이한 요리.
浜手〔はまて〕해변 쪽.
浜風〔はまかぜ〕해변 바람. 갯바람.

音 読

京浜〔けいひん〕東京(とうきょう)와 横浜(よこはま).
海浜〔かいひん〕해변. 바닷가.

〔賓〕 풀：손님 빈.
音：ヒン
訓：

賓客〔ひんかく：ひんきゃく〕빈객. 손님.
賓格〔ひんかく〕(文法에서)목적격(目的格).
国賓〔こくひん〕국빈. 나라의 손님으로서 국가적인 대우를 받는 사람.
貴賓〔きひん〕귀빈. 귀한 손님.
来賓〔らいひん〕내빈. 초대되어 오신 손님.

〔頻〕 풀：자주 빈
音：ヒン
訓：①しきりに ②しきる

❶ **頻りに**〔しきりに〕①자꾸만. 몇번이고. ②줄곧. 연달아. 계속해서. ③매우. 몹시. 열심히. 세차게.
❷ **頻る**〔しきる〕(自5) 끊임없이…하다. 雨が降り～；비가 세차게(끊임없이) 쏟아지다.

音 読

頻度〔ひんど〕빈도. 횟수.
頻発〔ひんぱつ〕빈발. 일이 자주 일어남.
頻繁〔ひんぱん〕빈번. 매우 잦아서 복잡함.
頻頻〔ひんぴん〕빈빈. 잇달아 잦음.

〔瀕〕 풀：물가 빈.
音：ヒン
訓：

瀕する〔ひんする〕(自サ) 절박한 형편에 처하다. 危険に～；위험에 처해 있다. 死に～죽을 지경에 이르다. 危機に～；위기에 처해 있다.
瀕死〔ひんし〕빈사. 거의 죽게 됨. 죽음에 임박함. ～の状態；거의 죽게 된 상태. 빈사 상태.

【빙】

〔氷〕 풀：얼음 빙.
音：①ヒョウ ②ピョウ
訓：①こおる ②こおり ③ひ

❶ **氷る**〔こおる〕(自5) 얼다. 水が～；물이 얼다.
❷ **氷**〔こおり〕얼음. ～が張る；얼음이 얼다.
氷菓子〔こおりがし〕얼음 과자.
氷袋〔こおりぶくろ〕얼음 주머니.
氷豆腐〔こおりどうふ〕얼린 두부. 언 두부.
氷砂糖〔こおりざとう〕얼음 사탕.
氷水〔こおりみず〕빙수. 얼음물.
氷枕〔こおりまくら〕얼음 베개.

連濁音에 注意

薄氷〔うすごおり〕살얼음.

訓 読 ③

氷室〔ひむろ〕얼음 창고.
氷魚〔ひお〕빙어. 은어의 어린 새끼.
氷雨〔ひさめ〕①우박. ②(가을의)찬비.

音 読 1

氷結〔ひょうけつ〕빙결. 얼어 붙음.
氷山〔ひょうざん〕빙산. 바다에 뜬 얼음산.
氷上〔ひょうじょう〕빙상. 얼음 위.
氷雪〔ひょうせつ〕빙설. 얼음과 눈.
氷原〔ひょうげん〕빙원. 얼음으로 된 벌판.
氷点〔ひょうてん〕빙점. 물이 얼기 시작하는 온도. 섭씨 0도. ～下(か); 빙점하.
氷柱〔ひょうちゅう〕빙주. 고드름.
氷炭相入れず〔ひょうたんあいいれず〕얼음과 숯은 성질이 상반되어 서로 조화되지 않음.
氷河〔ひょうが〕빙하. 얼어 붙은 강.
氷解〔ひょうかい〕빙해. 의문이 확 풀림.

音 読 2

堅氷〔けんぴょう〕견빙. 두껍게 언 얼음.
結氷〔けっぴょう〕결빙. 얼어 붙음.

【사】

〔士〕

풀 : 선비 사.
音 : ①シ ②ジ
訓 :

音 読 1

士官〔しかん〕사관. 군졸을 지휘하는 장교.
士気〔しき〕사기. ①병사의 의기. ②일을 하려고 하는 기분.
士人〔しじん〕①무사. ②교육이나 지위를 가진 사람. 인사(人士).
士風〔しふう〕사풍. 무사의 기질.

音 読 ②

富士絹〔ふじぎぬ〕명주실을 써서 짠 옷감.
富士山〔ふじさん〕후지산. 일본에서 제일 높은 산이며 높이는 약3,788m임.
一言居士〔いちげんこじ〕꼭 말참견하는 사람.

例 外

博士〔はくし〕박사 학위. 박사.
〔はかせ〕박사. ①학문이나 학식이 많은 사람. ②옛날 궁중에서 학생들에게 학문을 가르치던 직명(職名).

〔司〕

풀 : 맡을 사.
音 : ①シ ②ジ
訓 : つかさどる

司る〔つかさどる〕(他5) ①(직무를) 담당하다. 취급하다. 財政を～; 재정을 담당하다. ②관리하다. 지배하다. 주관하다.

音 読 ①

司教〔しきょう〕사교. 카톨릭교의 성직.
司令官〔しれいかん〕사령관. 어느 구역이나 부서를 지휘, 감독하는 사람.
司法〔しほう〕사법. 법률을 다루는 일.
司書〔ししょ〕사서. (도서관에서) 서적의 정리, 보관 등을 맡은 사람.
司政〔しせい〕사정. 정치, 행정을 취급함.
司政官〔しせいかん〕사정관(지방 행정관).
司祭〔しさい〕사제. 교회를 감독하고 관리하는 카톨릭교의 성직. 신부(神父).
司直〔しちょく〕사직. 법에 의해서 죄인을 다루는 관리. 검찰관과 재판관.
司会〔しかい〕사회. 모임의 진행을 맡음.

音 読 2

宮司〔ぐうじ〕神社의 최고 神官.
行司〔ぎょうじ〕(씨름에서의) 심판관.

〔写〕

풀 : 베낄 사
音 : シャ
訓 : ① うつす ② うつる

❶ **写す**〔うつす〕(他5) ①베끼다. 복사하다. ②그리다. 묘사하다. ③写真を～; 사진을 찍다(박다).
写(し)〔うつし〕①베낌. 복사. ②사본. 부본(副本). ③(사진을)찍음. 大(おお)～; 클로즈업.
写し物〔うつしもの〕베낌. 베낀 것.
写(し)絵〔うつしえ〕①베낀 그림. ②초상화.
❷ **写る**〔うつる〕(自5) ①(속이) 비쳐 보이다. ②(사진) 찍히다.

音 読

写本〔しゃほん〕사본. 베껴 옮긴 서류.
写生〔しゃせい〕사생. 문장이나 그림으로 상태, 경치 등을 있는 그대로 그려 냄.
写実〔しゃじつ〕사실. 사물을 있는 그대로 그려냄.
写真機〔しゃしんき〕사진기. 카메라.

〔史〕

풀 : 역사 사
音 : シ
訓 :

史家〔しか〕사가. 역사가.
史劇〔しげき〕사극. 역사상의 사건을 소재로 한 극.
史料〔しりょう〕사료. 역사상의 자료.
史上〔しじょう〕사상. 역사상.
史実〔しじつ〕사실. 역사상의 사실.
史跡〔しせき〕사적. 역사의 유적.
史籍〔しせき〕사적. 역사에 관한 서적.
史伝〔しでん〕①역사와 전기(伝記). ②역사상의 전래(伝来).
史学〔しがく〕사학. 역사를 연구하는 학문.

〔四〕

풀 : 넉 사.
音 : シ
訓 : ① よ ② よつ ③ よっ ④ よっつ ⑤ よん

訓 読 1

四年〔よねん〕사년. 4년.
四段活用〔よだんかつよう〕(문법에서) 4단 활용.
四時〔よじ〕네시. 4시.

四月〔よつき〕넉달.
〔しがつ〕4월. 4月.
四人〔よにん〕4인. 네 사람.
四幅〔よの〕4폭. 네 폭. 천의 한 폭의 네 갑절.

訓読 2

四つ〔よつ：よっつ〕넷. 네 개. 네 살.
四つ角〔よつかど〕① 네 개의 각. ② 네거리.
四つ目〔よつめ〕① 눈이 네 개 있는 것. ② 사각(四角)을 네 개 짜 맞춘 무늬.
四つ目錐〔よつめぎり〕끝이 사각형인 송곳.
四つ身〔よつみ〕① 열 살 정도의 어린이가 입는 일본 옷. ② (씨름에서) 서로 두 팔을 내밀어 맞붙는 일.
四つ辻〔よつつじ〕네거리. 십자로.
四つ這い〔よつばい〕두 팔과 두 다리를 땅에 대고 김.
四つん這い〔よつんばい〕⇨四つ這い.
四つ切り〔よつぎり〕(사진에서) 전지 (全紙)를 넉 장으로 자른 크기(25.5cm×30.5cm).
四つ足〔よつあし〕① 발이 네 개 있는 것. ② 짐승. ～を食べる；짐승 고기를 먹다.

訓読 ③

四たり〔よったり〕네사람. 4인.
四日〔よっか〕4일. 나흘. 초나흘.

訓読 ④

四つ〔よっつ：よつ〕넷. 네 살. 네 개.

訓読 ⑤

四〔よん：ん〕4. 넷. 네 개.
四H〔よんエッチ〕4에이치 클럽.
四輪車〔よんりんしゃ〕사륜차. 보통 자동차.
四拍子〔よんびょうし：しびょうし〕사박자.
四勝一敗〔よんしょういっぱい〕4승 1패.
四十〔よんじゅう：しじゅう〕사십. 40.
四種〔よんしゅ〕① 네 종류. ② 4종. 제 4종 우편물의 준말.
四週間〔よんしゅうかん〕4주간. 4주일.
四回〔よんかい〕4회. 4네 번.

音　読

四角〔しかく〕사각. 사각형. 네모꼴.
四角い〔しかくい〕(形) 네모지다.
四角四面〔しかくしめん〕① 정사각형임. ② 딱딱하고 고지식함.
四角張る〔しかくばる〕(自5) ① 네모지다. ② (표정, 태도가) 굳어지다. 딱딱해지다. 진지해지다. 지나치게 긴장되다.
四国〔しこく〕① 네 나라. ② 일본의 한 지방의 이름.
四季〔しき〕사계. 네 계절. ～報；季刊誌.
四六時中〔しろくじちゅう〕① 24시간. ② 늘. 언제나. 시종(始終).
四六判〔しろくばん〕사륙판.
四望〔しぼう〕① 사방의 전망(展望). ② 사방을 바라봄.
四面〔しめん〕사면. 사방.
四半〔しはん〕① 4분의 1. ② 정사각형의 돌을 비스듬히 까는 방식. ③ 네모 반듯하게 자른 헝겊.
四半期〔しはんき〕4반기. 1년을 넷으로 나눈 기간.
四半分〔しはんぶん〕4분의 1.
四半敷き〔しはんじき〕정사각형의 돌을 비스듬히 깖.
四半音〔しはんおん〕사반음.
四方〔しほう〕사방. 동서남북. 주위.
四分五裂〔しぶんごれつ〕사분 오열.
四分六〔しぶろく〕4대 6. 世の中は～だ；세상은 자기 뜻대로만 되지 않는다.
四捨五入〔ししゃごにゅう〕사사 오입.
四月〔しがつ〕사월. 4月.
〔よつき〕넉달. 4개월.
四天王〔してんのう〕사천왕. 仏法을 수호하는 印度의 神인 持国天, 增長天, 廣目天, 多聞天의 총칭.
四通八達〔しつうはったつ〕사통 팔달.
四海〔しかい〕사해. ① 사방의 바다. ② 세계.
四海兄弟〔しかいけいてい〕사해 형제. 세계 각국의 사람은 모두 형제같이 가까움.

〔仕〕

풀：벼슬 사.
音：① シ ② ジ
訓：① つかえる ②つかまつる

❶ **仕える**〔つかえる〕(自下1) 시중들다. 섬기다. 봉사하다. 夫によく～；남편을 잘 섬기다.
仕え奉る〔つかえまつる〕(自5) ('仕える'의 높임말). 섬기다.
❷ **仕る**〔つかまつる〕(自5) (仕えるの 높임말) 섬기시다. (他5) (おこなう, する의 높임말)하시다.
仕(り)候(う)〔つかまつりそうろう〕하옵나이다. 하였아옵니다.

音読 ①

仕兼ねる〔しかねる〕(他下1) 하지 못하다. 주저하다.
仕過す〔しすごす〕(他5) 지나치게 하다.
仕官〔しかん〕사관. 관직에 오름. 벼슬아치.
仕掛かる〔しかかる〕(他5) ① 하기 시작하다. ② 일을 중도까지 하다.
仕掛け〔しかけ〕① 시작함. 시작한 것. 생산 도중에 있음. 제작. ② (특수하게 고안된)장치. 규모. 속임수. ③ 낚시 용구의 총칭.
仕掛ける〔しかける〕(他下1) ① (시비를) 걸다. 도전하다. ② 장치하다. ③ 일을 시작하다. 준비하다. ④ 중도까지 하다.
仕納め〔しおさめ〕(일, 행동의)마지막. 끝장.
仕来り〔しきたり〕관습. 관계.
仕留める〔しとめる〕(他下1) (무기를 써서) 숨통을 끊어 놓다. 쏘아 죽이다.
仕立(て)〔したて〕① 재봉. 바느질. ② 준비해서 보냄. ③ 교육. 훈련. 양성.
仕立てる〔したてる〕(他下1) ①만들다.

(옷을) 짓다. ② 준비하다. 마련하다. ③ 양성하다. 가르쳐 내다. ④ 꾸미다.
仕立(て)物〔したてもの〕① 재봉. 바느질. ② 갓 지은 옷.
仕立(て)屋〔したてや〕바느질 집.
仕立(て)直し〔したてなおし〕고쳐 만듦.
仕立(て)下し〔したておろし〕새 마춤 옷.
仕舞(い)〔しまい〕① 끝. 마지막. 끝맺음. ③ 모두 팔림. 매진(売尽). ④ (能楽에서)반주. 의상을 갖추지 않고 노래만으로 추는 간단한 춤.
仕舞う〔しまう〕(他 5) ① 끝내다. 마치다. 파하다. ② 치우다. 챙기다. ③ 넣다. 간수하다. ④ (가게를) 닫다. ⑤ (「動詞+て しまう」의 꼴로) …하고 말다. …해버리다.
仕返し〔しかえし〕① 보복. 복수. 앙갚음. ② 다시 함. 고쳐 함.
仕方〔しかた〕① 하는 방법. 방식. ② 행위. 처사. 짓. ③ 몸짓과 손짓.
仕付け〔しつけ〕① 가정 교육. 예의 범절을 가르침. ② (재봉에서)시침질. ③ 만들어 붙임.
仕付(け)糸〔しつけいと〕시침용의 실.
仕分(け)〔しわけ〕분류. 구분.
仕分ける〔しわける〕(他下 1) 분류하다. 구분하다. 구별하다. 가르다.
仕事〔しごと〕① 일. ② 업무. ③ 힘이 작용해서 물체를 움직이게 함.
仕事率〔しごとりつ〕단위 시간에 일의 분량.
仕事柄〔しごとがら〕직업상. 일의 성격상.
仕事師〔しごとし〕① 토목 공사 노동자 ② 수완이 보통이 아닌 사람. 일꾼.
仕事先〔しごとさき〕일터.
仕事場〔しごとば〕일터.
仕上げ〔しあげ〕① 마무리. ② 끝손질. 마지막 손질. 뒷마감.
仕上げる〔しあげる〕(他下 1) ① 일을 끝내다. 마무리하다. ② 성취하다. 성공하다.
仕送り〔しおくり〕생활비나 학비를 보내줌.
仕手〔して〕① 할 사람. ② (能楽, 狂言에서)주인공역(役). ③ 많은 주(株)를 투기 매매하는 사람. ～株(かぶ) ; 투기 매매의 대상이 되는 주(株).
仕勝ち〔しがち〕① 하면 하는 만큼 이기게 됨. ② 걸핏(툭)하면 …함.
仕様〔しよう〕할 도리. 하는 방법. ～がない ; 할 도리가 없다. 하는 수 없다.
仕様書き〔しようがき〕순서를 기록한 문서(설계가 복잡한 주문품의 내용, 그림).
仕業〔しわざ〕소행. 짓.
仕訳〔しわけ〕(부기의)분개(分介). ～帳 ; (부기에서) 항목별로 대차(貸借) 관계를 날짜 순으로 적는 장부.
仕義〔しぎ〕(좋지 않은)결과, 사정, 형편.
仕入れ〔しいれ〕매입. 사들임.
仕入れる〔しいれる〕(他下 1) ① 사들이다. 매입(買入)하다. ② 가르치다. 길들이다.
仕入れ先〔しいれさき〕구입(매입)처.
仕込(み)〔しこみ〕① 가르침. 길들임. 훈련 받음. ② (음식점 등에서) 재료를 들여 놓음. ③ 만담에서 본론에 들어가기 전에 청중에게 예비 지식으로서 하는 머리말. ④ 술, 간장 등을 빚어 넣음.
仕込む〔しこむ〕(他 5) ① 훈련시키다. 길들이다. 버릇을 가르치다. ② 속에 넣다. ③ (물건을) 사들이다. ④ (술, 간장을) 담그다.
仕切(り)〔しきり〕① 간막이. ② 경계. 구분. ③ 결산(決算). ④ (씨름에서)맞붙을 태세를 취함. ～金(きん) ; 청산금(清算金). ～書(しょ) ; ⓐ 상품 내용 명세서. 청구서. 송장(送状). ⓑ 매상(売上)계산서. ～屋 ; 고물상. ～値段 ; (형성 시세로 매매할 때) 매매가 성립되는 가격.
仕組(み)〔しくみ〕① 짜임새. 조립. 구조. ② 계획. 궁리. ③ (소설, 희곡의) 줄거리.
仕組む〔しくむ〕(他 5) ① 궁리해서 조립하다. ② 계획하다. 짜다. ③ (소설, 희곡의) 줄거리를 짜다. 구성하다.
仕種〔しぐさ〕① 행위. 처사. 짓. ② 몸짓. 표정(배우의)연기.
仕振り〔しぶり〕하는 모양. 방법.
仕替え〔しかえ〕다시 함. 고쳐 함.
仕替える〔しかえる〕(他下 1) 다시(고쳐) 하다.
仕草〔しぐさ〕⇨仕種.
仕出す〔しだす〕(他 5) ① 만들어 내다. ② 요리를 만들어 배달하다. ③ 하기 시작하다. ④ 저지르다. 큰일을 하다. ⑤ 벌어서 재산을 불리다.
仕出し〔しだし〕① (고안하여)만들어 냄. ② (주문에 의하여) 요리를 만들어 배달함. ③ (영화, 연극에서)단역(端役).
仕出し屋〔しだしや〕주문 받아 요리를 만들어 배달함(배달하는 사람).
仕置(き)〔しおき〕① (江戸 시대에)본보기로 사람을 처벌함. 사형함. ②징계. 조처.
仕置く〔しおく〕(他 5) 해 놓다. 처치(처분)하다.
仕打ち〔しうち〕① (남에 대한)처사. 행위. ② (무대에서의 배우의) 연기. 표정.
仕合(わ)せ〔しあわせ〕행복. 행운. 운수.
仕向ける〔しむける〕(他下 1) ① (특정한 태도로)대하다② (특정한 행동을)하게 하다. ③ (상품을…앞으로)발송하다. 보내다.
仕向け〔しむけ〕① (상품 등의) 발송(発送). ② 대접. 대우. ～先(さき) : ～地(ち) ; 발송할 상대방. 발송지.
仕形〔しかた〕몸짓과 손짓.

音 読 2

仕丁〔じちょう〕(옛날에)관청의 잡역부(雑役夫).
給仕〔きゅうじ〕① 급사. 사환. ② 식당 등에서 음식을 나르는 사람. ③ 식사 시중을 듦. ～をする ; 식사 시중을 들다.

人

間仕切り〔まじきり〕(방과 방사이의) 간막이.

泥仕合(い)〔どろじあい〕(서로 상대방의 비밀, 약점 등을 들추는)추잡한 싸움.

〖死〗 풀 : 죽을 사.
音 : シ
訓 : しぬ

死ぬ〔しぬ〕(自5) ① 죽다. 숨이 끊어지다. ② 활동이 멈추다. 자다. ③ 생기가 없다. 활기가 없다. ④ 놀다. 활용되지 않다. ⑤ (바둑에서)포위되어 잡히다. ⑥ (야구에서)아우트 되다.

死に〔しに〕① 죽음. ② 쓸모 없음.

死にかける〔しにかける〕(自下1) 다 죽어가다. 죽게 되다. 지금 막 죽으려고하다.

死に金〔しにがね〕① 활용하지 않는 돈. ② 써도 보람이 없는 돈. 보람 없이 쓰는 돈. ② 자기가 죽었을 때에 장례비용에 쓰도록 준비한 돈.

死に急ぐ〔しにいそぐ〕(自5) (자기의) 죽음을 재촉하다. 빨리 죽으려 하다.

死(に)目〔しにめ〕임종(臨終).

死(に)物狂い〔しにものぐるい〕 결사적임. 필사적임. ~になって; 필사적으로.

死(に)方〔しにかた〕① 죽는 법. ③ 죽을 때의 상태나 태도.

死に変(わ)る〔しにかわる〕(自5) 환생(還生) 하다.

死に別れる〔しにわかれる〕(自下1) 사별하다.

死(に)病〔しにやまい〕죽을 병.

死(に)所〔しにどころ〕죽을 데. 죽어야 할 데.

死に損い〔しにぞこない〕(늙은이나 쓸모없는 사람을 비웃어 하는 말)죽으려다가 죽지 못함.

死に損う〔しにそこなう〕(自5) 죽으려다가 죽지 못하다. ② 죽어야 할 때에 죽지 않고 살아 남다.

死(に)水〔しにみず〕(임종 때의)입축임 물.

死(に)時〔しにどき〕죽을 때. 죽어야할 때.

死(に)身〔しにみ〕① 죽어야할 몸. ② 결사적(決死的)인 각오를 가짐.

死(に)神〔しにがみ〕죽음의 신.

死(に)顔〔しにがお〕죽은 사람의 얼굴.

死(に)様〔しにざま〕죽은 모양. 죽음.
〔しによう〕① 죽을 때의 상태. ② 죽는 법.

死(に)欲〔しによく〕죽을 때가 가까와져서 욕심이 많아짐.

死(に)一倍〔しにいちばい〕부모가 죽으면 두 배로 하여서 갚겠다는 차금(借金).

死(に)場 : 死(に)場所〔しにば : しにばしょ〕죽을데 죽어야할 데.

死(に)装束〔しにしょうぞく〕(할복 등으로) 죽음을 각오한 사람이 입는 흰 옷.

死(に)際〔しにぎわ〕임종(臨終).

死に絶える〔しにたえる〕(自下1) 멸족(滅族)하다. 멸종(滅種) 하다. 멸절(滅絶)하다.

死(に)処〔しにどころ〕⇨死に所

死(に)体〔しにたい〕몸의 자세가 무너져서 씨름을 계속 할 수 없게 된 상태.

死(に)恥〔しにはじ〕치욕적인 죽음. 죽은 후에 남는 치욕.

死(に)学問〔しにがくもん〕쓸모 없는학문.

死に後れる〔しにおくれる〕(自下1) ① 어떤 사람을 먼저 여의다. 자기만 살아 남다. ② (죽어야 할 때에 죽지 않고) 살아 남다.

連濁音에 注意

飢(え)死に〔うえじに〕굶어 죽음.

犬死に〔いぬじに〕개죽음. 헛된 죽음.

討(ち)死に〔うちじに〕적과 싸우다 죽음. 전사.

音 読

死〔し〕죽음.

死する〔しする〕(自サ) 죽다.

死せる〔しせる〕(連体) 죽은. 죽었던.

死力〔しりょく〕사력. ~をつくして; 죽을 힘을 다하여.

死亡〔しぼう〕사망. 죽음.

死物〔しぶつ〕사물. ① 생명이 없는 물건. ② 아무 소용 없는 것.

死別〔しべつ〕사별. 한 쪽은 죽고 한 쪽은 살아 남아 이 세상에서 영원히 이별이 됨.

死傷者〔ししょうしゃ〕사상자. 죽은 사람과 부상한 사람.

死守〔ししゅ〕사수. 죽음을 각오하고 지킴.

死蔵〔しぞう〕사장. 사용하지 않고 처박아 둠.

死地〔しち〕사지. 퍽 위험한 곳.

死刑〔しけい〕사형. 범죄자를 죽이는 형벌.

死火山〔しかざん〕사화산. 활동이 없는 화산.

死活〔しかつ〕사활. 죽음과 삶.

死後〔しご〕사후. 죽은 뒤.

〖寺〗 풀 : 절 사.
音 : ジ
訓 : てら

寺〔てら〕절. (흔히お~라고 함).

寺男〔てらおとこ〕절에서 일하는 남자.

寺小性〔てらこしょう〕절의 주지곁에서 심부름하던 소년.

寺侍〔てらざむらい〕(江戸 시대에 격조 높은 절에 근무하여)절의 사무에 종사한 무사(武士).

寺入り〔てらいり〕① 서당에 들어감. ② 절에 들어가서 숨음.

寺子〔てらこ〕서당에 들어 간 아이.

寺子屋〔てらこや〕서당.

寺銭〔てらせん〕(도박 등에서)자릿세로 판돈에서 내는 돈.

寺参り〔てらまいり〕절에 참배함.

連濁音에 注意

尼寺〔あまでら〕여승만이 사는 절.

山寺〔やまでら〕산 속에 있는 절.

音 読

~寺〔～じ〕절 이름 밑에 붙는 말.
寺格〔じかく〕절의 격식.
寺領〔じりょう〕사원의 영지(領地).
寺院〔じいん〕사원. 절.
寺塔〔じとう〕사탑. 절의 탑.

〔糸〕
풀：실 사.
音：シ
訓：いと

糸〔いと〕실.
糸ふけ〔いとふけ〕물고기가 낚시의 미끼를 건드리어 수면에 보이는 낚싯줄이 흔들림.
糸競べ〔いとくらべ〕거문고나 三味線을 타서 재주를 겨루기.
糸口〔いとぐち〕실마리. 단서.
糸巻き〔いとまき〕실패. 실감개.
糸筋〔いとすじ〕① 실낱. ② 실처럼 가는 것.
糸錦〔いとにしき〕금실, 은실, 색실로 짠 비단(일본 여자의 띠 감으로 사용).
糸毛の車〔いとげのぐるま〕색실로 차체를 꾸민 소가 끄는 수레(후궁, 공주가 탐).
糸目〔いとめ〕① 가는 실. ② (연의) 벌이줄. ③ 그릇에 새긴 실금. ④ 버들의 싹틈. ⑤ 한 관(貫)의 고치에서 자아내는 명주실의 무게.
糸眉〔いとまゆ〕실눈썹.
糸捌き〔いとさばき〕① 실을 다루는 솜씨. ② 악기의 현(弦)을 다루는 솜씨.
糸屑〔いとくず〕실밥. 실보무라지.
糸水〔いとみず〕실같이 가늘게 떨어지는 낙수물.
糸印〔いとじるし〕의류 등의 솔기를 쉽게 알아보기 위해 실로 꿰매어 표시한 것.
糸入り〔いといり〕무명실에 명주실을 섞어서 짠 직물. ～紬(つむぎ)；무명 이겹실과 명주실로 짠 교직물.
糸作り〔いとづくり〕오징어 따위의 살을 실같이 썰어 만든 회나 초회.
糸底〔いとぞこ〕(찻잔 그릇의)실굽.
糸切り歯〔いときりば〕(사람의)송곳니.
糸操(り)〔いとあやつり〕실을 잡아 당겨서 놀리게 된 인형.
糸繰り〔いとくり〕① 실을 자음. ② 얼레.
糸繰り車〔いとくりぐるま〕물레.
糸取り〔いととり〕① 실을 자음. ② 실뜨기.
糸姫〔いとひめ〕직녀(織女). 제사(製絲)공장에서 일하는 여공(女工).
絹糸〔きぬいと〕견사. 명주실.
毛糸〔けいと〕모사. 털실.

音　読

綿糸〔めんし〕면사. 무명실.
原糸〔げんし〕원사. 직물의 원료가 되는 실.
一糸乱れず〔いっしみだれず〕일사 불란(不乱).
蚕糸〔さんし〕잠사. 생사(生絲). 견사(絹絲).
製糸〔せいし〕제사. 실을 만듦.

〔伺〕
풀：엿볼 사.
音：シ
訓：うかがう

伺う〔うかがう〕(他5) ① 여쭙다. ② 삼가 듣다. (自5) 찾아 뵙다.
伺い〔うかがい〕① 여쭈어 봄. ② 神仏의 託宣을 기원함. ③ 윗사람으로부터의 지시, 설명을 바람. 청원(請願).

音　読

伺候〔しこう〕①(천황에게)문안을 드림. ② 옆에 모시고 있음.
奉伺〔ほうし〕여쭘. 말씀 드림.

〔似〕
풀：같을 사.
音：ジ
訓：①にる ② にせる

❶ 似る〔にる〕(自上1) 닮다. 비슷하다. 親に～；부모를 닮다.
似つかわしい〔につかわしい〕(形) 딱 알맞다. 썩 잘 어울리다. 적합하다.
似てもつかない〔にてもつかない〕조금도 닮지 않다. 전혀 비슷하지도 않다.
似気無い〔にげない〕(形) 어울리지 않다.
似たり寄ったり〔にたりよったり〕비슷비슷함.
似て非なる〔にてひなる〕(連語) 언뜻 보아 비슷하나 다르다. 사이비(似而非).
似顔〔にがお〕닮은 얼굴. ～絵(え)；초상화.
似而非なる〔にてひなる〕(連語) 사이비(似而非).
似た者〔にたもの〕(성격 등이)서로 닮은 (비슷한)사람. ～同志；닮은 사람끼리.
似た者夫婦〔にたものふうふ〕부부는 서로 성질, 취미 등이 서로 닮게 된다는 말.
似通う〔にかよう〕(自5) 서로 비슷하다. 서로 비슷하게 닮다.
似合う〔にあう〕(自5) 어울리다.
❷ 似せる〔にせる〕(他下1) 비슷하게 하다. 진짜처럼 보이게 하다. 모조하다.
似せ絵〔にせえ〕비슷하게 닮은 그림. 초상화.

例　外

似非〔えせ〕닮았으나 사실은 그렇지 않은 것. 사이비(似而非).
似非者〔えせもの〕① 비천한 자. 상놈. ② 어리석은 자. 시비한 자. 용렬한 자.

音　読

近似値〔きんじち〕근사치.
相似形〔そうじけい〕닮은 꼴.
類似〔るいじ〕유사. 흡사. 거의 비슷함.
疑似〔ぎじ〕의사. 매우 닮은 것.

〔沙〕
풀：모래사
音：サ
訓：すな

沙〔すな〕모래. ～をかむようだ；모래를 씹는 듯하다. (무미 건조하여 재미가 없다).

例　外

沙汰〔さた〕① 소식. 기별. 통지. 無事との～；무사하다는 소식. ② 소문. 평판.

人

～止み；소문으로 그침(계획만 섰다가 중단됨). ③ (비정상적인) 행위, 일. ④ 분부. 지시. ⑤ 시비를 가름.

〔社〕 풀：모일 사
音：① シャ ② ジャ
訓：やしろ

社〔やしろ〕 신을 모신 건물. 신사(神社).

音読 1

社〔しゃ〕 ① 회사 ② 사당. 神社.
社交〔しゃこう〕 사교. ① 사람들과 교제를 하는 것. ② 사회상의 교제.
社団法人〔しゃだんほうじん〕 사단 법인. 공동의 목적을 가진 단체를 기초로 해서 조직된 사단.
社説〔しゃせつ〕 사설. 신문, 잡지 등에 그 사의 의견으로서 실은 논설.
社業〔しゃぎょう〕 사업. 회사의 사업.
社用〔しゃよう〕 ① 회사의 용무. ② 신사(神社)의 용무.
社友〔しゃゆう〕 사우. 같은 회사에 근무하는 친구. 회사원 친구.
社員〔しゃいん〕 사원, 회사에 근무하는 사람.
社長〔しゃちょう〕 사장. 회사의 우두머리.
社殿〔しゃでん〕 신을 모신 곳. 神社.
社債〔しゃさい〕 사채. 주식 회사가 모집하는 회사의 채무(債務).
社宅〔しゃたく〕 사택. 회사에서 사원을 위해 지은 집.
社会〔しゃかい〕 사회. 공동 생활의 집단.

音読 2

神社〔じんじゃ〕 신사. 신을 모신 건물.
総社〔そうじゃ〕 총사. 옛날, 많은 神社의 祭神을 어떤 한 곳으로 합쳐 제사지냈던 神社.

〔私〕 풀：나 사
音：シ
訓：わたし：わたくし.

私〔わたし〕 (보통말) 나.
〔わたくし〕 (공손한 말) 저
私する〔わたしする〕 (他5) 자기 것으로 하다. 私利를 꾀하다.
私立〔わたくしりつ：しりつ〕 사립. 공공 단체가 설립한 것이 아닌, 개인의 설립.
私物〔わたくしもの〕 자기의 것.
私事〔わたくしごと〕 ① 사사(私事). 사삿일. ② 은밀한 일. 비밀스런일.
私小説〔わたくししょうせつ：ししょうせつ〕 사소설. 작가가 자기 경험을 소재로 1인칭 형식으로 표현한 소설.

音　読

私見〔しけん〕 사견. 개인의 인격이나 견해.
私道〔しどう〕 사도. ① 사설 도로. ② 공정하지 못한 길.
私利私欲〔しりしよく〕 사리 사욕.
私立〔しりつ：わたくしりつ〕 사립. 개인 설립.
私服〔しふく〕 사복. 일반 사람이 입는 옷.
私生児〔しせいじ〕 사생아. 법률상 부부가 아닌 남녀 사이에 태어난 아이.
私書箱〔ししょばこ〕 사서함. 우체국 내에 따로 만들어 두는 개인 전용의 우편함.
私設〔しせつ〕 사설. 개인의 설립.
私心〔ししん〕 사심. 자기 이익만을 추구하는 마음. 자기만의 생각.
私有〔しゆう〕 사유. 개인의 소유.
私財〔しざい〕 사재. 자기 개인의 재산.
私学〔しがく〕 사학. 사립 학교.
私刑〔しけい〕 사형. 개인이 함부로 행하는 제재(制裁).

〔事〕 풀：일 사
音：①ジ ②ズ
訓：① こと ② つかえる

❶ **事**〔こと〕 일. 것. ① 사항. 사실. 사정. ② 사태. ③ 내용. ④ 경험.
事とする〔こととする〕 (連語)…에 전념하다. 研究を～연구에 전념하다.
事欠く〔ことかく〕 (自5) 부족하다. 모자라다.
事寄せる〔ことよせる〕 (自下1) 핑계 삼다. 구실 삼다. 빙자하다.
事毎に〔ことごとに〕 사사 건건. 매사에.
事無く〔ことなく〕 (副) 무사히. 별일 없이.
事も無げ〔こともなげ〕 태연함. 천연스러움.
事勿れ主義〔ことなかれしゅぎ〕 무사 안일주의(無事安逸主義).
事柄〔ことがら〕 사항. 사정. 내용.
事事〔ことごと〕 모든 일. 사사 건건.
事事しい〔ことごとしい〕 (形) 어마어마하다.
事の序いで〔ことのついで〕…하는 김에. 그 기회에.
事細か〔ことこまか〕 (形動) 자세함. 상세함.
事始(め)〔ことはじめ〕 ① 일에 착수함. ② 일의 시작. 사물의 시초.
事新しい〔ことあたらしい〕 (形) ① 새롭다. ② 새삼스럽다. 고의인듯하다.
事切れる〔ことぎれる〕 (自下1) ① 숨이 끊어지다. ② 끝나다. 결정되다.
事程左様に〔ことほどさように〕 그처럼. 그렇게. 그와 같이. 그 정도로.
事足りる〔ことたりる〕 (自下1) 충분하다.
事触れ〔ことぶれ〕 소식을 전함. 春の～；봄소식.

連濁音에 注意

物事〔ものごと〕 사물. 여러 가지 일.
仕事〔しごと〕 일. 업무.
色事〔いろごと〕 남녀간의 애정 행위.
芸事〔げいごと〕 예능에 관한 일.
人事〔ひとごと〕 남의 일. 남의 사건.
❷ **事える**〔つかえる〕 (自下1) 시중들다. 봉사하다. 섬기다.

音読 1

事件〔じけん〕 사건. 일어난 일.
事故〔じこ〕 사고. 사건. 고장.
事大主義〔じだいしゅぎ〕 사대 주의. 약한 자가 강자를 붙좇아 섬기는 주의.

事例〔じれい〕사례. 전례가 되는 사실.
事理〔じり〕사리. 사물의 이치.
事務所〔じむしょ〕사무소. 사무를 보는 곳.
事物〔じぶつ〕사물. 일과 물건.
事犯〔じはん〕사범. 형벌을 받아야 할 행위.
事実〔じじつ〕사실. 실제.
事業〔じぎょう〕사업. ① 사회적인 큰일. ② 기업. ③ 실업(実業). ④ 업적.
事由〔じゆう〕사유. 까닭. 사정.
事跡〔じせき〕사적. 사건의 자취.
事績〔じせき〕사적. 일의 공적.
事典〔じてん : ことてん〕사전. 여러 가지 사건, 물건, 일, 용어(用語)등을 모아서 설명한 책.
事前〔じぜん〕사전. 일이 생기기 전.
事体〔じたい〕사태. 형편.
事態〔じたい〕사태. 일. 형편.
事項〔じこう〕사항. 항목(項目).
事後〔じご〕사후. 일이 끝난 뒤.

音読 2

好事家〔こうずか〕호사가. ① 색다른 일을 좋아하는 사람. ② 풍류를 즐기는 사람.

〔使〕
풀 : 부릴 사.
音 : シ
訓 : つかう

使う〔つかう〕(他5) ① 쓰다. 사용하다. ② 소비하다. ③ (사람을)부리다. 고용하다. ④ 말하다. ⑤ …하다. 湯を~ ; 목욕을 하다. ⑥ 먹다. べんとうを~ ; 도시락을 먹다. ⑦ (술법을)부리다. てじなを~ ; 요술을 부리다.
使い〔つかい〕① 사용. ② 심부름. 심부름꾼. ③ 사자(使者).
使いこなす〔つかいこなす〕(他5) 자유 자재로 쓰다. 구사(駆使)하다. 四か国語を~ ; 4개 국어를 구사하다(능숙하게 쓰다).
使いで〔つかいで〕① 쓸 만함. 쓸 만한 값어치가 있음. ② 오래감.
使い歩き〔つかいあるき〕심부름 다님.
使い捨て〔つかいすて〕한번 쓰고 버림.
使い先〔つかいさき〕① 심부름 간 곳. ② 돈을 쓴 곳.
使い手〔つかいて〕① 연장을 잘 다루는 사람. ② 돈을 함부로(잘) 쓰는 사람.
使い込む〔つかいこむ〕(他5) ①(써서는 안될 돈을)써 버리다. ② 오래오래 쓰다.

連濁音에 注意

小使(い)〔こづかい〕소사. 사환. 심부름꾼.
召使(い)〔めしづかい〕하인. 하녀. 머슴.
人使い〔ひとづかい〕사람을 부리는 일.

音読

使徒〔しと〕사도. 그리스도의 제자 중 사자(使者)로 뽑인 제자.
使命〔しめい〕사명. 맡은 바 임무.
使臣〔ししん〕사신. 사자로서 파견 된 군주(君主) 또는 국가의 대리자.
使役〔しえき〕사역. 부림. 일을 시킴.
使用〔しよう〕사용. 씀.
使者〔ししゃ〕사자. 명령을 받고 심부름하는 사람. 심부름꾼.
使節〔しせつ〕사절. 국가를 대표하여 사신으로서 외국에 가는 사람.

〔舎〕
풀 : 집 사.
音 : シャ
訓 :

舎監〔しゃかん〕사감. 기숙사의 감독.
舎利〔しゃり〕사리. ① 부처의 유골. ② 화장한 후에 남은 뼈. ③ 쌀알. ④ 다 자란 뒤에 고치를 짓지 않고 하얗고 딱딱하게 되어서 죽은 누에.
舎弟〔しゃてい〕사제. ① 자기 아우를 겸사로 하는 말. ② 한패의 아랫사람.
舎兄〔しゃけい〕사형. 자기 형을 겸사로하는 말.
官舎〔かんしゃ〕관사. 관공리들의 주택.

例 外

田舎〔いなか〕시골. ~びる ; 촌스럽다.

〔邪〕
풀 : 간사할 사.
音 : ジャ
訓 : よこしま

邪ま〔よこしま〕바르지 못함. ~な考え ; 비뚤어진 생각.

音 読

邪教〔じゃきょう〕사교. 사회를 해치는 요사스런 종교.
邪念〔じゃねん〕사념. 불순하고 망령된 마음 가짐.
邪道〔じゃどう〕사도. 올바르지 않고 요사스러운 길.
邪恋〔じゃれん〕사련. ① 도리에 어긋난 이성간의 사랑. ② 떳떳치 못한 연애.
邪魔〔じゃま〕방해. 장애. 거추장스러움. ~立(だ)て ; 일부러 방해함. 가로 막음. ~っ気(け) ; 거치적거림. 방해스러움.
邪神〔じゃしん〕사신. 재앙의 신.
邪心〔じゃしん〕사심. 도리에 어긋난 마음.
邪悪〔じゃあく〕사악. 간사하고 악독함.
邪推〔じゃすい〕사추. 못된 의심을 품고 짐작함. 일부러 나쁘게 짐작함.
邪風〔じゃふう〕사풍. 경솔한 언행. 못된 풍습.

例 外

風邪〔かぜ〕감기. ~の気味で ; 감기 기운으로.

〔査〕
풀 : 조사할 사.
音 : サ
訓 :

査問〔さもん〕사문. 조사하여 따져 물음.
査収〔さしゅう〕사수 잘 조사하여 받음.
査閲〔さえつ〕사열. 조사하기 위하여 죽 살펴 봄.
査定〔さてい〕사정. 조사하여 결정함.
査証〔さしょう〕사증. ビザ.
査察〔ささつ〕사찰. 조사하여 살핌.

〔思〕
풀 : 생각 사.
音 : シ
訓 : ① おもう ② おもわしい

③ おぼしい.

❶ **思う**〔おもう〕(他5) ① 생각하다. ② 상상하다. 회상하다. ③ 사모하다.

思い〔おもい〕① 생각. 뜻. 마음. ② 집념. 원한. ③ 느낌. 기분. 경험④ 짐작. 추측.

思いきや〔おもいきや〕① 생각했으리요. ② …라고 생각했더니. ③ 뜻밖에도. 의외에도.

思わず〔おもわず〕(副) 엉겁결에. 무의식중에.

思い遣り〔おもいやり〕① 동정심. 동정. ② 상상. 추측. 헤아림.

思い遣る〔おもいやる〕(他5) ① 동정하다. 위로하다. ② 상상하다. 추측하다. 헤아리다.

思い過ごす〔おもいすごす〕(他5) 쓸데 없는 걱정을 하다. 지나치게 생각하다.

思い掛けない〔おもいがけない〕(形) 의외이다. 뜻밖이다.

思い当(た)る〔おもいあたる〕(自5) 짐작이 가다. 마음 집히다.

思い立つ〔おもいたつ〕(他5) (무슨 일을 하려는)생각이 나다. 결심하다.

思い描く〔おもいえがく〕(他5) 마음에 그리다. 상상하다. 추측하다.

思い返す〔おもいかえす〕(他5) ① 회상하다. ② 고쳐 생각하다.

思い煩う〔おもいわずらう〕(自5) (이것저것 생각하느라고)고민하다. 걱정하다.

思い付き〔おもいつき〕① 문뜩 생각이 남. ② 고안(考案). 착상(着想). 아이디아. ② 변덕. 즉흥적임.

思い付く〔おもいつく〕(他5) 문뜩 생각이 나다.

思い死に〔おもいじに〕(어떤 사람을) 애타게 그리워하다 죽음.

思い思い〔おもいおもい〕각자의 생각대로.

思い上がる〔おもいあがる〕(自5) 우쭐해하다. 잘난체하다.

思い設ける〔おもいもうける〕(他下1) 예기하다. 미리 생각하여 두다.

思い余る〔おもいあまる〕(自5) 견딜 수가 없게 되다. 생각다 못하다. 갈팡질팡하다.

思いの外〔おもいのほか〕의외로. 뜻 밖에.

思い違い〔おもいちがい〕잘못 생각. 오해.

思い入れ〔おもいいれ〕① 생각에 잠김. ② 말없이 생각이나 감정을 나타내는 몸짓.

思い込む〔おもいこむ〕(自5) ①단단히 마음먹다. 굳게 결심하다. ② 꼭 믿다.

思い者〔おもいもの〕① 사랑하는 여자. 애인. ② 첩. 社長の～; 사장의 첩.

思い残す〔おもいのこす〕(他5) 미련을 남기다.

思いの丈〔おもいのたけ〕생각하는 마음의 전부. 사랑하는 마음의 전부.

思い切って〔おもいきって〕① 결단하여. 단연. 결심하고. ② 마음껏.

思い切った〔おもいきった〕대담한.

思い切り〔おもいきり〕① 단념. 체념. ② 마음껏.

思い切る〔おもいきる〕(他5) 단념하다 (自5) 결심하다. 대담해지다.

思い做し〔おもいなし〕① 추측해서 판정함. ② 그러려니 하고 보니. 마음 탓인지.

思い止まる〔おもいとまる; おもいとどまる〕(他5) 단념하다. 생각하였다가 그만두다.

思い至る〔おもいいたる〕(自5) (이리 저리 생각하다가 결국은) 생각이 떠오르다.

思い知る〔おもいしる〕(他5) 뼈저리게 느끼다. 깨닫다.

思い直す〔おもいなおす〕(他5) 고쳐 생각하다.

思わせ振り〔おもわせぶり〕넌지시 깨닫게 하는 말이나 행동. 변죽 울림. 교태.

思い差し〔おもいざし〕그 사람에게 생각이 있어, 술을 따라 권함.

思い出す〔おもいだす〕(他5) 생각해 내다. 상기(想起)하다. 회고하다.

思い出〔おもいで〕추억.

思い出話〔おもいでばなし〕추억담(追憶談).

思い合(わ)せる〔おもいあわせる〕(他下1) 비교해서 생각하다. 종합해서 생각하다.

思い回す〔おもいまわす〕(他5) ① 회고하다. 회상하다. 상기하다. ② 여러모로 생각하다.

思い回らす〔おもいめぐらす〕⇨思い回す

思い詰める〔おもいつめる〕(他下1) 외곬으로만 생각하다. 골똘히 생각하다.

❷ **思わしい**〔おもわしい〕(形) 바람직하다. 좋다고 생각하다.

思わく〔おもわく〕① 생각. ② 평판. 풍문. ③ 시세 騰落의 예측. ～師; 시세 騰落을 예측하고 사는 사람.

❸ **思しい**〔おぼしい〕(形)(…と～의 형태로) 생각되다. 그렇게 보이다. 犯人と～男; 범인으로 생각되는 사나이.

思(し)召し〔おぼしめし〕① 마음. 생각해 주시는 마음. 뜻. ② 이성에 대한 관심. 마음. あの女に～があるようだ; 저여자에게 마음이 있는 모양이다.

思し召す〔おぼしめす〕(他5) 생각하시다.

音　読

思考力〔しこうりょく〕사고력. 생각하고 궁리하는 힘.

思念〔しねん〕사념. 여러가지 일에 대한 생각과 근심.

思慮〔しりょ〕사려. 여러가지 생각과 근심.

思料〔しりょう〕사료. 생각하여 헤아림.

思慕〔しぼ〕사모. 정을 들이고 애틋하게 생각하며 그리워함.

思弁〔しべん〕사변. 생각으로 도리를 분별함.

思想〔しそう〕사상. 생각. 사회 및 인생에 대한 견해. 통일성 있는 판단의 체계.

思索〔しさく〕사색. 어떤 이치를 따라 깊이 생각함.

思案〔しあん〕① 사안. 생각. 분별. ～にあまって; 어떻게 해야 좋을지 몰라서. ② 걱정. 근심. ～投げ首(なげくび); 고

개를 떨어뜨리고 근심 걱정함.
思潮〔しちょう〕사조. 사상의 흐름. 어떤 시대나 사회의 사상의 일반적인 경향.
思春期〔ししゅんき〕사춘기. 이성(異性)에 대해 관심을 갖게 되고 춘정(春情)을 느끼게 되는 시기.

〔砂〕 풀: 모래 사.
音: ① サ ② シャ
訓: すな

砂〔すな〕모래.
砂かぶり〔すなかぶり〕씨름판 바로곁의 관람석.
砂ゴム〔すなゴム〕타이프 글자나 잉크글자를 지우는 꺼칠꺼칠한 지우개 고무.
砂袋〔すなぶくろ〕모래 주머니.
砂壁〔すなかべ〕여러가지 색의 모래 벽.
砂浜〔すなはま〕(해변의) 모래 사장. 모래톱.
砂山〔すなやま〕모래 산.
砂書き〔すながき〕모래로 글자를 쓰거나 그림을 그림.
砂船〔すなぶね〕강바닥 모래를 파는 배.
砂時計〔すなどけい〕모래 시계.
砂埃〔すなぼこり〕모래 먼지.
砂遊び〔すなあそび〕모래 장난.
砂煙〔すなけむり〕모래 먼지.
砂原〔すなはら〕모래 벌판.
砂子〔すなご〕① 모래. ② 칠그릇에 그린 그림. ③ 금, 은 가루를 모래처럼뿌린것.
砂場〔すなば〕① 모래밭. ② 모래 땅(벌판)
砂地〔すなち〕모래땅.
砂擦(り)〔すなずり〕물고기의 배 밑의 살찐 부분.
砂風呂〔すなぶろ〕모래 찜질.
砂絵〔すなえ〕지면(地面)에 모래를 조금씩 떨어뜨려 그린 그림.

音読 1

砂丘〔さきゅう〕사주. 바람에
砂金〔さきん〕사금. 강 바닥에 모래나 잔자갈 등에 섞여 있는 모래와 같은 금.
砂漠〔さばく〕사막. 넓은 불모(不毛)의 모래벌판. 식물이 자랄 수 없는 모래 벌판.
砂防〔さぼう〕사방. 산이나 바닷가의 흙이나 모래가 무너지는 것을 막기 위하여 나무를 심거나 떼를 입히는 일.
砂上〔さじょう〕사상. 모래 위.
砂州〔さす。さしゅう〕모래톱.
砂塵〔さじん〕모래 섞인 먼지.
砂糖〔さとう〕설탕.

連濁音에 注意

角砂糖〔かくざとう〕각설탕.

音読 2

砂石〔しゃせき〕모래와 돌.
金砂銀砂〔きんしゃぎんしゃ〕금가루, 은가루.
白砂〔はくしゃ〕백사. 흰 모래.
土砂〔どしゃ〕흙과 모래.

例 外

砂利〔じゃり〕자갈.

〔師〕 풀: 스승 사
音: ① シ ② ジ
訓:

音読 1

師団〔しだん〕사단. 육군과 해병대의 편성 단위의 하나.
師範〔しはん〕사범. 학술, 무예 등을 가르치는 사람.
師事〔しじ〕사사. 스승으로 삼고 가르침을 받고 섬김.
師承〔ししょう〕사승. 스승에게 가르침 받음.
師恩〔しおん〕사은. 스승으로부터 받은 은혜.
師弟〔してい〕사제. 스승과 제자.
師走〔しわす〕음력 12월의 다른 이름.
師表〔しひょう〕사표. 학식과 인격이 높아 모범이 될 만한 사람.
教師〔きょうし〕교사. 선생.

音読 2

経師屋〔きょうじや〕표구점(表具店). 표구사.
禅師〔ぜんじ〕선사. 지덕이 높은 중의 칭호.

〔卸〕 풀: 짐부릴 사
音:
訓: おろす

卸す〔おろす〕(他5)도매하다.
卸(し)〔おろし〕도매.
卸(し) 売り〔おろしうり〕도매.
卸(し)売り業〔おろしうりぎょう〕도매업.
卸(し)屋〔おろしや〕도매상.

〔唆〕 풀: 부추길 사.
音: サ
訓: そそのかす

唆す〔そそのかす〕(他5) 꼬드기다. 꾀다. 부추기다. 교사(教唆)하다. やれと～; 하라고 부추기다. 唆されて; 꾐에 빠져서.

音 読

教唆〔きょうさ〕교사. 남을 선동하여 나쁜 일을 하게 함.
示唆〔しさ〕시사. 미리 암시하여 알려 줌.

〔射〕 풀: 쏠 사.
音: シャ
訓: ① いる ② さす

❶射る〔いる〕(他上1) ① (활을) 쏘다. ② 쏘아 맞히다. ③ (차지하려고)노리다. ④ 쏘아 보다. ⑤ (강렬히) 비추다.
射落とす〔いおとす〕(他5) 쏘아서 떨어뜨리다.
射手〔いて〕사수. 활 쏘는 사람.
射場〔いば〕활 쏘는 곳. 궁도장(弓道場).
射止める〔いとめる〕(他下1) ① 쏘아 죽이다. 쏘아서 잡다. ② 맞히어 자기 것으로 하다. 賞品を～; 상품을 따다.
❷射す〔さす〕(自5) (광선, 그림자가) 비치다. 日が～; 해가 비치다.

射擊〔しゃげき〕사격. 총이나 대포를 쏨.
射殺〔しゃさつ〕사살. 쏘아서 죽임.
射手〔しゃしゅ：いて〕사수. 대포, 총, 활 등을 쏘는 사람.
射的〔しゃてき〕사적. 활이나 총포를 쏘는 과녁.
射程距離〔しゃていきょり〕사정 거리.
射出〔しゃしゅつ〕사출. 쏘아 내보냄.
射幸心〔しゃこうしん〕사행심. 우연한 이익이나 요행을 바라는 마음.

〔斜〕 풀：비스듬 사.
音：シャ
訓：ななめ

斜め〔ななめ〕(形動) ① 비스듬함. 경사짐. 기욺. ～に；비스듬하게. 日が～になる；해가 기울다. ② 평온하지 않음.
斜めならず〔ななめならず〕(連語) (기분이나 기쁨이)보통이 아니다. 꽤. 대단하다. 이만 저만이 아니다. ～喜ぶ；대단히 기뻐하다.

音　読

斜〔しゃ〕경사. 비스듬함. ～に構える；무기를 비스듬히 들어 겨루다. 딱딱한 태도를 취하다.
斜坑〔しゃこう〕사갱. 비스듬히 판 갱도.
斜光〔しゃこう〕사광. 비스듬히 비치는 광선.
斜面〔しゃめん〕사면. 비스듬한 면.
斜辺〔しゃへん〕사변. 직각 삼각형에서 직각에 대한 변. 기울어진 측변(側辺).
斜線〔しゃせん〕사선. 비스듬히 그은 줄.
斜視〔しゃし〕사시. 사팔뜨기.
斜陽〔しゃよう〕사양. ① 저녁때의 기울어진 해. 지는 햇볕. ② 급격한 사회 변동으로 몰락함.
斜影〔しゃえい〕사영. 비스듬히 비친 그림자.
斜塔〔しゃとう〕사탑. 비스듬히 기운 탑.

〔捨〕 풀：버릴 사.
音：シャ
訓：すてる

捨てる〔すてる〕(自下1) ① 버리다. 포기하다. ② …해 버리다. 완전히 …하다.
捨てぜりふ〔すてぜりふ〕① 각본에 없는 즉석 대사. ② 떠날 때 내뱉는 협박, 모멸등의 막된 말.
捨て仮名〔すてがな〕한문을 훈독할 때, 옆에 다는 가나(仮名).
捨て金〔すてがね〕① 헛돈. ② 버린셈치고 빌려 주는 돈. ③ 고용인에게 준비금으로 주는 전도금. ④ (창녀, 기생의) 몸값.
捨て去る〔すてさる〕(他5) 미련 없이 버리고 가 버리다.
捨て売り〔すてうり〕손해 보는 값으로 막 팖. 덤핑.
捨て鉢〔すてばち〕자포자기(自暴自棄).
捨て扶持〔すてぶち〕버리는 셈치고 주는 급료, 쌀.
捨(て)石〔すていし〕① (바둑에서)사석. 버리는 돌. ② 일본식 정원에서 군데군데 놓은 돌. ③ (토목공사에서 기초를 만들기 위하여) 물 속에 던져 넣는 돌. ④ 초석. 밑거름.
捨て小舟〔すておぶね〕버려진 쪽배.
捨て所〔すてどころ〕버릴만한 곳. 버릴곳. 버릴만한 시기.
捨て身〔すてみ〕목숨을 겖. 필사적임.
捨て印〔すていん〕증거가 될 서류의 난외(欄外)에 만일을 위해 찍어 두는 도장.
捨て子〔すてご〕어린 아이를 버림.
捨て鐘〔すてがね〕시종(時鐘)을 칠 때 주의를 끌기 위해 미리 세 번 치는 종.
捨て値〔すてね〕헐값. 덤핑.
捨て置く〔すておく〕(他5) 내버려 두다.

連濁音에 注意

聞き捨て〔ききずて〕들은 체 만 체함.

音　読

捨象〔しゃしょう〕사상. 현상의 특성 및 공통성 이외의 요소를 버림.
四捨五入〔ししゃごにゅう〕사사오입.
取捨選択〔しゅしゃせんたく〕취사 선택.

〔蛇〕 풀：뱀 사.
音：ダ
訓：へび

蛇〔へび〕뱀.
蛇苺〔へびいちご〕뱀딸기.
蛇蜻蛉〔へびとんぼ〕뱀잠자리.

音　読

蛇足〔だそく〕사족. 쓸 데 없는 것.
蛇行川〔だこうせん〕사행천. 꾸불꾸불 꾸부러져 흘러가는 강.

〔赦〕 풀：놓아줄 사.
音：シャ
訓：ゆるす

赦す〔ゆるす〕(他5) 용서하다. 면하다. 면하게 하다. 軽い罰で～；가벼운 벌이라 용서하다. 税金を～；세금을 면제하다.

音　読

赦免〔しゃめん〕사면. 지은 죄를 용서하여 형벌을 면제, 감소, 변경하는 일(국가 원수의 특권임).
赦状〔しゃじょう〕사장. 형벌을 용서한다는 서장. 사면장(赦免状).

〔奢〕 풀：사치할 사.
音：シャ
訓：おごる

奢る〔おごる〕(自5) 사치하다. (他5) 한턱 내다.
奢り〔おごり〕① 사치. ② 한턱 냄. 今日は君の～だ；오늘은 네가 한턱 낼 차례다.

音　読

奢侈〔しゃし〕사치. 필요 이상으로 치장함.
奢侈品〔しゃしひん〕사치품.

〔詐〕 풀：속일 사.
音：サ
訓：いつわる

詐る〔いつわる〕(他5) ① 속이다. 人を～; 남을 속이다. ② 거짓말하다. 原因を～; 원인을 거짓으로 말하다.

詐り〔いつわり〕거짓. 거짓말. ～言(ごと) 거짓말.

音 読

詐欺〔さぎ〕사기. 남을 꾀로 속여 해침.

詐謀〔さぼう〕사모. 남을 속이려는 꾀.

詐術〔さじゅつ〕사술. 남을 속이는 술책.

詐取〔さしゅ〕사취. 물품을 사기하여 속여 빼앗음.

詐称〔さしょう〕사칭. 성명이나 신분 등을 거짓으로 꾸며 댐.

〔詞〕 풀 : 말 사.
音 : シ
訓 : ことば

詞〔ことば〕노래에 대한 산문(散文)의 부분. 가곡(歌曲)에 대한 회화(会話)의 부분.

詞書(き)〔ことばがき〕① わか(和歌)의 첫머리에 적어 놓은 글. ② 두루마리 그림의 설명문. ③ 대화(対話)의 글.

音 読

詞章〔ししょう〕사장. 詩歌와 文章.

歌詞〔かし〕가사. 노래의 내용이 되는 문구.

名詞〔めいし〕명사. 사물의 이름을 나타내는 품사.

作詞〔さくし〕작사. 노래의 문구를 지음.

祝詞〔しゅくし〕축사(祝辞)
〔のりと〕신(神) 앞에 비는 축문(祝文).

〔嗣〕 풀 : 이을 사.
音 : シ
訓 :

嗣君〔しくん〕사군. 후계자가 될 사람. 상속인.

嗣子〔しし〕사자. 후계자.

後嗣〔こうし〕후사. 후계자. 상속인.

〔辞〕 풀 : 말씀 사. 사양할 사.
音 : ジ
訓 : やめる

辞める〔やめる〕(他下1) (직장을) 그만두다. 사직하다. 会社を～; 회사를 그만 두다.

音 読

辞〔じ〕① 인사말. ～を低くする; 정중히 말하다. 開会の～; 개회사.

辞す〔じす〕(自他5) 거절하다. 물러나다. 脱退も辞さない; 탈퇴도 불사하다.

辞する〔じする〕(自他サ) ① 물러나다. 떠나다. 고별하다. ② 사직하다. 사퇴하다. 사임하다. ③ 양보하다. ④ 사양하다. 사절하다. ⑤ 인사말을 하다. ⑥ 돌려 주다.

辞去〔じきょ〕사거. 작별하고 떠남.

辞令〔じれい〕사령. 공식적인 발령.

辞林〔じりん〕사림. 낱말 사전. 辞書.

辞書〔じしょ〕사서. 낱말 사전. 辞林.

辞意〔じい〕사의. 사임(辞任)의 의사.

辞儀〔じぎ〕① 인사. 절. ② 사양. 사퇴.

辞任〔じにん〕사임. 직책을 그만두고 물러남.

辞典〔じてん〕사전. 낱말을 해설한 책.

辞職〔じしょく〕사직. 직책을 내놓고 물러남.

辞退〔じたい〕사퇴. 받아 들이지 않고 사절(辞絶)하여 물리침.

辞表〔じひょう〕사표. 사직(辞職)의 뜻을 적어 제출하는 문서.

〔飼〕 풀 : 기를 사.
音 : シ
訓 : かう

飼う〔かう〕(他5) ① 기르다. 사육(飼育)하다. 치다. 羊を～; 양을 치다. ② 동물에게 먹이를 주다.

飼い犬〔かいいぬ〕집에서 기르는 개.

飼(い)殺し〔かいごろし〕가축이 쓸모가 없게 된 뒤에도 죽을 때까지 돌보아 줌.

飼い葉〔かいば〕소나 말에게 주는 마른 풀.

飼(い)鳥〔かいどり〕(집에서) 기르는 새.

飼(い)主〔かいぬし〕가축을 기르는 사람.

飼(い)草〔かいぐさ〕⇨飼い葉

飼い桶〔かいおけ〕가축의 사료(飼料)를 넣어 두는 통. 구유.

連濁音에 注意

子飼い〔こがい〕(짐승을) 새끼 때 부터 기름.

音 読

飼料〔しりょう〕사료. 가축을 기르는 먹이.

飼養〔しよう〕사양. 짐승을 먹여 기름.

飼育〔しいく〕사육. 짐승을 먹여 기름.

〔賜〕 풀 : 줄 사.
音 : シ
訓 : ① たま(わ)る ② たまう

❶賜(わ)る〔たまわる〕(他5) ① 윗사람이 하사하시다. ② (윗사람이) 내려 주시다.

賜り物〔たまわりもの〕하사하신 물건. 내려 주신 물건.

賜物〔たまもの〕① 윗사람에게서 얻은것. 하사품. ②보람. 덕택.

❷賜う〔たまう〕(他5) ① 내리시다. 주시다. ② (動詞連用形에 접속하여) …하시다. 作り～; 만드시다. 見賜え; 보게.

音 読

賜暇〔しか〕사가. 휴가를 줌.

賜杯〔しはい〕사배. ① 임금이 내리는 술잔. ② 경기 우승자에게 임금이나 국가원수가 내리는 우승배.

下賜〔かし〕. 윗사람이 주심.

〔謝〕 풀 : 사례할 사.
音 : シャ
訓 : あやまる

謝る〔あやまる〕(他5) ① 잘못을 빌다. 사과하다. 사죄하다. ② 항복하다. 난처하여 사절하다.

謝り〔あやまり〕사죄. 사과. ～を入れる; 사과하다. 사죄하다.

謝する〔しゃする〕(他サ) ① 사례하다. 사의(謝意)를 표하다. ② 사과하다. 사죄하다. ③ 거절하다. 사절하다. (自サ) 작별인사를 하고 떠나가다.
謝金〔しゃきん〕사금. 사례로 주는 돈.
謝礼〔しゃれい〕사례. 고마운 뜻으로 상대방에게 나타내는 인사.
謝肉祭〔しゃにくさい〕사육제. 천주교에서 사순절(四旬節) 직전의 사흘 동안에 행하는 축제(祝祭).
謝恩〔しゃおん〕사은. 받은 은혜에 사례함.
謝意〔しゃい〕사의. 사례하는 뜻.
謝絶〔しゃぜつ〕사절. 사양하고 받지 않음.
謝罪〔しゃざい〕사죄. 죄에 대한 용서를 빎.

【삭】

〖削〗

풀 : 깎을 삭.
音 : **サク**
訓 : ① **けずる** ② **そぐ** ③ **そげる**

❶ **削る**〔けずる〕(他5) ① (나무를) 깎다. 鉛筆を～; 연필을 깎다. ② 삭감(삭제)하다. 予算を～; 예산을 깎다.
削り節〔けずりぶし〕얇게 깎은 가다랭이포.
❷ **削ぐ**〔そぐ〕(他5) ① 뾰족하게 자르다. ② 깎아 내다. 베어 내다. ③ 꺾다. 죽이다.
❸ **削げる**〔そげる〕(自下1) 깎이다. 깎여지다. 닳다. 홀쭉해지다.

音 読

削減〔さくげん〕삭감. 깎아서 줄임.
削岩〔さくがん〕바위에 구멍을 뚫음.
削井〔さくせい〕삭정. 지하수나 석유를 퍼올리기 위해 우물이나 구멍을 팖.
削除〔さくじょ〕삭제. 지워 버림. 깎아 없앰.

【산】

〖山〗

풀 : 뫼 산.
音 : ① **サン** ② **ザン**
訓 : **やま**

山〔やま〕① 산. ② 광산. ③ 무더기. ④ 절정. 클라이맥스. ⑤ 난관. 고비. ⑥ 불쑥 솟은 부분. ⑦ 야생(野生). ⑧ ～になる; 없어지다. 다하다. ⑨ ～を踏む; 범죄를 범하다.
山なり〔やまなり〕물건을 멀리 던질 때 둥글게 그리는 모양.
山家〔やまが〕산가. 산 속의 집.
山間〔やまあい〕산간. 산골짜기.
山勘〔やまかん〕① 사기꾼 같은 행동. ② 어림 대중.
山開き〔やまびらき〕① 해마다 일정 기간에 일반에게 등산을 허용함. ② 산을 깎아 길을 만듦.
山裾〔やますそ〕산기슭.
山犬〔やまいぬ〕① 야생의 개. ② 승냥이.
山高帽子〔やまたかぼうし〕중산(中山)모자
山掛け〔やまかけ〕다랑어 회 등에 마즙을 친 요리.
山国〔やまぐに〕산이 많은 지방. 산으로 둘러싸인 지방.
山気〔やまき : やまけ〕투기적 모험심. 사기꾼의 기질.
山っ気〔やまっけ〕모험심. 투기심.
山肌〔やまはだ〕(초목이 없는) 산의 표면.
山男〔やまおとこ〕① 산 속에서 사는 사나이. ② 노련한 등산가. ③ 산 속에 사는 괴물.
山の端〔やまのは〕능선. 산마루.
山踏み〔やまぶみ〕산길을 걸음.
山道〔やまみち〕산길.
山登り〔やまのぼり〕등산.
山旅〔やまたび〕산중 여행(山中旅行).
山路〔やまじ〕산길.
山籠(も)り〔やまごもり〕산 속에 틀어박힘.
山留め〔やまどめ〕갱내(坑内)에서 흙이 무너지는 것을 방지함.
山里〔やまざと〕산속의 마을.
山立(ち)〔やまだち〕① 산적(山賊). ② 사냥꾼.
山鳴り〔やまなり〕(분화(噴火)로 인한) 산울림.
山猫〔やまねこ〕① 야생 고양이. ②살쾡이
山背〔やませ〕산을 넘어 내리부는 건조한 바람.
山番〔やまばん〕산지기.
山辺〔やまべ〕산 근처. 산이 있는 곳.
山並(み)〔やまなみ〕산이 나란히 솟아있음
山伏(し)〔やまぶし〕山野에 기거하며 수행(修行)하는 중.
山膚〔やまはだ〕(초목이 없는) 산의 표면.
山分け〔やまわけ〕① 눈대중으로 나눔. 무더기로 나눔. ② 산길을 헤치고 감.
山崩れ〔やまくずれ〕산사태(山沙汰).
山寺〔やまでら〕산 속에 있는 절.
山師〔やまし〕① 광맥을 찾는 것을 직업으로 하는 사람. ② 산의 나무(立木)의 매매를 직업으로 하는 사람. ③ 사기꾼.
山詞〔やまことば〕산신령의 노여움을 막고 안전을 위하여 사냥꾼이나 숯 굽는 사람이 산에 들어가서만 사용하는 특유의 말.
山山〔やまやま〕① 많은 산. 이산 저산. 산들. ② 간절함. ③ 매우 많음. ④ 한도. 한정.
山盛り〔やまもり〕고봉으로(수북히) 담음.
山小屋〔やまごや〕(등산자를 위한) 산속의 오두막집. 산막.
山焼き〔やまやき〕(봄에 새싹이 잘 돋아나도록) 산의 마른 풀을 태움.

山送り〔やまおくり〕장송(葬送).
山手〔やまて〕산쪽. 산에 가까운 쪽.
山の手〔やまのて〕① 지대가 높은 곳. 고지대(高地帯). ② 고지대에 있는 주택지구.
山狩り〔やまがり〕① 산에서 사냥함. ② (범인을 잡기 위해) 산을 뒤짐.
山の神〔やまのかみ〕① 산신. ② 여편네. 厳妻.
山岸〔やまぎし〕① 산 속의 낭떠러지. 산비탈. ② 산기슭이 수면에 접한 곳.
山桜〔やまざくら〕산벚나무.
山彦〔やまびこ〕메아리.
山奥〔やまおく〕깊은 산 속.
山元〔やまもと〕① 산기슭. ② 산 임자. ③ 광산. 탄광의 소재지.
山猿〔やまざる〕① 산에 사는 원숭이. ② 세상의 물정과 예의 범절을 모르는 두메산골의 촌사람.
山越え〔やまごえ〕산을 넘음(넘어 가는곳)
山越し〔やまごし〕⇨山越え
山陰〔やまかげ〕산 그늘. 산 때문에 볕이 안드는 곳.
山人〔やまびと〕산인. ① 산 사람. ② 신선.
山子〔やまご〕산에서 일하는 사람.
山場〔やまば〕고비. 절정. 클라이막스.
山積み〔やまづみ〕산적. 산더미처럼 쌓아 올림(쌓여 있음). ② (일이) 많이 밀림
山田〔やまだ〕산 속의 마을.
山伝い〔やまづたい〕산을 타고 감.
山畑〔やまばた：やまはた〕산에 있는 밭.
山程〔やまほど〕산더미 만큼.
山際〔やまぎわ〕① 산 근처. ② 산의 능선.
山鳥〔やまどり〕산새.
山造り〔やまづくり〕산 만들기.
山足〔やまあし〕(스키이에서) 경사진 곳에서, 비스듬히 섰을 때의 윗쪽 다리.
山止め〔やまどめ〕입산 금지(入山禁止).
山津波〔やまつなみ〕산사태.
山川〔やまかわ〕산천. 산과 시대.
〔やまがわ〕산속을 흐르는 시내.
山賤〔やまがつ〕산 속에 사는 천한 사람.
山出し〔やまだし〕① 산에서 나는 것. ② 도회지로 갓 나온 시골뜨기.
山風〔やまかぜ〕산바람.
山合(い)〔やまあい〕산골짜기. 산간.
山幸〔やまさち〕사냥해서 잡은 것. 산에서 채취한 나물이나 열매.
山形〔やまがた〕① 산과 같이 생긴 모양(의것). ② 활터의 과녁 뒤에 친 장막.
山火事〔やまかじ〕산불.
山懐〔やまふところ〕산간의 움푹 들어간곳.

音読 1

山塊〔さんかい〕산괴. 산줄기에서 따로 떨어져 있는 산의 덩어리.
山脈〔さんみゃく〕길게 이어진 산줄기.
山門〔さんもん〕산문. ① 산의 어귀. ② 절에 들어가는 문.
山腹〔さんぷく〕산복. 산의 중턱.
山水〔さんすい〕산수. 산과 물이 있는 경치
山岳〔さんがく〕산악. 크고 작은 모든 산.
山容〔さんよう〕산용. 산의 생김새.
山荘〔さんそう〕산장. 산 속에 있는 별장.
山賊〔さんぞく〕산적. 산 도둑.
山積〔さんせき〕산적. 산더미처럼 많이 쌓임.
山頂〔さんちょう〕산정. 산꼭대기.
山川草木〔さんせんそうもく〕산천 초목.
山村〔さんそん〕산촌. 산속의 마을.
山河〔さんが〕산하. ① 산과 강. ② 국토. 자연.
沢山〔たくさん〕① 많음. ② 만족. 충분.

例 外

山車〔だし〕축제 때 쓰는 장식한 수레.

音読 2

高山〔こうざん〕고산. 높은 산.
鉱山〔こうざん〕광산. 광물을 캐내는 산.
登山〔とざん〕등산. 산에 오름.
名山〔めいざん〕명산. 경치가 좋은 산.
本山〔ほんざん〕본산. ①〔仏〕한 종파(宗派)의 사원들을 지배하는 사원. ② 이 산.
氷山〔ひょうざん〕빙산.
深山〔しんざん〕심산. 깊은 산.
他山の石〔たざんのいし〕타산지석.
下山〔げざん〕하산. 산을 내려 감.
火山〔かざん〕화산.

〔産〕

풀：낳을 산.
音：① サン ② ザン
訓：① うまれる ② うむ ③ うぶ

❶ 産まれる〔うまれる〕① 태어나다. ② (없던 것이) 생기다.
❷ 産む〔うむ〕(他5) ① (아이, 새끼, 알을) 낳다.
産み〔うみ〕낳음.
産みの悩み〔うみのなやみ〕새로 일을 꾸며낼 때의 고심.
産み落とす〔うみおとす〕(他5) 낳다.
産み付ける〔うみつける〕(他下1) ①(어떤 상태로) 낳다. ② (나비가 알을) 슬다.
産み成す〔うみなす〕(他5) 낳다. 산출하다.
産みの子〔うみのこ〕친자식.
産み出す〔うみだす〕(他5) ① 낳다. ②새로 만들어 내다. 산출하다.
産みの親〔うみのおや〕친부모.
❸ 産〔うぶ〕(명사 위에 접속하여) 갓 낳은 때의. 갓 낳은 그대로의.
産毛〔うぶげ〕솜털.
産声〔うぶごえ〕갓난 아이의 첫 울음 소리.
産屋〔うぶや〕산실(産室).
産衣〔うぶぎ〕갓난 아이에게 처음으로 입히는 옷.
産着〔うぶぎ〕⇨産衣.
産祝い〔うぶいわい〕아기가 태어났을 때의 축하.
産湯〔うぶゆ〕갓난 아이를 씻어 주는 물.
産土〔うぶすな〕출생지. 고향.

音読 1

産〔さん〕① お～; 해산. 분만(分娩). ② 출신. ③ 산물(産物). ④ 재산.
産する〔さんする〕(自他サ) 산출하다. 산출되다. 생산하다. 생산되다. 낳다. 나다.
産科〔さんか〕산과. 산부인과.
産卵〔さんらん〕산란. 알을 낳음.
産物〔さんぶつ〕산물. 그 지방에서 나는 물품.
産婦〔さんぷ〕산부. 산모(産母).
産室〔さんしつ〕산실. 해산하는 방.
産児〔さんじ〕산아. 아기를 낳음.
産業〔さんぎょう〕산업. 생산을 하는 사업.
産前〔さんぜん〕산전. 아기를 낳기 직전.
産地〔さんち〕산지. 그 물건이 산출(産出)되는 곳.
産出〔さんしゅつ〕산출. 생산하여 냄.
産婆〔さんば〕산파. 조산원(助産員).
産後〔さんご〕산후. 아이를 낳은 뒤.
遺産〔いさん〕유산. 죽은 사람이 남겨놓은 재산.

音読 2

難産〔なんざん〕난산. ① 태아의 출산이 매우 곤란한. ② 일이 이루어지기 어려움.
流産〔りゅうざん〕유산. ① 태아가 달이차지 못하고 죽어서 나옴. ② 계획이 중지됨.
安産〔あんざん〕안산. 아이를 쉽게 낳음.
早産〔そうざん〕조산. 아이를 달이 차기전에 낳음.

例外

土産〔みやげ〕선물.

〔傘〕 풀：우산 산.
音：サン
訓：かさ

傘〔かさ〕우산. 양산. ～をすぼめる; 우산을 접다. ～をさす; 우산을 받다(쓰다).

連濁音에 注意

番傘〔ばんがさ〕지우산(紙雨傘).
雨傘〔あまがさ〕우산.
日傘〔ひがさ〕양산(陽傘).

音読

傘下〔さんか〕산하. ① 보호를 받는 어떤 세력의 그늘. 지배하(支配下). ② 삿갓 모양의 지붕이 있는 씨름판.

〔散〕 풀：흩어질 산.
音：サン
訓：① ちらかす ② ちらかる ③ ちらす ④ ちらばる ⑤ ちる

❶散らかす〔ちらかす〕(他5) 어지르다. 흩어뜨리다. 部屋を～; 방을 어지르다.
❷散らかる〔ちらかる〕(自5) 어지러지다. 흩어지다. ビラが～; 삐라가 흩어지다.
❸散らす〔ちらす〕(他5) ① 어지르다. 흩어 뜨리다. ② 어수선하게 하다. ③ 분산시키다. ④ 흩어지게하다. ⑤ 퍼뜨리다. ⑥ (動詞의 連用形에 접속하여) 마구…하다. 닥치는 대로…하다. 読み～; 닥치는 대로 읽다.
散らし〔ちらし〕① 어지름. 흩뜨림. ② 삐라.
散らし書き〔ちらしがき〕색종이, 좁은 종이, 편지 등에 和歌나 글귀를 띄엄띄엄 흩어뜨려서 씀.
❹散らばる〔ちらばる〕(自5) 흩어지다. 紙が～; 종이가 흩어지다.
❺散る〔ちる〕(自5) ① 꽃이 지다. (떨어지다). ② 흩어지다. ③ 퍼지다. ④ 없어지다.
散り蓮華〔ちりれんげ〕손잡이가 짧은 사기 숟가락. (떨어진 연꽃잎 모양이므로).
散り敷く〔ちりしく〕(自5) 꽃이 떨어져서 온통 깔리다.
散り散り〔ちりぢり〕여기저기 흩어짐. 뿔뿔이 흩어짐.
散り残る〔ちりのこる〕(自5) 꽃이 다 지지 않고 남아 있다.

音読

散じる〔さんじる〕(自他上1) 흩어뜨리다. 흩어지다. 없어지다. 없애다. (마음을)풀다.
散開〔さんかい〕산개. 흩어져 버림.
散見〔さんけん〕산견. 여기저기에 보임.
散乱〔さんらん〕산란. 흩어져 어지러움.
散漫〔さんまん〕산만. 흩어져서 어수선함.
散文〔さんぶん〕산문. 어떤 짜임새의 제한을 받지 않는 보통 문장.
散発〔さんぱつ〕산발. 때때로 일어남.
散歩〔さんぽ〕산보. 목표나 목적 없이 바람을 쐬러 여기저기 거닒.
散散と〔さんざんと〕산산히.
散薬〔さんやく〕산약. 가루약.
散在〔さんざい〕산재. 여기저기 흩어져 있음.
散剤〔さんざい〕산제. 가루약.
散策〔さんさく〕산책. 바람을 쐬며 이리저리 거닒. 산보(散歩).
散弾〔さんだん〕산탄. 폭발과 동시에 많은 작은 탄알이 한꺼번에 터져 나오게 된 탄환.
散布〔さんぷ〕산포. 흩어져 퍼짐.
散華〔さんげ〕산화. 전사(戦死)함.
散会〔さんかい〕산회. 집회를 마치고 사람들이 흩어져 감.

〔算〕 풀：셈할 산.
音：① サン ② ザン
訓：

音読 1

算〔さん〕산. ① 계산. ② 산수. ③ 계획. ④ 수량. ⑤ 주산.
算する〔さんする〕(他サ) 계산하다. 헤아리다.
算法〔さんぽう〕산법. 계산법.
算数〔さんすう〕산수. ① 계산. ② 수. 수량.
算術〔さんじゅつ〕산술. 계산하는 방법.
算入〔さんにゅう〕산입. 계산에 넣음.

算定〔さんてい〕산정. 계산하여 정함.
算出〔さんしゅつ〕산출. 계산해 냄.
予算〔よさん〕예산. 미리 짠 계산.

音読 2

検算〔けんざん〕검산. 계산이 맞나 안 맞나를 검사함.
暗算〔あんざん〕암산. 마음 속으로 계산함.
運算〔うんざん〕운산. 셈하여 필요한 수치(数値)를 구하는 일.
珠算〔しゅざん〕주산. 주판으로 하는 계산.
皮算用〔かわざんよう〕독장수 셈(쓸 데 없이 치는 셈)

〔酸〕 풀：신맛 산.
音：サン
訓：① すい ② すっぱい

❶酸い〔すい〕(形) 시다. 시큼하다. 味が～; 맛이 시다. 맛이 시큼하다.
❷酸っぱい〔すっぱい〕(形) 시다. 시큼하다.

連濁音에 注意

甘酸っぱい〔あまずっぱい〕(形) 달콤하면서도 새콤하다. 달콤새콤하다.

音 読

酸〔さん〕산. ① 초. ② 신것. ③ 산.
酸味〔さんみ〕산미. 신맛.
酸鼻〔さんび〕무자비(無慈悲). 비참(悲惨).
酸性〔さんせい〕산성. 산의 성질.
酸素〔さんそ〕산소. 기체의 원소.
酸敗〔さんぱい〕산패. 시어짐.
酸化〔さんか〕산화. 어떤 물질이 산소와 화합하는 현상.

【살】

〔殺〕 풀：① 죽일 살. ② 감할 쇄.
音：① サイ ② サツ ③ サッ ④ セッ
訓：① ころす ② そぐ ③ そげる

❶殺す〔ころす〕(他5) 죽이다. 人を～; 사람을 죽이다. ② (감정을) 지그시 누르다. 笑いを～; 웃음을 참다. ③ 본래의 기능을 발휘하지 못하게 하다. 才能を～; 재능을 썩이다. ④ (야구에서) 아우트시키다. ⑤ 상대방을 뇌쇄하다.
殺し〔ころし〕살인. ～文句; ① 협박의 말. ② 홀리는 문구. ～屋(や); 살인청부업자

連濁音에 注意

見殺し〔みごろし〕죽게 내버려 두는 것.
半殺し〔はんごろし〕반죽음.
人殺し〔ひとごろし〕살인. 살인자.
❷殺ぐ〔そぐ〕(他5) ① 뾰족하게 자르다. ② 끝을 잘라내다. ③ 깎아내다. ④(흥을) 죽이다. 꺾다.
殺ぎ竹〔そぎだけ〕끝을 뾰족하게 깎은 대.
殺ぎ板〔そぎいた〕나무를 얇게 켠 판자.
❸殺げる〔そげる〕(自下1) 깎이다. 깎여지다. 홀쭉해지다. ほおが～; 빰이 홀쭉해지다.

音読 1

減殺〔げんさい〕감쇄. 덜리어 없어짐.
相殺〔そうさい〕상쇄. 셈을 서로 비김.

音読 2

殺滅〔さつめつ〕살멸. 죽여 없앰.
殺伐〔さつばつ〕살벌. 사람을 죽이고 들이침.
殺意〔さつい〕살의. 사람을 죽이려는 의사.
殺人〔さつじん〕살인. 사람을 죽임.
殺害〔さつがい〕살해. 사람을 죽임.

音読 3

殺菌〔さっきん〕살균. 세균을 죽임.
殺気立つ〔さっきだつ〕(自5) (흥분하여) 살기를 띠다. 기분이 거칠어지다.
殺到〔さっとう〕쇄도. 밀려듦.
殺傷〔さっしょう〕살상. 죽이거나 상처를 입힘.
殺虫剤〔さっちゅうざい〕살충제.
殺風景〔さっぷうけい〕살풍경. ① 풍경이 보잘 것 없음. ② 살기 띤 광경.

音読 4

殺生〔せっしょう〕살생. ① 짐승이나 사람을 죽임. ② (形動) 잔인함.
殺生禁断〔せっしょうきんだん〕살생 금단. 짐승, 새, 물고기 등의 수렵을 금함.

【삼】

〔三〕 풀：석 삼.
音：① サン. ② シャ(例外)
訓：① み. ② みつ. ③ みっ. ④ みっつ

訓読 1

三筋〔みすじ〕세 가닥.
三毛〔みけ〕흰색, 갈색, 검정색이 섞인 털. ～ねこ; 삼색털 고양이.
三色〔みいろ〕세 가지 색.
三月〔みつき〕석 달. 3개월.
〔さんがつ〕3월. 일년 중의 3번째 달.
三日月〔みかづき〕초승달.
三重〔みえ〕세 겹. 3중.

訓読 2

三つ〔みつ〕셋. 세 개. 세 살.
三つ角〔みつかど〕① 삼각. 세 개의 각. ② 삼거리.
三つ口〔みつくち〕언청이.
三つ目〔みつめ〕① 세눈. 세눈박이. ～小僧(こぞ); 세눈박이 괴물. ③ 결혼 후(생후) 삼일(의 축하).
三つ星〔みつぼし〕별 셋. 삼성(三星).

三つ身〔みつみ〕반 필의 천으로 만든 서너 살 또래 아이의 일본옷.
三つ葉〔みつば〕세닢.
三つ又〔みつまた〕① 삼거리. 세 갈래. ② 끝이 세 갈래로 갈라진 막대.
三つ子〔みつご〕① 세 쌍동이. ② 세달된 아이.
三つ折り〔みつおり〕셋으로 접음.
三つ組〔みつぐみ〕세 개가 한 벌임.
三つ重ね〔みつがさね〕세 개 겹쳐 한 벌.
三つ指〔みつゆび〕엄지, 인지, 장지의 세 손가락을 짚고 공손히 절함. ～をつく; 공손히 인사(절)하다.
三つ巴〔みつともえ〕① 바깥쪽으로 도는 소용돌이 모양의 태극선 무늬. ② 삼파. 셋이 대립하여 서로 얽힘. ～戦(せん); 삼파전. 셋이 대립하여 서로 싸움.

訓 読 ③

三日〔みっか〕3일. 사흘. 초사흘.
三日坊主〔みっかぼうず〕무엇이든지 오래 계속하지 못하는 사람.
三日天下〔みっかてんか〕3일 천하.

訓 読 ④

三つ〔みっつ〕⇨三つ〔みつ〕

音 読

三角〔さんかく〕① 삼각. ② 대립하는 세 사람.
三界〔さんがい〕〔仏〕과거, 현재, 미래의 세 세계. ② 天界, 地界, 人界의 세 가지.
三顧〔さんこ〕삼고. 군주(君主)에게서 특별한 신임을 받음.
三権〔さんけん〕삼권. 국가의 작용을 셋으로 나눈 立法, 司法, 行政.
三段飛び: **三段跳び**〔さんだんとび〕삼단 넓이 뛰기.
三途の川: **三途の河**〔さんずのかわ〕삼도천. 저승에 가는 중간에 있다는 내.
三流〔さんりゅう〕삼류. 3등 계급.
三輪車〔さんりんしゃ〕삼륜차. 세 바퀴 차.
三昧〔さんまい〕삼매. ① 무아(無我)의 경지. ② 열중. 몰두. ③ 하는 경향.
三枚目〔さんまいめ〕희극 배우.
三面〔さんめん〕삼면. 세 방면.
三方〔さんぼう〕세 방면.
三杯酢〔さんばいず〕설탕과 술을 섞고, 간장, 초를 혼합한 조미료.
三拝九拝〔さんぱいきゅうはい〕삼배 구배. 몇 번이고 절함(청탁 함).
三伏〔さんぷく〕삼복. 초복, 중복, 말복.
三三五五〔さんさんごご〕삼삼 오오.
三省〔さんせい〕삼성, 몇 번이고 반성함.
三月〔さんがつ〕3월. 1년 중의 세째 달.
〔みつき〕석달. 3개월.
三位一体〔さんみいったい〕삼위 일체.
三が日〔さんがにち〕정월 초하루부터 초사흘까지의 3일간.
三重奏〔さんじゅうそう〕삼중주.
三寒四温〔さんかんしおん〕삼한 사온.

例 外

三味線〔しゃみせん〕음본 음악에 사용하는 세 개의 줄이 있는 현악기.

連濁音에 注意

口三味線〔くちじゃみせん〕① 입으로 三味線의 흉내를 냄. ② 말주변으로 속임.

〔杉〕
풀: 삼나무 삼.
音:
訓: すぎ

杉〔すぎ〕삼목(杉木).
杉の木〔すぎのき〕삼목(杉木).
杉木立〔すぎこだち〕삼(杉)나무 숲.
杉原〔すぎはら: すぎわら〕① 삼(杉)나무 들판. ② 닥나무로 만든 얇고 부드러운 종이.
杉材〔すぎざい〕삼목재(杉木材).
杉折(り)〔すぎおり〕삼목나무의 얇은 판자로 만든 상자(과자, 초밥을 담는 데 사용).
杉戸〔すぎど〕삼목나무 판자로 만든 문.
杉形〔すぎなり〕솟은 삼목 처럼, 위는 뾰족하고 아래는 퍼진 모양.

〔森〕
풀: 나무 빽빽할 삼.
音: シン
訓: もり

森〔もり〕무성한 숲. 수풀. 삼림.
森路〔もりじ〕숲길. ～を歩く; 숲길을 걷다.
森番〔もりばん〕산지기. 산감독.

音 読

森羅万象〔しんらばんしょう〕삼라 만상.
森林〔しんりん〕삼림. 나무가 울창한 곳.
森厳〔しんげん〕삼엄. 질서가 엄숙함.
森閑〔しんかん〕삼한. 아주 조용함.

〔滲〕
풀: 스밀 삼.
音: シン
訓: にじむ

滲む〔にじむ〕(自5) 번지다. 스미다. 배다.
滲み出る〔にじみでる〕(自下1) ① 배어 나오다. 스며 나오다. ② 자연히 드러나다.
滲出〔しんしゅつ〕삼출. 배어(스며) 나옴.

【삽】

〔渋〕
풀: 떫을 삽.
音: ジュウ
訓: ① しぶい. ② しぶる

❶ **渋い**〔しぶい〕(形) ① 떫다. ② 떠름하다. ③ 차분하다. 구성지다. ④ (움직임이)매끄럽지 못하다. ⑤ 옹졸하다. 인색하다.
❷ **渋る**〔しぶる〕(自他5) ① 잘 되지 않는다. ② 주저주저하다. 꺼리다. 떠름하게 여기다.

渋〔しぶ〕①떫음. ②붉고 거무스레한 앙금.
渋ちん〔しぶちん〕노랑이. 구두쇠. 인색함.
渋団扇〔しぶうちわ〕감물을 칠한 부채.
渋塗り〔しぶぬり〕감물을 들임(들인 것).
渋っ面〔しぶっつら〕우거지상. 불쾌한얼굴.
渋味〔しぶみ〕①떫은 맛. ②점잖고 고상함.
渋り腹〔しぶりばら〕무지근한 배.
渋渋〔しぶしぶ〕(副) 떨떠름하게. 마지못해.
渋色〔しぶいろ〕감물과 같은 적갈색.
渋柿〔しぶがき〕떫은 감. 날감.
渋染(め)〔しぶぞめ〕감물을 들임.
渋紙〔しぶがみ〕감물을 먹인 종이(포장용).
渋茶〔しぶちゃ〕맛이 너무 진하여 떫은 차. 맛이 진한 차.
渋皮〔しぶかわ〕나무나 과실 등의 속껍질.
渋好み〔しぶごのみ〕은근한 멋을 좋아함.

音　読

渋滞〔じゅうたい〕일이 막히어 잘 진척되지 않음. 지체됨. 交通～：교통의 지체. 교통체증.
渋面〔じゅうめん：しぶつら〕불만스런 얼굴.
難渋〔なんじゅう〕난삽. ①일이 순조롭게 잘 진척되지 않음. ②괴로워함. 거북함.

〖挿〗 풀：꽂을 삽.
音：ソウ
訓：さす

挿す〔さす〕(他5) 꽂다. 刀を～：칼을(허리에) 꽂다. 花瓶に花を～：꽃병에 꽃을 꽂다.
挿し金〔さしきん〕①대금의 일부로서의 선불금. ②부족을 보충하는 돈.
挿(し)物〔さしもの〕머리꽂이. (빗, 비녀)
挿し木〔さしき〕삽목. 꺾꽂이.
挿し薬〔さしぐすり〕넣어서 쓰는 약.
挿(し)花〔さしばな〕꽃꽂이.

音　読

挿入〔そうにゅう〕삽입. 속에 끼워 넣음.
挿画〔そうが〕삽화. 책, 잡지 등에 삽입하여 내용, 기사 등의 이해를 돕는 그림.

【상】

〖上〗 풀：윗 상.
音：①ショウ ②ジョウ
訓：①あがる ②あげる ③のぼす ④のぼせる ⑤のぼる ⑥うえ ⑦うわ ⑧かみ

❶上がる〔あがる〕(自5) ①오르다. 올라가다. ②(물에) 상륙하다. ③진급되다. 높아지다. ④나아지다. ⑤비싸지다. ⑥일어나다. ⑦흥분하여 침착성을 잃다. 얼다. ⑧(비가)그치다. 멎다. ⑨입학(진학)하다. ⑩끝나다. ⑪잡히다. ⑫족하다. ⑬(장사가)망하다. ⑭찾아뵙다. ⑮바쳐지다.
上がり〔あがり〕①오름. ②비싸짐. ③수확. ④매상고. 수익. ⑤끝남. ⑥멎음. ⑦출신. ⑧입학. 六つ～：여섯살 입학.
上がり高〔あがりだか〕수확량. 수입액.
上がり口〔あがりぐち〕층층대(계단) 입구.
上がり段〔あがりだん〕층계.
上がり端〔あがりはな〕①봉당에서 방으로 들어서는 입구. ②오르기 시작할 때.
上がり目〔あがりめ〕①눈꼬리가 치켜 올라간 눈. ②물가가 오르기 시작함.
上がり物〔あがりもの〕①공물(供物). ②잡수실 것. 드실 것. ③수확. ④선물. ⑤폐물.
上がり込む〔あがりこむ〕(自5) (남의 집에) 마구 들어가다.
上がり湯〔あがりゆ〕목욕이 끝난 후 몸에 끼얹는 깨끗하며 더운 물.
上がり花〔あがりばな〕(갓 끓인)차.
❷上げる〔あげる〕(自他下1) ①(위로)올리다. ②얹다. ③쳐들다.④모셔 들이다. 안내하다. ⑤불러 들이다. ⑥(소리를)내다. ⑦(속도를) 내다. ⑧(지위, 값을)높이다. ⑨바치다. ⑩(식을)거행하다. ⑪(힘을) 다하다. ⑫입학시키다. ⑬치켜세우다. 추어올리다. ⑭검거하다. ⑮(자식을) 두다. ⑯끝내다. ⑰일으키다. ⑱천거하다. 추천하다. ⑲맡기다. ⑳(기름에) 튀기다. ㉑토하다. ㉒빨아올리다. ㉓드리다. 주다. ㉔…을 해내다. 歌い～：노래를 불러내다(부르다).
上げ〔あげ〕①올림. ②인상. ③옷을 몸에 맞게 줄이기 위해 허리, 어깨를 징거놓은 겹침.
上げず〔あげず〕간격을 두지 않고.
上げ蓋〔あげぶた〕마루 밑에 물건을 넣을 수 있도록 들어서 떼어 놓게 된 뚜껑 널판.
上げ膳〔あげぜん〕손님에게 상을 차려 드림.
上げ底〔あげぞこ〕선물 상자 등의 바닥이 높게 된 것(보기보다 내용이 적음).
上げ銭〔あげせん〕①보수로 주는 돈. 구전. ②거스름 돈. ③매상고.
上げ潮〔あげしお〕밀물.
上げ舵〔あげかじ〕비행기를 상승시킬 때의 키 잡는 법.
上げ板〔あげいた〕⇨上げ蓋.
上げ下げ〔あげさげ〕①올림과 내림. ②칭찬과 비난. ③(물가의) 오르내림. ④밀물과 썰물.
上げ下し〔あげくだし〕토하거나 설사함.
上げ下ろし〔あげおろし〕①올림과 내림. 올렸다 내렸다 함. 箸の～：젓가락질. ②칭찬했다가 비난했다가 함. ③짐을 싣고 내림.
❸上す〔のぼす〕(他5)⇨上せる
❹上せる〔のぼせる〕(他下1) 올리다. (글

을 써서) 책에 싣다.
❺ **上る** 〔のぼる〕(自5) ① (높은 곳으로)오르다. ② 상경(上京)하다. 서울로 가다. ③ (진급, 월급)오르다. ④ 수량이 되다. …에 달하다. ⑤ …로 취급되다. …에 오르다.
上り〔のぼり〕① 올라감. ② 오름. ③ 오르막. ④ 上京列車. ⑤ お～さん ; 시골서 올라온 사람.
上り口〔のぼりぐち〕① 계단의 어귀. ② 산길의 어귀(초입).
上り調子〔のぼりちょうし〕の(값이)올라갈 낌세가 있음. ② 기세가 올라감.
上り坂〔のぼりざか〕① 오르막길. ② 상승일로(上昇一路).
上り詰める〔のぼりつめる〕(自下1) 꼭대기까지 오르다.
❻ 〔うえ〕① 위. ② (동사 과거에 접속하여) …한 후. …한 뒤. 見た～で ; 본 후에.
上つ方〔うえつがた〕신분이 높은 사람들. 상류층의 사람들.
上様〔うえさま〕① 고귀한 사람의 존칭. 각하. ② 영수증 등에 상대방 이름 대신으로 쓰는 말. 귀하.
上越す〔うえこす〕(他5) ① 상회(上廻)하다. ② 남보다 뛰어나다.
上下〔うえした〕① 상하. 위와 아래. ② 거꾸로.
〔かみしも〕① 위와 아래. ② 저고리와 바지.
〔しょうか〕통치자와 백성.
〔じょうか〕上院과 下院.
〔じょうげ〕① 위와 아래. ② 의복 한 벌. ③ 오름과 내림. 오르내림. ④ 주고 받음. 교환. ～動(じょうげどう) 상하로 흔들림.

訓 読 ⑦

上家〔うわや〕① 헛간. ② 지붕만 있는 가건물. ③ 보세 창고(保税倉庫).
上の空〔うわのそら〕마음이 들뜸. 건성.
上掛け〔うわがけ〕① 옷의 위에 걸쳐 입는 옷. ② (이불의) 겉껍데기. ③ 짐을 싸는 겉종이. 또는 겉에 맨끈(줄).
上塗り〔うわぬり〕① 바닥칠한 뒤에 다시 위에 더 칠함. ② 겹침. 거듭됨.
上履(き)〔うわばき〕실내화(室内靴).
上面〔うわつら〕표면. 외면(外面)적인 것.
上目〔うわめ〕① 눈을 치켜 뜸. ② 초과·여분. ③ 포장한 채 무게를 다는 일.
上目使い〔うわめづかい〕눈을 치켜뜸.
上物〔うわもの〕지상의 건물.
上背〔うわぜい〕보통보다 큰 키.
上敷き〔うわしき : うわじき〕덮개. 씌우개.
上辺〔うわべ〕겉. 표면. 외형. 외관(外観).
上書き〔うわがき〕① 겉에 쓰는 글자. ② 우편물의 겉봉에 주소 성명을 씀.
上手〔うわて〕① 위쪽. ② 실력이 뛰어남.
〔じょうず〕능숙함. 능숙한 사람.
上唇〔うわくちびる〕윗입술.
上乗せ〔うわのせ〕추가함. 덧붙여 옮김.
上乗り〔うわのり〕① 짐과 함께 타고 감. ② 짐 위에 올라 탐.
上身〔うわみ〕옆으로 뉘운 생선의 윗부분.
上薬〔うわぐすり〕유약. 잿물.
上役〔うわやく〕상사. 상관.
上屋〔うわや〕⇨上家(うわや).
上衣〔うわぎ〕⇨上着(うわぎ).
上張り〔うわばり〕종이를 덧발라서 마무리함.
上っ張り〔うわっぱり〕(옷이 더러워 지지 않도록 입는)겉옷.
上積み〔うわづみ〕① 쌓은 짐 위에 또 짐을 쌓음. ② 가외로 약간의 돈을 더 얹음.
上前〔うわまえ〕① 옷의 앞섶. ② 수수료. 구전.
上っ調子〔うわっちょうし〕(形動) 경솔함.
上紙〔うわがみ〕겉을 싼 종이. 표지(表紙).
上澄み〔うわずみ〕액체의 침전물의 윗부분에 생기는 맑은 물. 웃물.
上着〔うわぎ〕① 저고리. 上衣. ② 겉옷.
上擦る〔うわずる〕(自5) ① 흥분하다. ② 가벼워 보이다. ③ 소리가 드높고 날카로와지다.
上側〔うわがわ〕위쪽. 표면(表面).
上歯〔うわば〕윗니.
上置き〔うわおき〕① 위에 놓음. ② 책상 위에 놓는 상자. ③ 떡, 밥 등의 위에 얹어 놓는 부식물.
上土〔うわつち〕지층의 표면에 있는 흙.
上包み〔うわづつみ〕겉포장지.
上皮〔うわかわ〕① 겉껍질. 表皮. ② 물건의 겉을 싼 얇은 껍질.
上荷〔うわに〕① 차나 배에 실은 짐. ② 윗쪽에 쌓은 짐.
上向き〔うわむき〕① 위를 향함. ② 겉쪽. 표면. ③ (물가, 시세의)오름세.
上火〔うわび〕요리 할 때 위에서 쬐는 불.
上靴〔うわぐつ〕실내화(室内靴).
上滑り〔うわすべり〕① 표면이 미끄러움. ② 수박 겉핥기. 피상적(皮相的)임. 경솔함.
上回る〔うわまわる〕(自5) 상회하다. (수량이 기준보다) 많아지다.
上廻る〔うわまわる〕(自5) ⇨上向る
上絵〔うわえ〕① 염색을 하고 희게 남긴 바탕에 그린 그림. ② 도자기의 겉에 그리는 그림.

訓 読 ⑧

お上さん〔おかみさん〕(장사아치나 신분이 낮은 사람의)아내. 안주인. 아낙네.
上期〔かみき〕上半期(かみはんき)의 준말.
上女中〔かみじょちゅう〕, 시녀(侍女).
上半期〔かみはんき〕상반기. 1년의 전반기.
上席〔かみせき〕(흥행장 등에서) 그 달 상순의 흥행.
上一段活用〔かみいちだんかつよう〕(文法에

서)上一段活用.
上様〔かみさま〕①본래 귀인의 아내. 뒤에, 무사의 아내의 경칭. ②일반 서민의 아내.
〔かみさん〕(장사꾼이나 신분이 낮은 사람의) 아내. 아낙네. 안주인.
〔うえさま〕①고귀한 사람의 존칭. 각하. ②영수증 등에 상대방의 이름 대신으로 쓰는 말. 귀하.
上座〔かみざ〕상좌. 윗자리. 상석(上席).

音 読 1

上人〔しょうにん〕지식과 덕망이 높은 중.
上下〔しょうか〕통치자와 백성.

音 読 2

上京〔じょうきょう〕상경. 서울로 올라감.
上告〔じょうこく〕상고.
上官〔じょうかん〕상관. 윗자리의 관리.
上気〔じょうき〕상기. 흥분이나 수치감으로 얼굴이 붉어짐.
上達〔じょうたつ〕상달. 윗사람에게 글이나 말로 여쭈어 알게 함.
上等〔じょうとう〕상등. 뛰어나게 훌륭함.
上流〔じょうりゅう〕상류. ①강의 위쪽. ②상층 계급.
上陸〔じょうりく〕상륙. 배에서 뭍으로 오름.
上上〔じょうじょう〕더할 나위 없이 좋음. 가장 좋음.
上訴〔じょうそ〕상소.
上水道〔じょうすいどう〕상수도. 도시에서 음료수를 주민에게 급수하는 설비.
上手〔じょうず〕능숙함. 능숙한 사람.
〔うわて〕①위쪽. ②남보다 뛰어남. 상수.
上旬〔じょうじゅん〕상순. 초하루부터 초열흘까지의 동안.
上昇〔じょうしょう〕상승. 위로 올라감.
上演〔じょうえん〕상연. 연극을 무대에서 실연(実演)함.
上映〔じょうえい〕상영. 영화를 사람들에게 보임.
上位〔じょうい〕상위. 높은 자리.
上場〔じょうじょう〕주(株)를 시장의 매매 대상으로 하기 위하여 거래소에 등록함.
上程〔じょうてい〕상정. 의안을 국회, 의회에 내어 놓음.
上製〔じょうせい〕고급으로 만듦.
上進〔じょうしん〕①물건 값이 오름. ②向上.
上質〔じょうしつ〕상질. 우수한 질.
上出来〔じょうでき〕훌륭한 성과.
上品〔じょうひん〕①고상함. ②잘 만든 것.
上限〔じょうげん〕상한. 위쪽의 한계.
上戸〔じょうご〕술을 많이 마시는 사람. 술꾼.
上下〔じょうか〕상원(上院)과 하원(下院).
〔じょうげ〕위 아래. 오름과 내림.
〔しょうか〕통치자와 백성.
〔うえした〕위와 아래. 거꾸로. 반대로.
〔かみしも〕위와 아래. 저고리와 바지.

〖床〗
풀 : 마루 상.
音 : ショウ
訓 : ①とこ ②ゆか

❶床〔とこ〕①잠자리. ②묘판(苗板). ③이발소.
❷床〔ゆか〕①마루. ②바닥.

파 생 어

床の間〔とこのま〕일본식 방의 윗목에 주로 벽장 밑에 바닥을 높게 만든 곳.(벽에는 족자를 걸고, 바닥에는 꽃이나 장식물로 꾸며 놓음)
床離れ〔とこばなれ〕①일찌기 일어남. ②(병이 나아)병석을 떠남.
床杯〔とこさかずき〕신랑 신부가 첫날밤의 잠자리에서 술잔을 주고 받는 의식.
床山〔とこやま〕배우나 씨름꾼의 머리를 틀어 주는 사람.
床上げ〔とこあげ〕병이 나아서 이부자리를 걷어 치움.
床飾り〔とこかざり〕床の間를 꾸미는 장식물.
床闇〔とこやみ〕영원한 어둠.
床屋〔とこや〕이발소. 이발사.
床入り〔とこいり〕잠자리에 듦.
床店〔とこみせ〕조그마한 가게.
床畳〔とこだたみ〕床の間의 앞에 까는 다타미.
床土〔とこつち〕상토. 모판의 흙.
床板〔とこいた〕床の間에 까는 널판자.
〔ゆかいた〕마루청.

파 생 어

床〔ゆか〕①마루. ②바닥.
〔とこ〕①잠자리. ②묘판(苗板). ③이발소.
底しい〔おかしい〕(形) ①우아하다. ②어쩐지 그립다.
床上〔ゆかうえ〕마루 위.
床運動〔ゆかうんどう〕마루 바닥 위에서 하는 맨손 체조 경기.
床板〔ゆかいた〕마루청.
〔とこいた〕床の間에 까는 널빤지.
床下〔とこした〕마루 밑.

音 読

起床〔きしょう〕기상. 잠자리에서 일어남.
病床〔びょうしょう〕병상. 병자가 눕는 침상.
温床〔おんしょう〕온상.

〖状〗
풀 : 모양 상. 문서 장.
音 : ジョウ
訓 :

状袋〔じょうぶくろ〕봉투.
状差し〔じょうさし〕편지 꽂이.
状態〔じょうたい〕상태. 모양. 형편.
状況〔じょうきょう〕상황. 일이 되어 가는 형편과 모양.
年賀状〔ねんがじょう〕연하장.

令状〔れいじょう〕영장. 召集～：소집 영장. 逮捕～：체포(구속) 영장.
礼状〔れいじょう〕사례 편지.
免状〔めんじょう〕면장. 免許状. 赦～：사면장.
異状〔いじょう〕이상. 보통과 다른 상태.
症状〔しょうじょう〕증상. 병의 상황.

〘尚〙 풀：오히려 상.
音：ショウ
訓：

尚古〔しょうこ〕상고. 옛 문물과 제도를 숭상함.
尚武〔しょうぶ〕상무. 무예를 숭상함.
尚早〔しょうそう〕상조. 아직 시기가 이름.
高尚〔こうしょう〕고상. 행동이 높고 깨끗하며 점잖고 밝아, 속된 것에 굽히거나 휩쓸리지 아니함.

〘峠〙 풀：고개 상.(日本漢字)
音：
訓：とうげ

峠〔とうげ〕①고개. 산마루. ～の茶屋：마루턱의 찻집. ②고비. 절정기. ～を越す：고비를 넘기다. 彼女は今が～だ：그 여자는 지금이 전성기다.

〘相〙 풀：서로 상.
音：①ショウ ②ソウ
訓：あい

例　外

相撲〔すもう〕씨름. ～取(とり)：씨름꾼.

連濁音에 注意

腕相撲〔うでずもう〕팔씨름.
草相撲〔くさずもう〕(시골 동네에서 하는) 풋내기 씨름.
❶相〔あい〕①한패. 무리. ②(동사, 부사 앞에 접속하여) 서로. 더불어. 함께. ③(접두어로 쓰며) 함께.
相嫁〔あいよめ〕동서(남편의 형제의 아내끼리의 호칭).
相客〔あいきゃく〕한 방에 합숙하거나 동석(同席)한 낯선 손님.
相撃ち〔あいうち〕⇨相打ち
相見る〔あいみる〕(自上1) 회견(会見)하다. 서로 보다(공손한 말).
相継ぐ〔あいつぐ〕(自5) (뒤를) 잇다.
相共に〔あいともに〕(副) 함께. 더불어. 다같이.
相近い〔あいちかい〕(形) 서로 가깝다.
相碁〔あいご〕맞바둑. 호선(互先).
相対〔あいたい〕①상대. 마주 대함. ②(일을) 당사자 끼리만 함. ③합의(合意). ～ずく：둘이서 의논하여 결정함.
〔そうたい〕①상대. ②서로 관계가 있음. ③다른 것과 떨어져서 생각할 수 없는 것.
相対する〔あいたいする〕(自サ) 맞서다. 서로 마주 대하다.
相打つ〔あいうつ〕(自5) 전력(全力)을 다하여 힘껏 싸우다.
相半ばする〔あいなかばする〕(自サ) 서로 반반씩이다.
相伴う〔あいともなう〕(自5) 동반하다. 서로 따르다. 夫婦～：부부 동반하다.
相方〔あいかた〕①상대방. ②어떤 손님의 상대로 정해진 창녀(娼女).
相変わらず〔あいかわらず〕(副) 여전히. 별고 없이. 변함없이.
相も変らぬ〔あいもかわらぬ〕여전한. 변함없는.
相棒〔あいぼう〕행동을 같이하는 짝.
相部屋〔あいべや〕한 방을 같이 씀.
相俟って〔あいまって〕서로 어울려. 함께. (와)더불어.
相生〔あいおい〕①같은 뿌리에서 돋아남. ②부부가 늙도록 해로함.
相席〔あいせき〕같이 앉음. 합석(合席).
相先〔あいせん〕맞바둑. 호선(互先).
相成る〔あいなる〕(自5) 되다. ～べくは：가능하면. 되도록이면.
相性〔あいしょう〕①궁합(宮合)이 맞음. ②성격이 잘 맞음.
相星〔あいぼし〕승패(勝敗)의 성적이 같음.
相手〔あいて〕①상대. ②동무. ③짝.
相手方〔あいてかた〕상대방.
相手取る〔あいてどる〕(他5) 상대로 하다. 상대로 하여 다투다.
相宿〔あいやど〕같은 여관이나 같은 방에 묵음. 동숙(同宿).
相乗り〔あいのり〕①(차를) 같이 탐. 합승. ②공동으로 기회를 이용함.
相役〔あいやく〕동료.
相容れない〔あいいれない〕서로 용납하지 않다. 양립(両立)하지 않는다.
相異なる〔あいことなる〕(自5) 상이하다. 서로 다르다.
相子〔あいこ〕무승부. 비김.
相争う〔あいあらそう〕(他5) 서로 다투다.
相接する〔あいせっする〕(自他サ) 서로(마주)접하다. 상접(相接)하다.
相弟子〔あいでし〕같은 선생의 제자. 同門.
相済まない：相済まぬ〔あいすまない：あいすまぬ〕①미안하다. ②그대로는 안 된다.
相弔う〔あいとむらう〕(他5) 서로위로하다.
相持ち〔あいもち〕①같이 듦. 맞듦. ②똑같이 부담함. ③번갈아 듦.
相次ぐ〔あいつぐ〕(自5) 잇달다. 연달다.
相槌〔あいづち〕～を打つ：(남의 이야기에) 맞장구 치다.
相打ち〔あいうち〕①(무술에서) 쌍방이 동시에 상대방을 침. ②무승부. ③두 사람이 합세하여 한 사람을 침.
相討ち〔あいうち〕⇨相打ち.
相判〔あいばん〕종이 치수의 한 가지. ①노트는 세로 21cm, 가로 15cm의 크기. ②사진 건판은 세로 13cm, 가로 10cm. ③浮世絵(うきよえ) 판화에서는 세로 33cm, 가로 23cm.

相会う〔あいあう〕(自5) 서로 만나다.
相合傘〔あいあいがさ〕한 우산을 남녀가 같이 받는것.
相互に〔あいたがいに〕(副) 서로..
相和す〔あいわす〕(自サ) 琴瑟(きんしつ)～;금슬이 좋다.
相携える〔あいたずさえる〕(自下1) (일을 강력하게 추진하기 위하여)서로 손를 잡다. 서로 협력하다. 서로 힘을 합하다.

音読 1

相伴〔しょうばん〕① 초대받은 손님의 상대역(相対役)이 되어 함께 대접을 받음. ② 노력을 안해도 남과의 균형 관계로 이익을 받음. ③ 데리고 다님. 따라 다니는 사람.
文相〔ぶんしょう〕문상. 文部大臣. 문교장관.
首相〔しゅしょう〕수상. 総理大臣.
外相〔がいしょう〕외상. 外務大臣. 외무장관.
蔵相〔ぞうしょう〕장상. 大蔵大臣. 재무장관.

音読 2

相〔そう〕① 모양. 모습② 인상(人相).
〔あい〕한패. 무리. 동무.
相する〔そうする〕(他サ) 상(相)을 보다.
相関〔そうかん〕상관. 서로 관계함.
相克〔そうこく〕상극. 서로 이기고 지고 하여 다툼.
相談〔そうだん〕상담. 의논함. 상의함.
相当〔そうとう〕① 상당. ② 해당. ③ 균형이 잡힘. ④ 같음. ⑤ 정도가 심함. ～な被害.
相対〔そうたい〕① 상대. ②서로 관계가 있음. ③ 다른것과 떨어져서 생각할 수 없는 것.
〔あいたい〕① 상대. 마주 대함. ②(일을) 당사자끼리만함 . ③ 합의(合意). ～ずく;둘이서 의논하여 결정함.
相聞歌〔そうもんか〕和歌 분류의 하나. 사랑을 읊은 것. 연가(恋歌).
相似形〔そうじけい〕닮은꼴.
相思相愛〔そうしそうあい〕상사 상애. 서로 연모(恋慕)하며 서로 사랑하는 것.
相続〔そうぞく〕상속. 이어 받아 계승함.
相承〔そうしょう〕상승. 서로 차례차례로 이어 받아 전함.
相識〔そうしき〕상식. 서로 친분이 있음.
相違〔そうい〕상위. 서로 틀림. ～ない;틀림 없음.
相応〔そうおう〕상응. 적합함. 균형을 이룸.
相応しい〔ふさわしい〕(形) 상응하다. 잘 어울리다. 적합하다. 적당하다.
相場〔そうば〕시세(時勢). 시가(市価).
相伝〔そうでん〕상전. 대대(代代)로 계승함.
相互〔そうご〕상호. ① 서로. ②교대교대.
相好〔そうごう〕얼굴 표정. ～をくずす;기쁜 얼굴로 웃다.

〔祥〕 풀:상서로울 상.
音:ショウ
訓:

祥月〔しょうつき〕작고(作故)한 사람의 죽은 달. ～命日(めいにち);고인(故人)이 죽은 月日과 같은 月日.
祥雲〔しょううん〕상운. 상서로운 구름.

〔爽〕 풀:시원할 상.
音:ソウ
訓:さわやか

爽やか〔さわやか〕(形動) 상쾌함. 시원함. 산뜻함. ～な風が吹く; 상쾌한 바람이 불다.

音 読

爽気〔そうき〕상쾌한 기분.
爽涼〔そうりょう〕상량. 상쾌하고 선선함.
爽快〔そうかい〕상쾌. 기분이 시원하며 유쾌한 모양.

〔商〕 풀::장사 상.
音:ショウ
訓:あきなう

商う〔あきなう〕(他5) 장사하다. 사고 팔다.
商い〔あきない〕① 장사. 상업. ② 매상고.

音 読

商家〔しょうか〕상가. 장사하는 상인의 집.
商街〔しょうがい〕상가. 상점이 죽 늘어서 있는 거리.
商工業〔しょうこうぎょう〕상공업. 상업과 공업.
商権〔しょうけん〕상권. 상업상의 권리.
商略〔しょうりゃく〕상략. 상업상의 책략.
商量〔しょうりょう〕상량. 헤아려 생각함.
商売〔しょうばい〕① 장사. ② 영업.
商社〔しょうしゃ〕상사. 商事会社.
商事〔しょうじ〕상사. 상업 행위에 관한일
商業〔しょうぎょう〕상업. 물건을 사고 팔아 이익을 취하는 영업.
商議〔しょうぎ〕상의. 협의(協議). 협상(協商).
商人〔しょうにん:あきんど〕상인. 장사아치.
商店〔しょうてん〕상점. 물건을 파는 집.
商標〔しょうひょう〕상표. 자기의 상품임을 나타내기 위해 상품에 붙이는 표.
商品〔しょうひん〕상품. 상업 거래의 물품.
商行為〔しょうこうい〕상행위. 영리를 목적으로 매매, 중개, 교환, 임대(賃貸) 등의 행위를 하는 것.
商号〔しょうごう〕상호. 영업집의 간판 이름.
商魂〔しょうこん〕상혼. 장사를 잘하려고 하는 마음가짐.
商会〔しょうかい〕상회. 상점에 붙이는 이름.

〔常〕 풀:항상 상.
音:ジョウ
訓:① つね ② とこ

訓 読 1

常〔つね〕① 항상. 늘. ～に; 항상. 늘. ② 흔히 있는 일. ③ 평소. 평소의 습관. ④ 보통. 평범. ⑤ 늘 변함 없음. 일정함. 덧없음.
常に〔つねに〕(副) 늘. 항상. 언제나.
常並(み)〔つねなみ〕보통. 일반.
常常〔つねづね〕① 평소. 평상시. ② 늘. 항상. 언제나. 평소부터.
常日頃〔つねひごろ〕늘. 평소.

訓 読 2

常とわ〔とことわ〕영원. 영구.
常世〔とこよ〕영원 불변. ～の国; 저승 황천.
常暗〔とこやみ〕영원한 어둠.
常夜〔とこよ〕늘 밤임. 영원한 밤.
常節〔とこぶし〕(작은 전복의 일종) 오분자기.
常春〔とこはる〕상춘. 늘 봄임.
常夏〔とこなつ〕상하. 늘 여름임.

音 読

常雇い〔じょうやとい〕오랜 기간에 걸쳐서 고용됨(고용인, 머슴).
常道〔じょうどう〕① 상도. 원칙에 따른방법. ② 상투 수단. 예삿일.
常例〔じょうれい〕상례. 흔히 있는 예(例)
常緑樹〔じょうろくじゅ〕상록수.
常務〔じょうむ〕상무. 상무이사(常務理事).
常備〔じょうび〕상비. 늘 갖추어 둠.
常設〔じょうせつ〕상설. 항상 설비하여 둠.
常宿〔じょうやど〕단골 여관.
常習〔じょうしゅう〕상습. 항상 하는 버릇.
常時〔じょうじ〕상시. 언제나. 항상.
常識〔じょうしき〕상식. 늘 알고 있어야할 일반적인 지식.
常用〔じょうよう〕상용. 늘 씀.
常任〔じょうにん〕상임. 일정한 직무를 늘 계속하여서 맡음.
常住〔じょうじゅう〕상주. 항상 살고 있음.
常体〔じょうたい〕보통 때의 모양이나 형편.
常套〔じょうとう〕상투. 예사로 늘 하는 투

〔喪〕 풀: 죽을 상.
音: ソウ
訓: も

喪服〔もふく〕상복. 상중(喪中)에 입는 옷.
喪章〔もしょう〕상장. 居喪이나 弔喪의 뜻을 나타내는 표.
喪主〔もしゅ〕상주. 주장되는 상제(喪制).
喪中〔もちゅう〕상중. 초상이 난 동안.

音 読

喪〔そう〕상 복. ～に服する; 복을 입다. ～が明ける; 탈상하다.
喪家〔そうか〕상가. 초상이 난 집.
喪失〔そうしつ〕상실. 잃어 버림.
喪心〔そうしん〕상심. 정신을 잃음. 실신.

〔象〕 풀: 코끼리 상.
音: ① ショウ ② ゾウ
訓: かたどる

象る〔かたどる〕(自5) 모방하다. 본뜨다. 나타내다. 닮게 하다.

音 読 1

象徴〔しょうちょう〕상징. ① 독립된 뜻을 가진 것이 다른 새로운 뜻을 지님. ② 대표하는 표지(標識).
象形〔しょうけい〕상형. 사물의 모양을 본뜸.
対象〔たいしょう〕대상. 보거나 생각하거나 하는 동작의 상대.

音 読 2

象〔ぞう〕코끼리.
象牙〔ぞうげ〕상아. 코끼리의 앞니. ～の塔(とう); 상아탑. 대학의 연구실. 학자들의 연구실.
有象無象〔うぞうむぞう〕유상 무상. ① 유형 무형(有形無形)의 모든 것. ② 어중이 떠중이.

〔翔〕 풀: 날 상.
音ショウ
訓: かける

翔る〔かける〕(自5) (하늘 높이 빠르게) 날다. 비상(飛翔)하다. はやぶさが空を～; 매가 하늘을 날다.

〔傷〕 풀: 상할 상.
音: ショウ
訓: ① いたむ ② いためる ③ きず

❶傷む〔いたむ〕(自5) ① (몸이) 아프다. ② 고통을 받다. 타격을 받다. 괴롭다. 손해보다. ③ 상하다. 파손되다. ④ 슬퍼하다. 애도(哀悼)하다.
傷み〔いたみ〕① 아픔. ② 고민. 쓰라림. 슬픔. ③ (과일등이) 상함. ④ 손상. 파손.
傷み分け〔いたみわけ〕(씨름 등에서) 한쪽의 부상으로 경기를 중단함.
❷傷める〔いためる〕(他下1) 흠내다. 상하다. 파손하다. 果物を～; 과일을 상하게 하다.
❸傷〔きず〕① 상처. ② 흠. 결점. 티. ③ 비밀.
傷口〔きずぐち〕① 상처 자리. ② 허물. 결함.
傷咎め〔きずとがめ〕병을 잘못 다루어 덧냄.
傷物〔きずもの〕① 흠이 있는 것. 흠집이 있는 것. 파치. ② 처녀성을 상실한 아가씨.
傷付く〔きずつく〕(自5) ① 상처 입다. (몸을) 다치다. ② (물건이) 상하다(깨지다). ③ (마음이) 상하다. (명예가) 손상되다.
傷付ける〔きずつける〕(他下1) ① 상처를 내다. 부상을 입히다. 다치게 하다. ② 손상시키다. 흠을 내다. ③ (명예를)훼손하다.
傷薬〔きずぐすり〕상처에 바르는 약.

音 読 1

傷病〔しょうびょう〕상병. 다치거나 앓는 일.
傷心〔しょうしん〕상심. 마음이 아픔.
傷痍〔しょうい〕상이. 부상. 상처.
傷人〔しょうじん〕남에게 상처를 입히는 일.
傷害〔しょうがい〕상해. 남에게 상처를 주어 해를 입힘.

音 読 2

刃傷〔にんじょう〕인상. 칼부림.

例 外

火傷〔やけど〕화상.

〖想〗 풀 : 생각할 상.
音 : ①ソ ②ソウ
訓 :

音 読 1

愛想〔あいそ〕①붙임성. ～がいい : 붙임성이 있다. ②정나미. お～ : 간살. ～がつきる : 정나미가 떨어지다. ③대접. ④(요릿집에서의) 계산. 셈.

音 読 2

想〔そう〕①생각. ②구상. ～を練る : 구상하다.
想起〔そうき〕상기. 지난 일을 다시 생각해 냄.
想念〔そうねん〕상념. 생각.
想到〔そうとう〕생각이 미침.
想像〔そうぞう〕상상. 마음 속으로 생각함.
想定〔そうてい〕상정. 생각해서 판정함.

〖詳〗 풀 : 자세할 상.
音 : ショウ
訓 : ①くわしい ②つまびらか

❶詳しい〔くわしい〕(形) 자세하다. 상세하다. 소상하다. 정통하다. 환하다. 세밀하다.
❷詳らか〔つまびらか〕(形動) 자세함. 상세함. 소상함. 세밀함.

音 読

詳記〔しょうき〕상기. 자세히 기록함.
詳覧〔しょうらん〕상람. 자세히 봄.
詳論〔しょうろん〕상론. 자세히 논함.
詳報〔しょうほう〕상보. 자세한 소식.
詳説〔しょうせつ〕상설. 자세한 설명.
詳細〔しょうさい〕상세. 자세하고 세밀함.
詳述〔しょうじゅつ〕상술. 자세히 記述함.
詳伝〔しょうでん〕상전. 자세한 伝記.
詳察〔しょうさつ〕상찰. 자세히 관찰함.
詳解〔しょうかい〕상해. 자세한 해석.

〖桑〗 풀 : 뽕나무 상.
音 : ソウ
訓 : くわ

桑〔くわ〕뽕나무.
桑弓〔くわゆみ〕뽕나무로 만든 활.
桑原〔くわばら〕①벼락 칠 때 외는 주문(呪文). あっ, 雷だ, ～ : ～앗 벼락이다. 제발 살려 주십시오. ②뽕나무 밭.
桑子〔くわご : くわこ〕새누에나방.
桑摘み〔くわつみ〕뽕 따는 일. 뽕따기.
桑畑〔くわばたけ〕뽕나무 밭.

音 読

桑門〔そうもん〕상문. 승려. 출가(出家).
桑園〔そうえん〕상원. 뽕나무 밭.
桑田〔そうでん〕상전. 뽕나무 밭. ～変じて滄海となる : 뽕나무 밭이 변하여 푸른 바다가 되다.

〖像〗 풀 : 형상 상.
音 : ゾウ
訓 :

像〔ぞう〕상. ①모습. ②흉내내어 그리거나 만든 것. ③빛의 반사, 굴절의 결과 비치는 물체의 모양.
銅像〔どうぞう〕동상. 구리로 만든 초상.
想像〔そうぞう〕상상. 마음속으로 생각함.

〖賞〗 풀 : 상줄 상.
音 : ショウ
訓 :

賞〔しょう〕상. ～に入る : 입상하다.
賞する〔しょうする〕(他サ) 칭찬하다. 완상하다. 감상하다.
賞金〔しょうきん〕상금. 상으로 주는 돈.
賞美〔しょうび〕상미. 칭찬함.
賞味〔しょうみ〕상미. 칭찬하며 맛봄.
賞杯〔しょうはい〕상배. 상으로 주는 잔.
賞罰〔しょうばつ〕상벌. 상과 벌.
賞状〔しょうじょう〕상장. 칭찬하는 뜻으로 주던 증서.
賞牌〔しょうはい〕상패. 상으로 주는 패.
賞品〔しょうひん〕상품. 상으로 주는 물품.

〖箱〗 풀 : 상자 상.
音 :
訓 : はこ

箱〔はこ〕상자.
箱根〔はこね〕일본의 한 火山地帯로 관광지로 유명한 곳.
箱馬車〔はこばしゃ〕지붕이 붙박이로 되어 있는 상자 모양의 마차.
箱師〔はこし〕(찻간의) 소매치기.
箱書き〔はこがき〕공예품을 넣은 상자에 진품(真品)임을 보증하기 위하여 작가, 감정가가 서명 날인함.
箱船〔はこぶね〕네모 난 배. 방주.
箱乗り〔はこのり〕신문 기자가 회견하기 위하여 그 사람과 차에 같이 탐.
箱屋〔はこや〕①상자를 만들기도 하고 팔기도 하는 가게. 또는 그 사람. ②기생의 三味線을 날라 주는 남자.
箱入り〔はこいり〕상자 속에 들어 있음.
箱入り娘〔はこいりむすめ〕규중(閨中) 처녀. 집안에 가두어 키우는 아가씨.
箱庭〔はこにわ〕상자 안에 만든 모형 정원.
箱枕〔はこまくら〕목침(木枕).
箱型〔はこがた〕상자 모양.
箱火鉢〔はこひばち〕겉이 나무로 된 상자 모양의 화로.
箱詰め〔はこづめ〕상자들이.

連濁音에 注意

木箱〔きばこ〕나무 상자.
宝石箱〔ほうせきばこ〕보석 상자.
小箱〔こばこ〕작은 상자.
手箱〔てばこ〕손궤. 일용품 상자.

〔償〕 풀：갚을 상.
音：ショウ
訓：つぐなう

償う〔つぐなう〕(他5) ① 보상하다. 변상하다. 갚다. ② 잘못을 씻다. 속죄하다.
償い〔つぐない〕① 보상. 변상. 보답. ② 속죄.

音　読

償却〔しょうきゃく〕상각. 빚 등을 깨끗이 갚음. 상환(償還).
償金〔しょうきん〕배상으로 지불하는 돈. 배상금.
償還〔しょうかん〕상환. 되돌려 줌.
賠償〔ばいしょう〕배상. 손해를 보상함.

〔霜〕 풀：서리 상.
音：ソウ
訓：しも

霜〔しも〕① 서리. ② 흰머리.
霜降り〔しもふり〕① 서리가 내림. ② 희끗희끗한 무늬. ③ 살짝 데친 생선회.
霜枯れ〔しもがれ〕(초목이) 서리를 맞아 마름.
霜枯れる〔しもがれる〕(自下1) (초목이) 서리를 맞아 마르거나 시들다.
霜枯れ時〔しもがれどき〕① 초목이 서리를 맞아 시드는 철. ② 철이 지나 경기가 없을 때. 불경기.
霜曇り〔しもぐもり〕서리가 내리기 전에 하늘이 흐림.
霜崩れ〔しもくずれ〕서릿발이 녹음.
霜先〔しもさき〕서리가 내리기 시작할때.
霜焼け〔しもやけ〕① 동상(凍傷). ② 초목이 서리를 맞아 시듦.
霜夜〔しもよ〕서리 내리는 추운 밤.
霜月〔しもつき〕동짓달. 음력 11월.
霜囲い〔しもがこい〕서리에 맞지 않도록 짚으로 덮거나 감아 줌.
霜除け〔しもよけ〕서리에 맞지 않도록 짚으로 덮거나 감아 줌. 또는 그때 쓰는 물건.
霜柱〔しもばしら〕서릿발.
霜取り〔しもとり〕냉장고에 붙은 서리에 열을 가하여 제거하는 일.
霜風〔しもかぜ〕서릿 바람.
霜解け〔しもどけ〕서릿발이 녹음.

連濁音에 注意

別れ霜〔わかれじも〕5월초에 내리는 서리.
遅霜〔おそじも〕늦서리.

音　読

霜降〔そうこう〕상강. 24절기의 하나.
霜雪〔そうせつ〕① 서리와 눈. ② 희끗희끗한 머리털이나 수염.
霜害〔そうがい〕상해. 서리로 인한 피해.

【쌍】

〔双〕 풀：쌍 쌍.
音：ソウ
訓：ふた

双葉〔ふたば〕① 떡잎. ② 어릴 적.
双子〔ふたご〕쌍동이. ～に生まれた; 쌍동이로 태어났다.

音　読

双肩〔そうけん〕쌍견. 양어깨. ～にかかる; 양어깨에 달려 있다.
双曲線〔そうきょくせん〕쌍곡선.
双発〔そうはつ〕쌍발. 두 개의 발동기를장치한 비행기.
双方〔そうほう〕쌍방. 양쪽.
双生児〔そうせいじ〕쌍생아. 쌍동이.
双書〔そうしょ〕같은 부분의 사항에 관하여 계속해서 출판하는 책. 시리즈.
双手〔そうしゅ〕쌍수. 두손.
双眼鏡〔そうがんきょう〕쌍안경. 두 눈에 대고 보는 망원경.
双翼〔そうよく〕쌍익. 양날개.

例　外

双六〔すごろく〕쌍육. ① 종이 위에서 하나의 주사위를 굴려 빨리 지정한 곳까지 가는 놀이. ② 나무판 위에서 두 개의 주사위를 굴려 적의 진지로 들어가는 놀이.

【새】

〔璽〕 풀：옥새 새.
音：　ジ
訓：

璽〔じ〕임금의 인장(印章). 옥새.
璽書〔じしょ〕임금님의 도장을 찍은 문서.
玉璽〔ぎょくじ〕옥새. 임금의 도장.

【색】

〔色〕 풀：빛 색.
音：① シキ ② ジキ ③ ショク
訓：いろ

色〔いろ〕① 색. 빛. 빛깔. ② 낯빛. 안색. ③ 화장. 분. ④ 정사(情事). 연애. 사랑. ⑤ 애인. 정부(情婦).

色っぽい〔いろっぽい〕(形) 요염하다. 성적 매력이 있다.
色むら〔いろむら〕빛깔에 지는 얼룩.
色めく〔いろめく〕(自5) ① 제 철이 되어 아름다운 빛을 띠다 . ② 술렁거리다.
色んな〔いろんな〕여러 가지. 각가지.
色気〔いろけ〕① 색의 배합. ② (여자의) 성적 매력. ③ 멋. 풍치(風致). ④ 야심. ⑤ 이성을 앎. ⑥ (기생이나 호스테스 와 같은) 여자. ⑦ 애교. 교태.
色気違い〔いろきちがい〕색광(色狂).
色男〔いろおとこ〕① 미남. 멋장이 사나이 ② 정부(情婦).
色女〔いろおんな〕① 미인. 미녀. ② 정부(情婦). ③ 색정적인 여자.
色落ち〔いろおち〕(세탁할때) 색깔이 빠짐.
色里〔いろざと〕유곽.
色めき立つ〔いろめきたつ〕(自5) ① 긴장의 빛을 띠다. 술렁이다. 동요하다. ② 활기를 띠다.
色模様〔いろもよう〕① 색무늬. ②(歌舞伎에서) 정사(情事) 장면.
色目〔いろめ〕① 빛깔. ② 윙크. 곁눈질. 추파.
色物〔いろもの〕① 색옷. ② (흥행에서)요술, 춤, 곡예.
色抜き〔いろぬき〕① 탈색(脱色). ② 연회(宴会) 등에서 여자가 끼지 않음.
色白〔いろじろ〕살갗이 흼.
色変(わ)り〔いろがわり〕① 변색. 퇴색. ② 색다름. ③ 다시 염색함.
色柄〔いろがら〕(천의) 빛깔과 무늬.
色付く〔いろづく〕(自5) ① 물들다. ② (열매가)익기 시작하다. ② 처녀 띠가 나다.
色付け〔いろづけ〕① 착색(着色). 채색(彩色). ② 특별 서어비스.
色付ける〔いろづける〕(他下1) 착색(着色)하다. 채색(彩色)하다.
色分け〔いろわけ〕① 색깔로 구분함. ② 분류.
色糸〔いろいと〕색실.
色仕掛け〔いろじかけ〕(목적을 달성키 위해) 여자를 이용한 미인계(美人計).
色事〔いろごと〕① 정사(情事). ②(연극에서) 남녀 정사의 연기.
色事師〔いろごとし〕① (연극에서) 정사(情事), 연애에 관한 연기를 잘 하는 배우. ② 바람둥이.
色色〔いろいろ〕여러 가지. 여러 종류.
色盛り〔いろざかり〕(여자의) 한창 때.
色消し〔いろけし〕① 모처럼의 흥이 깨짐. ② 색수차(色収差)를 없앰.
色焼け〔いろやけ〕① 색이 바램. ② 살갗이 햇볕에 탐. ③ 화장독(化粧毒)이 오름.
色刷り〔いろずり〕색쇄. 색도 인쇄.
色収差〔いろしゅうさ〕색수차. 렌즈에 생기는 상(象)의 주위에 빨강, 보라빛이 생기는 것.
色眼鏡〔いろめがね〕색안경.
色揚がり〔いろあがり〕염색이 아름답게 됨.
色揚げ〔いろあげ〕바랜 것을 다시 염색함.
色恋〔いろこい〕색정(色情)이나 연애.
色鉛筆〔いろえんぴつ〕색연필.
色染め〔いろぞめ〕염색.
色艶〔いろつや〕① 색깔과 광택. ② 얼굴색. ③ 애교. ④ 정애(情愛).
色町〔いろまち〕화류계. 유곽가(遊廓街).
色止め〔いろどめ〕(염색할 때) 약을 넣어 물이 빠지지 않게 함.
色紙〔いろがみ〕색종이.
色直し〔いろなおし〕① (결혼식이 끝난뒤) 신부가 다른 옷으로 갈아 입음. ② 다시 염색함.
色取り〔いろどり〕① 색칠. ① 화장. ③ 장식.
色取る〔いろどる〕(他5) ① 색칠하다. ② 화장하다. ③ 장식하다. 꾸미다.
色布〔いろぬの〕여러 가지 색으로 염색한 천.
色合(い)〔いろあい〕색조(色調). 색깔의 배합.
色香〔いろか〕① 빛깔과 향기. ②(여자의 아름다운) 용모.
色好い〔いろよい〕(連語) (이쪽 형편에) 좋은. 만족스러운.
色好み〔いろごのみ〕호색가(好色家). 색골.
色回り〔いろまわり〕색채. 빛깔.
色絵〔いろえ〕색칠한 그림.

音読 1

色魔〔しきま〕색마. 여자를 색정으로 농락하는 색광(色狂).
色盲〔しきもう〕색맹. 색의 식별이 완전하지 못한 상태.
色相〔しきそう〕색상. 육안으로 볼 수 있는 형태.
色素〔しきそ〕색소. ① 색의 본질. ② 염료(染料)의 성분.
色神〔しきしん〕색신. 색채 감각 (色彩感覚).
色欲〔しきよく〕색욕. 色情과 탐욕.
色情〔しきじょう〕색정. 남녀간의 정욕.
色調〔しきちょう〕색조. 빛깔의 조화.
色彩〔しきさい〕색채. ① 색과 광택. ② 성질.

音読 2

金色〔こんじき：きんいろ〕금색. 황금색.
金色夜叉〔こんじきやしゃ〕고리대금업. 고리대금업자.
鈍色〔どんじき〕둔색. 진한 회색.

音読 3

色貌〔しょくぼ〕색의 광택.
色沢〔しょくたく〕색택. 색의 광택.
原色〔げんしょく〕원색. 본래의 색.
特色〔とくしょく〕특색. 달리 뛰어난 점.

〔索〕

풀：① 찾을 색. ② 새끼줄 삭.
音：サク
訓：

索莫〔さくばく〕삭막. 쓸쓸함. 적막함.
索然〔さくぜん〕삭연. 무미 건조함.
索引〔さくいん〕색인. 뽑아 냄. 책에 나오는 사항을 찾기 쉽게 일정한 순서로 늘어 놓은 목록.
索敵〔さくてき〕색적. 적을 찾아 냄.
索出〔さくしゅつ〕색출. 찾아 냄.

〖塞〗 풀 : ① 막을 색. ② 변방 새.
音 : ① **サイ** ② **ソク**
訓 : ① **ふさがる** ② **ふさぐ**

❶**塞がる**〔ふさがる〕(自5) ① 막히다. 메워지다. ② 닫히다. ③ 채워지다. 차다.
❷**塞ぐ**〔ふさぐ〕(他5) ① 막다. 틀어 막다. 가리다. ② 메우다. ③ 채우다. ④ 차지하다.(自5) 우울해지다. 답답해지다.
塞ぎ込む〔ふさぎこむ〕(自5) 몹시 언짢은 표정을 짓다. 울적해 하다.
塞ぎの虫〔ふさぎのむし〕우울증.

音 読

塞外〔さいがい〕새외. ① 국경 밖. ②요새 밖.
塞翁が馬〔さいおうがうま〕새옹 지마.
塞源〔そくげん〕색원. 근원을 아주 막아 버리는 일.

【생】

〖生〗 풀: 날 생.
音 : ① **ショウ** ② **ジョウ** ③ **セイ** ④ **ゼイ**
訓 : ① **おい** ② **はえる** ③**いかす** ④ **いきる** ⑤ **いける** ⑥ **なす** ⑦**むす** ⑧**うまれる** ⑨ **うむ** ⑩ **はやす** ⑪**なる** ⑫ **き** ⑬ **なま**

❶**生い立ち**〔おいたち〕자라남. 성장함. 자라난 내력.
生い茂る〔おいしげる〕(自5) (초목이) 무성하다. 우거지다.
生い先〔おいさき〕장래. 성장해 가는 앞날.
生い育つ〔おいそだつ〕(自5) 성장하다. 자라나다.
❷**生える**〔はえる〕(自下1) 돋아나다. 草が～; 풀이 돋아나다.
生え抜き〔はえぬき〕① 본토박이. ① 한직장에서 처음부터 줄곧 근무하고 있음.
生え際〔はえぎわ〕머리털이 난 언저리.
❸**生かす**〔いかす〕(他5) ① 살리다. 소생시키다. ② 살려 두다.
❹**生きる**〔いきる〕(自上1) ① 살다. ② 보람이 있다. 효과가 있다. ③ 생생하다. 생동하다.
生き〔いき〕① 생(生). 삶. ② 싱싱함. 신선함. ③ 활기(活気). 생기(生気). ④(바둑에서) 집을 내어 삶. ⑤ (교정볼 때)지운것을 되살림.
生き肝〔いきぎも〕생간. ～を抜く; 간담을 서늘케 하다. 죽이다.
生き甲斐〔いきがい〕사는 보람.
生き金〔いきがね〕보람있게 쓴 돈.
生き靈〔いきりょう〕상대에게 재앙을 내린다는 산 사람의 영혼.
生き馬〔いきうま〕살아 있는 말. ～の目を抜く; 날쎄게 행동하다.
生き物〔いきもの〕생물. 생명체.
生き埋め〔いきうめ〕생매장.
生き返る〔いきかえる〕(自5) 되살아나다.
生き抜く〔いきぬく〕(自5) (어려움을 참고) 꿋꿋하게 살아가다.
生き方〔いきかた〕생활 방식. 생활 태도.
生き仏〔いきぼとけ〕산 부처.
生き写し〔いきうつし〕① 꼭 닮음. ② 살아 있는 것을 그대로 그림.
生き死に〔いきしに〕생사. 죽느냐 사느냐.
生き生き〔いきいき〕생생함. 싱싱함.
生き生きしい〔いきいきしい〕(形) 생생하다. 싱싱하다. 생기가 돌다.
生き身〔いきみ〕① 살아 있는 몸. ② 싱싱한(물) 고기.
生き神様〔いきがみさま〕① 이승에 현신(現身)한 신. ② 덕이 높은 사람.
生き延びる〔いきのびる〕(自上1) ① 장수하다. 오래 살다. ② 살아 남다. 목숨을 부지하다.
生き餌〔いきえ〕산 미끼. 산 먹이.
生き人形〔いきにんぎょう〕① 사람과 같이 큰 인형. ② 인형처럼 살갗이 희고 예쁜 여자.
生き字引〔いきじびき〕① 만물박사. ② 알기만 하고 응용을 못 하는 사람.
生き残り〔いきのこり〕살아 남음.
生き残る〔いきのこる〕(自5) 살아 남다.
生き長らえる〔いきながらえる〕(自下1)생존하다. 살아 남다. 오래 살다.
生き地獄〔いきじごく〕생지옥.
生き恥〔いきはじ〕살아서 받는 수치.
❺**生ける**〔いける〕(他下1) ① 살리다. 살려 두다. ② 꽃꽂이하다. 흙에 심다. (連体) 살아 있는.
生け作り〔いけづくり〕싱싱한 생선회.
生け捕り〔いけどり〕생포. 사로 잡음.
生け捕る〔いけどる〕(他5) 생포하다. 사로 잡다.
生け火〔いけび〕재에 묻어 둔 불.
生け花〔いけばな〕꽃꽂이. 꽃꽂이한 꽃.
❻**生す**〔なす〕(他5) (자식을) 낳다.
❼**生す**〔むす〕(自5) 생기다. 나다.
❽**生(ま)れる**〔うまれる〕(自下1) ① 태어나다. 출생하다. ② 생기다. 이루어지다.
生(ま)れ〔うまれ〕① 출생. ② 가문. ③ 출신. 출생지.
生(ま)れたて〔うまれたて〕갓 태어남.
生(ま)れつき〔うまれつき〕타고 난 천성.
生(ま)れながら〔うまれながら〕(副) 태어나면서부터. 태어났을 때 이미.
生(ま)れ故郷〔うまれこきょう〕출생지. 고향.
生(ま)れ落ちる〔うまれおちる〕(自上1)태

어나다.
生(ま)れ変(わ)る〔うまれかわる〕(自5)① 다른 것으로 다시 태어나다. ② 사람됨이 싹 달라지다.
生(ま)れ損い〔うまれぞこない〕태어나면서부터 신체, 능력이 남보다 못한 사람. 덜된 사람.
❾**生む**〔うむ〕(他5)①(아이, 새끼, 알을) 낳다. ②(없던 것을) 만들어 내다. 傑作を～; 걸작을 낳다.
生み〔うみ〕낳기. 낳음.
生みの悩み〔うみのなやみ〕새로 일을 꾸며낼 때의 고심.
生み落(と)す〔うみおとす〕(他5) 낳다.
生み付ける〔うみつける〕(他下1) (어떤 모양이나 성질로) 낳다. ②(나비가알을) 슬다.
生み成す〔うみなす〕(他5) 산출하다. 낳다. 만들어 내다.
生みの子〔うみのこ〕친자식.
生み出す〔うみだす〕(他5) ① 낳다. ② 만들어 내다. ③ 생각해 내다.
生みの親〔うみのおや〕친부모. 생부모.
❿**生やす**〔はやす〕(他5)(수염, 털, 초목을)기르다. 자라게 하다.
⓫**生る**〔なる〕(自5) ①(열매가) 열리다. 맺히다. ② 생기다. 생업으로 하다.
生り〔なり〕(과실이) 열림. 결실.
生り年〔なりどし〕과일 풍년.
生り木〔なりき〕열매가 잘 열리는 과일 나무.
生り物〔なりもの〕① 논밭의 수확. ②과일
⓬**生**〔き〕순수함. 잡것이 섞이지 않음. 인공을 가하지 않음. ウイスキを～で飲む; 위스키를(물을 타지 않고) 그냥 마시다.
生娘〔きむすめ〕숫처녀. 동정녀(童貞女).
生糸〔きいと〕생사.
生粋〔きっすい〕순수. ～の江戸っ子; 순수한 東京 토박이(순 서울 나기).
生息子〔きむすこ〕숫총각. 동정남(童貞男)
生薬〔きぐすり〕①(조제하지 않은 재료 그대로의) 생약. ② 한방약(漢方薬).
生一本〔きいっぽん〕① 순수함. ② 강직함.
生醤油〔きじょうゆ〕순간장.
生地〔きじ〕① 본바탕. ② 옷감. 천. 원단 ③ 유약(釉薬)을 바르지 않은 도자기.
生真面目〔きまじめ〕지나치게 착실함. 고지식함.
⓭**生**〔なま〕① 가공(加工)하지 않은 것.날것. ② 불충분함. 불완전함. ③ 미숙. 서투름.
生ごみ〔なまごみ〕부엌 쓰레기.
生ゴム〔なまゴム〕생고무.
生ビール〔なまビール〕생맥주.
生フルム〔なまfilm〕생필름. 아직 사용하지 않은 필름.
生干し〔なまぼし〕설말림. 시들하게 말림.
生乾き〔なまがわき〕덜 마름.
生繭〔なままゆ〕생고치.
生欠伸〔なまあくび〕선하품.
生菓子〔なまがし〕생과자.
生暖かい〔なまあたたかい〕(形) 미지근하다.
生卵〔なまたまご〕날계란. 생달걀.
生木〔なまき〕생목. 생나무. ～を裂く; 의가 좋은 부부, 연인을 억지로 떼어 놓다.
生聞き〔なまぎき〕① 무책임하게 들음. ② 제대로 듣지도 않고 아는 체함.
生物〔なまもの〕날것. 조리하지 않은 것. 〔せいぶつ〕생물. 동식물(動植物).
生半〔なまなか〕① 어설픈. 엉거주춤한. ② 무리로. 억지로. ③ 도리어. 차라리.
生半可〔なまはんか〕어설픔. 어중간함.
生返事〔なまへんじ〕건성으로 대답함.
生放送〔なまほうそう〕생방송.
生白い〔なまじろい〕(形) 약간 희다. 창백하다.
生壁〔なまかべ〕① 마르지 않은 벽. ② 남빛을 띈 쥐색.
生兵法〔なまびょうほう〕선부른 검술.어설픈 지식. 선부른 기술.
生殺し〔なまごろし〕① 반 죽임. ② 결말을 지으려고는 하지 않고, 이러지도 저러지도 못하게 그대로 내버려 둠.
生傷〔なまきず〕새 상처.
生生しい〔なまなましい〕(形) 생생하다. 새롭다.
生焼け〔なまやけ〕설구워짐.
生水〔なまみず〕냉수. 끓이지 않은 물.
生首〔なまくび〕방금 자른 사람의 목.
生侍〔なまざむらい〕풋나기 무사(武士).
生身〔なまみ〕① 살아 있는 사람의 몸. ② 날고기. 생고기.
生新しい〔なまあたらしい〕(形) 아직 시간이 얼마 지나지 않다. 새롭다.
生揚げ〔なまあげ〕① 설튀긴 것. ② 두부를 두껍게 썰어서 살짝 튀긴 것.
生魚〔なまうお：なまざかな〕날 생선.
生易しい〔なまやさしい〕(形) 손쉽다. 간단하다.
生玉子〔なまたまご〕날계란.
生温い〔なまぬるい〕(形) ① 미지근하다. ② 미온적이다. ③ 흐리멍텅하다.
生牛乳〔なまぎゅうにゅう〕방금 짠 우유.
生乳〔なまちち〕생우유. 끓이지 않은 우유.
生意気〔なまいき〕건방짐. 주제넘음.
生煮え〔なまにえ〕① 설 익음. ②(태도나 대답이) 분명치 않음.
生臭い〔なまぐさい〕(形) ① 비린내가 나다. ② 중에게 속기(俗気)가 있다.
生臭物〔なまぐさもの〕비린내 나는 물건.
生臭坊主〔なまぐさぼうず〕(비린내 나는 음식을 먹는)파계(破戒)를 예사로 하는 못된 중.
生皮〔なまかわ〕① 생가죽. ② 피부. 껍질.
生学問〔なまがくもん〕어설픈 학문.
生汗〔なまあせ〕진땀.
生血〔なまち〕생혈. 생피.
生花〔なまばな〕생화.

音読 1

生じる〔しょうじる〕(自他上1) ① 돋아나오다. 돋아 나게 하다. ② 생기다. 발생하다. 생기게 하다. 일으키다. 일어나다.
生得〔しょうとく〕타고난 천성.
生老〔しょうろう〕태어나고 늙음.
生滅〔しょうめつ〕생멸. 생겨남과 죽음.
生涯〔しょうがい〕생애. 평생.
生害〔しょうがい〕자살(自殺). 자결(自決).

音読 2

今生〔こんじょう〕금생. 이 세상.
放生会〔ほうじょうえ〕방생회. 잡은 동물을 놓아 살려 주는 모임.
養生〔ようじょう〕양생. 보양. 손질.
誕生日〔たんじょうび〕생일. 태어난 날.

音読 3

生〔せい〕생명. 목숨.
生計〔せいけい〕생계. 살아가는 방도.
生気〔せいき〕생기. 활달하고 싱싱한 기운.
生徒〔せいと〕생도. 중학교 이하의 학생.
生理〔せいり〕생리. ① 생물이 살아가는 원리. ② (신체 기관의) 생활 기능.
生命〔せいめい〕생명. 목숨. 삶.
生母〔せいぼ〕생모. 친어머니.
生物〔せいぶつ〕생물. 생명이 있는 동식물.
〔なまもの〕불에 익히지 않은 날것.
生死〔せいし〕생사. 삶과 죽음.
生産〔せいさん〕생산. 만들어 냄.
生鮮〔せいせん〕싱싱하고 새로운 것.
生成〔せいせい〕생성 ① 사물이 생겨남. ② 발생하고 성장함.
生息〔せいそく〕생식. 사는 일. 생존(生存)
生殖器〔せいしょくき〕생식기. 성기(性器).
生業〔せいぎょう〕생업. 살아가기 위하여 일하는 직업.
生育〔せいいく〕생육. 낳아서 기름.
生存〔せいぞん〕생존. 끝까지 살아 남음.
生彩〔せいさい〕생채. 생생한 빛이나 기운.
生体〔せいたい〕생체. 살아 있는 몸.
生態〔せいたい〕생태. 생활하는 상태.
生化学〔せいかがく〕생화학.
生還〔せいかん〕생환. 살아서 돌아옴.
生活〔せいかつ〕생활. 삶을 영위함.

音読 4

平生〔へいぜい〕평소. 보통 때. 평상 시.

〔省〕
풀: ① 덜 생. ② 살필 성.
音: ① ショウ ② セイ
訓: ① はぶく ② かえりみる

❶ 省く〔はぶく〕(他5) ① 줄이다. 생략하다. ② 없애다. ② 덜다.
❷ 省みる〔かえりみる〕(他上1) 반성하다. 뒤돌아보다. 회고하다. 돌이켜 보다.

音読 1

省略〔しょうりゃく〕생략. 간단하게, 덜어서 줄임. 뺌.
省筆〔しょうひつ〕생필. 어구(語句)나 자획(字画)을 생략함.
文部省〔もんぶしょう〕문부성. 문교부.

音読 2

省察〔せいさつ〕성찰. 반성하여 생각함. 스스로 자신을 돌아보아 시비(是非)를 가림.
歸省〔きせい〕귀성. 고향으로 돌아감.
反省〔はんせい〕반성. 자신의 행위를 뒤돌아 보며 시비(是非)를 가림.

〔牲〕
풀: 희생 생.
音: セイ
訓:

犠牲〔ぎせい〕희생. ① 신에게 제물로 바치는 산 짐승. ② 어떤 목적을 위해 생명, 재물, 노력을 자진해서 바침.

【서】

〔西〕
풀: 서녘 서.
音: ① サイ ② ザイ ③ セイ ④ ゼイ
訓: にし

西〔にし〕① 서쪽. ② 서풍.
西する〔にしする〕(自サ) 서쪽으로 가다.
西南〔にしみなみ〕서남. 서쪽과 남쪽 사이
西明(か)り〔にしあかり〕해가 진 후, 잠시 서쪽 하늘이 환한 일.
西半球〔にしはんきゅう〕서반구.
西方〔にしがた〕서쪽. 서편. 서쪽편.
〔さいほう〕서방. 서쪽.
西北〔にしきた〕서북. 서쪽과 북쪽의 사이.
西日〔にしび〕저녁해. 석양.
西日本〔にしにほん〕서일본.
西側〔にしがわ〕서방측(서부 유럽 제국).
西風〔にしかぜ〕서풍.
西向き〔にしむき〕서향. 서쪽으로 향함.

音読 1

西国〔さいこく〕① 서쪽 나라. ②九州지방
西国三十三所〔さいこくさんじゅうさんしょ〕京都를 중심으로 한 33개소의 靈地.
西海〔さいかい〕서해. 서쪽 바다.

音読 2

東西南北〔とうざいなんぼく〕동서 남북.

音読 3

西経〔せいけい〕서경. 영국 그리니치 천문대를 통과하는 경선(経線)을 기점으로 하여, 거기서 부터 서쪽을 잰 경도(経度).
西郊〔せいこう〕서교. 서쪽 교외.
西欧〔せいおう〕서구. 서유럽. 붓양.
西紀〔せいき〕서기. 서력 기원.
西暦〔せいれき〕서력. 서력. 기원, 서기.
西方〔せいほう〕서방. 서쪽.
〔にしがた〕서쪽. 서쪽편.

西部〔せいぶ〕서부. 서쪽 부분.
西洋〔せいよう〕서양. 유럽, 아메리카의 여러 나라.
西洋人〔せいようじん〕서양인. 서양 사람.

〖序〗 풀：차례 서.
音：ジョ
訓：ついで

序で〔ついで〕①순서. 차례. ②적당한 기회.
序でに〔ついでに〕(副) ①적당한 기회에. ②하는 김에. 겸하여.

音 読

序〔じょ〕①순서. ②실마리. ~の口：단서.
序する〔じょする〕(他サ) 서술하다. 서문을 쓰다.
序曲〔じょきょく〕서곡. ①연주회에서 처음 나온 극. ②일의 시초.
序論〔じょろん〕서론. 머리말의 논설.
序幕〔じょまく〕서막. ①연극의 처음 여는 막. ②일의 처음 시작.
序文〔じょぶん〕서문. 머리말.
序詞〔じょし〕서사. 머리말.
序数〔じょすう〕서수. 순서를 나타내는 수.
序言〔じょげん〕서언. 머리말.
序列〔じょれつ〕서열. 순서.
序破急〔じょはきゅう〕①能楽를 구성하는 처음, 중간, 끝의 3부분. ②처음과 중간과 끝. 3단계.

〖叙〗 풀：펼 서.
音：ジョ
訓：

叙する〔じょする〕(他サ) 서위(叙位)하다. (작위를 수여하다)
叙景〔じょけい〕서경. 경치를 시나 문장 등으로 나타냄.
叙事〔じょじ〕서사. 사실을 그대로 기술함.
叙事詩〔じょじし〕서사시. 역사적 사건을 장시(長詩)로 꾸며 객관적으로 읊은 시.
叙説〔じょせつ〕서설. 차례로 문장을 설명함.
叙述〔じょじゅつ〕서술. 순서적으로 조리있게 말하거나 씀.
叙位〔じょい〕서위. 관위(官位)를 내려 줌.
叙勲〔じょくん〕서훈. 훈장과 훈등(勲等)을 수여함.

〖書〗 풀：글 서.
音：①ショ ②ジョ
訓：①かく ②ふみ

❶書く〔かく〕(他5) ①(글씨를) 쓰다. 字を~：글씨를 쓰다. ②(그림을)그리다. 絵を~：그림을 그리다.
書きさす〔かきさす〕(他5) 쓰다가 중지하다.
書きなぐる〔かきなぐる〕(他5)휘갈겨 쓰다.
書き改める〔かきあらためる〕(他下1) 고쳐 쓰다.
書き慣れる〔かきなれる〕(自下1) 늘 써서 익숙해지다.
書き起(こ)す〔かきおこす〕(他5) 쓰기 시작하다.
書き記す〔かきしるす〕(他5) 적다. 쓰다.
書き落(と)す〔かきおとす〕(他5)빠뜨리고 쓰다.
書き連ねる〔かきつらねる〕(他下1) 길게 죽 써서 늘어놓다.
書き漏らす〔かきもらす〕(他5) 빠뜨리고 쓰다.
書き留める〔かきとめる〕(他下1) 적어두다.
書留〔かきとめ〕①적어 둠. ②등기 우편.
書き流す〔かきながす〕(他5) (술술)써내려가다. 붓 가는 대로 쓰다.
書き立てる〔かきたてる〕(他下1) ①조목조목 쓰다. ②눈에 띄게 써대다.
書(き)模様〔かきもよう〕손으로 그린 무늬.
書(き)紋〔かきもん〕옷에 붓으로 그린 무늬.
書(き)物〔かきもの〕①문서. 기록. ②글을 씀.
書(き)味〔かきあじ〕글씨를 쓸 때의 필기도구의 감촉.
書(き)抜(き)〔かきぬき〕발췌(抜萃).
書き抜く〔かきぬく〕(他5) ①일부를 뽑아서 쓰다. ②끝까지 쓰다.
書き方〔かきかた〕①쓰기. 쓰는 법. ②글씨를 쓰는 기술. ③습자(習字).
書き捨てる〔かきすてる〕(他下1) ①써놓기만 하고 내버려두다. ②아무렇게나 쓰다.
書き散らす〔かきちらす〕(他5) 마구 휘갈겨 쓰다. ②여기저기 써 두다.
書き上げる〔かきあげる〕(他下1) ①다 쓰다. ②낱낱이 다 쓰다.
書(き)損じ〔かきそんじ〕잘못 씀.
書き送る〔かきおくる〕(他5) 써서 보내다.
書(き)手〔かきて〕①필자(筆者). ②문장가. 명필.
書き言葉〔かきことば〕문장어(文章語).
書(き)役〔かきやく〕서기(書記).
書(き)誤り〔かきあやまり〕잘못 씀. 誤記.
書き入れる〔かきいれる〕(他下1) 기입하다. 써 넣다.
書き入れ〔かきいれ〕①써 넣음. 기입(記入). ②기대. ~時(どき)：대목. 때.
書(き)込み〔かきこみ〕써 넣은 글자.
書き込む〔かきこむ〕(他5)써넣다. 기입하다.
書き残す〔かきのこす〕(他5) ①(쓸 것을) 따쓰지 못하고 남겨두다. ②써서 남기다.
書き直す〔かきなおす〕(他5) 고쳐 쓰다.
書き振り〔かきぶり〕①글씨를 쓰는 폼. ②필적(筆跡). 문체(文体).
書(き)替え〔かきかえ〕고쳐 씀. 개서.
書き替える〔かきかえる〕(他下1) 고쳐 쓰다. 개서(改書)하다.
書(き)初め〔かきぞめ〕신춘 휘호(新春揮号).
書(き)出し〔かきだし〕①글의 첫머리. 서두(書頭). ②청구서. 계산서. ③첫번째에 이름이 적히는 한창 인기 상승의 젊은 배우.
書き出す〔かきだす〕(他５) ① 쓰기 시작하다. ② 써서 내다. ③ 뽑아 쓰다.
書(き)取(り)〔かきとり〕① 받아 쓰기. ② 베껴 씀.
書き取る〔かきとる〕(他５) ① 받아 쓰다. ② 베껴쓰다.
書(き)置き〔かきおき〕① (용건을) 써서 뒤에 남김(남긴 편지). 유언장. 유서.
書き表わす〔かきあらわす〕(他５) 글로 써서 나타내다.
書き下す〔かきくだす〕(他５) ① (위에서 아래로)내리 쓰다. ② 써 내려가다.
書(き)下ろし〔かきおろし〕새로 쓴 작품.
書き下ろす〔かきおろす〕(他５) (작품을) 새로 쓰다.
❷ **書**〔ふみ〕책. 문서.
書〔しょ〕책. 서적.

音読 1

書する〔しょする〕(他サ) 쓰다.
書架〔しょか〕서가. 책꽂이.
書簡箋〔しょかんせん〕편지지.
書見台〔しょけんだい〕책을 놓고 보는 받침대.
書庫〔しょこ〕서고. 책을 넣어 두는 창고.
書記〔しょき〕서기.
書道〔しょどう〕서도. 글씨를 쓰는 예술.
書類〔しょるい〕서류. 문서.
書面〔しょめん〕서면. 편지. 문서. 서류.
書物〔しょもつ〕서적. 책.
書生〔しょせい〕서생. 공부하는 학생.
書式〔しょしき〕서식. 서류의 양식(様式).
書院〔しょいん〕서원. ① 책방. ② 서재. ③ 객실.
書院造り〔しょいんづくり〕일본 건축 양식의 하나로 床の間, 현관, 영창, 다다미가 있는 가장 흔한 구조.
書籍〔しょせき〕서적. 책.
書店〔しょてん〕서점. 책방.
書斎〔しょさい〕서재. 책을 읽거나 연구하는 개인의 방.
書体〔しょたい〕서체. 漢字의 여러 筆体.
書画〔しょが〕서화. 글씨와 그림.

音読 2

古文書〔こもんじょ〕고문서.
文書〔もんじょ〕문서. 서류.

〔徐〕
풀：천천 서.
音：ジョ
訓：**おもむろに**

徐ろに〔おもむろに〕(副) 천천히. ～立ち上がる；천천히(서서히) 일어서다.
徐徐に〔じょじょに〕(副) 서서히. 천천히. 차차.
徐行〔じょこう〕서행. 차 등이 천천히 달림. 천천히 감.

〔逝〕
풀：갈 서. 죽을 서.
音：**セイ**
訓：**ゆく**

逝く〔ゆく〕(自５) ① (세월이)가다. ～春を惜しむ；가는 봄을 아쉬워하다. ② 흘러가다. ～水；흘러가는 물. ③ (사람이)죽다.
逝く年〔ゆくとし〕가는 해.
逝く春〔ゆくはる〕가는 봄.

音読

逝去〔せいきょ〕서거. 죽음의 높임말.
逝川〔せいせん〕서천. 흐르는 강물.

〔庶〕
풀：무리 서.
音：**ショ**
訓：

庶幾〔しょき〕간절히 바람.
庶幾う〔こいねがう〕(他５) 간절히 바라다.
庶務〔しょむ〕서무. 여러 가지 나무.
庶民〔しょみん〕서민. 일반 사람.
庶人〔しょじん〕서인. 많은 사람들.
庶子〔しょし〕서자. 첩의 자식.
庶政〔しょせい〕서정. 여러 방면의 정치.

〔婿〕
풀：사위 서：
音：**セイ**
訓：**むこ**

婿〔むこ〕① 사위. ② 신랑.
婿がね〔むこがね〕사윗감. 신랑감.
婿養子〔むこようし〕데릴사위.
婿入り〔むこいり〕데릴사위로 들어감.
婿取り〔むことり〕(데릴) 사위를 맞이함.
婿取り娘〔むことりむすめ〕사위를 얻을 딸.

音読

女婿〔じょせい〕여서. 사위. 딸의 남편.

〔暑〕
풀：더울 서
音：**ショ**
訓：**あつい**

暑い〔あつい〕(形) 덥다. ～なつ；더운 여름.
暑がり〔あつがり〕몹시 더위를 탐. ～屋；몹시 더위를 타는 사람.
暑さ〔あつさ〕① 더위. ② 여름철. ～に向かう；여름철로 접어들다.
暑苦しい〔あつくるしい〕(形) 숨막힐 듯이 덥다.

音読

暑気〔しょき〕서기. 여름 더위.
暑熱〔しょねつ〕서열. 여름의 더위.
暑中〔しょちゅう〕서중. 여름의 가장 더운 입추(立秋)전의 18일간.

〔棲〕
풀：새 깃들일 서. 쉴 서.
音：**セイ**
訓：**すむ**

棲む〔すむ〕(自５) ① 거처하다. 살다. 깃들이다. ③ 남자가 여자 집에 다니면서 동서(同棲) 하다.

音読

棲禽〔せいきん〕서금. 나무에 사는 새.
棲息〔せいそく〕서식. 살고 있음.
棲隠〔せいいん〕서은. 숨어서 삶.

〔署〕
풀：관청 서.
音：**ショ**
訓：

署〔しょ〕① 서. 경찰서의 준말. ② 관청.
署する〔しょする〕(他サ) 서명하다.
署名〔しょめい〕서명. 자기 이름을 씀.
署員〔しょいん〕서원. 경찰서, 세무서에 근무하는 관리.
署長〔しょちょう〕서장, 경찰서, 세무서의 제일 웃사람.

〔誓〕 풀：맹세할 서.
音：セイ
訓：ちかう

誓う〔ちかう〕(他5) 맹세하다. 서약하다. 神に～；신에게 맹세하다.
誓い〔ちかい〕맹서. ～を立てる；맹세를 하다.
誓い言〔ちかいごと〕맹세의 말. ～を破る；맹세를 저버리다.

音 読

誓文〔せいもん〕서약문(誓約文).
誓文払い〔せいもんばらい〕10월 20일에 関西 지방에서 행해지는 織物의 염가 대매출(大売出).
誓詞〔せいし〕서사. 맹세의 말.
誓約〔せいやく〕서약. 맹세하고 약속함.
誓願〔せいがん〕서원. 맹세를 걸고 원(願)을 이루기를 神仏에게 기원하는 것.

〔緒〕 풀：실마리 서.
音：① ショ. ② チョ
訓：お

緒〔お〕① 끈. 줄. げたの～；왜나막신 의 끈. ② 악기의 줄. 현(弦).
緒〔しょ：ちょ〕실마리. 처음. 시작. ～につく；일이 진척(진전) 되기 시작하다.
緒論〔しょろん：ちょろん〕서론. 본론의 실마리가 되는 논설(論説).
緒言〔しょげん：ちょげん〕서언. 머리말.
緒戦〔しょせん：ちょせん〕서전. 첫 싸움.
端緒〔たんしょ：たんちょ〕단서. 실마리.

【석】

〔夕〕 풀：저녁 석.
音：セキ
訓：ゆう.

夕〔ゆう〕저녁.
夕べ〔ゆうべ〕저녁. 저녁때.
夕刻〔ゆうこく〕저녁때. 저녁 무렵.
夕刊〔ゆうかん〕석간. 저녁에 발행하는 신문.
夕間暮(れ)〔ゆうまぐれ〕황혼. 저녁 어스름.
夕景〔ゆうけい〕저녁때. 황혼. 해질녁.
夕涼み〔ゆうすずみ〕여름날 저녁때 시원한 바람을 쬠.
夕立〔ゆうだち〕(여름날의 오후의) 소나기.
夕明り〔ゆうあかり〕저녁때의 희미한 밝음.
夕暮れ〔ゆうぐれ〕해질녁. 황혼.
夕霧〔ゆうぎり〕저녁 안개.
夕方〔ゆうがた〕저녁때. 해질녁.
夕飯〔ゆうはん〕저녁밥.
〔ゆうめし〕저녁밥(막된 말씨).
夕焼け〔ゆうやけ〕저녁놀. ～空(ぞら)；저녁놀진 하늘.
夕顔〔ゆうがお〕〔植〕박.
夕闇〔ゆうやみ〕땅거미. 저녁 어둠.
夕御飯〔ゆうごはん〕저녁식사.
夕煙〔ゆうけむり〕저녁 밥을 짓는 연기.
夕映え〔ゆうばえ〕저녁놀. 저녁놀에 하늘이 빨갛게 빛남.
夕影〔ゆうかげ〕저녁 햇빛. 석양.
夕月〔ゆうづき〕초저녁 달.
夕月夜〔ゆうづくよ：ゆうつきよ〕 초저녁 달.
夕陰〔ゆうかげ〕저녁때 그늘이 지는 곳.
夕日〔ゆうひ〕석양. 저녁 해.
夕日影〔ゆうひかげ〕저녁 햇빛. 낙조.
夕潮〔ゆうしお〕저녁 밀물.
夕晴(れ)〔ゆうばれ〕저녁때 하늘이 갬.
夕波〔ゆうなみ〕저녁 파도.
夕風〔ゆうかぜ〕저녁 바람.

音 読

夕陽〔せきよう：ゆうひ〕석양. 저녁 해.
夕照〔せきしょう〕석양. 저녁해. 저녁놀.
一朝一夕〔いっちょういっせき〕일조 일석. 짧은 시일.

例 外

七夕〔たなばた〕칠석.

〔石〕 풀：돌 석.
音：① セキ ② セッ ③ シャク ④ ジャク ⑤ コク
訓：いし

石〔いし〕① 돌. ② 가공한 돌. 보석. ③ (가위 바위 보의) 바위.
石ころ〔いしころ〕돌멩이. 자갈.
石高道〔いしたかみち〕돌이 많아 울퉁불퉁한 길.
石工〔いしく：せっこう〕석공. 석수.
石塊〔いしくれ〕돌멩이.
石橋〔いしばし〕석교. 돌다리.
石臼〔いしうす〕석구. 돌절구. 맷돌.
石拳〔いしけん〕가위. 바위. 보.
石肌〔いしはだ〕돌의 표면.
石段〔いしだん〕돌층계.
石突(き)〔いしづき〕(창, 지팡이의) 자루 끝을 감싼 쇠붙이.
石頭〔いしあたま〕석두. 돌대가리.
石綿〔いしわた〕석면. 돌솜.
石目〔いしめ〕돌의 결.
石部金吉〔いしべきんきち〕목석(木石) 같은 사나이.
石仏〔いしぼとけ：せきぶつ〕석불. 돌부처.
石山〔いしやま〕돌산.
石焼〔いしやき〕① 사기 그릇. ② 고기를 뜨거운 돌 위에 얹어서 구운 요리.
石室〔いしむろ〕석실. 돌로 만든 방이나 굴.

石屋〔いしや〕석수장이. 석공.
石垣〔いしがき〕돌로 쌓은 담.
石音〔いしおと〕바둑 두는 소리.
石子〔いしこ〕자갈.
石切り〔いしきり〕①돌을 떠냄. ②돌을 다듬음. ～夫(ぶ)：석수. 석공.
石庭〔いしにわ〕돌로 꾸민 정원.
石造り〔いしづくり〕석조. 돌로 만듦.
石組〔いしぐみ〕(정원에) 돌을 배치함.
石地〔いしじ〕석지. 돌이 많은 땅.
石畳〔いしだたみ〕①납작한 돌을 깐 곳. ②바둑판 무늬.
石投げ〔いしなげ〕투석. 돌던지기. 돌팔매.
石灰〔いしばい：せっかい〕석회.

例　外

石榴〔ざくろ〕석류나무.
重石〔おもし〕김치 등을 눌러 놓는 돌.

音　読 1

石灯〔せきとう〕석등. 돌로 만든 등(燈).
石仏〔せきぶつ：いしぼとけ〕석불. 돌부처.
石像〔せきぞう〕석상. 돌을 조각하여 만든 사람이나 동물의 형상.
石英〔せきえい〕석영.
石油〔せきゆ〕석유.
石材〔せきざい〕석재.
石造〔せきぞう〕석조. 돌로 물건을 만듦.
石炭〔せきたん〕석탄.
石塔〔せきとう〕석탑. 돌로 된 탑.
石版〔せきばん〕석판. 평판 인쇄의 하나.

音　読 2

石膏〔せっこう〕석고.
石工〔せっこう：いしく〕석공. 석수.
石窟庵〔せっくつあん〕석굴암.
石器時代〔せっきじだい〕석기 시대.
石火〔せっか〕석화. ①돌이 부딪칠 때 나는 불. ②아주 짧은 시간이나 동작.
石灰〔せっかい：いしばい〕석회.

音　読 3

磁石〔じしゃく〕자석. 철을 끌어당기는 성질을 가진 물체.

音　読 4

盤石〔ばんじゃく〕반석. ①큰 돌. ②강한 것. 튼튼한 것.
温石〔おんじゃく〕따뜻하게 달군 돌.(천으로 싸서 몸을 따뜻하게 함)

音　読 5

石高〔こくだか〕곡식의 수확량.
米二石〔こめにこく〕쌀 두 섬(4가마).

〘析〙
풀：쪼갤 석.
音：セキ
訓：

析出〔せきしゅつ〕석출. 화합물을 분석하여 물질을 분리해 냄.
分析〔ぶんせき〕분석.
解析〔かいせき〕해석. ①사물을 세밀하게 분석함. ②함수(函数)의 성질을 연구하는 수학의 한 부분.

〘昔〙
풀：옛 석
音：①ジャク ②セキ
訓：むかし

昔〔むかし〕①옛날. ②10년의 세월.
昔ながら〔むかしながら〕(副) 옛날 그대로. 옛날과 다름 없음.
昔気質〔むかしかたぎ〕옛날 기질.
昔昔〔むかしむかし〕옛날 옛적.
昔馴染(み)〔むかしなじみ〕옛날에 친하게 지냈음.
昔語り〔むかしがたり〕(과거에 경험했던) 옛날 이야기.
昔風〔むかしふう〕옛날의 모습. 고풍.
昔話〔むかしばなし〕옛날 이야기.

音　読 1

今昔〔こんじゃく〕금석. 지금과 옛날.

音　読 2

昔年〔せきねん〕석년. 옛날. 왕년(往年).
昔時〔せきじ〕석시. 옛적.
昔日〔せきじつ〕석일. 옛날.

〘席〙
풀：자리 석.
音：①セキ ②セッ
訓：

音　読 1

席〔せき〕①자리. ②좌석, ③회장(会場).
席料〔せきりょう〕자리 값.
席上〔せきじょう〕석상. 회합 장소.
席順〔せきじゅん〕석순. 좌석, 성적의 차례.
席次〔せきじ〕석차. ①자리의 순서. ②학교의 성적 순위.

音　読 2

席巻〔せっけん〕석권. 돗자리를 말아 감듯이 세차게 차례로 침략함.

例　外

寄席〔よせ〕才談, 漫談, 野談 등의 연예를 흥행하는 곳.

〘惜〙
풀：아낄 석.
音：セキ
訓：①おしい ②おしむ

❶惜しき〔おしい〕(形) ①아깝다. ②섭섭하다. 애석하다. ③원통하다. 분하다.
惜しげもなく〔おしげもなく〕아낌없이.
❷惜しむ〔おしむ〕(他5) ①아끼다. 時間を～：시간을 아끼다. ②애석히 여기다. 아쉬워하다. ③사랑하다.
惜しむらくは〔おしむらくは〕(連語) 아깝게도. 애석하게도. 분하게도.
惜しみ無く〔おしみなく〕(連語) 아낌없이.

音　読

惜別〔せきべつ〕석별. 서로 헤어짐을 아쉬워함. 이별을 섭섭하게 여김.
惜敗〔せきはい〕석패. 아깝게 짐.
惜春〔せきしゅん〕석춘. 가는 봄을 애석하게(아깝게) 여김.

〘釈〙
풀：풀 석
音：①シャク ②シャッ
訓：

例　外

釈迦〔しゃか〕석가. 석가모니.
釈迦塔〔しゃかとう〕석가탑.

音読 1

釈〔しゃく〕해석. 풀이.
釈明〔しゃくめい〕석명. 사정을 해명함.
釈門〔しゃくもん〕석문. 불가(仏家). 중.
釈放〔しゃくほう〕석방. 구속을 풀어서 자유롭게 함.
釈然としない〔しゃくぜんとしない〕(連語) 석연치 않다. 의심이 풀리지 않는다.
釈尊〔しゃくそん〕석존. 석가모니의 높임말.

音読 2

釈家〔しゃっけ〕석가. 불도를 닦는 사람.
釈講〔しゃっこう〕뜻을 해석해서 얘기함.
釈教〔しゃっきょう〕석가의 가르침. 불교.
釈解〔しゃっかい〕석해. 풀어서 해석함.

〖碩〗 풀：클 석.
音：セキ
訓：

碩士〔せきし〕①인격이 훌륭한 사람. ②대학원의 소정 과정을 마치고 석사학위 논문이 통과된 자에게 주는 학위.
碩儒〔せきじゅ〕①학식이 많은 선비. ②이름난 유학자.
碩学〔せきがく〕석학. 대학자. 대가(大家).

【선】

〖仙〗 풀：신선 선.
音：セン
訓：

仙境〔せんきょう〕선경. 신선이 산다는 곳.
仙女〔せんじょ〕선녀. 여자 신선.
仙人〔せんにん〕선인. 산속에 살며 도법을 닦는다는 상상적인 이상 인물.
仙人掌〔せんにんしょう：さぼてん〕선인장.

〖先〗 풀：먼저 선.
音：セン
訓：①さき ②さきんじる ③まず

❶**先**〔さき〕①앞. ②끝. ③목적지. 도착할 장소. ④장래. 앞길. ⑤앞장. 먼저.
❷**先んじる**〔さきんじる〕(自上1) 앞서 가다. 남보다 앞서 하다. 선수를 쓰다.
❸**先ず**〔まず〕(副) ①우선. 먼저. ②첫째로. ③대체로. 거의. 아마도.
先っちょ〔さきっちょ〕끝. 鼻の～; 코 끝.
先っぽ〔さきっぽ〕끝. 끝쪽.
先に〔さきに〕(副) 먼저. 앞서. 앞에. 전에.
先頃〔さきごろ〕요전. 일전. 먼저.
先高〔さきだか〕시세가 오를 기미.
先駆け〔さきがけ〕①선구. 선구자. ②먼저 달려감. 앞장서서 쳐 들어감.
先駆ける〔さきがける〕(自下1) 앞(앞장)서다.
先つ年〔さきつとし〕지난해. 전년.
先貸し〔さきがし〕기일 전에 돈을 지급함.
先渡し〔さきわたし〕①선불. ② (상품을) 대금을 지불하기 전에 미리 줌.
先隣〔さきどなり〕하나 걸러 옆집. 다음 다음집.
先立つ〔さきだつ〕(自5) ①앞장서다. 앞서다. ②(다른 일에)앞서 행하다. ③먼저 죽다. ④무엇보다 필요하다.
先立てる〔さきだてる〕(他下1) 앞장서게 하다. 선행시키다.
先買い〔さきがい〕미리 사 둠.
先物〔さきもの〕①선물. ②장차 일정한 시기에 물건을 넘겨 줄것을 조건으로 계약을 함.
先物買い〔さきものがい〕장래의 이익을 예상하고 사 둠.
先棒〔さきぼう〕①남의 앞잡이가 됨. ②앞채를 멤. 앞채잡이.
先付け〔さきづけ〕날짜를 늦추어 기입함.
先払い〔さきばらい〕①선불. ②(운임, 우편물의)수취인 부담. ③긴급시의 교통 통제.
先備え〔さきぞなえ〕선두에 서는 군대.
先山〔さきやま〕탄광에서 석탄을 캠.
先箱〔さきばこ〕영주(領主)의 행차 때, 선두에 서서 메고가는 정복(正服)을 넣은 옷궤.
先先〔さきざき〕①먼 장래. ②가는 곳마다. ③(모든 사물의)끝. ④오래 전.
先細〔さきぼそ〕끝이 가늚.
先細り〔さきぼそり〕①끝이 가늘어짐. ②점점 쇠퇴(衰退)하여 감.
先手〔さきて〕선봉(先鋒). 선진(先陣).
先乗り〔さきのり〕①행렬의 선두에서 말탄 사람. ②준비하기 위해 먼저 감.
先勝ち〔さきがち〕선승. 먼저 이김.
先安〔さきやす〕시세가 내려갈 기미.
先様〔さきさま〕그쪽. 그댁. 그분.
先染(め)〔さきぞめ〕실을 미리 염색함.
先の日〔さきのひ〕지난날. 전날.
先込め〔さきごめ〕탄환을 총구로부터 잼.
先潜り〔さきくぐり〕①무슨 일을 남몰래 앞질러서 함. ②지레짐작.
先程〔さきほど〕(副) 아까. 조금 전.
先程来〔さきほどらい〕(副) 아까부터. 조금전부터.
先走り〔さきばしり〕앞질러 감(가는사람).
先走る〔さきばしる〕(自5) ①남보다 앞질러 뛰어가다. ②주제넘은 짓을 하다.
先地〔さきじ〕양복을 마출 때 손님이 옷감을 내놓음.
先借り〔さきがり〕선불.
先触(れ)〔さきぶれ〕미리 알림. 예고.
先取り〔さきどり〕①선취. 남보다 먼저 가짐. ②(금액을)먼저 받음.
先太〔さきぶと〕끝이 굵음.
先限〔さきぎり〕거래에서 현품 수수 기일이 가장 긴 장기 청산 거래.

先行き〔さきいき：さきゆき〕①장래.②증권 시세의 앞으로의 진행 상태. ②선발(先発). 앞서 감.
先回り〔さきまわり〕앞질러 함. 앞질러 감.

音　読

先〔せん〕앞. ～を越す；앞지르다.
先見の明〔せんけんのめい〕선견지명.
先決〔せんけつ〕선결. 먼저 해결함.
先攻〔せんこう〕선공. 먼저 공격함.
先駆〔せんく〕선구. ①남보다 앞서 행하는 사람. ②말을 타고 선두에 서서 행렬을 인도함.
先端〔せんたん〕선단. ①끝. ②선두. ③최전선.
先達〔せんだつ〕①선배. 안내인.
先達て〔せんだって〕①식사의 준비. 상을 차림. ②미리 준비함.
先導〔せんどう〕선도. 앞에 서서 인도함.
先途〔せんど〕①앞길. ②중요한 고비.
先頭〔せんとう〕선두. 맨앞. 제일 앞.
先例〔せんれい〕선례. ①앞서 있은 예. ②전부터의 습관. 관례.
先発〔せんぱつ〕선발. 먼저 출발함.
先方〔せんぽう〕①상대편. ②앞쪽.
先輩〔せんぱい〕선배.
先史時代〔せんしじだい〕선사 시대.
先生〔せんせい〕선생.
先先月〔せんせんげつ〕전전달.
先約〔せんやく〕선약. 먼저 한 약속.
先月〔せんげつ〕전달. 지난달.
先入観〔せんにゅうかん〕선입관.
先祖〔せんぞ〕선조. 조상.
先週〔せんしゅう〕전주. 지난주.
先進国〔せんしんこく〕선진국.
先着〔せんちゃく〕선착. 먼저 도착함.
先哲〔せんてつ〕선철. 선현(先賢).
先行〔せんこう〕선행. 앞서 감. 앞서 행함.
先後〔せんご〕선후. 앞뒤.

〔宣〕
풀：베풀 선.
音：**セン**
訓：**のべる**

宣べる〔のべる〕(他下1) ①진술하다. ②기술(記述)하다.

音　読

宣する〔せんする〕(他サ) 선언하다. 선포하다. 開会を～；개회를 선언하다.
宣告〔せんこく〕선고. 법정에서 재판장이 판결을 공고함.
宣教師〔せんきょうし〕선교사. 외국에 가서 종교를 널리 전도하는 사람.
宣明〔せんめい〕선명. 명확하게 밝혀 선언함.
宣誓〔せんせい〕선서. 맡은 일에 대하여 성실할 것을 맹세함.
宣揚〔せんよう〕선양. 널리 세상에 전하여 떨치게 함.
宣言〔せんげん〕선언. ①널리 펴서 말함. ②의견을 공포함.
宣伝〔せんでん〕선전. 널리 전함.
宣戦〔せんせん〕선전. 전쟁을 개시한다는 선언.
宣旨〔せんじ〕선지. 천황의 말을 전하는 것.
宣布〔せんぷ〕선포. 널리 세상에 알림.

〔扇〕
풀：부채 선.
音：**セン**
訓：① **あおぐ** ② **おうぎ**

❶ **扇ぐ**〔あおぐ〕(他5) 부채질하다. 火を～；불을 부채질하다(부치다).
❷ **扇**〔おうぎ〕부채. ～であおぐ；부채로 부치다(부채질하다).
扇形〔おうぎがた：せんけい〕부채꼴.

音　読

扇動〔せんどう〕선동. 남을 꼬드기어 부추기어서 어떤 일을 하게 함.
扇面〔せんめん〕선면. 부채의 표면.
扇状地〔せんじょうち〕선상지. 산에서 흘러나오는 강의 출구가 부채꼴로 된 地形.
扇情〔せんじょう〕선정. 정욕을 북돋우어 일으킴.
扇風機〔せんぷうき〕선풍기.

〔旋〕
풀：돌 선.
音：**セン**
訓：

旋律〔せんりつ〕선율. 규칙적으로 연속되는 음(音)의 흐름.
旋盤〔せんばん〕선반. 공작(工作)기계.
旋風〔せんぷう〕선풍. ①회오리바람.②사회에 돌발적으로 큰 동요를 일으키는 사건.
旋回〔せんかい〕선회. 빙글빙글 돎.

〔船〕
풀：배 선.
音：**セン**
訓：① **ふね** ② **ふな～**

❶ **船**〔ふね〕①배. ～に乗る；배를 타다. ②상자 모양의 그릇. ③관(棺).

連濁音에 注意

大船〔おおぶね〕큰 배.
宝船〔たからぶね〕보물선.
親船〔おやぶね〕작은 배를 거느린 커다란 배. 모선(母船).
❷ **船～**〔ふな～〕(명사에 접속하여)배의….
船脚〔ふなあし〕①배의 속도. ②선체(船体)의 물에 잠기는 부분.
船繋り〔ふながかり〕배가 항구에 정박함.
船橋〔ふなばし〕선교. 배를 죽 늘어놓고 그 위에 널빤지를 건네어 놓은 다리.
船具〔ふなぐ〕선구. 선박에 쓰는 기구.
船軍〔ふないくさ〕①해군(海軍). ②해전(海戦).
船端〔ふなばた〕뱃전.
船大工〔ふなだいく〕배를 만드는 목수.
船待ち〔ふなまち〕배가 항구에 들어오는(떠나가는) 것을 기다림.
船渡し〔ふなわたし〕①나룻배로 실어 나름. ②나루터. ③수출항 본선 인도. FOB.
船霊〔ふなだま〕배안에 수호신으로 모시는 신(神).

船路〔ふなじ〕선로. ①항로. 뱃길. ②배여행.
船留め〔ふなどめ〕출범 또는 배의 통행을 금함.
船方〔ふなかた〕선원. 뱃사공.
船棚〔ふなだな〕덕판. 뱃전 양측으로 건너댄 널빤지(여기에서 사공이 노를 저음).
船床〔ふなどこ〕선내에 까는 대발. 널발.
船小屋〔ふなごや〕배나 선구를 넣어 두는 창고.
船宿〔ふなやど〕①선박 운송업소. ②놀잇배나 낚싯배의 주선을 업으로 하는 집.
船乗り〔ふなのり〕선원. 뱃사람.
船旅〔ふなたび〕선박 여행.배로 하는 여행.
船遊び〔ふなあそび〕뱃놀이.
船人〔ふなびと〕선원. 뱃사람.
船賃〔ふなちん〕선임. 뱃삯.
船長〔ふなおさ：せんちょう〕선장.
船装い〔ふなよそおい〕출범(出帆)준비.
船蔵〔ふなぐら〕배를 뭍에 올려 넣어 두는 창고.
船積み〔ふなづみ〕선적. 배에 짐을 실음.
船梯子〔ふなはしご〕배에 오르내리는 사다리.
船繰り〔ふなぐり〕여러배들이 적절히 움직이도록 배선(配線)을 함.
船足〔ふなあし〕①배의 속도. ②선체(船体)의 물에 잠기는 부분.
船主〔ふなぬし〕선주. 배주인.
船着(き)場〔ふなつきば〕선창.
船倉〔ふなぐら〕배의 곳간.
船出〔ふなで〕출범(出帆).
船酔い〔ふなよい〕뱃멀미. 私は～をする：나는 뱃멀미를 하다.
船板〔ふないた〕①배의 바닥에 까는 널빤지. ②배를 만드는 널빤지.
船便〔ふなびん〕선편. 배편.
船標〔ふなじるし〕선박의 표지.
船荷〔ふなに〕뱃짐.

音　読

船客〔せんきゃく〕선객. 배에 탄 손님.
船内〔せんない〕선내. 배 안.
船頭〔せんどう〕①선장. ②뱃사공.
船舶〔せんぱく〕선박. 배.
船腹〔せんぷく〕선복. 배의 짐을 쌓는 곳.
船上〔せんじょう〕선상. 배 위.
船首〔せんしゅ〕선수. 배의 앞부분.
船員〔せんいん〕선원. 배의 승무원.
船長〔せんちょう〕선장. 배의 우두머리.
船体〔せんたい〕선체. 배의 형체(形體).
船幅〔せんぷく〕선폭. 배의 폭.

〖善〗 풀：착할 선. 좋을 선.
音：ゼン
訓：よい

善い〔よい〕(形) ①좋다. ②착하다.
善がる〔よがる〕(自5) 좋다고 생각하다. 만족하게 여기다. 기뻐하다.
善かれ〔よかれ〕잘되라. 좋아져라.
善くする〔よくする〕(他サ) 잘하다. 능히 하다.
善かれ悪しかれ〔よかれあしかれ〕좋든 궂든. 좋으나 나쁘나. 어찌되었든.
善し悪し〔よしあし〕①좋고 나쁨. 선악. ②좀 생각해 볼 문제다.

音　読

善〔ぜん〕선. ①좋음. 좋은 것. ②올바른 것. ③도덕의 이상(理想). 선. ～は急げ：좋은 일을 서둘러라(쇠뿔은 단김에 빼라).
善男善女〔ぜんなんぜんにょ〕선남선녀.
善導〔ぜんどう〕선도. 올바르고 좋은 길로 인도함.
善良〔ぜんりょう〕선량. 착하고 어짊.
善隣〔ぜんりん〕선린. 이웃이나 이웃나라와 사이좋게 지내는 일.
善悪〔ぜんあく〕선악. 좋은 것과 나쁜 것.
善用〔ぜんよう〕선용. 적절히 잘 이용함.
善意〔ぜんい〕선의. ①착한 마음. 호의(好意). ②좋은 뜻. ③모르고 행하는 일.
善人〔ぜんにん〕선인. 착한사람.
善戦〔ぜんせん〕선전. 잘 싸움.
善政〔ぜんせい〕선정. 올바른 정치.
善処〔ぜんしょ〕선처. 좋도록 처리함.
善後策〔ぜんごさく〕선후책. 뒷갈망을 잘하려는 계책.

〖羨〗 풀：부러워할 선.
音：セン
訓：①うらやましい
②うらやむ

❶羨ましい〔うらやましい〕(形) 부럽다.
❷羨む〔うらやむ〕(自5) 부러워하다. 새암하다.

音　読

羨望〔せんぼう〕선망. 부러워하여 몹시 바람. ～の的(まと)：선망의 대상.

〖禅〗 풀：고요할 선.
音：ゼン
訓：

禅尼〔ぜんに〕불문(佛門)에 들어 간 여자.
禅堂〔ぜんどう〕선당. 참선하는 당(堂).
禅門〔ぜんもん〕선문. ①禅宗의 宗門. ②불문(仏門)에 들어 간 남자.
禅問答〔ぜんもんどう〕선문답. 진리 탐구를 위하여 하는 문답.
禅味〔ぜんみ〕선미. ①참선의 오묘한 맛. ②탈속(脱俗)한 취미.
禅師〔ぜんじ〕선사. 지덕이 높은 중. 高僧.
禅僧〔ぜんそう〕선승. 선종의 중.
禅宗〔ぜんしゅう〕선종. 불교의 한 파.

〖銑〗 풀：쇠 선.
音：セン
訓：

銑鉄〔せんてつ：ずくてつ〕선철. 무쇠.

〖選〗 풀：고를 선. 뽑을 선.
音：セン
訓：①えらぶ ②えらむ
③える：よる

❶ **選ぶ**〔えらぶ〕(他5) ①고르다. 뽑다. ②편찬하다. ③다르다.
❷ **選む**〔えらむ〕(他5) ⇨ 選ぶ.
❸ **選る**〔える : よる〕(他5) ⇨ 選ぶ.

音 読

選〔せん〕뽑는 것. ～に入る ; 입선하다.
選挙〔せんきょ〕선거. 많은 사람 중에서 적당한 사람을 뽑음.
選良〔せんりょう〕선량. 국회의원.
選抜〔せんばつ〕선발. 골라서 뽑아 냄.
選別〔せんべつ〕선별. 가려서 나눔.
選手〔せんしゅ〕선수. 시합에 나가는 사람.
選任〔せんにん〕선임. 뽑아서 임명함.
選定〔せんてい〕선정. 골라서 정함.
選出〔せんしゅつ〕선출. 뽑아 냄.
選択〔せんたく〕선택. 가려 뽑음.

〔線〕
풀 : 실 선.
音 : **セン**
訓 :

線〔せん〕선. 줄. ～を引く ; 줄을 긋다.
線路〔せんろ〕선로. ①노선(路線). ②철도의 궤도(軌道).
線上〔せんじょう〕선상. 금이나 줄의 위.
線引(き)小切手〔せんびきこぎって〕횡선수표(横線手票).
線条〔せんじょう〕줄. 선.
線香〔せんこう〕선향. 향가루를 반죽하여 가늘고 길게 만든 것.
線香花火〔せんこうはなび〕①종이로 된 것에 화약을 비벼 넣은 것으로 아이들의 불꽃놀이에 씀. ②처음에는 열렬하나 곧 식어지는 성질.
線画〔せんが〕선만으로 그린 그림.

〔鮮〕
풀 : 고울 선.
音 : **セン**
訓 : **あざやか**

鮮やか〔あざやか〕(形動) ①선명함. 또렷함. 산뜻함. ②멋지게 잘함. 훌륭함. 깨끗함.

音 読

鮮度〔せんど〕선도. 신선한(선명한) 정도.
鮮明〔せんめい〕선명. 산뜻하고 똑똑함.
鮮少〔せんしょう〕아주 적음.
鮮魚〔せんぎょ〕신선한 생선.
鮮血〔せんけつ〕선혈. 금방 흘러나온 붉은 피.

〔繕〕
풀 : 다스릴 선.
音 : **ゼン**
訓 : **つくろう**

繕う〔つくろう〕(他5) ①고치다. 수선하다. ②깁다. ③바로잡다. 꾸미다. ④갖추다. ⑤가다듬다. ⑥꾸며대다. 감싸주다. ⑦체면을 세우다. 미봉하다.

連濁音에 注意

見繕い〔みづくろい〕몸차림. 몸치장.
見繕う〔みづくろう〕(他5) (물품을) 적당한 것을 골라 갖추다. (물품을)적당히 보고 결정하다. 챙기다.

音 読

修繕〔しゅうぜん〕수선. (낡은 것을)손 보아 고침. 수리.
営繕〔えいぜん〕영선. 건물 등의 신축(新築)과 수선(修繕).

【설】

〔舌〕
풀 : 혀 설.
音 : ①**ゼツ** ②**ゼッ**
訓 : **した**

舌〔した〕혀. ～を巻く ; 매우 감탄하다. 몹시 놀라거나 두려워하다.
舌鼓〔したつづみ〕입맛을 다심.
舌の根〔したのね〕혀뿌리.
舌代〔しただい〕①구두로 말함. 구술. ②흥행(興行)에서 출연자나 짜임새 등을 설명함. ③구두로 말한 것을 적은 문서. 구술서(口述書).
舌嘗り〔したなめずり〕①입맛을 다심. ②몹시 기다림. 고대함.
舌先〔したさき〕①혀끝. ②주둥이. 말. 구변.
舌の先〔したのさき〕①혀끝. ②입발림 말.
舌長〔したなが〕주제넘게 함부로 지껄임. 큰소리 침.
舌切り雀〔したきりすずめ〕①동화의 하나 (혀를 잘린 참새의 이야기) ②생각한 것을 입 밖에 내지 못하는 사람. ③주인 집을 쫓겨난 사람.
舌足らず〔したたらず〕①표현, 설명이 충분하지 못함. ②혀가 짧음. ～のことば ; 혀짤배기 소리.
舌打ち〔したうち〕①혀를 참. ②입맛 다심.
舌触り〔したざわり〕맛. ～がいい ; 맛이 좋다.

連濁音에 注意

巻き舌〔まきじた〕빠르고 힘차게 하는 말.
二枚舌〔にまいじた〕모순된 말. 거짓말.

音読 1

舌状〔ぜつじょう〕설상. 혀의 모양.
舌癌〔ぜつがん〕설암. 혀에 생기는 암.
舌音〔ぜつおん〕설음. 혓소리.

音読 2

舌端〔ぜったん〕혀끝. ～火(ひ)をはく ; 열변(熱辯)이 불을 토하는 것 같다.
舌頭〔ぜっとう〕혀끝.
舌戦〔ぜっせん〕설전. 말다툼. 언쟁.
舌禍〔ぜっか〕설화. 말을 잘못 함으로서 입는 화.

〔設〕
풀 : 베풀 설.
音 : ①**セツ** ②**セッ**
訓 : **もうける**

設ける〔もうける〕(他下1) ①베풀다. 마

련하다. ②만들다. 설치하다. 제정하다. ③붙이다. 口実を～; 구실을 붙이다. ④기다리다. 思い～; 기대하다.
設け〔もうけ〕준비. 마련함. ～の席に着く; 마련한 자리에 앉다.

音 読 1

設立〔せつりつ〕설립. (회사나 기관을) 만듦.
設問〔せつもん〕설문. 문제를 냄.
設備〔せつび〕설비. 만들어서 갖춤.
設営〔せつえい〕①설립하여 운영함. ②건물이나 시설의 준비.
設題〔せつだい〕설제. 생각하고 해결 짓게끔 문제나 제목을 미리 만듦.

音 読 2

設計〔せっけい〕설계. 공사, 기계 제작 등의 계획.
設定〔せってい〕설정. 정하여 만듦.
設置〔せっち〕설치. 만듦

〔雪〕 풀 : 눈 설.
音 : ①セツ ②セッ
訓 : ①ゆき ②そそぐ

❶**雪**〔ゆき〕눈. 頭に～をいただく; 머리에 눈을 이다(백발이 되다).
雪間〔ゆきま〕①눈이 내리다가 잠시 그친 사이. 눈이 뜸한 사이. ②쌓인 눈이 군데군데 녹은 곳. ③쌓인 눈 속.
雪降り〔ゆきふり〕눈이 내림.
雪見〔ゆきみ〕눈 구경.
雪景色〔ゆきげしき〕눈 경치. 설경(雪景).
雪空〔ゆきぞら〕눈이 내릴 듯한 날씨.
雪起(こ)し〔ゆきおこし〕눈이 내리기 전에 치는 천둥.
雪肌〔ゆきはだ〕①쌓인 눈의 표면. ②흰눈처럼 하얀 여자의 살결.
雪達磨〔ゆきだるま〕눈사람. ～をつくる; 눈사람을 만들다.
雪道〔ゆきみち〕눈이 쌓인 길. 눈길.
雪盲〔ゆきめくら〕설맹.
雪明(か)り〔ゆきあかり〕눈빛.
雪模様〔ゆきもよう〕눈이 올 듯한 상태.
雪腹〔ゆきばら〕눈이 올 때 배나 허리가 냉해져서 아프는 일.
雪膚〔ゆきはだ〕⇨雪肌.
雪仏〔ゆきぼとけ〕눈을 뭉쳐서 만든 불상.
雪山〔ゆきやま〕눈이 쌓인 산.
雪雪崩〔ゆきなだれ〕눈사태.
雪掻き〔ゆきかき〕눈을 침(치는 도구).
雪焼け〔ゆきやけ〕①눈빛에 피부가 탐. ②동상(凍傷).
雪煙〔ゆきけむり〕연기처럼 바람에 휘날리는 눈. 눈보라.
雪雲〔ゆきぐも〕눈구름. 눈을 머금은 구름.
雪遊び〔ゆきあそび〕눈장난.
雪囲い〔ゆきがこい〕눈에 얼거나, 추위를 막기 위하여 짚이나 가마니로 에워 쌈.
雪日和〔ゆきびより〕눈이 올듯한 날씨.
雪折れ〔ゆきおれ〕쌓인 눈의 무게로 나뭇가지가 부러짐. 또는 부러진 가지.
雪釣り〔ゆきづり〕쌓인 눈의 무게로 정원의 나뭇가지가 부러지는 것을 방지하기 위하여 나뭇가지를 줄로 메달아 둠.
雪持ち〔ゆきもち〕눈이 소복히 쌓임.
雪催い〔ゆきもよい〕눈이 내릴 듯함.
雪下ろし〔ゆきおろし〕지붕 위에 쌓인 눈을 쓸어 내림.
雪合戦〔ゆきがっせん〕눈싸움.
雪解け〔ゆきどけ〕눈이 녹음. 해빙(解氷).
雪花〔ゆきばな〕꽃이 지듯 내리는 눈송이.
雪靴〔ゆきぐつ〕눈이 내릴 때 신는 짚신.
❷**雪ぐ**〔そそぐ〕(他5) ①(오명을) 씻다. 설욕(雪辱)하다. 恥を～; 치욕을 씻다. ②(물로)헹구다. 씻다. 口を～; 양치질하다.

例 外

雪崩〔なだれ〕①사태. 눈사태. 사태난 눈. ②비스듬하게 기울어 짐. 경사.
雪崩込む〔なだれこむ〕(自5) (많은 사람들이 사태가 난듯이)우르르 몰려들다 (밀어닥치다).
吹雪〔ふぶき〕눈보라. 花～; 꽃보라.

音 読 1

雪上〔せつじょう〕설상. 눈위.
雪辱〔せつじょく〕설욕. 부끄러움을 씻음.
雪原〔せつげん〕설원. 눈이 쌓인 넓은 들.
雪月花〔せつげっか〕눈과 달과 꽃. 설월화.
雪害〔せつがい〕설해. 내린 눈으로 인하여 생기는 피해.

音 読 2

雪景〔せっけい〕설경. 눈 경치.
雪渓〔せっけい〕여름이 되어도 눈이 남아 있는 높은 산골짜기.
雪白〔せっぱく〕설백. 눈처럼 새하얀 것.
雪線〔せっせん〕설선. 높은 산에서 사철 눈이 녹지 않은 부분과 녹는 부분과의 경계선.
雪隠〔せっちん〕변소.
雪中〔せっちゅう〕설중. 눈속.
雪駄〔せった〕눈이 올 때 신는 신발.

〔説〕 풀 : 말씀 설.
音 : ①セツ ②セッ ③ゼツ ④ゼイ
訓 : とく

説く〔とく〕(他5) ①설명하다. ②설득하다.
説き及ぶ〔ときおよぶ〕(自5) 언급하다.…에 대해서 말하다.
説き起こす〔ときおこす〕(自5) 처음부터 설명하기 시작하다.
説き明かす〔ときあかす〕(他5) 해명(解明)하다. 설명하다.
説き聞かせる〔とききかせる〕(他下1) 설명하여 들려주다. 타이르다.
説き伏せる〔ときふせる〕(他下1) 설복하다.
説き付ける〔ときつける〕(他下1) 설복(説服)하다.

連濁音에 注意

口説く〔くどく〕(他5) ①끈덕지게 설득하다. 끈덕지게 하소연하다. 女を～; 여자를 설득하다. ②투덜투덜대다. 불평을 하다.

音読 1

説〔せつ〕①의견. 주장. ②학설. ③해석.
説明〔せつめい〕설명. 내용, 이유, 뜻을 알도록 일러 줌.
説諭〔せつゆ〕설유. 말로 타이름.
説話〔せつわ〕설화. 이야기. 전설 .

音読 2

説教〔せっきょう〕설교. ①종교의 가르침을 들려 줌. ②타이름.
説得〔せっとく〕설득. 설명하여 납득시킴.
説法〔せっぽう〕설법. 설교.
説伏〔せっぷく〕설복. 자세히 설명하여 수긍하도록 함.
説破〔せっぱ〕설파. 설복(説服)함.

音読 3

演説〔えんぜつ〕연설. 많은 사람 앞에 서서 자기의 의견을 말함.

音読 4

遊説〔ゆうぜい〕유세. 자기 또는 자기의 소속 정당의 주장을 설명하며 선전하면서 돌아 다님.

【섬】

〔纖〕 풀 : 가늘 섬.
音 : セン
訓 :

纖毛〔せんもう〕섬모. ①가는 털. ②생물체의 세포 거죽에 수없이 많이 난 가는 털과 같은 물질.
纖毛虫〔せんもうちゅう〕섬모충.
纖細〔せんさい〕섬세. ①세밀하고 미묘함. ②가냘프면서도 아름다움.
纖維〔せんい〕섬유. ①생물체의 몸을 이루는)가늘고 긴 실같은 물질. ②직물의 원료가 되는 것.

【섭】

〔涉〕 풀 : 건널 섭.
音 : ショウ
訓 :

涉猟〔しょうりょう〕섭렵. ①많은 책을 널리 읽음. ②널리 찾아 다님.
涉外〔しょうがい〕섭외. 외부와 교섭하거나 연락을 하는 일.
干涉〔かんしょう〕간섭. 공연히 참견함.
交涉〔こうしょう〕교섭. 어떤 일을 이루기 위하여 서로 의논함.

〔摂〕 풀 : 끌어잡을 섭.
音 : ①セツ ②セッ
訓 :

音読 1

摂理〔せつり〕섭리. ①신이 인간의 이익을 염려하면서 세상의 모든 것을 다스리는 일. ②대신 처리하는 것. ③다스림.
包摂〔ほうせつ〕포섭. 허용하여 받아들임.

音読 2

摂家〔せっけ〕섭가. 섭정(摂政)으로 임명될만한 명문(名門).
摂関〔せっかん〕섭정(摂政)과 관백(関白).
摂生〔せっせい〕섭생. 건강 상태를 잘 돌봄.
摂政〔せっしょう〕섭정. 왕이 어리거나 사고가 있을 경우 왕을 대신해서 정치를 하는 일. 또는 그 사람.
摂取〔せっしゅ〕섭취. (영양분을)몸안으로 빨아 들임.

【성】

〔成〕 풀 : 이룰 성.
音 : ①ジョウ ②セイ
訓 : ①なす ②なる

❶ **成す**〔なす〕(他5) ①이루다. 이룩하다. ②(아이를)낳다. ③(다른 형태로)변화시키다.
成さしめる〔なさしめる〕(連語) 이루게 하다.
❷ **成る**〔なる〕(自5) ①이루어지다. 이룩되다. 완성되다. ②(조직이)…로 구성되다(…로 되다). ③용납되다. 참을 수 있다.
成り〔なり〕이룩함. 성취함.
成り果てる〔なりはてる〕(自下1) 전락(転落)하다. 비참한 신세로 되어 버리다.
成り掛かる〔なりかかる〕(自5) 되려고 하다.
成金〔なりきん〕①벼락부자. ②(일본장기에서)적진에 들어가서 金将의 자격을 얻은 말.
成り代(わ)る〔なりかわる〕(自5) 대신하다. 대리하다. 親に～; 부모를 대신하다.
成(り)立ち〔なりたち〕①이룩된 과정. 경과. 내력. ②성분. 구성요소. 조립(組立).
成り立つ〔なりたつ〕(自5) ①성립되다. 이룩되다. 채결되다. ②구성되다. ③(채산이 맞아 장사가)된다. 商売が～; 장사가 된다. ④입신 출세하다. 성장하다.
成り上がり〔なりあがり〕벼락 부자가 됨. 갑자기 출세함.

成り上がる〔なりあがる〕(自5) 벼락 부자가 되다. 갑자기 출세하다. (※멸시하는 말).
成り下がる〔なりさがる〕(自5)몰락(没落)하다. 비참한 신세가 되어 버리다.
成(り)行き〔なりゆき〕①되어 가는 형편. 과정. ②시장의 동향에 따라 정해진 값.
成り行く〔なりゆく〕(自5) 점차로 되어 가다. 진척되다.

音読 1

成仏〔じょうぶつ〕성불. 모든 번뇌를 떠나 (죽어서)부처가 됨.
成就〔じょうじゅ〕성취. 목적을 달성함.

音読 2

成功〔せいこう〕성공. ①목적을 이룸. ②어떤 일을 성취하여 사회적으로 상당한 지위를 차지함.
成年〔せいねん〕성년. 만20세 이상. 어른.
成立〔せいりつ〕성립. 사물이 이루어짐.
成文法〔せいぶんぽう〕성문법.
成分〔せいぶん〕성분. 물질을 이루는 원소.
成熟〔せいじゅく〕성숙. ①잘 익음. ②심신이 성숙함. ③일에 숙련됨.
成案〔せいあん〕성안. 안을 작성함.
成約〔せいやく〕성약. 계약이 성립됨.
成育〔せいいく〕①자람. ②(낳아서)기름.
成員〔せいいん〕성원. 단체를 구성하는 사람.
成人〔せいじん〕성인. 어른.
成長〔せいちょう〕성장. 자라서 성숙함.
成虫〔せいちゅう〕성충. 성숙한 곤충.
成層〔せいそう〕성층. 겹쳐서 층을 이룸.
成形〔せいけい〕성형. 형체를 이룸.
成型〔せいけい〕성형. 틀에 넣어 프레스로 눌러 물건을 만듦.

〔声〕

풀：소리 성.
音：①ショウ ②ジョウ ③セイ
訓：①こえ ②こわ〜

❶ **声**〔こえ〕목소리. 소리.
声変(わ)り〔こえがわり〕변성.
声柄〔こえがら〕음질(音質). 목소리의 맵시.
声付(き)〔こえつき〕사람마다의 특징 있는 목소리 모양. 음성.
声声〔こえごえ〕여러 사람의 목소리. 〜に；제각기.
声の下〔こえのした〕…끝나자마자. …と言う〜から；…라는 말이 끝나자마자.

連濁音에 注意

歌声〔うたごえ〕노랫소리.
笑い声〔わらいごえ〕웃음소리. 웃는 소리.
泣き声〔なきごえ〕울음소리.
人声〔ひとごえ〕사람의 목소리.
呼び声〔よびごえ〕부르는 소리.

訓読 2

声つき〔こわつき〕음성. 목소리. 어조.
声遣い〔こわづかい〕말투. 말씨. 어조(語調).
声色〔こわいろ〕①음색. 목청. ②배우의 대사의 말투나 음색.
声音〔こわね〕음성.

音読 1

去声〔きょしょう〕거성. 漢字 四声의 하나.
上声〔じょうしょう〕상성. 漢字 四声의 하나.
入声〔にっしょう〕입성. 漢字 四声의 하나.
平声〔ひょうしょう〕평성. 漢字 四声의 하나.

音読 2

大音声〔だいおんじょう〕대음성. 큰 목소리.
連声〔れんじょう〕음의 변화.
音声〔おんじょう：おんせい〕음성. 목소리.

音読 3

声価〔せいか〕성가. 세상의 좋은 평판.
声帯〔せいたい〕성대. 발성기관(発声器官).
声量〔せいりょう〕성량. 사람의 음성의 양.
声望〔せいぼう〕성망. 명성과 인망(人望).
声明〔せいめい〕성명. 공공연하게 말하여 의사를 밝힘.
〔しょうみょう〕①음운(音韻). 어법(語法)등에 관한 학문.
声楽〔せいがく〕성악. 노래.
声優〔せいゆう〕성우. 방송극에 출연하는 배우.
声援〔せいえん〕성원. 뒤를 밀어 응원함.
声調〔せいちょう〕성조. 목소리의 가락.

〔姓〕

풀：성씨 성.
音：①ショウ ②セイ
訓：

音読 1

百姓〔ひゃくしょう〕농민. 시골사람. 서민.

音読 2

姓〔せい〕성. 〜を冒す；딴 성을 자칭하다.
姓名〔せいめい〕성명. 성과 이름.
姓氏〔せいし〕성씨. 성.
同姓同名〔どうせいどうめい〕동성 동명.

〔性〕

풀：성품 성.
音：①ショウ ②ジョウ ③セイ
訓：

音読 1

性〔しょう〕①성질. ②남녀의 구별. ③마음가짐. ④타고난 체질.
性根〔しょうこん〕근기(根気). 끈기.
性分〔しょうぶん〕성분. 타고 난 성품.
性悪〔しょうわる〕성질이 나쁨(나쁜사람).

音読 2

根性〔こんじょう〕근성. 타고난 마음씨.
素性〔すじょう〕①혈통. 가문. ②태생. ③본성. 천성.

音読 3

性感〔せいかん〕성감. 性交時의 感覚.
性格〔せいかく〕성격. 독특한 마음의 경향.
性交〔せいこう〕성교. 성행위.

性教育〔せいきょういく〕성교육.
性急〔せいきゅう〕성급. 성질이 조급함.
性能〔せいのう〕성능. 기계의 성질과 능력.
性別〔せいべつ〕성별. 남성과 여성의 구별.
性欲〔せいよく〕성욕. 성적 욕망.
性質〔せいしつ〕성질. ① 마음의 본 바탕. ② 사물이 본래부터 가지고 있는 특성.

〔城〕 풀 : 성 성.
音 : ジョウ
訓 : しろ

城〔しろ〕성. ～が落ちる : 성이 함락되다.
城攻め〔しろぜめ〕성을 공격함.
城跡〔しろあと〕성터.

連濁音에 注意

根城〔ねじろ〕아성. 중요한 근거지.
出城〔でじろ〕적의 동태를 살피기 위하여 지은 조그마한 성.

音 読

城郭〔じょうかく〕성곽. 성의 둘레.
城門〔じょうもん〕성문. 성의 출입구.
城壁〔じょうへき〕성벽. 성의 담벼락.
城主〔じょうしゅ〕성주. 성의 우두머리.
城址〔じょうし〕성주. 성터.
城下町〔じょうかまち〕성을 중심으로 발달한 도시.
江戸城〔えどじょう〕에도성.

〔星〕 풀 : 별 성.
音 : ① ジョウ ② セイ
訓 : ほし

星〔ほし〕① 별. ～をいただく : 이른 새벽부터 밤 늦게까지 힘써 일하다. ② 세월. ③ 운수. ④ 별표. ⑤ (눈동자의) 삼. ⑥ 표적. 의심. 범인.
星明(か)り〔ほしあかり〕별빛.
星目〔ほしめ〕눈알 가장자리에 좁쌀 만한 크기의 흰 반점이 생기는 병. 삼눈.
星屑〔ほしくず〕밤하늘에 깨알처럼 빛나는 무수한 별들.
星眼〔ほしめ〕⇨ 星目.
星影〔ほしかげ〕별빛.
星月夜〔ほしづきよ : ほしづくよ〕별빛이 빛처럼 환하게 밝은 밤.
星祭り〔ほしまつり〕칠석제(七夕祭).
星取ひ表〔ほしとりひょう〕(씨름에서) 경기 성적표.
星合い〔ほしあい〕칠석(七夕)날의 견우성과 직녀성의 상봉.
星回り〔ほしまわり〕운명. 신수(身數).

連濁音에 注意

図星〔ずぼし〕요점. 급소. 핵심.
目星〔めぼし〕목표.
彦星〔ひこぼし〕견우성.

音 読 1

明星〔みょうじょう〕명성. ① 새벽의 동쪽 하늘이나 해가 진 뒤의 서쪽 하늘에 보이는 금성. 샛별. ② (한 사회에서) 제일 훌륭한 사람.

音 読 2

星霜〔せいそう〕성상. 1년 동안의 세월.
星雲〔せいうん〕성운. 구름이나 안개처럼 흐릿하게 보이는 별의 집단.
星条旗〔せいじょうき〕성조기. 미국의 국기.
星座〔せいざ〕성좌. 별자리.

〔盛〕 풀 : 담을 성. 성할 성.
音 : ① ジョウ ② セイ
訓 : ① さかる ② さかん ③ もる

❶ 盛る〔さかる〕(自5) ① 번창하다. ② 활발해지다. 세차게 되다. ③ (동물이) 교미하다. 흘레 붙다.
盛り〔さかり〕① 한창. 한창때. ② 발정. 암내.
盛り場〔さかりば〕번화가.
❷ 盛ん〔さかん〕(形動) ① 번성함. 번창함. ② 한창임. ③ 왕성함. ④ 유행함. 성(盛)함. ⑤ 맹렬함.
❸ 盛る〔もる〕(他5) ① 쌓아 올리다. ② 수북하게 담다. ③ (약을) 조제하다. 섞어넣다. ④ 目を～ : 눈금을 새기다.
盛り〔もり〕(그릇에)담음. 담은 정도.
盛り菓子〔もりがし〕神仏에 바치는 수북하게 쌓은 과자.
盛(り)蕎麦〔もりそば〕대나무 발을 깐 작은 나무 그릇에 담은 메밀국수.
盛り潰す〔もりつぶす〕(他5) 술을 먹여 곯아 떨어지게 하다(제정신을 잃게 하다).
盛(り)物〔もりもの〕① 神仏에 바치는 供物. 제물(祭物). ② 상에 차리는 음식물.
盛り返す〔もりかえす〕(他5) 쇠퇴해진 세력을 다시 회복시키다. 원기를 회복하다.
盛り付ける〔もりつける〕(他下1) 그릇에 보기 좋게 담다.
盛り砂〔もりずな〕귀인이 올 때나 의식이 있을 때 대문 양쪽에 쌓아 올리는 모래.
盛り殺す〔もりころす〕(他5) ① 독약을 타 먹여 죽이다. 독살하다. ② 약을 잘못 써서 죽게하다.
盛り上がる〔もりあがる〕(自5) ① 솟아 오르다. 부풀어 오르다. ② 세력이나 여론이 솟구쳐 오르다.
盛り上げる〔もりあげる〕(他下1) ① 수북이 담다. 높이 쌓아 올리다. ② 북돋우다. 돋우다.
盛り塩〔もりじお〕음식점 등에서 재수를 빌어 문간에 소금을 놓는 일.
盛り込む〔もりこむ〕(他5) 여러 종류의 물건을 함께 담다.
盛(り)切り〔もりきり〕① 그릇에 담은 것 뿐이고 추가가 없음. 또, 그 담은 것. ② 그릇에 가득 담음.
盛っ切り〔もっきり〕⇨ 盛(り)切り.
盛(り)沢山〔もりだくさん〕① 수북하게 담겨져 있음. 분량이 너무 많음. ② 계획 등이 꽉 짜여져 있음.
盛り土〔もりつち〕흙을 높이 쌓아 올림.
盛り花〔もりばな〕(꽃꽂이에서) 꽃바구니나 수반(水盤)에 여러 가지 꽃을 수북하게 꽂는 방법. 또는 그 꽃.

音読 1

盛者必衰〔じょうしゃひっすい〕성자 필쇠.
繁盛〔はんじょう〕번성. 번영함.

音読 2

盛大〔せいだい〕성대. 성하고 큰 모양.
盛衰〔せいすい〕성쇠. 성함과 쇠퇴함.
盛業〔せいぎょう〕성업. 성대한 사업.
盛装〔せいそう〕성장. 훌륭한 옷차림.
盛夏〔せいか〕성하. 여름의 가장 더운 때.
盛況〔せいきょう〕성황. 성대한 상황.

〘聖〙 풀：성인 성.
音：セイ
訓：ひじり

聖〔ひじり〕덕이 높고 숭배를 받는 사람. ①천자(天子). ②성인(聖人). ③고승(高僧). ④선인(仙人). ④뛰어난 기능이 있는 사람.

音　読

聖歌隊〔せいかたい〕성가대.
聖堂〔せいどう〕성당. 교회당.
聖徳〔せいとく〕성덕. 천자(天子)의 덕.
聖母〔せいぼ〕성모. 성인의 어머니.
聖書〔せいしょ〕성서. 기독교의 経典. 성경.
聖楽〔せいがく〕성악. 종교 음악.
聖域〔せいいき〕성역. 신성한 지역.
聖人〔せいじん〕성인.
聖地〔せいち〕성지. 신성한 지역.
聖誕祭〔せいたんさい〕성탄제. 크리스마스.
聖賢〔せいけん〕성현. 성인과 현인(賢人).

〘誠〙 풀：정성 성.
音：セイ
訓：まこと

誠〔まこと〕①사실. 진실. ②진심. 정성.
誠しやか〔まことしやか〕(形動) 정말 같음. 진짜인 양. 참말인 양. 천연스러움. 천연덕스러움.
誠に〔まことに〕(副) 참말로. 정말로. 대단히.

音　読

誠実〔せいじつ〕성실. 착실.
誠心〔せいしん〕성심. 정성스러운 마음.
誠意〔せいい〕성의. 정성. ～をつくす; 성의를 다하다.

【세】

〘世〙 풀：인간 세. 세상 세.
音：①セ ②セイ
訓：よ

世〔よ〕①세상. 사회. ②일생. 생애. ③시대. 연대. ④남녀의 사이(정).
世づく〔よづく〕(自5) ①세상 물정을 알기 시작하다. ②성에 눈뜨다. 사춘기에 접어 들다. ③세정에 물들다. ④평범하다.
世にも〔よにも〕①결코. ②유달리. 각별히. 대단히. 정말. 참으로.
世の覚え〔よのおぼえ〕세상의 평판. 명성.
世継ぎ〔よつぎ〕대를 이음. 상속인.
世過ぎ〔よすぎ〕세상살이. 생활.
世慣れる〔よなれる〕(自下1) 세정에 밝다. 세상 물정에 익숙해지다.
世渡り〔よわたり〕세상살이. 처세.
世の例〔よのためし〕세상의 관례.
世離れる〔よばなれる〕(自下1) 속세를 벗어나다. 세상 물정에 어둡다.
世の聞え〔よのきこえ〕세상의 평판.
世迷い言〔よまいごと〕남에게 통하지도 않는 말을 늘어놓음. 횡설수설함.
世柄〔よがら〕세태(世態).
世捨(て)人〔よすてびと〕속세를 떠난 사람.
世の常〔よのつね〕①세상에 흔히 있는 일. ②세상의 관습.
世世〔よよ〕①대를 거듭함. ②(仏) 과거, 현재, 미래.
世の習い〔よのならい〕세상의 관습.
世語り〔よがたり〕세평(世評). 이야기거리.
世の中〔よのなか〕①세상. 사회. ②시대. ③속세. ④흔히 있는 일. ⑤남녀간의 정(情).
世直し〔よなおし〕세상을 바로 잡음.
世の限り〔よのかぎり〕①생명이 있는 한. 일평생. ②임종(臨終).

音読 1

世間〔せけん〕①사회. 세상. ②활동범위.
世間並み〔せけんなみ〕보통. 일반.
世間的〔せけんてき〕세속적. 일반적.
世間体〔せけんてい〕세상에 대한 체면.
世間擦れ〔せけんずれ〕사회에서 고생을 해서 약삭빠르게 됨.
世界〔せかい〕세계.
世故〔せこ〕세상 일. 세속적인 일.
世代〔せだい〕세대. 연대(年代)의 층.
世帯〔せたい：しょたい〕세대. 한집안. 한 가정의 살림.
世論〔せろん〕세론. 여론. ～調査; 여론조사.
世辞〔せじ〕겉치레의 인사. 알랑거리는 말.
世上〔せじょう〕세상. 사회.
世相〔せそう〕세상. 세상 상태.
世俗〔せぞく〕세속. ①세상. ②세상 풍속.
世襲〔せしゅう〕세습. 대대로 물려받음.
世人〔せじん〕세인. 세상사람.
世情〔せじょう〕세정. 세상 인심.
世知〔せち〕처세의 지혜.
世態〔せたい〕세태. 세상 형편.
世評〔せひょう〕세평. 세상의 평판.
世話〔せわ〕①돌보아 줌. 주선. ②신세를 짐. 성가신 일. ③세속적인 것.
観世〔かんぜ〕관세음 보살.

音読 2

世紀〔せいき〕세기. ①100년을 1기로 한 연대구분. ②이 세기 최대의 것. ③현세기. ④연대. 시대.
世子〔せいし〕세자. 신분이 높은 사람의 적자(嫡子).

〔洗〕 풀：씻을 세.
音：**セン**
訓：**あらう**

洗う〔あらう〕(他5) ①빨다. 씻다. 세탁하다. ②샅샅이 들춰 조사하다. 身元を～；신원을 자세히 들추어 조사하다.
洗い〔あらい〕①씻음. 빨음. 세탁. ②생선의 저민 살을 찬물이나 얼음으로 씻어 줄어들게 한 회.
洗い立て〔あらいたて〕갓 빪. 이제 막 빤 것. 갓 빨은 것.
洗い立てる〔あらいたてる〕(他下1) ①잘 씻어내다. 잘 닦아내다. 빨아내다. ②샅샅이 들추어 조사하다.
洗い物〔あらいもの〕①빨랫감. ②빨래함.
洗い髪〔あらいがみ〕감고 풀어내린 머리.
洗い粉〔あらいこ〕몸을 씻는 가루 비누.
洗い上げる〔あらいあげる〕(他下1) 씻어내다. 다 빨다. ②말끔히 조사해 내다.
洗い晒し〔あらいざらし〕여러번 빨아서 색이 바랜것.
洗い場〔あらいば〕설겆이간. 주방.
洗い張り〔あらいはり〕옷을 뜯어 빨아서 풀을 먹여서 펴서 말리는 것.
洗い朱〔あらいしゅ〕주황색.
洗い浚い〔あらいざらい〕깡그리. 죄다. 전부.
洗い濯ぎ〔あらいすすぎ〕세탁.

音　読

洗脳〔せんのう〕세뇌. 사상을 개조하는 일.
洗練〔せんれん〕세련. 인품을 닦아 고상함.
洗礼〔せんれい〕세례. 머리까지 물에 잠김.
洗面器〔せんめんき〕세면기. 세수대야.
洗髪〔せんぱつ〕세발. 머리를 감음.
洗眼薬〔せんがんやく〕세안 약.
洗顔〔せんがん〕세안. 얼굴을 씻음. 세수.
洗剤〔せんざい〕세제. 깨끗이 씻기 위하여 물에 타서 쓰는 약제.
洗濯〔せんたく〕세탁. 빨래함.

〔細〕 풀：가늘 세.
音：**サイ**
訓：①**こまか** ②**こまかい** ③**こまかしい** ④**こまやか** ⑤**ほそやか** ⑥**ほそい** ⑦**ほそめる** ⑧**ほそる**.

❶ **細か**〔こまか〕(形動) 잚. 자세함. ～な字；잔 글씨. ～に調べる；자세히 조사하다.
❷ **細かい**〔こまかい〕(形) ①잘다. ～金(かね)；잔돈. ②까다롭다. ③촘촘하다. ④자세하다. 세세하다. 빈 틈 없다. ⑤사소하다. 대수롭지 않다. ⑥예민하다.
❸ **細かしい**〔こまかしい〕(形) 몹시 잘다. 자세하다. 번쇄하다.
❹ **細やか**〔こまやか〕(形動) ①자세함. ②잚.
❺ **細やか**〔ほそやか〕(形動) 가느다람.
❻ **細い**〔ほそい〕(形) ①가늘다. ②좁다. ③(양이)적다. ④여유가 없다. ⑤음성이 작고 맑다.
❼ **細める**〔ほそめる〕(他下1) 가늘게 하다.
細め〔ほそめ〕가느다람. 좁은 틈.
❽ **細る**〔ほそる〕(自5) 가늘어지다. 여위다.
細巻き〔ほそまき〕가늘게 맒.
細道〔ほそみち〕좁은 길.
細面〔ほそおもて〕갸름한 얼굴.
細細と〔ほそぼそと〕(副) 가느다랗게. 그럭저럭.
〔こまごまと〕(副) 자세하게. 친절하게.
細首〔ほそくび〕가는 목.
細身〔ほそみ〕(칼을)폭이 좁게 만든 것.
細腕〔ほそうで〕가는 팔. 연약한 힘.
細腰〔ほそこし〕가는 허리. 개미 허리.
細元手〔ほそもとで〕약간의 자본금(밑천).
細引(き)〔ほそびき〕가는 삼노끈.
細字〔ほそじ〕가는 글씨.
細作り〔ほそづくり〕①가늘게 만듦. 가느다람. ②날씬함. 날씬한 몸.
細長い〔ほそながい〕(形) 길고 가느다랗다. 홀쭉하다.

音　読

細君〔さいくん〕①자기 아내. ②남의 아내.
細菌〔さいきん〕세균. 박테리아.
細目〔さいもく〕세목. 자세한 항목.
細密〔さいみつ〕세밀. 잘고 자상함.
細心〔さいしん〕세심. 꼼꼼하게 주의함.
細則〔さいそく〕세칙. 세밀한 규칙.
細胞〔さいぼう〕세포. 생물체를 구성하고 있는 주된 단위.
細雪〔ささめゆき〕①자잘하게 내리는 눈. ②드문드문 내리는 눈.

〔税〕 풀：세금 세.
音：**ゼイ**
訓：

税〔ぜい〕세. 세금.
税関〔ぜいかん〕세관.
税金〔ぜいきん〕세금. 세(税)로 바치는 돈.
税率〔ぜいりつ〕세율. 과세율.
税吏〔ぜいり〕세리. 세금을 받는 관리.
税務〔ぜいむ〕세무. 세금에 관한 행정사무.
税法〔ぜいほう〕세법. 세금에 관한 법규.
税源〔ぜいげん〕세원. 세금을 징수하는 원천(源泉)이 되는 것.
税政〔ぜいせい〕세정. 세무 행정.
税制〔ぜいせい〕세제. 조세(租税)제도.

〔貰〕 풀：세낼 세.
音：
訓：**もらう**

貰う〔もらう〕(他5) ①받다. 얻다. ②집으로 맞아 들이다. ③인수하다. 맡다. ④사다.
貰い〔もらい〕얻음. 얻은 것.
貰い年〔もらいどし〕보탠 나이.

貰い物〔もらいもの〕①얻은 물건. ②다래끼.
貰い笑い〔もらいわらい〕덩달아 웃음.
貰い手〔もらいて〕얻어 갈(데려 갈) 상대.
貰い水〔もらいみず〕얻어 쓰는 물.
貰い食い〔もらいぐい〕얻어 먹음.
貰い乳〔もらいちち〕남의 젖을 얻어 먹임.
貰い泣き〔もらいなき〕덩달아 울.
貰い子〔もらいご〕얻어 기르는 자식. 양자.
貰い湯〔もらいゆ〕남의 집 목욕탕에서 목욕함.
貰い火〔もらいび〕①남의 집 불로 자기 집이 탐. 연소(延燒). ②이웃에서 불씨를 얻음.

〖歳〗 풀：해 세.
音：①サイ ②ザイ ③セイ
訓：とし

歳〔とし〕나이. 연령. ～の割に若い：나이에 비해서 젊다.

音 読 1

歳計〔さいけい〕세계. 1년 안의 수입, 지출의 총계.
歳晩〔さいばん〕연말(年末). 세모(歳暮).
歳末〔さいまつ〕세말. 한 해의 끝. 연말.
歳費〔さいひ〕세비. (국회의원 등의)한 해의 수당.
歳時記〔さいじき〕세시기. 연중 행사나 자연 현상 등을 적어 놓은 책.
歳月〔さいげつ〕세월. 흘러가는 시간.
歳入〔さいにゅう〕세입. 1년 간의 총수입.
歳出〔さいしゅつ〕세출. 1년 간의 총지출.

音 読 2

万歳〔ばんざい〕만세. ①장래의 발전을 축복해서 부르짖는 말. ②～だよ：끝장이야(만세 불렀어).

音 読 3

歳暮〔せいぼ〕세모. ①한 해의 마지막. 연말. ②お～：연말의 선물.

〖勢〗 풀：기세 세.
音：①セイ ②ゼイ
訓：いきおい

勢い〔いきおい〕①기세. 힘. ②위세. 세력. ③서슬. 기운. 바람. 走った～で：달리는 바람에. ④추세. 정세. ⑤(副) 당연한 결과로. 자연히.
勢い立つ〔いきおいたつ〕의기가 오르다.
勢い込む〔いきおいこむ〕(自5) 분발하다. 단단히 벼르다.

音 読 1

勢〔せい〕①세력. 힘. ②군대.
勢力〔せいりょく〕세력. 권세의 힘. 위력.
勢威〔せいい〕세위. 기세와 위엄.
気勢〔きせい〕기세. 기운과 세력. 원기.

音 読 2

多勢に無勢〔たぜいにぶぜい〕중과부적(衆寡不敵).
日本勢〔にほんぜい〕일본세. 일본 세력.

【소】

〖小〗 풀：작을 소.
音：ショウ
訓：①ちいさい ②お ③こ ④こう

❶小さい〔ちいさい〕(形) ①작다. ②적다. ③어리다. ④규모가 작다.
小さげ〔ちいさげ〕(形動) 아주 작은 듯함.
小さな〔ちいさな〕(連体) 작은. 조그마한.
小さめ〔さいさめ〕조금 작음.
小さやか〔ちいさやか〕(形動) 작은 모양. 자그마한.
小さ刀〔ちいさがたな〕허리에 차는 작은 칼.
❷小母〔おば〕아주머니.
小父〔おじ〕아저씨.
小暗い〔おぐらい：こぐらい〕(形) 어두어둑하다.
小舟〔おぶね〕작은 배.
小川〔おがわ〕작은 시내.
❸小うるさい〔こうるさい〕(形) 귀찮다.
小まめ〔こまめ〕근실함. 착실함
小間〔こま〕①작은 방. ②틈. 겨를. 짬.
小間結び〔こまむすび〕옭아 맴.
小間物〔こまもの〕(여자용의) 자질구레한 물건. 방물. 장신구(装身具). ～屋：잡화상.
小間使い〔こまづかい〕몸종.
小遣い〔こづかい〕용돈.
小見出し〔こみだし〕소제목(小題目). 부표제(副表題).
小競(り)合い〔こぜりあい〕①옥신각신. ②작은 전투(충돌). ③사소한 분쟁. 알력. 분규.
小高い〔こだかい〕(形) 약간 높다. 좀 높다.
小鼓〔こつづみ〕소고. 작은 북.
小菊〔こぎく〕①송이가 작은 국화. ②일본 특유의 작은 종이.
小金〔こがね〕약간의 돈.
小気味〔こきみ〕～がよい：고소하다. 속이 시원하다.
小奇麗〔こぎれい〕깔끔함. 말쑥함. 조촐함. 아담함.
小綺麗〔こぎれい〕⇨小奇麗.
小器用〔こぎよう〕조금 손재주가 있음. 눈치 있음.
小機転〔こぎてん〕약간의 재치. 잔재주.
小難しい〔こむずかしい〕(形) ①까다롭다. ②기분이 좋지 않다. 시무룩하다.
小男〔こおとこ〕몸집이 작은 남자.
小娘〔こむすめ〕소녀(少女).
小刀〔こがたな〕①주머니칼. ②작은칼.
小盗人〔こぬすびと〕좀도둑.
小道〔こみち〕①좁은 길. ②샛길.

小突く〔こづく〕(他5) ①(손가락 따위로) 쿡 찌르다. ②짓궂게 굴다.
小頭〔こがしら〕소두목. 조장(組長).
小力〔こぢから〕다소의 힘. 무시못할 힘.
小料理〔こりょうり〕(술집에서 내는) 간단한 요리.
小利口〔こりこう〕약삭 빠름. 눈치 빠름. 약음.
小理屈〔こりくつ〕아주 그럴싸한 구실(핑계).
小粒〔こつぶ〕소립. ①알맹이가 작음. 작은 알맹이. ②몸집이 작음. ③역량이 작음.
小忙しい〔こぜわしい〕(形) 어쩐지 바쁘다. 일없이 분주하다.
小売(り)〔こうり〕소매.
小麦〔こむぎ〕소맥. 밀.
小麦粉〔こむぎこ〕밀가루.
小面憎い〔こづらにくい〕(形) 보기조차 싫다. 얄밉다.
小文字〔こもじ〕소문자.
小紋〔こもん〕자잘한 무늬.
小物〔こもの〕①자질구레한 도구. ②하찮은 인물. 잔챙이.
小半〔こなから〕반 되의 반. 2홉 반.
小半斤〔こはんぎん〕한 근의 4분의 1.
小半時間〔こはんじかん〕거의 반 시간.
小半日〔こはんにち〕한나절. 약 반일.
小兵〔こひょう〕몸집이 작음.
小柄〔こがら〕①몸집이 작음. ②모양, 무늬가 작음.
小普請〔こぶしん〕건축물의 소규모적 수리. 개축(改築).
小腹〔こばら〕①～が立つ；약간(좀) 화가 나다. ②～が痛む；아랫배가 아프다.
小付〔こづけ〕덧붙이 짐.
小鼻〔こばな〕콧방울.
小使〔こづかい〕소사. 사환.
小山〔こやま〕작은 산. 낮은 산.
小書き〔こがき〕주(註)등을 글 사이에 작은 글씨로 써 넣는 것.
小雪〔しょうせつ〕소설. 24절기의 하나.
〔こゆき〕적게 오는 눈.
小声〔こごえ〕작은 소리. 낮은 말소리.
小細工〔こざいく〕①자질구레한 세공. ②잔꾀. 잔재주. ～を弄(ろう)する；잔 재주를 부리다.
小勢〔こぜい〕적은 인원수.
小松〔こまつ〕작은 소나무. 어린 소나무.
小手〔こて〕①팔뚝. ②손재주. 잔재주. ③(검도에서)손목 부분을 침.
小手先〔こてさき〕손끝. 잔재주. 손재주.
小手調べ〔こてしらべ〕사전 연습.
小僧っ子〔こぞっこ〕풋나기. 애송이.
小夜着〔こよぎ〕작은 이불. 소형의 덮개.
小羊〔こひつじ〕어린 양. 양, 염소의 새끼.
小言〔こごと〕①잔소리. 꾸중. ②투덜댐.
小役人〔こやくにん〕말단 벼슬아치.
小汚ない〔こぎたない〕(形) 어딘지 모르게 약간 지저분하다. 좀 더럽다.
小屋〔こや〕오두막집.
小屋掛け〔こやがけ〕(흥행 등을 위하여)임시로 지은 가건물(仮建物).
小屋組み〔こやぐみ〕가옥의 뼈대, 구조.
小雨〔こさめ〕가랑비. 조금 오다마는 비.
小為替〔こがわせ〕소액 우편환(※日本에서는 昭和 26년에 폐지하였음).
小陰〔こかげ〕작은 그늘.
小耳〔こみみ〕～にはさむ；언뜻 듣다.
小人〔こびと〕난장이.
小人数〔こにんず〕적은 인원수.
小者〔こもの〕①젊은이. ②하인. 종.
小作〔こさく〕소작. ～農；소작농.
小作り〔こづくり〕덩어리가 작음. 작게 만들어진 것. 몸집이 작음.
小才〔こさい〕잔재주. 잔꾀.
小前〔こまえ〕①소규모의 영업. ②가난한 살림살이. ③영세한 농민. 소작인.
小銭〔こぜに〕①잔돈. ②적은 밑천.
小切り〔こぎり〕조그맣게 자른 것.
小切る〔こぎる〕(他5) ①잘게 자르다. ②값을 깎다.
小切れ〔こぎれ〕헝겊 조각.
小切手〔こぎって〕수표. 不渡り～； 부도수표.
小町〔こまち〕소문난 아름다운 처녀. 미녀.
小鳥〔ことり〕작은 새.
小座敷〔こざしき〕작은 방. 사랑방.
小走り〔こばしり〕① 종종걸음. ②몸종.
小昼〔こびる〕①낮에 가까운 시각. ②아침과 점심사이의 곁두리(새참). 간식.
小止み〔こやみ〕(비, 눈이)잠시 멈춤, 뜸함, 잠깐 쉼. ～なく降る；잠시도 쉬지 않고 내리다(오다).
小枝〔こえだ〕작은 가지.
小指〔こゆび〕소지. 새끼손가락. 새끼발가락.
小春〔こはる〕소춘. 음력 10월의 다른 이름.
小春日和〔こはるびより〕음력 10월의 따뜻한 날씨.
小出し〔こだし〕조금씩 내 놓음.
小恥ずかしい〔こはずかしい〕(形) 약간 부끄럽다.
小太刀〔こだち〕작은 칼.
小太鼓〔こだいこ〕작은 북.
小判〔こばん〕①작은 판(判). ②天正時代부터 江戸時代에 걸쳐 만든 타원형의 金貨.
小包〔こづつみ〕①소포. ②작은 꾸러미.
小幅〔こはば〕소폭.
小形〔こがた〕소형. 작은 물건. 물건의 형체가 작음.
小型〔こがた〕소형. 작은 모양.
小話〔こばなし〕재치 있는 익살이나, 점잖은 에로티즘을 주제로 한 짧은 이야기.
小回り〔こまわり〕①조금 길을 돌아감. ②조금 돎. ③세세한 곳까지 손이 미침.

訓読④

小路〔こうじ〕①(시내의) 좁은 골목. ②(고유 대명사로는)네거리. 큰 길.

例　外

小豆〔あずき：しょうず〕팥.
小百合〔さゆり〕백합.
小夜〔さよ〕밤. ～ふけて; 밤이 깊어서.

音　読

小〔しょう〕소. ① 작음. ② 가는 것.
小康〔しょうこう〕소강. 병이나 세상의 형편이 조금 안정됨.
小計〔しょうけい〕소계. 일부분의 합계.
小憩〔しょうけい〕소게. 잠깐 쉼.
小隊〔しょうたい〕소대.
小量〔しょうりょう〕소량. 적은 분량.
小説〔しょうせつ〕소설. 꾸민 이야기.
小数〔しょうすう〕소수. 절대수치 이하 수.
小心者〔しょうしんもの〕소심자. 겁장이.
小児〔しょうに〕소아. 어린이.
小冊子〔しょうさっし〕소책자.
小銃〔しょうじゅう〕소총. 총.
小学校〔しょうがっこう〕소학교. 국민학교

〖少〗
풀：적을 소.
音：**ショウ**
訓：① **すこし** ② **すく**ない

❶ **少し**〔すこし〕(副) 조금. 약간.
少しく〔すこしく〕(副) 조금. 약간.
少しも〔すこしも〕(副) 조금도(…않다).
❷ **少ない**〔すくない〕(形) ① 적다. ② 나이가 적다. 어리다.
少なからず〔すくなからず〕(副) 적지않이. 매우. 몹시. 많이.
少なくとも〔すくなくとも〕(副) ① 적어도. ② 다른 것은 그만 두고라도. 부득이하면.
少なくも〔すくなくも〕(副) ⇨少なくとも.
少な目〔すくなめ〕약간 적음. ～に見積もる; 약간 적게 견적하다.

連濁音에 注意

人少な〔ひとずくな〕사람 수가 적음.
残り少な〔のこりずくな〕얼마 남지 않음.

音　読

少女〔しょうじょ〕소녀. 나이 어린 처녀.
少年〔しょうねん〕소년. 나이 어린 남자.
少少〔しょうしょう〕약간. 조금.
少数〔しょうすう〕소수. 수가 적은 것.
少時〔しょうじ〕소시. ① 어렸을 때. ② 잠깐 동안. 얼마동안.
少額〔しょうがく〕소액. 적은 금액.
少尉〔しょうい〕소위. 장교 계급의 하나.
少将〔しょうしょう〕소장. 장군 계급의 하나.
少佐〔しょうさ〕소좌(소령(少領)에해당함)

〖召〗
풀：부를 소.
音：**ショウ**
訓：**めす**

召す〔めす〕(他5) ① 부르시다. ② 가져오게 하시다. ③ 잡수시다. 드시다. ④ (차를) 타시다. ⑤ (옷을) 입으시다. ⑥ (목욕을) 하시다.
召し具す〔めしぐす〕(他5) 동반하다. 인솔하다. 수반하다.
召し寄せる〔めしよせる〕(他下1) ① 모셔오다. 불러들이다. ② 가져오게 하다. 들여오다.
召し連れる〔めしつれる〕(他下1) 불러 내어 데리고 가다. 불러 함께 가다.
召料〔めしりょう〕고귀한 사람이 쓰는 물건.
召使〔めしつかい〕하인. 머슴. 하녀.
召し使う〔めしつかう〕(他5) 곁에 두고 부리다. 고용하다.
召し上がる〔めしあがる〕(他5) 잡수시다. 드시다. (食べる, 飲む의 높임말).
召し上げる〔めしあげる〕(他下1) ① 몰수하다. 빼앗다. 거두다. ② 소집하다. 부르다.
召し人〔めしゅうど〕연초(年初)에 있는 칙제가(勅題歌)의 심사 위원으로 위촉된 사람.
召し状〔めしじょう〕소환장. 호출장.
召し出す〔めしだす〕(他5) 불러서 직책(職責)을 주다. 불러내다. 부르다.
召し抱える〔めしかかえる〕(他下1) ① 불러 들여 부하로 쓰다. ② 고용하다. 집에 데리고 있다. 사람을 들이다.
召し捕る〔めしとる〕(他5) ① 체포 하다. 죄인을 잡다. ② 불러들이다.

音　読

召集〔しょうしゅう〕소집. 불러서 모음.
召喚〔しょうかん〕소환. 법정으로 출두시킴.
召還〔しょうかん〕소환. 불러 돌아오게 함.

〖沼〗
풀：늪 소.
音：**ショウ**
訓：**ぬま**

沼〔ぬま〕늪. ～に棲む; 늪에 살다.
沼尻〔ぬまじり〕늪 귀퉁이의 좁은 부분.
沼縁〔ぬまべり〕늪과 육지의 경계(언저리)
沼田〔ぬまた〕수렁논.
沼地〔ぬまち〕늪지대. 질척한 땅. 수렁땅.

音　読

沼池〔しょうち〕소지. 늪과 못.
沼沢〔しょうたく〕소택. 늪과 못.

〖所〗
풀：바 소.
音：① **ショ** ② **ジョ**
訓：**ところ**

所〔ところ〕① 장소. 위치. ② 곳. 데. ③ 고장. ④ 주소. ⑤ …(네)집. 兄の～; 형네집. ⑥ 제 자리. 알맞은 지위. ⑦ 부분. ⑧ 정도. ⑨ 것. ⑩ 즈음. 때. ⑪ 경우. 형편. ⑫ 현장. ⑬ 바. 점.
所が〔ところが〕그런데. 그랬더니.
所得顔〔ところえがお〕(장소나 지위에 만족하여) 득의 양양한 얼굴.
所柄〔ところがら〕장소가 장소인만큼. 장소의 형편상.
所書き〔ところがき〕주소를 적은 것. 주소.
所所〔ところどころ〕여기저기. 군데군데.
所狭い〔ところせまい〕(形) 장소가 좁다.
所嫌わず〔ところきらわず〕장소를 가리지 않고. 장소에 아랑곳 없이.

連濁音에 注意

居所〔いどころ〕있는 곳.
台所〔だいどころ〕부엌.
米所〔こめどころ〕쌀이 많이 생산되는 곳.

音 読 1

所感〔しょかん〕소감. 마음에 느낀 바
所見〔しょけん〕소견. 보고 살핀 바.
所管〔しょかん〕소관. 맡아 다스리는 바.
所期〔しょき〕소기. 기대한 바.
所帯〔しょたい〕① 재산. ② 한 가정의 살림. ② 한 집안.
所得〔しょとく〕소득. 수입.
所望〔しょもう〕소망. 바라는 바. 소원.
所産〔しょさん〕소산. 소산물. 생겨나는 바.
所相〔しょそう〕(文法에서) 수동(受動).
所属〔しょぞく〕소속. 어떠한 기관이나 단체에 딸림.
所信〔しょしん〕소신. 믿는 바. 믿음.
所要〔しょよう〕소요. 필요한 일.
所用〔しょよう〕소용. 쓰이는 바.
所為〔しょい〕소위. ① 행위. ② 까닭. 때문.
所有〔しょゆう〕소유. 자기의 것으로 가짐.
所作事〔しょさごと〕① 춤. ② 무용극 (舞踊劇).
所載〔しょさい〕(인쇄물에) 기사가 실려있음.
所定〔しょてい〕소정. 정한 바.
所持品〔しょじひん〕소지품. 몸에 지니는 물건. 가지고 있는 물건.

音 読 2

近所〔きんじょ〕근처. 이웃.
便所〔べんじょ〕변소.
寝所〔しんじょ〕침소. 침실. 잠자는 곳.

〔咲〕

풀 : 웃을 소.
音 :
訓 : さく

咲く〔さく〕(自5)(꽃이) 피다. 花が～; 꽃이 피다.
咲き殻〔さきがら〕한번 피었다가 시든 꽃.
咲き誇る〔さきほこる〕(自5) 화려하게 피다.
咲き匂う〔さきにおう〕(自5) 아름답게 피다.
咲き分け〔さきわけ〕한 그루에서 빛깔이나 모양이 다른 꽃이 핌.
咲き残る〔さきのこる〕(自5) ① (다른 꽃이 진 뒤에도) 아직 피어 있다. ② 늦게 피다.
咲き揃う〔さきそろう〕(自5) 꽃이 일제히 피다.
咲き初める〔さきそめる〕(自下1) 피기 시작하다.
咲き出す〔さきだす〕(自5) 꽃이 피기 시작하다.

〔昭〕

풀 : 밝을 소.
音 : ショウ
訓 :

昭代〔しょうだい〕태평 세월.
昭和〔しょうわ〕서기 1926년 이후의 일본의 연호. (例 : 1977년 6월은 昭和52年 6月임).

〔宵〕

풀 : 밤 소.
音 : ショウ
訓 : よい

宵〔よい〕초저녁. 저녁.
宵の口〔よいのくち〕땅거미가 지는 초저녁.
宵宮〔よいみや〕祝祭日의 前夜祭.
宵の明星〔よいのみょうじょう〕저녁의 금성.
宵闇〔よいやみ〕초저녁의 어스름.
宵越し〔よいごし〕하룻밤을 넘김(지새움).
宵っ張り〔よいっぱり〕밤 늦게까지 잠을 자지 않음. 또는 그런 사람.
宵祭〔よいまつり〕⇨宵宮.
宵寝〔よいね〕① 초저녁잠. ② 초저녁에만 잠

音 読

終宵〔しゅうしょう〕종소. 마지막 밤.
徹宵〔てっしょう〕철소. 밤을 지새움.
春宵〔しゅんしょう〕춘소. 봄 밤.

〔消〕

풀 : 꺼질 소.
音 : ショウ
訓 : ① きえる. ② けす.

❶ 消える〔きえる〕(自下1) ① 사라지다. ② (불이) 꺼지다. ③ 지워지다. ④ 없어지다. ⑤ (감정이) 풀리다.
消え果てる〔きえはてる〕(自下1) 아주 꺼지다. 완전히 사라지다.
消え消えに〔きえぎえに〕① 거의 사라져 없어짐. ② 기급을 하게 놀람. ③ 살아 있는 것같지 않은 상태.
消え失せる〔きえうせる〕(自下1) ① 사라져 없어지다. ② 목숨이 끊어지다.
消え残る〔きえのこる〕사라지지 않고(꺼지지 않고) 남아 있다.

連濁音에 注意

立ち消え〔たちぎえ〕(불이) 중도에서 꺼짐.
斑消え〔むらぎえ〕드문드문 사라지는 것.
❷ 消す〔けす〕(他5)(他5) ① 끄다. テレビを～; 텔레비젼을 끄다. 火事を～; 불이 난 것을 끄다. ② 지우다. ③ 없애다. 제거하다. ④ 감추다. ⑤ 肝を～; 간떨어지다(놀라다).
消しゴム〔けしゴム〕(고무) 지우개.
消し去る〔けしさる〕(他5) 지워 없애다.
消(し)口〔けしぐち〕불을 끄기 위하여 들러 붙는 장소.
消し飛ぶ〔けしとぶ〕(自5) 날아가버리다. 날려 없어지다.
消印〔けしいん〕소인.
消し止める〔けしとめる〕(他下1) ① 불길을 잡다. ② 다른 데로 번지는 것을 막다.
消(し)炭〔けしずみ〕뜬숯.

音 読

消去〔しょうきょ〕소거. 지워 없앰.

消極的〔しょうきょくてき〕소극적.
消毒〔しょうどく〕소독. 병균을 죽임.
消灯〔しょうとう〕소등. 등불을 끔.
消耗〔しょうもう〕소모. 써서 없어짐.
消防〔しょうぼう〕소방. 불을 끔(예방함).
消費〔しょうひ〕소비. 써서 없앰.
消失〔しょうしつ〕소실. 사라져 없어짐.
消化〔しょうか〕소화.
消火栓〔しょうかせん〕소화전.

〖素〗 풀：흰 소.
音：①ス ②ソ
訓：もと

素〔もと〕원금. 자본. 밑천. 본전. 원가(原価).
素より〔もとより〕①원래부터. 처음부터. ②물론 말할 것도 없이.

例　外

素人〔しろうと〕①경험이 없는 사람. 풋내기. 초심자. 비전문가. 아마추어. ②일반 가정의 여자. 여염집 여자.

音　読 1

素肌〔すはだ〕①맨몸. 알몸. ②(화장하지 않은) 맨 살갗. ③(일부분이) 노출된 살갗.
素裸〔すはだか〕맨몸. 알몸.
素っ裸〔すっぱだか〕알몸뚱이.
素読み〔すよみ〕(마지막 교정에서 원고를 보지 않고) 그냥 쭉쭉 훑어 읽으면서 문맥을 조사하는 일.
素っ頓狂：素っ頓興〔すっとんきょう〕매우 엉뚱하고 경솔함. ～な声：얼빠진 소리.
素浪人〔すろうにん〕의지할 데 없는 떠돌이.
素面〔すめん〕①(검도에서) 면(面)을 쓰지 않음. ②(술 취하지 않은) 맨숭맨숭한 얼굴.
素泊まり〔すどまり〕(식사는 하지 않고) 잠만 자는 숙박.
素飯〔すめし〕맨밥.
素姓：素性〔すじょう〕①혈통. 태생. 집안. 성장 과정. ②내력. 유래. 경력. 정체. ③천성. 본질.
素焼(き)〔すやき〕①도자기에 유약(釉薬)을 바르지 않고 저열(低熱)에 구워서 만든 그릇. ②(보존을 위하여) 물고기를 구워 둠.
素手〔すで〕맨손. 맨주먹. 빈손.
素顔〔すがお〕①맨 얼굴. 평상시의 얼굴. 화장하지 않은 얼굴. ②(술 취하지 않은) 멀쩡한 얼굴.
素謡〔すうたい〕(能에서) 반주나 춤 없이 읊는 노래.
素踊(り)〔すおどり〕의상(衣裳)이나 가발(仮髮)을 쓰지 않고 추는 춤.
素引き〔すびき〕빈 활을 튀기기.
素適：素敵〔すてき〕아주 멋짐. 매우 근사함.
素早い〔すばやい〕(形) 재빠르다. 날래다.
素足〔すあし〕맨발.
素直〔すなお〕고분고분함. 순진함. 순수함. 솔직함. 부드러움.
素振り〔すぶり〕木剣, 라켓, 배트 등을 실제로 치는 듯이 휘두르는 연습.
素晴らしい〔すばらしい〕(形) 근사하다. 훌륭하다. 멋지다. 굉장하다.
素通り〔すどおり〕(들르지 않고) 그냥 지나침. ～はひどいじゃないか：그냥 지나치다니 너무 하잖아!
素通し〔すどおし〕①훤히 보임. ②도수 없는 안경. ③전구의 유리가 투명한 것.
素っ破抜く〔すっぱぬく〕(他5) ①폭로하다. 들추어 내다. ②배반(배신)하다.
素寒貧〔すかんぴん〕몹시 가난함. 빈털터리.
素話〔すばなし〕(술, 과자 등의) 음식은 먹지 않고 그냥 이야기만 함.

音　読 2

素絹〔そけん〕생견사로 짠 생명주.
素っ気〔そっけ〕재미. 아양. 애교.
素粒子〔そりゅうし〕소립자.
素描〔そびょう〕소묘. 데생. 대강 그림.
素朴〔そぼく〕소박. 꾸밈이 없는 상태.
素封〔そほう〕재산이 많은 사람. 재산가.
素数〔そすう〕소수. 그 수 자신 및 1이외의 수로는 나누어지지 않는 정수(整数).
素養〔そよう〕소양. (평소에 기른) 학문, 기술 등의 실력이나 교양.
素因〔そいん〕소인. ①원인. ②그 병에 걸리기 쉬운 소질.
素材〔そざい〕소재. ①(작품 등의) 근본이 되는 재료. ②소질.
素地〔そじ〕①옷감. ②토대. 기초. 바탕.
素志〔そし〕소지. 평소의 뜻.
素質〔そしつ〕소질. ①본래부터 갖추어져 있는 성질. ②장래의 발전성.
素行〔そこう〕소행. 행동. 품행.
素懐〔そかい〕소회. 평상시의 소원.

〖笑〗 풀：웃을 소.
音：ショウ
訓：①わらう ②わらえる
③えむ

❶笑う〔わらう〕(自他) ①웃다. ②비웃다. 빈정거리다. 우습게 여기다. ③방긋거리다. ④가소롭다. 우습다. 웃기다.
笑い〔わらい〕①웃음. ②비웃음. 조소.
笑いこける〔わらいこける〕(自下1) 배꼽이 빠지게 웃다. 포복 절도(抱腹絶倒)하다.
笑いさざめく〔わらいさざめく〕(自5) 모두 유쾌한 듯이 큰 소리로 웃다.
笑い飛ばす〔わらいとばす〕(他5) 진실로 받아들이지 않고 웃음으로 얼버무리다. 웃어 넘기다.
笑い事〔わらいごと〕우스운 일. 웃을 일.
笑い上戸〔わらいじょうご〕(술 취하면) 계속 웃는 버릇이 있는 사람.
笑い声〔わらいごえ〕웃음 소리.
笑いのめす〔わらいのめす〕웃고 문제로 삼지 않다.
笑い者〔わらいもの〕남의 웃음거리가 되는

사람. 웃음각마리.
笑い種〔わらいぐさ〕웃음거리.
笑い話〔わらいばなし〕① 우스운 이야기. ② 웃으면서 기분좋게 하는 이야기. ③ 비웃음거리.
笑い絵〔わらいえ〕① 익살스러운 그림. ② 춘화도(春画図).
❷ **笑える**〔わらえる〕(自下1) ① 웃을 수 있다. ② 웃음이 나오다.
❸ **笑む**〔えむ〕(自5) ① 미소짓다. 빙긋이 웃다. ② 꽃이 피다. 꽃봉오리가 벌어지다. ③ 열매가 익어 벌어지다 (터지다).
笑み〔えみ〕① 웃음. 미소. ② 꽃이 핌. ③ 부풀어 벌어짐.
笑み割れる〔えみわれる〕(自下1)(열매가) 익어서 자연히 벌어지다.
笑顔〔えがお〕웃는 얼굴.

音 読

笑納〔しょうのう〕ご～下さい;(변변치 못한 물건이나)웃으며 받아 주십시요.
笑止〔しょうし〕① 딱함. ② 우스움. ～千万;우습기 짝이 없음.

〔**巣**〕 풀:새집 소.
音:ソウ
訓:す

巣〔す〕① 새, 짐승, 곤충 등의 집. 보금자리. 愛の～;사랑의 보금자리. ③ 소굴.
巣くう〔すくう〕(自5) ① 둥우리를 짓고 서식하다. 깃들다. ② 소굴을 이루고 있다.
巣籠(も)る〔すごもる〕(自5)(새, 벌레, 짐승이)둥지 속에 틀어박히다.
巣立ち〔すだち〕① (새끼가 자라서)보금자리를 떠남. ② 자립함. 독립함.
巣箱〔すばこ〕(사람이 만든 새, 꿀벌 등의) 둥우리 상자.

音 読

巣窟〔そうくつ〕소굴. 나쁜 놈들이 사는 곳.

〔**掃**〕 풀:쓸 소.
音:ソウ
訓:はく

掃く〔はく〕(他5) ① 쓸다. 청소하다. 庭を～;뜰을 쓸다. ② (가볍게)칠하다. 眉(まゆ)を～;눈썹을 그리다.
掃(き)溜め〔はきだめ〕쓰레기 터.
掃(き)立て〔はきたて〕① 청소한 지 얼마 안됨. ② 알에서 갓 깬 애누에를 잠박에서 쓸어 옮김.
掃き掃除〔はきそうじ〕비로 쓰는 청소.
掃き出す〔はきだす〕(他5)① 쓸어 내다. ② 나쁜 것을 없애다.
掃(き)出し窓〔はきだしまど〕방안의 쓰레기를 치우기 위해 마루에 잇대어 낸 작은 창문.

音 読

掃滅〔そうめつ〕소멸. 송두리째 없애 버림.
掃射〔そうしゃ〕소사. 기관총을 상하 좌우로 휘두르며 마구 쏘아 댐.
掃除〔そうじ〕소제. 청소.
掃蕩〔そうとう〕소탕. 무력으로 나쁜 놈들을 쳐 없앰.
掃討〔そうとう〕⇨掃蕩

〔**紹**〕 풀:소개할 소.
音:ショウ
訓

紹介〔しょうかい〕소개. 두 사람 사이에서 일이 잘 되게 함. 또는 서로 잘 알도록 관계를 맺어 줌.

〔**疎**〕 풀:성길 소.
音:ソ
訓:① うとい ② うとましい ③ うとむ ④ うとんじる ⑤ おろか:おろそか

❶ **疎い**〔うとい〕(形) ① 소원하다. 친하지 않다. ② 사정에 어둡다. 잘 모르다. 서먹서먹하다.
❷ **疎ましい**〔うとましい〕(形) 진저리 나다. 싫다.
❸ **疎む**〔うとむ〕(他5) 싫어하다. (꺼려) 멀리하다.
❹ **疎んじる**〔うとんじる〕(他上1) 싫어하다. 꺼려하다.
疎疎しい〔うとうとしい〕(形) 친하지 않다. 서먹서먹하다. 냉담하다.
❺ **疎か**〔おろか:おろそか〕(形動) ① 소홀함. ② 서투름. ③ 고사하고. 커녕. ④ 바보스러운 일. 필요 없음.

音 読

疎〔そ〕① 드문드문함. ② 서먹서먹함.
疎開〔そかい〕소개. 밀접해 있는 것의 사이를 넓히거나 도시의 주민들을 지방으로 이동시킴.
疎隔〔そかく〕소격. 막힘.
疎林〔そりん〕소림. 나무가 듬성듬성한 숲.
疎密度〔そみつど〕소밀도.
疎外〔そがい〕소외. 소홀히 다루고 가까이하지 않음.
疎遠〔そえん〕소원. 친하지 않고 멀어짐.
疎通〔そつう〕소통. 생각하고 있는 것이 충분히 이해됨.

〔**焼**〕 풀:불사를 소.
音:ショウ
訓:① やく ② やける

❶ **焼く**〔やく〕(他5) ① 불태우다. ② 애태우다. ③ 불에 굽다. ④ 사진을 인화하다. ⑤ 불에 달구다. ⑥ 낙인을 찍다. 지지다. ⑦ 볶다. ⑧ 애를 쓰다. ⑨ 질투하다.
焼き〔やき〕① 구움. 구운 것. ② 불림.
焼(き)金〔やきがね〕① 낙인. ② 순금(純金). ③ 외과용의 강철로 된 작은 바늘.
焼(き)鈍し〔やきなまし〕(금속, 유리 제품의 내부 변형을 바로잡기 위해) 가열했다가 서서히 식히는 처리법.
焼(き)桐〔やきぎり〕표면을 그슬리어 나뭇

결을 낸 오동나무 재목.
焼(き)豆腐〔やきどうふ〕부친 두부.
焼(き)網〔やきあみ〕석쇠.
焼(き)物〔やきもの〕① 도자기의 총칭. ② 흙으로 구워 만든 미술품. ③ 굽는 요리.
焼き米〔やきごめ〕올벼를 볶아 절구로 찧어 만든 햅쌀.
焼(き)飯〔やきめし〕① 볶은밥. ② 불에 찐 주먹밥.
焼(き)餅〔やきもち〕① 구운 떡. ② 질투. 시기. 새암. ～をやく; 질투하다. ～やき; 질투가 강한 사람.
焼き付く〔やきつく〕(自５) ① 구운(태운) 흔적이 남다. ② 뇌리에 새겨지다. 강하게 인상지어지다. ③ 눌어붙다.
焼(き)付(け)〔やきつけ〕① 인화(印画). ② 도자기에 무늬를 그린 다음 가마에 넣어 굽는 일. ③ 도금(鍍金)하기.
焼き付ける〔やきつける〕(他下１) ① 낙인을 찍다. ② 뇌리에 새기다. 강한 인상을 주다. ③ 구워서 붙이다. ④ 인화 (印画) 하다. ⑤ 달구어 녹여 붙이다.
焼き払う〔やきはらう〕(他５) 죄다 태워 버리다.
焼(き)上げる〔やきあげる〕(他下１) 잘 굽다. 구워 만들다.
焼(き)石〔やきいし〕달군 돌.
焼(き)魚〔やきざかな〕생선구이.
焼(き)塩〔やきしお〕볶은 소금.
焼(き)芋〔やきいも〕군 고구마.
焼(き)肉〔やきにく〕불고기. 구운 고기.
焼(き)印〔やきいん〕낙인(烙印).
焼(き)場〔やきば〕① 태우는 곳. 소각장. ② 화장(火葬)터.
焼(き)畑〔やきばた〕화전(火田).
焼き切る〔やききる〕(他５) 불에 달구어서 끊다.
焼(き)接(ぎ)〔やきつぎ〕깨진 도자기를 잿물로 때워서 구워 붙임.
焼(き)増し〔やきまし〕복사. 인화(印画).
焼(き)直し〔やきなおし〕① 다시 구움. ② 남의 작품이나 자기의 옛 작품을 조금 고쳐서 새로운 작품인 양 가장함.
焼(き)討(ち)〔やきうち〕불을 놓아서 공격함.
焼(き)海苔〔やきのり〕구운 김.
❷**焼ける**〔やける〕(自下１) ① 타다. ② 구워지다. ③ 변색하다. ④ 빨갛게 물들다. ⑤ 녹슬다. ⑥ 속이(가슴이) 쓰리다. ⑦ 애먹이다. ⑧ 질투하다. 샘나다.
焼け〔やけ〕① 놀. 夕～; 저녁놀. ② 탐. 그을음.

焼けぼっくい〔やけぼっくい〕타다 남은 그루터기. ～に火がつく; 일단 갈라 섰던 남녀가 또다시 화합하다.
焼け落ちる〔やけおちる〕(自上１)(건물이) 불에 타서 내려앉다.
焼け目〔やけめ〕탄 자리. 탄 자국.
焼け付く〔やけつく〕(自５) 타다. 타서 늘어 붙다. ～ような日ざし; 뜨거운 햇살.
焼け死ぬ〔やけしぬ〕(自５) 불에 타 죽다.
焼(け)山〔やけやま〕① 산불로 초목이 다 타버린 산. ② 휴화산(休火山).
焼(け)色〔やけいろ〕불에 그을려 탄 빛깔.
焼(け)石〔やけいし〕햇볕, 불에 달구어진 돌. ～に水; 언 발에 오줌누기.
焼(け)野〔やけの〕불탄 들판.
焼(け)野原〔やけのはら〕① 불탄 들. ② 훤하게 타 버린 곳.
焼(け)跡〔やけあと〕불탄 자리.
焼(け)焦げ〔やけこげ〕타서 눌음. 눌은 자리.
焼け出され〔やけだされ〕불에 타서 집을 잃음. 또는 그 사람.
焼け太り〔やけぶとり〕화재를 당한 뒤에 전보다 생활이 오히려 더 좋아짐.
焼け穴〔やけあな〕(옷이나 천에 불이 떨어져서) 뚫린 구멍.
焼け灰〔やけばい〕탄 재.

| 音　読 |

焼却〔しょうきゃく〕소각. 태워서 없앰.
焼死〔しょうし〕소사. 불에 타 죽음.
焼失〔しょうしつ〕소실. 타서 없어짐.
焼夷弾〔しょういだん〕소이탄.
焼酎〔しょうちゅう〕소주.
焼尽〔しょうじん〕소진. 완전히 태움.

〔訴〕
풀：하소연할 소.
音：ソ
訓：うったえる

訴える〔うったえる〕(自他下１) ① 소송하다. 고소하다. ② 호소하다. 하소연하다.
訴え〔うったえ〕소송. 호소. 하소연.

| 音　読 |

訴訟〔そしょう〕소송. 재판을 청구함.
訴願〔そがん〕소원. 부당한 행정처분의 취소나 변경을 행정관청에 청구하는 것.
訴因〔そいん〕소인. 소송의 원인.
訴状〔そじょう〕소장. 법원에 소송을 제기하는 문서.
訴追〔そつい〕소추. 기소(起訴)함.

〔塑〕
풀：흙으로 만든 인형 소.
音：ソ
訓：

塑像〔そぞう〕소상. 찰흙으로 만든 상(像)
塑人〔そじん〕소인. 흙으로 만든 사람 모양.

〔騒〕
풀：시끄러울 소.
音：ソウ
訓：① さわがしい ② さわぐ

❶**騒がしい**〔さわがしい〕(形) ① 시끄럽다. 소란스럽다. 떠들석하다. ② 뒤숭숭하다.
❷**騒ぐ**〔さわぐ〕(自５) ① 떠들어대다. 떠들다. ② 소란을 피우다. 소동을 일으키다. ③ 허둥대다. 당황해하다. ⑤ 술렁거리다.
騒ぎ〔さわぎ〕① 소동. 혼잡. 혼란. ② …どころの～じゃない; …할 정도가 아니다.
騒ぎ立つ〔さわぎたつ〕(自５) 떠들기 시작하다.

騒ぎ立てる〔さわぎたてる〕(自下1) ①(과장하여) 요란하게 떠들어대다. ② 소란을 피우다.

音 読

騒動〔そうどう〕소동. ① 떠들어 냄. ② 다툼. 분쟁. ③ 난리.
騒乱〔そうらん〕소란. 소동.
騒騒しい〔そうぞうしい〕(形) 시끄럽다. 요란스럽다. 떠들썩하다.
騒然〔そうぜん〕소연. 떠들썩하며 어수선함.
騒擾〔そうじょう〕소요. 여러 사람이 떠들썩하게 들고 일어나는 것.
騒音〔そうおん〕소음. 시끄러운 소리.

〔**蘇**〕 풀：되살아날 소. 깨어날 소.
音：ソ
訓：**よみがえる**

蘇る〔よみがえる〕(自5) 되살아나다. 소생하다. 記憶が～; 기억이 되살아 나다.

音 読

蘇生〔そせい〕소생. 되살아 남.
蘇鉄〔そてつ〕소철(観賞用 植物의 하나).

【속】

〔**束**〕 풀：묶을 속.
音：① **ソク** ② **ゾク**
訓：① **たば** ② **たばねる**

❶**束**〔たば〕다발. 뭉치. 단. 花～; 꽃다발
❷**束ねる**〔たばねる〕(他下1) ① 묶다. 한 뭉치로 하다. ② 통솔하다.
束ね〔たばね〕① 묶음. 一(ひと)～; 한 묶음. ② 다스림. 통솔함. 단속함.
束ね髪〔たばねがみ〕 뒤에서 묶은 머리.

音読 1

束縛〔そくばく〕속박. 자유를 빼앗음.
束髪〔そくはつ〕속발. ① 머리털을 묶음. ② 틀어 올린 서양식 머리 모양.

音読 2

装束〔しょうぞく〕① 옷차림. ② 옛 귀인들의 복장. ③ 의복. 옷.

例 外

束子〔たわし〕부엌에서 그릇을 씻을 때 쓰는 물건. 솔솔.

〔**俗**〕 풀：풍속 속
音：① **ゾク** ② **ゾッ**
訓：

俗〔ぞく〕(名：形動) ① 풍습. 관습. ②～な言葉; 속된 말. ③ 출가(出家)하지 않은 사람.
俗に〔ぞくに〕(副) 세간에서 흔히.
俗っぽい〔ぞくっぽい〕(形) 속되다. 통속적이다. 품위가 없다. 속 돼 보이다.
俗気〔ぞくけ〕속된 마음.
俗念〔ぞくねん〕속념. 속된 마음(생각).
俗離れ〔ぞくばなれ〕속세를 떠남.
俗悪〔ぞくあく〕속되고 나쁨.
俗語〔ぞくご〕속어. 널리 쓰이는 말.
俗耳〔ぞくじ〕세상. 사람들의 귀.
俗称〔ぞくしょう〕속칭.

音読 2

俗歌〔ぞっか〕속가. 세상에 유행하는 가요.
俗間〔ぞっかん〕속간. 사회. 세속.
俗界〔ぞっかい〕속계. 속세.
俗解〔ぞっかい〕속해. 통속적인 해석.
俗化〔ぞっか〕속화. 속되게 됨.

〔**速**〕 풀：빠를 속.
音：① **ソク** ② **ソッ**
訓：① **はやい** ② **はやめる** ③ **すみやか**

❶**速い**〔はやい〕(形) ① 빠르다. ② 거칠다. 세차다.
速く〔はやく〕(副) ① 빨리. ② 세차게. 거칠게.
速さ〔はやさ〕속도.
❷**速める**〔はやめる〕(他下1) 속도를 빠르게 하다.
速見〔はやみ〕일람표. ～表; 일람표.
速口〔はやくち〕말을 빨리 함.
速道〔はやみち〕① 빠른 길(방법). 지름길. ② 빠른 걸음.
速瀬〔はやせ〕여울.
速変(わ)り〔はやがわり〕① 재빨리 변장하여 이역(二役) 이상을 연기하는 것. ② 재빨리 전신(転身)함.
速分かり〔はやわかり〕① 속성(速成). ② 빨리 이해함. 또 지레짐작.
速言葉〔はやことば〕말이 빠름.
速耳〔はやみみ〕말을 빨리 알아들음. 남보다 빨리 소문을 듣고 앎.
速足〔はやあし〕① 빠른 걸음. ② 보통 걸음.
速鐘〔はやがね〕다급할 때에 요란하게 울리는 종. 경종(警鐘).
速舟〔はやぶね〕속력이 빠른 배.
速合点〔はやがてん：はやがってん〕지레짐작.
❸**速やか**〔すみやか〕(形動) 빠름. 신속함. 조속. ～に; 신속하게. 조속히.

音読 1

速断〔そくだん〕속단. 잘 생각하지 않고 앞질러 판단함.
速達〔そくたつ〕속달. 속달 우편의 준말.
速答〔そくとう〕속답. 속히 대답함.
速度〔そくど〕속도. 빠르기. 속력.
速力〔そくりょく〕속력. 빠르기. 속도.
速歩〔そくほ〕속보. 빠른 걸음.
速報〔そくほう〕속보. 빨리 알림.
速成〔そくせい〕속성. 빨리 이룸.

音読 2

速決〔そっけつ〕속결. 빨리 결정함.
速攻〔そっこう〕속공. 빨리 공격하는 것.
速球〔そっきゅう〕속구. (야구에서) 빠른 공.

速急〔そっきゅう〕아주 빠름. 매우 급함.
速記〔そっき〕속기. 빨리 씀. 속기술.
速効〔そっこう〕속효. 빠른 효과.

〔属〕 풀：속할 속.
音：① ゾク ② ゾッ
訓：

音読 1

属する〔ぞくする〕(自サ) 속하다. 学会に～; 학회에 속하다.
属領〔ぞくりょう〕속령. 부속된 영지(領地)
属僚〔ぞくりょう〕속료. 남에 딸려 일하는 관리. 속리(属吏).
属性〔ぞくせい〕속성. 물건 자체의 성질.
属醸〔ぞくじょう〕짧은 시간에 술 등을 빚음. ～しょうゆ; 속성 간장.
属人主義〔ぞくじんしゅぎ〕속인 주의.
属地主義〔ぞくちしゅぎ〕속지 주의.

音読 2

属官〔ぞっかん〕속관. 속리(属吏).
属国〔ぞっこく〕속국. 다른 나라의 지배를 받고 있는 나라.

〔続〕 풀：이을 속.
音：① ゾク ② ゾッ
訓：① つづく ② つづける

❶続く〔つづく〕(自5) ① 계속되다. 계속하다. ② 잇따르다. ③ 연결되다. 이어지다. ④ 뒤따르다. ⑤ 버금가다. 다음가다.
続き〔つづき〕① 연결. ② 계속. ③ 연속. 잇따름.
続(き)物〔つづきもの〕(소설, 텔레비전, 방송극의) 연속물. 연재물.
続(き)柄〔つづきがら〕혈족 관계. 친족 관계.
❷続ける〔つづける〕(他下1) 계속하다.
続け様〔つづけさま〕연달아 일어남. 연속적으로 일어남. 계속적으로 일어남.
続け字〔つづけじ〕(빨리 쓰기 위해서) 띄어 쓰지 않고 연달아 붙여 쓴 글씨.

音読 1

続騰〔ぞくとう〕속등. 시세가 계속 오름.
続落〔ぞくらく〕속락. 시세가 계속 내림.
続発〔ぞくはつ〕속발. 계속적으로 일어남.
続続と〔ぞくぞくと〕(副) 속속. 잇따라. 계속해서.
続映〔ぞくえい〕속영. 연속 상영.
続出〔ぞくしゅつ〕속출. 연이어 나옴.
続編〔ぞくへん〕속편. 후편(後編).

音読 2

続刊〔ぞっかん〕속간. 계속해서 발행함.
続開〔ぞっかい〕속개. 계속해서 엶.
続稿〔ぞっこう〕속고. 계속되는 원고.
続行〔ぞっこう〕속행. 계속해서 일을 행함.

【손】

〔孫〕 풀：손자 손.
音：ソン
訓：まご

孫〔まご〕① 손자. ② 대(代)를 한 번 거른 관계. ～弟子; 제자의 제자.
孫娘〔まごむすめ〕손녀.
孫の手〔まごのて〕등긁이. 등을 긁는 도구.
孫引き〔まごびき〕다른 책에 인용된 것을 그대로 다시 인용함.
孫子〔まごこ〕① 손자와 아들. ② 자손.
孫弟子〔まごでし〕제자의 제자.

音　読

子孫〔しそん〕자손. 후손(後孫).
子子孫孫〔ししそんそん〕자자손손. 대대로.

〔損〕 풀：덜 손.
音：ソン
訓：① そこなう ② そこねる

❶損なう〔そこなう〕(他5) ① 손상 하다. 파손하다. 부수다. 깨뜨리다. ② (기분이나 건강을) 상하게 하다. 해치다. ③ 살상(殺傷)하다. ④ (動詞連用形에 접속하여) 잘못…하다. …하지 못하다. …할 뻔했다. 人を見～; 사람을 잘못 보다. おぼれ～; 익사할 뻔 했다.
❷損ねる〔そこねる〕(他下1) ⇨損なう (※ '살상(殺傷)하다'의 뜻은 없음).

音　読

損〔そん〕손해. ～をする; 손해를 보다.
損じる〔そんじる〕(自他上1) ① 손상하다. 파손하다. 상하게 하다. ② 부서지다. 상하다. ③ 해치다. ④ (動詞連用形에 접속하여) 잘못…하다. 실수하다. 書き～; 잘못…하다.
損する〔そんする〕(他サ) 손해 보다.
損壊〔そんかい〕손괴. 파괴.
損気〔そんき〕손해. 손해를 봄.
損得〔そんとく〕손해와 이득.
損料〔そんりょう〕물건을 빌려 썼을 경우의 차용료(借用料).
損亡〔そんもう〕손실(損失).
損耗〔そんもう〕손모. 줄어듦. 줄임.
損保〔そんぽ〕損害保険의 준말.
損傷〔そんしょう〕손상. 다침.
損失〔そんしつ〕손실. 손해를 봄.
損益〔そんえき〕손익. 손실과 이익. 재산의 증감(増減).
損害〔そんがい〕손해. 손상(損傷). 손실(損失).

〔遜〕 풀：겸손할 손.
音：ソン
訓：へりくだる

遜る〔へりくだる〕(自5) 자기를 낮추다. 겸손하다. 遜って話をする; 겸손하게 이야기를 하다.
遜色〔そんしょく〕손색. 다른 것에 뒤떨어짐.
遜譲〔そんじょう〕손양. 겸손하게 양보함.

【솔】

〔率〕 풀：① 거느릴 솔. ② 비율 률.
音：① ソツ ② ソッ ③ リツ
訓：ひきいる.

率いる〔ひきいる〕(他上) 통솔하다. 인솔하다. 거느리다. 이끌다. 軍を～; 군을 통솔하다.

音読 1

率然と〔そつぜんと〕① 경솔하게. ② 돌연히.

軽率〔けいそつ〕경솔. 조심성이 없음.

統率〔とうそつ〕통솔. 통합하여 이끎.

音読 2

率先〔そっせん〕솔선. 남보다 앞장 섬.

率直〔そっちょく〕솔직. 정직함.

音読 3

率〔りつ〕율. 비율.

【송】

〔松〕 풀：소나무 송.
音：ショウ
訓：まつ

松〔まつ〕소나무. ～が過ぎてから; 설을지새고 나서.

松かさ〔まつかさ〕솔방울.

松の内〔まつのうち〕설날에서 7일 또는15일까지 대문 앞에 소나무를 세워 두는 동안.

松林〔まつばやし〕송림. 소나무 숲.

松山〔まつやま〕소나무 산.

松食い虫〔まつくいむし〕송충이.

松飾り〔まつかざり〕설날, 대문에 장식하는 소나무.

松葉〔まつば〕솔잎.

松葉牲丹〔まつばぼたん〕채송화.

松葉杖〔まつばづえ〕목발.

松原〔まつはら〕소나무 선 벌판.

松茸〔まつたけ〕송이버섯.

松が枝〔まつがえ〕소나무 가지.

松脂〔まつやに〕송진.

松風〔まつかぜ〕① 소나무에 부는 바람 소리. ② 차(茶) 끓는 소리.

音　読

松竹梅〔しょうちくばい〕송죽매. 소나무, 대나무, 매화.

白砂青松〔はくしゃせいしょう〕백사 청송. 흰 모래 사장과 푸른 나무.

〔送〕 풀：보낼 송.
音：ソウ
訓：おくる

送る〔おくる〕(他5) ① 보내다. (물건을) 부치다. ② 데려다 주다. ③ 떠나 보내다. ④ 옮겨 보내다. ⑤ 날을 보내다. ⑥ 좁히다. ⑦ おくりがな를 붙이다.

送り〔おくり〕① 보냄. ② 사물을 차례로 다음으로 물림. ③ 배웅. 전송. ④ 광대, 배우의 하인.

送りバント〔おくりbunt〕(야구에서) 보내기 번트.

送り仮名〔おくりがな〕① 漢字로 된 말을 분명히 읽기 위하여 漢字 밑에 쓰는 かな (例; 書く의 'く'등) ② 한문을 훈독(訓読)하기 위하여, 漢字의 오른쪽 아래에다는 かな.

送り届ける〔おくりとどける〕(他下1) (목적지까지) 보내어 주다(데려다 주다).

送り倒す〔おくりたおす〕(他5) (씨름에서) 상대를 뒤에서 떠밀어 넘어뜨리다.

送り狼〔おくりおおかみ〕① 山中에서 길가는 사람을 헤치려고 따라가는 이리. ② 남의 뒤를 밟는 위험한 사람. 특히 여자를 노리는 사람.

送り先〔おくりさき〕보내는 곳.

送り手〔おくりて〕① 보내는 사람. ②(방송, 통신의 정보를) 제공하는 사람.

送り迎え〔おくりむかえ〕송영. 전송과 마중.

送り込む〔おくりこむ〕(他5) 데려다 주다 보내주다. 송치(送致)하다.

送り状〔おくりじょう〕송장. 짐을 보내는 사람이 받을 사람에게 보내는 문서.

送り主〔おくりぬし〕보내는 사람.

送り出す〔おくりだす〕(他5) ① (대문까지) 배웅하다. ② (졸업생을) 내보내다. ③ (물건을) 보내다. ④ 상대방을 씨름판 밖으로 밀어 내다.

送り火〔おくりび〕죽은 사람을 집에서 내보낼 때 문에서 피우는 불.

音　読

送検〔そうけん〕송검. 용의자나 범죄자를 검찰청으로 보냄.

送金〔そうきん〕송금. 돈을 보냄.

送達〔そうたつ〕송달. 보내 줌.

送料〔そうりょう〕송료. 물건을 보내는 경우의 요금.

送別会〔そうべつかい〕송별회. 보내고 헤어짐을 기리는 모임.

送付〔そうふ〕송부. 부쳐 보냄.

送信機〔そうしんき〕송신기. 통신을 보내는 기기(機器).

送迎〔そうげい〕송영, 보내고 맞이함.

送電〔そうでん〕송전. 전기를 보냄.

送致〔そうち〕송치. 一件書類, 被告人등을 다른 데로 보냄.

送風〔そうふう〕송풍. 바람을 일으켜 보냄.

送話〔そうわ〕송화. 전화 등으로 상대방에게 말을 보냄.

送還〔そうかん〕송환. 되돌려 보냄.

〔訟〕 풀 : 송사 송.
音 : ショウ
訓 :

訴訟〔そしょう〕소송. ① 재판을 청구함. ② 고소함. 고발함.

【쇄】

〔刷〕 풀 : 인쇄할 쇄.
音 : ① サツ ② サッ
訓 : する

刷る〔する〕(他5) ① 인쇄하다. 찍다. ② 눌러 무늬를 내다.
刷り〔すり〕인쇄. ～がきれいだ; 인쇄가 곱게 됐다.
刷り物〔すりもの〕인쇄물.
刷り本〔すりほん〕① 판본(版本). ② 아직 제본 안 된 책.

連濁音에 注意

仮刷り〔かりずり〕임시로 인쇄하는 것.
試し刷り〔ためしずり〕시험삼아 하는 인쇄.

音 読 ①

印刷〔いんさつ〕인쇄. 일일이 손으로 쓰는 대신에 문자나 그림을 기계로 찍어내는것.

音 読 2

刷新〔さっしん〕쇄신. 나쁜 폐단을 없애고 좋고 새롭게 함.
刷子〔さっし〕① 솔. ② 탄소봉(炭素棒).

〔砕〕 풀 : 부술 쇄.
音 : サイ
訓 : ① くだく ② くだける

❶ 砕く〔くだく〕(他5) ① 부수다. 바수다. 깨뜨리다. ② 쳐부수다. (세력을)꺾다. ③ 마음을 쓰다. 애쓰다. 노심(労心)하다. ④ 알기 쉽게 풀어서 이야기 하다.
❷ 砕ける〔くだける〕(自下1) ①부서지다. 깨지다. ② 꺾이다. 좌절하다. 기가 죽다. ③ 스스럼이 없다. 소탈하다. 허물이 없다. 탁 털어 놓다.
砕け米〔くだけまい〕싸라기.

音 読

砕米〔さいまい〕싸라기.
砕氷船〔さいひょうせん〕쇄빙선. 바다에 언 얼음을 깨는 배.
砕石〔さいせき〕쇄석. 암석을 깨뜨려 부숨.
砕片〔さいへん〕쇄편. 깨어진 조각. 파편.

〔鎖〕 풀 : 쇠사슬 쇄.
音 : サ
訓 : くさり

鎖〔くさり〕쇠사슬. 話を一(ひと) ～する ; 한바탕 늘어 놓다.

音 読

鎖す〔さす〕(他5) (자물쇠나 빗장으로)잠그다. 戸を～; 문을 걸다. 문을 잠그다.
鎖骨〔さこつ〕쇄골. 목에서 어깨로 연결되는 약간 "S"자 형으로 굽은 긴 뼈.
鎖国〔さこく〕쇄국. 외국과의 통상, 교통 등을 금함.

【쇠】

〔衰〕 풀 : 쇠약할 쇠.
音 : スイ
訓 : おとろえる

衰える〔おとろえる〕(自下1) 쇠약해지다. 쇠퇴하다. 쇠하다. 약해지다. 体力が～; 체력이 약해지다.
衰亡〔すいぼう〕쇠망. 쇠퇴하여 멸망함.
衰滅〔すいめつ〕쇠멸. 쇠퇴하여 멸망함.
衰微〔すいび〕쇠미. 쇠하여 잔약함.
衰勢〔すいせい〕쇠세. 쇠퇴한 세력.
衰弱〔すいじゃく〕쇠약. 쇠퇴하여 약하여짐.
衰残〔すいざん〕쇠잔. ① 힘이 빠져 거의 죽게 됨. ② 쇠하여 거의 없어짐.
衰退〔すいたい〕쇠퇴. 쇠약하여 전보다 점점 못하여 감.

【수】

〔手〕 풀 : 손 수.
音 : シュ
訓 : ① た～ ② て

❶ 手 (た로 읽는 경우)
手綱〔たづな〕고삐. ～を取る; 고삐를 잡았다.
手弱女〔たおやめ〕우아하고 아름다운 미인.
手折る〔たおる〕(他5) ①(꽃이나 가지를) 손으로 꺾다. ② 정부(情婦)나 첩으로 삼다
手繰る〔たぐる〕(他5) ① (양손으로 번갈아) 끌어당기다. ② 더듬어 찾다. 더듬다. 記憶を～; 기억을 더듬다.
手繰り込む〔たぐりこむ〕(他5) 끌어 당기다. 당겨 넣다. 당겨 들이다.
手向け〔たむけ〕① 공물(供物). ② 전별(餞別).
手向ける〔たむける〕(他下1) ① 신불 앞에 공물(供物)을 바치다. ② 떠나는 사람에게 금품을 주어 보내다. 전별(餞別)하다.
手挟む〔たばさむ〕(他5) ① 손으로 집어 들다. ② 겨드랑이에 끼다.
❷ 手〔て〕① 손. ② 손잡이. ③ 일손. 노동력. ④ 수고. 노력. ⑤ 방법. 수단. 수법. ⑥ 솜씨. ⑦ 방향, 山の～; 산쪽. ⑧ 종류. ⑨ 기세. ⑩ 필적. ⑪ 상처.

手すがら〔てすがら〕(副) 손수. 스스로.
手だれ〔てだれ〕솜씨가 뛰어남.
手つき〔てつき〕손놀림. 손짓.
手ばしこい〔てばしこい〕(形) 민첩하다. 재빠르다.
手ぶら〔てぶら〕맨손. 빈손.
手まめ〔てまめ〕(形動) ① 부지런함. ② 손재주가 있음.
手加減〔てかげん〕① 손어림. 손대중. ② 비결. 요령. ③ 적당히 처리함.
手枷〔てかせ〕수갑(手匣).
手間〔てま〕수고. 시간. ～を取る; 시간이 걸리다.
手間隙〔てまひま〕노력과 시간.
手間潰し〔てまつぶし〕헛수고.
手間代〔てまだい〕품삯.
手間仕事〔てましごと〕① 삯일. ② 노력이 드는 일.
手間損〔てまぞん〕헛수고.
手間遠〔てまどお〕(形動) 노력이 듦.
手間賃〔てまちん〕노임. 품삯.
手間取(り)〔てまとり〕품팔이. 품팔이꾼.
手(っ)甲〔てっこう〕가죽이나 천으로 손등과 팔목을 싸도록 만든 것.
手の甲〔てのこう〕손등.
手強い〔てづよい〕(形) 만만치 않다. 호되다. 강하다.
手堅い〔てがたい〕(形) ① 견실하다. ② (거래) 시세가 떨어질 염려가 없다.
手頃〔てごろ〕(形動) ① 알맞음. 적당함. ② 손에 쥐기가 알맞음.
手軽い〔てがるい〕(形) 손쉽다. 간단하다.
手鏡〔てかがみ〕손거울.
手控(え)〔てびかえ〕① (잊지 않도록) 기록해 둠. ② 비망록. ③ 예비품. ④ 보류.
手控える〔てびかえる〕(他下1) ① (잊지 않도록) 적어 두다. ② 예비로 남겨 두다. ③ 보류하다.
手鍋〔てなべ〕손잡이가 달린 남비.
手管〔てくだ〕① 수단. 농간. ② 호려 냄. 살살 구슬려 내는 솜씨.
手慣らし〔てならし〕손에 익힘.
手慣れる〔てなれる〕(自下1) 익숙하다. 손에 익다. 숙달되다.
手筈〔てはず〕준비. 계획. 예정.
手掛(か)り〔てがかり〕① 손 붙일 곳. 손잡이 될 곳. ② (조사, 수사의) 실마리. 단서. ～をつかむ; 단서를 잡다.
手掛(け)〔てかけ〕① 첩(妾). ② (의자 따위의) 팔걸이.
手掛ける〔てがける〕(他下1) 손수 다루다. 직접 다루다.
手口〔てぐち〕① (범죄의) 상투적인 수법 ② (거래에서) 매매 상대의 종류.
手垢〔てあか〕손에 묻은 때. 손때.
手鉤〔てかぎ〕쇠갈고리. 갈고리.
手駒〔てごま〕① (장기) 잡아서 자기 말로 쓸 수 있는 말. ② 부하.
手巻(き)〔てまき〕① 손으로 말기. ② 시계 태엽을 손으로 감는 시계.
手摑み〔てづかみ〕손으로 움켜 쥠.
手隙〔てすき〕한가함. 여가가 있음. 짬.
手近〔てぢか〕(形動) ① 가까이 있음. ② 비근함. ～な問題; 비근한 문제.
手奇麗〔てぎれい〕(形動) 솜씨가 고움.
手旗〔てばた〕신호용의 紅白의 작은 기.
手の内〔てのうち〕① 손바닥. ② 솜씨. ③ 지배권. 손아귀. 세력 범위. ④ 속셈. 마음 속. ⑤ 거지에게 주는 쌀이나 돈.
手内職〔てないしょく〕가내 부업 (家内副業). 손으로 하는 부업.
手短〔てみじか〕(形動) 간단함. 간략함.
手答え〔てごたえ〕손에 받는 느낌. 반응.
手当(た)り〔てあたり〕① 감촉. ② 실마리.
手当〔てあて〕① 수당. 급여. ② 치료. 조처. ③ 마련. 준비. ④ 팁. ⑤ (죄인의) 수사. 수배.
手代〔てだい〕우두머리의 대리인. 지배인(주인)이 위임한 범위내의 대리권을 갖는 종업원.
手袋〔てぶくろ〕장갑.
手刀〔てがたな〕(태권도 따위의) 수도. ～を切る; 受賞할 때 관례적 행동을 취하다. (손을 펴서 베듯이 흔듦)
手道具〔てどうぐ〕자질구레한 연장.
手渡し〔てわたし〕① 직접 전함. ② 손에서 손으로 전함.
手落ち〔ておち〕실수. 부주의. 과실.
手絡〔てがら〕댕기.
手量り〔てばかり〕손대중. 손어림.
手練〔てれん〕농간. 사람을 속이는 수단.
手籠〔てかご〕손바구니.
手料理〔てりょうり〕집에서 만든 요리.
手榴弾〔てりゅうだん: しゅりゅうだん〕수류탄.
手利き〔てきき〕솜씨가 좋음.
手の裏〔てのうら〕손바닥.
手離れ〔てばなれ〕① 젖먹이가 어머니 곁을 떨어질 만큼 성장함. ② 제품이 완성됨.
手立て〔てだて〕구체적인 방법, 수단.
手蔓〔てづる〕① 연줄. 연고. ② 실마리.
手明き〔てあき〕일이 없어 한가함.
手無し〔てなし〕① 손, 팔이 없음. ② 소매 없는 옷. ③ 방법이 없음. ④ 덩굴이 없는 품종.
手も無く〔てもなく〕(副) 어이없게. 손쉽게. 간단히. 조금도 손을 쓰지 않고.
手文庫〔てぶんこ〕손궤. 문갑(文匣).
手の物〔てのもの〕① 수중에 있는 물건. ② 특기(特技).
手薄〔てうす〕① 허술함. ② 불충분함.
手抜かり〔てぬかり〕잘못. 실수.
手抜き〔てぬき〕① 손이 덜 감. 수고를 덞. ② 한가함. 짬이 남.
手抜け〔てぬけ〕과실. 실수.
手放し〔てばなし〕① 손을 뗌. ② 드러내놓고 이야기함. ③ 무조건.
手放す〔てばなす〕(他5) ① 손을 떼다. ② 넘겨주다. 처분하다. ③ 떼어 놓다.

手配〔てはい〕① 준비. ② 수배.
手配り〔てくばり〕(온갖) 준비.
手癖〔てくせ〕손버릇.
手弁当〔てべんとう〕① 도시락을 가지고 일하러 나감. ② 남을 위하여 보수 없이 일함.
手捌き〔てさばき〕손끝으로 다룸.
手並(み)〔てなみ〕솜씨.
手柄〔てがら〕공적. 공훈. 공.
手柄顔〔てがらがお〕공을 뽐내는 듯한 얼굴(표정).
手本〔てほん〕① 글씨본. 그림본. ② 본보기. 모범. 표준.
手縫い〔てぬい〕손으로 꿰맴. 손바느질.
手不足〔てぶそく〕일손이 모자람.
手負い〔ておい〕(싸워서) 상처를 입음.
手付かず〔てつかず〕아직 손을 안댐.
手付(け)〔てつけ〕계약금. 착수금.
手付金〔てつけきん〕착수금. 계약 보증금.
手分け〔てわけ〕분담(分担).
手鼻〔てばな〕손으로 코를 푸는 일.
手仕事〔てしごと〕① 손재주. ② (삯바느질 따위의) 여성의 부업(副業).
手仕舞〔てじまい〕증권의 清算거래에서 受渡 기일 전에 反対売買등으로 거래관계를 완료하는 일.
手事〔てごと〕① 간주(間奏). ② 꾀. 계략.
手飼い〔てがい〕손수 집에서 기름.
手飼いの者〔てがいのもの〕부하.
手相〔てそう〕수상. 손금.
手箱〔てばこ〕손궤. 일용품 상자.
手傷〔てきず〕싸움에서 입은 상처.
手序で〔てついで〕(다른일을) 하는 김.
手書き〔てかき〕글씨를 잘 쓰는 사람.
〔てがき〕글씨를 손으로 씀.
手先〔てさき〕① 손끝. ② 바로 눈앞. 아주 가까운 곳. ③ 앞잡이. 부하.
手性〔てしょう〕손재주. 솜씨.
手盛り〔てもり〕① 손수 음식을 그릇에 담은. ② 제멋대로 정함. ③ ~をくう; 속아 넘어 가다.
手洗い〔てあらい〕① 손을 씻음. 손 씻는 물그릇. ② 화장실 변소.
手細工〔てざいく〕손으로 하는 세공.
手勢〔てぜい〕부하 병사. 휘하의 군대.
手続き〔てつづき〕수속. 절차.
手刷(り)〔てずり〕① 인쇄기를 손으로 움직여서 박음(인쇄물). ② 손으로 木版 따위를 하나하나 떠냄.
手水〔てみず〕① 세숫물. ② 손에 묻은 물 ③ 떡을 칠 때에 물을 추김.
手首〔てくび〕손목.
手数〔てすう〕① 할 수 있는 수단, 방법. ② 수고. 귀찮음 폐. ③ 잔손질.
手数料〔てすうりょう〕수수료. 口銭.
手数入り〔てずいり〕(씨름) 横綱의 出場.
手順〔てじゅん〕수순. 절차. 순서.
手習い〔てならい〕① 수업(修業). 수학(修学). 학문. ② 습자(習字).
手拭〔てぬぐい〕수건.
手拭地〔てぬぐいじ〕수건감.
手拭き〔てふき〕손수건. 손을 닦음.
手植え〔てうえ〕(기념 식수로 귀인이) 손수 심음.
手心〔てごころ〕① 손어림. 손대중. ② 편의를 봐줌. 재량. 참작. 관대한 조처.
手暗がり〔てくらがり〕손 그늘이 짐.
手押し〔ておし〕손으로 누름.
手厳しい〔てきびしい〕(形) 매우 엄하다. 호되다. 지독하다. 준엄하다.
手業〔てわざ〕손으로 하는 일.
手塩〔てしお〕① 주먹밥을 만들 때 손에바르는 소금. ② 돌봐 주는 일.
手玉〔てだま〕① 공기. 오자미. ② 손을장식하는 구슬. ③ 마음대로 가지고 노는것. ~取る; 마음대로 농락하다.
手緩い〔てぬるい〕(形) ① 너무 관대하다. 미온적이다. 미지근하다. ② 느리다.
手踊り〔ておどり〕손짓만으로 추는 간단한 춤.
手違い〔てちがい〕계획에 착오가 생김.
手慰み〔てなぐさみ〕① 심심풀이. ② 노름.
手元〔てもと〕① 바로 옆. 자기 주위. ② 손잡이. ③ 평소의 솜씨. 손어림. ④ 젓가락. ⑤ (목수, 미장이 등의) 조수. ⑥ 그 사람의 처소.
手元金〔てもときん〕소지한 돈. 용돈.
手柔らかに〔てやわらかに〕(副) (다루기를) 부드럽게. 심하지 않게.
手遊び〔てあそび〕① 손장난. 장난감. ② 노름. 도박.
手引き〔てびき〕① (손을 잡고) 안내함. 인도함. 앞장섬. ② 초보를 가르치는 책. 입문서. ③ 주선. 소개. 연줄.
手入らず〔ていらず〕① 수고나 힘이 들지 않음. 속을 썩이지 않음. ② 한 번도 쓰지 않은 것. 새것. ③ 숫처녀. ④ 손질을 하지 않음. 손보지 않음.
手入れ〔ていれ〕① 손질함. 고침. 보살핌. ② (경찰관이) 현장을 덮침. 급습.
手込め〔てごめ〕① 폭행. ② 강간(強姦).
手の者〔てのもの〕부하. 심복.
手作り〔てづくり〕① 손수 만듦. ② 손으로 짠 피륙(옷감).
手酌〔てじゃく〕자기 손으로 술을 따름.
手長〔てなが〕① 손이 김. ② 盗癖이 있음. 손버릇이 나쁨.
手帳〔てちょう〕수첩.
手伝い〔てつだい〕도와 줌. 거들어 줌. 심부름.
手伝う〔てつだう〕(他5) 남을 도와서 일하다. 같이 거들다. (自5) …이 이유의 하나가 되다. 한몫 곁들어 영향을 주다.
手前〔てまえ〕① 자기 앞. 가까운 쪽. ② 체면. ③ 솜씨. ④ 茶道의 예법. ⑤ 저(わたくし) ⑥ 너=おまえ.
手切れ〔てぎれ〕① 인연을 끊음. ②(인연을 끊음으로 주는) 위자료.
手摺(り)〔てすり〕난간. 橋の~; 다리난간
手錠〔てじょう〕쇠고랑. 수갑.

手提(げ)〔てさげ〕손에 듦.
手際〔てぎわ〕① 솜씨가 좋음. ② 됨됨이가 훌륭한 것.
手製〔てせい〕손으로 만든 것.
手早〔てばや〕재빠름. 민첩함.
手早い〔てばやい〕(形) 재빠르다. 민첩하다.
手助け〔てだすけ〕도움. 거듦. 조직.
手釣り〔てづり〕줄낚시질.
手繰り〔てぐり〕① 손으로 자음. ② 차례로 넘겨 줌. ③ 형편. 변통.
手繰り網〔てぐりあみ〕바다의 고기떼를 포위하여 끌어올리는 그물.
手足〔てあし〕수족. 손발.
手重い〔ておもい〕(形) ① 정중하게 취급하다. 정중하다. ② 손쉽지 않다.
手紙〔てがみ〕편지. 서한.
手持(ち)〔てもち〕① 현재 수중에 가지고 있는 물건. 현품(現品). ② 심심풀이.
手持(ち)無沙汰〔てもちぶさた〕할 일이 없어 따분함. 무료함.
手遅れ〔ておくれ〕때를 놓침. 때 늦음.
手直し〔てなおし〕미비한 곳을 고침.
手職〔てしょく〕수공업적인 직업. 손일.
手織り〔ており〕손으로 짬. 수직.
手真似〔てまね〕손짓. 손으로 흉내냄.
手振り〔てぶり〕① 손짓. ② 맨손. 빈손.
手車〔てぐるま〕① 손가마. ② 손수레.
手札〔てふだ〕① 명찰. 명함. ② (카아드놀이) 손에 들고 있는 패.
手擦れ〔てずれ〕손이 자주 스쳐서 닳거나 헤어짐.
手槍〔てやり〕자루가 가늘고 짧은 창.
手帖〔てちょう〕수첩.
手締め〔てじめ〕거래. 상담의 성립을 축하하며 짝짝짝, 짝짝짝, 짝짝짝하고 치는 박수.
手初め〔てはじめ〕시초. 시작.
手招き〔てまねき〕손짓으로 부름. 손짓.
手触り〔てざわり〕손의 감촉.
手燭〔てしょく〕들고 다닐 수 있도록 손잡이가 달린 촛대.
手出し〔てだし〕① 손을 댐. 손찌검을 함. 싸움을 검. ② (쓸데 없는) 관여. 관계. 참견.
手取り〔てとり〕① 손을 붙듦. ② 씨름을 잘하는 사람. ③ 남을 잘 다룸.
〔てどり〕① (세금 따위를공제하고) 실제로 받는 금액. ② 실을 손으로 자음(뽑음).
手取り金〔てどりきん〕실지 수령액.
手っ取り早い〔てっとりばやい〕(形) ① 민첩하다. 날쌔다. ② 빠른 길이다. 손쉽다.
手枕〔てまくら〕팔베개.
手打ち〔てうち〕① 화해나 흥정을 끝내고 손을 잡음. ② 손으로 쳐서 만듦.
手打(ち)式〔てうちしき〕(계약, 화해등의) 성립 축하식.
手探り〔てさぐり〕① 손으로 더듬음. ② 어림으로 이것저것 찾음.
手土産〔てみやげ〕(방문시) 들고 가는 간단한 선물.
手桶〔ておけ〕(손잡이가 달린) 통.
手編(み)〔てあみ〕손으로 뜬 것.
手捕(り)〔てどり〕맨손으로 잡음.
手品〔てじな〕① 요술. ② 속임수. 홀림수.
手風〔てぶり〕풍습. 습관. 풍속.
手下〔てした〕부하.
手荷物〔てにもつ〕수하물.
手合(い)〔てあい〕① 상대. ② 한패. ③ 사정에 따라 관대하게 취급함. ④ (승부를 내기 위해) 맞섬. ⑤ (바둑) 대국(対局).
手合(わ)せ〔てあわせ〕① 시합. 맞붙음. ② 매매 계약(売買契約).
手解き〔てほどき〕(학문, 기술의) 초보를 가르침. 초보서(初歩書).
手向かい〔てむかい〕대항. 반항.
手向かう〔てむかう〕(自5) 맞서다. 대항하다. 반항하다.
手許〔てもと〕바로 옆. 자기 주위. ⇨手元.
手狭〔てぜま〕비좁음.
手形〔てがた〕① 증거 문서. ② 어음. ③ 손도장.
手酷い〔てひどい〕(形) 가혹하다. 격심하다 매섭다. 맹렬하다. 호되다.
手荒い〔てあらい〕(形) 다루는 것이 거칠다. 난폭하다.
手回し〔てまわし〕① 손으로 돌림. ② 준비. 채비. 수배. ③ 수중에 있는 돈.
手回り〔てまわり〕자기 주변. 신변.
手回り品〔てまわりひん〕소지품.
手懐ける〔てなずける〕(他下1) 길들이다.
手厚い〔てあつい〕(形) 극진하다. 후하다. 융숭하다. 정중하다.
手後れ〔ておくれ〕때를 놓침. 때 늦음.
手詰まる〔てづまる〕(自5) ① (바둑, 장기에서) 수가 막히다. ② 어찌할 도리가 없다. ③ 돈줄이 막히다.
手詰め〔てづめ〕다그침. 추궁함.

連濁音에 注意

女手〔おんなで〕여자의 힘. 여자의 일손.
大手〔おおで〕크게 벌린 손.
人手〔ひとで〕남의 손. 남의 도움.

音　読

手工業〔しゅこうぎょう〕수공업.
手記〔しゅき〕수기. 자기의 체험을 손수 적은 기록.
手段〔しゅだん〕수단. 꾀와 솜씨.
手法〔しゅほう〕수법. 수단. 방법.
手術〔しゅじゅつ〕수술.
手芸〔しゅげい〕수예. 뜨개질. 수를 놓는 자수(刺繍).
手腕〔しゅわん〕수완. 일을 처리해 나가는 솜씨, 능력.
手中〔しゅちゅう〕수중. 손 안.

〔水〕
풀：물 수
音：① スイ ② ズイ (例外)
訓：みず

水〔みず〕① 물. ② 액체.
水おしろい〔みずおしろい〕물분.
水しぶき〔みずしぶき〕물보라.
水っぽい〔みずっぽい〕(形) 수분이 많다. 싱겁다.
水加減〔みずかげん〕(끓이는 음식에) 물을 넣는 정도.
水茎〔みずくき〕붓. 붓글씨.
水鏡〔みずかがみ〕수면에 모습이 비침.
水計(り)〔みずばかり〕수평기(水平器).
水涸れ〔みずがれ〕물이 말라 버림.
水攻め〔みずぜめ〕給水路를 끊거나, 강물을 침수시켜서 적의 城을 공격하는 방법.
水菓子〔みずがし〕과일.
水掛け論〔みずかけろん〕쌍방이 서로 유리한 이론만 내세워 결말이 나지 않는 의론. 입씨름.
水口〔みずぐち〕① 물을 끌어 들이거나 흘려 보내는 아가리.
水垢〔みずあか〕물때. 舟の~; 배의 물때
水垢離〔みずごり〕목욕 재계(沐浴斎戒).
水筋〔みずすじ〕땅속으로 흐르는 물줄기.
水金〔みずきん〕① 물처럼 아끼지 않고 쓰는 돈. ② 도자기에 금빛을 나타내는 물감.
水汲(み)〔みずくみ〕물 갈기.
水気〔みずけ〕물기. 수분(水分).
水飢饉〔みずききん〕물 기근.
水膿〔みずうみ〕말그스름한 고름. 진물.
水当(た)り〔みずあたり〕먹은 물에 체하여 배탈이 남.
水溜(ま)り〔みずたまり〕웅덩이.
水物〔みずもの〕① 마실 것. 물끼가 많은 것. ② 예상하기 곤란한 것. 결과를 예측할 수 없는 것.
水髪〔みずがみ〕(기름을 바르지 않고) 물로 다듬은 머리.
水杯〔みずさかずき〕영원한 이별이 될지 모를 때에 술 대신 물로 작별의 잔을 나눔.
水辺〔みずべ〕물가.
水捌け〔みずはけ〕배수(排水). 물이 빠지는 정도. 물이 흐르는 정도.
水瓶〔みずがめ〕물항아리. 물동이.
水腹〔みずばら〕물로 배를 채움. 물배.
水肥(え)〔みずごえ〕액체 비료. 물거름.
水仕〔みずし〕부엌데기. 부엌일을 함.
水仕事〔みずしごと〕부엌일.
水飼い〔みずがい〕(가축에) 물을 먹임.
水商売〔みずしょうばい〕불안정한 직업.
水色〔みずいろ〕엷은 남색. 옥색. 물빛.
水先〔みずさき〕① 물이 흘러가는 방향. ② 배의 진로. 뱃길.
水先案内〔みずさきあんない〕뱃길 안내.
水船〔みずぶね〕① 물을 담아 두는 큰 통. ② 음료수를 실어 나르는 배.
水性〔みずしょう〕① 물의 성질. ② 여자의 바람기.
水洗い〔みずあらい〕물로 씻음.
水の手〔みずのて〕① 불을 끄는 물. ② 음료수의 급수로(給水路)
水時計〔みずどけい〕물시계.
水心〔みずごころ〕① 수영의 소양(素養). ② 수영할 때의 주의 사항.
水眼鏡〔みずめがね〕물안경.
水薬〔みずぐすり〕물약.
水揚げ〔みずあげ〕① 배의 짐을 육지로 올림. ② 어획량(漁獲量). ③ (유흥 업소의) 매상고. ④ 꽃꽂이한 꽃이 오래 시들지 않게 함.
水煙〔みずけむり〕① 물보라. ② 수면에 솟아오르는(낀) 안개.
水泳ぎ〔みずおよぎ〕수영. 헤엄.
水玉〔みずたま〕물방울. 이슬방울.
水屋〔みずや〕① 神社나 절에서 참배인이 입이나 손을 씻는 곳.
水油〔みずあぶら〕① 액체로 된 머릿기름. ② 등유(燈油).
水遊び〔みずあそび〕물놀이. 물장난.
水飲み〔みずのみ〕물을 마심.
水飲み百性〔みずのみびゃくしょう〕가난한 농민(조롱해서 하는 말).
水引(き)〔みずひき〕선물용 포장에 쓰는 가늘고 견고한 끈.
水入らず〔みずいらず〕집안끼리.
水入り〔みずいり〕(씨름에서) 오래도록 승부가 나지 않을 때 잠깐 쉬게 함.
水入れ〔みずいれ〕벼루에 붓는 물을 담는 자그마한 그릇. 연적(硯滴).
水資源〔みずしげん〕수자원.
水煮〔みずに〕(통조림의)고기나 야채를 싱겁게 익힘.
水張り〔みずばり〕① 천에 물을 묻혀 판자에 붙여 말림. ② 수채화를 그릴 때에 물감이 잘 먹도록 종이를 물에 적시어 화판 위에 붙임.
水栽培〔みずさいばい〕물로 재배함.
水田〔みずた〕수답(水畓).
水切り〔みずきり〕① 씻은 물건의 물기를 뺌 (빼는 그릇). ② 물의 저항. ③ 꽃꽂이한 꽃이 오래 가게 물속에서 자름.
水切れ〔みずぎれ〕물이 끊어짐.
水際〔みずぎわ〕물가.
水際立つ〔みずぎわだつ〕(自5) 한층 두드러지게 눈에 띠다.
水鳥〔みずとり〕물새.
水足〔みずあし〕물발. ~が速い; 물발이 빠르다.
水腫(れ)〔みずばれ〕수종. 수분이 괴어 몸이 붓는 병.
水柱〔みずばしら〕물기둥.
水中り〔みずあたり〕⇨水当(た)り.
水増し〔みずまし〕① 냇물이 불음. ② 물을 타서 양이 많게 함. ③ 겉으로만 많이 보이게 함.
水車〔みずぐるま〕수차. 물방아.
水差し〔みずさし〕다른 그릇에 물을 따르기 위한 그릇. (例; 물병, 물주전자)
水着〔みずぎ〕① 수영복. ② 물에서 일할 때 입는 옷.

水責め〔みずぜめ〕 물 고문.
水浅葱〔みずあさぎ〕 연한 푸른 색.
水草〔みずくさ : すいそう〕 수초. 물풀.
水虫〔みずむし〕 ① 물벌레. ② 무좀.
水臭い〔みずくさい〕 (形) ① 싱겁다. 수분이 많다. ② 서먹서먹하게 굴다. 남 대하듯 하다. 냉대하다.
水枕〔みずまくら〕 물베개.
水浸し〔みずびたし〕 물에 잠김.
水太り〔みずぶとり〕 살이 무르고 뚱뚱함.
水桶〔みずおけ〕 물통.
水秤(り)〔みずばかり〕 비중(比重)을 측정하는데 쓰는 비중계(比重計).
水の泡〔みずのあわ〕 수포. 물거품.
水割り〔みずわり〕 물을 타서 묽게 함. 질적으로 나쁘게 함.
水絵〔みずえ〕 수채화(水彩画).
水絵の具〔みずえのぐ〕 그림 물감.

音 読 1

水軍〔すいぐん〕 수군. 海軍의 옛날 이름.
水道〔すいどう〕 수도. 음료수 공급 시설.
水都〔すいと〕 수도. 물의 도시.
水力〔すいりょく〕 수력. 물의 힘.
水路〔すいろ〕 수로. 뱃길. 물길.
水陸〔すいりく〕 수륙. 바다와 육지.
水利〔すいり〕 수리. 물의 이용.
水面〔すいめん〕 수면. 물의 표면. 물위.
水門〔すいもん〕 수문. 저수지나 水路의 水量을 조절하는 문.
水兵〔すいへい〕 수병. 해군의 병사.
水夫〔すいふ〕 뱃사람. 하급 선원.
水分〔すいぶん〕 수분. 물기.
水死〔すいし〕 물에 빠져 죽음.
水産〔すいさん〕 수산. 수산물(水産物).
水酸化物〔すいさんかぶつ〕 수산화물.
水上〔すいじょう〕 수상. 물 위.
水生〔すいせい〕 수생. 물속에서 자람.
水仙〔すいせん〕 수선. 수선화.
水性〔すいせい〕 수성. 물에 풀어 씀.
水洗〔すいせん〕 물로 씻음.
水素〔すいそ〕 수소. 기체 원소.
水神様〔すいじんさま〕 물의 신(神).
水深〔すいしん〕 수심. 물의 깊이.
水圧〔すいあつ〕 수압. 물의 압력.
水域〔すいいき〕 수역. 물 위의 일정한 구역. 바다나 강 등의 어느 범위.
水泳〔すいえい〕 수영. 헤엄.
水曜日〔すいようび〕 수요일.
水溶〔すいよう〕 수용. 물에 풀리는 것.
水源地〔すいげんち〕 수원지.
水位〔すいい〕 수위. 水面의 높이.
水銀〔すいぎん〕 수은.
水晶〔すいしょう〕 수정. 石英의 한 가지.
水族〔すいぞく〕 수족. 물속에 사는 동물.
水準〔すいじゅん〕 수준. 사물의 표준.
水中〔すいちゅう〕 수중. 물속.
水蒸気〔すいじょうき〕 수증기.
水質〔すいしつ〕 수질. 물의 성질, 성분.
水平〔すいへい〕 수평. 水面처럼 평평함.
水害〔すいがい〕 수해. 홍수의 피해.
水和〔すいわ〕 물이 섞이는 것.

音 読 2

行水〔ぎょうずい〕 맑은 물로 몸을 깨끗이 씻음.
洪水〔こうずい〕 홍수. 큰물.

〔収〕

풀 : 거둘 수
音 : **シュウ**
訓 : ① **おさまる**. ② **おさめる**

❶ **収まる**〔おさまる〕 (自5) ① 수습되다. ② (사이가)원만해지다. ③ 가라앉다. 진정되다. ④ 원상태로 돌아가다. ⑤ 수납되다. 받아들여지다. ⑥ 자리잡다. 안정되다.
収まり〔おさまり〕 수습. ～が付く ; 수습되다.
❷ **収める**〔おさめる〕 (他下1) ① 손에 넣다. 얻다. (성과를)거두다. ② 받아 들이다.

音　読

収監〔しゅうかん〕 수감. 형무소에 가둠.
収納〔しゅうのう〕 수납. 받아서 넣어 둠.
収得〔しゅうとく〕 수득. 거두어들여서 소득(所得)으로 함.
収録〔しゅうろく〕 수록. 모아서 적어 둠.
収買〔しゅうばい〕 수매. 사들임.
収束〔しゅうそく〕 수속. 모아서 묶음.
収拾〔しゅうしゅう〕 수습. 정돈하여 안정되게함. 事態を～ ; 사태를 수습하다.
収用〔しゅうよう〕 수용. 공용(共用)을 위해서 특정한 것을 강제로 징수하여 씀.
収容〔しゅうよう〕 수용. 안에 넣어 관리함.
収益〔しゅうえき〕 수익. 수입이 된 이익.
収入〔しゅうにゅう〕 수입. 소득(所得).
収蔵〔しゅうぞう〕 수장. 거두어서 간직함.
収支〔しゅうし〕 수지. 수입과 지출.
収集〔しゅうしゅう〕 수집. 모아 들임.
収差〔しゅうさ〕 수차. 렌즈의 영상이 확실히 비치지 않는 것.
収縮〔しゅうしゅく〕 수축. 부피가 줄어듦.
収奪〔しゅうだつ〕 수탈. 억지로 빼앗음.
収穫〔しゅうかく〕 수확. ① 곡식을 거둬들임. 추수 ② 좋은 결과.

〔囚〕

풀 : 가둘 수.
音 : **シュウ**
訓 : **とらわれる**

囚われる〔とらわれる〕 (自下1) ① 붙잡히다. 붙들리다. ② (생각에)사로잡히다. 구구애되다.
囚われ〔とらわれ〕 잡힘. 포로. ～の身 ; 포로의 신세.
囚役〔しゅうえき〕 수역. 죄수의 복역(服役).
囚衣〔しゅうい〕 수의. 죄수가 교도소에서 입는 옷.
囚人〔しゅうじん〕 수인. 옥에 갇힌 사람.

〔守〕

풀 : 지킬 수.
音 : ① **シュ** ② **ジュ** ③ **ス**
訓 : ① **まもる** ② **もる**

守る❶〔まもる〕(他5) 지키다. 어기지 않다.
❷〔もる〕(他5) 돌보다. 아이를 보다.

守り〔まもり〕① 수비. 단속. 수호. ② 수호신.

守り〔もり〕지키는 사람. 아기보는 사람. 子(こ)~; 아기 보기. 燈台~; 등대지기.

守(り)刀〔まもりがたな〕호신용의 칼.

守り立てる〔もりたてる〕(他下1) ① 돌보아 주다. 육성시키다. ② 회복시키다. 부흥시키다.

守(り)本尊〔まもりほんぞん〕수호신으로 믿는 부처님.

守(り)神〔まもりがみ〕수호신(守護神).

守(り)役〔もりやく〕지키거나 뒤를 보살핌. 또는 그런 사람.

守りっ子〔もりっこ〕아이 보는 소녀.

守(り)札〔まもりふだ〕부적(符籍).

音 読 1

守備〔しゅび〕수비. 방비. 지킴.

守勢〔しゅせい〕수세. 막아서 지키는 형세.

守衛〔しゅえい〕수위. 경비하는 사람.

守銭奴〔しゅせんど〕수전노. 인색한 사람을 낮추어 일컫는 말.

守護神〔しゅごじん〕수호신. ① 지켜 주는 신. ② 마스코트.

音 読 2

鎮守〔ちんじゅ〕고장, 절 등을 진호하는 신. 병사를 주재시켜 그 지방을 진호함.

音 読 3

留守〔るす〕외출, 여행 중이어서 집에 없음. 부재중(不在中).

〔寿〕
풀：목숨 수.
音：ジュ
訓：① ことぶき. ② ことほぐ

❶寿〔ことぶき〕① 축복. 축복의 말. ② 장수함. 장수한 수명. ③ 경사. 축하할 만한 일.

❷寿ぐ〔ことほぐ〕(他5) 축하하는 말을 하다. 축복하다. 長寿を; 장수를 축복하다.

音 読

寿命〔じゅみょう〕수명. 생명.

長寿〔ちょうじゅ〕장수. 오래 삶.

例 外

寿司〔すし〕초밥. 김밥.

〔秀〕
풀：빼어날 수
音：シュウ
訓：ひいでる

秀でる〔ひいでる〕(自下1) 빼어나다. 뛰어나다. 우수하다. 衆に~: 출중하다.

音 読

秀〔しゅう〕수. 뛰어남.

秀歌〔しゅうか〕수가. 뛰어난 和歌.

秀句〔しゅうく〕수구. ① 훌륭한 俳句. ② 동음(同音)을 이용한 우스운 말.

秀麗〔しゅうれい〕수려. 뛰어나게 아름다움.

秀抜〔しゅうばつ〕수발. 뛰어나게 우수함.

秀作〔しゅうさく〕수작. 뛰어난 작품.

秀才〔しゅうさい〕수재. 재능이 뛰어난 사람.

〔垂〕
풀：드리울 수
音：スイ
訓：① たらす ② たれる ③ たら ④ たる ⑤ なんなんとする

❶垂らす〔たらす〕(他5) ① 늘어뜨리다. 드리우다. ② 흘리다. 水を~; 물을 흘리다.

❷垂れる〔たれる〕(自他下1) ① 드리우다. 드리워지다. 늘어뜨리다. 늘어지다. ② 나타내어 보이다. ③ 끝이 치렁치렁 처지다. ④ 남기다.

垂れ〔たれ〕① 늘어뜨림. 드리움. ② 흘림.

垂れ駕籠〔たれかご〕좌우의 출입구에 발이나 장막을 드리운 작은 가마.

垂れ絹〔たれぎぬ〕방장(房帳). 장막.

垂れ籠める〔たれこめる〕(自下1) 낮게 드리우다. 낮게 깔리다.

垂れ流し〔たれながし〕대소변을 무의식 중에 쌈. 아무데나 깔겨 놓음.

垂れ幕〔たれまく〕현수막.

垂れ目〔たれめ〕눈꼬리가 처져 있는 눈.

垂れ髪〔たれがみ〕늘어뜨린 머리.

垂れ下がる〔たれさがる〕(自5) 아래로 드리워지다. 아래로 늘어뜨려지다.

訓 読 ③

垂乳根〔たらちね〕양친부모.

垂乳男〔たらちお〕아버지.

垂乳女〔たらちめ〕어머니.

訓 読 ④

垂(る)木〔たるき〕서까래.

垂(る)氷〔たるひ〕고드름.

垂(る)水〔たるみ〕폭포. 세차게 떨어지는 물.

例 外

垂り穂〔たりほ〕고개 숙인 이삭.

訓 読 ⑤

垂んとする〔なんなんとする〕(自サ) (막) 되려고 하다. 거의…에 이르다. 三時間に~; 거의 세 시간이 되려고 하다.

音 読

垂範〔すいはん〕수범. 몸소 착한 일을 하여 모든 사람의 모범이 되게 함.

垂線〔すいせん〕수선. 하나의 직선이나 평면에 수직으로 마주치는 직선.

垂示〔すいじ〕가르쳐 보임.

垂直〔すいちょく〕수직. 직선과 직선.

垂下〔すいか〕수하. 늘어뜨림. 늘어짐.

〔受〕
풀：받을 수.
音：ジュ
訓：① うかる ② うける

❶受かる〔うかる〕(自5) (시험에) 합격되다.

❷受ける〔うける〕(他下1) ① 받다. ② 이어 받다. ③ 받아들이다. 시인하다. ④

해석하다. ⑤ 맡다. 인수하다. ⑥ (시험을)치르다. ⑦ 당하다. ⑧ 향유하다. 누리다. ⑨ 향하다. ⑩ (연극에서)호평을 받다 인기를 모으다.

受け〔うけ〕① 받음. ② 접수. ③평판. 인기. ④ 받치는 물건. 받침대. ⑤ 승낙함.

受け継ぐ〔うけつぐ〕(他5) 계승하다.

受け口〔うけぐち〕① 접수구(接受口). ② 주걱턱. 아랫턱이 윗턱보다 더 내민 입 모양.

受け答え〔うけこたえ〕응답(応答).

受(け)渡し〔うけわたし〕① 주고받음. 수수(受授). ② 대금과 거래물의 상환(相換) 인도.

受け流す〔うけながす〕(他5) ① 건성으로 적당히 받아 넘기다. ② 살짝 피하다. ③ 받은 술잔을 마시지 않고 엎버무려 잔을 비우다.

受け売り〔うけうり〕남의 말을 자기 생각인 것처럼 받아 옮김.

受け皿〔うけざら〕받침 접시.

受付〔うけつけ〕① 접수. ② 접수처.

受け付ける〔うけつける〕(他下1) ① 접수하다. 받아들이다. ② (동작이나 작용을) 잘 받다.

受(け)払い〔うけはらい〕수납과 지불.

受け箱〔うけばこ〕(우편물의) 수취함(受取函).

受け手〔うけて〕① 받는 사람. ② (방송, 통신을)받아 반응을 보이는 사람.

受(け)身〔うけみ〕① 수동(受動). ② 수동태(受動態). ③ (유도의) 낙법(落法).

受け腰(うけごし〕물건을 받으려고 할 때의 허리의 자세.

受け入れ〔うけいれ〕① 받아 들임. ② 수납. ③ 들어줌. 승낙.

受け入れる〔うけいれる〕(他下1) ① 받아들이다. 맞이하다. ② 보살피다. 뒤를 봐주다. ③ 수납하다. ④ 청을 승낙하다.

受け止める〔うけとめる〕(他下1)(공격을) 받아 내다. 막아 내다.

受(け)持(ち)〔うけもち〕담당. 담당자.

受け持つ〔うけもつ〕(他5) 담당하다. 담임하다. 맡다. 一年生を～; 1학년을 담당하다.

受取〔うけとり〕① 수취. ② 영수증 (領収証).

受取人〔うけとりにん〕수취인.

受け取る〔うけとる〕(他5) ① 수취하다. 받다. 수납하다. ② 납득하다. 그대로 이해하다. ③ 책임지고 떠 맡다.

受け取れない〔うけとれない〕납득할 수 없다. 납득이 가지 않는다.

受け太刀〔うけだち〕① (검술에서) 상대의 공격을 막는 칼(솜씨). ② ～になる; (상대의 공격이 세어서)수세에 몰리다.

音 読

受難〔じゅなん〕수난. 고난을 받음.

受納〔じゅのう〕수납. 받아 들임.

受動〔じゅどう〕수동. 상대방의 동작을 받음.

受諾〔じゅだく〕수락. 요구를 받아 들임.

受領〔じゅりょう〕수령. 받아 들임.

受理〔じゅり〕수리. 받아 들임.

受像機〔じゅぞうき〕수상기. 텔레비존.

受賞〔じゅしょう〕수상. 상을 받음.

受信〔じゅしん〕수신. ① 무선 전신이나 전화를 받음. ② 우편물을 받음.

受益〔じゅえき〕수익. 이익을 받음.

受託〔じゅたく〕수탁. 부탁을 받음.

受胎〔じゅたい〕수태. 잉태. 임신.

受験〔じゅけん〕수험. 시험을 봄.

受話器〔じゅわき〕수화기.

〖帥〗

풀 : 장수 수.
音 : **スイ**
訓 :

元帥〔げんすい〕원수. 군인의 가장 높은 계급. 대장 중에서 특히 선출된 사람.

将帥〔しょうすい〕장수. 군대를 지휘, 통솔하는 장군.

〖首〗

풀 : 머리 수.
音 : **シュ**
訓 : **くび**

首〔くび〕목. 고개. ～になる; 해고되다. 목이 잘리다. ～にする; 해고시키다. 목을 자르다.

首枷〔くびかせ〕① 죄인의 목에 씌우는 칼. ② 자유를 속박하는 방해물.

首巻〔くびまき〕목도리.

首根っこ〔くびねっこ〕목덜미.

首筋〔くびすじ〕목덜미.

首輪〔くびわ〕목걸이. 네클리스.

首飾り〔くびかざり〕목걸이.

首実験〔くびじっけん〕직접 만나 본인 여부를 확인함.

首縊り〔くびくくり〕목을 매어 자살함.

首玉〔くびたま〕① 구슬 목걸이. ② 개, 고양이의 목에 거는 고리.

首っ玉〔くびったま〕목. 모가지.

首引き〔くびひき〕① 원으로 된 끈을 목에 걸고 서로 당기어 끌려 간 쪽이 진 것으로 하는 놀이. ② 서로 경쟁함.

首っ引き〔くびっぴき〕늘 사용함.

首の座〔くびのざ〕참수할 때에 앉히는 자리.

首っ丈〔くびったけ〕～になる; 홀딱 반하다.

首切り〔くびきり〕① 참수(斬首)함. ② 망나니. ③ 해고. 면직.

首切る〔くびきる〕(他5) ① 목을 베다. 처형하다. ② 해고(면직)시키다.

首吊り〔くびつり〕① 목매달아 죽음. ② 기성복(既成服).

首投げ〔くびなげ〕상대방의 목을 한 팔로 감고 넘기는 수.

音 読

首肯〔しゅこう〕수긍. 고개를 끄덕임.

首脳〔しゅのう〕수뇌. 중심이 되는 사람.

首都〔しゅと〕수도. 그 나라의 정치 중심지.
首領〔しゅりょう〕수령. 우두머리.
首尾よく〔しゅびよく〕(副) 안성 마춤으로.
首班〔しゅはん〕수반. 수석.
首府〔しゅふ〕수부. 수도(首都).
首相〔しゅしょう〕수상. 内閣의 우두머리.
首席〔しゅせき〕수석. 맨 윗자리.
首位〔しゅい〕수위. 제1위.

〔狩〕 풀 : 사냥할 수.
音 : シュ
訓 : かる

狩る〔かる〕(他5) ① 사냥하다. うさぎを～ ; 토끼를 사냥하다. ② (물고기를)잡다.
狩り〔かり〕① 사냥. ② 물고기를 잡음. 조개를 잡음. ③ 자연의 동식물의 채집.
狩り犬〔かりいぬ〕사냥개.
狩人〔かりゅうど〕사냥군.
狩り込み〔かりこみ〕일제 검거.
狩(り)場〔かりば〕사냥터.
狩り出す〔かりだす〕(他5) (짐승, 범인 등을)몰아내다.

連濁音에 注意

山狩り〔やまがり〕산에서 사냥함.
兎狩り〔うさぎがり〕토끼 사냥.
紅葉狩り〔もみじがり〕단풍 놀이.

音 読

狩猟〔しゅりょう〕수렵. 총이나 그물로 야생의 짐승이나 새를 잡는 것. 사냥.

〔殊〕 풀 : 다를 수.
音 : ① シュ ② ジュ
訓 : こと

殊に〔ことに〕(副) 특히. 각별히
殊更〔ことさら〕(副)① 고의로. 일부러. 짐짓. ② 지나치게. ③ 특별히. 특히. 새삼스러이.
殊更めく〔ことさらめく〕(自5) 일부러 인 것 같이 보이다(생각되다).
殊の外〔ことのほか〕(副) ① 의외로. ② 더 한층. 대단히. 특별히. 유달리.

音読 1

殊勝〔しゅしょう〕① 가장 뛰어남. ② 기특함.
殊遇〔しゅぐう〕특별한 대우.
殊勲〔しゅくん〕수훈. 뛰어난 공훈.

音読 2

文殊菩薩〔もんじゅぼさつ〕문수 보살.

〔修〕 풀 : 닦을 수.
音 : ① シュ ② シュウ
訓 : ① おさまる ② おさめる

❶ 修まる〔おさまる〕(自5) (품행이) 좋아지다. 닦아지다.
❷ 修める〔おさめる〕(他下1) 수양하다. 身を～ ; 몸을 닦다. 修身하다.

音読 1

修する〔しゅする〕(他サ) 닦다. 행하다.
修羅場〔しゅらば〕수라장. 비참한 광경.
修業〔しゅぎょう : しゅうぎょう〕수업, 학문이나 기술을 배우고 닦는 것.
修行〔しゅぎょう〕수행. ① 도(道)를 닦음. ② 기술을 연마함. ③ 행실을 닦음.
修験〔しゅげん〕(仏) 密教의 한 파.

音読 2

修する〔しゅうする〕(他サ) ① 닦다. 수련하다. 배우다. 학습하다. 수양하다. ② 정돈하다. 수리하다. ③ 꾸미다. 장식하다. ④ (의식을) 거행하다. 열다.
修交〔しゅうこう〕수교. 나라와 나라가 사이 좋게 교제함.
修道〔しゅうどう〕수도. 종교의 도를 수행함.
修得〔しゅうとく〕수득. 배워 익혀 체득함.
修練〔しゅうれん〕수련. 마음과 몸을 닦아서 단련함.
修理〔しゅうり〕수리. 고침. 수선.
修辞〔しゅうじ〕수사. 말이나 글을 효과적으로 써서 적절히 표현하는 것.
修繕〔しゅうぜん〕수선. 낡은 것을 손보아 고침. 수리.
修飾〔しゅうしょく〕수식. 장식. 꾸밈.
修養〔しゅうよう〕수양. 학문을 닦고 덕성을 기름.
修業〔しゅうぎょう : しゅぎょう〕수업. 학문이나 예술을 배워 익히는 것.
修正〔しゅうせい〕수정. 意見, 文案 등을 바로 잡아 고침.
修訂〔しゅうてい〕수정. 서적 등의 잘못을 고쳐서 시정함.
修整〔しゅうせい〕수정. 사진의 원판(原板) 등을 다시 손질함.
修学〔しゅうがく〕수학. 학문을 닦음.
修好〔しゅうこう〕수호. 친교를 맺음.

〔捜〕 풀 : 찾을 수
音 : ソウ
訓 : さがす

捜す〔さがす〕(自5) 찾다. 犯人を～ ; 범인을 찾다.
捜し当てる〔さがしあてる〕(他下1) 찾아내다.
捜し物〔さがしもの〕물건을 찾음. 찾던 물건.
捜し絵〔さがしえ〕그림 찾기.

音 読

捜査〔そうさ〕수사. 찾아 다니며 조사함.
捜索〔そうさく〕수색. 더듬어서 찾음. 조사함.

〔袖〕 풀 : 소매 수
音 : シュウ
訓 : そで

袖〔そで〕① 소매. ② 대문. 양쪽의 울타리. ③ 책상 양쪽의 서랍, ④ 무대의 윙.
袖乞い〔そでごい〕거지. 동냥. 구걸.
袖口〔そでぐち〕소맷부리.
袖裏〔そでうら〕소매 안감.
袖無し〔そでなし〕소매가 없는 옷.
袖屏風〔そでびょうぶ〕소매를 들어 얼굴을

가리는 일.
袖山〔そでやま〕소맷부리의 위쪽에서부터 어깨에 이르는 선(線).
袖垣〔そでがき〕대문에 붙여 낮게 만든 울타리.
袖丈〔そでたけ〕소매 길이.
袖章〔そでしょう〕소매 기장(記章).
袖下〔そでした〕소매의 밑 부분.
袖の下〔そでのした〕뇌물.
袖型〔そでがた〕옷소매의 본.

音　読

袖手傍観〔しゅうしゅぼうかん〕수수 방관.
袖珍〔しゅうちん〕소매나 품속에 넣어 가지고 다닐 수 있을 만큼의 작은 책.

〔粋〕
풀：순수할 수.
音：**スイ**
訓：**いき**

粋〔いき〕세련된. 매력적임. ～な人；멋쟁이.
〔すい〕① 순수함. ② 뛰어남. ③ 세상의 일, 연예계, 화류계 등에 능통함.
粋筋〔いきすじ〕① 화류계(花柳界) 방면. ② 남녀간의 정사(情事)에 관계 있는 일.

音　読

粋人〔すいじん〕풍류를 즐기거나 풍류를 아는 사람. 풍류인.

〔授〕
풀：줄 수.
音：**ジュ**
訓：① **さずか**る. ② **さずけ**る.

❶ **授かる**〔さずかる〕(自5)(내려) 주시다.
❷ **授ける**〔さずける〕(他下1) ① (웃사람이 아랫사람에게)주시다. 하사(下賜)하시다. 내려 주시다. ② 전수(伝授)하다.
授け物〔さずけもの〕神仏이 내려 주신 것.

音　読

授権〔じゅけん〕주권. 일정한 권리를 특정한 사람에게 수여함.
授産所〔じゅさんじょ〕수산소. 실업자(失業者)나 가난한 사람에게 일을 주어 생활의 길을 열어 주는 곳.
授受〔じゅじゅ〕수수. 주고 받음. 거래.
授業〔じゅぎょう〕수업. 학문이나 기술을 가르침.
授与〔じゅよ〕수여. (증서, 상장을)줌.
授乳〔じゅにゅう〕수유. 아기에게 젖을 먹임.

〔随〕
풀：따를 수.
音：**ズイ.**
訓：① **したが**う. ② **したが**える. ③ **まにまに.**

❶ **随う**〔したがう〕(自5) 따르다. 忠告に～；충고에 따르다.
❷ **随える**〔したがえる〕(他下1) ① 따르게 하다. 복종시키다. 좇게 하다. ② 거느리다.
❸ **随に**〔まにまに〕(副) 되는 대로. 하는 대로.

音　読

随伴〔ずいはん〕수반. 어떤 사물에 따름.
随分〔ずいぶん〕① 몹시. 아주. 퍽. ②(짓궂은 것을 나무라는 말) まあ～ね；어머나, 너무 하네요.
随想〔ずいそう〕수상. 생각한 대로 하는 것.
随所〔ずいしょ〕가는 곳마다. ～に；도처에.
随時〔ずいじ〕수시. ① 때때로. ② 언제라도.
随身〔ずいじん〕모시고 감.
随員〔ずいいん〕따라 다니는 사람. 수행원
随意〔ずいい〕수의. ① 생각대로 하는 것. どうぞご～に；아무쪼록 마음대로. ② 속박이나 제한이 없는 것.
随一〔ずいいち〕(여럿 중에서)첫째. 제일.
随従〔ずいじゅう〕수종. 따라 다니며 시중듬.
随筆〔ずいひつ〕수필. 생각이나 보고 들은 것을 붓 가는 대로 자유롭게 쓴 문장.
随行〔ずいこう〕수행. 따라 감.
随喜〔ずいき〕마음 속으로 부터 고맙게 생각함.

〔遂〕
풀：드디어 수.
音：**スイ**
訓：① **とげる.** ② **ついに**

❶ **遂げる**〔とげる〕(他下1) ① (목적을)이루다. 달성하다. ② (최후를)마치다. 죽다.
❷ **遂に**〔ついに〕(副) ① 드디어. 마침내. 결국. ② 끝끝내. 최후까지. 한 번도.

音　読

遂行〔すいこう〕수행. 목적대로 행함.
未遂〔みすい〕미수. 시작하여 목적을 달성하지 못함.

〔愁〕
풀：근심 수.
音：**シュウ**
訓：**うれい**

愁い〔うれい〕근심. 걱정. 한탄. 슬픔.

音　読

愁眉〔しゅうび〕수미. 근심에 잠겨 찌뿌린 얼굴. ～をひらく；안심하다.
愁傷〔しゅうしょう〕① 심히 딱한 일(사람이 죽었을 때 하는 말)ご～さま；참 안됐읍니다. ② 몹시 슬퍼함.
愁色〔しゅうしょく〕근심스러운 얼굴.
愁訴〔しゅうそ〕추소. 애처롭게 호소함.
愁嘆：愁歎〔しゅうたん〕한탄하며 슬퍼함.

〔数〕
풀：헤아릴 수.
音：① **スウ** ② **ズウ**
訓：① **かず** ② **かぞ**える

❶ **数**〔かず〕① 수. ② 수많음. ③ 가치.
〔すう〕수. 양(量)의 많고 적은 것.
数ならぬ〔かずならぬ〕하찮은.
数物〔かずもの〕① 흔히 있는 것. 소액으로 많이 살 수 있는 물건. 값싼 하등품. ② 일정한 수로 한벌이 갖춰지는 물건. ③ 수가 많은(적은) 물건.

数数〔かずかず〕수가 많음. 많음. 다수.
数の子〔かずのこ〕말린 청어알.
数取(り)〔かずとり〕① 수를 셈. ～器; 계수기. ② 남보다 수를 많이 따기를 겨루는 놀이.
❷ **数える**〔かぞえる〕(他下1) ① 수를 세다. 계산하다. ② 열거하다.
数え〔かぞえ〕① 셈. 세기. ② 달력. 나이.
数え歌〔かぞえうた〕숫자 풀이 노래.
数え年〔かぞえどし〕달력 나이(태어난 해를 한 살로 쳐서 세는 나이).
数え立てる〔かぞえたてる〕(他下1) 하나하나 세다. 열거하다.
数え上げる〔かぞえあげる〕(他下1) 하나하나 들어서 세다. 열거하다.
数え日〔かぞえび〕분주한 연말(年末).

音読 1

数〔すう〕수. 양(量)의 많고 적은 것.
数個〔すうこ〕수개. 여러 개.
数奇〔すうき〕불행함. 운명이 기구(崎嶇)함.
〔すき〕① 풍류를 좋아함. ② 다도(茶道)를 좋아함. ③ 호사가(好事家).
数年〔すうねん〕수년. 5, 6년.
数量〔すうりょう〕수량. 분량(分量).
数か所〔すうかしょ〕여러 군데. 여러 곳.
数人〔すうにん〕여러 사람.
数日〔すうじつ〕수일. 여러 날.
数字〔すうじ〕숫자. 수를 나타내는 글자.
数値〔すうち〕수치.
数学〔すうがく〕수학. 수에 대한 학문.
数回〔すうかい〕여러 차례. 몇 번.

音読 2

員数〔いんずう〕수량. 액수. 인원수.
人数〔にんずう〕인수. ① 사람의 수. 인원수. ② 많은 사람.

例 外

数珠〔じゅず〕수주. 불교도가 염불할 때 수효를 세는 기구. 염주.

〔睡〕 풀：졸 수.
音：**スイ**
訓：

睡蓮〔すいれん〕수련. 연꽃 비슷하나 조금 작고, 꽃은 아침에 피었다가 밤에 오므라짐.
睡魔〔すいま〕수마. 못 견디게 오는 졸음.
睡眠〔すいみん〕수면. 잠을 잠.

〔酬〕 풀：잔돌릴 수.
音：**シュウ**
訓：**むくいる**

酬いる〔むくいる〕(自他上1) ① 보답하다. 갚다. ② 보복하다. 앙갚음하다.
酬(い)〔むくい〕보답. 보수. 응보.
報酬〔ほうしゅう〕보수. ① 고마운 데 대한 사례. 보답. ② 수고에 대한 사례금. 수당.

〔需〕 풀：구할 수.
音：**ジュ**
訓：

需給〔じゅきゅう〕수급. 수요와 공급.
需要〔じゅよう〕수요. ① 필요해서 구하고자 함. ② 지불 수단을 가진 재화(財貨) 구매의 욕망.
需品〔じゅひん〕생활 필수품.

〔穂〕 풀：이삭 수.
音：**スイ**
訓：**ほ**

穂〔ほ〕① 이삭. ② 이삭 모양의 것. 筆の～; 붓끝. ③ ～に出る; 생각하고 있는것이 외면에 나타나다.
穂並(み)〔ほなみ〕가지런한 이삭.
穂先〔ほさき〕이삭끝. 날끝.
穂波〔ほなみ〕물결처럼 흔들리는 벼 이삭.

音 読

穂状〔すいじょう〕이삭 모양.
穂状花序〔すいじょうかじょ〕수상 화서. 한 개의 긴 꽃대에 촘촘하게 이삭 모양처럼 피는 꽃차례.

〔獣〕 풀：짐승 수.
音：**ジュウ**
訓：**けもの**

獣〔けもの〕짐승.
獣道〔けものみち〕숲속에 난 짐승 마다의 특유한 통로.

音 読

獣類〔じゅうるい〕수류. 짐승의 총칭.
獣身〔じゅうしん〕목 아래가 짐승 모양임.
獣医〔じゅうい〕수의. 가축의 병을 진찰하거나 치료하는 의사.

〔樹〕 풀：나무 수
音：**ジュ**
訓：**き**

樹〔き〕(서 있는) 나무.
樹幹〔じゅかん〕나무 줄기.
樹齢〔じゅれい〕수령. 나무의 나이.
樹林〔じゅりん〕수림. 수풀.
樹立〔じゅりつ〕수립. 세움.
樹木〔じゅもく〕수목. 서 있는 나무.
樹脂〔じゅし〕수지. ① 나무의 진. ② 合成樹脂.

〔輸〕 풀：실어낼 수.
音：**ユ**
訓：

輸送〔ゆそう〕수송. 사람이나 화물을 대량으로 운반함.
輸入〔ゆにゅう〕수입. 외국의 물건을 사들임.
輸出〔ゆしゅつ〕수출. 외국으로 상품이나 생산 기술을 내보냄.
輸血〔ゆけつ〕수혈. 환자의 혈관 속에 같은 형의 피를 주사함.

〔髄〕 풀：골수 수.
音：**ズイ**
訓：

髄〔ずい〕① 골수. ② 줄기나 뿌리의 심. ③ 중심. 요소. 骨の～まで; 뼈골까지.
髄脳〔ずいのう〕수뇌. 経書나 和歌등의 難句를 해석한 책.

【숙】

〔叔〕 풀：아재비 숙.
音：シュク
訓：

叔母〔しゅくぼ：おば〕숙모. 숙부의 아내.
叔父〔しゅくふ：おじ〕숙부：아버지의 남동생.

〔宿〕 풀：잘 숙.
音：シュク
訓：① やど ② やどす ③ やどる

❶宿〔やど〕① 사는 집. ② 여관. 숙소. ③ 숙박(宿泊). ④ (고용살이하는사람의) 본집.
❷宿す〔やどす〕(他5) ① 간직하다. 품다. ② (아이를) 배다. 임신하다. ③ 모습을 비추다. ④ 머금다. ⑤ 숙박하게 하다.
❸宿る〔やどる〕(自5) ① 머물다. ② 숙박하다. 묵다. ③ 임신하다. ④ 맺히다. ⑤ 기생(寄生)하다. ⑥ 모습이 비치다.
宿り〔やどり〕① 머무는 곳. 사는 집. 머묾. ② 성좌(星座).
宿り木〔やどりぎ〕다른 나무에 기생하는 나무. 기생목(寄生木).
宿無し〔やどなし〕일정한 주소가 없음. 또는 그런 사람. 부랑인(浮浪人).
宿屋〔やどや〕여관. 숙소.
宿元〔やどもと〕① 거주하는 곳. ② 숙박하는곳 ③ 고용인의 신원을 맡은 곳.
宿六〔やどろく〕(자기의 남편을 허물 없이 부르는 말). 영감. 임자.
宿引き〔やどひき〕손님을 여관으로 끄는일.
宿賃〔やどちん〕숙박료.
宿帳〔やどちょう〕숙박부. ～につける；숙박부에 올리다.
宿銭〔やどせん〕숙박료.
宿主〔やどぬし〕여관 주인.
宿借り〔やどがり〕① 셋방살이. ② 동거(同居).
宿替え〔やどがえ〕이사(移徙).
宿下がり〔やどさがり〕고용살이하는 사람이 휴가를 얻어서 집으로 돌아감.
宿割り〔やどわり〕많은 사람을 재우기 위하여 숙소나 방을 할당함.
宿許〔やどもと〕⇨宿元

音読

宿命〔しゅくめい〕숙명. 운명.
宿泊〔しゅくはく〕숙박. 유숙함.
宿舎〔しゅくしゃ〕숙사. ① 기숙사. ②숙소.
宿所〔しゅくしょ〕숙소. 머물러 묵는 곳.
宿願〔しゅくがん〕숙원. 이전부터의 소원.
宿敵〔しゅくてき〕숙적. 오래 된 적.
宿題〔しゅくだい〕숙제. 제출해 두는 문제.
宿直〔しゅくちょく〕숙직. 유숙하며 지킴.
宿酔〔しゅくすい〕숙취. 다음 날까지 깨지 아니한 취기.

〔粛〕 풀：고요할 숙.
音：シュク
訓：

粛として〔しゅくとして〕(副) ① 삼가. 엄숙히. ② 조용히.
粛啓〔しゅくけい〕숙계. 편지에 쓰는 인사말.
粛粛〔しゅく·しゅく〕① 조용함. ② 엄숙함. ③ 잘 정돈되어 있음.
粛然〔しゅくぜん〕숙연. 엄숙함. 정숙함.
粛正〔しゅくせい〕숙정. 엄숙하게 부정을 제거함.
粛清〔しゅくせい〕숙청. 엄중히 다스리어 불순 분자를 몰아냄.

〔淑〕 풀：맑을 숙.
音：シュク
訓：しとやか

淑やか〔しとやか〕(形動) 정숙함. ～なお嬢さん；정숙한 아가씨. ～に歩く；얌전하게 걷다.

音読

淑女〔しゅくじょ〕숙녀. 교양과 예의와 품격을 갖춘 점잖은 여자.
淑徳〔しゅくとく〕숙덕. ① 덕이 높은 노인. ② 前世에서 쌓은 福德.

〔熟〕 풀：익을 숙.
音：ジュク
訓：① うれる ② うむ

❶熟れる〔うれる〕(自下1) (과일 등이) 익다. 여물다. かきの実が～；감 열매가 익다.
❷熟む〔うむ〕(自5) (과일이) 익다.

音読 1

熟す〔じゅくす〕(自5) ① (과일등이) 익다. ② 무르익다. ③ 숙련되다. 능숙하게 정돈되다.
熟達〔じゅくたつ〕숙달. 손에 익숙해져서 잘 하게 됨.
熟読〔じゅくどく〕숙독. 충분히 읽고 음미함.
熟慮〔じゅくりょ〕숙려. 깊이 생각함.
熟練〔じゅくれん〕숙련. 매우 능숙함.
熟成〔じゅくせい〕숙성. 익어서 충분하게 이루어지는 일.
熟語〔じゅくご〕숙어. 새로 만들어지는 말에 대해서 보통 사용되는 복합어.
熟知〔じゅくち〕숙지. 잘 앎.

音読 2

熟考〔じゅっこう〕숙고. 깊이 생각함.

【순】

〔旬〕 풀：열흘 순.
音：ジュン
訓：

旬刊〔じゅんかん〕순간. 10일마다 간행하는 간행물.
旬間〔じゅんかん〕순간. (특별히 정한) 10일간.
旬余〔じゅんよ〕순여. 열흘 남짓.
旬日〔じゅんじつ〕순일. 10일간.

〔巡〕 풀：돌아다닐 순.
音：ジュン
訓：① めぐらす ② めぐる

❶**巡らす**〔めぐらす〕(他5) ① 돌리다. ② 두르다. ③ (생각을) 짜내다. ④ 꾸미다.
❷**巡る**〔めぐる〕(自他5) ① (한 바퀴) 돌다. 순회하다. ② 여기저기 돌아다니다. ③ 에워싸다. 둘러싸다. 관련되다.
巡り〔めぐり〕① 돎. 돌기. 한 바퀴 돎. 순환. ② 순회. 편력. ③ 둘레. 주변. 주위.
お巡りさん〔おまわりさん〕순경. 경관.
巡り合う〔めぐりあう〕(自5) 오랜만에 우연히 만나다. 해후(邂逅)하다.
巡り合わせ〔めぐりあわせ〕운명. 운. 인연.

音 読

巡検〔じゅんけん〕순검. 돌아다니며 검사함.
巡礼〔じゅんれい〕순례. 여러 聖地를 두루 참배하는 일.
巡査〔じゅんさ〕순사. 순경.
巡視〔じゅんし〕순시. 돌아 다니며 봄.
巡洋艦〔じゅんようかん〕순양함.
巡察〔じゅんさつ〕순찰. 돌아 다니며 경계하고 조사함.
巡航〔じゅんこう〕순항. 여기저기를 항해하여 다님.
巡回〔じゅんかい〕순회. 두루 돌아 다님.

〔盾〕 풀：방패 순.
音：ジュン
訓：たて

盾〔たて〕방패. ～に取る; 구실로 삼다.
盾突く〔たてつく〕(自5) 대들다. 반항하다. 말대꾸하다.

連濁音에 注意

後ろ盾〔うしろだて〕뒷방패. 후원자.

音 読

矛盾〔むじゅん〕모순. 앞뒤가 맞지 않음. 사리가 안 맞음.

〔殉〕 풀：따라 죽을 순.
音：ジュン
訓：

殉じる〔じゅんじる〕(自上1) 순직하다. (무엇을 위하여) 자기 목숨을 버리다. 国に～; 나라를 위하여 목숨을 버리다. 大臣に～; (차관, 국장 등이) 장관을 따라서 사직하다.
殉教〔じゅんきょう〕순교. 믿는 종교를 위하여 목숨을 버림.
殉国〔じゅんこく〕순국. 나라를 위하여 목숨을 버림.
殉難〔じゅんなん〕순난. 재난이나 국난을 위하여 목숨을 버림.
殉死〔じゅんし〕순사. 주인을 따라 죽음.
殉職〔じゅんしょく〕순직. 직무를 위해 죽음.

〔純〕 풀：순수할 순.
音：ジュン
訓：

純〔じゅん〕(形動) ① 순수함. ② 순진함. ～な男; 순진한 남자.
純潔〔じゅんけつ〕순결. 마음이나 몸이 더럽혀져 있지 않음.
純金〔じゅんきん〕순금. 순수한 금.
純度〔じゅんど〕순도. 품질의 순수한 정도.
純綿〔じゅんめん〕순면. 면사만으로 짠 직물.
純毛〔じゅんもう〕순모. 순수한 털실.
純朴〔じゅんぼく〕순박. 순진하고 꾸밈이 없는 상태.
純粋〔じゅんすい〕순수. 조금도 섞임이 없음.
純益〔じゅんえき〕순익. 순 이익.
純正〔じゅんせい〕순정. 순수하고 올바름.
純情〔じゅんじょう〕순정. 순진한 마음.
純真〔じゅんしん〕순진. 꾸밈이 없고 참됨.
純化〔じゅんか〕순화. 순수하게 함.

〔順〕 풀：순할 순.
音：ジュン
訓：

順〔じゅん〕순. ① 순서. 차례. ③ 거역하지 않고 좇음.
順に〔じゅんに〕(副) 차례대로. 순서대로.
順良〔じゅんりょう〕순량. 유순하고 착함.
順番〔じゅんばん〕순번. 차례로 교대하여 어떤 일을 함. 또는 그 차례.
順序〔じゅんじょ〕순서. 차례.
順順に〔じゅんじゅんに〕차례차례로.
順位〔じゅんい〕순위. 차례. 순번.
順応〔じゅんのう〕순응. ① 환경에 잘 적응함. ② 순순히 잘 따름.
順調〔じゅんちょう〕순조. 일이 술술 진행됨.
順繰り〔じゅんぐり〕차례대로 함. 순서대로 함.
順次〔じゅんじ〕순차. 차례.
順化〔じゅんか〕순화. (기후, 풍토에) 차차 적응되는 일.

〔循〕 풀：돌 순.
音：ジュン
訓：

循環〔じゅんかん〕순환. 쉬지 않고 연해 돎.
循環器〔じゅんかんき〕순환기. 혈액을 순환시켜서 섭취한 영양분, 산소 등을 몸의 온갖 조직에 운반하고, 또 노폐물을 몸의 각 부분으로 부터 모아서 배설하기 위하여 운반하는 대롱 모양의 기관.
循環小数〔じゅんかんしょうすう〕순환소수.

〔瞬〕 풀：눈 깜짝할 순.
音：シュン
訓：① またたく ②まじろぐ

❶瞬く〔またたく〕(自5) ① (눈을) 깜작이다. ② 깜박이다. 반짝이다.

瞬く間に〔またたくまに〕눈깜짝할 사이에. 순식간에.

❷瞬ぐ〔まじろぐ〕(自5) 눈을 깜박하다.

音　読

瞬間〔しゅんかん〕순간. 눈 깜박하는 사이.
瞬時〔しゅんじ〕순시. 순식간. 순간.

【술】

〔述〕 풀：지을 술.
音：ジュツ
訓：のべる

述べる〔のべる〕(他下1) ① 진술하다. 意見を～; 의견을 진술하다. ② 기술(記述)하다.

音　読

述語〔じゅつご〕술어. 글의 성분(成分) 의 하나. 主語에 붙어 그 동작, 상태, 성질을 나타내는 말.
述懐〔じゅっかい〕술회. 마음 속에 품고 있는 회포를 말함.

〔術〕 풀：꾀 술.
音：① ジュツ ② ジュッ
訓：

音 読 1

術〔じゅつ〕① 재주. ② 꾀. ③ 수단.방법. ④ 마법(魔法). ～を使う; 마법을 쓰다.
術語〔じゅつご〕술어. 학문이나 기술에 사용되는 전문어.

音 読 2

術数〔じゅっすう〕술수. 꾀. 계략.
術中〔じゅっちゅう〕술중. 계략(計略).
術策〔じゅっさく〕술책. 계략. 꾀.

【숭】

〔崇〕 풀：높일 숭.
音：スウ
訓：あがめる

崇める〔あがめる〕(他下1) 우러러 존경하다. 우러러 받들다. 숭상하다. 師と～; 스승으로 우러러 모시다.

音　読

崇敬〔すうけい〕숭경. 우러러 존경함.
崇高〔すうこう〕숭고. 뜻이 드높고 존엄함.
崇拝〔すうはい〕숭배. 우러러 공경함.

【습】

〔拾〕 풀：① 주을 습. ② 열 십.
音：① シュウ ② ジュウ
訓：ひろう

拾う〔ひろう〕(他5) ① (떨어진 것을) 줍다. ② 골라 내다(뽑다). ③ (차를) 집어타다. タクシを～; 택시를 집어 타다. ④ (뜻밖의 것을) 얻다. 손에 넣다.
拾い〔ひろい〕① 줍기. 주움. ② 문선 (文選).
拾い読み〔ひろいよみ〕① 문장을 여기저기 골라서 읽음. ② 글자를 한 자 한 자 더듬어 읽음.
拾い物〔ひろいもの〕① 물건 줍기. ② 주운 물건. 습득물. ③ 뜻밖의 수확. 횡재(横財).
拾い歩き〔ひろいあるき〕도보(徒歩)로 슬슬 걸어감.
拾(い)屋〔ひろいや〕넝마주이.
拾い足〔ひろいあし〕길이 좋은 곳만을 골라서 걸어감.

音　読

拾得〔しゅうとく〕습득. 주워서 얻음.주움
拾万〔じゅうまん〕십만.천의 10배. 100,000
拾回〔じっかい〕십회. 10번째.

〔習〕 풀：익힐 습.
音：シュウ
訓：① ならう ② ならわす

❶習う〔ならう〕(他5) 배우다. 익히다.
習い〔ならい〕① 학습. 배움. ② 습관. ③ 世上事.
習い事〔ならいごと〕① 배우는 일. ② (生け花, 茶の湯등의 芸事에서) 대충 배우고 난 다음 특히 허락받고 배우는 사항.
❷習わす〔ならわす〕(他5) 배우게 하다. 가르치다.
習わし〔ならわし〕습관 , 풍습. 관례.

音　読

習慣〔しゅうかん〕습관. 풍습. 버릇. 관례.
習得〔しゅうとく〕습득. 배워서 터득함.
習練〔しゅうれん〕습련. 잘 연습함.
習癖〔しゅうへき〕습벽. 버릇.
習性〔しゅうせい〕습성. 습관과 성질. 버릇
習熟〔しゅうじゅく〕습숙. 배워 익혀 능숙하게 됨.
習字〔しゅうじ〕습자. 붓이나 펜으로 글씨 쓰는 법을 익히는 일.
習作〔しゅうさく〕습작. 연습삼아 작품을 만듦.

〔湿〕 풀：젖을 습.
音：① シツ ② シッ
訓：① しめす ② しめっぽい ③ しめる

❶湿す〔しめす〕(他5) 적시다. 축이다. のどを～; 목을 적시다.

❷勝る〔まさる〕(自5) 우수하다. 능가하다. 보다 더 낫다. 質が～; 질이 훨씬 낫다.

❸勝れる〔すぐれる〕(自下1) ①우수하다 뛰어나다. 훌륭하다. 우세하다. ② 勝れない; 좋지 않다.

音 読

勝利〔しょうり〕승리. 싸움에 이김.
勝負〔しょうぶ〕승부. ① 이기고 짐. ② 이기고 짐을 결정함. ～なし; 무승부.
勝負事〔しょうぶごと〕① 승부를 겨루는 시합. 내기. ② 노름.

例 外

勝手〔かって〕(形動) ① 편리함. ② 제멋대로 임. (名) ① 부엌. ② 생계(生計). ③ 모양. 사정. 상황.
勝手に〔かってに〕(副) 멋대로. 자유로이.

〔僧〕 풀 : 중 승.
音 : ソウ
訓 :

僧〔そう〕중. ～になる; 중이 되다.
僧堂〔そうどう〕승당. 승원(僧院).
僧徒〔そうと〕승도. 중들.
僧侶〔そうりょ〕승려. 중.
僧坊 : 僧房〔そうぼう〕승방. 중이 사는 곳.
僧兵〔そうへい〕승병. 중으로 조직된 군대.
僧院〔そういん〕승원. 절.
僧正〔そうじょう〕승정.
僧職〔そうしょく〕승직. 중으로서의 직무.

〔縄〕 풀 : 새끼줄 승.
音 : ジョウ
訓 : なわ

縄〔なわ〕① 새끼. 밧줄. 끈. ② 포승.
縄跳び〔なわとび〕줄넘기.
縄目〔なわめ〕① 새끼줄(끈)의 매듭. ② 포박을 당함.
縄抜け〔なわぬけ〕포승을 풀고 도망감. 도망자.
縄付き〔なわつき〕오랏줄로 묶임. 죄인.
縄梯子〔なわばしご〕줄사다리.

音 読

縄文文化〔じょうもんぶんか〕(日) 승문문화.
縄文土器〔じょうもんどき〕(日) 승문 토기.
捕縄〔ほじょう〕포승. 오랏줄.

【시】

〔市〕 풀 : 저자 시.
音 : シ
訓 : いち

市〔いち〕① 시장. 장. ② 시가지. 거리. 〔し〕시. (지방 자치 단체의 하나)
市立〔いちりつ : しりつ〕시립. 시의 설립.
市松模様〔いちまつもよう〕① 흑백색의 사각형을 교차시킨 바둑 무늬. ② 다른 두 선이 교차되는 사각형 무늬.
市人〔いちびと〕① 시민. ② 상인.
市子〔いちこ〕무당.
市場〔いちば : しじょう〕시장. 장. 저자.

音 読

市〔し〕시. (지방 자치 단체의 하나) 〔いち〕① 시장. 저자. ② 시가지. 거리
市価〔しか〕시가. 시장에서의 실제 가격.
市街〔しがい〕시가. 상가가 많이 늘어서 번창한 곳.
市民〔しみん〕시민. 시의 주민.
市勢〔しせい〕시세. 市의 종합적인 상태.
市役所〔しやくしょ〕시의 사무를 취급하는 관청. 시청.
市営〔しえい〕시영. 시 당국에서 경영함.
市長〔しちょう〕시장. 시의 우두머리.
市井〔しせい〕시정. 항간.
市政〔しせい〕시정. 시의 행정. 정치.
市中〔しちゅう〕시중. 시내(市内)
市庁〔しちょう〕시청.
市販〔しはん〕시판. 시중에서 판매함.

〔矢〕 풀 : 화살 시.
音 : シ
訓 : や

矢〔や〕화살. ～を射る; 활을 쏘다.
矢継(ぎ)早〔やつぎばや〕잇따름. 연달음.
矢頃〔やごろ〕활을 쏘기에 알맞은 거리.
矢面〔やおもて〕비난 받는 입장.
矢先〔やさき〕① 화살촉. ② 화살이 날아오는 전면(前面). ③ 화살의 목표.
矢声〔やごえ〕화살을 맞혔을 때 쏜 사람이 외치는 소리.
矢印〔やじるし〕화살표.
矢張り〔やはり〕역시.
矢庭〔やにわ〕① 활터. ② 화살의 射程距離. ③ 화살에 맞은 곳. ④ ～に; 돌연. 갑자기. 당장.
矢板〔やいた〕건축 공사 때 무너지는 것을 방지하는 나무.

音 読

一矢〔いっし〕하나의 화살.

〔示〕 풀 : 보일 시.
音 : ① シ ② ジ
訓 : しめす

示す〔しめす〕(他5) ① 가리키다. 方向を～; 방향을 가리키다. ② 나타내 보이다. 反応を～; 반응을 보이다.
示し〔しめし〕① 교시(教示). 계시(啓示) ② 모범. 본보기.
示し合(わ)せる〔しめしあわせる〕(他下1) ① (계획을) 미리 짜다. ② 눈짓으로 서로 알리다.

音 読 1

示教〔しきょう〕시교. 보여 가르침.
示度〔しど〕시도. ① 기압이 나타내는 압력의 정도. ② 온도계가 보여주는 눈금의 정도.

示範〔しはん〕시범. 모범을 보임.
示唆〔しさ〕시사. 미리 암시하여 알려 줌.

音読 2

示達〔じたつ〕시달. 상부에서 하부로 명령, 통지 등을 문서로써 전달하는 일.
示談〔じだん〕시담. 싸움을 화해시키는 말
示威〔じい〕시위. 위력이나 기세를 드러내어 보임.

〔侍〕 풀 : 모실 시. 音 : ジ 訓 : ① さむらい ② はべり

❶ 侍〔さむらい〕① 무사(武士). ② 기골이 있는 사람.
侍気質〔さむらいかたぎ〕무사 기질. 격식을 차리는 굳건한 성품.
侍大将〔さむらいだいしょう〕武家時代의一軍의 지휘자.
侍所〔さむらいどころ〕① 옛날 귀인의 신변을 호위하던 상급 무사. ② 武家時代의 관청의 이름.

連濁音에 注意

犬侍〔いぬざむらい〕쓸모 없는 천한 武士의 낮춤말.
❷ 侍り〔はべり〕(自ラ) ① 모시고 있다. ② 있사옵나이다. ③ …입니다. ④ … 합니다.
侍らせる〔はべらせる〕(他下1) 모시고 있게 하다. 옆에 있게 하다.

音 読

侍する〔じする〕(自サ) 가까이에서 시중들다. 가까이 모시다.
侍女〔じじょ〕시녀. 시중 드는 여자.
侍立〔じりつ〕시립. 어른을 모시고 섬.
侍従〔じじゅう〕시종. 君主 가까이에서 시중 듦, 또는 그 사람.

〔始〕 풀 : 비로소 시. 音 : シ 訓 : ① はじまる ② はじめる

❶ 始まる〔はじまる〕(自5) ① 시작되다. ② 늘 하던 버릇이 또 나타나다. そら始まった; 또 시작이군. ③ 始まらない; 소용없다. 허사다.
始まり〔はじまり〕시작. 시초. 비롯함.
❷ 始める〔はじめる〕(他下1) 시작하다. 개시하다.
始め〔はじめ〕처음. 시작. 시초. 최초.
始めて〔はじめて〕(副) 처음으로. 비로소.

音 読

始球式〔しきゅうしき〕시구식. 야구 시합 개시 직전 내빈 중 한 사람이 제1구를 본루에 던지는 의식.
始期〔しき〕시기. 시작되는 시기.
始動〔しどう〕시동. 움직이기 시작함.
始末〔しまつ〕시말. ① 처음과 끝. ② (어떤 결과로서의) 사정. 형편. ③ 뒷처리. 정리. 절약.
始末書〔しまつしょ〕시말서. 잘못하여 일을 저지른 사람이 사과하기 위하여 그전말을 자세히 적은 문서.
始末屋〔しまつや〕절약가. 구두쇠.
始業〔しぎょう〕시업. 업무나 수업을 시작함.
始祖〔しそ〕시조. 선조.
始終〔しじゅう〕시종. ① 처음과 끝. ② 처음부터 끝까지. ③ 끊임없이. 언제나. 늘. 항상.

〔施〕 풀 : 베풀 : 시 音 : ① シ ② セ 訓 : ほどこす

施す〔ほどこす〕(他5) ① 베풀다. ② (계획을) 세우다. ③ 채색하다. ④ 주다. ⑤ (체면을) 세우다. ⑥ 달다. 덧붙이다. ふりがなを～; 토를 달다.

音 読 1

施工〔しこう〕시공. 공사를 행함.
施設〔しせつ〕시설. 만들어 설치함. 설비.
施術〔しじゅつ〕시술. 수술(手術)을 하는 것
施政〔しせい〕시정. 정치를 시행함.
施行〔しこう〕시행. 실시. 실지로 행함.
施策〔しさく〕시책. 계획을 짜서 실제로 행함.

音 読 2

施療〔せりょう〕시료. 무료로 환자를 치료하는 일.
施肥〔せひ〕시비. 비료를 줌.
施餓鬼〔せがき〕연고자가 없는 죽은 사람에 대한 공양(供養).
施主〔せしゅ〕시주. 공양하는 사람.

〔是〕 풀 : 옳을 시. 音 : ゼ 訓 :

是とする〔ぜとする〕(連語) 옳다고 생각하다.
是が非でも〔ぜがひでも〕어떻게 하든. 꼭.
是非〔ぜひ〕① 시비. 옳고 그름. ② 부득이 함. 어쩔 수 없음. ③ (副) 아무쪼록. 제발. 꼭.
是非とも〔ぜひとも〕(副) 꼭. 제발. 아무쪼록.
是是非非主義〔ぜぜひひしゅぎ〕시시비비주의. 좋은 것은 좋다고 하고 나쁜 것은 나쁘다고 하는 공평 무사주의.
是認〔ぜにん〕시인. ① 좋다고 인정함. 승인함. ② 그렇다고 인정함.
是正〔ぜせい〕시정. 틀린 것을 바로 잡음.

〔柿〕 풀 : 감 시. 音 : シ 訓 : かき

柿〔かき〕감. 감나무.
柿色〔かきいろ〕① 감빛(노르스름한 붉은 색). ② 적갈색. ③ 고동색. 암갈색.

〔時〕 풀 : 때 시. 音 : ジ 訓 : とき

時〔とき〕① 때. ② 시간. 시각.
時たま〔ときたま〕(副) 때때로. 가끔. 이따금.
時として〔ときとして〕경우에 따라서는. 때

로는. 어느 때에는.
時ならぬ〔ときならぬ〕때 아닌. 철 아닌.
時に〔ときに〕① 때로는. 가끔. 어쩌다. 때때로. ② 때마침. 그 때. ③ 그런데.
時には〔ときには〕때로는. 경우에 따라서는.
時の〔ときの〕그 당시의. 그 때의. ～首相；그 당시의 수상.
時めく〔ときめく〕(自5) 때를 잘 만나 번영(繁栄)하다. 그 시대를 주름잡다.
時の間〔ときのま〕잠깐.
時貸し〔ときがし〕일시적으로 돈을 빌려줌.
時無し〔ときなし〕때 없음. 사철.
時世〔ときよ〕① 시대. ② 그 시대의 풍조.
時時〔ときどき〕① 그때 그때. ② 때때로. 가끔.
時折〔ときおり〕(副) 이따금. 때때로. 가끔.
時津風〔ときつかぜ〕① 밀물 때에 부는 바람. ② 마침 좋을 때에 부는 바람.
時借り〔ときがり〕일시적으로 돈을 빌어씀.

連濁音에 注意

梅雨時〔つゆどき〕장마철.
食事時〔しょくじどき〕식사 때.
花見時〔はなみどき〕꽃 놀이 철.

例　外

時計〔とけい〕시계.
時雨〔しぐれ〕(늦가을부터 초겨울에 걸쳐서) 오다 말다 하는 비.
時雨れる〔しぐれる〕(自下1) ① 늦가을의 비가 내리다. ② 눈물을 흘리다. 울다.

音　読

～時〔～じ〕시간을 나타내는 접미어. 九時；9시.
時価〔じか〕시가. 어느 일정한 시기에 있어서의 시세.
時刻〔じこく〕시각. 때. 시간.
時間〔じかん〕시간. 때. 세월.
時局〔じきょく〕시국. 현재 대세의 판국.
時期〔じき〕시기. 때.
時機〔じき〕시기. 적당한 기회.
時代〔じだい〕시대. ① 연대. ② 그 당시. 시절.
時流〔じりゅう〕시류. 시대의 흐름.
時事〔じじ〕시사. 현대에 일어난 사회적인 일.
時速〔じそく〕시속. 한 시간에 달리는 속도.
時時刻刻〔じじこっこく〕시시각각. 점차로
時日〔じじつ〕시일. 틈. 때.
時節〔じせつ〕시절. ① 철. 때. ② 시대. ③ 기회.
時節柄〔じせつがら〕(副) 때가 때인 만큼.
時点〔じてん〕시점. 시간의 흐름 위의 어느 한 점.
時限〔じげん〕시한. 시간을 한정하는 것.
時好〔じこう〕당시의 유행.
時効〔じこう〕시효. 일정한 기간이 지남으로서 권리가 발생하거나 상실하는 일.
時候〔じこう〕시후. 사시의 계절. 춘하추동.

〔視〕
풀：볼 시.
音：シ
訓：みる

視る〔みる〕(他上1) 보다. 本を～；책을 보다.

音　読

視する〔しする〕…라고 생각하다. …로 취급하다. …시하다. 英雄～；영웅시하다.
視角〔しかく〕시각. 보는 눈의 각도.
視覚〔しかく〕시각. 물체를 보았을 때에 일어나는 감각.
視界〔しかい〕시계. 눈으로 볼 수 있는 범위.
視力〔しりょく〕시력. 물체를 보는 눈의 힘.
視線〔しせん〕시선. 눈길.
視野〔しや〕시야. ① 보이는 범위. ② 지식이나 생각이 미치는 범위.
視点〔してん〕시점. 사물을 보는 입장.
視察〔しさつ〕시찰. 돌아 다니며 실제로 사정을 살펴 봄.
視聴〔しちょう〕시청. 보는 일과 듣는 일.

〔試〕
풀：시험할 시.
音：シ
訓：① ためす ② こころみる

❶**試す**〔ためす〕(他5) 시험하다. 시험해 보다. 실제로 해보다.
試し〔ためし〕시험. 시도(試図).
試しに〔ためしに〕(副) 시험삼아.
試し算〔ためしざん〕검산(検算).

連濁音에 注意

力試し〔ちからだめし〕힘을 시험해 봄.
腕試し〔うでだめし〕솜씨를 시험해 봄.
❷**試みる**〔こころみる〕(他上1) 시험해 보다. 시도해 보다. 実験を～；실험을 해 보다.
試み〔こころみ〕시도. 시도해 봄.

音　読

試掘〔しくつ〕시굴. 광물을 발굴하기 위하여 시험 삼아 땅을 파 보는 일.
試金石〔しきんせき〕시금석.
試練〔しれん〕시련. 결심의 정도를 시험하여 보는 일.
試問〔しもん〕시문. 시험하기 위해 물음.
試写会〔ししゃかい〕시사회.
試算〔しさん〕시산. ① 시험적으로 계산함. ② 검산(検算).
試案〔しあん〕시안. 시험적으로 만든 안.
試運転〔しうんてん〕시운전. 시험적인 운전.
試用〔しよう〕시용. 시험삼아 써 봄.
試合〔しあい〕시합. 서로 재주를 겨룸.
試行〔しこう〕시행. 시험적으로 해 봄.
試験〔しけん〕시험.

〔詩〕
풀：시 시.
音：① シ ② シイ
訓：

❶**詩**〔し〕시. 자연, 인생 등의 모든 사물

에 대한 감정을 운율적인 형식으로 표현한 말이나 글.
詩句〔しく〕시구. 시의 구절.
詩劇〔しげき〕시극. 시로 쓴 극.
詩文〔しぶん〕시문. 시와 문장.
詩想〔しそう〕시상. 시의 착상(着想)
詩聖〔しせい〕시성. 뛰어난 대시인.
詩人〔しじん〕시인. 시를 쓰는 사람.
詩情〔しじょう〕시정. ① 시적인 맛. ② 시를 쓰고 싶은 마음.
詩集〔ししゅう〕시집. 시를 모은 책.
❷詩歌〔しいか〕시가. 시와 노래

【씨】

〖氏〗 풀：성씨 씨.
音：① シ ① ジ
訓：うじ

氏〔うじ〕① 성(姓). 씨. ② 문벌. 가문. 〔し〕씨. 성(姓). 田中～; 田中씨.
氏寺〔うじでら〕王朝시대에 권세가들이 자기들의 일족의 명복을 빌기 위하여 세운 절.
氏素姓〔うじすじょう〕가문. 문벌. 집안.
氏神〔うじがみ〕고장의 수호신(守護神).
氏子〔うじこ〕같은 氏族神을 모시는 고장에 태어난 사람들.

音読 1

氏〔し〕씨. 성(姓).
氏名〔しめい〕성과 이름.
氏族〔しぞく〕씨족. 선조가 같은 혈족의 단체. 일가(一家).

音読 2

杜氏〔とうじ〕술을 양조하는 데 종사하는 사람들의 우두머리.
源氏物語〔げんじものがたり〕平安 시대의 세태를 묘사한 장편 소설.

【식】

〖式〗 풀：법 식.
音：シキ
訓：

式〔しき〕식. ① 의식. ② 격식. ③ 방법 ④ 일정한 설비. ⑤ 수식(数式).
式台〔しきだい〕현관 앞에 있는 마루.
式辞〔しきじ〕식사. 式場에서 말하는 인사말.
式場〔しきじょう〕식장. 의식을 행하는 곳
式典〔しきてん〕식전. 의식.
式次〔しきじ〕식차. 식순(式順).

〖食〗 풀：먹을 식.
音：① ジキ ② ショク ③ショッ
訓：① くう ② くらう ③ たべる

❶食う〔くう〕(他5) ① 먹다. ② 잡아먹다. ③ 해치우다. ④ 당하다. 만나다. ⑤ (고기, 벌레가) 물다. ⑥ 쥐다. ⑦ (보금자리를) 만들다. ⑧ (마음에) 들다.
食いしばる〔くいしばる〕(他5) 歯を～;이를 악물다.
食いちぎる〔くいちぎる〕(他5) 물어서 찢다. 물어서 뜯다.
食いつく〔くいつく〕(自5) ① 물다. 달려들어 물다. ② 덤비다.
食いつなぐ〔くいつなぐ〕(自5) 겨우 목숨만 이어 오다.
食いはぐれ〔くいはぐれ〕① 먹을 기회를 놓침. 생활방도를 잃음. ② 생활할 길을 잃음.
食いはぐれる〔くいはぐれる〕(自下1) ① 먹을 기회를 놓치다. ② 생활할 길을 잃다
食い兼ねる〔くいかねる〕(他下1) ① 먹기 힘들다. 먹을 수가 없다. ② 살기가 어렵다.
食い頃〔くいごろ〕한창 먹기 좋을 때.
食い過ぎる〔くいすぎる〕(他上1)과식하다
食い掛かる〔くいかかる〕(自5) ① 먹기시작하다. ② 대들다. 덤벼들다.
食い掛け〔くいかけ〕먹다 맒. 먹다 만 것.
食い掛ける〔くいかける〕(他下1) ① 먹기 시작하다. ② 먹다 말다. ③ 일을) 조금 하다가 그만두다.
食い潰す〔くいつぶす〕(他5) 놀고 먹어 재산을 탕진하다.
食い気〔くいけ〕먹고 싶은 마음. 식욕.
食い代〔くいしろ〕식비.
食い逃げ〔くいにげ〕음식값을 떼어먹고 달아남.
食い倒す〔くいたおす〕(他5) ① 음식값을 떼어 먹다. ② (물려받은 재산 등으로)놀고 먹다.
食い倒れ〔くいだおれ〕① 재산을 먹어 없앰 ② 놀고 먹음.
食い道楽〔くいどうらく〕식도락.
食い溜め〔くいだめ〕한꺼번에 많이 먹어둠.
食い物〔くいもの〕① 음식물. 식량. ② 이용물.
食いしん坊〔くいしんぼう〕먹보.
食い放題〔くいほうだい〕실컷 먹음.
食い扶持〔くいぶち〕생활비.
食い散らす〔くいちらす〕(他5) ① 이것저것 집적거리다. 조금씩 손을 대어 보다. ② 지저분하게 (흘리며) 먹다.
食い上げ〔くいあげ〕(실직해서) 생활이 곤란함.
食い延(ば)す〔くいのばす〕(他5) 조금씩 아껴서 먹다.
食い違う〔くいちがう〕(自5) 어긋나다. 엇갈리다.
食い意地〔くいいじ〕걸신(乞神) 들림.
食い入る〔くいいる〕(自5) ① 먹어 들어

가다. 파 먹다. ② 파고 들다. 잠식하다. 죄어들다. ③ 잡아먹다. 집어 삼키다.
食い込む〔くいこむ〕(自5) ① 먹어 들어가다. ② 파먹다. ③ 결손이 나다. ④ 파고 들다. ⑤ 침투하다. ⑥ 처박히다. ⑦ 죄어들다.
食い切る〔くいきる〕(他5) ① 깨물어 끊다(자르다). ② 다 먹어 치우다.
食い止し〔くいさし〕먹다 맒.
食い止める〔くいとめる〕(他下1) 저지하다. 막아내다. 방지하다. 막다.
食い初め〔くいぞめ〕생후 120일째의 날에 아기에게 처음으로 밥을 먹이는 집안끼리의 축하.
食い飽きる〔くいあきる〕(自上1) ① 실컷 먹다. 포식하다. ② (음식 따위에) 물리다.
食い下がる〔くいさがる〕(自5) 물고 늘어지다. 끈덕지게 다투다.
食い合う〔くいあう〕(自5) ① 서로 잡아먹다. 서로 물다. ② 함께 다투어 먹다. ③ 맞물리다. 맞다.
食い合(わ)せ〔くいあわせ〕① 두 가지 이상의 음식을 동시에 먹음으로써 중독을 일으킴. ② 접합(接合)함. 턱 끼움.
食い荒らす〔くいあらす〕(他5) ① 난폭하게 먹어 흩뜨리다. ② 남의 세력권을 침범하다. 잠식하다.
食い詰める〔くいつめる〕(自下1) 밥줄이 끊어지다. 생계의 길이 막히다.
❷食らう〔くらう〕(他5) ① 먹다. 마시다. ② 먹고 살다. 생활해 나가다. ③ 당하다. 받다. 입다.
食らい付く〔くらいつく〕(自5) ① 달려들어 물다. ② 달라 붙다. 덤비다. ③(물고기가 미끼를) 물다.
食らい込む〔くらいこむ〕(自5) ① (잡혀서) 구속되다. 수감되다. ② (귀찮은 일을) 할 수 없이 떠맡다.
❸食べる〔たべる〕(他下1) ① 먹다(食う의 공손한 말). ② 생활하다.
食べかす〔たべかす〕먹다 남은 찌꺼기.
食べ頃〔たべごろ〕먹기에 적당함. 제철.
食べ過ぎ〔たべすぎ〕과식. 너무 많이 먹음.
食べ掛け〔たべかけ〕먹다가 맘.
食べ物〔たべもの〕음식물. ～屋; 음식점.
食べ盛り〔たべざかり〕한창 먹을 나이.
食べ汚し〔たべよごし〕지저분하게 먹음.

音読 1

断食〔たんじき〕단식. 어느 기간 동안 음식을 먹지 않음.
悪食〔あくじき〕악식. ① 일반 사람이 안 먹는 음식. ② 좋지 못한 음식.
肉食〔にくじき〕육식. 고기를 먹음.
中食〔ちゅうじき〕중식. 점심.

音読 2

食〔しょく〕① 먹는 일. 식사. ③ 음식물.
食する〔しょくする〕(他サ) 먹다.
食堂〔しょくどう〕식당. 식사를 하는 곳.
食道楽〔しょくどうらく〕식도락. 먹는 것을 즐기는 것.
食糧〔しょくりょう〕식량. 먹을 것.
食療法〔しょくりょうほう〕식료법. 음식물을 조절하여 병을 고치는 방법.
食料品〔しょくりょうひん〕식료품.
食物〔しょくもつ〕식물. 음식물.
食費〔しょくひ〕식비. 식사 비용.
食事〔しょくじ〕식사. 밥을 먹는 일.
食思〔しょくし〕입맛. 식욕.
食傷〔しょくしょう〕① 식상. 식체. ② 너무 먹어 싫증이 남. ③ 싫증이 남.
食膳〔しょくぜん〕밥상.
食言〔しょくげん〕식언. 거짓말을 함.
食塩〔しょくえん〕식염. 먹는 소금.
食欲〔しょくよく〕식욕. 먹고 싶은 욕망.
食用〔しょくよう〕식용. 음식물로 쓰임.
食餌〔しょくじ〕식이. 음식물.
食前〔しょくぜん〕식전. 식사하기 전.
食中り〔しょくあたり〕식중독(食中毒).
食指〔しょくし〕식지. 집게 손가락.
食卓〔しょくたく〕식탁. 식사를 하는 탁자.
食品〔しょくひん〕식품. 음식물.
食後〔しょくご〕식후. 식사 후.

音読 3

食間〔しょっかん〕식간. 식사와 식사의 사이.
食客〔しょっかく〕식객. 남의 집에 묵으면서 문객(門客) 노릇을 하는 사람.
食器〔しょっき〕식기. 식사에 쓰이는 기구.
食パン〔しょっぱん〕식빵.

〔拭〕
풀 : 닦을 식. 씻을 식.
音 : **シキ. ショク**
訓 : **ふく**

拭く〔ふく〕(他5) 훔치다. 닦다. 床を～; 마루를 훔치다(닦다).
拭き掃除〔ふきそうじ〕걸레질.
拭き込む〔ふきこむ〕(他5) 윤이 나도록 닦다.

〔息〕
풀 : 숨쉴 식.
音 : **ソク**
訓 : ① **いき** ② **いきむ**

❶息〔いき〕① 숨. 숨소리. 호흡. ② 김. 증기.
❷息む〔いきむ〕(自5) (숨을 들이켜서) 배에 힘을 주다.
息遣い〔いきづかい〕숨결.
息継ぎ〔いきつぎ〕① (노래하는 도중) 한숨 돌림. ② (일하는 도중) 잠시 쉼. 한숨 돌림.
息苦しい〔いきぐるしい〕(形) 숨이 가쁘다.
息巻く〔いきまく〕(自5) ① 기세가 대단하다. 서슬이 대단하다. 땅땅거리다. ② 노해서 씩씩거리다.
息の根〔いきのね〕숨통. ～をとめる; 숨통을 끊다. 죽이다.
息急(き)切る〔いきせききる〕(自5) 숨을 헐레벌떡이다. 헐떡거리다.
息抜き〔いきぬき〕① (긴장을 풀고) 숨을 돌림. 잠시 쉼. ② 환기(換気)통. 바람 구멍.

息の緒〔いきのお〕① 생명. 목숨. ② 숨. 호흡.
息杖〔いきづえ〕가마채 따위를 버티는 작대기.
息張る〔いきばる〕(自5) 숨을 들이켜 배에 힘을 주다.
息切れ〔いきぎれ〕숨이 참. 헐떡임.
息衝く〔いきづく〕(自5) ① 괴롭게 숨을 쉬다. 헐떡이다. ② 탄식하다. 한숨 쉬다.
息休め〔いきやすめ〕하던 일을 멈추고 잠시 쉼. 숨을 돌림.
息詰まる〔いきづまる〕(自5) (긴장하여) 숨 막히다.

例 外

息子〔むすこ〕아들.
息吹き〔いぶき〕숨결. 春の～; 봄 소식. 봄기운. 봄의 징조.

音 読

息女〔そくじょ〕① 딸. ② 남의 딸. 따님.
休息〔きゅうそく〕휴식. 잠깐 쉼.

〔植〕
풀 : 심을 식.
音 : **ショク**
訓 : ① **うえる** ② **うわる**

❶ **植える**〔うえる〕(他下1) ① (나무를) 심다. ② (사상을) 부어 넣다. ③ (작은 것을) 끼워 넣다. ④ 배양하다. 접종하다.
植(え)付け〔うえつけ〕① 이식(移植). 옮겨 심음. ② 모내기. 모심기.
植(え)付ける〔うえつける〕(他下1) ① 옮겨 심다. 이식하다. ② (사상을) 부어 넣다.
植(え)木〔うえき〕① 정원수. ② 화분에 심어 기르는 나무. 분재(盆栽).
植(え)込み〔うえこみ〕① 정원수 수풀. ② (어떤 물건을 다른 것 속에) 깊이 끼움 ② 씨고구마(씨감자)를 심음.
❷ **植わる**〔うわる〕(自5) 심어지다.

音 読

植林〔しょくりん〕식림. 나무를 심어 삼림(森林)을 만듦.
植民地〔しょくみんち〕식민지.
植物〔しょくぶつ〕식물.
植樹〔しょくじゅ〕식수. 나무를 심음. 식목.
植字〔しょくじ〕식자. 원고대로 활자를 꽂음.

〔殖〕
풀 : 번식할 식.
音 : **ショク**
訓 : ① **ふえる** ② **ふやす**

❶ **殖える**〔ふえる〕(自下1) (수량이) 늘다. 증가하다. 불어나다.
❷ **殖やす**〔ふやす〕(他5) 늘리다. 불리다. 증가시키다. 財産を～; 재산을 늘리다.

音 読

殖産〔しょくさん〕식산. 산업을 일으킴. 재산을 늘임.
殖財〔しょくざい〕식재. 재산을 늘임.

〔飾〕
풀 : 꾸밀 식.
音 : **ショク**
訓 : **かざる**

飾る〔かざる〕(他5) ① 꾸미다. 장식하다 ② 빛내다. 学校を～; 학교를 빛내다.
飾り〔かざり〕① 꾸밈. 장식. 장식품. ② 허식(虚飾). ③ 허울뿐임. ④ 설을 축하하는 장식인 'しめかざり'의 준말.
飾り気〔かざりけ〕겉 꾸밈.
飾り立てる〔かざりたてる〕(他下1) 화려하게 꾸미다. 성장(盛装)하다.
飾り物〔かざりもの〕① 장식품. ② 허울뿐임.
飾り付け〔かざりつけ〕장식. 장식품.
飾り付ける〔かざりつける〕(他下1) 장식하다. 꾸며 놓다.
飾り職〔かざりしょく〕금속 장식품을 세공하는 사람. 은장이
飾り窓〔かざりまど〕진열창. 쇼-윈도우.

音 読

服飾〔ふくしょく〕복식. 옷의 장식.
装飾〔そうしょく〕장식. 꾸며 장치함.

〔識〕
풀 : ① 알 식. ② 기록할 지.
音 : ① **シキ** ② **シッ**
訓 :

音 読 1

識別〔しきべつ〕식별. 분별함. 분간함.
識者〔しきしゃ〕식자. 식견이 있는 사람.
標識〔ひょうしき〕표지. 표적.

音 読 2

識見〔しっけん〕식견. 지식.
識局〔しっきょく〕식국. 지식.

【신】

〔申〕
풀 : 납 신. 펼 신.
音 : **シン**
訓 : **もうす**

申す〔もうす〕(他5) ① (아랫사람이 윗사람에게)말하다. ② 일컫다. ③ 원하다. ④ 해드리다.
申し〔もうし〕(남에게 말을 걸 때에 쓰는 공손한 말씨)여보세요.
申(し)開き〔もうしびらき〕해명(解明). 변명.
申し兼ねる〔もうしかねる〕(他下1) ① 말하기가 곤란하다. ② 말씀드리기가 거북하다.
申し渡す〔もうしわたす〕(他5) 분부하다. 명령하다. 언도하다.
申し立てる〔もうしたてる〕(他下1) ① 주장하다. 강경하게하다. ② 상신하다.
申(し)文〔もうしぶみ〕상신서. 조정에 올리는 문서.
申し聞かせる〔もうしきかせる〕(他下1)말씀 전해 드리다. 말씀드려 보다.
申し付ける〔もうしつける〕(他下1) 명령하다. 분부하다.

申し分〔もうしぶん〕① 할 말. 더할 나위. 나무랄 데. ② 주장. 불평 불만.
申し上げる〔もうしあげる〕(他下1〕① 말씀 드리다. 여쭙다. ② …하여 드리다.
申(し)送り〔もうしおくり〕① 상대방에게 말하여 줌. ② (사무, 명령 등을)다음 사람에게 전달(인계)함.
申し送る〔もうしおくる〕(他5) ① 말로 전해 주다. ② (사무 인계의 경우)필요사항을 후임자에게 전달(인계)하다.
申し受ける〔もうしうける〕(他下1) ① 청구하여 받다. 신청하여 받다. ② 부여 받다.
申し述べる〔もうしのべる〕(他下1) 말씀드리다.
申し訳〔もうしわけ〕변명. 해명. 말 막음.
申し越す〔もうしこす〕(他5) (편지나 심부름꾼을 통하여) 말을 전하다.
申(し)入れ〔もうしいれ〕신청. 의사의 표시.
申し入れる〔もうしいれる〕(他下1〕제의하다. 제기하다. 의사를 표시하다.
申(し)込(み)〔もうしこみ〕신청. ～書(しょ); 신청서.
申し込む〔もうしこむ〕(他5) ① 신청하다. 試合を～; 시합을 신청하다. ② 말하다.
申し子〔もうご〕① 神仏에 치성드려 얻은 자식. ② 부산물(副産物).
申し添える〔もうしそえる〕(他下1) 덧붙여 말하다.
申(し)出〔もうしで〕신청. 의사표시.
申(し)出で〔もうしいで〕(의견을) 말함. 청구함.
申し出る〔もうしでる〕(他下1) 스스로 말하다. 신고하다. 신청하다.
申(し)合(わ)せ〔もうしあわせ〕합의. 약속.
申(し)合(わ)せる〔もうしあわせる〕(他下1) 상의해서 정하다. 합의하다.

| 音　読 |

申告〔しんこく〕신고. 일정한 사실을 알리는 것.
申達〔しんたつ〕하급 관청에 지령을 내림
申請〔しんせい〕신청. 신고하여 청구함.

〖迅〗 풀: 빠를 신.
音: ジン
訓:

迅雷〔じんらい〕신뢰. 심한 우뢰.
迅速〔じんそく〕신속. 날쌔고 빠름. 민첩함.

〖身〗 풀: 몸 신.
音: シン
訓: み

身〔み〕① 몸. 신체. ② (고기의)살. ③ 힘. 능력. ④ 분수. ⑤ 입장. ⑥ 마음. 정성.
身ぐるみ〔みぐるみ〕몸에 입고 있는 전부.
身じろぎ〔みじろぎ〕몸을 조금 움직임.
身じろぐ〔みじろぐ〕(自5) 몸을 조금 움직이다.
身すがら〔みすがら〕의지할 곳 없는 신세.
身なり〔みなり〕옷차림.
身軽〔みがる〕① 몸이 가벼움. 경쾌함. ② (혼자 몸이라서)홀가분함.
身頃〔みごろ〕(옷의)길.
身固め〔みがため〕몸차림.
身共〔みども〕저희. 저희들.
身過ぎ〔みすぎ〕생계. 생활.
身構え〔みがまえ〕(공격, 방어를 위한) 자세.
身近〔みぢか〕(形動) ① 신변. ② 아주 가까움. ③ 자신에게 긴밀함.
身奇麗〔みぎれい〕(形動) 옷차림이나 신변을 단정하게 함.
身寄り〔みより〕친척.
身内〔みうち〕① 전신. 온몸. ② 집안. 가족. 일가.
身代(わ)り〔みがわり〕대신. 대역.
身の代金〔みのしろきん〕몸값.
身動き〔みうごき〕몸을 움직임.
身籠(も)る〔みこもる〕(自5) 임신하다.
身売り〔みうり〕① 몸을 팖. ② (회사를) 양도함.
身の毛〔みのけ〕몸의 털.
身悶え〔みもだえ〕몸부림.
身柄〔みがら〕① 신병. 몸. ② 신분.
身の上〔みのうえ〕① 신상. 일신의 처지. ② 운명.
身性〔みじょう〕① 천성. 성질. ② 신분. 신상. ③ 몸가짐. 품행.
身元〔みもと〕신원.
身丈〔みたけ〕① 옷 길이. ② 키. 신장.
身銭〔みぜに〕자기 돈. 자담금(自担金).
身の程〔みのほど〕(자신의) 분수.
身重〔みおも〕임신. ～になる; 임신하다.
身知らず〔みしらず〕① 분수를 모름. ② 몸을 돌보지 않음.
身持ち〔みもち〕① 품행. ② 임신.
身振り〔みぶり〕몸짓.
身幅〔みはば〕① (옷의)품. ② 체면.
身の皮〔みのかわ〕몸에 걸친 옷.
身嗜み〔みだしなみ〕① 차림새. ② (상당한)교양과 예능.
身の回り〔みのまわり〕① 일상 소지품. ② 신변의 일. 일상사(日常事).

| 連濁音에 注意 |

身体〔からだ：しんたい〕몸. 신체. 육체.

| 音　読 |

身代〔しんだい〕재산.
身代限り〔しんだいかぎり〕파산(破産).
身命〔しんめい〕신명. 몸과 생명.
身辺〔しんぺん〕신변. 몸의 주의.
身上〔しんしょう〕① 재산. 밑천. ② 살림.
身上持ち〔しんしょうもち〕재산가. 부자.
身長〔しんちょう〕신장. 키.
身障者〔しんしょうしゃ〕불구자.
身体〔しんたい：からだ〕몸. 신체.

〖臣〗 풀: 신하 신.
音: ① シン ② ジン
訓:

臣籍〔しんせき〕明治憲法下에서 신하의 신분.

臣節〔しんせつ〕신하로서의 절조(節操).
臣下〔しんか〕신하. 임금을 섬기고 벼슬하는 사람. 부하.

音読 2

大臣〔だいじん〕대신. 장관(長官).

〔伸〕 풀：펼 신.
音：シン
訓：① のばす ② のびやか ③ のびる ④ のべる ⑤のす

❶ 伸ばす〔のばす〕(他5) ① 펴다. 팽팽하게 하다. ② (시일을)연장시키다. ③발전시키다. ④(액체에 타서)묽게 하다. ⑤ 곧바르게 하다. ⑥ 때려 눕히다.
❷ 伸びやか〔のびやか〕(形動) 태평스럽고 한가함. 평온함.
❸ 伸びる〔のびる〕(自上1) ① 펴지다. ② 늘어지다. ③ 탄력이 없어지다. ④ 자라다. ⑤ 증가하다. ⑥ 발전하다. ⑦ 녹초가 되다. ⑧ (영향이)미치다. ⑨ 위기를 겨우 벗어나다. ⑩ (시일이)연장되다. ⑪ 잘 펴지다. 잘 녹다.
伸び〔のび〕① 뻗어남. 신장(伸張). 성장. ② 기지개. ③ (지면따위의)여분(餘分).
伸び悩む〔のびなやむ〕(自5) 침체 상태에 빠지다. 슬럼프에 빠지다.
伸び率〔のびりつ〕신장율(伸張率).
伸び上がる〔のびあがる〕(自5) (몸을 펴서)발돋움하다.
伸び伸び〔のびのび〕(副) 무럭무럭. 구김살 없이. 쭉쭉. 구애 됨이 없이. 자유롭고 생동적임.
伸び支度〔のびじたく〕성장하려는 준비.
伸び縮み〔のびちぢみ〕늘어남과 줄어듦.신축.
❹ 伸べる〔のべる〕(他下1) ① 펴다. 뻗치다. ② 펴서 깔다. ③ (시일을)연기하다. 늦추다.
❺ 伸す〔のす〕(自他5) ① 눌러서 펴다. ② 늘어나다. ③ 때려 눕히다. ④ 향상되다. ⑤ 나아가다. 더욱 내뻗다.
伸し〔のし〕① 펴서 넓힘. ② 몸을 옆으로 눕히고 손 발을 펴서 헤엄치는 수영법.
伸(し)いか〔のしいか〕구운 오징어를 기계로 엷게 저며 편 식품.
伸し掛かる〔のしかかる〕(自5) 덮쳐 누르다.
伸し餅〔のしもち〕긴 네모꼴의 납작한 떡.
伸し上がる〔のしあがる〕(自5) ① 뻗어오르다. ② 진급하다. ③ 거들먹거리다. 기어 오르다. ④ 남의 약점을 잡아 제 멋대로 굴다.

音 読

伸長〔しんちょう〕신장. 길게 늘어남. 길게 뻗어남.
伸張〔しんちょう〕신장. 늘어나서 넓어짐. 확장(拡張).
伸展〔しんてん〕신전. 늘이어 펼침. 확장.
伸縮〔しんしゅく〕신축. 늘어남과 줄어듦.

〔辛〕 풀：매울 신.
音：シン
訓：① からい ② かろうじて

❶ 辛い〔からい〕(形) ① 맵다. 얼얼하다. ② 가혹하다. 박하다. 짜다. 点が～；점수가 짜다.
辛くも〔からくも〕(副) 겨우 간신히. 근근히.
辛口〔からくち〕① 매운 맛을 좋아함. ② 맛이 달콤하지 않고 쌉살함.
辛党〔からとう〕애주가(愛酒家). 술꾼.
辛目〔からめ〕매운 맛이 많음. 매큼함.
辛味〔からみ〕매운 맛.
辛味噌〔からみそ〕짠 된장.
❷ 辛うじて〔かろうじて〕(副) 간신히. 겨우.

音 読

辛苦〔しんく〕신고. 고생함.
辛気〔しんき〕(形動) 마음이 울적함.
辛気臭い〔しんきくさい〕(形) 초조하다. 조급하다.
辛辣〔しんらつ〕신랄. ①맛이 매우 매움. ② 가혹함.
辛労〔しんろう〕고생. 신고(辛苦).
辛勝〔しんしょう〕신승. 간신히 이김.
辛抱〔しんぼう〕참고 견딤.
辛抱強い〔しんぼうづよい〕(形) 참을성이 많다.

〔信〕 풀：믿을 신.
音：シン
訓：

信〔しん〕① 믿음. ～を置く；믿다. ② 신앙.
信じる〔しんじる〕(他サ) ① 믿다. 신용하다. 의심하지 않다. ② 신앙을 가지다. 믿다.
信教〔しんきょう〕신교. 신앙.종교를 믿음.
信念〔しんねん〕신념. 믿음.
信徒〔しんと〕신도. 신자(信者).
信頼〔しんらい〕신뢰. 믿고 의지함.
信望〔しんぼう〕신망. 신용과 인망.
信奉〔しんぽう〕신봉. 믿고 받듦.
信賞必罰〔しんしょうひつばつ〕신상 필벌.
信書〔しんしょ〕신서. 편지.
信仰〔しんこう〕신앙. 믿음.
信愛〔しんあい〕신애. 믿음과 사랑.
信用〔しんよう〕신용. 틀림 없다고 믿음.
信義〔しんぎ〕신의. 믿음과 의리.
信任〔しんにん〕신임. 믿고 맡김.
信者〔しんじゃ〕신자. 종교를 믿는 사람.
信条〔しんじょう〕신조. 평소에 깊이 믿고 있는 일들.
信託〔しんたく〕신탁. 재산의 관리, 처분 등을 타인에게 맡김.
信号〔しんごう〕신호.

〔神〕 풀：귀신 신.
音：① シン ② ジン
訓：① かみ ② かん ③ こう

訓読 1

神〔かみ〕신. 하나님.
神さびる〔かみさびる〕(自下1) ① 신성하고 장엄해지다. ② 세월을 거쳐 고풍(古風)을 띠다.
神降(ろ)し〔かみおろし〕신이 내림. 강신.
神掛けて〔かみかけて〕신에 맹세코. 결코. 꼭.
神代〔かみよ〕일본 신화에서, 신이 다스렸다고 전해진 시대.
神頼み〔かみだのみ〕신에게 가호를 빎.
神仏〔かみほとけ：しんぶつ〕신불. 신과 부처.
神棚〔かみだな〕집안에 신을 모신 곳.
神信心〔かみしんじん〕신을 믿음.
神様〔かみさま〕① 하느님. ② 귀신. ③ 아주 뛰어난 사람.
神詣で〔かみもうで〕神社 참배.
神垣〔かみがき〕神社의 울타리.
神隠し〔かみがくし〕갑자기 행방불명이 됨.
神隠れ〔かみがくれ〕① 신의 모습이 안 보임. ② 귀신처럼 사라짐.
神参り〔かみまいり〕神社 참배.
神風〔かみかぜ〕① 신의 위력으로일어난다는 바람. ② 결사적으로 행동함. ～タクシ；마구 달리는 택시, ～タレント；마구 겹치기 출연하는 정력적인 탈렌트.

訓読 2

神さびる〔かんさびる〕(自上1) ① 신성하고 장엄해지다. ② 세월을 거쳐 고풍(古風)을 띠다.
神無月〔かんなづき〕음력 10월.
神嘗祭〔かんなめさい〕10월 17일에 행하는 궁중 행사.
神主〔かんぬし〕神社의 神官(의 우두머리)

訓読 ③

神神しい〔こうごうしい〕(形) 숭엄하다. 성스럽다. 거룩하다. 존엄하다.

例 外

神楽〔かぐら〕① 神에게 제사지낼 때 연주하는 춤과 음악. ② 연극의 반주 음악의 하나.
お神酒〔おみき〕① 神仏 앞에 올리는 술. ② 술(酒). ～がまわる；술이 취하다.

音読 1

神格〔しんかく〕신격. 신의 지위.
神経〔しんけい〕신경.
神経家〔しんけいか〕신경질인 사람.
神官〔しんかん〕신관. 神社에 종사하는 사람.
神気〔しんき〕신기.
神技〔しんぎ〕신기. 신묘한 기술.
神道〔しんとう〕신도. 일본의 전통적인 신앙.
神童〔しんどう〕신동 재주가 비상한 아이.
神霊〔しんれい〕신령. 신의 영혼.
神明〔しんめい〕신명. 하나님. 신.
神妙〔しんみょう〕신묘. 신기하고 묘함.
神罰〔しんばつ〕신벌. 신이 내리는 벌.
神父〔しんぷ〕신부. 카톨릭의 司教者.
神仏〔しんぶつ：かみほとけ〕신불. 신과 부처.
神秘〔しんぴ〕신비. 인간의 지혜로서는 헤아릴 수 없음.
神聖〔しんせい〕신성. 신처럼 성스러움.
神速〔しんそく〕신속. 몹시 빠름.
神髄〔しんずい〕사물의 참 뜻.
神域〔しんいき〕神社의 구역 안.
神殿〔しんでん〕신전. 신을 모신 건물.
神託〔しんたく〕신탁. 신의 계시(啓示).
神品〔しんぴん〕신품. 숭고한 품위.
神学〔しんがく〕신학. 기독교에 관해서 연구하는 학문.
神話〔しんわ〕신화. 신을 중심으로한 전설.

音読 2

神宮〔じんぐう〕신궁. 신을 모신 궁.
神器〔じんぎ：しんき〕신기. 신에게서 받은 보물로서의 그릇이나 기구.
神社〔じんじゃ〕신사. 신을 모신 건물.
神通力〔じんずうりき〕신통력. 무엇이든지 마음대로할 수 있는 신기한 힘.

〔娠〕

풀：아이밸 신.
音：シン
訓：

妊娠〔にんしん〕임신. 아이를 뱀.

〔紳〕

풀：신사 신.
音：シン
訓：

紳士〔しんし〕신사. ① 품위 있고 예의 바른 남자. ② 상류 사회의 사람.
紳商〔しんしょう〕신상. 신사다운 품위(品位)가 있는 대상인(大商人).

〔慎〕

풀：삼갈 신.
音：シン
訓：① つつましい ② つつましやか ③ つつしむ

❶ 慎ましい〔つつましい〕(形) 조심스럽다. 수줍다. 얌전하다.
❷ 慎ましやか〔つつましやか〕(形動) 얌전함.
❸ 慎む〔つつしむ〕(他5) ① 조심하다. 삼가다. 주의하다. ② 경의를 표하다. ③ 재계하다. 부정(不浄)을 피하다.
慎み〔つつしみ〕① 조심성. 삼가함. 신중함. 근신함. ② 재계(斎戒).
慎み深い〔つつしみぶかい〕(形) 조심성이 많다.
慎んで〔つつしんで〕삼가.

音 読

慎重〔しんちょう〕신중. 삼가고 조심함. 주의 깊음. 조심성이 있음.

〔新〕

풀：새 신.
音：シン
訓：① あたらしい ② あらた ③ あら ④ にい

❶ 新しい〔あたらしい〕(形) ① 새롭다. ② 싱싱하다. ③현대적이다. 진보적이다.

新しがり屋〔あたらしがりや〕즐겨 새로운 유행을 따르는 사람.
❷ 新た〔あらた〕(形動) 새로움. 새삼스러움.
❸ 新〔あら〕(名詞 앞에 접속하여) 새로운.
新墾〔あらき〕새로 개간함.
新巻〔あらまき〕얼간 연어(연말, 연시의 선물용).
新木〔あらき〕새로운 재목.
新墓〔あらはか〕새 무덤.
新仏〔あらぼとけ〕죽은 후 처음으로 盂蘭盆祭에 모시는 영혼.
新所帯〔あらじょたい〕새 살림. 신혼 살림.
新手〔あらて〕① 신참. 신병(新兵). ② 새로운 수법. 새 방법.
新身〔あらみ〕새로 만든 칼.
新湯〔あらゆ〕새 목욕탕 물. 새 물.
❹ 新〔にい〕(名詞 앞에 접속하여) 새. 새로운.
新盆〔にいぼん〕그 사람의 죽은 후 처음 맞는 우란분(盂蘭盆).
新潟〔にいがた〕日本 本州 중부 동북부의 현(県). 또 그 県庁 소재지.
新嘗祭〔にいなめさい〕11월 23일에 천황이 햇곡식을 天地의 神에게 바치고 친히 이것을 먹기도 하는 궁중 행사.
新島守〔にいじまもり〕새로맞은 섬지기.
新妻〔にいづま〕갓 결혼한 아내. 새댁.
新枕〔にいまくら〕결혼 초야의 동침(同寝) 첫날밤. ～を交わす; 첫날밤을 지내다.

音 読

新刊〔しんかん〕신간. 새로 간행한 책.
新居〔しんきょ〕신거. 새로 지은 주택.
新古〔しんこ〕새것과 헌 것.
新館〔しんかん〕신관. 새로 지은 건물.
新旧〔しんきゅう〕신구. 새것과 헌 것.
新規〔しんき〕신규. 새로운 규칙.
新奇〔しんき〕신기. 새롭고 기묘함.
新年〔しんねん〕신년. 새해.
新郎〔しんろう〕신랑. 새로 결혼한 남자.
新来〔しんらい〕새로 옴.
新聞〔しんぶん〕신문.
新米〔しんまい〕① 햇쌀. ② 풋나기. 신참(新参).
新味〔しんみ〕신미. 새 맛. 새로운 맛.
新柄〔しんがら〕새로운 무늬나 양식.
新婦〔しんぷ〕신부. 새색시.
新生〔しんせい〕신생. ① 새로 태어남. ② 새사람이 됨. ③ 새로운 생활을 시작함.
新選〔しんせん〕신선. 새로 선출함.
新鮮〔しんせん〕신선. 새롭고 싱싱함.
新設〔しんせつ〕신설. 새로 설치함.
新式〔しんしき〕신식. 새로운 방법.
新案〔しんあん〕신안. 새로운 고안(考案).
新顔〔しんがお〕새로 가입하거나 참가한 사람. 낯선 사람.
新約〔しんやく〕신약. 신약 성서(新約聖書).
新月〔しんげつ〕신월. 초승달.
新人〔しんじん〕신인. 새 사람.
新入〔しんにゅう〕신입. 새로 들어감.
新入り〔しんいり〕① 새로 한패에 낌. ② 신참(新参). 풋나기. ③ 새로 교도소에 들어감.
新任〔しんにん〕신임. 새로 임명됨.
新装〔しんそう〕신장. 새로운 치장.
新前〔しんまえ〕풋나기.
新造〔しんぞ〕① 20세 전후의 아가씨. ② 젊은 아내. ③ 갓 유녀(遊女)가 된 여자.
〔しんぞう〕신조. 새로만듦.
新株〔しんかぶ〕신주. 새로 발행한 주식.
新進〔しんしん〕신진. 새로 나옴. 신인(新人)
新陳代謝〔しんちんたいしゃ〕신진 대사.
新参〔しんざん〕신참. 새로 온 사람.
新築〔しんちく〕신축. 새로 건축함.
新春〔しんしゅん〕신춘. 새 봄.
新型：新形〔しんがた〕신형. 새로운 형식.
新婚〔しんこん〕신혼. 갓 결혼한 것.
新興〔しんこう〕신흥. 새로 일어남.

〔薪〕 풀：섶나무 신
音：シン
訓：たきぎ

薪〔たきぎ〕땔나무. 장작. ～取りに山へ行く; 나무하러 산에 올라가다.
薪伐り〔たきぎこり〕나무를 벰. 나무꾼.
薪水〔しんすい〕① 땔 나무와 물. ② 부엌일. ～の労; 부엌일의 노고.
薪炭〔しんたん〕신탄. 장작과 숯.

〔腎〕 풀：콩팥 신.
音：ジン
訓：

腎臓〔じんぞう〕신장. 오줌의 배설을 맡은 기관(器官).
腎臓炎〔じんぞうえん〕신장염. 신장에 생기는 염증.

【실】

〔失〕 풀：잃을 실.
音：① シツ ② シッ
訓：① うしなう ② うせる

❶ 失う〔うしなう〕(他5) ① 잃다. 잃어버리다. ② 여의다. 사별(死別)하다. ③(기회를) 놓치다.
❷ 失せる〔うせる〕(自下1) ① 사라지다. 없어지다. 안 보이다. ② 죽다.
失せ物〔うせもの〕잃어 버린 물건. 분실물.

音読 1

失念〔しつねん〕실념. 생각에서 사라짐.
失礼〔しつれい〕실례. 예의에 벗어남.
失望〔しつぼう〕실망. 희망을 잃어버림.
失明〔しつめい〕실명. 장님이 됨.
失語〔しつご〕실어. 말하는 기능을 잃어버림.
失言〔しつげん〕실언. 실수하여 말을 잘못함.

失業者〔しつぎょうしゃ〕실업자. 직업을 잃은 사람.
失恋〔しつれん〕실연. 연애에 실패함.
失意〔しつい〕실의. 바라던 것이 헛됨.

音読 2

失する〔しっする〕(自他サ) ① 잃다. 놓치다. ② …に～; 지나치게 …하다. 寛大に～; 지나치게 관대하다.
失脚〔しっきゃく〕실각. 지위를 잃어버림.
失格〔しっかく〕실격. 자격을 잃음.
失権〔しっけん〕실권. 권세를 잃음.
失笑〔しっしょう〕실소. 터져 나오는 웃음.
失神〔しっしん〕실신. 본 정신을 잃음.
失点〔しってん〕실점. 경기에서 점수를 잃음.
失政〔しっせい〕실정. 잘못된 정치.
失調〔しっちょう〕실조. 조화를 잃음.
失足〔しっそく〕실족. 발을 잘못 디딤.
失地〔しっち〕실지. 적에게 빼앗긴 영토.
失職〔しっしょく〕실직. 직업을 잃어버림.
失策〔しっさく〕실책. 잘못된 계책.
失墜〔しっつい〕실추. 떨어뜨림. 잃음.
失敗〔しっぱい〕실패. 잘못하여 일을 그르침.
失効〔しっこう〕실효. 효력을 잃음.

〔実〕
풀: 열매 실.
音: ① ジツ ② ジッ
訓: ① みのる ② み ③ まことしやか

❶ 実る〔みのる〕(自5) 열매 맺다. 결실하다. 여물다. 稲が～; 벼가 익다.
実り〔みのり〕결실. 성과. 소득. 얻은 바.
❷ 実〔み〕① 실과. 열매. ② 종자. 씨. ③ 알맹이. ④ 국 건데기.
実生〔みしょう〕씨에서 싹이 나와 자라는 식물.
実入り〔みいり〕① 열매가 여묾. 결실. ② 수입(収入).
❸ 実しやか〔まことしやか〕(形動) 정말 같음. 그럴 듯함. 천연덕 스러움. 참말같음.

音読 1

実〔じつ〕① 내용. ～を取る; 실속을 차리다. ② 진실. ③ 실제. ④ 성과.
実に〔じつに〕(副) 실로. 정말. 참으로.
実の〔じつの〕실제의. 친. ～親; 친어버이.
実は〔じつは〕실은. 사실을 말하자면.
実力〔じつりょく〕실력. 실제의 역량(力量)
実例〔じつれい〕실례. 실제의 예.
実録〔じつろく〕실록. 사실을 그대로 적은 기록.
実利的〔じつりてき〕실리적.
実務〔じつむ〕실무. 실제의 사무.
実業家〔じつぎょうか〕실업가. 사업가.
実演〔じつえん〕실연. 실제로 연출함.
実用〔じつよう〕실용. 실제로 사용함.
実在〔じつざい〕실재. 실제로 있음.
実情〔じつじょう〕실정. 실제의 사정.
実現〔じつげん〕실현. 실제로 나타남.
実話〔じつわ〕실화. 사실 이야기.

音読 2

実家〔じっか〕실가. 자기가 태어난 집.
実感〔じっかん〕실감. 실제로 느끼는 느낌.
実権〔じっけん〕실권. 실지로 행하는 권리
実否〔じっぴ〕실부. 진실과 거짓.
実費〔じっぴ〕실비. 실제로 드는 비용.
実相〔じっそう〕실상. 실제의 모양.
実生活〔じっせいかつ〕실생활.
実性〔じっせい〕실성. 본성(本性).
実習〔じっしゅう〕실습. 실제로 익혀 배움.
実施〔じっし〕실시. 실제로 시행함.
実績〔じっせき〕실적. 실제로 이룬 업적.
実戦〔じっせん〕실전. 실제의 싸움.
実際〔じっさい〕실제. 사실.
実証〔じっしょう〕실증. 확실한 증거.
実直〔じっちょく〕성실하고 정직함.
実質〔じっしつ〕실질. 사물의 실제 내용.
実践〔じっせん〕실천. 실제로 행함.
実体〔じったい〕실체. 본체(本体).
実態〔じったい〕실태. 사실 그대로의 상태.
実行〔じっこう〕실행. 실제로 행함.
実験〔じっけん〕실험. 실제로 시험함.
実況〔じっきょう〕실황. 실제의 상황.

〔室〕
풀: 집 실. 방 실.
音: シツ
訓: むろ

室〔むろ〕① 방. 침실. ② 곳간. ③ 암실(岩室).
室咲き〔むろざき〕온실에서 꽃을 피게 함.

音読

室〔しつ〕① 방. ② 아내. ③ 토굴.
室内〔しつない〕실내. 방안. 집 안.
室外〔しつがい〕실외. 집 바깥. 방 바깥.

【심】

〔心〕
풀: 마음 심.
音: ① シン ② ジン
訓: こころ

心〔こころ〕① 마음. ② 정신. ③ 정성. ④ 인정. ⑤ 참 뜻. ⑥ 사물의 중심. 池の～; 연못 한 가운데.
心して〔こころして〕주의해서. 정신차려서.
心しらい〔こころしらい〕배려. 정성을 다함.
心する〔こころする〕(自サ) 깊이 명심하다. 단단히 각오하다.
心ならずも〔こころならずも〕본의 아니게. 마지 못해. 할 수 없이.
心のまま〔こころのまま〕마음 내키는대로.
心ばえ〔こころばえ〕① 의향. 배려. ② 의미. 뜻. ③ 풍정(風情).
心ばせ〔こころばせ〕사려 깊음. 생각이 깊음.
心覚え〔こころおぼえ〕① 마음에 새겨 둠.

기억해 둠. ② 메모.
心強い〔こころづよい〕(形) 마음 든든하다.
心遣い〔こころづかい〕마음을 씀. 배려.
心遣り〔こころやり〕① 심심풀이. 기분 전환. ② 위안. 동정.
心苦しい〔こころぐるしい〕(形) ① 마음이 괴롭다. ② 가엾다. 애처롭다.
心掛かり〔こころがかり〕마음에 걸림. 걱정.
心掛け〔こころがけ〕마음가짐.
心掛ける〔こころがける〕(他下1) 명심하다. 항상 주의하다. 유의(留意)하다.
心構え〔こころがまえ〕마음의 준비. 각오.
心根〔こころね〕마음씨.
心暖まる〔こころあたたまる〕(自5) 마음이 흐뭇해지다.
心当(た)り〔こころあたり〕마음 짚히는 곳. 마음이 가는 곳.
心当て〔こころあて〕① 추측. ② 기대.
心待ち〔こころまち〕은근히 기다림. 기대.
心得〔こころえ〕① 마음 가짐. ② 어느 정도의 기능을 지님. ③ 준수 사항. ④ 직무 대리.
心得る〔こころえる〕(他下1) ① 어느 정도 알다. ② (자세히 알고 나서)떠맡다.
心得難い〔こころえがたい〕(形) 납득할 수 없다.
心得顔〔こころえがお〕안다는 듯함.
心得違い〔こころえちがい〕① 도리에 어긋남. ② 잘못 생각. 오해.
心無い〔こころない〕(形) ① 생각이 모자라다. ② 매정하다. ③ 운치(멋)을 모른다.
心密かに〔こころひそかに〕(副) 마음 속으로. 은근히. 남 몰래.
心変(わ)り〔こころがわり〕마음이 변함. 변심.
心柄〔こころがら〕마음씨.
心付く〔こころづく〕(自5) ① 깨닫다. 생각 나다. ② 재치 있다. ③ 철이 들다.
心付(け)〔こころづけ〕① 팁. チップ. ② 주의시킴.
心夫〔こころづま〕마음 속에 정해둔 남자. 배우자.
心細い〔こころぼそい〕(形) ① 허전하다. ② 마음이 불안하다.
心勝り〔こころまさり〕예상보다 좋음.
心安い〔こころやすい〕(形) ① 흉 허물 없는 사이다. ② 안심되다. 염려 없다.
心安立て〔こころやすだて〕흉허물 없음.
心の闇〔こころのやみ〕심란하여 선악의 판단을 할 수 없음.
心弱い〔こころよわい〕(形) 마음이 약하다.
心劣り〔こころおとり〕예상보다 못함.
心憂い〔こころうい〕(形) 마음이 괴롭다. 유쾌하지 못하다.
心有る〔こころある〕① 분별 있는. 지각이 있는. ② 인정이 있는.
心意気〔こころいき〕(하고자 하는)마음 가짐.
心任せ〔こころまかせ〕마음에 맡김. 임의.
心入れ〔こころいれ〕① 정성어린 마음씨. ② 정성어린 충고.
心残り〔こころのこり〕마음에 걸림. 미련.
心丈夫〔こころじょうぶ〕(形動) 마음 든든함.
心積(も)り〔こころづもり〕속셈. 예정. 심산(心算).
心静かに〔こころしずかに〕(副) 조용한 마음으로. 차분한 마음으로.
心組み〔こころぐみ〕마음 가짐. 생각.
心做しか〔こころなしか〕마음(생각) 탓인지. 그래서 그런지.
心憎い〔こころにくい〕(形) ① (훌륭해서) 얄미울 정도다. ② 그윽하다.
心持(ち)〔こころもち〕① 마음. 기분. 생각. ② 기분상. 약간.
心尽(く)し〔こころづくし〕정성(성의)를 다함.
心妻〔こころづま〕마음에 정해둔 여자. 배우자.
心添え〔こころぞえ〕주의. 충고(忠告).
心置き〔こころおき〕① 거리낌. 격의(隔意). ② 염려. 걱정.
心行く〔こころゆく〕(自5) 마음에 차다. 흡족해 하다.
心許り〔こころばかり〕약간의 성의.
心許無い〔こころもとない〕(形) ① 어쩐지 불안하다. 어쩐지 염려되다. ② 초조하다.
心後れ〔こころおくれ〕마음이 켕김. 위축됨.

連濁音에 注意

娘心〔むすめごころ〕감상적인 소녀의 마음.
恋心〔こいごころ〕사랑하는 마음.
真心〔まごころ〕진심.
親心〔おやごころ〕부모가 자식을 사랑하는 마음.

例 外

心地〔ここち〕기분. 마음.
心地好い〔ここちよい〕(形) 기분이 상쾌하다. 속이 시원하다.

音読 1

心肝〔しんかん〕참마음. ～に徹して; 마음 속 깊이 사무쳐.
心境〔しんきょう〕심경. 기분.
心胆〔しんたん〕마음. ～を寒からしめる; 간담을 서늘하게 하다.
心霊〔しんれい〕심령. 심적 현상.
心理〔しんり〕심리. 마음의 움직임.
心配〔しんぱい〕근심. 걱정.
心身〔しんしん〕심신. 몸과 마음.
心神〔しんしん〕정신. 마음.
心外〔しんがい〕어처구니 없음. 의외.
心張り(棒)〔しんばり(ぼう)〕문이 꼭 닫히도록 가로 지르는 나무. 빗장.
心臓〔しんぞう〕① 심장. ② 뱃짱.
心底〔しんそこ〕마음 속.
心情〔しんじょう〕심정. 마음.
心中〔しんちゅう〕심중. 마음 속.
〔しんじゅう〕① 사랑하는 남녀가 함

께 자살하는 것. 정사(情死). ② 집단 자살.
心中立て〔しんじゅうだて〕끝까지 약속을 지킴.
心証〔しんしょう〕심증. ① 법관이 상황 증거에서 얻는 확신. ② 마음에 받는 인상.
心酔〔しんすい〕심취. 진심으로 감동하고 열중함.
心血〔しんけつ〕심혈. 온 정신. 모든 정열.
心魂〔しんこん〕① 심혼. 정신. ② 골수.

音読 2

肝心〔かんじん〕가장 중요함.
信心〔しんじん〕신앙심.
用心〔ようじん〕주의. 경계. 火の～; 불조심.

〘芯〙 풀 : 등심초(燈心草) 심.
音 : シン
訓 :

芯〔しん〕① 물건의 한가운데. ② 한 가운데에 있는 것. 심. ③ 가지 끝에 돋는 싹. 순.
芯地〔しんじ〕심지. 떠나 옷깃 속에 넣는 빳빳한 천.

〘甚〙 풀 : 심할 심.
音 : ジン
訓 : はなはだ

甚だ〔はなはだ〕(副) 몹시. 매우. 심히.
甚だしい〔はなはだしい〕(形) (정도가) 심하다. 대단하다. 이만저만이 아니다. 誤解も～; 오해도 대단하다.

音　読

甚暑〔じんしょ〕심서. 심히 더움.
甚寒〔じんかん〕심한. 심한 추위.

〘深〙 풀 : 깊을 심.
音 : シン
訓 : ① ふかい ② ふかまる ③ ふかむ ④ ふかめる

❶ **深い**〔ふかい〕(形) ① 깊다. ② 심하다. 欲が～; 욕심이 많다. ③ (빛깔, 맛 따위가) 짙다.

連濁音에 注意

毛深い〔けぶかい〕(形) 털이 많다.
用心深い〔ようじんぶかい〕(形) 조심성이 많다.
情け深い〔なさけぶかい〕(形) 인정이 많다.
❷ **深まる**〔ふかまる〕(自5) 깊어지다. 友情が～; 우정이 깊어지다(두터워지다).
❸ **深む**〔ふかむ〕(自5) 깊어지다. 秋が～; 가을이 깊어지다.
深み〔ふかみ〕① 깊은 곳. 깊이 팬 곳. ② 깊은 맛. ③ 깊이.
❹ **深める**〔ふかめる〕(他下1) 깊게하다. 理解を～; 이해를 깊게하다.
深間〔ふかま〕① (물이) 깊은 곳. ② 남녀의 정분이 매우 깊음.
深緑〔ふかみどり〕짙은 초록색.
深傷〔ふかで〕⇨深手
深手〔ふかで〕깊은 상처. 중상(重傷).
深深と〔ふかぶかと〕(副) 깊숙이.
〔しんしんと〕① 이슥하게. ② 깊숙하게. ③ 오싹오싹.
深入り〔ふかいり〕깊이 들어감. 깊이 관계함.
深情け〔ふかなさけ〕이성에 대한 깊은 애정.
深爪〔ふかづめ〕손톱을 바싹 깊이 깍음.
深酒〔ふかざけ〕과음(過飮).
深追い〔ふかおい〕너무 쫓음. 끈덕지게 쫓음.
深靴〔ふかぐつ〕목이 긴 신. 부우츠.

例　外

深山〔みやま : しんざん〕심산. 깊은 산.
深雪〔みゆき : しんせつ〕심설. 깊이 쌓인 눈.

音　読

深刻〔しんこく〕심각. 마음에 깊이 새김.
深甚〔しんじん〕심심. 매우 깊고 심함.
深夜〔しんや〕심야. 깊은 밤.
深奥〔しんおう〕심오. 깊고 묘함.
深層〔しんそう〕심층. 속의 깊은 층.
深海〔しんかい〕심해. 깊은 바다.
深化〔しんか〕심화. 점점 깊어 감.

〘尋〙 풀 : 찾을 심.
音 : ジン
訓 : たずねる

尋ねる〔たずねる〕(他下1) ① 찾다. 더듬어 찾다. ② 방문하다. ③ 묻다. 여쭙다.
尋ね物〔たずねもの〕(분실로 인하여) 찾는 물건.
尋ね人〔たずねびと〕심인. 찾는 사람.
尋ね者〔たずねもの〕수사 기관으로부터 수배 받고 있는 사람.
尋ね合(わ)せる〔たすねあわせる〕(他下1) 물어서 확인하다. 문의하다. 조회하다.

音　読

尋問〔じんもん〕심문. 캐물어 조사함.
尋常〔じんじょう〕① 심상. 보통. ② 정정당당함. 떳떳함. 훌륭함.
尋常一様〔じんじょういちよう〕평소와 다름이 없음. 예사로움.

〘審〙 풀 : 살필 심.
音 : シン
訓 : つまびらか

審らか〔つまびらか〕(形動) 자세함. 소상함.
審理〔しんり〕심리. 소송(訴訟) 사건에 관한 일체를 조사함.
審問〔しんもん〕심문. 사실을 밝히기 위하여 물음.
審美〔しんび〕심미. 아름다운 것과 추한 것을 가리는 일.
審査〔しんさ〕심사. 조사하여 합격, 등급 등을 정함.
審議〔しんぎ〕심의. 자세하고 치밀하게 의논함.
審判〔しんぱん〕심판. ① 사건을 審理하여 판단함. ②(경기에서)승부, 순위등을 정함.

【십】

〔十〕 풀：열 십.
音：① ジュウ ② ジッ
訓：① とお ② と

❶ 十〔とお〕열. 10. 열살. 열개.
〔じゅう〕10. 열.
十日〔とおか〕10일. 열흘.
❷ 十月〔とつき〕열달. 10개월.
〔じゅうがつ〕10월.
十人十色〔じゅうにんといろ〕십인 십색. 가지 각색. 각인 각색(各人各色).
十重二十重〔とえはたえ〕이중 삼중. 겹겹.

音読 1

十〔じゅう〕10. 열.
〔とお〕열. 10. 열살. 열개.
十能〔じゅうのう〕부삽.
十年一日〔じゅうねんいちじつ〕십년이 하루같음. ～の如く；십년을 하루같이.
十目〔じゅうもく〕많은 사람의 눈.
十文字〔じゅうもんじ〕열십자(모양).
十分〔じゅうぶん〕충분함. 충분히.
〔じっぷん〕(시간 단위인) 10분.
十五夜〔じゅうごや〕십오야. 음력 보름날 밤.
十月〔じゅうがつ〕10월.
〔とおつき〕열 달. 10개월.
十二指腸〔じゅうにしちょう〕십이지장.
十人並〔じゅうにんなみ〕평범함. 보통임.
十人十色〔じゅうにんといろ〕십인 십색. 가지 각색. 각인 각색(各人各色).
十字〔じゅうじ〕십자. 십자형.
十字架〔じゅうじか〕십자가.
十姉妹〔じゅうしまつ〕십자매 새.
十全〔じゅうぜん〕만전. 완벽함. 완전함.
十八番〔じゅうはちばん〕십팔 번. 가장 뛰어난 장기(長技).

音読 2

十戒〔じっかい〕십계. 지켜야할 열가지 계명(戒命).
十中八九〔じっちゅうはっく〕십중 팔구.
十指〔じっし〕열 손가락.
十進法〔じっしんほう〕십진법.
十回〔じっかい〕10회.

〔辻〕 풀：네거리 십(日本 漢字)
音：
訓：つじ

辻〔つじ〕① 네거리. 十字路. ② 길거리. 길가.
辻駕籠〔つじかご〕옛날, 길가에서 기다리다가 손님을 태우던 가마.
辻強盗〔つじごうとう〕노상강도.
辻君〔つじぎみ〕밤거리의 매춘부.
辻堂〔つじどう〕길가의 작은 불당(仏堂).
辻待ち〔つじまち〕노상에서 손님을 기다림.
辻説法〔つじせっぽう〕가두 설교.
辻占〔つじうら〕① 점괘가 쓰인 종이 조각. ② 길흉의 전조(前兆).
辻車〔つじぐるま〕길가에서 손님을 기다리는 인력거(人力車).
辻札〔つじふだ〕네거리에 세운 팻말.

【아】

〔児〕 풀：아이 아.
音：① ジ ② ニ
訓：

音読 1

児童〔じどう〕아동. 어린아이. 국민학교의 어린 학생.
児戯〔じぎ〕아이들의 장난. ～に類する；아이들의 장난 같다.

音読 2

小児〔しょうに〕소아. 어린이.
小児科〔しょうにか〕소아과. 어린이의 병을 맡아 보는 병원.

〔亜〕 풀：버금 아.
音：ア
訓：

亜麻〔あま〕아마. 삼의 한 가지.
亜流〔ありゅう〕아류. ① 제 2위의 사람. ② 서투르게 흉내를 내는 사람. 추종자.
亜硫酸〔ありゅうさん〕아황산.
亜細亜〔あじあ〕아세아.
亜鉛〔あえん〕아연.
亜熱帯〔あねったい〕아열대. 열대와 온대의 중간 지대.

〔我〕 풀：나 아.
音：ガ
訓：① わが ② われ

❶ 我が国〔わがくに〕우리 나라. (※ 我が国 以外에는 我が를 사용하지 않고 わが로 대치함).
❷ 我〔われ〕나. 자신.
我と〔われと〕① 스스로. ② 저절로.
我ながら〔われながら〕나로서도. 나 스스로도.
我にもあらず〔われにもあらず〕① 자기 답지도 않게. ② 그만. 본의 아니게.
我にも無く〔われにもなく〕① 자기답지도 않게. ② 본의 아니게. 그만.
我等〔われら〕우리들.
我勝ちに〔われがちに〕서로 앞을 다투어.
我我〔われわれ〕우리. 우리들.
我語り〔われがたり〕자기 신세를 제 풀에 이야기함.
我人〔われひと〕나와 남. 자타(自他).
我知らず〔われしらず〕나도 모르게. 무의식적으로.
我知り顔〔われしりがお〕저만 아는듯한 얼굴.

我褒め 〔われぼめ〕 스스로 칭찬함. 자찬(自讚).

音　読

我 〔が〕 고집. 주장. ～が強い; 고집이 세다. ～を折る; 고집을 굽히다. ～を張る; 고집을 부리다. ～を通す; 자기 주장대로 하다.
我流 〔がりゅう〕 자기만의 독특한 방식.
我慢 〔がまん〕 ① 참음. 참을성. ② 고집. ③ 오만.
我慢強い 〔がまんづよい〕 (形) 참을성이 많다.
我欲 〔がよく〕 아욕. 자기의 욕심.
我意 〔がい〕 아의. 제 멋대로 하는 것.
我田引水 〔がでんいんすい〕 아전 인수.
我執 〔がしゅう〕 아집. 자기의 주장에 사로 잡혀 고집함.

〔芽〕 풀：싹 아
音：ガ
訓：め

芽 〔め〕 ① (초목의)싹. 눈. ②계란의 알눈.
芽ぐむ 〔めぐむ〕 (自5) 싹이 트다.
芽生える 〔めばえる〕 (自下1) 싹트다. 움트다.
芽差す 〔めざす〕 (自5) 싹트다. 움트다.

音　読

麦芽 〔ばくが〕 맥아. ① 보리싹. ② 엿기름.
発芽 〔はつが〕 발아. 싹이 틈.

〔雅〕 풀：아담할 아.
音：ガ
訓：① みやび ② みやびやか

❶ **雅** 〔みやび〕 ① 우아함. ② 풍류.(風流).
❷ **雅やか** 〔みやびやか〕 (形動) 풍류적임. 품위 있음. 우아함.

音　読

雅量 〔がりょう〕 아량. 관대함. 넓은 마음.
雅文 〔がぶん〕 平安 시대의 문장.
雅楽 〔ががく〕 아악. 上古, 中世에 행해진 궁중 음악.
雅語 〔がご〕 아름답고 고상한 말.
雅趣 〔がしゅ〕 아취. 아담한 정취(情趣).
雅号 〔がごう〕 아호. 필명(筆名).

〔餓〕 풀：주릴 아.
音：ガ
訓：うえる：かつえる

餓える 〔うえる：かつえる〕 (自下1) 굶주리다. 결핍을 느끼다. 愛に～; 사랑에 굶주리다.
餓え 〔うえ〕 굶주림. 허기.
餓え死に 〔うえじに：かつえじに〕 아사. 굶어 죽음. ～する; 굶어 죽다.

音　読

餓鬼 〔がき〕 아귀. ① 연고자가 없는 망령. ② 개구장이. うちの～; 우리집 개구장이.
餓死 〔がし〕 아사. 굶어 죽음.

【악】

〔岳〕 풀：큰 산 악.
音：ガク
訓：たけ

岳 〔たけ〕 높은 산. 큰 산.

音　読

岳父 〔がくふ〕 악부. 아내의 아버지. 장인.
富岳 〔ふがく〕 富士山의 다른 이름.
山岳 〔さんがく〕 산악. 산.

〔悪〕 풀：① 나쁠 악. ② 미워할 오.
音：① アク ② アッ ③ オ
訓：わるい

悪い 〔わるい〕 (形) ① 나쁘다. 못되다. ② 해롭다. ③ 잘못하다. ④ 못생기다. ⑤ 실례가 되다. ⑥ 보기 싫다. ⑦ 아프다.
悪くすると 〔わるくすると〕 잘못하면.
悪さ 〔わるさ〕 ① 나쁨. 나쁜 정도. ② 장난. ～をする; 장난하다. ～子(ご)장난꾸러기.
悪びれる 〔わるびれる〕 (自下1) 기가 죽다. 부끄러워하다.
悪ふざけ 〔わるふざけ〕 못된 장난.
悪尻 〔わるじり〕 남에게 숨기는 못된 짓.
悪慣れ 〔わるなれ〕 하는 일에 익숙해져 긴장이 풀림에 따라서 일을 소홀히 하게됨.
悪巧み 〔わるだくみ〕 나쁜 계략. 흉계. 간계.
悪口 〔わるくち〕 욕. ～を言う; 욕을하다.
悪気 〔わるぎ〕 ① 악의(悪意). ② 사추(邪推).
悪度胸 〔わるどきょう〕 못된 일에 대한 배짱.
悪癖 〔わるぐせ〕 나쁜 버릇.
悪騒ぎ 〔わるさわぎ〕 마구 떠들어 댐.
悪乗り 〔わるのり〕 분위기에 들떠서 지나친 농담이나 장난을 함.
悪遠慮 〔わるえんりょ〕 지나친 사양.
悪者 〔わるもの〕 나쁜 놈.
悪場 〔わるば〕 (등산에서)통행이 어렵고 위험한 곳.
悪擢れ 〔わるずれ〕 약아 빠짐. 닳아 빠짐.
悪洒落 〔わるじゃれ〕 ① 지나친 농담. ②서툰 익살. ③ 괴상하게 치장함(멋을부림).
悪止め 〔わるどめ〕 억지로 사람을 붙듦.
悪知恵 〔わるぢえ〕 못된 꾀.
悪酔い 〔わるよい〕 술을 마시어 뒤끝이 나쁨.
悪賢い 〔わるがしこい〕 (形) 교활하다. 약다.
悪戯 〔わるいたずら〕 못된 장난.

例　外

悪し 〔あし〕 ① 나쁘다. ② 거칠다. ③ 서투르다. ④ 못되다. ⑤ 변변치 않다.
悪しい 〔あしい〕 (形) 못되다. 악하다. 나쁘다.
悪しからず 〔あしからず〕 양해해 주십시오. 나쁘게 생각 말아 주시오.

音読 1

悪〔あく〕악. ① 나쁜 짓. ② 죄악. ③ 미운 것. ④ 솜씨가 나쁜 것. ～に染まる; 악에 물들다.
悪たれ〔あくたれ〕① 심한 장난. ② 욕지거리.
悪たれる〔あくたれる〕(自下1) 떼를 쓰며 심술부리다. 못되게 굴다.
悪党〔あくとう〕악당. 나쁜 무리.
悪童〔あくどう〕악동. 품행이 나쁜 아이.
悪霊〔あくりょう〕악령.
悪魔〔あくま〕악마.
悪名〔あくめい〕악명. 나쁜 평판.
悪性〔あくせい〕악성. 모질고 악독함.
悪習〔あくしゅう〕악습. 나쁜 풍습.
悪疫〔あくえき〕악역. 나쁜 돌림병.
悪用〔あくよう〕악용. 잘못된 일에 사용함.
悪意〔あくい〕악의. 남을 해치려는 나쁜 마음.
悪人〔あくにん〕악인. 나쁜 사람.
悪銭〔あくせん〕악전. 못된 짓으로 얻은 돈.
悪条件〔あくじょうけん〕악조건. 불리한 조건.
悪臭〔あくしゅう〕악취. 흉악한 냄새.
悪筆〔あくひつ〕악필. 글씨를 잘못 씀.
悪行〔あくぎょう〕악행. 몹시 그릇된 행동.

音読 2

悪鬼〔あっき〕악귀. 재앙을 주는 나쁜 귀신.
悪漢〔あっかん〕악한. 나쁜 놈.
悪化〔あっか〕악화. 나빠짐.
悪貨〔あっか〕악화. 나쁜 화폐.

音読 3

悪心〔おしん〕메스꺼움. 구역질남.
悪阻〔おそ〕악조. 임신중에 생기는 입덧.
悪寒〔おかん〕오한. 열이 나므로 인하여 느끼는 추위.
憎悪〔ぞうお〕증오. 미워함.
好悪〔こうお〕호오. 좋아함과 싫어함.

〔握〕
풀 : 쥘 악.
音 : アク
訓 : にぎる

握る〔にぎる〕(他5) ① 쥐다. 잡다. 手を～; 손을 쥐다(잡다). ② 장악하다. 政権を～; 정권을 잡다. ③ 주먹밥을 만들다. ④ (바둑에서)선(先)을 정하기 위하여 바둑 돌을 쥐다.
握り〔にぎり〕① 한 줌. 一(ひと)～の米; 한 줌의 쌀. ② 손잡이. ③ 주먹밥.
握りぎんたま〔にぎりぎんたま〕무엇인가 해야 할 때에(사타구니에 손을 끼고 앉은채) 아무일도 하지 않고 있는 자세.
握り拳〔にぎりこぶし〕① 주먹. ② 맨주먹.
握り潰す〔にぎりつぶす〕(他5) ① 꽉 쥐어 망가트리다. ② 묵살하다.
握り緊める〔にぎりしめる〕(他下1) 꽉 쥐다.
握(り)飯〔にぎりめし〕주먹 밥.
握(り)寿司〔にぎりずし〕손으로 쥐어서 뭉친 초밥.
握(り)屋〔にぎりや〕구두쇠.
握(り)箸〔にぎりばし〕(서툰 젓가락질) 주먹 젓가락 질.
握(り)鮨〔にぎりずし〕⇨ 握(り)寿司.
握り締める〔にぎりしめる〕(他下1) 꽉 쥐다.
握(り)太〔にぎりぶと〕쥐어 보고 굵다고 느낌.

音 読

握力〔あくりょく〕악력. 쥐는 힘.
握手〔あくしゅ〕악수. ① 손을 서로 쥠. ② 화해함. ③ 연락이 닿음.

〔楽〕
풀 : ① 풍류악. ② 즐거울 락.
音 : ① ガク ② ガッ ③ ラッ ④ ラッ
訓 : ① たのしい ② たのしむ

※ 訓読과 音読 ③. ④는 156 페이지 참조.

楽〔がく〕① 음악. ～音(ね); 음악 소리. ② 아악.
〔らく〕① 낙. 즐거움. ② 안락(安楽).
楽団〔がくだん〕악단. 음악을 연구하는 단체.
楽壇〔がくだん〕악당. 음악가의 사회.
楽隊〔がくたい〕악대. 음악을 연주하는 단체.
楽譜〔がくふ〕악보.
楽聖〔がくせい〕악성. 위대한 음악가.
楽屋〔がくや〕① 분장실(粉装室). ② 이면(裏面).
楽人〔がくじん〕음악을 연주하는 사람.
楽典〔がくてん〕악전. 악보에 관한 규칙을 쓴 책.

音読 2

楽曲〔がっきょく〕악곡. ① 음악의 곡조. ② 곡조를 나타내는 부호.
楽器〔がっき〕악기. 음악을 연주하는기구.

【안】

〔安〕
풀 : 편안 안.
音 : アン
訓 : ① やすい ② やすらか ③ やすらぐ ④ やすんじる

❶ **安い**〔やすい〕(形) ① (값이)싸다. ② (마음이)편하다. ③ お安くないぞ; (남녀 사이가)보통 사이가 아닌데.
❷ **安らか**〔やすらか〕(形動) 평화로움. 편안함.
❸ **安らぐ**〔やすらぐ〕(自5) 평온(편안)해지다.
❹ **安んじる**〔やすんじる〕(自他上1) ① 안심하다. ② 안심시키다. 편안히 하다. ③ 만족하다.

ㅇ

安〔やす〕① (값이)쌈. ② (값이)내림. ③ 경솔함
安き〔やすき〕(절대로)걱정 없는 상태.
安けく〔やすけく〕(副) 편안히.
安っぽい〔やすっぽい〕(形) ① 싸구려다. 값이 싸다. ② 볼 품이 없다. 천하다.
安らけく〔やすらけく〕(副) 편안히.
安売り〔やすうり〕① 싸게 팖. ② 무턱 대고 베풂. 선뜻 응함.
安目〔やすめ〕비교적 쌈.
安物〔やすもの〕싸구려 물건.
安普請〔やすぶしん〕날림 공사.
安手〔やすで〕싸구려임.
安宿〔やすやど〕싸구려 여인숙.
安安〔やすやす〕(평소보다 더)편안히. ～と眠る; 편안히 잠자다.
安請(け)合い〔やすうけあい〕경솔하게 떠맡음.
安値〔やすね〕① 염가. 싼 값. ② (증권 시장에서)그 날의 주식 거래에서 그 주(株)의 가장 싼 시세.

音　読

安価〔あんか〕안가. 값이 쌈.
安寧〔あんねい〕안녕. 평안.
安楽〔あんらく〕안락. 평안하고 즐거움.
安眠〔あんみん〕안면. 편안하게 잘 잠.
安否〔あんぴ〕안부. 소식.
安息日〔あんそくにち〕안식일.
安心〔あんしん〕안심. 마음을 놓음.
安穏〔あんのん：あんおん〕안온. 조용하고 편함.
安危〔あんき〕안위. 편안함과 위험함.
安易〔あんい〕안이. 근심이 없고 편안함.
安逸〔あんいつ〕안일. 편하고 한가함.
安全〔あんぜん〕안전. 온전하여 걱정 없음.
安定〔あんてい〕안정. 안전하게 자리잡음.
安静〔あんせい〕안정. 정신과 마음이 편안함.
安直〔あんちょく〕① 값이 쌈. ② 손 쉬움.
安置〔あんち〕안치. 편안하게 둠.
安打〔あんだ〕안타.
安泰〔あんたい〕안태. 편하고 태평함.
安閑〔あんかん〕안한. 한가하고 편함.

〔岸〕
풀：언덕 안.
音：ガン
訓：きし

岸〔きし〕① 물가. ② 벼랑. 낭떠러지.
岸辺〔きしべ〕강가. 바닷가. 물가.
岸伝い〔きしづたい〕물가를 따라감. 물가.

連濁音에 注意

川岸〔かわぎし〕강가. 강변. 냇가.
向(こ)う岸〔むこうぎし〕건너 편 물가.

例　外

河岸〔かし〕① 배를 대는 물가. 강가. ② 강가에서는 어시장. ③(무엇인가 하는)장소.

音　読

岸壁〔がんぺき〕안벽. 물가의 벼랑.
沿岸〔えんがん〕연안. 육지에 가까운 바다.
海岸〔かいがん〕해안. 바닷가.

〔按〕
풀：살필 안. 어루만질 안.
音：アン
訓：

按ずる〔あんずる〕(他サ) ① 궁리하다. 이리 저리 생각하다. ② 조사하다. ③ 어루만지다. 누르다.
按摩〔あんま〕안마. 손으로 몸을 두드리거나 주물러서 피의 순환을 돕는 일.
按配〔あんばい〕안배. 알맞게 잘 배치함.
按分〔あんぶん〕안분. 미리 정해진대로 고르게 나눔.
按擦〔あんさつ〕안찰. 목사나 장로가 기도 받는 사람의 몸을 문지르고 만짐.

〔案〕
풀：책상 안. 초잡을 안.
音：アン
訓：

案〔あん〕① 안. 생각. ② 계획. ③ 초안(草案).
案じる〔あんじる〕(他上 1) ① 염려하다. 걱정하다. 근심하다. ② 생각해 내다. 연구해 내다.
案ずるに〔あんずるに〕(副) 생각컨대.
案内〔あんない〕안내. 인도하여 알려 줌.
案内人〔あんないにん〕안내인. 안내하는사람.
案文〔あんぶん〕안문. 글의 초안.
案分〔あんぶん〕안분. 비율에 따라 나눔.
案外〔あんがい〕의외로. 뜻밖의.
案の定〔あんのじょう〕생각한 대로. 예측한 대로. 예상 대로.
案出〔あんしゅつ〕안출. 생각해 냄.
案下〔あんか〕편지의 수신인 이름 왼쪽 밑에 쓰는 말.

〔眼〕
풀：눈 안.
音：① ガン ② ゲン
訓：まなこ

眼〔まなこ〕① 눈. 눈알. どんぐり～; 왕방울 눈. ② 시계(視界). ～が広い; 시계가 넓다.

例　外

眼差し〔まなざし〕① 눈의 표정. ③ 눈길. 시선.
眼鏡〔めがね〕안경.
眼鏡橋〔めがねばし〕아아치 모양의 다리.
眼鏡蛇〔めがねへび〕코브라 뱀.

音読 1

眼孔〔がんこう〕안공. 눈 구멍.
眼科〔がんか〕안과. 눈에 관한 의학.
眼球〔がんきゅう〕안구. 눈알.
眼目〔がんもく〕안목. 사물을 분별하는힘.
眼中〔がんちゅう〕안중. 마음 속.
眼下〔がんか〕안하. 눈 아래.

音読 2

開眼〔かいげん〕개안. 仏道의 진리를 깨달음.
〔かいがん〕개안. 눈을 뜸.
慈眼〔じげん〕자안. 중생을 자비롭게 보는 보처나 보살의 눈.

〔雁〕 풀：기러기 안.
音：ガン
訓：

雁〔がん〕기러기. 가을에 오고 봄에 가는 철새. 오리과에 속하는 물새의 총칭.

〔顔〕 풀：얼굴안.
音：ガン
訓：かお

顔〔かお〕① 얼굴. 낯. ② 체면. 면목.
顔ばせ〔かおばせ〕용도. 얼굴 생김새.
顔見せ〔かおみせ〕첫선을 보임.
顔見世〔かおみせ〕여러 배우가 모두 나와서 관객에게 얼굴을 보임.
顔見知り〔かおみしり〕안면이 있음.
顔繫ぎ〔かおつなぎ〕① 안면을 익히기위해 방문하거나 출석함. ② (모르는 사람을) 대면 시켜 줌. 소개함.
顔寄せ〔かおよせ〕모임. 회합.
顔立ち〔かおだち〕용모. 얼굴 모습.
顔作り〔かおづくり〕① 용모. ② 화장 (化粧).
顔揃い〔かおぞろい〕(모일 사람이)다 모임. 멤버가 꽉 짜임.
顔付き〔かおつき〕① 용모. 얼굴 생김새. ② 표정. 얼굴.
顔負け〔かおまけ〕무색해짐. 무안해짐.
顔色〔かおいろ〕안색. 얼굴 빛.
顔馴染(み)〔かおなじみ〕낯익은 사이. 서로 아는 사이.
顔役〔かおやく〕그 지방에서 세력, 명성을 갖고 있는 사람. 그 지방 유지.
顔汚し〔かおよごし〕체면 손상.
顔触れ〔かおぶれ〕(모임의)회원(会員). 멤버.
顔出し〔かおだし〕(모임에)출석함. 얼굴을 내밈. 인사하러 감.
顔合わせ〔かおあわせ〕① (첫) 대면. (첫) 모임. ② 함께 출연함. 共演.
顔向け〔かおむけ〕얼굴을 마주 대함.
顔形〔かおかたち〕용모. 얼굴 생김새.

連濁音에 注意

笑顔〔えがお〕웃음 띤 얼굴.
朝顔〔あさがお〕나팔 꽃.
丸顔〔まるがお〕둥근 얼굴.
横顔〔よこがお〕① 옆 얼굴. ② 프로우필.

音　読

顔料〔がんりょう〕안료. ① 화장품. ② 염료.
顔面〔がんめん〕안면. 얼굴.

【알】

〔謁〕 풀：아뢸 알.
音：エツ. エッ
訓：

謁〔えつ〕높은 사람과의 면회. 알현.
謁する〔えっする〕(自サ) (높은 사람을)만나 뵙다. 알현하다.
謁見〔えっけん〕알현. 귀인을 만남. 임금님을 만남.

【암】

〔岩〕 풀：바위암.
音：ガン
訓：いわ

岩〔いわ〕바위.
岩つつじ〔いわつつじ〕바위 틈에 난 진달래.
岩間〔いわま〕바위 틈.
岩根〔いわね〕바위의 밑동. 큰 바위.
岩礒〔いわいそ〕바위가 많은 바닷가.
岩登り〔いわのぼり〕바위를 탐.
岩木〔いわき〕① 바위와 나무. ② 목석(木石).
岩棚〔いわだな〕벼랑 중턱에 선반처럼 비죽 나온 바위.
岩山〔いわやま〕바위 산.
岩室〔いわむろ〕바위 틈에 만든 방. 암굴.
岩屋〔いわや〕① 암굴(岩窟). ② 바위굴 집.
岩垣〔いわがき〕① 돌담. ② 울타리처럼 둘러 싸인 바위.
岩場〔いわば〕① 바위가 많은 곳. ② 등산자가 바위를 타는 장소.
岩田帯〔いわたおび〕임신부의 배띠. 腹帯.
岩組〔いわぐみ〕① 庭園石의 배치. ② 무대 장치에 쓰는 종이를 발라서 만든 바위.
岩畳〔いわだたみ〕평평한 바위가 겹친 곳.
岩清水〔いわしみず〕바위 틈에서 나는 물.
岩風呂〔いわぶろ〕바위 틈을 이용해 만든 목욕탕.
岩戸〔いわと〕암굴(의 입구). 동굴(문).

音　読

岩窟〔がんくつ〕암굴. 석굴.
岩盤〔がんばん〕암반.
岩壁〔がんぺき〕암벽. 바위로 된 절벽.
岩石〔がんせき〕암석. 바위.
岩塩〔がんえん〕암염. 암석 사이에서 나는 큰 덩어리로 된 소금.
岩礁〔がんしょう〕암초. 바다 속에 있는 바위.

〔庵〕 풀：암자 암.
音：アン
訓：いおり

庵〔いおり〕① 암자. ② 농막.

音　読

庵室〔あんしつ〕암실. 중 또는 속세를 떠난 사람이 사는 조그마한 암자.
庵主〔あんしゅ〕암주. 암자의 주인.

〔暗〕 풀：어둘 암.
音：アン
訓：① くらい ② くらがり

❶ **暗い**〔くらい〕(形) ① 어둡다. ② 우울하다. ③ 희망이 없다. ④ 사정을 잘 모르다. ⑤ (색깔이)칙칙하다.
❷ **暗がり**〔くらがり〕① 어두움. ② 어두운 곳. ③ 사리에 어두움. ④ 남의 눈에 띄지 않음.
暗闇〔くらやみ〕① 어둠. 어두운 곳. ② 어둠 속. ③ 암흑 세계.

音 読

暗に〔あんに〕(副) 은근히. 넌지시. 몰래.
暗渠〔あんきょ〕암거. 지하 배수로.
暗記〔あんき〕암기. 기억하여 잊지 않음.
暗算〔あんざん〕암산. 마음 속으로 계산함.
暗殺〔あんさつ〕암살. 사람을 몰래 죽임.
暗色〔あんしょく〕암색. 어두운 색.
暗示〔あんじ〕암시. 넌지시 알림.
暗躍〔あんやく〕암약. 숨어서 활약함.
暗礁〔あんしょう〕암초. 물 속에 있는 바위.
暗号〔あんごう〕암호. 비밀 신호.
暗黒〔あんこく〕암흑. 어둡고 캄캄함.

〔**闇**〕 풀：어둘 암.
音：アン.
訓：やみ

闇〔やみ〕① 어둠. ② 암거래. ③ 분별이 없음.
闇路〔やみじ〕① 어두운 밤길. ② 맹목적임. ③ 황천길.
闇流し〔やみながし〕물자는 암거래로 팖.
闇相場〔やみそうば〕암시세(暗時勢).
闇市〔やみいち〕암시장.
闇闇〔やみやみ〕호락호락. 손쉽게.
闇夜〔やみよ〕깜깜한 방.
闇屋〔やみや〕암거래꾼. 암거래상.
闇雲に〔やみくもに〕① 마구 닥치는 대로. ② 불쑥. 갑자기.
闇取引〔やみとりひき〕암거래.
闇値〔やみね〕암시세.
闇討ち〔やみうち〕① 어둠을 이용하여 사람을 불시에 습격함. ② 불의의 습격으로 놀라게 함.

【압】

〔**圧**〕 풀：누를 압.
音：① アツ ② アッ
訓：おす

圧す〔おす〕(他5) 누르다. 내리 누르다.
圧し〔おし〕① 억지 씀. 강요(強要). ② 영향력. 남을 누르는 힘. ③ 눌러 놓는 물건. 누름돌.

音読 1

圧力〔あつりょく〕압력. 누르는 힘. 영향력.
圧壅〔あつえん〕압연.

音読 2

圧する〔あっする〕(他サ) ① (권력이나 힘으로)누르다. ② 압도(圧倒)하다.
圧倒〔あっとう〕압도. 힘과 재주가 다른 사람을 능가함.
圧迫〔あっぱく〕압박. 위력으로 누르고 구박하는 것.
圧死〔あっし〕압사. 무거운 것에 눌려서 죽음.
圧勝〔あっしょう〕압승. 압도적으로 승리함.
圧制〔あっせい〕압제. 압박하고 억제함.
圧縮〔あっしゅく〕압축. 눌러서 오그라뜨림.

〔**押**〕 풀：도장 찍을 압.
音：オウ
訓：① おす ② おさえる

❶ **押す**〔おす〕(他5) ① 밀다. 車を～; 수레를 밀다. ② 내리 누르다. (도장을) 찍다. ③ 압도하다. ④ 念を～; 다짐하다. 駄目(だめ)を～; 쐐기(못)를 박다.
押し〔おし〕① 밂. ② 어거지. 억지. ③ 밀어내기. ④ だめ～; (바둑에서)빈 집을 메움.
押して〔おして〕(副)굳이. 무리하게. 강제로.
押し競〔おしくら〕밀어 내기 놀이.
押し広める〔おしひろめる〕(他下1) ① 널리 퍼뜨리다. ② 범위를 넓히다.
押し掛ける〔おしかける〕(自下1) 우르르 몰려가다. 밀어닥치다.
押し掛け女房〔おしかけにょうぼう〕남자한테 매달려 억지로 아내가 된 여자. 억지 춘향.
押し及ぼす〔おしおよぼす〕(他5) 들어맞게 하다.
押し寄せる〔おしよせる〕(自他下1) ① 밀어 닥치다. 우르르 몰려들다. ② 밀어놓다.
押し貸し〔おしがし〕(청하지 않는데도 떠맡기듯이) 빌려 줌.
押し倒す〔おしたおす〕(他5) (밀어) 넘어뜨리다.
押し流す〔おしながす〕(他5) (물의 힘으로)흘러가게 하다.
押し立てる〔おしたてる〕(他下1) ① 밀어붙이다. ② (바람을 받아 가며 억지로) 세우다.
押(し)売(り)〔おしうり〕강매(強売).
押(し)麦〔おしむぎ〕납작 보리.
押し明け〔おしあけ〕날이 밝음. 날이 샘.
押し目〔おしめ〕시세가 내림. 값이 내림.
押し黙る〔おしだまる〕(自5) 침묵을 지키다. 전혀 입을 열지 않다.
押(し)問答〔おしもんどう〕승강이. 입씨름.
押し迫る〔おしせまる〕(自5) 박두하다. 다가오다. 절박하다.
押し返す〔おしかえす〕(他5) ① (제자리로)되물리치다. ② 다시 되돌아오다. ③ 밀치락 달치락하다.
押し並べて〔おしなべて〕(副) ① 대체로.

모두. 한결같이. ②보통으로.
押し付けがましい〔おしつけがましい〕(形) 강요하는 듯하다. 억지로 떠 맡기다.
押し付ける〔おしつける〕(他下1) ①억누르다. 강압하다. ②강요하다. 강제로 시키다. 억지로 떠맡기다.
押し分ける〔おしわける〕(他下1) (양쪽으로) 밀어 헤치다.
押し相撲〔おしずもう〕밀어 붙이기를 주로 하는 씨름꾼.
押し葉〔おしば〕(표본용으로) 책갈피 속에 끼워 말린 잎이나 꽃.
押し隠す〔おしかくす〕(他5) 애써 감추다.
押(し)入(り)〔おしいり〕①벽장. ②강도.
押し入る〔おしいる〕(自5) 침입하다.
押(し)入(れ)〔おしいれ〕벽장.
押し込み〔おしこみ〕①벽장. ②(가택 침입) 강도.
押し込む〔おしこむ〕(自5) ①비집고 들어가다. ②강도질하러 들어가다. (他5) 억지로 밀어 넣다. 쑤셔 넣다.
押し込める〔おしこめる〕(他下1) ①억지로 집어 넣다. 쑤셔넣다. ②가두다. 쳐넣다.
押し戴く〔おしいただく〕(他5) 삼가 받다.
押し切り〔おしきり〕①꽉 눌러 자름. ②작두.
押し切る〔おしきる〕(他5) ①꽉 눌러 자르다. ②강행하다. 무릅쓰다.
押し進める〔おしすすめる〕(他下1) 밀고 나아가다.
押し借り〔おしがり〕억지로 빌림.
押し出し〔おしだし〕①밀어냄. 밀어내기. ②풍채. 외양.
押し通す〔おしとおす〕(自他5) ①억지로 통과시키다. ②끝까지 밀고 나가다. 끝까지 버티다.
押し退ける〔おしのける〕(他下1) 밀어 젖히다. 밀어내다.
押し割り〔おしわり〕①눌러 깨뜨림. ②납작보리.
押し合い〔おしあい〕①서로 밂. ②시세에 변동이 없음. ~へし合い : 많은 사람이 밀고 밀리고 하여 붐빔.
押し合う〔おしあう〕(自5) 서로 밀다.
押(し)絵〔おしえ〕꽃, 새, 사람 등의 모양을 오린 판지(板紙)에 솜을 붙이고 예쁜 헝겊을 씌워 널빤지에 붙인 그림.
押し詰(ま)る〔おしつまる〕(自5) ①박두하다. ②연말이 다가오다.
押し詰める〔おしつめる〕(他下1) ①쑤셔넣다. 쳐넣다. 눌러 담다. ②몰아 넣다. 밀어붙이다. ③요약하다.
❷押(さ)える〔おさえる〕(他下1) ①누르다. ②진압하다. ③억제하다. 막다. ④참다. ⑤확보하다. ⑥붙잡다. 잡다. 붙들다. ⑦파악하다. 찌르다.
押(さ)え〔おさえ〕①누름. ②지배(자). 통솔(자). ③(군대의) 후진. ④확인. 다짐.
押(さ)え付ける〔おさえつける〕(他下1) 꽉 누르다. 억압하다. 윽박지르다.
押(さ)え込む〔おさえこむ〕(他5) ①(유도에서) 상대를 눌러 꼼짝 못 하게 하다. ②(어떤 범위 안에) 가두어 두다.

音 読

押領〔おうりょう〕압령. 물건을 호송함.
押送〔おうそう〕압송. 죄인을 잡아 보냄.
押収〔おうしゅう〕압수. 강제 몰수.
押印〔おういん〕압인. 도장을 찍음.

ㅇ

【앙】

〘央〙

풀 : 가운데 앙.
音 : **オウ**
訓 :

中央〔ちゅうおう〕중앙. ①한가운데. 한복판. ②중요한 위치.
震央〔しんおう〕진앙. 진원(震源)의 바로 윗지점.

〘仰〙

풀 : 우러를 앙.
音 : ①**ギョウ** ②**コウ** ③**ゴウ**
訓 : ①**あおぐ** ②**おおせ**

❶仰ぐ〔あおぐ〕(他5)①우러러보다. ②우러러 받들다. 추앙하다. ③모시다. 받들다. ④바라다. ⑤의존하다.
仰向く〔あおむく〕(自5) (고개를 젖혀) 위를 보다.
仰向ける〔あおむける〕(他下1)(고개를 젖혀) 위를 보게 하다.
❷仰せ〔おおせ〕①분부. 명령. ②말씀.
仰せられる〔おおせられる〕(他下1) 말씀하시다. 분부하시다.
仰せ付かる〔おおせつかる〕(自5) 분부를 받다. 지시를 받다.
仰せ付ける〔おおせつける〕(他下1) 분부하시다.

音 読 1

仰角〔ぎょうかく〕앙각. 水平面에서 위로 잰 각도.
仰望〔ぎょうぼう〕앙망. ①우러러 봄. ②존경하여 따름.
仰山〔ぎょうさん〕앙산. ①매우 많음. ②과장함. 크게 벌임.
仰視〔ぎょうし〕앙시. 존경하는 마음으로 우러러 봄.
仰臥〔ぎょうが〕앙와. 반듯이 누움.
仰仰しい〔ぎょうぎょうしい〕(形) 과장되다. 수선스럽다.
仰天〔ぎょうてん〕대단히 놀람.

音 読 2

信仰〔しんこう〕신앙. 믿음.

音 読 3

渇仰〔かつごう〕①깊이 신앙함. ②깊이 우러러 사모함. 몹시 사모함.

【애】

〔哀〕 풀：슬플 애.
音：アイ
訓：① あわれ ② かなしい ③ かなしむ

❶**哀れ**〔あわれ〕① 불쌍함. 가련함. ② 초라함. ③ 비애(悲哀).
哀れがる〔あわれがる〕(他5) 불쌍히 여기다.
哀れっぽい〔あわれっぽい〕(形) (일부러 남에게) 처량하게 보이다. 처량하다.
哀れみ〔あわれみ〕동정심. 동정.
哀れむ〔あわれむ〕(他5) ① 가련하다. 불쌍히 여기다. ② 귀여워하다. 사랑하다.
❷**哀しい**〔かなしい〕(形) 애처롭다.
❸**哀しむ**〔かなしむ〕(他5) 슬퍼하다. 마음 아파해 하다.

音 読

哀感〔あいかん〕애감. 구슬픈 느낌.
哀悼〔あいとう〕애도. 사람의 죽음을 슬퍼함.
哀惜〔あいせき〕애석. 슬프고 아까움.
哀訴〔あいそ〕애소. 슬프게 호소함.
哀愁〔あいしゅう〕애수. 가슴에 스며드는 슬픈 시름.
哀願〔あいがん〕애원. 슬프게 애절히 바람.
哀切〔あいせつ〕애절. 매우 애처롭고 슬픔.
哀調〔あいちょう〕애조. 슬픈 가락.
哀歓〔あいかん〕애환. 슬픔과 기쁨.

例 外

可哀そう〔かわいそう〕(形動) 가엾음. 불쌍함.

〔涯〕 풀：물가 애.
音：ガイ
訓：

生涯〔しょうがい〕생애. ①평생. 한평생. ②일생(一生)중의 어느 한 시기.
天涯〔てんがい〕천애. ①하늘가. 하늘의 끝. ②아주 멀리 떨어진 곳. ～の孤児(こじ)；천애 고아.

〔愛〕 풀：사랑 애.
音：アイ
訓：

例 外

愛しい〔いとしい〕(形) ① 사랑스럽다. 몹시 귀엽다. ② 불쌍하다. 가엾다.
愛でたし〔めでたし〕① 귀엽다. 사랑스럽다. ② 정말 좋다.
愛でる〔めでる〕(他下1) ① 귀여워하다. 즐기다. ② 탄복하다. 칭찬하다.
愛娘〔まなむすめ〕귀여워하는 딸.
愛児〔まなご〕사랑하는 자식. 귀여운 아기
愛弟子〔まなでし〕애제자. 특별히 촉망하고 귀여워하는 제자.

音 読

愛〔あい〕사랑.
愛くるしい〔あいくるしい〕(形) 귀엽다.
愛す〔あいす〕(他5) 사랑하다.
愛する〔あいする〕(他サ) ① 사랑하다. ② 즐기다. 좋아하다.
愛らしい〔あいらしい〕(形) 사랑스럽다. 귀엽다.
愛敬〔あいけい〕애경. 공경하고 사랑함.
愛嬌〔あいきょう〕애교. 귀여운 태도.
愛国〔あいこく〕애국. 자기 나라를 사랑함.
愛読者〔あいどくしゃ〕애독자.
愛林〔あいりん〕애림. 산림을 애호함.
愛想〔あいそ〕① 애교. 붙임성. ② 대접. ③ 친밀한 정. 정나미. ④ (요릿집에서의) 계산. 셈. ねえさん, お～；색시, 계산 얼마요?
愛惜〔あいせき〕애석. 아끼고 사랑함.
愛煙家〔あいえんか〕애연가. 담배를 즐기는 사람.
愛玩〔あいがん〕애완. 귀여워하며 가까이 두고 즐김.
愛欲〔あいよく〕애욕. 이성을 사랑하는 욕망.
愛用〔あいよう〕애용. 즐겨 사용함.
愛人〔あいじん〕애인. 사랑하는 사람.
愛情〔あいじょう〕애정. 사랑하는 마음.
愛着〔あいちゃく〕애착. 집착. 매우 아낌.
愛妻家〔あいさいか〕애처가. 아내를 사랑하는 사람.
愛称〔あいしょう〕애칭. 사랑을 나타내어 부르는 이름.
愛好〔あいこう〕애호. 사랑하고 즐김.
愛護〔あいご〕애호. 사랑하고 보호함.

【액】

〔厄〕 풀：재앙 액.
音：ヤク
訓：

厄〔やく〕액. 재앙.
厄年〔やくどし〕액년. 운수가 사나운 해.
厄払い〔やくはらい〕액막이. 귀찮은 존재따위를 시원히 떨어 버림.
厄運〔やくうん〕액운. 액이 든 운수.
厄災〔やくさい〕액운과 재앙.
厄介〔やっかい〕귀찮음. 성가심. 폐.

〔液〕 풀：진 액.
音：エキ
訓：

液〔えき〕액. 액체. 물.
液便〔えきべん〕묽은 대변.
液状〔えきじょう〕액상. 액체의 상태.

液汁〔えきじゅう〕액즙. 즙.
液体〔えきたい〕액체. 유동 물질(例: 물, 기름).
液化〔えきか〕액화. 고체나 기체를 액체로 함.

〔額〕 풀: 이마 액.
音: ガク
訓: ひたい

額〔ひたい〕이마.
〔がく〕① 액수. ② 액자.
額髪〔ひたいがみ〕이마 위의 머리칼.
額付き〔ひたいつき〕이마의 생김새.
額付く〔ぬかづく〕(自5) 부복하다. 공손히 절하다. 조아리다.

音 読

額〔がく〕① 액수. ② 액자.
額面〔がくめん〕액면. ① 증권이나 화폐의 표면에 적힌 금액. ② 겉으로 나타난 말.
額縁〔がくぶち〕① 사진 액자 따위의 테. ② 장식을 위해 창문, 출입구 등의 둘레에 끼운 나무.

【앵】

〔桜〕 풀: 앵두나무 앵
音: オウ
訓: さくら

桜〔さくら〕벚나무. 벚꽃.
桜ん坊〔さくらんぼう〕버찌.
桜色〔さくらいろ〕연분홍색.
桜狩り〔さくらがり〕벚꽃놀이.
桜肉〔さくらにく〕말고기.
桜紙〔さくらがみ〕(얇고 부드러운) 휴지.

音 読

桜桃〔おうとう〕앵도.
桜花〔おうか〕벚꽃.
観桜会〔かんおうかい〕벚꽃놀이를 하는 모임.

【야】

〔夜〕 풀: 밤 야.
音: ヤ
訓: ① よる ② よ

❶夜〔よる：よ〕밤. ～になる; 밤이 되다.
夜顔〔よるがお〕박. (여름 저녁 때 꽃이핌)
夜夜〔よるよる：よよ〕밤마다. 매일 밤.
夜夜中〔よるよなか〕한밤중. 야밤중.
夜昼〔よるひる〕① 밤낮. 주야. ② 끊임없이. 늘.
❷夜〔よ：よる〕밤. ～がふける; 밤이 깊어지다.
夜っぴて〔よっぴて〕(副) 밤새도록.
夜なべ〔よなべ〕 밤일. 야간 작업.
夜更(か)し〔よふかし〕밤 늦게까지 자지 않음.
夜更け〔よふけ〕밤이 이슥함. 심야(深夜).
夜空〔よぞら〕밤하늘.
夜軍〔よいくさ〕야간 전투.
夜汽車〔よぎしゃ〕밤기차. 야간 열차.
夜逃げ〔よにげ〕야간 도주. 밤 도망.
夜道〔よみち〕밤길. 밤길을 걸음.
夜働き〔よばたらき〕① 야간 작업. 밤일. ② 밤도둑질.
夜露〔よつゆ〕밤이슬.
夜籠(も)り〔よごもり〕① 神社나 절에서 致誠을 드리기 위하여 밤샘을 함. ② 깊은 밤.
夜明(か)し〔よあかし〕밤을 새움. 철야.
夜明け〔よあけ〕새벽.
夜鳴き〔よなき〕새가 밤중에 욺.
夜目〔よめ〕밤눈. 밤에 봄.
夜霧〔よぎり〕밤안개.
夜半〔よわ〕밤중.
夜歩き〔よあるき〕밤에 나돌아다님. 밤외출
夜船〔よぶね〕밤배. 밤에 타고 가는 배.
夜桜〔よざくら〕밤벚꽃 놀이.
夜夜〔よよ：よるよる〕밤마다. 매일 밤.
夜な夜な〔よなよな〕매일 밤. 밤마다.
夜遊び〔よあそび〕밤에 놀러 다님. 밤놀이.
夜泣き〔よなき〕갓난애가 밤중에 욺.
夜長〔よなが〕밤이 김. 긴 밤.
夜店〔よみせ〕밤의 노점. 야시(夜市).
夜瓜〔よづめ〕밤에 손톱을 깎는 일.
夜釣り〔よづり〕밤낚시.
夜中〔よなか〕밤중. 심야.
夜着〔よぎ〕① 침구의 겉덮개. ② 잠옷.
夜討ち〔ようち〕밤. 습격. 야습. 야간습격.
夜通し〔よどおし〕(副) 밤새도록.
夜風〔よかぜ〕밤바람.
夜寒〔よさむ〕늦가을. 밤. 차거운 밤.
夜話〔よばなし：やわ〕밤에 하는 이야기.
夜回り〔よまわり〕야경을 돎. 야경꾼.

音 読

夜間〔やかん〕야간. 밤 사이.
夜景〔やけい〕야경. 밤의 경치.
夜警〔やけい〕야경. 밤에 도둑이나 화재를 경계하기 위하여 살핌.
夜光〔やこう〕야광. 밤에 비치는 빛.
夜勤〔やきん〕야근. 밤에 근무함.
夜郎自大〔やろうじだい〕자기의 역량도 모르고 동료들 사이에서 으시대는 사람.
夜食〔やしょく〕야식. 밤참.
夜業〔やぎょう〕야업. 밤일.
夜行〔やこう〕① 야행. 밤에 감. ② 밤차.
夜会服〔やかいふく〕야회복. 夜会에 입는 양복

〔野〕 풀: 들 야.
音: ヤ
訓: の

❶野〔の〕①넓은 평지. 들판. ②(다른 명사에 붙어) 야생.
〔や〕①들. ②일반 사회. 민간(民間).
野ざらし〔のざらし〕들판에 내버려 둠.
野菊〔のぎく〕야국. 들국화.
野道〔のみち〕들길.
野良〔のら〕들. 전답(田畓).
野良犬〔のらいぬ〕들개. 야견(野犬).
野良猫〔のらねこ〕도둑 고양이.
野良着〔のらぎ〕농부의 작업복.
野路〔のじ〕들길.
野立(ち)〔のだち〕①신분이 높은 사람이 야외에서 휴식함. ②들판에 세워 둠.
野放し〔のばなし〕①(가축을) 놓아 기름. ②제멋대로 하게 방임함. ②무제한(無制限).
野辺〔のべ〕①벌판. 들. ②~の送り：장례의 전송. 장송(葬送).
野分(き)〔のわき〕①태풍. ②늦가을에서 초겨울에 걸쳐 부는 바람.
野山〔のやま〕산야. 산과 들.
野焼き〔のやき〕들에 불을 질러 잡초를 태워 다음 해의 비료로 삼음.
野垂れ死に〔のたれじに〕객사. 길가에 쓰러져 죽음.
野宿〔のじゅく〕노숙. 들에서 잠을 잠.
野原〔のはら〕들. 들판.
野っ原〔のっぱら〕넓은 들. 들판.
野猿〔のざる〕야생의 원숭이. 들원숭이.
野遊び〔のあそび〕①들놀이. ②들놀이사냥.
野育ち〔のそだち〕제멋대로(버릇없이) 자람.
野積〔のづみ〕야적. 한데에 쌓음.
野釣(り)〔のづり〕야외에서 낚시질.
野天〔のてん〕노천(露天). 옥외(屋外).
野風〔のかぜ〕들에서 부는 바람.
野火〔のび〕초봄에 산이나 들의 마른 풀을 태우는 불.
野花〔のばな〕들꽃. 야생의 꽃.
野荒(ら)し〔のあらし〕밭의 농작물을 해침.

音 読

野球〔やきゅう〕야구.
野郎〔やろう〕남자를 욕할 때 쓰는 말. 놈. 새끼. 자식.
野党〔やとう〕야당.
野蛮〔やばん〕야만. 문화가 미개한 상태.
野望〔やぼう〕야망. 분에 넘치는 큰 희망.
野卑〔やひ〕야비. 속되고 천함.
野生〔やせい〕야생. 산이나 들에서 성장함.
野性〔やせい〕야성. 자연 그대로의 성질.
野獣〔やじゅう〕야수. 산이나 들의 짐승
野心〔やしん〕야심. 분에 넘치는 욕망.
野外〔やがい〕야외. 들판.
野人〔やじん〕야인. 벼슬을 하지 않은 사람.
野戦〔やせん〕①야전. 평지나 벌판에서의 싸움. ②전쟁터. 싸움터.
野次〔やじ〕①야유. 놀림. ②덩달아 떠들어 댐. 떠들썩한 구경꾼.
野次る〔やじる〕(他5) 놀리다. 야유하다.
野菜〔やさい〕야채. 채소. 푸성귀.
野草〔やそう〕야초. 들풀.

【약】

〖若〗 풀：어릴 약.
音：①ジャク ②ジャッ ③ニャク
訓：①わかい ②もし

❶若い〔わかい〕(形) ①젊다. ②미숙하다. 덜 익다. ③어리다. ④(차례가) 이르다
若〔わか〕젊음. 젊은이.
若き〔わかき〕①젊은 사람. ②젊은.
若げ〔わかげ〕(形動) 젊은 모양.
若さ〔わかさ〕젊음.
若やか〔わかやか〕(形動) 젊고 싱싱함.
若やぐ〔わかやぐ〕(自5) 젊어지다. 젊어진 듯하다.
若気〔わかげ〕젊은 패기. 젊은 혈기.
若木〔わかぎ〕어린 나무.
若武者〔わかむしゃ〕젊은 무사.
若返る〔わかがえる〕(自5) ①다시 젊어지다. 젊음을 되찾다. ②젊은 사람으로 바뀌다.
若白髪〔わかしらが〕젊어서 흰 머리가 남. 새치.
若死に〔わかじに〕젊어서 죽음. 요절.
若書き〔わかがき〕젊었을 때의 書画 등의 작품.
若盛り〔わかざかり〕한창 나이. 한창 젊음.
若松〔わかまつ〕어린 소나무.
若手〔わかて〕젊은 사람. 젊은 층.
若芽〔わかめ〕새싹.
若若しい〔わかわかしい〕(形) 새파랗게 젊다. 생기 발랄하다. 싱싱하다.
若様〔わかさま〕도련님. 서방님.
若い燕〔わかいつばめ〕연상(年上)의 여자의 젊은 정부(情夫). 젊은 제비.
若葉〔わかば〕새잎. 어린 잎.
若隠居〔わかいんきょ〕①애늙은이. ②생기 발랄하다. 싱싱하다.
若者〔わかもの〕젊은이. 청년.
若作り〔わかづくり〕젊게 꾸밈.
若造〔わかぞう〕풋내기. 애숭이.
若枝〔わかえだ〕어린 가지.
若妻〔わかづま〕젊은 아내.
若草〔わかくさ〕어린 풀.
若向き〔わかむき〕젊은이 용(用). 젊은이에게 어울림(맞음).

例 外

若人〔わこうど〕젊은이. 젊은 사람.
❷若し〔もし〕만약. 만일.
若しか〔もしか〕어쩌면.

若しくは〔もしくは〕 혹은. 또는. 그렇지않으면.
若しも〔もしも〕(もし의 강조) 만약.
若しや〔もしや〕 혹시,
若し夫れ〔もしそれ〕 그럼.(대개 한문에 쓰임)

音 読 1

若年〔じゃくねん〕 ①젊음. ②미숙한 사람.
若輩〔じゃくはい〕 ①젊은이들. ②미숙한 자.

音 読 2

若干〔じゃっかん〕 약간. 얼마 안됨. 조금만.

音 読 3

老若〔ろうにゃく〕 노약. 젊은이와 늙은이.

例 外

般若〔はんにゃ〕 반야.

〖約〗
풀：대략 약.
音：①ヤク ②ヤッ
訓：①つづまやか ②つづまる ③つづめる

❶約まやか〔つづまやか〕(形動) ① 간명함. 간략함. 간단함. ②검소함.
❷約まる〔つづまる〕(自5) 간단해지다. 짧아지다. 줄어들다.
❸約める〔つづめる〕(他下1) ①간단하게 하다. 줄이다. 짧게 하다. ②절약하다.

音 読 1

約〔やく〕 ①약속. ②약. 대략. 대개.
約する〔やくする〕(他サ) ① 약속하다. ②간략하게 하다. 요약하다. ③약분(約)하다.
約分〔やくぶん〕 약분.
約束〔やくそく〕 약속. 지킬 것을 맹세함.
約数〔やくすう〕 약수.
約定〔やくじょう〕 약정. 남과 어떤 일을 약속해서 정함.

音 読 2

約款〔やっかん〕 약관. 법령이나 조약 등에 정해진 하나하나의 조항.

〖弱〗
풀：약할 약.
音：①ジャク ②ジャッ
訓：①よわい ②よわまる ③よわめる ④よわる

❶弱い〔よわい〕(形) 약하다. 모자라다. 酒に～：술에 약하다. 女には～：여자한테는 약하다.
❷弱まる〔よわまる〕(自5) 약해지다.
❸弱める〔よわめる〕(他下1) 약하게 하다. 약화시키다.
❹弱る〔よわる〕(自5) ①약해지다. 쇠약해지다. ②난처해지다. 곤란해지다.
弱み〔よわみ〕 약점. 취약점.
弱気〔よわき〕 ①무기력함. 나약함. 곧잘 우는 소리를 함. ②시세의 약세.
弱り目〔よわりめ〕 곤란한 경우.
弱弱しい〔よわよわしい〕(形) 아주 약하다. 연약하다. 가냘프다.
弱腰〔よわごし〕 ①옆구리. ②소극적인 태도. 저자세. 약한 태도.
弱音〔よわね〕 힘 없는 소리. 우는 소리. 못난 소리. 나약한 말.
弱虫〔よわむし〕 겁쟁이. 못난이. 나약자.

例 外

手弱女〔たおやめ〕 우아하고 아름다운 여인.

音 読 1

弱勢〔じゃくせい〕 약세. 세력이 약함.
弱小〔じゃくしょう〕 약소. 약하고 작음.
弱点〔じゃくてん〕 약점. 불충분한 점.
弱卒〔じゃくそつ〕 약졸. 힘이 약한 군졸.
弱体〔じゃくたい〕 약체. ①약한 몸. ②약한 조직. ③약한 체제.

音 読 2

弱冠〔じゃっかん〕 약관. 남자가 20살이 됨.
弱化〔じゃっか〕 약화. 세력이 약하게 됨.

〖薬〗
풀：약 약.
音：①ヤク ②ヤッ
訓：くすり

薬〔くすり〕 ①약. ②도움. 유익. ③화약.
薬箱〔くすりばこ〕 약상자. 약통.
薬屋〔くすりや〕 약국. 약방.
薬指〔くすりゆび〕 약손가락. 무명지.
薬湯〔くすりゆ〕 약품이나 약초를 푼 목욕물.

連濁音에 注意

塗り薬〔ぬりぐすり〕 피부에 바르는 약.
目薬〔めぐすり〕 안약(眼藥). 눈약.
生薬〔きぐすり〕 생약.

音 読 1

薬理〔やくり〕 약리. 약품에 의한 생리적인 변화.
薬物〔やくぶつ〕 약물. 약이 되는 물건.
薬味〔やくみ〕 ①(음식에 곁들이는) 양념. ②약품.
薬師〔やくし〕 약사. 약제사.
薬用〔やくよう〕 약용. 약으로 씀.
薬剤師〔やくざいし〕 약제사. 약사.
薬草〔やくそう〕 약초. 약풀.
薬品〔やくひん〕 약품. 약.
薬学〔やくがく〕 약학. 약제에 관한 학문.

音 読 2

薬価〔やっか〕 약가. 약값.
薬科〔やっか〕 약과. 약학부(薬学部).
薬局〔やっきょく〕 약국. 약방.
薬効〔やっこう〕 약효. 약의 효과.

例 外

薬缶〔やかん〕 주전자.
薬研〔やげん〕 제약기구(製藥器具).

〖躍〗
풀：뛸 약.
音：①ヤク ②ヤッ
訓：おどる

躍る〔おどる〕(自5) ①뛰어 오르다. 뛰다. ②두근거리다. 설레다. ③몹시 흔들리다. 동요하다. ④고르지 못하다. 들쭉날쭉하다.

躍り掛かる〔おどりかかる〕(自5)덤벼들다.
躍り上がる〔おどりあがる〕(自5) 펄쩍 뛰어 오르다. 벌떡 일어나다.
躍り込む〔おどりこむ〕(自5) 뛰어들다.
躍り出る〔おどりでる〕(自下1) (맹렬한 기세로) 남을 제쳐 놓고 그 자리에 나가다. 뛰어 오르다.
躍り懸(か)る〔おどりかかる〕(自5) 달려들다. 덤벼 들다.

音読 1

躍動〔やくどう〕약동. 생기 있고 활발하게 움직임.
躍進〔やくしん〕약진. ① 뛰어서 앞으로 나감. ② 빠르게 진보함.

音読 2

躍起〔やっき〕약기. ①초조하게 서두름. ② 매우 열심히 함. ～になって; 열심히.

【양】

〔羊〕

풀 : 양 양.
音 : ヨウ
訓 : ひつじ

羊〔ひつじ〕양.
羊飼い〔ひつじかい〕양치기. 양치는 사람.

音読

羊羹〔ようかん〕양갱. 붉은 팥을 삶아 어레미에 걸러 꿀이나 설탕을 쳐서 굳힌것.
羊膜〔ようまく〕양막. 子宮内에서 胎児를 싸는 얇은 막.
羊毛〔ようもう〕양모. 양털.
羊水〔ようすい〕양수. 母胎 안에서 胎児를 둘러싸고 있는 액체.
羊肉〔ようにく〕양육. 양고기.
羊腸〔ようちょう〕양장. ①양의 창자. ② 꼬불꼬불한 산길.

〔洋〕

풀 : 바다 양. 서양 양.
音 : ヨウ
訓 :

洋〔よう〕①서양. ②동양, 서양의 총칭.
洋館〔ようかん〕양관. 양옥집.
洋服〔ようふく〕양복. 서양식 의복.
洋書〔ようしょ〕양서. 서양 서적.
洋式〔ようしき〕양식. 서양식.
洋食〔ようしょく〕양식. 서양식의 식사.
洋洋〔ようよう〕양양. 광대함.
洋装〔ようそう〕양장. ①여자들의 서양식 복장. ②서양식으로 책을 제본하는 것.
洋裁〔ようさい〕양재. 서양식 바느질.
洋酒〔ようしゅ〕양주. 서양 술.
洋風〔ようふう〕양풍. 서양식.
洋品店〔ようひんてん〕양품점.
洋行〔ようこう〕양행. ①외국으로 여행함. ②(중국에서)외국인의 상점.
洋画〔ようが〕①서양화. ②서양 영화.

〔揚〕

풀 : 날릴 양.
音 : ヨウ
訓 : ① あがる ② あげる

❶ 揚がる〔あがる〕(自5) ①높이 걸리다. 게양되다. ②많은 사람에게 알려지다. 유명해지다. ③기름에 튀겨지다.
❷ 揚げる〔あげる〕(他下1) ①올리다. たこを～; 연을 띄우다. 연을 올리다. ②양륙(揚陸)하다. (뱃짐을)부리다. 船荷を～; 뱃짐을 풀다. ③기름에 튀기다.
揚げ〔あげ〕①튀김. ②유부.
揚(げ)鍋〔あげなべ〕튀김 남비.
揚(げ)代〔あげだい〕화대(花代).
揚げ幕〔あげまく〕무대로 통하는 출입구에 드리운 막.
揚げ物〔あげもの〕기름에 튀긴 것.
揚げ雲雀〔あげひばり〕공중에 높이 날아오르는 종달새.
揚げ油〔あげあぶら〕튀김 기름.
揚げ足〔あげあし〕①공중에 뜬 다리. ②말꼬리. 말끝. ～を取る; 트집을 잡다.
揚げ超〔あげちょう〕정부가 민간으로부터 흡수한 금액이 민간에의 지불액보다 많은 것.
揚げ出し〔あげだし〕①밀가루를 입히지 않고 기름에 살짝 튀긴 것. ②기름에 살짝 튀긴 두부.

例外

揚繰網〔あぐりあみ〕후릿그물의 일종(길이 180m. 고기떼를 둘러쳐 그물 아래쪽에서 당겨 올려 잡음).

音読

揚水機〔ようすいき〕양수기. 물을 퍼 올리는 기계.
揚揚と〔ようようと〕양양하게. 득의만만하게.
揚言〔ようげん〕양언. ①소리 높여 말함. ②공공연하게 말함.

〔陽〕

풀 : 볕 양.
音 : ヨウ
訓 :

陽〔よう〕양. ①남성적인 것. ② 양지쪽. ③표면. 陰に～に; 음으로 양으로.
陽光〔ようこう〕양광. 따뜻한 봄볕.
陽極〔ようきょく〕양극. 양전극(陽電極).
陽気〔ようき〕양기.
陽暦〔ようれき〕양력. 태양력.
陽性〔ようせい〕양성. 적극적인 활발한 성질.
陽炎〔ようえん:かげろう〕아지랭이.
陽電気〔ようでんき〕양전기.
陽春〔ようしゅん〕양춘. 따뜻한 봄.

〔様〕

풀 : 모양 양.
音 : ヨウ
訓 : さま

様　〔さま〕①모습. 모양. 상태. ②방향. ③(화류계에서 여자가 남자를 가리켜)님.
〔ざま〕①꼴. 꼬락서니. ～を見ろ; 꼴 좋게 됐다. 꼴좀 봐. ②～はない; 체

면이 말이 아니다. 남보기 꼴 사납다.
様様〔さまざま〕가지각색. 여러가지.
神様〔かみさま〕하느님.

音 読

様〔よう〕①모양. 형태. ②방법.
様相〔ようそう〕양상. 생김새. 모양. 모습.
様式〔ようしき〕양식. ①일정한 격식. ②꼴. 스타일.
様子〔ようす〕①모양. ②모습. ③까닭. ④징조.
様体〔ようだい〕생김새. 양상(様相).
様態〔ようたい〕양태. 양상. 모습.

〔**養**〕 풀：기를 양.
音：**ヨウ**
訓：**やしなう**

養う〔やしなう〕(他5) ①기르다. ②부양하다. 양육하다. ③보양하다. ④배양하다. ⑤다루다. ⑥양자로 삼다. ⑦(젓가락으로) 어린이나 병자에게 음식을 먹이다.
養い〔やしない〕①양육. ②거름. 자양분.
養い子〔やしないご〕양자.

音 読

養家〔ようか〕양가. 양자로 들어간 집.
養鶏〔ようけい〕양계. 닭을 기름.
養女〔ようじょ〕양녀. 수양딸.
養豚〔ようとん〕양돈. 돼지를 먹여 기름.
養老院〔ようろういん〕양로원.
養峰〔ようほう〕양봉. 벌을 기름.
養父〔ようふ〕양부. 양아버지.
養分〔ようぶん〕양분. 영양이 되는 성분.
養生〔ようじょう〕양생. 병의 조리를 함.
養成所〔ようせいしょ〕양성소. 길러 내는 곳.
養殖〔ようしょく〕양식. 인공적으로 번식시킴.
養魚〔ようぎょ〕양어. 물고기를 길러 냄.
養子〔ようし〕양자. 수양 아들.
養蚕〔ようさん〕양잠. 누에를 기름.
養護〔ようご〕양호. 기르고 보호함.

〔**壌**〕 풀：부드러운 흙 양.
音：**ジョウ**
訓：

雲壌〔うんじょう〕운양. 구름과 흙.
天壌〔てんじょう〕천양. 하늘과 땅. 천지.
土壌〔どじょう〕토양. 농작물이 자라는 흙.

〔**嬢**〕 풀：아가씨 양.
音：**ジョウ**
訓：

お嬢さん〔おじょうさん〕아가씨.
交換嬢〔こうかんじょう〕교환양.
令嬢〔れいじょう〕영양. 남의 딸의 높임말.

〔**譲**〕 풀：사양할 양.
音：**ジョウ**
訓：**ゆずる**

譲る〔ゆずる〕(他5) ①물려주다. 양도하다. ②양보하다. ③후일로 미루다. ④빼앗기다.
譲り〔ゆずり〕물림. 물려 받음. 양도.
譲り物〔ゆずりもの〕물려받은 물건.
譲り葉〔ゆずりば〕굴거리나무.
譲り状〔ゆずりじょう〕양도 증서.

音 読

譲渡〔じょうと〕양도. 남에게 넘겨 줌.
譲歩〔じょうほ〕양보. 어떠한 것을 남에게 미루어 주거나 상대의 주장을 들어 줌.
譲与〔じょうよ〕양여. 자기의 소유를 다른 사람에게 넘겨 줌.
譲位〔じょうい〕양위. 임금의 자리를 물려 줌.

〔**醸**〕 풀：술빚을 양.
音：**ジョウ**
訓：**かもす**

醸す〔かもす〕(他5) ①(술을)빚다. 酒を～；술을 빚다. ②만들어 내다. 빚어 내다. 자아내다. 物議を～；물의를 일으키다(빚어내다).
醸し出す〔かもしだす〕(他5) (어떤 분위기나 기분을) 자아내다. 만들어 내다. 조성하다.

音 読

醸成〔じょうせい〕양성. ①술이나 간장을 빚어 만듬. ②만들어 냄. 조성(造成).
醸造〔じょうぞう〕양조. 발효 작용을 응용하여 술이나 간장을 만듬.
醸酒〔じょうしゅ〕양주. 술을 빚어 만듬.

【어】

〔**御**〕 풀：모실 어. 어거할 어.
音：①**ギョ** ②**ゴ**
訓：**おん**

※ 当用漢字에서 御를 お로 읽는 경우는 表記하지 않음.

音 読 1

御〔ぎょ〕①말(馬)을 다룸. ②다스려 통치함.
御する〔ぎょする〕(自サ) 모시다. 섬기다. (他サ) ①말(馬)을 부리다. ②다스리다. ③부리다. 지휘하다.
御名〔ぎょめい〕천황의 이름. 어명.
御物〔ぎょぶつ〕임금이 쓰는 물건.
御意〔ぎょい〕상대의 뜻의 높임말.
御者〔ぎょしゃ〕마차를 부리는 사람. 마부.
御製〔ぎょせい〕임금이 만든 것.
御座〔ぎょざ〕황후, 황족, 귀족의 좌석.

音 読 2

御苦労様〔ごくろうさま〕수고했읍니다.
御覧〔ごらん〕～ください；보십시오.
御料〔ごりょう〕①음식물의 높임말. ②황실의 재산.
御寮人〔ごりょうにん〕남의 부인이나 딸의 높임말.

御免〔ごめん〕①免許，免職의 높임말. ②용서，실례 등의 높임말.
御飯〔ごはん〕밥의 공손한 말.
御用〔ごよう〕용건(用件)의 높임말.
御殿〔ごてん〕어전. 궁전.
御存じ〔ごぞんじ〕알고 있음의 높임말.
御馳走様〔ごちそうさま〕잘 먹었읍니다.

訓　読

御身〔おんみ〕①몸의 높임말. ②그대. 당신.
御の字〔おんのじ〕①존경. ②아주 좋은 것. ③고마와서 어쩔 줄 모름. 감지덕지.
御中〔おんちゅう〕(편지를 낼때의)귀중(貴中).
御地〔おんち〕귀지(貴地).

〔魚〕 풀：고기 어.
音：**ギョ**
訓：① **うお** ② **さかな**

魚 ❶〔うお〕물고기.
❷〔さかな〕①물고기. 생선. ②술안주.
魚の目〔うおのめ〕티눈.
魚市場〔うおいちば〕어시장.
魚釣り〔うおつり〕고기 낚시질.
魚屋〔さかなや〕생선가게.

音　読

魚群〔ぎょぐん〕어군. 물고기 떼.
魚雷〔ぎょらい〕어뢰. 공격 수로의 한가지.
魚類〔ぎょるい〕어류. 물고기의 종류.
魚粉〔ぎょふん〕어분. 물고기를 말려 빻은 가루.
魚油〔ぎょゆ〕어유. 물고기에서 짜낸 기름.
魚肉〔ぎょにく〕어육. 생선의 고기.
魚族〔ぎょぞく〕어족. 물고기 종류의 총칭.
魚貝〔ぎょかい〕어패. 물고기와 조개.

例　外

雑魚〔ざこ〕①여러가지가 섞인 물고기. ②작은 물고기. ③하찮은 사람.

〔漁〕 풀：고기잡을 어.
音：① **ギョ** ② **リョウ**
訓：① **あさる** ② **すなどる**

❶ **漁る**〔あさる〕(他５) 찾아다니다. 찾아 헤매다. (식량，자료를) 여기저기 구하러 다니다.
❷ **漁る**〔すなどる〕(他５) 물고기나 조개를 잡다.
漁り〔すなどり〕①고기잡이. ②어부.

音読 1

漁労〔ぎょろう〕어로. 물고기를 잡거나 수산물을 채취하는 일.
漁網〔ぎょもう〕어망. 물고기를 잡는 그물.
漁民〔ぎょみん〕어민. 어업에 종사하는 사람.
漁夫〔ぎょふ〕어부. 고기를 잡는 사람.
漁色〔ぎょしょく〕어색. 女色을 탐하는 일.
漁船〔ぎょせん〕어선. 고기잡이하는 배.
漁業〔ぎょぎょう〕어업. 물고기를 잡거나 기르는 직업.
漁場〔ぎょじょう〕어장. 고기잡이하는 곳.
漁村〔ぎょそん〕어촌. 어부들이 사는 마을.
漁火〔ぎょか〕어화. 고기잡이 할 때 켜는 등불이나 횃불.
漁獲高〔ぎょかくだか〕어획고.

音読 2

漁〔りょう〕고기잡이. ～に出る；고기잡이하러 나가다.
漁師〔りょうし〕고기를 잡는 사람. 어부.
大漁〔たいりょう〕물고기가 많이 잡힘.
豊漁〔ほうりょう〕풍어. 고기가 많이 잡힘.

〔語〕 풀：말씀 어.
音：**ゴ**
訓：① **かたらう** ② **かたる**

❶ **語らう**〔かたらう〕(他５) ①이야기를 주고 받다. ②꾀다. ③남녀가 약속하다. 언약하다. ④친하게 사귀다.
語らい〔かたらい〕①말을 주고 받음. ②남녀의 맹세(언약).
❷ **語る**〔かたる〕(他５) ①이야기하다. 말하다. ②가락을 붙여 이야기하다.
語り〔かたり〕이야기함. 이야기.
語り継ぐ〔かたりつぐ〕(他５) (다음 세대로) 차례 차례 전해 내려가다. 구전하다.
語り口〔かたりくち〕①이야기의 실마리. ②말투. 말하는 입 모양.
語り明かす〔かたりあかす〕(他５) 밤을 새우며 이야기하다. 이야기로 밤을 새우다.
語り物〔かたりもの〕곡조를 붙여 악기에 맞추어 朗唱하는 이야기나 읽을거리.
語り手〔かたりて〕①말하는 사람. 이야기꾼. ②극 따위의 진행 도중 줄거리 따위를 말하는 사람.
語り伝える〔かたりつたえる〕(他下１) 이야기하여(세상 또는 후세에)전하다.
語り草〔かたりぐさ〕(훗날까지 사람들의 입에 오르내릴)화제. 이야깃거리.
語り合う〔かたりあう〕(自５) ①서로 이야기를 주고 받다. ②의논하다.
物語る〔ものがたる〕(他５) ①(줄기를 따라)이야기하다. ②(어떤 사실을)말해주다.

音　読

語幹〔ごかん〕어간. 문법에서 용언이 변하지 않는 부분.
語感〔ごかん〕어감. 말투에서 느끼는 느낌.
語句〔ごく〕어구. 말의 구절.
語尾〔ごび〕어미. 말의 끝 부분.
語法〔ごほう〕어법. 말의 조직에 관한 법칙.
語源〔ごげん〕어원. 단어가 성립된 근원.
語調〔ごちょう〕어조. 말의 억양.
語学〔ごがく〕어학. 언어를 연구하는 학문.

〔抑〕 풀：누를 억.
音：ヨク
訓：おさえる

抑える〔おさえる〕(他下1) 억누르다. 억제하다. 억압하다. 物価の上昇を～；물가의 상승을 억제하다. 怒りを～；노여움을 참다.

抑え〔おさえ〕누름. 억제. 제어. 지배. 통제.

音 読

抑留〔よくりゅう〕억류. 억지로 머무르게 함.

抑圧〔よくあつ〕억압. 힘으로 억누름.

抑揚〔よくよう〕억양. 음성의 높고 낮음과 강함과 약함.

抑制〔よくせい〕억제. 억눌러서 제지함.

抑止〔よくし〕억지. 억제. 억눌러 제거함.

〔億〕 풀：억 억.
音：オク
訓：

億〔おく〕억. 만의 만배.

億万長者〔おくまんちょうじゃ〕억만 장자.

億兆〔おくちょう〕억조. 한 없이 많은 수.

億劫〔おっくう〕(움직이기가) 귀찮음.

億劫がる〔おっくうがる〕(自5) (움직이는 것을)귀찮아 하다.

〔憶〕 풀：생각할 억.
音：オク
訓：

憶念〔おくねん〕깊이 새겨 언제까지고 잊지 않는 일이나 생각.

憶病〔おくびょう〕겁이 많음. 겁장이.

憶病者〔おくびょうもの〕겁장이.

憶病風〔おくびょうかぜ〕겁을 냄.

憶説〔おくせつ〕억설. ①추측한 의견. ②엉터리 주장.

憶測〔おくそく〕억측. 엉터리로 추측함.

〔臆〕 풀：가슴 억. 뜻 억.
音：オク
訓：

臆する〔おくする〕(自サ) 겁내다. 주저주저하다.

臆断〔おくだん〕억단. 억측에 의한 판단.

臆面〔おくめん〕망설임. 주저함.

臆説〔おくせつ〕억설. 엉터리 주장.

臆測〔おくそく〕억측. 엉터리로 추측함.

【언】

〔言〕 풀：말씀 언.
音：①ゲン ②ゴン
訓：①いう ②こと

❶**言う**〔いう〕(他5) 말하다. (이야기)하다.

言いくるめる〔いいくるめる〕(他下1) 구슬리다.

言いけらく〔いいけらく〕말하기를. 가로되.

言いこなす〔いいこなす〕(他5) 잘 둘러대다.

言いさす〔いいさす〕(他5) 말을 하다가 말다.

言いそびれる〔いいそびれる〕(他下1) 할 말을 못하고 말다. 말을 꺼낼 기회를 놓치다.

言いはやす〔いいはやす〕(他5) ①치켜세우다. 몹시 칭찬하다. ②말을 퍼뜨리다.

言いよどむ〔いいよどむ〕(他5) 말이 막히다. 말을 머뭇거리다.

言い甲斐〔いいがい〕말한 보람. 말할 가치.

言い開き〔いいひらき〕해명. 변명.

言い兼ねる〔いいかねる〕(他下1) 말하기 거북하다. 말하고 싶지만 말할 수가 없다.

言い継ぎ〔いいつぎ〕①전설(伝説). ②전갈.

言い継ぐ〔いいつぐ〕(他5) 차례차례 후세에 말을 전하다.

言い古す〔いいふるす〕(他5) 귀에 익어 새로운 맛이 없게 하다.

言い固める〔いいかためる〕(他下1) 서로 굳게 언약하다.

言い過ぎ〔いいすぎ〕①과언. 지나친 말. ②필요 이상으로 말을 함.

言い過ぎる〔いいすぎる〕(他下1) ①말이 지나치다. ②말이 너무 많다.

言い掛かり〔いいがかり〕①트집. ②말을 내 놓은 이상 그만 둘 수 없음.

言い掛け〔いいかけ〕①말을 검. ②한 말을 두가지 의미로 씀. 엇건말.

言い掛ける〔いいかける〕(他下1) ①도중까지 말하다. ②엇건말을 사용하다.

言い交(わ)す〔いいかわす〕(他5) ①말을 주고 받다. ②언약하다. 결혼을 약속하다.

言い捲る〔いいまくる〕(他5) 기세좋게 떠들다.

言い寄る〔いいよる〕(他5) ①사랑을 호소하다. ②말을 걸며 다가가다.

言い難い〔いいがたい〕(形) 말로 나타내기 어렵다. 말하기 어렵다.

言い当てる〔いいあてる〕(他下1) 짐작으로 말한 것이 들어맞다.

言い逃れる〔いいのがれる〕(自下1) 말로 발뺌하다.

言い渡し〔いいわたし〕언도. 알림. 명령.

言い渡す〔いいわたす〕(他5) ①언도하다. 선고하다. ②결정 사항이나 명령을 시달하다.

言い落とす〔いいおとす〕(他5) 할말을 빠뜨리다.

言い漏らす〔いいもらす〕(他5) ① 할말을 빠뜨리다. ②누설하다. 비밀을 말하다.

言い明かす〔いいあかす〕(他5) 이야기하며 밤을 새우다.

言い募る〔いいつのる〕(他5) 점점 더 격하게 말하다.

言い暮らす〔いいくらす〕(他5) 같은 말만

되풀이하며 세월을 보내다.
言い聞かせる〔いいきかせる〕(他下1) 타이르다.
言い返す〔いいかえす〕(自他5) ① 되풀이하여 말하다. ②말대꾸하다. 말대답하다.
言い抜け〔いいぬけ〕발뺌. 책임 회피.
言い方〔いいかた〕①말투. 말씨. ②표현법.
言い放つ〔いいはなつ〕(他5) ① (서슴치않고)단언하다. ②함부로 말하다.
言い伏せる〔いいふせる〕(他下1) 말로써 상대방을 누르다. 설복시키다.
言い付かる〔いいつかる〕(他5) 분부받다.
言い付け〔いいつけ〕①분부. ②고자질.
言い付ける〔いいつける〕(他下1) ①분부하다. ②고자질하다. ③늘 말하다.
言い負かす〔いいまかす〕(他5) 설복시키다.
言い腐す〔いいくさす〕(他5) 나쁘게 말하다.
言い分〔いいぶん〕①할 말. ②불평. 이의(異議).
言い分け〔いいわけ〕핑계. 변명.
言い紛らす〔いいまぎらす〕(他5) ①슬쩍 말머리를 돌리어 얼버무리다. ②남의 이야기에 끼어들어 혼돈케 하다.
言い捨て〔いいすて〕①내뱉은 말. ②즉흥작.
言い捨てる〔いいすてる〕(他下1) 말을 내뱉다. 말을 내던지다.
言い散らす〔いいちらす〕(他5) 말을 함부로 하다. 해서는 안될 말을 하다.
言い渋る〔いいしぶる〕(他5) 말을 머뭇거리다.
言い繕う〔いいつくろう〕(他5) 둘러대다.
言い成り〔いいなり〕하라는 대로.
言い消す〔いいけす〕(他5) ①잡아 떼다. ②남의 말을 부인하다.
言い損う〔いいそこなう〕(他5) ①잘못 말하다. ②말을 못하고 말다. ③실언하다.
言い送る〔いいおくる〕(他5) ① (편지 등으로)말을 보내다. ②차례로 말을 전하다.
言い習わす〔いいならわす〕(他5) 늘 말하다.
言い様〔いいざま〕말투.
〔いいよう〕말씨. 표현.
言い訳〔いいわけ〕변명. 핑계.
言い誤る〔いいあやまる〕(他5) 잘못 말하다.
言い違い〔いいちがい〕잘못 말함.
言い込める〔いいこめる〕(他下1) 욱박질러 찍소리 못하게 하다.
言い残す〔いいのこす〕(他5) ①부탁의 말을 남기다. ②할 말을 다하지 않고 남겨두다.
言い張る〔いいはる〕(他5) 우겨대다.
言い争い〔いいあらそい〕언쟁. 말다툼.
言い争う〔いいあらそう〕(他5) 언쟁하다.
言い伝え〔いいつたえ〕①전설. ②전갈. 전언.
言い伝える〔いいつたえる〕(他下1) ①구전(口伝)하다. ②말을 전하다.
言い切る〔いいきる〕(他5) ①잘라 말하다. 단언하다. ②말을 끝마치다.
言い条〔いいじょう〕명분. 할 말.…とは～; …라고는 하나.
言い做す〔いいなす〕(他5) ①그럴 듯하게 말하다. ②좋은 말로 화해시키다.
言い知れぬ〔いいしれぬ〕말할 수 없는. 이루 표현할 수 없는.
言い直す〔いいなおす〕(他5) 고쳐 말하다.
言い尽くす〔いいつくす〕(他5) 죄다 말하다.
言い替える〔いいかえる〕(他下1) ①바꿔 말하다. ②앞서 한 말과 다른 말을 하다.
言い草〔いいぐさ〕①말투. ②이야깃거리. 화제. ③변명. 핑계. 구실. 할 말.
言い触らす〔いいふらす〕(他5) 말을 퍼뜨리다.
言い出し〔いいだし〕말하기 꺼냄.
言い出す〔いいだす〕(他5) 말을 꺼내다.
言い値〔いいね〕(팔 사람이) 부르는 값.
言い置き〔いいおき〕①말하여 둠. ②유언.
言い置く〔いいおく〕(他5) 말해두다.
言い破る〔いいやぶる〕(他5) 말로서 꺾다.
言い表わす〔いいあらわす〕(他5) 표현하다.
言い被せる〔いいかぶせる〕(他下1) 죄나 책임을 남에게 뒤집어 씌워 말하다.
言い含める〔いいふくめる〕(他下1) 알아듣게 말하다.
言い合い〔いいあい〕①말다툼. ②의논.
言い合う〔いいあう〕(他5) ①서로 말하다. ②말다툼하다.
言い合わせる〔いいあわせる〕(他下1) ① 서로 의논하다. ②미리 합의해 두다. 미리 짜다.
言い解く〔いいほどく〕(他5) 변명(해명)하다.
言い換える〔いいかえる〕(他下1) ⇨ 言い替える
言い回し〔いいまわし〕표현력. 말 주변.
❷ **言**〔こと〕이야기. 말.
言挙げ〔ことあげ〕따로 내세워 말함.
言霊〔ことだま〕말의 신묘한 힘.
言問う〔こととう〕(自5) ①묻다. ②말을 걸다. ③방문하다.
言付かる〔ことづかる〕(他5) 부탁 받다.
言付け〔ことづけ〕전갈. 전언.
言付ける〔ことづける〕(他下1) 전갈하다. 전달을 부탁하다. 전언을 부탁하다.
言葉〔ことば〕말. 언어. 이야기.
言葉遣い〔ことばづかい〕말씨.
言葉尻〔ことばじり〕말꼬리.
言葉の綾〔ことばのあや〕말의 뉘앙스(멋).
言葉付き〔ことばつき〕말투. 말 버릇.
言葉少な〔ことばずくな〕말수가 적음.
言葉典〔ことばてん〕말 사전.
言葉質〔ことばじち〕언질.
言も愚か〔こともおろか〕말할 필요도 없이.
言伝〔ことづて〕①전갈. 전언. ②간접적으로 들음.

独り言〔ひとりごと〕혼잣말. 독백.
小言〔こごと〕잔소리.
寝言〔ねごと〕잠꼬대.

音読 1

言及〔げんきゅう〕언급. 어떤 일에 대하여 말함.
言動〔げんどう〕언동. 말과 행동.
言論〔げんろん〕언론. 글로 사상을 발표함.
言明〔げんめい〕언명. 말로써 의사를 나타냄.
言辞〔げんじ〕언사. 말. 말씨.
言語〔げんご〕언어. 말.
言質〔げんち〕언질. 뒤에 증거가 될 말.
言行〔げんこう〕언행. 말과 행실.

音読 2

言上〔ごんじょう〕말씀을 올림. 위에 보고함.
言語道断〔ごんごどうだん〕언어 도단.
無言劇〔むごんげき〕무언극.

〔諺〕 풀：속담 언.
音：ゲン
訓：ことわざ

諺〔ことわざ〕속담. 금언(金言).

【엄】

〔厳〕 풀：엄할 엄.
音：①ゲン ②ゴン
訓：①おごそか ②きびしい ③いかつい ④いかめしい

❶厳か〔おごそか〕(形動) 엄숙함. ～な式典；엄숙한 식전.
❷厳しい〔きびしい〕(形) 엄하다. 지독하다. 심하다. ～寒さ；심한 추위. ～規則；엄한 규칙. ～表情；엄숙한 표정.
❸厳つい〔いかつい〕(形)딱딱하고 위엄있다.
❹厳めしい〔いかめしい〕(形) ①엄숙하다. ②성대하다. ③위압감을 주다.

音読 1

厳〔げん〕(形動) ①엄함. 가혹함. ②엄숙함.
厳格〔げんかく〕엄격. 엄숙하고 딱딱함.
厳命〔げんめい〕엄명. 엄중하게 명령함.
厳密〔げんみつ〕엄밀. 엄중하고 세밀함.
厳罰〔げんばつ〕엄벌. 엄하게 벌을 내림.
厳選〔げんせん〕엄선. 엄중하게 가려 냄.
厳守〔げんしゅ〕엄수. 엄하게 지킴.

音読 2

荘厳〔そうごん〕장엄. 웅장하고 엄숙함.

【업】

〔業〕 풀：업 업.
音：①ギョウ ②ゴウ
訓：わざ

業　〔わざ〕①행위. 짓. ②작업. 일. ③仏事.
〔ぎょう〕①업. 직업. ②학문. ③업적.
〔ごう〕(仏) 선악의 행위.
業物〔わざもの〕날이 잘 드는 칼.
業師〔わざし〕①기술이 뛰어난 사람. ②술수에 능한 사람. 술책가.
業事〔わざごと〕특별한 연습이 필요한 동작이나 기술.

音読 1

業　〔ぎょう〕①업. 직업. ②학문. ③업적.
〔ごう〕(仏) 선악의 행위.
業界〔ぎょうかい〕업계. 같은 직업 계통의 사회.
業務〔ぎょうむ〕업무. 맡아서 하는 일.
業者〔ぎょうしゃ〕업자. 商工業 관계의 사람.
業績〔ぎょうせき〕업적. 일을 다 마치어 이루어 놓은 실적.
業種〔ぎょうしゅ〕업종. 영업의 종류.
業主〔ぎょうしゅ〕업주. 사업체의 주인.
業体〔ぎょうたい〕업체. 기업체.

音読 2

業　〔ごう〕(불교의) 선악의 행위.
〔ぎょう〕①업. 직업. ②학문. ③업적.
業病〔ごうびょう〕(불교) 악한 행위로 생기는 고치기 어려운 병.
業人〔ごうにん〕악업(悪業)을 쌓은 사람.

【여】

〔与〕 풀：줄 여.
音：ヨ
訓：①あたえる ②くみする ③あずかる

❶与える〔あたえる〕(他下1) ①주다. 수여하다. ②할당하다. 대주다. ③가하다.
与え〔あたえ〕줌. 준 것.
❷与する〔くみする〕(自サ) ①가담하다. 편들다. ②与しやすい；다루기 쉽다. 상대하기 쉽다. 겁낼 것 없다.
❸与る〔あずかる〕(自5) ①관여하다. 관계하다. ②(호의, 친절을)받다. 招待に～；초대 받다.
与党〔よとう〕여당. 행정부의 편을 들어 그 정책을 지지하는 정당.
与太〔よた〕①바보. ②태만함. ③엉터리.

〔如〕 풀：같을 여.
音：①ジョ ②ニョ
訓：ごとし

如し〔ごとし〕①…같다. 비슷하다.②…인 듯하다. ③…같은. …와 같다.

音読 1

如雨露〔じょうろ〕초목에 물을 주는 도구.
如上〔じょじょう〕여상. 이상과 같음.
如才〔じょさい〕빈틈. 허수룩한 곳.
如才無い〔じょさいない〕(形) ①빈틈이 없다. ②사귐성이 있다. 붙임성 있다.

音読 2

如来〔にょらい〕여래. 불타의 높임말.
如実〔にょじつ〕여실. 사실과 틀림이 없음.
如意〔にょい〕여의. 뜻대로 됨.

〔余〕 풀：남을 여.
音：ヨ
訓：①あます ②あまる

❶余す〔あます〕(他5) 남기다. 남게하다.
❷余る〔あまる〕(自5) ①남다. 여분이 생기다. ②벅차다. 넘치다. 지나치다. 目に～; 차마 볼 수 없을 만큼 심하다.
余り〔あまり〕①나머지. 여분. 우수리. ②남짓 ③…한 나머지. ④(副)너무. ⑤그다지.
余りに〔あまりに〕(副) 너무나. 지나치게. 몹시.
余り有る〔あまりある〕남음이 있다.…하는데 충분하다. 여유가 있다.

音　読

余暇〔よか〕여가. 틈. 겨를.
余計〔よけい〕①물건이 남아 돎. 여분. ②한층 더. 더욱. ③쓸데 없음. 불필요함. ④지나침.
余念〔よねん〕여념. 다른 생각.
余得〔よとく〕여득. 여분의 이익.
余力〔よりょく〕여력. 남는 힘.
余白〔よはく〕여백. 글씨를 쓰고 남은 빈자리.
余分〔よぶん〕여분. 남은 분량.
余勢〔よせい〕여세. 나머지 세력.
余所〔よそ〕①남의 집. 타관. 딴 곳.②세상. ③돌보지 않음. 내버려 둠.
余裕〔よゆう〕여유. 넉넉하고 남음이 있음.
余儀無い〔よぎない〕(形) 부득이하다. 할 수 없다.
余剰〔よじょう〕여잉. 잉여.
余程〔よほど〕꽤. 어지간히. 상당히.
余地〔よち〕여지. 아직도 희망이 있음.
余興〔よきょう〕여흥. 연회 끝에 흥을 더하기 위한 연예.

【역】

〔役〕 풀：부릴 역.
音：①エキ ②ヤク
訓：

音読 1

役　〔えき〕①부역(賦役). ②전쟁.
　〔やく〕①역할. 담당. ②지위. ③쓸모. 도움.
役する〔えきする〕(他サ) ①노동시키다. 사역하다. ②징용(徵用)하다. ③쓰다.
役馬〔えきば〕역마. 논밭 가는데 쓰는 말.
役務〔えきむ〕역무. 노역(労役)을 하는 일.
役牛〔えきぎゅう〕부리는 소. 일소.
役畜〔えきちく〕역축. 논밭을 가는 데에 쓰는 가축(例：말, 소).

音読 2

役　〔やく〕①역할. 담당. ②지위. ③쓸모. 도움.
　〔えき〕①부역(賦役). ②전쟁.
役得〔やくとく〕직책으로 인한 편의나 이익. 부수입. 국물.
役立つ〔やくだつ〕(自5) 도움이 되다. 쓸모가 있다. 유익하다. 유용하다. 소용되다.
役立てる〔やくだてる〕(他下1) 유용하게 쓰다.
役名〔やくめい〕주어진 직무의 이름.
役目〔やくめ〕역할. 임무. 직무. 구실. 직분. 책임.
役柄〔やくがら〕직무상. 직무의 성질상. 직책상.
役不足〔やくぶそく〕①주어진 직무에 만족하지 않음. ②(실력에 비해서) 맡은 직책이 하찮음.
役付き〔やくづき〕책임있는 직책에 있음.
役所〔やくしょ〕관공서. 관청.
　〔やくどころ〕주어진 직위. 배역.
役僧〔やくそう〕절에서 사무를 처리하는 중.
役員〔やくいん〕역원. 임원.
役儀〔やくぎ〕직책. 임무. 소임.
役人〔やくにん〕공무원. 관리.
役印〔やくいん〕직인(職印).
役者〔やくしゃ〕①배우. 광대. ②일을 잘 처리하는 사람. 연극을 잘하는 사람.
役場〔やくば〕①지방 공무원이 사무를 보는 곳. ②(공증인, 사법 서사 등의) 사무소.
役職〔やくしょく〕담당 임무. 管理職.
役替え〔やくがえ〕직책을 다른 사람으로 바꿈.
役宅〔やくたく〕(옛날의) 관사(官舎). 사택.
役割り〔やくわり〕①역할. 구실. 임무. ②역을 할당함. 또는 그 사람.
役向き〔やくむき〕직무의 성질. 직무상.
役回(り)〔やくまわり〕배당된 역할(직무).

〔易〕 풀：①바꿀 역. ②쉬울 이.
音：①イ ②エキ
訓：①やさしい ②やすい

❶易しい〔やさしい〕(形) 쉽다. ～問題; 쉬운 문제. ～日本語; 쉬운 일본어.
❷易い〔やすい〕(形) 쉽다. 간단하다.
易き〔やすき〕안이한 쪽(일). 편한 쪽(일).

쉬운 쪽(일).

音 読 1

易① 〔い〕 쉬움. ～より難へ; 쉬운 것 부터….
② 〔えき〕 역. 음양의 원리로 길흉(吉凶)을 판단하는 법.
易易 〔いい〕 쉬움. 용이함. ～たるものだ; 용이한 것이다.
簡易 〔かんい〕 간이. 손쉬움.

音 読 2

易② 〔えき〕 역. 길흉(吉凶)을 판단하는 법.
① 〔い〕 쉬움. 용이함.
易経 〔えききょう〕 역경. 주역(周易).
易者 〔えきしゃ〕 역자. 점장이.
貿易 〔ぼうえき〕 무역. 외국과의 상업행위.

〔逆〕 풀 : 거스릴 역.
音 : ① ギャク ② ギャッ
訓 : ① さからう ② さかさ

❶ 逆らう 〔さからう〕 (自5) 거역하다. 親に～; 부모를 거역하다.
❷ 逆さ 〔さかさ〕 반대. 거꾸로.
逆しま 〔さかしま〕 ①반대. 역. 거꾸로 됨. ②사리에 어긋남.
逆巻く 〔さかまく〕 (自5) 파도가 흐름을 거슬러 소용돌이치다 (용솟음치다).
逆寄せ 〔さかよせ〕 반격. 역습(逆襲).
逆落とし 〔さかおとし〕 거꾸로 떨어뜨림.
逆浪 〔さかなみ〕 역랑. 소용돌이치는 파도.
逆捩じ 〔さかねじ〕 ①거꾸로 비틈. ②역습.
逆立ち 〔さかだち〕 물구나무 서기. 곤두섬. 상하가 거꾸로 되어 있음. 거꾸로 섬.
逆立つ 〔さかだつ〕 (自5) 곤두서다. 거꾸로 서다.
逆立てる 〔さかだてる〕 (他下1) 거꾸로 세우다. 곤두세우다.
逆毛 〔さかげ〕 머리털을 세움.
逆夢 〔さかゆめ〕 사실과 반대되는 꿈.
逆茂木 〔さかもぎ〕 가시나무 울타리.
逆撫で 〔さかなで〕 상대방이 싫어하는 일을 일부러 함.
逆飛び 〔さかとび〕 거꾸로 물 속에 뛰어듦.
逆上がり 〔さかあがり〕 (기계 체조에서) 거꾸로 오르기.
逆手 〔さかて〕 거꾸로 쥠.
〔ぎゃくて〕 ①역수. ②예상과 다른 방법.
逆様 〔さかさま〕 거꾸로 됨. 반대로 됨.
逆さ言葉 〔さかさことば〕 ①뜻을 반대로 말함. ('귀엽다'를 '밉다'로 말함). ②낱말의 발음을 밑에서부터 하는 말(例; '사랑'을 '랑사').
逆子 〔さかご〕 거꾸로 태어 나옴.
逆潮 〔さかしお〕 역조. 주된 조류와 반대 방향으로 흐르는 조류.
逆波 〔さかなみ〕 ⇨ 逆浪.
逆恨み 〔さかうらみ〕 ①호의를 곡해하여 도리어 원한을 삼. ②원한이 있는 사람으로부터 도리어 원한을 삼.

音 読 1

逆 〔ぎゃく〕 ①역. 반대. 거꾸로임. ②도리에 어긋남. 不正. ③반역함.
逆に 〔ぎゃくに〕 (副) 거꾸로. 반대로.
逆光線 〔ぎゃくこうせん〕 역광선. 역광.
逆睹 〔ぎゃくと〕 앞일을 미리 내다봄.
逆戻り 〔ぎゃくもどり〕 제자리로 되돌아감.
逆流 〔ぎゃくりゅう〕 역류. 거꾸로 흐름.
逆比例 〔ぎゃくひれい〕 역비례.
逆算 〔ぎゃくさん〕 역산. 거꾸로 계산함.
逆説 〔ぎゃくせつ〕 역설. 반대되는 이론.
逆数 〔ぎゃくすう〕 역수.
逆順 〔ぎゃくじゅん〕 역순. 거꾸로 된 순서.
逆襲 〔ぎゃくしゅう〕 역습. 기회를 보아 급히 공격함.
逆賊 〔ぎゃくぞく〕 역적. 제나라에 반역함.
逆転 〔ぎゃくてん〕 역전. 형세가 뒤집힘.
逆効果 〔ぎゃくこうか〕 역효과.

音 読 2

逆境 〔ぎゃっきょう〕 역경. 불우한 형편.
逆光線 〔ぎゃっこうせん〕 역광선.
逆行 〔ぎゃっこう〕 역행. 뒷걸음질침.

〔疫〕 풀 : 병들 역.
音 : ① エキ ② ヤク
訓 :

疫痢 〔えきり〕 역리. 여름에 아이들에게 많은 급성 전염을 하는 설사병. 이질.
疫病 〔えきびょう〕 역병. 전염병. 유행병.
〔やくびょう〕 역병. 유행하는 전염성의 열병(熱病).

〔域〕 풀 : 지경 역.
音 : イキ
訓 :

域 〔いき〕 ①경계(境界). ②경지(境地). ③구역.
域内 〔いきない〕 역내. 구역 안.
域外 〔いきがい〕 역외. 구역 밖.

〔訳〕 풀 : 통역할 역.
音 : ヤク
訓 : わけ

訳 〔わけ〕 ①뜻. ②이유. 까닭. ③사리.
〔やく〕 번역. 한자의 訓読.
訳無い 〔わけない〕 문제 없다. 간단하다. 수월하다.
訳知り 〔わけしり〕 정사(情事)에 대해 잘 앎.
訳知り立て 〔わけしりだて〕 한량인 척 행동함.
訳合(い) 〔わけあい〕 사정. 이유. 의미. 까닭.

音 読

訳 〔やく〕 번역. 漢字의 訓読.
〔わけ〕 ①뜻. ②이유. 사정. 까닭. ③사리.
訳する 〔やくする〕 (他サ) 번역하다. 해석하다.
訳読 〔やくどく〕 역독. 번역해서 읽음.
訳文 〔やくぶん〕 역문. 번역한 문장.
訳本 〔やくほん〕 역본. 번역한 책.

訳書〔やくしょ〕역서. 원서를 번역한 책.
訳語〔やくご〕역어. 번역한 말.
訳者〔やくしゃ〕역자. 번역한 사람.
訳注 : 訳註〔やくちゅう〕역주. 번역과 주석.
訳出〔やくしゅつ〕역출. 번역해 냄.
訳解〔やっかい〕역해. 번역해서 설명함.

〖駅〗 풀 : 역마 역.
音 : エキ
訓 :

駅〔えき〕역. 정거장.
駅頭〔えきとう〕역두. 역.
駅売り〔えきうり〕역 구내에서 물건을 팖.
駅弁〔えきべん〕역 구내에서 파는 도시락.
駅夫〔えきふ〕역부. 역에서 일하는 사람.
駅舎〔えきしゃ〕역사. 정거장 건물.
駅手〔えきしゅ〕역수. 역에서 일하는 사람.
駅員〔えきいん〕역원. 역의 직원.
駅長〔えきちょう〕역장. 역의 우두머리.
駅伝〔えきでん〕역전. 역에서 역으로 보냄.

【연】

〖延〗 풀 : 끌 연.
音 : エン
訓 : ①のばす ②のびる ③のべる

❶ 延ばす〔のばす〕(他5) ① 길게 하다. 펴다. ② (시일을)연장시키다. ③ 팽팽하게 하다. ④ 자라게 하다. ⑤ (물에 타서)묽게 하다. ⑥ 때려 눕히다.
❷ 延びる〔のびる〕(自上1) ① 펴지다. 자라다. ② 늘어나다. ③ (시일이)연장되다. ④ 위기에서 벗어나다. ⑤ 녹초가 되다.
延び〔のび〕뻗음. 늘어남. 성장. 자람.
延び率〔のびりつ〕늘어나는 비율. 伸張率.
延び延び〔のびのび〕～になる ; (시일이) 자꾸만 지연되다. 늦어지다.
❸ 延べる〔のべる〕(他下1) ① 늘이다. 펴다. 뻗치다. ② 펴서 깔다. 펴다. ③ (시일을)늦추다. 연기하다.
延べ〔のべ〕① 연. 합계. ② 연기(延期). 연장(延長). ③ 두드려서 늘임. ④ 先物거래의 하나.
延(べ)竿〔のべざお〕잇지 않은 긴 낚싯대.
延(べ)金〔のべがね〕두들겨서 편 금속.
延(べ)面績〔のべめんせき〕총 면적.
延べ払い〔のべばらい〕연체 지불.
延(べ)人数〔のべにんずう〕연 인원수.
延(べ)人員〔のべじんいん〕연 인원수.
延(べ)日数〔のべにっすう〕연일수.
延(べ)板〔のべいた〕금속을 두드려 늘여서 판자 모양으로 만든 것.
延(べ)坪〔のべつぼ〕연건평. 건물의 총평수.

音　読

延期〔えんき〕연기. 기한을 미루어 물림.
延納〔えんのう〕연납. 기한 내에 납부하지 못하고 물림.
延命〔えんめい〕연명. 목숨을 겨우 이어감.
延焼〔えんしょう〕연소. 불길이 번져서 타나감.
延延と〔えんえんと〕연연히. 길게.
延引〔えんいん〕늦어짐. 연기.
延長〔えんちょう〕연장. 시간, 길이를 늘임.
延着〔えんちゃく〕연착. 늦어서 도착함.
延滞〔えんたい〕연체. 세금이나 이자의 지불이 늦어짐.

〖沿〗 풀 : 물따라 내려갈 연.
音 : エン
訓 : そう

沿う〔そう〕(自5) ① 따르다. 川に沿って下る ; 강을 따라서 내려가다. 方針に～ ; 방침에 따르다. ② (기대, 목적에) 부합되다.

連濁音에 注意

道路沿い〔どうろぞい〕도로를 따라.
川沿い〔かわぞい〕내를 따라. 냇가.
海沿い〔うみぞい〕바다를 따라.

音　読

沿近海〔えんきんかい〕연근해.
沿道〔えんどう〕연도. 길가.
沿線〔えんせん〕연선. 철도 연변.
沿岸〔えんがん〕연안. 육지에 가까운 바다.
沿海〔えんかい〕연해. 육지에 가까운 바다.
沿革〔えんかく〕연혁. 변천해 온 내력.

〖研〗 풀 : 갈 연.
音 : ケン
訓 : ①とぐ ②みがく

❶ 研ぐ〔とぐ〕(他5) ① (칼 따위를)갈다. ② 갈아서 윤을 내다. ③ (물 속에서 비비어)씻다.
研ぎ物〔とぎもの〕(칼 따위를)감.
研ぎ物師〔とぎものし〕칼을 가는 사람.
研ぎ師〔とぎし〕칼, 거울 등을 가는 사람.
研ぎ澄ます〔とぎすます〕(他5) 잘 갈다. 충분히 갈다.
研ぎ出し〔とぎだし〕(돌 따위를)갈아서 윤이나 무늬를 냄.
研ぎ出し蒔絵〔とぎだしまきえ〕금,은분(金,銀粉)을 뿌리고 칠한 다음, 그것을 갈아 아래의 금, 은을 은은하게 나타내게 한 칠기의 그림.
❷ 研く〔みがく〕(他5)연마하다. 갈고 닦다.
研き〔みがき〕더욱. 연마함. 세련되게 함.

音　読

研究〔けんきゅう〕연구. 원리와 현상을 조리있게 캐고 조사하고 생각함.
研摩〔けんま〕연마. 갈고 닦음.
研修〔けんしゅう〕연수. 학업을 연구하여 닦음.
研鑽〔けんさん〕연찬. 사물의 도리를 깊이 연구함.

例　外

薬研〔やげん〕약연. 약을 잘게 빻는 기구.

〔宴〕 풀：잔치 연.
音：エン
訓：

宴〔えん〕연회. 잔치. ～を張る； 잔치를 하다. 연회를 베풀다.
宴席〔えんせき〕연석. 연회의 자리.
宴会〔えんかい〕연회. 잔치.

〔軟〕 풀：연할 연.
音：ナン
訓：① やわらか ② やわらかい

❶ **軟らか**〔やわらか〕(形動) ① 무름. ～な御飯；잘 퍼진 밥. ② 부드러움. ③ 연약함. ④ 폭신함. 온화함. 온순함. 원만함.
❷ **軟らかい**〔やわらかい〕(形) ①부드럽다. 포근하다. ② 연약하다. 유순하다. 딱딱하지 않다.
軟らか物〔やわらかもの〕비단. 비단옷.

音　読

軟膏〔なんこう〕연고. 脂肪으로 만든 연한 고약.
軟球〔なんきゅう〕연구. 고무공. 스폰지보올.
軟禁〔なんきん〕연금. 외부와의 연락을 허락하지 않고 어느 종류의 제한 또는 감시를 하는 일.
軟性〔なんせい〕연성. 무르고 연한 성질.
軟水〔なんすい〕연수. 단물.
軟式〔なんしき〕연식. 연한 재료나 도구를 사용하는 방식.
軟弱〔なんじゃく〕연약. 연하고 약함.
軟体〔なんたい〕연체. 무르고 연한 체질.
軟派〔なんぱ〕연파. ① 연약한 의견을 가진 정당. ② 연애 소설이나 여자와의 교제를 좋아하는 사람.
軟化〔なんか〕연화. 단단한 것이 부드럽게 됨.
軟貨〔なんか〕연화. ① 지폐(紙弊). ② 미국의 달러($)나 金과의 교환성이 없는통화.

〔然〕 풀：그럴 연.
音：① ゼン ② ネン
訓：しかし

然し〔しかし〕그러나. 그렇지만.
然らしめる〔しからしめる〕그렇게 하게 하다.
然らずんば〔しからずんば〕그렇지 않으면.
然らば〔しからば〕그러면.
然り〔しかり〕그렇다. 옳다.
然る〔しかる〕그렇다. 그러하다.
然るに〔しかるに〕그런데. 그런데도.
然るべき〔しかるべき〕① 그러할 것이다. ② 마땅하다.
然れば〔しかれば〕① 그런고로. ②그래서.

音読 1

然諾〔ぜんだく〕승낙. 찬성함.
当然〔とうぜん〕당연. 마땅.
自然〔しぜん〕자연.

音読 2

寂然〔じゃくねん〕숙연. 조용함.
天然〔てんねん〕천연. 자연 상태.

〔煙〕 풀：연기 연
音：エン
訓：① けむい ② けむり

❶ **煙い**〔けむい〕(形) ① 냅다. ② (가까이 하기가) 거북하다. 어렵다.
煙がる〔けむがる〕(自5) 미워하다.
煙たい〔けむたい〕(形) ⇨煙い.
煙たがる〔けむたがる〕(自5) ① 미워하다. ② 어려워하다. 거북하게 여기다.
煙る〔けむる〕(自5) ① 연기가 끼다.연기가 나다. ② 흐려 보이다. 흐리다.
煙出し〔けむだし〕① 연기가 나가도록 한 창문. ② 연기를 냄.
❷ **煙**〔けむり〕연기.
煙水晶〔けむりずいしょう〕연수정. 흑갈색으로 보이는 수정.

例　外

煙草〔たばこ〕담배.
煙草屋〔たばこや〕담배 가게.
煙管〔きせる〕① 담뱃대. ② 승차역 가까운 역까지만 차표를 사고 중간은 차표 없이 거저 타는 부정 승차.

音　読

煙毒〔えんどく〕연독. 연기 속에 있는 독.
煙突〔えんとつ〕연돌. 굴뚝.
煙幕〔えんまく〕연막. ～を張る; 연막을피우다.
煙霧〔えんむ〕연무. 연기와 안개.

〔鉛〕 풀：납 연.
音：エン
訓：なまり

鉛〔なまり〕납.
鉛色〔なまりいろ〕납색. 회색.
鉛中毒〔なまりちゅうどく〕납중독.

音　読

鉛管〔えんかん〕연관. 납으로 만든 관.
鉛毒〔えんどく〕연독. 납의 독.
鉛直面〔えんちょくめん〕연직면. 地平面과 직각이 되는 평면.
鉛錐〔えんすい〕연추. 납으로 만든 추.
鉛版〔えんばん〕연판.
鉛筆〔えんぴつ〕연필.

〔演〕 풀：넓힐 연.
音：エン
訓：

演〔えん〕① 출연. ② 상연.
演じる〔えんじる〕(他上1) ① 연기를 하다. ② 하다. 행하다. 醜態を～; 추태를 부리다. ③ 진술하다.
演歌〔えんか〕거리에서 가수가 부르는 유행가.
演劇〔えんげき〕연극. 배우가 무대에서 각본에 따라 움직이는 예술.
演技〔えんぎ〕연기. 배우가 무대에서 어떤 동작이나 표정을 지어 보임.
演壇〔えんだん〕연단. 연설하는 곳.

演算〔えんざん〕연산. 식에 따라 계산함.
演説〔えんぜつ〕연설. 여러 사람에게 자기의 의견이나 주장을 말함.
演芸〔えんげい〕연예. 대중 앞에서 연극, 음악, 무용, 만담 등을 연출해 보임.
演題〔えんだい〕연제. 연설, 강연의 제목.
演奏〔えんそう〕연주. 여러 사람 앞에서 악기를 사용하여 음악을 들려 줌.

〔縁〕 풀 : 인연 연.
音 : ①エン ②ネン
訓 : ①ふち ②よる

❶縁〔ふち〕가장자리. 테두리. 가.
〔えん〕①관계. ②인연. ③연고.

連濁音에 注意

黒縁〔くろぶち〕검은 색으로 한 테두리.
❷縁る〔よる〕(自5) ①연유하다. 원인이 되다. 말미암다. 인하다. ②관계되다.

音 読 1

縁〔えん〕①인연. ②관계. ③연고.
縁家〔えんか〕①사돈집. ②연고가 있는 집.
縁結び〔えんむすび〕결연. (남녀의) 연분을 맺음. 결혼.
縁故〔えんこ〕연고. 법률상의 관계.
縁起〔えんぎ〕①(절의) 유래. ②운수. 재수.
縁談〔えんだん〕혼담(婚談).
縁台〔えんだい〕대오리와 나무오리로 짠 긴 걸상. 여름에 쓰는 평상(平床)의 일종.
縁先〔えんさき〕툇마루 끝.
縁由〔えんゆ〕연유. 유래.
縁日〔えんにち〕神仏을 공양하고 재를 올리는 날. 잿날.
縁切り〔えんきり〕(부부, 부모와 자식, 형제, 주종 관계 등의) 인연을 끊는 것. 절연.
縁定め〔えんさだめ〕(부부・양자 사이의) 정혼・결연.
縁組み〔えんぐみ〕①양자(養子) 결연. ②결혼.
縁側〔えんがわ〕툇마루.
縁の下〔えんのした〕마루 밑. ～の力持ち : 표현에 나서지 않고 그늘에서 진력함.

音 読 2

因縁〔いんねん〕인연. ①사물이 이룩되는 원인. ②숙명. 운명. ③생트집. ④유래. 인연.

〔燃〕 풀 : 불 탈 연.
音 : ネン
訓 : ①もえる ②もす ③もやす

❶燃える〔もえる〕(自下1) ①타다. 불길이 일다. ②피어 오르다. 불타다.
燃え〔もえ〕연소. 연소 상태.
燃えさし〔もえさし〕타다가 맘. 타다 남음.
燃え殻〔もえがら〕타다 남은 재.
燃え立つ〔もえたつ〕(自5) ①활활 타오르다. 활활 타다. ②(감정이) 치밀다.
燃え付く〔もえつく〕(自5) 불이 붙다. 불길이 번지다.
燃え盛る〔もえさかる〕(自5) 활활 타다. 한창 타다. ～火の手 : 한창 타는 불길.
燃え残り〔もえのこり〕타다 남은 것.
燃え種〔もえくさ〕불쏘시개.
❷燃す〔もす〕(他5) 불태우다. 落ち葉を～ : 낙엽을 태우다.
❸燃やす〔もやす〕(他5) 불태우다. 紙を～ : 종이를 태우다. 情熱を～ : 정열을 불태우다.
燃やしつける〔もやしつける〕(他下1) 불을 붙여서 완전히 태우다.

音 読

燃料〔ねんりょう〕연료. 불을 때는 데 쓰이는 물질(장작, 숯, 석탄, 석유 등).
燃焼〔ねんしょう〕연소. ①탐. ②물질이 공기 중의 산소와 화합해서 열과 빛을 냄.

〔淵〕 풀 : 연못 연.
音 : エン
訓 : ふち

淵〔ふち〕강물의 깊은 곳.
淵瀬〔ふちせ〕①강물의 깊은 곳과 얕은 곳. ②세상과 인간사가 덧없이 변천, 무상함.

音 読

淵源〔えんげん〕연원. 사물의 근원. 기원.

【열】

〔悦〕 풀 : 기쁠 열.
音 : ①エツ ②エッ
訓 : ①よろこばしい ②よろこぶ

❶悦ばしい〔よろこばしい〕(形) 경사스럽다. 기쁘다. 즐겁다.
❷悦ぶ〔よろこぶ〕(他5) ①기뻐하다. 즐거워하다. ②기꺼이 받아들이다. 달갑게 받아들이다.
悦び〔よろこび〕①기쁨. ②경사. ③만족스러움.

音 読 1

悦〔えつ〕기쁨. ～に入(い)る : 기뻐하다.
悦楽〔えつらく〕열락. 기뻐하고 즐거워함.

音 読 2

悦服〔えっぷく〕열복. 기꺼이 복종함.

〔閲〕 풀 : 볼 열.
音 : ①エツ ②エッ
訓 :

音 読 1

閲読〔えつどく〕열독. 내용을 검토하며 읽음.
閲覧〔えつらん〕열람. 세밀히 읽음.

音 読 2

閲する〔えっする〕(他サ) ①검열하다. 조사하다. ②열람하다. ③경과하다.
閲見〔えっけん〕열견. 열람. 조사함.
閲兵〔えっぺい〕열병. 군대를 사열함.

〘熱〙 풀：뜨거울 열.
音：① ネツ ② ネッ
訓：あつい

熱い〔あつい〕(形) ① 뜨겁다. ②열렬하다
熱燗〔あつかん〕따끈하게 데운 술.
熱熱〔あつあつ〕① 매우 뜨거움. ② (남녀가)열렬히 사랑함.
熱湯〔あつゆ〕뜨거운 목욕물. ～好(ず)き；뜨거운 목욕물을 즐기는 사람.

音読 1

熱〔ねつ〕① 열. ② 열성. ～を入れる；열중하다. ③ 기염(気焰) ～をはく；기염을 토하다.
熱っぽい〔ねつっぽい〕(形) 열이 있는 듯하다. 열정적이다.
熱気〔ねつけ〕열기. 열이 나는 기분.
〔ねっき〕열기. ① 높은 온도나 체온. ② 흥분한 기분. ③ 뜨거운 공기.
熱度〔ねつど〕열도. ① 열의 정도. ② 열심의 정도.
熱冷まし〔ねつさまし〕해열제(解熱剤).
熱量〔ねつりょう〕열량. 열의 양.
熱烈〔ねつれつ〕열렬. 정열적임.
熱望〔ねつぼう〕열망. 열심히 바람.
熱弁〔ねつべん〕열변. 열렬한 이야기.
熱病〔ねつびょう〕열병. 높은 열을 수반한 병.
熱愛〔ねつあい〕열애. 열렬히 사랑함.
熱演〔ねつえん〕열연. 열렬히 연기함.
熱意〔ねつい〕열의. 열성. 열심.
熱処理〔ねつしょり〕열처리.

音読 2

熱する〔ねっする〕(自他サ) ① 뜨겁게 하다. 열을 가하다. ② 뜨거워지다. 들뜨다. ③ 열중하다.
熱狂〔ねっきょう〕열광. 미친 듯이 열중함.
熱帯〔ねったい〕열대. 더운 지방.
熱誠〔ねっせい〕열성. 뜨거운 정성.
熱心〔ねっしん〕열심. 정신을 쏟음.
熱中〔ねっちゅう〕열중. 마음을 집중함.
熱中症〔ねっちゅうしょう〕열중증. (고온, 고열로 인하여 생기는 병).
熱湯〔ねっとう〕열탕. 뜨겁게 끓인 물.

【염】

〘炎〙 풀：불꽃 염.
音：エン
訓：ほのお

炎〔ほのお〕불꽃. 불길. ろうそくの～；촛불의 불꽃. 憤怒の～；분노의 불길.

音　読

炎上〔えんじょう〕염상. 타오름.
炎暑〔えんしょ〕염서. 심한 더위.
炎熱〔えんねつ〕염열. 여름의 심한 더위.
炎症〔えんしょう〕염증.
炎天〔えんてん〕염천. 여름철의 더운 날씨.

〘染〙 풀：물들일 염.
音：セン
訓：① そまる ② そむ ③ そめる

❶染まる〔そまる〕(自5) 물들다. 色が～；물들다. 염색이 되다. 悪に～；악에 물들다.
染まり〔そまり〕물듦. 물든 상태.
❷染む〔そむ〕(自5) ① 물들다. ②(마음에) 들다.
❸染める〔そめる〕(他下1) ① 염색하다. 물들이다. ② (부끄러워) 붉히다. ③ 칠하다. ④ (마음을) 쏟다. 기울이다. ⑤ 手を～；손을 대다. 관계하다.
染め模様〔そめもよう〕염색해서 만든 무늬.
染め物〔そめもの〕염색. 염색물.
染め返す〔そめかえす〕(他5) (퇴색한 것을)다시 염색하다.
染め抜く〔そめぬく〕(他5) ① 속속들이 물들이다. ② 무늬만 바탕 빛깔로 남기고 다른 부분을 염색하다.
染め抜き紋〔そめぬきもん〕무늬 부분만 바탕 색깔로 남겨 놓은 문장.
染(め)付け〔そめつけ〕① 염색해서 빛깔이나 무늬를 나타냄. ② 남빛 무늬를 물들인 천. ③ 남빛 무늬를 넣어 구운 자기(磁器).
染め分け〔そめわけ〕① 갖가지 색으로 물들임. ② 꽃잎이 각색으로 된 꽃.
染め分ける〔そめわける〕(他下1) 두가지 이상의 빛깔로 나누어 염색하다.
染め粉〔そめこ〕가루물감.
染糸〔そめいと〕색실.
染め上がり〔そめあがり〕염색이 다 됨.
染め上げる〔そめあげる〕(他下1) 염색해 내다.
染(め)色〔そめいろ〕염색한 빛깔.
染井吉野〔そめいよしの〕왕벚나무.
染め直す〔そめなおす〕(他5) ⇨染め返す.
染め出す〔そめだす〕(他5) 염색해 내다.
染(め)替え〔そめかえ〕다른 빛깔로 바꿔 염색함.
染革〔そめがわ〕염색한 가죽.
染(め)型：染(め)形〔そめがた〕염색하는 무늬 본.

音　読

染料〔せんりょう〕염료. 염색에 쓰이는 재료. 또는 원료. 물감.
染色〔せんしょく〕염색. 빛깔을 물들임.
染色体〔せんしょくたい〕염색체.
染織〔せんしょく〕염직. 염색과 제조.

〘塩〙 풀：소금 염.
音：エン
訓：しお

塩〔しお〕① 소금. 식염(食塩). ② 소금기. 짠맛.

塩加減〔しおかげん〕간. 간을 맞춤.
塩乾(し)〔しおぼし〕소금에 절여서 만듬.
塩尻〔しおじり〕염전에서 무덤처럼 쌓아 올린 모래.
塩鮭〔しおざけ〕소금에 절인 연어.
塩気〔しおけ〕소금기. 염분. 간. 짠맛.
塩断ち〔しおだち〕(神仏에 기도하거나 병으로 어느 기간) 염분이 있는 음식을 먹지 않음.
塩豆〔しおまめ〕짭짤하게 볶은 완두콩.
塩瀬〔しおせ〕씨실이 굵은 견직물.
塩物〔しおもの〕소금에 절인 생선.
塩味〔しおあじ : しおみ〕짠 맛. 소금기. 염분.
塩釜〔しおがま〕소금 가마솥.
塩浜〔しおはま〕염전(塩田).
塩焼(き)〔しおやき〕소금구이.
塩水〔しおみず〕소금물.
塩辛〔しおから〕젓. 젓갈.
塩辛い〔しおからい〕(形) (맛이) 짜다.
塩辛声〔しおからごえ〕쉰 목소리.
塩圧し〔しおおし〕소금에 절여 돌로 눌러 둠.
塩魚〔しおざかな〕소금에 절인 생선.
塩煮〔しおに〕소금만으로 조리한 음식.
塩蒸(し)〔しおむし〕소금을 쳐서 찜.
塩漬け〔しおづけ〕① 소금에 절임. ② 株券을 값이 오를 때까지 지니고 있음.
塩出し〔しおだし〕물에 담가 소금기를 뺌.
塩湯〔しおゆ〕① 끓인 소금물. ② 염분을 함유한 온천.
塩花〔しおばな〕① 요릿집 따위의 문앞에 소복이 놓은 소금. ② 부정타지 않게 소금을 뿌림.

連濁音에 注意

甘塩〔あまじお〕① 싱거움. 소금기가 적음. ② 생선을 싱겁게 절임. 얼간.

音　読

塩類〔えんるい〕염류. 소금기가 있는 여러 가지 물질의 종류.
塩分〔えんぶん〕염분. 소금기. 짠 맛.
塩酸〔えんさん〕염산. 塩化水素의 水溶液.
塩素〔えんそ〕염소. 気体元素의 하나.
塩蔵〔えんぞう〕소금에 절이어 저장함.
塩田〔えんでん〕염전. 소금을 만드는 밭.
塩化〔えんか〕염화. 어떤 물질이 염소와 화합하는 일.

【엽】

〖葉〗 풀 : 잎사귀 엽.
音 : **ヨウ**
訓 : **は**

葉〔は〕잎. 잎사귀.
葉っぱ〔はっぱ〕잎. 잎사귀.
葉巻〔はまき〕여송연. 담배 잎만으로 만 담배. 잎담배.
葉末〔はずえ〕잎사귀 끝. 자손.
葉書〔はがき〕엽서. 우편 엽서.
葉月〔はづき〕음력 8월의 다른 이름.
葉桜〔はざくら〕꽃은 떨어지고 새 잎이 나온 벚나무.
葉虫〔はむし〕엽충. 잎벌레과에 속하는 곤충의 총칭. 식물의 잎이나 뿌리를 해침.

連濁音에 注意

枯れっ葉〔かれっぱ〕마른 풀.
落ち葉〔おちば〕낙엽.
飼い葉〔かいば〕말과 소에게 주는 마른 풀
朽ち葉〔くちば〕썩은 낙엽.

例　外

紅葉〔もみじ〕단풍. 단풍나무.

音　読

葉緑素〔ようりょくそ〕엽록소.
葉脈〔ようみゃく〕엽맥. 잎에 분포된 그물 모양의 섬유.
葉柄〔ようへい〕엽병. 잎을 지탱하는 꼭지
葉身〔ようしん〕엽신. 잎의 넓은 부분.

【영】

〖永〗 풀 : 길 영.
音 : **エイ**
訓 : ① **ながい** ② **ながらえる** ③ **ながらく**

❶ **永い**〔ながい〕(形) (시간, 세월이) 오래다.
❷ **永らえる**〔ながらえる〕(自下1) 오래 살다. 九十歳まで～; 90세까지 오래 살다.
❸ **永らく**〔ながらく〕(副) 오랫동안. 오래.
永の〔ながの〕긴. 오랜. 영원한. 영구적.
永年〔ながねん〕오랜 세월. 여러 해.
永永と〔ながながと〕(副) 오랫동안. 장황하게

音　読

永久〔えいきゅう〕영구. 길고 오램. 영원.
永代〔えいだい〕오랜 세월. 영구.
永眠〔えいみん〕영면. 죽음.
永別〔えいべつ〕영별. 사별(死別).
永生〔えいせい〕영생. 영구히 삶.
永世〔えいせい〕영세. 영원한 세상.
永続〔えいぞく〕영속. 오래 계속됨.
永遠〔えいえん〕영원. 영구. 끝없이 김.
永住〔えいじゅう〕영주. 오래 거주함.

〖迎〗 풀 : 맞이할 영.
音 : **ゲイ**
訓 : **むかえる**

迎える〔むかえる〕(他下1) ① 맞이하다. ② 모셔오다. ③ 모시다. 추대하다. ④ 맞아 싸우다. ⑤ 영합(迎合)하다.
迎え〔むかえ〕마중. 맞이함.

迎え撃つ〔むかえうつ〕(他5) 요격 (邀撃) 하다. 맞아치다.
迎え水〔むかえみず〕(펌프의 물이 나오지 않을 때 물을 이끌기 위하여 위에서붓는) 마중물.
迎え入れる〔むかえいれる〕(他下1) 맞이하여 들이다. 영입하다.
迎え酒〔むかえざけ〕해장술.
迎え取る〔むかえとる〕(他5) 집안으로 맞이하여 들이다. 嫁を～; 며느리(아내)를 맞아 들이다.
迎え湯〔むかえゆ〕갓난아이의 첫 목욕.

音　読

迎撃〔げいげき〕영격. 쳐들어 오는 적을맞아 침.
迎賓館〔げいひんかん〕영빈관. 손님을 맞이하는 집.
迎接〔げいせつ〕영접. 맞이하여 대접함.
迎春〔げいしゅん〕영춘. 새봄, 새해를 맞이함.
迎合〔げいごう〕영합. 주관이 없이 남의 의견이나 비위를 마춤.

〔泳〕
풀：헤엄칠 영.
音：**エイ**
訓：① **およぐ** ② **およがせる**

❶**泳ぐ**〔およぐ〕(自5) ① 헤엄치다. 헤어나가다. ② 앞으로 넘어지며 비틀거리다. 허위적거리다.
泳ぎ〔およぎ〕헤엄. 수영.
❷**泳がせる**〔およがせる〕(他下1) (범죄 용의자를 일부러 잡지 않고) 자유로이 행동하게 하다.

音　読

泳法〔えいほう〕영법. 수영하는 법.
水泳〔すいえい〕수영. 헤엄치는 것.

〔英〕
풀：꽃부리 영.
音：**エイ**
訓：

英国〔えいこく〕영국.
英気〔えいき〕영기. 우수한 재기(才気).
英断〔えいだん〕영단. 과감할 결단.
英靈〔えいれい〕영령. 죽은 사람의 혼.
英明〔えいめい〕영명. 영민하고 총명함.
英文〔えいぶん〕영문. 영어로 쓴 글.
英米〔えいべい〕영미. 영국과 미국.
英語〔えいご〕영어. 영국이나 미국의 언어
英雄〔えいゆう〕영웅. 재능과 무용(武勇)이 매우 뛰어난 사람.
英姿〔えいし〕영자. 훌륭한 모습.
英才〔えいさい〕영재. 뛰어난 재주.
英志〔えいし〕영지. 뛰어난 뜻.
英知〔えいち〕영지. 뛰어난 지혜.
英和〔えいわ〕① 영국과 일본. ② 영어와 일본어. ～辞典; 영일사전.

〔映〕
풀：비칠 영.
音：**エイ**
訓：① **うつす** ② **うつる** ③ **はえる**

❶**映す**〔うつす〕(他5) 비추다. 鏡に～; 거울에 비추다. スクリーンに～;스크린에 비추다.
❷**映る**〔うつる〕(自5) ① 비치다. 壁に影が～; 벽에 그림자가 비치다. ② 잘 어울리다.
映り〔うつり〕① 배합. 배색. ② 영상((映像).
映ろう〔うつろう〕(自5) (빛이나 그림자가) 비치다.
❸**映える**〔はえる〕(自下1) ① (빛을 받아) 빛나다. ② 돋보이다. 두드러지다. ③ 잘 어울리다.
映え〔はえ〕빛남. 광채.
映え映えしい〔はえばえしい〕(形) 빛나다. 영광스럽다.

連濁音에 注意

代り映え〔かわりばえ〕바뀐 보람.
夕映え〔ゆうばえ〕저녁놀. 저녁놀로 빛남.

音　読

映じる〔えいじる〕(自上1) 비치다. 日に～;눈에 비치다. 水面に～;수면에 비치다.
映写〔えいしゃ〕영사. 영화를 상영함.
映像〔えいぞう〕영상. 빛의 굴절, 반사 등으로 일어나는 물체의 상.
映出〔えいしゅつ〕(영화를) 비추어 냄.
映画〔えいが〕영화. 활동사진.

〔栄〕
풀：영화 영
音：**エイ**
訓：① **さかえる**. ② **はえ**

❶**栄える**〔さかえる〕(自下1) 번영하다. 번창하다. 町が～; 읍이 번창하다.
栄え〔さかえ〕번영. 번창.
❷**栄え**〔はえ〕영광. 명예. ～ある勝利; 영광스러운 승리.

連濁音에 注意

見栄え〔みばえ〕볼품이 좋음. 돋보임. 보기에 좋음.

音　読

栄冠〔えいかん〕영관. 명예로운 관(冠). 영예.
栄光〔えいこう〕영광. 빛나는 명예.
栄達〔えいたつ〕영달. 출세해서 번영함
栄養〔えいよう〕영양. 양분.
栄誉〔えいよ〕영예. 영광스러운 명예.
栄耀〔えいよう〕빛나고 번창함. 영광.
栄典〔えいてん〕영전. 경사스러운 의식.
栄転〔えいてん〕영전. 더 좋은 직위나 자리로 옮김.
栄進〔えいしん〕영진. 승진(昇進).
栄華〔えいが〕영화. 번영하고 빛남.

〔営〕
풀：경영할 영.
音：**エイ**
訓：**いとなむ**

営む〔いとなむ〕(他5) ① 영위하다. 生活を～; 생활을 하다. 事業を～; 사업을 경영하다. ② 준비하다. ③ 장만하다.
営み〔いとなみ〕① 노동 일. 性の～; 성행

위. ② 근무. 영위. ③ 준비. 차림.

音 読

営内〔えいない〕영내. 병영(兵営)안.
営農〔えいのう〕영농. 농업을 경영함.
営利〔えいり〕영리. 돈벌이. 이익을 꾀함.
営林〔えいりん〕영림. 森林을 관리 경영함.
営繕〔えいぜん〕영선. 건물 등의 신축(新築)과 수선(修繕).
営養〔えいよう〕영양. 양분.
営業〔えいぎょう〕영업. 이익을 얻기 위한 사업.
営営と〔えいえいと〕부지런 히.
営造物〔えいぞうぶつ〕영조물. 사회의 공공 이익을 위해 만든 것.
営倉〔えいそう〕영창. 죄를 범한 군인을가 두는 곳.

〔**詠**〕 풀：읊을 영.
音：**エイ**
訓：① **よむ** ② **うたう**

❶**詠む**〔よむ〕(他5) (詩歌 등을)짓다. 읊으다.
❷**詠う**〔うたう〕(他5) 칭송하여노래하다.

音 読

詠じる〔えいじる〕(他上1) 읊으다. 詩を～; 시를 읊으다.
詠歌〔えいか〕영가. 노래를 읊음.
詠吟〔えいぎん〕영음. 詩歌를 소리내어 읊음.
詠進〔えいしん〕詩歌를 지어 궁중이나 神社에 바침.
詠嘆〔えいたん〕영탄. 감동해서 칭찬함.

〔**影**〕 풀：그림자 영.
音：**エイ**
訓：**かげ**

影〔かげ〕① 그림자. ② 형체. 모습. 자취. ③ 환영(幻影). ④ (해, 달, 별, 등불의) 빛. ⑤ ～がうすい; 존재가 희미하다.
影武者〔かげむしゃ〕① (적을 속이기위한) 가장해 놓은 무사. ② 배후 조종자.
影法師〔かげぼうし〕사람의 그림자.
影絵〔かげえ〕그림자 그림. 그림자 놀이.

音 読

影写〔えいしゃ〕그림이나 글씨를 밑에 받쳐 놓고 그 위에 덧그림.
影像〔えいぞう〕영상. 초상(肖像).
影印〔えいいん〕영인. 서적 같은 것을 사진으로 복사, 인쇄하는 일.
影響〔えいきょう〕영향. 한 가지 사물로 인하여 다른 사물에 미치는 결과.

【예】

〔**予**〕 풀：미리 예.
音：**ヨ**
訓：① **あらかじめ** ② **かねて**

❶**予め**〔あらかじめ〕(副) 미리. ～相談する; 미리 의논하다.
❷**予て**〔かねて〕(副) 미리. 전부터. ～の計画; 전부터의 계획.

音 読

予感〔よかん〕예감. 미리 느낌.
予見〔よけん〕예견. 사건이 있기 전에 미리 앎.
予告〔よこく〕예고. 미리 알림.
予期〔よき〕예기. 미리 기대하거나 想定함.
予納〔よのう〕예납. 미리 납부함.
予断〔よだん〕예단. 미리 판단함.
予防〔よぼう〕예방. 미리 방비함.
予報〔よほう〕예보. 미리 알림.
予備〔よび〕예비. 앞서 미리 준비함.
予算〔よさん〕예산. 필요한 금액을 미리 계산함.
予想〔よそう〕예상. 미리 짐작함.
予選〔よせん〕예선. 정식으로 뽑기 전에 미리 뽑음.
予習〔よしゅう〕예습. 미리 학습함.
予約〔よやく〕예약. 미리 약속함.
予言〔よげん〕예언. 앞 일을 미리 말함.
予定〔よてい〕예정. 미리 정함.
予知〔よち〕예지. 미리 앎.
予測〔よそく〕예측. 미리 짐작함.
予行〔よこう〕예행. 연습으로 행함.

〔**刈**〕 풀：풀벨 예.
音：
訓：**かる**

刈る〔かる〕(他5) ① 베다. 稲を～; 벼를 베다. ② (머리털을) 깎다. 髪を～; 머리를 깎다. 芝生を～; 잔디를 깎다.
刈り上げ〔かりあげ〕① 뒷머리를 쳐 올림. ② 아래에서 위로 치베어 감. ③ 베기를 끝냄.
刈り上げる〔かりあげる〕(他下1) ① 아래에서 위로 치켜 깎다. ② 베기를 끝내다.
刈り穂〔かりほ〕베어 낸 이삭.
刈り入れ〔かりいれ〕거두어 들이기. 추수.
刈り入れる〔かりいれる〕(他下1) 거둬 들이다.
刈り株〔かりかぶ〕(벼, 보리 따위의) 그루터기.
刈り草地〔かりくさち〕꼴풀을 베어 내는 땅. 초지(草地).
刈り取る〔かりとる〕(他5) ① 베어내다. 수확하다. ② 제거하다.

〔**芸**〕 풀：재주 예.
音：**ゲイ**
訓：

芸〔げい〕① 특별한 재주. ② 예능. ③ 연기. ④ 곡예. ⑤ 풍류.
芸界〔げいかい〕예술인의 사회.
芸能〔げいのう〕예능. ① 몸에 익힌 기예. ② 예술. 연예. ③ 오락.
芸当〔げいとう〕연예. 곡예.
芸道〔げいどう〕예도. 예능에 있어서 지킬

일.
芸名〔げいめい〕예명. 예술인이 본명 이외에 가지는 이름.
芸無し〔げいなし〕예능을 모름.
芸事〔げいごと〕예능에 관한 일.
芸術〔げいじゅつ〕예술. 아름다움을 나타내는 인간의 활동.
芸人〔げいにん〕예술인.
芸者〔げいしゃ〕①일본 기생. ②예능에 뛰어난 재주를 가진 사람.

〘誉〙 풀：기릴 예.
音：ヨ
訓：①**ほまれ** ②**ほめる**

❶誉れ〔ほまれ〕①명예. 영예. 자랑거리. 자랑. ～が高い：이름이 높다. ②싸움터에서의 첫째 가는 공훈.
❷誉める〔ほめる〕(他下1) ①칭찬하다. 찬양하다. ②축하하다.
誉めそやす〔ほめそやす〕(他5) 극구 칭찬하다. 높이 칭찬하다. 격찬하다.
誉めちぎる〔ほめちぎる〕(他5) (본인이 부끄러울 정도로) 극구 칭찬하다.
誉め者〔ほめもの〕(주위 사람들로 부터) 칭찬 받는 사람.
誉の称える〔ほめたたえる〕(他下1) 극구 칭찬하다.

音 読

名誉〔めいよ〕명예. 자랑스런 평판.
栄誉〔えいよ〕영예. 영광스러운 명예.

〘預〙 풀：맡길 예.
音：ヨ
訓：①**あずかる** ②**あずける**

❶預かる〔あずかる〕(他5) ①(남의 것을) 맡다. 보관하다. ②책임을 맡다. ③떠맡다. ④(공개, 결정을) 보류하다.
預かり〔あずかり〕①보관. 맡아 둠. ②보관증. ③승부의 판정을 보류함. ④담당자. ⑤혼자 남아서 집을 지키는 사람.
❷預ける〔あずける〕(他下1) 맡기다. 荷物を～：짐을 맡기다.
預け〔あずけ〕①맡김. ②말 뿐 실행하지 않음.
預け物〔あずけもの〕물건을 맡김.
預け入れる〔あずけいれる〕(他下1) (은행 등에 돈을) 맡기다. 예입(預入)하다.

音 読

預金〔よきん〕예금. 돈을 금융기관에 맡김.
預言〔よげん〕예언. 神의 영감을 받은 자가 신의 말을 듣고 신의 의지를 사람들에게 전하는 말.
預託〔よたく〕예탁. 미리 맡김.

〘鋭〙 풀：날카로울 예.
音：**エイ**
訓：**するどい**

鋭い〔するどい〕(形) 날카롭다. 예민하다. 예리하다. ～目つき：날카로운 눈매. ～耳：예민한 귀.

音 読

鋭角〔えいかく〕예각. 직각보다 작은 각.
鋭気〔えいき〕예기. 성질이 굳세어 굴하지 않고 나가는 날카로운 기운.
鋭利〔えいり〕예리. ①날카로움. ②두뇌나 판단력이 정확함.
鋭敏〔えいびん〕예민. 감각, 행동이 날카로움.
鋭意〔えいい〕예의. 단단히 차리는 마음.

【오】

〘五〙 풀：다섯 오.
音：ゴ
訓：①**いつつ** ②**いつ**

❶五つ〔いつつ〕다섯. 다섯 개. 다섯 살.
五つ紋〔いつつもん〕등에 하나, 양 가슴과 양 소매에 각각 하나씩, 모두 다섯 군데에 家紋을 물들여 나타낸 羽織(はおり). (으뜸가는 공식 예복임)
❷五〔いつ〕다섯
〔ご〕5. 다섯.
五所〔いつところ〕다섯 군데.
五月〔いつつき〕다섯 달. 5개월.
〔ごがつ〕5월.
五日〔いつか〕닷새. 초닷새. 5일.
〔ごにち〕5일.
五組〔いつぐみ〕5조. 다섯 셋트. 다섯 쌍.

例 外

五月雨〔さみだれ〕음력 5월 경에 오는 장마.
五月雨戦術〔さみだれせんじゅつ〕(노동쟁의에서) 동맹 파업을 조금씩 되풀이하는 전술.
五月晴れ〔さつきばれ〕5월의 맑은 날씨.
五月闇〔さつきやみ〕장마철의 야음(夜陰).

音 読

五角形〔ごかくけい〕5각형.
五感〔ごかん〕오감. 보기, 듣기, 맛, 냄새, 촉감의 다섯 가지 감각.
五経〔ごきょう〕5경.
五穀〔ごこく〕오곡. 다섯 가지 곡식.
五官〔ごかん〕오관. 눈, 귀, 코, 혀, 피부.
五大洋〔ごだいよう〕오대양.
五輪〔ごりん〕오륜. 국제 올림픽의 속칭.
五目飯〔ごもくめし〕생선, 야채 등 여러 가지를 섞어서 지은 밥.
五目並べ〔ごもくならべ〕(바둑의) 오목.
五目鮨〔ごもくずし〕비빔 초밥.
五分五分〔ごぶごぶ〕(실력이) 비슷비슷함. 비등함.
五色〔ごしき〕오색.
五色揚げ〔ごしきあげ〕여러 가지 야채 튀김.
五十音図〔ごじゅうおんず〕かな의 50음을 체계적으로 정리한 일람표.
五節句〔ごせっく〕일년안의 다섯 명절.
五重〔ごじゅう〕오중. 다섯 겹.

〔午〕 풀：낮 오.
音：ゴ
訓：

午睡〔ごすい〕오수. 낮잠.
午前〔ごぜん〕오전. 밤 12시 부터 정오까지.
午餐〔ごさん〕오찬. 점심.
午後〔ごご〕오후. 정오에서 밤 12시까지.

〔伍〕 풀：대오 오.
音：ゴ
訓：

伍する〔ごする〕(自サ) 같은 위치에 서다. 대열에 끼다. 어깨를 나란히 하다. 名人の列に～; 명인 축에 끼다.

〔汚〕 풀：더러울 오.
音：オ
訓：① **きたない** ② **けがす** ③ **よごす** ④ **けがれる** ⑤ **よごれる** ⑥**きたならしい** ⑦ **けがらわしい**

❶汚い〔きたない〕(形) ① 더럽다. 불결하다. ② 꾀죄죄하다. ③ 지저분하다. ④ 야비하다. 상스럽다. 추잡하다. 비열하다. ⑤ 인색하다. ⑥ 나쁘다. 좋지 않다.

連濁音에 注意

口汚い〔くちぎたない〕(形) 입이 더럽다.
薄汚い〔うすぎたない〕(形) 어쩐지 더럽다.
❷汚す〔けがす〕(他5) (※정신적인것) 더럽히다. 모독하다.
❸汚す〔よごす〕(他5) (※물질적인 것) ① 손상시키다. 더럽히다. ② 나물을 무치다.
❹汚れる〔けがれる〕(自下1) (※정신적인 것) ① 더러워지다. 더럽혀지다. ②(喪中월경, 해산 등으로) 몸이 부정(不浄) 해지다.
❺汚れる〔よごれる〕(自下1) (※물질적인 것) 더러워지다.
汚れ〔よごれ〕더러움. 오점.
〔けがれ〕① 더러움. 추악. 불결. ② 不浄.
汚れ役〔よごれやく〕(연극의) 창부(娼婦)나 하녀 따위의 천한 역(役).
❻汚らしい〔きたならしい〕(形) 던적스럽다. 추접스럽다.
❼汚らわしい〔けがらわしい〕(形) 더럽다. 추접스럽다.

音　読

汚名〔おめい〕오명. 더러워진 이름.
汚物〔おぶつ〕오물. 지저분하고 더러운 물건.
汚損〔おそん〕오손. 더럽히고 손상함.
汚水〔おすい〕오수. 더러워진 물. 구정물.
汚染〔おせん〕오염. 더럽게 물듦.
汚穢〔おわい〕오예. ① 더러운 물건. ② 변소의 대소변. ～を汲(く)み取る; 변소를 치다.
汚穢屋〔おわいや〕오물 수거인.
汚辱〔おじょく〕오욕. 남의 명예를 더럽히고 욕되게 함.
汚点〔おてん〕오점. ① 더러운 점. ② 불명예.
汚職〔おしょく〕오직. 공무원이 부정 행위로 직책을 더럽히는 일.
汚濁〔おだく〕오탁. 더럽고 흐림.

〔呉〕 풀：나라이름 오.
音：ゴ
訓：**くれる**

呉れる〔くれる〕(他下1) (남이 나에게)주다. 目も呉れない; 거들떠 보지도 않다.
呉れ手〔くれて〕① (무엇을) 줄 사람. ② 돌봐 줄 사람. 해 줄 사람.
呉れ呉れ〔くれぐれ〕아무쪼록. 부디.

音　読

呉服〔ごふく〕포목. 비단 옷감.
呉服屋〔ごふく〕포목전.
呉越同舟〔ごえつどうしゅう〕오월 동주.

〔娯〕 풀：즐거워할 오.
音：ゴ
訓：

娯楽〔ごらく〕오락. 즐거움. 위안 거리.
娯遊〔ごゆう〕오유. 즐기며 노는 것.

〔悟〕 풀：깨달을 오.
音：ゴ
訓：**さとる**

悟る〔さとる〕(他5) ① 깨닫다. 이해하다. ② 눈치채다. 알아채다. ③ 진리를 터득하다. 득도하다.
悟り〔さとり〕① 진리를 터득함. 득도(得道)함. ② 이해. 이해하는 머리. ～が早い; 이해가 빠르다.

音　読

悟道〔ごどう〕오도. 불교의 진리를 깨달음
悟性〔ごせい〕오성. 사물을 판단하고 이해하는 힘. 지정(知性).
悟入〔ごにゅう〕불교의 진리를 깨닫는 경지에 이름.

〔奥〕 풀：속 오.
音：**オウ**
訓：① **おく** ② **おくまる** ③ **おくゆかしい**

❶奥〔おく〕① 깊숙한 곳. 안. ② 안채. 안방. ③ 끝머리. ④ 남의 부인의 높임말. ⑤ 속.
奥さん〔おくさん〕남의 부인의 높임말.
❷奥まる〔おくまる〕(自5) ① 후미지다. 쑥 들어가다. 奥まった部屋; 쑥 들어간방 ② 그윽하고 고상한 마음을 갖다.
❸奥ゆかしい〔おくゆかしい〕(形) ①그윽하고 고상하다. ② 호기심이 가다.
奥方〔おくがた〕마님. 신분이 높은 분의 아내.
奥付〔おくづけ〕(책 끝장에 저자명, 발행자, 발행년월일, 정가등을 인쇄한 종이쪽지). 판권장(版権張).
奥山〔おくやま〕깊은 산중.
奥床しい〔おくゆかしい〕(形)⇨奥ゆかしい
奥書〔おくがき〕기재 사항이 틀림 없음을 증명하기 위하여 서류의 맨 끝에 쓰는 글.

奥の手〔おくのて〕① 비법(秘法). ② 최후의 수단.
奥深い〔おくぶかい〕(形) ① 깊숙하다. ② 뜻이 심오(深奥)하다.
奥様〔おくさま〕① 남의 부인의 높임말. ② 마님(고용인 입장에서).
奥の院〔おくのいん〕① 본당(本堂). ② 심오한 경지.
奥印〔おくいん〕책의 발행자 이름 밑에 찍는 도장.
奥座敷〔おくざしき〕안방.
奥底〔おくそこ〕① 심오. ② 본심. 속마음.
奥地〔おくち〕오지. 두메. 벽지(僻地).
奥歯〔おくば〕어금니.
奥行(き)〔おくゆき〕① (건물의)안길이. ② (지식, 생각 등의) 깊이.
奥向(き)〔おくむき〕① 집의 안쪽. ② 가사(家事).
奥許し〔おくゆるし〕스승으로부터 기예(技芸)의 깊은 뜻을 전수 받음.

音　読

奥妙〔おうみょう〕오묘. 심오하고 미묘함.
奥義〔おうぎ〕오의. 매우 깊은 뜻.

〘誤〙 풀：그르칠 오.
音：ゴ
訓：**あやまる**

誤る〔あやまる〕(他5) ① 실수하다. 실패하다. 틀리다. 잘못하다. ② (남을) 그릇치다.
誤り〔あやまり〕실수. 틀림. 잘못.

音　読

誤記〔ごき〕오기. 잘못 적음.
誤導〔ごどう〕오도. 그릇 인도함.
誤謬〔ごびゅう〕오류. 이치에 어긋난 인식.
誤報〔ごほう〕오보. 그릇된 보도.
誤算〔ごさん〕오산. 잘못 계산함.
誤植〔ごしょく〕오식. 활자를 잘못 꽂음.
誤訳〔ごやく〕오역. 그릇된 번역.
誤用〔ごよう〕오용. 잘못 사용함.
誤認〔ごにん〕오인. 그릇 인식함.
誤字〔ごじ〕오자. 잘못 된 글자.
誤診〔ごしん〕오진. 병의 진찰을 잘못함.
誤差〔ごさ〕오차. 서로 다른 점.
誤解〔ごかい〕오해. 뜻을 잘못 해석함.

【옥】

〘玉〙 풀：구슬 옥.
音：① **ギョク** ② **ギョッ**
訓：**たま**

玉〔たま〕① 옥. 진주(真珠). ② 구슬. ③ 공. ④ 방울. ⑤ 알. ⑥ 총알. ⑦ 전구(電球). ⑧ (국수의) 사리. ⑨ 기생. 창녀. ⑩ 미끼.
玉突き〔たまつき〕당구(撞球).
玉目〔たまもく〕소용돌이 모양의 곱고 아름다운 나뭇결.
玉無し〔たまなし〕(송두리째) 못 쓰게 됨.
玉敷〔たましき〕옥을 깐 것처럼 아름다움.
玉砂利〔たまじゃり〕굵은 자갈.
玉算〔たまざん〕주산. 수판셈.
玉の緒〔たまのお〕① 옥을 꿴 끈. ② 목숨.
玉石〔たまいし〕둥근 돌. 알돌.
〔ぎょくせき〕옥석. 옥과 돌.
玉水〔たまみず〕① 폭포. ② 낙숫물.
玉乗り〔たまのり〕커다란 공 위에 올라서서 공을 굴리는 곡예.
玉子〔たまご〕① 알. ② 계란. 달걀. ③ 햇병아리.
玉章〔たまずさ〕편지. 소식. 연애 편지.
玉造り〔たまつくり〕옥을 갈고 다듬는 일.
玉総〔たまぶさ〕끝을 방울처럼 둥글게 한 술.
玉取り〔たまとり〕여러 개의 구슬을 공중에 던지고 그것을 받는 재주.
玉の汗〔たまのあせ〕구슬땀.

連濁音에 注意

目玉〔めだま〕① 눈알. ② 야단. 꾸지람.
親玉〔おやだま〕두목. 우두머리.

音読 1

玉代〔ぎょくだい〕화대(花代).
玉楼〔ぎょくろう〕옥루. 화려하게 장식한 누각.
玉砕〔ぎょくさい〕옥쇄. 신념이나 도의를 지키기 위하여 목숨을 버림.
玉音〔ぎょくおん〕옥음. 맑고 깨끗한 음성.
玉座〔ぎょくざ〕옥좌. 임금의 자리. 보좌.
玉体〔ぎょくたい〕옥체. 임금의 몸.

音読 2

玉稿〔ぎょっこう〕옥고. 다른 사람의 원고의 높임말.
玉器〔ぎょっき〕옥기. 옥으로 만든 그릇.

〘屋〙 풀：집 옥.
音：**オク**
訓：**や**

屋〔や〕① 집. ② 지붕.
屋根〔やね〕지붕.
屋台〔やたい〕① 작은 집 모양으로 지붕을 달고 이동할 수 있게 만든 받침대. ② 춤추는 무대.
屋敷〔やしき〕① 집의 부지. 대지(垈地). ② 저택. 고급 주택.
屋形〔やかた〕① (귀인의) 저택. ② 귀인(貴人). ③ 배, 수레의 지붕.
屋形船〔やかたぶね〕지붕이 있는 놀잇배.

音　読

屋内〔おくない〕옥내. 집안.
屋上〔おくじょう〕옥상. 지붕 위.
屋外〔おくがい〕옥외. 집밖.

〘獄〙 풀：감옥 옥.
音：**ゴク**
訓：

獄〔ごく〕옥. 감옥.

獄吏〔ごくり〕옥리. 옥에 갇힌 죄수를 감시하는 사람. 간수(看守).
獄門〔ごくもん〕옥문. 감옥의 문.
獄死〔ごくし〕옥사. 옥에 갇히어 익는 동안에 죽는 일.
獄舍〔ごくしゃ〕옥사. 죄인을 가두어 두는 집.
獄卒〔ごくそつ〕옥졸. 옥사장이.
獄中〔ごくちゅう〕옥중. 옥에 갇힌 동안.

【온】

〘温〙 풀：따스할 온.
音：オン
訓：①あたたか ②あたたかい ③あたたまる ④あたためる ⑤ぬるい ⑥ぬるむ

❶温か〔あたたか〕(形動) 따뜻함. 따스함. 훈훈함. ～な天気：따뜻한 날씨.
❷温かい〔あたたかい〕(形) ①따뜻하다. ②훈훈하다. 포근하다. 다정하다.
❸温まる〔あたたまる〕(自5) 따뜻해지다. 훈훈해지다. 水が～：물이 따뜻해지다.
❹温める〔あたためる〕(他下1) ①따뜻하게 하다. 덥게 하다. ②(새가) 알을 품다. ③되살리다. 새로이 하다. ④(원고 따위를) 다듬기 위해 발표를 하지 않다. ⑤(출전하지 않는 보결 선수가) 벤치를 지키다.
❺温い〔ぬるい〕(形) 미지근하다. 미적지근하다.
❻温む〔ぬるむ〕(自5) 미지근해지다. 조금 따뜻해지다. 날씨가 풀리다. 날씨가 누그러지다.

音 読

温故知新〔おんこちしん〕온고 지신. 옛것을 익히고 연구하여 새로운 것을 발견하는 일.
温暖〔おんだん〕온난. 날씨가 따뜻함.
温度〔おんど〕온도. 덥고 찬 정도.
温床〔おんしょう〕온상.
温順〔おんじゅん〕온순. 성질이 온화함.
温室〔おんしつ〕온실. 더운 방.
温存〔おんぞん〕온존. 소중하게 보존함.
温泉〔おんせん〕온천.
温和〔おんわ〕온화. 온순하고 인자함.
温厚〔おんこう〕온후. 온화하고 덕이 있음.

〘穏〙 풀：편안할 온.
音：①オン ②ノン
訓：おだやか

穏やか〔おだやか〕(形動) ①온화함. 온건함. 평온함. ～な気候：온화한 기후. ②침착하고 조용함. 공손함. ～な人柄：온화한 인품.

音 読 1

穏健〔おんけん〕온건. 온당하고 건전함.
穏当〔おんとう〕온당. 사리에 알맞음.
穏便〔おんびん〕온편. 온당하고 원만함.
平穏〔へいおん〕평온. 고요하고 안온함.

音 読 2

安穏〔あんのん〕안온. 평안하고 조용한 것. ～に暮らす：안온하게 살다.

【옹】

〘擁〙 풀：안을 옹.
音：ヨウ
訓：

擁する〔ようする〕(他サ) ①포옹하다. 끌어 안다. ②거느리다. 大軍を～：대군을 거느리다. ③지니다. 가지다. ④옹립하다.
擁立〔ようりつ〕옹립. 받들어서 군주(君主)의 자리에 모심.
擁護〔ようご〕옹호. 부축하여 보호함. 편듦.

〘翁〙 풀：늙은이 옹.
音：オウ
訓：

翁〔おう〕옹. ①남자 노인. ②남자 노인의 높임말. ～の意見：영감님의 의견.
老翁〔ろうおう〕노옹. 남자 노인.
沙翁〔しゃおう〕사옹. 세익스피어.
奈翁〔なおう〕나옹. 나폴레옹.

【와】

〘瓦〙 풀：기와 와.
音：ガ
訓：かわら

瓦〔かわら〕기와.
瓦葺〔かわらぶき〕기와 지붕.
瓦煎餅〔かわらせんべい〕기와 모양으로 구운 일본 과자.
瓦版〔かわらばん〕江戸시대에 찰흙에 글씨나 그림을 새겨, 기와처럼 구운 것을 판으로 인쇄한 것.

音 読

瓦解〔がかい〕와해. 어떤 원인으로 인하여 사물이 흩어져 무너짐.

〘渦〙 풀：소용돌이 와.
音：カ
訓：うず

渦〔うず〕소용돌이. 争いの～に巻く：분쟁의 소용돌이에 휘말리다.
渦巻き〔うずまき〕소용돌이. 소용돌이 모양. ～パン：소라 빵. ～官：와우관
渦巻く〔うずまく〕(自5) 소용돌이 치다.
渦輪〔うずわ〕소용돌이 모양의 원형.

渦鰹〔うずわかつお〕 물치 다랑어.
渦潮〔うずしお〕 소용돌이치는 조수(潮水).

音 読

渦紋〔かもん〕 와문. 소용돌이 무늬.
渦水〔かずい〕 소용돌이.
渦中〔かちゅう〕 와중. ①소용돌이 치며 흐르는 물 가운데. ②시끄럽게 떠드는 사건의 가운데.

〔訛〕
풀：사투리 와.
音：カ
訓：なまる

訛る〔なまる〕 (自他5) 사투리 발음을 하다.
訛(り)〔なまり〕 사투리. 사투리 발음.

音 読

訛語〔かご〕 와어. 사투리.
訛音〔かいん〕 와음. 잘못 전해진 글자의 음.
訛伝〔かでん〕 와전. 그릇되게 전함.

【완】

〔完〕
풀：완전할 완.
音：カン
訓：

完結〔かんけつ〕 완결. 완전하게 끝마침.
完工〔かんこう〕 완공. 공사를 완성함.
完納〔かんのう〕 완납. 바칠 것을 다 바침.
完了〔かんりょう〕 완료. 완전히 끝마침.
完璧〔かんぺき〕 완벽. 흠잡을데 없이 완전함.
完膚〔かんぷ〕 흠이 없음. ～なきまで：완전무결하게. 철저하게.
完備〔かんび〕 완비. 완전히 갖춤.
完成〔かんせい〕 완성. 다 이룸.
完遂〔かんすい〕 완수. 뜻한 바를 다 이룸.
完全〔かんぜん〕 완전. 흠・부족함이 없음.
完済〔かんさい〕 완제. ①채무를 완전히 변제함. ②완료(完了).
完敗〔かんぱい〕 완패. 여지없이 패함.

〔玩〕
풀：장난할 완.
音：ガン
訓：

玩具〔がんぐ〕 완구. 장난감.
玩味〔がんみ〕 완미. 잘 맛봄.
玩好〔がんこう〕 완호. 귀여워하며 좋아함.

〔腕〕
풀：팔뚝 완.
音：ワン
訓：うで

腕〔うで〕 ①팔. ②완력. ③솜씨. 기술. 실력. ④(물건을 지탱하는) 가로대. いすの～：의자의 팔걸이.
腕ずく〔うでずく〕 ①실력을 다 발휘함. ②완력을 행사함.
腕貫き〔うでぬき〕 ①칼자루 끝에 다는 고리 모양의 끈. ②토시. ③팔찌.
腕捲り〔うでまくり〕 팔소매를 걷어붙임.
腕っ扱き〔うでっこき〕 완력이나 기능이 각별히 뛰어난 사람.
腕達者〔うでだっしゃ〕 ①완력이 셈. ②솜씨가 뛰어남. 솜씨가 뛰어난 사람.
腕輪〔うでわ〕 팔찌.
腕利き〔うできき〕 솜씨나 능력이 뛰어남.
腕立て〔うでだて〕 완력을 믿고 남과 다툼.
腕立て伏せ〔うでだてふせ〕 엎드려 팔굽히기.
腕木〔うでぎ〕 가로대.
腕比べ〔うでくらべ〕 솜씨나 완력을 겨룸.
腕相撲〔うでずもう〕 팔씨름.
腕首〔うでくび〕 팔목. 손목.
腕時計〔うでどけい〕 손목 시계.
腕試し〔うでだめし〕 (완력, 솜씨, 실력을) 시험해 봄. 시험삼아 해 봄.
腕揃い〔うでぞろい〕 솜씨(완력)가 뛰어난 사람만이 모여 있음.
腕っ節〔うでっぷし〕 ①완력. 팔 힘. ②팔의 관절.
腕組〔うでぐみ〕 팔짱을 낌.

音 読

腕力〔わんりょく〕 완력. 주먹심. 뚝심.
腕白〔わんぱく〕 개구쟁이. 장난꾸러기. 선머슴.
腕章〔わんしょう〕 완장. 팔에 두르는 標章.

〔頑〕
풀：완고할 완.
音：ガン
訓：かたくな

頑な〔かたくな〕 (形動) 완고함. 마음이 비뚤어지고 고집이 셈.

音 読

頑として〔がんとして〕 막무가내로. 완강히.
頑強〔がんきょう〕 완강.
頑固〔がんこ〕 완고. 고집이 셈.
頑張る〔がんばる〕 (自5) ①강경히 버티다. ②참고 계속 노력하다. 분발하다. ③버티다. 버티고 서다.

〔緩〕
풀：느릴 완.
音：カン
訓：①ゆるい ②ゆるまる ③ゆるむ ④ゆるめる ⑤ゆるやか ⑥ゆるりと

❶緩い〔ゆるい〕 (形) ①헐겁다. 느슨하다. ②엄하지 않다. ③느리다. ④완만하다. ⑤묽다. ⑥무르다. 부드럽다.
❷緩まる〔ゆるまる〕 (自5) ①늦춰지다. 느슨해지다. 풀어지다. ②완만해지다. ③(속도가)느려지다.
❸緩む〔ゆるむ〕 (自5) ①풀어지다. 느슨해지다. ②해이해지다. 허술해지다. ③완화되다. ④묽어지다. ⑤시세가 떨어지다.
緩み〔ゆるみ〕 헐거움. 느슨해짐. 해이함. 방심(放心).
❹緩める〔ゆるめる〕 (他下1) 느슨하게 하다. 늦추다. 풀다.
❺緩やか〔ゆるやか〕 (形動)느슨함. 완만함. 느릿함.
❻緩りと〔ゆるりと〕 (副) 유유히. 편안히.

音　読

緩急〔かんきゅう〕완급. ① 느림과 빠름. ② 위급한 경우. 사변(事変). 급함

緩慢〔かんまん〕완만. ① 너그러움. 허술함. ② 느릿느릿함. 활발치 못함.

緩衝〔かんしょう〕완충. 충돌을 완화시킴.

緩行〔かんこう〕완행. 느리게 감.

緩和〔かんわ〕완화. 느슨하게 함.

【왕】

〔王〕

풀：임금 왕.
音：① **オウ** ② **ノウ**
訓：

音読 1

王〔おう〕왕. 임금.

王家〔おうか〕왕가. 왕의 집안.

王冠〔おうかん〕왕관. 임금이 쓰는 관.

王国〔おうこく〕왕국. 君主国의 속칭.

王宮〔おうきゅう〕왕궁. 궁전.

王妃〔おうひ〕왕비. 임금의 아내.

王陵〔おうりょう〕왕릉. 왕의 능.

王城〔おうじょう〕왕성. 王都.

王室〔おうしつ〕왕실. 왕의 집안.

王様〔おうさま〕임금님.

王位〔おうい〕왕위. 왕의 자리.

王子〔おうじ〕왕자. 왕의 아들.

王者〔おうじゃ〕왕자. 王道로써 나라를 다스리는 사람.

王朝〔おうちょう〕왕조. 임금의 시대.

王座〔おうざ〕왕좌. 임금의 자리.

女王〔じょおう〕여왕. 여자 임금.

国王〔こくおう〕국왕. 나라의 군주(君主).

音読 2

四天王〔してんのう〕사천왕.

親王〔しんのう〕친왕. 일정한 범위의 남자 황족의 호칭.

天王星〔てんのうせい〕천왕성.

例　外

王仁〔わに〕(人名).

〔往〕

풀：갈 왕.
音：**オウ**
訓：**いぬ**

往ぬ〔いぬ〕(自ナ変) ① 떠나다. 가다. 가버리다. ② 경과하다. 지나가다. ③ 죽다.

音　読

往年〔おうねん〕왕년. 지나간 해.

往来〔おうらい〕① 왕래. 오고 감. ② 길. ③ 소식. 방문. ④ 옛날 교양책.

往路〔おうろ〕왕로. 가는 길.

往復〔おうふく〕왕복. 갔다가 돌아옴.

〔旺〕

풀：왕성하다.
音：オウ呉・漢
訓：さかん

音　読

旺盛〔おうせい〕왕성. (세력이나 의욕 등이) 크게 떨치는 모양.

【외】

〔外〕

풀：바깥 외.
音：① **ガイ** ② **ゲ**
訓：① **そと** ② **ほか** ③ **はずす** ④ **はずれる**

外❶〔そと〕밖. 겉. 바깥.

❷〔ほか〕① 다른. 딴. ② (범위) 밖.

❸ **外す**〔はずす〕(他5) ① 떼어 내다. 떼다. ② 빗나가게 하다. 피하다. ③ 빼다. 벗기다. 벗다. 眼鏡を～; 안경을 벗다. ボタンを～; 단추를 끄르다. ④ 놓치다. ⑤ (자리를) 뜨다. 비우다. ⑥ 회의에 참석치 않다. ⑦ 실패하다. ⑧ (관절이) 빠지게 하다.

❹ **外れる**〔はずれる〕(自下1) ① (박은 것이) 빠지다. ② 벗겨지다. 끌러(풀어) 지다. ③ 떨어지다. 누락되다. ④ 벗어나다. 어긋나다. ⑤ 빗나가다. 빗맞다.

外れ〔はずれ〕① 변두리. ② 어긋남. 맞지 않음.

外減り〔そとべり〕① (보합산(歩合算)에서 현재액에 대한 감량 비율. ② 곡식을 찧을 때 축나는 양의 잔고에 대한 비율.

外開き〔そとびらき〕안에서 밖으로 밀어서 열게 된 문.

外見〔そとみ：がいけん〕외견. 겉보기. 외관.

外掛け〔そとがけ〕(씨름에서) 발걸이.

外構え〔そとがまえ〕외부 구조. 바깥 모양.

外堀〔そとぼり〕성 바깥 둘레의 해자.

外輪〔そとわ〕발끝을 밖으로 벌리고 걷는 걸음. 팔자 걸음.

外面〔そとづら〕① 외면. ② 남과의 대인관계.

〔そとも〕① 외면. ② 산의 북쪽. ③ 뒤쪽.

〔がいめん〕① 외면. 겉. 표면. ② 외모.

外耗り〔そとべり〕⇨外減り.

外法〔そとのり〕(그릇의) 바깥 칫수.

外歩き〔そとあるき〕① 나들이. 외출. ② (용무로 인하여) 나돌아다님.

外釜〔そとがま〕목욕탕과 떨어진곳에서 목욕물을 끓이는 가마솥.

外孫〔そとまご〕외손. 외손자.

外囲い〔そとがこい〕바깥 울타리.

外側〔そとがわ〕외측. 바깥쪽. 외면. 겉면.

外湯〔そとゆ〕(여관 따위의) 밖에 설비한 (공동) 목욕탕.

外表〔そとおもて〕천의 거죽이 겉으로 드러나게 접거나 마는 일.
外風呂〔そとぶろ〕건물 밖에 따로 설치한 목욕탕.
外海〔そとうみ〕육지 밖을 싸고 있는 바다.
外嫌い〔そとぎらい〕외출을 싫어하고 집안에만 들어 박혀 있음.
外回り〔そとまわり〕① (바깥) 주위. ② 외근(外勤). ③ 바깥쪽의 길을 따라 돌기

音読 1

外郭〔がいかく〕외곽. 바깥 테두리.
外観〔がいかん〕외관. 겉모양.
外交〔がいこう〕외교. 외국과의 교제.
外国〔がいこく〕외국. 다른 나라.
外来語〔がいらいご〕외래어. 외국에서 온 말.
外務〔がいむ〕외무. 외교에 관한 사무.
外泊〔がいはく〕외박. 다른 곳에서 잠.
外部〔がいぶ〕외부. 바깥. 거죽.
外賓〔がいひん〕외빈. 외국에서 온 손님.
外相〔がいしょう〕외상. 외무부 장관.
外信〔がいしん〕외신. 외국에서 온 통신.
外人〔がいじん〕외인. 외국인.
外敵〔がいてき〕외적. 외구.
外出〔がいしゅつ〕외출. 나들이함.
外套〔がいとう〕외투. 코트.
外形〔がいけい〕외형. 표면에 나타난 현상.
外貨〔がいか〕외화. 외국의 화폐.
外画〔がいが〕외화. 외국 영화(映画).

音読 2

外科〔げか〕외과. 주로 수술하여 치료하는 의학의 한 분과.
外道〔げどう〕외도. ① 불교 이외의 종교. ② 진리를 떠나는 길.③ 악의가 없는 사람.
外典〔げてん〕외전. 불교 관계 이외의서적.
外題〔げだい〕외제. 표지에 쓴 책 이름.

【요】

〔凹〕
풀 : 오목할 요.
音 : オウ
訓 : ① へこます ② へこむ

❶ 凹ます〔へこます〕(他5) ① 움푹 들어가게 하다. 우그러뜨리다. ② 아무 말 못하게 납작하게 만들다. 굴복시키다.
❷ 凹む〔へこむ〕(自5) ① 움푹 패다. 꺼지다. 찌부러지다. 우그러들다. ② 굴복하다. ③ (장사에서) 밑지다.

音 読

凹角〔おうかく〕요각. 두 직각보다 크고 네 직각보다 작은 각.
凹凸〔おうとつ〕요철. 오목하게 들어감과 볼록하게 솟음.
凹版〔おうはん〕요판. 인쇄판 양식의 한가지.

〔拗〕
풀 : 꺾을 요. 삐뚤 요.
音 : ヨウ
訓 : ① こじらせる ② こじれる

❶ 拗らせる〔こじらせる〕(他下1) ① (병을) 악화시키다. ② 복잡하게 만들다.
❷ 拗れる〔こじれる〕(自下1) ① (병이) 악화되다. ② 복잡해지다. ③ 뒤틀리다.

音 読

拗音〔ようおん〕'きゃ, しゅ, ちょ' 에서처럼 'ゃ, ゅ, ょ'를 다른 かな에 첨가하여 작게 표기하여 내는 음절.

〔要〕
풀 : 요긴할 요.
音 : ヨウ
訓 : ① いる ② かなめ

❶ 要る〔いる〕(自5) 필요하다. 소용되다. 金が～; 돈이 필요하다. 何も要らない;아무것도 필요치 않다.
❷ 要〔かなめ〕① 부채의 살을 한 곳에 모으기 위하여 끼우는 못. 사물의 가장 중요한 부분. 요점.

音 読

要〔よう〕① 중요한 점. 요령. ② 필요.
要する〔ようする〕(他サ) ① 필요로 하다. 요하다. ② 요약(要約)하다. ③ 숨어 기다리다. 잠복하다.
要するに〔ようするに〕요컨대. 결국.
要すれば〔ようすれば〕필요하면.
要求〔ようきゅう〕요구. 달라고 청함.
要領〔ようりょう〕요령. 사물의 급소.
要目〔ようもく〕요목. 요긴한 조목.
要塞〔ようさい〕요새. 국방상 중요한 변방.
要所〔ようしょ〕요소. 중요한 지점.
要素〔ようそ〕요소. 사물의 근본적 조건.
要約〔ようやく〕요약. 주요 대목을 추려냄.
要人〔ようじん〕요인. 중요한 사람.
要因〔よういん〕요인. 중요한 원인.
要点〔ようてん〕요점. 중요한 점.
要地〔ようち〕요지. 중요한 곳.
要職〔ようしょく〕요직. 가장 중요한 직책.
要衝〔ようしょう〕요충. 중요한 지점.

〔揺〕
풀 : 흔들 요.
音 : ヨウ
訓 : ① ゆさぶる ② ゆすぶる ③ ゆする ④ ゆらぐ ⑤ ゆらす ⑥ ゆらめく ⑦ ゆる ⑧ ゆるがす ⑨ ゆるぐ ⑩ ゆれる

❶ 揺さぶる〔ゆさぶる〕(他5) 흔들다. 木を～; 나무를 흔들다. 揺さぶり起こす; 흔들어서 깨우다.
❷ 揺すぶる〔ゆすぶる〕(他5) 흔들다. 心を～名作; 마음을 흔드는(감명을 주는) 명작.
❸ 揺する〔ゆする〕(他5) ① 흔들다. 木の枝を～; 나뭇가지를 흔들다. ② 공갈쳐서 빼앗다. 강탈하다.
❹ 揺らぐ〔ゆらぐ〕(自5) 흔들리다. 風に～; 바람에 흔들리다.
❺ 揺らす〔ゆらす〕(他5) 흔들다. 左右に

～：좌우로 흔들다.
❻揺らめく〔ゆらめく〕(自5) 흔들거리다. 출렁이다. 波に～月影：파도에 어른거리는 달그림자.
❼揺る〔ゆる〕(他5) ①흔들다. 木の枝を：나뭇가지를 흔들다. ②일다. 米を～：쌀을 일다. (自5) 지진이 나다.
揺り起こす〔ゆりおこす〕(他5) 흔들어 깨우다. 흔들어 일으키다.
揺り動かす〔ゆりうごかす〕(他5) 흔들어 움직이다. 동요시키다. 心を～：마음을 동요시키다.
揺り籠〔ゆりかご〕요람(揺籃).
揺り返し〔ゆりかえし〕①되흔들림. ②큰 지진의 반동으로 엄습하는 약한 지진. 여진(餘震).
❽揺(る)がす〔ゆるがす〕(他5) 뒤흔들다. 天地を～：천지를 뒤흔들다.
❾揺(る)ぐ〔ゆるぐ〕(自5)흔들리다. 心が～：마음이 흔들리다. 信用が～：신용이 흔들리다.
揺(る)ぎ〔ゆるぎ〕동요. 흔들림. ～ない大会社：흔들리지 않는 대회사.
揺(る)ぎ出る〔ゆるぎでる〕(自下1) 거들먹거리며 나서다.
❿揺れる〔ゆれる〕(自下1) 흔들리다. 船が～：배가 흔들리다. 心が～：마음이 흔들리다.
揺れ〔ゆれ〕동요. 흔들림. ひどい～：심한 동요(흔들림).

音 読

揺籃〔ようらん〕요람. 어린 아기를 넣어서 흔들어 주는 바구니.
揺籃期〔ようらんき〕요람기. 사물이 발달하는 처음 기간.

〔腰〕
풀：허리 요.
音：ヨウ
訓：こし

腰〔こし〕①허리. ②허리 부분. ③허릿심. 끈기. 견딜 힘. ④자세. 태도. 기세.
腰巾着〔こしぎんちゃく〕①허리에 차는 돈주머니. ②항상 졸졸 붙어다니는 사람.
腰骨〔こしぼね〕허리뼈. ～が強い：끈질기고 다부지다.
腰っ骨〔こしっぼね〕①허리뼈. ②인내력. 일을 밀고 나아가는 힘. ～が強い：참을성이 많다.
腰掛け〔こしかけ〕①걸상. ②임시 직업.
腰掛ける〔こしかける〕(自下1) 걸터앉다.
腰紐〔こしひも〕(일본 옷의) 허리끈.
腰当て〔こしあて〕허리께에 대는 것.
腰帯〔こしおび〕허리띠.
腰刀〔こしがたな〕허리에 차는 단도.
腰の物〔こしのもの〕허리에 차는 칼.
腰抜け〔こしぬけ〕①허릿심이 빠져 일어나지 못함. ②겁쟁이. 얼뜨기.
腰弁〔こしべん〕①허리에 찬 도시락. ②가난한 월급쟁이.
腰屏風〔こしびょうぶ〕높이가 석 자쯤 되는 낮은 병풍.
腰上げ〔こしあげ〕옷을 줄이기 위해 허리 부분을 징거 넣음.
腰砕け〔こしくだけ〕①허릿심이 빠져서 몸을 가누지 못함. ②일을 중도에 그만 둠.
腰撓め〔こしだめ〕①겨냥하지 않고 총대를 허리에 대고 쏨. ②어림짐작으로 일을 처리함.
腰縄〔こしなわ〕①허리만 포승으로 묶음. ～を打つ：죄인의 허리를 묶다. ②항상 허리에 차고 다니는 끈.
腰試〔こしだめ〕씨름하기 전에 발로 땅을 굴러 허릿심을 시험해 봄.
腰弱〔こしよわ〕①허릿심이 약함. ②배짱이 없음. ③버틸 힘이 없음.
腰羽目〔こしばめ〕벽의 아랫부분에 둘러댄 판자.
腰元〔こしもと〕①시녀(侍女). ②허리 부근.
腰張り〔こしばり〕벽이나 장지문의 아랫쪽을 종이나 판자로 댐. 머름.
腰障子〔こししょうじ〕머름이 있는 장지문.
腰折れ〔こしおれ〕(자기의 문장을 낮추어 말하여) 서투름. ～文(ぶみ)：졸문.
腰湯〔こしゆ〕허리 아래만 탕에 잠그고 하는 목욕.
腰板〔こしいた〕①(장지문이나 벽의) 아랫부분에 대는 판자. 머름. ②はかま의 등허리에 대는 헝겊으로 싼 판자 조각.
腰布団〔こしぶとん〕노인의 허리 보온용(保温用)으로 두르는 작은 이불.
腰回り〔こしまわり〕허리 둘레.

連濁音에 注意

強腰〔つよごし〕강경한 태도.
物腰〔ものごし〕태도와 말씨.
本腰〔ほんごし〕진지한 마음 가짐.

音 読

腰部〔ようぶ〕요부. 허리 부분.
腰痛〔ようつう〕요통. 허리가 아픈 병.

〔窯〕
풀：가마 요.
音：ヨウ
訓：かま

窯〔かま〕가마. 陶器の～：도자기 가마.
窯元〔かまもと〕①도자기를 굽는 곳. ②도자기를 굽는 곳의 주인.

連濁音에 注意

炭焼き窯〔すみやきがま〕숯을 굽는 가마.

音 読

窯業〔ようぎょう〕요업. 도자기, 벽돌 등을 만드는 사업.

〔曜〕
풀：요일 요.
音：ヨウ
訓：

曜日〔ようび〕요일. 1주간의 날.
日曜〔にちよう〕일요일.
月曜日〔げつようび〕월요일.
火曜日〔かようび〕화요일.

〔謡〕 풀：노래 요.
音：ヨウ
訓：① うたう ② うたい

❶ 謡う〔うたう〕(他5) ① 노래부르다. ② (새가) 지저귀다.
❷ 謡〔うたい〕能楽에 맞추어 부르는 가사.

謡物〔うたいもの〕말에 곡조를 붙여 노래하는 것의 총칭.

音　読

歌謡〔かよう〕가요. 노래의 총칭.
童謡〔どうよう〕동요. 어린이들이 부르는 노래.

【욕】

〔辱〕 풀：욕 욕.
音：ジョク
訓：はずかしめる

辱しめる〔はずかしめる〕(他下1) ① 창피를 주다. ② 욕보이다. (여자를)능욕하다. ③ (지위나 명예를) 더럽히다. 욕되게 하다. 손상시키다.
辱しめ〔はずかしめ〕욕. 치욕.

音　読

辱知〔じょくち〕(자기와의 교제가 그 사람에게는 욕이 된다는 뜻으로) 상대에 대하여 자기를 겸사로 일컫는 말.

〔浴〕 풀：목욕할 욕.
音：① ヨク ② ヨッ
訓：① あびせる. ② あびる

❶ 浴びせる〔あびせる〕(他下1) ① 끼얹다. 水を～; 물을 끼얹다. ② 퍼붓다. ③ (위로부터) 내리쳐서 베다. 내리치다.
浴びせ掛ける〔あびせかける〕(他下1) ① 위에서 끼얹다. ② 위에서 큰소리로 퍼붓다.
浴びせ倒し〔あびせたおし〕(씨름에서) 덮쳐 쓰러뜨리기.
❷ 浴びる〔あびる〕(他上1) ① 뒤집어 쓰다. 水を～; 물을 뒤집어 쓰다. ② (햇볕을) 흠뻑 쬐다. ③ 받다. 非難を～; 비난을 받다.

例　外

浴衣〔ゆかた〕목욕을 한 후, 또는 여름철에 입는 무명 홑옷.
浴衣掛け〔ゆかたがけ〕ゆかた차림.

音読 1

浴する〔よくする〕(自サ) ① 목욕하다. 冷水に～; 냉수욕을 하다. 쬐다. 日光に～; 햇빛을 쬐다. ③ 받다. 恩恵に～; 은혜를 입다.
浴室〔よくしつ〕욕실. 목욕통을 설비한 방.
浴用〔よくよう〕목욕용.
浴場〔よくじょう〕욕장. 목욕탕. 공중탕.
浴槽〔よくそう〕욕조. 목욕통.
浴後〔よくご〕욕후. 목욕 후.

音読 2

浴客〔よっかく〕욕객. ① 목욕하러 오는 손님. ② 온천에 들어 가려고 오는 사람.

〔欲〕 풀：바랄 욕.
音：① ヨク ② ヨッ
訓：① ほしい ② ほしがる ③ ほっする

❶ 欲しい〔ほしい〕(形) ① 바라다. 요망하다. 원하다. ② 갖고 싶다. ③ 먹고 싶다. ④ 사고 싶다.
❷ 欲しがる〔ほしがる〕(他5) 탐내다. 갖고 싶어하다.
❸ 欲する〔ほっする〕(他サ) ① 바라다. 원하다. 요망하다. ② 갖고 싶다. ③ 하고 싶다.

音読 2

欲〔よく〕욕심. 욕망. ～が深い; 욕심이 많다. ～を張る; 욕심을 부리다. 탐내다.
欲気〔よくけ〕욕기. 욕심.
欲念〔よくねん〕욕념. 욕심.
欲得〔よくとく〕이득을 탐냄. 소유욕과 금전욕. ～ずく; 타산적임. 이득을 따짐.
欲望〔よくぼう〕욕망. 부족을 채우려는 마음.
欲目〔よくめ〕(자기의 편리한 대로 생각함) 자기 욕심. 호의적인 눈. 반한 눈.
欲心〔よくしん〕욕심.
欲深〔よくふか〕욕심이 많음. 욕심장이.
欲張り〔よくばり〕욕심장이. 욕심이 많음.
欲張る〔よくばる〕(自5) 욕심이 지나치다. 탐내다. 지나치게 욕심을 부리다.
欲情〔よくじょう〕① 욕정. 정욕(情欲). ② 욕심.

音読 2

欲界〔よっかい〕욕계. 욕망에 찬 중생이 사는 세계.
欲求〔よっきゅう〕욕구. 하고자함.
欲火〔よっか〕욕화. 불타는 욕정.

【용】

〔冗〕 풀：쓸 데 없을 용.
音：ジョウ
訓：

冗談〔じょうだん〕용담. 놀리는 말. 농담.
冗漫〔じょうまん〕용만. 글이나 말이 쓸데없이 김.
冗費〔じょうひ〕용비. 낭비하는 돈. 낭비.
冗語〔じょうご〕용어. 쓸 데 없이 수다스러운 말.
冗員〔じょういん〕용원. 쓸 데 없는 인원.
冗長〔じょうちょう〕용장. 글이나 말이 쓸데 없이 김.

〔用〕 풀：쓸 용.
音：ヨウ
訓：もちいる

用いる〔もちいる〕(他上1) ① 쓰다. 이용하다. 사용하다. ② 마음을 쓰다. 신경을 쓰다. 배려하다. ③ 채용하다. ④ 채택하다.
用い方〔もちいかた〕사용 방법.

音 読

用〔よう〕① 용건. 볼일. ② 소용. 쓸모. ③ 용도. ④ 비용. ⑤ 용변(用便). ～をたす; 용변을 보다.
用件〔ようけん〕용건. 볼일.
用達〔ようたつ〕용달. 물건을 배달함.
用談〔ようだん〕용담. 필요한 이야기.
用度〔ようど〕용도. 필요한 비용.
用途〔ようと〕용도. 쓰이는 곳.
用量〔ようりょう〕용량. 쓰는 분량.
用例〔ようれい〕용례. 쓰이는 본보기.
用立つ〔ようだつ〕(自5) 쓸모 있다. 유용하다.
用立てる〔ようだてる〕(他下1) ① 사용하다. ② 돈을 빌려 주다.
用務〔ようむ〕용무. 필요한 임무. 볼일.
用事〔ようじ〕볼일. 용건.
用水〔ようすい〕용수. 물을 씀.
用心〔ようじん〕① 정신을 차림. 주의(注意). ② 경계(警戒).
用心深い〔ようじんぶかい〕(形) 주의 깊다. 조심성이 많다.
用心棒〔ようじんぼう〕① 문을 잠그는 막대. ② 경호원(警護員).
用役〔ようえき〕용역. 생산과 소비에 필요한 것을 제공하는 일.
用意〔ようい〕① 용의. 마음 가짐. ② 조심. 주의. ③ 준비.
用材〔ようざい〕용재. 사용하는 목적.
用足し〔ようたし〕① 용건을 마침. ② 단골집에 물건을 댐. ③ 대소변을 봄.
用尺〔ようじゃく〕옷을 짓는데 필요한 옷감의 치수.
用便〔ようべん〕용변. 대변과 소변.
用向き〔ようむき〕용건의 대체적인 내용.

〔勇〕 풀：날랠 용.
音：ユウ
訓：① いさましい ② いさむ

❶勇ましい〔いさましい〕(形) ①용감하다. 용맹스럽다. ② 활발하다. 시원시원하다.
❷勇む〔いさむ〕(自5) 용기가 나다. 기운이 솟다. 勇んで出発する; 용기를 내어출발하다.
勇み肌〔いさみはだ〕대장부다운 기풍.
勇み立つ〔いさみたつ〕(自5) 용기가 나다.
勇み足〔いさみあし〕지나치게 덤비다. 앗차 실수함.

音 読

勇〔ゆう〕용기. ～を鼓す; 용기를 떨쳐 일으키다. ～をもって聞こえた人; 용기로써 알려진 사람.
勇敢〔ゆうかん〕용감. 씩씩하고 겁이 없음.
勇気〔ゆうき〕씩씩하고 굳센 기운.
勇猛〔ゆうもう〕용맹. 날래고 사나움.
勇名〔ゆうめい〕용명. 용감하다는 이름.
勇士〔ゆうし〕용사. 용기있는 남자.
勇者〔ゆうしゃ〕용자. 용감한 사람.
勇将〔ゆうしょう〕용장. 용감한 장수.
勇退〔ゆうたい〕용퇴. 조금도 꺼리지 않고 시원스럽게 물러 나감.

〔容〕 풀：얼굴 용.
音：ヨウ
訓：いれる

容れる〔いれる〕(他下1) 받아들이다. 要求を～; 요구를 받아들이다. 忠告を～; 충고를 받아들이다.

音 読

容器〔ようき〕용기. 물건을 담아 두는 그릇.
容量〔ようりょう〕용량. 물건이 담기는 분량.
容貌〔ようぼう〕용모. 얼굴 모양.
容赦〔ようしゃ〕용사. 용서하여 놓아 줌.
容色〔ようしょく〕용색. 용모와 안색(顔色)
容疑者〔ようぎしゃ〕용의자.
容易〔ようい〕용이. 아주 쉬움.
容認〔ようにん〕용인. 용납하여 인정함.
容姿〔ようし〕용자. 모양과 태도.
容積〔ようせき〕용적. 물건을 담을 수 있는 부피.
容態〔ようたい〕용태. 얼굴 모양과 맵시.

〔庸〕 풀：떳떳할 용.
音：ヨウ
訓：

凡庸〔ぼんよう〕범용. 평범. 평범한 사람.
中庸〔ちゅうよう〕중용. 어느 쪽에도 치우치지 않고 중도를 지킴.

〔傭〕 풀：고용살이할 용.
音：ヨウ
訓：やとう

傭う〔やとう〕(他5) 고용하다. 세내다.
傭〔やとい〕고용. 고용인. 임시 직원.

〔溶〕 풀：녹을 용.
音：ヨウ
訓：① とかす ② とく ③ とける

❶溶かす〔とかす〕(他5) 녹이다. 鉄を～; 철을 녹이다. 氷を～; 얼음을 녹이다.
❷溶く〔とく〕(他5) ① 개다. 녹이다. 小麦粉を水に～; 밀가루를 물에 개다. ② (깬 달걀을) 풀다.
溶きほぐす〔ときほぐす〕(他5) 달걀을 풀어서 섞다.
溶き卵〔ときたまご〕물에 푼 달걀.
❸溶ける〔とける〕(自下1) ① 녹다. 鉄が～; 철이 녹다. ② 물에 풀리다.
溶け込む〔とけこむ〕(自5) 서로 어울리다. 융합되다.
溶け合う〔とけあう〕(自5) 융합하다. 薬物が～; 약물이 융합하다.

音　読

溶鉱炉〔ようこうろ〕용광로. 금속을 제련하는 가마.
溶暗〔ようあん〕용암. 선명한 화면이 차차 어두워져 아주 캄캄해지는 영화 촬영상의 기술의 하나.
溶岩〔ようがん〕용암.
溶液〔ようえき〕용액. 용해한 액체.
溶融〔ようゆう〕용융. 녹아서 액체가 됨.
溶接〔ようせつ〕용접. 두 금속에 열을 가하여 접합시키는 일.
溶剤〔ようざい〕용제. 융제(融剤).
溶質〔ようしつ〕용질. 용액 속의 물질.
溶解〔ようかい〕용해. 녹는 현상.
溶血〔ようけつ〕용혈.

〔踊〕 풀：춤출 용.
音：**ヨウ**
訓：① **おどる** ② **おどらされる** ③ **おどらす** ④ **おどり**

❶**踊る**〔おどる〕(自5) 춤추다. ダンスを~; 춤을 추다. バレーを~; 발레를 추다.
❷**踊らされる**〔おどらされる〕(自下1)(남의 장단에) 놀아나다(춤추다). (남의) 앞잡이가 되어 행동하다.
❸**踊らす**〔おどらす〕(他5) (조종하여) 놀아나게 하다. 춤추게 하다. 앞잡이로 만들다.
❹**踊り**〔おどり〕① 춤. 무용. ② (초밥 집에서) 살아 있는 새우.
踊り狂う〔おどりくるう〕(自5) 미쳐 날뛰다. 미친 듯이 춤추다.
踊り歩〔おどりぶ〕차용 증서를 바꾸어 쓸 때 그 달의 이자를 이중으로 지불하는 것.
踊り上がる〔おどりあがる〕(自5) 벌떡 일어나다.
踊り込む〔おどりこむ〕(自5) 뛰어들다.
踊り子〔おどりこ〕춤추는 소녀. 무희. 댄서
踊り字〔おどりじ〕같은 글자가 겹칠 때, 아래 글자를 생략한 것을 표시하는 부호.
踊り場〔おどりば〕① 무도장(舞踏場). 카바레. ② 계단의 도중에서 발을 쉬게 된 넓고 평평한 장소. 층계참.
踊り出る〔おどりでる〕(自下1) ① 춤추며 나가다. ② 남을 제쳐 놓고 그 자리에 나가다. 뛰어 오르다. 首位に~; 수위로 뛰어 오르다.

音　読

踊躍〔ようやく〕용약. 좋아서 뜀.
舞踊〔ぶよう〕무용. 춤. 댄스.

【우】

〔又〕 풀：또 우.
音：
訓：**また**

又〔また〕다음. 다른. 또. 재차. 역시.
又いとこ〔またいとこ〕육촌 형제.
又しても〔またしても〕또다시. 거듭. 재차.
又とない〔またとない〕다시 없다. 둘도 없다.
又は〔または〕또는. 혹은 그게 아니면.
又もや〔またもや〕또다시. 다시금.
又家来〔またげらい〕부하의 부하.
又聞き〔またぎき〕간접적으로 들음.
又貸し〔またがし〕빌린 것을 다시 남에게 빌려 줌.
又隣〔まただとなり〕한 집 건너 이웃집.
又頼み〔まただのみ〕간접적으로 부탁함. 남을 사이에 넣어서 부탁함.
又の名〔またのな〕다른 이름. 별명. 일명.
又又〔またまた〕거듭. 또다시. 재차.
又の日〔またのひ〕다음날. 훗날. 뒷날.
又弟子〔またでし〕제자의 제자.
又借り〔またがり〕남이 빌린 것을 다시 빌리는 일. 転借.
又請け〔またうけ〕① 보증인의 보증인이됨 ② 하청(下請).

〔友〕 풀：벗 우.
音：**ユウ**
訓：**とも**

友〔とも〕① 벗. 친구. 동무. ② 동행. 길벗.
友達〔ともだち〕친구. 벗. 동무.
友垣〔ともがき〕벗. 친구.

音　読

友軍〔ゆうぐん〕우군. 자기 편의 군대.
友邦〔ゆうほう〕우방. 친한 나라.
友禅染め〔ゆうぜんぞめ〕絹布 등에 花鳥, 草木, 山水등의 무늬를 염색한 것.
友愛〔ゆうあい〕우애. 친우나 형제 사이의 우정.
友宜：**友誼**〔ゆうぎ〕우의. 우정.
友人〔ゆうじん〕우인. 친구. 벗.
友情〔ゆうじょう〕우정. 벗으로서의 정.
友好〔ゆうこう〕우호. 친구로서의 교제.

〔牛〕 풀：소 우.
音：**ギュウ**
訓：**うし**

牛〔うし〕소. ~の歩み; 소 걸음.
牛飼い〔うしかい〕소를 치는 사람.
牛殺し〔うしころし〕소 도살(屠殺)을 직업으로 하는 사람. 백장.
牛車〔うしぐるま〕소가 끄는 짐수레. 달구지.
牛追い〔うしおい〕소몰이.

音　読

牛鍋〔ぎゅうなべ〕남비에 조리한 쇠고기 요리.
牛刀〔ぎゅうとう〕우도. 소를 잡는 칼.
牛痘〔ぎゅうとう〕우두.
牛馬〔ぎゅうば〕우마. 소와 말.
牛尾〔ぎゅうび〕우미. 쇠꼬리.
牛舎〔ぎゅうしゃ〕외양간.
牛乳〔ぎゅうにゅう〕우유. 암소의 젖.
牛肉〔ぎゅうにく〕우육. 쇠고기.

牛耳〔ぎゅうじ〕① 쇠귀. ② 우두머리.
牛耳る〔ぎゅうじる〕(他5) 우두머리가 되다. 마음대로 지배하다.
牛脂〔ぎゅうし〕우지. 소의 기름을 정제한 것.
牛皮〔ぎゅうひ〕우피. 쇠가죽.
牛後〔ぎゅうご〕지배를 받는 사람.

〔右〕 풀：오른 쪽 우.
音：① ウ ② ユウ
訓：みぎ

右〔みぎ〕오른 쪽. 우측.
右肩〔みぎかた〕오른쪽 어깨.
右利き〔みぎきき〕오른손잡이.
右手〔みぎて〕① 오른손. ② 오른쪽.
右腕〔みぎうで〕① 오른 팔. ② 심복 부하.
右左〔みぎひだり〕① 좌우. ② 그자리에서 즉각 주고받음. ③ 좌우를 뒤바꿈. 반대.
右側〔みぎがわ〕우측. 오른쪽.
右側通行〔うそくつうこう〕우측 통행.

音読 1

右端〔うたん〕우단. 오른쪽 끝.
右往左往〔うおうさおう〕우왕좌왕.
右翼〔うよく〕우익. ① 오른쪽 날개. ② 보수주의 단체. ③ 오른쪽의 부대.
右折〔うせつ〕오른쪽으로 돎.
右側通行〔うそくつうこう〕우측 통행.
右派〔うは〕우파. 보수적 당파.
右舷〔うげん〕우현. 오른쪽 뱃전.

音読 2

右筆〔ゆうひつ〕옛날에 귀인 밑에서 기록을 맡아 하던 사람. 비서역.
左右〔さゆう〕좌우.
座右の銘〔ざゆうのめい〕좌우명. 곁에 두고 늘 교훈으로 삼는 격언.

〔宇〕 풀：집 우.
音：ウ
訓：

宇内〔うだい〕천지 사방의 안. 천하. 세계.
宇宙〔うちゅう〕우주. ① 무한한 공간. 천지. ② 지구 밖의 공간.
宇宙線〔うちゅうせん〕우주선. 우주에 존재하는 일종의 방사선(放射線).

〔芋〕 풀：토란 우.
音：
訓：いも

芋〔いも〕감자, 고구마, 토란 등의 총칭.
芋の子〔いものこ〕토란.
芋の子教育〔いものこきょういく〕상류계급의 자녀를 특수 학교에 넣지 않고 보통학교에 넣어 연약한 성질이나 체질을 없애는 교육 방법.

〔羽〕 풀：날개 우.
音：ウ
訓：① は ② はね ③ わ

訓　読

羽❶〔は〕① 날개. ② 화살에 단 새의 깃털.
❷〔はね〕① 날개. ② 새털. 깃.
羽交い〔はがい〕① 날개. ② 새의 양날개가 교차되는 곳.
羽交い締め〔はがいじめ〕뒤에서 겨드랑이 밑으로 양팔을 넣어 상대를 꼼짝 못하게 꽉 죄는 일.
羽根車〔はねぐるま〕날개바퀴.
羽根〔はね〕기계나 기구등에 붙인 날개 모양 것. 飛行機の～; 비행기 날개.
羽目〔はめ〕① 벽에 판자를 가지런히 붙인 것. ② (곤란한) 처지. ③ ～をはずす;흥겨운 나머지 도를 지나치다.
羽音〔はおと〕날개 소리.
羽衣〔はごろも〕깃옷. 새털로 만든 옷.
羽二重〔はぶたえ〕① 얇고 부드러우며 윤이 나는 순백색 비단. ② 곱고 보드랍고 휨.
羽織〔はおり〕일본 옷의 위에 입는 짧은 겉옷.
羽織る〔はおる〕(他5) 羽織를 입다. 옷위에 겉옷을 걸쳐 입다.
羽振り〔はぶり〕위세. 세력. 인망.
羽虫〔はむし〕① 새벼룩. ② 날개가 있는 작은 벌레의 총칭.

파 생 어

羽❶〔は〕① 날개. ② 화살에 단 새의 깃털.
❷〔はね〕① 날개. ② 새털. 깃.
羽布団〔はねぶとん〕새털을 넣은 가벼운 이불.
羽帚〔はねぼうき〕새털을 묶어서 만든 비.

訓 読 ③

一羽〔いちわ〕한 마리.
二羽〔にわ〕두 마리.

連濁音에 注意

三羽〔さんば〕세 마리.
六羽〔ろっぱ〕여섯 마리.
十羽〔じゅっぱ〕열 마리.

音　読

羽毛〔うもう〕우모. 깃털.
羽翼〔うよく〕① 우익. 날개. ② 도와주는 사람. 보좌(補佐).

〔雨〕 풀：비 우.
音：ウ
訓：① あめ ② あま～ ③ ～さめ

❶雨〔あめ〕① 비. ② 우천(雨天).
雨降り〔あめふり〕비가 옴.
雨男〔あめおとこ〕비를 몰고 다니는 사나이.
雨上がり〔あめあがり〕비가 막 갬.
雨霰〔あめあられ〕① 비와 싸라기눈. ② 총알이나 화살이 빗발치듯함.
雨雪〔あめゆき〕진눈깨비.
雨勝ち〔あめがち〕비가 잦음.
雨跡〔あめあと〕빗자국.
雨風〔あめかぜ〕① 비바람. ② 술과 단 것을 모두 좋아하는 사람.

訓 読 2

雨脚〔あまあし〕빗발.
雨間〔あまあい〕비가 잠깐 갠 사이.
雨空〔あまぞら〕비가 오는 하늘.
雨気〔あまけ〕비가 올 듯한 기세.
雨曇り〔あまぐもり〕비가 올 듯이 흐림.
雨漏り〔あまもり〕(지붕이나 천장에서) 비가 샘.
雨落ち〔あまおち〕낙숫물이 떨어지는 곳.
雨粒〔あまつぶ〕빗방울.
雨模様〔あまもよう〕비가 올 듯한 날씨.
雨覆い〔あまおおい〕① 비를 막는 덮개. ② 칼집의 등을 덮는 쇠장식.
雨傘〔あまがさ〕우산. ～をさす；우산을 쓰다.
雨水〔あまみず〕빗물. 비가 와서 괸 물.
　〔うすい〕우수. 24절기의 하나.
雨垂れ〔あまだれ〕낙숫물.
雨垂れ落ち〔あまだれおち〕낙숫물이 떨어지는 곳.
雨垂れ拍子〔あまだれびょうし〕단조로운 장단.
雨宿り〔あまやどり〕비를 피함.
雨夜〔あまよ〕비 오는 밤.
雨雲〔あまぐも〕비구름.
雨蛙〔あまがえる〕청개구리.
雨足〔あまあし〕빗발.
雨止み〔あまやみ〕① 비가 멎음. ② 비를 피함.
雨支度〔あまじたく〕비설겆이.
雨着〔あまぎ〕비옷.
雨避け〔あまよけ〕① 비를 막는 덮개. ② 비를 피함.
雨曝し〔あまざらし〕비를 맞게 내버려 둠.
雨戸〔あまど〕(비바람을 막는) 덧문.

訓 読③

霧雨〔きりさめ〕이슬비.
氷雨〔ひさめ〕우박.
小雨〔こさめ〕가랑비.
秋雨〔あきさめ〕가을비.
春雨〔はるさめ〕봄비.

例 外

梅雨〔つゆ〕장마.
時雨〔しぐれ〕오다 말다 하는 비.
五月雨〔さみだれ〕음력 5월경에 오는 장마.

音 読

雨季〔うき〕비가 많이 오는 시기.
雨量〔うりょう〕우량. 비가 온 분량.
雨滴〔うてき〕낙수물. 빗방울.
雨天〔うてん〕우천. 비가 오는 날.
雨後〔うご〕우후. 비 온 뒤.

〔偶〕
풀：짝 우.
音：グウ
訓：

偶感〔ぐうかん〕우감. 우연히 머리에 떠오르는 생각. 또는 감상(感想).
偶発〔ぐうはつ〕우발. 일이 우연히 일어남.
偶像〔ぐうぞう〕우상. 神仏의 모양을 본떠서 금속, 나무, 돌로 만든 상(像).
偶数〔ぐうすう〕우수. 짝수.
偶然〔ぐうぜん〕우연. 뜻하지 않음. 뜻밖에.

〔郵〕
풀：우편 우.
音：ユウ
訓：

郵券〔ゆうけん〕우표.
郵袋〔ゆうたい〕우편물을 넣어서 수송하는 주머니. 우편낭.
郵税〔ゆうぜい〕우편료. 우송(郵送)요금.
郵送〔ゆうそう〕우송. 우편으로 보냄.
郵政〔ゆうせい〕우정. 우편 행정.
郵逓〔ゆうてい〕우체. 우편.
郵便〔ゆうびん〕우편. 편지. 소포 등을 전달하는 업무.
郵便局〔ゆうびんきょく〕우체국.
郵便物〔ゆうびんぶつ〕우편물.
郵便屋さん〔ゆうびんやさん〕우편 배달부.

〔寓〕
풀：붙어 살 우.
音：グウ
訓：

寓する〔ぐうする〕(自サ) 임시 거처에 살다. (他サ) 비유하여 말하다. 비유로 이야기하다.
寓居〔ぐうきょ〕우거. 남의 집에 임시로 삶.
寓生〔ぐうせい〕우생. 남에게 붙어서 삶.
寓話〔ぐうわ〕우화. 교훈적인 의미가 내포되어 있는 이야기(例：이솝 이야기)

〔隅〕
풀：모퉁이 우.
音：グウ
訓：すみ

隅〔すみ〕① 귀퉁이. ② 구석.
隅っこ〔すみっこ〕구석. 部屋の～；방구석.
隅隅〔すみずみ〕구석구석. 모든 곳.

〔遇〕
풀：만날 우.
音：グウ
訓：あう

遇う〔あう〕(自5) ① 우연히 만나다. 道で～；길에서 마주치다. ② 우연히 겪다. 雨に～；비를 만나다. どろぼうに～；도둑을 맞다.

音 読

遇する〔ぐうする〕(他サ) 대접하다. 대우하다. 대하다. 客を～；손님을 대접하다.
待遇〔たいぐう〕대우. 대접. 처우.

〔愚〕
풀：어리석을 우.
音：グ
訓：① おろか ② おろかしい

❶ 愚か〔おろか〕어리석음. 바보스러움. ～なこと；어리석은 일.
愚か者〔おろかもの〕바보 같은 놈.
❷ 愚かしい〔おろかしい〕(形)어리석다. 바보스럽다. 생각이 부족하다.

音 読

愚〔ぐ〕어리석음. 바보. ～なやつ；어리석은 놈. 바보 같은 놈.
愚見〔ぐけん〕우견. 어리석은 생각.
愚鈍〔ぐどん〕우둔. 어리석고 둔함.

놀리는 것.
愚昧〔ぐまい〕우매. 어리석고 어두움.
愚問〔ぐもん〕우문. 어리석은 질문.
愚痴〔ぐち〕푸념. 쓸 데 없는 한탄.
愚痴る〔ぐちる〕(自5) 푸념하다. 쓸 데없는 한탄을 되풀이하다.

〔虞〕 풀: 염려할 우.
音:
訓: **おそれ**

虞〔おそれ〕염려. 우려. 大雨の~がある; 큰 비가 올 우려가 있다. 出水の~; 홍수가 날 염려(우려).

〔憂〕 풀: 근심 우
音: **ユウ**
訓: ① **う**い ② **うれ**い ③ **うれ**える ④ **うれ**わしい

❶ **憂い**〔うい〕(形) 괴롭다. 고통스럽다.
❷ **憂い**〔うれい〕(名) 근심. 걱정. 슬픔. 한탄.
❸ **憂える**〔うれえる〕(他下1) 근심하다. 걱정하다. 마음을 태우다. 将来を~; 장래를 걱정하다.
❹ **憂わしい**〔うれわしい〕(形) 걱정스럽다. 근심되다. 우려되다.

音 読

憂国〔ゆうこく〕우국. 나라 일을 염려하여 근심함.
憂慮〔ゆうりょ〕우려. 근심하거나 걱정함.
憂色〔ゆうしょく〕우색. 근심하는 기색.
憂愁〔ゆうしゅう〕우수. 근심과 걱정.
憂鬱〔ゆううつ〕우울. 마음이 무겁고 명랑하지 못함.

〔優〕 풀: 뛰어날 우.
音: **ユウ**
訓: ① **すぐ**れる ② **やさ**しい ③ **まさ**る

❶ **優れる**〔すぐれる〕(自下1) ① 우수하다. 뛰어나다. 훌륭하다. ② 優れない; 좋지 않다.
❷ **優しい**〔やさしい〕(形) ① 상냥하다. 온순하다. (마음씨가) 곱다. 다정하다. ② 우아하다. 아름답다.
優男〔やさおとこ〕상냥하며 싹싹한 남자.
優女〔やさおんな〕상냥하며 아름다운 여자.
優姿〔やさすがた〕아름다운 모습.
優形〔やさがた〕① (몸매가) 날씬하고 품위가 있음. ② 상냥함.
❸ **優る**〔まさる〕(自5) 우수하다. (보다 더) 낫다.

音 読

優〔ゆう〕① 우아하고 아름다움. ② 뛰어남. ③ 충분함. ~に一万をこえる; 충분히 1만을 초과하다.
優待〔ゆうたい〕우대. 특별히 잘 대우함.
優等〔ゆうとう〕우등. 훌륭히 빼어난 등급
優良〔ゆうりょう〕우량. 가장 좋음.
優美〔ゆうび〕우미. 뛰어나게 아름다움.
優生学〔ゆうせいがく〕우생학.
優先〔ゆうせん〕우선. 딴 것에 앞섬.
優性〔ゆうせい〕우성.
優勢〔ゆうせい〕우세. 남보다 나은 형세.
優秀〔ゆうしゅう〕우수. 여럿 중에서 뛰어남.
優勝〔ゆうしょう〕우승. 첫째로 이김.
優雅〔ゆうが〕우아. 기품(気品)이 있고 아름다움.
優劣〔ゆうれつ〕우열. 우수함과 저열함.
優越〔ゆうえつ〕우월. 뛰어남.
優位〔ゆうい〕우위. 우등의 자리.
優柔不断〔ゆうじゅうふだん〕우유 부단.

【운】

〔云〕 풀: 이를 운.
音: **ウン**
訓: **い**う

云う〔いう〕(他5) 말하다. (이야기)하다.
云云〔うんぬん〕운운. 말을 생략할 때 쓰는 말. スポツ~のことば; 스포츠 운운이라고 한 것은.
云云する〔うんぬんする〕(他サ) 운운하다. 이러쿵저러쿵 말하다.

〔運〕 풀: 운전할 운.
音: **ウン**
訓: **はこ**ぶ

運ぶ〔はこぶ〕(他5) ① 운반하다. 나르다. 옮기다. ② 추진시키다. 진행시키다. (自5) 진척되다.
運び〔はこび〕① 운반. ② (일의) 진행. 추진 솜씨. ③ 진척. 진도. ④ 걸음걸이 ⑤ (일이 어느) 단계에 이름. ⑥ 처리. 조치. ⑦ 왕림. 와줌.

音 読

運〔うん〕① 운. ② 운명. 숙명. ③ 행운. ~が向く; 운이 트이다.
運動〔うんどう〕운동. 몸을 놀려 움직임.
運命〔うんめい〕운명. 숙명론(宿命論).
運搬〔うんぱん〕운반. 물건을 옮겨 나름.
運算〔うんさん〕운산. 수치(数値)를 계산함.
運送〔うんそう〕운송. 여객이나 물건을 운반하여 보냄.
運輸〔うんゆ〕운수. 규모가 크게 짐을 옮기는 일.
運試し〔うんだめし〕운수가 좋고 나쁨을 시험해 봄.
運営〔うんえい〕운영. 일을 경영하여 나아감.
運用〔うんよう〕운용. 움직여 이용함.
運賃〔うんちん〕운임. 운반하는 삯. 운송비
運転〔うんてん〕운전. 기계를 움직여 돌림.
運筆〔うんぴつ〕운필. 붓을 놀림.
運河〔うんが〕운하. 인공(人工)의 수로.
運航〔うんこう〕운항. 배나 비행기가 항로

를 따라 항행함.
運行〔うんこう〕운행. 운전하여 나아감.

〔雲〕 풀：구름 운.
音：ウン
訓：くも

雲〔くも〕① 구름. ② 높은 곳. 높은 지위
雲脚〔くもあし〕① 구름의 움직임. ② 얕게 뜬 비구름. ③ (책상, 탁자 따위의)구름 모양으로 구부러지게 장식하여 만든 다리.
雲間〔くもま〕구름 사이.
雲居〔くもい〕① (산허리에) 구름이 기다랗게 끼어 있는 곳. ② 궁중(宮中).
雲路〔くもじ〕① 구름길. 구름이 가는 곳. ② 새가 나는 하늘의 길.
雲の峰〔くものみね〕뭉게구름.
雲の上〔くものうえ〕① 구름 위. ② 궁중(宮中).
雲隠れ〔くもがくれ〕① (달이) 구름에 가림. ② 자취를 감춤.
雲の梯〔くものかけはし〕① (산허리에) 기다랗게 낀 구름. ② 절벽 위에 만든 다리.
雲助〔くもすけ〕못된 놈.
雲助根性〔くもすけこんじょう〕남의 약점을 잡아 등쳐 먹는 비열한 근성.
雲助運転手〔くもすけうんてんしゅ〕바가지 운전수. 악덕 운전수.
雲紙〔くもがみ〕위쪽에는 푸른 구름이 있고 아래쪽에는 보랏빛 구름 무늬를 넣은 일본 종이의 일종.
雲合い〔くもあい〕(날씨가 갤는지 흐릴는지의) 구름의 상태. 날씨. 하늘 모양.
雲行き〔くもゆき〕① 구름이 움직이는 모양. ② 사태가 되어 가는 형세.
雲形〔くもがた〕운형. 구름 모양(의 조각)

連濁音에 注意

浮き雲〔うきぐも〕뜬 구름.
雨雲〔あまぐも〕비구름.

例 外

雲雀〔ひばり〕종달새. 종다리.

音 読

雲母〔うんも〕운모. 돌비늘.
雲霧〔うんむ〕운무. 구름과 안개.
雲集〔うんしゅう〕운집. 구름처럼 많이 모임.

〔韻〕 풀：운치 운.
音：イン
訓：

韻〔いん〕운. ① 말끝의 여운. ② 글줄의 끝이나 말머리에 있는 같은 여운의 말.
～をふむ; 운을 밟다.
韻律〔いんりつ〕 운율. 말의 음악적인 가락.
韻文〔いんぶん〕운문. ① 운을 밟은 글.② 시 형식의 글.
韻致〔いんち〕운취. 아취(雅趣).

【웅】

〔雄〕 풀：수컷 웅.
音：ユウ
訓：① おす ② お

❶ 雄〔おす〕수컷.
雄犬〔おすいぬ〕수캐.
❷ 雄雄しい〔おおしい〕(形) 씩씩하다. 장하다. 사내답고 용감하다.

파 생 어

雄叫び〔おさけび〕우렁찬 외침 소리.
雄滝〔おだき〕한쌍의 폭포 중에서 큰 폭포.
雄牛〔おうし〕숫소.
雄蝶〔おちょう〕수나비.
雄花〔おばな〕수꽃.

音 読

雄大〔ゆうだい〕웅대. 굉장히 큼.
雄弁〔ゆうべん〕웅변. 조리가 있고 거침없이 말을 잘함.
雄姿〔ゆうし〕웅자. 웅대한 자세 또는모습
雄壮〔ゆうそう〕웅장. 크고 으리으리함.
雄志〔ゆうし〕웅지. 큰 뜻.

【원】

〔元〕 풀：으뜸 원.
音：① ガン ② ゲン
訓：もと

元〔もと〕① 본디. 본래. 이전. ② 전(前). 전직(前職).
元へ〔もとへ〕(운동에서 다시 할 때에 하는 구령) 다시 바로.
元結い〔もとゆい〕① 상투를 틀 때 쓰는 가느다란 끈. ② 상투.
元高〔もとだか〕본디의 금액. 원금. 원가.
元金〔もときん〕① 밑천. 자본금. 본전.② 원금.
〔がんきん〕원금.
元代議士〔もとだいぎし〕전직 국회의원.
元肥え〔もとごえ〕밑거름.
元手〔もとで〕자본. 밑천. 본전.
元首相〔もとしゅしょう〕전(前) 수상.
元元〔もともと〕① 원래. 본래부터. 본디. ② 본전치기. 본전.
元込め〔もとごめ〕탄환을 총신이나 포신뒤로 부터 재게 된 장치.
元子〔もとこ〕원금과 이자.
元帳〔もとちょう〕원장.
元種〔もとだね〕원료. 재료.
元締め〔もとじめ〕① 회계나 경리 따위를 총괄하는 역할. ② 노름꾼 등의 두목.
元値〔もとね〕원가(原価). 구입 가격.

音 読 1

元年〔がんねん〕원년. 年号를 세운 첫 해.
元旦〔がんたん〕원단. 설날 아침.
元来〔がんらい〕원래. 본디. 전부터.
元利〔がんり〕원리. 본전과 이자.
元日〔がんじつ〕お~; 설날.
元祖〔がんそ〕원조. ① 첫 조상. ② 어떤 일을 처음으로 시작하는 사람.

音読 2

元気〔げんき〕원기. ① 근본의 힘. ② 심신(心身)의 왕성한 정력. ③ 건강함. ④ 왕성함.
元老〔げんろう〕원로. 공로가 있는 연장자.
元素〔げんそ〕원소. 근본이 되는 사물.
元首〔げんしゅ〕원수. 그 나라의 우두머리.
元帥〔げんすい〕원수. 오성장군(五星将軍)
元凶〔げんきょう〕원흉. 나쁜 사람의 두목.

〔円〕 풀：둥글 원.
音：エン
訓：① まるい ② つぶら ③ まどか ④ まろやか

❶ 円い〔まるい〕(形) ① 둥글다. ② 폭신하다. ③ 포동포동하다. ④ 모나지 않다. ⑤ 원만하다.
円窓〔まるまど〕둥근 창문.
円形〔まるがた：えんけい〕원형. 둥근형.
❷ 円ら〔つぶら〕(形動) 둥근 모양. 둥글고 귀여움.
❸ 円か〔まどか〕(形動) ① 둥근 모양. 동그람. ② 원만함. ③ 평온함.
❹ 円やか〔まろやか〕(形動) 둥근 모양.

音読

円〔えん〕① 동그라미. ② 일본 화폐의 단위.
円満〔えんまん〕원만. 인품이 둥글고 너그러우며 의가 좋음.
円舞〔えんぶ〕원무. 원원을 만들며 추는춤
円盤〔えんばん〕원반. 직경 22cm의 원형의 판. 육상 운동 기구의 하나.
円熟〔えんじゅく〕원숙. 매우 숙련됨.
円心〔えんしん〕원심. 원의 중심.
円周率〔えんしゅうりつ〕원주율.
円卓〔えんたく〕원탁. 둥근 탁자.
円筒〔えんとう〕원통. 둥근 통.
円滑〔えんかつ〕원활. ① 일이 아무 거침이 없음. ② 모가 없고 원만함.

〔垣〕 풀：낮은 담 원
音：エン
訓：かき

垣〔かき〕울타리. 담.
垣間見る〔かいまみる〕(他上1) 틈으로 살짝 엿보다.
垣根〔かきね〕울타리.
垣隣〔かきどなり〕울타리 건너 이웃.
垣網〔かきあみ〕본그물에 딸려 있으며 물고기를 본그물쪽으로 인도하는 데 쓰는 보조 그물.
垣覗き〔かきのぞき〕울타리 틈으로 엿봄.
垣越し〔かきごし〕① 울타리 너머. ② 울타리를 넘어서 옴.

〔原〕 풀：언덕 원.
音：ゲン
訓：はら

原〔はら〕들. 벌판.
原っぱ〔はらっぱ〕주택지 따위에 있는빈터
原中〔はらなか〕들의 복판.

連濁音에 注意

松原〔まつばら〕소나무가 선 벌판.
海原〔うなばら〕넓은 바다.

例外

河原〔かわら〕강가 모래, 자갈 밭.

音読

原価〔げんか〕원가. ① 본디 사들일 때의 값. ② 생산비.
原告〔げんこく〕원고. 소송을 제기한 사람.
原稿〔げんこう〕원고 글월의 초고.
原動力〔げんどうりょく〕원동력.
原料〔げんりょう〕원료.생산에 쓰이는 소재.
原理〔げんり〕원리. 사물의 근본적인 진리.
原綿〔げんめん〕원면. 면화.
原文〔げんぶん〕원문. 원글.
原本〔げんぽん〕원본. 본보기가 되는 서류.
原産地〔げんさんち〕원산지. 생산지.
原状〔げんじょう〕원상.
原色〔げんしょく〕원색. 기본 색.
原始〔げんし〕원시. 시작되는 처음.
原因〔げんいん〕원인. 근본적인 까닭.
原子〔げんし〕원자. 물질의 궁극적인 요소.
原資材〔げんしざい〕원자재. 공업 생산의 원료가 되는 자재.
原典〔げんてん〕원전. 기준이 되는 본디의 서적이나 물건.
原罪〔げんざい〕원죄.
原住民〔げんじゅうみん〕원주민.
原則〔げんそく〕원칙. 근본적인 규칙.
原爆〔げんばく〕원폭. 원자폭탄.
原形〔げんけい〕원형. 맨 처음의 형태.
原型〔げんけい〕원형. 제작물의 근본이 되는 본보기나 거푸집.

〔員〕 풀：인원 원.
音：イン
訓：

員数〔いんずう〕인원수(人員数).
員外〔いんがい〕원외. 정원외.
社員〔しゃいん〕사원.회사에 근무하는 사람.
定員〔ていいん〕정원. 정해진 인원.

〔院〕 풀：집 원.
音：イン
訓：

院内〔いんない〕원내. ① 국회의 내부. ② 원(院)자가 붙은 각종 기관의 내부.
院外〔いんがい〕원외. ① 국회의 밖. ② 원(院)자가 붙은 기관의 밖.
院長〔いんちょう〕원장. 원(院)자가 붙은 기관의 우두머리.

〔援〕 풀：도울 원.
音：エン
訓：

援軍〔えんぐん〕원군. 원조하는 군대.
援用〔えんよう〕원용. ① 증거를 위하여 인용(引用)하는 일. ② 어떤 사실을 자기의 이익을 위하여 증거하는 일.
援助〔えんじょ〕도와 줌.
援護〔えんご〕원호. 뒤를 돌보고 도와줌.

〔園〕 훈: 동산 원.
音: エン
訓: その

園〔その〕① 동산. 정원. 뜰. ② 장소. 女の~; 여원. 여성계. 여학교. 学びの~; 배움의 동산. 학교.
園生〔そのう〕원예밭.

連濁音에 注意

花園〔はなぞの〕화원. 꽃밭. 꽃동산.

音 読

園児〔えんじ〕원아. 유치원에 다니는 아이.
園芸〔えんげい〕원예. 채소. 화초, 과목등을 심어 가꾸는 일.
園遊会〔えんゆうかい〕원유회. 여러 손님을 청하여 옥외(屋外)에서 노는 모임.

〔源〕 훈: 근원 원.
音: ゲン
訓: みなもと

源〔みなもと〕① 물의 근원. 수원(水源). ② 기원. 근원. 事件の~; 사건의 근원.

音 読

源流〔げんりゅう〕원주. ① 물이 흐르는 원천. ② 사물이 일어나는 근원.
源氏物語〔げんじものがたり〕平安 시대의 세태(世態)를 묘사한 장편 소설.
源泉〔げんせん〕원천. ① 물이 흘러 나오는 근원. ② 사물의 근원.
源平〔げんぺい〕① 源氏와 平氏. ② (경기를 하기 위한) 적과 우리편.

〔猿〕 훈: 원숭이 원.
音: エン
訓: さる

猿〔さる〕① 원숭이. ② 잔재주 부리는 사람을 욕하는 말.
猿股〔さるまた〕팬츠.
猿面〔さるめん〕① 원숭이 같은 얼굴. ② 원숭이의 탈.
猿芝居〔さるしばい〕① 원숭이가 재주부리는 구경 거리. ② 서투른 연극. 잔꾀.
猿知恵〔さるぢえ〕얕은 꾀. 잔재주.
猿真似〔さるまね〕원숭이 흉내. 덮어놓고 남의 흉내를 내는 사람.
猿戸〔さるど〕정원 입구의 간단한 나무 문.
猿回し〔さるまわし〕원숭이를 시켜 재주를 부리게 하여 그것으로 돈을 버는 사람.

音 読

猿鳴〔えんめい〕원명. 원숭이가 우는 소리
猿人〔えんじん〕원인. 처음으로 서서 걷고 손으로 도구를 사용한 원시인.

〔遠〕 훈: 멀 원.
音: ① エン ② オン
訓: とおい

遠い〔とおい〕(形) ① (거리가) 멀다. (시간의 간격이) 멀다. ② 친하지 않다. ③ 멍청하다. 둔하다. 耳が~; 귀가 먹다.
遠からず〔とおからず〕멀지않다. 멀지않아.
遠く〔とおく〕① 먼 곳. ② 멀리.
遠ざかる〔とおざかる〕(自5) ① 멀어지다. ② 사라지다. 물러가다. ③ 소원 해지다. 친하지 않게 되다.
遠ざける〔とおざける〕(他下1) ① 멀리하다. ② 물리치다. ③ 절도를 지키다. ④ 친하지 않게 하다.
遠のく〔とおのく〕(自5) ① 멀어지다. ② 물러가다. ③ 멀리 떨어지다. ④ 뜸해지다. ⑤ 소원해지다.
遠のける〔とおのける〕(他下1) 멀리하다.
遠見〔とおみ〕① 멀리 바라봄. ② 멀리 정찰함. ③ 멀리서 보는 눈.
遠駆け〔とおがけ〕전속력으로 멀리 말을 달림.
遠巻き〔とおまき〕멀리서 포위함.
遠道〔とおみち〕① 먼길. 먼길을 걸음. ② 돌아가는 길. 도는 길.
遠鳴り〔とおなり〕멀리서 울리는 소리.
遠目〔とおめ〕① 원시안(遠視眼). ② 멀리서 봄. 멀리서 보는 눈. ③ 멀찍함.
遠歩き〔とおあるき〕먼 곳에 나다님.
遠山〔とおやま〕먼 산.
遠山里〔とおやまざと〕두메산골.
遠乗り〔とおのり〕멀리 타고 가서 놂.
遠矢〔とおや〕멀리 쏜 화살.
遠眼鏡〔とおめがね〕망원경.
遠縁〔とおえん〕먼 일가. 먼 친척.
遠音〔とおね〕멀리서 들리는 소리.
遠っ走り〔とおっぱしり〕멀리 나감.
遠浅〔とおあさ〕강이나 바닷가에서 멀리까지 물이 얕음.
遠出〔とおで〕① 멀리 나감. ② 기생이 자기가 속해 있는 권번(券番)이외 지역의 객석에 나감.
遠火〔とおび〕① 불기를 너무 가까이 하지 않음. ② 멀리서 때는 불. 먼불.
遠回し〔とおまわし〕① 멀리 돌아가게 함. ② 노골적으로 말하지 않고 간접적으로 말함. 에둘어 말함.
遠回り〔とおまわり〕① 먼길로 돌아 감. ② 솜씨가 서툴러 일이 쉽게 되지 않음. 수고가 많이 듦.

連濁音에 注意

縁遠い〔えんどおい〕(形) 인연이 멀다.
回り遠い〔まわりどおい〕(形) 길이 빙 돌아 멀다.

音 読 1

遠距離〔えんきょり〕원거리. 먼 거리.
遠隔〔えんかく〕원격. 멀리 떨어져 있음.
遠近〔えんきん〕원근. 멀고 가까움.
遠大〔えんだい〕원대. 규모가 큼.
遠慮〔えんりょ〕① 사양. 사절. ② 삼감. 꺼림. 기탄. ③ 조심함. ④ 자리를 뜸. ⑤ 멀리 앞일을 내다 봄.

遠望〔えんぼう〕먼 곳을 바라 봄.
遠方〔えんぽう〕원방. 먼 곳.
遠心力〔えんしんりょく〕원심력.
遠洋〔えんよう〕원양. 육지에서 멀리 떨어진 넓은 바다.
遠征〔えんせい〕원정. 먼곳에 여행함.
遠足〔えんそく〕소풍.

音読 2

遠国〔おんごく〕먼 나라. 먼 지방.
遠流〔おんる〕멀리 귀양을 보냄.

〔願〕 풀：원할 원.
音：ガン
訓：① ねがう ② わがわしい

❶ 願う〔ねがう〕(他5) ① 원하다. 바라다. ② 기원하다. 부탁하다. ② (관청에)출원(出願)하다.
願い〔ねがい〕① 소원. ② 원(願).
願い事〔ねがいこと〕원하는 일.
願い上げる〔ねがいあげる〕(他下1) (공손하게) 바라다.
願い出〔ねがいで〕출원. 원(願)을 제출함.
願い出る〔ねがいでる〕(他下1) 출원하다. 신청하다.
願い下げ〔ねがいさげ〕소원(출원(出願))의 취하.
❷ 願わしい〔ねがわしい〕(形) 바람직하다. 바라는 바다.
願わくは〔ねがわくは〕(副) 원컨대. 바라건대.

音　読

願〔がん〕소원. ～をかける；소원을 빌다.
願望〔がんぼう〕원망. 원하고 바람. 소원.
願書〔がんしょ〕원서. ① 원하는 바를 적은 문서. ② 지원서. 신청서.

【월】

〔月〕 풀：달 월.
音：① ガツ ② ガッ ③ ゲツ ④ ゲッ
訓：つき

月〔つき〕① 달. 달빛. ② (달력상의) 달.
月見〔つきみ〕달구경. 달맞이.
月見草〔つきみそう〕달맞이 꽃.
月の桂〔つきのかつら〕달에 있다고 하는 계수나무.
月掛け〔つきがけ〕매달 일정한 돈을 부어 나감. 또 그 돈. ～貯金；적금(積金).
月極め〔つきぎめ〕1개월에 얼마라고 정한 계약. 월정(月定).
月代(わ)り〔つきがわり〕① (다음 달로)달이 바뀜. ② 한 달마다 교체함.
月頭〔つきがしら〕달초. 월초(月初)
月毎〔つきごと〕다달이. 매달.
月半ば〔つきなかば〕중순.
月白〔つきしろ〕달이 뜨려고 할 때 하늘이 하얗게 보이는 것.
月番〔つきばん〕한 달씩 하는 당번.
月別〔つきべつ〕월별.
月不足〔つきぶそく〕달이 못참. 早産児.
月払い〔つきばらい〕월불. 월부.
月夜〔つきよ〕월야. 달밤.
月役〔つきやく〕월경.
月影〔つきかげ〕① 달빛. ② (달빛에 비친) 그림자.
月月〔つきづき〕다달이. 매달.
月越し〔つきごし〕그 달에서 다음 달에 걸침. ～の勘定；전달 계산서.
月日〔つきひ〕① 세월. 시일. ② 해와 달.
　〔がっぴ〕월일. ～を記入する；월일을 기입하다.
月の障り〔つきのさわり〕월경.
月足らず〔つきたらず〕(태아가) 조산(早産)함. 조산아. 칠뜨기.
月遅れ〔つきおくれ〕지난 달 잡지.
月初め〔つきはじめ〕월초.
月割(り)〔つきわり〕월 평균.
月行事〔つきぎょうじ〕① 월중 행사. ② 매달 교대로 조합의 사무를 보는 직무.
月形〔つきがた〕반달 모양.
月回り〔つきまわり〕① 다달이 돌아 가며 맡는 당번. ② 그 달의 운수.

連濁音에 注意

産み月〔うみづき〕해산 달.
三日月〔みかづき〕초승달.
夕月〔ゆうづき〕초저녁 달.

例　外

五月雨〔さみだれ〕음력 5월에 오는 장마.

音読 1

正月〔しょうがつ〕① 정월. ② 설날.
二月〔にがつ〕2월.
　〔ふたつき〕두 달. 2개월.
三月〔さんがつ〕3월.
　〔みつき〕석 달. 3개월.

音読 2

年月日〔ねんがっぴ〕년월일.
月日〔がっぴ〕월일.
　〔つきひ〕① 세월. 시일. ② 해와 달.

音読 3

月齢〔げつれい〕월령. 한 살 미만의 갓난 아이를 달수로 세는 나이.
月例行事〔げつれいぎょうじ〕월례행사.
月末〔げつまつ：つきずえ〕월말. 그 달의 끝.
月曜日〔げつようび〕월요일.

音読 4

月刊〔げっかん〕월간. 매달 한 번씩 발행함.
月間〔げっかん〕월간. 한 달 동안.
月経〔げっけい〕월경.
月計〔げっけい〕월계. 한 달 통계.
月桂冠〔げっけいかん〕월계관.
月光〔げっこう〕월광. 달빛.

月給〔げっきゅう〕월급. 달삯. 월봉.
月報〔げっぽう〕월보. 매달 내는 보고.
月俸〔げっぽう〕월봉. 월급.
月賦〔げっぷ〕월부. 매달 갚아 나가는 것.
月謝〔げっしゃ〕매달 내는 수업료.
月収〔げっしゅう〕월수. 매달의 수입.
月食〔げっしょく〕월식.
月下〔げっか〕월하. 달빛 아래.

〖越〗 풀 : 넘을 월.
音 : ① エツ ② エッ
訓 : ① こえる ② こす

❶ 越える〔こえる〕(自下1) ① (높은 곳을) 넘다. ② (강을) 건너다. ③(기준을) 넘다. ④ 보다 낫다. ⑤ 초월하다. ⑥(시기가) 지나가다. ⑦ 제쳐놓다. 건너 뛰다 뛰어 넘다.
越え〔こえ〕넘음. 넘는 길.

連濁音에 注意

山越え〔やまごえ〕산을 넘음(넘어가는 곳).

❷ 越す〔こす〕(他5) ① 넘다. 넘어가다. ② 건너다. ③ 앞지르다. ④ 넘기다. 이겨내다. 극복하다. 돌파하다. ⑤ 이사하다. ⑥ 보다 낫다.

連濁音에 注意

三年越し〔さんねんごし〕3년 넘어.
窓越し〔まどごし〕창 넘어. ～に;창너머로.

音読 1

越年〔えつねん〕월년. 해를 넘김. 묵은 해를 보내고 새해를 맞이함.
優越感〔ゆうえつかん〕우월감. 자기가 남보다 뛰어난 것을 자랑스럽게 생각하는 마음.

訓読 2

越権行為〔えっけんこうい〕월권 행위.
越冬〔えっとう〕월동. 겨울을 넘김.
越訴〔えっそ〕월소. 정당한 수속을 밟지않고 상관에게 호소함.

【위】

〖危〗 풀 : 위태로울 위.
音 : キ
訓 : ① あぶない ② あやうい ③ あやぶむ

❶ 危ない〔あぶない〕(形) ① 위태롭다. 위험하다. ② 미덥지 못하다. 불안하다.
危なく〔あぶなく〕(副) 하마터면. 간신히.
危なっかしい〔あぶなっかしい〕(形) 위태롭다. 매우 염려되다.
危な気無い〔あぶなげない〕(形) 무난하다. 위태롭다는 기분이 안들다.
危な絵〔あぶなえ〕선정적인 풍속화.
❷ 危うい〔あやうい〕(形) 위태롭다. 위험하다.
危うく〔あやうく〕(副) 아슬아슬하게.
❸ 危ぶむ〔あやぶむ〕(他5) (실현을) 의심하다. 걱정하다. 위험스럽게 여기다.

音　読

危境〔ききょう〕위경. 위험한 처지.
危局〔ききょく〕위국. 위험한 시국.
危機〔きき〕위기. 위험한 경우.
危難〔きなん〕위난. 위급함과 곤란함.
危篤〔きとく〕위독. 병세가 중하여 생명이 위태로움.
危地〔きち〕위지. 위험한 곳(지위).
危害〔きがい〕위해. 위험한 재해(災害).
危険〔きけん〕위험. 위태로움.

〖位〗 풀 : 자리 위.
音 : イ
訓 : くらい

位〔くらい〕① 지위. 계급. ② 품위. 품격. ③ 관록. ④ 숫자의 자릿수.
位する〔くらいする〕(自サ) 위치하다. …에 있다. 지위를 차지하다. 장소를 차지하다.
位倒れ〔くらいだおれ〕지위가 높은 만큼 수입이 뒤따르지 못함.
位負け〔くらいまけ〕① 실력 이상의 지위에 있기 때문에 오히려 불리함. ② 상대방에 압도됨.
位取り〔くらいどり〕숫자의 자릿수를 정함.

連濁音에 注意

気位〔きぐらい〕자기의 품위를 간직하려는 마음 가짐(우월감, 자존심)

音　読

位階〔いかい〕위계. 벼슬의 품계.
位相〔いそう〕위상. ① 주기(周期) 운동에서 어떤 순간의 운동 상태. ② 지역, 직업, 성별, 계급의 차이에 따른 말씨의 차이.
位置〔いち〕위치. ① 장소. 곳. ② 입장.
位牌〔いはい〕위패. 神位의 이름을 적은 나무 패.

例　外

三位一体〔さんみいったい〕삼위 일체.

〖囲〗 풀 : 둘레 위.
音 : イ
訓 : ① かこう ② かこむ

❶ 囲う〔かこう〕(他5) ① 둘러싸다. 에워싸다. ② 숨겨 두다. ③ (첩을) 두다. ④ 저장하여 두다.
囲い〔かこい〕① 둘러쌈. 에워쌈. 두름. ② 울타리. 담. ③ 둘레. 주위. ④(집안에마련한) 다실(茶室). ⑤ 저장.
囲い者〔かこいもの〕딴 살림을 내준 첩.
囲い船〔かこいぶね〕물가에 끌어 올려 지붕을 덮어 두고 당분간 쓰지 않는 배.
❷ 囲む〔かこむ〕(他5) 둘러싸다. 에워싸다. 두르다.
囲み〔かこみ〕①둘러쌈. 에워쌈. ② 포위. 포위망. ③ 둘레. 주위. ④ (신문따위의)

괘(罹)로 두른 기사(읽을거리). ～記事; 컬럼기사.

音　読

囲碁〔いご〕위기. 바둑.
囲炉裏〔いろり〕① 방바닥을 사각형으로잘라 내고 재를 넣고 그 재 속에 불을 묻어두는 곳. ② 난로.

〔委〕 풀：맡길 위.
音：イ
訓：① まかせる ② くわしい ③ ゆだねる

❶ 委せる〔まかせる〕(他下1) ① 맡기다. ② ……(있는, 하는)대로 하다.
❷ 委しい〔くわしい〕(形) 자세하다. 상세하다. 소상하다. 정통하다. 환하다.
❸ 委ねる〔ゆだねる〕(他下1) ① 맡기다. 위임하다. ② 바치다. 教育に～; 교육에 바치다.

音　読

委する〔いする〕(他サ) ① 위임하다. 맡기다. ② 방임하다. 내버려 두다.
委曲〔いきょく〕자세한 설명.
委細〔いさい〕① 자세한 것. 상세. ② 전부.
委譲〔いじょう〕위양. 권리를 남에게 위임.
委員会〔いいんかい〕위원회.
委任〔いにん〕위임. 맡김. 양도함.
委嘱〔いしょく〕위촉. 위임하여 부탁함.
委縮〔いしゅく〕위축. 시들어 작아짐.
委託〔いたく〕위탁. 남에게 맡김.

〔為〕 풀：할 위.
音：イ
訓：① ため ② なす ③ なる

❶ 為〔ため〕①위함. 이익. 유리함. ② 때문.
❷ 為す〔なす〕(他5) 하다. 행하다.
❸ 為る〔なる〕(自5) …이(가)되다. 春に～; 봄이 되다.

例　外

為替〔かわせ〕환(換). 환어음. 약속 어음.
為替銀行〔かわせぎんこう〕외환(外換)은행.

音　読

為政者〔いせいしゃ〕위정자. 정치를 하는 사람.
行為〔こうい〕행위. 행동. 활동.

〔胃〕 풀：밥통 위.
音：イ
訓：

胃〔い〕위. 밥통.
胃痙攣〔いけいれん〕위경련. 위가 오그라지며 심한 아픔을 느끼는 병.
胃潰瘍〔いかいよう〕위궤양. 위가 허는 병.
胃袋〔いぶくろ〕위. 밥통.
胃散〔いさん〕위산. 위장병에 쓰는 가루약.
胃酸〔いさん〕위산. 위액 속에 섞인 산.
胃癌〔いがん〕위암. 위에 암이 생기는 병.
胃弱〔いじゃく〕위약. 위의 소화력이 약해지는 병.
胃腸〔いちょう〕위장. 위와 창자.
胃下垂〔いかすい〕위하수. 위가 아래로 쳐지는 병. 헛배가 부름.

〔威〕 풀：위엄 위.
音：イ
訓：① おどかす ② おどす

❶ 威かす〔おどかす〕(他5) ① 위협하다. 으르다. 협박하다. ② (무서운 생각이 들게 하여)놀라게 하다.
❷ 威す〔おどす〕(他5) 위협하다. 으르다. 협박하다. 등치다.
威し付ける〔おどしつける〕(他下1) 몹시 위협하다. 으르대다.

音　読

威〔い〕위엄. 위세. 위력. ～を振う; 위세를 떨치다.
威光〔いこう〕위광. 감이 범할 수 없는 권위.
威力〔いりょく〕위력. 남을 굴복시키는 힘.
威勢〔いせい〕위세. 위엄이 있는 기세.
威信〔いしん〕위신. 권위와 신망.
威圧〔いあつ〕위압. 위력으로 누름.
威厳〔いげん〕위엄. 의젓하고 엄숙함.
威容〔いよう〕위용. 위엄있는 모습.
威儀〔いぎ〕예법에 맞는 옷차림.
威張る〔いばる〕(自5) 거만하게 굴다. 뽐내다.
威風〔いふう〕위풍. 위엄이 있는 풍채.
威嚇〔いかく〕위하. 위력으로 으르고 협박함.
威脅〔いきょう〕위협. 위력으로 으르댐.

〔偽〕 풀：거짓 위.
音：ギ
訓：① いつわる ② にせ

❶ 偽る〔いつわる〕(他5) ① 거짓말하다. ②속이다.
偽り〔いつわり〕거짓. 거짓말.
❷ 偽〔にせ〕가짜. 모조. ～の真珠; 모조 진주.
偽金〔にせがね〕가짜 돈.
偽物〔にせもの〕가짜. 가짜 물건. 위조품.
偽首〔にせくび〕그 사람의 목이라고 가장한 다른 사람의 목.
偽者〔にせもの〕거짓(가짜 행위로)으로 남을 속이는 사람. 가짜.
偽札〔にせさつ〕위조 지폐.

音　読

偽計〔ぎけい〕위계. 거짓 계략.
偽名〔ぎめい〕위명. 거짓 이름.
偽善〔ぎぜん〕위선. 표면으로만 착한체 함.
偽作〔ぎさく〕위작. 진짜처럼 만듦.
偽装〔ぎそう〕위장. 본체가 드러나지 않도록 거짓으로 꾸미는 일.
偽造〔ぎぞう〕위조. 거짓으로 속여서 진짜처럼 만듦.
偽証〔ぎしょう〕위증. 거짓 진술.거짓 증거.
偽称〔ぎしょう〕위칭. 거짓으로 꾸며 부름.

〔尉〕 풀：벼슬 이름 위.
音：イ
訓：

尉官〔いかん〕위관. 소위, 중위, 대위의 총칭.
小尉〔しょうい〕소위.
中尉〔ちゅうい〕중위.
大尉〔だいい〕대위.

〔萎〕 풀：시들 위.
音：イ
訓：① なえる ② しなびる ③ しぼむ ④ しおれる

❶ 萎える〔なえる〕(自下1) ①시들다. ②기력이 쇠약해지다. ③옷이 낡아서 후줄근해지다.
❷ 萎びる〔しなびる〕(自上1) 시들다. 쭈그러 들다. 주름살지다.
❸ 萎む〔しぼむ〕(自5) ①오므라지다. ②시들다.
❹ 萎れる〔しおれる〕(自下1) ① 시들다. ②(사람이)풀이 죽다. 金を落として～ ; 돈을 잃고 풀이 죽다.

音　読

萎縮〔いしゅく〕위축. ①시들어서 쭈그러짐. ②졸아들고 펴지지 못함.

〔偉〕 풀：위대할 위.
音：イ
訓：① えらい ② えらぶる

❶ 偉い〔えらい〕(形) ①위대하다. 훌륭하다. ②신분이 높다. ③대단하다. 엄청나다. ④심하다. 지독하다.
❷ 偉がる〔えらがる〕(自5) 잘난 체하다.

音　読

偉功〔いこう〕위공. 위대한 공로.
偉観〔いかん〕위관. 훌륭한 구경거리.
偉大〔いだい〕위대. 업적이 크게 뛰어나고 훌륭함.
偉業〔いぎょう〕위업. 위대한 업적.
偉容〔いよう〕위용. 훌륭하고 뛰어난 모습.
偉丈夫〔いじょうぶ〕위장부. 훌륭한 남자. 대장부.
偉材〔いざい〕위재. 훌륭하고 특출한 재간.
偉効〔いこう〕위효. 특출하고 굉장한 효험.
偉勲〔いくん〕위훈. 위대한 훈공.

〔葦〕 풀：갈대 위.
音：イ
訓：あし

葦〔あし〕갈대.
葦辺〔あしべ〕갈대가 무성한 물가.
葦原〔あしはら〕갈대 밭.
葦笛〔あしぶえ〕갈대 피리.

〔違〕 풀：어길 위. 다를 위.
音：イ
訓：① ちがう ② ちがえる

❶ 違う〔ちがう〕(自5) ①다르다. ②잘못되다. 그릇되다. 틀리다. ③어긋나다. 엇갈리다.
違い〔ちがい〕틀림. 차이.
違い目〔ちがいめ〕①다른 점. 틀린 점. ②엇갈린 곳. 어긋나게 짠 곳.
❷ 違える〔ちがえる〕(他下1) ①달리하다. 다르게하다. ②잘못…하다. 틀리게 하다. ③어기다. 위반하다. ④어긋나게 하다. 접질리다.

音　読

違反〔いはん〕위반. ①서로 어김. ②약속을 지키지 아니함.
違背〔いはい〕위배. 배반함. 위반.
違法〔いほう〕위법. 법률을 어기는 일.
違約〔いやく〕위약. 약속을 어김.
違憲〔いけん〕위헌. 헌법을 위반함.

〔慰〕 풀：위로할 위.
音：イ
訓：① なぐさむ ② なぐさめる

❶ 慰む〔なぐさむ〕(自5) 위안이 되다. 마음이 풀리다. (他5) ①노리개로 삼다. ②놀리다. 희롱하다. ③정조를 농락하다. ④기분 전환하다.
慰み〔なぐさみ〕①위안. 위로. ②심심풀이. 기분전환. ③즐거움. ④장난. 농락.
慰み物〔なぐさみもの〕노리개. 장난감.
慰み者〔なぐさみもの〕일시적인 위안거리로 농락당하는 사람. 노리개. 일시적인 성적 교섭의 상대.
❷ 慰める〔なぐさめる〕(他下1) 위로하다. 달래다.
慰め〔なぐさめ〕위안. 위로.
慰め顔〔なぐさめがお〕위로하려는 듯한 표정.

音　読

慰霊祭〔いれいさい〕위령제. 죽은 이의 넋을 위로하는 제사.
慰労〔いろう〕위로. 괴로움이나 슬픔을 잊게하여 마음을 편안하게 함.
慰留〔いりゅう〕위류. 위로하여 머무르게 함.
慰問〔いもん〕위문. 고통을 당하는 사람을 위로하고 문안하는 일.
慰安〔いあん〕위안. 위로하여 안심시킴.

〔衛〕 풀：호위할 위.
音：エイ
訓：

衛生〔えいせい〕위생. 건강을 위해서 질병의 예방, 치료에 힘쓰는 일.
衛星〔えいせい〕위성. 혹성의 둘레를 만유 인력의 작용에 의해서 운행하는 일.

〔緯〕 풀：씨 위.
音：イ
訓：

緯度〔いど〕위도. 지구의 수직선과 적도면(赤道面)이 이루는 각도. 씨도.
緯線〔いせん〕위선. 적도에 평행하여 지구의 표면에 가정(仮定)한 선. 씨줄.

【유】

〘由〙 풀：말미암을 유.
音：①ユ ②ユイ ③ユウ
訓：①よし ②よる

❶由〔よし〕①까닭. 사정. 연유. 유래. ②수단. 방법. ③…の～：…이라니. …이라는 소식. …하다니. ④말한 내용. 취지.
由無い〔よしない〕(形) ①(뚜렷한) 이유가 없다. ②방법이 없다. 하는 수 없다. ③신통치 않다. 하찮다.
由無し事〔よしなしごと〕쓸데 없는 말.
❷由る〔よる〕(自5) ①연유하다. 말미암다. 원인이 되다. ②관계되다.

音 読 1

由来〔ゆらい〕①유래. 연유. 까닭. ②본디. 원래. 옛날부터.
由由しい〔ゆゆしい〕(形) ①중대하다. ②황송하다. ③꺼림칙하다. ④굉장하다.
経由〔けいゆ〕경유. 거쳐 감. 통과함.

音 読 2

由緒〔ゆいしょ〕유서. 유래. 내력. ～ある所：유서 깊은 곳.

音 読 3

理由〔りゆう〕이유. 까닭. 내력.
事由〔じゆう〕사유. 일의 까닭. 이유.
自由〔じゆう〕자유. 제한을 받지 않음.

〘幼〙 풀：어릴 유.
音：ヨウ
訓：おさない

幼い〔おさない〕(形) ①어리다. ②유치하다. 미숙하다. ～子供：어린아이.
幼馴染(み)〔おさななじみ〕소꿉 친구.
幼心〔おさなごころ〕어린 마음. 동심.
幼児〔おさなご：ようじ〕유아. 어린아이.
幼顔〔おさながお〕어릴 적의 모습.
幼友達〔おさなともだち〕소꿉동무.
幼遊び〔おさなあそび〕어린아이의 놀이.
幼子〔おさなご〕어린아이. 유아.
幼姿〔おさなすがた〕어릴 때의 모습.

音 読

幼にして〔ようにして〕어린애로써.
幼君〔ようくん〕유군. 나이 어린 임금.
幼女〔ようじょ〕유녀. 어린 계집아이.
幼年〔ようねん〕유년. 어린 나이.
幼少〔ようしょう〕유소. 나이가 어림.
幼時〔ようじ〕유시. 어릴 때.
幼弱〔ようじゃく〕유약. 어리고 잔약함.
幼虫〔ようちゅう〕유충. 어린 벌레.
幼稚園〔ようちえん〕유치원.

〘有〙 풀：있을 유.
音：①ウ ②ユウ
訓：ある

有る〔ある〕(自5) ①있다. 존재하다(※주로 무생물, 식물, 사물에 대하여 씀). ②(넓이, 무게, 거리, 높이가) 얼마큼 되다.
有り〔あり〕있다. 존재하다.
有(り)高〔ありだか〕재고. 현재의 수량.
有り気〔ありげ〕있음 직함.
有り金〔ありがね〕현재 가진 돈.
有り難う〔ありがとう〕고맙다. 고마워. 고맙소.
有り難い〔ありがたい〕(形) ①감사하다. 고맙다. ②세상에 드물다.
有り難がる〔ありがたがる〕(他5) ①고맙게 여기다. 감사하게 생각하다. ②존중하다.
有り難涙〔ありがたなみだ〕감사의 눈물.
有り難味〔ありがたみ〕고마움.
有り難迷惑〔ありがためいわく〕고맙기는 하지만 도리어 난처함. 달갑지 않은 친절.
有り得る〔ありうる〕(自下2) 있을 수 있다.
有り得ない〔ありえない〕있을 수 없다.
有り得べき〔ありうべき〕있을 수 있는. 있어도 좋은. 있을 듯한.
有り明〔ありあけ〕①먼동이 튼 뒤에도 서쪽 하늘에 달이 보이는 새벽. ②새벽. 해돋이.
有り無し〔ありなし〕①유무. ②있는지 없는지 모를 만큼 얼마 안됨.
有り勝ち〔ありがち〕흔히 있음. 있기 쉬움.
有り顔〔ありがお〕(무언가) 있음 직한 얼굴.
有(り)様〔ありさま〕모양. 상태(좋지 않을 때).
〔ありよう〕①모양. 상태. ②있는 그대로. ③바람직한 상태. 이상적인 상태.
有り余る〔ありあまる〕(自5) 남아 돌아가다.
有り切れ〔ありぎれ〕①(팔다 남은) 자투리. ②마침 가지고 있는 헝겊.
有り体〔ありてい〕실제대로. 사실대로.
有り触れる〔ありふれる〕(自下1) 흔하다. 어디에나 있다. 신기하지 않다.
有り合う〔ありあう〕(自5) 마침 가지고 있다.
有り合わせ〔ありあわせ〕마침 가지고 있음. 마침 있음.
有り合わせる〔ありあわせる〕(自下1) 마침 가지고 있다.

音 読 1

有〔う〕유. 있음. 존재. 無から～を：무에서 유를.
有無〔うむ〕유무. ①있음과 없음. ②승낙 여부.
有象無象〔うぞうむぞう〕①유형 무형(有形無形)의 모든 것. ②어중이떠중이.
有為〔うい〕인연(因縁)에 의하여 생긴 일체의 현상.
有為転変〔ういてんぺん〕유위 전변. 세상 만사의 심한 변화.
有頂天〔うちょうてん〕①유정천. 九天 중에서 가장 높은 하늘. ②정신 없이 기뻐함.

音 読 2

有する〔ゆうする〕(他サ) 가지다. 소유하다.
有価〔ゆうか〕유가. 금전상의 가치가 있음.
有蓋〔ゆうがい〕유개. 뚜껑이 있음.

有功〔ゆうこう〕유공. 공로가 있음.
有給〔ゆうきゅう〕유급. 급료를 받고 있음.
有機〔ゆうき〕유기. ① 탄소를 주성분으로 함유되어 있음. ② 생활 기능이 있음.
有毒〔ゆうどく〕유독. 독기를 품고 있음.
有料〔ゆうりょう〕유료. 요금을 냄.
有利〔ゆうり〕유리. 이익이 있음.
有望〔ゆうぼう〕유망. 희망이 있음.
有名〔ゆうめい〕유명. 이름이나 있음.
有数〔ゆうすう〕유수. 손꼽힐 만큼 훌륭함.
有用〔ゆうよう〕유용, 소용이 있음.
有意〔ゆうい〕유의. 뜻이 있음.
有益〔ゆうえき〕유익. 이익이 있음.
有罪〔ゆうざい〕유죄. 죄가 있음.
有害〔ゆうがい〕유해. 해가 됨. 해로움.
有効〔ゆうこう〕유효. 효과가 있음.

〔乳〕
풀：젖 유.
音：**ニュウ**
訓：① **ちち** ② **ち～**

例　外

乳母〔うば〕유모.

訓読 1

乳〔ちち〕젖. 유방(乳房).
乳首〔ちちくび：ちくび〕젖꼭지.
乳繰る〔ちちくる〕(自5) (남녀가 몰래)장난하다. 정교(情交)하다.
乳臭い〔ちちくさい〕(形) ① 젖내나다. ② 유치하다. 미숙하다.

連濁音에 注意

貰い乳〔もらいぢち〕남의 젖을 얻어 먹음.

訓読 2

乳離れ〔ちばなれ〕젖떼기. 이유(離乳).
乳房〔ちぶさ〕유방. 젖통.
乳首〔ちくび：ちちくび〕젖꼭지.
乳飲み子〔ちのみご〕젖먹이. 유아(乳児).
乳兄弟〔ちきょうだい〕젖형제. 같은 젖을 먹고 자란 남남끼리.

連濁音에 注意

添え乳〔そえぢ〕아기의 옆에 누워서 젖을 먹음.

音　読

乳鉢〔にゅうばち〕유발. 약을 갈아서 가루를 만드는 그릇.
乳白色〔にゅうはくしょく〕유백색. 젖처럼 흰 빛. 젖빛.
乳酸菌〔にゅうさんきん〕유산균. 당분을 유산화시키는 박테리아.
乳状〔にゅうじょう〕유상. 젖같이 희고 뭉클뭉클한 상태.
乳腺〔にゅうせん〕유선. 유방 안에서 젖을 내는 선. 젖샘.
乳児〔にゅうじ〕유아. 젖먹이.
乳業〔にゅうぎょう〕유업. 우유 제품을 만드는 사업.
乳牛〔にゅうぎゅう〕우유. 젖소.
乳剤〔にゅうざい〕유제.
乳臭児〔にゅうしゅうじ〕젖내 나는 아이. 미숙한 사람.
乳歯〔にゅうし〕유치. 젖니.
乳化〔にゅうか〕유화. 젖과 같은 액체가 됨.

〔油〕
풀：기름 유.
音：**ユ**
訓：**あぶら**

油〔あぶら〕① 기름. ② 머릿기름. ③ 활력소. 활기. 활동의 원동력.
油気〔あぶらけ〕기름기.
油皿〔あぶらざら〕기름 접시. 등잔.
油粕〔あぶらかす〕깻묵.
油色〔あぶらいろ〕윤이 나는 갈색.
油揚〔あぶらげ〕유부(油腐).
油染みる〔あぶらじみる〕(自上1) 기름에 찌들다. 기름때가 배다.
油屋〔あぶらや〕① 기름집. 기름 장수. ② 석유 전문가. 석유 회사. ③ 소매 없는 어린이의 앞치마 비슷한 옷.
油障子〔あぶらしょうじ〕기름 종이를 바른 장지.
油粘土〔あぶらねんど〕기름을 섞어 갠 찰흙.
油照り〔あぶらでり〕날씨가 흐리면서도 바람 없이 푹푹 찌는 여름의 무더위.
油紙〔あぶらがみ〕유지. 기름 종이.
油差(し)〔あぶらさし〕기름을 치는 도구.
油虫〔あぶらむし〕① 진딧물. ② 바퀴벌레.
油絵〔あぶらえ〕유화(油画). 양화(洋画).
油絵の具〔あぶらえのぐ〕유화용의 그림물감.

音　読

油断〔ゆだん〕방심함. 부주의.
油糧〔ゆりょう〕유량. 기름의 일반적인 말.
油性〔ゆせい〕유성. 기름의 성질.
油送〔ゆそう〕유송. 석유를 보냄.
油田〔ゆでん〕유전. 석유가 나오는 지역.
油井〔ゆせい〕유정. 석유를 채취하는 시설이 되어 있는 우물.
油槽船〔ゆそうせん〕유조선. 석유를 실어 나르는 배.
油脂〔ゆし〕유지. 동식물에서 얻은 기름.
油層〔ゆそう〕유층. 석유가 괴어 있는 층.

〔幽〕
풀：그윽할 유.
音：**ユウ**
訓：**かすか**

幽か〔かすか〕(形動) 미약함. 희미함. 살짝. 미미함. 초라함.

音　読

幽する〔ゆうする〕(他サ) 가두어 넣다.
幽境〔ゆうきょう〕유경. 심오하고 조용한 곳.
幽谷〔ゆうこく〕유곡. 그윽하고 깊은 산골.
幽霊〔ゆうれい〕유령. 죽은 사람의 망령이 나타나는 현상.

〔柔〕
풀：부드러울 유.
音：① **ジュウ** ② **ニュウ**
訓：① **やわい** ② **やわらか** ③ **やわらかい**

❶ **柔い**〔やわい〕(形) 부드럽다. 약하다.
柔肌：柔膚〔やわはだ〕(여자의) 부드러운

살갗(피부).
❷ 柔らか〔やわらか〕(形動) ① 부드러움. ② 폭신함. ③ 연약함. 나긋나긋함. ④무름. ⑤ 원만함. 온화함. 온순함. ～物 ; 비단. 비단옷.
❸ 柔らかい〔やわらかい〕(形) ① 부드럽다. ② 폭신하다. 포근하다. ③ 연약하다. ④ 무르다. ⑤ 온순하다. ⑥ 딱딱하지 않다.

音 讀 1

柔〔じゅう〕연함. 부드러움. ～よく 剛を制す ; 부드러움이 도리어 억셈을 누르다.
柔道〔じゅうどう〕유도. 일본 고유의 무술.
柔順〔じゅうじゅん〕유순. 성질이 부드럽고 온순함.
柔術〔じゅうじゅつ〕유술. 무도.
柔軟〔じゅうなん〕유연. 부드럽고 연함.

音 讀 2

柔弱〔にゅうじゃく〕유약. 성격이나 체질이 약함.
柔和〔にゅうわ〕유화. 부드럽고 온화함.

〔唯〕 풀 : 오직 유.
音 : ① イ ② ユイ
訓 : ただ

唯〔ただ〕(副) 오직. 오로지. 다만. 그저 단지.

音 讀 1

唯唯〔いい〕유유. 예예하며 순종함. ～諾諾 (だくだく) として従う ; 그저 순종하다.

音 讀 2

唯物論〔ゆいぶつろん〕유물론.
唯美主義〔ゆいびしゅぎ〕유미 주의.
唯心論〔ゆいしんろん〕유심론.
唯一〔ゆいいつ〕유일. 오직 그것 하나임.

〔愉〕 풀 : 즐거울 유.
音 : ユ
訓 :

愉楽〔ゆらく〕유락. 즐거움.
愉悦〔ゆえつ〕유열. 즐거워하고 기뻐함. 마음속으로부터 기뻐함.
愉快〔ゆかい〕유쾌. 즐겁고 기분이 좋음.

〔遊〕 풀 : 놀 유.
音 : ① ユ ② ユウ
訓 : ① あそぶ ② あそばす

❶ 遊ぶ〔あそぶ〕(自5) ① 놀다. ② 유람하다. ③ 타향에서 배우다. 유학하다.
❷ 遊ばす〔あそばす〕(他5) ① 놀리다. 놀게 하다. ② …하시다.
遊び〔あそび〕① 놂. 유흥. 놀이. ② 장난. ③ 일을 안함. 쉼. ④ 사용치 않음. 놀림. ⑤ 불경기. ⑥ 여유. ⑦ 기분 전환.
遊び女〔あそびめ〕노는 계집. 창녀.
遊び人〔あそびにん〕① 직업이 없이 빈둥거리며 노는 건달. 노름꾼. ② 난봉장이. 방탕한 사람.

音 讀 1

遊山〔ゆさん〕유산. 들이나 산으로 놀러나감.
遊行〔ゆぎょう〕유행. 중이 여러 지방을 돌아 다님.

音 讀 2

遊客〔ゆうかく〕유객. 놀고 지내는 사람.
遊郭〔ゆうかく〕유곽. 창녀촌(娼女村).
遊女〔ゆうじょ〕유녀. 화류계 여자.
遊覧〔ゆうらん〕유람. 돌아다니며 구경함.
遊離〔ゆうり〕유리. 떨어져 헤어짐.
遊牧民〔ゆうぼくみん〕유목민. 풀과 물을 따라 이주해 가며 가축을 기르는 사람들.
遊園地〔ゆうえんち〕유원지.
遊休〔ゆうきゅう〕유휴. 활용을 하지 않음.
遊興〔ゆうきょう〕유흥. 재미있게 놂.

〔悠〕 풀 : 멀 유. 한가할 유.
音 : ユウ
訓 :

悠久〔ゆうきゅう〕유구. 연대가 아득히 길고 오래됨.
悠然〔ゆうぜん〕유연. 태도나 마음이 태연함.
悠遠〔ゆうえん〕유원. 까마득하게 멂.
悠悠〔ゆうゆう〕유유. 매우 한가함.
悠長〔ゆうちょう〕유장. ① 서두르지 않음. ② 길고 오램.

〔猶〕 풀 : 오히려 유.
音 : ユウ
訓 : なお

猶〔なお〕(副) ① 여전히. ② 역시. ③ 아직. ④ 더구나. 오히려. 더욱. 한층. ⑤ 더군다나.
猶猶〔なおなお〕① 더욱더. 더한층. 더군다나. ② 역시. 아직도. ③ 첨가해서.
猶猶書き〔なおなおがき〕(서간문의)추신(追伸).

音 讀

猶予〔ゆうよ〕유예. ① 우물쭈물함. ② 시일을 연기함.

〔裕〕 풀 : 넉넉할 유
音 : ユウ
訓 :

裕福〔ゆうふく〕유복. 생활이 윤택함.
富裕〔ふゆう〕부유. 재물이 넉넉함.
余裕〔よゆう〕여유. 넉넉하고 남음이 있음.

〔維〕 풀 : 맬유.
音 : イ
訓 :

維新〔いしん〕유신. 묵은 제도를 아주 새롭게 고침.
維持〔いじ〕유지. 지탱하여 나감. 지니어 나감.

〔誘〕 풀 : 꾈 유.
音 : ユウ
訓 : ① さそう ② おびく

❶ 誘う〔さそう〕(他5) ① 권유하다. ② 꾀다. 유혹하다. ③ 불러내다. 부르다. ④ …하게하다.

誘い〔さそい〕유혹. 권유. 꾐.
誘い球〔さそいだま〕打者가 치고 싶은 생각이나게 하는 유혹의 투구(投球).
誘い掛ける〔さそいかける〕(自下1) 무엇을 시킬려고 꾀다. 무엇을 하도록 꾀다.
誘い水〔さそいみず〕(펌프 물이 나오도록 붓는)마중물.
誘い入れる〔さそいいれる〕(他下1) (모임, 단체로)끌어 들이다. 꾀어들이다.
誘い出す〔さそいだす〕(他5) 불러내다. 꾀어내다. 꾀다.
❷ 誘く〔おびく〕(他5) 꾀어서 유인하다.
誘き寄せる〔おびきよせる〕(他下1) 유인하다. 꾀어들이다.
誘き出す〔おびきだす〕(他5) 유인해 내다. 꾀어 내다.

音 読

誘拐〔ゆうかい〕유괴. 사람을 속여서 유인함.
誘導〔ゆうどう〕유도. 꾀어서 이끎.
誘発〔ゆうはつ〕유발. 어떤 일이 원인이 되어 이에 이끌려 다른 일이 일어남.
誘蛾燈〔ゆうがとう〕밤에 논밭에 설치하여 놓고 해충(害虫)이 날아들어 죽도록 만든 등불.
誘引〔ゆういん〕유인. 남을 꾀어 냄.
誘因〔ゆういん〕유인. 사물이 일어나는 원인.
誘致〔ゆうち〕유치. 꾀어서 데려옴.
誘惑〔ゆうわく〕유혹. ① 남을 꾀어서 정신을 어지럽게 함. ② 나쁜 길로 꾐.

〔遺〕
풀：남길 유.
音：① イ ② ユイ(例外)
訓：① のこす ② のこる ③ わすれる

❶ 遺す〔のこす〕(他5) 남기다. 남게 하다.
❷ 遺る〔のこる〕(自5) 남다. 여분이 생기다.
❸ 遺れる〔わすれる〕(他下1) 잊고 오다.

音 読

遺家族〔いかぞく〕유가족. 죽은 이의 뒤에 남은 가족.
遺憾〔いかん〕유감. 마음이 섭섭함.
遺骨〔いこつ〕유골. 죽은 사람의 뼈.
遺棄〔いき〕유기. 내어 버림. 돌보지 않음.
遺徳〔いとく〕유덕. 죽은이가 남긴 덕.
遺物〔いぶつ〕유물. ① 죽은 뒤에 남긴 물건 ② 유실물(遺失物).
遺産〔いさん〕유산. 죽은 사람이 남겨 놓은 재산.
遺書〔いしょ〕유서. ① 죽은 이의 유언을 적은 글. ② 후세에 남긴 저작.
遺跡〔いせき〕유적. 고고학적 유물이 남아 있는 곳.
遺伝〔いでん〕유전. 끼쳐 내려옴.
遺族〔いぞく〕유족. 죽은 이의 뒤에 남는 가족.
遺体〔いたい〕유체. 시체.
遺品〔いひん〕유품. 죽은 이가 남긴 물품.
遺骸〔いがい〕유해. 시체.
遺訓〔いくん〕유훈. 죽은 이가 남긴 훈계.

例 外

遺言〔ゆいごん〕유언. 죽을 때에 남기는 말.

〔儒〕
풀：선비 유
音：ジュ
訓：

儒家〔じゅか〕유가. 유학(儒学)을 전공하는 학자. 또는 그 학파(学派).
儒教〔じゅきょう〕유교. 공자가 주장한 유학(儒学)을 받드는 교.
儒林〔じゅりん〕유림. 儒道를 닦는 학자들.
儒生〔じゅせい〕유생. 유교(儒教)를 신봉하는 선비.
儒学〔じゅがく〕유학. 공자(孔子)를 시조로 하는 중국 고대의 政教一致의 학문.

〔諭〕
풀：깨우칠 유.
音：ユ
訓：さとす

諭す〔さとす〕(他5) 깨우치다. 잘 타이르다. 지도하다.
諭し〔さとし〕① 깨우침. 지도. ② 신탁(神託).

音 読

諭告〔ゆこく〕유고. ① 타이름. ② 나라에서 할 일을 일반 국민에게 알려 줌.
諭示〔ゆし〕유시. 타일러 훈계함.
諭旨〔ゆし〕유지. 취지를 설명함. 까닭을 설명해 줌.

【육】

〔肉〕
풀：고기 육.
音：① ニク ② ニッ
訓：

音 読 1

肉〔にく〕① 고기. ② 쇠고기. ③ (과일의) 살. ④ 두께. ⑤ 인주(印朱).
肉類〔にくるい〕육류. 식용의 고기 종류.
肉薄〔にくはく〕육박. 적진에 가까이 돌진함.
肉付き〔にくづき〕① 살집. ② 살이 찐 정도.
肉付く〔にくづく〕(自5) 살찌다.
肉付け〔にくづけ〕① 살찌게 함. ② 내용을 풍부하게 함.
肉声〔にくせい〕육성. 사람의 목소리.
肉食〔にくじき〕새, 짐승, 물고기를 먹음.
〔にくしょく〕동물의 고기를 먹음.
肉眼〔にくがん〕육안. 사람의 눈.
肉屋〔にくや〕고기를 파는 집. 정육점.

肉欲〔にくよく〕육욕. 육체적인 욕망.
肉牛〔にくぎゅう〕육우. 고기를 먹기 위해 기르는 소.
肉入れ〔にくいれ〕인주통.
肉切り〔にくきり〕고기를 써는 일.
肉体〔にくたい〕육체. 몸.
肉弾〔にくだん〕육탄. 돌격하는 육체.
肉片〔にくへん〕육편. 고기 조각.

音読 2

肉感〔にっかん〕육감. 육체의 감각.
肉刑〔にっけい〕육형. 육체에 과하는 형벌.

〔育〕 풀：기를 육.
音：イク
訓：① そだつ ② そだてる ③ はぐくむ

❶ 育つ〔そだつ〕(自5) 성장하다. 자라나다.
育ち〔そだち〕① 성장. ② 성장시의 교육, 환경. ③ …에서 자란 사람. 都会～；도회지에서 자란 사람.
❷ 育てる〔そだてる〕(他下1) 양육하다. 육성하다. 기르다. 키우다.
育て〔そだて〕육성. 양육. 길러 줌.
育て上げる〔そだてあげる〕(他下1) 길러내다.
❸ 育む〔はぐくむ〕(他5) ① 기르다. ② (어미 새가) 새끼를 품어 기르다. ③ 양육하다. ④ (발전하도록) 보호 육성하다. 보호 발전시키다.

音 読

育苗〔いくびょう〕육묘. 묘목이나 모를 기름.
育成〔いくせい〕육성. 길러 냄. 키움.
育児〔いくじ〕육아. 어린아이를 기름.
育英〔いくえい〕육영. 인재를 가르쳐 기름.
育種〔いくしゅ〕육종. 현재의 품종을 육성하여 개량종을 만드는 일.

【윤】

〔潤〕 풀：윤택할 윤.
音：ジュン
訓：①うるおう ② うるおす ③ うるむ ④ ほとびる

❶ 潤う〔うるおう〕(自5) ① 축축해지다. 물기를 머금다. 습기를 띠다. ② 윤택해지다. 풍부해지다. 넉넉해지다. 혜택을 보다. 덕을 보다.
潤い〔うるおい〕① (알맞은) 습기. 물기를 머금음. ② 정서. 정취. 정감. 인정미. ③ 혜택. 보탬. 이익.
❷ 潤す〔うるおす〕(他5) ① 축축하게 하다. 축이다. 적시다. ② 윤택하게 하다. 혜택을 주다. 이익을 주다.
❸ 潤む〔うるむ〕(自5) 물기를 띠다. 目が～；눈물이 글썽글썽하다. 声が～；목소리가 울먹이다.
❹ 潤びる〔ほとびる〕(自上1) 붇다. 불어서 물렁해지다.
潤色〔じゅんしょく〕① 윤이 나도록 표면을 손질하고 꾸밈. ② (재료를) 재미있게 각색(脚色)함.
潤沢〔じゅんたく〕윤택. ① 풍부. ② 이익. ③ 혜택. ④ 은혜. ⑤ 광택. ⑥ 아취(雅趣).
潤滑油〔じゅんかつゆ〕윤활유. 기계 등의 접촉면의 마찰을 적게 하는 기름

〔閏〕 풀：윤달 윤.
音：
訓：うるう

閏年〔うるうどし〕윤년.
閏月〔うるうづき〕윤달.
閏日〔うるうび〕윤일. 양력 2월 29일.

【융】

〔融〕 풀：녹을 융
音：ユウ
訓：① とかす ② とける

❶ 融かす〔とかす〕(他5) 녹이다. 용해시키다.
❷ 融ける〔とける〕(自下1) ① (굳은 것이) 녹다. ② 물에 풀리다.
融け合う〔とけあう〕(自5) 융합하다.

音 読

融雪〔ゆうせつ〕융설. 눈이 녹음.
融資〔ゆうし〕융자. 자금을 융통함.
融通〔ゆうずう〕융통. ① 거리낌 없이 통함. ② 돌려 씀. 금전, 물품을 서로 마련함. ③ 그때 그때 적절히 처리함.
融合〔ゆうごう〕융합. 녹아서 하나로 합침.
融解〔ゆうかい〕융해. ① 녹아서 섞임. ② 고체(固体)가 열 때문에 액체가 됨.
融化〔ゆうか〕융화. 녹아서 화합함.
融和〔ゆうわ〕융화. 하나로 합쳐져 사이가 좋아짐.

【은】

〔恩〕 풀：은혜 은
音：オン
訓：

恩〔おん〕은혜. ～に着せる；자기의 공로를 남의 앞에서 스스로 칭찬하고 자랑하다. 공치사(功致辞)하다. ～をかえす；은혜를 갚다.
恩返し〔おんがえし〕은혜를 갚음.

恩師〔おんし〕은사. 은혜를 입은 스승.
恩人〔おんじん〕은인. 은혜를 베푼 사람.
恩典〔おんてん〕은전. 혜택에 관한 특전.
恩恵〔おんけい〕은혜. 베풀어 주는 혜택.

〔銀〕 풀：은 은.
音：ギン
訓：

銀〔ぎん〕은. 기호는 Ag.
銀塊〔ぎんかい〕은괴. 은의 덩어리.
銀輪〔ぎんりん〕은륜. 자전거의 미칭(美称)
銀幕〔ぎんまく〕은막. 영화계.
銀箔〔ぎんぱく〕은박.
銀盤〔ぎんばん〕은반. ① 은쟁반. ② 얼음판.
銀髪〔ぎんぱつ〕은발. 백발(白髪).
銀杯〔ぎんぱい〕은배. 은잔.
銀世界〔ぎんせかい〕은세계.
銀翼〔ぎんよく〕은익. 비행기의 은빛 날개.
銀河〔ぎんが〕은하.
銀行〔ぎんこう〕은행. 금융 기관.
銀貨〔ぎんか〕은화. 은으로된 화폐.

〔隠〕 풀：숨을(숨길) 은.
音：①イン ② オン
訓：① かくす ② かくれる

❶ 隠す〔かくす〕(他5) 숨기다. 감추다.
隠し〔かくし〕① 숨김. ② 호주머니.
隠しマイク〔かくしマイク〕비밀 마이크.
隠し男〔かくしおとこ〕정부(情夫).
隠し女〔かくしおんな〕정부(情婦).
隠し立て〔かくしだて〕일부러 숨김.
隠し文〔かくしぶみ〕비밀의 편지.
隠し縫い〔かくしぬい〕공그르기.
隠し事〔かくしごと〕비밀 사항.
隠し所〔かくしどころ〕숨길 곳. 음부.
隠し芸〔かくしげい〕남 몰래 익힌 솜씨.
隠し子〔かくしご〕사생아(私生児).
隠し釘〔かくしくぎ〕밖에서는 보이지 않게 박은 못.
隠し絵〔かくしえ〕그림 속에 눈에 띄지 않게 그려 넣은 그림.
❷ 隠れる〔かくれる〕(自下1) ① 숨다. ② (고귀한 분이)죽다.
隠れ家〔かくれが〕(세상을 등지고) 숨어 사는 집.
隠れ道〔かくれみち〕샛길.
隠れ里〔かくれざと〕① (세상을 등지고)숨어 사는 마을. ② 외딴 마을. 벽촌.
隠れも無い〔かくれもない〕잘 알려진. 널리 알려져.
隠れ岩〔かくれいわ〕물 속에 잠겨 보이지 않는 바위. 암초(暗礁).
隠れ場〔かくれば〕숨은 데. 숨은 곳.
隠れ処〔かくれが〕숨은 장소. 은신처.

連濁音에 注意

見え隠れ〔みえがくれ〕보였다. 안보였다함.
雲隠れ〔くもがくれ〕구름에 가림.

音 読 1

隠居〔いんきょ〕은거. 세상을 피하여 숨어 생활함.
隠匿〔いんとく〕은닉. 싸서 감춤. 비밀로 함.
隠遁〔いんとん〕은둔. 세상을 피하여 삶.
隠語〔いんご〕은어. 변말.
隠然〔いんぜん〕은연. 은근하고 진중함.
隠退〔いんたい〕은퇴. 은거하여 물러남.

音 読 2

隠密〔おんみつ〕① 은밀. 비밀스러움. ② 江戸시대의 스파이.
隠坊〔おんぼう〕① 묘지기. ② 시체 화장을 직업으로 하는 사람. 火葬場従業員.

【을】

〔乙〕 풀：새 을.
音：オツ
訓：おと

乙〔おつ〕① 을. 갑(甲)의 다음 순서. ② 제2위. ③ (形動) 근사 함. 멋짐. ～な味；근사한 맛. ④ 묘함. 이상함.
乙種〔おつしゅ〕을종.
乙女〔おとめ〕소녀. 처녀.
乙姫〔おとひめ〕용궁에 산다는 미녀. 竜女.
早乙女〔さおとめ〕① 모내기하는 처녀. ② 처녀. 아가씨. 소녀.

【음】

〔吟〕 풀：읊을 음.
音：ギン
訓：

吟じる〔ぎんじる〕(他上1) 읊으다. 시가(詩歌)를 짓다. 詩を～；시를 읊다.
吟味〔ぎんみ〕음미. ① 시나 노래를 읊어 그 뜻을 생각함. ② 사물의 의미를 새겨서 궁구함.
吟詠〔ぎんえい〕음영. 시가(詩歌)를 읊음.

〔音〕 풀：소리 음.
音：① イン ② オン ③ノン
訓：① おと ② ね

音 ❶〔おと〕① 소리. ② 평판. 소문. ③ 소식. ❷〔ね〕① 음성. 음. 소리(아름다움을 느낄때 씀). ② 울음 소리. 우는 소리.
音色〔ねいろ〕음색. 소리의 독특한 성질.
音締め〔ねじめ〕거문고 등의 줄을 세게 감아서 소리를 조절하는 일. 음 조절.

音 読 1

音信〔いんしん：おんしん〕소식. 편지 왕래.
母音〔ぼいん〕모음.

無音〔ぶいん〕무소식. 침묵을 지킴.

音 読 2

音〔おん〕①소리. ②목소리. ③음색. ④漢字의 중국식 읽기. ～の高低：음의 높고 낮음.
音律〔おんりつ〕음률. 음의 가락.
音譜〔おんぷ〕음보. 악보(樂譜).
音符〔おんぷ〕음부. 음의 부호.
音声〔おんせい〕음성. 목소리.
音楽〔おんがく〕음악.
音韻〔おんいん〕음운.
音節〔おんせつ〕음절. 소리 마디.
音程〔おんてい〕음정. 음의 高低의 차.
音痴〔おんち〕음치. 노래를 바르게 부를 수 없는 사람.
音吐〔おんと〕음성. 목소리.
音波〔おんぱ〕음파. 소리의 파동.
音便〔おんびん〕음의 변화.
音響〔おんきょう〕음향. 소리의 울림. 소리.

音 読 3

観音〔かんのん〕관음. 관세음 보살.

〖飲〗 풀：마실 음.
音：イン
訓：①のます ②のませる ③のむ

❶飲ます〔のます〕(他5) 먹이다. 마시게 하다.
❷飲ませる〔のませる〕(他下1) ①마시게 하다. ②맛이 좋아 더 마시고 싶은 마음을 일으키다.
❸飲む〔のむ〕(他5) ①마시다. ②(약을) 복용하다. ③삼키다. 꿀꺽 넘기다. ④(담배를) 피우다. ⑤휩쓸다. ⑥참다. ⑦감추다. 품다. ⑧넘보다. ⑨얕보다. ⑩압도하다. ⑪받아들이다. ⑫(謡曲에서) 입을 다물고 콧소리를 길게 내다.
飲みさし〔のみさし〕마시다가 그만 둠. 마시다 남은 것.
飲みで〔のみで〕마시기에 족한 분량.
飲み干す〔のみほす〕(他5) 다 마셔 버리다. 죽 들이키다.
飲み乾す〔のみほす〕(他5) ⇨飲み干す.
飲み過ぎる〔のみすぎる〕(自上1) 과음하다.
飲み掛け〔のみかけ〕마시다가 그만 둠. 마시다가 남는 것.
飲み潰す〔のみつぶす〕(他5) 재산을 술로 탕진하다.
飲み潰れる〔のみつぶれる〕(自下1) 너무 취해서 쓰러지다. 고주망태가 되다.
飲み口〔のみぐち〕액체를 따르는 주둥이.
〔のみくち〕①(술을) 입에 댔을 때의 혀의 감각. ②즐겨 술을 마심. ③술잔 따위의 입을 대는 부분.
飲み代〔のみしろ〕술값.
飲み倒す〔のみたおす〕(他5) ①술을 마시고 술값을 내지 않다. ②술로 재산을 탕진하다.
飲み料〔のみりょう〕①음료. 마실것. ②술값.
飲み明かす〔のみあかす〕(自5) 밤새도록 술을 마시다.
飲み物〔のみもの〕마실것. 음료.
飲み捨て〔のみすて〕(담배 꽁초를) 재털이에 넣지 않고 버림. 술·물 등을 먹다 버림.
飲み水〔のみみず〕음료수.
飲み手〔のみて〕술꾼.
飲み食い〔のみくい〕마시고 먹고 함.
飲み薬〔のみぐすり〕먹는 약. 내복약.
飲み屋〔のみや〕(목로) 술집. 선술집.
飲み込み〔のみこみ〕이해. 납득.
飲み込む〔のみこむ〕(他5) ①삼키다. ②납득하다. 이해하다.
飲み助〔のみすけ〕술꾼. 주객(酒客).
飲み下す〔のみくだす〕(他5) 삼키다.
飲み回す〔のみまわす〕(他5) 하나의 큰 그릇의 술을 돌려가며 마시다.

例 外

飲兵衛〔のんべえ〕술을 아주 좋아하는 사람. 모주꾼.

音 読

飲料水〔いんりょうすい〕음료수. 마시는 물.
飲食〔いんしょく〕음식. 마시는 것과 먹는 것.
飲用〔いんよう〕음용. 마시는 데 씀. 마심.
飲酒〔いんしゅ〕음주. 술을 마심.

〖淫〗 풀：음난할 음.
音：イン
訓：みだら

淫ら〔みだら〕(形動) 음란함. 추잡함. 난잡함. 외설적임. ～な話：음란한 이야기.

音 読

淫する〔いんする〕(自サ) ①도가 지나치다. 탐닉하다. (나쁜 일에)빠지다. ②현혹되다.
淫乱〔いんらん〕음란. 음탕하고 난잡함.
淫婦〔いんぷ〕음부. 음란한 여자.
淫書〔いんしょ〕음서. 음란한 서적.
淫蕩〔いんとう〕음탕. 음란하고 방탕함.

〖陰〗 풀：그늘 음.
音：イン
訓：①かげ ②かげる

❶陰〔かげ〕①그늘. ②(드러나지 않는) 뒤. ③배후.
❷陰る〔かげる〕(自5) ①그늘지다. ②흐려지다. (해가) 가리다. ③저물어가다. (해가)기울다.
陰り〔かげり〕①해가 기울어 어두워짐. ②그늘. 그늘이 있는 모양.
陰干し〔かげぼし〕그늘진 곳에서 말림.
陰間〔かげま〕남창(男娼).
陰口〔かげぐち〕본인 없는 데서 하는 험담.
陰膳〔かげぜん〕객지에 나간 사람의 무사함을 빌기 위해서 집에 있는 사람이 아침 저녁으로 차려 놓는 밥상.
陰言〔かげごと〕⇨陰口.

陰日向〔かげひなた〕음지와 양지.
陰になり日向になり〔かげになりひなたになり〕음으로 양으로(남을 위해 애씀).
陰地〔かげち〕음지.

音 読

陰〔いん〕① 음. ② 그늘. ③ 남녀의 생식기. ④ 우울한 마음. ～にこもる；우울에 잠기다.
陰に〔いんに〕(副)음으로. 비밀히.남 몰래.
陰茎〔いんけい〕음경. 남자의 외부 생식기.
陰極〔いんきょく〕음극. 음전극(陰電極).
陰暦〔いんれき〕음력. 달의 운행을 기초로 하여 만든 달력.
陰謀〔いんぼう〕음모.남 모르게 일을 꾸밈.
陰部〔いんぶ〕음부. 사람의 생식기가 있는 곳.
陰性〔いんせい〕음성. 밖으로 드러나지 않는 소극적인 성질.
陰陽〔いんよう〕음양. 음과 양.
陰凶〔いんきょう〕음흉. 음침하고 흉악함.

【읍】

〖泣〗 풀：울 읍.
音：キュウ
訓：① なく ② なける

❶ **泣く**〔なく〕(自5) ① 울다. 子供が～；어린이가 울다. ② 손해를 참다. ③ 손해를 각오하고 값을 할인하다. 또 해약하다. ④ 소리를 내다.
泣き〔なき〕울음. 탄식.
泣きべそ〔なきべそ〕울상.
泣きわめく〔なきわめく〕(自5) 끝임 없이 울부짖다.
泣き叫ぶ〔なきさけぶ〕(自5) 울부짖다.
泣き寄り〔なきより〕궂은 일에 친지들이 모여서 돌봐줌.
泣き女〔なきおんな〕(장례식에 고용되어) 대신 울어 주는 여자.
泣き落とし〔なきおとし〕눈물로 애원해서 승낙을 얻음.
泣きの涙〔なきのなみだ〕눈물을 흘리며 울.
泣き立てる〔なきたてる〕(自下1) 끈질기게 울어대다.
泣き面〔なきつら〕우는 얼굴. 울상.
泣き明かす〔なきあかす〕(他5) 울며 지새우다.
泣き暮らす〔なきくらす〕(自5) 울며 세월을 보내다.
泣き味噌〔なきみそ〕울보.
泣き別れ〔なきわかれ〕울며 헤어짐.
泣き伏す〔なきふす〕(自5) (슬픈 나머지) 쓰러져 울다.
泣き付く〔なきつく〕(自5) ① 울며 매달리다. ② 애원하다.
泣き崩れる〔なきくずれる〕(自下1) 울음을 터뜨리다. 쓰러져 정신없이 울다.
泣き上戸〔なきじょうご〕술만 취하면 욺.
泣き声〔なきごえ〕① 우는 소리. 울음 소리. ② 울음 섞인 목소리.
泣き所〔なきどころ〕급소. 약점.
泣き笑い〔なきわらい〕울다가 웃어 버림.
泣き顔〔なきがお〕우는 얼굴. 울상.
泣き言〔なきごと〕우는 소리. 넋두리. 푸념.
泣き濡れる〔なきぬれる〕(自下1) 눈물에 젖다.
泣き泣き〔なきなき〕울며 불며.
泣き入る〔なきいる〕(自5) 마냥 울다.
泣き込む〔なきこむ〕(自5) ① 애원하다. 울며 매달리다. ② 울며 뛰어들다.
泣き腫らす〔なきはらす〕(他5) 몹시 울어서 눈이 퉁퉁 붓게 하다.
泣き真似〔なきまね〕우는 흉내. 거짓 울음.
泣き縋る〔なきすがる〕(自5) 울며 매달리다.
泣き出す〔なきだす〕(自5) 울기 시작하다.
泣き虫〔なきむし〕울보.
泣き沈む〔なきしずむ〕(自5) 하염 없이 울다. 마냥 울다. 슬피 울다.
泣き寝〔なきね〕울며 잠. 울다가 잠.
泣き寝入り〔なきねいり〕① 울다가 잠을 잠. ② 억울하나 별 수 없이 단념함 (참음).
❷ **泣ける**〔なける〕(自下1) ① (감동하여) 자꾸 눈물이 나오다. ② 눈물이 날 정도로 고맙다.

音 読

泣訴〔きゅうそ〕읍소. 울며 호소함.
泣血〔きゅうけつ〕읍혈. 어버이 상을 당하여 피눈물을 흘리며 슬피 욺.

【응】

〖応〗 풀：응할 응
音：① オウ ② ノウ
訓：こたえる

応える〔こたえる〕(自下1) ① (상대방의 희망, 기대에)부응하다. 보답하다. 期待に～；기대에 어긋나지 않도록 하다. ② 많은 자극을 받다. 暑さが～；되게 덥다. 失敗が身に～；실패가 사무치다.
応え〔こたえ〕응답. 반응.

連濁音에 注意

見応え〔みごたえ〕볼 만한 가치.
手応え〔てごたえ〕손에 받는 느낌. 반응.
歯応え〔はごたえ〕① 씹는 맛. ②보람. 반응. ③ 상대할 만함. 만만치 않음.

音読 1

応〔おう〕응하는 것. 승낙.
応じる〔おうじる〕(自上1) ① 응하다. ②

맞게하다. 따르다. ③ 조화하여 일어나다. 어울려져 일어 나다.
応急〔おうきゅう〕응급. 급한 대로 처리함.
応諾〔おうだく〕응낙. 응하여 승낙함.
応答〔おうとう〕응답. 물음에 대답함.
応当〔おうとう〕응당. 으레. 당연히.
応対〔おうたい〕응대. ① 남의 말에 따라서 대답함. ② 만나서 이야기함.
応募〔おうぼ〕응모. 모집에 응함.
応変〔おうへん〕응변. 형세에 따라 처리함
応報〔おうほう〕응보. 禍福의 果報.
応分〔おうぶん〕응분. 제 신분에 맞음.
応召〔おうしょう〕응소. 소집에 응함.
応訴〔おうそ〕응소. 송사(訟事)에 응함.
応酬〔おうしゅう〕응수. 상대방의 말이나 일에 따라서 대구함.
応用〔おうよう〕응용. 경우에 따라 활용함.
応援〔おうえん〕응원. 뒤에서 성원함.
応戦〔おうせん〕응전. 싸움에 응함.
応接間〔おうせつま〕응접실. 손님을 맞이하여 접대하는 곳.

音読 2

感応〔かんのう〕감응. ① (마음이) 자극에 따라 변함. ② 신앙심이 神仏에게 통함.
反応〔はんのう〕반응. 자극한 결과 일어나는 현상.
順応〔じゅんのう〕순응. ① 순순히 잘 따름. ② 환경에 잘 적용함.

〔**凝**〕 풀: 엉길 응.
音: **ギョウ**
訓: ① **こらす** ② **こる**

❶ **凝らす**〔こらす〕(他5) ① 엉기게 하다. ② 골몰하다. 몰두하다. ③ (생각, 눈, 귀를) 한곳에 집중시키다.
❷ **凝る**〔こる〕(自5) ① 엉기다. 응고하다. ② 몰두하다. 열중하다. ③ (모양에)공들이다. ④ 뻐근하다. 결리다. 肩が~; 어깨가 뻐근하다.
凝り〔こり〕① 엉김. 굳음. 응고. ② 근육이 뻐근함. 결림.
凝り固まる〔こりかたまる〕(自5) ① 굳어지다. 응고하다. ② 열중하다. 집착하다. 몰두하다.
凝り性〔こりしょう〕집착심이 강한 사람. 사물에 열중하는 성질.
凝り屋〔こりや〕집착심이 강한 사람. 写真の~; 사진광(狂).

音 読

凝結〔ぎょうけつ〕응결. 한데 엉기어 뭉침.
凝固〔ぎょうこ〕응고. 엉기어 굳어짐.
凝視〔ぎょうし〕응시. 뚫어지게 자세히 봄.
凝集〔ぎょうしゅう〕응집. 엉기어 모임.
凝縮〔ぎょうしゅく〕응축. 엉기고 줄어듦.
凝血〔ぎょうけつ〕응혈. 피가 엉기어 굳어짐.
凝灰岩〔ぎょうかいがん〕응회암.

【의】

〔**衣**〕 풀: 옷 의.
音: ① **イ** ② **エ**
訓: **ころも**

❶ **衣**〔ころも〕① 옷. 의복. ② 과자, 튀김 등의 가죽을 싸는 것.
衣手〔ころもで〕옷소매.
衣替え〔ころもがえ〕① 계절에 따라 옷을 갈아 입음. ② 탈바꿈.

連濁音에 注意

羽衣〔はごろも〕깃옷.
夏衣〔なつごろも〕여름옷.

例 外

浴衣〔ゆかた〕목욕을 한 후. 또는 여름철에 입는 무명 홑옷.

音読 1

衣冠〔いかん〕의관. 옷과 갓.
衣料〔いりょう〕의료. 옷감.
衣類〔いるい〕의류. 의복의 총칭.
衣服〔いふく〕의복. 옷.
衣食住〔いしょくじゅう〕의식주.

音読 2

衣紋〔えもん〕옷과 갓을 단정히 갖춤.
衣紋掛け〔えもんかけ〕옷걸이.

〔**医**〕 풀: 의원 의.
音: **イ**
訓: **いやす**

医す〔いやす〕(他5) ① (상처나 병을) 고치다. 치료하다. ② (고민 따위를) 풀다. 渇を~; 갈증을 풀다(소망하던 것을 만족시키다).

音 読

医〔い〕의학. 의술. ~は仁術; 의술은 인술이다.
医する〔いする〕(他サ) (병을) 고치다. 渇を~; 갈증을 풀다.
医療〔いりょう〕의료. 병을 치료함.
医師〔いし〕의사.
医生〔いせい〕의학을 공부하는 학생.
医薬品〔いやくひん〕의약품. 의료 약품.
医員〔いいん〕의원. 의사.
医院〔いいん〕의원. 병원.
医者〔いしゃ〕의사(医師).
医学〔いがく〕의학. 병이나 치료에 관하여 연구하는 학문.

〔**依**〕 풀: 의지할 의.
音: ① **イ** ② **エ** (例外)
訓: **よる**

依る〔よる〕(自5) 의하다. 의존하다. 本に~; 책에 의존하다.

依拠〔いきょ〕의거. 증거에 따름.
依頼〔いらい〕의뢰. 남에게 부탁함.
依法〔いほう〕의법. 법에 따름.

依然〔いぜん〕의연. 전과 다름 없음.
依存〔いそん〕의존. 의지하고 삶.
依託〔いたく〕의탁. 남에게 의지함.

例　外

依怙贔屓〔えこひいき〕한쪽만 편듦. 편파
帰依〔きえ〕귀의. 마음으로 부터 순종하고 신앙하여 의지하는 일.

〔宜〕 풀：마땅할 의.
音：ギ
訓：よろしい

宜しい〔よろしい〕(形) ①('いい'의 격식 차린 말씨). 괜찮다. 나쁘지 않다. ② 알맞다. 적절하다.
宜しき〔よろしき〕적절함. 아주 알맞음.
宜しく〔よろしく〕(副) ① 적절히. 적당히. ② 잘 부탁합니다. ③ 안부 전해 주십시오. ④ 모름지기. 마땅이. 반드시.

音　読

時宜〔じぎ〕시의. 시기에 적합함.
便宜〔べんぎ〕편의. 형편이 좋음.

〔椅〕 풀：의자 의.
音：イ
訓：

椅子〔いす〕① 의자. 걸상. 長(なが)〜;긴 의자. ② 직위(職位). 大臣の〜;장관자리

〔意〕 풀：뜻 의.
音：イ
訓：

意〔い〕① 마음. 생각. 〜に介さない; 개의치 않다. 〜を決める; 결심하다. ② 내용. 뜻.
意見〔いけん〕의견. 느낀 바 생각.
意気〔いき〕의기 상한 마음:
意気込み〔いきごみ〕분발함. 패기.
意気込む〔いきごむ〕(自5) ① 분발하다. 단단히 마음 먹다. ② 힘차게 하다.
意気地〔いくじ〕〜がない; 무기력하다.
意気地無し〔いくじなし〕패기가 없음. 패기가 없는 사람. 무기력함.
意図〔いと〕의도. 하려는 계획. 생각.
意味〔いみ〕의미. 뜻.
意思〔いし〕의사. 생각. 마음. 뜻.
意識〔いしき〕의식. 정신 상태.
意訳〔いやく〕의역. 뜻을 추려 번역함.
意外〔いがい〕의외. 뜻밖.
意欲〔いよく〕의욕. 하고자 하는 마음.
意義〔いぎ〕의의. 뜻. 가치.
意匠〔いしょう〕의장. 물품의 맵시에 관한 특수한 고안.
意中〔いちゅう〕의중. 마음속.
意地〔いじ〕① 고집. ② 욕심. ③ 마음씨. 근성.
意地ずく〔いじずく〕억지. 억지를 씀.
意地悪〔いじわる〕심술궂음. 심술장이.
意地汚い〔いじきたない〕(形) 주접스럽다. 걸신들리다. 욕심스럽다.
意地っ張り〔いじっぱり〕고집통이. 억지.
意志〔いし〕의지. 마음. 뜻.
意趣〔いしゅ〕의취. ① 생각. 배려. ② 원한. 원한을 품음. 〜返し; 보복. 앙갚음.
意表〔いひょう〕의표. 뜻밖. 예상 밖.
意向〔いこう〕의향. 무엇을 하려는 생각.

〔義〕 풀：옳을 의.
音：ギ
訓：

義挙〔ぎきょ〕의거. 새로운 거사.
義理〔ぎり〕의리. 지켜야 할 도리.
義務〔ぎむ〕의무. 지켜야 할 본분.
義兵〔ぎへい〕의병. 옳은 일을 위하여 일어난 군사.
義父〔ぎふ〕의부. 의붓아버지.
義士〔ぎし〕의사. 의로운 사람.
義手〔ぎしゅ〕의수. 인공적으로 만든 손.
義眼〔ぎがん〕의안. 만들어 넣은 눈.
義勇軍〔ぎゆうぐん〕의용군.
義足〔ぎそく〕의족. 인공적으로 만든 다리.
義兄弟〔ぎきょうだい〕의형제.

〔疑〕 풀：의심할 의.
音：ギ
訓：① うたがう ②うたがわしい ③ うたぐる

❶ 疑う〔うたがう〕(他5) 의심하다. 目を〜; (잘못 본 것이 아닌가 하고) 눈을 의심하다.
疑い〔うたがい〕의심. 의심쩍음. 혐의(嫌疑).
❷ 疑わしい〔うたがわしい〕(形) 의심스럽다. 수상쩍다.
❸ 疑る〔うたぐる〕(他5) 의심하다.
疑り深い〔うたぐりぶかい〕(形) 의심이 많다. 몹시 의심하다.

音　読

疑念〔ぎねん〕의념. 의심스러운 생각.
疑問〔ぎもん〕의문. 의심스러운 점.
疑心〔ぎしん〕의심. 믿지 못하는 마음.
疑獄〔ぎごく〕의옥. 범죄의 혐의로 심리를 받는 사건(주로 대규모의 증수회 (贈収賄) 사건을 말함).
疑惑〔ぎわく〕의혹. 의심하여 분별하지 못함.

〔儀〕 풀：거동 의.
音：ギ
訓：

儀〔ぎ〕① 의식(儀式). ② 예의 범절. ③ 사건. 일. その〜ばかりは; 그 일만은.
儀礼〔ぎれい〕의례. 예의.
儀礼的〔ぎれいてき〕의례적. 예의를 위하여 형식적으로 하는것.
儀式〔ぎしき〕의식. 격식. 정해진 예법.
儀仗〔ぎじょう〕의장. 의식에 쓰는 장식으로서의 무기.
儀典〔ぎてん〕의전. 의식의 규정.

〔擬〕 풀：비교할 의. 비길 의.
音：ギ
訓：

擬する〔ぎする〕(他サ) ① 들이대다. 刀を〜; 칼을 들이대다. ② 본뜨다. 書体を〜; 글씨체를 흉내내다. ③ 비교하다. 비기다. ④ 예상하다. 가정하다.
擬国会〔ぎこっかい〕模擬国会의 준말.

擬似〔ぎじ〕의사. 의심스러울 정도로 비슷함.
擬声語〔ぎせいご〕의성어.
擬制〔ぎせい〕의제. 법률상의 仮説.
擬態語〔ぎたいご〕의태어.
擬革〔ぎかく〕의혁. 인조 가죽.

〔**蟻**〕 풀 : 개미 의.
音 : **ギ**
訓 : **あり**

蟻〔あり〕개미. ～の這(は)い出るすきもない; 개미가 기어나갈 틈도 없다(물샐틈도 없다).
蟻の門渡り〔ありのとわたり〕개미의 행렬.
蟻食〔ありしょく〕개미핥기.
蟻地獄〔ありじごく〕개미귀신(명주 잠자리의 유충).
蟻塚〔ありづか〕의총. 개밋둑.

〔**議**〕 풀 : 의논할 의.
音 : **ギ**
訓 :

議〔ぎ〕회의. 의논. 상담. …の～をへて… 의 회의를 거쳐.
議する〔ぎする〕(他サ) ① 의논하다. 심의(審議)하다. 상담하다. ② 논란하다. 비난하다.
議決〔ぎけつ〕의결. 의논하여 결정함.
議論〔ぎろん〕의론. 의논. 서로 공론함.
議事堂〔ぎじどう〕의사당. 안건을 심의 하는 곳.
議案〔ぎあん〕의안. 심의할 안건(案件).
議院〔ぎいん〕의원. 국회를 여는 곳.
議員〔ぎいん〕의원. 의회의 구성원.
議長〔ぎちょう〕의장.회의를 주재하는 사람.
議会〔ぎかい〕의회. 국회의 통칭.

【이】

〔**二**〕 풀 : 두 이.
音 : **ニ**
訓 : ① **ふたつ** ② **ふた**

二つ〔ふたつ〕둘. 두 개. 두 살. 둘째.
二つながら〔ふたつながら〕양쪽 모두. 둘다.
二つ返事〔ふたつへんじ〕예예하고 쾌히 승낙하는 것.
二つ割り〔ふたつわり〕① 둘로 나눔. ② 두 말들이의 술.

파 생 어

二股〔ふたまた〕두 갈래.
二股ソケット〔ふたまたSocket〕쌍소켓.
二筋〔ふたすじ〕두 갈래.
二筋道〔ふたすじみち〕갈림길. 두 갈랫길.
二道〔ふたみち〕① 쌍갈랫길. ② 양다리 걸침.
二目〔ふため〕두번 봄.
二色〔ふたいろ〕① 두 가지 색. ② 두종류
二心〔ふたごころ〕두 마음. 딴 마음. 변심.
二言目〔ふたことめ〕～には; 입만 벌리면. 말을 꺼냈다 하면.
二葉〔ふたば〕① 떡잎. ② 어린 시절.
二葉葵〔ふたばあおい〕제비꽃.
二月〔ふたつき〕두 달. 2개월.
〔にがつ〕2월.
二人〔ふたり〕두 사람. 2인.
二子〔ふたご〕쌍둥이.
二従兄弟〔ふたいとこ〕6촌 형제.
二重〔ふたえ : にじゅう〕① 이중. 두겹. ② 둘로 꺾임. ～腰(ごし); (노인의)구부러진 허리.
二重瞼〔ふたえまぶた〕쌍꺼풀.
二幅〔ふたの〕① 보통 폭의 천을 2장 합친폭. ② 일본 여자의 속치마.
二親〔ふたおや〕양친. 부모.

例　外

二日〔ふつか〕2일. 초이틀. 이틀.
二十〔はたち〕20세(나이를 말함).
〔にじゅう〕20. 열의 2배.
十重二十重〔とえはたえ〕이중 삼중. 겹겹

音　読

二階〔にかい〕이층.
二階家〔にかいや〕이층집.
二階立て〔にかいだて〕이층 건물.
二季〔にき〕① 두 철. ② 백중과 연말.
二季払い〔にきばらい〕백중과 연말의 두철(계절)에 지불하는 일.
二の句〔にのく〕다음. ～がつげない; (어처구니가 없어서) 다음 말이 안 나오다.
二期生〔にきせい〕2기생.
二段抜き〔にだんぬき〕(신문에서) 2단 기사.
二度〔にど〕두번. 재차.
二度の勤め〔にどのつとめ〕한번 그만둔 직업을 다시 붙드는 일. 재취업(再就業).
二度三度〔にどさんど〕두 번 세 번. 여러번 중복하여. 재삼 재차.
二度手間〔にどでま〕한 번으로 족한 일을 두번 손질하는 일.
二度と再び〔にどとふたたび〕두번 다시는.
二途〔にと〕두 갈래길.
二頭立て〔にとうだて〕쌍두(双頭) 마차.
二六時中〔にろくじちゅう〕밤낮. 종일
二律背反〔にりつはいはん〕이율 배반.
二枚〔にまい〕① 두장. ② 두 부분.
二枚目〔にまいめ〕① 미남(美男). ② (歌舞伎에서) 美男役의 배우.
二枚舌〔にまいじた〕일구 이언(一口二言).
二毛作〔にもうさく〕이모작.
二の舞〔にのまい〕～を演ずる; 전철(前轍)을 밟다. 같은 실패를 되풀이하다.
二番〔にばん〕2번. 이등.
二番館〔にばんかん〕재개봉관.
二番目〔にばんめ〕두 번째. 둘쨋번.
二本〔にほん〕두 자루.
二本棒〔にほんぼう〕① 무사(武士). ② 코

홀리개 아이. ③ 아내 말대로 움직이는 남편.

二世〔にせ〕현세와 내세.
〔にせい〕2세. ジョージ～; 죠오지 2세.

二束三文〔にそくさんもん〕수효는 많아도 값이 아주 쌈. 헐값. 싸구려.

二乗〔にじょう〕제곱. 자승(自乗).

二十〔にじゅう〕20. 10의 2배.
〔はたち〕20세. 20살.

二の矢〔にのや〕(첫번째 실패한 데에이어) 두번째 쏘는 화살.

二食〔にしょく〕2회분의 식사. 두끼.

二眼〔にがん〕두 개의 눈(렌즈).

二言〔にごん〕두말. 일구이언(一口二言).

二業〔にぎょう〕기생집과 요릿집의 두가지 영업.

二元〔にげん〕이원.

二院〔にいん〕이원. 양원. 衆議院과 参議院.

二月〔にがつ〕2월.
〔ふたつき〕두 달. 2개월.

二人〔ふたり〕두사람.

二人三脚〔ににんさんきゃく〕이인 삼각(둘이 서서 안쪽의 오른발과 왼발의 발목을 묶고 뛰는 경기).

二人称〔ににんしょう〕2인칭.

二日〔ふつか〕2일. 이틀. 초이틀.

二者択一〔にしゃたくいつ〕양자 택일.

二の町〔にのまち〕제2위. 제2류. 보통.

二の足〔にのあし〕～を踏む; 주저하다. 망설이다. 앞을 보고 뒤를 보고 하다.

二重〔にじゅう：ふたえ〕이중.

二の次〔にのつぎ〕둘째 문제. 뒤로 미룸.

二の替(わ)り〔にのかわり〕그 달 두번째의 흥행.

二化螟虫〔にかめいちゅう〕이화명충.

〔以〕 풀：써 이.
音：イ
訓：もって

以て〔もって〕① …으로써. …로써. …으로. ② …때문에. …을 이유로하여. ③ …을 시점으로. ④ 그리고. 또.

以ての外〔もってのほか〕당치도 않음. 언어도단. 뜻하지 않음. 의외.

音 読

以降〔いこう〕그뒤. 이후.

以内〔いない〕이내. …로부터 안.

以東〔いとう〕이동. …로부터 동쪽.

以来〔いらい〕이래. ① 그뒤. 이후. ② 그때부터. 지금까지.

以上〔いじょう〕이상. ① 이것부터 위나 앞 ② …한 바에야. 引き受けた～; 맡은 바에야.

以西〔いせい〕이서. …로부터 서쪽.

以心伝心〔いしんでんしん〕이심 전심.

以外〔いがい〕이외. 그밖. 이밖.

以前〔いぜん〕이전. ① 어떤 시간이 되기 전. ② 옛날.

以下〔いか〕이하. ① …로부터 아래. ② …을 비롯하여 모두.

以後〔いご〕이후. ① …의 뒤. 이래(以来) ② 지금부터.

〔耳〕 풀：귀 이.
音：ジ
訓：みみ

耳〔みみ〕① 귀. ② (채운) 목돈.

耳たぶ〔みみたぶ〕귓불. 귀의 아랫쪽의 살.

耳慣れる〔みみなれる〕(自下1) (자주 들어서) 귀에 익다.

耳垢〔みみあか〕귀에지. 귀지.

耳金〔みみがね〕(그릇 등의) 옆으로 튀어나온 금속.

耳寄り〔みみより〕들어 볼 만한 것.

耳当て〔みみあて〕귀걸이.

耳輪〔みみわ〕귀고리

耳立つ〔みみだつ〕(自5) ① 귀에 거슬리게 들리다. ② 주의해서 듣다.

耳鳴り〔みみなり〕귀가 우는 것. 귀울음.

耳掻き〔みみかき〕귀이개. 귀개.

耳垂れ〔みみだれ〕귀에서 고름이 나옴.

耳飾り〔みみかざり〕귀걸이. 귀고리.

耳新しい〔みみあたらしい〕(形) 처음 듣는다. 금시 초문이다. 귀에 새롭다.

耳元〔みみもと〕귓전. ～でささやく; 귓전에 대고 속삭이다.

耳遠い〔みみどおい〕(形) ① 귀가 잘 들리지 않다. 귀가 멀다. ② 들어 보지 못하다.

耳隠し〔みみかくし〕머리털로 귀를 가린 부인의 머리 모양(※1920년대 초반 大正 말기에 유행했음).

耳障り〔みみざわり〕귀에 거슬림.

耳擦り〔みみこすり〕① 귀엣말. ～をする; 귀엣말을 하다. ② 빗대어 말함. 빗댐.

耳聰い〔みみざとい〕(形) 귀밝다.

耳打ち〔みみうち〕귀엣말.

耳学問〔みみがくもん〕얻어 들은 지식.

耳挟む〔みみばさむ〕(他5) 어쩌다가 듣다. 언뜻 듣다.

音 読

耳目〔じもく〕이목. ① 귀와 눈. ② 많은 사람들의 주의. ～をひく; 이목을 끌다.

耳鼻科〔じびか〕이비과. 귀와 코의 치료를 하는 의학 분야.

耳下腺〔じかせん〕이하선. 귀 밑에 있는 침을 내는 선. 귀밑샘.

〔易〕 풀：① 쉬울 이. ② 바꿀 역.
音：① イ ② エキ
訓：① やさしい ② やすい

※자세한 것은 364 페이지 '**易**'을 참조 하시기 바람.

〔異〕 풀：다를 이.
音：イ
訓：① こと ② ことなる

❶ **異**〔こと〕～にする; ① 달리하다. 意見を～; 의견을 달리하다. ② 구별하다. 특

별로 하다.

❷異なる〔ことなる〕(自5) 다르다. 条件が~; 조건이 다르다.

異国〔ことくに：いこく〕이국. 타향.

異思い〔ことおもい〕딴 생각.

異心〔ことごころ〕딴 마음.

異人〔ことひと：いじん〕다른 사람. 외국인.

音 読

異〔い〕① 다른. ② 이상한. ~なこと; 이상한 일. ③ 이의(異議). ~を立てる; 이의(異議)를 말하다.

異見〔いけん〕이견. 서로 다른 의견.

異教〔いきょう〕이교. 자기가 믿는 종교 이외의 종교.

異国〔いこく：ことくに〕이국. 타향.

異端〔いたん〕이단. 正統 이외의 설(說).

異論〔いろん〕이론. 다른 의론.

異状〔いじょう〕이상. 보통과 다른 상태.

異常〔いじょう〕이상. 보통과 다른.

異説〔いせつ〕이설. 색다른 의견.

異様〔いよう〕이양. 다른 모양.

異域〔いいき〕이역. 외국 땅.

異意〔いい〕이의. 다른 의견.

異議〔いぎ〕이의. 다른 주장.

異人〔いじん：ことひと〕이인. 외국인. 다른 사람.

異質〔いしつ〕이질. 성질이 다름.

異彩〔いさい〕이채 색다른 빛.

〔移〕 풀: 옮길 이.
音: イ
訓: ① うつす ② うつる

❶移す〔うつす〕(他5) ① (자리를) 옮기다. ② 心を~; 변심(変心)하다. ③ 時を~; 시간을 보내다. ④ (물감이) 배게 하다.

移し〔うつし〕① 옮김. ② 향기를 옷에 스며 들게 함.

移し絵〔うつしえ〕판박이 그림.

❷移る〔うつる〕(自5) ① 옮겨지다. ② 心が~; 마음이 변하다. ③ 時が~; 시간이 경과하다. ④ 지위가 바뀌다. ⑤ 감염하다. 전염하다. ⑥ (냄새, 색깔이) 묻다.

移り〔うつり〕① お~; 선물을 넣어 보내온 그릇이나 보자기에 답례의 뜻으로 넣어 보내는 답례품. ② 사물의 연관 관계.

移り気〔うつりぎ〕들뜬 마음. 변덕스러움. 바람기가 있음.

移り変わり〔うつりかわり〕변화. 변천.

移り変(わ)る〔うつりかわる〕(自5) 변천하다. 세월따라 변해 가다.

移り身〔うつりみ〕몸의 움직임.

移り箸〔うつりばし〕(일본 식사에서 반찬과 밥을 번갈아 먹지 않고) 반찬을 집어 먹는 젓가락으로 곧 다른 반찬을 집어 먹는 일(예법에 어긋남).

移り行き〔うつりゆき〕상태가 약간씩 변하여 감. 변천.

移り香〔うつりが〕옮아서 남은 향기. 残香

音 読

移管〔いかん〕이관. 관할을 옮김.

移動〔いどう〕이동. 자리를 바꿈.

移民〔いみん〕이민. 다른 나라로 옮겨 가서 삶.

移送〔いそう〕이송. 옮겨서 보냄.

移植〔いしょく〕이식. 옮겨 심음.

移譲〔いじょう〕이양. 남에게 옮겨 넘겨줌

移入〔いにゅう〕이입. 옮기어 들임.

移籍〔いせき〕이적. 적(籍)을 옮김.

移転〔いてん〕이전. 옮김.

移住〔いじゅう〕이주. 집을 옮겨서 삶.

移駐〔いちゅう〕이주. 옮기어 주재함.

移出〔いしゅつ〕이출. 다른 곳으로 옮김.

移行〔いこう〕이행. 옮아 감.

【익】

〔益〕 풀: 더할 익.
音: ① エキ ② ヤク(例外)
訓: ます

益す〔ます〕(自5) 많아지다. 불어나다. 늘다. (他5) 많게 하다. 늘리다. 보태다.

益益〔ますます〕점점. 더욱더.

音 読

益〔えき〕① 이익. 벌이. ② 도움이 됨.

益する〔えきする〕(他サ) 이익을 주다.

益金〔えききん〕이익금.

益鳥〔えきちょう〕익조. 인류에 이로운 새 (例: 제비. 까치).

益虫〔えきちゅう〕익충. 인류에 이로운 곤충(例: 누에, 잠자리, 벌).

利益〔りえき〕이익. 보탬. 도움.
〔りやく〕(불교) 은혜.

〔翌〕 풀: 다음날 익.
音: ヨク
訓:

翌年〔よくねん〕익년. 다음해.

翌晩〔よくばん〕다음날 밤.

翌月〔よくげつ〕익월. 다음달.

翌翌日〔よくよくじつ〕다음다음날.

翌日〔よくじつ〕익일. 다음날. 이튿날.

翌朝〔よくあさ：よくちょう〕다음날 아침.

翌週〔よくしゅう〕익주. 다음 주.

翌秋〔よくしゅう〕익추. 이듬해 가을.

翌春〔よくしゅん〕익춘. 이듬해 봄.

翌暁〔よくぎょう〕익효. 이튿날 새벽.

〔翼〕 풀: 날개 익.
音: ① ヨク ② ヨッ
訓: つばさ

翼〔つばさ：よく〕① 새의 날개. ② 비행기를 뜨게 하기 위하여 양옆에 단 날개.

翼状〔よくじょう〕날개 모양.

翼翼〔よくよく〕정중함. 조심스러움.

翼賛〔よくさん〕익찬. 힘을 보태어 도와줌. 보좌(補佐).

翼下〔よっか〕① 날개 밑. ② 세력. 계열(系列)의 안. ～に収める; 세력(계열) 하에 두다.

【인】

〖人〗 풀：사람 인.
音：① ジン ② ニン
訓：ひと

人〔ひと〕① 사람. ② 남. 타인. ③ 훌륭한 사람. 인물. ④ 어른. 성인.
〔にん〕사람의 인품.
人あしらい〔ひとあしらい〕대접. 접대.
人いきれ〔ひといきれ〕사람들의 훈김.
人がましい〔ひとがましい〕(形) ① 인간답다. 사람답다. ② 상당한 인물 답다.
人だかり〔ひとだかり〕많은 사람이 모임.
人でなし〔ひとでなし〕사람의 형태를 하고 있으나 사람의 마음씨가 아님. 은혜나 인정을 모르는 사람. 비인간(非人間).
人なだれ〔ひとなだれ〕사람 사태(沙汰).
人間〔ひとま〕사람이 없는 사이(곳).
〔にんげん〕인간. 사람.
人見知り〔ひとみしり〕낯가림.
人交わり〔ひとまじわり〕교제. 사귐.
人交ぜ〔ひとまぜ〕다른 사람을 섞음.
人橋〔ひとばし〕～をかける; (급한 일이있을 때) 잇달아 사람을 보내다.
人気〔ひとけ〕인기척.
〔ひとげ〕인간다움. 인간다운 맛.
〔にんき〕인기. 세간의 좋은 평판.
人寄せ〔ひとよせ〕사람을 모아들임.
人当たり〔ひとあたり〕남에게 주는 인상.
人待ち顔〔ひとまちがお〕사람을 기다리는 듯한 모습.
人頼み〔ひとだのみ〕남에게 의지함(맡김).
人里〔ひとざと〕사람이 사는 마을.
人買(い)〔ひとかい〕(여자나 어린이를 꾀는) 인신 매매자(人身売買者).
人目〔ひとめ〕남의 눈.
人も無げ〔ひともなげ〕아무도 없는 것처럼 멋대로 행동함.
人聞き〔ひとぎき〕남이 들음. 소문. 평판.
人並〔ひとなみ〕남들과 같은 정도.
人柄〔ひとがら〕① 사람됨됨이. 인품(人品). ② (形動) 사람이 좋음. お～な人; 사람이 좋은 사람.
人付き〔ひとづき〕① 사귐. 교제. ② 남에게 주는 인상. 사교성. 붙임성.
人付き合い〔ひとづきあい〕교제. 사귐.
人膚〔ひとはだ〕사람의 피부. 체온 정도.
人死に〔ひとじに〕뜻 밖의 사고로 죽음. 횡사(横死). 희생자.
人使い〔ひとづかい〕사람 다루기(부리기).
人事〔ひとごと〕남의 일.
人山〔ひとやま〕인산. 많은 사람이 모인것.
人殺し〔ひとごろし〕살인. 살인자.
人声〔ひとごえ〕사람의 목소리. 사람 소리.
人少な〔ひとずくな〕사람이(손이) 모자람.
人笑わせ〔ひとわらわせ〕남을 웃기는 어리석은 짓. 웃음거리.
人笑われ〔ひとわらわれ〕놀림감.
人騒がせ〔ひとさわがせ〕소란을 피움.
人手〔ひとで〕① 남의 도움(손). ② 남의 수중. ③ 일할 사람. 일손. ④ 사람의 솜씨.
人手不足〔ひとでぶそく〕일손이 모자람.
人受け〔ひとうけ〕평판. 남의 신용.
人数〔ひとかず〕① 사람 수. ② 사람축.
〔にんずう〕사람 수. 인원 수.
人馴れ〔ひとなれ〕① (남과의 교제에) 낯익어짐. ② (동물이 사람에게) 낯익어짐.
人馴れる〔ひとなれる〕(自下1) 교제에 익숙(친숙)해지다.
人食い〔ひとくい〕사람에게 달려들어 묾.
人食い人種〔ひとくいじんしゅ〕食人種.
人身御供〔ひとみごくう〕① 제물로써 사람을 신에게 바침. ② 남의 욕망을 채워 주기 위하여 희생이 되는 사람.
人心〔ひとごころ〕① 인심. 인정. ② 정상적인 의식. 제 정신.
人心地〔ひとごこち〕(공포에서 벗어나) 살아 있다는 기분. 제 정신. 살 것 같은 기분.
人悪〔ひとわる〕성질이 나쁨. 심술궂음.
人様〔ひとさま〕'남'의 높임말.
人影〔ひとかげ〕사람의 그림자. 사람의 모습.
人垣〔ひとがき〕많은 사람이 빙 둘러싸서 울타리를 이루고 있음.
人違い〔ひとちがい〕사람을 착각함 (잘못 봄).
人音〔ひとおと〕인기척.
人泣かせ〔ひとなかせ〕사람을 괴롭힘.
人人〔ひとびと〕사람들. 각자.
人一倍〔ひといちばい〕남보다 갑절. 더한층.
人任せ〔ひとまかせ〕남에게 맡김.
人入れ〔ひといれ〕고용 알선업. 직업안내
人込み〔ひとごみ〕붐빔. 북적임.
人っ子一人〔ひとっこひとり〕누구 하나. 아무도. 사람 하나.
人跡〔ひとあと〕인적. 사람의 발자취.
人伝〔ひとづて〕① 인편(人便)에 전함. ② 소문. 구전(口伝).
人前〔ひとまえ〕남 앞. 체면.
人助け〔ひとだすけ〕남을 도움. 남을 살려줌.
人足〔ひとあし〕인적(人跡). 사람의 왕래.
〔にんそく〕짐을 나르는 노동자. 인부.
人柱〔ひとばしら〕어떤 목적으로 희생이되는 것. 제물. 희생.
人中〔ひとなか〕① 뭇 사람 앞. ② 세상.
人知れず〔ひとしれず〕남 몰래. 속으로.

人知れぬ〔ひとしれぬ〕남 모르는. 숨은.
人真似〔ひとまね〕남의 흉내. 사람의 흉내
人質〔ひとじち〕인질. 볼모.
人差(し)指〔ひとさしゆび〕집게 손가락.
人擦れ〔ひとずれ〕(많은 사람과 접촉하여) 순수성이 없음. 닳아서 반드러움.
人出〔ひとで〕(많은) 사람이 나와 있음.
人通り〔ひとどおり〕사람의 왕래.
人波〔ひとなみ〕사라의 물결. 인파.
人怖じ〔ひとおじ〕(어린 아이의) 낯가림.
人穴〔ひとあな〕(화산 기슭 등에 있는) 동굴. (※ 옛날, 사람이 살았다고 함).
人嫌い〔ひとぎらい〕남과 접촉하는것을 싫어함(싫어하는 사람).
人形〔ひとがた〕 사람 꼴을 한 것.
〔にんぎょう〕인형.
人好き〔ひとずき〕남에게 호감을 줌.
人魂〔ひとだま〕도깨비불.
人懐かしい〔ひとなつかしい〕(形) 사람이 그립다.
人懐っこい〔ひとなつっこい〕(形) 붙임성이 있다. 사람을 잘 따르다.

連濁音에 注意

人人〔ひとびと〕사람들. 각자.
待ち人〔まちびと〕기다려지는 사람.
旅人〔たびびと〕나그네.
恋人〔こいびと〕연인.
村人〔むらびと〕마을 사람.

例　外

一人〔ひとり〕한 사람.
二人〔ふたり〕두 사람.
若人〔わこうど〕젊은이. 젊은 사람.
大人〔おとな〕어른. 성인.
素人〔しろうと〕풋나기. 초심자. 아마츄어.
仲人〔なこうど〕중매쟁이.
玄人〔くろうと〕전문가. 숙달된 사람.

音 読 1

人件費〔じんけんひ〕인건비.
人格〔じんかく〕인격. 사람의 품격.
人絹〔じんけん〕인견. 인조견(人造絹).
人工〔じんこう〕인공. 사람이 하는 일.
人口〔じんこう〕인구. 한 지역에 사는사람
人権〔じんけん〕인권. 사람의 기본 권리.
人力車〔じんりきしゃ〕인력거.
人類〔じんるい〕인류. 모든 사람.
人倫〔じんりん〕인륜. 사람으로서의 도리.
人文〔じんぶん〕인문. 인류의 문명.
人物〔じんぶつ〕인물. 사람의 됨됨이.
人民〔じんみん〕인민. 국민.
人士〔じんし〕인사. 사회적으로 알려진 사람.
人生〔じんせい〕인생. 사람의 목숨.
人員〔じんいん〕인원. 사람의 수.
人為的〔じんいてき〕인위적. 사람의 힘으로 어루어지는 일.
人材〔じんざい〕인재. 능력이 뛰어난 사람.
人造〔じんぞう〕인조. 사람의 힘으로 만듦.
人種〔じんしゅ〕인종. 사람의 종별.
人証〔じんしょう〕인증. 증인이나 당사자의 재판상의 증거.
人体〔じんたい〕인체. 사람의 몸뚱이.
〔にんてい〕인체. 인품.
人海〔じんかい〕인해. 아주 많은 사람.
人和〔じんわ〕인화. 인심이 화합함.

音 読 2

人〔にん〕사람의 인품. ～を見て法を説く; 인품을 보고 설교를 하다.
人間〔にんげん〕인간. 사람.
〔ひとま〕사람이 없는 사이(곳).
人界〔にんかい〕인간 사회. 인간 세계.
人気〔にんき〕인기. 세간의 좋은 평판.
〔ひとけ〕인기척.
〔ひとげ〕인간다움. 인간다운 맛.
人夫〔にんぷ〕인부. 짐을 나르는 노동자.
人相〔にんそう〕인상. 얼굴 모양.
人数〔にんずう〕사람의 수. 인원 수.
〔ひとかず〕① 사람 수. ② 사람축. ～はいらない; 사람축에 끼지 못하다.
人魚〔にんぎょ〕인어.
人情〔にんじょう〕인정. 사람의 애정 (감정).
人足〔にんそく〕짐을 나르는 노동자. 인부.
人体〔にんてい〕인체. 인품.
〔じんたい〕인체. 사람의 몸뚱이.
人畜生〔にんちくしょう〕짐승 같은 인간.
人形〔にんぎょう〕인형.
〔ひとがた〕사람 꼴을 한 것.

〔刃〕

풀 : 칼날 인.
音 : ① ジン ② ニン
訓 : は

刃〔は〕(칼 따위의) 날. ～を研ぐ; 날을세우다. 벼리다. かんなの～; 대팻날.
刃渡り〔はわたり〕① 칼날의 길이. ② 칼날 위를 맨 발로 걷는 곡예(曲芸).
刃物〔はもの〕날이 있는 도구(例; 칼, 대패).
刃向かう〔はむかう〕(自5) 맞서다. 덤벼들다. 반항하다, 거슬리다.
刃毀れ〔はこぼれ〕(칼)날의 이가 빠짐. 또는 이가 빠진 부분.

連濁音에 注意

両刃〔りょうば〕양쪽에 날이 있음.

音 読 1

白刃〔はくじん〕빼어든 칼. 시퍼런 칼.
自刃〔じじん〕칼로 자살함.
凶刃〔きょうじん〕흉인. 살인 따위의 흉한 짓에 쓰이는 칼. ～に倒れる; 흉한의 칼에 쓰러지다.

音 読 2

刃傷〔にんじょう〕칼로 사람을 다치게 함.

〔仁〕

풀 : 어질 인.
音 : ① ジン ② ニ
訓 :

音 読 1

仁〔じん〕인. 자애심(慈愛心).
仁徳〔じんとく〕인덕. 어진 덕.
仁術〔じんじゅつ〕인술. ① 仁德을 베푸는

방법. ② 의술(医術).
仁愛〔じんあい〕인애. 어진 사랑.
仁義〔じんぎ〕인의. ① 어진 것과 의로운 것. ② 사람이 지켜야 할 도덕.
仁政〔じんせい〕인정. 어진 정치.

音読 2

仁王〔におう〕인왕. 불법(仏法)을 지킨다는 두 신(神).
仁王立ち〔におうだち〕인왕상(仁王像)처럼 기운차게 우뚝 서 있는 것.

〘引〙
풀：끌 인. 끌어당길 인.
音：イン
訓：① ひける ② ひく

❶ **引ける**〔ひける〕(自下1) ① (그 날의 일이 끝나서) 파하다. 学校は三時に～; 학교는 3 시에 파한다. ② 열등감이 들다. 기가 죽다. 마음이 내키지 않는다. 気が～; 기가 죽다.
引け〔ひけ〕① 파함. 퇴근함. ② 뒤떨어짐. 남보다 못함. 남에게 뒤짐. ～を取る; 뒤지다.
引け目〔ひけめ〕열등감.
引け相場〔ひけそうば〕거래소에서 그 날의 파장 때의 시세.
引け時〔ひけどき〕파할 시각. 퇴근 시각.
引け際〔ひけぎわ〕① 퇴직할 무렵. ② 하루의 일이 끝날 무렵. 퇴근할 무렵. ③ (거래소에서) 마지막 매매가 끝날 무렵.
引け値〔ひけね〕⇨引け相場.

連濁音에 注意

大引け〔おおびけ〕① (거래소에서) 마지막장. 막장. 또는 막장의 시세. ② 유곽에서, 오전 2 시(문닫는 시간).
❷ **引く**〔ひく〕(他5) ① 끌어 당기다. 잡아 당기다. ② 질질 끌다. ③ 이끌다. 안내하다. ④ 끌어들이다. 스카웃하다. ⑤ (팔, 다리를) 오므리다. ⑥ 연행하다. 끌고 가다. ⑦ (병에) 걸리다. ⑧ 인용하다. ⑨ (줄을) 긋다. 그리다. ⑩ 들이쉬다. ⑪ 빼다. ⑫ 공제하다. ⑬ (값을) 할인하다. 에누리하다. ⑭ (사전을) 찾다. ⑮ (제비를) 뽑다. ⑯ (막을) 치다. ⑰ 이어받다. ⑱ 죽죽 늘어지다. ⑲ 닮게 하다. ⑳ 가만히 훔치다. ㉑ 그만두다. 손을 떼다. 은퇴하다. ㉒ (영향을) 남기다. ㉓ 정실 등용하다. ㉔ (기름을) 칠하다. 바르다. ㉕ 후퇴시키다. (自5) ① 빠지다. 水が～; 물이 빠지다. ② (열, 부기가) 내리다. 腫れが～; 부기가 빠지다. 熱が～; 열이 내리다. ③ (사람이) 뜸해지다. 줄어들다 ④ 물러서다. 물러나다. ⑤ 은퇴하다. 그만 두다.
引き〔ひき〕① 배경. 연줄. 편듦. ②(사진에서) 뒤로 물러날 여지.
引き歌〔ひきうた〕옛 사람의 유명한 노래의 일부를 인용하여 자기 문장을 장식하는 방법.
引(き)綱〔ひきづな〕(물건에 매어) 끄는줄
引き去る〔ひきさる〕(他5) ① 빼다. ②연행하다. 끌고 가다. 잡아 가다. (自5)물러가다.
引き据える〔ひきすえる〕(他下1) (데려다가) 난폭하게 끌어 앉히다.
引き継ぐ〔ひきつぐ〕(他5) 이어받다. 물려 받다.
引き菓子〔ひきがし〕축하식 때 선물로 주는 과자.
引っ括める〔ひっくるめる〕(他下1) 일괄(一括)하다.
引っ括る〔ひっくくる〕(他5) 단단히 묶다.
引っ掛かる〔ひっかかる〕(自5) 걸리다.
引っ掛ける〔ひっかける〕(他下1) ① 걸다. ② 걸려 찢기다. ③ 부딪치다. ④ 들이켜다. ⑤ 속이다. ⑥ 외상값을 안주다. ⑦ 관련시키다.
引き絞る〔ひきしぼる〕(他5) ① 잔뜩 잡아당기다. ② (억지로) 짜내다.
引き具す〔ひきぐす〕(他サ) 데리고 가다.
引っ摑む〔ひっつかむ〕(他5) 거머 쥐다.
引き金〔ひきがね〕방아쇠.
引き起こす〔ひきおこす〕(他5) ① 일으키다. 발생시키다. 야기하다. ② 일으켜 세우다.
引き寄せる〔ひきよせる〕(他下1) 끌어 당기다.
引っ担ぐ〔ひっかつぐ〕(他5) 힘차게 메다.
引き当て〔ひきあて〕① 특정한 지출에 대비하여 돈을 준비함. ② 담보. 저당. ③ 기대.
引き当てる〔ひきあてる〕(他下1) ① 제비를 뽑아 맞추다. ② 견주다. 적용하다.
引き渡す〔ひきわたす〕(他5) ① 넘겨주다. 인도하다. ② (줄 따위를) 건너 매다. 줄을 치다.
引き落とし〔ひきおとし〕(씨름에서) 상대의 팔 등을 쥐고 앞으로 당겨 넘어뜨리는 수.
引き戻す〔ひきもどす〕(他5) ① 되돌리다. 제자리에 갖다 놓다. ② 다시 데려오다. ③ 되돌아 오다.
引き連れる〔ひきつれる〕(他下1) 데리고 가다. 뒤에 거느리다.
引き攣る〔ひきつる〕(自5) ① (피부가)오므라 들다. ② 경련을 일으키다. 쥐가 나다. ③ 굳어지다.
引っ攣り〔ひっつり〕피부가 땅김.
引き裂く〔ひきさく〕(他5) ① 잡아 찢다. ② 가르다. ③ 갈라놓다.
引き籠(も)る〔ひきこもる〕(自5) 틀어 박히다. 죽치다. 家に～; 집안에 틀어 박히다.
引っ籠(も)る〔ひっこもる〕(自5) 틀어 박히다.
引き離す〔ひきはなす〕(他5) ① 떼어놓다. ② 뒷 사람과 사이를 벌리다.
引き立つ〔ひきたつ〕(自5) ① 돋보이다. 두드러지다. ② (장사 경기가) 활발 해지다.
引き立てる〔ひきたてる〕(他下1) ①(문을

옆으로 밀어) 닫다. ② 강제로 연행하다(끌고가다). ③ 돋보이게 하다. ④ 등용(발탁)하다. 돌보다.
引っ立てる〔ひったてる〕(他下1) 연행하다. 강제로 끌고 가다.
引(き)立て役〔ひきたてやく〕① (남을 또는 상대방을 돋보이게 하는) 역할. ② 후원자. 시중 드는 사람.
引(き)幕〔ひきまく〕옆으로 잡아 당겨서 여닫는 무대 막.
引(き)網〔ひきあみ〕끌어 당겨 고기를 잡는 그물의 총칭.
引(き)綿〔ひきわた〕보통 솜 위에 얇게 펴서 덮는 풀솜.
引き明け〔ひきあけ〕새벽녘.
引(き)墨〔ひきずみ〕눈썹을 깎고 거기에먹으로 그리는 일. 또 그 먹.
引(き)物〔ひきもの〕① 간막이 휘장. ② 연회때 주인이 손님에게 내놓는 선물.
引(き)眉〔ひきまゆ〕먹으로 그린 눈썹.
引き剝がす〔ひきはがす〕(他5) 떼다.
引っ剝がす〔ひっぱがす〕(他5) 힘주어 벗기다. 잡아떼다.
引っ剝ぐ〔ひっぱぐ〕(他5) 잡아 벗기다.
引(き)返し〔ひきかえし〕① 겉감과 옷단의 안쪽에 대는 천을 같은 감으로 만듦. ② 막을 내려 소품만을 바꾸고 바로 막을 올려 다음 장면을 계속하는 일.
引き返す：引っ返す〔ひきかえす：ひっかえす〕(自5) 되돌아 가다(오다).
引(き)抜き〔ひきぬき〕① 뽑아냄. 빼냄. ② 스카우트함. 빼돌림.
引き抜く〔ひきぬく〕(他5) ① 뽑아 내다. 뽑다. ② 스카우트하다. 빼돌리다.
引っ付く〔ひっつく〕(自5) ① 착 달라 붙다. ② 남녀가 정을 통하여 부부가 되다.
引(き)付け〔ひきつけ〕① 경련. 경풍. ② 기생이 먼저 선을 보이고 음식을 대접하는 방.
引き付ける〔ひきつける〕(自下1) (어린애가) 경련(경풍)을 일으키다. (他下1) ① 바싹 끌어 당기다. ② 매혹하다. ③ 핑계삼다. (억지로) 갖다 대다.
引っ付ける〔ひっつける〕(他下1) ① 딱붙이다. ② 부부가 되게 하여 주다. 붙여주다.
引(き)分け〔ひきわけ〕① 떼어 놓음. 갈라놓음. ② 무승부. 비김.
引き払う〔ひきはらう〕(他5) ① 걷어치우다. ② 퇴거(退居)하다. 집을 옮기다.
引(き)写し〔ひきうつし〕① 원본대로 베껴씀. ② 투사(透写).
引き写す〔ひきうつす〕(他5) 그대로 베끼다.
引(き)算〔ひきざん〕뺄셈.
引き上げる〔ひきあげる〕(他下1) ① 끌어올리다. ② 인상하다. ③ 승진시키다. ④ 철수하다. 퇴각시키다. ⑤ 되찾다. (自下1) (전원이) 돌아오다. 귀환하다.
引き繕う〔ひきつくろう〕(他5) ① 치장하다. 꾸미다. ② 새삼스럽게 격식을 차리다(점잔빼는 말투나 태도를 하다)
引っ搔く〔ひっかく〕(他5) 할퀴다.
引っ搔き回す〔ひっかきまわす〕(他5) ① 마구 휘젓다. ② 뒤죽박죽을 만들다. 혼란시키다.
引き手〔ひきて〕① 장지문 따위의 손잡이. ② 안내하는(꾀는) 사람.
引き受ける〔ひきうける〕(他下1) 떠맡다. 떠맡아 책임지다. (틀림 없다고) 보증하다.
引き縄〔ひきなわ〕① (물건에 달아 매어) 끄는 줄. ② 고깃배가 미끼 달린 줄을 물속으로 끌고 다니며 고기를 잡음.
引き時〔ひきどき〕물러날 시기. 은퇴할 때.
引き伸(ば)し〔ひきのばし〕① 사진 확대. ② 확대 사진.
引き伸ばす〔ひきのばす〕(他5) ① 길게 늘이다. 잡아 늘이다. ② 사진을 확대하다. ③ 묽게 하다.
引き揚げる〔ひきあげる〕(他下1)⇨引き上げる.
引(き)揚げ者〔ひきあげしゃ〕국외로 부터 본국으로 돌아온 사람. 귀환자.
引き延(ば)し〔ひきのばし〕지연. 질질 끎.
引き延ばす〔ひきのばす〕(他5) 지연시키다. 질질 끌다.
引き緩む〔ひきゆるむ〕(自5) (거래에서) 값이 내리다. 내림세를 보이다.
引っ越し〔ひっこし〕이사(移徙). 이전(移転).
引っ越す〔ひっこす〕(自5) 이사하다.
引き移る〔ひきうつる〕(自5) 다른 곳으로 옮기다. 이전하다. 이사하다.
引き入る〔ひきいる〕(自5) 말려(끌려) 들다.
引き入れる〔ひきいれる〕(他下1) 끌어 들이다. 끌어 넣다.
引き込む〔ひきこむ〕(他5) 끌어들이다.
引っ込ます〔ひっこます〕(他5) 본디의 자리로 되돌리다. 움츠리다. 당기다. 들이키다.
引っ込み〔ひっこみ〕① 물러감. ② 결말을 내고 관계를 끊음. ③ 안으로 끌어 들임.
引っ込みがち〔ひっこみがち〕소극적임.
引っ込み思案〔ひっこみじあん〕소극적임.
引っ込み線〔ひっこみせん〕간선(幹線)에서 갈라져 들어가는 전선이나 선로.
引っ込む〔ひっこむ〕(自5) ① 틀어 박히다. ② 물러나다. ③ 쑥 들어가다. 움푹패다.
引っ込める〔ひっこめる〕(他下1) 한번 낸 것을 다시 본자리로 당겨지다. 취하하다. 퇴각시키다. 움추리다.
引っ張る〔ひっぱる〕(他5) ① 잡아 당기다. 잡아 끌다. 끌어 들이다. ② (야구에서) 배트를 당겨치다.
引(っ)切り無し〔ひっきりなし〕끊임 없음. 계속적임 쉴 새 없음.
引きも切らず〔ひきもきらず〕(副)끊임 없이.

引き摺り〔ひきずり〕① 부인이 옷을 질질 끌리도록 입음. ② 일은 하지 않고 옷치장만 하는 유한 부인. ③ 칠칠치 못한 여자. ④ 끌게 되어 있는 왜나막신.
引き摺る〔ひきずる〕(他5) ① 질질 끌다. ② 지연시키다. ③ 연행하다. 억지로 끌고 가다.
引き摺り込む〔ひきずりこむ〕(他5) 억지로 끌어 들이다.
引き摺り出す〔ひきずりだす〕(自5) 억지로 끌어 내다.
引き摺り回す〔ひきずりまわす〕(他5) 여기저기 억지로 끌고 돌아다니다.
引き際〔ひきぎわ〕① 퇴직할 무렵. ② 하루의 일이 끝날 무렵. 퇴근할 무렵.
引き潮〔ひきしお〕썰물.
引っ繰り返す〔ひっくりかえす〕(他5) ① 뒤엎다. 뒤집다. ② 쓰러뜨리다.
引っ繰り返る〔ひっくりかえる〕(自5) ① 뒤집히다, 역전(逆転)되다. ②쓰러뜨리다.
引き舟〔ひきふね〕① 배를 끌고 감. ② 무대의 정면에 있는 관람석. ③ 고급 창녀에게 딸려서 시중을 드는 창녀.
引き止める〔ひきとめる〕(他下1) 만류하다.
引き札〔ひきふだ〕① 제비. 추첨. ② 광고쪽지.
引き窓〔ひきまど〕지붕의 물매에 따라서 만든 천창(天窓) (끈을 잡아 당겨 여닫음)
引き替え〔ひきかえ〕① 교환. 바꿈. ② 반대로.
引っ替え〔ひっかえ〕바꿈. 교환.
引き替える〔ひきかえる〕(他下1) ① 교환하다. 바꾸다. ② 거꾸로 하다. 반대로 하다.
引き締(ま)る〔ひきしまる〕(自5) ① 죄어지다. 죄이다. ② 긴장되다. ③ 값이 안정세를 보이다.
引き締める〔ひきしめる〕(他下1) ① 죄다. 조르다. ② 긴장시키다. 다잡다. ③(예산이나 살림을) 긴축시키다.
引(き)出し〔ひきだし〕① 서랍. ② (예금의) 인출.
引き出す〔ひきだす〕(他5) ① 꺼내다. ② 발휘하다. ③ 우려 내다. ④ (예금을) 찾다. 인출하다.
引き出物〔ひきでもの〕연회 때 주인이 손님에게 내놓는 선물.
引き取る〔ひきとる〕(自5) (일이 끝나서) 물러가다. 물러나다. (他5) ① 인수하다. 떠맡다. ② (말끝을) 이어 받다. ③ 거두다. 息を～; 숨을 거두다. 죽다.
引き退く〔ひきのく〕(自5) 후퇴하다. 물러나다.
引き退ける〔ひきのける〕(他下1) ① 끌어(잡아) 제치다. ② 떼어 놓다.
引っ捕(ら)える〔ひっとらえる〕(他下1) 체포하다.
引っ被る〔ひっかぶる〕(他5) ① 뒤집어쓰다. ② 떠맡다.
引き下がる〔ひきさがる〕(自5) 물러나다. 물러서다. 손을 떼다.
引き下げる〔ひきさげる〕(他下1) ① (값을) 인하하다. 내리다. ② (신분을) 낮추다. 떨어뜨리다. ③ 뒤로 물러나게 하다.
引(き)合い〔ひきあい〕① 例로 인용함. 증거. ② 증인. ③ 거래 조건의 조회(문의)
引き合う〔ひきあう〕(自5) ① 서로 끌어당기다. 맞당기다. ② 거래하다. ③ 수지가 맞다. 돈벌이가 되다. ④ 애쓴 보람이 있다.
引き合わせ〔ひきあわせ〕① 내면시킴. 소개함. ② 대조함. 조회함. 맞대어 봄.
引き合わせる〔ひきあわせる〕(他下1) ① 끌어 당겨서 맞추다. ② 대조하다. ③ 대면시키다. 소개하다.
引(き)戸〔ひきど〕미닫이. 가로닫이.
引(き)回し〔ひきまわし〕① 데리고 다님. ② 지도하여 돌봐 줌. ③ 소매가 없고 가래통이 넓은 비옷.
引き回す〔ひきまわす〕(他5) ① 데리고돌아 다니다. ② 지도하여 돌봐 주다. ③ (막이나 새끼 따위를) 둘러 치다.
引っ詰め〔ひっつめ〕(부풀리지 않고) 아무렇게나 뒤로 잡아당겨 맨 여자의 머리 모양.

連濁音에 注意

間引く〔まびく〕(他5) 솎아내다.
長引く〔ながびく〕(自5) 오래 끌다.

音　読

引見〔いんけん〕인견. (웃사람이 아랫사람을) 불러 들여 만남.
引決〔いんけつ〕인결. 책임 지고 처리함.
引導〔いんどう〕인도. 가르쳐 이끎.
引力〔いんりょく〕인력. 끌어당기는 힘.
引例〔いんれい〕인례. 예를 들어 증거를 보임. 끌어 쓰는 전례.
引率〔いんそつ〕인솔. 사람을 이끌고 거느림.
引用〔いんよう〕인용. 다른 글 가운데서 한 부분을 끌어다 씀.
引責〔いんせき〕인책. 책임을 이끌어 짐.
引致〔いんち〕인치. 사람을 강제로 끌어감.
引退〔いんたい〕인퇴. 직무에서 물러남.
引火〔いんか〕인화. 불이 옮아 붙음.

〔印〕

풀：도장 인.
音：イン
訓：① しるす ② しるし

❶ **印す**〔しるす〕(他5) 표하다. 표시하다.
❷ **印**　〔しるし〕① 표. 표시. ② 기호. 마아크. 부호. ③ 배지. ④ 상징. ⑤ 기색. 낌새.〔いん〕① 도장. ② 흔적. 자리.

連濁音에 注意

目印〔めじるし〕표지. 표적. 목표.
矢印〔やじるし〕화살표.

音　読

印〔いん〕① 도장. ～をおす; 도장을 찍다. ② 흔적. 자리.

印する〔いんする〕(他サ) 자국을 남기다. 足跡を～; 발자취를 남기다.
印鑑〔いんかん〕인감. 対照用으로 동사무소에 제출해 두는 특정한 도장.
印象〔いんしょう〕인상. 깊이 느껴 잊혀지지 않는 감명(感銘).
印税〔いんぜい〕인세. 서적의 발행자가 저작자에게 주는 돈.
印刷〔いんさつ〕인쇄. 글이나 그림을 종이나 천에 박아 내는 일.
印影〔いんえい〕인영. 도장을 찍은 자리.
印章〔いんしょう〕인장. 도장.
印紙〔いんし〕인지.
印画〔いんが〕인화.

〔因〕 풀 : 인할 인.
音 : イン
訓 : ① よる ② ちなむ

❶ 因る〔よる〕(自5) ① 의하다. ② 연유하다. 원인이 되다. ③ 따르다. 근거하다. ④ 의지하다.
因りけり〔よりけり〕…에 따라 다르다. …나름이다. …에 달려 있다.
因りて〔よりて〕그러므로. 그런 까닭으로.
❷ 因む〔ちなむ〕(自5) 관련시키다. 연관짓다. …을 기념하기 위해서 하다.
因み〔ちなみ〕인연. 연분.
因みに〔ちなみに〕덧붙여서 말하면. 이와 관련하여.

音 読

因〔いん〕원인. 직접적인 원인.
因果〔いんが〕인과. ① 원인과 결과. ② 악의 응보. ③ 숙명적임.
因循〔いんじゅん〕인순. 이제까지의 방법을 답습함.
因習〔いんしゅう〕인습. 옛부터의 풍습.
因縁〔いんねん〕인연. ① 원인. ② 숙명. ③ 생트집. ④ 유대. ⑤ 관계.
因業〔いんごう〕① 원인이 되는 행위. ② 무정함. 혹독함.

〔忍〕 풀 : 참을 인
音 : ニン
訓 : ① しのばせる ② しのびやか ③ しのぶ

❶ 忍ばせる〔しのばせる〕(他下1) ① 남 모르게 행동하다. 숨겨 놓다. 잠입시키다. 숨기다. ② 감추어 가지다. 몰래 품다.
❷ 忍びやか〔しのびやか〕(形動) 남 몰래 살며시 함. 가만히 함. 은근히 함. ～に近寄る; 은근히 접근하다.
❸ 忍ぶ〔しのぶ〕(他5) ① 남이 모르게하다. 숨다. 감추다. ② 참다. 견디다.
忍び〔しのび〕① 몰래 함. 비밀히 함. ② 뒤를 밟음. 미행. ③ 도둑질. ④ 둔갑.
忍びない〔しのびない〕(形) 참을 수 없다.
忍び寄る〔しのびよる〕(自5) 살며시 다가오다.
忍び返し〔しのびがえし〕(담위의) 철책.
忍び笑い〔しのびわらい〕소리를 죽이고 웃음.
忍び音〔しのびね〕① 속삭이는 소리. ② 소리를 죽이고 우는 소리. ③ 음력 4월경의 두견새의 첫울음 소리.
忍び泣き〔しのびなき〕소리를 죽이고 울. 속으로 울.
忍び込む〔しのびこむ〕(自5) 몰래 들어가다. 잠입하다.
忍びの者〔しのびのもの〕첩자. 스파이.
忍び足〔しのびあし〕살금살금 걸음. 발 소리를 죽여 걸음.
忍び会い〔しのびあい〕사랑하는 남녀가 남몰래 만남. 밀회(密会).

音 読

忍苦〔にんく〕인고. 괴로움을 참고 견딤.
忍耐〔にんたい〕인내. 참고 견딤.
忍術〔にんじゅつ〕인술. 둔갑술.
忍従〔にんじゅう〕인종. 참고 견디며 복종.

〔姻〕 풀 : 혼인할 인.
音 : イン
訓 :

姻戚〔いんせき〕인척. 결혼으로 인하여 생기는 친척. 아내나 남편의 친척.
婚姻〔こんいん〕혼인. 결혼.

〔認〕 풀 : 인정할 인
音 : ニン
訓 : みとめる

認める〔みとめる〕(他下1) 인정하다. 알아차리다. 인지하다. 간주하다. 事実を～; 사실을 인정하다.
認め〔みとめ〕① 인정. ② 막도장.
認め印〔みとめいん〕보통 쓰는 약식의 도장. 막도장.

音 読

認可〔にんか〕인가. 인정하여 허락함.
認識〔にんしき〕인식. 인정하여 구별함.
認容〔にんよう〕인용. 인정하여 용납함.
認定〔にんてい〕인정. 옳다고 믿고 정함.
認証〔にんしょう〕인증. ① 인정하여 증명함. ② 천황이, 내각이 한 일을 정식 수속을 밟았다고 인정함.
認知〔にんち〕인지. 인정하여 암.

【일】

〔一〕 풀 : 한 일
音 : ① イチ ② イッ ③ イツ
訓 : ひとつ

一つ〔ひとつ〕하나. 한 개. 한 살.
一つ家〔ひとつや〕① 한집. 같은 집. ② 외딴집.
一角〔ひとかど〕① 뛰어남. ② 제구실.
〔いっかく〕① 일각. ② 한 모퉁이.
一つ覚え〔ひとつおぼえ〕하나만 암. 외고집.
一頃〔ひところ〕한때. 어떤 시기.
一苦労〔ひとくろう〕조금의 노력(수고, 고생)

—骨〔ひとほね〕～を折る：남을 위해 애쓰다(노력하다).
—工夫〔ひとくふう〕좀 더 연구함.
—塊〔ひとかたまり〕한 덩어리.
—口〔ひとくち〕①한 입. ②한 모금. ③한 몫. ④한 마디 말. ⑤(주식, 부기 따위의 한 단위) 한 구.
—口話〔ひとくちばなし〕짤막한 이야기. 짧고 익살스런 이야기.
—構え〔ひとかまえ〕집 한채.
—群〔ひとむら〕일군. (동물, 초목의) 한 떼. 한 무리. 한 덤불.
—群れ〔ひとむれ〕일군. (짐승, 새, 벌레의) 한 떼. 한 무리.
—巻〔ひとまき〕①한 번 감음. ②하나의 두루마리. 한 권. ③동족(同族).
—摑み〔ひとつかみ〕한줌. 소량.
—筋〔ひとすじ〕①한 줄기. ②외곬.
—肌〔ひとはだ〕～脱ぐ：한팔 걷고 도와 주다. 힘이 되어 주다.
—旗〔ひとはた〕～揚げる：사업을 새로 시작하다.
—年〔ひととせ〕①한해. 일년간. ②어느해.
〔いちねん〕일 년. 한 해.
—捻り〔ひとひねり〕①간단히 다룸. ②보통과는 아주 다른 취향을 보임.
—度〔ひとたび〕①일단. 한번. ②일회. 한번.
〔いちど〕한 번. 일 회(一回).
—冬〔ひとふゆ〕한 겨울.
—溜(ま)り〔ひとたまり〕～もなし：잠시도 지탱하지 못한다.
—粒〔ひとつぶ〕(조그마한 것의) 한 알.
—粒種〔ひとつぶだね〕외동이. 외동 아들(딸).
—幕〔ひとまく〕일막. 한 장면.
—晩〔ひとばん〕①하룻밤. 밤새. ②어느날 밤.
—晩中〔ひとばんじゅう〕밤새도록.
—眠り〔ひとねむり〕한잠 잠. 한숨 잠.
—目〔ひとめ〕①첫눈. ②한눈. 한번 봄.
〔いちもく〕①한쪽 눈. 하나의 눈. ②한번 봄. ③바둑의 한 점.
—文字〔ひともじ〕한 글자. 한 자(字).
—方〔ひとかた〕보통(의 정도). 어지간함.
—方ならず〔ひとかたならず〕여간. 무척. 적지않이. 대단히.
—癖〔ひとくせ〕특이한 성깔.
—腹〔ひとはら〕①(동물의) 한 배. ②(어류의) 한 배의 알 전부.
—頻り〔ひとしきり〕한차례. 한바탕.
—思いに〔ひとおもいに〕(副) 단숨에. 눈 딱 감고. 큰 마음 먹고.
—山〔ひとやま〕①(과일, 채소 따위의) 한 무더기. ②산 하나. 산 전체. ③～当てる：(투기에서) 한 밑천 벌다.
〔いっさん〕큰 절 전체.
—色〔ひといろ〕①한가지 색. ②한 종류.
—つ書き〔ひとつがき〕조목별로 씀.
—昔〔ひとむかし〕옛날로 느껴질 정도의 과거(보통 10년 정도).
—先ず〔ひとまず〕일단. 우선. 하여튼.
—声〔ひとこえ〕한 마디 소리.
—盛り〔ひとさかり〕①한창 때. 한물. ②한바탕. 한동안.
—所〔ひとところ〕한 곳. 한 군데.
—手〔ひとて：いって〕①혼자서 함. 독점(獨占). ②한번의 솜씨. 한 수 ③한 방법. ④한 조(組). ⑤한 종류. 한 가지.
—巡り〔ひとめぐり〕①한 번 돎. ②一周忌.
—勝負〔ひとしょうぶ〕한 승부.
—時〔ひととき〕①한동안. ②한 때.
〔いちじ〕①1시. ②같은 때. ③잠시.
〔いっとき〕①잠시. ②동시(同時). ③한 때.
—時逃れ〔いっときのがれ〕일시 모면.
—つ身〔ひとつみ〕통짜로 된 옷(유아복).
—息〔ひといき〕①한숨. 단숨. ②잠깐 쉼. 한숨 돌림. ③단숨에 함. ④한 고비.
—握り〔ひとにぎり〕①한줌. 소량. ②～にする：쉽게 처리하다.
—安心〔ひとあんしん〕우선 안심이 됨. 한시름 놓음.
—夜〔ひとよ：いちや〕①하룻밤. ②어느 날 밤.
—夜妻〔ひとよづま：いちやづま〕①하룻밤을 같이 지낸 여자. ②창녀. 매춘부.
—言〔ひとこと〕일언. 한마디 말.
—言居士〔いちげんこじ〕무슨 일에나 말참견하는 사람.
—役〔ひとやく〕한 가지의 역할.
—塩〔ひとしお〕살짝 절임.
—葉〔ひとは：いちよう〕일엽. 하나의잎사귀.
—腰〔ひとこし〕한 자루의 칼.
—雨〔ひとあめ〕한차례(한 바탕) 비가 옴.
—月〔ひとつき〕한 달. 1개월.
〔いちがつ〕1월. 정월.
—人〔ひとり：いちにん〕한 사람.
—人ぼっち〔ひとりぼっち〕단혼자. 외토리.
—わたり〔ひとわたり〕대충. 대강.
—人口〔ひとりぐち〕혼자 살림.
—人娘〔ひとりむすめ〕외동딸.
—人立ち〔ひとりだち〕자립. 독립.
—人暮らし〔ひとりぐらし〕독신 생활.
—人舞台〔ひとりぶたい〕독무대. 독판.
—人相撲〔ひとりずもう〕독무대. 독판. 혼자서 설침.
—人善がり〔ひとりよがり〕독선적임.
—人息子〔ひとりむすこ〕외동아들.
—人身〔ひとりみ〕독신. 홀몸.
—人一人〔ひとりひとり〕한사람한사람. 각자.
—人っ子〔ひとりっこ〕독자. 외동.
—人者〔ひとりもの〕독신자.
—人占め〔ひとりじめ〕독점. 독차지.
—人天下〔ひとりでんか〕독판. 독무대.
—日〔ついたち〕초하루.
〔いちにち〕하루.
〔ひとひ〕①하루. ②종일. ③어느 날.

一儲け〔ひともうけ〕한밑천 잡음.
一滴〔ひとしずく〕한 방울.
一切れ〔ひときれ〕한 조각. 한 가닥.
一際〔ひときわ〕한층 더. 유달리.
一足〔ひとあし〕한 걸음.
一舟〔ひとふね〕(조개, 생선을 담는)배 모양의 운두가 낮은 상자 하나.
一走り〔ひとはしり〕잠깐 뜀.
一重〔ひとえ〕한 겹. 외겹. 홑겹.
一差し〔ひとさし〕한판. 한번의 승부, 演技.
一寝入り〔ひとねいり〕한잠.
一打ち〔ひとうち〕①한번 침. 일격(一撃). ②한번에 무찌름.
一片食〔ひとかたけ〕한끼의 식사.
一泡〔ひとあわ〕~吹かせる; 남을 놀라게 하며 당황하게 만들다.
一抱え〔ひとかかえ〕한 아름.
一皮〔ひとかわ〕한 껍질.
一筆〔ひとふで〕① (편지 따위를) 잠깐(조금)씀. ②먹을 다시 묻히지 않고 단번에 씀.
一夏〔ひとなつ〕한 여름.
一汗〔ひとあせ〕한바탕 땀을 흘림.
一行〔ひとくだり：いちぎょう〕 (문장의) 한 줄.
〔いっこう〕일행. 동반자 전원.
一向きに〔ひとむきに〕(副) 전심으로. 외곬으로.
一つ穴〔ひとつあな〕한패. 한 무리.
一花〔ひとはな〕~咲かせる; ①한때 번영하여 날리다. ②쉬었던 활동을 재개하다.
一つ話〔ひとつばなし〕늘 자랑삼아 하는 이야기.
一荒れ〔ひとあれ〕① 폭풍우가 한바탕 붊. ② 한바탕 파란이 일어남. ③ 기분이 나빠서 남에게 거칠게 대함.
一回り〔ひとまわり〕① 한 바퀴 돎. 一周 ② 인물의 스케일. ~大きい人物; 스케일이 큰 인물.

音読 1

一〔いち〕1. 하나.
一概に〔いちがいに〕(副) 일률적으로. 무조건.
一撃〔いちげき〕일격. 한 번 세게 침.
一見〔いちげん〕처음으로 대면함. 첫대면.
〔いっけん〕① 한 번봄. 한 번 잠깐 봄 ② 첫 대면.
一軍〔いちぐん〕① 한무리의 군사. ② 정규 선수로 조직된 티임.
一の宮〔いちのみや〕① 황태자 ② 그 지방의 으뜸가는 神社.
一期〔いちご〕① 일기. 일생. 생애. ② 일생에 한 번.
一難〔いちなん〕한 재난.
一男〔いちなん〕일남 ① 아들 하나. ② 장남.
一女〔いちじょ〕일녀 ① 딸 하나. ② 장녀.
一年〔いちねん〕일년. 1년. 한 해.
〔ひととせ〕① 한 해. 일 년간. ② 어느해.
一念〔いちねん〕일념. 한결같이 굳은 마음.
一念発起〔いちねんほっき〕어떤 일을 성취하려고 결심함.
一能〔いちのう〕일능. 한 가지 재능.
一団〔いちだん〕일단. 한 집단. 한 무리.
一段〔いちだん〕일단. ① 계단의 한 층계. ② 문장의 한 토막. ③더욱. 한층
一段落〔いちだんらく〕일단락.
一堂〔いちどう〕일당. 같은 건물(장소).
一大〔いちだい〕일대. 하나의 커다란.
一大事〔いちだいじ〕일대사. 큰일.
一大白〔いちたいはく〕(하나의)큰 술잔.
一対一〔いちたいいち〕일대일.
一代〔いちだい〕일대. ① 한 평생. ② 국왕이 그 지위에 있는 동안. ③ 당대(當代) ④ 초대(初代). ~記; 일대기. 전기.
一度〔いちど〕한 번. 일회(一回).
〔ひとたび〕① 일단. ② 한번. 일회(一回)
一途〔いちず〕(形動) 외곬임. 한결같음.
一道〔いちどう〕일도. 한 길. 한 가지 예능.
一読〔いちどく〕일독. 한 번 읽음.
一同〔いちどう〕일동. 모두.
一楽〔いちらく〕일락. 한 가지 즐거움.
一楽織〔いちらくおり〕무늬를 도드라지게 짠 정교한 능직 견직물.
一卵〔いちらん〕일란. 하나의 난자.
一覧〔いちらん〕일람. 한 번 쭉 훑어 봄.
一覧払い〔いちらんばらい〕어음이나 수표 소지인이 그 지불을 위해 제시한 날을 만기로 치는 것.
一浪〔いちろう〕(대학 입시의) 1년 재수생.
一両〔いちりょう〕① 한 량. ② (큰 차량의)한 대. ③1원. ④1근의 16분의1. 4돈쭝.
一両年〔いちりょうねん〕한두 해.
一両人〔いちりょうにん〕한두 사람.
一両日〔いちりょうじつ〕금명간.
一連〔いちれん〕일련. 하나의 연결.
一列〔いちれつ〕일렬. 한 줄.
一領〔いちりょう〕옷 한 벌.
一礼〔いちれい〕한 번 가볍게 인사함.
一例〔いちれい〕일례. 하나의 예(본보기).
一路〔いちろ〕① 일로. 한 줄기 길. ② 여행 도중. ③곧장. 딴 데 들르지 않고.
一塁〔いちるい〕일루.
一縷〔いちる〕일루. 한가닥.
一流〔いちりゅう〕일류. 제1급.
一類〔いちるい〕같은 종류. 동족(同族).
一六〔いちろく〕주사위의 눈이 1과 6이 나오는 것.
一六銀行〔いちろくぎんこう〕전당포.
一輪〔いちりん〕일륜. ①바퀴 하나. ② 꽃 한 송이. ③명월(明月).
一輪挿し〔いちりんざし〕한두 송이의 꽃을 꽂는 작은 꽃병.
一律〔いちりつ〕일률. 균일함.

一里〔いちり〕일리. 약 4km. 한국의 10리.
一利〔いちり〕일리. 한 가지 이득.
一厘〔いちりん〕일리. 1의 100분의 1
一理〔いちり〕일리. 하나의 이치.
一粒万倍〔いちりゅうまんばい〕일립만배.
一望〔いちぼう〕한 번 쳐다봄. 한 눈으로 훑어 봄.
一網打尽〔いちもうだじん〕일망 타진.
一枚〔いちまい〕1매. 한 장.
一脈〔いちみゃく〕일맥. 한 줄.
一面〔いちめん〕①온통. 일대. ②일면. 한 쪽. 한 방면. ③(거문고나 거울을 셀 때)하나. ④신문의 첫 페이지.
一面観〔いちめんかん〕일방적 관찰.
一面識〔いちめんしき〕일면식. 한 번 만난 적이 있어 조금은 서로 알고 있음.
一眠〔いちみん〕누에의 첫 잠.
一命〔いちめい〕목숨. 생명.
一毛〔いちもう〕일모. ①털 하나. ②(초목의) 한 포기 ③一厘의 10분의 1.
一毛田〔いちもうでん〕일모작의 논.
一毛作〔いちもうさく〕일모작.
一木〔いちぼく〕한 그루의 나무.
一目〔ひとめ〕①첫눈. ②한눈. 한번 봄.
〔いちもく〕①한쪽 눈. 하나의 눈. 한 번 봄. ③바둑의 한 점.
一目瞭然〔いちもくりょうぜん〕일목 요연.
一目散に〔いちもくさんに〕(副) 쏜살같이.
一文〔いちもん〕①엽전 한닢. ②한 푼. ③하나의 글자.
〔いちぶん〕한 문장. 간단한 글. ～を草する：(간단한) 글을 쓰다.
一文きなか〔いちもんきなか〕일푼 반전.
一文無し〔いちもんなし〕빈털터리.
一文惜しみ〔いちもんおしみ〕구두쇠. 한푼을 아끼는 사람. ～の百知らず：기와 한장 아끼다가 대들보 썩는 줄 모른다.
一文不通〔いちもんふつう〕일자 무식.
一門〔いちもん〕①한 집안. ②동문(同門).
一問一答〔いちもんいっとう〕일문 일답.
一物〔いちもつ〕①(마음 속의) 나쁜 흉계. ②한 물건. ③男根의 변한 말.
一味〔いちみ〕①한패. 일당. ②한 가지 맛.
一方〔いちかた〕(광산의) 교대제 작업에서 첫 번 째로 갱내에서 일하는 사람.
〔いっぽう〕①일방. 한 방향. ②한 쪽. 한 편. ③…만 함. 飲む～だ：마시기만 함.
一方的〔いっぽうてき〕일방적.
一番〔いちばん〕①일번. 첫째. 일등. 제일. ②최상의 방법. ③단판. 1회. 한번. ④가장. 제일. ⑤시험삼아.
一番鶏〔いちばんどり〕첫닭.
一番館〔いちばんかん〕개봉 극장. 개봉관.
一番駆け〔いちばんがけ〕전쟁에서 제일 먼저 적진에 뛰어듦.
一番目〔いちばんめ〕첫 번 째.
一番手〔いちばんて〕일번수. 제일 먼저 행동을 개시하는 것. 가장 유력한 후보.
一番乗り〔いちばんのり〕맨 먼저 적진에 들어감. 또 그 사람.
一番槍〔いちばんやり〕맨 먼저 공명(功名)을 세우는 일.
一別〔いちべつ〕일별. 헤어짐. ～以来：한 번 헤어진 이래. 일별 이래.
一病息災〔いちびょうそくさい〕너무 건강에 자신이 있는 사람보다도, 좀 병이 있는 사람이 자기 몸을 잘 돌보기 때문에 오히려 장수한다는 말.
一部〔いちぶ〕일부. ①일부분. ②(서적의) 한 부. ③한 벌.
一部分〔いちぶぶん〕일부분.
一部始終〔いちぶしじゅう〕자초 지종(自初至終).
一分〔いちぶん〕체면. 男の～：남자의 체면.
〔いっぷん〕(시간 상의) 1분.
〔いちぶ〕①전체의 10분의 1. ②1할의 10분의 1. ③한 치의 10분의 1.
一分一厘〔いちぶいちりん〕일푼 일리. 조금.
一事〔いちじ〕일사. 한 가지 일.
一生面〔いちせいめん〕새로운 분야.
一膳〔いちぜん〕한 그릇.
一の膳〔いちのぜん〕정식 일본 요리의 상차림에서 맨 처음 나오는 요리상.
一膳飯〔いちぜんめし〕한 그릇씩 퍼서 파는 밥.
一膳飯屋〔いちぜんめしや〕간이 식당.
一城〔いちじょう〕하나의 성.
一樹〔いちじゅ〕한 그루 나무.
一巡〔いちじゅん〕①한 바퀴 돎. ②보급.
一時〔いちじ〕①한 시. 1시. ②한 때. 순간. ③잠시. 일시적. ④동시. 같은 때
〔いっとき〕①잠시. ②동시. ③한 때.
〔ひととき〕①한동안. ②한 때.
一時金〔いちじきん〕일시금.
一時逃れ〔いっときのがれ〕일시 모면.
一時払い〔いちじばらい〕일시불.
一時的〔いちじてき〕일시적. 그 때 뿐임.
一案〔いちあん〕일안. 그럴 듯한 안.
一眼〔いちがん〕일안. ①한쪽 눈. ②외눈.
一夜〔いちや：ひとよ〕하룻밤.
一夜作り〔いちやづくり〕①하룻밤 사이에 만듦. ②임시 변통으로 급히 만듦.
一夜酒〔いちやざけ〕하룻밤 사이에 빚은 술. 감주(甘酒).
一夜漬け〔いちやづけ〕①담근 지 하룻밤 만에 먹는 김치. ②하룻밤 사이에 벼락치기로 준비한 것. ～の勉強：벼락치기 공부. ③그때 일어나는 세상 일을 그 즉석에서 연극으로 꾸미는 것.
一夜妻〔いちやづま：ひとよづま〕①하룻밤을 같이 지낸 여자 ②매춘부. 창녀.
一躍〔いちやく〕일약. 갑자기 뛰어 오름.
一様〔いちよう〕①한결같음. 똑같음. ②보통임.
一陽来復〔いちようらいふく〕역경이 계속

된다음 차차 행운이 돌아오는 일.
一語〔いちご〕한 마디 말.
一言〔いちげん：ひとこと〕한 마디 말.
一言居士〔いちげんこじ〕무슨 일에나 말참견하는 사람.
一言半句〔いちごんはんく〕일언 반구.
一言一行〔いちげんいっこう〕일언 일행.
一役〔いちやく〕① 한 직분. ② 중요한 구실.
〔ひとやく〕하나의 역할. 한 역할.
一葉〔いちよう：ひとは〕하나의 잎사귀.
一葉の扁舟〔いちようのへんしゅう〕일엽편주.
一芸〔いちげい〕한 가지 기술, 예능.
一羽〔いちわ〕(새의) 한 마리.
一円〔いちえん〕① 일원. 어떤 장소의 일대(一帯) ② 일본 화폐의 단위.
一元〔いちげん〕일원. 하나의 미지수.
一院〔いちいん〕일원. ① 하나의 寺院. ② 하나의 의원(議院)
一員〔いちいん〕일원. 구성원의 한 사람.
一月〔いちがつ〕1월.
〔ひとつき〕한 달. 1개월.
一位〔いちい〕1위. 수위(首位).
一応〔いちおう〕(副) ① 일단. 우선. 어떻든. 한 차례. ② 좀더.
一意〔いちい〕일의. 한결 같은 마음.
一義〔いちぎ〕① 하나의 도리. ② 하나의 뜻. ③ 제일의(第一義).
一儀〔いちぎ〕성행위(性行為).
一議〔いちぎ〕① 단 한 번의 상의 ② 異論
一翼〔いちよく〕일익. ① 하나의 날개. ② 하나의 역할.
一人〔いちにん：ひとり〕한 사람.
一人前〔いちにんまえ〕① 일인분. 한 사람 몫. ② 어른. 어른과 같은 권리를 가짐. ③ (능력, 기술) 제구실을 할 수 있게 됨
一人称〔いちにんしょう〕일인칭.
一因〔いちいん〕일인.한 가지 원인.
一一〔いちいち〕(副) 하나하나. 일일이.빠짐 없이
一日〔いちにち〕① 하루. ② 초하루.
〔いちじつ：ついたち〕초하루.
一日延ばし〔いちにちのばし〕구실을 만들어 하루 하루 미루어 나감.
一日増しに〔いちにちましに〕날이 갈 수록 날이 감에 따라.
一任〔いちにん〕일임. 전적으로 맡김.
一字〔いちじ〕(글자의) 한 자.
一字の師〔いちじのし〕한 자를 배워도 역시 스승임.
一場〔いちじょう〕일장. ① 그 자리. ②잠깐.
一敵国〔いちてっこく〕만만찮은 상대.
一定〔いちじょう〕일정. 정해진 것.
一剤〔いちざい〕약 한 첩.
一助〔いちじょ〕얼마간의 도움.
一条〔いちじょう〕① 한 줄기. ② 한 가닥 ③ 한 조목. ④ 한 건(件).
一族〔いちぞく〕일족. 같은 혈족.
一存〔いちぞん〕혼자만의 생각.
一座〔いちざ〕① 좌중. ② 한 자리. ③ 同席.
一汁一菜〔いちじゅういっさい〕일즙 일채. 국 한 가지와 나물 한 가시.
一陣〔いちじん〕일진. ① 바람이 한바탕 붊. ② 앞장 서서 가는 군대.
一次〔いちじ〕일차. 첫 번. 한 차례.
一打〔いちだ〕일타. 한 번 침.
一か八か〔いちかばちか〕흥하든 망하든.
一割〔いちわり〕일할 1할. 10%.
一合〔いちごう〕① 한 홉. ② (검술로 싸울때 한 번 마주치는) 일합.
一害〔いちがい〕일해.
一行〔いちぎょう：ひとくだり〕(문장의)한 줄.
〔いっこう〕일행. 동반자 전원.
一丸〔いちがん〕한 덩어리.
一姫二太郎〔いちひめにたろう〕① 처음에는 딸, 그 다음에는 아들을 낳는 것이 이상적이라는 말. ② 딸 하나 아들 둘 갖기를 원하는 것.

音読 2

一価〔いっか〕原子価가 1인 것.
一家〔いっか〕일가. 하나의 집. 가족 전체. 한 집안.
一家見〔いっかげん〕일가견. 독특한 주장.
一角〔いっかく〕일각. 한구석. 한 모퉁이.
一刻〔いっこく〕일각 ① 짧은 시간. 잠깐. 한때. ② 고집이 셈. ③ 화를 잘 냄.
一刻者〔いっこくもの〕① 화를 잘 내는 사람. ② 고집이 센 사람.
一竿〔いっかん〕하나의 낚싯대.
一間〔いっけん〕1.81m
〔ひとま〕방 한 칸.
一喝〔いっかつ〕일갈. 큰소리로 꾸짖음.
一介〔いっかい〕일개. 하찮은 한 사람.
一個：一箇〔いっこ〕한 개.
一個年：一箇年〔いっかねん〕일개년. 1년.
一個所：一箇所〔いっかしょ〕한 군데.
一個月：一箇月〔いっかげつ〕1개월.
一挙〔いっきょ〕단숨. 한 번의 호흡.
一件〔いっけん〕일건. 한 사건.
一犬〔いっけん〕한 마리의 개.
一見〔いっけん〕한 번 봄. 처음 만남.
〔いちげん〕처음 대면함. 초면.
一決〔いっけつ〕하나로 결정함.
一系〔いっけい〕한핏줄.
一計〔いっけい〕한 계책, 한 꾀.
一季〔いっき〕1년 중의 한 계절.
一階〔いっかい〕(건물의) 1층.
一考〔いっこう〕일고. 한 번 생각해 봄
一顧〔いっこ〕일고 잠깐 뒤돌아 봄.
一曲〔いっきょく〕일곡. 음악의 한 구절.
一過〔いっか〕한 번 지나가 버림.
一郭：一廓〔いっかく〕한 둘레의 지대.
一貫〔いっかん〕1관. 3·75kg.
一管〔いっかん〕(붓, 피리의) 하나.
一括〔いっかつ〕일괄. 한데 묶음.
一区〔いっく〕일구. 한 구획.

一句〔いっく〕俳句의 한 수. 문장이나 詩歌의 한 단락(段落).
一国〔いっこく〕한 나라 전국.
一局〔いっきょく〕(바둑) 한 판.
一級〔いっきゅう〕1급. 한 계급.
一気〔いっき〕단숨. 즉시.
一基〔いっき〕(서 있는 것의) 하나.
一期〔いっき〕한정된 한 시기. 제 1기.
一騎〔いっき〕말에 탄 한 병사.
一旦〔いったん〕일단. 한번. 조금.
一端〔いったん〕한쪽 끝. 사물의 일부.
〔いっぱし〕남처럼. 보통으로.
一党〔いっとう〕일당. 한패.
一対〔いっつい〕한 쌍. 한 벌.
一帯〔いったい〕일대. 전부.
一刀〔いっとう〕한 자루의 칼. 한칼.
一頭〔いっとう〕(짐승) 한 마리. 일두.
一等〔いっとう〕1등. 제일.
一拍〔いっぱく〕한 박자. 한 음절.
一泊〔いっぱく〕일박. 하룻밤을 잠.
一反〔いったん〕300평. 약 999.7㎡.
一半〔いっぱん〕반쪽. 절반. 일부분.
一般〔いっぱん〕일반. ①전체 ②보통.
一発〔いっぱつ〕일발. (사격의) 한 방.
一髪〔いっぱつ〕일발. 머리털 한 개.
一方〔いっぽう〕①한 방향. ②한쪽. ③오로지 그 경향 뿐임. …만 함.
一杯〔いっぱい〕①한 잔. 한 그릇. ②게, 오징어를 세는 단위. ③~食う：감쪽같이 속다. ~食わす：감쪽같이 속이다.
一法〔いっぽう〕한 방법. 하나의 법.
一辺〔いっぺん〕일변. 한쪽. 하나의 변.
一変〔いっぺん〕일변. 아주 변함.
一兵〔いっぺい〕한 사람의 병사.
一歩〔いっぽ〕일보. 한 걸음.
一報〔いっぽう〕간단히 알림.
一服〔いっぷく〕①茶를 한 번 마심. ②한 번에 먹을 가루약. ③담배를 한 대 피움. ④잠깐 쉼.
一腹〔いっぷく〕한 어머니에게서 태어남.
一本〔いっぽん〕(가늘고 긴 것의) 하나.
一本橋〔いっぽんばし〕외나무다리.
一本気〔いっぽんき〕순진한 성질.
一本立ち〔いっぽんだち〕독립함.
一本調子〔いっぽんちょうし〕한결같음.
一封〔いっぷう〕하나의 봉투.
一夫一妻〔いっぷいっさい〕일부 일처.
一死〔いっし〕(야구) 한 사람이 아웃됨.
一糸〔いっし〕일사. 실 한 오리.
一山〔いっさん〕큰 절 전체.
〔ひとやま〕①(과일) 한 무더기. ②산 하나. ~当てる：한 밑천 벌다.
一酸化炭素〔いっさんかたんそ〕일산화탄소.
一双〔いっそう〕한 쌍. 한 벌.
一生〔いっしょう〕일생. 한 평생.
一生懸命〔いっしょうけんめい：いっしょけんめい〕열심히.
一書〔いっしょ〕한 통의 편지. 딴 책.
一緒〔いっしょ〕①함께. 같이. ②동행함. ③동시. 한꺼번. ④같음. ⑤합계. ~くた：뒤범벅이 됨. 동일시함.
一石〔いっこく〕한 섬.
〔いっせき〕일석. 돌 하나.
一線〔いっせん〕일선. 하나의 선. 최전선.
一世〔いっせい〕①일생. ②어느 시대. ③일대(一代).
〔いっせ〕①(仏教) 과거. 현재. 미래 ②일생. 한평생.
一所〔いっしょ：ひとところ〕한 곳.
一笑〔いっしょう〕일소. 한 번 웃음.
一首〔いっしゅ〕詩歌의 한 수.
一瞬〔いっしゅん〕일순. 그 순간.
一升〔いっしょう〕한 되.
一勝〔いっしょう〕일승. 한 번 이김.
一矢〔いっし〕화살 한 개.
一式〔いっしき〕한 벌. 전부.
一食〔いっしょく〕한 끼. 한 번의 식사.
一身〔いっしん〕자기 몸.
一新〔いっしん〕일신. 모두 새로워 짐.
一神教〔いっしんきょう〕일신교.
一心〔いっしん〕일심. 한마음.
一審〔いっしん〕일심. 첫 번 째의 재판.
一将〔いっしょう〕한 장군.
一再〔いっさい〕한두 번(차례).
一著〔いっちょ〕하나의 저작.
一戦〔いっせん〕일전. 한 싸움.
一銭〔いっせん〕일전.
一節〔いっせつ〕일절. ①문장, 음악의 한 구절. ②(야구, 경마의) 일정의 한 구분.
一丁〔いっちょう〕①(괭이) 한 자루. ②(두부의) 한 모. ③(경기의) 한 판. ④(인부) 한 사람.
一丁目〔いっちょうめ〕(시가지 구분의 하나) 1가.
一丁字〔いっていじ〕한 개의 글자.
一町〔いっちょう〕거리, 地積의 단위.
一定〔いってい〕일정. 정해져 있음.
〔いちじょう〕①확정. 고정. ②기정(既定). ③반드시. 틀림없이.
一挺〔いっちょう〕(총, 창) 한 자루.
一斉〔いっせい〕일제히. 동시에.
一足飛び〔いっそくとび〕①차례를 밟지 않고 건너 뜀. 일약. ②대단히 급하게 뜀. ③모두 뛰기를 함.
一種〔いっしゅ〕일종. 한 종류.
一週間〔いっしゅうかん〕일주일.
一指〔いっし〕손가락 하나.
一知半解〔いっちはんかい〕일지 반해. 수박 겉 핥기의 지식.
一着〔いっちゃく〕①첫 번 째의 도착. ②(양복) 한 벌.
一冊〔いっさつ〕책 한 권.
一策〔いっさく〕하나의 방법.
一妻多夫〔いっさいたいふ〕일처 다부.
一隻〔いっせき〕배 한 척.
一天〔いってん〕①온하늘. ②전세계. 천하. 온세계.
一天万乗〔いってんばんじょう〕일천 만승.

천하를 다스리는 자리.
一徹〔いってつ〕외고집. 옹고집.
一体〔いったい〕① 일체. 한 몸. ② (불상의) 하나. ③ (副) 도대체. ④ 대체로. ⑤ 본시. 원래. ⑥ 전체적으로.
一切〔いっさい〕일체. 모두. 전부.
一触即発〔いっしょくそくはつ〕일촉 즉발.
一寸〔いっすん〕① 한 치. ② 짧은 거리. ③ 짧은 시간. 잠깐.
一寸逃れ〔いっすんのがれ〕일시 모면.
一寸法師〔いっすんぼうし〕난장이.
一蹴〔いっしゅう〕일축. ① 차버림. ② 냉정하게 거절함.
一層〔いっそう〕일층. 더욱 더. 한층.
一致〔いっち〕일치. 하나가 됨.
一通〔いっつう〕(문서, 편지, 전보) 한통.
一派〔いっぱ〕일파. 한패. 한 무리.
一波〔いっぱ〕하나의 물결. (한 차례의)소요(騒擾).
一敗〔いっぱい〕일패. 한 번 짐.
一片〔いっぺん〕① 한 잎. ② 한 조각. ③ 조금. 약간. ④ 둥근 것의 하나.
一遍〔いっぺん〕① 형식적임. ② 일방적임. ③ 한 번. ④ 한 때. ～に; 대번에.
一編〔いっぺん〕서적이나 작품의 한 편.
一幅〔いっぷく〕(서화, 족자의) 한 폭.
一風〔いっぷう〕① 색다름. ② 풍류.
一匹〔いっぴき〕(짐승) 한 마리.
一疋〔いっぴき〕(옷감) 한 필.
一品〔いっぴん〕① 하나의 물건. ② 최고의 물품. 최상품.
一下〔いっか〕한번 내림. 한번 떨어짐.
一荷〔いっか〕하나의 짐.
一行〔いっこう〕① 일행. ② 작은 행동.
〔いちぎょう：ひとくだり〕(문장의)한 줄.
一向〔いっこう〕① 오로지. ② 전연. 조금도. ③ 오히려. 도리어.
一軒〔いっけん〕집 한 채. 한 집.
一軒家〔いっけんや〕외딴집.
一戸〔いっこ〕한 집. 한 건물.
一環〔いっかん〕일환. ① 사슬 가운데의 한 고리. ② 관계가 있는 한 부분.
一回〔いっかい〕1회. 한 번.
一興〔いっきょう〕약간의 재미.

音読 3

一に〔いつに〕(副) ① 오로지. 전혀. ② 다른 말로는. 혹은.
均一〔きんいつ〕균일. 균등함.
同一〔どういつ〕동일. 모두 같음.
唯一〔ゆいいつ〕유일. 오직 하나임.
統一〔とういつ〕통일. 하나로 뭉침.

〖日〗
풀：날 일.
音：① ジツ ② ニチ ③ ニッ
訓：① か ② ひ

訓読 1

二日～十日〔ふつか～とおか〕2일～10일.
十四日〔じゅうよっか〕14일.
二十日〔はつか〕20일.
二十四日〔にじゅうよっか〕24일.

訓　読

日〔ひ〕① 해. 태양. ② 햇빛. ③ 날. ④ 경우. ⑤ 날짜. 세월. ⑥ 하루.
日ならず〔ひならず〕멀지않아. 며칠 안됨. 얼마 안됨.
日脚〔ひあし〕① 태양이 움직이는 속도. ② 낮시간.
日干し〔ひぼし〕햇볕에 말림.
日乾し〔ひぼし〕햇볕에 말림.
日雇い〔ひやとい〕날품팔이.
日掛け〔ひがけ〕일부(日賦)적립 적금.
日捲り〔ひめくり〕(매일 한장씩 떼는)일력.
日帰り〔ひがえり〕당일치기 왕복.
日金〔ひがね〕일숫돈.
日当(た)り〔ひあたり〕양지 바름. 볕이 듦.
日毎〔ひごと〕날마다. 매일.
日面〔ひおもて〕양지(陽地).
日暮(ら)し〔ひぐらし〕① 그날그날을 지냄. ② 하루 종일.
日暮れ〔ひぐれ〕일모. 저녁때.
日の暮れ〔ひのくれ〕일모. 해질녘.
日の目〔ひのめ〕햇빛. 일광(日光).
日並み〔ひなみ〕일진(日辰).
日柄〔ひがら〕일진. 일수.
日歩〔ひぶ〕하루의 이자.
日保ち〔ひもち〕여러 날 보존함.
日の本〔ひのもと〕해가 뜨는 곳. 일본.
日付〔ひづけ〕일부. 날짜.
日付欄〔ひづけらん〕날짜를 기재하는 난.
日傘〔ひがさ〕양산(陽傘).
日盛り〔ひざかり〕볕이 되게 내리 쬐는 시각. 대낮.
日焼け〔ひやけ〕① 피부가 햇볕에 타서 검게 됨. ② 가뭄으로 물이 마름.
日数〔ひかず：にっすう〕일수. 날수. 날짜.
日時計〔ひどけい〕해시계.
日延べ〔ひのべ〕(기일, 기간의)연장.
日永〔ひなが〕낮이 김. 긴 낮.
日影〔ひかげ〕① 햇빛. 볕. ② 햇발.
日傭い〔ひやとい〕날품팔이.
日傭〔ひよう〕날품팔이.
日傭取(り)〔ひようとり〕날품팔이꾼.
日に月に〔ひにつきに〕날마다 달마다.
日陰〔ひかげ〕응달.
日陰者〔ひかげもの〕그늘에서 사는 사람 (例：첩, 전과자, 범죄자).
日一日〔ひいちにち〕나날이. 날이 갈수록.
日がな一日〔ひがないちにち〕하루 종일.
日日〔ひにち〕날. 날짜. 날수.
〔ひび〕매일. 날마다.
日に日に〔ひにひに〕날마다. 날이 갈수록.
日の入り〔ひのいり〕일몰. 해가 짐.
日長〔ひなが〕낮이 김. 긴 낮.
日切り〔ひぎり〕날짜를 한정함. 기한부.
日済し〔ひなし〕일숫돈.
日除け〔ひよけ〕햇빛을 가리기 위한 덮개. 차양(遮陽).
日照り〔ひでり〕① 가뭄. ② 부족. 기근. ③

별이 쬠
日照り雨〔ひでりあめ〕여우비.
日足〔ひあし〕해가 움직이는 속도. 낮.
日中〔ひなか〕대낮. 낮동안. 낮.
日増し〔ひまし〕날이 갈수록. 나날이.
日増し物〔ひましもの〕만든(나온) 지가 오래 된 식품.
日に増し〔ひにまし〕날이 갈수록. 날로.
日持ち〔ひもち〕여러 날 음식을 보존함.
日差し〔ひざし〕볕이 쬠. 햇살.
日の出〔ひので〕일출. 해돋이.
日取り〔ひどり〕날짜를 정함. 택일.
日風呂〔ひぶろ〕매일 하는 목욕.
日割り〔ひわり〕① (급료의) 일당. ② 하루에 할 일을 사전에 할당함. 일정(日程).
日割れ〔ひわれ〕볕에 말라서 터짐.
日向〔ひなた〕양지. 양달.
日向ぼっこ〔ひなたぼっこ〕볕을 쬠.
日向臭い〔ひなたくさい〕(形) 햇볕에 쬔 냄새가 나는 듯하다.
日和〔ひより〕① 좋은 날씨. ② 형편.
日和見〔ひよりみ〕① 날씨를 살핌. ② 기회를 엿봄. ～主義; 기회 주의.
日和下駄〔ひよりげた〕굽이 낮은 왜나막신(비가 오지 않을 때 신음).
日の丸〔ひのまる〕태양을 본 뜬 붉은 동그라미. 일본 국기. 日章旗.
日の丸弁当〔ひのまるべんとう〕밥 가운데에 梅干(うめぼし)를 박은 도시락.

連濁音에 注意

記念日〔きねんび〕기념일.
予定日〔よていび〕예정일.
日曜日〔にちようび〕일요일.

例　外

日本〔にほん：にっぽん〕일본.
今日〔きょう〕오늘. 금일.
明日〔あす：あした〕내일. 명일.
昨日〔きのう：さくじつ〕어제. 작일.

音 読 1

日月〔じつげつ〕일월. 해와 달. 세월.
両日〔りょうじつ〕양일. 이틀.
連日〔れんじつ〕연일. 매일.
先日〔せんじつ〕요전날. 일전.
元日〔がんじつ〕설날. 정월 초하루.
翌日〔よくじつ〕익일. 이튿날. 다음날.

音 読 2

日輪〔にちりん〕일륜. 태양.
日没〔にちぼつ〕일몰. 해가 지는 것.
日舞〔にちぶ〕일본 춤.
日文〔にちぶん〕일본글. 일본 문학.
日常〔にちじょう〕일상. 늘.
日時〔にちじ〕일시. 날짜와 시간.
日夜〔にちや〕① 낮과 밤. ② 늘. 언제나.
日曜日〔にちようび〕일요일.
日用品〔にちようひん〕일용품.
日銀〔にちぎん〕日本銀行의 준말.
日人〔にちじん〕일인. 일본사람.
日次〔にちじ〕날짜를 잡는 것.
日限〔にちげん〕기한한 날. 기한.
毎日〔まいにち〕매일. 날마다.

音 読 3

日計〔にっけい〕일계　하루의 총계.
日課〔にっか〕일과. 매일 정해진 일.
日光〔にっこう〕일광. 햇빛. 태양 광선.
日給〔にっきゅう〕일급. 하루의 급료.
日記〔にっき〕일기. 매일 적는 기록.
日当〔にっとう〕일당. 하루의 품삯.
日報〔にっぽう〕일보. 매일의 보고.
日本〔にっぽん〕일본.
日本刀〔にっぽんとう〕일본도.
日本晴れ〔にっぽんばれ〕구름 한 점 없는 맑은 날씨.
日射病〔にっしゃびょう〕일사병.
日産〔にっさん〕일산. 매일의 생산량.
日収〔にっしゅう〕일수. 하루 수입.
日数〔にっすう：ひかず〕일수. 날수. 날짜.
日食：日蝕〔にっしょく〕일식. 달이 태양을 가리는 현상.
日新〔にっしん〕일신. 나날이 새롭게 되고 진보하는 것.
日子〔にっし〕날짜. 일수(日数).
日章旗〔にっしょうき〕일장기. 일본 국기.
日程〔にってい〕일정. 하루의 계획.
日照〔にっしょう〕일조. 해가 비침.
日中〔にっちゅう〕일본과 중국.
日誌〔にっし〕일지. 매일 적는 기록.
日直〔にっちょく〕일직. 매일의 당직.
日進月歩〔にっしんげっぽ〕일진 월보.

〔逸〕
풀：편안한 일.
音：① **イチ** ② **イツ** ③ **イッ**
訓：① **はやる** ② **そらす** ③ **それる**

● **逸る**〔はやる〕(自５) ① 날뛰다. 설레다. ② 몹시 조급히 서둘다. 애가 타다.
逸り気〔はやりぎ〕혈기(血気).
逸り立つ〔はやりたつ〕(自５) (자기의능력을 발휘할 기회가 왔다고) 분기하다.
逸り雄〔はやりお〕의욕적인 젊은이.
● **逸らす**〔そらす〕(他５) ① (방향을) 딴 대로 돌리다. ② 피하다. 빗나가게 하다. ③ 놓치다. ④ 逸らさない; 비위를 맞추다.
● **逸れる**〔それる〕(自下１) 빗나가다. 빗맞다. 빗가다. 잘못 가다.
逸れ矢〔それや〕빗나간 화살.
逸れ玉〔それだま〕유탄(流弾).

音 読 1

逸物〔いちもつ〕일물. 뛰어나고 훌륭한 물건이나 사람.

音 読 2

逸楽〔いつらく〕건전치 못한 쾌락.
逸文〔いつぶん〕흩어져 전해지지 않는문장.
逸聞〔いつぶん〕세상에 알려지지 않은 진기한 이야기.
逸民〔いつみん〕세속을 떠나 숨어 사는 사람. 백성.
逸遊〔いつゆう〕멋대로 놂.
逸材〔いつざい〕뛰어난 인물.

逸脱〔いつだつ〕빗나가 벗어남.
逸話〔いつわ〕일화. 숨은 이야기.

音読 3

逸する〔いっする〕(他サ) ① 놓치다. ② 놓아주다. ③ 빠뜨리다. 잊다.

逸書〔いっしょ〕이름만 전해지고 내용은 전해지지 않은 책.
逸走〔いっそう〕도주함.
逸出〔いっしゅつ〕빠져 나옴. 뛰어 남.
逸品〔いっぴん〕일품. 뛰어난 물품.

【임】

〔任〕
풀 : 맡길 임.
音 : ニン
訓 : ① **まかす** ② **まかせる**

❶ **任す**〔まかす〕(他5) 맡기다.
❷ **任せる**〔まかせる〕(他下1) ① 맡기다. ② …대로…하다. 足に任せ歩く; 발길 닿는 대로 걷다.

音 読

任〔にん〕① 임무. ②임지(任地). ③임기
任じる〔にんじる〕(自上1) 취임하다. 자처하다. 임무를 맡다. (他上1) 임명하다. 맡게하다. 맡기다. 담당시키다.
任官〔にんかん〕임관. 관직에 임명됨.
任期〔にんき〕임기. 직무에 있는 기간.
任免〔にんめん〕임면. 任官함과 免職함.
任命〔にんめい〕임명. 직무를 맡김.
任務〔にんむ〕임무. 맡은 사무.
任用〔にんよう〕임용. 직무를 맡김.
任意〔にんい〕임의. 생각대로. 마음대로.
任地〔にんち〕임지. 임무를 수행하기 위하여 부임하는 곳.
任侠〔にんきょう〕남자답고 용감함.

〔妊〕
풀 : 아이밸 임.
音 : ニン
訓 : **はらむ**

妊む〔はらむ〕(他自5) ① 임신하다. 잉태하다. (새끼를)배다. ② 알배다. 이삭이 패려고 통통해지다. ③ 내포하다. 품다. 가득 차다. 가득 받다.
妊み〔はらみ〕(아이를) 뱀. 임신함.

音 読

妊婦〔にんぷ〕임부. 임신한 부인.
妊産婦〔にんさんぷ〕임산부.
妊娠〔にんしん〕임신. 아이를 뱀.

〔賃〕
풀 : 품삯 임.
音 : **チン**
訓 :

賃金〔ちんきん〕임대료. 사용료.
〔ちんぎん〕임금. 품삯. 보수.
賃貸し〔ちんがし〕세를 줌. 임대함.
賃貸〔ちんたい〕임대. 세를 줌.
賃貸借〔ちんたいしゃく〕임대차.
賃労働〔ちんろうどう〕삯일. 임금 노동.
賃餅〔ちんもち〕삯을 받고 찧어주는 떡.
賃仕事〔ちんしごと〕삯일.
賃上げ〔ちんあげ〕임금(賃金) 인상.
賃銭〔ちんせん〕품삯. 임금.
賃借り〔ちんがり〕세를 주고 빌림.
賃借〔ちんしゃく〕임차. 세를주고 빌림.
賃下げ〔ちんさげ〕임금 인하.

【입】

〔入〕
풀 : 들 입.
音 : ① **ニツ**(例外) ② **ニュウ**
訓 : ① **はいる** ② **いる** ③ **いれる**

❶ **入る**〔はいる〕(自5) ①들어오다. 들어가다. ② 빠지다. ③입학하다. ④ 접어들다. ⑤ 첨가되다. ⑥ (새로)해 넣다.
❷ **入る**〔いる〕(自5) ① 들어오다. 들어가다. ② 입학하다. ③접어들다. ④ 들다. 気に～; 마음에 들다.
入り〔いり〕① 들어감. ② 수입(収入). ③ 비용. ④ (손님의)수효. ⑤ 들이. 용량. ⑥ (해, 달이)짐. ⑦ (계절이 시작되는) 첫날.
入(り)江〔いりえ〕바다, 호수 등이 육지 깊숙이 들어간 바다. 후미.
入り交じる〔いりまじる〕(自5) 들어가서 섞이다. 뒤섞이다.
入(り)口〔いりぐち〕① 입구. ② 시작. 첫머리.
入り乱れる〔いりみだれる〕(自下1) 혼잡하다. 뒤섞이다. 뒤범벅이 되다.
入(り)母屋〔いりもや〕팔작집(위쪽은 맞배지붕으로 하고 아래를 사방으로 경사지게 한 지붕).
入(り)方〔いりがた〕해나 달이 질 무렵.
入(り)相〔いりあい〕해질 무렵. 저녁 무렵
入(り)相の鐘〔いりあいのかね〕저녁종소리.
入(り)婿〔いりむこ〕데릴사위.
入り船〔いりふね〕항구에 들어오는 배.
入り小作〔いりこさく〕다른 마을에서 들어와서 소작함.
入(り)用〔いりよう〕(주로 돈이)필요함.
入り違う〔入りちがう〕(自5) 엇갈리다.
入(り)日〔いりひ〕지는 해. 석양.
入り込む〔いりこむ〕(自5) ① 억지로 들어가다. 밀어 젖히고 들어가다. ② 숨어들어가다. 잠입하다. ③ 뒤얽히다.
入り前〔いりまえ〕경비. 지출.
入り組む〔いりくむ〕(自5) 얽혀 복잡해지다. 뒤얽히다.
入(り)潮〔いりしお〕① 썰물. ② 밀물.
入(り)側〔いりがわ〕툇마루와 사랑방 사이에 있는 방.

入(り)浸り〔いりびたり〕①물에 계속 잠기어 있음. ②오랫 동안 한 곳에 죽치고 들어앉음.
入り浸る〔いりびたる〕(自5) ①물 속에 계속 잠겨 있다. ②한 곳에 오랫동안 죽치고 들어 앉다.
入(り)荷〔いりに〕입하. ①생산지 등에서 짐이 들어 옴. ②창고에 넣어 둔 짐.
入(り)海〔いりうみ〕육지 깊숙이 들어간 바다. 만(灣). 내해(內海).
入(り)会(い)〔いりあい〕일정 지역의 주민이 삼림(森林)이나 토지를 공동으로 사용하는 것.
❸入れる〔いれる〕(他下1) ①넣다. 집어넣다. 들어가게 하다. ②(사이에) 끼우다. ③두다. ④받아들이다. ⑤보내다.
入れ〔いれ〕넣는 것.
入れぼくろ〔いれぼくろ〕①(일부러 얼굴 따위에) 그리거나 붙인 점. ②文身.
入(れ)掛け〔いれかけ〕(비나 사고 따위로) 그 날의 흥행을중지하고손님을되돌려보냄.
入れ代(わ)り〔いれかわり〕교대. 교체.
入れ代(わ)る〔いれかわる〕(自5) 교대하다.
入れ代(わ)り立ち代(わ)り〔いれかわりたちかわり〕연달아서 나고 듦.
入れ毛〔いれげ〕여자들이 머리를 틀어 올릴 때 그 속에 넣는 머리털.
入れ目〔いれめ〕해 박은 눈. 義眼.
入れ墨〔いれずみ〕文身.
入れ物〔いれもの〕그릇.
入れ髪〔いれがみ〕⇨入れ毛.
入れ食い〔いれぐい〕(낚시를 넣자마자)고기가 자주 묾. 고기가 마구 잡힘.
入れ揚げる〔いれあげる〕(他下1) 좋아하는 일(사람)에 돈을 처들이다(탕진하다).
入れ違う〔いれちがう〕(自5) ①잘못해서 다른 곳에 넣다. ②엇갈리다.
入れ込み〔いれこみ〕남녀, 귀천의 차별 없이 한 군데에 다 같이 넣는 일.
入れ子〔いれこ〕①크기의 차례대로 포개어 안에 넣을 수 있게 만든 그릇이나 상자. ②아들이 죽은 후에 맞아 들인 양자. ③숨은 사정.
入れ知恵〔いれぢえ〕남에게 꾀를 일러 줌. 훈수. 남에게 배운 간사한 꾀.
入(れ)替え〔いれかえ〕①갈아 넣음. 교체함. ②넣을 장소를 바꿈. ③서로 엇갈림.
入れ替(わ)り〔いれかわり〕교체. 교대.
入れ替(わ)る〔いれかわる〕(自5) 교대하다.
入れ合せる〔いれあわせる〕(他下1) ①벌충하다. 보충하다. ②여러 가지를 적당히 섞어서 집어넣다.
入(れ)換え〔いれかえ〕①(철도 차량의) 입환. ②갈아 넣음. ③서로 엇갈림.
入れ換(わ)り〔いれかわり〕교대. 교체.
入れ換(わ)る〔いれかわる〕(自5) 교대하다.

音 読 1

入唐〔にっとう〕입당. 당나라에 입국함.
入声〔にっしょう：にっせい〕입성(漢字 四声의 하나).

音 読 2

入閣〔にゅうかく〕입각. 내각 조직의 일원으로서 참가함.
入国〔にゅうこく〕입국. 他国에 들어감.
入金〔にゅうきん〕입금. 돈이 들어옴.
入念〔にゅうねん〕공을 들임. 정성 들임.
入団〔にゅうだん〕입단. 단체에 가입함.
入隊〔にゅうたい〕입대. 군대에 들어감.
入滅〔にゅうめつ〕입멸. 중이 죽음.
入門〔にゅうもん〕입문. 초보 과정.
入費〔にゅうひ〕어떤 일에 드는 비용.
入社〔にゅうしゃ〕회사에 취직함. 입사.
入賞〔にゅうしょう〕입상. 상을 타게 될 범위 안에 들어감.
入選〔にゅうせん〕입선. 출품한 물건이 심사 표준권 내에 들어감.
入手〔にゅうしゅ〕입수. 자기 손에 넣음.
入用〔にゅうよう〕필요함. 소용됨.
入院〔にゅういん〕입원. 병원에 들어감.
入場〔にゅうじょう〕입장. 어떤 장소에 들어감.
入札〔にゅうさつ〕입찰.
入荷〔にゅうか〕입하. 물건이 들어옴.
入学〔にゅうがく〕입학. 학교에 들어감.
入港〔にゅうこう〕입항. 배가항구에 들어옴.

〖込〗 풀：(日本漢字) 담을 입.
音：
訓：①こむ ②こめる

❶込む〔こむ〕(自他5) ①붐비다. 혼잡하다. ②복잡하다.
込み〔こみ〕①한데 섞음. ②…을 포함해서. 税～で：세금 포함해서. ③부족을 예상하여 가마니에 더 넣는 쌀. ④(바둑에서) 호선일 때 흑이 부담하는 핸디캡. 덤. 공제. ⑤(꽃꽂이) 꽃을 받치는 쌍갈래 나무.
込み上げる〔こみあげる〕(自下1) 치밀어 오르다. 복받치다.
込み入る〔こみいる〕(自5) 복잡하게 얽히다. 복잡해지다.
込み合う〔こみあう〕(自5) 붐비다. 복잡하다. 혼잡하다. 북적이다.
❷込める〔こめる〕(他下1) ①속에 넣다. ②(총알을) 재다. ③(정성을)들이다. 담다. ④포함하다.
込め物〔こめもの〕①사이에 끼우는 물건. 충전물. ②인쇄에서 인테르. 공목(空木).

〔剰〕 풀：남을 잉.
音：ジョウ
訓：あまつさえ

剰え〔あまつさえ〕(副) 더군다나. 게다가. 그 뿐만아니라. 그위에. 그리고 또.
剰余〔じょうよ〕잉여. 나머지.
過剰〔かじょう〕과잉. 지나침. ～生産；과잉 생산. 지나치게 많은 생산.

【자】

〔子〕 풀：아들 자.
音：① シ ② ジ ③ ス
訓：こ

子〔こ〕① 자식. ② 아이. ③ 소녀 ④ 이자.
子見出し〔こみだし〕참조 표제.
子供〔こども〕어린이.
子別れ〔こわかれ〕자식과의 생이별.
子宝〔こだから〕자식.
子福者〔こぶくしゃ〕자식 복이 많은 사람. 자녀가 많은 사람.
子分〔こぶん〕① 부하. ② 수양 아들.
子飼い〔こがい〕① 새끼 때부터 기름. ② 어릴 때부터 맡아서 기름.
子守〔こもり〕아이를 봄.
子守歌〔こもりうた〕자장가.
子安〔こやす〕순산(順産).
子役〔こやく〕(연극에서) 어린이 역.
子牛〔こうし〕송아지.
子種〔こだね〕② 정충(精虫). ② 대를 이을 아이.
子株〔こかぶ〕① 새끼 그루. ② 신주(新柱)
子中〔こなか〕자식이 있는 부부 사이.
子持ち〔こもち〕① 아이가 딸려 있음. ② 임신 중임. ③ (고기가)알을 가짐. ④ 굵은 것에 가는(잔)것이 들어서 이중으로 보임.
子出し〔こだし〕(사전에서) 참조 표제어.
子取り〔ことり〕한 아이는 어버이, 한 아이는 술래가 되고 나머지 아이는 아이가 되어 술래가 아이를 잡는 놀이.
子沢山〔こだくさん〕자식이 많음.
子会社〔こがいしゃ〕자회사. 방계 회사.
息子〔むすこ〕아들.

連濁音에 注意

年子〔としご〕연년생.
迷子〔まいご〕미아. 길 잃은 아이.

音読 1

子宮〔しきゅう〕자궁. 아기집.
子女〔しじょ〕자녀. 아들과 딸.
子孫〔しそん〕자손. 후손(後孫).
子午線〔しごせん〕자오선.
子音〔しいん〕자음. 닿소리.
子子孫孫〔ししそんそん〕자자 손손.
子爵〔ししゃく〕자작. 五等爵의 네째. 백작아래, 남작의 위.
子弟〔してい〕젊은이. 연소자. 청소년.
分子〔ぶんし〕분자.

音読 2

王子〔おうじ〕왕자. 왕의 아들.
障子〔しょうじ〕장지. 미닫이문.
皇子〔おうじ〕황자. 천왕의 아들.

音読 3

金子〔きんす〕화폐. 돈. 금전.
扇子〔せんす〕접는 부채.
様子〔ようす〕① 모양. ② 상황. 낌새. 기미.
椅子〔いす〕의자.

〔字〕 풀：글자 자.
音：ジ
訓：あざ

字〔あざ〕(한국의 里에 해당하는) 행정구획. 〔じ〕글. 글자. 글씨.
字句〔じく〕자구. 문자와 語句.
字幕〔じまく〕자막. 영화에서 표제, 설명, 배역을 글자로 나타내는 것.
字面〔じづら〕① 종이에 닿는 活字用. ② 漢字의 모양이나 배열.
字配り〔じくばり〕문자의 배치.
字書〔じしょ〕漢字 사전.
字引〔じびき〕(흔히 말하는)사전.
字典〔じてん〕자전. 漢字 사전.
字体〔じたい〕글씨체.
字解〔じかい〕자해. 문자의 해석.
字詰め〔じつめ〕글자의 배열 방법.
字画〔じかく〕자획. 漢字의 획수.

〔自〕 풀：스스로 자.
音：① シ(例外). ② ジ
訓：① みずから ② おのずから

❶ 自ら〔みずから〕스스로. 몸소. 자신이. 친히. 자기 자신.
❷ 自ずから〔おのずから〕① 저절로. 자연히. 스스로. ② 혹시. 만약 ③ 더러는.

音読 1

自然〔しぜん〕자연. ① 있는 그대로의 상태나 모양. ② 저절로. 스스로. ～人(にん；자연인.

音読 2

自家〔じか〕자가. 자기 자체.
自覚〔じかく〕자각. 스스로 깨달음.
自決〔じけつ〕스스로 목숨을 끊음.
自国〔じこく〕자국. 제 나라.
自給〔じきゅう〕자급. 자기에게 필요한 물건을 제 스스로 공급함.
自己〔じこ〕자기. 제 몸.
自大〔じだい〕스스로 큰 체함.
自動〔じどう〕자동. 스스로 움직임.
自力〔じりき〕자력. 제 스스로의 힘.
自立〔じりつ〕자립. 스스로의 힘으로 생계를 유지함.
自慢〔じまん〕자만. 자기 일을 자랑함.
自慢たらしい〔じまんたらしい〕(形) 아주

ㅈ

뽐내는 것 같다.
自問自答〔じもんじとう〕자문 자답.
自発〔じはつ〕자발. 제 스스로 함.
自負心〔じふしん〕자부심.
自分〔じぶん〕자기. 자신.
自分勝手〔じぶんがって〕자기 멋대로.
自費〔じひ〕자비. 자기 스스로가 맡는 비용.
自殺〔じさつ〕자살. 스스로 목숨을 끊음.
自叙伝〔じじょでん〕자서전. 자기가 쓴 자기의 전기(伝記).
自習〔じしゅう〕자습. 스스로 배워 익힘.
自信〔じしん〕자신. 스스로를 믿음.
自身〔じしん〕자신. 자기.
自我〔じが〕자아. 자기 자신.
自営〔じえい〕자영. 독립하여 스스로 사업을 경영함.
自衛〔じえい〕자위. 스스로 막아 지킴.
自由〔じゆう〕자유.
自律〔じりつ〕자율.
自前〔じまえ〕① 비용을 전부 자기가 내는 것. ② 독립해서 영업하는 기생.
自転車〔じてんしゃ〕자전거.
自制〔じせい〕자제. 자기의 감정과 욕망을 스스로 누름.
自助〔じじょ〕자조. 자기의 힘만으로 자기의 발전을 꾀함.
自足〔じそく〕자족. 스스로 만족해 함.
自主〔じしゅ〕자주. 독립하여 행함.
自体〔じたい〕자체. ① 제 몸. ② 사물의 본체.
自炊〔じすい〕자취. 손수 밥을 지어 먹음.

〔者〕
풀：놈 자.
音：① シャ ② ジャ
訓：もの

者〔もの〕사람. 私のような~は；저와 같은 사람은.
者共〔ものども〕너희들. 모두들(주인이 아랫 사람을 부를 때).
悪者〔わるもの〕나쁜 사람.
若者〔わかもの〕젊은이.

例 外

猛者〔もさ〕용감한 사람.

音読 1

記者〔きしゃ〕기자.
達者〔だっしゃ〕능숙함. 뛰어남. 건강함.
読者〔どくしゃ〕독자.

音読 2

間者〔かんじゃ〕간첩. 스파이.
亡者〔もうじゃ〕① 죽은자. ② 집념에 사로잡힌 사람. 몰두하는 사람.
信者〔しんじゃ〕신자. 종교를 믿는 사람.
長者〔ちょうじゃ〕장자. 부호. 부자.
〔ちょうしゃ〕장자. 손윗사람. 웃어른.
行者〔ぎょうじゃ〕仏道를 닦는 사람.
患者〔かんじゃ〕환자. 병자.

〔刺〕
풀：찌를 자.
音：シ
訓：① さきる ② さす ③ とげ

❶ **刺さる**〔ささる〕(自5) 찔리다. 박히다.
❷ **刺す**〔さす〕(他5) ① 찌르다. 人を~；사람을 찌르다. ② (곤충 따위가)물다. 쏘다. 蚊が~；모기가 물다. 蜂が~；벌이 쏘다. ③ 꿰매다. 바늘로 누비다. ④ (끈끈이를 바른 장대로 새를)잡다. ⑤ (야구에서)주자를 터치 아우트시키다. ⑥ 꽂다.
刺し〔さし〕꿰어 찌름. 꽂음. 물건을 꽂는 데 쓰는 도구.
刺し継ぎ〔さしつぎ〕짜깁기.
刺し貫く〔さしつらぬく〕(他5) 꿰뚫다.
刺(し)毛〔さしげ〕동물의 몸에 많이 난 긴 털.
刺(し)縫い〔さしぬい〕① 여러 겹으로 겹친 천을 한바늘씩 홈질하는 것. ② 둘레를 남김없이 매우는 자수.
刺し殺す〔さしころす〕(他5) 찔러 죽이다.
刺(し)傷〔さしきず〕찔려서 생긴 상처. 자상.
刺(し)身〔さしみ〕생선회.
刺し違える〔さしちがえる〕(自下1) 서로 맞찌르다. 敵と刺し違えて死ぬ；적과 맞찔러 죽다.
刺(し)子〔さしこ〕누비옷. 누빈 것.
刺し通す〔さしとおす〕(他5) 꿰뚫다.
❸ **刺**〔とげ〕가시. ~に刺さる；가시에 찔리다. (音)〔し〕① 명함. ~を通じる；명함을 내고 면회를 신청하다. ② 찌르는 것.

音 読

刺客〔しかく〕자객. 정치적인 목적 따위로 사람을 몰래 찔러 죽이는 사람.
刺戟〔しげき〕자극. 생물체에 어떤 영향을 주는 외계의 조건.
刺殺〔しさつ〕자살. 찔러 죽임.
刺繡〔ししゅう〕자수. 수를 놓음.

〔姉〕
풀：누이 자.
音：シ
訓：あね

例 外

姉さん〔ねえさん〕① 누님. 언니(높임말). ② 모르는 아가씨나 젊은 여자를 부를 때 쓰는 말) 아주머니. 아가씨. ③ (요릿집이나 여관에서 심부름하는 여자를 부를때 쓰는)아줌마. ④ (접대부나 기생 등이 선배를 부르는 말) 언니.

訓 読

姉〔あね〕누나. 언니.
姉女房〔あねにょうぼう〕남편보다 나이가 많은 아내.
姉様人形〔あねさまにんぎょう〕색종이를 접어서 새색시 모양으로 만든 인형.
姉御〔あねご〕① 누나, 언니의 경칭. ② 여자 두목. ③ 두목의 아내.
姉さん被り〔あねさんかぶり：ねえさんかぶり〕청소 따위를 할 때 여자가 머리에 수건을 쓰는 방식(양쪽에 뿔이 나게 씀).

音 読

姉妹〔しまい〕자매. ① 여자끼리의 언니와

아우. ② 언니 아우와 같은 관계가 깊은 사이.

〔姿〕 풀 : 모습 자.
音 : シ
訓 : すがた

姿〔すがた〕① 모습. 자태. 형체. ② 형편. 상태. ③ 차림새. ④ 취미. 풍취. ⑤ (새 물고기의)살아 있을 때의 모습.
姿見〔すがたみ〕체경(体鏡). 전신을 볼 수 있는 큰 거울.

音 読

姿勢〔しせい〕자세. 몸을 가지는 모양.
姿態〔したい〕자태. 몸을 가지는 태도. 맵시.

〔紫〕 풀 : 자색 자.
音 : シ
訓 : むらさき

紫〔むらさき〕자색. 보라색.
紫色〔むらさきいろ〕자색. 보라색. 보라빛.

音 読

紫紺〔しこん〕보랏빛을 띤 곤색.
紫班〔しはん〕자반. 출혈로 인하여 피부 속에 나타나는 자주빛 반점.
紫煙〔しえん〕자연. 보라빛 연기.
紫外線〔しがいせん〕자외선. 태양 광선의 하나로 살균 작용을 함.
紫雲〔しうん〕자운. 보라빛 구름.
紫衣〔しい〕자의. 중이 입는 보라빛 옷.

〔煮〕 풀 : 삶을 자.
音 : シ
訓 : ① にえる ② にる

❶ 煮える〔にえる〕(自下1) ① 끓여지다. 삶아지다. 익다. 豆が～ ; 콩이 삶아지다. ② 화가나다. 心が～ ; 화가 나서 속이 부글부글 끓다.
煮え〔にえ〕익음. 익은 정도.
煮えたぎる〔にえたぎる〕(自5) 끓어서 솟구치다. 부글부글 끓어 오르다. 뒤끓다.
煮え立つ〔にえたつ〕(自5) 끓어오르다.
煮え返る〔にえかえる〕(自5) ① 부글부글 끓다. 뒤끓다. ② 몹시 화가 나다.
煮え上がる〔にえあがる〕(自5) 끓다. 끓어오르다.
煮え溢れる〔にえこぼれる〕(自下1) 끓어 넘치다.
煮え切らない〔にえきらない〕애매하다. 미적지근하다. 태도가 분명치 않다.
煮え繰り返る〔にえくりかえる〕(自5)① 끓어 오르다. 부글부글 끓다. ② 몹시 화가 나다.
❸ 煮る〔にる〕(他上1) 익히다. 끓이다. 삶다. 조리다.
煮干し〔にぼし〕① 쪄서 말림. ② 멸치 따위의 잔 물고기를 쪄서 말린 식품.
煮頃〔にごろ〕먹기에 알맞게 끓은 정도.
煮豆〔にまめ〕콩자반.
煮冷まし〔にざまし〕끓여서 식힘.
煮立てる〔にたてる〕(他下1) 펄펄 끓이다.
煮売り〔にうり〕익힌 생선, 야채를 팖.
煮物〔にもの〕음식을 삶음.
煮返す〔にかえす〕(他5) 다시 끓이다.
煮抜き〔にぬき〕질게 끓은 밥물(풀로 씀).
煮方〔にかた〕④ 끓이는 정도(법). ② 끓이는 일을 맡은 요리사.
煮付(け)〔につけ〕조린 요리. 조림.
煮付ける〔につける〕(他下1) (음식을) 조리다.
煮上がる〔にあがる〕(自5) 충분히 익다.
煮焼き〔にやき〕끓이거나 삼거나 굽거나 하는 요리.
煮魚〔にざかな〕조림 생선.
煮染(め)〔にしめ〕(야채나 고기의)조림.
〔にぞめ〕삶아서 물들임.
煮溶かす〔にとかす〕(他5) 끓여서 녹이다.
煮込み〔にこみ〕여러 가지 재료를 넣어서 푹 끓인 것.
煮込む〔にこむ〕(他5) ① 여러 가지 재료를 넣어서 끓이다. ② 푹 끓이다(삶다).
煮転ばし〔にころばし〕눋지 않도록 굴려가면서 바싹 조린 반찬.
煮汁〔にしる〕(야채나 생선을)조린 국물.
煮出し〔にだし〕① 삶아서 맛을 냄. ② 다시마나 가다랭이포를 삶아서 우려낸 국물.
煮出す〔にだす〕(他5) 끓여서 맛을 내다.
煮炊き〔にたき〕밥을 짓고 반찬을 만듦.
煮浸し〔にびたし〕생선 따위를 구워서 초간장에 무르게 조린 요리.
煮含める〔にふくめる〕(他下1) 속속들이 맛이 스며들도록 바싹 조리다.
煮花〔にばな〕갓끓인 향긋한 차(茶).
煮詰まる〔につまる〕(自5) 바싹 졸아들다.
煮詰める〔につめる〕(他下1) 바싹 조리다.

音 読

煮沸〔しゃふつ〕끓임. 끓게 함.
煮沸消毒〔しゃふつしょうどく〕끓여서 살균하는 소독.

〔滋〕 풀 : 맛 자.
音 : ジ
訓 :

滋味〔じみ〕자미. ① 좋은 맛. ② 몸의 영양이 되는 음식.
滋養分〔じようぶん〕자양분. 몸의 영양이 되는 영양소.
滋雨〔じう〕적당한 때 알맞게 오는 비.

〔慈〕 풀 : 사랑 자.
音 : ジ
訓 : いつくしむ

慈しむ〔いつくしむ〕(他5) ① 자비를 베풀다. ② 불쌍히 여기다. ③ 귀여워하다.
慈しみ〔いつくしみ〕① 자비로움. ② 불쌍히 여김. ③ 귀여워함. ④ 혜택.

音 読

慈母〔じぼ〕자모. 애정 깊은 어머니.
慈悲〔じひ〕자비. 불쌍히 여김. 동정.
慈善〔じぜん〕자선. 불쌍히 여겨 도와 줌. 은혜를 베풀어 착한 일을 함.
慈愛〔じあい〕자애. 인자한 마음으로 귀여워 하는 것.

〔磁〕 풀：자석 자.
音：ジ
訓：

磁気〔じき〕자기. 자력(磁力)의 작용으로 서로 당기고 배척하는 현상.
磁器〔じき〕자기. 사기 그릇.
磁力〔じりょく〕자력. 자석의 작용으로 서로 끌어 당기고 떼치는 힘.
磁石〔じしゃく〕자석. 지남철.
磁性〔じせい〕자성. 쇠를 끌어당기는 성질.
磁場〔じじょう〕자장. 자석의 주위. 자기(磁気)의 작용이 미치는 범위.
磁鉄鉱〔じてっこう〕자철광. 제철의 원료.
磁針〔じしん〕자침. 바늘 모양의 자석.

〔資〕 풀：재물 자.
音：シ
訓：

資する〔しする〕(自サ) ① 도움이 되다. 이바지 하다. ② 자본을 대다.
資格〔しかく〕자격. 신분과 지위. 근본 조건.
資金〔しきん〕자금. 어떤 일에 필요한 돈.
資力〔しりょく〕자력. 근원이 되는 힘.
資料〔しりょう〕자료. 일의 바탕이 될 재료.
資本〔しほん〕자본. 밑천.
資産〔しさん〕자산. 재산.
資性〔しせい〕자성. 타고난 성질.
資源〔しげん〕자원. 자연에 의하여 주어지는 모든 물자.
資材〔しざい〕자재. 재료로 쓰이는 물자.
資財〔しざい〕자재. 자본이 되는 재산.
資質〔ししつ〕자질. 타고난 성질과 품격.

〔雌〕 풀：암컷 자.
音：シ
訓：① めす ② め～

音 読 1

❶雌〔めけ〕동물의 암캐.
雌犬〔めすいぬ〕암캐.
雌馬〔めすうま〕암말.
雌鳥〔めすどり〕암새.

訓 読 2

雌牛〔めうし〕암소.
雌花〔めばな〕암꽃.

音 読

雌雄〔しゆう〕자웅. ① 암컷과 수컷. ② 승부. ～を決める；자웅을 겨루다.

〔諮〕 풀：물을 자
音：シ
訓：はかる

諮る〔はかる〕(他５) 상의하다. 先輩に～；선배와 상의하다. 親に～；부모와 상의하다.
諮問〔しもん〕자문. 물음. 논의함. ～機関；자문 기관.

【작】

〔勺〕 풀：잔 작.
音：シャク
訓：

勺〔しゃく〕작. ① 양의 단위. 1홉의 10분의 1. ② 지면의 넓이의 단위. 1평의 100분의 1. ③ 등산(登山)의 노정(路程)에서, 정상까지의 길을 10등분 한 合의 10분의 1.

〔作〕 풀：지을 작.
音：① サ ② サク ③ サッ
訓：つくる

作る〔つくる〕(他５) ① 창조하다. ② 만들다. ③ 제작(제조)하다. ③ 건축하다. ④ 재배(경작)하다. ⑤ (詩를) 짓다. ⑥ 꾸미다. 화장하다.
作り〔つくり〕① 만듦. ② 제작품. ③ 제작자. ④ 몸집. 몸매. ⑤ 구조⑥ 농작물. ⑦ 화장. 꾸밈새. 몸단장. ⑧ 일부러 꾸밈. 거짓.
作り立てる〔つくりたてる〕(他下1) ① 만들어 내다. 완성시키다. ② 화려하게 꾸미다.
作り物〔つくりもの〕① 모조품. 인조품. ② 농작물. ③ 축제의 구경거리.
作り物語り〔つくりものがたり〕꾸며 만든 이야기.
作り眉〔つくりまゆ〕그린 가짜 눈썹.
作り方〔つくりかた〕① 만드는 방법. ② 만든 구조. ③ 만든 모양새.
作り付け〔つくりつけ〕붙박이.
作り事〔つくりごと〕꾸며 낸 일. 거짓말. 조작한 일.
作り上げる〔つくりあげる〕(他下1) ① 완성시키다. ② 꾸며내다. 날조하다. 조작하다.
作り声〔つくりごえ〕꾸민(가짜) 목소리.
作り成す〔つくりなす〕(他５) 모조하다. 본을 떠서 비슷하게 만들다.
作り笑い〔つくりわらい〕억지 웃음. 헛웃음.
作り身〔つくりみ〕① 생선 살토막. ② 생선회.
作り顔〔つくりがお〕(본 얼굴과 달리) 꾸민 얼굴 모양.
作り人〔つくりびと〕작자(作者).
作り字〔つくりじ〕① 거짓 글자. 제멋대로 만든 글자. ② 일본에서 만든 漢字.
作り替える〔つくりかえる〕(他下1) ① 헌 것의 대신으로) 새로 만들다. ② 고쳐 만들다.
作り出す〔つくりだす〕(他５) ① 만들기 시작하다. ② 만들어내다. 생산하다. ③ 발명하다.
作り親〔つくりおや〕수양 부모.
作り花〔つくりばな〕조화(造花).
作り話〔つくりばなし〕꾸며 만든 이야기.

連濁音에 注意

ㅈ

生け作り〔いけづくり〕신선한 생선회.
手作り〔てづくり〕손수 만듦.
荷作り〔にづくり〕짐꾸리기. 짐을 쌈. 포장.

音読 1

作動〔さどう〕작동. 움직임. 동작.
作法〔さほう〕① 하는 법. ② 일상 동작의 예법. 礼儀～; 예의 범절.
作業〔さぎょう〕작업. ① 일. ② 활동. 노동.
作業服〔さぎょうふく〕작업복.
作用〔さよう〕작용. ① 다른 것에 영향을 미치는 어떤 움직임. ② 생물이 살아가기 위해 필요한 움직임.

音読 2

作文〔さくぶん〕작문. 글짓기.
作物〔さくもつ〕작물. 논밭의 농작물.
作詞〔さくし〕작사. 가사(歌詞)를 지음.
作成〔さくせい〕작성. 만들어 냄.
作者〔さくしゃ〕작자. 글을 쓴 사람.
作戦〔さくせん〕작전. 싸움의 계획.
作品〔さくひん〕작품. 제작한 물건.

音読 3

作家〔さっか〕작가. 소설, 희곡의 제작자.
作曲〔さっきょく〕작곡. 악곡(楽曲)을 지음.
作句〔さっく〕하이쿠(俳句)를 지음.
作況〔さっきょう〕작황. 농작물의 상황.
作興〔さっこう〕작흥. 정신이나 기운을 일으키는 것.

〔昨〕

풀: 어제. 작.
音: ① **サク** ② **サッ**
訓:

音読 1

昨年〔さくねん〕작년. 거년. 지난 해.
昨冬〔さくとう〕작년 겨울.
昨晩〔さくばん〕어젯밤.
昨夕〔さくせき：さくゆう〕어젯 저녁.
昨夜〔さくや〕작야. 어젯밤.
昨日〔さくじつ：きのう〕어제.
昨朝〔さくちょう〕어제 아침.
昨週〔さくしゅう〕지난 주.
昨秋〔さくしゅう〕작년 가을.
昨春〔さくしゅん〕작춘. 작년 봄.

音読 2

昨今〔さっきん〕작금. 어제 오늘. 요즈음.
昨夏〔さっか〕작년 여름.

例　外

一昨年〔おととし〕재작년. 지지난해.
一昨日〔おととい〕그저께.

〔爵〕

풀: 벼슬 작.
音: **シャク**
訓:

爵位〔しゃくい〕작위. ① 벼슬과 직위. ② 작의 계급.
爵号〔しゃくごう〕작(爵)의 칭호.
公爵〔こうしゃく〕공작. 귀족의 제 1 계급.
男爵〔だんしゃく〕남작. 귀족의 제 5 위계급.
伯爵〔はくしゃく〕백작. 귀족의 제 3 위.
子爵〔ししゃく〕자작. 귀족의 제 4 위계급.
候爵〔こうしゃく〕후작. 귀족의 제 2 위.

〔酌〕

풀: 술따를 작.
音: ① **シャク** ② **ジャク**
訓: **くむ**

酌む〔くむ〕(他 5) 그릇에 따라서 마시다. 杯を酌み交わす; 술잔을 서로 나누다.

音読 1

酌〔しゃく〕술을 잔에 따름. お～をする; 술을 따르다.
酌婦〔しゃくふ〕작부. 요리집에서 손님을 접대하고 술을 따라 주는 여자.
参酌〔さんしゃく〕참작. 좋은 편을 택하여 참고로 함.

音読 2

手酌〔てじゃく〕자기 손으로 술을 따름.

【잔】

〔残〕

풀: 남을 잔.
音: **ザン**
訓: ① **のこす** ② **のこる**

❶残す〔のこす〕(他 5) ① 남기다. 남겨 두다. ② (씨름에서) 위태로운 태세를 겨우 견디다.
❷残る〔のこる〕(自 5) ① 남다. 여분이 생기다. ② (씨름에서) 위태로운 상태이기는 하지만 심판에 의해서 아직은 승부의 여지가 남아 있다고 인정되다.
残らず〔のこらず〕(副) 남김없이. 모두. 전부.
残り〔のこり〕① 나머지. 남은 분량. ②(사람이) 뒤에 남음.
残りかす〔のこりかす〕(먹고 난) 뒤에 남은 찌꺼기. 가치가 없는 것.
残んの〔のこんの〕남은. 남아 있는. ～雪; 잔설. 남아 있는 눈.
残り多い〔のこりおおい〕(形) ①분하다. 유감이다. ② 섭섭하다. 미련이 남다. 마음에 걸린다.
残り無く〔のこりなく〕남김없이. 모두.
残り物〔のこりもの〕남은 물건(음식).
残り惜しい〔のこりおしい〕(形) ① 유감이다. 분하다. ② 섭섭하다. 미련이 남다. 마음에 걸린다.
残り少な〔のこりすくな〕(形動) 얼마 남지 않음.
残り少ない〔のこりすくない〕(形) 얼마 남지 않았다.
残り香〔のこりか〕(그 사람이 없어진 뒤에도 남아 있는)향기(체취). 잔향.
残り火〔のこりび〕타다 남은 불.
残り灰〔のこりばい〕태운 뒤에 남은 재.

ㅈ

例 外

名残り〔なごり〕①자취. 흔적. ②기념. 추억. ③잊혀지지 않음. ④이별. ⑤아쉬움. 미련.

音 読

残高〔ざんだか〕잔고. 잔금. 잔액.
残菊〔ざんぎく〕늦게까지 남아 있는 국화.
残金〔ざんきん〕잔금. 남은 돈.
残念〔ざんねん〕(形動) 아까움. 분함.
残留〔ざんりゅう〕잔류. 뒤에 남음.
残暑〔ざんしょ〕잔서. 늦더위.
残雪〔ざんせつ〕잔설. 녹다 남은 눈.
残額〔ざんがく〕잔액. 남은 금액.
残業〔ざんぎょう〕잔업. 초과 근무.
残余〔ざんよ〕잔여. 나머지.
残忍〔ざんにん〕잔인. 무자비함.
残任〔ざんにん〕잔임. 남은 임기(임무).
残虐〔ざんぎゃく〕잔학. 참혹하게 학대함.
残害〔ざんがい〕잔해. 상해(傷害)를 입힘
残骸〔ざんがい〕잔해. ①시체. ②남겨진 조각.
残酷〔ざんこく〕잔혹. 참혹.

〘桟〙 풀：사다리 잔.
音：サン
訓：

桟〔さん〕①창살. ②가로대. ③널빤지가 휘는 것을 막기 위해 대는 가느다란 막대기.
桟橋〔さんばし〕잔교. ①배를 대기 위해 부두에 만든 설비. 선창. ②높은 데 오르내리기 위해 경사지게 놓은 판자.
桟道〔さんどう〕잔도. 절벽과 절벽 사이에 걸쳐놓은 다리의 길.

例 外

桟敷〔さじき〕①구경하기 좋게 도로가에 한 층 높이 만든 자리. ②극장의 관람석.

【잠】

〘蚕〙 풀：누에 잠.
音：サン
訓：かいこ

蚕〔かいこ〕누에. ～を飼う：누에를 치다.

音 読

蚕卵台紙〔さんらんだいし〕누에 나방에게 알을 슬게하는 종이. 잠란지.
蚕糸〔さんし〕잠사. 생사. 견사.
蚕食〔さんしょく〕잠식. 조금씩 먹어 들어감.
蚕室〔さんしつ〕잠실. 누에 치는 방.
蚕業〔さんぎょう〕잠업. 누에를 치는 업.

〘潜〙 풀：잠길 잠.
音：セン
訓：①ひそまる ②ひそむ
③ひそめる ④もぐる
⑤くぐる

❶潜まる〔ひそまる〕(自5) ①숨다. ②잠잠해지다. 조용해지다.
❷潜む〔ひそむ〕(自5) ①숨다. ②잠기어 있다. ③잠재하다. 心に～：마음에 잠재하다.
❸潜める〔ひそめる〕(他下1) 숨기다. 감추다.
❹潜る〔もぐる〕(自5) ①잠입하다. 몰래 숨어들다. ②(물 속으로) 잠수하다. 자맥질하다. ③기어들다. ふとんに～：이불 속으로 기어들다. ④숨어서 몰래하다.
潜り〔もぐり〕①자맥질. 잠수(潜水). ②허가없이 몰래하는 짓. 무허가(無許可).
潜り屋〔もぐりや〕거래소의 회원이 아닌 사람이 몰래 동일한 업무를 함.
❺潜る〔くぐる〕(自5) ①(무엇의) 밑으로 빠져 나가다. ②허점을 뚫다. 뚫고 빠져나가다.
潜り〔くぐり〕허리를 굽히고 빠져 나감.

音 読

潜望鏡〔せんぼうきょう〕잠망경.
潜伏〔せんぷく〕잠복. ①몰래 숨어 엎드림. ②병균에 감염되어 있으나 병 증세가 겉으로 나타나지 않음.
潜勢力〔せんせいりょく〕숨어 있어 표면에 나타나지 않는 세력. 잠재 세력.
潜水〔せんすい〕잠수. 물속에 잠김.
潜水艦〔せんすいかん〕잠수함.
潜入〔せんにゅう〕①남 몰래 들어감. ②물 속에 잠겨 들어감.
潜在〔せんざい〕잠재. 속에 숨어 있음.
潜航〔せんこう〕잠항. ①물 속에 잠수하여 항해함. ②비밀 항해.
潜行〔せんこう〕잠행. ①숨어서 몰래 감. ②남 몰래 행함. ③잠수(潜水)하여 감.

〘暫〙 풀：잠깐 잠.
音：サン
訓：①しばし ②しばらく

❶暫し〔しばし〕잠깐. 잠시. ～の別れ：잠시 동안의 이별.
❷暫く〔しばらく〕①잠깐. 잠시. ～前から：얼마 전부터. ②오래간만. ③당분간.

音 読

暫時〔ざんじ〕잠시. 잠깐.
暫定〔ざんてい〕잠정. 일시적으로 정함.

ㅈ

【잡】

〘雑〙 풀：섞일 잡.
音：①ザツ ②ザッ ③ゾウ
訓：①まざる ②まじる
③まぜる

❶雑ざる〔まざる〕(自5) 섞이다.
❷雑じる〔まじる〕(自5) 섞이다. 水と油

は雑じらない；물과 기름은 섞이지 않는다.

雑じり気〔まじりけ〕섞인 물건. 섞인 것. 불순물(不純物).

雑じり物〔まじりもの〕섞인 물건. 혼합물.

❸ **雑ぜる**〔まぜる〕(他下1) ①섞다. ②뒤섞다.

雑ぜっ返す〔まぜっかえす〕(他5) ①(몇번이고)뒤섞다. ②(말참견이나 농을 지껄여서 남의 진지한 말을)혼란시켜 망쳐 놓다. 人の言う事を雑ぜ返してはいけない；남의 말을 훼방하여서는 안되다.

例 外

雑魚〔ざこ〕잡어. ①자지레한 고기. 송사리. ②오죽잖은 사람. 소인.

音 読 1

雑〔ざつ〕(形動) ①순수하지 않음. ②여러가지가 섞여 있음. ～な考え；여러 가지 생각.

〔ぞう〕(名) 잡. 뚜렷한 항목을 내세우기 어려운 것.

雑念〔ざつねん〕잡념. 여러가지 쓸데 없는 생각.

雑談〔ざつだん〕잡담. 쓸데 없는 여러가지 잡다한 말이나 이야기.

雑木〔ざつぼく〕잡목. 여러가지 나무.

〔ぞうき〕잡목. 건축용이나 가구용으로 사용할 수 없는 여러가지 나무. 주로 숯이나 장작으로 사용하는 나무.

雑木林〔ぞうきばやし〕잡목숲.

雑務〔ざつむ〕잡무. 자질구레한 사무.

雑物〔ざつぶつ〕잡물. 대수롭지 않은 물건.

雑事〔ざつじ〕잡사. 여러가지 잡다한 일.

雑役〔ざつえき〕잡역. 여러가지 노동(일).

雑音〔ざつおん〕잡음. ①여러가지 소리. ②시끄러운 소리. ③뜬소문. ④야유.

雑株〔ざつかぶ〕잡주. 잡살뱅이 증권.

雑話〔ざつわ〕잡화. 쓸데 없는 이야기.

音 読 2

雑穀〔ざっこく〕잡곡. 쌀 이외의 온갖 곡식.

雑記帳〔ざっきちょう〕잡기장.

雑多〔ざった〕잡다. 여러가지가 뒤섞여 많이 있음.

雑費〔ざっぴ〕잡비. 자질구레하게 쓰이는 돈.

雑収入〔ざっしゅうにゅう〕잡수입.

雑種〔ざっしゅ〕잡종. 여러가지가 뒤섞인 종류.

雑誌〔ざっし〕잡지. 정기적으로 발행하는 책자(冊子).

雑草〔ざっそう〕잡초. 자연이 나는 갖가지 풀. 잡풀.

雑則〔ざっそく〕잡칙. 여러가지 규칙.

雑貨〔ざっか〕잡화. 여러가지 일용품.

音 読 ③

雑〔ぞう〕(名) 잡. 뚜렷한 항목을 내세우기 어려운 것.

〔ざつ〕(形動) 순수하지 않음.여러가지임.

雑木〔ざつぼく〕잡목. 여러가지 나무.

〔ぞうき〕잡목. 건축용이나 가구용으로 사용할 수 없는 여러가지 나무. 주로 숯이나 장작으로 사용하는 나무.

雑木林〔ぞうきばやし〕잡목숲.

雑兵〔ぞうひょう〕①신분이 낮은 병졸. 졸병. ②지위가 낮은 부하.

雑言〔ぞうごん〕여러가지 나쁜 욕.

雑煮〔ぞうに〕채소, 육류 등을 넣어서 끓인 국에 떡을 썰어 넣어 만든 일본식 떡국.

ㅈ

【장】

〖丈〗

풀：어른 장.
音：ジョウ
訓：たけ

丈〔たけ〕①키. 身の～；신장. 키. ②높이. 길이. ③전부. 모두. 몽땅. 온갖.

丈比べ〔たけくらべ〕키 대보기.

音 読

丈夫〔じょうふ〕대장부(男子의 美称).

〔じょうぶ〕(形動) ①건강(健康). ～な人；건강한 사람. ②튼튼함. 견고함. ～な靴下；튼튼한 양말.

丈六〔じょうろく〕①입상(立像)의 키가 16척(尺)되는 불상(仏像). ②책상 다리를 하고 앉음.

丈余〔じょうよ〕한길 남짓. 열자가 넘음.

丈尺〔じょうしゃく〕①길이. 키. ②길이가 한길(3.03m)되는 자.

〖匠〗

풀：장인 장. 만들 장.
音：ショウ
訓：たくみ

匠〔たくみ〕①(木材 기구를 만드는) 직인(職人). ②목공. 목수.

匠人〔しょうじん〕장인. 목공. 목수.

巨匠〔きょしょう〕거장. 대예술가. 대가(大家).

〖壮〗

풀：씩씩할 장.
音：ソウ
訓：さかん

壮ん〔さかん〕(形動) 성대함. 훌륭함. ～な歓迎；성대한 환영. ～な会；성대한 모임.

音 読

壮とする〔そうとする〕장하게 여기다.

壮挙〔そうきょ〕장거. 규모가 큰 계획의 실행.

壮観〔そうかん〕장관. 볼만한 광경.

壮年〔そうねん〕장년. 원기가 왕성한 한창 나이. 30대에서 40대까지의 나이.

壮大〔そうだい〕장대. 웅장함.

壮図〔そうと〕규모가 큰 계획.

壮途〔そうと〕장도. 중대한 사명을 띠고 떠나는 출발. ～につく；장도에 오르다.

壮麗〔そうれい〕장려. 훌륭하고 아름다움.

壮烈〔そうれつ〕장렬. 용감하고 열렬함.
壮士〔そうし〕장사. 힘이 센 사람.
壮絶〔そうぜつ〕장절. 용맹스럽고 훌륭함.
壮丁〔そうてい〕장정. 성년에 달한 남자.
壮快〔そうかい〕장쾌. 장하고 상쾌함.

〔杖〕 풀 : 지팡이 장.
音 : ジョウ
訓 : つえ

杖〔つえ〕① 지팡이. ～をつく; 지팡이를 짚다. ～をひく; 산책하다. ② 곤장.
杖柱〔つえはしら〕① 지팡이와 기둥. ② 의지하는 것. ～とたのむ; 기둥처럼 의지하다.

〔長〕 풀 : 길 장.
音 : チョウ
訓 : ① ながい ② たける

❶ 長い〔ながい〕(形) ① 길다. ② (세월 시간이) 오래다. ③ (길이) 멀다. ④ 키가 크다.
長さ〔ながさ〕① 길이. ② 두 점 사이의 거리. ③ 입체, 평면의 제일 긴 거리.
長たらしい〔ながたらしい〕(形) 따분하게 길다.
長らえる〔ながらえる〕(自下1) 오래 살다.
長らく〔ながらく〕(副) 오래. 오랫동안.
長居〔ながい〕오랫동안 가지 않고 앉아 있음. 궁둥이가 무거움.
長尻〔ながじり〕오래 앉아 있음.
長年〔ながねん〕여러 해. 오랜(긴) 세월.
長談義〔ながだんぎ〕장황한 연설(이야기).
長道〔ながみち〕먼 길.
長鳴き〔ながなき〕(새, 벌레가) 목청을 길게 뽑으며 욺.
長目〔ながめ〕약간 긴 듯함.
長物語〔ながものがたり〕긴 옛날 이야기.
長尾鶏〔ながおどり〕긴꼬리닭.
長柄〔ながえ〕① 자루가 김. 자루가 긴 도구. ② 자루가 긴 술국자.
長病み〔ながやみ〕오랜 병을 앓음. 숙환.
長生き〔ながいき〕오래 삶. 장수(長寿).
長続き〔ながつづき〕오래 계속함. 오래 감.
長手〔ながて〕① 긴 쪽의 것. ② 직사각형.
長袖〔ながそで〕① 긴 소매의 옷. ② 武士 계급이 아닌 귀족, 의사, 승려 등.
長屋〔ながや〕간을 막아서 여러 세대가 살 수 있도록 만든 연립 주택.
長雨〔ながあめ〕장마.
長月〔ながつき〕음력 9월.
長椅子〔ながいす〕긴 의자. 소파.
長引く〔ながびく〕(自5) 오래 끌다. 질질 끌다.
長長と〔ながながと〕(副) 기다랗게. 길게. 오랫동안. 장황하게.
長町場〔ながちょうば〕(사물이) 오래 계속되는 곳. 다른 구간보다 거리가 먼 구간.
長潮〔ながしお〕간만의 차가 가장 적어질 때의 조수.
長座〔ながざ〕오래 앉아 있음.
長持ち〔ながもち〕① (물건을) 오래 씀. 오래 감. ② 오래 계속됨. ③ (옷, 일상 용품 따위를 넣어 두는) 뚜껑이 있는 직사각형 궤. 함.
長追い〔ながおい〕도망가는 사람을 멀리까지 뒤쫓음.
長湯〔ながゆ〕목욕 시간이 남보다 김.
長靴〔ながぐつ〕장화. 목이 긴 신.
長話〔ながばなし〕긴 이야기.
長患い〔ながわずらい〕오래 병을 앓음.
❷ 長ける〔たける〕(自下1) 뛰어나다. 우수하다.

例　外

長押〔なげし〕(건축물에서) 중인방(中引枋)

音　読

長〔ちょう〕① 우두머리. ② 연장자(年長者). ③ 장점(長点). ④ 우수한 것.
長じる〔ちょうじる〕(自上1) ① 성장하다 크다. ② 뛰어나다. 우수하다. ③ 나이가 위다.
長距離〔ちょうきょり〕장거리. 멀고 긴 거리.
長久〔ちょうきゅう〕장구. 길고 오램.
長男〔ちょうなん〕장남. 맏아들.
長女〔ちょうじょ〕장녀. 맏딸.
長短〔ちょうたん〕장단. 길고 짧음.
長途〔ちょうと〕장도. 먼 길.
長髪〔ちょうはつ〕장발. 길게 기른 머리털.
長方形〔ちょうほうけい〕장방형.
長成〔ちょうせい〕장성. 자라서 어른이 됨.
長所〔ちょうしょ〕장점(長点).
長寿〔ちょうじゅ〕장수. 목숨이 김.
長音〔ちょうおん〕장음. 길게 내는 소리.
長子〔ちょうし〕장자. 맏아들.
長者〔ちょうしゃ〕장자. 손윗사람.
〔ちょうじゃ〕장자. 부자. 부호.
長点〔ちょうてん〕장점. 좋은 점
長足〔ちょうそく〕장족. 빠른 걸음.
長編〔ちょうへん〕장편. 장편 소설.

〔荘〕 풀 : 별장 장.
音 : ソウ
訓 :

荘厳〔そうごん〕장엄. 웅장하고 엄숙함.
荘重〔そうちょう〕장중. 엄숙하고 묵직한 상태. ～な声; 장중한 목소리.
別荘〔べっそう〕별장. 본집 이외에 세운 집.

〔将〕 풀 : 장수 장. 장군 장.
音 : ① ショウ ② ジョウ (例外)
訓 : まさに

将に〔まさに〕(副) ① 바야흐로. ② 하마터면. ～死ぬ所だった; 하마터면 죽을뻔 했다. ③ (이제) 막.

音　読

将〔しょう〕군대의 지휘관. 장군. 대장.
将官〔しょうかん〕대장, 중장, 소장을 통틀어 일컫는 말. 장군.
将校〔しょうこう〕장교. 소위 이상의 군인.
将軍〔しょうぐん〕장군. 군대의 지휘관.
将棋〔しょうぎ〕장기.
将棋倒し〔しょうぎだおし〕한쪽 끝에서부

ㅈ

터 차례로 겹쳐 넘어지는 일.

将来〔しょうらい〕장래. ① 가져옴. ② 앞날.

将来性〔しょうらいせい〕장래성. 장차 발전할 수 있는 가능성.

将兵〔しょうへい〕장병. 장교와 병사.

将帥〔しょうすい〕장수. 군대를 지휘, 통솔하는 장군.

大将〔たいしょう〕대장. ① 우두머리. ② 군대 계급의 맨 위.

小将〔しょうしょう〕소장. 중장의 아랫 계급.

准将〔じゅんしょう〕준장. 대령의 윗계급.

例　外

中将〔ちゅうじょう〕중장. 대장의 아래, 소장의 윗계급.

〔帳〕

풀 : 휘장 장.
音 : チョウ
訓 : とばり

帳〔とばり〕장막. 방장(房帳). 夜の~が下りた; 밤의 장막이 내렸다(어두어졌다).

音　読

帳尻〔ちょうじり〕① 기재된 장부의 제일 끝. ② 결산의 결과.

帳面〔ちょうめん〕장부.
〔ちょうづら〕장부에 기재된 숫자.

帳面方〔ちょうめんかた〕장부를 기재하고 정리하는 담당자.

帳面面〔ちょうめんづら〕장부에 기재된 숫자.

帳付け〔ちょうつけ〕장부에 기입함.

帳簿〔ちょうぼ〕장부. 금품의 수입과 지출을 기록하는 책.

帳消し〔ちょうけし〕① 장부에 기입한 금액을 말소함. ② 채무가 소멸함. ③ 서로 상쇄하고 남음이 없음.

帳場〔ちょうば〕장부를 기입하고 회계를 보는 곳. 카운터.

帳合(い)〔ちょうあい〕① 장부를 대조함. ② 장부에 기입해서 손익을 계산함.

例　外

蚊帳〔かや〕모기장. ~をつる; 모기장을 치다.

〔張〕

풀 : 베풀 장.
音 : チョウ
訓 : はる

張る〔はる〕(自5) ① 뻗어나다. 뻗다. つるが~; 덩굴이 뻗다. ② 깔리다. 덮이다. ③ 팽팽해지다. 肩が~; 어깨가 뻐근하다. 気が~; 긴장하다. ④ 많아지다. 넘치다. 늘다. (他5) ① 뻗치다. 펴다. ② 펼치다. 치다. 幕を~; 막을 치다. ③ (액체를) 채우다. ④ 붙이다. 깔다. タイルを~; 타일을 깔다. ⑤ (손바닥으로) 때리다. ⑥ 벌이다. 차리다. 店を~; 가게를 차리다. ⑦ 마음 먹다. 欲を~; 욕심을 부리다. ⑧ 대항하다. 다루다. 女を~; 여자를 다루다. ⑨ 감시하다. ⑩ (돈을) 걸다. ⑪ 유지토록 노력하다. ⑫ 강행하다. ⑬ 지나치다.

張り〔はり〕① 땅기는 힘. 켕김. ② 야무지고 힘참. ③ 의욕(意欲).

張りぐるみ〔はりぐるみ〕천, 따위를 붙여 감아 싸듯 만든 것. ~のいす; 천으로 감싼 의자.

張り倒す〔はりたおす〕(他5) 때려 눕히다.

張り裂ける〔はりさける〕(自下1) 한껏 부풀어 터지다.

張り物〔はりもの〕① 옷감에 풀을 먹여서, 펴서 말림. ② 연극 도구의 하나 (나무에다가 종이나 천을 붙여서 바위 따위를 만든 것).

張り抜き〔はりぬき〕틀에 종이를 겹붙여서 마른 뒤, 그 틀을 빼내어 만든 물건.

張り番〔はりばん〕망을 봄. 감시자(監視者)

張り付く〔はりつく〕(自5) 붙다. 붙여지다.

張り付ける〔はりつける〕(他下1) ① 붙이다. ② 물건을 펴서 붙이다. ③ 책형에 처하다.

張り飛ばす〔はりとばす〕(他5) (손바닥으로) 나가 떨어지도록 세차게 때리다.

張り上げる〔はりあげる〕(他下1) (소리를) 지르다. 외치다.

張(り)扇〔はりおうぎ〕(만담가가 이야기하면서 책상을 두들기며 가락을 맞출 때 쓰는) 외부를 종이로 싸 바른 부채.

張(り)手〔はりて〕(씨름에서) 손바닥으로 상대방의 얼굴을 치는 수.

張り巡らす〔はりめぐらす〕(他5) 둘러 치다. 두르다. 幕を~; 막을 둘러치다.

張(り)子〔はりこ〕⇨ 張り抜き.

張(り)雑ぜ〔はりまぜ〕여러가지 그림과 글씨를 섞어서 붙임.

張り切る〔はりきる〕(自5) 긴장하다. 힘이 넘치다. 팽팽히 켕기다.

張(り)店〔はりみせ〕창녀들이 집앞에 서서 손님을 기다리는 일.

張り紙〔はりがみ〕① 종이를 붙임(바름). ② 벽보. ③ 부전(附箋). 부전지.

張(り)札〔はりふだ〕벽보.

張(り)替え〔はりかえ〕① 새로 바름. ② 새로 갈아 댐. ③ 옷을 뜯어서 빨아 말림.

張り替える〔はりかえる〕(他下1) ① 다시 (새로)바르다. ② 새로 갈아 대다. ③ 옷을 뜯어서 빨아 말리다.

張(り)出し〔はりだし〕① (건축에서) 달아낸 부분. ② 게시한 것. 내어 붙임.

張り出す〔はりだす〕(他5) ① (건축에서) 달아 내다. ② 게시하다. 내어 붙이다.

張(り)板〔はりいた〕세탁물이나 뜬 종이를 펴 붙여서 말리는 판자.

張(り)合い〔はりあい〕① 맞섬. 대립. 경쟁. ② 할 의욕. 젤 맛.

張り合う〔はりあう〕(自5) 서로 겨루다. 대항하다. 경쟁하다.

張り合い抜け〔はりあいぬけ〕(골똘하다가 실망하여)맥이 풀림. 김이 빠짐.

張り回す〔はりまわす〕(他5) ⇨ 張り巡らす

ㅈ

張り詰める〔はりつめる〕(自下1) ①긴장하다. ②(온통)얼어붙다.

連濁音에 注意

角張る〔かどばる〕(自5) 모나다. 딱딱하다.
欲張る〔よくばる〕(自5) 욕심을 내다.
引っ張る〔ひっぱる〕(他5) 잡아 당기다(끌다).

音　読

張力〔ちょうりょく〕장력. 팽팽하여 서로 끌어 당기는 힘.
張本〔ちょうほん〕사건의 발단.
張本人〔ちょうほんにん〕장본인. ①두목. ②사건을 일으킨 주동자.
張付〔ちょうふ〕착 달라붙게 함.

〔章〕 풀:글 장.
音:ショウ
訓:

章句〔しょうく〕장구. 문장의 章과 句.
章節〔しょうせつ〕장절. 긴 논문 따위의 章이나 節의 구분.
文章〔ぶんしょう〕문장. 글로써 사상, 감정을 표현한 것.

〔粧〕 풀:화장할 장.
音:ショウ
訓:

化粧〔けしょう〕화장. ①분, 연지, 크림 따위를 발라 얼굴을 꾸미는 것. ②겉모양을 꾸미는 것.

〔場〕 풀:마당 장.
音:ジョウ
訓:ば

場〔ば〕①장소. 자리. 곳. その～で; 그자리(곳)에서. ②좌석. ③경우. 분위기. ④경험. ⑤연극의 한 장면. ⑥범위. ⑦(증권 거래소의)입회장. ～が立つ; 입회장이 서다.
場慣れ〔ばなれ〕여러번 경험하여 익숙해 짐.
場(当)たり〔ばあたり〕①(연극이나 모임에서) 즉석의 호평(인기). 즉석 효과. ②임기 응변. 임시 변통. 임기 처변.
場所〔ばしょ〕①장소. 곳. 자리. 위치. ②경우. ③경험. ～を踏む; 경험을 쌓다.
場所柄〔ばしょがら〕①장소. ②장소의 성질상. 장소의 조건상.
場所塞ぎ〔ばしょふさぎ〕장소를 막아 방해가 됨(되는 물건).
場所割り〔ばしょわり〕장소의 할당.
場馴れ〔ばなれ〕⇨場慣れ.
場合〔ばあい〕경우. 사정. 케이스. 때.

音　読

場内〔じょうない〕장내. 장소의 안.
場裏〔じょうり〕장소의 안. 競争～; 경쟁하는 마당(경우).
場外〔じょうがい〕장외. 장소 밖.

〔掌〕 풀:손바닥 장.
音:ショウ
訓:①たなごころ ②つかさどる

❶**掌**〔たなごころ:てのひら〕손바닥. ～を返す; 손바닥을 뒤집다. ①일이 쉽고 간단하다. ②싹 달라지다. ～を指す; 손바닥을 가리키듯 명백하다.

❷**掌る**〔つかさどる〕(他5) ①(직무로써) 담당하다. 취급하다. ②지배하다. 관리하다.

音　読

掌理〔しょうり〕장리. 맡아서 처리함.
掌握〔しょうあく〕장악. 손아귀에 넣음. 뜻대로 지배함. 내것으로 만듦.
掌中〔しょうちゅう〕장중. 손바닥 안. 手中.
掌中の玉(珠)〔しょうちゅうのたま〕①가장 귀하게 여기는 옥. ②가장 사랑하는 아이.

〔葬〕 풀:장사지낼 장. 묻을 장.
音:ソウ
訓:ほうむる

葬る〔ほうむる〕(他5) 매장하다. 墓に～; 무덤에 장사지내다(매장하다). 事件を～; 사건을 덮어 버리다.
葬り去る〔ほうむりさる〕(他5) 매장하다. 社会から～; 사회에서 매장시키다.

音　読

葬具〔そうぐ〕장례식에 쓰는 도구. 장구.
葬列〔そうれつ〕장례식 행렬.
葬送〔そうそう〕장송. 송장을 장지(葬地)로 보내는 일.
葬式〔そうしき〕장례식.
葬儀〔そうぎ〕장의. 장례식.

〔装〕 풀:꾸밀 장.
音:①ショウ(例外). ②ソウ
訓:よそおう

装う〔よそおう〕(他5) ①(몸) 치장하다. 옷차림을 하다. 美しく～; 아름답게 치장하다. ②가장(仮装)하다. 그런체하다. 客を～; 손님을 가장하다. 病気を～; 아픈체하다. 平気を～; 시치미를 떼다. 아무렇지도 않은 체하다.
装い〔よそおい〕①치장. 옷차림. 단장. ②가장(仮装).

音読 1

装束〔しょうぞく〕①옷차림. ②의복. 옷.
衣装〔いしょう〕의상. 옷.

音読 2

装〔そう〕①꾸미는 일. 단장. 치장. ～をこらす; 몸치장하다. ②책의 장정(装幀).
装甲車〔そうこうしゃ〕장갑차.
装具〔そうぐ〕①무장할 때 몸에 붙이는 기구. ②몸을 꾸미고 단장하는데 쓰는 도구.
装備〔そうび〕장비. 무기, 부속품 따위를 장치함. 무장.
装飾〔そうしょく〕장식. 꾸며 장치함.
装身具〔そうしんぐ〕장신구. 악세사리.
装入〔そうにゅう〕(속에)넣음.
装丁:装幀:装釘〔そうてい〕장정. ①책을 매고 표지를 붙임. ②책의 표지, 케이스, 제본에 이르기까지 책의 조화미를 꾸미는 기술.
裝塡〔そうてん〕장전. 채워 넣음.
裝置〔そうち〕장치. ①간단한 기계를 설비함. ②차려서 꾸밈. ③무대 장치의 준말.

〖奬〗 풀 : 권면할 장.
音 : ショウ
訓 : すすめる

奬める〔すすめる〕(他下1) 권고하다. 권하다. 권장하다. 読書を～ : 독서를 권장하다.

音 読

奬金〔しょうきん〕장려금.
奬励〔しょうれい〕장려. 좋은 일에 힘쓰도록 권하여 북돋우어 줌.
奬学〔しょうがく〕장학. 학문을 장려함.

〖腸〗 풀 : 창자 장.
音 : チョウ
訓 :

腸〔ちょう〕장. 창자.
腸チフス〔ちょうTyphus〕장티푸스.
腸詰め〔ちょうづめ〕순대.

〖障〗 풀 : 막힐 장.
音 : ショウ
訓 : さわる

障る〔さわる〕(自5) 지장이 되다. 방해가 되다. 해롭다. からだに～ : 몸에 해롭다.
障り〔さわり〕지장. 방해.

連濁音에 注意

気障り〔きざわり〕비위에 거슬림. 아니꼬움.
目障り〔めざわり〕눈에 거슬림.

音 読

障壁〔しょうへき〕장벽. ①장소를 가로 막는 벽. ②방해가 되는 것.
障子〔しょうじ〕미닫이.
障碍〔しょうがい〕장애. 방해가 되는 것.
障害〔しょうがい〕장해. 장애. 방해.

〖蔵〗 풀 : 숨길 장.
音 : ゾウ
訓 : くら

蔵〔くら〕곳간. 창고.
蔵番〔くらばん〕창고지기.
蔵払い〔くらばらい〕창고떨이. 재고 정리.
蔵出し〔くらだし〕출고(出庫).
蔵店〔くらみせ〕사면의 벽을 흙으로 바른 가게.

連濁音에 注意

酒蔵〔さかぐら〕술 창고. 술 곳간.
穴蔵〔あなぐら〕움막.

音 読

蔵する〔ぞうする〕(他サ)간직하다. 간수하다. 지니다. 품다. 갖다. 欠陥を～ : 결함을 갖고 있다.
蔵相〔ぞうしょう〕장상. 大～(おおくらしょう) : 한국의 재무부 장관에 해당함.
蔵書〔ぞうしょ〕장서. 가지고 있는 책.
蔵書家〔ぞうしょか〕장서가. 많은 책을 가지고 있는 사람.

〖臓〗 풀 : 오장(五臟) 장.
音 : ゾウ
訓 :

臓器〔ぞうき〕장기. 내장의 여러 기관.
臓物〔ぞうもつ〕(생선, 새, 소, 돼지 따위의) 창자. 내장.
肝臓〔かんぞう〕간장. 배의 오른쪽 위에 있는 소화기관.

【재】

〖才〗 풀 : 재주 재.
音 : ①サイ ②ザイ(例外)
訓 :

音 読 1

才〔さい〕①재주. 재능. ②직물에서 1평방피트. ③작(勺)의 10분의 1. ④나이를 말할 때도 쓰임. 三～ : 세 살. 3세.
才幹〔さいかん〕재간. 재주와 능력.
才能〔さいのう〕재능. 재주와 능력.
才略〔さいりゃく〕재략. 재주와 계략.
才量〔さいりょう〕재주와 도량.
才色〔さいしょく〕재색. 여자의 재주와 미모.
才媛〔さいえん〕재원. 교양과 재주가 있는 여자. 재녀(才女).

音 読 2

漫才〔まんざい〕만담. 익살스러운 재담.

〖再〗 풀 : 두 번 째 재.
音 : ①サ(例外) ②サイ
訓 : ふたたび

再び〔ふたたび〕두번. 재차. 다시.

音 読 1

再来年〔さらいねん〕내후년. 다음 다음해.
再来月〔さらいげつ〕다음 다음달.
再来週〔さらいしゅう〕다음 다음주.

音 読 2

再開〔さいかい〕재개. 다시 시작함.
再建〔さいけん〕재건. 다시 일으켜 세움.
再考〔さいこう〕재고. 다시 깊이 생각함.
再起〔さいき〕재기. 다시 일어남.
再度〔さいど〕두 번 째.
再臨〔さいりん〕재림. 다시 옴.
再発〔さいはつ〕재발. 다시 생김.
再犯〔さいはん〕재범.
再生〔さいせい〕재생.
再演〔さいえん〕재연. 다시 연기(상영)함.
再版〔さいはん〕재판. 다시 출판함.
再編〔さいへん〕재편. 다시 편성함.
再現〔さいげん〕재현. 다시 나타나게 함.
再婚〔さいこん〕재혼. 두 번 째의 혼인.
再会〔さいかい〕재회. 다시 만남.

〖在〗 풀 : 있을 재.
音 : ザイ
訓 : ある

在る〔ある〕(自5) ① 있다. 존재하다. ② 살아 있다. 무사히 있다. ③ 위치하다. ④ 돌아가다. 귀속(帰属)하다. ⑤ 달려 있다. 귀착하다.
在りし〔ありし〕이전의. 지나간. 생전의.
在(り)高〔ありだか〕재고. 현재의 수량.
在り来たり〔ありきたり〕흔히 있음. 평범함.
在り米〔ありまい〕지금 창고에 있는 쌀.
在り方〔ありかた〕본연의 자세.
在(り)処〔ありか〕있는 곳. 소재(所在).
在り合(わ)せる〔ありあわせる〕(自下1) 마침 그 자리에 있다.

音 読

在〔ざい〕시골. 고향에 있음.
在京〔ざいきょう〕재경. 서울에 있음.
在庫〔ざいこ〕재고. 물품이 창고에 있음.
在校生〔ざいこうせい〕재학생(在学生).
在勤〔ざいきん〕근무하고 있음.
在来〔ざいらい〕재래. 본래. 지금까지.
在留〔ざいりゅう〕외국에 머물러 삼.
在所〔ざいしょ〕① 있는 곳. ② 소(所)라고 불리는 곳에 근무하고 있음.
在野〔ざいや〕재야. 민간인으로 있음.
在任〔ざいにん〕재임. 근무하고 있음.
在籍〔ざいせき〕재적. 학교, 단체 등에 적을 둠.
在職〔ざいしょく〕재직. 직장에 근무함.
在宅〔ざいたく〕재택. (자기) 집에 있음.
在郷〔ざいごう〕재향. 고향에 있음.

〔材〕
풀 : 재목 재.
音 : **ザイ**
訓 :

材〔ざい〕① 재목. 목재. ② 재료. ③ 유능한 인재. 재능있는 사람.
材木〔ざいもく〕재목. 건축, 기구 등의 재료로 쓰는 나무. 목재.
材料〔ざいりょう〕재료. ① 물건을 만드는 원료. ② (증권) 시세를 좌우하는 원인.
材質〔ざいしつ〕재질. 재료의 성질.

〔災〕
풀 : 재앙 재.
音 : **サイ**
訓 : **わざわい**

災い〔わざわい〕재앙. 재난. 화. ～する ; 화가 되다. 재앙이 되다. ～に会う ; 재난을 만나다. 재앙을 당하다.
災難〔さいなん〕재난. 재앙. ～にあう ; 재난을 만나다.
災厄〔さいやく〕재액. 재난.
災害〔さいがい〕재해. 재난. ～救助 : 재해 구조.
災禍〔さいか〕재화. 재난.

〔宰〕
풀 : 재상 재.
音 : **サイ**
訓 :

宰領〔さいりょう〕화물이나 인부를 감독함.
宰相〔さいしょう〕재상. ① 왕을 도와 정치를 하던 벼슬의 총칭. ② 총리대신. 국무총리.

〔財〕
풀 : 재물 재.
音 : ① **サイ**(例外) ② **ザイ**
訓 :

音 読 1

財布〔さいふ〕돈지갑. ～の底をはたく ; 가진 돈을 죄다 털다.

音 読 2

財界〔ざいかい〕재계. 경제계(経済界).
財団〔ざいだん〕재단. 재산의 집단.
財力〔ざいりょく〕재력. 재산상의 세력.
財務〔ざいむ〕재무. 재정상의 사무.
財物〔ざいぶつ〕재물. 돈과 물건. 재산.
財閥〔ざいばつ〕재벌. 재산가. 부호.
財宝〔ざいほう〕재보. 재산과 보배. 보물.
財産〔ざいさん〕재산. 재물.
財源〔ざいげん〕재원. 사업의 기초가 되는 재물이나 돈.
財政〔ざいせい〕재정. 공공단체가 발전, 유지하는 데 필요한 경제.
財貨〔ざいか〕재화. 금전이나 보화(宝貨).

〔栽〕
풀 : 심을 재.
音 : **サイ**
訓 :

栽培〔さいばい〕재배. 식물을 심어 가꿈.
盆栽〔ぼんさい〕분재. 화분에 심은 화초.

〔斎〕
풀 : 글방 재. 재계할 재.
音 : **サイ**
訓 :

斎戒〔さいかい〕재계. 제사나 신성한 일을 하는 사람이 음식, 행동을 삼가고 몸과 마음을 정결하게 가짐.
斎場〔さいじょう〕장. ① 장례식을 하는 곳. ② 신을 모시기 위하여 깨끗이 치운 곳.
書斎〔しょさい〕서재. 독서를 하는 방.

〔裁〕
풀 : 옷 마를 재.
音 : **サイ**
訓 : ① **さばく** ② **たつ**

❶ **裁く**〔さばく〕(他5) 판가름하다. 중재하다. 재판하다. 事件を～ ; 사건을 중재하다.
裁き〔さばき〕심판. 재판. 중재(仲裁). 裁断.
❷ **裁つ**〔たつ〕(他5) 재단하다. 마름질하다.
裁(ち)台〔たちだい〕재단판. 마름질판.
裁(ち)売(り)〔たちうり〕(옷감을) 끊어서 팖.
裁(ち)物〔たちもの〕마름질. 마름질한 것.
裁(ち)縫い〔たちぬい〕재봉. 바느질.
裁ち上がり〔たちあがり〕재단을 끝냄. 재단.
裁ち屑〔たちくず〕베어낸 가윗밥.
裁ち板〔たちいた〕재단대.
裁ち布〔たちぎれ〕마름질한 천.

音 読

裁する〔さいする〕(他サ) ① 재단하다. 마름질하다. ② 판가름하다. ③ 편지를 쓰다.

裁可〔さいか〕 재가. 안건(安件)을 허가함.
裁決〔さいけつ〕 재결. 옳고 그름을 윗자리에 있는 사람이 결정함.
裁断〔さいだん〕 재단. 옷감을 치수에 맞추어 자름. 마름질.
裁量〔さいりょう〕 재량. 자기 생각대로 일을 결정하여 처리함.
裁縫〔さいほう〕 재봉. 바느질.
裁定〔さいてい〕 재정. 일의 옳고 그름을판단하여 결정함.
裁判〔さいばん〕 재판. 옳고 그름을 심판함.

〔**載**〕 풀 : 실을 재.
音 : ① **サイ** ② **ザイ**(例外).
訓 : ① **のせる** ② **のる**

❶ **載せる**〔のせる〕(他下1)(책이나 잡지에) 싣다. 게재(揭載)하다. 雑誌に広告を～; 잡지에 광고를 싣다. 自動車に貨物を～; 자동차에 화물을 싣다.
❷ **載る**〔のる〕(自5) ① 놓이다. 얹히다. 机の上に載っている本; 책상 위에 놓여있는 책. ② 올라가다. 台の上に～; 받침대 위에 올라가다. ③ (책에) 실리다. 新聞に載った事件; 신문에 실린 사건.

音　読

掲載〔けいさい〕 게재. 책이나 잡지에 실음.
記載〔きさい〕 기재. 기록하여 실음.
連載〔れんさい〕 연재. 신문, 잡지에 매호마다 계속해서 실음.
千載〔せんざい〕 ① 천년. ② 긴 세월.

【쟁】

〔**争**〕 풀 : 다툴 쟁.
音 : **ソウ**
訓 : **あらそう**

争う〔あらそう〕(他5) ① 싸우다. 다투다. 투쟁하다. ② 경쟁하다. ③ 대항하다. ④ 시비를 가리다. ⑤ 争われない; 어쩔 수 없다. 숨길래야 숨길 수 없다. ⑥ 争われぬ; 부정할 수 없는.
争い〔あらそい〕 다툼. 분쟁. 싸움.

音　読

争乱〔そうらん〕 쟁란. 다투고 싸워 사회가 혼란함.
争議〔そうぎ〕 쟁의. 서로 자기의 의견을주장하며 다툼.
争覇〔そうは〕 쟁패. 우승을 겨룸. 지배자의 지위를 다툼.
争奪〔そうだつ〕 쟁탈. 다투어 빼앗음.
争闘〔そうとう〕 쟁투. 다툼. 싸움.

【저】

〔**低**〕 풀 : 낮을 저.
音 : **テイ**
訓 : ① **ひくい** ② **ひくまる** ③ **ひくめる**

❶ **低い**〔ひくい〕(形) 낮다. 山が～; 산이 낮다. ② 작다. 背が～; 키가 작다.
低き〔ひくき〕 낮은 쪽.
低み〔ひくみ〕 낮은 곳.
❷ **低まる**〔ひくまる〕(自5) 낮아지다.
❸ **低める**〔ひくめる〕(他下1) 낮추다. 温度を～; 온도를 낮추다.
低め〔ひくめ〕 약간 낮음.

音　読

低価〔ていか〕 저가. 낮은 값. 싼 값.
低減〔ていげん〕 저감. 낮추어 줄임.
低空〔ていくう〕 저공. 낮은 하늘.
低気圧〔ていきあつ〕 저기압. 주위의 기압에 비하여 낮은 기압.
低能〔ていのう〕 저능.
低廉〔ていれん〕 저렴. 물건 값이 쌈.
低利〔ていり〕 저리. 금리(金利)가 낮음.
低俗〔ていぞく〕 저속. 품격이 낮고 속됨.
低圧〔ていあつ〕 저압. 낮은 압력.
低温〔ていおん〕 저온. 낮은 온도.
低率〔ていりつ〕 저율. 낮은 비율.
低音〔ていおん〕 저음. 낮게 내는 소리.
低姿勢〔ていしせい〕 저자세. 상대편에 대하여 필요 이상으로 굽히는 태도.
低調〔ていちょう〕 저조. ① 활기가 없음. ② 능률이 오르지 않음.
低質〔ていしつ〕 저질. 품질이 나쁜 것.
低下〔ていか〕 저하. 낮아짐. 내려감.

〔**底**〕 풀 : 밑 저.
音 : **テイ**
訓 : **そこ**

底〔そこ〕 ① 바닥. 밑바닥. ② 바닥 시세. ③ 속마음. 마음속. ④ 한계. 한도. ⑤속.
〔てい〕 ① 밑. 아래. ② 정도. …する～の; …할 정도의. ③ 밑변.
底い〔そこい〕 밑창. 맨 밑바닥.
底光り〔そこびかり〕 깊은 속에서 나는 빛(윤기). 그윽한 빛.
底気味〔そこきみ〕 ～が悪い; 어쩐지 기분이 나쁘다.
底豆〔そうまめ〕 밑바닥의 물집.
底冷え〔そこびえ〕 뼛속까지 추위가 스며듦. 지독한 추위.
底力〔そこぢから〕 저력. 뚝심.
底無し〔そこなし〕 ① 바닥이 없음. 밑이없음. ② 한(限)이 없음. 끝이 없음.
底抜け〔そこぬけ〕 ① 밑바닥이 빠져서 없음. ② 한(限)이 없고 절도가 없음. ③ 얼간이. 얼빠진 바보. ④ 모주꾼.
底上げ〔そこあげ〕 (낮은) 수준의 향상.
底魚〔そこうお〕 바다 밑에 사는 물고기.
底意〔そこい〕 저의. 본심.
底意地〔そこいじ〕 마음보. 근성(根性).
底引網〔そこびきあみ〕 저인망.

底入れ〔そこいれ〕최저 시세까지 떨어짐.
底積み〔そこづみ〕밑바닥에 실음.
底値〔そこね〕바닥 시세. 최저 가격.
底土〔そこつち〕저토(表土보다 아래에 있는 흙).
底荷〔そこに〕바닥짐.

音 読

底流〔ていりゅう〕저류. 바닥의 흐름.
底面〔ていめん〕저면. 밑 면.
底辺〔ていへん〕저변. 밑변.
底部〔ていぶ〕저부. 아랫부분.
底止〔ていし〕다 끝나는 것. ～するところを知らず; 그칠 줄을 모르다.

〔抵〕 풀：막을 저
音：**テイ**
訓：

抵当〔ていとう〕저당. 부채를 갚지 못할경우에 대비해서 미리 맡기는 물건(권리).
抵触〔ていしょく〕저촉. ① 규칙에 위반됨. ② 서로 모순됨. ③ 어느 사물에 걸려 듦.
抵抗〔ていこう〕저항. ① 외부로부터의 힘이나 웃사람 등에 대항함. ② 반응. 반항. 대항. ③ 반대 방향으로 작용하는 힘.

〔邸〕 풀：집 저.
音：**テイ**
訓：**やしき**

邸〔やしき〕① 대지(垈地). 집의 부지. ② 저택. 고급주택.
邸内〔ていない〕저택 안.
邸宅〔ていたく〕저택. 고급 주택.

〔著〕 풀：지을 저. 나타날 저.
音：**チョ**
訓：① **いちじる**しい ② **あら**わす ③ **あら**われる

❶ **著しい**〔いちじるしい〕(形) 현저하다. 뚜렷하다. 두드러지다.
❷ **著わす**〔あらわす〕(他5) 책을 지어 세상에 내놓다. 저술하다. 本を～; 책을 저술하다.
❸ **著われる**〔あらわれる〕(自下1) 나타나다. 드러나다. 世に～; ① 세상에 나타나다. ② 출세하다. 名が～; 유명해지다.

音 読

著〔ちょ〕저. 저술(著述). 저서(著書).
著大〔ちょだい〕현저하게 큼.
著名〔ちょめい〕(形動) 저명. 유명함.
著明〔ちょめい〕저명. 현저하게 드러남. 눈에 뜨임. 잘 알려짐.
著書〔ちょしょ〕저서. 저술(著述)한 책.
著述〔ちょじゅつ〕저술. 책을 지음.
著者〔ちょしゃ〕저자. 작자(作者).
著作権〔ちょさくけん〕저작권.
著増〔ちょぞう〕현저하게 늚.

〔貯〕 풀：쌓을 저.
音：**チョ**
訓：たくわえる

貯える〔たくわえる〕(他下1) 저축하다. 財産を～; 재산을 모으다.
貯え〔たくわえ〕저축. 저금.

音 読

貯金〔ちょきん〕저금. 돈을 모아 둠.
貯留〔ちょりゅう〕저류. 액체 따위가 굄.
貯水池〔ちょすいち〕저수지. 둑을 쌓고 물을 모아 두는 못.
貯蔵〔ちょぞう〕저장. 쌓아서 간직하여 둠.
貯蓄〔ちょちく〕저축. 아껴서 모아 둠.
貯炭〔ちょたん〕저탄. 석탄을 저장함.

〔狙〕 풀：노릴 저. 엿볼 저.
音：**ソ**
訓：**ねら**う

狙う〔ねらう〕(他5) ① 겨누다. 겨냥하다. ② 노리다. 엿보다. ③ 목표로 하다.
狙い〔ねらい〕① 겨눔. 겨냥. ② 노리는바 ③ (겨누는) 표적. 목적. 목표.
狙い撃ち〔ねらいうち〕잘 겨냥하여 쏨.
狙い澄ます〔ねらいすます〕(他5) 단단히 노리다. 충분히 겨냥하다.
狙い打ち〔ねらいうち〕저격(狙撃). 잘 겨냥하여 쏨.
狙い打つ〔ねらいうつ〕(他5) 잘 겨냥하여 쏘다(치다).

音 読

狙撃〔そげき〕저격. 노려 쏘거나 침. 무찔러 침.

〔沮〕 풀：막을 저.
音：**ソ**
訓：**はば**む

沮む〔はばむ〕(他5) 방해하다. 저지하다. 막다. 攻撃を～; 공격을 막다. 行く手を～; 가는 길을 막다.

音 読

沮止〔そし〕저지. 막아서 그치게 함.
沮害〔そがい〕저해. 막아서 못하게 해침.

〔箸〕 풀：젓가락 저.
音：
訓：**はし**

箸〔はし〕젓가락. ～を取る; 식사를 시작하다. ～のよげ下ろしにも小言を言う; 젓가락질에도 잔소리를 하다(사소한 일에까지 간섭하다.)
箸箱〔はしばこ〕수저통. 젓가락통.

〔儲〕 풀：저축할 저.
音：
訓：**もう**ける

儲ける〔もうける〕(他下1) ① (돈을)벌다 ② 덕을 보다. 이익을 보다. ③ 자식을두다.
儲け〔もうけ〕이익. 벌이.
儲け口〔もうけぐち〕돈벌이. 벌이가 되는 일거리.
儲け頭〔もうけがしら〕가장 많이 번 사람.
儲け物〔もうけもの〕횡재.

【적】

〔赤〕
풀：붉을 적.
音：① シャク ② セキ
訓：① あか ② あかい ③ あかばむ ④ あかむ ⑤ あかめる ⑥ あからむ ⑦ あからめる

❶ **赤**〔あか〕① 빨강. ② 빨갱이. 적색 분자. ③ 정지(위험) 신호.
❷ **赤い**〔あかい〕(形) ① 붉다. 빨갛다. ② 붉고 아름답다. ③ 사상이 붉다(공산주의다)
❸ **赤ばむ**〔あかばむ〕(自5) 붉은 색을 띠다. 불그스름해지다.
❹ **赤む**〔あかむ〕(自5) 빨개지다. 붉은빛이 돌다.
赤み〔あかみ〕① 붉은 정도. ② 붉은 빛.
❺ **赤める**〔あかめる〕(他下1) 붉히다. 顔を〜; 얼굴을 붉히다.
❻ **赤らむ**〔あからむ〕(自5) 불그레지다. 불그스름해지다. 홍조(紅潮)를 띠다.
❼ **赤らめる**〔あからめる〕(他下1) 붉히다. 顔を〜; 얼굴을 붉히다.
赤ゲット〔あかゲット〕① 붉은 담요. ② 익숙하지 못한 해외 여행자. 촌놈티.
赤ちゃん〔あかちゃん〕① 아기. ② 세상물정을 모르는 사람.
赤チン〔あかチン〕머큐롬.
赤テロ〔あかterror〕공산주의적인 테러. 좌익(左翼)의 폭력주의.
赤肌〔あかはだ〕① 겉 가죽이 벗겨진 빨간 살. ② 알몸. ③ 나무가 없는 산.
赤旗〔あかはた：せっき〕적기. 붉은 깃발.
赤大根〔あかだいこん〕① 홍당무. ② 겉으로만 좌익(左翼)인 체하는 사람.
赤裸〔あかはだか〕알몸. 알몸뚱이.
赤毛〔あかげ〕① 불그레한 머리털. ② 적갈색의 말의 털. ③ 붉은 가발.
赤帽〔あかぼう〕① 짐을 나르는 포오터. ② 빨간 모자.
赤木〔あかぎ〕① 껍질을 벗긴 통나무. ② 붉은 빛깔의 재목.
赤目〔あかめ〕① 붉은 눈. ② 아래 눈까풀을 까뒤집어 경멸의 뜻을 보이는 짓.
赤門〔あかもん〕① 붉게 칠한 문. ② 東京大学의 다른 이름.
赤味噌〔あかみそ〕붉은 된장.
赤剥け〔あかむけ〕살갗이 벌겋게 벗겨짐.
赤房〔あかふさ〕씨름판의 남쪽 모서리에 지붕에서 늘여뜨린 붉은 술.
赤ん坊〔あかんぼう〕갓난아기. 태어날 아기.
赤腹〔あかはら〕① 배가 빨간 동물. ② 赤痢.
赤膚〔あかはだ〕⇨赤肌
赤鼻〔あかばな〕빨간 코. 주부코.
赤砂糖〔あかざとう〕누런 설탕.
赤色〔あかいろ〕빨강색. 적색.
〔せきしょく〕공산주의.
赤身〔あかみ〕① 비계 없는 살코기. ② 붉은 생선의 살. ③ 재목의 중심에 있는 붉은 부분.
赤信号〔あかしんごう〕적신호. 빨간 신호.
赤新聞〔あかしんぶん〕폭로 기사를 흥미본위로 다루는 저속한 신문.
赤ら顔〔あからがお〕붉은 얼굴.
赤子〔あかご〕젖먹이. 갓난아기.
赤字〔あかじ〕① 적자. 결손. ② (교정에서) 빨간 빛깔로 바로잡은 글자.
赤赤〔あかあか〕새빨감.
赤電車〔あかでんしゃ〕(방향 표지에 붉은 전등을 다는) 그 날의 마지막 전차.
赤電話〔あかでんわ〕붉은 색의 공중 전화.
赤潮〔あかしお〕미생물이 번식해서 바닷물이 붉게 보이는 현상.
赤地〔あかじ〕빨간 바탕. 빨간 천.
赤紙〔あかがみ〕① 빨간종이. ② 빤간딱지
赤茶ける〔あかちゃける〕(自下1) ① 불그스레한 갈색으로 퇴색하다. ② 검붉게 타다.
赤札〔あかふだ〕붉은 패. (매약(売約)임을 나타내는) 빨간 딱지.
赤虫〔あかむし〕모기붙이의 유충.
赤恥〔あかはじ〕큰 창피. 〜をかく; 큰 창피를 당하다.
赤土〔あかつち〕황적색(黄赤色)의 찰흙.
赤黒い〔あかぐろい〕(形) 검붉다.

例 外

真っ赤〔まっか〕① 새빨감. 진한 빨강. ② 완전함. 온통. 〜なうそ; 새빨간 거짓말.

音読 1

赤銅色〔しゃくどういろ〕적동색. 〜の膚; 적동색의 피부.

音読 2

赤軍〔せきぐん〕적군. ① 소련의 정규군. ② 공산군.
赤道〔せきどう〕적도.
赤裸裸〔せきらら〕적나라. 숨김 없이 드러냄.
赤痢〔せきり〕적리. 전염병인 이질.
赤面〔せきめん〕부끄러워 얼굴을 붉힘.
赤貧〔せきひん〕몹시 가난함.
赤色〔せきしょく〕공산 주의.
〔あかいろ〕빨강색. 적색.
赤手〔せきしゅ〕맨손. 빈손.
赤心〔せきしん〕참되고 정성스러운 마음.
赤十字〔せきじゅうじ〕적십자.
赤熱〔せきねつ〕적열. 물체가 빨갛게 닮.
赤外線〔せきがいせん〕적외선.

音読 3

赤褐色〔せっかっしょく〕적갈색.
赤旗〔せっき：あかはた〕적기. ① 붉은 기. ② 위험을 알리는 기. ③ 혁명파, 과격파의 기.
赤血球〔せっけっきゅう〕적혈구.
赤化〔せっか〕적화. 공산주의가 됨.

〔的〕
풀：과녁 적.
音：テキ
訓：まと

的〔まと〕① 과녁. ② 공격 대상물. 대상.

的外れ〔まとはずれ〕 빗나감. (발언이) 요점을 벗어남.
的場〔まとば〕 ①활터. ②과녁이 세워진 곳.

音 読

的屋〔てきや〕 ①번잡한 길가에서 흥행, 요술을 하거나 싸구려 물건을 소리쳐 파는 사람. ②잘만 하면 한밑천 잡는 사람.
的中〔てきちゅう〕 적중. ①명중. 과녁에 맞음. ②바르게 들어맞음.
的確〔てきかく：てっかく〕 (形動) 적확. 정확하고 확실함. 딱 들어맞음.

〔寂〕 풀：고요할 적.
音：①ジャク ②セキ
訓：①さび ②さびしい ③さびる ④さびれる

❶寂〔さび〕 오래 되어서 아취(雅趣)가 있음. ～のある庭：아취가 있는 정원. ～のある声：목이 쉰 듯 낮고 아취 있는 목소리.
❷寂しい〔さびしい〕 (形) ①쓸쓸하다. 적적하다. ②슬프고 외롭다. ③호젓하다. ④섭섭하다. ⑤허전하다.
❸寂びる〔さびる〕 (自上1) 오래 되어 아취가 있다. 한적한 정취가 있다. 노숙하다.
❹寂びれる〔さびれる〕 (自下1) (번창하던 곳이) 쇠퇴하다. 쓸쓸해지다. 歓楽街が～：환락가가 쇠퇴하다.

音 読 1

寂念〔じゃくねん〕 속념(俗念)을 없앤 고요한 마음.
寂滅〔じゃくめつ〕 적멸. ①번뇌의 경지를 벗어남. ②죽음.
寂然〔じゃくねん〕 쓸쓸하고 조용함.

音 読 2

寂として〔せきとして〕 (副) 매우 조용하고 쓸쓸함. 괴괴함.
寂寂〔せきせき〕 적적함. 외롭고 쓸쓸함.

〔笛〕 풀：피리 적.
音：テキ
訓：ふえ

笛〔ふえ〕 피리. 호각. ～を吹く：피리를 불다.
笛竹〔ふえたけ〕 대나무 피리.

音 読

警笛〔けいてき〕 경적. 경계하거나 비상시에 울리는 고동.
汽笛〔きてき〕 기적. 증기의 힘으로 부는 고동. 汽車の～：기차의 기적.

〔跡〕 풀：자취 적.
音：①セキ ②ゼキ(例外)
訓：あと

跡〔あと〕 ①유적. ②흔적. 자취. ③발자국. 자국. 자리. ④필적. ⑤뒤. ⑥(집안의) 대(代).
跡継ぎ〔あとつぎ〕 ①집안의 대를 이음. ②후계자.
跡目〔あとめ〕 ①집안의 대를 이음. 상속인. ②스승의 일을 이어 받음. 후계자.
跡付ける〔あとづける〕 (他下1) 자취를 더듬다. 자취를 더듬어 확인하다.
跡形〔あとかた〕 흔적. 자취.

例 外

跡絶える〔とだえる〕 (自下1) 끊어지다. 두절되다. たよりが～：소식이 끊어지다.

音 読 1

古跡〔こせき〕 고적. 유적.
遺跡〔いせき〕 유적. 고적.
戦跡〔せんせき〕 전적. 전쟁의 자취.

音 読 2

門跡〔もんぜき〕 ①仏法의 한 계통을 계승하는 절의 자격. ②근본되는 절의 주지. ③귀족의 자식이 귀의하여 仏法의 계통을 잇는 절.

〔賊〕 풀：도적 적.
音：ゾク
訓：

賊〔ぞく〕 ①도둑. ②반역자.
賊する〔ぞくする〕 (他サ) ①손해를 끼치다. 해치다. ②죽이다. ③손상시키다.
賊軍〔ぞくぐん〕 적군. 반란군.
賊党〔ぞくとう〕 도둑의 무리.
賊徒〔ぞくと〕 도둑의 무리. ②반란군.

〔滴〕 풀：물방울 적.
音：テキ
訓：①しずく ②したたらす ③したたる

❶滴〔しずく〕 물방울. 雨の～：빗방울.
❷滴らす〔したたらす〕 (他5) (물방울이) 떨어지게 하다.
❸滴る〔したたる〕 (自5) (액체가) 방울져 떨어지다. 水の～よう：물방울이 똑똑 떨어지듯(여자가 매우 예쁨의 비유).
滴り〔したたり〕 물방울. 물방울이 떨어짐.

音 読

滴水〔てきすい〕 적수. 방울지는 물.
点滴〔てんてき〕 ①점적. 물방울. ②점적주사(링게르 주사).

〔適〕 풀：맞을 적.
音：①テキ ②テッ
訓：①かなう ②かなえる

❶適う〔かなう〕 (自5) 적합하다. 들어맞다. 꼭 맞다. 理に～：이치에 맞다.
❷適える〔かなえる〕 (他下1) ①일치시키다. 들어 맞추다. 条件を～：조건을 만족시키다. ②뜻대로 하게 하다. 이루어 주다.

音 読 1

適する〔てきする〕 (自サ) 적합하다. 합당하다. 들어맞다.
適当〔てきとう〕 적당. 알맞음.
適性〔てきせい〕 적성. 알맞는 성질.
適用〔てきよう〕 적용. 맞추어서 씀.
適応〔てきおう〕 적응. 환경에 적합하도록 변화하는 작용.
適切〔てきせつ〕 적절. 꼭 알맞음.
適正〔てきせい〕 적정. 적당하고 바름.

音 読 2

適格〔てっかく〕적격. 격에 맞음.
適期〔てっき〕적기. 적당한 시기.
適帰〔てっき〕가서 몸을 붙임(의지함).
適確〔てっかく〕적합하고 확실함.

〖嫡〗 풀 : 본마누라 적.
音 : チャク
訓 :

嫡男〔ちゃくなん〕적남. 본처가 낳은 아들.
嫡流〔ちゃくりゅう〕本家의 계통.
嫡子〔ちゃくし〕적자. 본처가 낳은 아들.
嫡出〔ちゃくしゅつ〕적출. 본처의 소생.
嫡妻〔ちゃくさい〕적처. 본처(本妻).

〖摘〗 풀 : 딸 적.
音 : ①テキ ②テッ(例外)
訓 : ①つむ ②つまむ

❶摘む〔つむ〕(他5) ①뜯다. 따다. 花を～ : 꽃을 따다. ②가지런히 깍다. 髪を～ : 머리를 깍다.
摘み入れ〔つみいれ〕생선을 다져 동그랗게 뭉쳐서 삶은 것.
摘み草〔つみくさ〕나물(들풀, 꽃) 따위를 뜯는(따는) 일. ～をする : 나물(들풀, 꽃)을 뜯다.
❷摘まむ〔つまむ〕(他5) ①(손가락으로) 집다. 쥐다. ②집어 먹다. ③요약하다. ④발췌하다. ⑤摘ままれる : 홀리다.
摘まみ〔つまみ〕①손끝으로 집음. 또 집은 분량. ②손잡이. ③お～ : 마른 안주.

音 読 1

摘録〔てきろく〕적록. 대강의 요점을 빼어 기록함. 추려 기록함.
摘発〔てきはつ〕적발. 들추어 냄.
摘要〔てきよう〕적요. 요점을 따서 적음.
摘出〔てきしゅつ〕적출. ①집어 냄. 솎아 냄. ②들추어 냄.

音 読 2

摘記〔てっき〕적기. 개요와 요점만 뽑아 기록함.

〖敵〗 풀 : 적 적.
音 : ①テキ ②テッ
訓 : ①かたき ②かなう

❶敵〔かたき〕①적. 원수. ②경쟁 상대자. ③상대. 적수(敵手).
敵役〔かたきやく〕①미움 받는 처지. ②(연극에서) 악인역(悪人役).
敵討ち〔かたきうち〕원수를 갚음. 복수.
❷敵う〔かなう〕(自5) ①대적하다. 필적(匹敵)하다. ②敵わない : 못 견디다. 따를 수 없다. 당해내지 못하다.

音 読 1

敵〔てき〕①적. 원수. ②적수. 대항하는 자. ③상대.
敵する〔てきする〕(自サ) ①적대하다. ②맞서다. 대항하다.
敵軍〔てきぐん〕적군. 상대의 군대.
敵対〔てきたい〕적대. 적으로 간주함.
敵兵〔てきへい〕적병. 적의 군사. 적군.
敵船隊〔てきせんたい〕적선대. 떼를 지은 적국의 선박.
敵性〔てきせい〕적성. 적과 통하는 것.
敵手〔てきしゅ〕적수. 상대.
敵意〔てきい〕적의. 대적하려는 마음.
敵地〔てきち〕적지. 적국의 땅.
敵陣〔てきじん〕적진. 적군의 진영.
敵弾〔てきだん〕적탄. 적군이 쏜 탄알.

音 読 2

敵境〔てっきょう〕적경. 적국의 국경.
敵国〔てっこく〕적국. 적군의 하나.
敵旗〔てっき〕적기. 적의 기
敵機〔てっき〕적기. 적의 비행기.
敵騎〔てっき〕적기. 적의 기병(騎兵).
敵艦〔てっかん〕적함. 적의 군함.

〖積〗 풀 : 쌓을 적.
音 : ①セキ ②セッ(例外)
訓 : ①つむ ②つもる

❶積む〔つむ〕(他5) ①쌓다. 石を～ : 돌을 쌓다. 経験を～ : 경험을 쌓다. ②(짐을) 싣다. 荷物を船に～ : 짐을 배에 싣다.
積(み)金〔つみきん〕적금. 돈을 적립함.
積み立てる〔つみたてる〕(他下1) 적금하다. 적립하다.
積立金〔つみたてきん〕적립금.
積(み)木〔つみき〕①집짓기 놀이. ②재목을 쌓음. 쌓인 재목.
積み肥〔つみごえ〕퇴비. 두엄.
積み上げる〔つみあげる〕(他下1) 쌓아올리다.
積み込む〔つみこむ〕(他5) (짐을) 싣다.
積(み)残し〔つみのこし〕승객(짐)을 싣다가 남김. 싣다 남은 짐.
積み重なる〔つみかさなる〕(自5) 겹쳐지다. 겹쳐 쌓이다.
積み重ねる〔つみかさねる〕(他下1) 높게 겹쳐 쌓다. 여러 겹으로 쌓다.
積み替え〔つみかえ〕①옮겨 실음(쌓음) ②다시 고쳐 쌓음.
積み出す〔つみだす〕(他5) (물건을) 실어 보내다. 실어서 출하(出荷)하다.
積み荷〔つみに〕실은(싣는) 짐.
❷積もる〔つもる〕(自5) ①쌓이다. 雪が～ : 눈이 쌓이다. ②(많은) 세월이 지나다. 月日が～ : 세월이 지나다. (他5) ①견적하다. 어림잡다. ②추측하다. 헤아리다.
積(も)り〔つもり〕①속셈. 예정. 작정. 의도. ②…한 셈. ③기대. 심산(心算). ④お～ : (술좌석에서) 마지막 잔으로 함. これ一本でお積もりですよ ; 이제 이 한 병으로 마지막입니다.

音 読 1

積〔せき〕①곱. 둘 이상의 수. 또는 식을 곱하여 얻은 값. ②쌓여서 모인 수량.
積年〔せきねん〕적년. 여러 해.
積算〔せきさん〕적산. 불어나는 수를 차례로 더하여 계산함.
積善〔せきぜん〕적선. 선행(善行)을 쌓음.
積雪〔せきせつ〕적설. 쌓인 눈.
積載量〔せきさいりょう〕적재량. 물건을 쌓

아 실은 양.

音読 2

積極的〔せっきょくてき〕적극적. 능동적.
積寒地帯〔せっかんちたい〕적한 지대. 눈이 쌓인 추운 지대.

〖績〗 풀：길쌈：적.
音：セキ
訓：

功績〔こうせき〕공적. 공로의 실적.
紡績〔ぼうせき〕방적. 실을 자음.
成績〔せいせき〕성적. 성과(成果).

〖籍〗 풀：서적 적. 문서 적.
音：セキ
訓：

籍〔せき〕① 문서. 기록. 책. ② 적. 호적. ～に入れる；호적에 올리다. 大学に～をおく；대학에 적을 두다.
国籍〔こくせき〕국적. 일정한 국가에 속해 있는 국민의 자격.
戸籍〔こせき〕호적.

【전】

〖田〗 풀：밭 전.
音：デン
訓：た

田〔た〕논.
田植え〔たうえ〕모내기. ～をする；모내기하다.
田吾作〔たごさく〕시골뜨기. 촌놈.
田子〔たご〕① 농사꾼. ② 모내기하는 여자.
田畑〔たはた：でんぱた〕논밭. 전답. 농토
田打ち〔たうち〕봄갈이. 춘경(春耕).

例 外

田圃〔たんぼ〕논.
田圃道〔たんぼみち〕논 길.
田舎〔いなか〕시골. ① 지방. ② 고향.
田舎っぺい〔いなかっぺい〕시골뜨기.
田舎びる〔いなかびる〕(自上1) 시골티가 나다.
田舎家〔いなかや〕시골 집.
田舎渡らい〔いなかわたらい〕① 시골에서 삶. ② 지방 순회. 지방 행상(行商).
田舎者〔いなかもの〕시골 사람. 촌사람.
田舎回り〔いなかまわり〕지방 순회.

音 読

田夫〔でんぷ〕촌부. 농민.
田楽〔でんがく〕농악에서 발달한 무용.
田翁〔でんおう〕늙은 농부.
田園〔でんえん〕전원. ① 논과 밭. ② 시골
田畑〔でんぱた：たはた〕논밭. 전답.
田地〔でんち〕논으로 이용되는 땅.

〖伝〗 풀：전할 전.
音：① テン(例外) ② デン
訓：① つたう ② つたえる ③ つたわる

❶ 伝う〔つたう〕(自5) (어떤 것을 매개로) 따라서 이동하다. 타고 이동하다. 屋根を伝って進む；지붕을 타고 가다.
伝い歩き〔つたいあるき〕(걸음마를 배우는 어린애가 벽 따위를)잡고 걸음

連濁音에 注意

線路伝い〔せんろづたい〕선로를 따라.
海岸伝い〔かいがんづたい〕해안을 따라.
❷ 伝える〔つたえる〕(他下1) ① 전하다. ② (사람을 통하여) 알리다. 전언(伝言)하다. ③ 전파하다. ④ 전수(伝授)하다. 물려주다.
伝え〔つたえ〕① 전갈. 전언(伝言). ② 전설.
伝え聞く〔つたえきく〕(他5) 전해 듣다. 소문으로 듣다.
伝え受ける〔つたえうける〕(他下1) 물려받다. 계승하다.
❸ 伝わる〔つたわる〕(自5) ① 전해지다. ② 전달되다. ③ 소문나다. 알려지다. ④ 전해 내려 오다. 전래되다.

例 外

伝〔つて〕① 연줄. 연고. ② 인편(人便).
伝手〔つて〕①연고. 연줄. ② 인편(人便).

音読 1

伝馬船〔てんません〕전마선. 짐을 나르는 조그만 배. 거룻배.

音読 2

伝記〔でんき〕전기. 개인의 역사를 적은기록.
伝達〔でんたつ〕전달. 전하여 이르게 함.
伝道〔でんどう〕전도. 종교를 전함.
伝導〔でんどう〕전도. 열이나 전기가 물체를 따라 전해지는 현상.
伝来〔でんらい〕전래. 전하여 내려옴.
伝聞〔でんぶん〕전문. 전하여 들음.
伝送〔でんそう〕전송. 전하여 보냄.
伝受〔でんしゅ〕전수. 전하여 받음.
伝授〔でんじゅ〕전수. 차례로 전하여 줌.
伝言〔でんごん〕전언. 말을 전함. 전하는 말.
伝染〔でんせん〕전염. 병독이 남에게 옮음.
伝統的〔でんとうてき〕전통적.
伝播〔でんぱ〕전파. 널리 전하여 퍼뜨림.

〖全〗 풀：온전 전
音：ゼン
訓：① まっとうする ② まったく ③ まったい ④ すべて

❶ 全うする〔まっとうする〕(他サ) 완수하다.
❷ 全く〔まったく〕(副) ① 아주. 전혀. 완전히. 죄다. ② 참으로. 정말로. ～のところ；정말로. 참으로. ～だ；정말 그렇다.
全き〔まったき〕완전한. 완벽한. 온전함.
❸ 全い〔まったい〕(形) 완전하다. ～思想

; 완전한 사상.
❹ 全て〔すべて〕 모두. 전부. 모조리. 전체.

音 読

全国〔ぜんこく〕 전국. 온 나라.
全能〔ぜんのう〕 전능. 절대의 능력.
全量〔ぜんりょう〕 전량. 전체의 분량.
全面的〔ぜんめんてき〕 전면적.
全部〔ぜんぶ〕 전부. 모두.
全身〔ぜんしん〕 전신. 온몸. 몸 전체.
全然〔ぜんぜん〕 전연. 도무지. 아주. 전혀.
全長〔ぜんちょう〕 전장. 전체의 길이.
全集〔ぜんしゅう〕 전집. 저작물을 한데 모은 책.
全体〔ぜんたい〕 전체. 온통. 전부.
全快〔ぜんかい〕 전쾌. 병이 완전히 나음.
全土〔ぜんど〕 전토. 국토(国土)의 전체.

〔典〕 풀 : 법 전.
音 : ① テン ② デン(例外)
訓 :

音 読 1

典拠〔てんきょ〕 전거. 옛 일의 근거.
典故〔てんこ〕 전고. 典拠가 되는 故事.
典令〔てんれい〕 전령. 법률이나 명령.
典例〔てんれい〕 전례. 典拠가 되는 先例.
典雅〔てんが〕 전아. 아담하고 아름다움.
典型的〔てんけいてき〕 전형적 본보기가 될 만함.

音 読 2

香典〔こうでん〕 향전. 죽은 사람의 영전에 향(香) 대신 바치는 돈이나 물품.

〔前〕 풀 : 앞 전.
音 : ゼン
訓 : まえ

前〔まえ〕 ① (공간적인) 앞. ②(시간적인) 앞. 이전. ③ 먼저.
前勘定〔まえかんじょう〕 대금 선불. 先給.
前景気〔まえげいき〕 어떤 일의 본격적인시작 전의 흥청거림.
前掛け〔まえかけ〕 앞치마.
前口〔まえくち〕 접수(신청) 순서가 빠름.
前口上〔まえこうじょう〕 본론으로 들어가기 전의 서론(서두).
前句〔まえく〕 짝을 맞춰 부르는 詩歌에서 먼저 부르는 글귀.
前屈み〔まえかがみ〕 몸을 앞으로 구부림.
前金〔まえきん〕 선금. 전도금.
前貸し〔まえがし〕 가불하여 줌.
前渡し〔まえわたし〕 ① 전도. 기일 전에 줌. ② 예약금. 계약금.
前桐〔まえぎり〕 장농 따위의 앞면만 오동나무로 만드는 방식.
前立て〔まえだて〕 투구 앞면에 꽂는 장식물.
前売〔まえうり〕 예매. ～券; 예매권.
前髪〔まえがみ〕 앞머리.
前髪盛り〔まえがみざかり〕 머리 땋은 시절.
前方〔まえかた〕 ① 일찌기. 이전. ② 미숙함.
前付け〔まえづけ〕 (책의 본문 앞에붙이는) 서문, 목차 따위.
前払い〔まえばらい〕 선불.
前相撲〔まえずもう〕 하급 씨름꾼.
前書き〔まえがき〕 머리말. 서론(序論).
前垂れ〔まえだれ〕 (인부들이나 상인들이두르는) 앞치마.
前厄〔まえやく〕 액년의 전(前)해(여자33세 남자42세)
前芸〔まえげい〕 (주된 공연에 앞서 잠깐 하는) 짧은 맛뵈기 공연.
前以って〔まえもって〕 (副) 앞서. 미리. 사전에
前前〔まえまえ〕 오래 전. 이전.
前足〔まえあし〕 (짐승의) 앞발.
前借り〔まえがり〕 가불.
前触れ〔まえぶれ〕 ① 예고(予告) ② 징조.
前祝い〔まえいわい〕 미리 축하함.
前歯〔まえば〕 ① 앞니. ② 나막신의 앞굽.
前置〔まえおき〕 머리말. 서문(序文). 서론.
前通り〔まえどおり〕 ① 전과 같음. ② (시가지의) 큰거리.
前下(が)り〔まえさがり〕 앞 부분이 뒤보다 처짐.
前向き〔まえむき〕 ① 정면으로 향함. ② 사고 방식이 적극적(발전적)임.
前後ろ〔まえうしろ〕 ① 앞과 뒤. 전후. ② 앞과 뒤가 거꾸로 되어 있음.

音 読

前記〔ぜんき〕 전기. 앞에 적힌 기록.
前途〔ぜんと〕 전도. 앞길. 장래.
前例〔ぜんれい〕 전례. 선례(先例).
前面〔ぜんめん〕 전면. 앞쪽.
前線〔ぜんせん〕 전선. ① 적과 대치해 있는 진지. ② 진행하는 気圧의 맨 앞.
前者〔ぜんしゃ〕 전자. 앞의 것.
前庭〔ぜんてい〕 전정. 앞뜰.
前提〔ぜんてい〕 전제. 먼저 내세우는 기본적인 것.
前進〔ぜんしん〕 전진. 앞으로 나아감.
前後〔ぜんご〕 전후. 앞뒤.

〔専〕 풀 : 오로지 전.
音 : セン
訓 : もっぱら

専ら〔もっぱら〕 (副) 한결같이. 오로지. ～飲む; 오로지 마시기만 한다. 権力を～; 권력을 독차지하다.

音 読

専攻〔せんこう〕 전공. 전문적으로 하는 연구.
専権〔せんけん〕 전권. 마음대로 권력을 휘두름.
専念〔せんねん〕 전념. 오로지 한 가지 일에만 마음을 씀.
専断〔せんだん〕 전단. 제 마음대로 일을 단행함.
専売〔せんばい〕 전매. 독점하여 판매함.
専務〔せんむ〕 전무. 専務理事.
専門〔せんもん〕 전문. 한 가지의 일에만 전심함.

専属〔せんぞく〕전속. 한 곳에만 딸림.
専修〔せんしゅう〕전수. 오직 한 가지 일만을 닦음. 法律を～; 법률을 전수하다.
専心〔せんしん〕전심. 몰두함.
専用〔せんよう〕전용. 혼자서만 씀.
専有〔せんゆう〕전유. 혼자서만 소유함.
専任〔せんにん〕전임. 오로지 한 일만 맡음.

〔**展**〕 풀 : 펼 전.
音 : **テン**
訓 :

展する〔てんする〕(自サ) ① 자세히 보다. ② 성묘(省墓)하다.
展開〔てんかい〕전개. ① 널리 보임. ②발전시켜 헤쳐 여는 것.
展観〔てんかん〕전관. 진열하여 많은 사람에게 보임.
展覧会〔てんらんかい〕전람회.
展望台〔てんぼうだい〕전망대. 바라보는곳.
展示〔てんじ〕전시. 여러가지 물건을 모아 진열해 놓고 보이는 것.

〔**畑**〕 풀 : 밭 전(日本漢字).
音 :
訓 : ① **はた** ② **はたけ**

畑❶〔はた〕밭.
❷〔はたけ〕① 밭. ② 전문 분야. 영역.
畑作〔はたさく〕밭농사.
畑地〔はたち〕밭이 돼 있는 땅.
田畑〔たはた〕논밭.
畑水練〔はたけすいれん〕실제로 소용 닿지 않는 훈련이나 의론.
畑違い〔はたけちがい〕전문 분야가 다름.

〔**転**〕 풀 : 구를 전.
音 : **テン**
訓 : ① **ころがす** ② **ころがる** ③ **ころげる** ④ **ころばす** ⑤ **ころぶ**

❶ **転がす**〔ころがす〕(他5) ① 굴리다. 球を～; 공을 굴리다. ② 쓰러뜨리다. 넘어뜨리다. 자빠뜨리다.
❷ **転がる**〔ころがる〕(自5) ① 구르다. ボールが～; 공이 구르다. ② 쓰러지다. 넘어지다. 자빠지다. ③ 가로 눕다. ④ 뒹굴다. 방치돼 있다.
転がり込む〔ころがりこむ〕(自5) ① 굴러 들어 오다(가다). ② (생활이 곤란하여) 남의 집에 들어가서 신세를 지다(폐를 끼치다).
転がり出る〔ころがりでる〕(自下1) 굴러 나오다.
❸ **転げる**〔ころげる〕(自下1) ⇨転がる.
転げ込む〔ころげこむ〕(自5) ⇨ 転がり込む.
❹ **転ばす**〔ころばす〕(他5) ①넘어뜨리다. 쓰러뜨리다. ② 굴리다.
❺ **転ぶ**〔ころぶ〕(自5) ① 넘어지다. 쓰러지다. 자빠지다. ② 구르다. ③ 전향 (転向)하다. ④ 기생 등이 손님에게 몸을 팔다.
転び〔ころび〕① 넘어짐. 쓰러짐. ② 전향(転向)함. 개종(改宗)함. ③ 기생등이 손님에게 몸을 맡김.
転び寝〔ころびね〕① 옷 입은 채 쓰러져잠 ② 얕은 잠. 수잠. ③ 야합(野合). 사통(私通).

音　読

転じる〔てんじる〕(自他サ) ① 바뀌다. 바꾸다. ② 변하다. ③ 돌리다. 돌다. ④ 이전하다. 옮기다. ⑤ 구르다. 굴리다.
転嫁〔てんか〕전가. ① 다른 데로 다시 시집감. ② 잘못을 남에게 덮어씌움.
転居〔てんきょ〕전거. 살던 곳을 옮김.
転勤〔てんきん〕전근. 근무처를 옮김.
転機〔てんき〕전기. 전환 되는 시기.
転貸〔てんたい〕전대. 빌려 온 것을 다시 남에게 빌려 줌.
転覆〔てんぷく〕전복. 뒤집어 엎어짐.
転写〔てんしゃ〕전사. 옮기어 베끼어 씀.
転業〔てんぎょう〕전업. 직업을 바꿈.
転任〔てんにん〕전임. 다른 일로 옮겨 바꿈.
転入〔てんにゅう〕전입. 옮겨 옴.
転載〔てんさい〕전재. 이미 발표된 글을 다시 옮겨 실음.
転転〔てんてん〕전전. 옮겨 다님.
転地〔てんち〕전지. 있는 곳을 바꿔 옮김.
転借〔てんしゃく〕전차. 빌려 온 것을 다시 남에게 빌려 줌.
転出〔てんしゅつ〕전출. 다른 곳으로 옮겨감.
転学〔てんがく〕전학. 딴 학교로 옮김.
転向〔てんこう〕전향. 자기의 사상을 바꿈.
転換〔てんかん〕전환. 바뀌거나 바꿈.

〔**戦**〕 풀 : 싸울 전.
音 : **セン**
訓 : ① **いくさ** ② **たたかう** ③ **おののく** ④ **そよぐ**

❶ **戦**〔いくさ〕싸움. 전쟁. ～に勝つ; 전쟁에 이기다.
負け戦〔まけいくさ〕지는 싸움. 패전.
勝ち戦〔かちいくさ〕이긴 싸움. 승전.
❷ **戦う**〔たたかう〕(他5) 싸우다. 전쟁하다. 다투다. 투쟁하다.
戦い〔たたかい〕싸움. 전쟁. 투쟁.
❸ **戦く**〔おののく〕(自5) 부들부들 떨다.
❹ **戦ぐ**〔そよぐ〕(自5) 살랑거리다. 가볍게 흔들리다. 風に～; 바람에 흔들거리다.

音　読

戦功〔せんこう〕전공. 싸움에 이겨서 세운 공로.
戦旗〔せんき〕전기. 전쟁에 쓰는 기(旗).
戦端〔せんたん〕전단. 전쟁의 단서.
戦乱〔せんらん〕전란. 전쟁으로 인한 난리.
戦略〔せんりゃく〕전략. 싸움의 책략.
戦没〔せんぼつ〕전몰. 전쟁에서 죽음.
戦死〔せんし〕전사. 전쟁에서 죽음.
戦線〔せんせん〕전선. 전쟁의 최전선.
戦術〔せんじゅつ〕전술. 싸우는 방법.
戦勝国〔せんしょうこく〕전승국.

戦役〔せんえき〕전쟁.
戦意〔せんい〕전의. 싸우려는 기세.
戦場〔せんじょう〕전장. 전쟁터.
戦災〔せんさい〕전재. 전쟁으로 입은 피해.
戦争〔せんそう〕전쟁. 국가간에 싸우는 일.
戦車〔せんしゃ〕전차. 탱크.
戦闘〔せんとう〕전투. 규모가 작은 전쟁.
戦禍〔せんか〕전화. 전쟁으로 인하여 일어나는 피해.

〔電〕 풀：번개 전.
音：デン
訓：

電撃〔でんげき〕전격. 매우 갑자기 공격함.
電球〔でんきゅう〕전구. 전등.
電極〔でんきょく〕전극. 전지의 극.
電気〔でんき〕전기.
電力〔でんりょく〕전력. 전기력(電気力).
電流〔でんりゅう〕전류. 전기의 흐름.
電報〔でんぽう〕전보. 전신기에 의한 통신.
電源〔でんげん〕전원. 전류를 얻는 근원.
電子〔でんし〕전자.
電磁気〔でんじき〕전자기. 전류에서 생기는 자기(磁気).
電柱〔でんちゅう〕전주. 전신주. 전봇대.
電池〔でんち〕전지.
電車〔でんしゃ〕전차.
電鉄〔でんてつ〕전철. 전기 철도.
電蓄〔でんちく〕전축. 전기 축음기.
電波〔でんぱ〕전파. 전자파(電磁波).
電解〔でんかい〕전해. 전기 분해.
電話〔でんわ〕전화.

〔殿〕 풀：대궐 전.
音：① テン(例外) ② デン
訓：との

殿〔との〕①(여자가 남자를 일컬어서) 남자분. ② 귀인에 대한 높임말.
殿方〔とのがた〕남자분.
殿方用〔とのがたよう〕남자용. 신사용.
殿様〔とのさま〕① 영주(領主)님. ② 유복하고 세상 물정에 어두운 사람.
殿様暮らし〔とのさまぐらし〕영주(領主)처럼 호화로운 생활.
殿御〔とのご〕(애정 관계가 있는 남성에 대한 높임말) 그 분. 그이. 그 양반.
殿原〔とのばら〕많은 남자 양반들.

連濁音에 注意

～殿〔～どの〕(이름이나 신분에 붙여서) …님. …씨.
泉殿〔いずみどの〕① 室町시대에, 뜰에 면한 작은 건축물. ② 平安시대에, 샘 곁에 세운 저택.
湯殿〔ゆどの〕목욕탕. 욕실.

音読 1

殿上〔てんじょう〕전상. 궁중의 정전(正殿)내.
殿上人〔てんじょうびと〕4품, 5품 이상과 6품의 蔵人(くろうと)로서 正殿에 오름이 허락된 당상관.
御殿〔ごてん〕① 대궐. ② 호화스러운 저택. ③ 귀인의 저택.

音読 2

殿堂〔でんどう〕전당. ① 굉장한 건물. ② 공공(公共)의 건물. ③ 神仏을 모신 집.
殿中〔でんちゅう〕① 江戸시대의 将軍의 거처. ② 江戸시대 말기의 남자용 삿갓.
殿下〔でんか〕전하. ① 폐하(陛下)라고 불리는 이외의 황족에 대한 존칭. ② 궁전의 층계 앞.
宮殿〔きゅうでん〕① 궁전. 대궐. ② 神仏을 모신 사당.
神殿〔しんでん〕신전. 神社의 本殿.

〔銭〕 풀：돈 전.
音：セン
訓：ぜに

銭〔ぜに〕① 엽전. ② 돈.
銭こ〔ぜにこ〕(俗語) 돈.
銭金〔ぜにかね〕돈. 금전(힘줌말).
銭入れ〔ぜにいれ〕동전 지갑.
銭占〔ぜにうら〕돈을 던져 치는 점.
銭差し〔ぜにさし〕엽전을 꿰는 가는 돈끈.
銭形〔ぜにがた〕엽전 모양.
小銭〔こぜに〕잔돈. 적은 밑천.

音 読

銭湯〔せんとう〕공중 목욕탕.
五銭玉〔ごせんだま〕5 전짜리 금속 화폐.
金銭〔きんせん〕금전. 금으로 된 주화.
銅銭〔どうせん〕동전. 구리로 된 주화.

【절】

〔切〕 풀：끊을 절.
音：① サイ(例外) ② セツ ③ セッ
訓：① きる ② きれる

❶ 切る〔きる〕(他 5) ① 베다. ② 자르다. 절단하다. ③ 끊다. ④ (스윗치를) 끄다. ⑤ 헤치고 나아가다. ⑥ 교차하다. ⑦ (카아드를) 뒤섞다. ⑧ (수분을) 빼다. ⑨ (정구, 탁구에서) 깎아치다. ⑩ (핸들을) 꺾다. ⑪ 검표하다. ⑫ (카아드놀이에서) 으뜸패를 내놓다. ⑬ (動詞連用形에 接続하여) …을 끝내다. 다…하다. 완전히…하다. …하는 것을 그만 두다.
切り〔きり〕① 끝맺음. 일단락. ② 제한. 한정. 한도. ③ 연극 따위의 끝 부분.
切り苛む〔きりさいなむ〕(他 5) 토막치듯 처참하게 죽이다.
切り刻む〔きりきざむ〕(他 5) 잘게 자르다.
切(り)干(し)〔きりぼし〕무우나 고구마 등을 썰어 말린 것.
切り開く〔きりひらく〕(他 5) ① 개간하다. ② 개척하다. ③ 길을 내다(만들다). ④ (포위망을) 뚫고 나아갈 길을 열다.
切り結ぶ〔きりむすぶ〕(自 5) 칼날을 맞부

뒤치며 맹렬히 싸우다.

切(り)継ぎ〔きりつぎ〕① 잘라서 이어 맞춤. ② 접목(接木).

切り掛かる〔きりかかる〕(他5) ① (칼로 치려고 달려들다. ② 치려고 하다.

切り掛け〔きりかけ〕① 베기 시작한 것. ② 낮으막하며 공기가 통하도록 된 간막이.

切り掛ける〔きりかける〕(他下1) ① (칼로) 내려 치려하다. ② 칼로 들이치다. ③ 벤 것을 딴 물건에 걸어 놓다. ④ 목을 옥문에 걸어 놓다.

切(り)口〔きりくち〕① 벤 자리. ② 베인 상처. ③ 베는 솜씨. ④ 자르라고 표시한 곳.

切(り)口上〔きりこうじょう〕깍듯이 격식을 차린 말투.

切り捲くる〔きりまくる〕(他5) ①(적을) 마구 베다. ② 호되게 논박(論駁)하여 상대를 누르다.

切(り)能〔きりのう〕그날 마지막으로 상연하는 能.

切り倒す〔きりたおす〕(他5) 베어 쓰러뜨리다.

切り落とす〔きりおとす〕(他5) 끊어 놓다. 잘라 놓다.

切り裂く〔きりさく〕(他5) (물고기 따위의 배를) 베어 양쪽으로 가르다. 째다.

切り離す〔きりはなす〕(他5) ⇨切り放す

切(り)離れ〔きりはなれ〕① 잘려서 따로따로 됨. ② 단념. ③ 돈 쓰는 솜씨.

切り立つ〔きりたつ〕(自5) (날카롭게) 깎은 듯이 솟아 있다. 우뚝 솟아 있다.

切り売り〔きりうり〕조금씩 잘라 팖.

切り目〔きりめ〕① 벤 자리. 칼자국. ② (사물의) 매듭. 단락.

切り箔〔きりはく〕잘게 썬 금박, 은박.

切り返し〔きりかえし〕① 되받아 치는 일. ② (검토에서) 바른 자세로 진퇴 하면서 행하는 치기 연습.

切り返す〔きりかえす〕(他5) ① 되받아 치다. ② 되받아 공격하다. ③ (흙덩어리를) 잘라 뒤엎다.

切(り)抜(き)〔きりぬき〕오려 냄. 오려 낸 것.

切り抜く〔きりぬく〕(他5) 오려 내다. 잘라 내다. 베어 내다.

切り抜ける〔きりぬける〕(自下1) ①(곤경을) 벗어나다. ② 탈출하다.

切(り)抜(き)帳〔きりぬきちょう〕필요한 기사를 오려 내어 붙이는 책. 스크랩 북.

切(り)抜(き)絵〔きりぬきえ〕오려 내게 만든 그림.

切(り)髪〔きりかみ〕자른 머리털.

切り方〔きりかた〕(칼로) 치는(베는) 방법.

切り放す〔きりはなす〕(他5) ① 분리하다. 떼다. ② (고삐를 풀어) 놓아 주다.

切り伏せる〔きりふせる〕(他下1) ①(상대방을) 베어 쓰러뜨리다. ② (적국을)정복하다.

切り付ける〔きりつける〕(他下1) ① 칼로 치다. 칼로 베어서 상처를 내다. ② 새기다.

切り払う〔きりはらう〕(他5) ① (방해물을) 베어(잘라) 버리다. ② 칼을 휘둘러 쫓아버리다.

切り崩す〔きりくずす〕(他5) ① 깎아내리다. 무너뜨리다. ② 무찌르다.

切り死に〔きりじに〕칼맞아 죽음.

切(り)捨て〔きりすて〕① (계산에서) 끝수를 잘라 버림. ② 잘라서 버림.

切り捨てる〔きりすてる〕(他下1) ① (계산에서) 끝수를 잘라버리다. ② 잘라서 버리다. ③ 사람을 칼로 벤 뒤 목을 자르지 않고 그대로 버려 두다.

切り殺す〔きりころす〕(他5) 칼로 쳐 죽이다.

切り上げる〔きりあげる〕(他下1) ① 일단락 짓다. 일단 끝을 맺다. ② (계산에서) 끝올림하다.

切(り)傷〔きりきず〕칼자국. 베인 상처.

切(り)石〔きりいし〕① 다듬어 놓은 돌. ② 깨어져서 모가 난 돌.

切(り)盛り〔きりもり〕① 음식물을 알맞게 자름. 또는 알맞게 그릇에 담음. ②(수입 범위 내에서) 규모있게 처리함.

切り細裂く〔きりこまざく〕(他5) 잘게 썰다. 잘게 찢다.

切(り)屑〔きりくず〕잘라 낸 부스러기.

切(り)水〔きりみず〕꽃가지를 잘라 그 자른 데를 바로 물에 담금.

切(り)首〔きりくび〕① 목을 자름. ② 자른 목.

切(り)身〔きりみ〕생선 토막. 살 조각.

切(り)岸〔きりぎし〕벼랑. 절벽.

切(り)羽〔きりは〕(광석, 석탄의) 채굴 현장.

切り賃〔きりちん〕물건을 재단하는 삯.

切り込み〔きりこみ〕① 쳐들어감. ② 칼로 내리침. ③ (깊숙히 절단한) 홈. ④ 생선 절임. ⑤ 흙과 모래를 적당히 섞은 것.

切り込み炭〔きりこみたん〕캐낸 그대로의 석탄 덩어리.

切り込む〔きりこむ〕(他5) ① 깊이 베다. ② 깊숙히 쳐들어가다. ③ 추궁하다. ④ 절단해서 끼우다.

切り子〔きりこ〕네모난 것의 모를 잘라낸 형상의 물건.

切り子燈籠〔きりこどうろう〕네귀퉁이에 조화를 달고, 종이 따위를 가늘게 잘라 장식을 늘어뜨린 등롱.

切(り)張(り)〔きりばり〕종이를 도려내고 새 종이를 바름.

切(り)畑〔きりはた〕산허리를 개간한 밭.

切(り)株〔きりかぶ〕그루터기.

切(り)紙〔きりかみ〕접은 종이를 잘라내면 물건의 형태를 나타내도록 한 종이.

切(り)札〔きりふだ〕① (카아드 놀이에서) 으뜸패. ② 최후의 방법(수단). 결정적인 수. 비방(秘方).

切(り)窓〔きりまど〕벽이나 판자를 뚫어만

든 창문.
切(り)妻屋根〔きりづまやね〕へ의 형태로 된 지붕. 뱃집지붕.
切り替える〔きりかえる〕(他下1) ① 새로 바꾸다. ② 돈을 바꾸다.
切り替え畑〔きりかえばた〕① 묵혔다가 경작하는 밭. ② 田作과 造林을 교대로 하는 밭.
切り替わる〔きりかわる〕(自5) 바뀌다. 교체되다. 다른 것으로 되다.
切(り)出し〔きりだし〕① 베어 냄. ② 베어 낸 것. ③ (말을) 꺼냄. ④ 끝이 뾰족한 창칼.
切り出す〔きりだす〕(他5) ① 잘라 내어 반출하다. ② 말을 꺼내다. 이야기를 끄집어 내다.
切(り)取り〔きりとり〕① 잘라냄. ② 사람을 쳐 죽이고 물품을 빼앗음.
切り取る〔きりとる〕(他5) ① 잘라 내다. 오려 내다. ② 쳐들어가 적지를 빼앗다.
切(り)炭〔きりずみ〕사용하기 좋도록 적당한 길이로 자른 숯.
切(り)通し〔きりどおし〕(산이나 언덕을) 절단해서 낸 길(수로).
切り下げる〔きりさげる〕(他下1) ① 잘라서 늘어뜨리다. ② 引下하다. ③ 내리치다.
切り下ろす〔きりおろす〕(他5) (칼로) 내리치다.
切(り)割り〔きりわり〕① 잘라서 두 쪽으로 나눔. ② 산이나 언덕을 허물어서 길을 만듦.
切り合う〔きりあう〕(他5) ① 칼부림하면서 싸우다. ② 물건과 물건이 十자모양으로 교차되다.
切(り)戸〔きりど〕높이가 낮은 문. 쪽문.
切(り)火〔きりび〕물체를 마찰시켜서 내는 불.
切(り)花〔きりばな〕(꽃꽂이용) 자른 꽃가지.
切り換える〔きりかえる〕(他下1) ⇨ 切り替える.
切り回す〔きりまわす〕(他5) ① 닥치는대로 마구 후려치다. ② 재치있게 처리하다. 척척 해내다. ③ 마음대로 처리하다.
切り詰めろ〔きりつめる〕(他下1) ① 일부를 잘라 내어 작게 하다. ② 절약하다. 줄이다.

連濁音에 注意

裏切る〔うらぎる〕(他5) ① 배반하다. ② (기대에) 어긋나다.
値切る〔ねぎる〕(他5) 값을 깎다.
横切る〔よこぎる〕(他5) 횡단하다. 가로지르다.
❷ **切れる**〔きれる〕(自下1) ① 끊어지다. ② 잘라지다. ③ 무너지다. ④ 다 되다. 떨어지다. ⑤ 해지다. ⑥ 마감되다. ⑦ 미달하다. ⑧ 빗나가다. ⑨ 예리하다. ⑩ 베어지다. 상하다. ⑪ (지폐따위가) 빳빳하다. ⑫ しびれが〜; (손발이 저리다).
切れ〔きれ〕① 조각. 토막. ② 옷감. 헝겊 ③ (칼날의) 예리함. ④ (요금, 중량의) 부족한 부분.
切れ間〔きれま〕끊어진 사이.
切れ口〔きれくち〕잘린 곳. 단면(断面).
切れ端〔きれはし〕자투리. 토막.
切れっ端〔きれっぱし〕자투리. 토막.
切れ離れ〔きれはなれ〕체념. 단념. 끊음.
切れ目〔きれめ〕① 잘린 곳. 끊어진 자국. ② 짬. 틈. 막간. ③ 다할 때 끊어질 때. 金の〜が縁の〜; 돈 떨어지자 친구 떨어진다. ④ 단락(段落). 일단락.
切れ物〔きれもの〕(잘 드는) 날붙이.
切れ味〔きれあじ〕① 칼의 잘 듦. ② 사람의 솜씨. 재능의 날카로움.
切れ上がる〔きれあがる〕(自5) 위 쪽까지 째지다. 小肌(こまた)の切れ上がった女; 몸이 날씬하고 멋진 여자.
切れ込み〔きれこみ〕푹 들어간 자국. 쭉 째어진 형. 톱니형.
切れ込む〔きれこむ〕(自5) 쭉 째지다. 깊이 베이다.
切れ者〔きれもの〕① 능력이 뛰어난 사람. ② 신임이 두터운 세력가.
切れ長〔きれなが〕〜の目; 눈초리가 째진 듯한 눈.
切れ切れ〔きれぎれ〕조각조각. 토막토막. 단편적. 동강낸 것.
切(れ)地〔きれじ〕① 옷감. ② 옷감의 자투리.
切(れ)痔〔きれじ〕肛門裂傷.

例　外

切っての〔きっての〕…에서 으뜸가는.
切っ立つ〔きったつ〕(自5) 깎아 지른 듯이 우뚝 서다.
切符〔きっぷ〕표. 티켓.
切っ先〔きっさき〕칼끝. 뾰족하게 깎은 끝.
切手〔きって〕① 우표. ② 수표. 어음. ③ 상품권(商品券).

音 読 1

一切〔いっさい〕① 일체. 모두. 전부. ② 전혀. 전연. 일절.

音 読 2

切〔せつ〕① 간절함. 절실함. ② 절박함.
切に〔せつに〕(副) ① 간절히. 절실히. ② 매우 열심히. ③ 거듭. 되풀이하여.
切ない〔せつない〕안타깝다. 애달프다.
切なる〔せつなる〕간절한.
切断〔せつだん〕절단. 자름.
切望〔せつぼう〕간절히 바람.
切腹〔せっぷく〕배를 갈라 죽음. 할복자살(割腹自殺).
切実〔せつじつ〕절실. ① 간절함. ② 실제에 적절함. ③ 긴요함.
切要〔せつよう〕매우 긴요함.
切切と〔せつせつと〕① 간절히. ② 애절하게.
切除〔せつじょ〕절제. 잘라 냄.

切開〔せっかい〕절개. 째서 벌림.
切迫〔せっぱく〕절박. 여유가 없어짐.
切羽詰まる〔せっぱつまる〕(自5) 다급해지다. 매우 절박하게 되다. 앞뒤가 꽉 막히다.
切歯〔せっし〕①이를 악묾. 분하여 이를 갊. ②매우 분해 함.

〔折〕 풀 : 꺾을 절.
音 : ①セツ ②セッ
訓 : ①おる ②おれる

❶折る〔おる〕(他5) ①접다. ②굽히다. ③부러뜨리다. 꺾다. 骨を～ : 애쓰다.
折(り)〔おり〕①꺾음. ②나무 상자. ③도시락 ④때. 시기. 기회. ⑤(물건이 담긴 나무 도시락을 세는 말로서) 상자.
折から〔おりから〕①때마침. ②…때이므로.
折りしも〔おりしも〕때마침. 그 때.
折り曲げる〔おりまげる〕(他下1) 구부리다.
折(り)菓子〔おりがし〕얇은 나무 상자에 담은 과자.
折(り)襟〔おりえり〕밖으로 꺾어 넘기도록 만든 옷깃.
折り目〔おりめ〕①접은 금. 洋服の～ : 양복 주름. ②절도(節度). ～正しい : 예의 바르다.
折り返し〔おりかえし〕①되접어 꺾은 곳. ②반화 지점. ③詩歌의 후렴. ④(부사적으로) 받은 즉시 곧(회답하는 모양). 되접어.
折り返す〔おりかえす〕(他5) ①되접어꺾다. ②되풀이하다. (自5) 반환점에서 되돌아오다.
折(り)本〔おりほん〕접는 책.
折(り)敷(き)〔おりしき〕오른쪽 무릎을 꿇고 왼쪽 무릎을 세워서 앉은 자세.
折り敷く〔おりしく〕(自5) 오른쪽 무릎은 꿇고 왼쪽 무릎을 세운 자세로 앉다.
折(り)山〔おりやま〕옷감이나 종이를 접어서 겉에 생긴 자국(금).
折(り)箱〔おりばこ〕도시락. 나무 상자.
折(り)手本〔おりてほん〕접도록 만들어진 글씨본이나 그림책.
折悪しく〔おりあしく〕공교롭게.
折(り)入って〔おりいって〕긴히. 특별히.
折(り)込(み)〔おりこみ〕(잡지나 신문 따위에) 부록이나 광고를 접어서 끼워 넣는 것.
折り込む〔おりこむ〕(他5) ①안으로 집어넣다. ②다른 물건을 안에 넣고 접다.
折折〔おりおり〕①그때그때. ②때때로. 이따금. ～見かける : 때때로 눈에 띄다.
折節〔おりふし〕①그때그때 ②계절. ③마침. 바로 그 때. 때마침. ④간혹. 때때로.
折助〔おりすけ〕무사(武士)의 하인.
折り重なる〔おりかさなる〕(自5) 차례로 겹쳐지다. 포개어지다.
折り重ねる〔おりかさねる〕(他下1) 접어서 쌓다. 접어서 포개다.
折(り)紙〔おりがみ〕①둘로 접은 종이. ②감정서(鑑定書). ③보증. ～をつける : 보증하다. ④종이접기 놀이.
折(り)紙付〔おりがみつき〕족히 보증할 수 있다는 세상의 평판.
折(り)尺〔おりじゃく〕접자.
折り畳む〔おりたたむ〕(他5) 접다. 개다.
折(り)鞄〔おりかばん〕(서류 따위를 넣는) 둘로 접게 된 가방.
折(り)鶴〔おりづる〕종이로 접은 학.
折り合い〔おりあい〕①타협(妥協). ②인간 관계. 사이. 夫婦の～ : 부부의 사이.
折り合う〔おりあう〕(自5) ①타협하다 (되다). ②서로 잘 지내다. 화합하다.
折(り)戸〔おりど〕경첩으로 접게 만든 문.
折(り)詰(め)〔おりづめ〕나무 상자(도시락)에 담은 음식.
❷折れる〔おれる〕(自下1) ①접히다. ②부러지다. ③꺾어가다. 돌아가다. ④꺾이다. 굽히다. 타협하다.
折れ曲がる〔おれまがる〕(自5) 구부러지다. 꺾여지다.
折れ口〔おれくち〕①꺾인 곳. 접힌 곳. ②상(喪). 초상. ～が出た : 초상이 났다.
折れ目〔おれめ〕접힌 곳. 꺾어진 곳.
折れ返る〔おれかえる〕(自5) ①완전히 구부러지다. ②(소매 따위가) 젖혀지다.
折れ線グラフ〔おれせんgraph〕꺾은선 그림표. 꺾은선 그래프.
折れ込む〔おれこむ〕(自5) 접히어(꺾이어) 속으로 들어가다.
折れ釘〔おれくぎ〕①굽은 못. ②대가리를 구부린 못.
折れ合う〔おれあう〕(自5) ⇨折り合う.

音 読 1

曲折〔きょくせつ〕곡절. ①구부러져 꺾임. ②복잡한 사정.
屈折〔くっせつ〕굴절. 꺾임.

音 読 2

折角〔せっかく〕①모처럼. 일부러. ②애써. 잘.
折半〔せっぱん〕절반. 반으로 나눔.
折中 : 折衷〔せっちゅう〕절충. 서로 다른 것을 적절하게 조화시킴.

〔窃〕 풀 : 훔칠 절.
音 : ①セツ ②セッ
訓 : ひそか

窃か〔ひそか〕(形動) 남몰래 살며시 함. 살그머니 함. 은근히 함.

音 読 1

窃用〔せつよう〕도용(盗用).
剽窃〔ひょうせつ〕표절. 남의 문장이나 어구를 훔쳐서 씀.

音 読 2

窃盗〔せっとう〕절도. 남의 물건을 몰래 훔치는 일.
窃取〔せっしゅ〕절취. 남의 것을 몰래 훔치어 가짐.

〔絶〕 풀：끊을 절.
音：①ゼツ ②ゼッ
訓：①たえず ②たえる ③たつ ④たやす

❶絶えず〔たえず〕(副) 끊임없이. 늘.
❷絶える〔たえる〕(自下1) ①끊어지다. ②다 되다. 끝나다. (물자가) 떨어지다. ③(계속된 것이) 끊기다. 없어지다.
絶えざる〔たえざる〕끊임없는. 부단한.
絶えて〔たえて〕①전혀. 조금도. ②오랫동안. 그 후 내내.
絶え間〔たえま〕끊어진 사이. 짬. 틈새. ～ない：끊임없다.
絶え果てる〔たえはてる〕(自下1) ①아주 끊어지다. 아주 없어지다. ②숨이 아주 끊어지다. 죽다.
絶え入る〔たえいる〕(自5) 숨이 끊어지다. 숨이 넘어가다. 죽다.
絶え絶え〔たえだえ〕(形動) ①(숨이) 막 끊어질 듯함. ②띄엄띄엄.
❸絶つ〔たつ〕(他5) ①끊다. ②없애다. 뿌리 뽑다.
❹絶やす〔たやす〕(他5) ①끊어지게 하다. 없애다. ②없어지고 아직 보충하지 않다.

音 読 1

絶大〔ぜつだい〕절대. 아주 큼.
絶倫〔ぜつりん〕절륜. 뛰어나게 우수함.
絶望〔ぜつぼう〕절망. 희망이 끊어짐.
絶滅〔ぜつめつ〕절멸. 전멸(全滅).
絶命〔ぜつめい〕절명. 생명이 끊어짐.
絶妙〔ぜつみょう〕절묘. 아주 오묘함.
絶無〔ぜつむ〕전혀 없음.
絶縁体〔ぜつえんたい〕절연체. 전기가 통하지 않는 물체.

音 読 2

絶する〔ぜっする〕(自サ) ①끊기다. 없어지다. ②뛰어나다. (他サ) 끊다. …할 수 없다.
絶佳〔ぜっか〕(形動) 경기가 썩 아름다움.
絶景〔ぜっけい〕절경. 아름다운 경치.
絶交〔ぜっこう〕절교. 교제를 끊음.
絶叫〔ぜっきょう〕절규. 크게 소리침.
絶対〔ぜったい〕절대. 상대될 만한 것이 없는 것.
絶壁〔ぜっぺき〕절벽. 벼랑.
絶勝〔ぜっしょう〕절승. 뛰어난 경치.
絶食〔ぜっしょく〕절식. 식사를 안함.
絶頂〔ぜっちょう〕절정. 맨 꼭대기.
絶賛〔ぜっさん〕절찬. 극찬함.
絶体絶命〔ぜったいぜつめい〕절망적임.
絶好〔ぜっこう〕절호. 아주 좋은 것.

〔節〕 풀：마디 절.
音：①セチ ②セツ ③セッ
訓：ふし

節〔ふし〕①마디. ②매듭. ③(눈에 띄는) 곳. 점. ④음악의 선율. 가락. 멜로디.
〔せつ〕①계절. ②때. ③절개. ④작은 구분. 세분.
節目〔ふしめ〕①재목의 옹이나 마디가 있는 부분. ②고비.
節付け〔ふしづけ〕가락을 붙임.
節節〔ふしぶし〕①마디마디. ②군데군데. 여러 가지 점.
節織り〔ふしおり〕쌍고치실로 짠 견직물.
節穴〔ふしあな〕①(널빤지 따위의) 옹이 구멍. ②통찰력이 없는 눈.
節回し〔ふしまわし〕곡조. 억양. 가락.

音 読 1

お節〔おせち〕명절에 쓰이는 요리.
節会〔せちえ〕옛날 조정(朝廷)에서 명절에 행한 연회.

音 読 2

節〔せつ〕①절. 세분. ②때. ③계절. ④절개. ⑤음곡. ⑥마디.
節減〔せつげん〕절감. 절약하여 줄임.
節度〔せつど〕절도. ①알맞는 정도. ②명령. 지휘. ③가락. 박자.
節分〔せつぶん〕①기후가 변하는 때. ②입춘 전날.
節約〔せつやく〕절약. 비용을 줄임.
節用〔せつよう〕절용. 절약하여 씀.

音 読 3

節する〔せっする〕(他サ) 절제(제한)하다.
節介〔せっかい〕쓸 데 없는 참견.
節倹〔せっけん〕절검. 절약하고 검소함.
節季〔せっき〕계절의 끝.
節句〔せっく〕다섯 명절(의 하나).
節制〔せっせい〕절제. 알맞게 한정함.
節操〔せっそう〕절조. 정의를 지키며 마음이 변하지 않음.

【점】

〔占〕 풀：점칠 점. 점령할 점.
音：セン
訓：①うらなう ②しめる

❶占う〔うらなう〕(他5) 점치다.
占い〔うらない〕점. 점쟁이.
❷占める〔しめる〕(他下1) ①차지하다. 자리잡다. ②얻다. ③…에 들다. 上位に～：상위에 들다.
占め子の兎〔しめこのうさぎ〕일이 마음먹은 대로 잘 이루어짐.

音 読

占拠〔せんきょ〕점거. 일정한 곳을 차지하여 자리잡음.
占領〔せんりょう〕점령. 일정한 지역을 차지하여 지배하는 일.
占星術〔せんせいじゅつ〕점성술.
占守〔せんしゅ〕땅을 점령하여 지킴.
占術〔せんじゅつ〕점술. 점치는 일.
占用〔せんよう〕점용. 차지하여 씀.
占有〔せんゆう〕점유. 자기 소유로 함.

〔店〕 풀：가게 점.
音：テン
訓：みせ

店〔みせ〕가게. 점포.
店開き〔みせびらき〕개업. 가게를 염.
店口〔みせぐち〕가게 전면의 나비.
店構〔みせがまえ〕점포의 규모(구조).
店台〔みせだい〕상점의 판매대.
店番〔みせばん〕가게를 지킴. 가게 보는 사람.
店仕舞い〔みせじまい〕①가게를 닫음. ②폐업함. 폐점함.
店先〔みせさき〕가게 앞.
店懸(か)り〔みせがかり〕점포의 구조.

音　読

店頭〔てんとう〕점두. 가게의 앞쪽.
店屋〔てんや〕①상점. ②음식점.
店員〔てんいん〕점원.
店主〔てんしゅ〕점주. 가게주인.
店舗〔てんぽ〕점포. 가게. 상점.

〔点〕 풀：점찍을 점.
音：テン
訓：①ともす ②ともる

❶ **点す**〔ともす〕(他５)(불을)켜다. 火を～；불을 켜다. ろうそくを～；촛불을 켜다.
❷ **点る**〔ともる〕(自５)(불이)켜지다. 점화되다. 電燈が～；전깃불이 켜지다.

音　読

点〔てん〕점.
点じる〔てんじる〕(他サ)①점을 찍다. 표시를 하다. ②불을 켜다. ③차를 달이다. ④(한 방울씩) 떨어뜨리다.
点検〔てんけん〕점검. 낱낱이 검사함.
点燈〔てんとう〕점등. 등에 불을 켬.
点滅〔てんめつ〕점멸. 켜졌다 꺼졌다 함.
点線〔てんせん〕점선. 점을 줄지어 찍어서 이루어진 선.
点数〔てんすう〕점수. 득점의 수.
点字〔てんじ〕점자. 소경이 손으로 더듬어 알 수 있게 만든 글자의 부호.
点点〔てんてん〕점점. 여기저기 하나씩 흩어져 있는 상태.
点呼〔てんこ〕점호. 일일이 이름을 불러 인원을 조사함.
点火〔てんか〕점화. 불을 켬. 불을 붙임.

〔粘〕 풀：끈끈할 점.
音：ネン
訓：ねばる

粘る〔ねばる〕(自５)①(물건이)잘 달라붙다. ②끈덕지게 버티다.
粘り〔ねばり〕끈기. 찰기.
粘り強い〔ねばりづよい〕(形)①끈질기다. 찰기가 있다. 끈끈하여 잘 달라붙다. ②끈덕지다. 끈기있다.
粘り気〔ねばりけ〕끈기.

音　読

粘度〔ねんど〕점도. 끈끈한 정도.
粘膜〔ねんまく〕점막. 몸속의 기관의 내면을 덮는 끈끈하고 부드러운 막.
粘性〔ねんせい〕점성. 끈끈한 성질.
粘液〔ねんえき〕점액. 끈적끈적한 액체.
粘着力〔ねんちゃくりょく〕점착력. 달라붙는 힘.
粘体〔ねんたい〕끈끈한 성질이 많은 유체(流体).
粘土〔ねんど〕점토. 찰흙.

〔漸〕 풀：차츰 점.
音：ゼン
訓：ようやく

漸く〔ようやく〕(副)①간신히. 겨우. ②차차. 점점. 조금씩. 점차적으로.
漸減〔ぜんげん〕점감. 차차 줄어듦.
漸騰〔ぜんとう〕점등. 시세가 점점 오름.
漸落〔ぜんらく〕점락. 시세가 점점 내림.
漸増〔ぜんぞう〕점증. 점점 증가함.
漸進〔ぜんしん〕점진. 차차 나아감.
漸次〔ぜんじ〕점차. 점차. 차차.

【접】

〔接〕 풀：사귈 접. 이을 접.
音：①セツ ②セッ
訓：つぐ

接ぐ〔つぐ〕(他５)①이어 대다. 骨を～；뼈를 잇다. ②첨가하다.
接ぎ木〔つぎき〕접목. 접붙인 나무.
接ぎ目〔つぎめ〕이은자리. 이음매.
接ぎ穂〔つぎほ〕①접붙인 나무. ②말을 이을 기회. 말을 계속할 계제.

音 読 1

接尾語〔せつびご〕접미어.
接続〔せつぞく〕접속. 서로 맞대어 이음.
接合〔せつごう〕접합. 어울려 맞붙음.

音 読 2

接する〔せっする〕(自他サ)①접촉하다. 만나다. 교제하다. ②인접하다. 맞붙다. 접하다. ③경험해 보다. ④바싹 가까이 대다. 맞대다. ⑤잇다. ⑥잇닿다.
接客〔せっきゃく〕접객. 손님을 대접함.
接見〔せっけん〕접견. 직접 대하여 봄.
接境〔せっきょう〕접경. 경계가 맞닿음.
接近〔せっきん〕접근. 서로 바싹 다붙음.
接吻〔せっぷん〕접문. 키스. 입을 맞춤.
接線〔せっせん〕접선. 닿는 직선.
接収〔せっしゅう〕접수. 거두어 들임.
接戦〔せっせん〕접전. 어울려 싸움.
接種〔せっしゅ〕접종.
接着〔せっちゃく〕접착. 달라붙음.
接触〔せっしょく〕접촉. 맞붙어 닿음.

〔蝶〕 풀：나비 접.
音：チョウ
訓：

蝶〔ちょう〕나비. ～よ花よと育てる：금이야 옥이야 하고 키우다.
蝶番〔ちょうつがい〕①경첩. ②관절의 이음매.
蝶足〔ちょうあし〕마치 나비가 날개를 펴고 있는 듯한 모양의 상다리

【정】

〖丁〗 풀：장정 정.
音：①チョウ ②テイ
訓：

音 読 1

丁〔ちょう〕짝수. 책장이나 음식이나 두부를 세는 말.
〔てい〕甲, 乙, 丙, 丁의 네 번 째.
丁度〔ちょうど〕①꼭. 정확히. ②마치. ③마침. 알맞게. ④방금. 바로. 막.
丁付(け)〔ちょうづけ〕책의 장수를 기입함.
丁数〔ちょうすう〕책의 장수.
丁場〔ちょうば〕①정거장 사이의 거리. ②(운송이나 도로 공사 등의) 담당 구역.
丁合(い)〔ちょうあい〕①장부 조사. ②책의 낙장의 유무를 조사함.

音 読 2

丁年〔ていねん〕정년. 성년. 만 20세.
丁寧〔ていねい〕(形動) ①친절함. 공손함. 정중함. ②귀중함. 중요함.
丁字〔ていじ〕'丁'자 모양.
丁定規〔ていじょうぎ〕T자.
丁重〔ていちょう〕정중함. 친밀. 친절함.

例 外

丁幾〔チンキ〕정기. 약품을 용해시킨 액체. ヨード～：요오드 팅크.
丁髷〔ちょんまげ〕상투.
丁稚〔でっち〕공장, 상점 등에서 일하는 소년. 견습생.

〖井〗 풀：우물 정
音：①ジョウ(例外) ②セイ
訓：い

井〔い〕우물. ～の中のかわず：우물 안 개구리.
井戸〔いど〕우물.
井戸端〔いどばた〕우물가.
井戸水〔いどみず〕우물물.
井筒〔いづつ〕'井'자 모양의 紋章.

音 読 1

天井〔てんじょう〕천정. ①방 내부의 제일 윗부분. ②반자의 겉면. ③시세, 물가의 최고의 한도.

音 読 2

井目〔せいもく〕바둑판에 표시된 9개의 흑점.
井然〔せいぜん〕정연. 질서 정연.
井泉〔せいせん〕샘. 샘물.

〖正〗 풀：바를 정.
音：①ショウ ②ジョウ ③セイ
訓：①ただしい ②ただす ③まさ

❶正しい〔ただしい〕(形) 바르다. 옳다.
正しく〔ただしく〕(副) 틀림없이.
❷正す〔ただす〕(他5) ①고치다. 바로잡다. ②(시비를) 가리다. 밝히다.
❸正に〔まさに〕(副) 바로. 확실히. 틀림없이. 정말로.
正目〔まさめ〕똑바로 곧은 나뭇결.
〔しょうめ〕총량에서 포장물을 뺀 순수한 양.
正目紙〔まさめがみ〕닥나무로 만든 두껍고 흰 종이.
正夢〔まさゆめ〕사실과 부합되는 꿈. 맞는 꿈.

音 読 1

正絹〔しょうけん〕순견(純絹).
正気〔しょうき〕정기. ①제 정신. ②마음이 확고함.
正金〔しょうきん〕①金貨나 銀貨. ②현금.
正念場〔しょうねんば〕(歌舞技 등에서) 가장 중요한 장면.
正面〔しょうめん〕정면. 마주 보이는 쪽.
正味〔しょうみ〕①알맹이. 주요한 부분. ②알맹이 만의 무게.
正本〔しょうほん〕정본. 원본.
正月〔しょうがつ〕정월. 설날.
正午〔しょうご〕정오. 낮 12시.
正直者〔しょうじきもの〕정직한 사람.
正札付〔しょうふだつき〕정찰제.

音 読 2

僧正〔そうじょう〕(仏教의) 승정.

音 読 3

正答〔せいとう〕정답. 옳은 답.
正当〔せいとう〕정당. 바르고 옳음.
正門〔せいもん〕정문. 정면의 문.
正方形〔せいほうけい〕정방형.
正常〔せいじょう〕정상. 바르고 떳떳함.
正数〔せいすう〕정수. 0보다 큰 수.
正式〔せいしき〕정식. 바른 격식.
正義〔せいぎ〕정의. 올바른 도리.
正字〔せいじ〕정자. 똑바른 글자.
正装〔せいそう〕정장. 정식의 복장.
正解〔せいかい〕정해. 바른 해답.
正確〔せいかく〕정확. 바르고 확실함.

〖呈〗 풀：드릴 정.
音：テイ
訓：

呈する〔ていする〕(他サ) ①드리다. 바치다. ②(상태를) 나타내다. 보이다.
呈上〔ていじょう〕정상. 바침. 드림.
呈示〔ていじ〕정시. 꺼내 보임.
呈出〔ていしゅつ〕①내놓음. ②드러냄.

〖廷〗 풀：조정 정.
音：テイ
訓：

宮廷〔きゅうてい〕궁정. 대궐. 궁중.
法廷〔ほうてい〕법정. 재판을 하는 곳.
朝廷〔ちょうてい〕조정. 임금이 국가의 정사를 보살피는 곳.

〔町〕 풀 : 밭 정.
音 : チョウ
訓 : まち

町〔まち〕읍. 도회지. (작은 구획으로는 한국의 洞에 해당함).
町家〔まちや〕시중(市中)의 상가(商家).
町角〔まちかど〕길모퉁이. 길목.
町工場〔まちこうば〕시내에 있는 작은 공장.
町筋〔まちすじ〕거리.
町方〔まちかた〕도시 사람. 도시쪽.
町並(み)〔まちなみ〕거리의 집들.
町役場〔まちやくば〕동네의 일을 보는 관청(한국의 읍, 동사무소에 해당).
町外れ〔まちはずれ〕변두리. 시외.
町医〔まちい〕개업의(開業医).
町場〔まちば〕상점이 즐비한 거리.
町中〔まちなか〕거리. 번화가. 시가지.
町着〔まちぎ〕나들이 옷. 외출복.
町版〔まちはん〕영리(営利)를 목적으로 하는 출판물.

音 読

町〔ちょう〕①한 구획. ②거리의 단위 (약 109m). ③토지 면적의 단위(3,000평).
町民〔ちょうみん〕읍민. 동민.
町税〔ちょうぜい〕町가 징수하는 세금.
町勢〔ちょうせい〕町의 경제적인 情勢.
町議会〔ちょうぎかい〕(지방 자치 단체인) 町의 행정을 협의 의결하는 기관.
町人〔ちょうにん〕도시에 사는 상인.
町政〔ちょうせい〕町의 행정.
町制〔ちょうせい〕町의 제도.
町村〔ちょうそん〕①도시와 시골. ②지방 자치단체로서의 町와 村.

〔定〕 풀 : 정할 정.
音 : ①ジョウ ②テイ
訓 : ①さだか ②さだまる ③さだめる

❶定か〔さだか〕(形動) 확실함. 분명함. 명확함. 똑똑함.
❷定まる〔さだまる〕(自5) ① 정해지다. 결정되다. 확정되다. ②일정해지다. ③가라앉다. 안정되다. ④(고요히)잠들다.
定まり〔さだまり〕①결정. 규정. ②안정.
❸定める〔さだめる〕(他下1) ① 정하다. 제정하다. 결정하다. ②고정시키다. ③안정시키다. 진정하게 하다. ④확정하다.
定め〔さだめ〕①결정. 정함. ②규정. 규칙. 법규. ③운명. 팔자. ④정해진 상태.
定めし〔さだめし〕(副) 틀림없이. 아마.
定め無い〔さだめない〕(形) 일정하지 않다. 무상하다. 덧없다.

音 読 1

案の定〔あんのじょう〕생각한대로.
定規〔じょうぎ〕①자. ②사물의 規準.
定命〔じょうみょう〕前世로부터의 인과로 이미 정해진 수명.
定紋〔じょうもん〕가문(家紋).
定石〔じょうせき〕정석. 일정한 방식.
定席〔じょうせき〕지정석. 정해진 자리.
定宿〔じょうやど〕단골 여관.
定跡〔じょうせき〕(장기에서) 지금까지의 연구에 따라 가장 좋다고 정해진 수.

音 読 2

定価〔ていか〕정가. 정해 놓은 값.
定刻〔ていこく〕정각. 일정한 시각.
定款〔ていかん〕정관. 조직의 근본 규칙.
定期〔ていき〕정기. 일정한 기간.
定量〔ていりょう〕정량. 일정한 분량.
定食〔ていしょく〕정식.
定義〔ていぎ〕정의. 명백하게 밝힌 뜻.
定員〔ていいん〕정원. 정해진 인원.

〔征〕 풀 : 칠 정.
音 : セイ
訓 :

征する〔せいする〕(他サ) 정벌(征伐)하다.
征伐〔せいばつ〕정벌. 악인이나 복종하지 않는 자를 군대로서 침.
征服〔せいふく〕정복. 힘이 강한 자가 상대를 정벌함.
征戦〔せいせん〕공격하여 싸움.
征討〔せいとう〕정토. 정벌(征伐).

〔亭〕 풀 : 정자 정.
音 : テイ
訓 :

亭主〔ていしゅ〕①주인. 宿屋の～; 여관 주인. ②남편.
亭主関白〔ていしゅかんぱく〕(집안에서)폭군같은 남편.
料亭〔りょうてい〕요정. 요릿집.

〔貞〕 풀 : 곧을 정.
音 : テイ
訓 :

貞潔〔ていけつ〕정결. 여자의 정조가 깨끗하고 곧음.
貞女〔ていじょ〕정녀. 처녀.
貞淑〔ていしゅく〕정숙. 여자의 지조가 곧고 마음씨가 얌전함.
貞節〔ていせつ〕정절. 여자의 곧은 절개.
貞操〔ていそう〕정조. 여자가 異性 관계에서 순결을 지키는 일.

〔政〕 풀 : 정사 정.
音 : ①ショウ ②ジョウ ③セイ
訓 : まつりごと

政〔まつりごと〕정치. 정사(政事).

音 読 1

摂政〔せっしょう〕섭정. 임금을 대신하여 정치를 하는 일. 또는 그 사람.

音 読 2

太政官〔だじょうかん〕明治 2년에서 18년까지 있었던 최고 관청. 지금의 内閣.

音 読 3

政客〔せいかく〕정객. 정치가.
政経〔せいけい〕정경. 정치와 경제.

政界〔せいかい〕정계. 정치 활동에 관계되는 사회.
政局〔せいきょく〕정국. 정계의 판국.
政権〔せいけん〕정권. 정치상의 권리.
政府〔せいふ〕정부. 국가의 행정 기관.
政事〔せいじ〕정사. 정치상의 일.
政策〔せいさく〕정책. 정치상의 방책.
政治〔せいじ〕정치. 나라를 다스림.

〔訂〕
풀：바로잡을 정.
音：**テイ**
訓：

訂する〔ていする〕(他サ) 고치다. 정정하다.
訂正〔ていせい〕정정. 틀린 문자, 문장을 바로 고침. 틀린 것을 바로 잡음.
改訂〔かいてい〕개정. 새로 고침.

〔浄〕
풀：깨끗할 정.
音：**ジョウ**
訓：**きよ**める

浄める〔きよめる〕(他下1) 깨끗하게 하다. 맑게 하다.

音 読

浄書〔じょうしょ〕정서. 깨끗이 쓰거나 베낌.
浄水〔じょうすい〕정수. 깨끗한 물.
浄土〔じょうど〕정토. 극락.
浄化〔じょうか〕정화. 깨끗하게 함.
浄化槽〔じょうかそう〕정화조.

〔庭〕
풀：뜰 정.
音：**テイ**
訓：**にわ**

庭〔にわ〕정원. 뜰. 마당.
庭口〔にわぐち〕뜰의 출입구.
庭面〔にわも〕정원. 뜰.
庭木〔にわき〕뜰에 심은 나무. 정원수.
庭木戸〔にわきど〕뜰로 드나드는 문.
庭師〔にわし〕정원사(庭園師).
庭石〔にわいし〕① 정원석. ② 뜰의 징검돌.
庭先〔にわさき〕① 툇마루쪽. ② 뜰의 저쪽. ③ 농가의 앞마당.
庭先渡し〔にわさきわたし〕농가의 앞마당에서 거래를 하는 것.
庭先相場〔にわさきそうば〕농산물의 생산지 시세.
庭作り〔にわつくり〕① 정원을 꾸밈. ② 정원사(庭園師).
庭伝い〔にわづたい〕뜰을 통해서 옆집으로 가는 것.
庭草〔にわくさ〕뜰에 난 풀.
庭下駄〔にわげた〕뜰에서 신는 왜나막신.

音 読

庭球〔ていきゅう〕정구. 테니스.
庭内〔ていない〕정내. 정원 안.
庭園〔ていえん〕정원. 뜰. 집안의 마당.

〔偵〕
풀：정탐할 정.
音：**テイ**
訓：

偵察〔ていさつ〕정찰. 몰래 적의 정세를 살펴 냄.
偵探〔ていたん〕정탐. 몰래 사정을 살피어 봄.

〔停〕
풀：머무를 정.
音：**テイ**
訓：① **と**まる ② **と**める

❶ **停まる**〔とまる〕(自5) 멈추다. 멎나. 정지하다.
❷ **停める**〔とめる〕(他下1) 멈추다. 정지하다.

音 読

停留所〔ていりゅうじょ〕정류소.
停電〔ていでん〕정전. 送電이 중지됨.
停止〔ていし〕정지. 하든 일을 중도에서 그만둠.
停車〔ていしゃ〕정차. 정거(停車).
停滞〔ていたい〕정체. 머물러 쌓임.
停会〔ていかい〕정회. 회의를 정지함.

〔情〕
풀：사랑 정.
音：① **ジョウ** ② **ゼイ**(例外)
訓：**なさけ**

情け〔なさけ〕① 정. 인정. ② 애정. 사랑. ③ 정취. 멋.
情けない〔なさけない〕(形) ① 한심스럽다. 비참하다. ② 인정을 모르다. 무정하다. ③ 멋(풍류)를 모르다. ④ 기막히다.
情け心〔なさけごころ〕동정심.
情け深い〔なさけぶかい〕(形) 동정심이 많다. 인정이 많다.
情け容赦〔なさけようしゃ〕인정 사정.
情け知らず〔なさけしらず〕몰인정함. 또는 몰인정한 사람.

音 読 1

情〔じょう〕정. ① 감정. 기분. ② 성심. ③ 사정. ④ 생각. ⑤ 애정. ⑥ 정취.
情景〔じょうけい〕정경. 경치. 광경.
情報〔じょうほう〕정보. 사정의 보고.
情夫〔じょうふ〕정부. 남편은 아니지만 정을 두고 지내는 남자.
情婦〔じょうふ〕정부. 아내는 아니지만 정을 두고 지내는 여자.
情事〔じょうじ〕정사. 남녀간의 애정에 관한 일.
情状〔じょうじょう〕정상. 실제 그대로의 형편, 상태.
情緒〔じょうちょ〕정서. 느끼는 감정.
情勢〔じょうせい〕정세 일의 사정.
情愛〔じょうあい〕정애. 애정.
情熱〔じょうねつ〕정열. 세차게 일어나는 감정.
情欲〔じょうよく〕정욕. 色情의 욕심.
情調〔じょうちょう〕정조. 기분.
情趣〔じょうしゅ〕정취. 기분과 흥취(興趣).
情合い〔じょうあい〕① 정분(情分). ② 서로 마음이 맞음.

音 読 2

風情〔ふぜい〕① 풍정. 운치. 모양. 풍치, ② 접대, 대접. ③ …같은 것.

〚頂〛 풀：꼭대기 정.
音：チョウ
訓：いただく

頂く〔いただく〕(他5) ①(머리에) 이다. ②모시다. 받들다. ③‘もらう(받다)’‘のむ’(마시다)’ ‘たべる(먹다)의 공손한 말씨.

頂けない〔いただけない〕불답이다. 불다스럽다.

頂ける〔いただける〕(自下1) 괜찮다. 꽤 좋다. …할 만하다.

頂(き)〔いただき〕①꼭대기. 정상(頂上). ②(시합에서 미리 짜고) 이 쪽이 이기도록 함. ③(작품의)무단 盗用.

頂(き)物〔いただきもの〕얻은 것.

音　読

頂上〔ちょうじょう〕정상. 꼭대기.

頂点〔ちょうてん〕정점. ①맨 꼭대기. ②꼭지점.

〚晶〛 풀：수정 정.
音：ショウ
訓：

晶光〔しょうこう〕반짝이는 빛.

結晶〔けっしょう〕결정. 엉켜서 굳어짐.

水晶〔すいしょう〕수정.

〚程〛 풀：과정 정
音：テイ
訓：ほど

程〔ほど〕① 한계. 한도. 분수. ② 정도. 쯤. 만큼. ③ 가치. 필요. ④ 범위. ⑤ 조금. 좀. ⑥ 즈음. 무렵. ⑦ 사이. 동안. ⑧ 여부(如否).

程よい〔ほどよい〕(形) 알맞다. 적당하다.

程経て〔ほどへて〕(副) 조금 지나서

程近い〔ほどちかい〕(形) (거리가) 가깝다. 그리 멀지 않다.

程無く〔ほどなく〕멀지 않아. 이윽고. 곧.

程遠い〔ほどとおい〕(形) 좀 멀다. 좀 무엇하다. 걸맞다.

程程〔ほどほど〕적당. 알맞음.

程合(い)〔ほどあい〕알맞음. 적당.

音　読

程度〔ていど〕정도. 수준.

課程〔かてい〕과정. 공부의 범위와 순서.

〚艇〛 풀：배 정
音：テイ
訓：

艇庫〔ていこ〕보우트를 넣어 두는 창고.

艇長〔ていちょう〕정장. 작은 배를 지휘하는 사람.

競艇〔きょうてい〕경정. 모우터 보우트의 경주.

艦艇〔かんてい〕함정. 여러 가지 군함.

〚精〛 풀：깨끗할 정
音：① ショウ ② セイ
訓：① くわしい ② しらげる

❶ **精しい**〔くわしい〕(形) 상세하다. 환하다. 정통하다. 소상하다. 자세히 알고 있다.

❷ **精げる**〔しらげる〕(他下1) ① 정미(精米)하다. ② (세공품을) 닦아서 손질하다.

音 読 1

精霊〔しょうりょう〕죽은 사람의 혼.

精霊流し〔しょうりょうながし〕盂蘭盆会에서 7월 13일에 맞이한 죽은 사람의 혼을 15일 저녁이나 16일 새벽에 강이나 바다에 띄우는 행사.

精進〔しょうじん〕정진. ① 착한 행실을 함. ② 정신을 쏟아 노력함. ③ 육식(肉食)을 피하고 채식(菜食)을 함.

精進潔斎〔しょうじんけっさい〕며칠 동안 음식을 삼가고 몸을 깨끗이 하며 부정(不浄)을 피하는 일.

音 読 2

精〔せい〕① 순수. 정력. 원기. ～を出す；부지런히 하다. ③ 정밀. 정통.

精工〔せいこう〕정공. 정묘하게 공작함.

精巧〔せいこう〕정교. 세밀하고 교묘함.

精力〔せいりょく〕정력. 활동하는 힘.

精妙〔せいみょう〕정묘. 精細하고도 묘함.

精美〔せいび〕정미. 섬묘하고 아름다움.

精密〔せいみつ〕정밀. 아주 잘고 자세함.

精算〔せいさん〕정산. 세밀한 계산.

精選〔せいせん〕정선. 정밀하게 고름.

精誠〔せいせい〕정성. 진정한 정성.

精神〔せいしん〕정신. 마음이나 생각.

精鋭〔せいえい〕정예. 썩 용맹스러움.

精油〔せいゆ〕정유. 石油의 精製.

精一杯〔せいいっぱい〕(副) 힘껏.

精通〔せいつう〕정통 어떤 사물에 대해서 자세하게 앎.

〚静〛 풀：고요할 정
音：① ジョウ (例外) ② セイ
訓：① しずか ② しずけさ ③ しずまる ④ しずめる ⑤ しずやか

❶ **静か**〔しずか〕(形動) 조용함. ～な部屋；조용한 방. ～にしろ；조용히 해라.

❷ **静けさ**〔しずけさ〕조용함. 고요함.

❸ **静まる**〔しずまる〕(自5) ① 조용히 가라 앉다. 진정되다. ② 진좌(鎮座)하다.

静まり返る〔しずまりかえる〕(自5) 아주 조용해지다. 아주 고요해지다.

❹ **静める**〔しずめる〕(他下1) ① 가라앉히다. 진정시키다. ② 조용하게 하다. ③ 진압시키다. 평정하다. ④ 진좌(鎮座) 시키다.

❺ **静やか**〔しずやか〕(形動) 조용함. 고요함.

静岡〔しずおか〕日本 本州 中部의 太平洋 연안에 있는 県(庁 소재지).

静心〔しずごころ〕조용한(평온한)마음.

静静と〔しずしずと〕(副) 가만가만. 조용조용～歩く；가만가만 걷다.

音 読 1

静脈〔じょうみゃく〕정맥. 살갗 겉으로 퍼렇게 드러나 보이는 핏줄.

音 読 2

静粛〔せいしゅく〕정숙. 고요하고 엄숙함.
静養〔せいよう〕정양. 몸과 마음을 편안하게 하여 조용히 피로를 풀고 병을 요양함.
静穏〔せいおん〕정온. 풍파가 없이 고요하고 평안함.
静寂〔せいじゃく〕정적. 조용하고 적적함.
静電気〔せいでんき〕정전기.
静止〔せいし〕정지. 고요히 그침.
静閑〔せいかん〕정환. 조용하고 한가로움.

〔**整**〕 풀 : 가지런할 정
音 : **セイ**
訓 : ① **ととのう** ② **ととのえる**

❶ **整う**〔ととのう〕(自5) ① 정돈되다. 정비되다. 가지런해지다. ② 잘 다듬어지다. ③ 구비되다. 갖춰지다. ④ 성립되다.
❷ **整える**〔ととのえる〕(他下1) ① 조절하다. 조정하다. ② 갖추다. 준비하다. ③ 정돈하다. 단정히 하다. 가지런히 하다. ④ 성립시키다. ⑤ 마련하다.
整頓〔せいとん〕정돈. 가지런히 함.
整列〔せいれつ〕정렬. 가지런히 줄섬.
整理〔せいり〕정리. 질서를 바르게 함.
整備〔せいび〕정비. 정리하여 바로 갖춤.
整然〔せいぜん〕정연. 가지런한 상태.
整地〔せいち〕정지. 땅을 고르게 만듦.
整形〔せいけい〕정형. 형태를 바르게 함.

〔**錠**〕 풀 : 덩이 정
音 : **ジョウ**
訓 :

錠〔じょう〕자물쇠. 빗장.
錠前〔じょうまえ〕자물쇠.
錠剤〔じょうざい〕정제. 알약.

【제】

〔**弟**〕 풀 : 아우 제. 제자 제
音 : ① **ダイ** (例外) ② **デ** ③ **テイ**
訓 : **おとうと**

弟〔おとうと〕남동생. 아우.
弟嫁〔おとうとよめ〕계수(季嫂). 제수.
弟弟子〔おとうとでし〕같은 선생에게 나중에 들어온 남자 제자.

| 音 読 1 |

兄弟〔きょうだい〕① 형제. 자매. ② (친한 남자들 사이에서 친근감을 가지고 부르는 말)친구. おい,～ ; 여보게, 친구.

| 音 読 2 |

弟子〔でし〕제자. 문하생(門下生).
弟子入り〔でしいり〕제자가 됨.

| 音 読 3 |

弟妹〔ていまい〕아우와 여동생.
師弟〔してい〕사제. 스승과 제자.
兄たり難く弟たり難し〔けいたりがたくていたりがたし〕난형 난제(難兄難弟).

〔**制**〕 풀 : 억제할 제.
音 : **セイ**
訓 :

制する〔せいする〕(他サ) ① 누르다. 제압하다. ② 획득하다. ③ 억제하다. ④ 휘어잡다. 지배하다. ⑤ 제정(制定)하다.
制空権〔せいくうけん〕제공권. 항공기로 하늘을 지배하는 힘.
制度〔せいど〕제도. 제정된 법규.
制動〔せいどう〕제동. 운동을 그치게 하거나 속력을 떨어뜨림.
制服〔せいふく〕제복. 색깔과 모양이 일정한 옷.
制圧〔せいあつ〕제압. 누름.
制約〔せいやく〕제약. 규칙을 만들어 활동을 통제함.
制御〔せいぎょ〕제어. 통제함. 지배함. 뜻대로 함.
制裁〔せいさい〕제재. 규칙을 어긴 자에게 가하는 벌.
制定〔せいてい〕제정. 규정을 정함.
制止〔せいし〕제지. 하려고 하는 일을 말려서 하지 못하게 함.
制限〔せいげん〕제한. 정해진 한계.
制海権〔せいかいけん〕재해권. 군함, 비행기 등으로 해상(海上)을 지배하는 일.

〔**斉**〕 풀 : 같을 제.
音 : **セイ**
訓 : **ひとしい**

斉しい〔ひとしい〕(形) 같다. 동등하다. 한결같다. 똑같다.

| 音 読 |

斉家〔せいか〕제가. 집안을 잘 다스림.
斉唱〔せいしょう〕제창. 여러 사람이 같은 선율로 함께 노래함.
一斉〔いっせい〕일제히. 동시에.

〔**帝**〕 풀 : 임금 제.
音 : **テイ**
訓 : **みかど**

帝〔みかど〕① 천황. ② 황실. ③ 궁중. 조정.

| 音 読 |

帝国〔ていこく〕제국. 황제가 다스리는 국가.
帝都〔ていと〕宮城이나 皇城의 도시
帝室〔ていしつ〕황제의 집안.
帝王〔ていおう〕제왕. 황제.
帝政〔ていせい〕제정. 제국주의의 정치.

〔**剤**〕 풀 : 약지을 제.
音 : **ザイ**
訓 :

洗剤〔せんざい〕세제. 옷. 야채. 식기 등을 깨끗하게 하는 약제.
調剤〔ちょうざい〕조제. 약을지음.
錠剤〔じょうざい〕정제. 알약.

〔**除**〕 풀 : 제할 제.
音 : ① **ジ** ② **ジョ**
訓 : ① **のぞく** ② **のける**

❶ **除く**〔のぞく〕(他５) ① 없애다. 제거하다. ② 제외하다. 빼다. ③ 죽이다.
❷ **除ける**〔のける〕(他下１) 제거하다. 제외하다. 빼다. 없애다.
除け物〔のけもの〕(불량품으로서) 제쳐 놓은 물건.
除け者〔のけもの〕예외로서 취급받는 사람. 따돌림을 당하는 사람.

音読 1

除目〔じもく〕平安시대에 大臣 이외의 관리를 임명하던 의식.
掃除〔そうじ〕소제. 청소. ～屋; 청소부.

音読 2

除する〔じょする〕(他サ) ① 나누다. 나눗셈하다. ② 제거하다.
除去〔じょきょ〕제거. 덜어 내어 떨어 버림. 없애 버림.
除幕式〔じょまくしき〕제막식.
除名〔じょめい〕제명. 명부에서 이름을 빼어 버림.
除法〔じょほう〕제법. 나눗셈.
除夜〔じょや〕제야. 섣달 그믐날 밤.
除外〔じょがい〕제외. 범위 밖에 두어 빼어 놓음.
除籍〔じょせき〕제적. 명부에서 이름을 지워 버림.
除草〔じょそう〕제초. 잡초를 뽑아 없앰.
除虫剤〔じょちゅうざい〕제충제. 살충제.
除臭〔じょしゅう〕제취. 냄새를 없앰.

〘済〙 풀：건널 제.
音：① サイ ② ザイ
訓：① すます ② すませる ③ すむ ④ なす

❶ **済ます**〔すます〕(他５) ① 끝내다. 완료하다. 마치다. ② 때우다. 끝마치다.
❷ **済ませる**〔すませる〕(他下１) ⇨済ます
❸ **済む**〔すむ〕(自５) ① (일을) 끝내다. 완료되다. ② (그럭저럭) 해결되다. 잘 되다. ③ 다 갚다.
済(み)〔すみ〕끝남. 필(畢).
❹ **済す**〔なす〕(他５) (빌린 것을) 갚다. 반환하다.

音読 1

済度〔さいど〕제도. ① 衆生을 구제하여 成仏시킴.
済世〔さいせい〕제세. 세상 또는 세상 사람을 구제하는 일.
救済〔きゅうさい〕구제. 불행한 상태로부터 구하여 건져 줌.

音読 2

経済〔けいざい〕경제. 소비, 생산의 활동.

〘祭〙 풀：제사 제.
音：サイ
訓：① まつる ② まつり

❶ **祭る**〔まつる〕(他５) ① 제사 지내다. ② 혼령을 모시다.
❷ **祭(り)**〔まつり〕① 제사. ② 축제(祝祭) ③ 특별 판매.
祭り上げる〔まつりあげる〕(他下１) ① 추대하다. 떠받들다. ② 지켜 세우다 (올리다).

音　読

祭壇〔さいだん〕제단. 제사 지내는 단.
祭礼〔さいれい〕제사 지내는 儀式.
祭服〔さいふく〕제복. 제사 지낼 때 입는 옷.
祭司〔さいし〕祭典을 맡아 보는 神官.
祭祀〔さいし〕제사. 제전(祭典).
祭事〔さいじ〕제사. 제사 지내는 일.
祭日〔さいじつ〕제일. 제사 지내는 날.
祭場〔さいじょう〕제장. 제사 지내는 곳.
祭典〔さいてん〕제전. 제사 지내는 의식.
祭殿〔さいでん〕제전. 제사지내는 건물.
祭政〔さいせい〕제정. 종교와 정치.

〘第〙 풀：차례 제.
音：ダイ
訓：

第一〔だいいち〕제일. 첫째. 으뜸.
第一線〔だいいっせん〕제일선. 가장 앞의 전선. 가장 앞에 나가서 일하는 입장.
落第〔らくだい〕낙제. 시험에 떨어짐.

〘堤〙 풀：방죽 제.
音：テイ
訓：つつみ

堤〔つつみ〕제방. 둑. 방죽. ～が切れる; 둑이 무너지다(터지다).

音　読

堤防〔ていぼう〕제방. 댐. 둑.
防波堤〔ぼうはてい〕방파제. 파도를 막기 위한 둑.

〘提〙 풀：들 제.
音：テイ
訓：さげる

提げる〔さげる〕(他下１) ① (허리 따위에) 차다. 勲章を; 훈장을 차다. ② (손에) 들다.
提げ刀〔さげがたな〕칼을 손에 쥠. 또는 손에 쥔 칼.

音　読

提供〔ていきょう〕제공. 갖다 댐.
提琴〔ていきん〕바이올린.
提記〔ていき〕제기. 의논할 것을 내놓음.
提督〔ていとく〕제독. 艦隊의 사령관.
提訴〔ていそ〕제소. 소송을 일으킴.
提示〔ていじ〕제시. 내어 보임.
提案〔ていあん〕제안. 案件을 내어 놓음.
提言〔ていげん〕제언. 의견을 제출함.
提議〔ていぎ〕제의. 어떤 의안을 제출함.
提唱〔ていしょう〕제창. 널리 부르짖음.
提出〔ていしゅつ〕제출. 의견을 내놓음.
提携〔ていけい〕제휴. 서로 도와 일함.

〘製〙 풀：지을 제.
音：セイ
訓：

製する〔せいする〕(他サ) 제조하다. 만들다. 薬品を～; 약품을 제조하다.
製鋼〔せいこう〕제강. 강철을 만듦.

製菓〔せいか〕제과. 과자를 만듦.
製図〔せいず〕제도. 설계도를 그림.
製本〔せいほん〕제본. 책을 만듦.
製粉〔せいふん〕제분. 가루를 만듦.
製薬〔せいやく〕제약. 약을 만듦.
製作〔せいさく〕제작. 물건을 만듦.
製造〔せいぞう〕제조. 큰 규모로 물건을 지어서 만듦.
製鉄〔せいてつ〕제철. 철을 만듦.
製品〔せいひん〕제품. 물건을 만듦.

〔際〕 풀 : 즈음 제.
音 : ① **サイ** ② **ザイ** (例外)
訓 : **きわ**

際〔きわ〕① 가장자리. ② 근처. ③ 직전.
〔さい〕① 때. 즈음. ② 한계. 경계.
際立つ〔きわだつ〕(自5) 뛰어나다. 눈에 띄다. 두드러지다. 우수하다.
際物〔きわもの〕① 철에 따라 파는 물건. 계절품. ② 일시적인 유행.
際疾い〔きわどい〕(形) ① 위급하다. ② 절박하다. ③ 아슬아슬하다. 모험적이다.
間際〔まぎわ〕바로 직전. 곁. 근처.
水際〔みずぎわ〕물 가.
手際〔てぎわ〕수법. 솜씨.
窓際〔まどぎわ〕창문 가.

音 読 1

際する〔さいする〕(自サ) (어떤 기회, 사건을) 만나다. 당하다. 즈음하다.
際して〔さいして〕…에 처하여. …을 당하여. …에 즈음하여.
際涯〔さいがい〕경계. 끝.
際限〔さいげん〕끝. 한도.
際会〔さいかい〕사건. 기회를 만남. 당함.
分際〔ぶんざい〕(책망할 때 쓰는 말) 신분(身分). 분수. 学生の～で ; 학생의 신분으로.
金輪際〔こんりんざい〕(副) 결단코.

〔諸〕 풀 : 모든 제.
音 : **ショ**
訓 : **もろ**

諸〔もろ〕① 양쪽. ② 여러. 많은. ③ 함께 함. 같이 함. ④ 전면적으로.
諸共〔もろとも〕(副) 다같이. 함께.
諸白〔もろはく〕순곡 청주(清酒).
諸声〔もろごえ〕서로 호응하는 목소리. ～に鳴く ; (새가) 일제히 울다.
諸人〔もろびと〕모든 사람. 여러 사람.
諸子〔もろこ〕잉어과의 담수어.
諸諸〔もろもろ〕여러가지. 갖가지. 많은.

音 読

諸掛かり〔しょがかり〕여러가지 비용.
諸国〔しょこく〕제국. 여러나라.
諸君〔しょくん〕제군. 여러분.
諸島〔しょとう〕제도. 여러 섬들.
諸般〔しょはん〕제반. 여러 가지.

〔題〕 풀 : 제목 제.
音 : **ダイ**
訓 :

題〔だい〕표제. 제목.
題する〔だいする〕(他サ) ① 제목을 붙이다. ② 表題나 題字, 題辞 등을 쓰다.
題名〔だいめい〕제명. 제목.
題目〔だいもく〕제목. 표제. 문제.
題字〔だいじ〕제자. 책 머리에 제목을 쓴 글자.
題材〔だいざい〕제재. 문예 작품의 제목. 내용이 되는 재료.

【조】

〔弔〕 풀 : 슬퍼할 조.
音 : **チョウ**
訓 : **とむらう**

弔う〔とむらう〕(他5) ① 애도하다. 조상하다. ② 추선(追善)하다. 추선공양하다.
弔い〔とむらい〕① 애도(함). 조상 (弔喪)함. ② 장례식. ③ 추선(追善). 法事.
弔い合戦〔とむらいがっせん〕죽은 자의 영을 위로하거나, 복수를 위해서 싸우는 일.
弔する〔ちょうする〕(他サ) 조문(弔問)하다. 조상(弔喪)하다.
弔客〔ちょうかく〕조객. 문상객.
弔旗〔ちょうき〕조기. 조의를 표하는 뜻으로 검은 헝겊을 단 기.
弔文〔ちょうぶん〕죽은 이의 공적을 기리고 명복을 비는 글월.
弔慰金〔ちょういきん〕조의금.
弔意〔ちょうい〕조의. 죽은 이를 애도하는 마음.

〔兆〕 풀 : 점괘 조. 조 조.
音 : **チョウ**
訓 : **きざす**

兆す〔きざす〕(自5) 징조가 보이다. 마음이 움직이다(생기다). ③ 싹트다.
兆(し)〔きざし〕징조. 조짐. 전조.

音 読

兆〔ちょう〕① 징조. ② (숫자)조.
兆民〔ちょうみん〕많은 백성. 만민.

〔早〕 풀 : 이를 조.
音 : ① **サッ** ② **ソウ**
訓 : ① **はやい** ② **はやまる** ③ **はやめる**

❶ **早い**〔はやい〕(形) ① 이르다. ② 빠르다. ～とこ ; 재빠르게. 빨리. ～事 ; 재빠르게. 일찌감치.
早い者勝ち〔はやいものがち〕먼저 한 자가 유리함. 선착한 자의 승리로 함.

連濁音에 注意

素早い〔すばやい〕(形) 재빠르다. 날래다.
手早い〔てばやい〕(形) 재빠르다. 민첩하다.
❷ **早まる**〔はやまる〕(自5) ① 빨라지다. ② 급히 서두르다. 성급하게 하다.
❸ **早める**〔はやめる〕(他下1) ① (기일이

나 시각을) 예정보다 앞당기다(재촉하다). ②빠르게 하다.
早く〔はやく〕(副) 빨리. 일찍.
早見表〔はやみひょう〕일람표.
早口〔はやくち〕말을 빨리 함.
早掘り〔はやぼり〕(감자나 고구마 따위를) 수확기보다 일찍 캐냄.
早帰り〔はやがえり〕①(정해진 시각보다) 빨리 돌아옴. ②아침 일찍 돌아옴.
早起き〔はやおき〕일찍 일어남.
早道〔はやみち〕①지름길. ②빠른 걸음.
早立ち〔はやだち〕아침 일찍 길을 떠남.
早馬〔はやうま〕①빨리 달리는 말. ②파발꾼이 타는 말.
早番〔はやばん〕일찍 근무하는 차례.
早変(わ)り〔はやがわり〕①재빨리 転業함. ②배우가 다른 역으로 재빨리 분장함.
早分かり〔はやわかり〕①빨리 이해함. ②속성(速成).
早飛脚〔はやびきゃく〕급사(急使).
早死(に)〔はやじに〕요절. 젊어서 죽음.
早仕舞い〔はやじまい〕여느 때보다 일찍 일을 마침.
早生(ま)れ〔はやうまれ〕1월부터 3월말 사이에 출생한 사람.
早緒〔はやお〕배의 놋줄.
早咲き〔はやざき〕여느 해보다 일찍 핌.
早手回し〔はやてまわし〕미리 손을 쓰거나 조처를 취해 두는 일.
早縄〔はやなわ〕포승. 오라.
早言葉〔はやことば〕빠른 말.
早業〔はやわざ〕재빠르고 능숙한 솜씨.
早耳〔はやみみ〕빨리 알아 들음.
早引き〔はやびき〕조퇴(早退).
早引け〔はやびけ〕조퇴(早退).
早場〔はやば〕일찍 수확되는 곳.
早早と〔はやばやと〕(副) 빨리. 일찍.
早鐘〔はやがね〕다급할 때에 요란하게 울리는 종. 경종(警鐘).
早昼〔はやひる〕일찍 먹는 점심.
早舟〔はやぶね〕속력이 빠른 배.
早撮り〔はやどり〕영화 촬영을 짧은 기간에 끝마침. 빠른 촬영.
早出〔はやで〕일찍 출근(퇴근) 함.
早寝〔はやね〕일찍 잠.
早打ち〔はやうち〕①말을 달려 급히 알림. ②파발꾼. ③총을 빨리 쏨. ④바둑을 빨리 둠. ⑤북을 빨리 침.
早退け〔はやびけ〕조퇴.
早桶〔はやおけ〕허름한 관(棺).
早便〔はやびん〕(우편, 비행기 등)그 날의 빠른 편. 속달(速達).
早合点〔はやがてん〕지레짐작. 속단.

例　外

早稲〔わせ〕올벼.
早苗〔さなえ〕못자리에서 옮겨 심을 무렵의 볏모.
早乙女〔さおとめ〕모를 심는 여자. 처녀.

音　読 1

早急〔さっきゅう：そうきゅう〕조급. 매우 급함.
早速〔さっそく〕(副) 곧. 빨리. 조속히.

音　読 2

早計〔そうけい〕경솔한 생각.
早期〔そうき〕조기. 이른 시기.
早晩〔そうばん〕조만. 언젠가는
早産〔そうざん〕조산. 달이 덜 차서 아이를 낳는 것.
早世〔そうせい〕젊은 나이로 죽음.
早熟〔そうじゅく〕조숙. 나이에 비하여 心身이 빨리 발달함. 일찍 숙달함.
早朝〔そうちょう〕조조. 이른 아침.
早春〔そうしゅん〕조춘. 이른봄. 초봄.
早退〔そうたい〕조퇴.
早婚〔そうこん〕조혼. 일찍 결혼함.

〘条〙

풀：조목 조.
音：ジョウ
訓：

条〔じょう〕①조. 조항. ②줄거리. ③가지. 잔가지. ④…인 고로. ⑤…하지만.
条件〔じょうけん〕조건. 규약의 조항.
条規〔じょうき〕조규. 条文의 규정.
条令〔じょうれい〕조령. 条例.
条例〔じょうれい〕조례. 조항을 좇아 이루어진 법령.
条理〔じょうり〕조리. 일의 과정.
条目〔じょうもく〕조목. 条項.
条文〔じょうぶん〕조문. 한 개 한 개의 조목을 적은 글.
条約〔じょうやく〕조약. 조문으로 맺은 계약. 국가간의 합의.
条項〔じょうこう〕조항. 조목(条目).

〘助〙

풀：도울 조.
音：ジョ
訓：①すけ ②たすかる ③たすける

❶**助**〔すけ〕①도움. ②보조. ③보좌. 대리직. ④(깡패 사회에서) 정부(情婦).
助番〔すけばん〕보조(보결)의 당번.
助兵衛〔すけべえ〕⇨助平.
助っ人〔すけっと〕보조하여 돕는 사람.
助宗鱈〔すけそうだら〕명태.
助太刀〔すけだち〕도움. 도와주는 사람.
助平〔すけべえ〕호색(好色)함. 好色家.
助平根性〔すけべえこんじょう〕①好色 근성. ②이것저것 욕심내어 손을 댐. 욕심쟁이 심보.
❷**助かる**〔たすかる〕(自5) ①구출되다. 살아나다. ②도움이 되다.
❸**助ける**〔たすける〕(他下1) ①구출하다. 살리다. 구조하다. ②돕다. 거들다.
助け〔たすけ〕구조. 구출. 구원. 도움.
助け船〔たすけぶね〕①구조선. ②도움.

音　読

助教授〔じょきょうじゅ〕조교수.(부교수)
助動詞〔じょどうし〕조동사.
助力〔じょりょく〕조력. 힘을 보탬.
助士〔じょし〕조사. 일을 돕는 사람.

助詞〔じょし〕조사.
助産婦〔じょさんぷ〕조산부. 산파.
助手〔じょしゅ〕조수. 일을 돕는 사람.
助言〔じょげん〕조언. 상대방에게 자기의 생각을 말하여 도와줌.
助役〔じょやく〕조역. 主任을 돕는 식책.
助長〔じょちょう〕조장. 발전하도록 힘을 보태는 것.

〔阻〕 풀：막힐 조.
音：ソ
訓：はばむ

阻む〔はばむ〕(他5) 방해하다. 저지하다. 막다. 行く手を～；가는 길을 막다.

音　読

阻止〔そし〕저지. 눌러 막음.
阻害〔そがい〕저해. 방해함. 発育を～する；발육을 저해하다.

〔祖〕 풀：할아버지 조.
音：① ソ ② ゾ(例外)
訓：

音読 1

祖〔そ〕① 조부. ② 선조. ③ 근원. 시작.
祖国〔そこく〕조국. 본국. 모국.
祖母〔そぼ〕조모. 할머니.
祖父〔そふ〕조부. 할아버지.
祖先〔そせん〕조상. 선조(先祖).
祖宗〔そそう〕선조 대대의 君主.

音読 2

先祖〔せんぞ〕선조. 조상.

〔造〕 풀：지을 조.
音：ゾウ
訓：つくる

造る〔つくる〕(他5) 만들다. 제작하다. 제조하다.
造り〔つくり〕① 만듬. 제작. 제작품. ② 몸집. 몸매. ③ 구조. ④ 화장. 몸단장. ⑤ 거짓 꾸밈. ⑥ 농작물.
造り上げる〔つくりあげる〕(他下1) ① 완성시키다. ② 날조하다. 꾸며 내다.
造り庭〔つくりにわ〕인공(人工) 정원.
造り酒屋〔つくりざかや〕술을 양조하여 파는 가게.
造り出す〔つくりだす〕(他5) ① 만들어 내다. 생산하다. 제조하다. ② 만들기 시작하다. ③ 창작(창조)하다.

連濁音에 注意

石造り〔いしづくり〕석조. 돌로 만듬.
人造り〔ひとづくり〕사람 만들기.
村造り〔むらづくり〕마을 만들기.

音　読

造林〔ぞうりん〕조림. 나무를 심어 숲을 만드는 일.
造物主〔ぞうぶつしゅ〕조물주. 창조주.
造船所〔ぞうせんしょ〕조선소.
造成〔ぞうせい〕조성. 만들어 이룸.
造営〔ぞうえい〕조영. 궁전, 사원을 지음.
造詣〔ぞうけい〕조예. 학식.
造作 〔ぞうさ〕① 힘드는 일. 손이 가고 귀찮은 일. ② 대접을 받음. ～ない；손쉽다. 문제 없다. 어렵지 않다.
〔ぞうさく〕조작. ① 만듬. ② 방안의 장식. ③ 구조. ④ 용모.
造幣〔ぞうへい〕조폐. 화폐를 만듬.
造形〔ぞうけい〕조형. 형체를 만듬.
造花〔ぞうか〕조화. 만든 꽃

〔租〕 풀：세금 조.
音：ソ
訓：

租税〔そぜい〕조세. 세금.
租借〔そしゃく〕조차. 한 나라가 다른 나라 영토 안에 지역을 빌어 일정 기간 그곳을 다스림. (例：홍콩).

〔眺〕 풀：멀리 바라볼 조.
音：チョウ
訓：ながめる

眺める〔ながめる〕(他下1) ① 바라보다. 멀리보다. ② 응시하다.
眺め〔ながめ〕① 경치. 풍경. ② 생각에 잠기어 봄.
眺め入る〔ながめいる〕(他5) 유심히(계속해서)바라보다. 골똘히 바라보다.
眺望〔ちょうぼう〕조망. 먼 곳을 널찍이 바라봄.

〔粗〕 풀：거칠 조.
音：ソ
訓：あらい

粗い〔あらい〕(形) ① 거칠다. 꺼칠꺼칠하다. ② 성기다. 조잡하다.
粗ごなし〔あらごなし〕애벌로 대충 손냄.
粗筋〔あらすじ〕대충의 줄거리. 개요.
粗金〔あらがね〕① 철. 무쇠. ② 파낸 그대로의 금속.
粗塗(り)〔あらぬり〕바닥칠. 초벌칠.
粗木〔あらき〕원목(原木).
粗方〔あらかた〕(副) 대강. 대체. 거의.
粗壁〔あらかべ〕초벽칠만 한 벽.
粗仕事〔あらしごと〕① 힘드는 노동. 막일. ② 강도나 살인.
粗削り〔あらけずり〕① 거칠게 깎음. ②대범함. ② 거침. 조잡함.
粗造り〔あらづくり〕거칠게 만듬.
粗織(り)〔あらおり〕굵고 거친 실로 성기게 짠 옷감.
粗布〔あらぬの〕거칠게 짠 옷감.
粗皮〔あらかわ〕(나무, 과일의) 겉껍질.

音　読

粗末〔そまつ〕(形動) ① 허술함. 변변치 못함. ② 소홀히 함. 낭비함.
粗密〔そみつ〕조밀. 거친것과 촘촘한 것. 조잡함과 정밀함.
粗悪〔そあく〕조악. 좋지 않음.
粗雑〔そざつ〕조잡. 거칠고 엉성함.
粗製〔そせい〕조제. 아무렇게나 엉성하게 만듬.
粗品〔そひん〕조품. 보잘것 없는 물건.

〔組〕 풀：짤 조.
音：ソ
訓：① くむ ② くみ

❶ 組む〔くむ〕(自5) ① 한패가 되다. ② 맞붙다. (他5) ① 엇걸다. 꼬다. ② 짜다. 짜 맞추다. ③ 조직(편성)하다. ④ (수표를)보낼 수속을 하다.
❷ 組〔くみ〕① 조(組). 반(班). ② 한 패의 사람들. 무리. ③ 세트. 짝. 쌍. ④ 조판(組版).
組する〔くみする〕(自サ) 한 패가 되다. 편들다. 가담하다.
組み見本〔くみみほん〕견본 組版.
組曲〔くみきょく〕몇 개의 곡을 한 곡으로 짠 것.
組(み)紐〔くみひも〕끈 끈.
組(み)帯〔くみおび〕실로 친 허리 띠.
組頭〔くみがしら〕조장(組長).
組(み)立(て)〔くみたて〕조립. 구성.
組み立てる〔くみたてる〕(他下1) 조립하다. 구성하다.
組(み)物〔くみもの〕짜 맞춘 물건.
組(み)杯〔くみさかずき〕한 세트의 술잔.
組み付く〔くみつく〕(自5) (싸우려고)맞붙다. 달라붙다.
組み伏せる〔くみふせる〕(他下1) 붙잡아 깔아 누이다.
組み敷く〔くみしく〕(他5) ⇨組み伏せる.
組写真〔くみしゃしん〕몇 개의 사진을 한 장으로 인화한 것.
組糸〔くみいと〕합사(合糸).
組み上がり〔くみあがり〕조판(組版).
組み上げる〔くみあげる〕(他下1) 짜 올리다. 다 짜다.
組緒〔くみお〕끈 끈.
組(み)手〔くみて〕① (씨름의) 서로 맞잡은 팔. ② (배구의) 양손가락을 앞에서 깍지를 낀 상태.
組夜具〔くみやぐ〕이불, 요, 丹前 따위를 한 세트로 한 침구.
組踊り〔くみおどり〕① (두 세사람씩)짝지어 춤을 춤. ② 편성 무용.
組み違える〔くみちがえる〕(他下1) ① 엇갈리게 짜다. ② 잘못 짜다.
組み入れる〔くみいれる〕(他下1) (어떤 조직의) 일부로서 추가하다. ② 큰 것 속에 순서대로 쌓아 넣다.
組み込む〔くみこむ〕(他5) 짜 넣다.
組子〔くみこ〕엮은 문살.
組長〔くみちょう〕조장.
組(み)重〔くみじゅう〕여러층으로 된 찬합.
組み替える〔くみかえる〕(他下1) 다시 짜다. 짜는 방식을 바꾸다.
組(み)討(ち)〔くみうち〕격투. 맞붙어 싸움.
組(み)版〔くみはん〕조판한 판.
組下〔くみした〕반장 밑에 딸린 부하.
組合〔くみあい〕조합. 단체.
組み合う〔くみあう〕(自5) ① 짝이 되다. 한 패가 되다. 편을 짜다. ② 맞붙어 싸우다.
組(み)合(わ)せ〔くみあわせ〕짜맞춤. 편성.
組み合(わ)せる〔くみあわせる〕(他下1) 짜 맞추다. 짝을 짓다. 편성하다.

音　読

組閣〔そかく〕조각. 내각을 조직함.
組成〔そせい〕조성. 엉구어 만듬.
組織〔そしき〕조직. ① 질서를 세워 하나의 통일체를 꾸밈. ② 세포의 집단.

〔釣〕

풀：낚시 조.
音：
訓：① つる ② つり

❶ 釣る〔つる〕(他5) ① 낚다. 잡다. ② 유혹하다. 꾀다.
❷ 釣(り)〔つり〕① 낚시질. ② 거스름돈.
釣竿〔つりざお〕낚싯대.
釣格子〔つりごうし〕밖으로 내밀게 된 창살.
釣具〔つりぐ〕낚시 도구.
釣堀〔つりぼり〕물고기를 길러서 요금을 받고 낚시질하게 하는 못.
釣燈籠〔つりどうろう〕① (처마 끝 따위에) 매다는 등로. ② 첩(妾).
釣籠〔つりかご〕낚시 바구니.
釣木〔つりぎ〕① (천장의)달목. ② 선박을 매다는 나무.
釣釜〔つりがま〕매달아 놓고 쓰는 솥.
釣糸〔つりいと〕낚싯줄.
釣り上がる〔つりあがる〕(自5) 낚이어 오르다. ふながへ；붕어가 낚이다.
釣船〔つりぶね〕낚시하는 작은 배.
釣手〔つりて〕낚시꾼.
釣餌〔つりえ〕낚싯밥. 미끼.
釣り込む〔つりこむ〕(他5) 끌어 들이다. 꾀어 들이다.
釣(り)銭〔つりせん〕거스름돈.
釣(り)殿〔つりどの〕① 연못가에 세운 건물. ② 귀인 저택의 본채의 부속건물.
釣(り)梯子〔つりはしご〕줄사닥다리.
釣(り)天狗〔つりてんぐ〕낚시의 명수라고 스스로 자처하는 사람.
釣り出す〔つりだす〕(他5) ① 낚아 내다. 꾀어 내다. ② 낚시질을 하기 시작하다.
釣(り)針〔つりばり〕낚시 바늘
釣(り)合(い)〔つりあい〕균형. 조화.
釣り合う〔つりあう〕(自5) 균형이 잡히다. 어울리다. 적합하다. 조화되다.

連濁音에 注意

沖釣り〔おきづり〕바다 낚시.
海釣り〔うみづり〕바다 낚시.

〔彫〕

풀：조각할 조.
音：チョウ
訓：ほる

彫る〔ほる〕(他5) ① 조각하다. 새기다. ② 문신을 넣다.
彫り〔ほり〕조각함. 조각한 모양. 윤곽.
彫(り)物〔ほりもの〕① 문신(文身). ② 조각.

連濁音에 注意

木彫り〔きぼり〕나무를 조각함. 木刻.
浮き彫り〔うきぼり〕형상이 도드라지게 조각함. 돋을새김.

彫刻〔ちょうこく〕조각. 새김.
彫金〔ちょうきん〕쇠붙이에 조각함.
彫像〔ちょうぞう〕조각한 상.

〖措〗 풀：둘 조. 音：ソ 訓：おく

措く〔おく〕(他5) ① 중지하다. 그만 두다. ② 놓다. 筆を～; 붓을 놓다.
措辞〔そじ〕조사. (詩歌, 文章에서)문자나 말을 늘어놓는 방법.
措置〔そち〕조치. 처치함.

〖鳥〗 풀：새 조. 音：チョウ 訓：とり

鳥〔とり〕① 새. ② 닭. 닭고기.
鳥肌〔とりはだ〕① 소름. ～が立つ; 소름이 끼치다. ② (상어같이) 깔깔한 살결.
鳥籠〔とりかご〕새장.
鳥網〔とりあみ〕새그물.
鳥小屋〔とりごや〕닭장.
鳥屋〔とりや〕① 새 파는 가게. ② 닭고기나 닭요리를 파는 곳.
鳥威し〔とりおどし〕농작물을 해치는 새 따위를 쫓기 위한 장치(허수아비).
鳥の子〔とりのこ〕① 계란. 달걀. ② 새새끼. 병아리. ③ 달걀색. 담황색.
鳥打ち〔とりうち〕(총으로) 새를 잡음.
鳥打(ち)帽〔とりうちぼ〕사냥모자.

音 読

鳥観図〔ちょうかんず〕조감도. 위에서 내려다 본 상태의 지도나 그림.
鳥類〔ちょうるい〕조류. 날짐승.
鳥目〔ちょうもく〕お～; 구멍이 뚫린 돈.
鳥獣〔ちょうじゅう〕조수. 새와 짐승.
鳥銃〔ちょうじゅう〕조총. 새 잡는 총.

〖朝〗 풀：아침 조. 音：チョウ 訓：あさ

朝〔あさ〕아침.
朝っぱら〔あさっぱら〕이른 아침. ～から 꼭두 (첫) 새벽부터.
朝ぼらけ〔あさぼらけ〕새벽녘. 먼동.
朝間〔あさま〕아침 나절. 아침결.
朝駆け〔あさがけ〕① 아침 일찍 말을 달림. ② (신문기자가) 취재차 아침 일찍 떠남. ③ 이른 새벽에 적진을 침.
朝帰り〔あさがえり〕외박하고 이튿날 아침에 집에 돌아옴.
朝起き〔あさおき〕① 아침에 일찍 일어남. ② 아침에 일어났을 때의 기분.
朝曇り〔あさぐもり〕아침 한때 흐림.
朝涼〔あさすず〕(5월경의) 아침의 시원한 기분. 아침 기분.
朝露〔あさつゆ〕아침 이슬.
朝立ち〔あさだち〕아침 일찍 길을 떠남.
朝晩〔あさばん〕아침 저녁.
朝明け〔あさあけ〕새벽녘. 동이 틀 때.
朝霧〔あさぎり〕아침 안개.
朝未き〔あさまだき〕날이 채 새기 전.
朝飯〔あさめし〕아침밥. 조반.
朝飯前〔あさめしまえ〕① 조반 전. ② 누워서 떡먹기임. 아주 손쉬움.
朝方〔あさがた〕해뜰 무렵. 아침결.
朝夕〔あさゆう〕조석. 아침 저녁. 항상.
朝な夕な〔あさなゆうな〕아침 저녁. 늘.
朝焼け〔あさやけ〕아침놀.
朝市〔あさいち〕아침 시장. 아침 장.
朝顔〔あさがお〕나팔꽃.
朝雲〔あさぐも〕아침 구름.
朝日〔あさひ〕아침 해. 아침 햇빛.
朝日影〔あさひかげ〕아침 햇빛.
朝日子〔あさひこ〕아침 해.
朝な朝な〔あさなあさな〕아침마다.
朝潮〔あさしお〕아침결의 간조(만조).
朝酒〔あさざけ〕아침(부터 마시는) 술.
朝凪ぎ〔あさなぎ〕아침 한때 바다가 잔잔함. 아침 뜸.
朝参り〔あさまいり〕(일과로서) 아침 일찍 神仏에 참배하는 일.
朝寝〔あさね〕아침잠. 늦잠.
朝寝坊〔あさねぼう〕늦잠꾸러기.
朝風〔あさかぜ〕아침 바람.
朝風呂〔あさぶろ〕아침 목욕.
朝寒〔あささむ〕(10월경의) 아침에 썰렁한 느낌. 아침 추위.

例 外

今朝〔けさ〕오늘 아침.

音 読

朝する〔ちょうする〕(自サ) ① 입궐하다. ② 조공을 바치다.
朝刊〔ちょうかん〕조간. 아침 신문.
朝見〔ちょうけん〕천황을 뵘.
朝貢〔ちょうこう〕조공. 宗主国에게 属国이 때 맞추어 礼物을 바치는 것.
朝礼〔ちょうれい〕조례. 조회.
朝食〔ちょうしょく〕아침 식사. 조반.
朝臣〔ちょうしん〕조정의 신하.
朝野〔ちょうや〕조야. 정부와 민간. 전국.
朝廷〔ちょうてい〕조정. 임금이 국가의 정사를 보살피는 곳.

〖詔〗 풀：고할 조. 音：ショウ 訓：みことのり

詔〔みことのり〕조칙. 임금님의 말씀(을쓴 문서). ～を下す; 조칙을 내리다.

音 読

詔書〔しょうしょ〕조서. 임금님의 말씀이 적혀 있는 문서.
詔勅〔しょうちょく〕조칙. 詔書. 勅書.

〖照〗 풀：비칠 조. 音：ショウ 訓：① てらす ② てる ③ てれる

❶照らす〔てらす〕(他5) ① 빛을 비추다. ② 대조하다. 비추어 보다.
❷照る〔てる〕(自5) 비치다.
照り〔てり〕① 볕이 쬠. 일조(日照). ② 윤. 광택. ③ (요리에 사용하는)양념장.
照り降り〔てりふり〕① 晴天과 雨天. ② 晴

雨 겸용의 우산.

照り降り雨〔てりふりあめ〕비가 오다가 개다가 하는 날씨.

照り返し〔てりかえし〕① 반사. 빛이나 열을 되쏘아 뜨겁게 느낌. ② 반사경.

照り返す〔てりかえす〕(他5) 반사(反射)하다. 열이나 빛을 되쏘다.

照り付ける〔てりつける〕(自下1) (햇볕이) 내리 쬐다.

照り焼き〔てりやき〕양념장을 발라 윤이나게 굽는 생선.

照り映える〔てりはえる〕(自下1) 빛을 받아 아름답게 빛나다(보이다).

照り雨〔てりあめ〕여우비.

照り込む〔てりこむ〕(自5) ① (방안으로) 볕이 강하게 들이 쬐다. ② 가뭄이 오래 계속되다.

照り合う〔てりあう〕(自5) ① 서로 비치다. ② 대응하다.

照り輝く〔てりかがやく〕(自5) 아름답게 빛나다.

❸**照れる**〔てれる〕(自下1) 부끄러워하다. 수줍어하다. 거북해하다.

照れ性〔てれしょう〕수줍어하는 성격.

照れ屋〔てれや〕수줍음을 잘 타는 사람.

照れ隠し〔てれかくし〕쑥스러움(멋적음)을 감춤. 겸연쩍음을 감춤.

감춤. 겸연쩍음을 감춤.

照れ臭い〔てれくさい〕멋적다. 겸연쩍다.

音　読

照覧〔しょうらん〕① 자세히 봄. ② 밝게 비추어 봄. ③ 神이 굽어 살핌.

照明〔しょうめい〕조명. ① 불을 비춰 밝게 함. ② 무대 효과를 높이기 위하여 쓰는 광선(光線).

照射〔しょうしゃ〕조사. 햇빛이 강하게 쬠. 광선을 보내어 비춤.

照応〔しょうおう〕① 두 개의 물건이 서로 대응함. ② 문장의 문구가 서로 잘 맞음.

照準〔しょうじゅん〕조준. ① 대조해 보는 표준. ② 총알이 명중하도록 가늠함.

照合〔しょうごう〕조합. 서로 맞추어 봄.

照会〔しょうかい〕조회. 서면으로 문의함.

〔遭〕
풀：만날 조.
音：ソウ
訓：あう

遭う〔あう〕(自5) ① 우연히 만나다. ② 우연히 겪다. 맞다. 道で～; 길에서 마주치다. 雨に～; 비를 만나다.

音　読

遭難〔そうなん〕조난. 산이나 바다에서 생명의 위험에 부딪침.

遭遇〔そうぐう〕조우. 우연히 만남.

〔潮〕
풀：조수 조.
音：チョウ
訓：しお

潮〔しお〕① 조수. 밀물과 썰물. 바닷물. ② 적당한 기회. 적당한 시기.

潮干〔しおひ〕간조(干潮) 바닷물이 썸.

潮干狩り〔しおひがり〕(바닷물이 썬 후)개펄에서의 조개잡이.

潮間〔しおま〕조수가 썬 동안(사이)

潮汲み〔しおくみ〕소금을 만들기 위해 바닷물을 길음.

潮曇(り)〔しおぐもり〕밀물의 물기로 하늘이 흐림.

潮待ち〔しおまち〕밀물을 기다림.

潮頭〔しおがしら〕(밀물의) 물마루.

潮路〔しおじ〕① 조수가 드나드는 길. ② 뱃길. 항로.

潮瀬〔しおせ〕조수의 흐름. 조류(潮流).

潮溜(ま)り〔しおだまり〕갯벌에 바닷물이 괸 곳.

潮目〔しおめ〕① 한류와 난류의 경계점. ② 여름철 바다에서 강한 햇볕으로 눈에 생기는 염증의 증상.

潮上〔しおかみ〕조수가 밀려 오는 쪽.

潮先〔しおさき〕① 밀물의 물마루. ② 사물이 시작될 때. 마음이 통할 때.

潮焼け〔しおやけ〕① 바닷 바람이나 햇볕에 피부가 탐. ② 해상의 수증기가 햇볕에 비쳐서 빨갛게 보임.

潮騒〔しおさい〕파도 소리.

潮垂れる〔しおたれる〕(自下1) ① 바닷물에 젖어서 물방울지어 떨어지다. ② 초라한 꼴이 되다. 후줄근해지다. 기가 죽다. ③ 슬퍼서 눈물에 젖다.

潮時〔しおどき〕① 조수가 들고 날 때. ② 적당한 기회. 기회.

潮染む〔しおじむ〕(自5) ① 해상의 습기나 바닷물에 젖다. ② 몸에 배다. 익숙해지다.

潮影〔しおかげ〕바닷물위에 잔물결의 영향으로 생기는 얼룩 무늬.

潮入り〔しおいり〕① 호수나 강 따위에 바닷물이 들어옴. ② 바닷물이 들어와서 뱃짐이 손상됨.

潮足〔しおあし〕조수의 干満의 속도.

潮吹き〔しおふき〕① 바지락개랑조개. ② 고래가 바닷물을 내뿜음.

潮通し〔しおどおし〕바닷물이 힘차게 흐름.

潮貝〔しおがい〕바닷조개.

潮風〔しおかぜ〕바닷바람. 갯바람.

潮合い〔しおあい〕① 좋은 기회. ② 밀물과 썰물 때의 사이.

潮況〔しおきょう〕(낚시에서) 조수의 흐르는 상태(모양).

音　読

潮流〔ちょうりゅう〕조류. ① 밀물과 썰물 때문에 일어나는 바닷물의 수평 운동. ② 시대의 흐름.

潮水〔ちょうすい〕조수. 밀물과 썰물.

〔嘲〕
풀：조롱할(비웃을)조.
音：チョウ
訓：あざける

嘲る〔あざける〕(他5) ① 비웃다. 조소하다. ② 자연에 흥겨워서 소리내어 읊다.

嘲り〔あざけり〕비웃음. 조소.

嘲弄〔ちょうろう〕조롱. 남을 비웃고 놀림. 우롱함.
嘲笑〔ちょうしょう〕조소. 비웃음.

〔**調**〕 풀：고를 조
音：チョウ
訓：① ととのう ② ととのえる ③ しらべる

❶ **調う**〔ととのう〕(自5) ① 정돈되다. 정비되다. 가지런해지다. ② 갖춰지다. 구비되다. ③ 성립되다.
❷ **調える**〔ととのえる〕(他下1) ① 조절하다. 조정하다. ② 가지런히 하다. 정비하다. 정돈하다. 단정히 하다. ③ 갖추다. 구비하다. 준비하다. ④ 성립시키다.
❸ **調べる**〔しらべる〕(他下1) ① 조사하다. 검토하다. 연구하다. ② 점검하다. 수색하다. 심문하다. 뒤지다. ③ 음악을 연주하다. ④ 음률(音律)을 맞추다.
調べ〔しらべ〕① 조사. 검토. 연구. ② 점검. 수색. 심문. ③ 음악의 가락.
調(べ)帯〔しらべおび〕벨트. 피대.
調(べ)車〔しらべぐるま〕피대를 거는 바퀴.
調(べ)革〔しらべがわ〕피대. 벨트.

音　読

調達〔ちょうたつ〕조달. 자금, 물자 따위를 대 줌.
調理〔ちょうり〕조리. 요리를 함.
調伏〔ちょうぶく〕조복. ① 부처의 힘으로 원수나 마귀를 항복시킴. ② 저주하여 죽임. ③ 몸과 마음을 고르게 하여 모든 악행(悪行)을 제어(制御)함.
調査〔ちょうさ〕조사. 자세히 살펴 봄.
調書〔ちょうしょ〕조서. 취조한 내용을 기록한 문서.
調印〔ちょういん〕조인. 도장을 찍음.
調子〔ちょうし〕① 가락. 멜로디. 곡조. ② 어조(語調) ③ 상태. ④ 형세. ～に乗る; 어떤 분위기에 신이 나서 필요 이상의 말을 하다.
調節〔ちょうせつ〕조절. 알맞게 맞춤.
調停〔ちょうてい〕조정. 중재(仲裁).
調整〔ちょうせい〕조정. 바르게 맞춤.
調剤〔ちょうざい〕조제. 약을 지음.
調和〔ちょうわ〕조화. 잘 어울림.

〔**操**〕 풀：잡을 조.
音：ソウ
訓：① みさお ② あやつる

❶ **操**〔みさお〕① 지조. 절개. ② 여자의 정조. ～を守る; 정조를 지키다.
❷ **操る**〔あやつる〕(他5) ① 조종하다. 다루다. ② 뒤에서 조종하다. ③ 말을 잘 구사하다. 英語を～; 영어를 잘 하다.
操り〔あやつり〕① 조종. ② 인형극. 꼭두각시. 꼭두각시 놀음.

音　読

操業〔そうぎょう〕조업. (공장에서)기계를 움직이며 작업을 함.
操作〔そうさ〕조작. ① 작용시킴. 움직이게 함. ② 조작함. 처리.
操縦〔そうじゅう〕조종. 자기의 뜻대로 기계나 사람을 움직임.
操車場〔そうしゃじょう〕조차장. (철도에서) 차량을 다루는 곳.
操行〔そうこう〕행동. 품행.

〔**燥**〕 풀：마를 조.
音：ソウ
訓：

乾燥〔かんそう〕건조. 마름.
焦燥〔しょうそう〕초조. 애를 태움. 마음을 졸임.

〔**繰**〕 풀：고치 켤 조.
音：
訓：くる

繰る〔くる〕(他5) ① 감다. 당기다. 糸を～; 실을 감다. ② (책장을)넘기다. ページを～; 책장을 한 장씩 넘기다. ③ (날짜를)하나하나 세다. 日数を～; 날짜를 세다. ④ (손끝으로) 굴리다. じゅずを～; 염주를 하나하나 굴리다.
繰り広げる〔くりひろげる〕(他下1) 차례차례로 펼치다. 전개하다.
繰り寄せる〔くりよせる〕(他下1) ① 끌어당기다. ② 다가 오다.
繰り戻す〔くりもどす〕(他5) ① 점차로 제자리에 돌리다. ② 되풀이하다.
繰り綿〔くりわた〕씨만 뺀 솜.
繰り返す〔くりかえす〕(他5) 반복하다. 되풀이하다.
繰り糸〔くりいと〕실을 짜음. 짜은 실.
繰り上げ〔くりあげ〕(예정보다) 앞당김. 차례로 앞으로(위로)올림.
繰り上げる〔くりあげる〕(他下1) (예정보다) 앞당기다. 차례로 앞으로(위로)올리다.
繰り言〔くりごと〕되풀이하여 하는 말. 잔소리. 불평. 푸념.
繰り延べ〔くりのべ〕차례로 미룸.
繰り延べる〔くりのべる〕(他下1) 날짜나 시각을 차례로 미루다. 順延하다.
繰り越し〔くりこし〕이월(移越).
繰り越す〔くりこす〕(他5) 이월(移越) 하다.
繰り入れる〔くりいれる〕(他下1) ① 차례차례로 당겨 들이다. ② 이월(移越)하다.
繰り込む〔くりこむ〕(自5) 몰려 들어오다. (他5) ① 무더기로 들어가게 하다. ② 우수리를 셈에 넣다. ③ (그 일부로) 집어넣다. ④ 끌어 당기다.
繰り替える〔くりかえる〕(他下1) ① 교환하다. 바꿔치다. ② 둘러 대다. 변통하다.
繰り替え金〔くりかえきん〕대체금.
繰り出す〔くりだす〕(他5) ① (실을)자아내다. 풀어 내다. ② 계속 투입하다. 계속 내보내다. ③ 세게 찌르다. (自5) 여럿이 몰려 나가다.
繰り下げる〔くりさげる〕(他下1) (차례로) 뒤로(다음으로) 물리다(돌리다).
繰り下ろす〔くりおろす〕(他5) 차례로 다음으로 미루다. 차례로 내려 보내다.
繰り合(わ)せる〔くりあわせる〕(他下1)이

리저리 변통하다. 둘러대다.
繰(り)戸〔くりど〕빈지문. 덧문.
繰り回す〔くりまわす〕(他5) 이리저리 둘러대다. 변통하다.

連濁音에 注意

資金繰り〔しきんぐり〕자금 융통.
勘定繰る〔かんじょうぐる〕(他5) 의심하여 억측하다.

【족】

〔足〕 풀：발 족.
音：① ソク ② ゾク ③ ソッ
訓：① あし ② たらず
③ たりる ④ たす

❶ 足〔あし〕① 발. ② 발걸음. ③ 발길. ④ (사람의) 다리. ⑤ 발자취. ⑥ 단서. 꼬리. ⑦ 기슭. ⑧ 움직임. 속도. ⑨ お～; 돈. ⑩ 부족액. 손해.
❷ 足らず〔たらず〕…채 안됨. 十人～で; 10명이 채 못되는 인원으로.
❸ 足りる〔たりる〕(自上1) ① 족하다. 충분하다. ② …할 만하다.
❹ 足す〔たす〕(他5) ① 더하다. 보태다. ② 끝내다. 마치다.
足し〔たし〕보탬. 도움. 소용.
足ついで〔あしついで〕나선 길. 가는 길.
足つき〔あしつき〕① 걸음걸이. 걸음새. ② 도구에 다리가 달려 있음.
足まめ〔あしまめ〕(形動) 부지런히 잘 돌아다님.
足枷〔あしかせ〕족가. 차꼬.
足継ぎ〔あしつぎ〕① 발판. ② 높이를 돋우기 위하여 밑에 댐.
足固め〔あしがため〕① 걷는 연습. ② 기초를 튼튼히 함. 기초를 다짐.
足慣(ら)し〔あしならし〕① 걷는 연습. ② 사전 준비. 시험삼아 해봄. 가벼운 연습.
足掛かり〔あしがかり〕① 발 붙일 데. 발판. 거점. ② 실마리.
足掛け〔あしかけ〕(기간을 셀 때 쓰는 말) 햇수로. 달수로. 일수로. ～五年だ; 햇수로 5년이다.
足踏み〔あしぶみ〕제자리걸음. 답보상태.
足代〔あしだい〕교통비.
足留め〔あしどめ〕① 못가게 말림. 붙잡음. ② 외출 금지. 금족(禁足).
足溜(ま)り〔あしだまり〕① 잠깐 머무르는 곳. 근거지. ② 발판.
足裏〔あしうら〕발바닥.
足拍子〔あしびょうし〕발장단.
足癖〔あしくせ〕① 걸음걸이나 앉음새의 버릇. ② (서름의) 다리 재간.
足並(み)〔あしなみ〕보조(歩調). 발.
足払い〔あしばらい〕(유도에서) 다리후리기
足速〔あしばや〕(形動) 걸음이 빠름.
足首〔あしくび〕발목.
足弱〔あしよわ〕다리가 약해서 잘 걷지 못함. 또는 그런 사람.
足業〔あしわざ〕(유도, 씨름) 다리 재간.
足芸〔あしげい〕발로 하는 곡예. 발재주.
足腰〔あしこし〕다리와 허리.
足音〔あしおと〕발소리.
足任せ〔あしまかせ〕① 발길 가는 대로 걸음. 발 내키는 대로 걸음. ② 걸을 수 있는 데까지 걸음.
足場〔あしば〕① 발판. 디딜 곳. 발붙일 곳. ② 기반. 토대. ③ 발밑. ④ 교통의 편리. 교통편. ⑤ 위치.
足跡〔あしあと〕① 발자취. 발자국. ② 행방. 종적. ③ 업적.
足拵え〔あしこしらえ〕신발, 각반 등의 차림새를 걷기 편하도록 단단히 함.
足指〔あしゆび〕발가락.
足蹴〔あしげ〕걷어참. 발길질. 몹쓸 짓.
足取り〔あしとり〕(씨름) 상대의 다리를 낚아 넘어뜨리는 수.
〔あしどり〕① 발걸음. ② 발자취. ③ 시세의 움직임.
足探り〔あしさぐり〕(안 보이는 데서) 발끝으로 더듬기.
足湯〔あしゆ〕(피로를 풀기 위해) 무릎 아래를 뜨거운 물에 담그는 일.
足駄〔あしだ〕굽 높은 왜나막신.
足下〔あしもと〕① 발밑. ② 주변. 신변. ③ 발걸음. ④ 기반. 지반. ⑤ 약점. 헛점. ⑥ ～の明るいうち; 날이 저물기 전에. 때가 늦기 전에. 비밀이 드러나기 전에. 때가 늦기 전에. 비밀이 드러나기 전에.
足許〔あしもと〕발밑.

例　外

足袋〔たび〕일본식 버선.
足掻く〔あがく〕(自5) ① (말 따위가) 앞발을 내젓다. ② 발버둥치다. 몸부림치다 ③ (속태우며) 애쓰다.

音読 1

足労〔そくろう〕걷는 수고.
不足〔ふそく〕부족. 모자람.

音読 2

満足〔まんぞく〕만족. 부족함이 없음.
三足〔さんぞく〕세 켤레.

音読 3

足下〔そっか〕① 발 아래. ② (편지를 받을 사람. 이름 밑에 쓰는 존칭) 귀하.

〔族〕 풀：겨레 족.
音：ゾク.
訓

族生〔ぞくせい〕풀 따위가 더부룩하게 남. 군생(群生).
族制〔ぞくせい〕가족, 씨족 등의 제도.
家族〔かぞく〕가족. 집안 식구.
民族〔みんぞく〕민족. 겨레.
部族〔ぶぞく〕부족.

【존】

〖存〗 풀：있을 존.
音：①ソン ②ゾン
訓：

音 読 1

存する〔そんする〕(自サ) ① 존재하다. ②있다. (他サ) 보존하다. 간직하다.
存立〔そんりつ〕존립. 유지해 나감.
存亡〔そんぼう〕존망. 존재와 멸망.
存否〔そんぴ〕존부. ①있는 지 없는 지의 여부. ②生死의 여부.
存続〔そんぞく〕존속. 오래 존재함.
存在〔そんざい〕존재. 있음.
存置〔そんち〕그대로 남겨 둠.
存廃〔そんぱい〕존폐. 보존과 폐지.

音 読 2

存じ〔ぞんじ〕알고 있음. 생각하고 있음.
存じる〔ぞんじる〕(自上1) '思う'와 '知る'의 공손한 말.
存じ寄り〔ぞんじより〕의견. 생각.
存じ寄る〔ぞんじよる〕(他5) 깨닫다. 생각이 미치다.
存じ掛け無い〔ぞんじがけない〕(形) 뜻하지 않다.
存じ上げる〔ぞんじあげる〕(他下1) '思う'와 '知る'의 공손한 말.
存念〔ぞんねん〕생각. 염려.
存命〔ぞんめい〕존명. 생존해 있음.
存分〔ぞんぶん〕(副) ~に：마음대로. 뜻대로.
存生〔ぞんじょう〕살고 있음.
存外〔ぞんがい〕의외로. 뜻밖에.
存意〔ぞんい〕뜻하는 바. 생각. 희망.
存知〔ぞんち〕알고 있는 것.

〖拵〗 풀：지을 존.
音：
訓：こしらえる

拵える〔こしらえる〕(他下1) ① 만들다. ②마련하다. ③꾸미다. 치장하다. ④날조하다. ⑤낳다. ⑥얼렁뚱땅하여 넘기다.
拵え〔こしらえ〕①만듦새. 마무리. 짜임새. ②치장. 꾸밈. 화장. ③준비.
拵え事〔こしらえごと〕날조. 허구(虛構).

〖尊〗 풀：높을 존.
音：①ソン ②ゾン(例外).
訓：①たっとい：とうとい
②たっとぶ：とうとぶ

❶尊い〔たっとい：とうとい〕(形) 소중하다. 귀중하다. 고귀하다.
❷尊ぶ〔たっとぶ：とうとぶ〕(他5) 공경하다. 존경하다. 존중하다.

音 読 1

尊敬〔そんけい〕존경. 받들어 공경함.
尊貴〔そんき〕존귀. 지위가 높고 귀함.
尊堂〔そんどう〕존당. 남의 집의 존칭.
尊大〔そんだい〕존대. 교만하고 잘난 체함.
尊父〔そんぷ〕남의 아버지의 존칭.
尊崇〔そんすう〕존숭. 존경하고 숭배함.
尊厳性〔そんげんせい〕존엄성.
尊重〔そんちょう〕존중. 높이고 존경함.
尊称〔そんしょう〕존칭. 높임말.

音 読 2

本尊〔ほんぞん〕(仏教) 본존.
三尊〔さんぞん〕(仏教) 삼존.

【졸】

〖卒〗 풀：군사 졸. 죽을 졸.
音：①ソツ ②ソッ
訓：

音 読 1

卒業〔そつぎょう〕졸업. 학교에서 규정된 과정을 마침.
卒然〔そつぜん〕①경솔하게. ②돌연히.

音 読 1

卒する〔そっする〕(自サ) 졸하다. 죽다.
卒倒〔そっとう〕졸도. 갑자기 의식을 잃고 쓰러짐.
卒中〔そっちゅう〕졸중. 뇌출혈으로 갑자기 쓰러지는 병.

〖拙〗 풀：졸할 졸.
音：①セツ ②セッ
訓：まずい：つたない

拙い〔まずい〕(形) 서투르다. 졸렬하다.
〔つたない〕(形) ①서투르다. 졸렬하다. ②어리석다. 무능하다. ③운이 없다. 운수가 나쁘다. 불운하다.

音 読 1

拙〔せつ〕서투름.
拙技〔せつぎ〕졸기. 서투른 재주.
拙論〔せつろん〕졸론. 자기의 논설을 겸사로 일컫는 말.
拙悪〔せつあく〕(形動) 서투르고 나쁨.
拙劣〔せつれつ〕졸렬. 몹시 서투름. 용렬하고 잔졸함.

音 読 2

拙稿〔せっこう〕졸고. 서투른 원고.
拙速〔せっそく〕졸속. 아무렇게나 빨리 해치움. 서투르지만 일이 빠름.
拙守〔せっしゅ〕(야구) 서투른 수비.
拙者〔せっしゃ〕졸자. 못난 사람.
拙作〔せっさく〕졸작. 서투른 작품.
拙策〔せっさく〕졸책. 서투른 책략.

【종】

〔宗〕 풀：마루 종. 으뜸 종.
音：① シュウ ② ソウ
訓：

音読 1

宗教〔しゅうきょう〕종교. 신앙.
宗論〔しゅうろん〕종교상의 논쟁.
宗門〔しゅうもん〕종문. 종파(宗派).
宗旨〔しゅうし〕종지. ① 종문의 취지. ② 방면. 부분. ③ 종교의 교의.
宗派〔しゅうは〕종파. 宗門의 分派.

音読 2

宗家〔そうけ〕종가. 큰집. 본가.
宗匠〔そうしょう〕종장. 詩歌, 茶道 등의 사장(師匠).
宗主〔そうしゅ〕종주. ① 근원. ② 大本으로 받들어 모시는 것. ③ 두목.

〔従〕 풀：따를 종.
音：① ジュ ② ジュウ ③ ショウ
訓：① したがう ② したがえる

❶ 従う〔したがう〕(自5) ① 따르다. 복종하다. ② 쏠리다. 草が風に～; 풀이 바람에 쏠리다.
❷ 従える〔したがえる〕(他下1) ① 복종시키다. 따르게 하다. ② 거느리다.

例 外

従兄弟〔いとこ〕종형제. 사촌 형제.

音読 1　音読 2

従〔じゅ〕벼슬의 하나. ～一位. ～二位.
従〔じゅう〕종. 부수적인 것. 종속되어 있는 것. 주된 것에 딸려 있는 것.
従軍〔じゅうぐん〕종군. 군대를 따라서 싸움터로 나아감.
従来〔じゅうらい〕종래. 이제까지.
従犯〔じゅうはん〕종범. 主犯을 도운 자.
従僕〔じゅうぼく〕종복. 사내종.
従事〔じゅうじ〕종사. 어떤 일에 힘씀.
従属〔じゅうぞく〕종속. 딸림. 부수적임.
従業員〔じゅうぎょういん〕종업원.
従者〔じゅうしゃ〕종자. 데리고 다니는 사람. 수행원.
従前〔じゅうぜん〕종전. 전부터 있는대로.
従卒〔じゅうそつ〕종졸. 딸린 병졸.

音読 3

従容〔しょうよう〕종용. 조용함.
追従〔ついしょう〕추종. 남의 뒤를 좇음.

〔終〕 풀：마칠 종.
音：① シュウ ② ジュウ
訓：① おえる ② おわる ③ しまう ④ ついに

❶ 終える〔おえる〕(他下1)(끝) 마치다.
❷ 終わる〔おわる〕(自5) 끝나다. (他5) 끝마치다.
終(わ)り〔おわり〕끝. 끝남. 마지막.
終(わ)り初物〔おわりはつもの〕만물처럼 귀중히 여기는 야채, 과일 등의 끝물.
❸ 終う〔しまう〕(自5) 끝나다. 파하다. (他5) ① 끝내다. 파하다. 마치다. ② (가게를) 닫다. ③ 챙기다. 치우다. ④ 안에 넣다. 간수하다.
終い〔しまい〕① 끝. 마지막. 최후. ② 끝맺음. 끝남. 파(罷)함. ③ 매진(売尽).
終い湯〔しまいゆ〕(다른 사람이 파하고 난 뒤에 하는) 그 날의 마지막 목욕.
❹ 終に〔ついに〕(副) ① 드디어. 마침내. 결국. ② 지금껏. 끝끝내. 최후까지. 한번도.

音読 1

終刊〔しゅうかん〕종간. 최후로 간행함.
終決〔しゅうけつ〕종결. 끝맺음.
終局〔しゅうきょく〕종국. 끝판.
終幕〔しゅうまく〕종막. ① 연극의 마지막 막. ② 사건의 끝맺음.
終末〔しゅうまつ〕종말. 끝판.
終盤〔しゅうばん〕종반.
終息〔しゅうそく〕종식. 한때 성하든 것이 주저앉아서 그침.
終身〔しゅうしん〕종신. 한평생.
終業〔しゅうぎょう〕종업. ① 일을 다 끝냄. ② 학교에서 학업이 끝남.
終戦〔しゅうせん〕종전. 전쟁이 끝남.
終点〔しゅうてん〕종점. 마지막 도착점.
終助詞〔しゅうじょし〕종조사.
終止〔しゅうし〕종지. 마지막. 끝.
終着〔しゅうちゃく〕종착. 마지막으로 도착함.

音読 2

始終〔しじゅう〕시종. ① 처음부터 끝까지 ② 언제나. 끊임없이.

〔種〕 풀：씨앗 종.
音：シュ
訓：たね

種〔たね〕① 종자. 씨앗. ② (사물의) 원인. ③ 재료. ④ 술법. 수. ⑤ 요리 재료.
種馬〔たねうま〕씨받이 말.
種明(か)し〔たねあかし〕의문점을 풀어줌. 술법을 설명하여 보여줌.
種物〔たねもの〕① 씨앗. ② 고기나 튀김의 건더기가 든 국수.
種変(わ)り〔たねがわり〕① 배 다른 형제. ② 변종(変種).
種本〔たねほん〕토대가 되는 책.
種付け〔たねつけ〕우량종의 수컷을 암컷에 교배(交配)시킴.
種蒔〔たねまき〕씨뿌리기.
種牛〔たねうし〕씨받이 소.
種芋〔たねいも〕씨감자. 씨고구마.
種油〔たねあぶら〕씨앗에서 짠 기름.
種切れ〔たねぎれ〕재료가 떨어짐.
種取り〔たねとり〕① 씨를 받음. ② 取材하러 돌아다님. ③ 씨받이 동식물.
種板〔たねいた〕사진 원판.
種下ろし〔たねおろし〕씨뿌리기.
種火〔たねび〕불씨.

連濁音에 注意

落とし種〔おとしだね〕사생아. 서자.

変わり種〔かわりだね〕변종. 괴짜.

音　読

種痘〔しゅとう〕종두. 우두.
種類〔しゅるい〕종류. 비슷한 분류.
種目〔しゅもく〕종목. 종류 이름.
種苗〔しゅびょう〕종묘. 씨와 모종.
種別〔しゅべつ〕종별. 종류에 의한 구별.
種芸〔しゅげい〕농작물의 이식(移植).
種子〔しゅし〕종자. 씨앗.
種族〔しゅぞく〕종족. 공통된 언어, 풍속, 습관을 가진 사람들의 집단.
種種〔しゅじゅ：くさぐさ〕여러 가지.
種種相〔しゅじゅそう〕여러 가지 모양. 이모 저모.
種畜〔しゅちく〕종축. 씨받이 동물.

〔**綜**〕 풀：모을 종.
音：**ソウ.**
訓：

綜合〔そうごう〕종합. 크게 하나로 간추림 ～大学; 종합 대학.

〔**縦**〕 풀：세로 종.
音：**ジュウ**
訓：**たて**

縦〔たて〕세로. ～の関係; 종적 관계.
縦坑〔たてこう〕수직으로 판 갱.
縦結び〔たてむすび〕가로로 될 매듭이 세로로 잘못 맺은 매듭.
縦糸〔たていと〕날실.
縦書(き)〔たてがき〕종서. 글을 세로로 씀.
縦笛〔たてぶえ〕피리, 퉁소 따위.
縦組〔たてぐみ〕활자를 세로로 짜기.
縦軸〔たてじく〕종축. 세로의 축.
縦穴〔たてあな〕지면에서 곧게 내리 판 굴. 수혈(竪穴).
縦縞〔たてじま〕세로의 줄무늬.
縦割〔たてわり〕① 세로로 쪼갬. ② 종적인 관계.

音　読

縦貫〔じゅうかん〕종관. 세로로 꿰뚫음.
縦断〔じゅうだん〕종단. 세로로 끊음.
縦隊〔じゅうたい〕세로로 줄진 대열.
縦覧〔じゅうらん〕마음대로 보고 구경함.
縦走〔じゅうそう〕① 세로로 달림. ② 산등성이를 타고 걸음.
縦横〔じゅうおう〕종횡. ① 가로와 세로. ② 사방. ③ 마음대로.

〔**鐘**〕 풀：쇠북 종.
音：**ショウ**
訓：**かね**

鐘〔かね〕종.
鐘撞き：鐘突き〔かねつき〕① 종을 침. ② 종지기. ～堂; 종루(鐘楼).

音　読

鐘鼓〔しょうこ〕종과 북.
鐘楼〔しょうろう〕종루. 종각(鐘閣).
鐘声〔しょうせい〕종성. 종소리.
鐘乳洞〔しょうにゅうどう〕석회암이 지하수 등에 침식되어 이루어진 동굴.

【좌】

〔**左**〕 풀：왼 좌.
音：**サ**
訓：**ひだり**

左〔ひだり〕① 왼쪽. 왼편. ② 좌익.
左巻き〔ひだりまき〕① 왼쪽으로 감음. ② 사고 방식이 정상적이 아님. 괴짜.
左団扇〔ひだりうちわ〕놀고도 생활에 걱정이 없이 편안히 지냄.
左党〔ひだりとう〕술꾼. 주당(酒党).
左利き〔ひだりきき〕① 왼손잡이. ② 술에 셈. 술에 강한 사람.
左褄〔ひだりづま〕① 왼쪽 옷단. ② 기생의 신분. ～をとる; 기생 노릇을 하다.
左手〔ひだりて〕① 왼손. ② 왼편. 왼쪽.
左前〔ひだりまえ〕① 왼섶을 안으로 들어가게 입음. ② 경제적으로 곤란해짐. 가세가 기욺. 불우해짐.
〔さぜん〕(야구) 레프트의 앞.
左側〔ひだりがわ〕좌측. 왼쪽.
左向き〔ひだりむき〕① 좌향(左向). ② 역행(逆行)함. 불우해짐. 가세가 기욺.

音　読

左のとおり〔さのとおり〕좌와 같이.
左官〔さかん〕미장이. ～屋; 미장이.
左傾〔さけい〕좌경. ① 왼쪽으로 기욺. ② 급진(공산) 사상을 가짐.
左記〔さき〕좌기. 다음에 적음.
左岸〔さがん〕좌안. 왼쪽 기슭.
左眼〔さがん〕좌안. 왼쪽 눈.
左様奈良〔さようなら〕안녕히 계십시오. 안녕히 가십시오.
左右〔さゆう〕① 좌우. ② 좌우함. ③ 곁. 측근자(側近者). ④ 이랬다 저랬다 함.
左翼〔さよく〕좌익. ① 왼쪽 날개. ② 급진적인 혁명적 사상.
左折〔させつ〕좌회전(左回転).
左程〔さほど〕(副) 그다지. 별로.
左遷〔させん〕좌천. 좋은 자리에서 낮은 자리로 떨어뜨림.
左派〔さは〕좌파. 좌익. 급진파.
左舷〔さげん〕좌현. 왼쪽 뱃전.

〔**佐**〕 풀：도울 좌.
音：**サ.**
訓：

佐官〔さかん〕군대의 領官 계급의 총칭.
補佐〔ほさ〕보좌. 사람을 도와 일을 처리함. 또는 그런 사람.

〔**坐**〕 풀：앉을 좌.
音：**ザ**(자세한 것은 **座**참조).
訓：**すわる**

坐る〔すわる〕(自5) ① 앉다. ② 자리 잡다.
坐り〔すわり〕① 앉음. ② 앉음새. 안정.
坐り込み〔すわりこみ〕눌러 앉음. 농성.
坐り込む〔すわりこむ〕(自5) 들어가 앉다.

눌어붙다. 버티고앉다. 연좌하다. 농성하다.

〘座〙 풀 : 앉을 좌.
音 : **ザ**
訓 : **すわる**

座る〔すわる〕(自5) ①앉다. ②단단히 자리 잡다. ③어느 지위를 이어받다.
座り〔すわり〕①앉음. ②앉음새. 安定.
座り心地〔すわりごこち〕앉은 기분. 앉음새.
座り込み〔すわりこみ〕눌러앉음. 농성.
座り込む〔すわりこむ〕(自5) 농성하다. 들어가 앉다. 버티고 앉다. 눌어붙다. 주저앉아 움직이지 않다.

音 読

座〔ざ〕①자리. 좌석. ～につく : 자리에 앉다. ②회합(會合). ～が白ける : 좌흥(座興)이 깨지다. ～を取る : 분위기를 맞추다. ③집단. 단체. ④극장.
座する〔ざする〕(自サ) ①앉다. ②사건에 관련되다.
座高〔ざこう〕좌고. 앉은 키.
座骨〔ざこつ〕좌골.
座金〔ざがね〕장롱 손잡이의 금속판.
座談〔ざだん〕좌담. 앉아서 하는 이야기.
座敷〔ざしき〕①객실. 손님방. ②다다밋방. ③잔치 좌석. ④연회 시간. ⑤기생들이 객석의 부름을 받음.
座敷牢〔ざしきろう〕狂人을 가두는 방.
座像〔ざぞう〕좌상. 앉아 있는 형상.
座席〔ざせき〕좌석. 앉은 자리.
座禅〔ざぜん〕좌선.
座視〔ざし〕좌시. 가만히 두고 봄.
座薬〔ざやく〕좌약. 꽂아 넣는 약.
座業〔ざぎょう〕좌업. 앉아서 하는 직업.
座右銘〔ざゆうめい〕좌우명. 格言.
座元〔ざもと〕흥행사. 흥행장 주인.
座長〔ざちょう〕극단장(劇団長).
座中〔ざちゅう〕좌중. 여럿이 모인 자리.
座持ち〔ざもち〕좌석의 흥을 돋움.
座礁〔ざしょう〕좌초. 배가 암초에 얹힘.
座標〔ざひょう〕좌표.
座布団〔ざぶとん〕방석.
座蒲団〔ざぶとん〕⇨座布団.

〘挫〙 풀 : 꺾을 좌.
音 : **ザ**
訓 : **くじく**

挫く〔くじく〕(他5) ①삐다. 足を～ : 발을 삐다. ②(기세를) 꺾다. 누르다. 強きを～ : 강자를 누르다.

音 読

挫頓〔ざとん〕좌돈. 계획이 허사가 됨.
挫折〔ざせつ〕좌절. 꺾임. 어떤 계획이나 일이 실패로 돌아감.

【죄】

〘罪〙 풀 : 죄 죄.
音 : **ザイ**
訓 : **つみ**

罪〔つみ〕①죄. ②책임. 잘못. ③못할 짓. 무자비. 심함.
罪する〔つみする〕(他サ) 벌주다. 처벌하다.
罪科〔つみとが : ざいか〕죄과. 과오. 죄악.
罪滅ぼし〔つみほろぼし〕속죄(贖罪).
罪深い〔つみぶかい〕(形) 죄가 많다.
罪人〔つみびと : ざいにん〕죄인.
罪作り〔つみつくり〕죄를 지음. 죄가 됨.

音 読

罪過〔ざいか〕죄과. 그릇된 허물.
罪名〔ざいあい〕죄명. 죄의 이름.
罪囚〔ざいしゅう〕죄수. 옥에 갇힌 죄인.
罪悪〔ざいあく〕죄악. 죄.
罪人〔ざいにん : つみびと〕죄인.
罪証〔ざいしょう〕죄증. 범죄의 증거.
罪質〔ざいしつ〕죄질. 범죄의 성질.
罪責〔ざいせき〕죄책. 범죄의 책임.

【주】

〘主〙 풀 : 주인 주.
音 : ①**シュ** ②**ジュ** ③**ズ**
訓 : ①**おも** ②**ぬし**

❶主〔おも〕(形動) ①주요(중요)함. ～な人 : 주된 사람. ～に : 주로. ②가장 필요함.
❷主〔ぬし〕①주인. 임자. ②남편. ③터주. ④(사람의 존칭) 님. ⑤お～ : 임자. 당신.

音 読 1

主として〔しゅとして〕(副) 주로.
主幹〔しゅかん〕주간. 어떤 일을 맡아서 처리하는 사람.
主管〔しゅかん〕주관. 주장하여 관리함.
主観〔しゅかん〕주관. 자기의 생각.
主権〔しゅけん〕주권. 주된 권력.
主動〔しゅどう〕주동. 주장이 되어 행함.
主力〔しゅりょく〕주력. 중심이 되는 힘.
主流〔しゅりゅう〕주류. 큰 물줄기.
主婦〔しゅふ〕주부.
主席〔しゅせき〕주석. 주인 자리.
主食〔しゅしょく〕주식. 주된 식사.
主審〔しゅしん〕주심. 으뜸 심판.
主眼〔しゅがん〕주안. 주되는 목표.
主語〔しゅご〕주어. 주격이 되는 말.
主役〔しゅやく〕주역. 주요 인물.
主演〔しゅえん〕주연. 주인공으로 출연함.
主要〔しゅよう〕주요. 가장 중요함.
主義〔しゅぎ〕주의. 일정한 방침. 주장.
主因〔しゅいん〕주인. 근본 원인.

主人〔しゅじん〕①주인. ②남편.
主人公〔しゅじんこう〕주인공.
主張〔しゅちょう〕주장. 자기의 의견.
主将〔しゅしょう〕주장. 우두머리 선수.
主題〔しゅだい〕주제. 주장이 되는 제목.
主従〔しゅじゅう〕주종. 주인과 종.
主唱〔しゅしょう〕주창. 앞장서 부르짖음.
主体性〔しゅたいせい〕주체성.
主催〔しゅさい〕주최. 주장하여 엶.
主軸〔しゅじく〕주축. 주된 축.

音読 2

貫主〔かんじゅ〕(불교의 天台宗에서) 최고의 승직(僧職).

音読 3

坊主〔ぼうず〕중. 까까중.

〔州〕 풀：고을 주.
音：シュウ
訓：す

州〔す〕흙이나 모래가 퇴적하여 수면에 나타난 땅.
三角州〔さんかくす〕삼각주.

音読

州〔しゅう〕주. 외국의 행정 구획.
州立〔しゅうりつ〕주립. 州에서 설립함.
九州〔きゅうしゅう〕구주. 일본 남쪽에 있는 큰 섬.

〔朱〕 풀：붉을 주.
音：シュ
訓：あけ

朱〔あけ〕붉은빛. 주홍색.
〔しゅ〕① 주홍색. ② 인주(印朱). ③ 江戸시대의 화폐의 단위. ④ 朱子. ～に交われば赤くなる; 근무자흑.(近墨者墨)
朱塗り〔しゅぬり〕주홍색으로 칠함.
朱書〔しゅしょ〕朱墨으로 쓴 글씨.
朱肉〔しゅにく〕인주(印朱).
朱子学〔しゅしがく〕주자학.

〔舟〕 풀：배 주
音：シュウ
訓：① ふね ② ふな～.

❶ 舟〔ふね〕배.

連濁音에 注意

渡し舟〔わたしぶね〕나룻배.
小舟〔こぶね〕작은 배.
釣り舟〔つりぶね〕낚싯배.
丸木舟〔まるきぶね〕통나무 배.

訓読 2

舟歌〔ふなうた〕뱃노래. 뱃사공들의 노래.
舟遊び〔ふなあそび〕뱃놀이.
舟人〔ふなびと〕뱃사람. 뱃사공.

音読

舟運〔しゅううん〕배로 하는 수송(輸送).
舟遊〔しゅうゆう〕뱃놀이.
舟艇〔しゅうてい〕주정. 작은 배. 보우트.
舟行〔しゅうこう〕배로 항행(航行)함.

〔住〕 풀：살 주.
音：ジュウ
訓：① すまう ② すむ

❶ 住まう〔すまう〕(自5) 살고 있다. 살다.
住(ま)い〔すまい〕주소. 사는 일. 생활.

連濁音에 注意

居住まい〔いずまい〕앉은 자세.
独り住まい〔ひとりずまい〕독신 생활.
宿屋住まい〔やどやずまい〕여관 생활.
田舎住まい〔いなかずまい〕시골 살림.
❷ 住む〔すむ〕(自5) ① 거처하다. 살다. ② 깃들이다.
住みよい〔すみよい〕(形) 살기 좋다.
住み慣らす〔すみならす〕(他5) (집에) 오래 살아 살기 좋게 하다.
住み慣れる〔すみなれる〕(自下1) 오래 살아 정이 들다.
住み成す〔すみなす〕(自5) ① 살다. 거처로 하다. ② 사는 모양이…하다.
住(み)込(み)〔すみこみ〕고용주의 집 (직장)에서 삶. 더부살이. 입주(入住).
住み込む〔すみこむ〕(自5) 고용주의 집이나 직장에서 살다. 더부살이 하다.
住み着く〔すみつく〕(自5) ① 눌러 살다. 자리잡고 살다. ② 부부가 되어 정착하다.
住み処〔すみか〕① 거처. 살고 있는 곳. 살림 집. ③ 소굴. 굴.
住み替える〔すみかえる〕(他下1) ① 옮겨 살다. 이주하다. 이사하다. ② 주인을 바꿔 더부살이하다. 기생이 주인을 바꾸다.
住み替わる〔すみかわる〕(自5) ① 거주인이 바뀌다. ② 이사하다. 이주하다.
住み荒らす〔すみあらす〕(他5) 살아서(집이나 방 따위를) 낡게 하다.

音読

住〔じゅう〕① 삶. 거주(居住). ② 집.
住する〔じゅうする〕(自サ) ① 살다. ② 머무르다. 정지하다.
住家〔じゅうか〕사는 집. 주택.
住民〔じゅうみん〕주민. 그 곳에 사는 백성. ～税; 주민세.
住所〔じゅうしょ〕주소. 살고 있는 곳.
住持〔じゅうじ〕주지. 절의 으뜸가는 중.
住職〔じゅうしょく〕절의 우두머리. 주지.
住宅〔じゅうたく〕주택. 사는 집.

〔走〕 풀：달아날 주
音：ソウ
訓：① はしらす ② はしる

❶ 走らす〔はしらす〕(他5) ① 빨리 움직이다. 놀리다. ② 달리게 하다. 달리다. ③ 패주(敗走)시키다. 쫓아 버리다.
❷ 走る〔はしる〕(自5) ① 달리다. ② 빨리 움직이다. ③ (길, 산맥이) 뻗다. 통하다. ④ 도망치다. 달아나다. ⑤ 이따금 쑤시다(아프다). ⑥ (나쁜 방향으로) 쏠리다 기울다. 치우치다.
走り〔はしり〕① 달음박질. 뜀질. ② 햇물. 맏물. 신출(新出). ③ 부엌의 설겆이대.
走りづゆ〔はしりづゆ〕5월경, 장마를 예고하듯이 계속 내리는 비.
走(り)競べ〔はしりくらべ〕경주. 달리기.
走(り)高跳び〔はしりたかとび〕높이뛰기.

走(り)読み〔はしりよみ〕대강대강 읽음.
走り抜ける〔はしりぬける〕(自下1) ① 달려서 빠져 나가다. ② 추월하다. 앞질러 달리다. ③ 최후까지 달리다. 주파하다. 끝까지 뛰다.
走り使い〔はしりづかい〕잔심부름으로 뛰어다님(뛰어다니는 사람)
走(り)書き〔はしりがき〕휘갈겨 씀. 速筆
走り井〔はしりい〕솟아 나오는 맑은 샘.
走り痔〔はしりじ〕환부에서 피가 마구 나오는 치질.
走(り)幅跳び〔はしりはばとび〕넓이뛰기.

連濁音에 注意

口走る〔くちばしる〕(他5) ① 엉겁결에 말하다. ② 신이 나서 쓸 데 없는 말을하다
先走る〔さきばしる〕(自5) ① 남보다 앞질러 뛰어가다. ② 주제 넘은 짓을 하다.

音 読

走馬燈〔そうまとう〕주마등.
走者〔そうしゃ〕주자. 달리는 사람. 러너.
走卒〔そうそつ〕이리저리 뛰어 다니며 잔심부름하는 하인.
走破〔そうは〕주파. 끝까지 달림.
走行〔そうこう〕주행. (차가)달림.

例 外

師走〔しわす〕음력 12월의 다른 이름.

〔周〕

풀:두루 주.
音:シュウ
訓:まわり

周り〔まわり〕둘레. 주위. 근처. 주변.

音 読

周年〔しゅうねん〕주년. 돐이 돌아온 해
周到〔しゅうとう〕주도. 주의(注意)가 빈틈없이 두루 미침.
周密〔しゅうみつ〕주밀. 썩 자세함.
周辺〔しゅうへん〕주변. 주위. 부근.
周旋〔しゅうせん〕주선. 일이 잘 되도록 마련함. 알선.
周囲〔しゅうい〕주위. 둘레. 주변.
周知〔しゅうち〕주지. 널리 모두 앎.
周波数〔しゅうはすう〕주파수.

〔宙〕

풀:집 주.
音:チュウ
訓:

宙〔ちゅう〕① 하늘. 허공. 공중~に迷う; 허공을 헤메다.(불안정한 상태). 足が~に浮く; 발이 공중에 뜨다. 일이 엉거주춤한 상태이다. ~を飛んで帰った;부리나케 돌아왔다. ② 암기. ~で言う; 암기해서 말하다.
宙ぶらりん〔ちゅうぶらりん〕(形動) ① 어중간함. 엉거주춤함. ② 공중에 매달림.
宙返り〔ちゅうがえり〕① 공중에서 거꾸로 한 바퀴 돎. ② (비행기) 空中回転.
宙釣り〔ちゅうづり〕공중에 매달림.

〔注〕

풀:물댈 주.
音:チュウ
訓:① そそぐ ② さす

❶ 注ぐ〔そそぐ〕(自5) ① 흘러 들어가다. ② (비, 눈, 물, 눈물이) 쏟아지다. (他5) ① 쏟다. 흘리다. 기울이다. ② (물을)대다. ③ (액체를) 따르다. 붓다. ④(물을) 주다.
❷ 注す〔さす〕(他5) ① 보태다. 첨가하다. ② 칠하다. ③ 넣다. ④ (액체를) 따르다. 끼얹다.

音 読

注する〔ちゅうする〕(他サ) ① 주석을 달다. 설명하다. ② 기입하다. 기록하다.
注記〔ちゅうき〕주를 붙임.
注目〔ちゅうもく〕주목. 주의해서 바라봄.
注文〔ちゅうもん〕주문. ① 물품을 의뢰함. ② 조건. ③ 맞추는 물건의 증서.
注文流れ〔ちゅうもんながれ〕물품을 주문한 채로 찾아가지 않는 물건.
注射〔ちゅうしゃ〕주사. 몸속에 주입시킴.
注釈〔ちゅうしゃく〕주석. 본문을 해석함.
注水〔ちゅうすい〕주수. 물을 주입함.
注視〔ちゅうし〕주시. 주의해서 봄.
注油〔ちゅうゆ〕주유. 기름을 주입함.
注意〔ちゅうい〕주의. ① 정신을 차림. ② 조심. ③ 충고. ④ 정신을 집중함.
注入〔ちゅうにゅう〕주입. 쏟아 넣음.
注進〔ちゅうしん〕사건이 일어난 것을 웃사람에게 보고함.
注解〔ちゅうかい〕주해. 주를 달아 해석.

〔昼〕

풀:낮 주.
音:チュウ
訓:ひる

昼〔ひる〕① 낮. ② 정오. ③ 점심.
昼間〔ひるま:ちゅうかん〕주간. 낮.
昼過ぎ〔ひるすぎ〕① 정오가 조금 지났을 무렵. ② 오후
昼飯〔ひるはん:ひるめし〕점심.
昼日中〔ひるひなか〕대낮. 한낮
昼前〔ひるまえ〕정오 조금 전. 오전.
昼中〔ひるなか〕낮. 낮 동안. 한낮.
昼寝〔ひるね〕낮잠.
昼下がり〔ひるさがり〕정오를 조금 지났을 무렵. 한낮.
昼行燈〔ひるあんどん〕① 대낮에도 불이 켜있는 등. ② 멍청한 사람.
昼休み〔ひるやすみ〕점심 후의 휴식.

音 読

昼食〔ちゅうしょく〕점심 식사.
昼夜〔ちゅうや〕주야. 낮과 밤.
昼夜兼行〔ちゅうやけんこう〕주야 겸행. 밤이나 낮이나 쉬지 않고 일을 함.
昼夜帯〔ちゅうやおび〕안과 겉을 다른 천으로 만든 띠.
昼餐〔ちゅうさん〕주찬. 점심.

〔柱〕

풀:기둥 주.
音:チュウ
訓:はしら

柱〔はしら〕기둥. 지주(支柱).
柱掛け〔はしらかけ〕기둥에 걸어서 장식으로 하는 것.

柱暦〔はしらごよみ〕한 장씩 떼는 달력.
柱時計〔はしらどけい〕괘종 시계.

連濁音에 注意

帆柱〔ほばしら〕돛대.
鼻柱〔はなっぱしら〕콧등. 콧날. 콧대.

音　読

柱頭〔ちゅうとう〕① 기둥 머리. ② 꽃가루를 받는 암꽃술의 암술 머리.
柱石〔ちゅうせき〕기둥과 주춧돌.
電柱〔でんちゅう〕전주. 전신주.

〔洲〕 풀：물 주. 섬 주.
音：シュウ
訓：す

지금은'州'로 통용되고 있음에 주의.

〔奏〕 풀：연주할 주.
音：ソウ
訓：かなでる

奏でる〔かなでる〕(他下1) ① 연주하다. ② 효과가 있다. 이루다. (임금에게) 아뢰다.
奏で〔かなで〕연주.

音　読

奏する〔そうする〕(他サ) ① 연주하다. ② 효과가 있다. 이루다. (임금에게) 아뢰다. 상주하다.
奏功〔そうこう〕주고. ① 수행(遂行) 함. ② 주효(奏効)함.
奏鳴曲〔そうめいきょく〕소나타.
奏聞〔そうもん〕임금에게 말씀 올림.
奏上〔そうじょう〕주상. 임금에게 아룀.
奏楽〔そうがく〕음악을 연주함. 주악.
奏効〔そうこう〕주효. 효과를 나타냄.

〔酒〕 풀：술 주.
音：シュ
訓：① さけ ② さか〜

訓読 1

お酒〔さけ〕술. 〜を飲む; 술을 마시다.
酒粕〔さけかす〕지게미. 술 찌꺼기.
酒癖〔さけくせ〕주벽. 술버릇.
酒食らい〔さけくらい〕술보. 술부대.
酒飲み〔さけのみ〕술을 즐겨 마심. 술꾼. 술보. 술부대.
酒太り〔さけぶとり〕술살이 찜.
酒好き〔さけずき〕애주가(愛酒家).
酒肴〔さけさかな〕술안주. 주효.

連濁音에 注意

甘酒〔あまざけ〕감주. 단술.
冷や酒〔ひやざけ〕데우지 않은 술. 찬술.
白酒〔しろざけ〕삼짇날에 쓰는 단술.

訓読 2

酒気〔さかけ〕술기운.
酒断ち〔さかだち〕술을 끊음. 禁酒.
酒代〔さかだい〕① 술값. ② 팁. チップ.
酒杜氏〔さかとうじ〕술을 만드는 일꾼.
酒盛り〔さかもり〕술잔치. 주연(酒宴).
酒焼け〔さかやけ〕주독(酒毒).
酒手〔さかて〕술값. (남자에게 주는) 팁.
酒塩〔さかしお〕조미료로서의 술을 넣음.
酒屋〔さかや〕술가게. 술장수.
酒場〔さかば〕술집. 바아.
酒蔵〔さかぐら〕술 창고.
酒槽〔さかぶね〕술 저장통.
酒祝い〔さかほがい〕주연을 베풂.
酒浸り〔さかびたり〕① 늘 술에 취해 있음. 늘 술만 마심. ② 술에 젖음(담김).

例　外

お神酒〔おみき〕神에게 바치는 술.

音　読

酒量〔しゅりょう〕주량. 술을 마시는 양.
酒杯〔しゅはい〕술잔.
酒色〔しゅしょく〕주색. 술과 계집. 〜にふける; 주색에 빠지다.
酒席〔しゅせき〕주석. 술 좌석.
酒税〔しゅぜい〕주세.
酒宴〔しゅえん〕주연. 술잔치.
酒精〔しゅせい〕주정. 알코올.
酒造〔しゅぞう〕주조. 술을 만드는 일.

〔株〕 풀：그루터기 주.
音：
訓：かぶ

株〔かぶ〕① 그루터기. ② 포기. 그루. ③ 주식(株式). ④ 지위. 신분.
株価〔かぶか〕줏가.
株間〔かぶま〕포기와 포기 사이. 그루와 그루 사이.
株券〔かぶけん〕주권. 주식(株式).
株金〔かぶきん〕주금. 株式에 대한 출자금(出資金).
株立〔かぶだち〕한 포기에서 갈라져 나와 자란 초목.
株分け〔かぶわけ〕포기를 나누어 이식함.
株式〔かぶしき〕주식. 주권(株券).
株主〔かぶぬし〕주주. 〜総会; 주주총회.

〔珠〕 풀：구슬 주.
音：① シュ. ② ジュ.
訓：たま.

珠〔たま〕① 구슬. ② 옥. ③ (눈물의) 방울.

音読 1

珠算〔しゅざん：たまざん〕주산.
珠玉〔しゅぎょく〕주옥. 구슬. 고귀한 것.

音読 2

念珠〔ねんじゅ〕염주. 염불할 때 손으로 돌려 수효를 세는 기구.
連珠〔れんじゅ〕① 한 줄에 꿴 구슬. ② 오목 바둑.
真珠〔しんじゅ〕진주. 보석의 일종.

例　外

数珠〔じゅず〕수주. 염불할 때 수효를 세는 기구. 염주.

〔週〕 풀：돌 주.
音：シュウ.
訓：

週刊〔しゅうかん〕주간. 1주, 1회의 간행물. 〜雑誌; 주간 잡지.
週間〔しゅうかん〕주간. 일요일부터 토요일까지의 7일간.

週給〔しゅうきゅう〕주급. 1주간마다 주는 급료.
週末〔しゅうまつ〕주말. 1주일의 끝.
週番〔しゅうばん〕주번. 주간마다 교체해서 하는 당번 근무.
週日〔しゅうじつ〕주일. 1주일. 7일.
週初〔しゅうしょ〕주초. 1주간의 처음.

〔鋳〕 풀：부어만들 주.
音：チュウ.
訓：いる.

鋳る〔いる〕(他上1) 주조하다. 지어붓다.
鋳掛け〔いかけ〕땜질. ～屋；땜장이.
鋳潰す〔いつぶす〕(他5) 금속 기물을 녹여서 지금(地金)을 만들다.
鋳物〔いもの〕주물. 쇠를 녹여 거푸집에 부어서 만든 물건.
鋳込む〔いこむ〕(他5) 쇠를 녹여 거푸집에 붓다.
鋳型〔いがた〕주형. 거푸집.
鋳金〔ちゅうきん〕금속을 녹여서 거푸집에 넣어 그릇을 만드는 일.
鋳造〔ちゅうぞう〕주조. 금속을 녹여서 거푸집에 부어 기구를 만듦.
鋳鉄〔ちゅうてつ〕주철. 銑鉄.
鋳貨〔ちゅうか〕주화. 鋳造한 화폐.

〔紬〕 풀：명주 주.
音：
訓：つむぎ.

紬〔つむぎ〕명주(明紬).
紬糸〔つむぎいと〕명주실. 주 사.

〔駐〕 풀：머무를 주.
音：チュウ
訓：

駐留〔ちゅうりゅう〕주류. 군대가 한 때 어떤 곳에 머무름.
駐在〔ちゅうざい〕주재. 머무름.
駐車〔ちゅうしゃ〕주차. 자동차 따위를 세워둠.

【죽】

〔竹〕 풀：대 죽.
音：① チク ② チッ
訓：たけ

竹〔たけ〕대. 대나무.
竹光〔たけみつ〕대칼. 죽도(竹刀).
竹島〔たけしま〕우리 나라의 독도(独島)의 일본 이름.
竹馬〔たけうま〕죽마. 대말.
竹細工〔たけざいく〕죽세공.
竹矢来〔たけやらい〕대울타리.
竹縁〔たけえん〕대나무를 깐 툇마루.
竹垣〔たけがき〕대나무 울타리.
竹の園生〔たけのそのう〕대나무밭. 竹林.
竹切れ〔たけきれ〕댓조각.
竹槍〔たけやり〕죽창. 대로 만든 창.
竹筒〔たけづつ〕(잘라서 마디를 도려낸) 대통.

例 外

竹刀〔しない〕죽도. 대를 쪼개어 만든 검.

音読 1

竹輪〔ちくわ〕으깬 생선 살을 동그랗게 빚어 대나무 꼬챙이에 꿰어 구운 것.
竹林〔ちくりん〕죽림. 대나무 숲.
竹馬の友〔ちくばのとも〕죽마지우.

音読 2

竹工〔ちっこう〕대나무를 사용하는 工芸. 죽세공(竹細工).

【준】

〔俊〕 풀：준걸 준.
音：シュン
訓

俊傑〔しゅんけつ〕준걸. 재주와 슬기가 뛰어난 사람.
俊敏〔しゅんびん〕준민. 동작이 날래고 머리가 영리함.
俊才〔しゅんさい〕준재. 재주가 뛰어난 사람.
俊足〔しゅんそく〕준족. 걸음이 빠름.

〔准〕 풀：승인할 준.
音：ジュン
訓

准尉〔じゅんい〕준위. 육군 군인의 계급. 장교와 하사관의 사이.
准将〔じゅんしょう〕준장. 대령의 바로 위 계급. 소장(少将)의 아래 계급.

〔竣〕 풀：일 마칠 준.
音：シュン
訓

竣工〔しゅんこう〕준공. 공사를 끝냄.
竣成〔しゅんせい〕준성. 건축물 등이 다 이룩됨. 낙성(落成). 준공.

〔準〕 풀：고를 준.
音：ジュン
訓：なぞらえる.

準える〔なぞらえる〕(他下1) ① 본뜨다. ② 비교하다. 비하다. 비유하다. 人生を旅に～；인생을 여행에 비유하다.

音 読

準〔じゅん〕준함. 비길만함. ～決勝.
準じる〔じゅんじる〕(自上1) ① 준하다. 본보기로 하다. 근거하다. ② 비교하다.
準拠〔じゅんきょ〕준거. 표준.
準決勝〔じゅんけっしょう〕준결승.
準急〔じゅんきゅう〕준급. 준급행.
準備〔じゅんび〕준비. 채비.
準用〔じゅんよう〕준용. 표준으로 적용함.
準則〔じゅんそく〕준칙. 표준이 되거나 준거(準拠)가 되는 규칙.

〔噂〕 풀：수군거릴 준.
音
訓：うわさ.

噂〔うわさ〕① 소문. 세간의 평판. ② (남의) 이야기.
噂話〔うわさばなし〕소문. 평판.

〔遵〕 풀：따를 준.
音：ジュン
訓

遵法〔じゅんぽう〕준법. 법을 지킴. 「음.
遵奉〔じゅんぽう〕준봉. 관례나 명령을 좇
遵守〔じゅんしゅ〕준수.

【중】

〔中〕 풀：가운데 중.
音：① ジュウ. ② チュウ.
訓：なか.

中〔なか〕① 가운데. 중. ② 속. 안. ③ 사이. 틈. ④ 중간. ⑤ 중순. ⑥ 取材 중임.
中の間〔なかのま〕가운데 방.
中頃〔なかごろ〕중순경. 중턱.
中継ぎ〔なかつぎ〕중계.
中高〔なかだか〕가운데가 높음.
中空〔なかぞら〕① 공중. ② 허공에 떠 있음. ③ 마음이 들뜸. ④ 소홀.
中口〔なかぐち〕① 중앙의 입구. ② 양쪽 상대방의 욕을 함.
中島〔なかじま〕강, 못 가운데 있는 섬.
中塗り〔なかぬり〕중간칠.
中売り〔なかうり〕흥행장에서 객석을 돌며 먹을 것을 팔고 다님.
中綿〔なかわた〕안솜.
中味〔なかみ〕알맹이. 속.
中敷(き)〔なかじき〕① 구둣 속에 까는 안창. ② 방가운데에 까는 물건.
中仕切り〔なかじきり〕방안의 간막이.
中席〔なかせき〕(극장) 그달 11일부터 20일까지의 흥행.
中手〔なかて〕① 중간 시기에 산출되는 물건. ② (바둑) 치중(置中)의 수.
中身〔なかみ〕① 알맹이. 내용. ② 칼의 몸. 칼날 부분.
中凹〔なかくぼ〕가운데가 우묵함.
中弛み〔なかだるみ〕중간이 느슨해짐. 중도에서 해이해짐.
中入り〔なかいり〕중간 휴식.
中日〔なかび〕흥행 기간의 꼭 중간 날.
中子〔なかご〕① 중심. 내부. ② 과일의 중간의 연한 부분.
中折(れ)〔なかおれ〕중앙이 우묵함.
中程〔なかほど〕중간 (정도). 절반(쯤). 도중. 중순.
中庭〔なかにわ〕가운데 뜰. 안뜰.
中潮〔なかしお〕干満의 차가 중간쯤인 때의 조수.
中州：中洲〔なかす〕강 가운데의 모래톱.
中中〔なかなか〕(副) ① 어지간히. 상당히. 꽤. ② 좀처럼. 그리 간단히는.
中指〔なかゆび〕중지. 가운데 손가락.
中次ぎ〔なかつぎ〕중간에서 전함. 중개역.
中着〔なかぎ〕속옷과 겉옷 사이의 옷.
中値〔なかね〕중간 시세. 중간 값.
中打ち〔なかうち〕좀 먹은 두터운 종이를 두 장으로 벗겨 속에 새로운 종이를 넣어 보수함.
中表〔なかおもて〕거죽이 안쪽으로 들어가게 접는 일.
中限〔なかぎり〕다음 달 월말에 주고 받는 계약의 장기 청산 거래.
中許し〔なかゆるし〕중간 면허.
中休(み)〔なかやすみ〕중간 휴식.
中黒〔なかぐろ〕① (끊어읽기 부호의 하나인) 중점(中点). (•). ② 화살깃의 상하(上下)가 희고 가운데가 검은 것.

音読 1

年中〔ねんじゅう〕① 1년 동안. ② 항상.
連中〔れんじゅう〕일당. 패거리. 사람들.
心中〔しんじゅう〕① 정사(情死). ② 함께 자살함. ～立て;끝까지 약속을 지킴.
〔しんちゅう〕심중. 마음속.

音読 2

中間〔ちゅうかん〕중간. 가운데.
中距離〔ちゅうきょり〕중거리.
中堅〔ちゅうけん〕중견. 중심 인물.
中継〔ちゅうけい〕중계.
中古品〔ちゅうぶるひん〕중고품.
中途〔ちゅうと〕중도. 일이 되어가는 동안. 도중.
中流〔ちゅうりゅう〕중류. ① 내나 강의 중간. ② 중등의 정도나 계급.
中立〔ちゅうりつ〕중립. 어느 쪽에도 치우치지 않고 공정함.
中傷〔ちゅうしょう〕중상. 남의 명예를 손상하는 일.
中性〔ちゅうせい〕중성. 중간의 성립.
中小企業〔ちゅうしょうきぎょう〕중소기업
中旬〔ちゅうじゅん〕중순.
中心地〔ちゅうしんち〕중심지.
中央〔ちゅうおう〕중앙. 사방의 중심
中腰〔ちゅうごし〕반쯤 일어난 자세. 엉거주춤한 자세.
中止〔ちゅうし〕중지. 중도에서 그침.
中進国〔ちゅうしんこく〕중진국.
中枢〔ちゅうすう〕중추. 중심. 한복판.
中風〔ちゅうぶ〕중풍. 뇌출혈에 의한 몸의 마비.
中形：中型〔ちゅうがた〕중형. ① 대형과 소형의 중간 크기. ② 중간 크기의 무늬를 염색한 여름 홑옷감.
中興〔ちゅうこう〕중흥. 쇠해졌다가 다시 번영함.

〔仲〕 풀：버금갈 중
音：チュウ
訓：なか.

仲〔なか〕(인간 관계의) 사이.

仲間〔なかま〕① 동료. 한패. ② 한무리. 동류(同類).
仲間内〔なかまうち〕패거리들의 관계.
仲間入り〔なかまいり〕한패가 됨.
仲間割れ〔なかまわれ〕한패끼리 싸움이 일어나 분쟁함.
仲買〔なかがい〕중개인. 브로우커.
仲見世〔なかみせ〕神社, 절의 경내에 있는 상점가.
仲働き〔なかばたらき〕내실과 부엌 사이의 집일을 맡아보는 하녀.
仲立(ち)〔なかだち〕중개. 중매.
仲立(ち)人〔なかだちにん〕중개인.
仲仕〔なかし〕짐을 나르는 인부. 짐꾼.
仲良し〔なかよし〕사이가 좋음. 정다운 친구. 의좋음. 몹시 친함.
仲違い〔なかちがい〕사이가 틀어짐.
仲店〔なかみせ〕⇨ 仲見世.
仲直り〔なかなおり〕① 원한이 풀리고 사이가 좋아짐. 화해. ② 오래 된 병이 도중에 조금 나아짐.
仲値〔なかね〕중간 시세. 중간 값.

例　外

仲人〔なこうど〕(결혼) 중매인.
仲人口〔なこうどぐち〕중매장이 말(믿음성이 없는 말).

音　読

仲介〔ちゅうかい〕중개. 중간에 서서 매개역할을 함.
仲裁〔ちゅうさい〕중재. 제삼자가 당사자의 다툼을 화해시킴.
仲秋〔ちゅうしゅう〕중추. 음력 8월15일.

〔重〕

풀：무거울 중. 거듭 중.
音：① ジュウ　② チョウ
訓：① おもい　② おもたい　③ おもる　④ おもんじる　⑤ かさなる　⑥ かさねる　⑦ え

❶ **重い**〔おもい〕(形) ① 무겁다. ② 중하다. 責任が～; 책임이 무겁다(중하다).
❷ **重たい**〔おもたい〕(形) 묵직하다. 무겁다.
❸ **重る**〔おもる〕(自5) ① (무게가) 무거워지다. ② (병이) 중해지다.
重り〔おもり〕① 추. ② 낚싯봉. ③ 分銅.
❹ **重んじる**〔おもんじる〕(他上1) 존중하다. 중요시하다.

파 생 어

重き〔おもき〕중점. 중요시(重要視).
重げ〔おもげ〕(形動) 무거운 듯함.
重さ〔おもさ〕무게.
重し〔おもし〕① 눌러 놓는 물건(돌). ② 김칫돌. 누름돌. ③ (사람의) 무게. (사람을)누르는 힘. 관록. ④ (저울의) 추.
重ったるい〔おもったるい〕(形) 어딘지 모르게 무겁고 느른하다.
重苦しい〔おもくるしい〕(形) 짓눌리는 것 같이 괴롭다. 답답하다.
重立つ〔おもだつ〕(自5) (관계자들 중에서) 중심이 되다.
重馬場〔おもばば〕(경마에서) 비로 말미암아 뛰기 힘들게 된 경마장.
重手〔おもで〕중상. 심한 상처.
重重しい〔おもおもしい〕(形) 엄숙하고 무게가 있다.
重湯〔おもゆ〕미음. ～を飲む; 미음을 먹다. ～を飲ませる; 미음을 먹이다.
重荷〔おもに〕무거운 짐. 부담.
❺ **重なる**〔かさなる〕(自5) 겹치다. 포개지다. 不幸が～; 불행이 겹치다.
❻ **重ねる**〔かさねる〕(他下1) ① 포개다. 쌓아 올리다. ② 되풀이하다. 거듭하다.
重ねて〔かさねて〕(副) 재차. 거듭.
重ね詞〔かさねことば〕강조하기 위하여 같은 말을 되풀이하는 말.
重ね重ね〔かさねがさね〕(副) ① 거듭거듭. 부디. 자주. 잇달아. ② 더욱 더.
❼ **～重**〔～え〕(숫자에 접속)겹.
一重〔ひとえ〕한 겹.
二重〔ふたえ〕두 겹.
八重〔やえ〕여덟 겹.
十重二十重〔とえはたえ〕겹겹. 이중 삼중.

音 読 1

重刊〔じゅうかん〕중간. 거듭 간행함.
重苦〔じゅうく〕중고. 참기 어려운 고통.
重工業〔じゅうこうぎょう〕중공업.
重金属〔じゅうきんぞく〕중금속.
重労動〔じゅうろうどう〕중노동.
重大〔じゅうだい〕중대. 중요하고 큼.
重量〔じゅうりょう〕중량. 무게.
重傷〔じゅうしょう〕중상. 심하게 다침.
重視〔じゅうし〕중시. 중요시.
重石〔じゅうせき〕중석. 텅스텐 광석.
重役〔じゅうやく〕중역. 회사의 중임을 맡은 임원.
重要〔じゅうよう〕중요. 귀중함.
重油〔じゅうゆ〕중유.
重態〔じゅうたい〕중태. 병이 중한 상태.
重版〔じゅうはん〕중판. 거듭 간행함.
重化学〔じゅうかがく〕중화학.

音 読 2

重複〔ちょうふく〕중복. 겹치고 또 겹침.
重畳〔ちょうじょう〕중첩. 여러 겹으로 쌓임.
尊重〔そんちょう〕존중. 존경.

〔衆〕

풀：무리 중.
音：① シュ　② シュウ
訓：

音 読 1

衆徒〔しゅと〕승려. 중.
衆生〔しゅじょう〕(불교) 중생. 온 인류.
若衆〔わかしゅ〕젊은이.

音 読 2

衆〔しゅう〕① 많은 사람들. ～に先んじる; 여러 사람보다 뛰어나다. ② 무리. ③ 사람 수가 많음.
衆望〔しゅうぼう〕중망. 여러 사람으로부

터 받는 신망.
衆目〔しゅうもく〕뭇사람의 눈.
衆議院〔しゅうぎいん〕중의원. 下院.
衆人〔しゅうじん〕중인. 많은 사람들.
衆知〔しゅうち〕중지. ① 많은 사람이 앎. ② 많은 사람의 지혜.
衆評〔しゅうひょう〕중평. 뭇사람의 비평.

【즉】

〖即〗 풀 : 곧 즉.
音 : ① ソク ② ソッ
訓 : すなわち

即ち〔すなわち〕① 즉. 곧. 바꿔 말하면. 다름 아닌. 단적(端的)으로 말하면. ② 곧 당장에. 즉석에. ③ 그 때. ④ 그 무렵. 그 당시.

音 読 1

即する〔そくする〕(自サ) 꼭 맞다. 입각하다. 의거하다 . 事実た～; 사실에 입각하다. 実情に即して; 실정에 의거해서.
即答〔そくとう〕즉답. 곧 대답함.
即死〔そくし〕즉사. 즉석에서 곧 죽음.
即席〔そくせき〕즉석. 앉은 자리.
即時〔そくじ〕즉시. 그 자리에서 곧.
即位〔そくい〕즉위. 왕위에 오름.
即応〔そくおう〕즉응. 즉시 응함.
即座〔そくざ〕즉좌. 즉석. 그 자리.

音 読 2

即刻〔そっこく〕즉각. 곧 그 시각.
即決〔そっけつ〕즉결. 즉시로 처리함.
即効〔そっこう〕즉효. 즉시로 나타나는 효험. 즉시로 나타나는 반응.
即興〔そっきょう〕즉흥. 그 자리에서 일어나는 흥취.

【즙】

〖汁〗 풀 : 진액 즙.
音 : ジュウ
訓 : しる

汁〔しる〕① 즙. ② 국. 국물. うまい～を吸う; 가장 알짜를 차지하다.
汁気〔しるけ〕물기. 물기의 정도.
汁物〔しるもの〕국. 국물이 많은 요리.
汁粉〔しるこ〕단팥죽.
汁椀〔しるわん〕국그릇.

連濁音에 注意

鼻汁〔はなじる〕콧물.
煮汁〔にじる〕끓인(조린) 국물.

音 読

果汁〔かじゅう〕과즙. 과일즙.
胆汁〔たんじゅう〕담즙. 간장에서 나오는 쓴 소화액.
肉汁〔にくじゅう〕육즙. 고기 국물.

【증】

〖症〗 풀 : 증세 증.
音 : ショウ
訓

症例〔しょうれい〕증례. 病症의 보기.
症状〔しょうじょう〕증상. 병의 상태.
症候〔しょうこう〕증후. 증세.

〖証〗 풀 : 증거 증.
音 : ショウ
訓 : あかし

証〔あかし〕증거. 증명. 결백함의 증거. 身の～を立てる; 자신의 결백함을 증명하다. ～をする; 증명하다.
証する〔しょうする〕(他サ) ① 증명하다. 증거하다. ② 보증(保証)하다.
証拠〔しょうこ〕증거. 증명할 만한 근거.
証券〔しょうけん〕증권. 有価証券.
証明書〔しょうめいしょ〕증명서.
証書〔しょうしょ〕증서. 증거 서류.
証言〔しょうげん〕증언. 증명하는 말.
証人〔しょうにん〕증인. 증거인. 입회인.
証印〔しょういん〕증인. 증명의 도장.
証左〔しょうさ〕참고가 될만한 증거.
証票〔しょうひょう〕증표. 증명 쪽지.

〖蒸〗 풀 : 찔 증.
音 : ジョウ
訓 : ① むす ② むらす ③ むれる ④ ふかす ⑤ ふける

❶ **蒸す**〔むす〕(自5) 무덥다. (他5) 찌다 삶다. 芋を～; 감자를 찌다.
蒸し菓子〔むしがし〕쪄서 만든 과자.
蒸し鍋〔むしなべ〕찜통. 찜남비.
蒸し器〔むしき〕찜통. 시루.
蒸し物〔むしもの〕쪄서 만든 것.
蒸し返す〔むしかえす〕(他5) ① 다시 찌다. ② (결말이 난 것을) 다시 문제삼다.
蒸し暑い〔むしあつい〕(形) 무덥다.
蒸(し)焼(き)〔むしやき〕찜구이.
蒸し直す〔むしなおす〕(他5) 다시 찌다.
蒸し風呂〔むしぶろ〕한증(汗蒸)막. 한증.
❷ **蒸らす**〔むらす〕(他5) 뜸들이다.
❸ **蒸れる**〔むれる〕(自下1) ① 뜸들다. ② 찌다. 무덥다. ③ 물크러지다.
❹ **蒸かす**〔ふかす〕(他5) 찌다. いもを～; 감자를 찌다.
❺ **蒸ける**〔ふける〕(自下1) (뜸이 들어)

푹 찌지다. いもが～; 감자가 푹 찌지다.

音　読

蒸気〔じょうき〕증기. 수증기. 김.
蒸留水：**蒸溜水**〔じょうりゅうすい〕증류수.
蒸発〔じょうはつ〕증발. 액체가 기체로 변하여 위로 올라감.
蒸散〔じょうさん〕증산. 식물체내 (植物体内)의 水分이 수증기가 되어 발산함.

〔増〕 풀：더할 증.
音：ゾウ
訓：① まさる ② ます ③ふえる ④ ふやす

❶ **増さる**〔まさる〕(自５) (점차로) 많아지다. 더해지다. 붇다.
❷ **増す**〔ます〕(自５) 많아지다. 불어나다. 늘다. 더욱…해지다. (他５) 많게 하다. 늘리다. 보태다. 더욱…하게 하다.
❸ **増える**〔ふえる〕(自下１) 증가하다. 늘다.
❹ **増やす**〔ふやす〕(他５) 늘리다. 불리다.

音　読

増加〔ぞうか〕증가. 더 늘어 많아짐.
増強〔ぞうきょう〕증강. 더 굳세게 함.
増大〔ぞうだい〕증대. 더하여 늘림.
増産〔ぞうさん〕증산. 생산량을 늘림.
増設〔ぞうせつ〕증설. 더 늘려 설치함.
増収〔ぞうしゅう〕증수. 수확이 늚.
増殖〔ぞうしょく〕증식. 더하여 늘림.
増額〔ぞうがく〕증액. 액수를 늘림.
増員〔ぞういん〕증원. 인원수를 늘림.
増進〔ぞうしん〕증진. 더하여 나아감.
増築〔ぞうちく〕증축. 늘려 지음.
増幅〔ぞうふく〕증폭.
増派〔ぞうは〕증파.
増血〔ぞうけつ〕증혈.

〔憎〕 풀：미워할 증.
音：ゾウ
訓：にくい

憎い〔にくい〕(形) 밉다. 얄밉다.
憎がる〔にくがる〕(他５) 미워하다.
憎げ〔にくげ〕(形動) 얄미움. 미움.
憎しみ〔にくしみ〕미움. 증오.
憎たらしい〔にくたらしい〕(形) 얄밉다. 밉상스럽다.
憎む〔にくむ〕(他５) ① 미워하다. ② 시기하다. 질투하다. ③ 비방하다. 반대하다.
憎らしい〔にくらしい〕(形) 밉살스럽다. 얄밉다. 새암이 나다.
憎まれ口〔にくまれぐち〕미움 받을 말.
憎まれ役〔にくまれやく〕미움받는 역할.
憎まれっ子〔にくまれっこ〕미움받는 사람.
憎憎しい〔にくにくしい〕(形) 아주 밉살스럽다. 미워 죽겠다.
憎体〔にくてい〕(形動) 밉살스러움.

音　読

憎悪〔ぞうお〕증오. 미워함. ～の念が強い; 증오심이 강하다.
愛憎〔あいぞう〕애증. 사랑과 미움.

〔贈〕 풀：줄 증.
音：① ソウ ② ゾウ
訓：おくる

贈る〔おくる〕(他５) ① 선사하다. 증여하다. 보내다. ② 추서하다.
贈(り)物〔おくりもの〕선물.

音 読 1

寄贈〔きそう〕기증. 물건을 증정함.

音 読 2

贈与〔ぞうよ〕증여. 선사하여 줌.
贈呈〔ぞうてい〕증정. 남에게 물건을 줌.
贈賄〔ぞうわい〕증회. 뇌물을 줌.

【지】

〔支〕 풀：지탱할 지.
音：シ
訓：ささえる

支える〔ささえる〕(他下１) ① 떠받치다. ② 지탱하다. 유지하다. ③ 막아내다.
支え〔ささえ〕받침. 기둥. 지주(支柱).

例　外

差し支える〔さしつかえる〕(自下１) 지장이 있다. 지장이 생기다. 고장이 생기다.

音　読

支給〔しきゅう〕지급. 지불하여 줌.
支度〔したく〕① 준비. 차비. ② 외출준비.
支配人〔しはいにん〕지배인.
支部〔しぶ〕지부. 본부에서 분리되어 나와 그 지방의 사무를 맡아보는 곳.
支払い〔しはらい〕지불. 돈을 냄.
支払う〔しはらう〕(他５) 돈을 치르다. 돈을 내다. 지불하다.
支社〔ししゃ〕지사. 本社에 딸려 그 곳의 일을 맡은 사무소.
支線〔しせん〕지선. 本線에서 갈라진 선.
支援〔しえん〕지원. 지지하여 응원함.
支障〔ししょう〕지장. 방해가 되는 것.
支店〔してん〕지점. 분점(分店).
支族〔しぞく〕지족. 분가(分家).
支柱〔しちゅう〕지주. 받침대.
支持〔しじ〕지지. 붙들어서 버팀.
支出〔ししゅつ〕지출. 돈을 내줌.

〔止〕 풀：그칠 지.
音：シ
訓：① とまる ② とめる ③ よす ④やむ

❶ **止まる**〔とまる〕(自５) ① 멎다. 멈추다. ② 정지하다. 서다. ③ 죽다. ④ 고정되다. ⑤ (새 따위가) 앉다. ⑥ (통하던 것이) 끊어지다. ⑦ (눈, 귀에) 들어오다. 띄다. 目に～; 눈에 띄다.
止(ま)り〔とまり〕① 정지. 멈춤. 그침. ② 막힘. 막다름. ③ 종점. 끝. ④ 고작.

기 껏.

止(ま)り木〔とまりぎ〕(새장, 닭장의) 홰.

連濁音에 注意

立ち止(ま)る〔たちどまる〕(自5) 멈춰서다.

行き止(ま)り〔ゆきどまり〕(길이 막혀) 더 이상 갈 수 없음. 막다름. 마지막.

❷ 止める〔とめる〕(他下1) ① 멈추다. 멎게하다. ② 정지하다. ③ 끊다. 끄다. ④ 고정시키다. 잠그다. ⑤ 꽂다. ⑥ 못하게 하다. 말리다. 단념시키다. ⑦ 두다. 새기다.

止め〔とめ〕① 멈춤. 금지. 못하게 함. 멈추어 둠. ② 끝. 끝냄.

止め金〔とめがね〕연결용 금속.

止(め)男〔とめおとこ〕① 싸움을 말리는 남자. ② (여관의) 손님을 끄는 남자.

止め処〔とめど〕한도. 한(限). 끝.

連濁音에 注意

局止め〔きょくどめ〕우체국 유치(留置).

通行止め〔つうこうどめ〕통행 금지.

❸ 止す〔よす〕(他5) 그만두다. 중지하다.

止し〔よし〕그만둠. ～にしよう;그만두자.

❹ 止む〔やむ〕(自5) ① 그치다. 멎다. ② 그만두다.

例　外

波止場〔はとば〕선창 부두.

音　読

止揚〔しよう〕지양. 충돌하는 두 개의 개념을 한층 높은 단계로 조화, 통일시키는 일.

止血剤〔しけつざい〕지혈제. 출혈을 막아주는 약제.

〔只〕 풀：다만 지.
音：シ
訓：ただ

只〔ただ〕① 보통. ② 무료. 공짜. 거저. ③ 그냥. ④ 다만. 단지. 단.

只今〔ただいま〕① 지금. ② 방금. 이제 막.

只戻り〔ただもどり〕그냥 헛되이 돌아옴.

只奉公〔ただぼうこう〕무료 봉사.

只事〔ただごと〕예삿일. 보통일.

只乗り〔ただのり〕무임 승차. 공짜로 탐.

只者〔ただもの〕보통 사람. 평범한 사람.

〔至〕 풀：이를 지.
音：① シ　② ジ
訓：いたる

至る〔いたる〕(自5) ① 도달하다. 이르다. ② 닥치다. 찾아 오다. ③ 두루 미치다.

至る処：至る所〔いたるところ〕가는 곳마다. 도처에.

至り〔いたり〕① 지극함. 극치. ② 탓.

至らぬ〔いたらぬ〕미흡한. 모자라는.

至って〔いたって〕(副) 지극히. 매우.

至れり尽くせり〔いたれりつくせり〕더할 나위 없음. 빈틈 없음. 극진함.

音読 1

至極〔しごく〕지극. 극진함.

至急〔しきゅう〕지급. 아주 급함.

至当〔しとう〕지당. 이치에 꼭 맞음.

至大〔しだい〕지대. 아주 큼.

至誠〔しせい〕지성. 매우 지극한 정성.

夏至〔げし〕하지. 24절기의 하나.

音読 2

冬至〔とうじ〕동지. 24절기의 하나.

〔凪〕 풀：바람 자고 파도 그칠 지.
音：
訓：なぐ

凪ぐ〔なぐ〕(自5) 바람이 멎어 파도가 잔잔해지다. 海が～; 바다가 잔잔해지다.

凪〔なぎ〕바람이 멎고 물결이 잔잔해짐.

夕凪〔ゆうなぎ〕해질무렵 바다가 잔잔함.

朝凪〔あさなぎ〕아침바다의 잔잔함.

〔旨〕 풀：맛 지.
音：① シ　② ジ
訓：① むね　② うまい

❶ 旨〔むね〕뜻. 취지(趣旨). その～を伝える; 그 뜻을 전하다.

❷ 旨い〔うまい〕(形) ① 맛있다. ② 솜씨가 뛰어나다. 잘하다. ③ 나쁘지는 않다.

旨く〔うまく〕(副) 멋들어지게. 잘. 목적한대로. 솜씨 좋게.

旨み〔うまみ〕① 맛이 좋은 느낌. ② 솜씨가 좋다는 느낌. ③ 흥미. 재미. 상업상의 이익.

旨煮〔うまに〕달게 조린 요리.

旨味〔うまみ〕⇨ 旨み.

音　読

趣旨〔しゅし〕취지. 뜻.

宣旨〔せんじ〕천황의 말을 쓴 문서.

〔地〕 풀：땅 지.
音：① ジ　② チ
訓

音読 1

地❶〔じ〕① 땅. ② (바둑) 집. ③ 바탕. ④ 나뭇결. ⑤ (소설) 설명문. ⑥ 실제. 실지.

❷〔ち〕① 땅. 흙. ② 장소. ～を占める; 장소를 차지하다. ③ 아래쪽.

地べた〔じべた〕땅바닥. 지면(地面).

地固め〔じがため〕① 터를 다짐. ② 지반이나 기초를 단단히 함.

地口〔じぐち〕말장난. 언어 유희.

地金〔じがね〕① 제품하거나 세공하지 않은 금속. ② 본성(本性).

地代〔じだい〕땅값. 토지 가격.

地道〔じみち〕착실함. 실질적임.

地力〔じりき〕자신의 본래의 힘이나 능력. 있는 힘.

地雷〔じらい〕지뢰. 군사 무기의 하나.

地面〔じめん〕지면. 땅의 표면. 땅 위.

地味〔じみ〕(形動) 검소함. 수수함.

地盤〔じばん〕지반. ① 토지의 표면. ② 토대. 기초. ③ 세력 범위.

地膚〔じはだ〕① 화장하지 않은 살갗. ② 자연 그대로의 표면.

地所〔じしょ〕토지. 지면. 대지.

地獄〔じごく〕지옥. ～耳; 남의 비밀을 재빨리 들어 알고 있음.
地雨〔じあめ〕일정하게 계속 내리는 비.
地元〔じもと〕본기지. 자기가 살고 있는 곳. 소재지.
地引き〔じびき〕① 후릿 그물. ② 후리질.
地場〔じば〕지방의 거래소나 거래 업자.
地主〔じぬし〕지주. 토지 주인.
地酒〔じざけ〕그 지방에서 만드는 술.
地紙〔じがみ〕① 부채, 우산에 붙이는 종이. ② 도배할 때 초벌로 바르는 종이.
地震〔じしん〕지진. 지구 표면의 진동.
地虫〔じむし〕땅 속에 사는 벌레의 총칭.
地合(い)〔じあい〕① 옷감의 본바탕. ② 시세의 전체적인 상황. 시세.
地響き〔じひびき〕땅울림.
地滑り〔じすべり〕사태(沙汰).
地回り〔じまわり〕① 도시 근방에서 회송되어 나오는 것. ② 근처를 돌아다님. ③ 이웃 마을을 돌아다니며 파는 상인. ④ 번화가를 배회하는 불량배.

音読 2

地価〔ちか〕지가. 땅 값. 토지의 가격.
地殻〔ちかく〕지각. 지구의 거죽.
地区〔ちく〕지구. 어떤 땅의 구역.
地球〔ちきゅう〕지구. 땅덩어리.
地帯〔ちたい〕지대. 한정된 땅의 구역.
地図〔ちず〕지도. 지구 표면의 그림.
地理〔ちり〕지리.
地目〔ちもく〕토지의 현황(現況).
地方〔ちほう〕지방. 서울 이외의 시골.
地歩〔ちほ〕자기가 있는 지위.
地上〔ちじょう〕지상. 땅 위. 지구 위.
地域〔ちいき〕지역. 땅의 구역.
地位〔ちい〕지위. 입장. 위치. 신분.
地点〔ちてん〕지점. 땅 위의 지정한 곳.
地中〔ちちゅう〕지중. 땅속.
地質〔ちしつ〕지질. 땅의 성질.
地軸〔ちじく〕지축. 지구 자전의 회전축.
地層〔ちそう〕지층. 토지를 형성하는 층.
地平線〔ちへいせん〕지평선.
地下鉄〔ちかてつ〕지하철.
地形〔ちけい〕지형. 땅의 모양이나 형태.

〔芝〕 풀 : 잔디 지.
音
訓 : しば

芝〔しば〕잔디.
芝居〔しばい〕① 연극. ② (배우의) 연기. ③ 계획적으로 속이기 위한 꾸밈수. 연극.
芝居気〔しばいぎ〕① 연극적으로 꾸며서 남을 놀라게 하는 것. ② 남의 앞에서 자기를 꾸며 보이려는 성질.
芝居小屋〔しばいごや〕(흥행하는) 극장.
芝山〔しばやま〕잔디를 입혀 조그마하게 만든 동산.
芝生〔しばふ〕잔디밭.
芝地〔しばち〕잔디밭.

〔池〕 풀 : 못 지.
音 : チ
訓 : いけ

池〔いけ〕못. 연못. ～をほる; 못을 파다.

音　読

池畔〔ちはん〕못가.
池沼〔ちしょう〕못과 늪.
乾電池〔かんでんち〕건전지. 밧데리.

〔志〕 풀 : 뜻 지.
音 : シ
訓 : こころざす

志す〔こころざす〕(他5) 뜻을 두다. 学に～; 학문에 뜻을 두다.
志〔こころざし〕① 뜻. 마음. ② 친절. 후의. ③ 성의로 보내는 선물.
志望〔しぼう〕지망. 뜻을 품음. 희망.
志士〔しし〕지사. 국가를 위해 자기 몸을 바치려는 뜻을 가진 사람.
志願〔しがん〕지원. 원하고 바람.
志操〔しそう〕지조. 굳은 절개.
志向〔しこう〕지향. 뜻을 결정하고 목적한 방향으로 감.

〔枝〕 풀 : 가지 지.
音 : シ
訓 : えだ

枝〔えだ〕① 가지. ② 갈래.
枝道〔えだみち〕① 샛길. ② 사물의 본 줄기에서 갈라져 나온 것.
枝豆〔えだまめ〕풋콩.
枝変わり〔えだがわり〕돌연변이의 가지.
枝葉〔えだは〕① 가지와 잎. ② 사물의 본체에서 갈라져 나간 중요하지 않는 부분. 枝葉的인 문제.
枝肉〔えだにく〕(소, 돼지의) 다릿고기.
枝振り〔えだぶり〕가지 모양.
枝打ち〔えだうち〕가지치기.
枝炭〔えだずみ〕(茶道에서 숯불로 쓰는) 진달래나 상수리 나무의 가지를 구워서 만든 숯.

音　読

枝垂れ〔しだれ〕(버들가지 따위가) 축 늘어짐. ～柳; 수양버들.
枝葉末節〔しようまっせつ〕하찮은 일.
枝族〔しぞく〕분가(分家).

例　外

瑞枝〔みずえ〕싱싱한 어린 가지.
楊枝〔ようじ〕① 이쑤시개. ② 칫솔.

〔知〕 풀 : 알 지.
音 : ① ジ ② チ
訓 : ① しる ② しれる

❶ 知る〔しる〕(他5) 알다.
知らしむべからず〔しらしむべからず〕(불리한 일은) 알려서는 안된다.
知らす〔しらす〕(他5) ① 알리다. ② 알고 계시다. ③ 다스리시다.
知らず〔しらず〕① 모름. ② 도대체.
知らず知らず〔しらずしらず〕(副) 저도 모르는 사이에 저절로. 어느 새.
知らせ〔しらせ〕① 통지. 알림. ② 전조(前兆). 예고. 징조.
知らせる〔しらせる〕(他下1) 알리다. 통지하다. 虫が～; 예감이 들다.

知らんぷり〔しらんぷり〕 시치미를 뗌.
知り抜く〔しりぬく〕(他5) 속속들이 잘 알다. 죄다 알다. 자세히 알다.
知らぬ顔〔しらぬかお〕① 모르는 사람. ② (알면서도) 모르는 체함(하는 얼굴).
知(り)合い〔しりあい〕 아는 사이. 親知.
知り合う〔しりあう〕(自5) 서로 알게 되다. 아는 사이가 되다.
❷ 知れる〔しれる〕(自下1) ① 알려지다. ② 판명되다. 발각되다. ③ 알 수 있다. 알고 있다.
知れきった〔しれきった〕 명백한. 뻔한.
知れ渡る〔しれわたる〕(自5) 널리 알려지다. 一般に~; 일반에게 널리 알려지다.

音読 1

下知〔げじ〕① 명령함. 지휘함. ② 판결. 판결문(判決文).

音読 2

知覚〔ちかく〕 지각. 알아 깨달음.
知能〔ちのう〕 지능. 지적 활동의 능력.
知略〔ちりゃく〕 지략. 슬기로운 계획.
知名〔ちめい〕 지명. 이름이 알려짐. 유명.
知謀〔ちぼう〕 지모. 슬기 있는 꾀.
知性〔ちせい〕 지성. 사고, 판단의 능력.
知識〔ちしき〕 지식. 사물에 관한 인식.
知人〔ちじん〕 지인. 아는 사이.
知的〔ちてき〕 지적. 知力에 관한 것.
知恵〔ちえ〕 지혜. 일을 잘 처리하는 능력. 슬기.

〔祉〕
풀: 복 지.
音: シ
訓

福祉〔ふくし〕 복지. ① 행복과 이익. ② 불행한 사람들을 위한 행복.

〔指〕
풀: 손가락 지.
音: シ
訓: ① さす ② ゆび

❶ 指す〔さす〕(他5) ① 가리키다. 지적하다. 지목하다. ② 향하다. ③ (술잔을) 권하다. ④ (장기를) 두다. ⑤ 가리다. (우산을) 쓰다. ⑥ (무용) 손을 내밀다. ⑦ (치수를) 재다.
指(し)掛け〔さしかけ〕 장기를 두다가 잠시 멈춤. 또는 도중에서 그만 둠.
指(し)物〔さしもの〕 널빤지로 짜서 만든 가구, 기구. (例: 옷장. 책상).
指(し)分け〔さしわけ〕(장기) 무승부.
指(し)手〔さして〕(장기) ① 말을 움직이는 방법. ② 장기를 잘 두는 사람.
指し勝つ〔さしかつ〕(自5) 장기를 자기 작전대로 전개시켜 이기다.
指し示す〔さししめす〕(他5) 지시하다. (손가락으로) 가리키다.
指し切る〔さしきる〕(自5) (장기) 손에 가지고 있는 말을 모두 써 버리다.
指(し)値〔さしね〕 지정가(指定価).
❷ 指〔ゆび〕 손가락. 발가락.
指さす〔ゆびさす〕(他5) 손가락질하다. 가리키다.
指貫(き)〔ゆびぬき〕 골무.
指輪〔ゆびわ〕 반지. 가락지.
指使い〔ゆびづかい〕(피아노 따위에서) 손가락을 놀리는 운지법(運指法).
指相撲〔ゆびずもう〕 서로 네 개의 손가락을 깍지 끼고 엄지손가락으로 밀어 승부를 겨루는 놀이.
指人形〔ゆびにんぎょう〕 손가락에 끼워서 움직이는 조그마한 인형.
指切り〔ゆびきり〕 아이들이 서로 새끼손가락을 걸고 하는 약속.
指折り〔ゆびおり〕 손꼽아 헤아림.
指差す〔ゆびさす〕(他5) 손가락질하다.
指尺〔ゆびしゃく〕 뼘으로 길이를 잼.
指環〔ゆびわ〕 가락지. 반지.

音読

指南〔しなん〕 지도함. 교수함. 지시함.
指導〔しどう〕 지도. 가르치고 이끎.
指令〔しれい〕 지령. 지휘 명령.
指名〔しめい〕 지명. 특정한 이름을 지정.
指紋〔しもん〕 지문. 손가락 끝의 무늬.
指示〔しじ〕 지시. 가리켜 보임.
指圧〔しあつ〕 지압. 손가락 끝으로 누름.
指摘〔してき〕 지적. 꼭 집어서 가리킴.
指定〔してい〕 지정. 가리키어 정함.
指針〔ししん〕 지침. 지시해 보이는 바늘.
指弾〔しだん〕 지탄. 지목하여 비난함.
指標〔しひょう〕 지표. 방향 표시.
指向〔しこう〕 지향. 지정하여 그 쪽으로 향하게 함.
指揮〔しき〕 지휘. 해야 할 방도를 지시 하여 시킴.

〔持〕
풀: 가질 지.
音: ジ
訓: ① もつ ② もてる

❶ 持つ〔もつ〕(他5) ① 들다. 쥐다. ② 가지다. 지니다. 소유하다. 휴대하다. ③ 타고나다. ④ 담당하다. 담임하다. 맡다. ⑤ 부담하다. (自5) 지속하다. 지탱하다. 견디어 나가다.
持ち〔もち〕① 소유. 가짐. ② 부담. ③ 담당. ④ 오래 지탱함. 오래 감. ⑤ (장기, 바둑) 무승부. 비김.
持(ち)家〔もちいえ〕 자기 집.
持ち堪える〔もちこたえる〕(他下1) 견지하다. 계속 유지(지탱)하다.
持ち掛ける〔もちかける〕(他下1) 말을 꺼내다. 말을 걸다.
持(ち)駒〔もちごま〕① (일본 장기) 이 편에서 잡아 가지고 있는 상대방의 말. ② 자기 마음대로 필요할 때 쓸 수 있는 사람이나 물건. 예비품.
持ち扱う〔もちあつかう〕(他5) 다루기 어렵다. 힘에 겹다.
持ち寄る〔もちよる〕(他5) (각자가) 가지고 모이다. 가지고 모여 들다.
持(ち)逃げ〔もちにげ〕 가지고 달아남.
持(ち)物〔もちもの〕 소유물. 소지품.
持(ち)味〔もちあじ〕 본래의 맛. 독특한 맛.

持(ち)腐れ〔もちぐされ〕가지고 있을뿐 활용하지 못함.
持(ち)分〔もちぶん〕① (배당된) 몫. ② (공유물에 대하여) 각자가 행사하는 비율.
持ち上がる〔もちあがる〕(自５) ① (귀찮은) 일이 일어나다. ② 학생이 진급해도 전 담임이 계속 맡다. ③ 들어 올릴수 있다. 들리다.
持ち上げる〔もちあげる〕(他下１) ① 들어 올리다. 쳐들다. ② 치켜 세우다.
持ち運ぶ〔もちはこぶ〕(他５) 들어 나르다. 운반하다.
持ち越す〔もちこす〕(他５) 미루다. 넘기다.
持ち込む〔もちこむ〕(他５) ① 가지고 들어 가다(오다). ② (의논할 것을) 가지고 오다. 제의하다.
持(ち)場〔もちば〕부서(部署). 담당한 곳.
持(ち)前〔もちまえ〕① 타고난 성질. 천성. ② (배당된 자기) 몫.
持(ち)切り〔もちきり〕① 시종 그 상태 그대로 계속됨. ② 소문이 자자함.
持ち切る〔もちきる〕(自５) ① 끝까지 지니다. ② 지탱하다. 유지하다. ③ 전부들다. ④ 온통…하다.
持(ち)主〔もちぬし〕소유주. 임자.
持(ち)株〔もちかぶ〕소유주(所有主).
持ち重り〔もちおもり〕묵직함.
持ち直す〔もちなおす〕(他５) (손을) 바꾸어 들다. 바꾸어 잡다. (自５) 전처럼 되다. 회복되다.
持ち出し〔もちだし〕① 가지고 나감. 반출. ② 자기 부담. ③ 양복 겨드랑이를 깁는데 쓰는 헝겊.
持ち出す〔もちだす〕(他５) ① 가지고 나오다. 반출하다. ② 끌어내다. ③ 꺼내다. 훔치다. ④ (비용을) 부담하다. ⑤ 갖기 시작하다.
持(ち)合い〔もちあい〕① 균형이 잡힘. ② 시세의 변동이 없음. ③ 협조함. 공동.
持(ち)合(わ)せ〔もちあわせ〕마침 가지고 있음. 특히 돈.
持(ち)合(わ)せる〔もちあわせる〕(他下１) 마침 가지고 있다 . 마침 준비하고 있다.
持(ち)回り〔もちまわり〕여기저기 가지고 다님. 관계되는 사람에게 돌림.
❷ **持てる**〔もてる〕(自下１) ① 인기 있다. ② 필요 이상의 재산을 가지고 있다.
持て扱う〔もてあつかう〕(他５) 처치 곤란하다 .주체스러워 하다.
持て渡る〔もてわたる〕(他５) 가지고가다.
持て成し〔もてなし〕대접. 환대(歓待).
持て成す〔もてなす〕(他５) ① 대접하다. ② 환대하다. 대우하다.
持て余す〔もてあます〕(他５) 처치 곤란하다. 주체스러워하다. 주체 못하다.
持て映やす〔もてはやす〕(他５) 극구 칭찬하다. 인기가 있다.
持て持て〔もてもて〕너무 인기가 있어 어찌할 바를 모름.

音 読

持する〔じする〕(他サ) ① 유지하다. ② 보전하다. ③ 지키다.
持久〔じきゅう〕지구. 같은 상태에서 오랫동안 견디는 것.
持碁〔じご〕무승부 바둑.
持論〔じろん〕언제나 주장하는 이론.
持病〔じびょう〕지병. 좀체로 고치지 못하는 병.
持続〔じぞく〕지속. 계속해 지탱함.
持参〔じさん〕지참. 가지고 감.

〔紙〕
풀：종이 지.
音：シ
訓：かみ

紙〔かみ〕종이.
紙ふぶき〔かみふぶき〕(환영, 축하 때 뿌리는) 잘게 썬 색종이.
紙袋〔かみぶくろ〕종이 봉지. 봉투.
紙細工〔かみざいく〕종이 세공.
紙屑〔かみくず〕휴지. 종이 나부랑이.
紙張り〔かみばり〕종이를 바름(바른 것)
紙銭〔かみぜに〕종이 돈. 지폐.
紙切れ〔かみきれ〕종이조각.
紙粘土〔かみねんど〕신문지 따위를 삶아풀을 먹여 찰흙처럼 만든 것.
紙製〔かみせい〕종이로 만듦.
紙芝居〔かみしばい〕종이 연극.
紙包み〔かみづつみ〕종이 꾸러미.
紙花〔かみばな〕(초상 때 쓰는) 종이로 만든 조화(造花).

連濁音에 注意

色紙〔いろがみ〕색종이.
手紙〔てがみ〕편지.
厚紙〔あつがみ〕두꺼운 종이.

音 読

紙器〔しき〕지기. 종이로 만든 그릇.
紙面〔しめん〕지면. 종이의 표면.
紙背〔しはい〕종이의 뒷면.
紙上〔しじょう〕지상. 신문이나 잡지의 기사를 실은 면.
紙弊〔しへい〕지폐. 종이 돈.
紙幅〔しふく〕지폭. 종이의 폭.
紙型〔しけい〕지형. (인쇄) 짠 활자판 표면에 종이를 눌러 뜬 본.

例 外

紙縒り：紙捻り：紙撚り〔こより〕 종이를 가늘게 꼰 끈.

〔脂〕
풀：기름 지.
音：シ
訓：あぶら

脂〔あぶら〕(동물성) 기름. 기름기. 지방.
脂ぎる〔あぶらぎる〕(自５) 기름지다. 비계가 많다. 기름살이 오르다.
脂気〔あぶらけ〕기름기.
脂っ濃い〔あぶらっこい〕(形) ① 기름기가 많고 느끼하다. ② 성격이 깐질기다.
脂肥り〔あぶらぶとり〕몸에 비계가 너무 많은 사람.
脂性〔あぶらしょう〕지방질이 많은 체질.

脂手〔あぶらで〕땀이 많이 나는 손.
脂身〔あぶらみ〕비계. 비계가 많은 부분.
脂肉〔あぶらみ〕⇨脂身.
脂足〔あぶらあし〕땀이 잘 나는 발.
脂着く〔あぶらづく〕(自5) 몸에 기름이올라 윤기가 돌다.
脂取り〔あぶらとり〕얼굴의 기름기를 닦아내는 화장지.
脂汗〔あぶらあせ〕비지땀. 진땀.

音 読

脂肪〔しぼう〕지방. 영양소의 한 가지.
脂粉〔しぶん〕지분. 연지와 분. 화장.

〔**遅**〕 풀：늦을 지.
音：チ
訓：① **おそい** ② **おくらす** ③ **おくれる**

❶ **遅い**〔おそい〕(形) ①(시간이) 늦다. ② 느리다. 더디다.
遅くとも〔おそくとも〕(副) 늦어도.
遅なわる〔おそなわる〕(自5) 늦어지다.
遅番〔おそばん〕늦게까지 근무(출근) 하는 차례(당번).
遅生(ま)れ〔おそうまれ〕4월 2일부터 12월 말일까지 사이에 태어난 사람.
遅咲き〔おそざき〕철 늦게 핌.
遅蒔き〔おそまき〕철 늦은 파종.
遅場〔おそば〕벼가 늦되는 고장.
遅かれ早かれ〔おそかれはやかれ〕언젠가는
遅知恵〔おそぢえ〕① 지능 발달이 다른 아이들보다 늦음. ② 뒤늦은 꾀.
遅出〔おそで〕늦게 출근함.
遅寝〔おそね〕밤늦게 취침함. 늦게 잠.
❷ **遅らせる**〔おくらせる〕(他下1) 늦게 하다. 늦추다.
❸ **遅れる**〔おくれる〕(自下1) ①(시간에) 늦다. ②(진도가) 더디다. ③ 뒤지다. 뒤떨어지다. ④ 여의다. 親に～; 부모를 여의다.
遅れ〔おくれ〕① 늦음. ② 뒤짐.
遅れ馳せ〔おくればせ〕뒤늦게 뛰어 듦. 뒤늦음. 때늦음. ～ながら; 뒤늦게나마.

音 読

遅刻〔ちこく〕지각. 정해진 시각에 늦음.
遅鈍〔ちどん〕느리고 미련함.
遅速〔ちそく〕지속. 더딤과 빠름.
遅延〔ちえん〕지연. 일이 더디게 진행됨.
遅疑〔ちぎ〕의심하고 주저함.
遅遅として〔ちちとして〕지지부진하여.
遅参〔ちさん〕지참. 시간에 늦게 옴.
遅滞〔ちたい〕지체. 늦어지고 정체됨.

〔**漬**〕 풀：담글 지.
音：シ
訓：つける

漬ける〔つける〕(他下1) ①(김치를)담그다. ②(물에) 잠그다.
漬け梅〔つけうめ〕소금에 담근 매실.
漬け物〔つけもの〕김치. 야채 절임.
漬け込む〔つけこむ〕(他5) (김치 따위를) 담그다.
漬け菜〔つけな〕김칫거리. 채소.

連濁音에 注意

味噌漬け〔みそづけ〕된장 절이.
氷漬け〔こおりづけ〕얼음에 채운 것.
砂糖漬け〔さとうづけ〕설탕에 절임.
塩漬け〔しおづけ〕소금에 절임.

〔**誌**〕 풀：기록할 지.
音：シ
訓：

誌上〔しじょう〕지상. 잡지의 지상(紙上).
雑誌〔ざっし〕잡지. ① 여러 가지 내용이 실려 있는 책. ② 정기적으로 간행하는책

【직】

〔**直**〕 풀：곧을 직.
音：① **ジキ** ② **チョク** ③ **チョッ**
訓：① **ただちに** ② **なおす** ③ **なおる**

❶ **直ちに**〔ただちに〕(副) ① 곧. 즉각. 즉시. ② 바로. 직접.
直中〔ただなか〕① 한복판. ② 한창…인때 酒宴の～に; 주연이 한창인 때에.
❷ **直す**〔なおす〕(他5) ① 고치다. 바로잡다. ② 치료하다. ③ 수선하다. ④ 번역하다.
直し〔なおし〕① 바로잡음. 고침. ② 수선. 수리. ③ 수선공. ④ 고칠 것. 고친것. ⑤ 손님이 예정된 유흥 시간을 연장함.
❸ **直る**〔なおる〕(自5) ① 고쳐지다. 바로잡히다. ② 치료되다. 낫다. ③ 수리되다. ④ 회복되다. 복구되다. ⑤ 바꾸어 앉다.

音読 ①

直に〔じきに〕(副) 곧. 금방. 바로.
直雇い〔じきやとい〕직접 고용함.
直宮〔じきみや〕천황과 직접 혈연 관계가 있는 황족.
直納〔じきのう〕직접 납부함.
直達〔じきたつ〕직접 전달함.
直談〔じきだん〕직접 이야기 함.
直答〔じきとう〕직답. 직접 대답함.
直覧〔じきらん〕직람 친히 보심.
直門〔じきもん〕(선생에게) 직접 배움.
直訴〔じきそ〕직소. 직접 상소함.
直孫〔じきそん〕직손. 직계의 자손(손자)
直弟〔じきてい〕바로 손아래 동생.
直弟子〔じきでし〕직접 가르침받은 제자.
直伝〔じきでん〕직접 제자에게 전수함.
直直〔じきじき〕직접.
直取引〔じきとりひき〕직접 거래. 직거래.
直播き〔じきまき〕논밭에 직접 뿌림.
直下〔じきげ〕① 바로 아래. ② 즉각.

直話〔じきわ〕직접 이야기함.

音読 2

直〔じき〕① 직접. ② 즉석. ③ 곧.
〔ちょく〕① 곧은 것. ② 숙직. 당직. ③ 직접. ④ 솔직함. 소탈함. ⑤ 값싸고 간편함.
直列〔ちょくれつ〕직렬. 직선으로 줄섬.
直流〔ちょくりゅう〕직류.
直立〔ちょくりつ〕직립. 똑바로 섬.
直売〔ちょくばい〕직매. 직접 판매함.
直線〔ちょくせん〕직선. 똑 바른 선.
直送〔ちょくそう〕직송. 직접 보냄.
直輸入〔ちょくゆにゅう〕직수입.
直訳〔ちょくやく〕직역. 원문대로 번역함.
直営〔ちょくえい〕직영. 직접 경영함.
直前〔ちょくぜん〕직전. 바로 앞.
直接〔ちょくせつ〕직접. 바로 접함.
直情〔ちょくじょう〕꾸밈이 없는 감정.
直進〔ちょくしん〕직진. 똑바로 나아감.
直通〔ちょくつう〕직통. 바로 통함.
直後〔ちょくご〕직후. 바로 뒤.

音読 3

直角〔ちょっかく〕직각. 90도.
直感〔ちょっかん〕직감.
直系〔ちょっけい〕직계. 직접의 계통.
直結〔ちょっけつ〕직결. 직접 연결됨.
直径〔ちょっけい〕직경. 지름.
直轄〔ちょっかつ〕직할. 직접 관할함.
直航〔ちょっこう〕직항. 똑바로 항행함.
直行〔ちょっこう〕직행. 똑바로 감.

〔織〕
풀：짤 직.
音：① シキ ② ショク ③ ショッ
訓：おる

織る〔おる〕(他5) ① (옷감을) 짜다. ② 맞추어 만들다.
織(り)〔おり〕옷감. 방직.
織り模様〔おりもよう〕바탕과 다른 실로 짠 「무늬.
織り目〔おりめ〕(직물의) 발. 직물의 올과 올의 사이.
織り紋〔おりもん〕천에 짜낸 家紋.
織物〔おりもの〕직물. 방직물.
織り上がる〔おりあがる〕(自5) (옷감이) 다 짜지다. 짜는 일이 끝나다.
織り成す〔おりなす〕(他5) 실로 짜서 옷감(무늬)을 만들어 내다.
織(り)元〔おりもと〕(직물의) 製造元.
織り込む〔おりこむ〕(他5) ① (무늬를 만들기 위해 색다른 실을) 섞어 넣어 짜다. ② (한 사물에 다른 사물을) 집어 넣다.
織(り)子〔おりこ〕옷감을 짜는 사람.
織地〔おりじ〕천의 바탕.
織り出す〔おりだす〕(他5) 무늬를 짜내다.
織(り)姫〔おりひめ〕베짜는 아가씨.

音読 1

組織〔そしき〕조직. 질서를 세워 하나의 통일체를 만듬.

音読 2

織女〔しょくじょ〕직녀. ① 베짜는 여자. ② 직녀성(織女星).
紡織〔ぼうしょく〕방직. 베를 짜는 일.

音読 3

織機〔しょっき〕직기. 베를 짜는 기계.
織工〔しょっこう〕직공. 베를 짜는 직공.

〔職〕
풀：직분 직.
音：① ショク ② ジョク ③ ショッ

音読 1

職〔しょく〕① 직업. 일. ② (손으로하는) 간단한 기술. ③ 맡아 보는 사무.
職能〔しょくのう〕직능. 직무상의 능력.
職務〔しょくむ〕직무. 맡아 하는 사무.
職分〔しょくぶん〕직분. 직무상의 본분.
職業〔しょくぎょう〕직업.
職員〔しょくいん〕직원.
職人〔しょくにん〕손으로 그릇이나 기구를 만드는 것을 직업으로 하는 사람. (例：목수, 미장이, 이발사).
職印〔しょくいん〕직인.
職長〔しょくちょう〕직장의 우두머리.
職場〔しょくば〕직장. 일터. 근무처.
職責〔しょくせき〕직책. 직무상의 책임.

音読 2

職階〔しょっかい〕직무상의 계급.
職工〔しょっこう〕직공. 공장의 노동자.
職権〔しょっけん〕직권. 관직의 권한.

音読 3

居職〔いじょく〕자기 집에 앉아서 일하는 직업. 앉은 일.
出職〔でじょく〕(미장이, 기와장이 처럼) 밖에 나가서 하는 일.

【진】

〔尽〕
풀：다할 진.
音：ジン
訓：① つかす ② つきる ③ つくす

❶ 尽かす〔つかす〕(他5) 다 없애 버리다. あいそを〜; 정나미가 떨어지다.
❷ 尽きる〔つきる〕(自上1) ① 없어지다. 다 떨어지다. ② 끝나다. 다하다.
尽き〔つき〕(운, 힘이) 다함. 끝남.
尽きせぬ〔つきせぬ〕한이 없는. 끝없는.
❸ 尽くす〔つくす〕(他5) ① 다하다. 있는 대로 다하다. ② 애쓰다. 진력하다. ③ 끝까지…하다. …해치우다. 다…하다.
〜尽くし〔〜づくし〕① 다 열거함. 国〜; 여러 나라(지방)를 다 열거함. ② 있는모든 것을 다함. 心〜; 마음을 다함.

音読

尽力〔じんりょく〕진력. 있는 힘을 다함.

尽忠〔じんちゅう〕진충. 충성을 다함.

〔津〕 풀：나루 진.
音：シン
訓：つ

津〔つ〕나룻터.
津波〔つなみ〕해일. 바닷물이 넘쳐 들어옴.
津津浦浦〔つつうらうら〕방방곡곡.
興味津津〔きょうみしんしん〕흥미 진진.

〔珍〕 풀：보배 진.
音：チン
訓：めずらしい

珍しい〔めずらしい〕(形) ① 귀하다. 희귀하다. 진귀하다. 드물다. 희한하다. ② 새롭다. 신기하다.
珍か〔めずらか〕(形動) 진귀함. 진기함.

音　読

珍〔ちん〕진귀함. 귀중함. 진기함.
珍貴〔ちんき〕진귀. 보배롭고 귀중함.
珍奇〔ちんき〕진기. 진귀하고 기이함.
珍味〔ちんみ〕진미. 음식의 좋은 맛.
珍重〔ちんちょう〕진중. 귀중함.
珍品〔ちんぴん〕진품. 진귀한 물품.

〔振〕 풀：떨칠 진.
音：シン
訓：① ふる ② ふるう
③ ふれる

❶ 振る〔ふる〕(他5) ① 흔들다. ② 휘두르다. ③ (약을 달여) 우려내다. ④ 흔들어서 던지다. ⑤ 흔들어서 뿌리다. ⑥ 버리다. 잃다. 날리다. 포기하다. ⑦ 퇴짜놓다. 거절하다. ⑧ (어음, 수표를) 발행하다. ⑨ (토를) 달다. ⑩ 방향을 돌리다.
❷ 振(る)う〔ふるう〕(他5) ① 털다. ② 휘두르다. ③ 떨치다.
❸ 振れる〔ふれる〕(自下1) ① 흔들리다. 동요하다. ② 치우치다. 쏠리다. ③ 잘 휘두를 수 있다.
振り〔ふり〕① 흔듦. ② 모습. 차림새. ③ 동작. ④ 뜨내기 손님. ⑤ 준비가 되어 있지 않음.
振りかぶる〔ふりかぶる〕(他5) (머리 위로) 크게 휘둘러 올리다.
振りほどく〔ふりほどく〕(他5) 흔들어서 풀다.
振り仮名〔ふりがな〕한자 옆에 읽는 법을 仮名로 단 토.
振り去け見る〔ふりさけみる〕(他上1) 우러러 멀리 보다. 멀리 우러러 보다.
振り掛け〔ふりかけ〕(어육, 김 따위를) 가루로 만든 식품.
振り掛ける〔ふりかける〕(他下1) 뿌리다. 끼얹다.
振り絞る〔ふりしぼる〕(他5) 쥐어짜듯 소리지르다.
振り起こす〔ふりおこす〕(他5) 분발하게 하다. 분발시키다.
振り当てる〔ふりあてる〕(他下1) 할당하다. 떼어 맡기다. 나눠 맡기다.
振り乱す〔ふりみだす〕(他5) 흩어뜨리다.
振り立てる〔ふりたてる〕(他下1) ① 곧두세우다. ② 목청을 높이다. ③ 흔들어서 소리를 내다.
振(り)売り〔ふりうり〕(소리치며 다니는) 행상(行商).
振舞〔ふるまい〕① 행동 거지. 행동. ② 대접. 향응.
振舞う〔ふるまう〕(他5) 대접하다. 향응을 베풀다. (自5) 행동하다.
振り返る〔ふりかえる〕(他5) 돌이켜 보다. 뒤돌아보다. 회고하다.
振り方〔ふりかた〕① 휘두르는 법. 흔드는 법. ② 행동. 身の～; 처신.
振り放す〔ふりはなす〕(他5) 뿌리치다. 뿌리쳐 떼다. 냅다 떨치다.
振(り)付(け)〔ふりつけ〕안무가(按舞家)
振(り)分け〔ふりわけ〕분배(分配). 나눔.
振り分ける〔ふりわける〕(他下1) ① 나누다. 가르다. ② 반씩 가르다. 분배하다. ③ 짐을 앞뒤로 나누어 메다.
振り捨てる〔ふりすてる〕(他下1) 뿌리치다. 내동댕이치다. 사정 없이 버리다.
振り上げる〔ふりあげる〕(他下1) 치켜들다. 번쩍 올리다.
振り袖〔ふりそで〕겨드랑 밑을 꿰메지 않은 긴소매의 일본 옷.
振り時計〔ふりどけい〕벽시계.
振り込む〔ふりこむ〕(他5) ① 흔들어 넣다. ② 口座에 돈을 불입(払入)하다.
振り子〔ふりこ〕진자. 흔들이.
振り切る〔ふりきる〕(他5) ① 뿌리치다. ② 뒤쫓아 오는 것을 끝내 떼쳐 이기다.
振(り)替(え)〔ふりかえ〕진체. ① 뒤바꿈. 엇바꿈. ② (부기에서) 어떤 計定科目에 기재된 사항을 다른 計定科目으로 옮김.
振り替える〔ふりかえる〕(他下1) 대체하다. 다른 것으로 바꾸어 쓰다. 流用하다.
振り撒く　〔ふりまく〕(他5) 흩어 뿌리다
振(り)出(し)〔ふりだし〕① 첫출발. 처음 상태. 출발점. ②(어음, 수표의)발행. ③ 약을 뜨거운 물에 넣고 흔들어서 그 성분이 우러나게 한 약.
振り出す〔ふりだす〕(他5) ① 흔들어 뽑다. ② (어음, 수표를) 발행하다. ③ 약을 뜨거운 물에 넣어서 흔들어서 그 성분을 우려 내다.
振出人〔ふりだしにん〕수표 발행인.
振(り)合い〔ふりあい〕균형. 걸맞음.
振り合う〔ふりあう〕(自5) 서로 흔들다.
振り向く〔ふりむく〕(自5) 뒤돌아보다.
振り向ける〔ふりむける〕(他下1) ① 충당하다. 돌리다. ② 뒤돌아보게 하다.
振り回す〔ふりまわす〕(他5) 휘두르다.

音　読

振動〔しんどう〕진동. 흔들리어 움직임.
振子〔しんし〕진자. 흔들이.
振作〔しんさく〕진작. 떨치어 일으킴.
振幅〔しんぷく〕진폭. 정지하고 있는 위치에서 잰 진동의 폭.
振興〔しんこう〕진흥. 떨쳐 일으킴.
振鈴〔しんれい〕진령. 방울이나 종을 흔듦.

〔真〕 풀：참 진.
音：シン
訓：① ま ② まっ ③ まん

訓読 1

真〔ま〕사실. 진실. ～に受ける; 믿다.
〔しん〕진실. 진리. 참됨.
真冬〔まふゆ〕한겨울. 엄동.
真裏〔まうら〕바로 뒤쪽. 바로 안쪽.
真面目〔まじめ〕(形動) ① 진지함. 진실됨. ② 착실함. 성실함.
真面目くさる〔まじめくさる〕(自5) 장난이 아닌체하다. 심각한 체하다.
真綿〔まわた〕허드렛고치로 만든 풀솜.
真四角〔ましかく〕정사각형. 네모 반듯함.
真似〔まね〕① 흉내. ② 바보 같은 짓.
真似る〔まねる〕(他下1) 흉내내다. 모방하다. 人の声を～; 남의 목소리를 흉내내다. 真似て作る; 모방하여 만들다.
真砂〔まざこ〕잔 모래.
真上〔まうえ〕바로 위.
真水〔まみず〕맹물. 담수(淡水). 음료수.
真新しい〔まあたらしい〕(形) 아주 새롭다.
真心〔まごころ〕진심. 정성.
真顔〔まがお〕진지한 얼굴. 정색(正色).
真夜中〔まよなか〕한밤중. 심야(深夜).
真二つ〔まふたつ〕딱 절반.
真人間〔まにんげん〕착실한(참다운)사람.
真昼〔まひる〕한낮. 대낮. 백주.
真土〔まつち〕경작하기에 좋은 흙.
真下〔ました〕바로 아래.
真夏〔まなつ〕한여름. 성하(盛夏).
真向(か)い〔まむかい〕바로 맞은 편. 정면.
真向き〔まむき〕바로 정면으로 향함.
真横〔まよこ〕곧 바로 옆.
真後ろ〔まうしろ〕바로 뒤.

訓読 2

真っ裸〔まっぱだか〕발가벗음. 알몸.
真っ白〔まっしろ〕새하얌.
真っ先〔まっさき〕맨 먼저. 맨 앞.
真っ盛り〔まっさかり〕한창 때.
真っ芯〔まっしん〕(야구 배트에서)공을 가장 날카롭게 멀리까지 때릴 수 있는 부분.
真っ暗〔まっくら〕아주 캄캄함. 암흑.
真っ暗がり〔まっくらがり〕캄캄함.
真っ逆様〔まっさかさま〕곤두박질.
真っ赤〔まっか〕새빨감. 진한 빨강.
真っ正面〔まっしょうめん〕바로 정면.
真っ正直〔まっしょうじき〕① 참으로 정직함. ② 곧이곧대로 받아들임.
真っ昼間〔まっぴるま〕대낮.
真っ直ぐ〔まっすぐ〕(形動) ① 똑바름. 쭉 곧음. 곧장. ② 숨김이 없음. 솔직함.
真っ青〔まっさお〕새파람.
真っ最中〔まっさいちゅう〕한창인 때.
真っ平〔まっぴら〕(副) 오로지. 전적으로. 참으로. 절대로.
真っ向〔まっこう〕① 바로 정면. ② 이마의 한가운데.
真っ黒〔まっくろ〕아주 새까맘. 껌정임.

訓読 3

真ん円〔まんまる〕아주 동그람.
真ん前〔まんまえ〕정면. 바로 앞.
真ん中〔まんなか〕한가운데.
真ん丸〔まんまる〕아주 동그람.

音 読

真価〔しんか〕진가. 참된 값어치.
真剣〔しんけん〕① 진검. 진짜 칼. ② 진지함. 진실함. 진심.
真空〔しんくう〕진공. 기체가 없는 공간.
真理〔しんり〕진리. 참된 도리.
真本〔しんぽん〕진본. 진짜 옛 책, 그림.
真否〔しんぴ〕진부. 참됨과 그렇지 않음.
真相〔しんそう〕진상. 실제의 사정.
真性〔しんせい〕진성. 참된 증세의 병.
真実〔しんじつ〕진실. 바르고 참됨.
真義〔しんぎ〕진의. 참뜻.
真正〔しんせい〕참되고 올바름.
真情〔しんじょう〕진정. 참된 사정(마음).
真珠〔しんじゅ〕진주. 보석의 일종.

〔陣〕 풀：진칠 진.
音：ジン
訓：

陣〔じん〕진. 진영.
陣頭〔じんとう〕진두. 戦闘隊列의 앞장.
陣立て〔じんだて〕군대의 정비, 배치.
陣笠〔じんがさ〕① 옛날 졸병의 전투 모자 ② 졸병. 아랫사람.
陣営〔じんえい〕진영. 진. 진을 친 곳.
陣容〔じんよう〕진용. ① 진을 친 모양. ② 회사, 단체의 멤버.
陣中〔じんちゅう〕진중. 진지의 안.
陣地〔じんち〕진지. 진을 친 곳.
陣取り〔じんどり〕진을 빼앗는 일.
陣取る〔じんどる〕(自5) 진을 치다.
陣痛〔じんつう〕진통. 아기가 태어날 때의 복통(腹痛).

〔陳〕 풀：벌일 진.
音：チン
訓：のべる

陳べる〔のべる〕(他下1) ① 진술하다. 말하다. ② 기술(記述)하다.

音 読

陳じる〔ちんじる〕(他上1) ① 진술하다. 말하다. ② 주장하다.
陳列〔ちんれつ〕진열. 물건을 죽 벌이어놓음. ～室; 진열실.
陳弁〔ちんべん〕사정을 말하여 변명함.
陳腐〔ちんぷ〕진부. 오래 묵어서 썩음. 새로운 것이 없음.
陳謝〔ちんしゃ〕진사. 용서를 빎. 사죄.
陳述〔ちんじゅつ〕진술. 입으로 말함.
陳情〔ちんじょう〕진정. 어떤 일의 실정을 진술하고 선처(善処)를 부탁함.

〔進〕 풀：나아갈 진.
音：① シン ② ジン(例外)
訓：① すすむ ② すすめる

❶ **進む**〔すすむ〕(自5) ① 나아가다. ② 진출하다. ③ 발달하다. 앞서다. 진보하다. ④ 진척되다. ⑤ 나아지다. 증진되다. ⑥ 진학하다. ⑦ (시계가) 빠르다.
進み〔すすみ〕진행. 진도.
❷ **進める**〔すすめる〕(他下1) ① 앞으로 나아가게 하다. ② 진척시키다. ③ 진행하다. ④ 향상시키다. 진보시키다. ⑤ 승진시키다. 올리다.

音 読 1

進じる〔しんじる〕(他上1) ① 바치다. 드리다. ② (…하여) 주다.
進ぜる〔しんぜる〕(他下1) ⇨進じる.
進撃〔しんげき〕진격. 공격하여 나아감.
進軍〔しんぐん〕진군. 군대가 전진함.
進級〔しんきゅう〕진급. 등급이 오름.
進物〔しんもつ〕진상하는 물건. 선물.
進歩〔しんぽ〕진보. 발달하여 나아짐.
進上〔しんじょう〕진상. 올림. 바침.
進言〔しんげん〕진언. 웃사람에게 말함.
進運〔しんうん〕진운. 진보하는 경향.
進入〔しんにゅう〕진입. 안으로 들어감.
進展〔しんてん〕진전. 진보하고 발전함.
進呈〔しんてい〕진정. 올림. 바침.
進駐〔しんちゅう〕진주. 외국의 영토에 군대가 진군하여 머무름.
進出〔しんしゅつ〕진출. 앞으로 나아감.
進退〔しんたい〕진퇴. 나아감과 물러남.
進学〔しんがく〕진학. 상급 학교에 감.
進行〔しんこう〕진행. 앞으로 나아가게 함.
進化〔しんか〕진화. 점점 높이 발전됨.

音 読 2

精進〔しょうじん〕정진. ① 착한 행실을함 ② 정신을 쏟아 노력함.

〔診〕
풀：진찰할 진.
音：シン
訓：みる

診る〔みる〕(他上1) 진찰하다. 患者を～；환자를 진찰하다.

音 読

診断〔しんだん〕진단. 진찰하여 병의 상태를 판단함.
診療〔しんりょう〕진료. 진찰, 치료함.
診察〔しんさつ〕진찰. 의사가 환자의 몸을 조사하여 병의 증세를 판단함.

〔賑〕
풀：풍부할 진.
音：シン
訓：① にぎやか ② にぎわう ③ にぎわしい ④にぎわす

❶ **賑やか**〔にぎやか〕(形動) 떠들석함. 홍청거림. 번잡함. 번화함.
❷ **賑わう**〔にぎわう〕(自5) ① 활기차다. 번성하다. 떠들석하다. ② 풍부하다.
❸ **賑わしい**〔にぎわしい〕(形) 떠들석하다. 번성하다. 활기차다.
❹ **賑わす**〔にぎわす〕(他5) ① 홍청거리게 하다. 떠들석하게 하다. 활기차게 하다. ② 베풀다.

音 読

賑給〔しんきゅう〕진급. 물건이나 돈을 줌. 베풂음.

〔震〕
풀：진동할 진.
音：シン
訓：① ふるう ② ふるえる

❶ **震う**〔ふるう〕(自5) ① 떨리다. ② 지진이 일다. ③ 흔들리다.
震い〔ふるい〕떨림. 학질에 걸려 떨림.
震い付く〔ふるいつく〕(自5) (확 덤벼 들어) 껴안다.
❷ **震える**〔ふるえる〕(自下1) 흔들리다. 추워서 떨리다. 진동하다. 떨리다.
震え〔ふるえ〕떨림.
震え上がる〔ふるえあがる〕(自5) (무서워서) 부들부들 떨다.

音 読

震度〔しんど〕진도. 지진의 크기.
震動〔しんどう〕진동. 흔들리어 움직임.
震源地〔しんげんち〕진원지. 지진이 발생한 곳.
震災〔しんさい〕진재. 지진에 의한 災害.

〔鎮〕
풀：진압할 진.
音：チン
訓：① しずまる ② しずめる.

❶ **鎮まる**〔しずまる〕(自5) ① 진정되다. 조용히 가라 앉다. ② 神이 계시다.
❷ **鎮める**〔しずめる〕(他下1) ① 가라앉히다. 진정시키다. 조용하게 하다. ② 진압시키다. 평정하다. ③ 잠재우다. ④ 神이 계시게 하다. 진좌(鎮座) 시키다.
鎮め〔しずめ〕진정(鎮定) 시킴.

音 読

鎮守〔ちんしゅ〕토지나 절을 지키는 神.
鎮圧〔ちんあつ〕진압. 내려 눌러 진정시킴 평정(平定).
鎮定〔ちんてい〕진정. 진압하여 平定함.
鎮静〔ちんせい〕진정. 가라앉아 조용 해짐. 가라앉혀 고요하게 함.
鎮座〔ちんざ〕진좌. ① 신령이 그 자리에 임함. ② 자리잡고 앉음.
鎮痛剤〔ちんつうざい〕진통제.
鎮火〔ちんか〕진화. 불을 끔.
鎮魂〔ちんこん〕진혼. (죽은 사람의) 혼을 진정시킴.

【질】

〔迭〕
풀：바꿀 질.
音：テツ
訓：

更迭〔こうてつ〕경질. 어떤 직위에 있는 사람을 갈고 다른 사람을 임용함. 인사이동(人事移動).

〔疾〕 풀：병 질.
音：① シツ ② シッ
訓：① とう ② やましい

❶ 疾う〔とう〕(副) 빨리. ～せよ；빨리해라.

❷ 疾しい〔やましい〕(形) ① 양심의 가책을 느끼다. 꺼림칙하다. 뒤가 켕기다. ② 마음에 걸리다. 걱정되다.

音 読 1

固疾〔こしつ〕고질. 오래 낫지 않는 병.
眼疾〔がんしつ〕안질. 눈병.
悪疾〔あくしつ〕악질. 질이 나쁜 병.

音 読 2

疾駆〔しっく〕차나 말을 빨리 몸.
疾病〔しっぺい〕질병. 병.
疾走〔しっそう〕질주. 빨리 달림.
疾風〔しっぷう：はやて〕질풍.
疾患〔しっかん〕질환. 병. 병환.

〔秩〕 풀：차례 질.
音：チツ
訓：

秩序〔ちつじょ〕질서. 사물의 바른 순서. ～だつ；질서가 서다.

〔窒〕 풀：막힐 질.
音：チツ
訓：

窒死〔ちっし〕질식하여 죽음.
窒素〔ちっそ〕질소. 비료와 폭약의 원료.
窒息〔ちっそく〕질식. 숨이 막힘.

〔質〕 풀：바탕 질.
音：① シチ ② シツ ③ シッ ④ チ
訓：ただす

質す〔ただす〕(他5)(모르는 것을) 질문하다. 묻다.

音 読 1

質〔しち〕전당물. 담보물. 볼모.
〔しつ〕질. 품질.
質券〔しちけん〕전당표.
質権〔しちけん〕돈을 돌려 받을 때까지 動産이나 不動産을 맡는 권리.
質流れ〔しちながれ〕전당 잡힌 물건이 기한이 넘어서 찾을 수 없게 됨.
質物〔しちもつ〕저당물.
質屋〔しちや〕전당포.
質入れ〔しちいれ〕전당 잡힘.
質店〔しちみせ〕전당포.
質種〔しちぐさ〕전당물. 전당 잡힌 물건.
質札〔しちふだ〕전당표.
質草〔しちぐさ〕⇨質種.

音 読 2

質〔しつ〕질. 품질.
〔しち〕전당물. 담보물. 볼모.
質量〔しつりょう〕질량. 물질의 양.
質料〔しつりょう〕내용. 실질.
質問〔しつもん〕질문. 질의(質疑).
質朴〔しつぼく〕꾸밈이 없이 소박함.
質実〔しつじつ〕꾸밈이 없고 진실함.
質疑〔しつぎ〕질의. 질문.
地質〔ちしつ〕지질. 땅의 성질.

音 読 3

質素〔しっそ〕① 꾸밈이 없음. ② 검소함. ～な生活；검소한 생활.

音 読 4

言質〔げんち〕언질. 뒤에 증거가 될 말. ～を取る；언질을 받다.

【집】

〔執〕 풀：잡을 집.
音：① シツ ② シッ ③シュウ
訓：とる

執る〔とる〕(他5) ①(연필을) 잡다. 쥐다. 筆を～；붓을 쥐다. ② 강구하다. 処置を～；조치를 취하다.
執り成し〔とりなし〕주선. 중재(仲裁).
執り成す〔とりなす〕(他5) ① 수습하다. ②(둘 사이를) 중재하다. 조정하다. 화해붙이다. ③ 주선하다. 천거하다. ④ 변명하다. ⑤ 달래다.
執り行(な)う〔とりおこなう〕(他5) 집행하다. 거행하다. (제사를) 지내다.

音 読 1

執務〔しつむ〕집무. 사무를 봄.
執事〔しつじ〕집사. 교회나 절 또는 지위가 높은 사람의 곁에서 일보는 사람.
執拗〔しつよう〕집요. 끈덕짐.

音 読 2

執権〔しっけん〕집권. 정치의 실권을 잡는 일.
執達吏〔しったつり〕집달리. 재판에 관한 사무를 보는 직원.
執刀〔しっとう〕집도. (외과 수술에서) 메스를 쥠.
執政〔しっせい〕집정. 政務를 집행함.
執筆〔しっぴつ〕집필. 붓을 들어 글을 씀. 小説を～する；소설을 집필하다.
執行〔しっこう〕집행. 실제로 시행함.

音 読 3

執念〔しゅうねん〕집념. 집착하는 마음.
執心〔しゅうしん〕집심. 깊이 마음에 지님. 집착함. 악착같음.
執着〔しゅうちゃく〕집착. 마음에 새겨 두고 단념하지 않음.

〔集〕 풀：모일 집.
音：シュウ
訓：① あつまる ② あつめる ③ つどう

❶ 集まる〔あつまる〕(自5) 모이다. 집중되다. 集まれ；집합(구령).
集まり〔あつまり〕모임. 회합.

❷ **集める**〔あつめる〕(他下1) 모으다. 집중시키다. 切手を~; 우표를 모으다.
集め〔あつめ〕 수집(収集). 모으기.
❸ **集う**〔つどう〕(自5) 모이다. 모여들다. 집회하다. 회합하다.
集い〔つどい〕 모임. 회합.

音　読

集結〔しゅうけつ〕 집결. 한 곳으로 모임.
集計〔しゅうけい〕 집계. 모아서 한 셈.
集金〔しゅうきん〕 집금. 돈을 받아 모음.
集団〔しゅうだん〕 집단. 모여서 이룬 떼.
集大成〔しゅうたいせい〕 집대성. 여러 가지를 많이 모아 크게 이룸.
集散〔しゅうさん〕 집산. 모여듬과 흩어짐.
集約〔しゅうやく〕 집약. 하나로 모아서 요약함.
集積〔しゅうせき〕 집적. 모여 쌓임.
集中〔しゅうちゅう〕 집중. 한 곳으로 쏠려 모임.
集合〔しゅうごう〕 집합. 한 곳으로 모임.
集会〔しゅうかい〕 집회. 동일한 목적으로 여러 사람이 모임.

【징】

〔澄〕 풀：맑을 징.
音：**チョウ**
訓：① **すます** ② **すむ**

❶ **澄ます**〔すます〕(他5) ① 맑게 하다. 깨끗이 하다. ② 맑은 소리를 내다. ③ (칼날을) 시퍼렇게 하다. ④ (마음을) 진정시키다. 가라앉히다. 점잔빼다. ⑤ 점잖은 체하다. ⑥ 시치미를 떼다. 모르는 체하다.
澄(ま)し〔すまし〕 ①(탁한 것을 가라앉혀) 맑게 함. ② 술잔을 씻는 물.
澄(ま)し屋〔すましや〕 점잔을 빼는 사람. 새침데기.
澄(ま)し汁〔すましじる〕 맑은 장국.
❷ **澄む**〔すむ〕(自5) ① 맑다. 맑아지다. 투명하다. 깨끗하다. ② 세련되다. 말쑥하다. ③ 조용해지다.
澄み渡る〔すみわたる〕(自5) (구름 한 점 없이) 맑게 개다.
澄み切る〔すみきる〕(自5) ① 아주 맑다. ② 맑게 트이다.

音　読

澄明〔ちょうめい〕(形動) 티 하나 없이 맑은 밝음. 아주 맑음. ~な空; 맑게 갠 하늘.

〔徴〕 풀：부를 징.
音：**チョウ**
訓：**しるし**

徴〔しるし〕 ① 효과. 효능. 보람. 효험. ② 징조. 조짐.

音　読

徴する〔ちょうする〕(他サ) ① …에 비추어 보다. 증거를 구하다. ② 구하다. 모으다. 意見を~; 의견을 모으다.
徴募〔ちょうぼ〕 징모. 불러 모집함.
徴発〔ちょうはつ〕 징발. 다른 사람의 물건을 강제적으로 모아 거둠.
徴兵〔ちょうへい〕 징병. 병역 의무를 부과하여 군대에 복무시키는 일.
徴税〔ちょうぜい〕 징세. 세금을 거둠.
徴収〔ちょうしゅう〕 징수. 세금, 돈, 곡식, 물건 등을 거둠.
徴用〔ちょうよう〕 징용. 국가의 권력으로 국민을 강제적으로 일을 하게 함.
徴集〔ちょうしゅう〕 징집. ① 물건을 거두어 모음. ② 장정을 병역에 보충함.
徴表〔ちょうひょう〕 징표. 구별하는 표.
徴候〔ちょうこう〕 징후. 낌새. 징조.

〔懲〕 풀：징계할 징.
音：**チョウ**
訓：① **こらしめる** ② **こらす** ③ **こりる**

❶ **懲らしめる**〔こらしめる〕(他下1) 혼내주다. 징계하다. 따끔한 맛을 보여 주다. 응징하다.
❷ **懲らす**〔こらす〕(他5) ⇨懲らしめる.
❸ **懲りる**〔こりる〕(自上1) 넌더리 나다. 싫증이 나다. 데다.
懲りずまに〔こりずまに〕(副) 싫증도 내지 않고. 추근추근하게.
懲り懲り〔こりごり〕 지긋지긋함. 신물이 남. 넌더리남.

音　読

懲戒〔ちょうかい〕 징계. 허물을 뉘우치게 훈계하고 나무람.
懲罰〔ちょうばつ〕 징벌. 벌을 줌.
懲悪〔ちょうあく〕 징악. 나쁜 사람을 징계하거나 벌을 줌.
懲役〔ちょうえき〕 징역. 교도소에 가두어 치르게 하는 형(刑).

【차】

〔且〕 풀：또 차.
音：
訓：**かつ**

且つ〔かつ〕 ① 동시에. 또한. ② 한편으로는. ③ 또. 그위에.
且つは〔かつは〕 한편으로는. 그 위에.
且つ又〔かつまた〕 또한. 그위에. 더구나.
且つ且つ〔かつかつ〕 그럭저럭. 겨우.

〔次〕 풀：다음 차. 차례 차.
音：① **シ**(例外) ② **ジ**
訓：① **ついで** ② **つぐ** ③**つぎ**

❶ **次いで**〔ついで〕(副) 잇따라서. 뒤이어.

ㅊ

계속하여. 그 다음으로.

❷ 次ぐ〔つぐ〕(自5) ① 뒤를 잇다. ② 다음가다. 버금가다.

❸ 次〔つぎ〕다음. ～の人; 다음 사람.

次に〔つぎに〕(副) 다음에. 그리고나서.

次次〔つぎつぎ〕잇달아. 차례차례.

音読 1

次第〔しだい〕① 순서. ② 경과. 되어가는 형편. 사정. ③ 유래. …되어 가는 대로. 하라는 대로. ④ …하자마자. …하는 즉시. …하는 대로.

次第に〔しだいに〕(副) 차츰. 차차로. 점점. 차츰차츰.

音読 2

次男〔じなん〕차남. 둘째 아들.

次女〔じじょ〕차녀. 둘째 딸.

次元〔じげん〕차원. 물질의 모양을 만드는 기본적인 방향과 그 수.

次点〔じてん〕차점. 최고점 다음의 점수.

〘此〙 풀 : 이(이것) 차.
音 :
訓 : ① この ② これ

此の〔この〕이. ～本; 이 책.

此の間〔このあいだ〕요전. 전날.

此の故に〔このゆえに〕이런 까닭으로.

此の期〔このご〕최후의 단계. 막판.

此の段〔このだん〕앞서 말한 것은.

此の度〔このたび〕이번. 금번.

此の辺〔このへん〕이 근처. 이 정도.

此の分〔このぶん〕이 상태. 이 정도.

此の上〔このうえ〕① 이 이상. ② 이렇게 된 바에는. ～ない; 더할 나위 없다.

此の先〔このさき〕앞으로. 금후. 이후.

此の世〔このよ〕이 세상.

此の様〔このよう〕이와 같음. 이 모양.

此の節〔このせつ〕요즈음. 근래.

此の程〔このほど〕최근. 이번. 금번.

此の際〔このさい〕차제. 이 기회.

此の後〔こののち〕금후. 이후.

❷ 此れ〔これ〕① 이것. ② 이 사람.

此れ程〔これほど〕이 정도. 이렇게까지.

〘車〙 풀 : ① 수레 차. ② 수레 거.
音 : シャ
訓 : くるま

車〔くるま〕① 차(수레) 바퀴. ② 수레. ③ 차. ④ 자동차. ⑤ 바퀴 모양.

車寄せ〔くるまよせ〕현관 앞의 주차장.

車代〔くるまだい〕차비. 찻삯.

車引(き)〔くるまひき〕차를 끄는 직업.

車座〔くるまざ〕빙 둘러 앉음.

車止め〔くるまどめ〕① 차량 통행 금지. ② 차량의 궤도 탈출을 방지하는 장치.

連濁音에 注意

空車〔あきぐるま〕빈 수레. 빈 차.

歯車〔はぐるま〕톱니바퀴.

荷車〔にぐるま〕짐 수레.

例 外

山車〔だし〕축제 때 끌고 다니는 장식한 수레.

音 読

車庫〔しゃこ〕차고. 차를 넣는 곳간.

車台〔しゃだい〕차대. 車体를 받치고 車輪에 연속하는 쇠로 만든 테.

車道〔しゃどう〕차도. 차가 다니는 길.

車両〔しゃりょう〕차량. 연결된 기차.

車輪〔しゃりん〕차륜. 차 바퀴.

車賃〔しゃちん〕차비. 찻삯.

車掌〔しゃしょう〕차장.

車体〔しゃたい〕차체. 차의 일부분으로서 짐을 싣는 부분.

車軸〔しゃじく〕차축. 바퀴 축.

〘借〙 풀 : 빌릴 차.
音 : ① シャク ② シャッ
訓 : かりる

借りる〔かりる〕(他上1) 빌리다. 꾸다.

借り〔かり〕빌림. 빌린 것. 빚.

借り家〔かりいえ : かりや〕셋집.

借り貸し〔かりかし〕빌림과 빌려 줌.

借り倒す〔かりたおす〕(他5) (빌린 것을 주지 않고) 떼어 먹다.

借(り)物〔かりもの〕빌어 쓰는 물건.

借(り)方〔かりかた〕① 빌어 쓰는 방법. ② 빌어 쓰는 사람. ③ (복식 부기에서) 차변(借辺).

借(り)っ放し〔かりっぱなし〕꾼 것을 반환하지 않음.

借り上げ〔かりあげ〕정부가 민간으로 부터 물건을 빌림.

借り上げる〔かりあげる〕(他下1) 정부나 윗사람이 민간이나 아랫사람으로부터 물건을 빌리다.

借り手〔かりて〕꾸어 쓰는 사람.

借り受ける〔かりうける〕(他下1) 빌다. 빌리다. 꾸어 받다.

借(り)越(し)〔かりこし〕차월. ① 일정한 한도를 넘어서 꾸어 옴. ② 빌려 준 것보다 꾸어 온 것이 더 많음.

借(り)入れ〔かりいれ〕차입. 꾸어들임.

借り入れる〔かりいれる〕(他下1) 차입하다. 꾸어들이다.

借(り)字〔かりじ〕본 뜻에 관계 없이 음이나 訓을 따서 어떤 말을 나타내는 漢字, 또는 그런 용법.

借り切る〔かりきる〕(他5) 몽땅 빌리다. 전세(専貰)내다.

借(り)主〔かりぬし〕빌어 쓰는 사람.

借(り)地〔かりち〕빌어 쓰는 땅.

借(り)着〔かりぎ〕옷을 빌어 입음.

音読 1

借間〔しゃくま〕남의 방을 빌림. 셋방.

借覧〔しゃくらん〕빌어 봄.

借用〔しゃくよう〕차용. 꾸어 씀.

借財〔しゃくざい〕빚.

借地〔しゃくち〕차지. 빌린 땅.

借債〔しゃくさい〕부채(負債). 빚.

音読 2

借家〔しゃっか〕빌어 든 집. 셋집.

借款〔しゃっかん〕차관. 나라와 나라 사이의 자금의 대차(貸借).

借金〔しゃっきん〕차금. 꾼돈. 빚. 부채.
借金取り〔しゃっきんとり〕빚장이.

〔茶〕 풀：① 차 차. ② 차 다.
音：① サ ② チャ
訓：

❶ サ로 발음되는 경우는 120 페이지茶를참조할 것.
茶〔ちゃ〕차. ～をのむ; 차를 마시다. ～にする; 희롱하다.
茶の間〔ちゃのま〕① 가족이 식사하는 방. ② 다실(茶室).
茶殻〔ちゃがら〕차찌꺼기.
茶褐色〔ちゃかっしょく〕다갈색.
茶菓子〔ちゃがし〕차에 곁들여 내는 과자. 다과.
茶気〔ちゃき〕① 茶道의 마음가짐. ② 속세를 떠난 기질. ③ 장난기.
茶器〔ちゃき〕① 차도구. ② 찻그릇.
茶断ち〔ちゃだち〕일정 기간 동안 차를 마시지 않는 일.
茶代〔ちゃだい〕① 찻값. ② 팁.
茶袋〔ちゃぶくろ〕찻주머니.
茶道〔ちゃどう〕다도. 차를 끓이거나 마시는 예법.
茶の木〔ちゃのき〕차나무.
茶飯〔ちゃめし〕찻물로 지어 소금으로 간을 맞춘 밥.
茶番〔ちゃばん〕① 차 시중을 드는 사람. ② 속이 빤히 들여다 보이는 일.
茶瓶〔ちゃびん〕① 찻주전자. ② 대머리. ③ 차도구를 넣어 가지고 다니는 도구.
茶腹〔ちゃばら〕차를 많이 마신 물배.
茶釜〔ちゃがま〕차를 끓이는 솥.
茶盆〔ちゃぼん〕찻잔을 얹는 쟁반.
茶事〔ちゃじ〕茶道에 관한 여러가지 일.
茶渋〔ちゃしぶ〕차를 달일 때 찻물에 생기는 앙금(찻잔이나 찻주전자에 붙음)
茶色〔ちゃいろ〕갈색. 다색.
茶席〔ちゃせき〕茶会를 하는 방.
茶室.〔ちゃしつ〕다실. 茶会를 하는 방.
茶屋〔ちゃや〕① 재료로서의 차를 파는 가게. ② 요정(料亭). ③ 찻집.
茶屋酒〔ちゃやざけ〕요정에서 마시는 술.
茶碗〔ちゃわん〕밥공기. 찻종.
茶羽織〔ちゃばおり〕부인들이 걸치는 허리까지 오는 짧은 웃옷.
茶園〔ちゃえん〕다원. 차밭.
茶飲み〔ちゃのみ〕차를 마심.
茶飲み友達〔ちゃのみともだち〕① 허물없는 친한 친구. ② 老後에 맺은 부부.
茶飲み話〔ちゃのみばなし〕같이 차를 마시면서 부담없이 주고 받는 이야기.
茶人〔ちゃじん〕茶道를 좋아하는 사람.
茶入れ〔ちゃいれ〕엽차(葉茶) 容器.
茶の子〔ちゃのこ〕① 차에 곁들이는 과자. ② 농가에서 아침 식사 전에 먹는 간단한 식사. ③ 일이 손쉬움.
茶杓〔ちゃしゃく〕가루차를 떠내는 조그마한 숟가락(대나무, 상아로 만듦)
茶摘み〔ちゃつみ〕찻잎을 따는 일.
茶店〔ちゃてん：ちゃみせ〕다점. 차나 과자를 팔며 휴식할 수 있는 찻집.
茶漬(け)〔ちゃづけ〕찻물에 만 밥.
茶茶〔ちゃちゃ〕방해. ～を入れる; 장난으로 방해하다.
茶請け〔ちゃうけ〕차에 곁들여 내는 과자(例：비스켙. 과자).
茶筒〔ちゃづつ〕차를 넣어 두는 통.
茶話〔ちゃばなし：ちゃわ〕차를 마시면서 주고받는 이야기.
茶会〔ちゃかい〕차를 마시는 모임.

〔差〕 풀：어긋날 차.
音：サ
訓：さす

差す〔さす〕(自5) ① (빛, 그림자가) 비치다. ② (조수가) 밀려오다. ③ (안에서밖으로) 나타나다. (他5) ① 보내다. 파견하다. ② 첨가하다. 보태다. ③ 칠하다. ④ 넣다. ⑤ 꽂다. ⑥ (자물쇠를) 잠그다. ⑦ (물을) 붓다. 따르다. 끼얹다.
差し〔さし〕① 두사람이 함. ② 마주 앉음. ③ 가는 줄. ④ 돈궤미. ⑤ 꽂이. 넣는 것 ⑥ 액체를 넣는 기구. 통.
差しぐむ〔さしぐむ〕(自5) 눈물짓다. 눈물을 머금다.
差し加える〔さしくわえる〕(他下1) 첨가하다. 덧붙이다.
差(し)糠〔さしぬか〕겨된장에 쌀겨를 첨가.
差し遣る〔さしやる〕(他5) ① 밀어서 주다. ② 밀어붙이다.
差し遣わす〔さしつかわす〕(他5) 심부름보내다. 파견하다.
差し固める〔さしかためる〕(他下1) (문을) 꼭 잠그다. 꼭 닫다. 엄중히 경계하다.
差し控える〔さしひかえる〕(自下1) 대기하다. 옆에 있다. (他下1) ① 조심하다. 삼가다. ② 보류하다. 그만두다.
差し掛(か)る〔さしかかる〕(自5) ① 다다르다. 당도하다. ② (어느 시기에) 접어들다. ③ 위에서 덮치다.
差(し)掛け〔さしかけ〕① 우산 따위를 받음. ② 본채에서 달아 낸 달개지붕.
差し掛ける〔さしかける〕(他下1) 다른 것을 덮듯 위에서 대다. 받치다. かさを～; 우산을 받다(自下1) (어떤 부분에) 빛이 닿다.
差し交わす〔さしかわす〕(他5) 서로 뻗쳐 엇걸리다.
差(し)金〔さしがね〕① 뒤에서 조종함. ② 남에게 배운 꾀. 남에게 꾀를 가르쳐 줌. ③ 곱자(曲尺).
差(し)担い〔さしにない〕(짐을 앞뒤에서) 두 사람이 멤.
差(し)当(た)り〔さしあたり〕(副) 당장. 당분간. 우선. 지금 이 자리.
差し当(た)る〔さしあたる〕(自5) 당장 부딪치다. 당면하다.
差(し)渡し〔さしわたし〕지름. 직경(直径)
差(し)料〔さしりょう〕자기가 차기 위한 칼. 대검.

ㅊ

差し戻す〔さしもどす〕(他5) 되돌려 보내다. 환송(還送)하다.
差し立てる〔さしたてる〕(他下1) ① 세우다. ② 발송하다. ③ 심부름 보내다.
差(し)網〔さしあみ〕수직으로 치는 그물.
差(し)毛〔さしげ〕색다르게 섞인 털.
差し迫る〔さしせまる〕(自5) 절박하다. 박두하다. 임박하다.
差し放つ〔さしはなつ〕(他5) ① 놓아 주다. ② 멀리하다. 버려 두다.
差し付けに〔さしつけに〕(副) 갑자기.
差し付ける〔さしつける〕(他下1) ①(물건에) 대고 누르다. 들이대다. ② 눈앞에내밀다. 눈 앞에 들이대다.
差し俯く〔さしうつむく〕(自5) 고개를 숙이다.
差し上げる〔さしあげる〕(他下1) ① 손에 들고 높이 올리다. ② 드리다. 바치다.
差し上る〔さしのぼる〕(自5) (태양 따위가) 떠오르다.
差し送る〔さしおくる〕(他5) 보내 주다.
差(し)水〔さしみず〕① 우물에 군물이 스며듦. ② 냇물이 증수됨. ③ 꽃병이나 목욕물에 물을 더 부음.
差(し)手〔さして〕(씨름) 상대방의 겨드랑이 밑에 손을 질러 넣음.
差(し)身〔さしみ〕⇨ 差し手.
差(し)押(さ)え〔さしおさえ〕차압. 압류.
差し押(さ)える〔さしおさえる〕(他下1) 차압하다. 꽉 붙잡아 두다.
差(し)薬〔さしぐすり〕넣어서 쓰는 약. ① 안약(眼薬). ② 좌약(座薬).
差し延べる〔さしのべる〕(他下1) 쭉 내밀다. 뻗치다.
差し越える〔さしこえる〕(他下1) (차례를 무시하고) 앞질러 나가다. 주제넘다.
差し越す〔さしこす〕(自5) ① 넘어서 앞으로 나가다. ② 일정한 절차를 밟지 않고 행하다. (他5) 보내어 주다.
差(し)油〔さしあぶら〕기계에 기름을 침.
差(し)乳〔さしぢち〕① 양이 많아서 저절로 나오는 젖. ② 젖꼭지가 유달리 튀어 나온 유방.
差(し)引(き)〔さしひき〕① 공제(控除). ② 정산(精算). ③ 体温의 오르내림. ④ 조수(潮水)의 간만(干満).
差し引く〔さしひく〕(他5) 공제하다. 제하다. 빼다.
差し入る〔さしいる〕(自5) (광선이) 비쳐서 들어오다.
差し入れ〔さしいれ〕① (미결수에 대한) 차입. 차입물. ② 일에 수고하고 있는 사람에게 위문으로 보내는 음식물.
差し入れる〔さしいれる〕(他下1) 안으로 들여 보내다. 차입하다. 안에 넣다.
差(し)込み〔さしこみ〕① 찔러 넣음. 꽂음. ② 꽂는 물건. 콘센트. ③ 疝痛.
差し込む〔さしこむ〕(自5) ① 햇빛이 들어오다. ② 潮水가 밀려오다. ③ (가슴이나 배가) 갑자기 쿡쿡 찌르듯이 아프다.
差(し)障り〔さしさわり〕장애. 지장(支障)
差し障る〔さしさわる〕(自5) 지장(支障)이 있다.
差(し)前〔さしまえ〕자기가 차기 위한 칼. 대검.
差し切る〔さしきる〕(自5) (경마에서) 다른 말을 앞지르고 이기다.
差(し)潮〔さししお〕밀물. 만조.
差し繰る〔さしくる〕(他5) 이리저리 꾸려 맞추다. 변통하다.
差(し)足〔さしあし〕① 발끝으로 살금살금 걸음. ② (경마에서) 마지막 추격하는 주력(走力).
差(し)支え〔さしつかえ〕사정(事情). 지장.
差し支える〔さしつかえる〕(自下1) 사정이 있다. 지장이 있다.
差(し)止め〔さしとめ〕말림. 못하게 함.
差し止める〔さしとめる〕(他下1) ① 못하게 하다. 금지하다. ② 정지(停止)하다.
差(し)添え〔さしぞえ〕① 큰 칼에 곁들여 차는 작은 칼. ② 곁에서 시중듦.
差(し)替え〔さしかえ〕① 바꿔 끼움. 바꿔 꽂음. ② 따로 준비해 둔 예비의 칼.
差し替える〔さしかえる〕(他下1) ① 바꿔 끼어 넣다. 바꿔 꽂다. ② 바꾸어 넣다. 새로 갈아 넣다.
差し招く〔さしまねく〕(他5) 손짓해서 부르다. 지휘하다.
差(し)出〔さしで〕앞으로 나아감.
差し出がましい〔さしでがましい〕(形) 주제넘다. ~口をきく; 주제넘는 말을 하다.
差し出る〔さしでる〕(自下1) ① 앞으로 나아가다. 진출하다. ② 주제넘다.
差(し)出口〔さしでぐち〕말참견.
差し出す〔さしだす〕(他5) ① 내밀다. ② 제출하다. ③ 발송하다. ④ 바치다.
差(し)出(し)人〔さしだしにん〕발신인(発信人). 발송인(発送人).
差し歯〔さしば〕① 왜나막신 바닥에 댄 굽. ② 뿌리만 남겨 놓고 거기에 人工의 이를 이어 붙인 이. 義歯.
差し置く〔さしおく〕(他5) ① 내버려 두다. 그대로 두다. ② 젖혀 놓다. 무시하다.
差(し)湯〔さしゆ〕① 더운 물을 보태어 식지 않도록 한 물. ② 차가 진해서 더운 물을 더 부음.
差(し)土〔さしつち〕화단같은 곳에 북돋아 주는 흙. 배토(培土).
差(し)合(い)〔さしあい〕장애. 지장.
差し合う〔さしあう〕(自5) ① (다른 사물과 겹쳐서) 지장이 있다. 장애가 되다. 다른 일과 겹치다. 사정이 있다. ② 만나다. 마주치다.
差(し)向(か)い〔さしむかい〕두 사람이 마주 보고 앉음.
差し向ける〔さしむける〕(他下1) ① (사람을) 보내다. 파견하다. ② 그 쪽으로 향하게 하다.
差し響く〔さしひびく〕(自5) ① 영향이 미

ㅊ

치다. ② 다른 데까지 소리가 울리다.
差し許す〔さしゆるす〕(他5) (윗사람이) 허가하다, 허락하다.
差(し)換え〔さしかえ〕⇨ 差し替え.
差し換える〔さしかえる〕(他下1) ⇨ 差し替える.
差し回す〔さしまわす〕(他5) (지정한 장소로) 보내다.

音 読

差〔さ〕차. 차이. 틀림.
差遣〔さけん〕사람을 보냄. 파견.
差等〔さとう〕차등. 차이가 나는 등급.
差異〔さい〕차이. 서로 틀린 것.
差配〔さはい〕① 나누어 사무를 봄. ② 소유주를 대신해서 집이나 토지를 관리하는 사람.
差別〔さべつ〕차별. 구별.
差額〔さがく〕차액. 차이나는 금액.
差益〔さえき〕차익. 예정과 실제와의 차이에서 생기는 이익. 가격 인상 등으로 생기는 이익.

【착】

〔着〕 풀：붙을 착. 입을 착.
音：① ジャク ② チャク ③ チャッ
訓：① つく ② つける ③ きせる ④ きる

❶ **着く**〔つく〕(自5) ① 도착하다. ② 닿다. ③ 받히다. ④ 앉다. 席に～; 자리에 앉다.
❷ **着ける**〔つける〕(他下1) ① (자리, 직위에) 앉게 하다. 앉히다. ② 닿게 하다. 대다. ③ 배우게 하다.
❸ **着せる**〔きせる〕(他下1) ① 입히다. ② (겉을) 싸다. ③ (죄, 책임을) 남에게 전가하다. 덮어 씌우다. ④ (은혜를) 베풀다.
着せ綿〔きせわた〕물건 위에 입힌 솜.
❹ **着る**〔きる〕(他上1 ① 옷을 입다. ② (죄나 책임을) 뒤집어 쓰다. ③ (은혜를) 입다.
着こなす〔きこなす〕(他5) (옷을) 맵시 있게 잘 입다. 어울리게 잘 입다.
着古し〔きふるし〕오래 입어서 낡음.
着倒れ〔きだおれ〕옷치장으로 재산을 탕진함. 먹어서 망함.
着道楽〔きどうらく〕옷치레를 즐김.
着類〔きるい〕의류(衣類).
着流し〔きながし〕평상시의 복장. 평복.
着流す〔きながす〕(他5) 평복으로 입다.
着物〔きもの〕① 옷. 의복. ② 일본옷.
着背長〔きせなが〕장수(将帥)의 갑옷.
着付け〔きつけ〕① 옷차림. 옷 매무새. ② (늘 입어서) 몸에 뱀(익음).
着付ける〔きつける〕(他下1) 늘 입어서 몸에 익다.
着崩れ〔きくずれ〕옷 매무새가 흩어짐.
着飾る〔きかざる〕(自5) (고운 옷으로) 몸치장을 하다.
着心地〔きごこち〕옷을 입었을 때의 감촉.
着の身着の儘〔きのみきのまま〕입은 옷 이외에는 아무 것도 갖지 않음.
着映え〔きばえ〕옷 입은 맵시.
着込み〔きこみ〕호신용으로 웃옷 속에 받쳐 입는 갑옷.
着込む〔きこむ〕(他5) 껴 입다.
着丈〔きたけ〕(키에 맞춘) 옷 기장.
着た切り〔きたきり〕입은 옷뿐임. 단벌.
着直す〔きなおす〕(他5) 갈아 입다. 옷을 고쳐 입다.
着振〔きぶり〕옷 입은 맵시. 옷거리.
着尺地〔きじゃくじ〕한 벌의 옷감.
着替え〔きがえ〕갈아 입을 옷.
着替える〔きかえる〕(他下1) 갈아 입다.
着初め〔きぞめ〕새옷을 처음으로 입음.
着太り〔きぶとり〕① 옷을 많이 껴 입어 살이 쪄 보임. ② 옷을 입으면 살이 쪄 보임.
着通し〔きどおし〕늘 같은 옷을 입음.
着通す〔きとおす〕(他5) 늘 같은 옷을 입다.
着膨れる〔きぶくれる〕(自下1) (겨울에) 옷을 많이 입어서 뚱뚱해지다.

連濁音에 注意

古着〔ふるぎ〕낡은 옷. 헌 옷.
上着〔うわぎ〕웃도리. 저고리.
水着〔みずぎ〕수영복. 물옷.
下着〔したぎ〕속옷. 내의.

音 読 1

愛着〔あいじゃく：あいちゃく〕애착.

音 読 2

着する〔ちゃくする〕(自サ) ① 닿다. 도착하다. ② 집착하다. 열심이다. ③ 달라붙다. (他サ) ① 입다. ② 몸에 지니다.
着陸〔ちゃくりく〕착륙.
着色〔ちゃくしょく〕착색. 빛깔이 나게 함. 어떤 것에 빛깔을 올림.
着手〔ちゃくしゅ〕착수. 일을 시작함.
着実〔ちゃくじつ〕착실. 성실함.
着眼〔ちゃくがん〕착안. 깨달아 잡음.
着用〔ちゃくよう〕착용. 군복이나 예복을 갖추어 입음.
着着〔ちゃくちゃく〕착착.

音 読 3

着剣〔ちゃっけん〕착검. 칼을 몸에 참.
着京〔ちゃっきょう〕東京이나 京都에 도착
着工〔ちゃっこう〕착공. 공사를 시작함.
着荷〔ちゃっか〕짐이 도착함.
着火〔ちゃっか〕착화. 불이 붙음.

〔搾〕 풀：짤 착.
音：サク
訓：しぼる

ㅊ

搾る〔しぼる〕(他5) ① (쥐어) 짜다. ② 짜서 나오게 하다. ③ 조르다. 죄다. 좁히다. ④ 착취하다. ⑤ (한쪽으로) 밀어 놓다. ⑥ 야단치다. ⑦ 홀치기 염색을 하다.
搾り〔しぼり〕① 홀치기 염색. ② 물수건. ③ (사진기의) 조리개.
搾り出し〔しぼりだし〕튜우브.

音 読

搾油〔さくゆ〕착유. 기름을 짬.
搾乳〔さくにゅう〕착유. 젖을 짬.
搾取〔さくしゅ〕착취. 자본가가 노동자의 노동에 대하여 상당한 지불을 하지 않고 벗겨 먹음.

〔錯〕 풀 : 섞일 착.
音 : ① サク ② サッ
訓

音 読 1

錯乱〔さくらん〕착란. 어지럽게 뒤섞임.
錯誤〔さくご〕착오. 그릇됨. 틀림.

音 読 2

錯角〔さっかく〕착각. 한 직선이 다른 두 직선과 만날 때의 여러 각 중에서 서로 반대 쪽에서 상대하는 각.
錯覚〔さっかく〕착각. 잘못 깨달음.
錯簡〔さっかん〕책의 페이지나 문구가 뒤바뀌어 순서가 틀림.

【찬】

〔賛〕 풀 : 찬성할 찬.
音 : サン
訓

賛する〔さんする〕(他サ) ① 돕다. ② 칭찬하다. ③ 찬성하다.
賛同〔さんどう〕찬동. 찬성. 동의.
賛美〔さんび〕찬미. 아름다운 덕을 기림.
賛否〔さんぴ〕찬부. 찬성과 불찬성.
賛辞〔さんじ〕찬사. 칭찬하는 말.
賛成〔さんせい〕찬성. 옳다고 동의함.
賛仰〔さんぎょう〕덕을 우러러 칭송함.
賛意〔さんい〕찬의. 찬성하는 마음.
賛助〔さんじょ〕찬조. 뜻을 같이 하여 도움.
賛嘆〔さんたん〕찬탄. 칭찬하여 감탄함.

【찰】

〔札〕 풀 : 편지 찰.
音 : サツ
訓 : ふだ

札〔ふだ〕① 표(標). ② 팻말. ③ (화투따위의) 패. ④ 입장권. ⑤ 간판.
〔さつ〕지폐.
札付き〔ふだつき〕① 표가 붙어 있음. 정찰이 붙어 있음. ② 나쁜 소문이 나 있음 딱지 붙음. ～の悪党; 이름난 악당.
札止め〔ふだどめ〕① (만원이 되어) 입장권의 발매를 중지함. ② 출입 금지의 표지.

音 読

札〔さつ〕지폐.
札入れ〔さついれ〕지폐를 넣는 지갑.
札束〔さつたば〕지폐 뭉치.

〔察〕 풀 : 살필 찰.
音 : ① サツ ② サッ
訓

音 読 1

検察〔けんさつ〕검찰. 범죄 등의 증거를 수집하는 일.
警察〔けいさつ〕경찰.
観察〔かんさつ〕관찰. 자세히 살핌.
査察〔ささつ〕사찰. 조사하여 살핌.
診察〔しんさつ〕진찰.

音 読 2

察する〔さっする〕(他サ) ① 이해하다. ② 판단하다. 생각하다. 상상하다. ③ 자세히 조사하다.
察し〔さっし〕이해. 눈치. ～がいい; 눈치가 빠르다.
察知〔さっち〕살펴서 앎.

〔擦〕 풀 : 문지를 찰.
音 : ① サツ ② サッ
訓 : ① する ② すれる

❶ 擦る〔する〕(他5) ① 문지르다. 비비다. ② (성냥 따위를) 켜다. 긋다. ③ 갈다. 빻다. 뭉개다. ④ 탕진하다.
擦り寄る〔すりよる〕(自5) ① 바짝 다가서다. ② 앉은 걸음으로 다가오다.
擦り剥く〔すりむく〕(他5) 스쳐서 껍질을 벗기다. ひざを～; 무릎을 깨다.
擦(り)半〔すりばん〕가까이서 난 화재를 알리기 위해 잇따라 치는 종.
擦り抜ける〔すりぬける〕(自下1) ① (사람들 틈을) 빠져 나가다. ② (적당히 꾸며 대어) 용케 피하다.
擦り付ける〔すりつける〕(他下1) ① 문질러 비벼대다. ② 그어서 불을 켜다.
擦(り)傷〔すりきず〕스쳐서 생긴 상처.
擦(り)膝〔すりひざ〕무릎 걸음. 앉은 걸음.
擦り込む〔すりこむ〕(他5) (약이나 크림을) 문질러서 바르다.
擦り切る〔すりきる〕(他5) ① 비벼서 끊어 뜨리다. 마찰시켜 자르다. ② 돈을 다 써 버리다.
擦り切れる〔すりきれる〕(自下1) 닳아서 끊어지다. 닳아 떨어지다. 해지다.
擦り替える〔すりかえる〕(他下1) 몰래 바꿔치다. 살짝 바꾸다.

連濁音에 注意

上擦る〔うわずる〕(自5) ① 가벼워 보이

ㅊ

다. ② 홍분하다. ③ 경솔하게 되다.
❷ **擦れる**〔すれる〕(自下1) ① 스치다. 닿다. ② 비비어지다. ③ 스쳐서 닳다. 스쳐서 끊어지다. 해지다. ④ (사람이) 닳고 닳다. 반드러지다.
擦れ枯らし〔すれからし〕① 닳고 닳은 사람. ② 죄다 시듦.
擦れ違う〔すれちがう〕(自5) ①스치듯 지나가다. 맞스치다. ② 엇갈리다.
擦れ合う〔すれあう〕(自5) ① 맞스치다. ② (사이가 나빠서) 서로 으르렁대다.

連濁音에 注意

靴擦れ〔くつずれ〕구두에 닿아서 발에 생긴 상처.
世間擦れ〔せけんずれ〕닳고 닳은 사람. 약삭 빠른 사람.
衣擦れ〔きぬずれ〕옷이 스침.

音 読 1

摩擦〔まさつ〕마찰. ① 물체와 물체를 서로 비빔. ② 사람과 사람 사이가 융화되지 않음.

音 読 2

擦過傷〔さっかしょう〕찰과상. 스치거나 문질러서 피부가 벗겨진 상처.

【참】

〔参〕

풀 : ① 참여할 참. ② 석 삼.
音 : ① **サン** ② **ザン**(例外)
訓 : **まいる**

参る〔まいる〕(自5) ① 가다(行く), 오다(来る)의 공손한 말. ② 항복하다. 지다. ③ 맥을 못 추다. 질리다. 기가 죽다. ④ 홀딱 반하다. 마음을 빼앗기다.

音 読 1

参じる〔さんじる〕(自上1) ① 참가하다. 참석하다. ② 참선(参禅)하다.
参する〔さんする〕(自サ) 참여하다. 관계하다.
参ずる〔さんずる〕(自サ) ① 찾아가 뵙다. ② 참배(参拝)하다. ③ 참선(参禅)하다. ④ (모임에) 참가하다.
参加〔さんか〕참가. 모임에 참석함.
参考書〔さんこうしょ〕참고서.
参内〔さんだい〕宮内에 들어감.
参謀〔さんぼう〕참모.
参拝〔さんぱい〕참배. 신에게 배례함.
参事〔さんじ〕참사. 일에 참례함.
参禅〔さんぜん〕참선. 좌선(座禅)을 함.
参与〔さんよ〕참여. 참가하여 관계함.
参議院〔さんぎいん〕참의원.
参酌〔さんしゃく〕참작. 참고하여 알맞게 헤아림.
参戦〔さんせん〕참전. 전쟁에 참가함.

参照〔さんしょう〕참조. 참고로 마주 대어 봄.

音 読 2

新参〔しんざん〕신참. ① 새로 온 사람. ② 새로 한패가 된 사람.

〔惨〕

풀 : 참혹할 참.
音 : ① **サン** ② **ザン**
訓 : ① **みじめ** ② **むごい**

❶ **惨め**〔みじめ〕(形動) 비참함. 참혹함. ～な生活; 비참한 생활.
❷ **惨い**〔むごい〕(形) ① 끔찍하다. 비참하다. ② 잔혹하다. 무자비하다.
惨たらしい〔むごたらしい〕(形) ⇨ 惨い.

音 読 1

惨〔さん〕① 참혹함. 비참함. ② 마음이 아픔. 상심(傷心)함
惨劇〔さんげき〕참극. 참혹한 사건.
惨事〔さんじ〕참사. 비참한 사건.
惨状〔さんじょう〕참상. 참혹한 현상.
惨然〔さんぜん〕참연. 슬프고 참혹함.
惨敗〔さんぱい〕참패. 비참하게 패함.
惨酷〔さんこく〕참혹. 비참하고 혹독함.
惨禍〔さんか〕참화. 참혹한 재화(災禍).

音 読 2

惨死〔ざんし〕참사. 처참하게 죽음.
惨殺〔ざんさつ〕참살. 참혹하게 죽임.

【창】

〔倉〕

풀 : 창고 창.
音 : **ソウ**
訓 : **くら**

倉〔くら〕곳간. 창고.
倉渡し〔くらわたし〕매매된 물건을 직접 창고에서 넘겨 줌. 창고도(倉庫渡).
倉敷料〔くらしきりょう〕창고 보관료.
倉入れ〔くらいれ〕창고에 넣음.
倉出し〔くらだし〕출고(出庫).
倉荷〔くらに〕창고에 넣어 둔 짐.

音 読

倉庫〔そうこ〕창고. 곳간.
倉卒〔そうそつ〕창졸. 갑작스러움.

倉皇〔そうこう〕창황. 분주함. 당황함.

〔唱〕

풀 : 노래 창.
音 : **ショウ**
訓 : **となえる**

唱える〔となえる〕(他下1) ① 소리내어 읽다. ② (짧은 문구를) 소리 높이 부르다. 외치다. ③ 주창(主唱)하다.
唱歌〔しょうか〕창가. 노래를 부름.
唱導〔しょうどう〕창도. ① 솔선하여 부르짖음. ② 앞서서 남을 이끎.

〔娼〕

풀 : 창녀 창.
音 : **ショウ**
訓

ㅊ

娼妓〔しょうぎ〕창기. 공인된 매춘부.
娼婦〔しょうふ〕창부. 창녀. 매춘부.

〘窓〙 풀：창문 창. 音：ソウ 訓：まど

窓〔まど〕창문. 창.
窓掛〔まどかけ〕커튼. 창을 가리는 천.
窓口〔まどぐち〕창구. 창문을 통해서 사무를 보는 곳.
窓明り〔まどあかり〕창문에서 비치는 빛.
窓辺〔まどべ〕창가.
窓越し〔まどごし〕창문 너머.

音 読

窓外〔そうがい〕창 밖.
同窓会〔どうそうかい〕동창회.

〘創〙 풀：비롯할 창. 音：ソウ 訓：

創刊〔そうかん〕창간. (신문, 잡지 등을) 처음으로 간행함.
創建〔そうけん〕창건. 처음 세움.
創立〔そうりつ〕창립. 처음으로 세움.
創設〔そうせつ〕창설. 처음으로 설립함.
創始者〔そうししゃ〕창시자. 처음으로 시작하는 사람.
創業〔そうぎょう〕창업. 사업을 시작함.
創作〔そうさく〕창작. ①처음으로 만듦. ②자기의 사상에 따라 작품을 만듦.
創造〔そうぞう〕창조. 처음으로 만듦.

〘脹〙 풀：배부를 창. 音：チョウ 訓：①ふくらす ②ふくらむ ③ふくれる

❶脹らす〔ふくらす〕(他5) 불룩하게 하다. 부풀리다. 부풀게 하다.
脹らます〔ふくらます〕(他5) ⇨脹らす.
❷脹らむ〔ふくらむ〕(自5) 부풀어 오르다. 불룩해지다.
脹らみ〔ふくらみ〕부풀은 정도(곳).
脹ら脛〔ふくらはぎ〕장딴지.
脹ら雀〔ふくらすずめ〕①살찐 참새 새끼. ②깃털을 세운 참새.
❸脹れる〔ふくれる〕(自下1) ①불룩해지다. 부풀다. ②(화가 나서) 뾰로통해지다.
脹れっ面〔ふくれっつら〕(불만, 불평으로) 볼멘 얼굴. 뾰로통한 얼굴.

音 読

脹満〔ちょうまん〕창만. 병으로 배가 불러 오는 증세.
膨脹〔ぼうちょう〕팽창. 부풂.

〘彰〙 풀：밝을 창. 音：ショウ 訓：あらわす

彰わす〔あらわす〕(他5) ①나타내다. 드러내다. ②증명하다. ③표현하다. 상징하다. ④드러내어 알리다.
表彰〔ひょうしょう〕표창.

〘槍〙 풀：나무창 창. 音：ソウ 訓：やり

槍〔やり〕창.
槍衾〔やりぶすま〕여러 사람이 창을 겨누어 빈틈없는 태세를 취함.
槍先〔やりさき〕창 끝.
槍玉〔やりだま〕①창을 잘 다룸. ②창 끝으로 찌름. ③(비난이나 공격, 희생의) 대상.
槍持(ち)〔やりもち〕옛날에, 창을 들고 주인을 모시던 종.
槍投げ〔やりなげ〕(육상 경기의) 창던지기. 투창(投槍).

音 読

槍手〔そうしゅ〕창수. 창을 든 병사.

【채】

〘菜〙 풀：나물 채. 音：①サイ ②ザイ 訓：な

菜〔な〕야채. 푸성귀.
菜っ葉〔なっぱ〕푸성귀의 잎.
菜っ葉服〔なっぱふく〕아래위가 붙은 청색의 작업복.
菜切り庖丁〔なきりほうちょう〕야채를 써는 칼.
菜種〔なたね〕유채의 씨.

音 読 1

菜食〔さいしょく〕채식. 채소를 중심으로 한 음식.
野菜〔やさい〕야채. 채소.

音 読 2

総菜, 惣菜〔そうざい〕반찬. 부식물.
総菜料理〔そうざいりょうり〕가정에서 먹는 보통의 요리.

〘採〙 풀：캘 채. 音：サイ 訓：とる

採る〔とる〕(他5) ①(사람을) 채용하다. ②채집하다. ③채택하다.

音 読

採決〔さいけつ〕채결.
採光〔さいこう〕채광. 햇빛을 받아들임.
採鉱〔さいこう〕채광. 광석을 캐어 냄.
採掘〔さいくつ〕채굴. 땅에서 파 냄.
採否〔さいひ〕채부. 채택의 여부.
採算〔さいさん〕채산. 수지의 계산.
採用〔さいよう〕채용. 채택하여 씀.
採油〔さいゆ〕채유. ①석유를 파냄. ②기름을 짬.
採点〔さいてん〕채점. 점수를 매김.
採種〔さいしゅ〕채종. 종자를 받음.
採集〔さいしゅう〕채집. 찾아서 모음.
採取〔さいしゅ〕채취. 찾아서 얻음.

採炭〔さいたん〕채탄. 석탄을 캐어 냄.
採択〔さいたく〕채택. 가려서 뽑음.
採血〔さいけつ〕채혈. 피를 뽑음.

〔彩〕 풀：채색 채.
音：サイ
訓：いろどる

彩る〔いろどる〕(他5) ① 색칠하다. ② 얼굴을 단장하다. 화장하다. ③ 장식하다. 꾸미다.
彩〔いろどり〕① 채색. ② 색의 배합. 배색(配色). ③ 구색(具色). 여러 가지 것을 잘 갖추어 아름다움이나 재미를 더하는 일.
彩管〔さいかん〕그림 그리는 붓. ～をとる；그림을 그리다.
彩色〔さいしき〕채색. 색을 칠함.

〔債〕 풀：빚 채.
音：サイ
訓：

債券〔さいけん〕채권. 공공 단체나 회사가 채무를 증명하기 위해 발행하는 증권.
債権〔さいけん〕채권. 채무(債務)를 요구할 수 있는 권리.
債鬼〔さいき〕채귀. 인정, 사정 없는 빚장이.
債務〔さいむ〕채무. 남에게 빚을 갚아야 할 의무.

【책】

〔冊〕 풀：책 책.
音：① サク ② ザク ③ サツ ④ サッ

音読 1

冊立〔さくりつ〕책립. 칙명에 의해 황태자, 화후 등을 세움.

音読 2

短冊〔たんざく〕조붓하고 가느다란 종이

音読 3

冊〔さつ〕책을 셀 때 쓰는 말.
大冊〔たいさつ〕대책. 큰 책.
小冊〔しょうさつ〕소책. 작은 책.
書冊〔しょさつ〕서책. 서적. 책.

音読 4

冊数〔さっすう〕책수. 책의 수.
冊子〔さっし〕책자. 서적.

〔責〕 풀：꾸짖을 책.
音：セキ
訓：せめる

責める〔せめる〕(他下1) ① 비난하다. 꾸짖다. 나무라다. ② 괴롭히다. 고통을 주다. ③ 재촉하다. 조르다. ④ 말을 타서 길들이다.
責め〔せめ〕① 고통. 고문. ② 책임. 의무.
責め苛む〔せめさいなむ〕(他5) 가책하다. 몹시 괴롭히다.
責め具〔せめぐ〕고문 용구(拷問用具).
責め苦〔せめく〕모진 고문. 고통. 시련.
責め道具〔せめどうぐ〕⇨責め具.
責め落とす〔せめおとす〕(他5) ① 꾸짖어 굴복시키다. ② 승낙케 하다. ③ 마음대로 하게 하다.
責め立てる〔せめたてる〕(他下1) 몹시 비난하다. 몹시 책(責)하다.
責め馬〔せめうま〕말을 타서 길들인 말.
責め抜く〔せめぬく〕(他5) 끝까지 괴롭히다(책하다).
責め付ける〔せめつける〕(他下1) 몹시 꾸짖다. 몹시 괴롭히다.
責め合う〔せめあう〕(自5) 서로 상대방을 비난하다.

連濁音에 注意

水責め〔みずぜめ〕물 고문(拷問).
火責め〔ひぜめ〕불 고문.

音　読

責務〔せきむ〕책무. 책임과 의무.
責任〔せきにん〕책임. 맡은 임무.

例　外

呵責〔かしゃく〕가책. 꾸짖음. 책망.

〔策〕 풀：꾀 책.
音：サク
訓：

策〔さく〕계책. 책략.
策する〔さくする〕(他サ) 획책하다. 꾀하다. 계책을 세우다.
策動〔さくどう〕책동. 은밀히 계획을 세워 활동함.
策略〔さくりゃく〕책략. 일을 꾀함.
策士〔さくし〕책사. 여러 가지 일을 잘 꾸미는 사람.
策応〔さくおう〕서로 서로 연락을 취하여 계획함.
策定〔さくてい〕책정. 계획이나 방법을 생각해서 결정함.

【처】

〔処〕 풀：곳 처. 처할 처.
音：ショ
訓：ところ

処〔ところ〕① 곳. ② 장소. ③ 주소. ④ 위치. 지위 ⑤ 경우. 점. ⑥ 부분.

音　読

処する〔しょする〕(自他サ) ① 처하다. ② 처리하다. ③ 처신하다. ④ 훌륭히 다루다.
処決〔しょけつ〕처결. 결정하여 처분함.
処女〔しょじょ〕처녀. 미혼 여성.
処断〔しょだん〕처단. 결단하여 아주 처분함.

処理〔しょり〕처리. 일을 다스림.
処方箋〔しょほうせん〕처방전. 약방문.
処罰〔しょばつ〕처벌. 벌을 줌.
処分〔しょぶん〕처분. 처리함.
処世〔しょせい〕처세. 세상 살이.
処遇〔しょぐう〕처우. 적당히 대접함.
処置〔しょち〕처치. 일을 처리해 감.
処刑〔しょけい〕처형. 형벌을 줌.

例　外

在(り)処〔ありか〕있는 곳. 소재(所在).
此処〔ここ〕여기. 이곳.

〔妻〕
풀：아내 처.
音：サイ
訓：①つま ②めあわせる

❶妻〔つま〕처. 아내.
妻琴〔つまごと〕어디선지 모르게 들려오는 거문고 소리.
妻恋い〔つまごい〕별거하는 부부(암수)가 상대를 그리워함.
妻訪い〔つまどい〕①남자가 여자에게 구혼함. ②남녀 간의 언약.
妻子〔つまこ：さいし〕처자. 처와 자식.
妻板〔つまいた〕건물 측면의 판자.
妻戸〔つまど〕집 끝 쪽의 여닫이문.

連濁音에 注意

新妻〔にいづま〕새색시. 새댁.
人妻〔ひとづま〕남의 아내.
❷妻わせる〔めあわせる〕(他下1) 결혼시키다. 짝지어 주다.

音　読

妻女〔さいじょ〕아내와 딸. 아내.
妻帯〔さいたい〕아내를 가짐.
妻帯僧〔さいたいそう〕대처승(帯妻僧).

〔凄〕
풀：심할 처.
音：セイ
訓：①すごい ②すさまじい

❶凄い〔すごい〕(形) ①무섭다. ②지독하다. 굉장하다. 대단하다. ③오싹하리만큼 쓸쓸하다.
凄み〔すごみ〕위협적임.
凄む〔すごむ〕(自5) 위협하다.
❷凄まじい〔すさまじい〕(形) ①굉장하다. 대단하다. ②무시무시하다. ③기가 막히다. 어이없다. ④흥취가 없다.

音　読

凄涼〔せいりょう〕처량. 초라하고 구슬픔.
凄切〔せいせつ〕처절. 몹시 처량함.
凄絶〔せいぜつ〕처절. 몹시 애처로움.

【척】

〔尺〕
풀：자 척.
音：①シャク ②ジャク ③シャッ
訓：

音　読 1

尺〔しゃく〕①척. 자. ②길이. 키. ～を取る：자로 치수를 재다.
尺度〔しゃくど〕①척도. 표준. ③치수.
尺進〔しゃくしん〕한 자 앞으로 나아감. 조금이라도 앞으로 진보함.
尺八〔しゃくはち〕대로 만든 길이 1자 8치 정도의 피리.

音　読 2

鯨尺〔くじらじゃく〕피륙을 재는 자의 한 가지. 약 37.8cm.
曲尺〔かねじゃく〕곱자.
巻(き)尺〔まきじゃく〕줄자. 권척.
用尺〔ようじゃく〕마름질에 필요한 옷감의 치수.

音　読 3

尺骨〔しゃっこつ〕척골. 팔의 뼈.
尺貫法〔しゃっかんほう〕척관법.

例　外

尺地〔せきち〕척지. 퍽 좁은 땅. 근소한 토지.

〔斥〕
풀：물리칠 척.
音：①セキ ②セッ
訓：①しりぞける ②しりぞく

❶斥ける〔しりぞける〕(他下1) 거절하다. 물리치다. 意見を～：의견을 물리치다.
❷斥く〔しりぞく〕(自5) 물러나다. 물러서다. 후퇴하다.

音　読 1

排斥〔はいせき〕배척. ①밀어 내어 물리침. ②그 장소에서 쫓아냄.

音　読 2

斥候〔せっこう〕척후. 적의 동태를 탐지하는 사람.

〔拓〕
풀：①열 척. ②받을 탁.
音：タク
訓：ひらく

拓く〔ひらく〕(他5) 개척하다. 개간하다. 新時代を～：새시대를 열다.

音　読

拓殖〔たくしょく〕척식. (외지에) 토지를 개척하여 사람이 삶. 개척과 植民.
拓本〔たくほん〕탁본. 비석 따위의 글자나 그림을 찍어 낸 것.

〔隻〕
풀：외짝 척.
音：①セキ ②セッ
訓：

音　読 1

隻〔せき〕척. 배, 활 따위를 세는 말.
隻手〔せきしゅ〕척수. 한쪽 손.
隻眼〔せきがん〕척안. 한쪽 눈.
隻語〔せきご〕한 마디의 말. 짧은 말.
隻影〔せきえい〕단 하나의 그림자.
隻腕〔せきわん〕한쪽 팔.

音　読 2

隻脚〔せっきゃく〕한쪽 다리.

【천】

〔千〕

풀：일천 천.
音：セン
訓：ち

千代〔ちよ〕천년. 영원. 영구.
千度〔ちたび〕천 번. 여러 번.
千尋〔ちひろ〕천심. 천길. 아주 깊음.
千五百秋〔ちいほあき〕끝 없이 긴 세월.
千切れる〔ちぎれる〕(自下1) 끊기어 떨어지다. 조각조각 찢어지다.
千鳥〔ちどり〕물떼새.
千鳥掛け〔ちどりがけ〕실로 갈짓자 형으로 홀침. 새발뜨기.
千鳥足〔ちどりあし〕술취해서 비틀거림. 갈짓자 걸음.
千種〔ちくさ〕가지각색. 여러 가지.
千重〔ちえ〕아주 많이 겹침.
千千〔ちぢ〕여러 갈래. 가지각색. 여러 가지. 수가 대단히 많음.
千草〔ちぐさ〕여러 가지 풀.

音　読

千〔せん〕천. 1000. 100의 10배.
千里眼〔せんりがん〕천리안.
千字文〔せんじもん〕천자문.
千編一律〔せんぺんいちりつ〕천편 일률.

〔川〕

풀：내 천.
音：セン
訓：かわ

川〔かわ〕하천. 강. 시내. 내.
川開き〔かわびらき〕그 해의 강놀이의 개시를 축하하여 냇가에서 불꽃놀이를 하는 연중 행사.
川口〔かわぐち〕강어귀.
川筋〔かわすじ〕① 강 줄기. ② 강가의 일대의 땅. 강가.
川端〔かわばた〕냇가. 강가.
川瀬〔かわせ〕강바닥이 얕은 곳.
川柳〔かわやなぎ〕냇가의 버들.
川流れ〔かわながれ〕강물에 떠내려 감. 강에 빠져 죽음.
川立ち〔かわだち〕헤엄을 잘치는 사람.
川面〔かわづら：かわも〕강의 수면.
川明(か)り〔かわあかり〕(어둠 속에서) 강의 水面이 어슴푸레하게 밝음.
川霧〔かわぎり〕냇가에 낀 안개.
川辺〔かわべ〕냇가. 강변.
川上〔かわかみ〕① (강의) 상류. ② 강가. 냇가.
川船〔かわぶね〕강이나 호수의 배.
川水〔かわみず〕강물.
川狩(り)〔かわがり〕강에서 고기를 잡음.
川岸〔かわぎし〕강가. 냇가. 강변.
川魚〔かわうお〕민물 고기.
川沿〔かわぞい〕강가. 냇가.
川縁〔かわぶち〕강가. 강변.
川原〔かわら〕강가의 모래(자갈) 밭.
川越し〔かわごし〕① 강 건너. ② 걸어서 강을 건넘.
川遊び〔かわあそび〕강에서의 뱃놀이.
川音〔かわおと〕냇물(강물) 소리.
川底〔かわぞこ〕강바닥. 냇바닥.
川伝い〔かわづたい〕강을 따라 감.
川竹〔かわたけ〕① 강가의 대나무. ② 창녀의 신세.
川中〔かわなか〕강의 중앙.
川千鳥〔かわちどり〕(강가의) 물떼새.
川幅〔かわはば〕강의 폭.
川風〔かわかぜ〕강바람.
川下〔かわしも〕(강의) 하류(下流).
川向(か)い〔かわむかい〕강 건너 편.
川向(こ)う〔かわむこう〕강 건너 저쪽.

連濁音에 注意

小川〔おがわ〕작은 시내.
天の川〔あまのがわ〕은하수.

音　読

山川草木〔さんせんそうもく〕산천 초목.
河川〔かせん〕하천. 시내. 강.

〔天〕

풀：하늘 천.
音：テン
訓：① あめ ② あま

天が下〔あめがした〕하늘 아래. 온 세상. 천하(天下).
天の邪鬼〔あまのじゃく〕심술꾸러기. 욕심장이.
天翔ける〔あまがける〕(自5) 하늘을 날다.
天の岩戸〔あまのいわと〕(일본 신화에서) 하늘에 있다는 암굴의 문.
天の羽衣〔あまのはごろも〕天女의 날개.
天の原〔あまのはら〕하늘. 창공. 하늘의 신이 있는 곳.
天照らす〔あまてらす〕(自5) 천하를 다스리시다. 하늘에 빛나시다.
天の川〔あまのがわ〕은하수.
天下る〔あまくだる〕(自5) ① 하늘에서 지상으로 내려오다. ② 관청이나 상급자 등이 강제로 명령하다.

音　読

天国〔てんごく〕천국. 하늘 나라.
天気〔てんき〕천기. 날씨.
天女〔てんにょ〕천녀. 선녀. 여신.
天幕〔てんまく〕천막. 텐트.
天文台〔てんもんだい〕천문대.
天使〔てんし〕천사.
天上〔てんじょう〕천상. 하늘. 하늘 나라.
天人〔てんじん〕천인. 하늘과 사람.
〔てんにん〕천인. 하늘 나라에 산다는 초인적인 사람.
天引(き)〔てんびき〕(임금, 급료에서) 지급하기 전에 일정액을 제함. 공제.
天才〔てんさい〕천재. 뛰어난 재주꾼.
天災〔てんさい〕천재. 자연의 재앙.
天井〔てんじょう〕천정. 천장.
天主教〔てんしゅきょう〕천주교. 카톨릭.
天地〔てんち〕천지. 하늘과 땅. 우주.

天窓〔てんまど〕천장을 뚫어 만든 창.
天体〔てんたい〕천체. 우주.
天下〔てんか〕천하. 온 세상.
天下人〔てんかにん〕천하를 얻은 사람.
天候〔てんこう〕천후. 기후. 날씨.
天皇〔てんのう〕천황. 일본 국왕.

例　外

天辺〔てっぺん〕꼭대기. 정상.
天晴れ〔あっぱれ〕매우 훌륭함. 장함. 통쾌함.

〔浅〕 풀：얕을 천.
音：**セン**
訓：**あさい**

浅い〔あさい〕(形) ①(깊이, 바닥이) 얕다. ②(정도가) 덜하다. ③천박하다. ④옅다. 엷다. ⑤(시일이) 오래되지 않다.
浅はか〔あさはか〕(形動) 소견이 얕음. 천박함. 어리석음.
浅み〔あさみ〕물이 얕은 곳. 얕은 물.
浅ましい〔あさましい〕(形) ①한심스럽다. 딱하다. ②야비하다. 비열하다. ③비참하다.
浅緑〔あさみどり〕연한 녹색. 연두빛.
浅瀬〔あさせ〕얕은 여울.
浅手〔あさで〕가벼운 상처. 경상(軽傷).
浅知恵〔あさぢえ〕얕은 꾀. 잔꾀.
浅漬け〔あさづけ〕설말린 무우를 소금, 누룩으로 산뜻한 맛이 나도록 잠깐 절인 김치.
浅草紙〔あさくさがみ〕再生紙의 하등품.
浅草海苔〔あさくさのり〕日本 内海에서 나는 紅藻類의 바닷말(로 만든 김).
浅黄〔あさぎ〕엷은 노랑. 연노랑.
浅黒い〔あさぐろい〕(形) (살갗이) 거무스름하다. 거뭇하다.

音　読

浅見〔せんけん〕천견. 얕은 소견.
浅慮〔せんりょ〕천려. 얕은 생각.
浅薄〔せんぱく〕천박. 깊이가 없음. 얕음.
浅春〔せんしゅん〕천춘. 이른 봄.
浅学〔せんがく〕천학. 학문이 깊지 못함.
浅海〔せんかい〕천해. 얕은 바다.

〔泉〕 풀：샘 천.
音：**セン**
訓：**いずみ**

泉〔いずみ〕샘. 話の～; 이야깃거리.
泉の水〔いずみのみず〕샘물.
泉熱〔いずみねつ〕猩紅熱 비슷한 유행성 열병(熱病).
泉の下〔いずみのした〕황천. 저승.

音　読

泉水〔せんすい〕뜰에 만든 연못.
温泉〔おんせん〕온천.

〔践〕 풀：밟을 천.
音：**セン**
訓：

実践〔じっせん〕실천. 실제로 이행함. 실제로 행함.

〔遷〕 풀：옮길 천.
音：**セン**
訓：①**うつす** ②**うつる**

❶**遷す**〔うつす〕(他5) (물건의 위치, 사람의 지위, 소속을) 바꾸다. 옮기다.
❷**遷る**〔うつる〕(自5) (自5) ①옮겨지다. 옮기다. 이동하다. ②(지위, 소속이) 바뀌다.

音　読

遷宮〔せんぐう〕神社를 고쳐 지을 때 신령을 옮기는 일.
遷都〔せんと〕천도. 도읍을 옮김.
遷延〔せんえん〕천연. 질질 끎.
遷座〔せんざ〕천좌. 神体나 仏像 또는 天子의 자리를 다른 장소로 옮김.

〔薦〕 풀：천거할 천.
音：**セン**
訓：**すすめる**

薦める〔すすめる〕(他下1) 추천하다. 천거하다. 권유하다.

音　読

薦挙〔せんきょ〕천거. 인재를 추천함.
推薦〔すいせん〕추천. 천거함.

【철】

〔凸〕 풀：뾰족할 철.
音：**トツ**
訓：**でこ**

凸〔でこ〕お～; 내민 이마. 장구머리.
凸坊〔でこぼう〕①머리가 큰 아이. 장구머리. ②개구장이. 장난꾸러기.
凸凹〔でこぼこ〕①철요. 요철. 오목함과 볼록함. 울퉁불퉁함. ②불균형.

音　読

凸レンズ〔とつlens〕볼록 렌즈.
凸面〔とつめん〕철면. 볼록한 면.
凸面鏡〔とつめんきょう〕볼록 거울.
凸版〔とっぱん〕잉크를 묻히는 부분이 불룩하게 튀어 나온 인쇄판.

〔哲〕 풀：밝을 철.
音：**テツ**
訓：

哲理〔てつり〕철리. 철학상의 이치.
哲人〔てつじん〕철인. 철학자.
哲学〔てつがく〕철학. 인생, 세계의 근본 원리를 추구하는 학문.

〔鉄〕 풀：쇠 철.
音：①**テツ** ②**テッ**
訓：**かな～**

鉄沓〔かなぐつ〕말굽에 대어 붙이는 쇳조각. 편자.
鉄敷(き)〔かなしき〕대장간에서 금속을 단련할 때 받침으로 쓰는 모탕. 모루.

鉄棒〔かなぼう〕쇠막대기.
〔てつぼう〕철봉. 체조 기구.
鉄棒引き〔かなぼうひき〕소문을 퍼뜨리고 다니는 여자.
鉄床〔かなとこ〕모루. ⇨鉄敷き.
鉄梃〔かなてこ〕쇠지렛대.

音読 1

鉄〔てつ〕철. 쇠.
鉄道〔てつどう〕철도. 철로.
鉄路〔てつろ〕철로. 철도.
鉄面皮〔てつめんぴ〕철면피.
鉄瓶〔てつびん〕쇠로 만든 주전자.
鉄棒〔てつぼう〕철봉. 체조 기구.
〔かなぼう〕쇠막대기.
鉄色〔てついろ〕철색. 붉은 빛이나 푸른빛을 띤 검은 색.
鉄材〔てつざい〕철재. 쇠로 된 재료.
鉄剤〔てつざい〕철제. 철을 주성분으로 한 약.
鉄条網〔てつじょうもう〕철조망.

音読 2

鉄甲〔てっこう〕철갑. 쇠로 된 갑옷.
鉄鋼〔てっこう〕철강. 강철.
鉄骨〔てっこつ〕철골. 철로 된 재료.
鉄工〔てっこう〕철공.
鉄管〔てっかん〕철관. 쇠로 만든 관.
鉄鉱石〔てっこうせき〕철광석.
鉄橋〔てっきょう〕철교. 쇠로 된 다리.
鉄券〔てっけん〕철권. 따끔한 주먹.
鉄筋〔てっきん〕철근. 철골.
鉄壁〔てっぺき〕철벽. 쇠로 만든 벽.
鉄線〔てっせん〕철선. 철사.
鉄柵〔てっさく〕철책. 쇠살로 만든 울.
鉄則〔てっそく〕철칙. 어길 수 없는 아주 굳은 규칙.
鉄塔〔てっとう〕철탑. 쇠로 세운 탑.
鉄板〔てっぱん〕철판. 쇠로 만든 판.
鉄砲〔てっぽう〕총.
鉄筆〔てっぴつ〕철필. 펜. 등사판용으로 끝이 뾰족하게 된 쇠붓.

〔徹〕
풀：뚫을 철.
音：① **テツ** ② **テッ**
訓：① **とおす** ② **とおる**

❶ **徹す**〔とおす〕(他5) ① (처음부터 끝까지) 계속하다. ② 대충 훑어보다.
❷ **徹る**〔とおる〕(自5) ① 알려지다. ② 뚫리다. ③ 개통하다. ④ 잘 들리다. ⑤ 들어가다.

音読 1

徹夜〔てつや〕철야. 잠을 자지 않고 밤을 샘.

音読 2

徹する〔てっする〕(自サ) ① 사무치다. ② 철저하다. 투철하다. ③ 꿰뚫다. ④ 밤을 새우다.
徹頭徹尾〔てっとうてつび〕철두철미.
徹底〔てってい〕철저. ① 밑바닥까지 꿰뚫음. ② 충분히 미침. ③ 크게 깨달음.

〔撤〕
풀：걷을 철.
音：**テツ**
訓：

撤する〔てっする〕(他サ) 철거하다. 철수하다.
撤去〔てっきょ〕철거. 걷어 치워 버림.
撤収〔てっしゅう〕철수. 거두어 들임. 떼어 내어 치움.
撤退〔てったい〕철퇴. 철수.
撤廃〔てっぱい〕철폐. 철거하여 폐지함.
撤回〔てっかい〕철회. 일단 제출하였던 것을 도로 거둬 들임.

【첨】

〔添〕
풀：더할 첨.
音：**テン**
訓：① **そう** ② **そえる**

❶ **添う**〔そう〕(自5) ① 첨가하다. 더하다. ② 곁에서 떨어지지 않다. ③ 부부로서 함께 살다.
添い遂げる〔そいとげる〕(自下1) ① 백년해로하다. 부부로서 해로하다. ② (소원대로) 부부가 되다.
添い寝〔そいね〕① (자는 사람) 곁에 붙어 잠. 곁잠. ② (남녀의) 동침.
❷ **添える**〔そえる〕(他下1) ① 첨부하다. 딸리다. 붙이다. ② 곁들이다. 첨가하다. ③ 더하다. ④ 돕다. 거들다.
添え〔そえ〕① 첨부. 곁들임. 첨가. ② 보좌. 부축. ③ 반찬. 부식.
添え木〔そえぎ〕받침대. 부목(副木).
添え物〔そえもの〕① 곁들인 물건. ② 경품. ③ 반찬. 부식. ④ 있으나마나한 존재.
添え書き〔そえがき〕① 곁들여 넣는 글. ② 추신(追信).
添え乳〔そえぢ〕아기의 옆에 누워서 젖을 먹임.
添え状〔そえじょう〕첨부하는 편지.
添え柱〔そえばしら〕곁에 붙여서 세운 기둥.

音　読

添加〔てんか〕첨가. 덧붙임.
添附〔てんぷ〕첨부. 덧붙임.
添削〔てんさく〕첨삭. 더하거나 줄여서 고침.
添書〔てんしょ〕첨서. 덧붙이는 글.

〔尖〕
풀：뾰족할 첨.
音：**セン**
訓：① **とがる** ② **とがらす**

❶ **尖る**〔とがる〕(自5) ① 뾰족해지다. 뾰족하다. ② 예민해지다. ③ 골내다.
❷ **尖らす**〔とがらす〕(他5) 날카롭게 하다. 뾰족하게 하다.

尖り声〔とがりごえ〕성난 목소리. 거친 목소리.
尖り顔〔とがりがお〕(골이 나서 입을 뾰족히 내밀어) 뾰로통한 얼굴.
尖端〔せんたん〕첨단. ① 물건의 뾰족한 끝. ② 유행에 앞서는 일.
尖兵〔せんぺい〕첨병. 수색하는 부대.
尖鋭〔せんえい〕첨예. ① 뾰족하고 날카로움. ② 뾰족하고 과격함.
尖塔〔せんとう〕첨탑. 끝이 뾰족한 탑.

【첩】

〖畳〗 풀：거듭할 첩.
音：ジョウ
訓：① たたみ ② たたまる ③ たたむ

❶ 畳〔たたみ〕① 다다미. 속에 짚을 넣은 돗자리. ② 왜나막신, 짚신 따위의 겉에 붙이는 얇은 깔개.
❷ 畳まる〔たたまる〕(自5) 접어지다 겹쳐지다. 접쳐지다
❸ 畳む〔たたむ〕(他5) ① 접다. 개다. ② 걷어 치우다. ③ 간직하다. ④ 죽이다.

파생어

畳み掛ける〔たたみかける〕(自下1) (상대방에게 여유를 주지않고) 다그쳐 말을 하거나 행동을 하다.
畳水練〔たたみすいれん〕① 다다미 위에서 수영 연습함. ② 쓸모없는 이론.
畳縁〔たたみべり〕다다미의 가장자리에 두른 헝겊.
畳み込む〔たたみこむ〕(他5) ① 접어 넣다. ② 마음 속 깊이 간직하다.
畳替え〔たたみがえ〕다다미의 겉자리를 갈아 댐.

音 読

～畳〔～じょう〕다다미를 세는 말. 六～間(ろくじょうま) 다다미 6장 넓이의 방.
畳語〔じょうご〕첩어. 같은 단어를 겹친 복합어.
畳畳〔じょうじょう〕첩첩. 겹치고 또 겹친 상태.

【청】

〖庁〗 풀：집 청.
音：チョウ
訓：

庁舎〔ちょうしゃ〕청사. 관청에서 사무를 보는 건물.

〖青〗 풀：푸를 청.
音：① ショウ ② ジョウ ③ セイ
訓：あお

青〔あお〕파랑. 청색. 파란색.
青い〔あおい〕(形) ① 파랗다. 푸르다. ② 창백하다. 핼쓱하다.
青ざめる〔あおざめる〕(自下1) 새파래지다. 핼쓱해지다.
青ばむ〔あおばむ〕(自5) 파래지다. 푸르스름해지다. 푸른기를 띠다.
青み〔あおみ〕① 푸른기. 청색. ② 푸르름. ③ 풋내. ④ 국에 곁들이는 채소.
青む〔あおむ〕(自5) 파래지다.
青やか〔あおやか〕(形動) 파릇파릇한.
青枯れ病〔あおがれびょう〕(채소의) 풋마름병. 시들병.
青空〔あおぞら〕푸른 하늘. 창공.
青光〔あおびかり〕청록색.
青筋〔あおすじ〕푸른 줄기. 핏대.
青金〔あおきん〕금과 쇠의 합금.
青大将〔あおだいしょう〕구렁이.
青道心〔あおどうしん〕풋나기 중.
青鈍〔あおにび〕푸르스름한 남빛.
青緑〔あおみどり〕진초록.
青立ち〔あおだち〕날씨가 불순한 탓으로 익지 않아 파랗게 서 있는 벼.
青梅〔あおうめ〕덜 익어 푸른 매실.
青毛〔あおげ〕청색을 띤 흑색말의 털빛.
青木〔あおき〕푸른 나무.
青物〔あおもの〕① 야채. 푸성귀. ② 껍질이 푸른 생선 종류.
青味〔あおみ〕⇨ 青み.
青反吐〔あおへど〕갓 토해 놓은 구토물.
青白い〔あおじろい〕(形) ① 푸르스름하다. ② 창백하다. 해쓱하다.
青粉〔あおこ〕푸른 가루.
青写真〔あおじゃしん〕청사진. 계획 구상.
青色〔あおいろ〕청색. 푸른 색.
青侍〔あおざむらい〕젊은 풋나기 무사.
青息吐息〔あおいきといき〕심한 곤경에 빠져 있을 때 나오는 탄식.
青身〔あおみ〕(고등어 따위의) 파란 살.
青信号〔あおしんごう〕청신호.
青葉〔あおば〕① (새로 돋은) 싱싱한 새잎. ② 초록색의 나뭇잎.
青刈り〔あおがり〕열매가 채 익기 전에 거두어 들임.
青雲〔あおぐも〕푸른 하늘. 창공.
青垣山〔あおがきやま〕울타리처럼 둘러 싼 푸른 산들.
青二才〔あおにさい〕풋나기.
青田〔あおだ〕벼가 익지 않은 논.
青田買い〔あおだがい〕① 立稲先買. 선벼사기. ② 졸업 전의 학생과 입사 계약을 맺는 일.
青竹〔あおだけ〕청죽. 푸른 대나무.
青地〔あおじ〕푸른 바탕.
青脹れ〔あおぶくれ〕퍼렇게 부음.
青菜〔あおな〕푸성귀. 푸른 채소.
青天井〔あおてんじょう〕① 푸른 하늘. 창

공. ② 무제한. 천정 부지(天井不知).
青畳〔あおだたみ〕거죽이 파란 새 돗자리(다다미).
青青〔あおあお〕매우 파람.
青草〔あおくさ〕푸른 풀. 싱싱한 풀.
青臭い〔あおくさい〕(形) ① 풋내나다. 풀냄새가 나다. ② 미숙하다.
青表紙〔あおびょうし〕청색 표지.
青海〔あおうみ〕푸른 바다.
青海原〔あおうなばら〕넓고 푸른 바다.
青黄粉〔あおぎなこ〕연두빛을 띤 질이 좋은 콩가루.
青朽ち葉〔あおくちば〕푸른 색을 띤 황갈색.
青黒い〔あおぐろい〕(形) 검푸르다.

音読 1

緑青〔ろくじょう〕녹청. ① 구리로 만든 그릇의 표면에 생기는 녹색의 유독성 녹. ② 녹색 그림 물감의 색 원료.

音読 2

紺青〔こんじょう〕감청. 선명한 남빛.
群青〔ぐんじょう〕군청. 선명한 청색.

音読 3

青果〔せいか〕청과. 야채와 과일.
青年〔せいねん〕청년. 젊은이.
青銅器〔せいどうき〕청동기.
青史〔せいし〕청사. 역사의 기록.
青少年〔せいしょうねん〕청소년.
青磁：**青瓷**〔せいじ〕청자. 철분을 함유한 청록색 또는 담황색의 유약을 발라 구운 자기.
青春〔せいしゅん〕청춘. 젊은 시절.

〔**清**〕
풀：맑을 청.
音：① **ショウ** ② **セイ**
訓：① **きよ**い ② **きよ**まる ③ **きよ**める ④ **きよ**らか

訓 読

❶ **清い**〔きよい〕(形) ① 맑다. ② (성품이) 청렴 결백하다. 깨끗하다.
❷ **清まる**〔きよまる〕(自5) 맑아지다. 心が～; 마음이 맑아지다.
❸ **清める**〔きよめる〕(他下1) 맑게 하다. 깨끗하게 하다.
清め〔きよめ〕맑게 함. 깨끗하게 함.
❹ **清らか**〔きよらか〕(形動) 맑음. 깨끗함. ～な水; 맑은 물.
清刷(り)〔きよずり〕교정이 끝난 활판을 사진 정판 따위를 위해 깨끗하게 쇄(刷)를 내는 일.
清拭き〔きよぶき〕마른 걸레질.
❺ **清む**〔すむ〕(自5) 맑아지다. 맑다. 깨끗하다.

例 外

清水〔しみず〕(샘솟는) 맑은 물.
清清しい〔すがすがしい〕(形) ① 시원하다. 상쾌하다. ② 깨끗하다. 산뜻하다.

音読 1

清浄〔しょうじょう〕청정. ① 맑고 깨끗함. ② 번뇌, 私慾 등이 없이 깨끗함.

音読 2

清潔〔せいけつ〕청결. 더러움이 없음.
清涼剤〔せいりょうざい〕청량제. 맛이 썩 개운하고 시원한 약제.
清新〔せいしん〕청신. 깨끗하고 새로움.
清雅〔せいが〕청아. 맑고 고상함.
清音〔せいおん〕청음. ① 깨끗하고 맑은 소리. ② 무성음(無声音).
清素〔せいそ〕맑고 산뜻함.
清純〔せいじゅん〕청순.
清栄〔せいえい〕(편지에서) 상대방의 번영을 기리는 인사말.
清風〔せいふう〕청풍. 시원한 바람.

〔**晴**〕
풀：개일 청.
音：**セイ**
訓：① **はらす** ② **はれやか** ③ **はれる**

❶ **晴らす**〔はらす〕(他5) (불쾌감, 의심, 원한, 기분을) 풀다.
❷ **晴れやか**〔はれやか〕(形動) ① (마음이) 명랑함. ② (날씨가) 쾌청함. 맑게 갬. ③ 화려함.
❸ **晴れる**〔はれる〕(自下1) ① (하늘이) 개다. ② (의심, 혐의 등이) 풀리다. ③ (마음이) 명랑해지다.
晴れ〔はれ〕① 하늘이 갬. ② 누명을 벗음. 혐의를 벗음. ③ 경사스러움.
晴(れ)がましい〔はれがましい〕(形) 너무 드러나서 쑥스럽다.
晴れて〔はれて〕정식으로 떳떳하게. 거리낌없이. 공공연하게.
晴れ間〔はれま〕① 비, 눈이 개인 사이. ② 구름 사이로 보이는 푸른 하늘.
晴れ渡る〔はれわたる〕(自5) (하늘이) 활짝 개다.
晴れ上がる〔はれあがる〕(自5) 맑게 개다. 晴れ上がった天気; 맑게 개인 날씨.
晴れ衣装〔はれいしょう〕나들이옷.
晴れ姿〔はれすがた〕① 화려하게 차려 입은 모습. ② 장한 모습. 씩씩한 모습.
晴れ着〔はれぎ〕화려한 장소에서 입는 옷. 나들이옷.

連濁音에 注意

晴れ晴れ〔はればれ〕① 유쾌함. ② 개운함. 명랑함. 유쾌함. 시원함. 후련함.
秋晴れ〔あきばれ〕가을의 쾌청한 날씨.

音 読

晴雨〔せいう〕청우. 갬과 흐림.
晴天〔せいてん〕청천. 갠 하늘.

〔**請**〕
풀：청할 청.
音：① **ショウ** ② **シン** ③ **セイ**
訓：① **こう** ② **うける**

❶ **請う**〔こう〕(他5) ① 원하다. 바라다. 청하다. 소망하다. ② 기원하다.
請い〔こい〕청. 청함. ～を容れる; 청을 들어 주다.

❷ **請ける**〔うける〕(他下1) ① (돈을 치르고) 찾아 내다. ② 맡다. 인수하다. ③ 받아 들이다. 시인하다. 승낙하다.
請け〔うけ〕보증. 보증인.
請け戻し〔うけもどし〕돈을 치르고 저당물을 찾아냄.
請け負う〔うけおう〕(他5) 청부 맡다.
請負〔うけおい〕청부. 도급.
請負耕作〔うけおいこうさく〕청부 경작.
請負師〔うけおいし〕청부업자.
請負業〔うけおいぎょう〕청부업.
請負人〔うけおいにん〕청부인.
請書〔うけしょ〕승낙서.
請(け)人〔うけにん〕신원 보증인.
請け出す〔うけだす〕(他5) (돈을 치르고) 찾아내다. 몸값을 치르고 빼내다.
請(け)判〔うけはん〕보증하여 찍는 도장.
請(け)合い〔うけあい〕① 보증. ② 절대로 틀림이 없음.
請け合う〔うけあう〕(他5) 책임지고 맡다. 보증하다.

音読 1

請じる〔しょうじる〕(他上1) 청하다. 초대하다.
請じ入れる〔しょうじいれる〕(他下1) 청해 들이다.

音読 2

普請〔ふしん〕건축. 토목의 공사.

音読 3

請暇〔せいか〕휴가를 청함.
請求〔せいきゅう〕청구. 달라고 요청함.
請願〔せいがん〕청원. 청하고 원함.
請託〔せいたく〕청탁. 사정을 이야기하고 특별히 부탁함.

〔**聴**〕 풀 : 들을 청.
音 : **チョウ**
訓 : **きく**

聴く〔きく〕(他5) 듣다.
聴き方〔ききかた〕듣는 법. 듣는 태도.
聴き手〔ききて〕듣는 사람.
聴き込む〔ききこむ〕(他5) (정보를) 얻어 듣다. 들어서 알다.
聴き込み〔ききこみ〕(정보를) 얻어 들음. 얻어 들은 바.
聴(き)取り〔ききとり〕① 듣기. 듣고 이해하기. ② 조사하기 위하여 사정을 들음.
聴き取る〔ききとる〕(他5) ① 듣고 이해하다. 알아듣다. ② 청취하다.

音 読

聴覚〔ちょうかく〕청각. 귀로 소리를 들을 때에 일어나는 감각.
聴講〔ちょうこう〕청강. 강의나 강연을 듣는 일.
聴力〔ちょうりょく〕청력. 듣는 능력.
聴聞会〔ちょうもんかい〕청문회.
聴衆〔ちょうしゅう〕청중.
聴診器〔ちょうしんき〕청진기.
聴取〔ちょうしゅ〕청취. 들음.

【체】

〔**体**〕 풀 : 몸 체.
音 : ① **タイ** ② **テイ**
訓 : **からだ**

体〔からだ〕몸. ① 신체. 육체. ② 몸통. 체격. ③ 건강. 몸의 상태.
体付き〔からだつき〕몸매. すらりとした～; 날씬한 몸매.

音読 1

体〔たい〕① 몸. ② 형태. ③ 모양. 상태. ④ 본질. 실체.
体する〔たいする〕(他サ) 명심하여 지키다. 教えを～; 가르침을 명심하다.
体格〔たいかく〕체격. 몸의 생김새.
体系〔たいけい〕체계. 각기 개별적인 것을 통일한 조직.
体当(た)り〔たいあたり〕자기 몸을 힘껏 상대방에게 부딪쳐 타격을 줌. 기를 쓰고 덤빔.
体力〔たいりょく〕체력. 몸의 힘.
体温計〔たいおんけい〕체온계.
体位〔たいい〕체위. 몸의 위치.
体育〔たいいく〕체육.
体積〔たいせき〕체적. 부피.
体制〔たいせい〕체제. 꾸밈새.
体操〔たいそう〕체조.
体重〔たいじゅう〕체중. 몸 무게.
体質〔たいしつ〕체질.
体験〔たいけん〕체험. 몸소 겪은 경험.

音読 2

体〔てい〕① 겉 모양. 모습. 職人～の男; 직공 차림의 남자. ② 겉치레. 허울. 태도. ③ 상태.
体たらく〔ていたらく〕꼬락서니. 꼴. 모습.
体よく〔ていよく〕(副) 보기 좋게. 무리없이. 체면 깎이지 않게.
体裁〔ていさい〕체제. ① 외관. 겉 모양. ② 세상 이목. 체면. ③ 빈말.
体裁振る〔ていさいぶる〕(自5) 뽐내다. 거드름 피우다.
人体〔じんたい〕인체. 사람의 몸.
〔にんてい〕① 사람의 외양. 풍채. ② 사람의 품격. 인품.
風体〔ふうてい〕풍채. 외관. 옷차림.

〔**逓**〕 풀 : 차례로 바꿀 체.
音 : **テイ**
訓 :

逓減〔ていげん〕체감. 등급을 좇아서 순차로 감함.
逓送〔ていそう〕체송. 차례차례 순차적으로 전하여 보냄.
逓信〔ていしん〕체신. 순차로 여러 곳을 거쳐서 소식을 전하는 일.

逓増〔ていぞう〕체증. 점차로 늚.
逓次〔ていじ〕순서를 따름.

〔逮〕 풀 : 잡을 체.
音 : タイ
訓 :

逮夜〔たいや〕(仏教) 忌日의 전날 밤.
逮捕〔たいほ〕체포. (범인을) 붙잡음.

〔替〕 풀 : 바꿀 체.
音 : タイ
訓 : ① かえる ② かわる

❶替える〔かえる〕(他下1) ① 바꾸다. 바꿔치기하다. 교환하다. ② 갈다.
替え〔かえ〕① 교환. 대체. 대치. ② 대리. 대신. ③ (교환의) 비율.
替(え)歌〔かえうた〕곡조는 같고 가사만 바꾼 노래.
替(え)字〔かえじ〕음이 같은 다른 글자로 바꿔 쓰는 일. (幸(こう)→孝(こう). 竹(たけ)→武(たけ))

連濁音에 注意

両替え〔りょうがえ〕환전. 돈을 바꿈.
模様替え〔もようがえ〕짜임새나 생김새를 바꾸는 일.
衣替え〔ころもがえ〕철따라 옷을 갈아 입는 일.
❷替(わ)る〔かわる〕(自5) 갈리다. 바뀌다. 교체되다.
替(わ)り〔かわり〕① 대리. 대신. ② 교체. 교대. ③ お～ : 한 그릇을 다 먹고 다시 한 그릇을 더 먹는 일.

連濁音에 注意

年度替(わ)り〔ねんどがわり〕연도(해)가 바뀌는 때.

例 外

為替〔かわせ〕환(換). 외환(外換).

音 読

交替〔こうたい〕교체. 교대.
代替〔だいたい〕대체. 다른 것과 바꿈.

〔滞〕 풀 : 막힐 체.
音 : タイ
訓 : とどこおる

滞る〔とどこおる〕(自5) 막히다. 밀리다. 침체하다. 仕事が～ : 일이 밀리다.
滞り〔とどこおり〕막힘. 밀림. 침체됨. ～なく済む : 순조롭게 끝나다.

音 読

滞空〔たいくう〕체공. 공중에 머묾.
滞納〔たいのう〕체납. 정한 기한 내에 바치지 않고 지체함.
滞留〔たいりゅう〕체류. 다른 곳에 오래 머물러 있는 일.
滞在〔たいざい〕체재. 딴 곳에 오래 머물러 있음. 滞留.
滞積〔たいせき〕체적. (화물이나 일이) 밀려 쌓임.
滞貨〔たいか〕체화. 운반하지 못해 밀려 쌓인 화물.
停滞〔ていたい〕정체. 정지하여 체류함.

〔締〕 풀 : 맺을 체
音 : テイ
訓 : ① しまる ② しめる

❶締まる〔しまる〕(自5) ① 단단하게 조여지다. 졸라지다. ② 긴장되다. ③ 절약하다. 검약하다. 낭비를 삼가다. ④ 시세가 오르다. ⑤ 닫히다.
締(ま)り〔しまり〕① 긴장됨. 야무짐. ② 단속. 감독. ③ 절약. 낭비를 하지 않음. ④ 문단속. ⑤ 끝맺음. 종결. 매듭.
締(ま)り屋〔しまりや〕절약가. 인색한 사람. 구두쇠.

連濁音에 注意

戸締(ま)り〔とじまり〕문단속.
❷締める〔しめる〕(他下1) ① 죄다. 졸라매다. 조르다. ② 목졸라 죽이다. ③ (예산을) 줄이다. 아껴 쓰다. ④ 감독하다. 단속하다. ⑤ 짜 내다. ⑥ 닫다. ⑦ 마감하다. 결산하다. ⑧ (거래, 교섭을 축하하여) 손뼉을 치다.
締め〔しめ〕① 죔. 조름. ② 합계. ③ 편지를 봉한 곳에 치는 '×'표.
締めて〔しめて〕(副) 전부해서. 합계해서.
締(め)高〔しめだか〕총액. 합계한 액수.
締め括り〔しめくくり〕매듭. 결말.
締め括る〔しめくくる〕(他5) ① 단단히 동여 매다. 꽉 묶다. ② 감독하다. 단속하다. ③ 결말을 짓다. 매듭짓다.
締(め)具〔しめぐ〕꽉 죄는 도구.
締(め)金〔しめがね〕(띠, 벨트 따위의 끝에 단) 죔쇠.
締め付ける〔しめつける〕(他下1) 꽉 조르다. 세게 조르다.
締め殺す〔しめころす〕(他5) (목을) 졸라 죽이다.
締め上げる〔しめあげる〕(他下1) ① (몸을) 죄다. 조르다. ② 심한 추궁을 하다.
締め緒〔しめお〕물건을 죄기 위한 끈.
締め込み〔しめこみ〕씨름 때 차는 샅바.
締(め)切り〔しめきり〕① 마감. 마감 날짜. ② 언제나 닫혀 있음.
締め切る〔しめきる〕(他5) ① 전부 닫아 두다. ② 마감하다. ③ 언제나 꼭 닫아 둔 채로 두다.
締め出し〔しめだし〕① 문을 닫고 들이지 않음. 쫓아 냄. ② (노무자들의 파업에 대항하기 위한) 공장 폐쇄.
締め出す〔しめだす〕(他5) ① 문을 열어서 들이지 않다. 내쫓다. ② 따돌리다. 배제하다.

連濁音에 注意

帯締め〔おびじめ〕띠가 흘러 내리지 않게 띠 위에 눌러 매는 끈.
元締め〔もとじめ〕회계를 총괄하는 역할.

音 読

締する〔ていする〕(他サ) 맺다. 交わりを～ : 교제를 맺다.
締結〔ていけつ〕체결. 계약을 맺음.

締盟〔ていめい〕동맹, 조약을 맺는 일.

締約〔ていやく〕체약. 약속을 맺음.

【초】

〘肖〙 풀：같을 초.
音：ショウ
訓：あやかる

肖る〔あやかる〕(自5) ① 닮다. ②(행복한 사람을) 닮아 행복해지다.
肖り者〔あやかりもの〕행운아(幸運児). 행복한 사람.

音 読

肖像〔しょうぞう〕초상. 사람의 얼굴이나 모습을 그리거나 사진을 찍은 것.
肖像画〔しょうぞうが〕초상화.

〘抄〙 풀：베낄 초.
音：ショウ
訓：① すく ② すくう

❶ 抄く〔すく〕(他5)(종이, 김 따위를) 뜨다. 海苔を～; 김을 뜨다.
❷ 抄う〔すくう〕(他5) 떠내다. 떠올리다. 위로부터 덜어 내다. 들어 올리다.

音 読

抄する〔しょうする〕(他サ) ① 베끼다. ②(종이를) 뜨다. ③ 뽑아 쓰다(싣다).
抄録〔しょうろく〕초록. 발췌한 기록.
抄本〔しょうほん〕초본. ① 발췌해서 기록한 책. ② 사본.
抄紙〔しょうし〕초지. 종이를 뜨는 일.
抄出〔しょうしゅつ〕초출. 발췌한 것.

〘初〙 풀：처음 초.
音：ショ
訓：① はじめ ② うぶ ③ はつ～ ④ うい～ ⑤ ～そめる

訓 読 1

初め〔はじめ〕① 처음. 시초. ②(사물의) 기원. ③ 첫머리. ④ 비롯함. 위시.
初めて〔はじめて〕(副) 처음. 처음으로. 비로소. 첫 번째.

訓 読 2

初〔うぶ〕(形動) ① 순진함. 세상 물정에 어두움. ② 남녀 관계에 경험이 없음. 숫총각. 숫처녀.
初い〔うぶい〕(形) 신선하다. ～品(しな); 바로 시장에 낸 물건.

訓 読 3

初〔はつ〕처음. 최초. ～の記者会見; 최초의 기자 회견.
初空〔はつぞら：はつそら〕정월 초하루의 아침 하늘.
初公判〔はつこうはん〕첫 공판.
初冬〔はつふゆ：しょとう〕초겨울.
初買い〔はつがい〕(새해에 들어) 처음으로 물건을 사는 일.
初夢〔はつゆめ〕(새해) 첫꿈.
初舞台〔はつぶたい〕첫무대. 첫출연.
初物〔はつもの〕만물. 신출.
初物食い〔はつものぐい〕만물이나 새것을 즐겨 먹거나 입수하는 일.
初釜〔はつがま〕새해 처음으로 茶釜을 걸어 놓고 차를 끓이는 일.
初氷〔はつごおり〕첫 얼음.
初霜〔はつしも〕첫서리.
初生り〔はつなり〕만물.
初席〔はつせき〕새해 들어 처음 열리는 연예장의 흥행.
初雪〔はつゆき〕첫눈.
初咲き〔はつざき〕새해 들어 처음으로 핀 꽃.
初穂〔はつほ〕① 그 해에 처음으로 익은 벼 이삭. ② 과실이나 곡물의 그 해의 만물. ③ 神仏에게 바치는 돈.
初時雨〔はつしぐれ〕첫 가을비.
初役〔はつやく〕처음 맡는 역할.
初恋〔はつこい〕초연. 첫사랑.
初詣で〔はつもうで〕정월의 첫참배.
初音〔はつね〕(휘파람새, 두견새 등이) 그 해 들어 처음으로 우는 소리.
初耳〔はつみみ〕처음 듣는 일.
初日〔はつひ〕설날의 아침 해.
〔はつび：しょにち〕첫날.
初日影〔はつひかげ〕설날 아침의 햇빛.
初日の出〔はつひので〕설날의 해돋이.
初姿〔はつすがた〕설빔한 모습.
初場所〔はつばしょ〕매년 정월에 열리는 큰 씨름 대회.
初節句〔はつぜっく〕태어나서 처음 맞는 명절.
初着〔はつぎ〕①(새해 들어) 처음으로 입는 외출복. ② 처음 입는 새 옷.
初秋〔はつあき：しょしゅう〕초가을.
初春〔はつはる：しょしゅん〕초봄.
初値〔はつね〕그 해 처음으로 거래되는 시세.
初湯〔はつゆ〕①새해 들어 처음 하는 목욕. ②어린아이의 첫 목욕. ③물을 데우고 처음 들어가는 목욕.
初夏〔はつなつ：しょか〕초여름.
初花〔はつはな〕①철이 되어 처음 피는 꽃. ②첫월경.

訓 読 4

初産〔ういざん：はつざん〕초산.
初孫〔ういまご〕첫 손자, 손녀.
初子〔ういご：はつご〕첫 아이.
初陣〔ういじん〕첫 출진(出陣).
初初しい〔ういういしい〕(形) 싱싱하고 천진 난만하다. 어리고 숫되다.

訓 読 ⑤

～初める〔～そめる〕(自下1)(動詞連用形에 접속하여) …하기 시작하다. 처음으로 …하다.
歩き初める〔あるきそめる〕(自下1) 걷기

시작하다.
思い初める〔おもいそめる〕(自下1) 사모하기 시작하다.

連濁音에 注意

--初め〔~ぞめ〕(動詞連用形에 접속하여 名詞가 됨) 처음으로 …하기. 새해 들어 첫 번째로 하는 일.
渡り初め〔わたりぞめ〕다리의 개통식.
逢い初め〔あいぞめ〕처음 만남.
書き初め〔かきぞめ〕그 해에 들어 첫(붓) 글씨 쓰기.
食べ初め〔たべぞめ〕처음 먹음.

音　読

初級〔しょきゅう〕초급. 기초 과정.
初期〔しょき〕초기. 맨 처음으로 비롯되는 시기.
初念〔しょねん〕초념. 처음의 뜻.
初段〔しょだん〕초단. 처음의 단위.
初代〔しょだい〕초대. 맨 첫째 인물.
初対面〔しょたいめん〕초대면. 초면.
初等〔しょとう〕초등. 최초의 등급.
初歩〔しょほ〕초보. 처음 시작.
初手〔しょて〕처음. 최초.
初旬〔しょじゅん〕초순. 1개월의 처음의 10일간. 상순(上旬).
初心〔しょしん〕초심. 처음 먹은 마음.
初一念〔しょいちねん〕처음 생각.
初診〔しょしん〕초진. 최초의 진찰.
初版〔しょはん〕초판. 서적의 첫째 판.

〔招〕
풀：부를 초.
音：**ショウ**
訓：**まねく**

招く〔まねく〕(他5) ① 손짓하여 부르다. ② 초대하다. 초빙하다. ③ 불러오다. ④ 초래하다. 야기하다. 일으키다.
招き〔まねき〕① 초대. 초청. 초빙. ② 손님을 끌기 위하여 놓은 간판이나 장식물.
招き猫〔まねきねこ〕앞발로 사람을 부르는 시늉을 하고 있는 고양이 장식물.

音　読

招じる〔しょうじる〕(他上1) 초대하다. 청해들이다.
招待〔しょうたい〕초대. 불러서 대접함.
招来〔しょうらい〕초래. 불러 옴.
招聘〔しょうへい〕초빙. 예의를 다하여 불러 맞아 들임.
招集〔しょうしゅう〕회의 등을 열기 위해 사람을 초청해서 모음.
招請〔しょうせい〕초청. 불러 청함.
招致〔しょうち〕초치. 불러서 오게 함.
招魂祭〔しょうこんさい〕초혼제.

〔草〕
풀：풀 초.
音：① **ソウ** ② **ゾウ**
訓：**くさ**

草〔くさ〕풀. 잡초.
草いきれ〔くさいきれ〕(여름철에) 풀숲에서 풍기는 훈훈한 열기.
草むしり〔くさむしり〕풀을 뽑음.
草むす〔くさむす〕(自5) 풀이 나다.
草枯れ〔くさがれ〕풀이 서리나 눈을 맞아 마름. 또는 그 계절.
草木〔くさき：そうもく〕초목. 식물.
草木染(め)〔くさきぞめ〕초목에서 추출한 색소를 쓰는 재래식 염색법.
草物〔くさもの〕(꽃꽂이에서) 키가 작은 화초류의 총칭.
草分け〔くさわけ〕황무지를 개척함. 개척자. 창시자(創始者).
草山〔くさやま〕풀이 나 있는 낮은 산.
草相撲〔くさずもう〕(시골에서 하는) 풋나기 씨름.
草色〔くさいろ〕초록색. 풀빛.
草生〔くさふ〕풀이 난 곳. 초원.
草深い〔くさぶかい〕(形) ① 풀이 우거지다. ② 벽촌 같다. 두메 산골 같다.
草野球〔くさやきゅう〕빈터에서 하는 풋나기 야구.
草葉〔くさば〕풀잎.
草刈り〔くさかり〕풀베기.
草屋〔くさや〕① 초가집. ② 꼴을 넣어 두는 헛간.
草垣〔くさがき〕풀을 엮어 만든 울타리.
草原〔くさはら：くさわら〕초원.
草隠れ〔くさがくれ〕풀숲 그늘에 숨음.
草笛〔くさぶえ〕풀잎피리.
草地〔くさち〕풀밭.
草取り〔くさとり〕김매기. 제초 기구.
草枕〔くさまくら〕풀베개.
草花〔くさばな〕화초.

連濁音에 注意

仕草〔しぐさ〕행위. 하는 짓.
言い草〔いいぐさ〕말투. 변명. 핑계.
質草〔しちぐさ〕전당물.

音読 1

草する〔そうする〕(他サ) 초고를 쓰다. 기초(起草)하다. 초잡다.
草稿〔そうこう〕초고. 시, 글의 맨처음 쓴 초벌 원고.
草書〔そうしょ〕초서. 흘리어 쓴 글씨.
草案〔そうあん〕초안. 안건을 기초함.
草体〔そうたい〕흘려서 쓴 글씨체.
草創〔そうそう〕초창. 처음. 시작.
草草〔そうそう〕(편지 끝에 쓰는 말로서) 이만 총총.

音読 2

草履〔ぞうり〕(일본) 짚신. 샌들.
本草〔ほんぞう〕초목. 식물.

〔秒〕
풀：초침 초.
音：**ビョウ**
訓：

秒〔びょう〕초. 시간, 각도, 경도, 위도에서 1分의 60분의 1.
秒速〔びょうそく〕초속. 1초동안의 속도.
秒針〔びょうしん〕초침. 시계의 초를 가리키는 바늘.

〔哨〕
풀：보초 설 초.
音：**ショウ**
訓：

哨戒〔しょうかい〕초계. 적의 습격을 경계함. 경계.
哨兵〔しょうへい〕초병. 보초병.

〔硝〕 풀：초석 초.
音：ショウ
訓：

硝酸〔しょうさん〕초산.
硝石〔しょうせき〕초석. 질산 칼륨.
硝煙〔しょうえん〕초연. 화약의 연기.

〔超〕 풀：넘을 초.
音：チョウ
訓：① こえる ② こす

❶ **超える**〔こえる〕(自下1) ① 넘다. ② 보다 낫다. ③ 초월하다. ④ 건너 뛰다. 제쳐 놓다. 뛰어 넘다.
❷ **超す**〔こす〕(他5) 초과하다. 넘다. 이상이 되다.

音 読

超過〔ちょうか〕초과. 정도를 넘음.
超克〔ちょうこく〕초극. (곤란을) 극복함.
超短波〔ちょうたんぱ〕초단파.
超然〔ちょうぜん〕초연. 어떤 일에 관계치 않음.
超越〔ちょうえつ〕초월. 한계를 넘음.
超人〔ちょうじん〕초인. 인간을 초월한 위대한 사람.

〔酢〕 풀：초산 초.
音：サク
訓：す

酢〔す〕초. 식초.
酢味噌〔すみそ〕채소. 생선, 조개 등을 조리할 때 쓰는 식초를 섞은 된장.
酢漬け〔すづけ〕식초에 담근 식품.

連濁音에 注意

甘酢〔あまず〕보통 식초보다 단 식초.
梅酢〔うめず〕매실을 소금에 절인 즙.
生酢〔きず〕순수한 식초.

音 読

酢酸〔さくさん〕초산. 자극이 강한 냄새가 나는 무색 투명한 액체. 초의 주성분. 조미료나 약용으로 쓰임.

〔焦〕 풀：그으릴 초.
音：ショウ
訓：① こがす ② こがれる ③ こげる ④ あせる ⑤ じらす ⑥ じれる

❶ **焦がす**〔こがす〕(他5) ① 태우다. 눌리다. ご飯を～; 밥을 태우다. ② (애를) 태우다. 思いを～; 애를 태우다.
焦がし〔こがし〕미싯가루. 볶은 곡식을 빻은 것.
❷ **焦がれる**〔こがれる〕(自下1) 연모하다. 애태우다. 몹시 동경하다. 俳優に～; 배우를 동경하다.
焦がれ死に〔こがれじに〕상사병(相思病)으로 죽음. 안타까이 그리다 죽음.
❸ **焦げる**〔こげる〕(自下1) 눋다. 타다. たたみが～; 다다미가 눋다.
焦げ〔こげ〕눌은 것. 눌음.
焦げ目〔こげめ〕타서 검게 눌은 자리.
焦げ付く〔こげつく〕(自5) ① 눌어 붙다. ② (빌려 준 돈이) 회수할 수 없게 되다. ③ 시세가 장기간 변동 없다. 시세가 고정되다. 동결되다.
焦げ茶〔こげちゃ〕짙은 갈색.
焦げ臭い〔こげくさい〕(形) 눋는 냄새가 나다.
❹ **焦る**〔あせる〕(自5) 초조하게 굴다. 애타하다. 안달하다. 조급하게 서두르다.
❺ **焦らす**〔じらす〕(他5) 약올리다. 애태우다. 초조하게 하다.
❻ **焦れる**〔じれる〕(自下1) 초조해지다. 몸이 달다. 안달이 나다.
焦れったい〔じれったい〕(形) 안타깝다. 애달다. 가슴 조이다. 감질나다.
焦れ込む〔じれこむ〕(自5) 애태우다. 속을 태우다.

音 読

焦点〔しょうてん〕초점. 반사, 굴절한 광선이 모이는 점.
焦燥〔しょうそう〕초조. 마음을 졸임. 애를 태움.
焦土〔しょうど〕초토. ① 불에 타서 검어진 땅. ② 건물이 모두 타서 폐허가 된 곳.

〔礁〕 풀：암초 초.
音：ショウ
訓：

暗礁〔あんしょう〕암초. ① 물속에 잠겨 있는 바위. ② 뜻밖의 방해.
座礁：坐礁〔ざしょう〕좌초. 배가 암초(暗礁)에 얹힘.

〔礎〕 풀：주춧돌 초.
音：ソ
訓：いしずえ

礎〔いしずえ〕주춧돌. 초석. 国の～となる; 나라의 초석이 되다. いまは～だけ残っている; 지금은 주춧돌만 남아 있다.
礎石〔そせき〕초석. 주춧돌. 기초. 토대.
礎材〔そざい〕기초가 되는 재료.
基礎〔きそ〕기초. 토대.

【촉】

〔促〕 풀：재촉할 촉.
音：ソク
訓：うながす

促す〔うながす〕(他5) 재촉하다. 독촉하다. 촉구하다. 注意を～; 주의를 촉구하다. 実行を～; 실행을 독촉하다.

音 読

促成〔そくせい〕촉성. 재촉하여 빨리 이루어지게 함.
促音〔そくおん〕촉음. 이어주는 소리로 막

히는 것 같은 느낌을 주는 소리. 'っ'로 나타냄. (例 : あっさり).

促進〔そくしん〕촉진. 재촉하여 빨리 나아가게 함.

〔**触**〕 풀 : 닿을 촉.
音 : ① **ショク** ② **ショッ**
訓 : ① **ふれる** ② **さわる**

❶**触れる**〔ふれる〕(他下1) ① 접촉하다. 건드리다. 만지다. 대다. ② 널리 일반에게 알리다. (自下1) ① 접촉하다. 닿다. ② 들어오다. ③ 맞닥뜨리다. ④ 언급(言及)하다. ⑤ (규칙에) 저촉되다. ⑥ 미치다. 돌다. ⑦ 거슬리다. ⑧ 감촉하다.

触れ〔ふれ〕일반에게 널리 알림. 고시(告示). 포고(布告).

触(れ)書(き)〔ふれがき〕일반에게 널리 알리는 고시문(告示文).

触(れ)込み〔ふれこみ〕(실제와는 다른) 사전 선전.

触れ込む〔ふれこむ〕(他5) (미리) 말을 퍼뜨리다. 선전하다.

触(れ)状〔ふれじょう〕공시 문서.

触(れ)出し〔ふれだし〕미리 선전함.

触(れ)太鼓〔ふれだいこ〕알리기 위해서 치는 북.

触れ合う〔ふれあう〕(自5) 맞닿다. 서로 스치다. 접촉하다.

触れ回る〔ふれまわる〕(自5) ① 여기저기 만지며 다니다. ② 알리며 다니다.

連濁音에 注意

先触れ〔さきぶれ〕미리 알림. 예고.

顔触れ〔かおぶれ〕(모임이나 사업에) 참가한 사람들. 멤버.

前触れ〔まえぶれ〕예고. 전조(前兆).

❷**触る**〔さわる〕(自5) ① 손을 대다. 닿다. ② 건드리다. ③ 관계를 갖다. 気に~; 감정을 상하다.

触り〔さわり〕① 촉감. 닿는 느낌. ② 사람을 대했을 때의 느낌. ③ 이야기의 요점.

連濁音에 注意

手触り〔てざわり〕손의 촉감.

耳触り〔みみざわり〕귀에 거슬림.

音 読 1

触媒〔しょくばい〕촉매.

触発〔しょくはつ〕촉발.

触手〔しょくしゅ〕촉수. 더듬이. 손을 댐.

音 読 2

触角〔しょっかく〕촉각. 더듬이.

触覚〔しょっかく〕촉각. 물체에 닿았을 때에 일어나는 감각.

触感〔しょっかん〕촉감. 감촉.

〔**嘱**〕 풀 : 부탁할 촉.
音 : **ショク**
訓 :

嘱する〔しょくする〕(他サ) 부탁하다. 위촉하다. 기대하다.

嘱望〔しょくぼう〕촉망. 잘 되기를 바라고 기대함.

嘱託〔しょくたく〕촉탁. 어떤 일을 남에게 부탁하여 맡김.

【존】

〔**寸**〕 풀 : 마디 촌.
音 : **スン**
訓 :

寸〔すん〕길이의 단위. 치. 약 3.03cm.

寸刻〔すんこく〕촌각. 약간의 시간.

寸劇〔すんげき〕촌극. 아주 짧은 연극.

寸法〔すんぽう〕치수. 길이.

寸分〔すんぶん〕조금. 극소(極小).

寸陰〔すんいん〕촌음. 아주 짧은 시간.

寸前〔すんぜん〕바로 앞. 직전.

寸足らず〔すんたらず〕치수가 모자람. 키가 작음.

寸鉄〔すんてつ〕① 작은 칼. 작은 쇠붙이. ② (마음에 파고 드는) 경구(警句).

寸評〔すんぴょう〕촌평. 짧은 비평.

寸詰(ま)り〔すんづまり〕(규정보다) 치수가 짧음. 치수가 빠듯함.

〔**村**〕 풀 : 마을 촌.
音 : **ソン**
訓 : **むら**

村〔むら〕마을.

村路〔むらじ〕시골 길. 마을 길.

村里〔むらざと〕시골. 촌.

村時雨〔むらしぐれ〕가을 소나기.

村役場〔むらやくば〕마을의 우두머리가 사무를 보는 곳.

村雨〔むらさめ〕소나기.

村人〔むらびと〕마을 사람.

村芝居〔むらしばい〕마을 사람들이 하는 연극.

村村〔むらむら〕여러 마을.

村八分〔むらはちぶ〕마을의 법도를 어긴 사람을 마을 사람들이 합의해서 따돌림. 따돌림.

音　読

村道〔そんどう〕촌도. 마을의 길.

村落〔そんらく〕촌락. 마을.

村民〔そんみん〕주민. 마을 사람.

村夫子〔そんぷうし〕시골 글방의 스승.

村長〔そんちょう〕(한국의 面에 해당하는 面의 우두머리.

【종】

〔塚〕 풀：무덤 총.
音：チョウ
訓：つか

塚〔つか〕① 흙 무더기. 둔덕. ② 무덤.
塚穴〔つかあな〕시체를 묻는 구덩이. 무덤 구덩이. 묘혈(墓穴).

音 読

首塚〔くびづか〕적군의 목을 묻은 무덤.
貝塚〔かいづか〕패총. 조개 무지.

〔総〕 풀：다 총.
音：ソウ
訓：すべる

総べる〔すべる〕(他下1) 총괄하다. 통합하다. 통솔하다.
総べて〔すべて〕모조리. 전부. 전체. 모두.

音 読

総じて〔そうじて〕(副) 대개. 대체로. 일반적으로.
総すかん〔そうすかん〕어떤 사람을 관계자 전원이 싫어함.
総監〔そうかん〕총감.
総見〔そうけん〕연극 따위를 단체 전원이 구경함.
総計〔そうけい〕총계. 합계.
総括〔そうかつ〕총괄. 하나로 모음.
総掛かり〔そうかかり〕① 전원이 달려 들어서 함. 총동원함. ② 총공격. ③ 총경비
総当(た)り〔そうあたり〕① 참가자 전원과 시합함. ② 전원이 당첨되는 제비 뽑기.
総代〔そうだい〕대표.
総督府〔そうとくふ〕총독부.
総量〔そうりょう〕총량. 전체의 분량.
総力〔そうりょく〕총력. 모든 힘.
総理〔そうり〕총리.
総務〔そうむ〕총무.
総柄〔そうがら〕온 무늬.
総仕舞〔そうじまい〕모두 끝냄(처분함).
総選挙〔そうせんきょ〕총선거.
総説〔そうせつ〕총설. 전체를 논함.
総帥〔そうすい〕총수. 총 지휘관.
総数〔そうすう〕총수. 전체 수효.
総額〔そうがく〕총액. 전체 액수.
総揚げ〔そうあげ〕있는 기생을 모두 모아 놓고 놂.
総員〔そういん〕총원. 전원.
総長〔そうちょう〕총장.
総裁〔そうさい〕총재. 단체의 우두머리.
総菜〔そうざい〕나물. 반찬. 부식물.
総締め〔そうじめ〕① 총계산. ② 총감독.
総出〔そうで〕총출동.
総則〔そうそく〕총칙.
総合〔そうごう〕종합. ～大学; 종합대학.
総花〔そうばな〕손님이 종업원 일동에게 주는 팁. 당사자 전원에게 고루 이익, 혜택을 주는 일.
総和〔そうわ〕① 총화. ② 총계.
総会〔そうかい〕총회. 전체 회의.

〔銃〕 풀：총 총.
音：ジュウ
訓：

銃〔じゅう〕총.
銃剣〔じゅうけん〕총검. 총과 칼.
銃撃〔じゅうげき〕총격. 총으로 사격함.
銃器〔じゅうき〕총기. 총 종류의 무기.
銃殺〔じゅうさつ〕총살. 총으로 쏴 죽임.
銃弾〔じゅうだん〕총탄. 총알.
銃砲〔じゅうほう〕총포. 소총과 대포.
銃丸〔じゅうがん〕총환. 총알.

【촬】

〔撮〕 풀：사진찍을 촬.
音：サツ
訓：① とる ② つまむ

❶ 撮る〔とる〕(他5) (사진을) 찍다. 写真を～; 사진을 찍다.
❷ 撮む〔つまむ〕(他5) ① (손가락으로) 집다. ② 요약하다. 발췌하다.
撮み〔つまみ〕손끝으로 집음. 손잡이.
撮み物〔つまみもの〕마른 안주.
撮み洗い〔つまみあらい〕지르잡음.
撮み食い〔つまみぐい〕① 손가락으로 집어 먹음. ② 몰래 집어 먹음. ③ 공금을 횡령함.
撮み菜〔つまみな〕솎아 낸 채소.
撮み出す〔つまみだす〕(他5) ① 집어내다. 골라내다. ② 쫓아내다.

音 読

撮影〔さつえい〕촬영. 사진을 찍음.
撮要〔さつよう〕요점만 간추려 간단하게 한 것. 개요(概要).

【최】

〔最〕 풀：가장 최.
音：サイ
訓：もっとも

最も〔もっとも〕(副) 가장. ～大きな事件; 가장 큰 사건.

例 外

最寄り〔もより〕가장 가까움. 근처.
最中〔さなか：さいちゅう〕한창 …인 때.
〔もなか〕① 찹쌀가루 반죽을 얇게 밀어 구운 것에 팥소를 넣은 과자. ② 한창. 한복판.
最早〔もはや〕벌써 이미.

音 読

最強〔さいきょう〕최강. 가장 셈.

最高〔さいこう〕최고. 가장 높음.
最高潮〔さいこうちょう〕최고조.
最近〔さいきん〕최근.
最期〔さいご〕최후. 임종.
最大限〔さいだいげん〕최대한.
最善〔さいぜん〕최선.
最新〔さいしん〕최신. 가장 새로움.
最低〔さいてい〕최저. 가장 낮음.
最終〔さいしゅう〕최종. 맨 나중.
最初〔さいしょ〕최초. 맨 처음.
最恵国〔さいけいこく〕최혜국.
最後〔さいご〕최후. 맨 끝.

〔催〕 풀：재촉할 최.
音：**サイ**
訓：① **もよおす** ② **もよい**

❶ **催す**〔もよおす〕(他5) ① 개최하다. ② 불러 일으키다. ③ 느끼다. ④ 준비하다. ⑤ 유인하다. ⑥ 재촉하다. (自5) ① 징조가 보이다. 일어나려고 하다. ② (대변이나 소변이) 마렵다.
催し〔もよおし〕① 주최. 모임. 회합. ② (생리 작용이 일어날) 징조. 기미.
催(し)物〔もよおしもの〕사람을 모이게 해서 여는 여러 가지 모임.
❷ ～**催い**〔もよい〕사물의 징조가 보임. 낌새. 기미. 雨～; 비가 올 낌새.

音　読

催告〔さいこく〕최고. 재촉하는 뜻으로 내는 통지.
催涙弾〔さいるいだん〕최루탄.
催眠術〔さいみんじゅつ〕최면술.
催促〔さいそく〕재촉. 독촉.

【추】

〔抽〕 풀：뽑을 추.
音：**チュウ**
訓：

抽象的〔ちゅうしょうてき〕추상적.
抽選〔ちゅうせん〕심지를 (제비) 뽑음.
抽出〔ちゅうしゅつ〕추출. 뽑아 냄.

〔枢〕 풀：밑둥 추. 벼슬 추.
音：**スウ**
訓：

枢機卿〔すうききょう〕추기경.
枢密院〔すうみついん〕추밀원.
枢要〔すうよう〕사물의 중심. 욧점.
枢軸〔すうじく〕추축. ① 사물의 가장 중요한 부분. ② 권력, 정치의 중심.

〔追〕 풀：따를 추.
音：**ツイ**
訓：**おう**

追う〔おう〕(他5) ① 좇다. 뒤따르다. 따르다. ② 추구하다. ③ 쫓다. 추방하다. 물리치다. ④ 뒤쫓다. ⑤ 몰다. 牛を～; 소를 몰다.
追(い)撃ち〔おいうち〕추격.
追い遣る〔おいやる〕(他5) 쫓아 보내다. 추방하다.
追い掛ける〔おいかける〕(他下1) 뒤쫓다. 따라 가다.
追い求める〔おいもとめる〕(他下1) 추구하다.
追い捲くる〔おいまくる〕(他5) 몰아내다. 내쫓다. 쫓아버리다.
追い落とす〔おいおとす〕(他5) ① 뒤따라 가서 남의 지위를 빼앗다. ② 쫓아가서 밑으로 떨어뜨리다. ③ 성 안의 군대를 쫓아내고 성을 빼앗다.
追い立て〔おいたて〕내쫓음.
追い立てる〔おいたてる〕(他下1) ① 내쫓다. 내몰다. 몰아 내다. ② (…쪽으로) 몰다. 몰아대다.
追(い)剥ぎ〔おいはぎ〕노상 강도.
追い返す〔おいかえす〕(他5) 쫓아보내다. 물리치다.
追い抜く〔おいぬく〕(他5) 앞지르다. 추월하다. 목표보다 더 낫다.
追(い)腹〔おいばら〕옛날에, 신하가 主君을 따라 할복하여 죽음.
追い付く〔おいつく〕(自5) ① 뒤따라 붙다. 따라 잡다. ② (수준에) 도달하다.
追(い)分(け)〔おいわけ〕길이 좌우로 갈라지는 곳. 갈림길.
追(い)分(け)節〔おいわけぶし〕(민요의 하나) 슬픈 가락의 마부의 노래.
追(い)払い〔おいばらい〕후불. 추가 지불.
追い払う〔おいはらう〕(他5) (방해자, 귀찮은 것을) 쫓아 버리다. 내쫓다.
追(い)肥(え)〔おいごえ〕추비. 뒷거름.
追い使う〔おいつかう〕(他5) (마소를 부리듯) 마구 부리다.
追い散らす〔おいちらす〕(他5) 쫓아 해산시키다. 흩어 버리다.
追い上げる〔おいあげる〕(他下1) ① 쫓아가서 위쪽으로 가게 하다. ② 맹렬히 뒤쫓다. ③ 뒤쫓아 오다.
追(い)手〔おいて〕뒤쫓는 사람. 추격자.
追い越す〔おいこす〕(他5) 추월하다. 앞지르다.
追い込み〔おいこみ〕① 막판에 총력을 기울임. ② (극장 등에서) 사람을 마구 몰아 넣음. ③ 잇대어 植字함.
追い込む〔おいこむ〕(他5) ① 몰아 넣다. ② 곤경에 빠지게 하다. ③ 막판에 총력을 기울이다. ④ 잇대어 植字하다.
追い銭〔おいせん〕추가금. 가욋돈.
追い追い〔おいおい〕(副) 차차.
追い縋る〔おいすがる〕(自5) ① 바싹 뒤따르다. 뒤따라가 매달리다. ② 매달리며 무리하게 졸라 대다.
追(い)出し〔おいだし〕① 추방함. 내쫓음. ② 興行이 끝났을 때 손님의 퇴장을 재촉하기 위해 치는 북.
追い出す〔おいだす〕(他5) 내쫓다. 몰아

내다. 추방하다.
追(い)炊き〔おいだき〕지은 밥이 모자랄 때 또 한번 밥을 지음. 덧짓는 밥.
追(い)討ち〔おいうち〕추격.
追(い)風〔おいかぜ〕뒤에서 불어오는 바람. 순풍.
追い回す〔おいまわす〕(他5) ① 졸졸 따라(쫓아) 다니다. ② 심하게 부리다. 혹사하다. 몹시 일시키다.
追い詰める〔おいつめる〕(他下1) 막다른 곳까지 몰아 넣다. 심하게 추궁하다.

連濁音에 注意

追加〔ついか〕추가. 나중에 더 보탬.
追撃〔ついげき〕추격. 뒤쫓아가서 침.
追求〔ついきゅう〕추구. 뒤쫓아 구함.
追悼〔ついとう〕추도. 추상하여 슬퍼함.
追慕〔ついぼ〕추모. 떠난 사람이나 죽은 사람을 그리워 함.
追放〔ついほう〕추방. 쫓아냄.
追憶〔ついおく〕추억.
追跡〔ついせき〕추적. 뒤를 밟음.
追従〔ついじゅう〕추종. 뒤를 따름.
〔ついしょう〕추종. 아첨함. 아부함.
追徴〔ついちょう〕추징. 추가로 거둠.

〔秋〕
풀：가을 추.
音：① **シュウ** ② **ジュウ**
訓：**あき**

秋〔あき〕가을.
秋めく〔あきめく〕(自5) 가을다와지다.
秋高〔あきだか〕① 예상보다 많은 수확. ② 예상보다 수확이 적어 가을철의 쌀 시세가 오르는 것.
秋空〔あきぞら〕가을 하늘.
秋口〔あきぐち〕초가을.
秋落ち〔あきおち〕① 예상보다 적은 수확. ② 예상보다 수확이 많아 가을철의 쌀 시세가 떨어지는 것.
秋立つ〔あきたつ〕(自5) 가을이 되다.
秋味〔あきあじ〕(가을에 잡히는) 연어.
秋山〔あきやま〕가을 산.
秋蒔き〔あきまき〕가을 파종.
秋植え〔あきうえ〕가을에 심는 품종.
秋雨〔あきさめ〕가을 비.
秋日和〔あきびより〕가을다운 좋은 날씨.
秋作〔あきさく〕가을 농작물.
秋蚕〔あきご〕가을 누에.
秋祭り〔あきまつり〕(神社의) 가을 제사, 가을 축제.
秋草〔あきくさ〕가을에 꽃피는 풀.
秋虫〔あきむし〕가을에 우는 벌레.
秋風〔あきかぜ〕가을 바람.

音読 1

秋季〔しゅうき〕추계. 가을철.
秋気〔しゅうき〕가을 기후. 가을 경치.
秋期〔しゅうき〕가을 기간.
秋分〔しゅうぶん〕추분.
秋色〔しゅうしょく〕가을 경치.
秋波〔しゅうは〕추파. ① 가을철의 맑은 물결. ② 은근한 정을 나타내는 눈짓.

音読 2

春秋〔しゅんじゅう〕춘추. ① 봄과 가을. ② 장래. ③ 연세. 나이.

〔推〕
풀：밀 추.
音：**スイ**
訓：**おす**

推す〔おす〕(他5) ① 미루어 알다. 헤아리다. ② 추대하다. 추천하다.
推して〔おして〕(副) 미루어. 헤아려서.
推し当て〔おしあて〕추측. 짐작.
推し量る〔おしはかる〕(他5) 헤아리다. 추측하다.
推し移る〔おしうつる〕(自5) 변천하다. 변동하다. 변하여 옮아 가다.
推して知るべし〔おしてしるべし〕가히 짐작할 수 있다. 미루어 알 수 있다.
推し進める〔おしすすめる〕(他下1) 추진하다. 강행하다.

音　読

推する〔すいする〕(他サ) 짐작하다. 추측하다. 헤아리다.
推計〔すいけい〕추계. 추정하여 계산함.
推量〔すいりょう〕추량. 추측.
推理〔すいり〕추리. 미루어 생각함.
推移〔すいい〕추이. 점점 옮아감.
推定〔すいてい〕추정. 추측하여 판정함.
推進〔すいしん〕추진. 밀고 나아감.
推察〔すいさつ〕추찰. 미루어 생각함.
推薦〔すいせん〕추천. 인재를 천거함.
推測〔すいそく〕추측. 미루어 헤아림.

〔墜〕
풀：떨어질 추.
音：**ツイ**
訓：

墜落〔ついらく〕추락. 높은 곳에서 떨어지는 일.
墜死〔ついし〕추사. 높은 곳에서 떨어져 죽음. 추락사(墜落死).

〔錘〕
풀：저울추 추.
音：**スイ**
訓：**つむ**

錘〔つむ〕방추. 물레의 가락북. ～を回す; 물레를 돌리다.
紡錘〔ぼうすい〕방추. 물레의 가락.

〔醜〕
풀：더러울 추.
音：**シュウ**
訓：**みにくい**

醜い〔みにくい〕(形) 추하다. 추악하다. 보기 흉하다. 못생기다. ～女; 못생긴 여자. 추녀.

音　読

醜女〔しゅうじょ〕추녀. 못생긴 여자.
醜聞〔しゅうぶん〕추문. 좋지 못한 소문. 불명예스러운 평판.
醜悪〔しゅうあく〕추악. 추해서 보기 싫은 모양.
醜態〔しゅうたい〕추태. 추한 꼴.
醜行〔しゅうこう〕추행. 부끄러운 행동.

【축】

〔祝〕 풀：빌 축.
音：① シュウ ② シュク
訓：いわう

祝う〔いわう〕(他5) 축하하다. 축복하다. 結婚を～; 결혼을 축하하다.
祝(い)〔いわい〕축하. 축하 행사(선물).
祝(い)歌〔いわいうた〕축하하는 노래.
祝(い)返し〔いわいがえし〕답례. 답례품.
祝(い)事〔いわいごと〕축하할 일. 경사.
祝(い)の膳〔いわいのぜん〕경사에 차려 내는 상.
祝(い)日〔いわいび〕경축일.
祝(い)箸〔いわいばし〕축하연에 쓰는 젓가락(버드나무로 끝이 빨게 깎음).
祝(い)酒〔いわいざけ〕축하 술.

例　外

祝詞〔のりと〕神主(かんぬし)가 신 앞에 고하여 비는 고대의 문장. 祝文.
〔しゅくし〕축사. 축하의 말.

音読 1

祝言〔しゅうげん〕① 축사. 축하의 말. 축언. ② 경사. 혼례.
祝儀〔しゅうぎ〕① 축의. 축하의 의식. ② 축하 선물. ③ 기생 등에게 주는 팁.
祝着〔しゅうちゃく〕기뻐 축하함.

音読 2

祝す〔しゅくす〕(他5) ⇨ 祝する.
祝する〔しゅくする〕(他サ) 축하하다.
祝歌〔しゅくか〕축가. 축하의 노래.
祝杯〔しゅくはい〕축배. 축하의 술잔.
祝福〔しゅくふく〕축복. 축하함.
祝宴〔しゅくえん〕축연. 축하 잔치.
祝日〔しゅくじつ〕축일. 경사스러운 날.
祝典〔しゅくてん〕축전. 축하 의식.
祝電〔しゅくでん〕축전. 축하 전보.
祝祭日〔しゅくさいじつ〕축제일.
祝賀〔しゅくが〕축하. 경축함. 축복함.

〔畜〕 풀：기를 축.
音：① チク ② チッ
訓：

音読 1

畜類〔ちくるい〕축류. 가축. 짐승.
畜舎〔ちくしゃ〕축사. 가축을 기르는 건물. (例：닭장, 마구간).
畜産〔ちくさん〕축산. 가축을 이용하거나 기르는 산업.
畜生〔ちくしょう〕(사람을 욕할 때 쓰는 말) 개새끼. 빌어먹을.

音読 1

畜犬〔ちっけん〕축견. 개를 기름.

〔逐〕 풀：쫓을 축.
音：チク
訓：おう

逐う〔おう〕(他5) ① 좇다. 뒤따르다. ② 따르다. 추구하다. ③ 물리치다. 추방하다. 내쫓다. ④ (짐승을) 몰다.

音　読

逐語〔ちくご〕단어 하나하나를 순서를 따라서 해석, 번역하는 일.
逐一〔ちくいち〕① 순서를 따라. ② 상세하게. 자세하게.
逐電〔ちくでん〕달아나서 행방을 감춤.
逐条〔ちくじょう〕하나하나 조문을 따라.
逐次〔ちくじ〕차례로. 순서대로.

〔軸〕 풀：굴대 축.
音：ジク
訓：

軸〔じく〕축. 중심이 되는 막대. 회전의 중심이 되는 회전축(回転軸).
軸木〔じくぎ〕① 두루마리의 축(軸)에 사용하는 나무. ② 성냥개비.
軸受け〔じくうけ〕기계의 축을 받치는 장치. 베어링.

〔蓄〕 풀：쌓을 축.
音：チク
訓：たくわえる

蓄える〔たくわえる〕(他下1) ① (만일을 위해) 대비해 두다. ② 기르다. 쌓다. ③ 얻다. めかけを～; 첩을 두다.
蓄え〔たくわえ〕저장. 저축.

音　読

蓄膿症〔ちくのうしょう〕축농증.
蓄財〔ちくざい〕축재. 재물을 쌓음.
蓄積〔ちくせき〕축적. 모아서 쌓아둠.
蓄電池〔ちくでんち〕축전지

〔築〕 풀：쌓을 축. 지을 축.
音：① チク ② チッ
訓：きずく

築く〔きずく〕(他5) 쌓다. 쌓아 올리다. 구축하다. 城を～; 성을 쌓다.
築き上げる〔きずきあげる〕(他下1) 쌓아 올리다. 노력하여 훌륭히 쌓다.

例　外

築山〔つきやま〕정원 등에 만들어 놓은 작은 산.

音読 1

築城〔ちくじょう〕축성. 성을 쌓음.
築庭〔ちくてい〕축정. 정원을 만듦.
築堤〔ちくてい〕축제. 뚝을 쌓음.
築造〔ちくぞう〕축조. 쌓아서 만듦.

音読 2

築港〔ちっこう〕축항. 항만에 배가 정박할 수 있도록 필요한 설비를 함.

〔縮〕 풀：오그라들 축.
音：シュク
訓：① ちぢかむ ② ちぢくれる ③ ちぢこまる ④ ちぢまる ⑤ ちぢむ ⑥ ちぢめる ⑦ ちぢらす ⑧ ちぢれる

❶ 縮かむ〔ちぢかむ〕(自5) 오그라들다. 움츠러지다. (추워서 손이) 곱다.
❷ 縮くれる〔ちぢくれる〕(自下1) 고불고불해지다. 쪼글쪼글해지다. 곱슬하다.
❸ 縮こまる〔ちぢこまる〕(自5) 움츠리다. 오그라지다. 오그라들다.
❹ 縮まる〔ちぢまる〕(自5) 오그라들다. 줄어들다.
❺ 縮む〔ちぢむ〕(自5) ① 쪼글쪼글해지다. 주름이 지다. ② 오그라들다. 줄어들다. ③ 위축되다. 두려워서 움츠러지다.
縮み〔ちぢみ〕① 오그라듦. ② 바탕에 잔 주름이 생기도록 짠 옷감.
縮み上がる〔ちぢみあがる〕(自5) (두려워서) 움츠러들다. 움츠러지다.
縮(み)織(り)〔ちぢみおり〕바탕에 잔주름이 생기도록 짠 옷감.
❻ 縮める〔ちぢめる〕(他下1) ① 줄이다. 단축하다. ② 움츠리다. ③ 찌푸리다.
❼ 縮らす〔ちぢらす〕(他5) 오그라뜨리다. 곱슬곱슬하게 하다. 움츠리게 하다.
❽ 縮れる〔ちぢれる〕(自下1) 주름이 져서 오그라지다. 주름이 지다. 곱슬곱슬해지다.
縮れ毛〔ちぢれげ〕곱슬머리. 고수머리.

例　外

縮緬〔ちりめん〕견직물의 일종. 바탕이 오글쪼글한 비단.

音　読

縮減〔しゅくげん〕덜고 줄여 작게 함.
縮図〔しゅくず〕축도. 원형을 줄여서 작게 한 그림.
縮写〔しゅくしゃ〕축사. 원형을 줄여서 작게 찍음.
縮小〔しゅくしょう〕축소. 줄여서 작게 함. 줄여서 작게 됨.
縮刷版〔しゅくさつばん〕축쇄판.
縮尺図〔しゅくしゃくず〕축척도.

【춘】

《春》 풀 : 봄 춘.
音 : シュン
訓 : はる

春〔はる〕봄.
春めく〔はるめく〕(自5) 봄다워지다.
春告げ魚〔はるつげうお〕봄을 알리는 고기. 청어.
春告げ鳥〔はるつげどり〕봄을 알리는 새. 휘파람 새.
春先〔はるさき〕초봄.
春蒔(き)〔はるまき〕봄갈이.
春雨〔はるさめ〕① 봄비. ② 녹두 가루로 가늘게 만든 국수.
春一番〔はるいちばん〕그 해의 2~3월 경에 부는 최초의 강한 남풍.
春子〔はるこ〕봄에 나는 버섯, 나물.
春作〔はるさく〕봄에 수확하는 작물.
春蚕〔はるご〕봄누에.
春着〔はるぎ〕① 봄옷. ② 설빔. 새해에 입는 옷.
春風〔はるかぜ〕춘풍. 봄바람.
春霞〔はるがすみ〕봄안개.
春荒れ〔はるあれ〕초봄에 부는 폭풍우.
春休み〔はるやすみ〕봄방학.

音　読

春季〔しゅんき〕춘계. 봄철.
春期〔しゅんき〕춘기. 봄의 기간.
春機〔しゅんき〕춘기. 남녀간의 정욕.
春眠〔しゅんみん〕춘면. 봄밤의 잠.
春夢〔しゅんむ〕춘몽. 봄 밤의 꿈.
春本〔しゅんぽん〕남녀가 성교하는 광경을 그린 책.
春分〔しゅんぶん〕춘분.
春色〔しゅんしょく〕춘색. 봄의 경치.
春情〔しゅんじょう〕춘정.
春秋〔しゅんじゅう〕춘추. ① 봄과 가을. ② 연령. 나이. ③ 세월.
春夏秋冬〔しゅんかしゅうとう〕춘하추동.
春画〔しゅんが〕춘화. 남녀가 성교(性交)하는 상태를 그린 그림.

【출】

《出》 풀 : 날 출.
音 : ① シュツ ② シュッ ③ スイ
訓 : ① だす ② でる ③ いだす ④ いでる

❶ 出す〔だす〕(他5) ① 내다. 내놓다. 꺼내다. ② 제출하다. ③ 내밀다. ④ 보내다. 부치다. ⑤ 드러내다. 나타내다. ⑥ 내보내다. (自5) (動詞 連用形에 접속하여) …하기 시작하다. 動き～ : 움직이기 시작하다. 歩き～ : 걷기 시작하다.
出し〔だし〕① 구실. 미끼. 앞잡이. 수단. ② 냄. 낸 것.
出し殻〔だしがら〕① 우려 낸 찌꺼기. ② 차를 달여 낸 찌끼.
出し物〔だしもの〕상연 작품(上演作品).
出し抜く〔だしぬく〕(他5) (자기의 이익을 위해) 앞지르다. 빼돌리다.
出し抜け〔だしぬけ〕～に : 불쑥. 불시. 느닷없음.
出し渋る〔だししぶる〕(他5) (지급할 돈 따위를) 주지 않으려고 하다. 내기를 꺼려하다.
出し惜しむ〔だしおしむ〕(他5) (손해 볼 것 같아서) 내놓기를 아까워하다.
出し入れ〔だしいれ〕물품의 출납.

出し雑魚〔だしじゃこ〕(멸치같이) 삶아서 국물을 우려 내는 데 쓰는 산 물고기. (대개 정어리임).
出し置き〔だしおき〕꺼내어 오래 둠.
出し投げ〔だしなげ〕(씨름) 상대가 밀려고, 또는 붙으려고 할 때 자기 몸을 빼고 상대의 샅바를 잡아 앞으로 넘어뜨리는 수.
❷ **出る**〔でる〕(自下1) ① 나가다. ② 전진하다. 진출하다. ③ 나오다. ④ 나다. ⑤ 나서다. ⑥ 나타나다. ⑦ 가다. 빠지다. ⑧ (바람이) 일다. ～所; 시비 곡직을 가리는 곳. (법정이나 경찰서).
出〔で〕① 나옴. 나감. 외출. ② 등장. 출연. ③ 출처. ④ 출신. ⑤ 産地.
出稼ぎ〔でかせぎ〕다른 지방에 가서 돈벌이를 함.
出居〔でい〕옛날, 사랑방을 일컫던 말.
出稽古〔でげいこ〕① 출장 지도. ② (씨름) 다른 도장에 나가 지도를 받음.
出っ尻〔でっちり〕궁둥이가 유난히 큼.
出庫物〔でこもの〕싸게 파는 재고품.
出涸らし〔でがらし〕재탕, 삼탕하여 맛과 향기가 없어진 차. 싱거운 차.
出過ぎる〔ですぎる〕(自上1) ① 지나치다. 정도를 넘다. ② 너무 많이 나오다. ③ 주제넘다.
出掛け〔でがけ〕외출하려고 할 때.
出掛ける〔でかける〕(自下1) ① 나가다. 외출하다. ② 나가려고 하다.
出教授〔できょうじゅ〕출장하여 교수함.
出口〔でぐち〕출구. 나가는 곳.
出寄留〔できりゅう〕본적지 아닌 곳에 기류함.
出端〔では〕나갈 기회.
〔ではな〕나가자마자.
出突っ張り〔でづっぱり〕① 같은 배우가 다른 장면이나 영화에도 나옴. ② 어느 기간 동안 계속해서 출석하거나 외출함.
出来〔でき〕① 만듦. 제품. ② 거래. ③ (학교의) 성적. 농산물의 作況. 완성된 상태. ④ 됨됨이. 태생. ⑤ お～; 부스럼. 종기.
出来す〔でかす〕(他5) ① 잘 해내다. 잘하다. ② 만들다. 생기게 하다.
出来る〔できる〕(自上1) ① (무엇이) 생기다. ② 되다. 이루어지다. ③ (농작물이) 나다. ④ 남녀가 은밀히 맺어지다. ⑤ 할 수 있다. 능력이 있다. 할 줄 안다. 가능하다.
出来高〔できだか〕① 생산고. ② 농작물의 총수확량. ③ 거래의 총액.
出来具合〔できぐあい〕완성된 모양. 됨됨이. 성과. 만듦새.
出来立て〔できたて〕(물건, 음식이) 갓 나온 상태.
出来物〔できぶつ〕뛰어난 인물.
〔できもの〕부스럼. 종기.
出来事〔できごと〕사건.
出来上(が)り〔できあがり〕① 완성됨. 다됨. ② 됨됨이.
出来上(が)る〔できあがる〕(自5) ① 물건이 완성되다. 이루어지다. ② 천성(태생)이…하다. ③ (어지간히) 취하다.
出来星〔できぼし〕갑자기 출세함. 벼락 출세. 벼락 부자.
出来申さず〔できもうさず〕(증권 거래소에서) 거래가 없었음.
出来心〔できごころ〕어쩌다 잘못 가진 생각. 우발적인 충동.
出来映え〔できばえ〕만들어 낸 솜씨. 됨됨이. 만듦새. 성과.
出来秋〔できあき〕벼가 고개를 숙이는 가을. 가을의 벼가 잘 익을 무렵.
出来値〔できね〕매매가 성립된 가격.
出立て〔でたて〕나가자마자. 나가는 즉시.
出面〔でづら：でめん〕날품팔이의 날삯.
出目〔でめ〕툭 튀어 나온 눈.
出目金〔でめきん〕눈이 툭 튀어 나온 금붕어.
出たら目〔でたらめ〕엉터리. 터무니없음.
出無精〔でぶしょう〕외출을 싫어함.
出物〔でもの〕① (中古品, 不動産) 売物. ② 종기. 부스럼. ③ 방귀.
出方〔でかた〕① 나오는 태도. ② (극장, 씨름 경기장의) 안내인.
出放題〔でほうだい〕입에서 나오는대로 아무렇게나 지껄여 댐.
出番〔でばん〕나갈 차례.
出癖〔でぐせ〕나돌아 다니고 싶은 버릇. 외출벽.
出歩く〔であるく〕(自5) (집을 비우고) 나돌아 다니다. 싸다니다.
出払う〔ではらう〕(自5) 다 나가고 없다. 在庫品が～; 재고품이 다 나가다.
出先〔でさき〕가는 곳. 출장지.
出先機関〔でさききかん〕① 외국에 파견된 정부 기관. ② 외국이나 지방에 설치한 지부(支部)의 기관.
出船〔でふね〕배가 출범함.
出鱈目〔でたらめ〕엉터리. 터무니없음.
出盛る〔でさかる〕(自5) ① (상품이나 농산물이) 한창 쏟아져 나오다. ② 구경하거나 장을 보기 위해 사람이 많이 왕래하다.
出小作〔でこさく〕다른 마을에 가서 하는 소작.
出所〔でどころ〕① 출처. ② (기회를 봐서) 나설 때(곳). ③ 출구.
出水〔でみず〕하천이 물이 넘침. 홍수.
出穂〔でほ〕출수. 이삭이 팸.
出(っ)勝ち〔でっかち〕머리가 유난히 큼.
出たとこ勝負〔でたとこしょうぶ〕(일관된 준비도 없이) 그때그때 운에 맡겨서 일을 처리함. 우선 하고 보자는 판.
出様〔でよう〕하는 짓. 태도.
出養生〔でようじょう〕(온천 등으로) 전지요양(転地療養)함.
出迎え〔でむかえ〕출영. 나가 영접함.
出迎える〔でむかえる〕(他下1) 마중 나가다. 출영하다.

出外れ〔ではずれ〕변두리. 교외.
出外れる〔ではずれる〕(自下1) 변두리(교외)로 나가다.
出刃庖丁〔でばぼうちょう〕식칼.
出任せ〔でまかせ〕입에서 나오는대로 말함.
出入り〔でいり〕① 출입. 드나듦. ② 단골. ③ 금전의 출납. ④ 알력. 시비. 소송. ⑤ 울퉁불퉁함. 고르지 않음.
出入り場〔でいりば〕① (연극에서) 싸움하는 장면. ② 단골집. 거래처.
出ず入らず〔でずいらず〕得失이 없음. 収支가 없음. 貸借가 없음. 過不足이 없음. 수수함.
出張る〔でばる〕(自5) ① 튀어 나오다. ② 출장가다. 일하러 다른 곳에 가다.
出っ張る〔でっぱる〕(自5) 쑥 내밀다. 불룩 나오다. 돌출하다.
出場所〔でばしょ〕① 나갈 장소, 장면. ② 차례. ③ 나는 곳. 산지(産地).
出前〔でまえ〕주문한 요리를 배달함. 요리배달. 배달하는 요리.
出前持ち〔でまえもち〕요리 배달부.
出揃う〔でそろう〕(自5) 가즈런히 나오다. 모두 다 나오다.
出銭〔でせん〕지출되는 돈.
出切る〔できる〕(自5) 전부 나가다. 다 나가고 없다.
出切れ〔できれ〕재단하고 남은 헝겊.
出店〔でみせ〕① 지점. 분점. ② 노점.
出足〔であし〕① (어떤 장소에) 나온 사람, 모인 사람. ② 첫발. 첫 스타아트. 출발속도. ③ 행동 개시의 태세.
出遅れる〔でおくれる〕(自下1) 출발이 늦다. 시동(始動)이 늦다.
出直す〔でなおす〕(自5) ① 들어갔다가 다시 나오다. 새로 나오다. ② 처음부터 다시 하다.
出職〔でしょく〕(미장이, 기와장이 등) 밖에 나가서 하는 일.
出窓〔でまど〕바람벽. 밖으로 내민 창.
出初め〔でぞめ〕① (새해의) 첫나들이. ② 소방수의 신년 소방 연습.
〔ではじめ〕제철의 채소가 갓 나옴. 만물. ～の野菜; 만물 야채.
出出し〔でだし〕맨 처음. 최초. 시초.
出っ歯〔でっぱ〕뻐드렁니.
出歯亀〔でばかめ〕(여자 목욕탕을 들여다보는 따위) 변태적인 짓을 하는 남자를 욕하는 말.
出合う〔であう〕(自5) ① 우연히 만나다. 마주치다. ② 남녀가 밀회하다. ③ 어울리다. 잘 맞다. ④ 나와서 싸움의 상대가 되다.
出合い〔であい〕① 우연히 만남. 마주침. ② 남녀의 밀회(密会). ③ (골짜기, 강 따위의) 합류점.
出合い頭〔であいがしら〕만나자마자. 나서자마자. 마주침. 마주치는 순간.
出好き〔でずき〕외출(나들이)을 좋아함.
出花〔でばな〕① 한창 때. ② 갓달인 향기로운 차.
出回る〔でまわる〕(自5) 출회하다. 나돌다. にせものが～; 가짜가 나돌다.
❸ **出だす**〔いだす〕(他4) 出す의 文語形.
❹ **出でる**〔いでる〕(自下1) (文語) 나오다. 流れ～; 흘러 나오다.
出で居〔いでい〕출타. 나가 있음.
出で来〔いでく〕(自ヵ変) (古語) ① 나오다. 나타나다. ② 나다. 생기다.
出で立ち〔いでたち〕① 여행을 떠남. 출발. ② 복장. 몸차림. ③ 출세.
出で立つ〔いでたつ〕(自4) (文語) ① 출발하다. 여행 떠나다. ② 몸치장하다. 몸매를 내다. ③ 출세하다.

音読 1

出撃〔しゅつげき〕출격. 공격하러 나감.
出動〔しゅつどう〕출동. 나아감.
出力〔しゅつりょく〕출력.
出馬〔しゅつば〕출마. 선거에 입후보함.
出没〔しゅつぼつ〕출몰.
出演〔しゅつえん〕출연.
出願〔しゅつがん〕출원. 원서를 내놓음.
出場〔しゅつじょう〕출장. 경기장에 나감.
出題〔しゅつだい〕출제. 시험을 냄.
出土〔しゅつど〕출토. 고대 유물이 땅 속에서 나옴.
出現〔しゅつげん〕출현. 나타남.

音読 2

出家〔しゅっけ〕출가. 집을 떠남.
出庫〔しゅっこ〕출고. 창고에서 꺼냄.
出勤〔しゅっきん〕출근. 근무하러 나감.
出金〔しゅっきん〕출금. 돈을 지출함.
出頭〔しゅっとう〕출두. 어떤 곳에 나아감.
出発〔しゅっぱつ〕출발. 길을 떠나감.
出帆〔しゅっぱん〕출범. 배가 떠남.
出産〔しゅっさん〕출산. 아기를 낳음.
出席〔しゅっせき〕출석. 모임에 나감.
出世〔しゅっせ〕출세. ① 태어남. ② 세상에 널리 알려 질 수 있는 좋은 지위에 오름.
出所〔しゅっしょ〕① 나온 곳. 출처. ② 형기가 끝나 감옥을 나옴.
出身〔しゅっしん〕출신.
出資〔しゅっし〕출자. 자금을 냄.
出張〔しゅっちょう〕출장.
出戦〔しゅっせん〕출전. 싸움터에 나감.
出版〔しゅっぱん〕출판. 책을 펴냄.
出血〔しゅっけつ〕출혈. 피가 나옴.

音読 3

出納〔すいとう〕출납. 물품이나 금전 따위를 내어줌과 받아들임.
出師〔すいし〕출사. 군대를 출동시키는 일. 출병(出兵).

〔充〕 풀：가득할 충.
音：ジュウ
訓：① あてる ② みたす ③ みちる

❶ **充てる**〔あてる〕(他下1) ① 붙이다. 닫나. ② (자로) 재다. ③ 할당하다. 충당하다. ④ 맡기다. ⑤ 해당시키다.
充て〔あて〕(接尾語的으로) ① …에 대해서. ② (수신인, 수신 장소의) 앞.
❷ **充たす**〔みたす〕(他5) ① 가득히 채우다. ② 만족(충족)시키다.
❸ **充ちる**〔みちる〕(自上1) ① 그득차다. 차다. 넘치다. ② (달이) 차다. ③ (기한이) 차다. ④ 만조(滿潮)가 되다.

音 読

充当〔じゅうとう〕충당. 보충하여 메움.
充満〔じゅうまん〕충만. 가득하게 참.
充分〔じゅうぶん〕충분. 넉넉함.
充実〔じゅうじつ〕충실. 정성스러움.
充電〔じゅうでん〕충전. 전력을 채움.
充足〔じゅうそく〕충족. 부족함이 없음.
充血〔じゅうけつ〕충혈.

〔虫〕 풀：벌레 충.
音：チュウ
訓：むし

虫〔むし〕① 벌레. ② 기생충. ③ 감정. 기분. 예감. 넉살. ④ 신경질. 어린아이의 짜증.
虫干し〔むしぼし〕三伏때 옷, 책 따위를 곰팡이 나거나 좀먹지 않게 햇볕에 쬐고 바람에 쐼.
虫気〔むしけ〕어린이가 회충이나 소화불량으로 짜증을 잘 냄. ～づく; 산기(産気)가 들다.
虫腹〔むしばら〕회충으로 인한 배앓이.
虫酸〔むしず〕신물. ～が走る; 신물이 나다. 불쾌하기 짝이 없다.
虫食い〔むしくい〕벌레 먹음.
虫食む〔むしばむ〕(他5) 좀먹다.
虫の息〔むしのいき〕다 죽어가는 숨.
虫眼鏡〔むしめがね〕확대경(拡大鏡).
虫押(さ)え〔むしおさえ〕① 어린아이의 신경질에 먹이는 약. ② 요기함.
虫除け〔むしよけ〕해충을 구제함. 방충제. 구충제.
虫歯〔むしば〕충치. 벌레 먹은 이.
虫下し〔むしくだし〕회충약. 구충제.

音 読

虫媒花〔ちゅうばいか〕충매화. 곤충이 매개하여 수분(受粉)이 되는 꽃.
虫垂炎〔ちゅうすいえん〕(의학) 맹장염.
虫様突起〔ちゅうようとっき〕충양돌기.
虫害〔ちゅうがい〕충해. 벌레로 인한 해(害).

〔沖〕 풀：바다 충.
音：チュウ
訓：おき

沖〔おき〕뭍에서 멀리 떨어진 바다위.
沖つ〔おきつ〕앞바다의.
沖魚〔おきうお〕앞바다에서 잡은 고기.
沖釣り〔おきづり〕바다 낚시.
沖仲仕〔おきなかし〕항만 노동자(인부).
沖合(い)〔おきあい〕① 앞바다. 근해(近海). ② 고기잡이배의 사공.

音 読

沖する〔ちゅうする〕(自サ) 높이 올라가다. 天に～; 충천하다.
沖天〔ちゅうてん〕충천. 하늘 높이 올라가는 것.

〔忠〕 풀：충성 충.
音：チュウ
訓：

忠告〔ちゅうこく〕충고. 충심으로 남의 허물을 타이름.
忠勤〔ちゅうきん〕성실하게 근무함.
忠誠〔ちゅうせい〕충성. 진정의 정성.
忠臣〔ちゅうしん〕충신. 충성스런 신하.
忠実〔ちゅうじつ〕충실. 충직하고 성실.
忠節〔ちゅうせつ〕충절. 충성스런 절개.
忠魂碑〔ちゅうこんひ〕충혼비.
忠孝〔ちゅうこう〕충효. 충성과 효도.

〔衷〕 풀：정성 충.
音：チュウ
訓：

衷心〔ちゅうしん〕충심. 진심. ～より同情する; 마음속으로부터 동정하다.
衷情〔ちゅうじょう〕충정. ① 진심. 충심. 성심. ② 마음속.

〔衝〕 풀：부딪칠 충.
音：ショウ
訓：つく

衝く〔つく〕(他5) 찌르다. 天を～; 하늘을 찌르다.
衝〔しょう〕중요한 곳. 요지.
衝撃〔しょうげき〕충격. 심한 타격.
衝突〔しょうとつ〕충돌. 서로 맞부딪침.
衝動〔しょうどう〕충동. 심하게 마음을 흔들어 놓음.
衝天〔しょうてん〕충천. 하늘을 찌를듯이 높이 솟음.

【취】

〔吹〕 풀：불 취.
音：スイ
訓：① ふく ② ふっ

吹く〔ふく〕(自5) (바람이) 불다. 風が～; 바람이 불다. (他5) ① (입으로) 불다. ② 큰소리를 치다. ③ (금속을) 부어 만들다. 鐘を～; 종을 만들다.
吹き降り〔ふきぶり〕거센 비바람.
吹き掛ける〔ふきかける〕(他下1) 세차게 내뿜다.

吹き口〔ふきぐち〕(피리 따위의) 입을 대고 부는 주둥이.

吹き捲る〔ふきまくる〕(自5)(바람이) 휘몰아치다. 마구 세차게 불다. (他5) 허풍을 떨다. 호언 장담하다.

吹き寄せ〔ふきよせ〕① (휘파람이나 악기를) 불어서 새를 모음. ② 여러 곳에서 조금씩 골라 내 연결하여 연주함.

吹き倒す〔ふきたおす〕(他5) ① 바람이 물건을 넘어 뜨리다. ② 허풍을 쳐서 남을 압도하다.

吹き零れる〔ふきこぼれる〕(自下1)(물따위가) 끓어서 넘치다.

吹き溜(ま)り〔ふきだまり〕(눈, 나뭇잎이) 바람에 날리어 쌓인 곳.

吹き返す〔ふきかえす〕(自5) 반대 방향으로 바람이 불다. (他5) ① 바람이 물건을 뒤엎다. ② 바람이 물건을 반대 방향으로 날리다. ③ 숨을 되돌리다. 소생하다. ④ 화폐, 쇠붙이를 녹여 다시 만들다.

吹き付ける〔ふきつける〕(自他下1) ① 내뿜다. 세차게 불다. ② 뿜어 칠하다.

吹き付け物〔ふきつけもの〕도료(塗料)로 착색한 꽃꽂이의 재료.

吹き分ける〔ふきわける〕(他下1) ① (바람이 물건을) 여기저기 흩어뜨리다. ② (광물을 녹여서) 함유물을 가려내다.

吹き払う〔ふきはらう〕(他5)(바람이) 불어 날려 버리다.

吹き飛ばす〔ふきとばす〕(他5) ① (바람이) 불어 날려 버리다. ② 호언장담하다. 허풍을 떨다. ③ 물리치다.

吹き上げ〔ふきあげ〕① (바람이) 불어 치는 곳. ② 분수(噴水).

吹き入れる〔ふきいれる〕(他下1) 바람이 불어 안으로 들어가게 하다.

吹き込む〔ふきこむ〕(自5) 바람에 불리어 들어오다. 바람이 스며들다. 바람이 불어 들어오다. (他5) ① 불어 넣다. ② 꼬드겨 가르치다. 선동하다. ③ 레코드에 취입하다.

吹き切る〔ふききる〕(自5) ① 종기가 터져 고름이 나오다. ② 바람이 멎다.

吹き井戸〔ふきいど〕물을 뿜어내는 우물.

吹き竹〔ふきだけ〕불어서 불을 피우는 대통.

吹(き)替え〔ふきかえ〕① 외국의 영화의 대사를 자국어로 녹음함. ② 관객이 모르게 대역(代役)함. ③ 금화나 금속 기구를 녹여서 새로 주조(鋳造)해 냄.

吹き出す〔ふきだす〕(自5) 바람이 불기 시작하다. (他5)(피리나 악기를) 불기 시작하다.

吹き出物〔ふきでもの〕부스럼.

吹き下ろす〔ふきおろす〕(自5) 아래쪽으로 향하여 불다. 내리불다.

吹き荒ぶ〔ふきすさぶ〕(自5)(바람이) 휘몰아치다. 거칠게 불다. (他5) (피리 따위를) 재미로 불다.

吹き荒れる〔ふきあれる〕(自下1) (바람이) 몹시 거칠게 불다. 불어대다.

吹き回し〔ふきまわし〕바람이 부는 상태.

| 訓 読 2 |

吹っ掛ける〔ふっかける〕(他下1) ① 세차게 내뿜다. ② 터무니없이 말하다. 과장해서 말하다. ③ (싸움을) 걸다.

吹っ飛ぶ〔ふっとぶ〕(自5) 휙 날아가다. 갑자기 날아가다.

吹っ込む〔ふっこむ〕(他5) ⇨ 吹き込む.

吹っ切れる〔ふっきれる〕(自下1) ① 종기가 곪아 터져서 고름이 나오다. ② 꺼림칙하던 것이 싹 가시어 개운하다.

| 例 外 |

吹雪〔ふぶき〕눈보라. 花〜; 흩날리는 꽃잎.

吹雪く〔ふぶく〕(自5) 눈보라가 치다.

| 音 読 |

吹奏楽〔すいそうがく〕취주악. 관악기를 입으로 불어 연주하는 음악.

〔取〕
풀 : 취할 취.
音 : シュ
訓 : ① とる ② とれる

❶ **取る**〔とる〕(他5) Take ① 잡다. 들다. 쥐다. ② 취하다. 섭취하다. 해석하다. ③ 집다. ④ 먹다. ⑤ (무엇인가를) 하다. ⑥ 공제하다. 떼다. 빼다. ⑦ 벗다. ⑧ 뽑다. 채용하다. ⑨ 예약하다. ⑩ 빼앗다. 가로채다. 몰수하다. ⑪ 얻다. ⑫ 따다. 캐다. ⑬ (사진을) 찍다. 뜨다. ⑭ 맞추다. ⑮ 맡다. 지다. ⑯ 택하다. ⑰ (주문해서) 가져오게 하다. ⑱ 받아들이다. ⑲ 모시다. 사사하다. ⑳ 훔치다. ㉑ 재다. 세다. ㉒ 주장하다. ㉓ (신문을) 구독하다.

取り〔とり〕① 얻음. 취득. ② 마지막 프로.

取り敢えず〔とりあえず〕(副) ① 부랴부랴 즉각. 급히. ② 우선.

取り去る〔とりさる〕(他5) 없애다. 제거하다. 골라내다.

取り決める〔とりきめる〕(他下1) ① 정하다. 결정하다. ② 계약하다. 약속하다.

取り結ぶ〔とりむすぶ〕(他5) ① (약속을) 굳게 맺다. ② 중재하다. 화해시키다. ③ 주선하다. ④ 비위를 맞추어 기분을 풀게 하다.

取り計らう〔とりはからう〕(他5) ① 처리하다. 선처하다. ② 의논하다. ③ 꾀하다. 배려(配慮)하다.

取(り)高〔とりだか〕① 수확고. 소득. 수입액. ② 봉급. 액수.

取り広げる〔とりひろげる〕(他下1) ① 넓히다. 늘어 놓다. 벌여 놓다.

取り掛かる〔とりかかる〕(自5) ① 착수하다. 시작하다. ② 매달리다. 기대다. ③ 덤벼들다.

取り壊す〔とりこわす〕(他5)(건물 따위를) 헐다.

取り交わす〔とりかわす〕(他5) 주고받다.

교환하다.
取(り)口〔とりくち〕씨름 솜씨.
取(り)巻き〔とりまき〕① 둘러쌈. 에워쌈. ② 추종자. 측근자. 주변 인물.
取り巻く〔とりまく〕(他5) 둘러싸다. 에워싸다.
取り扱う〔とりあつかう〕(他5) 취급하다. 다루다. 처리하다.
取り急ぐ〔とりいそぐ〕(自5) 급하게 서두르다.
取り寄せる〔とりよせる〕(他下1) ① 가까이 끌어당기다. ② 가져오게 하다.
取り拉ぐ〔とりひしぐ〕(他5) ① 쥐어 으깨다. ② 기세를 꺾다.
取り逃がす〔とりにがす〕(他5) 잡으려다가 놓치다.
取り得〔とりどく〕얻으면 얻는 만큼 자기 이득이 됨.
取り落(と)す〔とりおとす〕(他5) ① (손에서) 떨어뜨리다. 놓치다. ② (잊고) 빠뜨리다.
取り乱す〔とりみだす〕(他5) ① 어지르다. ② 당황하다. 이성을 잃다. 마음이 산란해지다. 마음의 평정을 잃다.
取り戻す〔とりもどす〕(他5) 되찾다. 회복하다. 만회하다. 회수하다.
取り零す〔とりこぼす〕(他5) 어이없이 패하다. 예상 밖의 상대에게 지다.
取り籠める〔とりこめる〕(他下1) ① 가두다. 감금하다. ② 포위하다. 에워싸다.
取(り)留め〔とりとめ〕① (잡아) 멈춤. 붙듦. 말림. ② (목숨을) 건짐. ③ 욧점.
取り留める〔とりとめる〕(他下1) ① 말리다. 붙들다. 잡아 멈추다. ② (잃을뻔한) 목숨을 건지다. ③ 확인하다. 명확히 하다.
取り離す〔とりはなす〕(他5) ① 분리시키다. 떼내다. ② (손에 쥐고 있던 것을) 무심코 놓다.
取(り)立て〔とりたて〕① 거둠. 징수. ② 갓 잡음. 갓 땀. ～の魚; 갓 잡은 생선. ③ 발탁. 애호. 등용.
取り立てる〔とりたてる〕(他下1) ① 거두다. 징수하다. ② 특별히 내세우다. ③ 아랫사람을 사랑하다. 발탁하다.
取り皿〔とりざら〕요리를 덜어 담는 작은 접시.
取(り)木〔とりき〕취목. 휘묻이.
取(り)返し〔とりかえし〕되찾음. 만회. 복원(復元). 되돌이킴.
取り返す〔とりかえす〕(他5) ① 되찾다. 만회하다. 되돌이키다. ② 본래대로 하다. 회복, 복구, 복원하다.
取(り)放題〔とりほうだい〕갖고 싶은 만큼 얼마든지 가져도 됨.
取り捌く〔とりさばく〕(他5) 판가름하다. 가리다.
取(り)柄〔とりえ〕쓸모. 장점.
取り付く〔とりつく〕(他5) ① 매달리다. 발붙이다. ③붙들다. ② 착수하다. ③ (귀신이) 들리다. 홀리다.
取(り)付け〔とりつけ〕① 설치함. 설비함. ② 단골. ③ 예금을 찾으려고 고객들이 몰려듦.
取り付ける〔とりつける〕(他下1) ① 설치하다. 장치하다. 설비하다. ③ 단골로 사다. ③ (약속을) 성립시키다. ④ (은행의) 예금을 찾다.
取り分〔とりぶん〕몫.
取(り)分け〔とりわけ〕① 구분. ② 무승부. ③ (副) 유달리. 특히. 유난히.
取り分けて〔とりわけて〕특히. 유달리.
取り分ける〔とりわける〕(他下1) ① 따로따로 나누다. 구분하다. 갈라 놓다. ② 각자가 나눠 갖다.
取り粉〔とりこ〕찰떡을 만들 때 다루기 쉽도록 그 표면에 묻히는 쌀가루.
取り紛れる〔とりまぎれる〕(自下1) ① 뒤섞이다. ② (바쁜 일에) 쫓기다. 정신이 없다. 정신이 팔리다.
取(り)払い〔とりはらい〕걷어 치움. 철거.
取り払う〔とりはらう〕(他5) 걷어 치우다. 철거하다. 모조리 치우다.
取(り)崩し〔とりくずし〕허는 일. 철거.
取り崩す〔とりくずす〕(他5) ① 헐다. 철거하다. ② 야금야금 없애다.
取り仕切る〔とりしきる〕(他5) 혼자 도맡아 하다. 책임지고 관리하다.
取(り)沙汰〔とりざた〕① (항간의) 평판. 소문. ② 처리.
取り捨てる〔とりすてる〕(他下1) 제거하다. 없애다.
取り散らす〔とりちらす〕(他5) 어지르다. 흩어뜨리다.
取り殺す〔とりころす〕(他5) 원귀(冤鬼)가 붙어서 죽게 하다.
取り上げる〔とりあげる〕(他下1) ① 집어들다. 들어 올리다. ② (신청, 의견을) 받아들이다. ③ 문제삼다. ④ 빼앗다. 거둬들이다. ⑤ 몰수하다. 박탈하다. ⑥ 해산(解産)을 돕다.
取(り)上げ婆〔とりあげばば〕산파. 조산원.
取り上せる〔とりのぼせる〕(自下1) 울컥하다. 흥분하다.
取り繕う〔とりつくろう〕(他5) ① 수선하다. 고치다. ② 겉꾸미다. ③ 감싸주다. (일시적으로) 잘못을 어름어름 숨겨 넘기다.
取り成す〔とりなす〕(他5) ① 수습하다. ② 화해시키다. 중재하다. 조정하다. ③ 주선하다. 천거하다. ④ 변명하다. ⑤ 달래다.
取り所〔とりどころ〕① 취할 점. 장점. ② 붙들 데. 손잡이.
取(り)消(し)〔とりけし〕취소.
取り消す〔とりけす〕(他5) 취소하다.
取(り)手〔とりて〕① 가진 사람. ② 솜씨가 능란한 사람.
取り押える〔とりおさえる〕(他下1) ① 억누르다. ② 붙잡다. 붙들다.

取(り)外し〔とりはずし〕(맞추어 붙인 것을) 뗌.
取り外す〔とりはずす〕(他5) ① (맞춘 것, 장치한 것을) 떼다, 빼다, 벗기다, 분해하다. ② 놓치다. 못잡다. ③ (그만) 오줌을 싸다.
取り運ぶ〔とりはこぶ〕(他5) 순조롭게 진행시키다.
取り越す〔とりこす〕(他5) (기일을) 앞당겨서 하다.
取(り)越(し)苦労〔とりこしぐろう〕쓸데없는 걱정. 기우(杞憂).
取り囲む〔とりかこむ〕(他5) 둘러싸다. 에워싸다. 포위하다.
取り違える〔とりちがえる〕(他下1) ① 잘못 잡다. ② 잘못해서 딴 것과 바꾸다. ③ 잘못 타다. ④ 잘못 이해하다. 잘못 해석하다. 잘못 알다.
取(り)引(き)〔とりひき〕① 거래. 흥정. ② 상 행위(商行為).
取引先〔とりひきさき〕거래처.
取引所〔とりひきじょ〕(증권) 거래소.
取り入る〔とりいる〕(自5) 환심하다. 아첨하다. 비위맞추다.
取(り)入れ〔とりいれ〕① 받아들임. 들여옴. 도입(導入). ② 수확. 추수.
取り入れる〔とりいれる〕(他下1) ① 안에 집어 넣다. ② (곡식을) 거둬들이다. ③ 도입하다. 받아들이다. 섭취하다.
取(り)込み〔とりこみ〕① 거둬들임. 수확. ② 어수선함. 혼잡. 복잡. ③ 금전을 속여 빼앗음. 사취(詐取). 사기(詐欺).
取り込む〔とりこむ〕(自5) 어수선하다. 뒤숭숭하다. 혼잡하다. 복잡하다. (他5) ① 거둬들이다. ② (부정한 방법으로) 수중에 넣다. 집어먹다. ③ 구슬리다. 구워삶다.
取(り)残し〔とりのこし〕(일부를) 남겨둠.
取り残す〔とりのこす〕(他5) (일부를) 남겨 두다. 떼 놓다. 처지게 하다.
取り箸〔とりばし〕반찬이나 과자따위를 집을 때 쓰는 젓가락.
取り前〔とりまえ〕몫.
取り揃える〔とりそろえる〕(他下1) 모두 골고루 갖추다. 모두 한데 모으다.
取り除く〔とりのぞく〕(他5) 없애다. 제거하다.
取り除ける〔とりのける〕(他下1) ① 없애다. 제거하다. 치우다. ② 따로 남겨 두다. 따로 떼어 두다.
取(り)組(み)〔とりくみ〕① 서로 맞잡음. ② 격투. ③ (씨름의) 対戦表. ④ (환, 어음의) 就結.
取り組む〔とりくむ〕(自5) ① 맞붙다. 맞잡다. ② 대전하다. 싸우다. 격투하다. ③ 몰두하다. ④ (환, 어음을) 就結하다.
取(り)調べ〔とりしらべ〕조사. 취조. 수사. 문초.
取り調べる〔とりしらべる〕(他下1) ① 취조하다. 문초하다. ② 자세히 조사하다.
取り止める〔とりやめる〕(他下1) (예정했던 일을) 그만 두다. 취소하다. 중지하다.
取(り)持ち〔とりもち〕① 손에 쥠. ② 알선. 주선. 매개. ③ 접대(接待).
取り持つ〔とりもつ〕(他5) ① 손에 쥐다. ② 알선하다. 주선하다. 중개하다. 중재하다. ③ 접대하다. ④ 떠맡다.
取り直す〔とりなおす〕(他5) ① 고치다. 새로이 하다. ② 고쳐 잡다(쥐다). ③ (씨름에서) 다시 맞붙다. 다시 하다.
取りも直さず〔とりもなおさず〕단적으로 말해서. 바로 말하면. 즉. 곧.
取り鎮める〔とりしずめる〕(他下1) (소란, 난동을) 가라앉히다. 진정시키다.
取り集める〔とりあつめる〕(他下1) (여러 가지를) 한데 모으다. 모으다.
取り澄ます〔とりすます〕(自5) ① 짐짓 얌전빼다. 새침 떨다. ② 시치미떼다. 짐짓 모르는 체하다.
取(り)次(ぎ)〔とりつぎ〕① 중개(仲介). 중개인. ② (손님을) 맞이함. ③ (손님의 말을) 주인에게 전함.
取り次ぐ〔とりつぐ〕(他5) ① 한 쪽의 의사를 다른 편에 전하다. ② 중개하다. ③ (손님을) 맞이하다. 손님이 왔음을 주인에게 전하다.
取(り)札〔とりふだ〕(카아드 놀이에서) 집는 쪽의 딱지.
取り替える〔とりかえる〕(他下1) 바꾸다. 교환하다. 갈다.
取(り)締(ま)り〔とりしまり〕다잡음. 단속함. 단속하는 사람.
取締役〔とりしまりやく〕취체역. 주식회사의 이사(理事).
取り縋る〔とりすがる〕(自5) 매달리다.
取り出す〔とりだす〕(他5) 꺼내다. 끄집어내다. 뽑아 내다.
取り置く〔とりおく〕(他5) 남겨 두다. 따로 떼어 두다. 보관하다.
取(り)舵〔とりかじ〕① 배의 방향을 왼쪽으로 돌리기 위한 키. ② 左舷.
取り片付ける〔とりかたづける〕(他下1) 치우다. 정돈하다. 정리하다.
取り下げる〔とりさげる〕(他下1) 되찾아 가다. 취하하다. 철회하다.
取(り)合い〔とりあい〕서로 다투어 빼앗음. 쟁탈. 쟁탈전.
取り合う〔とりあう〕(他5) ① 서로 붙잡다. 맞잡다. ② 쟁탈하다. 서로 다투어 빼앗다. ③ 상대하다.
取(り)合(わ)せ〔とりあわせ〕배합함. (이것저것) 그러 모음. 섞음. 구색.
取り合わせる〔とりあわせる〕(他下1) (적절히) 배합하다. 맞추다. 섞다. (이것저것) 그러 모으다.
取り混ぜる〔とりまぜる〕(他下1) 한데 섞다. 뒤섞다. 한데 합치다.
取り灰〔とりばい〕아궁이에서 긁어 낸 재.
取(り)回し〔とりまわし〕① 처리. 다루기. ② (일본 씨름에서) 살바.

取り回す〔とりまわす〕(他5) ① 집어서 다음으로 돌리다. ②(일, 사람을) 잘 다루다. 처리하다. ③에워싸다. 둘러싸다.
取り賄う〔とりまかなう〕(他5) 처리하다. 처분하다.
取り詰める〔とりつめる〕(他下1) ①윽박지르다. 몹시 책하다. 추궁하다. ②몹시 그리워하다. 골똘히 걱정하다. ③상기하다. 토하다. 어지럽다.

連濁音에 注意

気取る〔きどる〕(自5)① 뽐내다. 거드름 피다. 점잔 빼다. ②…체하다. ③알아차리다. 눈치 채다. 깨닫다.
相手取る〔おいてどる〕(他5) 상대하여 다투다. 상대하다.
横取り〔よこどり〕가로챔. 새치기.
❷ **取れる**〔とれる〕(自下1) ①(붙어 있던 것이) 떨어지다. 빠지다. ②해석되다. ③받아들이다. ④없어지다. ⑤잡히다. ⑥산출되다. 나다. 생산되다. ⑦얻다. 채취하다. 받다. ⑨(시간이) 걸리다. ⑩(사진이) 찍히다. ⑪(좋은 기록이) 나다. ⑫훔치다.
取れ高〔とれだか〕(곡식이나 어물 따위의) 수확고(収穫高).

音 読

取得〔しゅとく〕취득. 자기 것으로 함.
取捨〔しゅしゃ〕취사. 좋은 것은 가지고 나쁜 것은 버림.
取材〔しゅざい〕취재. 어떤 사물에서 기사나 작품의 재료를 취하는 일.

〘**炊**〙 풀 : 불 땔 취.
音 : スイ
訓 : たく

炊く〔たく〕(他5) ①(밥을) 짓다. 飯を～ : 밥을 짓다. ②익히다.
炊(き)上がる〔たきあがる〕(自5) (밥 따위가) 다 끓다(다 되다).
炊(き)殖(え)〔たきぶえ〕(익히거나 해서) 밥이 퍼짐.
炊き込む〔たきこむ〕(他5) 쌀과 함께 고기, 생선, 야채 따위를 섞어 밥을 짓다.
炊(き)出し〔たきだし〕(화재, 이재민, 비상시에 사람들에게) 밥을 지어 나누어 줌.

音 読

炊事〔すいじ〕취사. 밥을 지음. 부엌일.
炊煙〔すいえん〕밥 짓는 연기.
自炊〔じすい〕자취. 자기가 손수 밥을 지어 먹음.

〘**臭**〙 풀 : 냄새 취.
音 : シュウ
訓 : ①くさい ②におう

❶ **臭い**〔くさい〕(形) ①고약한 냄새가 나다. 구리다. ②(接尾語) …한 데가 있다. 좀 …한 것 같다. 学者～ : 학자 냄새를 풍기다. ③수상하다.

連濁音에 注意

物臭〔ものぐさ〕귀찮아함. 게으름쟁이.
生臭い〔なまぐさい〕(形) ①비린내가 나다. ②중에게 속기(俗気)가 있다.
❷ **臭う**〔におう〕(自5) (나쁜) 냄새가 나다. ガスが～ : 가스 냄새가 나다.
臭(い)〔におい〕①나쁜 냄새. ②(나쁜 일을 저지를 듯한) 기미. 낌새.

音 読

臭覚〔しゅうかく〕취각. 후각. 냄새를 맡는 감각.
臭気〔しゅうき〕취기. 나쁜 냄새. 악취.
臭気止の〔しゅうきどめ〕냄새가 나는 것을 방지하는 약. 防臭剤. 除臭剤.

〘**酔**〙 풀 : 술취할 취.
音 : スイ
訓 : よう

酔う〔よう〕(自5) ①술에 취하다. 술기가 돌다. ②(배나 차에) 멀미하다. ③황홀해지다. 도취하다. ④빠지다. 휩쓸리다.
酔(い)〔よい〕(술에) 취함. 취기. 멀미. ～かまわる : 취기가 돌다.
酔いどれ〔よいどれ〕주정꾼.
酔い覚まし〔よいざまし〕⇨酔い醒まし.
酔い覚め〔よいざめ〕술이 깸.
酔い潰れる〔よいつぶれる〕(自下1) 술에 취해 곤드레만드레가 되다.
酔い醒まし〔よいざまし〕술이 빨리 깨도록 함. 취기가 빨리 가시도록 함.
酔い醒め〔よいざめ〕술이 깸.
酔い心地〔よいごこち〕술취한 때의 기분. 얼근한 기분.
酔い痴れる〔よいしれる〕(自下1) 술에 취해 정신을 잃다. 고주망태가 되다.

音 読

酔客〔すいかく : すいきゃく〕취객. 술에 취한 사람.
酔気〔すいき〕취기. 술에 취한 기분.
酔態〔すいたい〕취태. 술이 취한 후의 태도. 술이 취한 모양.

〘**就**〙 풀 : 나아갈 취.
音 : ①ジュ ②シュウ
訓 : ①つく ②つける

❶ **就く**〔つく〕(自5) ①들다. 床に～ : 잠자리에 들다. ②취임하다. 職に～ : 취임하다. 자리에 앉다. ③(길에) 오르다. ④따르다. 좇다. 편이 되다. ⑤…밑에서 배우다. ⑥(어떠한 입장에) 서다.
❷ **就ける**〔つける〕(他下1) ①(자리, 직위에) 앉게 하다. 앉히다. ②지도를 받게 하다.

音 読 1

成就〔しょうじゅ〕성취. 이룸. 목적을 달성함.

音 読 2

就労〔しゅうろう〕취로. 노동. 일을 함.
就業〔しゅうぎょう〕취업. ①취직. ②업무에 종사함.
就役〔しゅうえき〕취역. 役務에 종사함.
就任〔しゅうにん〕취임. 맡은 임무에 나아가 일을 봄.

就職〔しゅうしょく〕취직. 일자리를 얻음.
就寝〔しゅうしん〕취침. 잠을 잠.
就学〔しゅうがく〕취학. 국민 학교에 들어가서 교육을 받음.
就航〔しゅうこう〕취항. (기선, 항공기가) 처음으로 운행함.
去就〔きょしゅう〕거취. 일신의 진퇴.

〖趣〗 풀 : 취미 취
音 : シュ
訓 : ① おもむき ② おもむく

❶ 趣〔おもむき〕①취미. 아취(雅趣). ②느낌. 분위기. 모양. ③취지. 내용. 의도(意図). ④…라는 말씀.
❷ 趣く〔おもむく〕(自5) ①향하여 가다 ②(어떠한 상태로) 향하다.

音 読

趣味〔しゅみ〕취미. 좋아해서 하는 일.(독서, 음악 감상)
趣意〔しゅい〕취의. 취지(趣旨).
趣旨〔しゅし〕취지. 일의 중요한 뜻.
趣向〔しゅこう〕취향. ①취지. 뜻. ②고안(考案). 구조(構造).

【측】

〖側〗 풀 : 곁 측.
音 : ① ソク ② ソッ
訓 : かわ

側〔かわ〕①곁. 옆. ~の者 : 옆의 사람. ②둘레. 테. ③쪽. 방면. 편.

連濁音에 注意

東側〔ひがしがわ〕동쪽.
右側〔みぎがわ〕우측. 오른쪽.
向こう側〔むこうがわ〕건너편 쪽.
左側通行〔ひだりがわつうこう〕좌측 통행.

音 読 1

側面〔そくめん〕측면. 옆쪽. 옆면.
側聞〔そくぶん〕측문. 풍문에 들음.
側壁〔そくへき〕측벽. 측면의 벽.
側室〔そくしつ〕貴人의 첩.

音 読 2

側近〔そっきん〕측근. 신분이 높은 사람 곁에 가까이 있는 사람.

〖測〗 풀 : 측량할 측.
音 : ① ソク ② ソッ
訓 : はかる

測る〔はかる〕(他5) ①(길이, 넓이, 높이를) 재다. ②예측하다. 짐작하다.

音 読 1

測量〔そくりょう〕측량. 토지의 위치, 면적, 거리, 高低를 잼.
測深〔そくしん〕측심. 바다 깊이나 바닷속의 지질 등을 재는 일.
測定〔そくてい〕측정. 어떤 단위를 기준으로 하여 잼.
測地〔そくち〕측지. 토지를 측량함.

音 読 2

測距儀〔そっきょぎ〕거리의 測定에 사용하는 光学 기계.
測候所〔そっこうじょ〕측후소. 기상을 관측하여 예보, 경보를 내는 곳.

【층】

〖層〗 풀 : 층 층.
音 : ソウ
訓 :

層〔そう〕층. ①겹친 것. **~を成す** : 층을 이루다. ②地層. ③사회의 계급.
層雲〔そううん〕층운. 안개구름.

【치】

〖治〗 풀 : 다스릴 치
音 : ① ジ ② チ
訓 : ① なおす ② なおる ③ おさまる ④ おさめる

❶ 治す〔なおす〕(他5) 치료하다. 病気を~ : 병을 치료하다.
❷ 治る〔なおる〕(自5) ①(병이)낫다. 치료되다. 病気が~ : 병이 낫다.
❸ 治まる〔おさまる〕(自5) 다스려 지다. 国内が~ : 나라 안이 안정되다.
治まり〔おさまり〕수습. 결말 짓는 일.
❹ 治める〔おさめる〕(他下1) ①다스리다. 수습하다. ②가라앉히다. ③치료하다.

音 読 1

治する〔じする〕(自他サ) 낫다. 치료하다.
〔ちする〕(他サ) ①통치하다. 다스리다. 병을 고치다.
治具〔じぐ〕지그. 절삭 공구가 정확하게 가공할 수 있도록 가공물의 위치를 잡아주는 도구.
政治〔せいじ〕정치. 나라를 다스림.
主治医〔しゅじい〕주치의.

音 読 2

治〔ち〕①잘 다스려짐. ②정치.
治療〔ちりょう〕치료. 병을 낫게 함.
治病〔ちびょう〕치병. 병을 치료함.
治山治水〔ちさんちすい〕치산 치수.
治産〔ちさん〕치산. 집안 살림살이를 잘 다스림.
治世〔ちせい〕치세. 세상을 다스림.
治術〔ちじゅつ〕치술. 다스리는 술책.
治安〔ちあん〕치안. 사회의 질서를 잘지키

어 편안하게 다스림.

治外法権〔ちがいほうけん〕치외법권.

治癒〔ちゆ〕치유. 치료를 받고 병이 나음.

治者〔ちしゃ〕치자. 통치자.

治績〔ちせき〕치적. 정치상의 공적.

治下〔ちか〕치하. 지배하(支配下).

〔値〕

풀：값 치.
音：チ
訓：① あたい ② ね

値❶〔あたい〕① 값어치. 가치. ② 数値.
❷〔ね〕(팔고 사는) 값.

値する〔あたいする〕(自サ) 가치가 있다. …할 만하다. …에 상당하다 (해당하다).

値ざや〔ねざや〕가격 폭. 두 시세의 差.

値頃〔ねごろ〕적당한 가격.

値段〔ねだん〕값. 가격.

値踏み〔ねぶみ〕헤아려서 대충 값을 매김. 평가(評価).

値付(き)〔ねつき〕값이 결정되어 거래가 이루어짐.

値崩れ〔ねくずれ〕공급의 과다(過多)나 과소(過少)로 시세가 급격히 변해서 생산자나 소비자에게 타격을 주는 일.

値上がり〔ねあがり〕값이 오름.

値上げ〔ねあげ〕값을 올림. 가격 인상.

値引き〔ねびき〕값을 깎음. 에누리.

値切る〔ねぎる〕(他5) 값을 깎다.

値打(ち)〔ねうち〕① 값어치. 가치. ② 값

値幅〔ねはば〕두 시세의 差. 가격 폭.

値下がり〔ねさがり〕값이 내림.

値下げ〔ねさげ〕가격 인하. 값을 내림.

値惚れ〔ねぼれ〕값이 싸서 마음이 끌림. 싼 맛에 홀림.

音 読

価値〔かち〕가치. 값어치.

数値〔すうち〕수치. 算出해서 얻은 수.

絶対値〔ぜったいち〕절대치.

〔恥〕

풀：부끄러울 치
音：チ
訓：① はじ ② はじらう ③ はじる ④ はずかしい.

❶恥〔はじ〕부끄러움. 수치. 치욕. ～をかく；창피를 당하다.

❷恥じらう〔はじらう〕(他5) 부끄러워 하다. 수줍어하다,

恥じらい〔はじらい〕부끄러움. 수줍음.

❸恥じる〔はじる〕(自上1) ① 부끄럽게 생각하다. 부끄러워하다. ② 부끄럽다.

❹恥ずかしい〔はずかしい〕(形) 부끄럽다. 창피하다. 면목 없다.

恥ずべき〔はずべき〕(마땅히)부끄럽게여겨야 할.

恥じ入る〔はじいる〕(自5) 크게 부끄러워하다.

恥知らず〔はじしらず〕수치를 모름. 또는 수치를 모르는 사람. 철면피.

恥曝し〔はじさらし〕망신(시킴). 창피.

音 読

恥骨〔ちこつ〕치골.

恥辱〔ちじょく〕치욕. 부끄러움. 수치.

〔致〕

풀：이를 치
音：チ
訓：いたす

致す〔いたす〕(他5) ①'する(=하다)'의 공손한 말. ② 가져오다. 繁栄を～；번영을 가져오다. ③ 보내다. ④ 다하다. 애쓰다. ⑤ 쌓다. 富を～；부를 쌓다. ⑥ (생각 따위가) 미치다. 思いを～；깊이 생각이 미치다.

致し方〔いたしかた〕'しかた, しよう'의 공손한 말. ～がない；하는 수 없다.

致し様〔いたしよう〕⇨致し方.

致命〔ちめい〕치명. 죽게 됨.

致仕〔ちし〕관직을 그만둠. 辞職.

致死〔ちし〕치사. 죽게 함.

〔歯〕

풀：이 치
音：シ
訓：は

歯〔は〕① 이빨. 이 ② 굽. げたの～；왜나막신의 굽.

歯茎〔はぐき〕치경. 잇몸.

歯磨き〔はみがき〕① 이를 닦음. ② 치약.

歯並(み)〔はなみ〕잇바디. 치열(歯列)

歯痒い〔はがゆい〕(形) 성에 차지 않다. 안타깝다. 답답하다.

歯応え〔はごたえ〕① 씹는 맛. ② 보람. ③ (사람이) 만만치 않음. 상대할만함.

歯医者〔はいしゃ〕치과 의사.

歯切れ〔はぎれ〕① 이로 물어 끊었을 때의 느낌. 씹히는 맛. ② 시원시원하고 말씨가 분명함.

歯止め〔はどめ〕① 바퀴의 회전을 제어하는 장치. ② 언덕에 세워 둔 자동차가 저절로 미끄러져 내리는 것을 막기 위해 지면에 놓는 굄. 방지.

歯車〔はぐるま〕톱니바퀴.

歯形〔はがた〕① (깨문) 잇자국. ② 이빨 모양. 톱니 모양.

連濁音에 注意

入れ歯〔いれば〕의치(義歯).

虫歯〔むしば〕충치. 벌레 먹은 이.

八重歯〔やえば〕덧니.

反っ歯〔そっぱ〕뻐드렁니.

出っ歯〔でっぱ〕뻐드렁니.

音 読

歯科〔しか〕치과. 이를 고치는 부문.

歯列〔しれつ〕치열. 이가 나란히 나 있는 모양. 잇바디.

歯牙〔しが〕① 치아. ② 말 끝. ～にもかけない；문제로 삼지 않는다.

歯痛〔しつう〕치통. 이앓이.

〔痴〕

풀：어리석을 치
音：チ
訓：しれる

痴れる〔しれる〕(自下1) 얼이 빠지다. 정신을 잃다. 멍청하게 되다.

痴れ事〔しれごと〕어리석은 일.

痴れ言〔しれごと〕바보 같은 소리.
痴れ者〔しれもの〕①천치. 바보. ②어떤 일에 마음을 빼앗긴 사람.

音 読

痴人〔ちじん〕치인. 바보. 천치.
痴情〔ちじょう〕치정. 남녀간의 사랑에서 생기는 온갖 어지러운 정(情).
痴態〔ちたい〕어리석은 태도.
痴漢〔ちかん〕치한. 여자에게 음란한 짓을 하는 사람.

〔稚〕 풀：어릴 치.
音：チ
訓：いとけない

稚い〔いとけない〕(形) 어리다. 순진하다. ～子供：순진한 어린이.

音 読

稚気〔ちき〕어린애 같은 기분.
稚児〔ちご〕축제 때의 행렬에 때때옷을 입고 참가하는 어린이.
稚魚〔ちぎょ〕치어. 새끼 물고기.
幼稚園〔ようちえん〕유치원.

〔置〕 풀：둘 치.
音：チ
訓：おく

置く〔おく〕(他5) ①두다. 놓다. ②고용하다. ③설치하다. ④남겨 놓다. ⑤거르다. 三日置いて：사흘 걸러. ⑥셈하다. 점치다. ⑦(전당) 잡히다. ⑧칠하다. 입히다. (自5) (이슬, 서리가) 앉다. 맺히다.
～置き〔おき〕(숫자에 접속하여) 간격. 걸러. 1日～：하루 걸러
置き去り〔おきざり〕내버려 두고 감.
置(き)碁〔おきご〕접바둑.
置(き)忘れ〔おきわすれ〕물건을 잊고 두고 옴. 둔 곳을 잊음.
置き忘れる〔おきわすれる〕(他下1) (물건을)둔 곳을 잊다. 가지고 오는 것을 잊다.
置(き)物〔おきもの〕①객실. 床の間에 두는 장식물. ②허수아비. 이름 뿐인 사람.
置(き)傘〔おきがさ〕불시의 비에 대비하여 근무처에 항상 비치해 두는 우산.
置(き)床〔おきどこ〕床の間처럼 만든 선반(床の間의 대용으로 쓸 수 있음).
置(き)石〔おきいし〕①정원석(庭園石). ②(접바둑에서)下手가 미리 돌을 놓음. ③처마 밑에 깔아 놓은 돌. ④철로 위에 고의로 돌을 놓음.
置(き)所〔おきどころ〕①두는 장소. 둘곳 ②놓아 둔 곳. 둔 곳.
置き手紙〔おきてがみ〕(방문해서 사람이 없거나 외출할 때) 써 놓고 가는 편지.
置(き)時計〔おきどけい〕탁상 시계.
置(き)屋〔おきや〕포주집.
置(き)屋町〔おきやまち〕홍등가. 환락가.
置(き)引(き)〔おきびき〕차간이나 대합실에서 남의 짐을 자기 것과 바꿔치기 해 감. 치기배.
置(き)場〔おきば〕두는 곳.
置(き)土〔おきつち〕낮은 땅을 메우는 객토.
置き土産〔おきみやげ〕떠날 때 남겨 놓고 가는 선물.
置(き)換(え)〔おきかえ〕①바꿔 놓음. ②치환(置換).
置き換える〔おきかえる〕(他下1) ①옮겨 놓다. ②(딴 것과) 바꿔 놓다.
置(き)換(れ)る〔おきかわる〕(自5) 옮겨지다. (딴 것과) 바뀌어 놓이다.

音 読

置換〔ちかん〕(화학) 치환. 바꾸어 놓음.
設置〔せっち〕설치. 베풀어 둠.

【칙】

〔勅〕 풀：칙서 칙.
音：①チョク ②チョッ
訓：

音 読 1

勅令〔ちょくれい〕칙령. 임금의 명령.
勅命〔ちょくめい〕칙명. 임금의 명령.
勅使〔ちょくし〕칙사. 칙명으로 가는 사신(使臣)
勅書〔ちょくしょ〕칙서. 임금의 글을 적은 문서.

音 読 2

勅勘〔ちょっかん〕임금의 책망.
勅許〔ちょっきょ〕칙허. 임금의 허가.

〔則〕 풀：법 칙.
音：ソク
訓：のり

則〔のり〕①법규. ②모범. ②佛法. ③지름. 직경. ④(토목에서) 경사면의 물매.

音 読

則する〔そくする〕(他サ) (그것을 기준으로 하여) 따르다. 준거하다. 의거하다. 입각하다.
規則〔きそく〕규칙. 법칙.
法則〔ほうそく〕법칙. 규칙. 규정.

【친】

〔親〕 풀：친할 친. 부모 친.
音：シン
訓：①したしい ②したしむ ③おや

❶親しい〔したしい〕(形) ①친하다. 사이가 좋다. ②(혈연이) 가깝다. ③낯익다. 생소하지 않다.
親しく〔したしく〕친히. 몸소. 눈앞에.

❷親しむ〔したしむ〕(自5) ①친하게 하다. 친하게 지내다. ②늘 접촉해서 익숙하다. ③즐기다.
親しみ〔したしみ〕친숙. 친밀감. 애정.
❸親〔おや〕①부모. 어버이. ②先祖. ③사물의 근본. 元祖. ③중심이 됨.

파 생 어

親見出し〔おやみだし〕(記事의) 주되는 표제(表題).
親骨〔おやぼね〕부채 양 끝의 굵은 살.
親掛(か)り〔おやがかり〕자식이 독립 하지 못하고 부모의 신세를 지고 있음.
親亀〔おやがめ〕어미 거북.
親代(わ)り〔おやがわり〕친부모 대신 돌봐주고 양육함.
親里〔おやざと〕그 사람이 태어난 집. 친가. 생가.
親馬鹿〔おやばか〕자식 귀여운 줄 밖에 모르는 어리석은 부모.
親木〔おやき〕(접목에 있어서의)接本.
親無し〔おやなし〕부모가 없음. 고아.
親文字〔おやもじ〕①(로마자의) 머리 글자. ②(漢字 字典에서) 숙어의 근본이 되는 표제 글자. ③(活字의) 字母.
親方〔おやかた〕①(技芸, 演芸, 씨름계의) 우두머리. ②친부모 같이 섬김.
親父〔おやじ〕①(무간하게 자기 아버지를 일컫는말) 아버지. ②직장의 책임자(가게 주인, 노인 등을 친근하게 일컫는 말에도 사용함).
親不孝〔おやふこう〕①불효. 불효 자식. ②新株의 값이 旧株보다 비싸지는 일.
親分〔おやぶん〕①부모처럼 의지하는 사람. ②두목. 우두머리.
親思い〔おやおもい〕부모를 소중히 여김. 또는 그사람.
親船〔おやぶね〕모선(母船). 本船.
親勝り〔おやまさり〕자식이 부모보다 잘남.
親心〔おやごころ〕(자식을 사랑하는) 부모의 마음. 손아랫사람을 사랑하는 따뜻한 마음.
親譲り〔おやゆずり〕부모로부터 물려 받음. 대물림.
親御〔おやご〕남의 부모의 경칭.
親玉〔おやだま〕①중심 인물. 두목. ②능숙한 예능인(芸能人).
親芋〔おやいも〕토란의 어미 줄기.
親子〔おやこ〕①부모와 자식. ②근원이 되는 것과 그것에서 갈라져 나온 것.
親字〔おやじ〕(자전에서) 큰 표제의 漢字.
親潮〔おやしお〕일본 동해안을 남쪽으로 흐르는 한류.
親柱〔おやばしら〕난간 따위의 끝에 있는 굵은 기둥.
親株〔おやかぶ〕新株에 대한 旧株.
親知らず〔おやしらず〕①친부모의 얼굴을 모름. ②사랑니. ③(파도가 거친 벼랑 등) 몹시 위험한 곳.
親指〔おやゆび〕엄지 손가락(발가락).
親出し〔おやだし〕①(자전에서) 표제자. ②숙어의 윗글자. ③표제어.
親許〔おやもと〕부모가 계신 곳. 부모 슬하. 부모 곁.
親会社〔おやがいしゃ〕모회사(母会社).
親孝行〔おやこうこう〕효도(孝道).

音 読

親権〔しんけん〕친권. 부모가 자식을 양육하고 보호하는 권리와 의무.
親交〔しんこう〕친교. 친밀한 교제.
親近〔しんきん〕친근. 친숙하여 가까이 함. 곁. 측근.
親等〔しんとう〕친척 관계의 寸数.
親類〔しんるい〕친척. 집안.
親米〔しんべい〕친미. 미국과 친함.
親密〔しんみつ〕친밀. 친근하고 사이가 좋음.
親書〔しんしょ〕친서. 친히 쓴 편지.
親善〔しんぜん〕친선. 서로 의좋게 함.
親身〔しんみ〕①육친(肉親). 근친(近親). ②친절.
親愛〔しんあい〕친애. 친하고 사랑함.
親王〔しんのう〕친왕. 일정한 범위의 남자 황족의 호칭.
親友〔しんゆう〕친우. 친구. 벗.
親切〔しんせつ〕친절. 인정이 많음.
親族〔しんぞく〕친족. 친척. 일가.
親戚〔しんせき〕친척. 일가 인척.
親筆〔しんぴつ〕친필. 친히 쓴 筆跡.

【칠】

〖七〗 풀：일곱 칠.
音：①シチ ②シッ
訓：①なな ②ななつ

❶七〔なな：しち〕7. 일곱. 일곱 개.
❷七つ〔ななつ〕①일곱. 일곱 살. ②전당포. ③옛 시간의 이름.
七つ道具〔ななつどうぐ〕①항시 지니고 다니는 여러 가지 도구. ②전당물.
七つ立ち〔ななつだち〕(여행 따위를) 오전 4시에 출발함.
七つ屋〔ななつや〕전당포.
七つ下がり〔ななつさがり〕①오후 4시가 지난 무렵. ②한창 때가 지남. ③배가 고픔. ④옷이 퇴색함.
七つの海〔ななつのうみ〕7대양(七大洋). 온세계의 바다. 온 세계.
七光〔ななひかり〕부모나 君主의 威光.
七曲(が)り〔ななまがり〕(길 따위가) 꼬불꼬불함.
七癖〔ななくせ〕사람이 지닌 일곱 가지 버릇.
七不思議〔ななふしぎ〕일곱 가지 불가사의

(不可思議).
七色〔なないろ〕 일곱 가지 종류. 일곱 가지 빛깔.
七十〔ななじゅう〕 칠십. 70. 일흔.
七転び八起き〔ななころびやおき〕 칠전 팔기(七転八起).
七重〔ななえ〕 ①일곱 겹. ②여러 겹.
七七日〔なななぬか：なななのか〕 칠칠일. 49일 재(斎).
七桁〔ななけた〕 백만 원 단위. ～農業：백만원 이상 수입이 있는 농업.

例　外

七日〔なのか：なぬか〕 7일. 초이레.
七夕〔たなばた〕 칠석제(七夕祭).
七夕津女〔たなばたつめ〕 ①베를 짜는 여자. ②직녀성(織女星).

音　読 1

七〔しち：なな〕 7. 일곱. 일곱 개.
七面倒〔しちめんどう〕 매우 귀찮음.
七面倒臭い〔しちめんどうくさい〕 (形) 매우 귀찮다.
七面鳥〔しちめんちょう〕 ①칠면조. 꿩과의 새. ②변덕쟁이.
七分搗〔しちぶづき〕 칠분도. 7분 정도로 도정(搗精)한 쌀.
七月〔しちがつ〕 7월.
〔ななつき〕 일곱 달. 7개월.

音　読 2

七宝〔しっぽう〕 칠보. 일곱 가지 보배.
七宝焼〔しっぽうやき〕 금, 은, 구리에 법랑을 올려 구워 여러 가지 무늬를 나타낸 것.

〖漆〗 풀：칠 칠.
音：①シツ ②シッ
訓：うるし

漆〔うるし〕 ①옻나무. ②옻칠. ③옻칠로 가공한 실을 섞어 짠 피륙.
漆塗〔うるしぬり〕 ①그릇에 옻칠을 함. 또 그 사람. ②칠기(漆器).
漆負け〔うるしまけ〕 옻이 오름. 옻을 탐.
漆掻き〔うるしかき〕 옻나무에서 옻을 채취함.
漆絵〔うるしえ〕 먹에 아교를 섞은 것으로 주위를 빛나게 하고 채색을 한 풍속도 판화.

音　読

乾漆〔かんしつ〕 건칠. 옻나무 즙을 말려서 만든 덩어리. 약으로 쓰임.
漆器〔しっき〕 칠기. 옻칠을 한 나무 그릇. 칠그릇.
漆黒〔しっこく〕 칠흑. 칠(漆)처럼 검고 광택이 있는 빛깔.

【침】

〖沈〗 풀：①잠길 침. ②姓 심.
音：チン
訓：①しずむ ②しずめる

❶沈む〔しずむ〕 (自5) ①가라앉다. ②(해, 달이) 지다. ③(불행에) 빠지다. ④침울하다. ⑤잠기다. ⑥약해지다. ⑦시달리다.
沈み〔しずみ〕 ①가라앉음. ②어망추(魚網錘). 낚시봉.
沈み魚〔しずみうお〕 물바닥에 사는 물고기(넙치 등).
❷沈める〔しずめる〕 (他下1) 가라앉히다. 도사리다. 船を～：배를 가라앉히다. 体を～：몸을 도사리다.

音　読

沈降〔ちんこう〕 침강. 가라앉아 내림.
沈没〔ちんぼつ〕 침몰. 물 속에 가라앉음.
沈黙〔ちんもく〕 침묵. 입을 다물고 말을 하지 않음.
沈澱〔ちんでん〕 침전. 액체 속에 있는 잡물이 바닥에 가라앉음.
沈着〔ちんちゃく〕 침착. 당황하지 않음.
沈滞〔ちんたい〕 침체. 일이 나아가지 않고 있음.

〖枕〗 풀：베개 침.
音：チン
訓：まくら

枕〔まくら〕 ①베개. ②머리말로 하는 짧은 이야기.
枕す〔まくらす〕 (自サ) 베개로 하다. 베개로 하고 자다.
枕刀〔まくらがたな〕 머리맡에 두는 호신용 칼.
枕木〔まくらぎ〕 침목.
枕屏風〔まくらびょうぶ〕 머릿 병풍.
枕捜し〔まくらさがし〕 자고 있는 나그네의 금품을 훔치는 일.
枕時計〔まくらどけい〕 머리맡에 놓고 자는 자명종.
枕許〔まくらもと〕 머리맡. 베갯머리.
枕絵〔まくらえ〕 춘화(春畫).

音　読

枕頭〔ちんとう〕 침두. 베갯머리.
枕席〔ちんせき〕 침석. 잠자리.

〖侵〗 풀：범할 침.
音：シン
訓：おかす

侵す〔おかす〕 (他5) ①침범하다. ②침해하다. ③병에 걸리다. 肺炎に侵される：폐렴에 걸리다.

音　読

侵攻〔しんこう〕 침공. 침범하여 공격함.
侵略〔しんりゃく〕 침략.
侵犯〔しんぱん〕 침범. 침노하여 범함.
侵入〔しんにゅう〕 침입. 침범함.
侵害〔しんがい〕 침해. 침범해 해를 끼침.
不可侵〔ふかしん〕 불가침.

〖浸〗 풀：적실 침.
音：シン
訓：①ひたす ②ひたる

❶浸す〔ひたす〕(他5)(물이나 액체에) 담그다. 흠뻑 적시다.
浸し物〔ひたしもの〕데친 푸성귀.
❷浸る〔ひたる〕(自5) ① 잠기다. 물에 젖다. ② 정신이 쏠리다. 버릇이 되다.

音 読

浸礼〔しんれい〕침례. 기독교에서 온 몸을 물 속에 잠기게 하는 의식.
浸水〔しんすい〕침수. 물에 잠김.
浸食〔しんしょく〕침식. 地表가 깎임.
浸染〔しんぜん〕침염. 차차 물이 듦.
浸潤〔しんじゅん〕침윤. 차차 젖어 옴.
浸透〔しんとう〕침투. 젖어 들어 감.

〔針〕

풀：바늘 침.
音：シン
訓：はり

針〔はり〕바늘. 침.
針金〔はりがね〕철사.
針立て〔はりたて〕바늘겨레.
針目〔はりめ〕(뜨개질의) 코.
針山〔はりやま〕바늘겨레.
針箱〔はりばこ〕바느질 그릇.
針の筵〔はりのむしろ〕바늘 방석.
針医〔はりい〕침술가(鍼術家). 침장이.
針子〔はりこ〕양복점이나 양장점에서 바느질하는 처녀.
針刺し〔はりさし〕바늘겨레.
針仕事〔はりしごと〕바느질. 재봉.

連濁音에 注意

注射針〔ちゅうしゃばり〕주사 바늘.
釣り針〔つりばり〕낚시 바늘.

音 読

針灸〔しんきゅう〕침구. 침질과 뜸질.
針路〔しんろ〕침로. 지남철이 가리켜 주는 방향.
針小棒大〔しんしょうぼうだい〕침소봉대.
針術〔しんじゅつ〕침술. 침.
針葉樹〔しんようじゅ〕침엽수.

〔寝〕

풀：잠잘 침.
音：シン
訓：① ねかす ② ねせる ③ ねる

❶寝かす〔ねかす〕(他5) ① 누이다. 재우다. ② 쓰러뜨리다. ③ 묵히다. 資本を～; 자본을 묵히다. ④ (누룩 따위를) 발효시키다. 뜨게 하다.
❷寝せる〔ねせる〕(他下1) 재우나. 자게 하다.
❷寝る〔ねる〕(自下1) ① 자다. ② 눕다. ③ (자본이) 놀다. 묵다. ④ (누룩이) 뜨다. 발효되다. ⑤ 놀고 먹다.

파 생 어

寝〔ね〕잠. 자는 일.
寝しな〔ねしな〕자려고 할 때.
寝ずの〔ねずの〕밤을 새우는.
寝そびれる〔ねそびれる〕(自下1) 잠을 설치다. 잠들지 못하고 깨다.
寝そべる〔ねそべる〕(自5) 엎드려 눕다.
寝たばこ〔ねたばこ〕잠자리에서 피우는 담배
寝覚め〔ねざめ〕잠에서 깨어남.
寝間〔ねま〕침실.
寝間着〔ねまき〕잠옷.
寝苦しい〔ねぐるしい〕(形)(고통으로) 잠들기 어렵다.
寝過ぎる〔ねすぎる〕(自上1) ① 지나치게 자다. ② 늦잠 자다.
寝棺〔ねかん〕시체를 누인 채로 넣는 관.
寝起き〔ねおき〕① 자고 일어남. ② 일상생활. 생활.
寝待ちの月〔ねまちのつき〕음력 19일 밤의 달.
寝乱れる〔ねみだれる〕(自下1) 입은 채로 잠을 자서 복장이 흐트러지다.
寝乱れ髪〔ねみだれがみ〕잠을 자서 흐트러진 머리.
寝溜(め)〔ねだめ〕미리 많이 자서 정력을 축적해 둠.
寝物語〔ねものがたり〕잠자리에서 하는 이야기.
寝返り〔ねがえり〕① 자다가 몸을 뒤척임. ② (자기편을 배반하고) 적에 붙음.
寝返る〔ねがえる〕(自5) ① 자다가 돌아눕다. ② (도중에 자기 편을 배반하고) 적에게 붙다.
寝癖〔ねぐせ〕① 잠버릇. ② (할 일이 많은데도) 잠만 자는 나쁜 버릇.
寝床〔ねどこ〕침상. 잠자리.
寝相〔ねぞう〕잠자는 모습.
寝小便〔ねしょうべん〕자면서 무심코 오줌을 쌈.
寝所〔ねどこ〕침소. 침실. 잘 곳.
寝首〔ねくび〕① 자는 사람의 목. ② 자는 사람을 죽여 베어 낸 목.
寝息〔ねいき〕잠잘 때의 호흡.
寝心地〔ねごこち〕잘 때의 기분.
寝顔〔ねがお〕잠자는 얼굴.
寝押し〔ねおし〕(바지, 스커어트 등을) 요 밑에 깔고 자서 주름을 잡음.
寝様〔ねざま〕자는 모습. 잠버릇.
寝言〔ねごと〕잠꼬대.
寝違える〔ねちがえる〕(自下1) 부자연스런 자세로 잠을 자서 목이나 어깨에 통증이 생기다.
寝椅子〔ねいす〕누워 잘 수 있게 만든 의자.
寝耳〔ねみみ〕잠귀. 잠결.
寝入る〔ねいる〕(自5) ① 깊이 잠들다. ② 자기 시작하다. ③ 인기(활기)가 없어지다. 시들다.
寝入り端〔ねいりばた〕잠들 즈음.
寝込み〔ねこみ〕깊이 잠든 동안.
寝込む〔ねこむ〕(自5) ① 푹 잠들다. 깊은 잠이 들다. ② (병으로) 오래 자리에 눕다. 몸져 눕다.
寝転がる〔ねころがる〕(自5)(아무 일도 하지 않고) 뒹굴다.
寝転ぶ〔ねころぶ〕(自5) 아무렇게나 드러눕다. 뒹굴다. 엎드려 눕다.

ㅋ

寝正月〔ねしょうがつ〕① 남이 휴가를 즐기는 설을 감기 따위로 그냥 집에서 보냄. ② 세배나 놀러 가지 않고 매일 집에서 늦잠으로 설을 지냄.
寝静まる〔ねしずまる〕(自5) 모두 잠들어 고요해지다.
寝際〔ねぎわ〕막 자려고 할 때.
寝酒〔ねざけ〕자기 전에 마시는 술.
寝汗〔ねあせ〕식은 땀.
寝惚ける〔ねぼける〕(自下1) ① 잠이 덜 깨어 어리둥절하다. ② 잠결에 깨어나 어리둥절한 짓을 하다.

音　読

寝〔しん〕잠자리. ～につく; 잠자리에 들다. 〔ね〕잠. 자는 일.
寝具〔しんぐ〕침구.
寝台〔しんだい〕침대. 침상.
寝食〔しんしょく〕침식. 일상 생활.
寝室〔しんしつ〕침실. 잠자는 방.
寝殿〔しんでん〕옛날 天子가 거처하던 어전(御殿).

【칭】

〔称〕 풀：일컬을 칭.
音：ショウ
訓：① たたえる ② となえる

❶ 称える〔たたえる〕(他下1) 칭찬하다. 칭송하다. 기리다.
❷ 称える〔となえる〕(他下1) 호칭하다. (이름을) …라 부르다. 일컫다.
称え〔となえ〕호칭. 명칭.

音　読

称〔しょう〕명칭. 칭호.
称する〔しょうする〕(他サ) ① 일컫다. 칭하다. 말하다. ② 칭찬하다. 칭송하다.
称名〔しょうみょう〕부처의 이름을 욈.
称揚〔しょうよう〕칭양. 칭찬.
称賛〔しょうさん〕칭찬. 기림.
称号〔しょうごう〕칭호.

【쾌】

〔快〕 풀：유쾌할 쾌.
音：カイ
訓：こころよい

快い〔こころよい〕(形) ① 상쾌하다. 유쾌하다. 기분좋다. ② (병세가) 좋아지다.
快〔かい〕쾌락. 기분이 좋음.
快感〔かいかん〕쾌감. 상쾌하고 유쾌한 느낌.
快楽〔かいらく〕쾌락. 즐거움.
快速〔かいそく〕쾌속. 통쾌한 속도.
快活〔かいかつ〕쾌활. 마음씨나 행동이 씩씩하고 활발함.

【타】

〔他〕 풀：남 타.
音：タ
訓：

他〔た〕① 기타. 다른. ② 다른 사람. 남. ③ 다른 것. ④ 다른 곳.
他国〔たこく〕타국. 다른 나라.
他動詞〔たどうし〕타동사.
他方〔たほう〕① 다른 방향. ② 다른 면.
他山の石〔たざんのいし〕타산지석.
他殺〔たさつ〕타살. 남이 죽임.
他言〔たごん〕남에게 이야기함.
他意〔たい〕타의. 다른 특별한 생각.
他人〔たにん〕타인. 남. 다른 사람.
他出〔たしゅつ〕외출함. 출타.
他郷〔たきょう〕타향. 다른 고장.

〔打〕 풀：칠 타.
音：ダ
訓：うつ

打つ〔うつ〕(他5) ① 치다. ② 때리다. 두드리다. ③ 부딪치다. ④ 박다. ⑤ 내걸다. 게시하다. ⑥ (총을) 쏘다. ⑦ (바둑을) 두다. ⑧ (물을) 뿌리다. ⑨ (어떤행위를) 하다. ⑩ 다듬이질하다. ⑪ 묶다. 포박하다. ⑫ 측량하다. ⑬ 지급하다. ⑭ 파서 만들다.
打ちのめす〔うちのめす〕(他5) 때려 눕히다. 박살내다.
打ちまくる〔うちまくる〕(他5) (총을) 계속해서 격렬하게 쏘아대다.
打ち据える〔うちすえる〕(他下1) ① 때려 눕히다. 타도하다. ② 고정시켜 두다. 꼼짝 못하게 하다.
打(ち)見〔うちみ〕언뜻 봄. 힐끗 봄.
打ち見る〔うちみる〕(自上1) ① 보다. ② 얼핏 보다. 힐끗 보다.
打(ち)頃〔うちごろ〕(야구에서) 타자가 치기 좋을 정도의 것.
打ち過ぎる〔うちすぎる〕(自上1) ① 지나치게 때리다. ② (편지의 인사말에서) 시일이 너무 경과되었음을 이르는 말.
打ち寛ぐ〔うちくつろぐ〕(自5) 긴장을 완전히 풀다. 편안한 마음을 갖다.
打(ち)掛け〔うちかけ〕① 일본 여자옷의 띠를 두른 위에 걸쳐 입는 긴 옷. ② (바둑에서) 승부가 그 날 안으로 끝나지 않아서 일단 멈추는 일.
打(ち)壊し〔うちこわし〕때려 부숨. 파괴.
打ち気〔うちき〕(야구에서) 투수의 공을

치려고 하는 적극적인 마음 자세.

打ち寄せる〔うちよせる〕(自下1) ① 밀어 닥치다. ② 들이닥치다. 접근하다.

打ち紐〔うちひも〕 여러 가닥으로 꼰 끈.

打ち倒す〔うちたおす〕(他5) ① 쳐서 넘어뜨리다. ② 타도하다. 강한 자를 꺾다.

打(ち)豆〔うちまめ〕 콩을 물에 불려서 짓찧은 것.

打ち落とす〔うちおとす〕(他5) ① 쳐서 떨어뜨리다. ② 두들겨 떨어뜨리다. ③ 쏘아 떨어뜨리다.

打ち連れる〔うちつれる〕(自下1) 동반하다. 같이 가다. 함께 가다.

打ち立てる〔うちたてる〕(他下1) 수립하다. 새로히 튼튼하게(훌륭하게) 만들어 내다.

打(ち)綿〔うちわた〕 무명활로 탄 솜.

打ち明ける〔うちあける〕(他下1) 털어 놓고 이야기하다. 숨김 없이 이야기하다. 고백하다.

打ち明け話〔うちあけばなし〕 숨김 없이 털어 놓는 이야기. 고백(告白).

打ち鳴らす〔うちならす〕(他5) 쳐서 소리를 내다.

打(ち)物〔うちもの〕 ① 두드려 만든 금속기구. ② 타악기(打楽器). ③ 판에 넣어 찍어 내어 굳힌 마른 과자. ④ 다듬이질하여 윤을 낸 견직물(絹織物).

打(ち)返し〔うちかえし〕 ① 헌 솜을 탄 것. ② 무대 배경을 뒤집어 다른 배경으로 하는 일.

打ち返す〔うちかえす〕(他5) ① 반격(反撃)하다. ② (논밭을) 갈아 뒤집다. ③ (헌 솜을) 타다. (自5) (밀려 나간 파도가) 다시 밀려 오다.

打(ち)抜き〔うちぬき〕 종이나 얇은 금속판에 본을 대고 그 본의 모양대로 구멍을 뚫음.

打ち抜く〔うちぬく〕(他5) ① 본을 대고 그 모양대로구멍을 뚫다. ② 구멍을 뚫다. ③ 우물을 파다.

打(ち)方〔うちかた〕 ① 총을 쏨. 사격. ② 총쏘는 법.

打(ち)歩〔うちぶ〕 割増金. 프리미엄.

打(ち)付(け)〔うちつけ〕 ① 갑작스러움. 돌연. ② 노골적임.

打ち付ける〔うちつける〕(他下1) ① 부딪치다. ② (못 따위를) 세게 박다.

打ち負かす〔うちまかす〕(他5) ① 쳐서지게 하다. ② 완전히 지게 하다.

打ち負ける〔うちまける〕(自下1) (야구에서) 打法, 打力이 상대보다 못하다.

打(ち)粉〔うちこ〕 ① (칼 손질할 때에) 칼에 뿌리는 숫돌 가루. ② 땀띠약. ③ 반죽이 통에 붙지 않도록 뿌리는 가루.

打ち払う〔うちはらう〕(他5) ① 털다. ② (흩어지게) 쫓아 버리다. ③ (총포 따위를) 쏘아서 쫓아 버리다.

打ち崩す〔うちくずす〕(他5) 쳐부수다. 쳐서 상대의 기운을 꺾다.

打ち捨てる〔うちすてる〕(他下1) 방치하다. 내버려 두다.

打ち殺す〔うちころす〕(他5) ① 학살하다. ② 때려 죽이다. 타살하다. ③ 쏘아 죽이다.

打ち上げ〔うちあげ〕 ① 쏘아 올림. (공중으로) 높이 발사함. ② 흥행의 끝.

打ち上げる〔うちあげる〕(他下1) ① 쏘아 올리다. 쳐 올리다. ② 흥행을 끝마치다. ③ (바둑) 상대의 죽은 돌을 따내다. ④ 파도가 물건을 해안으로 밀어 올리다. (自下1) 파도가 해안을 때리다. 파도가 육지로 밀어 닥치다.

打ち上げ花火〔うちあげはなび〕 하늘 높이 쏘아 올리는 불꽃.

打(ち)傷〔うちきず〕 타박상(打撲傷).

打(ち)所〔うちどころ〕 ① (몸 따위의) 부딪친 곳. ② (문제삼아서) 트집잡을 곳.

打(ち)消し〔うちけし〕 ① (文法에서) 부정(否定). ② 부정(否定)하는 일.

打ち消す〔うちけす〕(他5) ① 부정(否定)하다. ② 지우다. ③ 끄다. ④ 제거하다.

打ち続く〔うちつづく〕(自5) 계속되다. 죽 계속되다.

打ち砕く〔うちくだく〕(他5) ① 때려 부수다. 쳐부수다. ② 곱게 빻다. ③ 쉽게 하다.

打(ち)水〔うちみず〕 (먼지가 일지 않도록, 또는 더위를 막기 위해서) 길이나 뜰에 뿌리는 물.

打(ち)手〔うちて〕 ① 토벌(討伐)하는 사람. ② 총을 쏘는 사람. 射手. ③ 도박을 잘하는 사람.

打ち首〔うちくび〕 참수(斬首). 斬刑.

打ち勝つ〔うちかつ〕(自5) ① (강한 상대를) 이겨내다. ② 극복해 내다. ③ (야구에서) 打法, 打力이 상대보다 낫다.

打(ち)身〔うちみ〕 타박상(打撲傷).

打ち萎れる〔うちしおれる〕(自下1) (좌절감 따위로) 아주 풀이 죽다.

打ち違い〔うちちがい〕 ① 잘못 때림. 잘못 침. 틀리게 친 것. ② 열십자로 교차됨.

打ち込む〔うちこむ〕(他5) ① 박아 넣다. ② 때리다. ③ 집중시키다. ④ 던지다. ⑤ (바둑에서) 상대방의 세력권 안에 뛰어들다. ⑥ (검도에서) 쳐들어가다. ⑦ (정구, 야구에서) 타격 연습을 하다.

打(ち)切(り)〔うちきり〕 ① 벰. 자름. ② 그만둠. 중단.

打ち切る〔うちきる〕(他5) ① 중단하다. 중지하다. ② 자르다. 치다. ③ 바둑 따위를 끝까지 두다.

打ち絶えて〔うちたえて〕 전연. 전혀.

打ち重なる〔うちかさなる〕(自5) (몇겹으로) 겹치다.

打(ち)止め〔うちどめ〕 ① 최후. 마지막. 끝. ② 흥행, 상연의 끝. ③ 쏘거나 두드리는 일을 중지함.

打ち止める〔うちとめる〕(他下1) ① 쏘아 죽이다. ② (칼로) 쳐죽이다.

打ち集う〔うちつどう〕(自5) (여러 사람이) 모여들다.
打(ち)撒き〔うちまき〕① 액막이로 뿌리는 쌀. ② 神前에 올리는 쌀.
打(ち)出し〔うちだし〕① 쳐서 냄. ② 그 날 흥행의 종막.
打ち出す〔うちだす〕(他5) ① 쳐서 내다. 두드려서 내다. ② 치기 시작하다. ③ 자기의 주장을 명확하게 내세우다. ④ 하루의 흥행이 끝나다. 「이.
打(ち)出の小槌〔うちでのこづち〕요술방망
打ち取る〔うちとる〕(他5) ① 쳐죽이다. 타살하다. ② (경기에서) 강적을 물리치다.
打ち沈む〔うちしずむ〕(自5) 풀이 죽다. 축 늘어지다. 맥이 빠지다.
打ち破る〔うちやぶる〕(他5) ① 타파하다. ② (적을) 쳐부수다. 격파하다.
打(ち)荷〔うちに〕배가 난파한 것 같은 경우, 배의 중량을 가볍게 하고, 안전을 꾀하기 위하여 짐의 일부를 바다에 내던지는 일.
打(ち)合い〔うちあい〕(스포오츠 따위에서) 되받아 공격함.
打ち合(わ)せ〔うちあわせ〕미리 상의함. 협의(協議). 타합(打合).
打ち合わせる〔うちあわせる〕(他下1) ① 미리 의논하다. 협의하다. 타합하다. ② 맞부딪치다.
打ち解ける〔うちとける〕(自下1) 마음을 터놓다. 허물없이 사귀다.

音 読

打開〔だかい〕타개. ① 해결의 방도를 찾아 냄. ② 베거나 쳐서 여는 일.
打撃〔だげき〕타격. 때려 침.
打倒〔だとう〕타도. 쳐서 거꾸러뜨림.
打力〔だりょく〕타력. 치는 힘.
打撲傷〔だぼくしょう〕타박상.
打算的〔ださんてき〕타산적.
打楽器〔だがっき〕타악기(例: 북, 징).
打率〔だりつ〕타율. (야구에서) 打数와 安打와의 비율.
打者〔だしゃ〕타자. (야구에서) 배터.
打電〔だでん〕타전. 전보를 침.
打点〔だてん〕타점.
打診〔だしん〕타진. 두드려서 진찰함.
打破〔だは〕타파. 때려 부수어 버림.

〖妥〗 풀: 온당할 타.
音: ダ
訓:

妥結〔だけつ〕타결. 두 편의 뜻을 서로 절충하여 서로가 좋도록 이야기를 마무리 지음.
妥当〔だとう〕타당. 事理에 마땅하고 온당함.
妥議〔だぎ〕온당하게 서로 타협적으로 의논함.
妥協〔だきょう〕타협. 서로 양보하거나 상의하여 협력함.

〖堕〗 풀: 떨어질 타.
音: ダ
訓:

堕する〔だする〕(自サ) (좋지 않은 방향으로) 빠지다.
堕落〔だらく〕타락. 품행이 좋지 못하여 못된 곳에 빠짐.
堕胎〔だたい〕태아를 인공 유산시킴.

〖惰〗 풀: 게으를 타.
音: ダ
訓:

惰気〔だき〕타기. 게으른 마음.
惰力〔だりょく〕타력. 남의 힘.
惰眠〔だみん〕타면. 게으르게 자는 잠.
惰性〔だせい〕타성. 오래 되어 굳어진 버릇. 관성(慣性).
惰弱〔だじゃく〕타약. 의지가 굳세지 못하고 약함.

〖駄〗 풀: 탈 타. 짐실을 타.
音: ダ
訓:

駄菓子〔だがし〕하급(下級) 과자.
駄句〔だく〕서투른 俳句.
駄目〔だめ〕① (바둑에서) 공배. ② 쓸모없게 됨. ③ 보람이 없음. ④ 희망이 없음. ⑤ 안됨. 불가(不可). ⑥ (연극에서) 연출상의 주의.
駄弁〔だべん〕쓸 데 없는 잡담.
駄弁る〔だべる〕(自5) 쓸 데 없는 잡담을 하다.

【탁】

〖卓〗 풀: 높을 탁. 책상 탁.
音: ① タク ② タッ
訓:

音 読 1

卓〔たく〕책상. 테이블. 탁자.
卓論〔たくろん〕탁론. 뛰어난 의론.
卓立〔たくりつ〕탁립. 우뚝하게 섬.
卓抜〔たくばつ〕탁발. 뛰어남.
卓説〔たくせつ〕탁설. 뛰어난 학설.
卓越〔たくえつ〕탁월. 남보다 뛰어남.
卓子〔たくし〕탁자. 테이블.

音 読 2

卓見〔たっけん〕탁견. 뛰어난 의견이나 견식(見識).
卓球〔たっきゅう〕탁구. ピンポン.

〖託〗 풀: 부탁할 탁.
音: タク
訓: ① かこつ ② かこつける

❶**託つ**〔かこつ〕(他5) ① 핑계하다. 구실삼다. ② 탓하다. 푸념하다.
託ち顔〔かこちがお〕원망스러운 얼굴.
❷**託ける**〔かこつける〕(他下1) 핑계하다.

구실삼다.

音　読

託する〔たくする〕(他サ) ① 부탁하다. ② 구실삼다. 핑계삼다. ③ 어떤 형식을 빌어 나타내다.
託送〔たくそう〕탁송. 남에게 부탁하여 물건을 부침.
託児所〔たくじしょ〕탁아소. 어린아이를 맡아 보호하는 곳.

〔**濁**〕 풀 : 흐릴 탁.
音 : **ダク**
訓 : ① **にごす** ② **にごらす** ③ **にごる**

❶ **濁す**〔にごす〕(他5) ① 흐리게 하다. 탁하게 하다. ② (말을) 얼버무리다. 애매하게 말하다.
❷ **濁らす**〔にごらす〕(他5) 흐리게 하다. 탁하게 하다.
❸ **濁る**〔にごる〕(自5) 흐려지다. 탁하게 되다. (他5) 탁음이 되다. 탁음 부호를 찍다.
濁り〔にごり〕① 탁함. 흐림. 더러움. 불투명함. ② 탁음 부호.
濁り江〔にごりえ〕물이 흐린 강.
濁り鮒〔にごりぶな〕장마철 물이 불었을 때 잡는 붕어.
濁り声〔にごりごえ〕탁한 목소리.
濁声〔だみごえ〕① 탁성. 탁한 목소리. ② 사투리 섞인 발음.
濁り酒〔にごりざけ〕탁주.

音　読

濁流〔だくりゅう〕탁류. 흐린 물줄기.
濁世〔だくせい〕탁세. 더럽혀진 세상.
濁水〔だくすい〕탁수. 흐린 물.
濁音〔だくおん〕탁음. 흐린 소리.
濁酒〔だくしゅ〕탁주. 막걸리.

〔**濯**〕 풀 : 씻을 탁.
音 : **タク**
訓 : **すすぐ**

濯ぐ〔すすぐ〕(他5) ① 헹구다. 씻다. ② (누명, 불명예를) 씻다.
濯ぎ〔すすぎ〕① 헹구는 일. ② 발을 씻는 (더운) 물. 발 씻을 물.
洗濯〔せんたく〕세탁. 빨래함.

【탄】

〔**炭**〕 풀 : 숯 탄.
音 : **タン**
訓 : **すみ**

炭〔すみ〕숯.
炭籠〔すみかご〕숯 바구니.
炭焼(き)〔すみやき〕① 숯을 굽는 일. ② 숯불에 구운 요리.
炭火〔すみび〕숯불.

連濁音에 注意

堅炭〔かたずみ〕참숯.
消(し)炭〔けしずみ〕뜬숯.

音　読

炭鉱〔たんこう〕탄광. 석탄을 캐는 곳.
炭酸〔たんさん〕탄산.
炭素〔たんそ〕탄소. 非金属 원소.
炭水化物〔たんすいかぶつ〕탄수화물.
炭化〔たんか〕탄화. 탄소와 화합함.

〔**弾**〕 풀 : 탄알 탄. 퉁길 탄.
音 : **ダン**
訓 : ① **たま** ② **ひく** ③ **はずむ**

❶ **弾**〔たま〕총알.
❷ **弾く**〔ひく〕(他5) (악기를) 연주하다. 켜다. 타다. ピアノを～; 피아노를 치다. バイオリンを～; 바이올린을 켜다.
弾(き)物〔ひきもの〕현악기(弦楽器).
弾き手〔ひきて〕(바이올린, 피아노 따위의) 연주자.
弾き語り〔ひきがたり〕손수 피아노나 바이올린. 三味線을 연주하면서 노래함.
❸ **弾む**〔はずむ〕(自5) ① (반동으로) 튀다. ② 신바람이 나다. ③ (숨이) 거칠어지다. (他5) (돈을) 호기있게 내다.
弾み〔はずみ〕① 탄력. 튐. ② 여세. 기세. ③ 일이 되어가는 상황(형편). ④ 그 순간. 그 찰나.
弾み車〔はずみぐるま〕속도 조절 바퀴.

音　読

弾じる〔だんじる〕(他上1) 현악기(弦楽器)를 연주하다.
弾道弾〔だんどうだん〕탄도탄. 로켓탄.
弾力〔だんりょく〕탄력. 퉁기는 힘.
弾性〔だんせい〕탄성. 원상으로 돌아가려는 물체의 성질.
弾圧〔だんあつ〕탄압. 남을 억지로 누름. 권력으로 강제 압력을 줌.
弾薬〔だんやく〕탄약. 탄환과 화약.
弾劾〔だんがい〕탄핵. 비행을 조사하여 책임을 추궁하는 일.
弾丸〔だんがん〕탄환. 총알.

〔**嘆**〕 풀 : 탄식할 탄.
音 : **タン**
訓 : ① **なげかわしい** ② **なげく**

❶ **嘆かわしい**〔なげかわしい〕(形) 한심스럽다. 한탄할 만하다. 통탄스럽다.
❷ **嘆く**〔なげく〕(自他5) ① 한탄하다. ② 슬퍼하다. ③ 탄식하다. 개탄하다. 분개하다. ④ 한숨짓다.
嘆き〔なげき〕비탄. 한탄.
嘆き明かす〔なげきあかす〕(他5) 비탄(한숨)으로 밤을 지새우다.
嘆き暮らす〔なげきくらす〕(他5) 탄식으로 지내다. 한탄으로 지내다.
嘆き死に〔なげきじに〕비탄으로 죽음.

音　読

嘆じる〔たんじる〕(他サ) ① 한탄하다. 개탄하다. ② 감탄하다.

嘆声〔たんせい〕탄성. ① 탄식하는 소리. ② 감탄하는소리.
嘆息〔たんそく〕탄식. 한탄하여 크게 내쉬는 한숨.
嘆願〔たんがん〕탄원. 사정을 말하여 도와주기를 바람.

〔誕〕 풀：태어날 탄.
音：タン
訓：

誕生〔たんじょう〕탄생. ① 태어남. ② 태어나서 첫번째 생일. 돌날.
誕生日〔たんじょうび〕생일.

【탈】

〔脱〕 풀：벗을 탈.
音：① ダツ ② ダッ
訓：① ぬぐ ② ぬかす ③ ぬける

❶ 脱ぐ〔ぬぐ〕(他5) 벗다. くつを～; 구두를 벗다. 服を～; 옷을 벗다.
脱ぎ捨てる〔ぬぎすてる〕(他下1) 벗은 채로 두다. 벗어 던지다.
❷ 脱かす〔ぬかす〕(他5) 빠뜨리다. 빼다. (사이를) 거르다.
❸ 脱ける〔ぬける〕(自下1) ① 누락되다. 빠지다. ② 물러나다. 이탈하다.
脱け殻〔ぬけがら〕① (뱀, 매미 따위의) 허물. 벗은 껍질. ② 얼빠진 사람. 힘과 의욕을 잃은 사람.
脱け毛〔ぬけげ〕빠진 머리털.
脱け出す〔ぬけだす〕(自5) ① 빠져 나가다. 탈출하다. 살짝 빠져 나가다. ② 빠지기 시작하다.

音読 1

脱落〔だつらく〕탈락. 빠져서 없어짐.
脱毛〔だつもう〕탈모. 털이 빠짐.
脱帽〔だつぼう〕탈모. 모자를 벗음.
脱税〔だつぜい〕탈세. 세금을 안냄.
脱獄〔だつごく〕탈옥. 죄수가 감옥을 빠져 도망침.

音読 2

脱する〔だっする〕(自他サ) ① 벗어나다. 탈출하다. ② 제거하다. 없애다. ③ 빠뜨리다. 빠지다.
脱色〔だっしょく〕탈색. 물색을 뺌.
脱線〔だっせん〕탈선. 궤도를 벗어남.
脱水〔だっすい〕탈수. 물기를 뺌.
脱出〔だっしゅつ〕탈출. 빠져 나감.
脱退〔だったい〕탈퇴. 소속 단체에서 관계를 끊고 물러남.

【탐】

〔探〕 풀：찾을 탐.
音：① タン
訓：① さがす ② さぐる

❶ 探す〔さがす〕(他5) 찾다. 구하다. 落とし物を～; 잃은 물건을 찾다.
探し当てる〔さがしあてる〕(他下1) 찾아내다. やっと～; 겨우 찾아내다.
探し物〔さがしもの〕물건을 찾음.
探し絵〔さがしえ〕그림 찾기.
❷ 探る〔さぐる〕(他5) ① 더듬어 찾다. 뒤지다. ② 살피다. 탐색하다. ③ (아름다운 풍경을) 찾아다니다. 탐방하다.
探り〔さぐり〕① 탐색함. ② 더듬어 찾음. ③ 속을 떠봄. ④ 상처의 깊이를 재는 기구. ⑤ 도장의 앞 부분을 표시하기 위하여 오목하게 판 부분.
探り当てる〔さぐりあてる〕(他下 1) (손으로 더듬어) 찾아 내다. 탐지해 내다.
探り足〔さぐりあし〕(어두운 곳이나 보이지 않는 곳을) 발로 더듬어 가면서 걸음. 발로 더듬음.
探検〔たんけん〕탐검. 두루 살핌.
探究〔たんきゅう〕탐구. 살펴 연구함.
探問〔たんもん〕탐문. 살피어 물음.
探訪〔たんぼう〕탐방. 목적 인물을 찾아가는 일.
探査〔たんさ〕탐사. 더듬어 살펴 조사함.
探索〔たんさく〕탐색. 더듬어서 찾음.
探偵〔たんてい〕탐정. 비밀히 조사함.
探照燈〔たんしょうとう〕탐조등.
探知〔たんち〕탐지. 더듬어 살핌.
探険隊〔たんけんたい〕탐험대.

【탑】

〔塔〕 풀：탑 탑.
音：トウ
訓：

塔〔とう〕탑.
塔影〔とうえい〕탑영. 탑의 그림자.
塔尖〔とうせん〕탑첨. 탑의 뾰족한 곳.

【탕】

〔湯〕 풀：끓일 탕.
音：トウ
訓：ゆ

湯〔ゆ〕뜨거운 물. 목욕물. 목욕탕.
湯垢〔ゆあか〕(주전자나 목욕탕 따위에 끼는) 물때.
湯気〔ゆげ〕김. 수증기.
湯女〔ゆな〕온천. 여관의 하녀.
湯豆腐〔ゆどうふ〕물두부.
湯冷まし〔ゆざまし〕① 끓여 식힌 물. ② 끓인 물을 식히는 데 쓰는 그릇.
湯冷め〔ゆざめ〕목욕 후 한기를 느낌.
湯量〔ゆりょう〕(온천에서 솟아나오는) 탕수(湯水)의 양.
湯沸(か)し〔ゆわかし〕물 끓이는 주전자.
湯上がり〔ゆあがり〕①목욕을 마치고 나옴. ②목욕 후 몸을 닦는 커다란 타올. ③목욕 후 입는 홑옷.
湯水〔ゆみず〕①더운 물과 찬물. ②아무데나 많이 있는 흔한 것.
湯煙〔ゆけむり〕김. 수증기.
湯玉〔ゆだま〕끓는 물의 거품.
湯屋〔ゆや〕공중 목욕탕.
湯浴み〔ゆあみ〕목욕.
湯元〔ゆもと〕온천이 솟는 근원.
湯引く〔ゆびく〕(他5) (생선, 고기 따위를)살짝 삶다.
湯煮〔ゆに〕삶은 음식.
湯殿〔ゆどの〕목욕탕.
湯中り〔ゆあたり〕오랜 시간 목욕탕 속에 들어가 있어서 몸에 탈이 남.
湯漬け〔ゆづけ〕더운 물에 단 밥.
湯茶〔ゆちゃ〕끓인 물과 차.
湯炊き〔ゆだき〕끓는 물에 쌀을 안쳐 밥을 지음.
湯通し〔ゆどおし〕피륙을 미지근한 물에 담그는 일(풀기를 빼어 부드럽게 하거나 줄어듬을 막음).
湯疲れ〔ゆづかれ〕목욕탕에 너무 오래 들어가 있어서 피로해지는 일.
湯治〔とうじ〕탕치. 온천에서 목욕하여 상처나 병을 고침.

【태】

〔太〕 풀：클 태.
音：①タ ②タイ
訓：①ふとい ②ふとる ③ふとやか

❶太い〔ふとい〕(形) ①굵다. ② (담이) 크다. 담대하다. ③뻔뻔스럽다. 넉살좋다.

連濁音에 注意

図太い〔ずぶとい〕(形) 뻔뻔스럽다.
肉太〔にくぶと〕글씨 획이 굵음.
❷太る〔ふとる〕(自5) ①살찌다. ②불어나다. 늘어나다. 財産が～；재산이 늘어나다.
太り肉〔ふとりにく〕살집이 좋음.

連濁音에 注意

水太り〔みずぶとり〕살이 무르고 뚱뚱함.
❸太やか〔ふとやか〕(形動) 굵직함. 살이 찐 모양.
太股〔ふともも〕넓적다리.
太目〔ふとめ〕①굵직함. 굵은듯함. ② (편물에서)굵게 짠(뜬)눈.
太物〔ふともの〕옷감. 피륙. 천.
太っ腹〔ふとっぱら〕배짱이 큼.
太字〔ふとじ〕①굵은 글씨. ② (인쇄에서) 고딕체.
太箸〔ふとばし〕설에 떡국을 먹는데 쓰는 굵은 젓가락.

音 読 1

太刀〔たち〕허리에 차는 칼(60cm이상의 외날의 것).
太郎〔たろう〕長男에게 붙이는 이름.
与太〔よた〕①불량배. ②바보. 얼간이. ③나태. 게으름. ④허튼 수작. 터무니 없는 말.
与太者〔よたもの〕①게으름뱅이. ②못난이. ③불량소년. 불량배.
丸太〔まるた〕통나무.

例 外

根太〔ねだ〕마루청을 깔기 위하여 가로지른 길고 튼튼한 나무. 마룻귀틀.
地団太〔じだんだ〕화가 나거나 분해서 발을 구르는 일.

音 読 2

太古〔たいこ〕태고. 아주 옛날.
太鼓〔たいこ〕북.
太鼓橋〔たいこばし〕가운데가 반원형으로 불룩한 다리. 홍예다리.
太鼓腹〔たいこばら〕올챙이 배.
太鼓医者〔たいこいしゃ〕말로만 잘하고 의술은 신통치 않은 의사.
太鼓持ち〔たいこもち〕①연회석에 나가 분위기를 흥겹게 하는 것을 업으로 하는 남자. ②남의 비위를 잘 맞추는 남자.
太鼓判〔たいこばん〕큼직한 도장. 확실한 보증.
太極〔たいきょく〕태극. 만물이 태어나는 우주의 근원.
太陽〔たいよう〕태양. 해.
太初〔たいしょ〕태초. 천지 개벽의 시초.
太平〔たいへい〕태평.
太平洋〔たいへいよう〕태평양.

〔怠〕 풀：게으를 태.
音：タイ
訓：①なまける ②おこたる

❶怠ける〔なまける〕(自下1) 게으름 피우다. 게을리 하다.
怠け者〔なまけもの〕게으름뱅이.
❷怠る〔おこたる〕(自5) ①게으름피우다. 태만히 하다. ②소홀히 하다.

ㅌ

怠慢〔たいまん〕태만. 게으름.
怠業〔たいぎょう〕태업. 노동자가 단결하여 고의(故意)로 노동 능률을 저하시키는 일.
怠惰〔たいだ〕태타. 게으르고 태만함.

〔胎〕 풀：아이밸 태.
音：**タイ**
訓：

胎教〔たいきょう〕태교. 임신하고 있을 때, 태아에게 좋은 감화(感化)를 주도록 임신부가 언행을 바르게 갖는 일.
胎内〔たいない〕어머니 뱃속.
胎毒〔たいどく〕태독.
胎動〔たいどう〕태동. 母胎 속에서의 태아의 운동.
胎盤〔たいばん〕태반. 모체(母体)안의 태아가 들어 있는 곳.
胎生〔たいせい〕태생. 새끼가 모체(母体)에서 태어나는 것.
胎児〔たいじ〕태아. 뱃속에 든 아이.

〔殆〕 풀：위태로울 태.
音：
訓：**ほとんど**

殆ど〔ほとんど〕(副) 거의. 대략. 하마터면. ～ない；거의 없다. ～死ぬところだった；하마터면 죽을뻔 했다.

〔泰〕 풀：클 태.
音：**タイ**
訓：

泰斗〔たいと〕태두. 권위자. 대가(大家).
泰山〔たいざん〕태산. 높고 큰 산.
泰西〔たいせい〕태서. 서양.
泰然自若〔たいぜんじじゃく〕태연 자약.
泰平〔たいへい〕태평. 세상이 조용하고 안정됨.

〔態〕 풀：태도 태.
音：**タイ**
訓：**わざと**

態と〔わざと〕(副) 일부러. 고의로. ～らしい；부자연스럽다. 고의적인 듯하다. 꾸며낸 티가 나다.
態態〔わざわざ〕(副) ①특별히. ②고의로. 일부러.
態度〔たいど〕태도. 몸가짐. 행동.
態勢〔たいせい〕태세. ①자세(姿勢). ②상태와 형세.
態様〔たいよう〕모양. 상태. 형편.

【택】

〔宅〕 풀：집 택.
音：**タク**
訓：

宅〔たく〕집. 댁.
宅地〔たくち〕택지. 집의 대지. 주택을 세우기 위한 땅.
宅扱い〔たくあつかい〕철도 소화물을 보내는 사람의 집에서부터 받는 사람의 집까지 배달해 주는 것.

〔択〕 풀：가릴 택.
音：**タク**
訓：**えらぶ**

択ぶ〔えらぶ〕(他5) 고르다. 뽑다. 嫁を～；며느리(아내)를 고르다.

音 読

択一〔たくいつ〕택일. 두개 이상의 것중에서 하나를 고르는 것.
選択〔せんたく〕선택. 고름.

〔沢〕 풀：못 택.
音：**タク**
訓：**さわ**

沢〔さわ〕①풀이 나 있는 저습지(低湿地). ②산간의 넓고 얕은 골짜기.
沢辺〔さわべ〕못가. 늪가.
沢煮〔さわに〕국물을 많이 부어 삼삼하게 끓인 음식.
沢煮椀〔さわにわん〕돼지 고기와 야채를 채쳐서 만든 짭짤한 국.

音 読

沢山〔たくさん〕①(수효나 분량이) 많음. ②충분함. 더 필요 없음.
光沢〔こうたく〕광택. 윤.

【토】

〔土〕 풀：흙 토.
音：①ト ②ド
訓：**つち**

土〔つち〕①흙. 땅. ②대지(大地). 육지. ③지상(地上). 지면(地面).
土いじり〔つちいじり〕①어린이의 흙장난 ②취미로 원예나 농사를 지음.
土塊〔つちくれ〕흙덩이.
土気〔つちけ〕시골티가 남.
土気色〔つちけいろ〕흙빛. 생기없는 얼굴빛. 창백한 얼굴.
土寄せ〔つちよせ〕(농작물에) 흙을 북돋아 줌. 배토(培土).
土牢〔つちろう〕지하 감옥.
土踏まず〔つちふまず〕차를 타며 조금도 걷지 않음.
土付かず〔つちつかず〕(씨름에서) 全勝.
土色〔つちいろ〕흙빛.
土焼き〔つちやき〕질그릇. 잿물을 올리지 않고 약한 불에 구워 낸 토기(土器).
土煙〔つちけむり〕흙먼지.
土遊び〔つちあそび〕흙장난.
土臭い〔つちくさい〕(形) ①흙내 나다. ②시골티가 나다. 촌스럽다.

例 外

土産〔みやげ〕(남의 집을 방문할 때나 여

E

행에서 돌아올 때의)선물.
土産品〔みやげひん〕토산품.
土産話〔みやげばなし〕여행 중에 보고 듣고 한 이야기. 여행 이야기.

音読 1

土地〔とち〕토지. ①땅. ②인간생활을 영위하는 지면(地面). ③그곳. 고장. ～の者；그 고장 사람. 토박이.

音読 2

土間〔どま〕봉당. 토방.
土建〔どけん〕토건. 土木建築의 준말.
土管〔どかん〕토관. 찰흙으로 구워만든 둥근 관.
土器〔どき〕토기. 진흙으로 만들어 잿물을 올리지 않고 구운 그릇.
土壇場〔どたんば〕①목을 베는 형장(刑場). ②막다른 곳. 최후의 경우.
土台〔どだい〕토대. 기초. 기본.
土木工事〔どぼくこうじ〕토목 공사.
土方〔どかた〕토목 공사에 종사하는 노동자. 인부.
土砂〔どしゃ〕토사. 흙과 모래.
土砂降り〔どしゃぶり〕비가 억수같이 퍼부음. 억수같이 오는 비.
土星〔どせい〕토성.
土盛り〔どもり〕공사장에서 흙을 쌓아 올림.
土性骨〔どしょうぼね〕타고 난 성질.
土俗〔どぞく〕토속. 지방 고유의 풍속.
土手〔どて〕①제방(堤防). ②물고기의 살을 크게 벤 덩어리.
土壌〔どじょう〕토양. 농작물이 자라는 토지. 흙.
土曜日〔どようび〕토요일.
土用〔どよう〕立春, 立夏, 立秋, 立冬 전의 18일간. 특히 立夏 및 立秋 전의 18일간.
土人〔どじん〕토인. 미개인(未開人).
土質〔どしつ〕토질. 흙의 성질.
土着〔どちゃく〕토착.
土俵〔どひょう〕안에 흙을 넣은 가마니.

〔吐〕
풀：토할 토.
音：ト
訓：はく

吐く〔はく〕(他5) ①토하다. ②내뱉다. ③내뿜다. ④(숨을) 내쉬다. ⑤(생각,감정을) 토로하다.
吐き気〔はきけ〕구역질. 욕지기.
吐き出す〔はきだす〕(他5) 토해내다. 내뱉다.
吐き下し〔はきくだし〕토하고 설사함.

音　読

吐露〔とろ〕토로. (자기 의견을) 송두리째 털어 놓음.
吐息〔といき〕한숨. 한탄.
吐血〔とけつ〕토혈. 피를 토함.

〔討〕
풀：칠 토.
音：トウ
訓：うつ

討つ〔うつ〕(他5) 공격하다. 찌르다.
討ち果たす〔うちはたす〕(他5) ①(원수따위를 무기를 써서)죽이다. ②(적을) 완전히 지게 하다.
討(ち)死(に)〔うちじに〕적과 싸우다가 죽음. 전사(戦死).
討(ち)手〔うちて〕토벌(討伐)하는 사람.
討(ち)入(り)〔うちいり〕습격. 쳐들어 감.
討ち取る〔うちとる〕(他5) ①(무기로 적을)죽이다. 쳐죽이다. 타살하다. ②(경기에서) 강적을 물리치다.

音　読

討究〔とうきゅう〕서로 의론을 교환하며 충분히 연구함.
討論〔とうろん〕토론. 의론을 벌임.
討滅〔とうめつ〕토멸. 쳐서 멸망시킴.
討伐〔とうばつ〕토벌. 군사를 동원하여 죄 있는 자를 침.
討議〔とうぎ〕토의. 서로 의견을 나눔.

【통】

〔通〕
풀：통할 통.
音：①ズウ ②ツウ
訓：①かよう ②とおす
③とおる

ㅌ

❶通う〔かよう〕(自5) ①다니다. 왕래하다. ②애인이 있는 곳에 자주 가다. ③통하다. ④마음이 상통하다. ⑤닮다. 비슷하다. 통하는 점이 있다.
通い〔かよい〕①왕래. 교통. ②통근. ③근무. ④통장(通帳).
通(い)路〔かよいじ〕통로.
通(い)箱〔かよいばこ〕상품 배달용의 상자 (나중에 빈병 따위를 회수하는데 사용함).
通(い)帳〔かよいちょう〕(예금, 외상 따위의)통장.
❷通す〔とおす〕(他5) ①통하게 하다. 뚫다. ②통과시키다. ③안내하다. ④투과시키다. ⑤꿰다. ⑥(고집, 주장을) 끝까지 꺾지 않다. 관철시키다. ⑦앞뒤가 맞다. ⑧꿰뚫다. 스며들다. ⑨(처음부터 끝까지)계속하다. ⑩대충 훑어보다.
通し〔とおし〕①안내. ②처음부터 끝까지 이어심. ③요리가 시작되기 전에 나오는 간단한 음식.
通し馬〔とおしうま〕줄곧 같은 말로 목적지까지 가는 말.
通し矢〔とおしや〕먼 거리의 과녁을 쏨. 활 겨루기.

連濁音에 注意

素通し〔すどおし〕훤히 보임.
夜通し〔よどおし〕밤새도록.
❸通る〔とおる〕(自5) ①통하다. ②뚫리다. 개통하다. ③잘 들리다. ④알려지다. ⑤안내하다. ⑥(음식점에서, 주방에 주문

을)알리다. ⑦통과하다. 지나가다. ⑧합격하다. ⑨가결되다. ⑩꿰어지다.
通り〔とおり〕①길. ②통함. 통과. 통행. ③신용. 평(評). ④잘 통함. ⑤종류.
通りすがり〔とおりすがり〕지나는 길.
通り掛かり〔とおりがかり〕지나는 길. 지나는 도중임.
通り掛かる〔とおりかかる〕(自5) (우연히 그 곳을)지나다. 마침 지나가다.
通り掛け〔とおりがけ〕지나는 길.
通り魔〔とおりま〕지나는 악마(악인).
通り名〔とおりな〕통칭(通称).
通り抜け〔とおりぬけ〕(골목 따위를) 빠져나감.
通り相場〔とおりそうば〕보통 시세.
通り言葉〔とおりことば〕일반의 통용어(通用語).
通り雨〔とおりあめ〕지나가는 비.
通り越す〔とおりこす〕(他5) 지나쳐 앞지르다. 통과하다. 넘기다. 危機を～; 위기를 넘기다.
通り一遍〔とおりいっぺん〕표면상.
通り合わせる〔とおりあわせる〕(自下1) 때마침 (그 곳을)지나가다.

連濁音에 注意

九分通り〔くぶどおり〕거의. 대체로.
人通り〔ひとどおり〕사람의 왕래.

例　外

通夜〔つや〕(죽은 사람의 유해를 지키며) 밤샘.

音読 1

神通力〔じんずうりき〕신통력. 무엇이든 마음대로 할 수 있는 신기한 힘.
融通〔ゆうずう〕융통. 그때그때 형편에 따라서 적절히 처리함.

音読 2

通じる〔つうじる〕(自サ) ①통하다. 상통하다. ②밀통하다. ③(은밀히)관계를 맺다. ④널리 보급되다. 통용하다. ⑤잘 알다. (他サ) ①통하게 하다. 다니게 하다. ②(어느 경로를) 통하다. ③전체에 미치다.
通告〔つうこく〕통고. 알리어 줌.
通過〔つうか〕통과. 그냥 지나감.
通関〔つうかん〕통관.
通路〔つうろ〕통로.
通商〔つうしょう〕통상. 외국과의 무역.
通信〔つうしん〕통신. 소식을 전함.
通訳〔つうやく〕통역.
通用〔つうよう〕통용. 일반적으로 쓰임.
通帳〔つうちょう〕통장.
通知〔つうち〕통지. 기별하여 알림.
通行〔つうこう〕통행. 길로 다님.
通貨〔つうか〕통화. 유통되는 화폐.
通話〔つうわ〕통화.

〔痛〕
풀：아플 통.
音：**ツウ**
訓：①**いたい** ②**いたましい** ③**いたむ** ④**いためる**

❶**痛い**〔いたい〕(形) ①아프다. ②(마음이)쓰리다. 뼈아프다. ③(약점을 찔려서) 뜨끔하다.
痛がる〔いたがる〕(自5) 아파해하다.
痛さ〔いたさ〕아픔.
❷**痛ましい**〔いたましい〕(形) 참혹하다. 가엾다. 애처롭다.
❸**痛む**〔いたむ〕(自5) ①(몸이) 아프다. ②괴롭다. ③상하다. 파손되다.
痛み〔いたみ〕①아픔. ②쓰라림. ③(과일 등이)상함. ④손상. 파손.
痛み分け〔いたみわけ〕(씨름 따위에서) 한 쪽의 부상으로 경기를 중단함.
痛み入る〔いたみいる〕(自5) 황송해하다. 송구스럽다.
痛み止め〔いたみどめ〕진통제.
❹**痛める**〔いためる〕(他下1) ①아프게하다. ②고통을 주다. 다치다. 상하다. ③타격을 주다. ④흠내다. 파손하다.
痛め付ける〔いためつける〕(他下1) 혼내주다. 호되게 닦아 세우다.
痛事〔いたごと〕(비용 등이 많이들어)괴로운 일. 타격.
痛手〔いたで〕①깊은 상처. 중상(重傷). ②심한 타격.
痛し痒し〔いたしかゆし〕어떻게 해야 좋을지 진퇴 양난임. 난처함. 미묘함.
痛痛しい〔いたいたしい〕(形) 애처롭다. 딱하다.

音　読

痛感〔つうかん〕통감. 절실히 느낌.
痛烈〔つうれつ〕통렬. 사납고 세참.
痛快〔つうかい〕통쾌. 매우 유쾌함.
痛打〔つうだ〕통타. 야구에서 통쾌하게 때림.

〔筒〕
풀：대롱 통.
音：**トウ**
訓：**つつ**

筒〔つつ〕①대롱. ②銃身. 砲身. ③우물 안 둘레의 벽.
筒口〔つつぐち〕⇨ 筒先.
筒抜け〔つつぬけ〕①(비밀이) 곧바로 누설됨. ②쇠귀에 경 읽기.
筒先〔つつさき〕대롱 모양의 끝. ①호스의 끝. ②총부리.
筒咲き〔つつざき〕꽃잎이 대롱 모양으로 피는 꽃.
筒袖〔つつそで〕통소매.
筒音〔つつおと〕(구식의) 총소리. 포성.
筒井〔つつい〕통처럼. 둥글게 판 우물.

音　読

封筒〔ふうとう〕봉투.
円筒〔えんとう〕원통. 둥근 통.

〔統〕
풀：거느릴 통.
音：**トウ**
訓：**すべる**

統べる〔すべる〕(他下1) ①총괄하다. 통

합하다. ②통솔하다. 지배하다.
統監〔とうかん〕통감. 통할하고 감독함.
統計〔とうけい〕통계. 모아서 계산함.
統括〔とうかつ〕통괄. 낱낱의 딴 일을 한데 몰아 잡음.
統督〔とうとく〕통독. 통할하여 감독함.
統率〔とうそつ〕통솔. 거느림.
統帥〔とうすい〕통수. 군대를 지휘함.
統御〔とうぎょ〕통어. 거느리어 제어함.
統一〔とういつ〕통일. 하나로 만듦.
統制〔とうせい〕통제. 규칙에 따라 제어하거나 모음.
統治〔とうち〕통치. 도맡아 다스림.
統合〔とうごう〕통합. 하나로 합함.

【퇴】

〔**退**〕 풀：물러날 퇴.
音：**タイ**
訓：①**しりぞく** ②**しりぞける**

❶ **退く**〔しりぞく〕(自5) 물러서다. 후퇴하다. 물러나다.
❷ **退ける**〔しりぞける〕(他下1) ①물리치다. 멀리하다. ②물러나게 하다. 격퇴하다. ③그만두게 하다. 면직시키다. 해임하다. ④거절하다.
退却〔たいきゃく〕퇴각. 뒤로 물러남.
退歩〔たいほ〕퇴보. 뒤로 물러섬.
退役〔たいえき〕퇴역. 병역에서 물러남.
退院〔たいいん〕퇴원.
退任〔たいにん〕퇴임. 근무를 그만둠.
退職〔たいしょく〕퇴직. 직장을 그만둠.
退治〔たいじ〕퇴치. 아주 없애 버림.
退学〔たいがく〕퇴학. 학교를 그만둠.
退化〔たいか〕퇴화.

【투】

〔**投**〕 풀：던질 투.
音：**トウ**
訓：**なげる**

投げる〔なげる〕(他下1) ①던지다. ②버리다. ③단념하다. 포기하다. ④소홀히 하다. ⑤싸게 팔다.
投げ〔なげ〕①던짐. ②덤핑. ③(바둑)승부를 포기함. 던짐. ④(씨름에서) 허리껴치기.
投げ掛ける〔なげかける〕(他下1) ①던지다. ②걸치다. 걸쳐 입다.
投(げ)売(り)〔なげうり〕투매. 덤핑.
投(げ)文〔なげぶみ〕①밖에서 집안으로 던져넣는 편지. ②열차 차장이 사고를 외부에 알리기 위해 밖으로 던지는 통신문.
投げ物〔なげもの〕덤핑 물건. 投売品.
投げ付ける〔なげつける〕(他下1) ①(겨냥하여)냅다 던지다. ②내동댕이치다. 메어치다. ③(말을) 쏘아붙이다.
投げ飛ばす〔なげとばす〕(他5) 휙 내던지다. 냅다 던지다.
投げ捨てる〔なげすてる〕(他下1) ①내버리다. 내던지다. ②팽개치다. 방치하다.
投げ首〔なげくび〕머리를 푹 숙이고 생각에 잠김.
投げ勝つ〔なげかつ〕(自5) (야구에서) ①투수력(投手力)으로 이기다. ②투수가 허실의 계책을 써서 타자(打者)를 범퇴(凡退)시키다.
投(げ)縄〔なげなわ〕올가미. 올무.
投(げ)業〔なげわざ〕(씨름, 유도에서)상대방을 메어치는 기술.
投(げ)入れ〔なげいれ〕아무렇게나 꽃병에 던져 넣은 것 같이 꽂는 꽃꽂이.
投げ込む〔なげこむ〕(他5) (아무렇게나) 쳐 넣다. 투입하다.
投(げ)銭〔なげせん〕거지 등에게 던져주는 돈.
投げ釣〔なげづり〕던질낚시.
投(げ)槍〔なげやり〕①던지는 창. ②투창(投槍).
投げ出す〔なげだす〕(他5) 내던지다. 팽개치다. 포기하다.

例　外

投網〔とあみ〕투망. 한쪽 끝에 벼리를 달고 물속에 던져 펴서 물고기를 잡는 그물.

音　読

投じる〔とうじる〕(自上1) ①기회를 타다. ②한 무리에 끼다. ③향하여 가다. ④묵다. ⑤맞다. ⑥항복하다. (他上1) ①던지다. ②보내다. ③넣다. ④내던지다. ⑤지불하다. ⑥대다. 투입하다.
投稿〔とうこう〕투고.
投球〔とうきゅう〕투구. 공을 던짐.
投機〔とうき〕투기. 기회를 따라 행동함.
投手〔とうしゅ〕투수. (야구에서) 공을 던지는 사람.
投獄〔とうごく〕투옥. 옥에 가둠.
投資〔とうし〕투자. 사업 밑천을 댐.
投票〔とうひょう〕투표.
投下〔とうか〕투하. 아래로 내어 던짐.
投降〔とうこう〕투항. 적에게 항복함.

〔**透**〕 풀：통할 투.
音：**トウ**
訓：①**すかす** ②**すく** ③**すける**

❶ **透かす**〔すかす〕(他5) ①틈새를 만들다. 성기게 하다. ②(통해서)보다.
透かさず〔すかさず〕(副) 사이를 두지 않고. 기회를 놓치지 않고. 즉각. 곧. 빈틈없이.
透かし〔すかし〕①틈을 만듦. 성기게 만듦. 틈을 만들어 놓은 곳. ②종이를 빛에 비

줄 때 보이는 무늬, 글자. ③비쳐 보이는 것.
透かし伐り〔すかしぎり〕간벌(間伐). 나무(가지)를 솎아 베어냄.
透かし彫り〔すかしぼり〕투각(透刻).
透かし織り〔すかしおり〕무늬를 넣고 속이 비치게 짠 깁.
❷ **透く**〔すく〕(自5) ①틈이 나다. 틈새가 벌다. ②짬이 나다. ③(좌석 따위가) 비다. ④성기다. ⑤들여다 보이다. ⑥(속이)후련하다.
透き間〔すきま〕틈. 빈틈.
透き見〔すきみ〕틈으로 들여다 봄.
透き写し〔すきうつし〕투명한 종이를 밑에 대고 복사함.
透き色〔すきいろ〕피륙을 햇빛에 비쳐 보았을 때의 색조(色調).
透き身〔すきみ〕얇게 저민 어육.
透き影〔すきかげ〕①틈새로 보이는 모습. 그림자. ②어두운 쪽에서 밝은 쪽을 비쳐 보았을 때 보이는 그림자.
透き織(り)〔すきおり〕비쳐 보이도록 성기게 짠 직물.
透き通る〔すきとおる〕(自5) ①비쳐 보이다. 투명하다. ②소리가 맑다.
❸ **透ける**〔すける〕(自下1) 들여다 보이다. 비쳐 보이다.

音 読

透過〔とうか〕투과. 꿰뚫고 지나감.
透明〔とうめい〕투명. 속이 비쳐 보임.
透視〔とうし〕투시. 환하게 꿰뚫어 봄.
透徹〔とうてつ〕투철. 사리에 밝고 뛰어남.

〔鬪〕 풀 : 싸울 투.
音 : トウ
訓 : たたかう

鬪う〔たたかう〕(他5) 싸우다. 다투다.
鬪い〔たたかい〕싸움. 전쟁. 투쟁.

音 読

鬪犬〔とうけん〕투견. 개에게 시킴. 또는 그 개.
鬪病〔とうびょう〕투병. 적극적으로 질병과 싸움.
鬪牛〔とうぎゅう〕투우. 소 싸움.
鬪争〔とうそう〕투쟁. 다투어 싸움.
鬪志〔とうし〕투지. 싸우고자 하는 마음. 투쟁심.

【특】

〔特〕 풀 : 다를 특.
音 : ①トク ②トッ
訓 :

音 読 1

特〔とく〕특. 특별.
特に〔とくに〕(副) 특히. 특별히.
特技〔とくぎ〕특기. 특수한 기능.
特待〔とくたい〕특대. 특별한 대우.
特等〔とくとう〕특등. 특별한 등급.
特例〔とくれい〕특례. 특별한 예.
特別〔とくべつ〕특별. 일반과 다름.
特使〔とくし〕특사. 특별히 보내는 使者.
特色〔とくしょく〕특색. 뛰어난 점.
特選〔とくせん〕특선. 특별히 고른 것.
特性〔とくせい〕특성. 특별한 성질.
特殊〔とくしゅ〕특수. 보통과 다름.
特長〔とくちょう〕특별히 뛰어난 좋은 점. 특별한 장점.
特製〔とくせい〕특제. 특별히 만듦.
特種〔とくだね〕특종. 특별한 종류.

音 読 2

特価〔とっか〕특가. 특히 싸게 매긴 값.
特講〔とっこう〕특강. 특별한 강의.
特攻隊〔とっこうたい〕특공대.
特権〔とっけん〕특권. 특별한 권리.
特許〔とっきょ〕특허. 특별 면허.
特效〔とっこう〕특효. 특별히 나타나는 효험.

【파】

〔派〕 풀 : 물갈래 파.
音 : ①ハ ②パ
訓 :

音 読 1

派〔は〕①파. 유파(流派). ②무리. 패.
派する〔はする〕(他サ) 파견하다. 출장시키다.
派遣〔はけん〕파견. 임무를 띠게하여 사람을 보냄.
派閥〔はばつ〕파벌.
派兵〔はへい〕파병. 군대를 派出함.
派生〔はせい〕파생. 근원에서 갈라져 나옴. 주체로부터 분파하여 발생함.
派手〔はで〕(形動) ①화려함. ②사람 눈을 끌 정도로 심하게 무엇인가를 하는 모양.

音 読 2

立派〔りっぱ〕(形動) 훌륭함.
分派〔ぶんぱ〕분파. 단체 등의 갈래.
新派〔しんぱ〕신파. 새로운 유파.

〔波〕 풀 : 물결 파.
音 : ①ハ ②パ
訓 : なみ

波〔なみ〕①파도. 물결. ②굴곡. 기복(起伏). ③진동(振動) 상태.
波間〔なみま〕파도와 파도 사이. 물결 이랑. 물결 사이.
波頭〔なみがしら〕파도 머리. 물머리.

ㅍ

波路〔なみじ〕뱃길. 항로.
波立つ〔なみだつ〕(自5) 파도가 일다. 물결치다.
波乗り〔なみのり〕①물결을 탐. ②널빤지 따위를 이용하는 파도타기 놀이.
波の穂〔なみのほ〕물마루.
波除け〔なみよけ〕①파도를 막음. 파도를 막는 것. ②방파제(防波堤).
波打つ〔なみうつ〕(自5) ①물결치다. ②물결처럼 굽이치다.
波打ち際〔なみうちぎわ〕파도가 밀어 닥치는 곳. 물가.
波枕〔なみまくら〕①뱃길 여행. 뱃속에서 잠. ②파도소리가 베갯머리에 들려옴.
波板〔なみいた〕골함석. 또는 골을 낸 프라스틱 판자.
波風〔なみかぜ〕①바람과 파도. 풍파(風波). ②분쟁. 불화. ③괴로운 사건. 고생스러운 일들.
波の花〔なみのはな〕①물보라 치는 곳. 파도가 바위에 부딪쳐 하얗게 보이는 곳. ②상가(商家), 씨름에서의 소금.

音　読

波高〔はこう〕파고. 물결의 높이.
波及〔はきゅう〕파급. 영향이 미침.
波動〔はどう〕파동. 물결의 움직임.
波紋〔はもん〕파문. 물결이 이룬 무늬.
波状〔はじょう〕물결과 같은 형상.
波長〔はちょう〕파장.
波止場〔はとば〕선창. 부두.

〔破〕 풀: 깨뜨릴 파.
音: ①ハ ②パ
訓: ①やぶる ②やぶれる

❶**破る**〔やぶる〕(他5) ①깨다. 부수다. 깨뜨리다. ②어기다. ③째다. 찢다. ④무찌르다. 패배시키다.
❷**破れる**〔やぶれる〕(自下1) ①찢어지다 ②깨지다. ③망하다.
破れ〔やぶれ〕찢어짐. 깨짐. 찢어진 곳.
破れかぶれ〔やぶれかぶれ〕(形動) 자포자기하는 마음. 될 대로 되라는 투.

音読 1

破格〔はかく〕파격. 격식을 깨뜨림.
破戒〔はかい〕파계. 계율을 깨뜨림.
破壊〔はかい〕파괴. 무너뜨림. 깨뜨림.
破産〔はさん〕파산. 가산을 모두 잃음.
破損〔はそん〕파손. 깨어져 흩어짐.
破片〔はへん〕파편. 깨어진 조각.

音読 2

看破〔かんぱ〕간파. 확실히 알아 냄.
難破〔なんぱ〕난파. 폭풍우를 만나 배가 파선함.
突破〔とっぱ〕돌파. 쳐서 깨뜨림.

〔婆〕 풀: 할머니 파.
音: バ
訓:

老婆〔ろうば〕노파. 늙은 여자.
産婆〔さんば〕산파. 조산원(助産員).

〔罷〕 풀: 파할 파.
音: ヒ
訓: ①やめる ②まかる

❶**罷める**〔やめる〕(他下1) 직장을 떠나다. 사직하다. 会社を～; 회사를 그만두다.
❷**罷る**〔まかる〕(自5) 물러나다.
罷り間違う〔まかりまちがう〕(自5) 잘못하다. 실수하다. 실패하다.
罷り成らぬ〔まかりならぬ〕용서되지 않는다. 안 된다.
罷り越す〔まかりこす〕(自5) 가다. 찾아뵈다.
罷り出る〔まかりでる〕(自下1) ①(귀인 앞에서) 물러가다. 퇴출(退出)하다. ②뻔뻔스럽게) 사람 앞에 나서다.
罷り通る〔まかりとおる〕(自5) (주위사정에 아랑곳하지 않고) 태연하게 지나가다. 버젓이 통과하다. (통용되다).

音　読

罷免〔ひめん〕파면. 직무를 면제시킴.
罷業〔ひぎょう〕파업. 노동자가 노동 조건을 개선하기 위하여 단결하여 노동을 하지 않는 일. 동맹 파업.

【판】

〔判〕 풀: 판단할 판.
音: ①ハン ②バン ③パン
訓: わかる

判る〔わかる〕(自5) ①알다. ②이해하다. ③판명되다. ④(상대방의 사정을) 잘 헤아리다. 잘 이해하다.

音読 1

判〔はん〕도장.
〔ばん〕종이 등의 크기.
判じる〔はんじる〕(他上1) ①판단하다. 분별하다. ②해석하다. 풀다.
判決〔はんけつ〕판결.
判断〔はんだん〕판단.
判読〔はんどく〕판독.
判明〔はんめい〕판명. 분명하게 드러남.
判別〔はんべつ〕판별. 분명히 가름.
判事〔はんじ〕판사. 재판하는 법관.
判定〔はんてい〕판정. 판단하여 결정함.

音読 2

判〔ばん〕종이 등의 크기. 판.
〔はん〕도장. ～を押す; 도장을 찍다.
盲判〔めくらばん〕내용을 잘 보지도 않고 찍는 도장.
裁判〔さいばん〕재판. 시비를 가림.
評判〔ひょうばん〕평판. 소문.

音読 3

談判〔だんぱん〕담판. 따짐.
審判〔しんぱん〕심판. 사건을 심리 판단함

ㅍ

경기의 승부를 정함.

〔坂〕 풀：고개 판.
音：ハン
訓：さか

坂〔さか〕비탈길. 고개.
坂道〔さかみち〕비탈길. 언덕길.

連濁音에 注意

上り坂〔のぼりざか〕오르막길.
下り坂〔くだりざか〕내리막길.

音 読

坂路〔はんろ〕고개길. 가파른 길.
急坂〔きゅうはん〕가파른 언덕.

〔板〕 풀：널 판.
音：① ハン ② バン ③ パン
訓：いた

板〔いた〕판자. 널빤지.
板間〔いたま〕① 판자 지붕의 틈새기. ② 마루방.
板の間〔いたのま〕마루방.
板橋〔いたばし〕판교. 널다리.
板金〔いたがね〕금속판(金属板).
板挽き〔いたひき〕판자켜기.
板目〔いため〕판자와 판자의 이음매.
板目紙〔いためがみ〕여러 겹으로 배접한 종이(책뚜껑 등으로 쓰임).
板壁〔いたかべ〕판자 벽.
板塀〔いたべい〕판자 울타리.
板敷〔いたじき〕마루. 마루방.
板付(き)〔いたつき〕① 개막 때 이미 배우가 무대에 나와 있음. ② 널생선묵.
板船〔いたぶね〕① 생선을 벌려 놓고 파는 목판. ② 논에서 모나 볏단을 싣는 작은 배.
板縁〔いたえん〕판자를 깐 툇마루.
板屋〔いたや〕판잣집.
板子〔いたご〕배밑에 까는 뚜껑널.
板場〔いたば〕① 주방. ② 조리사.
板張り〔いたばり〕① 판자를 댐. ② 빨래에 풀을 먹여 판자 위에 말리는 일.
板材〔いたざい〕널로 켠 목재.
板前〔いたまえ〕요리사. 주방.
板紙〔いたがみ〕판지.
板挟み〔いたばさみ〕양자 틈에 끼여 꼼짝 못함. 진퇴 양난. 딜레머.
板戸〔いたど〕널문. 판잣문.
板畳〔いたたたみ〕① 판자를 심으로 넣은 다다미. ② 마루. 마루방.
板草履〔いたぞうり〕바닥에 작은 널조각을 댄 짚신.

音 読 1

甲板員〔こうはんいん〕갑판원.
合板〔ごうはん〕합판. 베니야.

音 読 2

板書〔ばんしょ〕흑판에 글씨를 씀.
看板〔かんばん〕간판.
掲示板〔けいじばん〕게시판.
原板〔げんばん〕원판.
黒板〔こくばん〕흑판. 칠판.

音 読 ③

甲板〔かんぱん〕갑판. 배 위에 있는 평평한 곳.
鉄板〔てっぱん〕철판.

〔版〕 풀：인쇄 판.
音：① ハン ② バン ③ パン
訓：

音 読 1

版〔はん〕① 판목(版木) ② 출판 회수. ③ 제판(製版).
版権〔はんけん〕판권. 출판에 관계되는 이익을 독점하는 권리.
版図〔はんと〕판도. 영토(領土).
版木〔はんぎ〕인쇄의 토대가 되는 나무로 된 원판.
版本〔はんぽん〕판본. 판목(版木)으로 인쇄한 책.
版元〔はんもと〕출판한 곳.
版籍〔はんせき〕토지와 호적.
版行〔はんこう〕책을 인쇄하여 발행함.
版画〔はんが〕판화. 木版, 石版, 銅版 등으로 박아 낸 그림.

音 読 2

改訂版〔かいていばん〕개정판.
鉛版〔えんばん〕연판.
限定版〔げんていばん〕한정판.

音 読 3

新版〔しんぱん〕신판. 새로운 출판.
絶版〔ぜっぱん〕절판. 출판을 그만둠.
出版社〔しゅっぱんしゃ〕출판사.
活版〔かっぱん〕활판.

〔販〕 풀：팔 판.
音：ハン
訓：

販価〔はんか〕판가. 판매 가격.
販路〔はんろ〕판로. 상품이 팔리는 방면이나 길.
販売所〔はんばいしょ〕판매소.

【팔】

〔八〕 풀：여덟 팔.
音：① ハチ ② ハッ
音：① やっつ ② やつ ③ や ④ よう

訓 読 1

八〔やっつ：やつ〕여덟. 여덟살. 여덟 개.

訓 読 2

八口〔やつくち〕옷소매의 겨드랑이에서 아래쪽으로 꿰매지 않은 부분.
八つ当(た)り〔やつあたり〕아무에게나 무턱대고 분풀이함.
八つ裂き〔やつざき〕갈기갈기 찢음.

ㅍ

八つ手〔やつで〕팔손이나무.
八つ切り〔やつぎり〕① (사진에서) 22×16.5cm의 판. 8절판. ② 여덟개로 끊음.

訓読 3

八百屋〔やおや〕① 야채 장수. ② 야채 가게. 채소 가게.
八百長〔やおちょう〕미리 짜고 하는 엉터리 시합.
八乙女〔やおとめ〕신을 섬기며 神楽(かぐら) 따위를 추는 소녀.
八重〔やえ〕여덟 겹. 여러 겹.
八千代〔やちよ〕오랜 세월.
八千草〔やちぐさ〕많은 풀.

訓読 4

八日〔ようか〕8일. 여드레. 초팔일.

音読 1

八面〔はちめん〕팔면. 여덟 개의 평면.
八分目〔はちぶんめ〕10분의 8. 8할.
八分〔はちぶ〕① 8할. 10분의 8. ② 따돌림 받는 사람.
八十〔はちじゅう〕팔십. 80.
八月〔はちがつ〕8월.
〔やつき〕여덟 달. 8개월.
八人芸〔はちにんげい〕한 사람이 여러 사람의 목소리를 흉내내거나 여러 가지 악기를 연주하는 연기.
八字〔はちじ〕여덟팔자의 모양.

音読 2

八角〔はっかく〕팔각. 팔각형.
八景〔はっけい〕팔경. 뛰어난 경치.
八達〔はったつ〕팔달. ① 모든 방면에 정통함. ② 길이 팔방으로 통함.
八方〔はっぽう〕팔방. 8방위. 다방면.
八方塞がり〔はっぽうふさがり〕① (신용을 잃어) 어떤 방면에서도 행동을 할 수가 없는 일. ② 모든 방면에서 막힘.
八百〔はっぴゃく〕팔백. 800.
八丁〔はっちょう〕일을 잘하는 사람. (능숙한 사람을 얕잡아 하는 말임).
八寸〔はっすん〕① 팔촌. 여덟 치. ② 높이 여덟치의 발이 붙은 상. ③ 일본 正食에서 최후에 내는 음식.

【패】

〔貝〕

풀 : 조개 패.
音 :
訓 : かい

貝〔かい〕조개.
貝殻〔かいがら〕조가비. 조개 껍질.
貝類〔かいるい〕조개 종류.
貝柱〔かいばしら〕조개 관자.
貝塚〔かいづか〕패총. 조개 무지.

連濁音에 注意

巻(き)貝〔まきがい〕고둥.
赤貝〔あかがい〕새고막.
鳥貝〔とりがい〕새조개.

〔敗〕

풀 : 패할 패.
音 : ① ハイ ② バイ ③ パイ
訓 : やぶれる

敗れる〔やぶれる〕(自下1) 패배하다. 지다. いくさに～; 싸움에 지다. 恋に～; 실연(失恋)하다.

音読 1

敗亡〔はいぼう〕패망, 패하여 망함.
敗北〔はいぼく〕패배. 싸움에 짐.
敗色〔はいしょく〕패색. 패할 상태.
敗者〔はいしゃ〕패자. 싸움에 진 사람.
敗残兵〔はいざんへい〕패잔병.
成敗 Ⅰ〔せいはい〕성패. 성공과 실패.
— Ⅱ〔せいばい〕① 처벌. ② 목을 벰.

音読 2

連敗〔れんぱい〕연패. 계속해서 패함.
失敗〔しっぱい〕실패. 실수. 실책.
完敗〔かんぱい〕완패. 완전히 짐.

〔覇〕

풀 : 으뜸 패.
音 : ハ
訓 :

覇権〔はけん〕패권. 패자의 권력.
覇王〔はおう〕패왕. 무력으로 천하를 통치하는 사람.

【팽】

〔膨〕

풀 : 불룩해질 팽.
音 : ボウ
訓 : ① ふくらむ ② ふくれる

❶ 膨らむ〔ふくらむ〕(自5) 불룩해지다. 부풀어 오르다.
❷ 膨れる〔ふくれる〕(自下1) ① 불룩해지다. 부풀다. ② (화가 나서) 뾰로통해지다.

音　読

膨大〔ぼうだい〕팽대. 규모가 큼. 부풀어 올라 커짐. 방대함.
膨脹〔ぼうちょう〕팽창. 부풀어 오름. 부피가 늘어남.

【편】

〔片〕

풀 : 조각 편.
音 : ① ヘン ② ペン
訓 : かた

片〔かた〕한 쪽.
片ちんば〔かたちんば〕① 절름발이. ② 짝짝이. くつが～だ; 구두가 짝짝이다.

片仮名〔かたかな〕カタカナ.
片寄せる〔かたよせる〕(他下1) 한쪽으로 모으다(치우다).
片端〔かたはし〕한쪽 끝. 일부분.
片っ端〔かたっぱし〕한쪽 끝. ～から読む：닥치는 대로 읽다.
片道〔かたみち〕편도. 한쪽. 일방.
片恋〔かたこい〕짝사랑.
片流れ〔かたながれ〕한쪽으로만 경사지게 된 지붕.
片輪〔かたわ〕① 병신. 불구자. ② 불균형. 비정상.
片面〔かためん〕한쪽 면. 일면.
片目〔かため〕① 한쪽 눈. ② 애꾸눈.
片方〔かたほう〕한쪽. 한편.
片腹〔かたはら〕한쪽 배.
片腹痛い〔かたはらいたい〕(形) ① 곁에서 보기에도 딱하다. ② 가소롭다.
片付く〔かたづく〕(自5) ① 정돈되다. 정리되다. ② 처리되다. 매듭 지어지다. 해결나다. ③ 시집 가다.
片付ける〔かたづける〕(他下1) ① 치우다. 정리하다. 정돈하다. ② 해결하다. 결말을 내다. ③ 방해자를 처치하다. ④ 시집 보내다.
片敷く〔かたしく〕(他5) 홀로 자다. 기울다. 쏠리다.
片思い〔かたおもい〕짝사랑.
片山里〔かたやまざと〕두메 산골.
片生り〔かたなり〕① 덜 자람. ② 미숙함.
片手〔かたて〕① 한 손. 한쪽 손. ② 한쪽. ③ 여가. 짬.
片手間〔かたてま〕(본업의) 여가. 짬.
片手落ち〔かたておち〕한쪽으로 치우침. 공평하지 못함.
片袖〔かたそで〕한쪽 소매.
片時〔かたとき〕잠시.
片息〔かたいき〕할딱거리는 숨.
片身〔かたみ〕몸의 반.
片言〔かたこと〕① 더듬거리는 말씨. ② 한마디의 말.
片隅〔かたすみ〕한 쪽 구석.
片腕〔かたうで〕① 한 팔. 한쪽 팔. 외팔. ② 가장 신임하는 조력자.
片意地〔かたいじ〕외고집. 옹고집.
片刃〔かたは〕한쪽 날.
片一方〔かたいっぽう〕한 쪽. 한 짝.
片田舎〔かたいなか〕시골 구석. 벽촌.
片前〔かたまえ〕외자락. 단추가 외줄인 양복 저고리. 싱글.
片足〔かたあし〕한쪽 발. 한 발.
片側〔かたがわ〕① 한쪽 편. 일방. ② 길의 한 쪽 가. 길 한쪽.
片親〔かたおや〕편친. 홀로 된 어버이.
片便り〔かただより〕편지를 내어도 답장이 없음.
片偏り〔かたより〕치우침.
片肺〔かたはい〕한 쪽 폐.
片荷〔かたに〕한쪽의 짐.
片恨み〔かたうらみ〕일방적인 원망.
片割れ〔かたわれ〕① 깨어진 한 조각. ② 일당 중의 한 사람.
片割れ月〔かたわれづき〕조각달. 반달.

音 読 1

片影〔へんえい〕편영. 조그마한 그림자.
片雲〔へんうん〕편운. 조각 구름.
破片〔はへん〕파편. 조각.

音 読 2

断片〔だんぺん〕단편. 토막. 조각.
一片〔いっぺん〕한 조각. 약간.

〔便〕

풀：편할 편.
音：① ビン ② ベン
訓：たより

한글 '변'으로 발음되는 경우는 238페이지 참조할 것.

便り〔たより〕① 소식. 편지. ② 편의. 편리. ③ 연줄. 연고. ④ 기회. ⑤ 연분.
花便り〔はなだより〕꽃소식. 花信.

音 読 1

便〔びん〕① 형편. ② 우편. ③ 수송의 차례. 기회. 次の～で：다음 편으로.
〔べん〕① 대변. ② 편리함. 交通の～がよい：교통이 편리하다.
便船〔びんせん〕타고 갈 배.
便乗〔びんじょう〕편승. 곁들여 탐.
便箋〔びんせん〕편지지.

音 読 2

便じる〔べんじる〕(自上1) ① 편리하게 하다. ② 충족되다. ③ 볼일을 다 보다. (他上1) 일을 마치다.
便する〔べんする〕(自サ) 편리하게 하다. 유용하게 하다. 소용되게 하다.
便覧〔べんらん〕편람. 보기에 편리하도록 간편하게 만든 책.
便利〔べんり〕편리. 편하고 쉬움.
便法〔べんぽう〕편법. 편리한 방법.
便服〔べんぷく〕평상복.
便宜〔べんぎ〕편의. 편리하고 마땅함. 특별한 조치.
便益〔べんえき〕편익. 편리하고 유익함.
便殿〔べんでん〕편전. 임금이 휴식하는 곳.

〔偏〕

풀：치우칠 편.
音：ヘン
訓：① かたよる ② ひとえに

❶ 偏る〔かたよる〕(自5) (한쪽으로) 치우치다. 기울다. (한쪽으로 쏠려) 전체의 균형을 잃다.
❷ 偏に〔ひとえに〕(副) 오로지. 전혀. 일심(一心)으로.

音 読

偏する〔へんする〕(自サ) 치우치다. 一方に～：한쪽으로 치우치다.
偏見〔へんけん〕편견. 공정하지 못하고 한쪽으로 기울어진 견해.
偏頭痛〔へんずつう〕편두통.
偏食〔へんしょく〕편식. 가려 먹음.
偏在〔へんざい〕편재. 한곳에 치우쳐 몰

려 있음.
偏向〔へんこう〕편향. 치우침.
偏挾〔へんきょう〕편협. 협소함.

〔編〕 풀：엮을 편.
音：① ヘン ② ペン
訓：あむ

編む〔あむ〕(他5) ① 엮다. 뜨다. ② 편찬하다. ③ (계획을) 짜다.
編(み)笠〔あみがさ〕삿갓.
編(み)目〔あみめ〕(뜨개질의) 코.
編(み)物〔あみもの〕편물. 뜨개질.
編(み)棒〔あみぼう〕뜨개 바늘.
編(み)上げ〔あみあげ〕밑에서 위로 엮어 올라감.
編み上げる〔あみあげる〕(他下1) ① 짜(엮어) 올라가다. ② 다 짜다(엮다).
編み出す〔あみだす〕(他5) ① 짜기 시작하다. ② 고안해 내다.
編(み)針〔あみばり〕뜨개 바늘.
編(み)戸〔あみど〕대나 나무로 엮은 문(사립문).

音読 1

編曲〔へんきょく〕편곡.
編隊〔へんたい〕편대.
編成〔へんせい〕편성. 모아서 조직함.
編入〔へんにゅう〕편입. 짜서 넣음.
編者〔へんしゃ〕편자. 책을 엮은 사람.
編集〔へんしゅう〕편집.
編纂〔へんさん〕편찬.

音読 2

短編小説〔たんぺんしょうせつ〕단편소설.
全編〔ぜんぺん〕전편. 한 서적의 전체.

〔遍〕 풀：두루 편.
音：① ヘン ② ベン ③ ペン
訓：あまねく

遍く〔あまねく〕(副) 널리. 골고루. 보편적으로.

音読 1

遍〔へん〕횟수를 세는 말. 二~; 2회.
遍歴〔へんれき〕편력. 두루 돌아다님.
遍在〔へんざい〕편재. 널리 퍼져 있음.

音読 2

万遍なく〔まんべんなく〕(副) 모조리.

音読 3

一遍に〔いっぺんに〕(副) 한꺼번에.

【평】

〔平〕 풀：평평할 평.
音：ヘイ
訓：① たいら ② たいらか ③ たいらぐ ④ たいらげる ⑤ ひらたい ⑥ ひらめる

❶ 平ら〔たいら〕(形動) 평평함. 평탄함. どうぞお~に; 편히 앉으세요.
❷ 平らか〔たいらか〕(形動) ① 평탄함. ② 평온 무사함. ③ 마음이 평온함.
❸ 平らぐ〔たいらぐ〕(自5) (난리나 전쟁이 그치고) 평온해지다. 평정되다.
❹ 平らげる〔たいらげる〕(他下1) ① 평정하다. ② 모조리 먹어치우다.
❺ 平たい〔ひらたい〕(形) ① 납작하다. ② 넓적하다. 평평하다. 평탄하다. ② 平たく; 알기 쉽게.
❻ 平める〔ひらめる〕(他下1) 평평하게 하다.
平仮名〔ひらがな〕일본의 음절 문자.
平絹〔ひらぎぬ〕평직으로 된 비단.
平鍋〔ひらなべ〕납작하고 낮은 남비.
平紐〔ひらひも〕끈 실을 여러 개 나란히 하여 풀로 굳힌 끈.
平台ピアノ〔ひらだいpiano〕대형피아노.
平麦〔ひらむぎ〕납작 보리.
平皿〔ひらざら〕넓적하고 얕은 접시.
平社員〔ひらしゃいん〕평사원.
平謝り〔ひらあやまり〕~にあやまる; 손이 닳도록 빌다.
平城〔ひらじろ〕평지에 쌓은 성.
平手〔ひらて〕① 손바닥. ② 장기를 맞둠.
平侍〔ひらざむらい〕직책이 없고 신분이 낮은 무사.
平押し〔ひらおし〕단숨에 밀고 나아감.
平野水〔ひらのすい〕탄산수(炭酸水).
平泳(ぎ)〔ひらおよぎ〕평영.
平屋〔ひらや〕단층집.
平場〔ひらば〕평지.
平底〔ひらぞこ〕평평한 밑바닥.
平地〔ひらち：へいち〕평지.
平織(り)〔ひらおり〕평직물.
平打(ち)〔ひらうち〕① 납작하게 짠 끈. ② 두드려서 반반하게 폄.

例　外

平等〔びょうどう〕평등. 모두 같음. 차별이 없음. 동등함.

音　読

平均〔へいきん〕평균. 균일함.
平面〔へいめん〕평면. 평평한 표면.
平方〔へいほう〕평방.
平凡〔へいぼん〕평범. 보통 일.
平生〔へいぜい〕보통 때. 평소.
平素〔へいそ〕평소. 여느 때.
平野〔へいや〕평야. 넓고 평평한 들.
平穏〔へいおん〕평온. 고요하고 안온함.
平原〔へいげん〕평원. 평탄한 들판.
平地〔へいち：ひらち〕평지.
平坦〔へいたん〕평탄. ① 지면이 넓고 편편함. ② 일이 순조롭게 되어 감.
平行〔へいこう〕평행. 평면상의 두 직선.
平衡〔へいこう〕평형. 균형.
平和〔へいわ〕평화. 평온하고 화목함.

〔坪〕 풀：땅평평할 평.
音：
訓：つぼ

坪〔つぼ〕평(면적의 단위).

ㅍ

坪当たり〔つぼあたり〕평당.
坪数〔つぼすう〕평수.
坪刈り〔つぼがり〕전체 수확의 분량을 추정하기 위해서 한 평의 벼를 베어 보는 것.

〔評〕 풀：평론할 평.
音：① ヒョウ ② ピョウ
訓：

音読 1

評〔ひょう〕평. 비평. 가치를 정함.
評する〔ひょうする〕(他サ) 평하다. 논의해서 가치를 정하다. 비평하다.
評価〔ひょうか〕평가. 가치를 평정함.
評論〔ひょうろん〕평론. 비평한 글.
評議会〔ひょうぎかい〕평의회.
評点〔ひょうてん〕평점. 물건의 가치를 평하여 매기는 점수.
評判〔ひょうばん〕평판. 세평(世評).

音読 2

短評〔たんぴょう〕단평. 간단한 비평.
寸評〔すんぴょう〕촌평. 짧은 비평.

【폐】

〔肺〕 풀：허파 폐.
音：ハイ
訓：

肺〔はい〕폐. 허파.
肺肝〔はいかん〕① 폐장과 간장. ② 마음속. ～をひらく; 마음속을 털어 놓다.
肺結核〔はいけっかく〕폐결핵. 폐병.
肺炎〔はいえん〕폐렴. 폐장의 염증.
肺病〔はいびょう〕폐병. 폐결핵.
肺腑〔はいふ〕폐부. 마음속. 급소.
肺臓〔はいぞう〕폐장. 폐.

〔陛〕 풀：임금 폐.
音：ヘイ
訓：

陛下〔へいか〕폐하. 천황(天皇)을 높여서 부르는 말.

〔閉〕 풀：닫을 폐.
音：① ヘイ ② ベイ
訓：① とざす ② とじる ③ しまる ④ しめる

❶ 閉ざす〔とざす〕(他5) ① 잠그다. 닫다. ② 통행을 막다. ③ 가두다.
❷ 閉じる〔とじる〕(自上1) ① 닫히다. ② (회의 따위가) 끝나다. (他上1) ① 닫다. ② (눈을) 감다. ③ 넣다. ④ 끝내다. ⑤ (입을) 다물다.
閉じ籠もる〔とじこもる〕(自5) 틀어 박혀 나오지 않다. 杜門不出하다.
閉じ込める〔とじこめる〕(他下1) 감금하다. 가두다.
❸ 閉まる〔しまる〕(自5) 닫히다.
❹ 閉める〔しめる〕(他下1) 닫다.

音読 1

閉口〔へいこう〕① 입을 다물고 말하지 않음. ② 굴복함. 항복함.
閉幕〔へいまく〕폐막. 연극이 끝남.
閉門〔へいもん〕폐문. 문을 닫음.
閉鎖〔へいさ〕폐쇄. ① 문을 닫고 자물쇠를 채움. ② 기능을 정지함.
閉会〔へいかい〕폐회. 회의를 마침.

音読 2

密閉〔みっぺい〕밀폐. 꼭 닫음.

〔廃〕 풀：폐할 폐.
音：① ハイ ② パイ
訓：① すたる ② すたれる

❶ 廃る〔すたる〕(自5) ⇨ 廃れる
廃り〔すたり〕쇠퇴함. 폐물이 됨.
❷ 廃れる〔すたれる〕(自下1) ① 소용 없게 되다. 쓰이지 않게 되다. ② 쇠퇴하다. (유행이) 지나다.
廃れ物〔すたれもの〕폐물. 못쓰게 된 것. 낡은 것. 유행에 뒤떨어진 것.

音読 1

廃刊〔はいかん〕폐간. 정기 간행물의 간행을 폐지함.
廃校〔はいこう〕폐교. 학교를 폐지함.
廃棄〔はいき〕폐기. 폐지하여 버림.
廃物〔はいぶつ〕
廃水〔はいすい〕폐수. 못쓰게 된 물.
廃油〔はいゆ〕폐유. 폐물이 된 기름.
廃止〔はいし〕폐지. 치워서 그만둠.

音読 2

全廃〔ぜんぱい〕전폐. 아주 없애 버림.
存廃〔そんぱい〕존폐. 보존과 폐지.
撤廃〔てっぱい〕철폐. 철거하여 폐지함.

〔幣〕 풀：폐백 폐.
音：ヘイ
訓：ぬさ

幣〔ぬさ〕신에게 빌 때 바치는 공물.
幣物〔へいもつ〕폐물. ① 공물(貢物). ② 조공(朝貢). ③ 선물.
幣制〔へいせい〕화폐 제도.
紙幣〔しへい〕지폐. 종이돈.

〔弊〕 풀：폐단 폐.
音：ヘイ
訓：

弊端〔へいたん〕폐단. 괴롭고 번거로운 일 해로운 점.
弊社〔へいしゃ〕자기 회사(낮춤말).
弊習〔へいしゅう〕폐습. 나쁜 풍습.
弊店〔へいてん〕자기 상점(낮춤말).
弊害〔へいがい〕폐해. 폐단과 손해.

【포】

〔包〕 풀：쌀 포.
音：ホウ
訓：つつむ

包む〔つつむ〕(他5) ① 포장하다. 싸다. 둘러싸다. ② 비밀히 하다. ③ 숨기다. 감추다. ④ 돈을 종이에 싸 넣어 줌.
包(み)〔つつみ〕 보따리. 보퉁이. 싼 물건. 싸는 일. 포장.
包(み)金〔つつみがね〕 종이에 싸서 주는 돈. 금일봉(金一封).
包み隠す〔つつみかくす〕(他5) 싸서 안보이게 하다. 싸서 감추다. 숨기다.

音 読

包括〔ほうかつ〕 포괄. 있는대로 온통 하나로 휩싸서 묶음.
包摂〔ほうせつ〕 포섭. 상대를 받아들임.
包容〔ほうよう〕 포용. 휩싸서 받아들임.
包囲〔ほうい〕 포위. 에워쌈.
包含〔ほうがん〕 포함. 속에 들어 있음.

〔布〕 풀：베 포. 펼 포.
音：① フ
訓：ぬの

布〔ぬの〕 포목. (직물의 총칭).
布目〔ぬのめ〕 ① 옷감의 결. ② 기와, 도기 등을 만들 때 천을 눌러서 나타나게 한 무늬.
布目紙〔ぬのめがみ〕 천무늬가 있는 종이 (판지).
布引(き)〔ぬのびき〕 ① 천을 팽팽히 당기는(펴는) 일. ② 천을 입힌 것.
布子〔ぬのこ〕 솜을 넣은 무명옷.
布切れ〔ぬのぎれ〕 천 조각. 헝겊.
布地〔ぬのじ〕 천. 옷감. 직물.

音 読 1

布巾〔ふきん〕 행주.
布告〔ふこく〕 포고. 널리 알림.
布教〔ふきょう〕 포교. 종교를 널리 폄.
布団〔ふとん〕 방석. 이부자리.
布石〔ふせき〕 포석. 돌을 벌여 놓음.
布施〔ふせ〕 승려(중)에게 베풀어 주는 금전이나 물건.
布陣〔ふじん〕 포진. 진을 침.

〔泡〕 풀：거품 포
音：ホウ
訓：あわ

泡〔あわ〕 ① 거품. ② 게거품. ③ 기포.
泡立つ〔あわだつ〕(自5) 거품이 일다.
泡立てる〔あわだてる〕(他下1) 거품이 일게 하다.
거품이

音 読

泡沫〔ほうまつ〕 포말. 물거품.
気泡〔きほう〕 기포. 거품.
水泡〔すいほう〕 수포. 물거품. ～に帰する：수포로 돌아가다.

ㅍ

〔怖〕 풀：두려워할 포.
音：フ
訓：① こわい ② おじる
③ おそれる

❶ **怖い**〔こわい〕(形) 무섭다. 두렵다. 犬が～；개가 무섭다.
❷ **怖じる**〔おじる〕(自上1) 두려워하다. 무서워하다. 겁내다. 낯설어하다.
❸ **怖れる**〔おそれる〕(自下1) 두려워하다. 겁내다. 무서워하다. 걱정하다.

音 読

恐怖〔きょうふ〕 공포. 두려워함.

〔抱〕 풀：안을 포.
音：① ホウ ② ボウ
訓：① だく ② いだく
③ かかえる

抱く ❶〔だく〕(他5) (팔, 가슴에) 안다. 껴안다.
❷〔いだく〕(他5) (마음에) 품다.
抱き籠〔だきかご〕 여름 밤에 시원하게 자기 위하여 껴안고 자는 바구니.
抱き上げる〔だきあげる〕(他下1) 안아 올리다.
抱き竦める〔だきすくめる〕(他下1) 꽉 껴안다.
抱き込む〔だきこむ〕(他5) ① 부둥켜 안다. 끌어안다. 껴안다. ② 포섭하다.
抱き着く〔だきつく〕(自5) 달려 들어 꼭 껴안다. 부둥켜 안다.
抱き締める〔だきしめる〕(他下1) 꽉 껴안다. 부둥켜 안다.
抱き取る〔だきとる〕(他5) ① 받아 안다. ② 꽉 껴안아 꼼짝 못하게 하다.
抱き寝〔だきね〕 껴안고 잠.
抱き抱える〔だきかかえる〕(他下1) 끌어안다. 껴안다.
抱き合う〔だきあう〕(他5) 서로 껴안다. 서로 얼싸 안다.
抱(き)合わせ〔だきあわせ〕 잘 팔리는 물건에 팔리지 않는 물건을 끼워팔기.
❸ **抱える**〔かかえる〕(他下1) ① 껴안다. ② 부둥켜 들다. 팔에 안다. ③ 팔로 감싸쥐다. ④ 책임지다. 떠맡다. ⑤ 고용하다.
抱え〔かかえ〕 ① 고용. 데리고 있음. ② 기한을 정해서 고용한 기생. 창녀. ③ 아름 一(ひと)～；한 아름.
抱え込む〔かかえこむ〕(他5) ① (양손으로) 껴안다. 안다. ② 떠맡다. 도맡다.

音 読 1

抱負〔ほうふ〕 포부. 마음 속에 품고 있는 생각.
抱擁〔ほうよう〕 포옹. 껴안음.

音 読 2

辛抱〔しんぼう〕 참고 견딤.

〔胞〕 풀：태보 포.
音：① ホウ ② ボウ
訓：

胞子〔ほうし〕 포자. 민꽃 식물의 특별한 세포.
同胞〔どうほう〕 동포. 겨레. 민족.
細胞〔さいほう〕 (식물의) 세포.
〔さいぼう〕 (동물의) 세포.

〔捕〕 풀：잡을 포.
音：ホ
訓：① つかまえる ② つかまる ③ とらえる ④ とらわれる ⑤ とる

❶ 捕まえる〔つかまえる〕(他下1) ① 꽉 쥐다. ② 붙들다. 붙잡다.
❷ 捕まる〔つかまる〕(自5) ① 붙잡히다. ② 꽉 잡다. 붙잡다.
❸ 捕える〔とらえる〕(他下1) ① 붙잡다. ②붙들다. 잡다. ③ 받아들이다.
❹ 捕われる〔とらわれる〕(自下1) ①붙잡히다. 붙들리다. ② (선입관, 생각에) 사로잡히다. 구애되다.
❺ 捕る〔とる〕(他5) (새나 벌레를) 잡다. 虫を～; 벌레를 잡다.
捕(り)物〔とりもの〕범인 체포.
捕(り)方〔とりかた〕① 죄인을 잡는 방법. ② 죄인을 잡는 사람.
捕(り)手〔とりて〕① 죄인을 잡는 사람. ② 포박술(捕縛術).
捕(り)縄〔とりなわ〕포승. 오라.
捕(り)切り〔とりきり〕(뭇나기 야구에서) 외야 밖으로 나가 공을 야수(野手)가 처리할 때까지 경기가 계속됨.

音 読

捕鯨船〔ほげいせん〕포경선. 고래를 잡는 배.
捕球〔ほきゅう〕(야구) 공을 잡는 일.
捕虜〔ほりょ〕포로 사로잡은 적군.
捕縛〔ほばく〕포박. 범인을 잡아 묶음.
捕手〔ほしゅ〕(야구) 포수. 캐처.
捕捉〔ほそく〕포착. 꼭 붙잡음.
捕獲〔ほかく〕포획. 사로잡음. 노획함.

〔浦〕 풀：물가 포.
音：ホ
訓：うら

浦〔うら〕① 포구. ② 해변. ～の松林; 해변의 소나무 숲.
浦里〔うらざと〕갯마을. 어촌(漁村).
浦人〔うらびと〕어민(漁民).
浦波〔うらなみ〕바닷가에 물결치는 파도.
浦風〔うらかぜ〕갯바람.
津津浦浦〔つつうらうら〕방방곡곡.

音 読

曲浦〔きょくほ〕꾸불꾸불한 곳이 많은 해안선의 후미.

〔砲〕 풀：대포 포.
音：① ホウ ② ポウ
訓：

音 読 1

砲撃〔ほうげき〕포격. 대포 사격.
砲門〔ほうもん〕포문. 대포 구멍.
砲声〔ほうせい〕포성. 대포 소리.
砲手〔ほうしゅ〕포수. 사냥꾼.
砲弾〔ほうだん〕포탄. 대포의 탄환.

音 読 2

鉄砲〔てっぽう〕총.
艦砲〔かんぽう〕함포. 배에 장치하는 포.

〔飽〕 풀：배부를 포.
音：ホウ
① あかす ② あきる ③ あく

❶ 飽かす〔あかす〕(他5) ① 싫증나게 하다. 실컷 …하다. 따분하게 하다. 권태를 느끼게 하다. ② 듬뿍 쓰다.
❷ 飽きる〔あきる〕(自上1) 싫증나다. 물리다.
❸ 飽く〔あく〕(自5) ① 만족하다. ② 싫증나다. 지치다.
飽かず〔あかず〕① 싫증내지 않고. 끈기있게. ② 불만족해서.
飽き〔あき〕싫증. 물림. 싫어짐.
飽きっぽい〔あきっぽい〕(形) 싫증을 잘 내다. 이내 물리다.
飽き性〔あきしょう〕이내 싫증을 느끼는 성질.
飽き足りない〔あきたりない〕마음에 차지 않다. 만족스럽지 못하다. 불만족하다.
飽き飽きする〔あきあきする〕(自サ) 아주 싫증이 나다. 신물이 나다. 질색이다. 물리다.

音 読

飽食〔ほうしょく〕포식. 충분히 배부르게 먹음.
飽和〔ほうわ〕포화. 더 이상 넣을 수 없을 정도로 가득참.

〔舗〕 풀：가게 포. 펼 포.
音：① ホ ② ポ
訓：

音 読 1

舗道〔ほどう〕포도. 포장 도로.
舗装道路〔ほそうどうろ〕포장 도로.
商舗〔しょうほ〕상점. 가게. 점포.

音 読 2

店舗〔てんぽ〕점포. 상점. 가게.

〔褒〕 풀：기릴 포.
音：ホウ
訓：ほめる

褒める〔ほめる〕(他下1) 칭찬하다. 찬양하다. 기리다.
褒めそやす〔ほめそやす〕(他5) 극구 칭찬하다. 격찬하다 .
褒めちぎる〔ほめちぎる〕(他5) (본인이 부끄러울 정도로) 극구 칭찬하다.
褒め者〔ほめもの〕칭찬이 자자한 사람.
褒め称える〔ほめたたえる〕(他下1) 극구 칭찬하다.

音 読

褒賞〔ほうしょう〕포상. 칭찬하고 권장하여 상을 줌.

【폭】

〔幅〕 풀：너비 폭.
音：① フク ② プク
訓：はば

幅〔はば〕① 폭. 너비. ② 위세(威勢).
幅寄せ〔はばよせ〕① (자동차 따위를) 될 수 있는 대로 도로변에 붙이거나 다른 차와의 사이를 좁혀서 주차함. ② 달릴 때 차의 진로를 길가로 잡음.
幅跳び〔はばとび〕넓이뛰기.
幅利き〔はばきき〕세력이 있음. 실력자.
幅飛び〔はばとび〕넓이뛰기.

音読 1

幅物〔ふくもの〕족자.
幅員〔ふくいん〕(도로나 군함 등의) 폭. 너비.
画幅〔がふく〕화폭. 그림이 있는 족자.

音読 2

辺幅〔へんぷく〕표면. 외관. 겉치레.
全幅〔ぜんぷく〕전폭. 너비의 전부.
振幅〔しんぷく〕진폭. 진동의 폭.

〔暴〕 풀：사나울 폭.
音：① バク ② ボウ
訓：① あばく ② あばれる

❶ 暴く〔あばく〕(他5) ① 파헤치다. ② (비밀을) 폭로하다.
❷ 暴れる〔あばれる〕(自下1) 난폭하게 굴다. 날뛰다. 마구 설치다. 대담한 짓을 하다.
暴れん坊〔あばれんぼう〕망나니.
暴れ川〔あばれがわ〕곧 넘칠 것 같은 강

音読 1

暴露〔ばくろ〕폭로. 비밀이 드러남. 비밀을 공개함.

音読 2

暴挙〔ぼうきょ〕폭거. 난폭한 행동.
暴君〔ぼうくん〕폭군. 포악한 임금.
暴動〔ぼうどう〕폭동.
暴騰〔ぼうとう〕폭등. 물가가 갑자기 뛰어오름.
暴落〔ぼうらく〕폭락. 물가가 갑자기 내림.
暴力〔ぼうりょく〕폭력. 난폭한 행동.
暴利〔ぼうり〕폭리. 부당하게 많은 이익.
暴言〔ぼうげん〕폭언. 거친 말.
暴政〔ぼうせい〕폭정. 포악한 정치.
暴風雨〔ぼうふうう〕폭풍우.
暴行〔ぼうこう〕폭행. 사납고 거친 행동.

〔爆〕 풀：폭발할 폭.
音：バク
訓：はぜる

爆ぜる〔はぜる〕(自下1) (열매가 터져) 벌어지다. 튀다. くりが～; 밤이 터져 벌어지다. まめが～; 콩이 튀다.

音　読

爆撃〔ばくげき〕폭격.
爆発〔ばくはつ〕폭발. 한꺼번에 파열함.
爆薬〔ばくやく〕폭약. 폭발약.
爆音〔ばくおん〕폭음. 폭발하는 소리.
爆竹〔ばくちく〕폭죽.
爆弾〔ばくだん〕폭탄. 폭발탄.
爆破〔ばくは〕폭파. 폭발하여 부숨.

【표】

〔表〕 풀：거죽 표.
音：① ヒョウ ② ピョウ
訓：① あらわす ② あらわれる ③ おもて

❶ 表(わ)す〔あらわす〕(他5) 표현하다. 상징하다. 증명하다.
❷ 表(わ)れる〔あらわれる〕(自下1) 나타나다. 드러나다. 탄로나다.
❸ 表〔おもて〕① 거죽. 표면. 겉. ② 앞의 것. ③ 바깥쪽에 있는 것. ④ 집 앞. 집의 바깥. ⑤ 두 번 있는 것의 첫번째. 三回～; 3회초.
表看板〔おもてかんばん〕① 극장의 정면의 간판. ② 표면상의 명목.
表構え〔おもてがまえ〕집 정면의 꾸밈대.
表口〔おもてぐち〕정면 출입구.
表立つ〔おもてだつ〕(自5) 표면화되다. 세상에 공공연하게 알려지다.
表門〔おもてもん〕정문. 대문.
表方〔おもてかた〕(극장 등에서) 관람자에 관한 사무를 보는 사람들.
表沙汰〔おもてざた〕① 세상에 공공연하게 알려짐. 표면화됨. ② 관청에서 취급되는 사건. 특히 소송.
表書(き)〔おもてがき〕겉봉의 주소 성명.
表御殿〔おもてごてん〕천황이 공식 행사로 출석하거나 집무하는 궁전.
表芸〔おもてげい〕① 전문가가 알아 두어야 할 기예(技芸). ② 교양의 하나로 정식으로 배워 두어야 할 예능.
表作〔おもてさく〕앞갈이.
表座敷〔おもてざしき〕사랑방.
表替え〔おもてがえ〕다다미의 겉을 새것으로 갈아 댐.
表編(み)〔おもてあみ〕편물의 겉뜨기.
表向き〔おもてむき〕① 공공연함. ② 표면상. ③ 정부에 관계된 소송.

音読 1

表する〔ひょうする〕(他サ) ① 나타내다. 표하다. ② 표창하다.
表記〔ひょうき〕표기. 표시로 기록함.
表面〔ひょうめん〕표면. 겉쪽.
表明〔ひょうめい〕표명. 명백히 함.
表示〔ひょうじ〕표시. 나타내어 보임.
表音〔ひょうおん〕표음. 소리를 그대로 나타냄.
表情〔ひょうじょう〕표정. 얼굴이나 외모에 나타난 감정.
表紙〔ひょうし〕표지. 책뚜껑.
表彰〔ひょうしょう〕표창. 칭찬하여 알림.

表現〔ひょうげん〕표현. 나타냄.

音 読 2

年表〔ねんぴょう〕년표. 연대표.
発表〔はっぴょう〕발표. 널리 알림.
別表〔べっぴょう〕별표.

〔俵〕 풀：나누어줄 표.
音：ヒョウ
訓：たわら

俵〔たわら〕가마니.

連濁音에 注意

米俵〔こめだわら〕쌀 가마니.
炭俵〔すみだわら〕숯가마니.

音 読

土俵〔どひょう〕씨름판.
二俵〔にひょう〕두 가마니.

〔票〕 풀：표 표.
音：① ヒョウ ② ピョウ
訓：

音 読 1

票〔ひょう〕표. 쪽지. 투표.
票決〔ひょうけつ〕표결. 투표로 결정함.
投票〔とうひょう〕투표.

音 読 2

伝票〔でんぴょう〕전표.
散票〔さんぴょう〕산표. 선거에서 표가 흩어짐.

〔漂〕 풀：뜰 표.
音：ヒョウ
訓：① ただよう ② ただよわす

❶ 漂う〔ただよう〕(自5) ① 떠돌다. 표류하다. ② 방황하다. ③ (분위기가) 감돌다. ④ 자욱하게 끼다.
❷ 漂わす〔ただよわす〕(他5) ① 떠돌게 하다. 표류하게 하다. ② 방황하게 하다. ③ 감돌게 하다. ④ 띄우다.

漂流〔ひょうりゅう〕표류. 물 위에 둥둥 떠서 흘러감.
漂白〔ひょうはく〕표백. 희게 하는 일.
漂着〔ひょうちゃく〕표착. 물에 표류하다가 어떤 곳에 닿음.

〔標〕 풀：표시 표.
音：① ヒョウ ② ピョウ
訓：

音 読 1

標本〔ひょうほん〕표본. 본보기가 되는 물건.
標語〔ひょうご〕표어. 슬로우건.
標的〔ひょうてき〕표적. 목표물.
標準〔ひょうじゅん〕표준. 기준.
標識〔ひょうしき〕표지.
標札〔ひょうさつ〕표찰. 문서. 문패.

音 読 2

門標〔もんぴょう〕문패.

【품】

〔品〕 풀：품수 품.
音：① ヒン ② ピン
訓：しな

品〔しな〕① 물건. 물품. ② 상품.
品枯れ〔しながれ〕물건이 귀함. 품귀.
品物〔しなもの〕물품. 물건.
品薄〔しなうす〕상품이 딸림. 품귀.
品別け〔しなわけ〕품별. 물건의 구별.
品柄〔しながら〕품질.
品箱〔しなばこ〕낚시 도구. 상자.
品書き〔しながき〕물품 목록.
品数〔しなかず〕물품의 종류.
品玉〔しなだま〕① 공던지기 곡예. ② 요술.
品切れ〔しなぎれ〕품절. 절품.
品定め〔しなさだめ〕품평(品評).
品持ち〔しなもち〕(야채 따위가) 신선한 상태를 유지함.
品触れ〔しなぶれ〕잃은 물건이나 은닉물을 찾기 위해서 경찰이 전당포 같은 데에 물건의 이름과 특징을 제시하는 일.

音 読 1

品類〔ひんるい〕품류. 물건의 종류.
品名〔ひんめい〕품명. 물품의 이름.
品目〔ひんもく〕품목. 물품의 목록.
品詞〔ひんし〕품사.
品種〔ひんしゅ〕품종. 물품의 종류.
品質〔ひんしつ〕품질. 물건의 질.
品評〔ひんぴょう〕품평.
品行〔ひんこう〕품행. 몸가짐.

音 読 2

金品〔きんぴん〕금품. 돈과 물품.
新品〔しんぴん〕신품. 새로운 물건.

【풍】

〔風〕 풀：바람 풍.
音：① フ ② ブ ③ フウ ④ プウ
訓：① かぜ ② かざ〜

❶ 風〔かぜ〕바람.
風当たり〔かぜあたり〕① 바람받이. ② 비난. 공격.
風の子〔かぜのこ〕바람의 아들(어린이는 찬 바람 속에서도 잘 뛰노므로)
風の便り〔かぜのたより〕풍문(風聞).
❷ 風〜〔かざ〜〕(※ 명사에 접속함).
風脚〔かざあし〕바람의 속도. 풍속.
風見〔かざみ〕① 바람의 방향이나 강도를 봄. ② 바람개비. 풍향계(風向計).
風口〔かざぐち〕(아궁이의) 바람 구멍.
風気〔かざけ〕감기 기운.

風待ち〔かざまち〕범선이 출범하려고 순풍을 기다림.
風面〔かざおもて〕바람이 불어 오는 쪽.
風上〔かざかみ〕① 바람이 불어 오는 쪽. ② 위쪽. 윗자리.
風声〔かざごえ〕감기 든 목소리. 코먹은 소리. 쉰 목소리.
風切り〔かざきり〕① 배 위에 세워 바람의 방향을 보는 기(旗). ② 너새기와.
風折れ〔かざおれ〕나무 따위가 바람에 부러짐.
風除け〔かざよけ〕바람을 막음. 바람막이.
風足〔かざあし〕바람의 속도.
風車〔かざぐるま〕① 풍차. ② 팔랑개비.
風窓〔かざまど〕① 통풍 창. ② 마루 밑의 바람 구멍.
風通し〔かざとおし〕통풍.
風下〔かざしも〕바람이 불어 가는 쪽.
風向き〔かざむき〕① 풍향. 바람 방향. ② 대체의 경향. 형세. ③ 기분. 상태.
風穴〔かざあな〕바람 구멍.
風花〔かざばな〕① 바람에 날리는 눈. ② 갠 날에 바람에 나부끼면서 내리는 눈.

例　外

風邪〔かぜ〕감기.
風邪心地〔かぜごこち〕감기 기운.
風邪薬〔かぜぐすり〕감기약.
風邪引(き)〔かぜひき〕감기 걸림.

音読 1

風呂〔ふろ〕① 목욕. 목욕통. ② 공중 목욕탕. ③ 칠기를 넣어 말리는 상자.
風呂敷〔ふろしき〕① 보자기. ② 허풍.
風呂屋〔ふろや〕목욕을 업으로 하는 집. 목욕탕.
風呂場〔ふろば〕목욕탕. 욕실.
風炉〔ふろ〕풍로.
風情〔ふぜい〕풍정. 운치. 모양.
風土記〔ふどき〕풍토기. 각 방면의 정세를 지방별로 기록한 책.

音読 2

屏風〔びょうぶ〕병풍.
中風〔ちゅうぶ〕중풍.

音読 3

風景〔ふうけい〕풍경. 경치.
風浪〔ふうろう〕풍랑. 바람과 물결.
風力〔ふうりょく〕풍력. 바람의 세력.
風鈴〔ふうりん〕풍령. 풍경(風磬).
風物〔ふうぶつ〕풍물. 경치.
風船〔ふうせん〕풍선.
風俗〔ふうぞく〕풍속. 민속.
風速〔ふうそく〕풍속. 바람의 속도.
風水害〔ふうすいがい〕풍수해.
風雨〔ふうう〕풍우. 비바람.
風潮〔ふうちょう〕풍조. 세상의 추세.
風致〔ふうち〕풍치. 시원스럽게 격에 맞는 멋.
風土病〔ふうどびょう〕풍토병.
風害〔ふうがい〕풍해. 바람의 재해.

音読 4

突風〔とっぷう〕돌풍.
旋風〔せんぷう〕선풍. 회오리 바람.
順風〔じゅんぷう〕순풍.
春風〔しゅんぷう〕춘풍. 봄바람.

〖豊〗
풀：풍성할 풍.
音：**ホウ**
訓：**ゆたか**

豊か〔ゆたか〕(形動) ① 풍부함. 풍족함. ② 넉넉함. ③ 여유있음. 유유함.
豊けし〔ゆたけし〕(文語) (形) 풍부하다. 넉넉하다. 윤택하다. 여유가 있다.

音　読

豊年〔ほうねん〕풍년. 곡식이 잘 된 해.
豊麗〔ほうれい〕풍만하고 아름다움.
豊満〔ほうまん〕풍만. 살이 쪄서 살집이 좋음.
豊富〔ほうふ〕풍부. 넉넉하고 많음.
豊水〔ほうすい〕풍수. 물이 풍족함.
豊作〔ほうさく〕풍작. 농산물이 풍년임.

【피】

〖皮〗
풀：가죽 피.
音：① **ヒ** ② **ピ**
訓：**かわ**

皮〔かわ〕① 가죽. 껍질. ② 털가죽. ③ 겉면. 표면.
皮籠〔かわご〕가죽을 씌운 함.
皮剥き〔かわむき〕껍질을 벗김.
皮付(き)〔かわつき〕가죽이 붙어 있음.
皮算用〔かわざんよう〕아직 손에 넣기도 전에 그것을 기대하여 셈에 넣는 일. 독장수 셈.
皮切り〔かわきり〕① 맨 처음 뜨는 뜸. ② 일의 시작. 최초. 시초.
皮被り〔かわかぶり〕① 가죽을 뒤집어 쓰고 있는 것. ② 〈속〉 포경.

音読 1

皮膚〔ひふ〕피부. 살갗.
皮相〔ひそう〕피상. 겉. 천박한 관찰.
皮肉〔ひにく〕피육. ① 가죽과 고기. ② 날카로운 비난. ③ 비꼬기. 야유. 풍자.
皮肉る〔ひにくる〕(自5) 빈정대다. 비꼬아서 욕을 하다.
皮下〔ひか〕피하. 살갗 밑.
皮革〔ひかく〕피혁. 가공한 가죽.

音読 2

脱皮〔だっぴ〕탈피. 벗어남.
鉄面皮〔てつめんぴ〕철면피.

〖彼〗
풀：저쪽 피.
音：**ヒ**
訓：① **かれ** ② **かの**

❶ 彼〔かれ〕① 그 사람. ② 그이. 저이.
彼等〔かれら〕그들. 그 사람들.

彼氏〔かれし〕임. 그이.
彼此〔かれこれ〕① 이러쿵 저러쿵. ② 거의. 그럭저럭. 대강.
❷ 彼女〔かのじょ〕그 여자. 그녀. 저 여자. (어느 남자의) 애인.

例　外

彼奴〔あいつ〕그놈. 그녀석. 저놈.

音　読

彼我〔ひが〕피아. 그와 나. 피차(彼此).
彼岸〔ひがん〕피안. 건너편. 저쪽 강가.

〔披〕 풀：펼 피.
音：ヒ
訓：

披見〔ひけん〕문서 등을 펴 봄.
披歴〔ひれき〕피력. 숨기지 않고 털어 놓음.
披露宴〔ひろうえん〕피로연. 기쁜 일을 널리 알리기 위해 베푸는 연회.

〔疲〕 풀：피곤할 피.
音：ヒ
訓：① つからす ② つかれる

❶ 疲らす〔つからす〕(他5) 피곤하게 하다. 지치게 하다.
❷ 疲れる〔つかれる〕(自下1) ① 피로하다. 지치다. ② 오래 사용해서 낡다. 진이 빠지다.
疲れ〔つかれ〕피로. 피곤. 몸살.

連濁音에 注意

気疲れ〔きづかれ〕정신적 피로.
旅行疲れ〔りょこうづかれ〕여독(旅毒).

音　読

疲労〔ひろう〕피로. 고달픔.
疲幣〔ひへい〕피폐. 지치고 쇠약해짐.

〔被〕 풀：입을 피.
音：ヒ
訓：① こうむる ② かぶる

❶ 被る〔こうむる〕(他5) ① 받다. 御免を～；용서를 받다. ② 입다. 損害を～；손해를 입다.
❷ 被る〔かぶる〕(他5) 쓰다. 뒤집어 쓰다. 帽子を～；모자를 쓰다. (自5) ① (연극이)끝나다. ② 배가 흔들리다. ③ (노출과다로)건판, 필림이 흐려지다.
被さる〔かぶさる〕(自5) ① 덮이다. 씌워지다. ② (책임이) 덮어 씌워지다.
被せる〔かぶせる〕(他下1) ① 덮다. 씌우다. ② (위에서) 끼얹다. ③ 덮어 씌우다. 넘겨 씌우다.
被せ蓋〔かぶせぶた〕뚜껑.

音　読

被告〔ひこく〕피고. 소송을 당한 사람.
被服〔ひふく〕피복. 몸에 입는 의복.
被選〔ひせん〕피선. 선거에서 뽑힘.
被造物〔ひぞうぶつ〕피조물.
被害〔ひがい〕피해. 손해를 입음.

〔避〕 풀：피할 피.
音：ヒ
訓：さける

避ける〔さける〕(他下1) 피하다. 멀리하다. 車を～; 차를 피하다. 人目を～; 남의 눈을 피하다.

音　読

避難〔ひなん〕피난. 재난을 피함.
避雷針〔ひらいしん〕피뢰침.
避暑〔ひしょ〕피서. 더위를 피함.
避身〔ひしん〕피신. 몸을 피함.
避妊〔ひにん〕피임. 임신을 피함.

【필】

〔必〕 풀：반드시 필.
音：① ヒツ ② ヒッ
訓：かならず

必ず〔かならず〕(副) 반드시. 꼭.
必ずしも〔かならずしも〕(副) (부정의 말이 따라옴) 반드시 …인 것은 (아니다).
必ずや〔かならずや〕(副) (추측의 말이 따라옴) 필시. 반드시.

音読 1

必読〔ひつどく〕필독. 반드시 읽음.
必需品〔ひつじゅひん〕필수품.
必然〔ひつぜん〕필연. 반드시.
必要〔ひつよう〕필요. 꼭 소용이 됨.

音読 2

必死〔ひっし〕필사. 죽도록 힘을 씀.
必修〔ひっしゅう〕필수. 반드시 학습하여야 함.
必須〔ひっす〕필수. 꼭 필요로 함.
必勝〔ひっしょう〕필승. 반드시 이김.
必携〔ひっけい〕필휴. 반드시 가지고 있어야 함.

〔匹〕 풀：짝 필.
音：① ヒツ ② ヒッ
訓：ひき

匹〔ひき〕① (짐승, 물고기, 벌레를 세는 말) 마리. ② (피륙을 세는 말) 필.

音読 1

匹馬〔ひつば〕필마. 한 필의 말.
馬匹改良〔ばひつかいりょう〕말 개량.

音読 2

匹夫〔ひっぷ〕필부. 신분이 낮은 사나이. 사리에 어두운 사나이.
匹婦〔ひっぷ〕필부. 신분이 천한 여자. 보통의 여인.
匹敵〔ひってき〕필적. ① 어깨를 겨룸. ② 대등함.

〔筆〕 풀：붓 필.
音：① ヒツ ② ヒッ ③ ピツ
訓：ふで

筆〔ふで〕붓.
筆まめ〔ふでまめ〕싫어하지 않고 글을 부지런히 잘 씀. 또는 그런 사람.

筆遣い〔ふでづかい〕붓을 다루는 방법.
筆立て〔ふでたて〕붓꽂이.
筆付き〔ふでつき〕서법(書法).
筆不精〔ふでぶしょう〕글 쓰기를 싫어함. 또는 그런 사람.
筆箱〔ふでばこ〕필통. 필갑.
筆先〔ふでさき〕붓끝. 서도(書道).
筆入れ〔ふでいれ〕필통.
筆の跡〔ふでのあと〕필적.
筆太〔ふでぶと〕굵게 쓴 글씨.
筆筒〔ふでづつ〕필통. 붓꽂이.

音読 1

筆談〔ひつだん〕필담. 글을 써서 이야기함.
筆名〔ひつめい〕필명. 글을 발표할 때 쓰는 본명 아닌 이름.
筆順〔ひつじゅん〕필순. 글씨 쓰는 순서.

音読 2

筆記〔ひっき〕필기. 글씨를 씀.
筆答〔ひっとう〕필답. 글을 써서 대답함.
筆法〔ひっぽう〕필법. 글씨 쓰는 법.
筆者〔ひっしゃ〕필자. 글을 쓴 사람.
筆跡〔ひっせき〕필적. 글씨의 형적.

音読 ③

乱筆〔らんぴつ〕난필. 함부로 쓴 글씨.
鉛筆〔えんぴつ〕연필.

【핍】

〔乏〕 풀：다할 핍.
音：ボウ
訓：とぼしい

乏しい〔とぼしい〕(形) ① 부족하다. 모자라다. 적다. ② 가난하다. 없다. 결핍하다.
欠乏〔けつぼう〕결핍. 부족함.
窮乏〔きゅうぼう〕궁핍. 가난함.
耐乏〔たいぼう〕내핍. 궁핍을 참고 견딤.
貧乏〔びんぼう〕가난함.

【하】

〔下〕 풀：아래 하.
音：① カ ② ゲ
① さがる ② さげる ③ くださる ④ くだす ⑤ くだる ⑥ おりる ⑦ おろす ⑧ した ⑨ しも ⑩ もと

❶ 下がる〔さがる〕(自5) ① 내리다. ② (허가가) 나오다. 발부되다. ③ (양말, 바지가) 흘러내리다. ④ 늘어지다. ⑤ (관공서에서) 물러나다. 그만두다. ⑥ 뒤로 물러나다. 후퇴하다. ⑦ (때가) 흐르다.
下がり〔さがり〕① 내려감. 낮아짐. ② (시간이) 지남. 昼~; 한 낮이 지남, ③ お~; 손윗 사람에게서 물려 받은 물품.
下がり目〔さがりめ〕① 눈초리가 처진 눈. ② (물가가) 하락할 무렵. ③ 세퇴할 무렵.
❷ 下げる〔さげる〕(他下1) ① (위치, 값을) 내리다. ② 수그리다. 숙이다. ③ (지위, 가치, 정도를) 떨어뜨리다. 낮추다. ④ 드리우다. ⑤ 하사하다. ⑥ 달다. 차다. ⑦ 들다. ⑧ 되돌려 보내다. ⑨ (맡긴 것을) 찾다. ⑩ (뒤쪽으로) 옮기다.
下げ〔さげ〕① 내림. 내린 것. ② (시세의) 내림. ~びら; 상품의 이름이나 가격 등을 써서 가게에 매달아 두는 종이.
下げ戻し〔さげもどし〕관청에 제출한 것을 본인에게 되돌림. 각하(却下).
下げ髪〔さげがみ〕머리를 뒤로 늘어뜨리는 여자의 머리 모양.
下げ棚〔さげだな〕(줄로) 매어 단 선반.
下げ前髪〔さげまえがみ〕소녀 등의 앞머리를 늘어뜨린 머리 모양.
下げ振り〔さげぶり〕① 추. 진자(振子). 흔들이. ② 다림추.
下げ舵〔さげかじ〕비행기나 잠수함을 아래로 향하게 하기 위한 키의 조종.
❸ 下さる〔くださる〕(他5) 주시다.
❹ 下す〔くだす〕(他5) ① 내리다. ② 하달하다. ③ (눈, 비를) 오게 하다. ③ 내려 보내다. ⑤ 보내다. ⑥ 항복시키다. ⑦ 설사하다. ⑧ 직접 …하다. 직접 손을 쓰다. ⑨ 술술 …해 내리다.
下し〔くだし〕① 내림. ② 설사약.
下し薬〔くだしぐすり〕설사약.
下される〔くだされる〕(他下1) 주시다.
下され物〔くだされもの〕주신 물건.
❺ 下る〔くだる〕(自5) ① 내리다. ② 내려가다. 내려오다. ③ 설사하다. ④ 물러나다. 은퇴하다. ⑤ 항복하다. 투항하다. ⑥ 못하다. 뒤지다. ⑦ 기준 미달이 되다.
下らない〔くだらない〕(形) 시시하다. 가치 없다.
下り〔くだり〕(서울에서 지방으로) 내려감.
下り腹〔くだりばら〕설사(함).
下り列車〔くだりれっしゃ〕하행 열차.
下り坂〔くだりざか〕내리막길.
❻ 下りる〔おりる〕(自上1) ① 내리다. 내려오다. 내려가다. ② 물러나다. ③ (자물쇠가) 채워지다.
下り立つ〔おりたつ〕(自5) (낮은 곳으로) 내려서다. 내려가다.
下り物〔おりもの〕대하(帯下).
❼ 下ろす〔おろす〕(他5) ① 내리다. ② 직위에서 물러나게 하다. ③ 떨어뜨리다. 떼다. ④ (자물쇠를) 채우다. ⑤ 깎다. 치다. ⑥ (돈을) 찾다. ⑦ 신품을 쓰기 시작하다.
下ろし金〔おろしがね〕강판(鋼板).

❽下〔した〕①아래. 밑. ②이하(以下). ③겸손. 낮춤. ④담보물. ⑤지불 대금의 일부로 충당함. ⑥직후. 바로 뒤. …하자마자.
下検分〔したけんぶん〕예비 검사.
下見〔したみ〕①예비 조사. ②미리 읽어둠. ③집 外壁에 가로로 댄 미늘판자벽.
下稽古〔したげいこ〕예행 연습.
下っ端〔したっぱ〕(신분이나 지위가) 낮음. 말단. 하급.
下帯〔したおび〕음부(陰部)를 직접 가리기 위해 끈으로 허리에 차는 천.
下図〔したず〕초벌 그림. 밑그림.
下塗り〔したぬり〕초벌 칠. 밑칠.
下読み〔したよみ〕미리 읽어 둠. 예습.
下働き〔したばたらき〕①남의 부하가 되어서 일하는 사람. ②식모.
下涼み〔したすずみ〕나무 그늘 따위에서 바람을 쐬며 쉼.
下露〔したつゆ〕나무에서 떨어지는 이슬.
下毛〔したげ〕짧고 부드러운 잔털.
下目〔しため〕내리뜨는 눈. 깔봄.
下聞き〔したぎき〕예비 지식.
下味〔したあじ〕(요리하기 전에) 소금, 간장에 담가 맛들임.
下腹〔したばら〕아랫배.
下縫い〔したぬい〕시침. 바느질. 가봉.
下敷(き)〔したじき〕①깔개. 책받침. ②물건 밑에 깔림. ③표준. 모범. 본보기.
下仕事〔したしごと〕①하청(下請) 받는 일. ②사전 준비.
下思い〔したおもい〕①부하를 극진히 사랑하는 마음. ②마음 속의 생각.
下相談〔したそうだん〕예비 상담. 미리 해두는 의논.
下色〔したいろ〕①바탕의 빛깔. ②차차 쇠퇴해 가는 모양.
下書き〔したがき〕초안(草案).
下洗い〔したあらい〕애벌 빨래.
下手〔したで〕지위가 낮음.
〔したて〕①아래 쪽. ②지위가 낮음.
〔しもて〕(강의) 하류 쪽.
〔へた〕(形動) 서투름.
下手投げ〔したてなげ〕(야구에서) 밑으로 던지기.
下心〔したごころ〕①속마음. 본심. 속셈. ②미리부터 품고 있던 계획. 음모.
下押し〔したおし〕①밑으로 누름. ②시세가 차츰차츰 하락함.
下役〔したやく〕부하. 지위가 낮은 사람.
下葉〔したば〕밑줄기 쪽에 난 잎.
下刈り〔したがり〕잡초를 벰.
下陰〔したかげ〕밑그늘.
下煮〔したに〕단단해서 잘 익지 않는 것을 미리 익혀 둠.
下張り〔したばり〕초배. 초배지.
下積み〔したづみ〕①다른 짐 밑에 쌓인 짐. ②언제까지나 출세를 못함. 말단.
下前〔したまえ〕(옷의) 안자락.
下折れ〔したおれ〕꺾여서 늘어짐.
下町〔したまち〕번화가. 서민들이 많이 사는 동네. 변두리.
下組〔したぐみ〕사전 준비.
下調べ〔したしらべ〕①예비 조사. ②예습.
下拵え〔したごしらえ〕①사전 준비. ②대충 준비함.
下準備〔したじゅんび〕사전 준비.
下支え〔したささえ〕금액이 그 이하로 떨어지지 않도록 막음.
下地〔したじ〕①밑바탕. 기초. 준비. ②소질. 본래의 성질.
下枝〔したえだ〕밑가지.
下職〔したしょく〕하청업. 하청 업자.
下着〔したぎ〕속옷. 내의.
下請け〔したうけ〕하청.
下締め〔したしめ〕여자의 옷 밑에 매는 끈.
下草〔したくさ〕숲속 그늘에 돋는 잡초.
下取り〔したどり〕신제품의 대금의 일부로 헌제품을 판매자가 인수하는 일.
下値〔したね〕염가. 싼값.
下歯〔したば〕아랫니.
下打(ち)合(わ)せ〔したうちあわせ〕사전 협의. 사전 의논.
下投げ〔したなげ〕茶를 먼저 넣은 다음 끓는 물을 붓는 일.
下向き〔したむき〕하향. (물가가) 하락하기 시작함. 쇠퇴함.
下火〔したび〕①불기운이 약해짐. ②한고비 지남. ②밑에서 쬐는 불.
下回り〔したまわり〕잡역부. 허드레꾼. 잡일.
下回る〔したまわる〕(自5) 하회하다.
❾下〔しも〕아랫도리. 下流. 대소변. 하인.
下掛かる〔しもがかる〕(自5) 이야기가 음란하게 되다(상스러워지다).
下期〔しもき〕下半期의 준말.
下男〔しもおとこ〕남자 하인.
下女中〔しもじょちゅう〕식모.
下半期〔しもはんき〕하반기.
下肥〔しもごえ〕인분뇨의 거름.
下一段活用動詞〔しもいちだんかつようどうし〕하1단 활용 동사.
下脹れ〔しもぶくれ〕아랫볼이 불룩함.
❿下〔もと〕곁. 슬하. 밑.

音 読 1

下降〔かこう〕하강. 내려감.
下級〔かきゅう〕하급. 등급이 낮음.
下流〔かりゅう〕하류. ①강이나 내의 흘러내리는 아래 쪽. ②하등 사회.
下付〔かふ〕관청이 인가해 줌.
下賜〔かし〕하사. 임금이 물건을 주는 일.
下情〔かじょう〕일반 국민의 사정.
下層〔かそう〕하층. 아랫층.

音 読 2

下界〔げかい〕인간의 세계. 지상(地上).
下校〔げこう〕학교에서 집으로 돌아감.
下巻〔げかん〕하권.
下克上〔げこくじょう〕하극상.

下女〔げじょ〕하녀. 가정부. 식모.
下段〔げだん〕하단. 아랫단.
下落〔げらく〕하락. 시세가 떨어짐.
下郎〔げろう〕하인.
下劣〔げれつ〕천하고 열등함.
下痢〔げり〕설사.
下痢止め〔げりどめ〕설사를 멎게 하는 약. 지사제(止瀉剤).
下馬評〔げばひょう〕하마평.
下卑る〔げびる〕(自上1) 품위가 없어지다. 야하게 보이다.
下山〔げざん〕하산. 산에서 내려옴.
下船〔げせん〕하선. 배에서 내림.
下世話〔げせわ〕흔히 쓰는 말.
下水〔げすい〕더러운 물. 수채.
下手物〔げてもの〕①별로 손질을 안한 거친 물건. ②색다른 물건.
下手人〔げしゅにん〕하수인. 사람을 직접 죽인 범인.
下宿〔げしゅく〕하숙.
下旬〔げじゅん〕하순.
下野〔げや〕하야. 정계에서 은퇴함.
下人〔げにん〕하인. 종.
下作〔げさく〕조잡하게 만든 것.
下剤〔げざい〕설사약.
下種〔げす〕미천한 사람.
下種張る〔げすばる〕(自5) 비열한 마음을 나타내다. 비열한 태도가 되다.
下知〔げじ〕명령함. 지휘함.
下車〔げしゃ〕하차. 차에서 내림.
下駄〔げた〕왜나막신.
下品〔げひん〕품위가 없음. 조잡함.
下血〔げけつ〕하혈.
下戸〔げこ〕술을 마시지 못하는 사람.

〘何〙 풀:어찌 하.
音:カ
訓:①なに ②なん

❶何〔なに:なん〕무엇.
何しろ〔なにしろ〕(副) 어쨌든. 여하튼.
何気無い〔なにげない〕(形) 무심하다. 별 관심도 없다.
何物〔なにもの〕어떤 물건. 무엇.
何分〔なにぶん〕(副) ①다소간. ②부디. 아무쪼록. ③여하튼. 아무래도.
〔なんぷん〕(시간상의) 몇 분.
何糞〔なにくそ〕이까짓 것.
何事〔なにごと〕무슨 일. 어떤 일.
何食わぬ顔〔なにくわぬかお〕모르는 체함. 시치미를 뗌.
何心無い〔なにごころない〕(形) 무관심하다. 아무런 생각도 없다.
何様〔なにさま〕어떤 분.
何人〔なにびと〕어떠한 사람. 누구.
〔なんにん〕몇 사람.
何一つ〔なにひとつ〕무엇 하나. 아무것도.
何者〔なにもの〕어떠한 사람. 누구.
何程〔なにほど〕어느 만큼.
何卒〔なにとぞ〕제발. 부디. 아무쪼록.
❷何時〔なんじ〕몇 시.
何羽〔なんば〕(날짐승) 몇 마리.
何月〔なんがつ〕몇 월.
何日〔なんにち〕며칠.
何足〔なんぞく〕몇 켤레.

音 読

幾何学〔きかがく〕기하학. 図形의 성질을 연구하는 학문.

〘河〙 풀:물 하.
音:①カ ②ガ
訓:かわ

河〔かわ〕하천. 강. 내.
河口〔かわぐち〕하구. 강 어귀.
河原〔かわら〕강가의 모래(자갈)밭.

音 読 1

河岸〔かし〕배를 대는 물가. 어시장.
河童〔かっぱ〕하동. ①물 속에 산다는 어린 아이 모양을 한 상상의 동물. ②헤엄을 잘 치는 사람.
河馬〔かば〕하마.
河畔〔かはん〕하반. 강가.
河川〔かせん〕하천. 시내. 강.

音 読 2

大河〔たいが〕대하. 큰 강.
氷河〔ひょうが〕빙하. 얼어 붙은 강.
運河〔うんが〕운하. 인공적인 水路.
銀河〔ぎんが〕은하. 은하수.

〘夏〙 풀:여름 하.
音:①カ ②ゲ
訓:なつ

夏〔なつ〕여름.
夏めく〔なつめく〕(自5) 여름다워지다.
夏柑〔なつかん〕여름 밀감. 귤.
夏枯れ〔なつがれ〕여름 철 불경기.
夏掛け〔なつがけ〕여름에 덮는 얇은 담요나 타월.
夏道〔なつみち〕積雪期 이외의 시기의 등산길.
夏隣〔なつどなり〕여름에 가까움.
夏毛〔なつげ〕여름철에 나는 짐승털.
夏木立ち〔なつこだち〕여름철의 무성한 나무숲.
夏物〔なつもの〕여름옷.
夏服〔なつふく〕하복.
夏負け〔なつまけ〕여름(더위)을 탐.
夏山〔なつやま〕여름철의 산.
夏時間〔なつじかん〕여름 시간.
夏野〔なつの〕여름 들판.
夏羽織〔なつばおり〕여름에 옷 위에 걸쳐 입는 홑겹의 羽織.
夏衣〔なつごろも〕여름옷.
夏日〔なつび〕여름철의 뙤약볕.
夏存〔なつご〕여름에 낳은 동물 새끼.
夏姿〔なつすがた〕여름에 어울리는 시원한 옷차림이나 주위의 상태.
夏作〔なつさく〕여름 농작물.
夏蚕〔なつご〕여름 누에.
夏場〔なつば〕여름철.
夏場所〔なつばしょ〕매년 5월에 열리는 정

규의 大씨름판.
夏祭り〔なつまつり〕 여름철에 올리는 신사(神社)의 제사.
夏座敷〔なつざしき〕 여름에 시원하게 해 놓은 응접실.
夏着〔なつぎ〕 여름옷.
夏風邪〔なつかぜ〕 여름 감기.
夏向き〔なつむき〕 여름철에 적합함.
夏休み〔なつやすみ〕 여름 방학(휴가).

音 読 1

夏季〔かき〕 하계. 여름철.
夏期〔かき〕 하기. 여름의 기간.
夏炉冬扇〔かろうとうせん〕 (여름철의 화로와 겨울철의 부채) 계절에 맞지 않는 쓸 데 없는 것들.

音 読 2

夏至〔げし〕 하지. 1년 중 낮이 가장 긴 날.

〔荷〕 풀 : 짐 하.
音 : カ
訓 : に

荷〔に〕 짐.
荷担ぎ〔にかつぎ〕 짐을 짐. 짐꾼.
荷台〔にだい〕 짐받이. 짐을 싣는 곳.
荷動き〔にうごき〕 화물의 이동.
荷馬〔にうま〕 짐말.
荷馬車〔にばしゃ〕 짐마차.
荷物〔にもつ〕 화물. 짐.
荷船〔にぶね〕 화물선. 짐배.
荷送り〔におくり〕 화물 발송.
荷受け〔にうけ〕 보내온 화물을 찾아 받음.
荷揚げ〔にあげ〕 뱃짐을 부림.
荷引き〔にびき〕 상품이나 화물을 생산지에서 가져옴.
荷積み〔にづみ〕 짐쌓기. 짐싣기.
荷足〔にあし〕 ①(배의) 바닥짐. ②매상.
〔にたり〕 강에서 짐을 운반하는 작은 배. 거룻배.
荷重〔におも〕 짐이 무거움.
〔かじゅう〕 하중. 짐의 무게.
荷車〔にぐるま〕 짐수레.
荷駄〔にだ〕 말로 나르는 짐.

音 読

荷重〔かじゅう〕 하중. 짐의 무게.
〔におも〕 짐이 무거움.
入荷〔にゅうか〕 입하. 짐이 들어옴.

〔賀〕 풀 : 축하할 하.
音 : ガ
訓 :

賀す〔がす〕 (他サ) ⇨ 賀する.
賀する〔がする〕 (他サ) 축하하다.
賀詞〔がし〕 하사. 축사.
賀状〔がじょう〕 축하의 편지. 연하장.

【학】

〔学〕 풀 : 배울 학.
音 : ①ガク ②ガッ
訓 : まなぶ

学ぶ〔まなぶ〕 (他5) 배우다. 익히다. 공부하다.
学び〔まなび〕 (他5) 배움. 수업.
学(び)舎〔まなびや〕 학교. 배움의 집.

音 読 1

学〔がく〕 학문. 배움.
学す〔がくす〕 (他サ) 배우다.
学徳〔がくとく〕 학덕. 학식과 덕행.
学徒兵〔がくとへい〕 학도병.
学歴〔がくれき〕 학력.
学問〔がくもん〕 학문. 배우고 익힘.
学士〔がくし〕 학사.
学生〔がくせい〕 학생.
学芸〔がくげい〕 학예. 학문과 예능.
学友〔がくゆう〕 학우. 배움의 친구.
学院〔がくいん〕 학원.
学園〔がくえん〕 학원.
学者〔がくしゃ〕 학자.
学窓〔がくそう〕 학창.

音 読 2

学界〔がっかい〕 학계. 학자들의 사회.
学科〔がっか〕 학과. 학과목.
学校〔がっこう〕 학교.
学会〔がっかい〕 학회.

〔虐〕 풀 : 사나울 학.
音 : ギャク
訓 : しいたげる

虐げる〔しいたげる〕 (他下1) 학대하다. 動物を～ : 동물을 학대하다.

音 読

虐待〔ぎゃくたい〕 학대. 혹독한 짓으로 남을 괴롭힘.
虐殺〔ぎゃくさつ〕 학살.
虐政〔ぎゃくせい〕 학정. 국민을 괴롭히는 포악한 정치.

【한】

〔汗〕 풀 : 땀 한.
音 : カン
訓 : あせ

汗〔あせ〕 땀.
汗する〔あせする〕 (他サ) 땀을 흘리다.
汗だく〔あせだく〕 땀투성이.
汗ばむ〔あせばむ〕 (自5) 땀이 나다. 땀이 배다.
汗みずく〔あせみずく〕 땀투성이.
汗塗れ〔あせまみれ〕 땀이 줄줄 흐름.
汗水〔あせみず〕 땀을 뻘뻘 흘림.
汗染みる〔あせじみる〕 (自上1) 땀이 배다.

땀이 배어 얼룩지다.
汗知らず〔あせしらず〕땀띠약.
汗疹〔あせも〕땀띠.
汗取り〔あせとり〕땀받이.

音 読

汗顔〔かんがん〕부끄러워서 얼굴에 땀이 나는 것. ~の至りです; 매우 부끄럽습니
発汗〔はっかん〕발한. 땀을 냄.

〔**恨**〕 풀 : 원망할 한.
音 : **コン**
訓 : ① **うらむ** ② **うらめしい**

❶ **恨む**〔うらむ〕(他5) ① 원망하다. 분하게 여기다. ② 유감스럽게 여기다. ~くは; 원망스러운 것은. 분한 것은.
恨み〔うらみ〕원한. 앙심.
恨みっこ〔うらみっこ〕서로가 원망함.
恨みつらみ〔うらみつらみ〕여러 가지 원통한 일.
恨み死(に)〔うらみじに〕원한을 품은채 죽음.
恨み事〔うらみごと〕원망하는 말.
❷ **恨めしい**〔うらめしい〕(形) ①원망스럽다. ② 유감스럽다.

音 読

恨事〔こんじ〕원통한 일.
痛恨〔つうこん〕통한. 몹시 원통함.

〔**限**〕 풀 : 한정 한.
音 : **ゲン**
訓 : **かぎる**

限る〔かぎる〕(他5) ① 한정하다. 제한하다. ② 경계를 짓다.
限り〔かぎり〕① 한계. 한. ② 마지막. 최후. ③ 만. 뿐.
限り無い〔かぎりない〕(形) 한이 없다. 끝없다. 무한하다.

音 読

限界〔げんかい〕한계. 경계. 범위.
限度〔げんど〕한도. 정해진 정도.
限外〔げんがい〕한외. 한도의 밖.
限定〔げんてい〕한정. 제한하여 정함.

〔**寒**〕 풀 : 찰 한.
音 : **カン**
訓 : **さむい**

寒い〔さむい〕(形) ① 춥다. 차다. ② 가난하다. 빈약하다.
寒がり〔さむがり〕몹시 추위를 탐.
寒がる〔さむがる〕(自5) 추위를 타다.
寒さ〔さむさ〕추위.
寒空〔さむぞら〕① 차가운 겨울 하늘. ② 차가운 날씨.
寒気〔さむけ〕한기. 추운 느낌. 오한.
寒気立つ〔さむけだつ〕(自5) ① 오한이나다. 한기가 들다. ② 소름이 끼치다. 오싹하다.
寒寒〔さむざむ〕몹시 추움.
寒寒しい〔さむざむしい〕(形) 몹시 추워보이는 느낌을 주다.

音 読

寒じる〔かんじる〕(自上1) 추위가 몸에 스며 들다.
寒暖計〔かんだんけい〕한란계. 온도계.
寒冷〔かんれい〕한랭. 몹시 추움.
寒流〔かんりゅう〕한류. 찬물의 흐름.
寒心〔かんしん〕한심. 기가 막힘.
寒の入り〔かんのいり〕추운 철로 접어 듦.
寒天〔かんてん〕한천. ① 추운 겨울 하늘. ② 우무.
寒波〔かんぱ〕한파. 심한 추위.
寒害〔かんがい〕한해. 추위로 인하여 받는 해.

〔**閑**〕 풀 : 한가할 한.
音 : **カン**
訓 :

閑暇〔かんか〕한가. 여가. 짬.
閑却〔かんきゃく〕한각. 허술히 그냥 내버려 둠.
閑散〔かんさん〕한산. 한가함.
閑寂〔かんじゃく〕한적. 조용함.
閑職〔かんしょく〕한직. 한가한 직무.

〔**漢**〕 풀 : 한나라 한.
音 : **カン**
訓 :

漢文〔かんぶん〕한문. 한자(漢字)로 된 문장.
漢方〔かんぽう〕한방. 중국식의 의술.
漢詩〔かんし〕한시. 한문으로 쓴 시.
漢字〔かんじ〕한자. 중국 고유의 문자.
漢学者〔かんがくしゃ〕한학자. 한문에 관하여 연구하는 사람.

〔**韓**〕 풀 : 나라 한.
音 : **カン**
訓 :

韓国〔かんこく〕한국. 대한민국.
韓国語〔かんこくご〕한국어.
韓日〔かんにち〕한일. 한국과 일본.

【할】

〔**割**〕 풀 : 나눌 할.
音 : ① **カツ** ② **カッ**
訓 : ① **さく** ② **われる** ③ **わる**

❶ **割く**〔さく〕(他5) ① 쪼개다. 빠개다. ② 가르다. ③ 벌어지게 하다. ④ 찢다. ⑤ 할애하다.
❷ **割れる**〔われる〕(自下1) ① 갈리다. 분열되다. ② 터지다, 갈라지다. 금이 가다. ③ 깨지다. ④ 드러나다. 판명되다. ⑤ 나눗셈을 하다. 나누다.
割れ〔われ〕① 사이가 벌어짐. ② 조각. 파편. 부스러기. ③ 시세가 어떤 값 이하로 떨어짐.
割れ目〔われめ〕갈라진 틈. 금. 균열.
割れ物〔われもの〕① 깨어지기 쉬운 물건. ② 깨진 물건.

割れ返る〔われかえる〕(自5) 산산 조각이 나다.

❸**割る**〔わる〕(自5) ① 값이 단위 이하로 떨어지다. ② 할인하다. ③ (기준, 한계를) 깨뜨리다. 벗어나다. (他5) ① 나누다. ② 깨뜨리다. 깨다. ③ 쪼개다. 가르다. ④ 끼어 들다. ⑤ 벌리다. ⑥ 묽게 하다. 물을 타다. ⑦ 자세히 가르다. 세분하다. ⑧ 속을 털어 놓다.

割〔わり〕① 비율. ② 채산. 수지. ③ 묽게 함. 물을 탐. ④ 배당. 할당. ⑤ 10분의 1. 할. 三~; 3할.

割に〔わりに〕(副) ① 비교적. 비(比)해서. ② 생각한 것보다는.

割(り)勘〔わりかん〕 각자 부담.

割高〔わりだか〕(품질이나 분량에 비해서) 값이 비쌈.

割(り)金〔わりきん〕 할당금.

割(り)当(て)〔わりあて〕 할당. 배당.

割り当てる〔わりあてる〕(他下1) 할당하다. 분배하다. 배당하다.

割り麦〔わりむぎ〕(맷돌에) 탄 보리.

割(り)木〔わりき〕 잘게 쪼갠 장작.

割り方〔わりかた〕(副) 비교적.

割普請〔わりぶしん〕 여러 부분으로 나누어 분담하여 건축함.

割(り)付(け)〔わりつけ〕① 배당. 할당. ② 편집 배정.

割(り)算〔わりざん〕 나눗셈.

割(り)床〔わりどこ〕 방 하나를 병풍이나 가리개로 간막아서 여러 사람이 잠.

割(り)書き〔わりがき〕 할주(割註).

割(り)松〔わりまつ〕 잘게 쪼갠 장작.

割(り)膝〔わりひざ〕 양쪽 무릎을 조금 벌리고 앉는 앉음새

割安〔わりやす〕(물건에 비해) 값이 쌈.

割栗石〔わりぐりいし〕(기초 공사에 쓰기 위해서) 큰 돌을 쪼갠 돌.

割引〔わりびき〕 할인.

割り引く〔わりびく〕(他5) ① 줄잡다. ② (어음을) 할인하다.

割(り)印〔わりいん〕 계인(契印).

割り込み〔わりこみ〕 끼어듦. 새치기. 비집고 들어감.

割り込む〔わりこむ〕(自他5) ① 새치기하다. 끼어들다. 비집고 들어가다. ② 시세가 기준치보다 떨어지다.

割(り)箸〔わりばし〕 소독저.

割(り)前〔わりまえ〕 배당량. 몫. 배당액.

割(り)前勘定〔わりまえかんじょう〕 각자 부담.

割り切る〔わりきる〕(他5) ① 딱 잘라서 결론짓다. ② 우수리가 없게 나누다.

割り切れる〔わりきれる〕(自下1) ① 우수리가 없이 딱 나뉘어지다. ② 잘 알 수가 있어 속시원하다. 석연하다.

割(り)注〔わりちゅう〕 할주.

割増し〔わりまし〕 할증. 덧얹음.

割り振る〔わりふる〕(他5) 배당하다. 할당하다. 분담시키다.

割(り)礼〔わりふだ〕① 후일에 맞춰 보아 증거로 하는 문서. ② 할인권.

割り出す〔わりだす〕(他5) ① 계산해 내다. 산출(算出)해 내다. ② 여러 가지를 근거로 하여 결론짓다(생각해 내다).

割(り)判〔わりはん〕 계인(契印).

割(り)下〔わりした〕 고기 요리에 쓰기 위해 간을 맞춰 끓여 놓은 국물.

割(り)下水〔わりげすい〕 도랑으로 된 하수도.

割合〔わりあい〕① 비율. ② 비교한 바.

割合に〔わりあいに〕(副) 비교적.

音読 1

割愛〔かつあい〕 할애. 소중한 것을 아까와하며 나누어 줌.

割譲〔かつじょう〕 할양. 물건이나 토지의 일부를 남에게 줌. 分割譲渡.

音読 2

割拠〔かっきょ〕 할거. 각기 소유지에서 독립하여 세력을 폄.

割腹〔かっぷく〕 할복. 배를 가름.

割賦販売〔かっぷはんばい〕 할부 판매.

〔轄〕 풀 : 다스릴 할.
音 : カツ
訓 :

管轄〔かんかつ〕 관할. 권한에 의하여 지배하는 일.

直轄〔ちょっかつ〕 직할. 직접 관할함.

【함】

〔含〕 풀 : 머금을 함.
音 : ガン
訓 : ① ふくむ ② ふくめる

❶**含む**〔ふくむ〕(他5) ① 포함하다. 함유하다. ② 머금다. ③ 지니다. 함축하다. ④ (마음에) 품다. ⑤ 띠다.

含み〔ふくみ〕① 포함함. ② 함축성. ③ 양해. 여유.

含み綿〔ふくみわた〕① 옷단에 두는 솜. ② 홀쭉한 볼을 불룩하게 보이기 위해 어금니와 볼 사이에 넣는 솜.

含み声〔ふくみごえ〕 입 속에서 우물거리는 소리.

含み笑い〔ふくみわらい〕 입을 다문 채 웃는 웃음. 소리 없이 웃는 웃음.

❷**含める**〔ふくめる〕(他下1) ① 포함시키다. ② (알도록) 납득시키다.

含め煮〔ふくめに〕 야채나 어물 따위를 국물을 많이 부어 맛이 배어들도록 조림. 또는 그런 요리.

音読

含有量〔がんゆうりょう〕 함유량.

含蓄〔がんちく〕 함축. ① 품고 있음. ② 의미 심장함. 내용이 풍부함.

《陥》 풀：빠질 함.
音：カン
訓：①おちいる ②おとしいれる

❶陥る〔おちいる〕(自5) ①빠지다. ②빠져 들다. ③함락되다. ④함몰하다.
❷陥れる〔おとしいれる〕(他下1) ①빠뜨리다. ②함락시키다.

音 読

陥落〔かんらく〕함락. 적의 성(城)이나 요새 등을 쳐서 빼앗음.
陥没〔かんぼつ〕함몰. 빠져 들어감.
陥穽〔かんせい〕함정. 파놓은 구멍.

《艦》 풀：싸움배 함.
音：カン
訓：

艦隊〔かんたい〕함대. 군함 2척 이상으로 편성된 해상 부대.
艦船〔かんせん〕함선. 군함과 선박.
艦艇〔かんてい〕함정. 크고 작은 여러 가지 군함.
艦砲〔かんぽう〕함포. 군함에 갖추어져 있는 대포.

【합】

《合》 풀：합할 합.
音：①カッ ②ガッ ③ゴウ
訓：①あう ②あわす
③あわせる

❶合う〔あう〕(自5) ①합쳐지다. 합류하다. 만나다. ②맞다. ③어울리다. 조화되다. ④일치하다. ⑤수지가 맞다. ⑥(힘 따위가) 걸맞다. ⑦(動詞 連用形에 接続하여) 서로 …하다. 話し～：서로 이야기 하다.
合い〔あい〕①대개 …라는 것. 情～：정이라는 것. 義理～：의리라는 것. ②정도를 나타냄.
合間〔あいま〕짬. 여유.
合鍵〔あいかぎ〕여벌 열쇠.
合口〔あいくち〕서로 뜻이 잘 맞는 사람.
合図〔あいず〕신호(몸짓, 소리, 봉화 등 모든 방법의 총칭).
合符〔あいふ〕(수화물의) 짐표. 물표.
合の手〔あいのて〕간주(間奏). 장단.
合印〔あいいん〕①서류 따위의 대조인(対照印). ②계인(契印).
合札〔あいふだ〕(물품을 맡고 주는) 물표. 쪽지.
❷合わす〔あわす〕(他5) ⇨ 合わせる
❸合わせる〔あわせる〕(他下1) ①맞추다. 맞게하다. ②합주(合奏) 하다. ③모으다. 합치다. ④대면시키다. 만나게 하다.
合わせて〔あわせて〕①모두. 합해서. ②아울러. 겸해서.
合(わ)せ鏡〔あわせかがみ〕뒷모습을 보기 위해 앞뒤에서 거울을 비추어 봄.
合(わ)せ糸〔あわせいと〕합사. 겹실.
合(わ)せ持つ〔あわせもつ〕(他5) (좋은 점을) 겸해 가지다. 둘 다 갖추다.
合(わ)せ酢〔あわせず〕술과 소금을 친 식초.

音 読 1

合戦〔かっせん〕싸움. 접전(接戦). 대항전.

音 読 2

合する〔がっする〕(自サ) ①합쳐지다. ②일치하다. (他サ) 합치다. 합하다.
合併〔がっぺい〕합병. 하나로 합침.
合算〔がっさん〕합산. 합하여 계산함.
合宿〔がっしゅく〕합숙. 많은 사람이 한 곳에 숙박함.
合作〔がっさく〕합작. 힘을 합함.
合掌〔がっしょう〕합장.
合点〔がってん〕승낙. ～だ：알았다.
〔がてん〕수긍. 납득.
合奏〔がっそう〕합주. 함께 연주함.
合衆国〔がっしゅうこく〕합중국.
合致〔がっち〕합치. 합하여 일치함.
合唱〔がっしょう〕합창. 함께 노래 부름.

音 読 3

合格〔ごうかく〕합격. 시험에 붙음.
合金〔ごうきん〕합금.
合同〔ごうどう〕합동. 여럿이 하나가 됨.
合力〔ごうりょく〕합력. 힘을 합함.
合流〔ごうりゅう〕합류.
合理的〔ごうりてき〕합리적.
合法的〔ごうほうてき〕합법적.
合成〔ごうせい〕합성.
合意〔ごうい〕합의. 뜻이 서로 맞음.
合資〔ごうし〕합자. 합친 자본.

【항】

《抗》 풀：대항할 항.
音：コウ
訓：

抗する〔こうする〕(自サ) 저항하다. 항거하다. 敵に～：적에게 항거하다.
抗拒〔こうきょ〕항거. 대항함.
抗菌〔こうきん〕항균. 세균의 번식을 막는 일.
抗命〔こうめい〕항명. 명령을 어김.
抗生剤〔こうせいざい〕항생제.
抗議〔こうぎ〕항의. 반대 의견을 주장함.
抗争〔こうそう〕항쟁. 대항하여 다툼.
抗戦〔こうせん〕항전. 대항하여 싸움.

《恒》 풀：항상 항.
音：コウ
訓：

恒久〔こうきゅう〕항구. 영원함.
恒例〔こうれい〕항례. 보통의 事例.
恒常〔こうじょう〕변하지 않음. 늘. 항상.
恒星〔こうせい〕항성. 붙박이별.
恒温〔こうおん〕항온. 일정한 온도.

〔航〕 풀：배로 건널 항.
音：コウ
訓：

航する〔こうする〕(自サ) 배로 물을 건너다.
航空機〔こうくうき〕항공기.
航空便〔こうくうびん〕항공편.
航路〔こうろ〕항로. 뱃길. 항공로.
航海〔こうかい〕항해.
航行〔こうこう〕항해.

〔項〕 풀：조목 항.
音：コウ
訓：

項垂れる〔うなだれる〕(自5) 수긍하다. (고개를) 끄덕이다.
項目〔こうもく〕항목. 문장의 내용 등을 잘게 나눈 것. 조목.

〔港〕 풀：항구 항.
音：コウ
訓：みなと

港〔みなと〕항구. ～を出る；출항하다.
港町〔みなとまち〕항구 도시.
港口〔こうこう〕항구.
港湾〔こうわん〕항만. 항구와 거기에 따르는 여러 설비의 총칭

【해】

〔海〕 풀：바다 해.
音：カイ
訓：うみ

海〔うみ〕바다.
海開き〔うみびらき〕해수욕장의 개장.
海面〔うみづら：かいめん〕해면. 해상.
海坊主〔うみぼうず〕배 가는 길목에 나타난다는 허깨비.
海辺〔うみべ〕해변. 바닷가. 해안.
海山〔うみやま〕바다와 산.
海手〔うみて〕(해변에 면한 시가지 따위에서) 바다가 있는 쪽.
海千山千のやり手〔うみせんやませんのやりて〕백전노장(百戰老將).
海の幸〔うみのさち〕해산물.

例　外

海原〔うなばら〕넓은 바다.
海女〔あま〕해녀.
海苔〔のり〕김.

音　読

海軍〔かいぐん〕해군.
海内〔かいだい〕①국내. ②천하(天下).
海図〔かいず〕해도. 바다의 지도.
海路〔かいろ〕해로. 바닷길.
海里〔かいり〕해리. 약 1,852m
海面〔かいめん：うみづら〕해면. 해상 .
海抜〔かいばつ〕해발. 해면(海面)에서부터의 높이.
海上〔かいじょう〕해상. 바다 위.
海水〔かいすい〕해수. 바닷물.
海水浴場〔かいすいよくじょう〕해수욕장.
海岸〔かいがん〕해안. 바닷가의 언덕.
海外〔かいがい〕해외. 외국.
海運〔かいうん〕해운.
海底〔かいてい〕해저. 바다의 밑바닥.
海賊〔かいぞく〕해적. 바다의 도적.
海戦〔かいせん〕해전. 바다에서의 전투.
海藻〔かいそう〕해조(例：미역, 다시마).
海風〔かいふう〕해풍. 바닷바람.
海峡〔かいきょう〕해협. 육지와 육지 또는 섬과 섬 사이의 바다.

〔解〕 풀：풀 해.
音：①カイ ②ゲ
訓：①とかす ②とく ③とける

❶ 解かす〔とかす〕(他5) 녹이다. 용해시키다. 氷を～；얼음을 녹이다.
❷ 解く〔とく〕(他5) ①풀다. ひもを～；끈을 풀다. 契約を～；해약하다. ②해제하다. 그만두다. 警戒を～；경계를 풀다. ③벗다. 着物を～；옷을 벗다.
解き物〔ときもの〕옷의 솔기를 뜯은 옷.
解き方〔ときかた〕①문제를 푸는 법. ②설명하는 방법. ③옷의 솔기를 뜯는 방법
解き放す〔ときはなす〕(他5) 풀어서 자유롭게 하다. 해방시키다.
解き洗い〔ときあらい〕옷의 솔기를 뜯어서 세탁하는 일.
解き衣〔ときぎぬ〕솔기를 뜯어 놓은 옷.
❸ 解ける〔とける〕(他下1) ①풀리다. ②끌러지다. ②해제되다. ③없어지다. 해소되다. ④풀어지다. 해결되다.
解け合う〔とけあう〕(自5) ①융화되다. 화합하다. ②해소하다.

音読 1

解する〔かいする〕(他サ) ①풀다. ②해석하다. ③이해하다.
解決〔かいけつ〕해결. 얽힌 일을 처리함.
解禁〔かいきん〕해금. 금하던 것을 풂.
解答〔かいとう〕해답. 문제의 답.
解読〔かいどく〕해독. 이해하며 읽음.
解明〔かいめい〕해명. 설명하여 밝힘.
解放〔かいほう〕해방. 압박에서 풂.
解剖〔かいぼう〕해부.
解氷〔かいひょう〕해빙. 얼음이 풀림.
解散〔かいさん〕해산. 사람들이 흩어짐.
解釈〔かいしゃく〕해석. 알기 쉽게 설명.
解説〔かいせつ〕해설. 문제를 알기 쉽게 풀어서 설명함.
解約〔かいやく〕해약. 계약을 해제함.
解任〔かいにん〕해임. 임무를 그만 둠.
解除〔かいじょ〕해제. 풀어서 치움.

解体〔かいたい〕해체. 단체가 흩어짐.

音読 2

解す〔げす〕(自他サ) ①풀다. 풀리다. ②알다. 이해하다.
解せる〔げせる〕(他下1) 이해할 수 있다. 알 수 있다.
解毒〔げどく〕해독. 독을 없앰.
解熱剤〔げねつざい〕해열제.
解脱〔げだつ〕(불교) 번뇌와 業의 속박으로부터 벗어남.

〔害〕 풀：해칠 해.
音：ガイ
訓：

害〔がい〕해. 해침.
害する〔がいする〕(他サ) ①상하게 하다. ②방해하다. ③죽이다. ④해를 끼치다. 해치다.
害毒〔がいどく〕해독. 해와 독.
害虫〔がいちゅう〕해충. 해로운 벌레.

〔該〕 풀：그 해.
音：ガイ
訓：

該当〔がいとう〕해당. 바로 들어 맞음. 꼭 맞음.
該博〔がいはく〕해박. 널리 학문에 통함.

【핵】

〔劾〕 풀：캐물을 핵.
音：ガイ
訓：

弾劾〔だんがい〕탄핵. 비행(非行)을 조사하여 그 책임을 추궁함.

〔核〕 풀：씨 핵.
音：カク
訓：

核〔かく〕핵. ①중심에 하나만 있는 씨. ②중심. ③원자핵(原子核)의 준말.
核反応〔かくはんのう〕핵반응.
核兵器〔かくへいき〕핵병기.
核分裂〔かくぶんれつ〕핵분열.
核心〔かくしん〕핵심. 사물의 중심.

【행】

〔行〕 풀：다닐 행. 행할 행.
音：①アン ②ギョウ ③コウ
訓：①おこなう ②いく：ゆく

❶ 行(な)う〔おこなう〕(他5) ①행하다. ②행동하다. 처리하다. 취급하다. 거행하다. ③불도를 닦다.
行(な)い〔おこない〕①행동. 행실. 행위. 몸가짐. ②불공. 불도. 수행.
行(な)い澄ます〔おこないすます〕(自5) ①수계(守戒)하여 불도를 닦다. ②착한 체하다. 얌전한 체하다.
❷ 行く〔いく：ゆく〕(自5) ①가다. ②(일이) 잘 되어 나가다.
行き〔いき：ゆき〕목적지를 향해 감.
行きずり〔ゆきずり〕①지나가는 길. 스침. ②일시적임.
行き届く〔ゆきとどく〕(自5) 자상하다. 모든 면에 빈틈이 없다.
行き過ぎる〔いきすぎる：ゆきすぎる〕(自上1) ①지나쳐 가다. 지나가다. ②(목적지보다)더 가다. ③도를 넘다. 지나치다.
行き掛かり〔いきがかり：ゆきがかり〕①내친 걸음. ②가는 김. 도중.
行き掛け〔いきがけ：ゆきがけ〕막 출발할 때. 가는 김. 도중.
行き交う〔ゆきかう〕(自5) 왕래하다. 오가다. 엇갈리다.
行き悩む〔ゆきなやむ〕(自5) ①(일이) 잘 진척되지 않다. ②(앞으로) 나가는데 고생이 많다.
行き当(た)り〔いきあたり：ゆきあたり〕나아가 부딪침. 막다른 데. 막다름.
行き当(た)る〔いきあたる：ゆきあたる〕(自5) 맞닥뜨리다. 막다르다. 당면하다.
行き倒れ〔いきだおれ：ゆきだおれ〕(추위, 더위, 질병 따위로) 길가에 쓰러짐 (쓰러져 죽음).
行き渡る〔ゆきわたる〕(自5) 널리 퍼지다. 골고루 미치다.
行き来〔ゆきき〕①오감. 왕래. ②교제.
行くさ来さ〔ゆくさくさ〕갈 때와 올 때.
行き戻り〔いきもどり：ゆきもどり〕①갔다가 되돌아 옴. ②친정으로 쫓겨 옴. 또는 그런 여자.
行きつ戻りつ〔ゆきつもどりつ〕왔다 갔다 (하는 모양).
行き立つ〔いきたつ：ゆきたつ〕(自5) (생계(生計)가) 되어나가다.
行く末〔ゆくすえ〕장래. 미래.
行き暮(ら)す〔ゆきくらす〕(他5) 걷고 걸어서 그 날을 보내다. 해가 질 때까지 걷다.
行き暮れる〔ゆきくれる〕(自下1) 가다가 해가 저물다. 길 저물다.
行き返り〔いきかえり：ゆきかえり〕①오감. 왕복. ②갔다가 되돌아옴.
行き返る〔ゆきかえる〕(自5) 갔다 오다. 왕복하다.
行き抜け〔ゆきぬけ〕통과하여 빠져 나감.
行方〔ゆくえ〕행방. ～不明;행방 불명.
行き方〔いきかた：ゆきかた〕방법 방식. 〔ゆきがた〕간 곳. 행방.
行き付け〔ゆきつけ〕단골. ～の店.

行く先〔ゆくさき〕① 목적지. 행선지. ② 장래. 미래.
行く手〔ゆくて〕가는 쪽. 앞길. 전방.
行き違い〔いきちがい：ゆきちがい〕① 길이 엇갈림(어긋남) ② 차가 서로 휙 지나침. ③ 일치하지 않음. 오해. 충돌.
行き場〔いきば：ゆきば〕갈 곳. 갈 데.
行き止(ま)り〔いきどまり：ゆきどまり〕① 막다름. ② (사물의) 종말. 마지막.
行き着く〔いきつく：ゆきつく〕(自５) (목적지에) 다다르다.
行く行く〔ゆくゆく〕(副) ① 끝내는. 장래는. ② 가는 도중. 가면서.

音読 1

行脚〔あんぎゃ〕행각. ① 사방을 돌아 다님. ② 도보로 여행함. ③ 승려가 도를 닦기 위해 여기저기 여행함.
行宮〔あんぐう〕행궁. ⇨行在所.
行燈〔あんどん〕네모난 나무틀에 종이를 바르고 그 속에 등잔을 넣은 것. 호롱.
行在所〔あんざいしょ〕왕이 멀리 거동할 때의 임시 숙소.
行火〔あんか〕휴대용 화로.

音読 2

行〔ぎょう〕행. ① 글자의 줄. ② (불교) 仏道의 수업.
行ずる〔ぎょうずる〕(他サ) 행하다.
行列〔ぎょうれつ〕행렬. 줄을 지어 감.
行事〔ぎょうじ〕행사.
行商〔ぎょうしょう〕행상.
行儀〔ぎょうぎ〕① 예의 범절. ② 순서.
行政〔ぎょうせい〕행정. 정치를 행함.

音読 3

行軍〔こうぐん〕행군.
行動〔こうどう〕행동. 몸으로 동작함.
行楽〔こうらく〕행락. 즐겁게 지냄.
行使〔こうし〕행사. 행동함.
行為〔こうい〕행위. 행동.
行進〔こうしん〕행진. 여러 사람이 대오를 이루어 걸어 나아감.

〔**幸**〕
풀：다행 행.
音：**コウ**
訓：① **さち** ② **さいわい** ③ **しあわせ**

❶**幸**〔さち〕① 행복. 운. 행운. ② 산이나 바다에서 나는 것.
山の幸〔やまのさち〕사냥한 것.
海の幸〔うみのさち〕해산물.
❷**幸い**〔さいわい〕① 다행. 행복. ② (副) 다행히. ③ 좋은 결과가 되도록 작용함 風が～した;바람이 도왔다.
❸**幸せ**〔しあわせ〕행복. 행운. ～に暮らす;행복하게 살다.

音読

幸か不幸か〔こうかふこうか〕행인지 불행인지.
幸運〔こううん〕행운. 행복한 운명.
幸福〔こうふく〕행복. 복된 운수.
幸便〔こうびん〕알맞는 전달 방법.

【향】

〔**向**〕
풀：향할 향.
音：**コウ**
訓：① **むかう** ② **むく** ③ **むける** ④ **むこう**

❶**向かう**〔むかう〕(自５) ① 향하다. ② 면하다. ③ 마주 보다. ④ 거슬러 가다. ⑤ 대항하다. 맞서다.
向(か)い〔むかい〕마주 봄. 정면 건너편. 맞은편.
向(か)い風〔むかいかぜ〕맞바람. 역풍.
向かい合う〔むかいあう〕(自５) 마주 보다 마주 대하다.
向(か)い合(わ)せ〔むかいあわせ〕서로 마주보게 함. 마주 봄.
向(か)い火〔むかいび〕타오르는 불에 대하여 이쪽도 불을 질러 그 불을 약하게 하는 일.
❷**向く**〔むく〕(自５) ① 향하다. 돌리다. ②(마음이) 쏠리다. 내키다. ③ 적합하다 어울리다. 알맞다. ④ 좋아지다. 나아지다.
向き〔むき〕① 방향. ② 특히, 한정된 면. ③ 취지. ④ 경향. ⑤ 적격. 적합. ⑥ 관계 당국. ⑦ (그 방면의) 사람 들.
向き変わる〔むきかわる〕(自５) (다른쪽으로) 방향을 바꾸다.
向き直る〔むきなおる〕(自５) 방향을 바꾸다. 돌아서다.
向き合う〔むきあう〕(自５) 마주 향하다. 마주 바라보다. 마주 대하다.
向き向き〔むきむき〕적성. 취향(趣向).
❸**向ける**〔むける〕(他下１) ① 향하다. 방향을 돌리다. ② 충당하다. 돌려쓰다. ③ (마음을) 기울이다. 쏟다. ④ 파견하다.
向け〔むけ〕(…쪽으로) 향해서 함.
❹**向(こ)う**〔むこう〕① 저 쪽. ② 건너 편 맞은 편. ③ 행선지. ④ 이후. 향후(向後). ⑤ 상대. 상대함.
向(こ)う見ず〔むこうみず〕무모함.
向(こ)う面〔むこうづら〕마주본 상대의 얼굴.
向(こ)う鉢巻〔むこうはちまき〕머리에 수건을 두르는 방법(앞이마에 매듭을 지음).
向(こ)う付け〔むこうづけ〕정식 일본 요리에서, 상 맞은 쪽에 놓는 요리.
向(こ)う傷〔むこうきず〕얼굴이나 몸의 앞면에 입은 상처.
向(こ)う岸〔むこうぎし〕건너편 물가.
向(こ)う様〔むこうざま〕서로 마주봄.
向(こ)う意気〔むこういき〕남에게 지기싫

어 하는 마음. 경쟁심.
向(こ)う側〔むこうがわ〕①저 쪽. 반대 쪽. ②상대편. 저편.

音 読

向背〔こうはい〕향배. 좇음과 등짐.
向上〔こうじょう〕향상. 진보됨.
向日性〔こうじつせい〕향일성.
向学熱〔こうがくねつ〕향학열.
向後〔こうご〕향후. 이 다음. 이 후.

〔享〕 풀：누릴 향.
音：キョウ
訓：

享年〔きょうねん〕향년. 한 평생에 누린 나이. 이 세상에 생존한 햇수.
享楽〔きょうらく〕향락. 즐거움을 누림.
享受〔きょうじゅ〕향수. ①복을 받아 누림. ②예술의 아름다움을 음미함.
享有〔きょうゆう〕향유. 자기 것으로서 가짐. 누려서 가짐.

〔香〕 풀：향기 향.
音：①キョウ ②コウ
訓：①か ②こうばしい ③かおり

❶香〔か〕향기. 냄새. 花の～：꽃 냄새.
〔こう〕향. ～をたく：향을 피우다. 香水の～：향수 냄새.
❷香ばしい〔こうばしい〕(形) 향기롭다. 냄새가 좋다. ～お茶：향기로운 차.
❸香り〔かおり〕향기. 좋은 냄새. ～が高い花：향기 높은 꽃.

音 読 1

香落ち〔きょうおち〕(일본 장기에서) 상수가 왼쪽 香車를 떼고 두는 일.
香車〔きょうしゃ〕(곧바로 앞으로 나아가기만하는) 장기의 말.

音 読 2

香〔こう〕향. ～をたく：향을 피우다.
〔か〕향기. 냄새.
香気〔こうき〕향기. 향냄새.
香炉〔こうろ〕향로.
香料〔こうりょう〕향료.
香水〔こうすい〕향수.
香辛料〔こうしんりょう〕향신료.
香油〔こうゆ〕향유.
香典〔こうでん〕부의(賻儀).
香火〔こうか〕향불.
香華〔こうげ〕부처님 앞에 바치는 꽃과 향.

〔郷〕 풀：시골 향.
音：①キョウ ②ゴウ
訓：

音 読 1

郷里〔きょうり〕향리. 고향의 마을.
郷愁〔きょうしゅう〕향수. 고향을 그리워하는 마음.
郷友〔きょうゆう〕향우. 고향 친구.
郷土〔きょうど〕향토. 고향 땅. 시골.

音 読 2

郷〔ごう〕①군(郡)의 한 구역. ②시골 지방. ～に入っては：지방에 가면.
郷士〔ごうし〕시골에 있는 무사.
郷社〔ごうしゃ〕神社 품격의 하나.

〔響〕 풀：울릴 향.
音：キョウ
訓：ひびく

響く〔ひびく〕(自5) ①울려 퍼지다. ②메아리치다. ③여운이 남다. ④(나쁜) 영향을 주다. ⑤울리다. 진동하다. ⑥유명해지다. 들날리다.
響き〔ひびき〕①울림. ②반향(反響). ③여운(餘韻). ④영향. ⑤진동. ⑥평판.
響き渡る〔ひびきわたる〕(自5) (멀리까지 널리) 울려 퍼지다.

音 読

交響曲〔こうきょうきょく〕교향곡.
影響〔えいきょう〕영향.
音響〔おんきょう〕음향. 소리의 느낌.

【허】

〔虚〕 풀：빌 허.
音：①キョ ②コ
訓：①むなしい ②うつろ

❶虚しい〔むなしい〕①허무하다. 덧없다. ②헛되다. 보람 없다. ③공허하다. 내용이 없다. ④희생하다. ⑤이 세상에 없다.
❷虚ろ〔うつろ〕①속이 텅 빔. ②얼빠진 상태. 멍한 상태.

音 読 1

虚〔きょ〕허. 부주의.
虚礼〔きょれい〕허례. 형식적인 의례.
虚無〔きょむ〕허무. 덧없음.
虚心〔きょしん〕허심. 아무 생각이 없음.
虚弱〔きょじゃく〕허약. 신체가 약함.
虚栄〔きょえい〕허영. 필요 이상으로 하는 겉치레.
虚偽〔きょぎ〕허위. 거짓.

音 読 2

虚空〔こくう〕허공. 아무것도없는텅빈공간.
虚無僧〔こむそう〕보화종(普化宗)의 중. 긴 머리에 장삼을 입고 삿갓을 깊숙히 쓰고 퉁소를 불며 각처를 수행함.

〔許〕 풀：허락할 허.
音：キョ
訓：①もと ②ゆるす ③ばかり

❶許〔もと〕곁. 슬하. 親の～：부모 곁. 手～に：손가까이. 곁에.
❷許す〔ゆるす〕(他5) ①허락하다. 허가하다. 허용하다. ②용서하다. ③멋대로 하게 하다. ④인정하다.
許し〔ゆるし〕①허가. 인가. 용서.

❸許り〔ばかり〕① …정도. …쯤. …가량 ② …만. …뿐. ③ (과거에 접속하여) 막 방금. 금방.

音 読

許可〔きょか〕허가. 허락함. 들어 줌.
許諾〔きょだく〕허락. 청을 들어 줌.
許容〔きょよう〕허용. 허락하여 용납함.
許婚〔きょこん〕허혼. 혼인을 허락함.

【헌】

〔軒〕 풀 : 추녀 헌
音 : ケン
訓 : のき

軒〔のき〕처마.
軒端〔のきば〕처마끝. 처마 근처.
軒並み〔のきなみ〕① 처마가 잇달아 늘어서 있는 집. ② 어느 집이나 똑같이. ③ 일제히. 모두 다함께.
軒先〔のきさき〕처마끝. 처마 근처.
軒丈〔のきたけ〕처마 높이.
軒店〔のきみせ〕구멍 가게.
軒樋〔のきどい〕낙수물받이.
軒下〔のきした〕처마 밑.

音 読

軒燈〔けんとう〕처마에 다는 등.
軒別〔けんべつ〕집집마다.
軒数〔けんすう〕집채의 수.

〔献〕 풀 : 드릴 헌
音 : ケン
訓 :

音 読

献じる〔けんじる〕(他上1) 바치다. 드리다. 진상하다.
献金〔けんきん〕헌금. 돈을 바침.
献納〔けんのう〕헌납. 금품을 바침.
献本〔けんぽん〕헌본. 책을 바침.
献上〔けんじょう〕헌상. 물건을 바침.
献身〔けんしん〕헌신. 자기 몸을 바쳐 전력을 다함.
献香〔けんこう〕헌향. 神仏께 향을 올림.

例 外

献立〔こんだて〕메뉴. 식단(食単).
献立表〔こんだてひょう〕식단표.

〔憲〕 풀 : 법 헌
音 : ケン
訓 :

憲法〔けんぽう〕헌법. 국가의 기본 법규.
憲兵〔けんぺい〕헌병.
憲章〔けんしょう〕헌장. 법칙.
憲政〔けんせい〕헌정. 헌법에 의한 정치.

【험】

〔険〕 풀 : 험할 험.
音 : ケン
訓 : けわしい

険しい〔けわしい〕(形) 험하다. 험상궂다. 험악하다. 道が～; 길이 험하다.

険難〔けんなん〕험난. 몹시 험함.
険山〔けんざん〕험산. 가파르고 험한 산.
険悪〔けんあく〕험악. 거칠고 악함.

〔験〕 풀 : 시험할 험.
音 : ① ケン ② ゲン
訓 : ためす

験す〔ためす〕(他5) 시험하다. 실지로 해보다.
験し〔ためし〕시험. 시도(試図).

音 読 1

試験〔しけん〕시험. 테스트.
実験〔じっけん〕실험. 실제로 하여 봄.
体験〔たいけん〕체험. 경험.

音 読 2

験〔げん〕① 보람. 효과. ② 징조.
〔けん〕효험. 효과. 보람.
霊験〔れいげん〕영험.

【혁】

〔革〕 풀 : 가죽 혁.
音 : カク
訓 : ① かわ ② あらたまる ③ あらためる

❶革〔かわ〕(가공한) 가죽.
革具〔かわぐ〕가죽으로 만든 도구.
革紐〔かわひも〕가죽 끈.
革帯〔かわおび〕혁대. 가죽 띠. 벨트.
革袋〔かわぶくろ〕가죽 부대.
革緒〔かわお〕가죽 끈.
革張り〔かわばり〕가죽을 씌운 것.
革靴〔かわぐつ〕구두.

❷革まる〔あらたまる〕(自5) (병세 따위가) 악화되다.
❸革める〔あらためる〕(他下1) 변경하다. 고치다. 개선하다. 새롭게 하다.

音 読

革命〔かくめい〕혁명. 국가, 사회의 조직의 급격한 변화.
革新〔かくしん〕혁신. 아주 새롭게 함.

〔嚇〕 풀 : 위협할 혁.
音 : カク
訓 : おどす

嚇す〔おどす〕(他5) 위협하다. 으르다. 협박하다. 등치다.
嚇し〔おどし〕위협. 으름. 협박
嚇怒〔かくど〕혁노. 버럭 성을 냄.

【현】

〘玄〙 풀：검을 현.
音：ゲン
訓：

玄関〔げんかん〕현관.
玄米〔げんまい〕현미.
玄孫〔げんそん〕현손. 손자의 손자.
玄海灘〔げんかいなだ〕현해탄. 대한 해협 남쪽. 후쿠오까(福岡) 서북 쪽의 바다.

〘弦〙 풀：활시위 현
音：ゲン
訓：つる

弦〔つる〕현. 활줄. 활시위.

音 読

弦歌〔げんか〕현가. 三味線을 켜는 소리와 노랫소리.
弦楽器〔げんがっき〕현악기.
弦月〔げんげつ〕조각달.

〘県〙 풀：고을 현.
音：ケン
訓：

県〔けん〕현. 우리 나라의 道에 해당하는 행정 구역의 명칭.
県立〔けんりつ〕현립. 현(県)이 세우고 운영하는 것.
県税〔けんぜい〕현에서 부과하는 세금.
県政〔けんせい〕현(県)의 행정.
県知事〔けんちじ〕현지사(한국의 도지사에 해당).
県庁〔けんちょう〕현(県)의 사무를 보는 곳.

〘現〙 풀：나타날 현.
音：ゲン
訓：① あらわす ② あらわれる

❶ 現わす〔あらわす〕(他5) ① 나타내다. 드러내다. ② 드러내어 알리다. ③ 표현하다. 상징하다.
❷ 現(わ)れる〔あらわれる〕(自下1) 나타나다. 드러나다.
現われ〔あらわれ〕① 현상. 발로. ② 결과

音 読

現ずる〔げんずる〕(自他サ) 나타나다. 나타내다.
現高〔げんだか〕현재의 재고.
現金〔げんきん〕현금. 맞돈.
現代〔げんだい〕현대. 지금의 이 세대.
現状〔げんじょう〕현상. 현재의 상태.
現像〔げんぞう〕현상. 형상을 나타냄.
現実〔げんじつ〕현실.
現場〔げんば〕현장. 사건이 발생한 곳.
現在〔げんざい〕현재. 지금. 이제.
現存〔げんそん〕현존. 현재 존재함.

〘賢〙 풀：어질 현
音：ケン
訓：かしこい

賢い〔かしこい〕(形) 현명하다. 영리하다. 어질다.
賢立て〔かしこだて〕약은 체 함. 영리한 듯이 행동함.

音 読

賢明〔けんめい〕현명. 어질고 영리함.
賢母〔けんぼ〕현모. 어진 어머니.
賢人〔けんじん〕현인. 현명한 사람.

〘顕〙 풀：밝을 현.
音：ケン
訓：

顕微鏡〔けんびきょう〕현미경.
顕著〔けんちょ〕현저. 뚜렷이 드러남.

〘懸〙 풀：매달 현
音：① ケ ② ケン
訓：① かかる ② かける

❶ 懸かる〔かかる〕(自5) ① (우승이) 걸리다. (달이) 걸리다. ② 걸쳐지다. ③ 상정되다. ④ 접어들다. …에 이르다.
❷ 懸ける〔かける〕(他下1) ① 걸다. ② 상정하다. ③ 걸치다. 가설하다.

音 読 1

懸念〔けねん〕근심. 걱정. 염려.
懸想〔けそう〕이성(異性)을 그리워 함. 연모(恋慕). 사모(思慕).

音 読 2

懸命〔けんめい〕힘껏 함.
懸賞〔けんしょう〕현상. 상을 내검.
懸垂幕〔けんすいまく〕현수막. 아래로 달려 드리워진 막.

【혈】

〘穴〙 풀：구멍 혈.
音：ケツ
訓：あな

穴〔あな〕① 구멍. ② 빈 곳. 빈 자리. ③ 결손. 손실. ④ 굴. 소굴. ⑤ 은신처. ⑥ 요행수. 횡재.
穴がかり〔あながかり〕(단춧구멍을) 사뜨는 일. 사뜨기.
穴ぼこ〔あなぼこ〕(地面에 생기는) 구멍.
穴馬〔あなうま〕(경마에서) 예상 밖에 우승을 차지한 말.
穴埋め〔あなうめ〕① 구멍을 메움. ② 결손을 보충함.
穴場〔あなば〕① (낚시질에서) 남이 눈치 채지 못한 좋은 장소. ② (경마장의) 마권(馬券).

穴蔵〔あなぐら〕움막.
穴釣り〔あなづり〕구멍 낚시질.
穴株〔あなかぶ〕(의외의) 매득 주(株).
孔穴〔こうけつ〕공혈. 구멍.
墓穴〔ぼけつ〕묘혈. 무덤.

〔血〕 풀：피 혈.
音：① ケツ ② ケッ
訓：ち

血〔ち〕피.
血なまぐさい(形)피비린내 나다.
血みどろ：피투성이
血筋〔ちすじ〕① 혈통. ② 핏줄. 혈관.
血の気〔ちのけ〕① 핏기. ② 혈기. 원기.
血膿〔ちうみ〕혈농. 피고름.
血達磨〔ちだるま〕피투성이.
血刀〔ちがたな〕피 묻은 칼.
血道〔ちみち〕～を上げる; 이성(異性)이나 도박 따위에 함빡 빠지다.
血塗れ〔ちまみれ〕피투성이가 됨.
血豆〔ちまめ〕피가 섞인 물집.
血目〔ちめ〕충혈된 눈.
血迷う〔ちまよう〕(自5) 너무 흥분해서 이성을 잃다. 눈이 뒤집히다.
血反吐〔ちへど〕(위(胃)에서 입으로) 토하는 피.
血書き〔ちがき〕혈서.
血続き〔ちつづき〕혈연(血縁).
血の雨〔ちのあめ〕大流血事件
血眼〔ちまなこ〕혈안.
血祭り〔ちまつり〕祭物로 사람을 죽임. 희생의 제물.
血潮〔ちしお〕(흘러 나오는) 피
血走る〔ちばしる〕(自5) 핏발이 서다. 눈이 충혈되다.
血止め〔ちどめ〕상처에서 흘러나오는 피를 멈추게 함.

音読 1

血圧〔けつあつ〕혈압. 피의 압력.
血液〔けつえき〕혈액.
血縁〔けつえん〕혈연. 같은 핏줄에 의하여 연결된 인연.
血肉〔けつにく〕혈육. ① 피와 살. ② 부모와 자식 사이.

音読 2

血管〔けっかん〕혈관. 핏줄.
血球〔けっきゅう〕혈구.
血色〔けっしょく〕혈색, 핏기. 살빛.
血統〔けっとう〕혈통.

【혐】

〔嫌〕 풀：의심할 혐.
音：① ケン ② ゲン
訓：① きらい ②きらう

❶ 嫌い〔きらい〕① 싫음. 싫어함. 마음에 들지 않음. ② …한 경향이 있다. ③ 차별. 구별.
❷ 嫌う〔きらう〕(他5) ① 싫어하다. 미워하다. ② 꺼리다. 피하다. ③ 약하다. ④ 嫌わず;가리지 않고. 구별하지 않고.

音 読

嫌悪〔けんお〕혐오. 싫어하고 미워함.
嫌疑〔けんぎ〕혐의. 의심쩍음.
機嫌〔きげん〕① 기분. ② 안부. ③ 기분이 좋음. 좋은 기분.

【협】

〔協〕 풀：도울 협
音：キョウ
訓：

協同〔きょうどう〕협동. 마음과 힘을 합해서 일함.
協力〔きょうりょく〕협력. 힘을 합하여 서로 도움.
協商〔きょうしょう〕협상. 협의.
協約〔きょうやく〕협약.
協業〔きょうぎょう〕협업. 많은 사람이 일을 분담하여 조직적으로 하는 일.
協議〔きょうぎ〕협의. 서로 논의함.
協定〔きょうてい〕협정. 의논하여 결정함.
協調〔きょうちょう〕협조. 서로 협력함.
協奏曲〔きょうそうきょく〕협주곡.
協賛〔きょうさん〕협찬. 협동하여 찬조함.
協会〔きょうかい〕협회.

〔峡〕 풀：골짜기 협.
音：キョウ
訓：

峡谷〔きょうこく〕협곡. 험하고 좁은 산골짜기.
海峡〔かいきょう〕해협.

〔狭〕 풀：좁을 협.
音：キョウ
訓：① せまい ② せばまる ③ せばめる

❶狭い〔せまい〕(形) 좁다.
狭苦しい〔せまくるしい〕(形) 비좁아 답답하다. 옹색하다.
狭き門〔せまきもん〕좁은 문. 난관. 입학이나 취직 등이 어려운 일.
❷狭まる〔せばまる〕(自5) 좁혀지다. 좁아지다.
❸狭める〔せばめる〕(他下1) 좁히다.

音 読

狭軌〔きょうき〕협궤. 좁은 궤도.
狭量〔きょうりょう〕협량. 너그럽지 못한 도량.
狭小〔きょうしょう〕협소. 좁고 작음.
狭心症〔きょうしんしょう〕협심증.
狭義〔きょうぎ〕협의. 좁은 뜻.

〔挟〕 풀 : 낄 협.
音 : キョウ
訓 : ① はさまる ② はさむ

❶挟まる〔はさまる〕(自5) 틈에 끼이다. 끼이다.
❷挟む〔はさむ〕(他5) ① 끼우다. ② 사이에 두다. ③ (끼워서) 집다. ④ (마음에) 품다. ⑤ 듣다. ⑥ 말참견하다.
挟み撃ち〔はさみうち〕협격. 협공.
挟み切る〔はさみきる〕(他5)가위로 자르다.
挟み紙〔はさみがみ〕물건이 서로 스치지 않게 사이에 끼워 두는 종이.

〔脅〕 풀 : 위협할 협.
音 : キョウ
訓 : ① おどかす ② おびやかす ③ おどす ④ おびえる

❶脅かす〔おどかす〕(他5) ① 위협하다. 협박하다. ② 놀라게 하다.
❷脅かす〔おびやかす〕(他5) 위협하다. 협박하다. (지위를) 위태롭게 하다.
❸脅す〔おどす〕(他5) 위협하다. 협박하다. 등치다.
脅し〔おどし〕위협. 협박. 으름.
脅し付ける〔おどしつける〕(他下1) 몹시 위협하다. 으르대다.
❹脅える〔おびえる〕(自下1) ① 무서워하다. 겁내다. ② 가위 눌리다.

音　読

脅迫〔きょうはく〕협박. 위협하여 다잡음.
脅威〔きょうい〕위협. 위력으로 협박함.

【형】

〔兄〕 풀 : 맏 형.
音 : ① キョウ ② ケイ
訓 : あに

例　外

お兄さん〔おにいさん〕형님. 오빠.

訓　読

兄〔あに〕형. 오빠. (자기 가족을 남에게 말할 때 사용하는 말임).
兄嫁〔あによめ〕형수. 형의 아내.
兄貴〔あにき〕① 兄의 敬称. ② (젊은이나 깡패들 사이에서) 선배. 형님.
兄弟子〔あにでし〕 동문(同門)의 선배.

音読 1

兄弟〔きょうだい〕형제.
兄弟分〔きょうだいぶん〕의형제.
兄弟弟子〔きょうだいでし〕동문 제자(스승을 같이 하는 제자들)

音読 2

兄事〔けいじ〕형으로 섬김(모심)
兄姉〔けいし〕형과 누이.

〔刑〕 풀 : 형벌 형.
音 : ケイ
訓 :

刑〔けい〕형. 형벌.
刑する〔けいする〕(他サ) 형벌을 과하다. 사형에 처하다.
刑期〔けいき〕형기. 형벌의 집행 기관.
刑罰〔けいばつ〕형벌. 죄인에게 앙갚음으로 주는 고통.
刑法〔けいほう〕형법.
刑事〔けいじ〕형사.

〔形〕 풀 : 형상 형
音 : ① ギョウ ② ケイ
訓 : ① かた ② かたち

形❶〔かた〕① 모양. 형상. ② 무늬. ③ 형적. 자국. ④ 관례. ⑤ 저당. 담보.
❷〔かたち〕① 모양. 형체. 형상. 꼴 ② 자세. ③ 용모. ④형식
形見〔かたみ〕① 기념물. ② 유물. 유품.
形代〔かたしろ〕① 神主. 位牌. ② 재앙을 쫓는데 쓰는 종이 인형. ③ 대신하는 물건. 몸받는 것.
形木〔かたぎ〕① 무늬를 새긴 판자. ② 판목. ③ 거푸집 . 본.
形無し〔かたなし〕형편 없이 됨. 면목이 없게 됨. 엉망이 됨. 잡치게 됨.
形作る〔かたちづくる〕(他5) 만들다. 구성하다. 형성하다.

音読 1

形相〔ぎょうそう〕형상. (무서운) 표정.

音読 2

形状〔けいじょう〕형상. 물건의 형체.
形象〔けいしょう〕형상. 표현의 내용.
形成〔けいせい〕형성. 모양을 이룸.
形容詞〔けいようし〕형용사.
形体〔けいたい〕형체.
形態〔けいたい〕형태. 사물의 생김새.

〔型〕 풀 : 모양 형.
音 : ケイ
訓 : かた

型〔かた〕① 본. 거푸집. ② 형. 포옴. ③ 형식. 틀. ④ 형식.
型付(き)〔かたつき〕무늬. 사라사.
型付け〔かたつけ〕型紙를 대고 무늬를 찍음.
型染め〔かたぞめ〕型紙로 무늬를 박아 염색한 것.
型紙〔かたがみ〕모형을 만든 종이.

音　読

模型〔もけい〕모형. 모양은 실물과 같으나 크기를 작게 만든 것.
典型〔てんけい〕전형. 어떤 부류의 본질적 특색을 나타내는 본보기.

〔衡〕 풀 : 저울 형.
音 : コウ
訓 :

均衡〔きんこう〕균형. 한쪽으로 치우침이 없이 고름.
平衡〔へいこう〕평형. 균형.

〔蛍〕 풀 : 개똥벌레 형.
音 : ケイ
訓 : ほたる

訓 読

蛍〔ほたる〕개똥벌레. 반디.
蛍袋〔ほたるぶくろ〕초롱꽃.
蛍石〔ほたるいし〕형석(螢石).
蛍狩(り)〔ほたるがり〕반딧불 구경. 반딧불 잡기.
蛍烏賊〔ほたるいか〕불똥꼴뚜기.
蛍火〔ほたるび〕① 반딧불. ②(화로불 속 등에 묻어 둔) 불씨.

音 読

蛍光〔けいこう〕형광.
蛍光塗料〔けいこうとりょう〕형광 도료.
蛍光灯〔けいこうとう〕형광등.
蛍光物質〔けいこうぶっしつ〕형광 물질.
蛍光体〔けいこうたい〕형광체.

【혜】

〔恵〕 풀 : 은혜 혜.
音 : ① エ ② ケイ
訓 : めぐむ

恵む〔めぐむ〕(他５) ① 은혜를 베풀다. ② 혜택을 주다. ③ 구제하다.
恵み〔めぐみ〕① 은혜. ② 은총. ③ 자비. 인정. ④ 동냥. ⑤ 혜택.
恵まれる〔めぐまれる〕(自下１)(恵む의 受動) ① 혜택 받다. 축복 받다. ② 풍족하다. 행복하다. ③ 좋다.

音 読 1

恵方参り〔えほうまいり〕정월 초하룻날 길방(吉方)에 있는 神社, 仏堂에 참배하여 그 해의 복을 비는 일.
知恵〔ちえ〕지혜. 꾀.

音 読 2

恵沢〔けいたく〕혜택. 은혜와 덕택.
恩恵〔おんけい〕은혜. 혜택.

【호】

〔互〕 풀 : 서로 호
音 : ゴ
訓 : たがい

互い〔たがい〕서로. 피차.
互(い)先〔たがいせん〕(바둑, 장기에서) 호선. 맞바둑. 맞수.
互い違い〔たがいちがい〕엇갈림.

音 読

互角〔ごかく〕호각. 역량이 비슷함.
互譲〔ごじょう〕호양. 서로 사양함.
互助〔ごじょ〕서로 도움.
互恵〔ごけい〕호혜. 서로 도와 편익을 주어서 은혜를 베풂.
相互〔そうご〕상호. 서로. 피차.

〔戸〕 풀 : 문호. 집 호.
音 : ① コ ② ゴ
訓 : と

戸〔と〕문.
戸口〔とぐち〕출입구.
戸締(ま)り〔とじまり〕문단속.
戸板〔といた〕덧문짝.

音 読 1

戸別〔こべつ〕호별. 집집마다.
戸外〔こがい〕옥외(屋外) 집. 바깥.
戸主〔こしゅ〕호주.
戸籍〔こせき〕호적
下戸〔げこ〕술을 못 마시는 사람.

音 読 2

上戸〔じょうご〕술을 잘 마시는 사람. 술꾼.

〔号〕 풀 : 부르짖을 호.
音 : ゴウ
訓 :

号〔ごう〕① 번호. ② 본명 이외의 이름.
号する〔ごうする〕(自サ) 일컫다. 칭하다.
号令〔ごうれい〕호령. 명령. 구령. 지시.
号俸〔ごうほう〕호봉. 직책의 등급으로 매긴 급료의 등급.
号外〔ごうがい〕호외. (신문 등의) 정한 호수 이외로 임시 발행하는 것.

〔好〕 풀 : 좋아할 호.
音 : ①コウ ② ゴウ
訓 : ① すく ② すき ③ このむ ④ このましい ⑤このもしい

❶好く〔すく〕(他５) 좋아하다. (※ 주로 수동형과 부정형으로 사용함)
❷好き〔すき〕(形動) ① 좋아함. ② 호색(好色) ③ 내키는 대로. 제 마음대로
好き事〔すきごと〕① 호색(好色)스런 행동 ② 색다른 것을 좋아함.
好き勝手〔すきかって〕자기 좋을대로 함.
好き心〔すきごころ〕① 호색한 마음. ② 풍류를 아는 마음. ③ 호기심.
好き者〔すきもの〕① 호색가(好色家) ② 호기심이 많은사람,
好き嫌い〔すききらい〕좋아함과 싫어함.
好き好き〔すきずき〕각자의 기호. 제멋.
好き好み〔すきこのみ〕각자의 기호.
好き好む〔すきこのむ〕(他５) 특히 좋아하다. 일부러 좋아하다.
❸好む〔このむ〕(他５) 즐기다. 좋아하다. 読書を~;독서를 좋아하다.
好み〔このみ〕좋아함. 취미. 기호

❹好ましい〔このましい〕(形) 호감이 가다 마음에 들다.
❺好もしい〔このもしい〕(形) ⇨好ましい.

音読 1

好感〔こうかん〕호감. 좋아하는 느낌.
好景気〔こうけいき〕호경기
好奇心〔こうきしん〕호기심.
好物〔こうぶつ〕즐기는 음식.
好事家〔こうずか〕호사가. ① 색다른 일을 좋아하는 사람. ② 풍류를 즐기는사람.
好意〔こうい〕호의. 친절한 마음.
好適〔こうてき〕호적. 꼭 알맞음
好況〔こうきょう〕호황. 상황이 좋음.

音読 2

相好〔そうごう〕얼굴표정.

〔呼〕 풀：부를 호
音：コ
訓：①よばわる ②よぶ

❶呼ばわる〔よばわる〕(自5) 큰 소리로 부르다.
❷呼ぶ〔よぶ〕(他5) ① 부르다. ② 큰소리로 외치다. ③ 이름 짓다. 일컫다. ④ 모으다. 끌다. ⑤ 가져오다.
呼び掛け〔よびかけ〕① 부름. ② 호소함.
呼び掛ける〔よびかける〕(他下1) ① 소리를 지르다. 부르다. ② 호소하다.
呼び寄せる〔よびよせる〕(他下1) 불러 오다. (가까이) 불러 들이다.
呼び戻し〔よびもどし〕되돌아오게 함.
呼び戻す〔よびもどす〕(他5) 불러서 되돌아오게 하다. 귀환시키다.
呼び鈴〔よびりん〕초인종.
呼び立てる〔よびたてる〕(他下1) ① 소리 높여 부르다. ② 일부러 불러 내다.
呼び名〔よびな〕불리는 이름.
呼び物〔よびもの〕인기를 끄는 것.
呼び付ける〔よびつける〕(他下1) ① 불러 오다. ② 늘 불러서 입에 익다.
呼び捨て〔よびすて〕높임말을 붙이지 않고 이름만 부름.
呼び声〔よびごえ〕① 외치는 소리. 부르는 소리. ② 평판. 소문(任命과 人選에 관함)
呼び水〔よびみず〕① (펌프의) 마중물. ② 실마리. 계기.
呼び塩〔よびじお〕짠 식품을 소금물에 담가 소금기를 뺌.
呼び屋〔よびや〕외국으로부터 예능인 등을 불러 오는 흥행사(興行師).
呼び入れる〔よびいれる〕(他下1) ① 불러 들이다. ② (물을) 대다.
呼び込む〔よびこむ〕(他5) 불러 들이다. 끌어 들이다.
呼び子〔よびこ〕호루루기. 호각.
呼(び)出(し)〔よびだし〕호출.
呼び出す〔よびだす〕(他5) ① 호출하다. 불러 내다. ② 부르기 시작하다.
呼び値〔よびね〕부르는 값.

音読

呼応〔こおう〕호응. 서로 뜻이 통함.
呼称〔こしょう〕호칭. 불러 일컬음.
呼吸〔こきゅう〕호흡.

〔弧〕 풀：나무활 호.
音：コ
訓：

弧〔こ〕활 모양. 반달 모양. ～をえがいて飛ぶ;호를 그리며 날다.
弧状〔こじょう〕반달 모양.
括弧〔かっこ〕괄호.

〔湖〕 풀：호수 호.
音：コ
訓：みずうみ

湖〔みずうみ〕호수. ～のほとり;호숫가. ～と沼;호수와 늪.
湖面〔こめん〕호면. 호수의 수면.
湖畔〔こはん〕호반. 호숫가.
湖水〔こすい〕호수.

〔豪〕 풀：호걸 호.
音：ゴウ
訓：

豪傑〔ごうけつ〕호걸. 지혜와 용맹이 뛰어나고 도량이 넓으며 기개가 있는 사람.
豪気〔ごうき〕호기. 씩씩하고 장한 의기.
豪言〔ごうげん〕호언. 호기스러운 말.
豪雨〔ごうう〕호우. 줄기차게 오는비.
豪壮〔ごうそう〕호장. 강하고 왕성함.
豪快〔ごうかい〕호쾌. 호탕하고 쾌활함.
豪華〔ごうか〕호화. 사치스럽고 번화함.

〔護〕 풀：보호할 호.
音：ゴ
訓：

護国〔ごこく〕호국. 나라를 수호함.
護送〔ごそう〕호송. 따라가며 지켜서 보냄. 감시하여 보냄.
護身〔ごしん〕호신. 몸을 보호함.
護衛〔ごえい〕호위. 따라다니며 지켜 안전하게 보호함.

【혹】

〔惑〕 풀：미혹할 혹
音：ワク
訓：まどう

惑う〔まどう〕(自5) ① 망설이다. 당혹하다. 어찌할 바를 모르다. 갈팡질팡하다. ② 매혹되다. 빠지다. 女～;여자에게 빠지다.
惑い〔まどい〕미혹(迷惑).

音読

惑乱〔わくらん〕혹란. 마음이 불안정함. むねが～する;가슴이 두근거리다.
惑星〔わくせい〕혹성. ① 유성(遊星) ②유력자(有力者)

〔酷〕 풀：혹독할 혹.
音：①コク ②コッ
訓：ひどい

酷い〔ひどい〕(形) ① 심하다. 지독하다. ② 가혹하다. 참혹하다.
酷〔こく〕① 가혹함. ② 지나침.
酷使〔こくし〕혹사. 가혹하게 부림.
酷暑〔こくしょ〕혹서. 심한 더위.
酷評〔こくひょう〕혹평. 가혹한 비평.
酷寒〔こっかん〕혹한. 혹독한 추위.
酷刑〔こっけい〕혹형. 가혹한 형벌.

【혼】

〔婚〕 풀：혼인할 혼.
音：**コン**
訓：

婚期〔こんき〕혼기. 결혼할 나이.
婚礼〔こんれい〕혼례. 결혼식.
婚約〔こんやく〕약혼(約婚).
婚姻〔こんいん〕혼인. 결혼.

〔魂〕 풀：넋 혼.
音：① **コン**② **ゴン**
訓：**たましい**

魂〔たましい〕① 혼. 영혼. 넋. ② 얼. 정신. 기력. ～をこめる;정신을 들이다.
魂結び〔たまむすび〕떠도는 영혼을 위로하는 것.
魂消る〔たまげる〕(自下1) 혼나다. 깜짝 놀라다.
魂送り〔たまおくり〕백중날 혼령(魂霊)을 돌려 보내는 仏事.
魂祭り〔たままつり〕선조의 영혼을 집에 맞이하여 지내는 제사.

音読 1

魂胆〔こんたん〕① 혼담. 혼백과 간담. ② 복잡한 사정. ③ 속셈. 계획.
魂魄〔こんぱく〕혼백. 넋.
霊魂〔れいこん〕영혼. 넋. 혼.

音読 2

反魂香〔はんごんこう〕향을 피우면 죽은 사람의 모습이 연기 가운데에 나타난다는 향.

〔混〕 풀：섞일 혼.
音：**コン**
訓：① **まざる** ② **まじる** ③ **まぜる**

❶**混ざる**〔まざる〕(自5) 섞이다. 酒に水が～;술에 물이 섞이다.
❷**混じる**〔まじる〕(自5) 섞이다.
〔こんじる〕(自他上1) 섞다. 섞이다.
混じり気〔まじりけ〕섞인 물건. 불순물.
混じり物〔まじりもの〕혼합물.
❸**混ぜる**〔まぜる〕(他下1) 섞다. 뒤섞다.
混ぜ返す〔まぜかえす〕(他5) ① 몇 번이고 뒤섞다. ② 말참견하여 남의 진지한 말을 혼란시켜 망쳐 놓다.
混ぜ飯〔まぜめし〕비빔밥.

音 読

混同〔こんどう〕혼동. 구별을 못하여 잘못 판단함.
混乱〔こんらん〕혼란. 뒤섞여 어지러움.
混紡〔こんぼう〕혼방.
混線〔こんせん〕혼선.
混成〔こんせい〕혼성. 혼합하여 이루어짐.
混食〔こんしょく〕혼식. 여러 가지 음식을 섞어서 먹음.
混用〔こんよう〕혼용 섞어서 씀.
混雑〔こんざつ〕혼잡. 혼란.
混合〔こんごう〕혼합. 뒤섞어 합침.
混血〔こんけつ〕혼 혈.

【홍】

〔紅〕 풀：붉을 홍.
音：① **ク** ② **コウ**
訓：① **くれない** ② **べに**

紅❶〔くれない〕주홍색. 다홍색.
❷〔べに〕(화장품) 연지.
紅絞り〔べにしぼり〕연지빛의 홀치기 염색.
紅白粉〔べにおしろい〕① 연지와 가루분. ② 화장.
紅粉〔べにこ〕중국에서 온 연지빛 물감.
紅色〔べにいろ〕홍색. 주홍색.
紅生姜：紅生薑〔べにしょうが〕매실초에 넣어서 빨갛게 착색한 생강.
紅差(し)指〔べにさしゆび〕약손가락.

例 外

紅葉〔もみじ〕단풍. 단풍나무.
紅葉狩(り)〔もみじがり〕단풍 놀이.

音読 1

真紅：深紅〔しんく〕진홍. 새빨감.

音読 2

紅軍〔こうぐん〕홍군.
紅燈〔こうとう〕홍등. 붉은 등불.
紅白〔こうはく〕홍백.
紅顔〔こうがん〕홍안.
紅一点〔こういってん〕홍일점.
紅潮〔こうちょう〕홍조.
紅茶〔こうちゃ〕홍차.

〔洪〕 풀：넓을 홍.
音：**コウ**
訓：

洪水〔こうずい〕홍수. 큰 물.
洪積期〔こうせきき〕홍적기.

【화】

〔化〕 풀：될 화
音：① カ ② ケ ③ ゲ
訓：① ばかす ② ばける

❶化かす〔ばかす〕(他5) 속이다. (정신을) 호리다. 人を～;사람을 속이다.
❷化ける〔ばける〕(自下1) ① 모습이 딴판으로 바뀌다. 둔갑하다. 가장(仮装) 하다. ② 예상외로 변하다.
化け〔ばけ〕① 미끼처럼 보이게 만든 낚시바늘. ② 잘못된 것. 엉뚱한 것.
お化け〔おばけ〕도깨비.
化け物〔ばけもの〕도깨비. 괴물.
化けの皮〔ばけのかわ〕가면(仮面). 탈.

音読 1

化する〔かする〕(自他サ) ① 화하다. 화하게 하다. 변하다. 변하게 하다. ② 동화(同化)되다. 감화되다. 동화시키다. 감화시키다. ③ 둔갑하다.
化石〔かせき〕화석.
化繊〔かせん〕화섬. 화학 섬유.
化学〔かがく〕화학.
化合〔かごう〕화합.

音読 2

化身〔けしん〕화신. 神仏이 형상을 가지고 이 세상에 나타남.
化粧〔けしょう〕화장. 얼굴을 꾸밈.
化粧品〔けしょうひん〕화장품.
道化〔どうけ〕익살.

音読 3

権化〔ごんげ〕권화. 화신(化身).
遷化〔せんげ〕고승(高僧)이 죽음.

〔火〕 풀：불 화.
音：カ
訓：① ひ ② ほ

訓読 1

火〔ひ〕불. 불빛.
火のし〔ひのし〕다리미.
火加減〔ひかげん〕불기운. 화력(火力).
火蓋〔ひぶた〕화문(火門) 뚜껑.
火乾(し)〔ひぼし〕불에 말림.
火攻め〔ひぜめ〕불을 질러서 공격함.
火口〔ひぐち〕점화구(点火口).
火達磨〔ひだるま〕불덩이.
火鉢〔ひばち〕화로.
火の番〔ひのばん〕화재를 감시하는 사람.
火保ち〔ひもち〕불이 오래 가는 정도.
火付き〔ひつき〕불이 붙음.
火付け〔ひつけ〕불을 지름. 방화(放火).
火の粉〔ひのこ〕불똥. 불티.
火色〔ひいろ〕불빛. 불꽃 같은 진홍색.
火水〔ひみず〕불과 물.
火の手〔ひのて〕불길.
火矢〔ひや〕불을 붙여 쏘는 활.
火玉〔ひだま〕도깨비불. 유성(流星).
火元〔ひもと〕①발화(発火)한 곳. ②불이 있는 곳.
火の元〔ひのもと〕①불이 난 곳. ②불기가 있는 장소.
火遊び〔ひあそび〕불놀이.
火移り〔ひうつり〕불이 댕김.
火入れ〔ひいれ〕①불씨를 넣는 조그만 그릇. ②(용광로나 원자로 따위에) 불을 붙임.
火箸〔ひばし〕부젓가락.
火切り〔ひきり〕나무에다 부싯막대를 비벼서 불을 일으킴.
火点し〔ひともし〕불을 붙임.
火除け〔ひよけ〕불의 연소(延焼)를 막음.
火種〔ひだね〕불씨.
火柱〔ひばしら〕불기둥.
火止め〔ひどめ〕原油에서 引火되기 쉬운 휘발성을 빼내고 정제해서 燈油로 만드는 일.
火の車〔ひのくるま〕빈곤에 쪼달림. 몹시 궁함.
火脹れ〔ひぶくれ〕화상으로 살이 부풀어 오름. 부풀어 오른 물집.
火責め〔ひぜめ〕불로서 고문하는 일.
火吹き竹〔ひふきだけ〕불을 일으킬 때 부는 대통.
火取り〔ひとり〕부삽.
火打ち〔ひうち〕부싯돌로 불을 일으킴.
火花〔ひばな〕①불꽃. 불똥. ②스파아크.

連濁音에 注意

天火〔てんぴ〕오븐.
炭火〔すみび〕숯불.
花火〔はなび〕불꽃. 폭죽(爆竹).

例 外

火傷〔やけど〕화상. ～をする；화상을 입다. 불에 데이다.

訓読 2

火影〔ほかげ〕①불빛. ②등불에 비치는 그림자.
火照る〔ほてる〕(自5) (얼굴이) 화끈해지다. 달아오르다.
火中〔ほなか〕불 속.
火筒〔ほづつ〕총포(銃砲).

音 読

火気〔かき〕화기. 불의 뜨거운 기운.
火力〔かりょく〕화력. 불의 힘.
火事〔かじ〕화재(火災).
火山〔かざん〕화산.
火星〔かせい〕화성.
火薬〔かやく〕화약.
火曜日〔かようび〕화요일.
火葬〔かそう〕화장.

〔花〕 풀：꽃 화.
音：カ
訓：はな

花〔はな〕꽃.
花嫁〔はなよめ〕신부. 새색시.
花紺〔はなこん〕화려한 감색.
花見〔はなみ〕꽃구경. 꽃놀이.
花結び〔はなむすび〕끈을 꽃이나 나비 모양으로 맨 것.
花曇り〔はなぐもり〕벚꽃이 필 무렵에 날씨가 흐림.

花代〔はなだい〕화대. 해웃값.
花盗人〔はなぬすびと〕꽃구경의 귀로에 꽃 가지를 꺾어 가는 사람.
花冷え〔はなびえ〕꽃샘.
花暦〔はなごよみ〕꽃달력.
花籠〔はなかご〕꽃바구니.
花輪〔はなわ〕화환.
花立て〔はなたて〕꽃을 꽂는 통.
花笠〔はながさ〕꽃으로 꾸민 삿갓.
花明(か)り〔はなあかり〕벚꽃이 만발하여 밤에도 주위가 조금 훤하게 보임.
花房〔はなぶさ〕꽃송이.
花氷〔はなごおり〕속에 꽃을 넣어서 얼린 얼음.
花色〔はないろ〕꽃의 색깔.
花生け〔はないけ〕생화를 꽂는 그릇.
花婿〔はなむこ〕신랑(新郎).
花盛り〔はなざかり〕꽃이 한창임. 한창 때.
花束〔はなたば〕꽃다발.
花守〔はなもり〕꽃을 지키는 사람.
花時〔はなどき〕꽃철. 벚꽃이 필 무렵.
花実〔はなみ〕꽃과 열매.
花野〔はなの〕꽃이 핀 가을 들판.
花言葉〔はなことば〕꽃말.
花園〔はなぞの〕화원. 꽃동산.
花作り〔はなつくり〕화초를 재배함.
花畑〔はなばたけ〕꽃밭.
花持ち〔はなもち〕(꽃꽂이에서) 꽃이 오래 가는 정도.
花札〔はなふだ〕화투.
花吹雪〔はなふぶき〕꽃보라.
花筒〔はなづつ〕꽃을 꽂는 통.
花片〔はなびら〕꽃잎.
花便り〔はなだより〕꽃소식. 花信.
花合わせ〔はなあわせ〕화투놀이.
花形〔はながた〕①인기 있는 화려한 존재. 스타. ②꽃무늬. 꽃모양.
花火〔はなび〕불꽃. 폭죽(爆竹).

連濁音에 注意

草花〔くさばな〕화초.
出花〔でばな〕①갓 달인 향기로운 차. ②한창 때.

音　読

花崗岩〔かこうがん〕화강암.
花器〔かき〕꽃꽂이하는 그릇.
花壇〔かだん〕화단.
花柳界〔かりゅうかい〕화류계.
花紋〔かもん〕꽃무늬.
花瓶〔かびん〕화병. 꽃병.
花粉〔かふん〕꽃가루.
花信〔かしん〕화신. 꽃이 피는 소식.

〔画〕

풀：①그림 화. ②그을 획.
音：①ガ ②カク ③カッ
訓：

画家〔がか〕화가. 그림을 그리는 사람.
画壇〔がだん〕화단. 화가들의 사회.
画廊〔がろう〕화랑. 그림을 진열하는 방.
画面〔がめん〕화면. 그림의 표면.
画伯〔がはく〕화백. 画家의 높임말.
画法〔がほう〕화법. 그림을 그리는 법.
画報〔がほう〕화보.
※ 한글 **'획'**으로 발음되는 경우는 571 페이지 참조할 것.

571 페이지 참조할 것.

〔和〕

풀：화할 화.
音：ワ
訓：①**なごむ** ②**なごやか** ③**やわらぐ** ④**やわらげる** ⑤**あえる** ⑥**なぐ**

❶ **和む**〔なごむ〕(自5) 누그러지다. 온화해지다.
❷ **和やか**〔なごやか〕(形動) (분위기가) 부드러움. 온화함. 따뜻함. ～な家庭；따뜻한 가정.
❸ **和らぐ**〔やわらぐ〕(自5) ①누그러지다. 온화해지다. 풀리다. 조용(잔잔)해지다. 寒さが～；추위가 풀리다. ②부드러워지다. 완화(緩和)되다.
❹ **和らげる**〔やわらげる〕(他下1) 부드럽게 하다. 완화시키다. 진정시키다.
❺ **和える**〔あえる〕(他下1) (야채, 생선, 조개 등을 된장, 초, 깨 등으로) 무치다. 버무리다.
和(え)物〔あえもの〕무침.
❻ **和ぐ**〔なぐ〕(自5) 평온해지다. 가라앉다. 진정되다.

例　外

和尚〔おしょう〕스님. (수행을 쌓은 훌륭한 중의 존칭). 절의 주지. 중.
大和〔やまと〕일본의 다른 이름.
日和〔ひより〕좋은 날씨.

音　読

和する〔わする〕(自他サ) ①화합하다. ②남의 노래에 맞추어 부르다. ③혼합하다. 섞다.
和歌〔わか〕일본 고유 형식의 시.
和文〔わぶん〕일본어 문장.
和服〔わふく〕일본식 옷.
和食〔わしょく〕일본 식사. 일식.
和訳〔わやく〕다른 외국어를 일본어로 번역하는 일.
和英〔わえい〕일본어와 영어.
和解〔わかい〕화해.

〔華〕

풀：빛날 화.
音：①カ ②ガ ③ケ ④ゲ
訓：①**はなやか** ②**はなやぐ** ③**はなばなしい**

❶ **華やか**〔はなやか〕(形動) 화려함. ～な模様；화려한 모양.
❷ **華やぐ**〔はなやぐ〕(自5) 화려하고 아름답게 되다. 눈부시게 되다. 월등히 뛰어나다.
❸ **華華しい**〔はなばなしい〕(形) 눈부시다. 매우 화려하다. 훌륭하다.

音 読 1

華麗〔かれい〕화려. 빛나고 호화롭고 아름다움.
華美〔かび〕화미. 화려하고 아름다움.
華語〔かご〕중국어.

豪華〔ごうか〕호화. 사치스러움.

音 読 2

栄華〔えいが〕영화. 번영하고 빛남.

音 読 3

華厳〔けごん〕화엄.
華厳経〔けごんきょう〕화엄경.
華厳宗〔けごんしゅう〕화엄종.

音 読 4

万華鏡〔まんげきょう〕만화경.
散華〔さんげ〕산화.
香華〔こうげ〕향화. 부처 앞에 바치는 향과 꽃.

〔貨〕 풀 : 재화 화.
音 : カ
訓 :

貨物〔かもつ〕화물. 운반할 수 있는 유형(有形)의 재화(財貨).
貨車〔かしゃ〕화차.
貨幣〔かへい〕화폐. 돈.

〔話〕 풀 : 말씀 화.
音 : ワ
訓 : ① はなす ② はなし

❶ 話す〔はなす〕(他5) 이야기하다. 말하다. 대화하다.
話し掛ける〔はなしかける〕(自下1) ① 이야기를 걸다. ② 이야기를 시작하다.
話し手〔はなして〕① 이야기를 하는 사람. ② 이야기를 잘하는 사람. 이야기꾼.
話し言葉〔はなしことば〕보통 쓰는 말. 일상용어(日常用語).
話し込む〔はなしこむ〕(自5) (장시간) 이야기에 열중하다.
話し合い〔はなしあい〕의논.
❷ 話〔はなし〕① 이야기. ② 의논. 상의. ③ 소문. ④ 옛이야기. 만담.
話ずく〔はなしずく〕충분히 이야기를 나눈 끝에 일을 도모함.
話家〔はなしか〕만담가.
話半分〔はなしはんぶん〕사실은 이야기의 절반 정도임.

連濁音에 注意

昔話〔むかしばなし〕옛날 이야기.
立ち話〔たちばなし〕서서하는 이야기.
笑い話〔わらいばなし〕웃으운 이야기.

音 読

話法〔わほう〕화법. 이야기하는 방법.
話柄〔わへい〕이야기 재료. 이야깃거리.
話術〔わじゅつ〕화술. 이야기 솜씨.
話題〔わだい〕화제. 이야깃거리.

〔禍〕 풀 : 재앙 화.
音 : カ
訓 :

禍根〔かこん〕화근. 재앙의 근원
禍福〔かふく〕화복. 화와 복.

〔靴〕 풀 : 구두 화.
音 : カ
訓 : くつ

靴〔くつ〕구두.
靴工〔くつこう〕구두를 만드는 사람.
靴墨〔くつずみ〕구두약.
靴敷〔くつしき〕구두의 안창.
靴音〔くつおと〕구둣소리.
靴底〔くつぞこ〕구두창.
靴擦れ〔くつずれ〕구두에 닿아 진무름.
靴下〔くつした〕양말.

連濁音에 注意

運動靴〔うんどうぐつ〕운동화.
長靴〔ながぐつ〕장화.

音 読

軍靴〔ぐんか〕군화. 군인의 신발.

【확】

〔拡〕 풀 : 늘릴 확.
音 : カク
訓 : ① ひろがる ② ひろげる

❶ 拡がる〔ひろがる〕(自5) ① 넓어지다. ② 퍼지다. 확대되다. ③ 펴지다.
拡がり〔ひろがり〕넓어짐. 퍼짐.
❷ 拡げる〔ひろげる〕(他下1) ① 펴다. 벌리다. 펼치다. ② 확장하다. 넓히다. ③ 온통 흩어 놓다.

音 読

拡大〔かくだい〕확대. 늘이어서 크게 함.
拡散〔かくさん〕확산. 흩어져 떨어짐.
拡声機〔かくせいき〕확성기.
拡張〔かくちょう〕확장.
拡充〔かくじゅう〕확충. 넓히어 충실하게 함.

〔確〕 풀 : 확실할 확.
音 : ① カク ② カッ
訓 : ① たしか ② たしかめる

❶ 確か〔たしか〕(形動) ① 확실함. 틀림없음. ② 정확함. ③ (副) 분명히. 틀림없이. 확실히.
❷ 確かめる〔たしかめる〕(他下1) 확실히 하다. 확인하다.
確かめ〔たしかめ〕확인.

音 読 1

確〔かく〕확실.
確たる〔かくたる〕확실한. 완전한. 틀림없는. ～証拠 ; 확실한 증거.
確答〔かくとう〕확답. 확실한 대답.
確率〔かくりつ〕확률.
確立〔かくりつ〕확립. 굳게 세움.
確保〔かくほ〕확보. 확실히 지님.
確信〔かくしん〕확신. 확실히 믿음.
確実〔かくじつ〕확실. 사실과 같음.
確約〔かくやく〕확약. 확실히 약속함.
確認〔かくにん〕확인. 확실히 인정함.
確証〔かくしょう〕확증. 확실한 증거.

音 読 2

確固〔かっこ〕확고. 확실하고 튼튼함.

〔穫〕 풀：거둘 확.
音：カク
訓：

収穫〔しゅうかく〕수확. 농작물을 거두어 들이는 일.

【환】

〔丸〕 풀：둥글 환.
音：ガン
訓：まる

丸〔まる〕①동그라미. 둥근 것. ②온통. 통채. ③만(満).
丸い〔まるい〕(形) ①둥글다. ②폭신하다. 포동포동하다. ③온건하다. 원만하다.
丸ごと〔まるごと〕(副) 통째로.
丸っこい〔まるっこい〕(形) 동그스름하다.
丸ぽちゃ〔まるぽちゃ〕(여자가)오동통하고 귀여움.
丸まっちい〔まるまっちい〕(形) 오동통하다. 둥글반반하다.
丸まる〔まるまる〕(自５) 둥글게 되다.
丸み〔まるみ〕둥그스럼함.
丸める〔まるめる〕(他下１) ①둥글게 하다. 뭉치다. ②말아서 넣다.
丸干し〔まるぼし〕통째로 말림.
丸見え〔まるみえ〕훤히 다 보임.
丸潰れ〔まるつぶれ〕완전히 부숴짐.
丸紐〔まるひも〕보통 쓰는 둥근 끈.
丸帯〔まるおび〕천의 폭을 두 겹으로 접어 만든 여자용의 폭이 넓은 띠.
丸裸〔まるはだか〕①발가숭이. 알몸. 맨몸. ②빈털터리. 무일푼.
丸麦〔まるむぎ〕통보리.
丸木〔まるき〕통나무.
丸木橋〔まるきばし〕외나무 다리.
丸木舟〔まるきぶね〕통나무배. 카누우.
丸坊主〔まるぼうず〕빡빡 깎은 머리.
丸本〔まるほん〕전권이 갖춰진 책.
丸盆〔まるぼん〕둥근 쟁반.
丸洗い〔まるあらい〕옷을 그대로 빪.
丸焼き〔まるやき〕통구이. 통째로 구움.
丸焼け〔まるやけ〕몽땅 타버림. 전소.
丸損〔まるぞん〕손해만 봄.
丸首〔まるくび〕샤쓰 따위의 목을 둥글게 판 것.
丸勝ち〔まるがち〕일방적인 승리.
丸顔〔まるがお〕둥근 얼굴.
丸染め〔まるぞめ〕통째로 염색함.
丸刈り〔まるがり〕머리를 짧게 깎음.
丸め込む〔まるめこむ〕(他５) ①말아서 넣다. ②구슬리다. 교묘하게 설복하다.
丸材〔まるざい〕껍질만 벗긴 통나무.
丸儲け〔まるもうけ〕고스란히 이득 봄.
丸漬け〔まるづけ〕(무우, 배추 따위를) 통째로 담금.
丸窓〔まるまど〕둥근 창.
丸天井〔まるてんじょう〕둥근 천정.
丸出し〔まるだし〕숨김없이 노출함.
丸取り〔まるどり〕전부 차지함. 독차지 함.
丸針〔まるばり〕보통 바느질하는 바늘.
丸寝〔まるね〕옷을 입은 채로 잠.
丸打ち〔まるうち〕실 따위를 엮어 둥근 끈을 만듦.
丸太〔まるた〕(껍질만 벗긴)통나무.
丸太ん坊〔まるたんぼう〕⇨ 丸太.
丸抱え〔まるがかえ〕①기생의 생활비를 주인이 전부 부담함. ②비용을 전부 대 줌.
丸幅〔まるはば〕짠 그대로의 천의 폭.
丸丸〔まるまる〕(副) ①모조리. 전부. 온통. 꼬박. 깡그리. ②토실토실함. ③～会社；모모(某某)회사.

音 読

丸薬〔がんやく〕환약. 약재를 가루로 만들어 반죽하여 잘고 둥글게 빚은 약.

〔幻〕 풀：허깨비 환.
音：ゲン
訓：まぼろし

幻〔まぼろし〕①환상. 환영(幻影). ②덧없음. ～の世；덧없는 세상.
幻覚〔げんかく〕환각.
幻燈器〔げんとうき〕환등기.
幻滅〔げんめつ〕환멸. 미화된 이상이 헛됨을 깨달음.
幻夢〔げんむ〕환몽. 허황한 꿈.
幻想〔げんそう〕환상. 망상.
幻影〔げんえい〕환영. 환상.

〔患〕 풀：근심 환.
音：カン
訓：わずらう

患う〔わずらう〕(自他５) (병을)앓다.
患い〔わずらい〕병. 병고(病苦).
患い付く〔わずらいつく〕(自５) 병들다. 병이 되다.
患家〔かんか〕환자의 집.
患部〔かんぶ〕환부. 병난 부분.
患者〔かんじゃ〕환자. 병자.

〔喚〕 풀：부를 환.
音：カン
訓：わめく

喚く〔わめく〕(自他５) 큰 소리로 외치다. 아우성치다. 泣き～；울부짖다.
喚起〔かんき〕환기. 불러 일으킴. 注意を～する；주의를 환기시키다.
喚問〔かんもん〕환문. 소환(召喚)하여 심문함.

〔換〕 풀：바꿀 환.
音：カン
訓：① かえる ② かわる

❶ **換える**〔かえる〕(他下１) ①바꾸다. 교환하다. ②갈다.
換え〔かえ〕①교환. 대치. 대체. ②(교환의)비율.
❷ **換わる**〔かわる〕(自５) 교체되다. 갈리

다. 교환되다.
換金〔かんきん〕환금. 일국의 통화를 타국의 통화로 교환하는 일.
換気〔かんき〕환기. 탁한 공기와 새 공기를 바꿈.
換物〔かんぶつ〕환물. 돈을 물건으로 교환함.
換算〔かんさん〕환산. 단위가 다른 수량으로 계산하여 고침.
換言〔かんげん〕환언. 바꾸어 말함.
換置〔かんち〕환치. 바꾸어 놓음.

〔歓〕 풀：기뻐할 환.
音：**カン**
訓：

歓〔かん〕기쁨. 즐거움. ～をつくす; 한껏 즐기다.
歓談〔かんだん〕환담. 정답고 즐겁게 주고받는 이야기.
歓待〔かんたい〕환대. 반기어 후하게 접대함.
歓声〔かんせい〕환성. 기뻐하여 크게 부르짖는 소리.
歓送〔かんそう〕환송. 기쁘게 보냄.
歓心〔かんしん〕환심. 기뻐하는 마음.
歓迎会〔かんげいかい〕환영회.
歓呼〔かんこ〕환호. 기뻐서 큰 소리로 부르짖음.
歓喜〔かんき〕환희. 몹시 기뻐 좋아함.

〔還〕 풀：돌아올 환.
音：**カン**
訓：① **かえす** ② **かえる**

❶ **還す**〔かえす〕(他5) ①되돌리다. ②돌려보내다. ③갚다. ④돌아가게 하다.
❷ **還る**〔かえる〕(自5) 되돌아가다 (오다). 돌아가다. 돌아오다.
還流〔かんりゅう〕환류. 도로 흘러 되돌아오는 것.
還付〔かんぷ〕환부. 되돌려 줌.
還元〔かんげん〕환원. 원상태로 돌아감.

〔環〕 풀：고리 환.
音：**カン**
訓：

環境〔かんきょう〕환경. 주위의 사정.
環状〔かんじょう〕환상. 고리 모양.

【활】

〔活〕 풀：살 활.
音：① **カツ** ② **カッ**
訓：① **いかす** ② **いきる** ③ **いける**

❶ **活かす**〔いかす〕(他5) 활용하다. 살려 쓰다. 살리다. 味を～; 맛을 살리다.
❷ **活きる**〔いきる〕(自上1) 살다. 생존하다.
❸ **活ける**〔いける〕(他下1) 꽃꽂이 하다. 흙에 심다.

音読 1

活〔かつ〕①삶의 방법. ②～を入れる; 기절한 사람을 소생하게 하다.
活劇〔かつげき〕활극.
活動〔かつどう〕활동. 활발하게 움직임.
活力〔かつりょく〕활력. 활동하는 힘.
活路〔かつろ〕활로. 살아가는 길.
活躍〔かつやく〕활약. 힘차게 활동함.
活用〔かつよう〕활용. 잘 살려서 이용함.
活字〔かつじ〕활자.

音読 2

活気〔かっき〕활기. 싱싱한 기운.
活性〔かっせい〕활성.
活版〔かっぱん〕활판.
活火山〔かっかざん〕활화산.

〔滑〕 풀：미끄러울 활.
音：① **カツ** ② **カッ**
訓：① **すべる** ② **すべらす** ③ **なめらか**

❶ **滑る**〔すべる〕(自5) ①미끄러지다. ②무심코 잘못(함부로)말하다.
滑り〔すべり〕미끄러짐.
滑り台〔すべりだい〕미끄럼대.
滑り入る〔すべりいる〕(自5) 미끄러져 들어가다.
滑り込む〔すべりこむ〕(自5) ① (야구에서) (走者가 베이스에) 미끄러져 들어가다. ②겨우 시간에 대다. ③ (미끄러지듯이) 살짝 들어가다.
滑り止め〔すべりどめ〕① (미끄러지지 않도록 괸)굄목. 굄돌. ② 실패할 경우를 예상하여 다른 학교에도 시험을 치러두는 일.
滑り出し〔すべりだし〕미끄러지기 시작함. 첫 시작. 첫 출발.
❷ **滑らす**〔すべらす〕(他5) ①미끄러지게 하다. ②잘못 말하다. 口を～; 입을 잘못 놀리다.
❸ **滑らか**〔なめらか〕(形動) ① 매끈 매끈함. 미끄러움. ②거침이 없음. 순조로움.

音読 1

円滑〔えんかつ〕원활. 원만하고 순탄함.
潤滑油〔じゅんかつゆ〕윤활유.

音読 2

滑降〔かっこう〕활강. 스키이로 경사진 눈 위를 미끄러져 내려감.
滑空〔かっくう〕활공. 바람의 힘으로만 비행함. ～機; 글라이더.
滑走路〔かっそうろ〕활주로.
滑車〔かっしゃ〕활차. 도르래.
滑稽〔こっけい〕①우스꽝스러움. ②익살. 농담. 재담. 해학.

【황】

〔況〕 풀：형편 황
音：キョウ
訓：

不況〔ふきょう〕불황. 불경기.
状況〔じょうきょう〕상황. 일이 되어 가는 형편.
盛況〔せいきょう〕성황. 성대한 상황.
実況〔じっきょう〕실황. 실제의 상황.
好況〔こうきょう〕호황. 상황이 좋음.

〔荒〕 풀：거칠 황
音：コウ
訓：① あらい ② あらくれる ③ あらす ④あらびる ⑤ あらっぽい ⑥ あららげる ⑦ あれる

❶ 荒い〔あらい〕(形) 거칠다. 난폭하다. 사납다.
❷ 荒くれる〔あらくれる〕(自下1) 난폭하게굴다. 난폭하다. 우락부락하다.
荒くれ〔あらくれ〕우락부락함. 사나움. 난폭함.
荒くれ者〔あらくれもの〕난폭한 사나이.
❸ 荒す〔あらす〕(他5) ① 황폐하게 하다. 휩쓸다. ② 망치다. 파손하다. ③ (피부를) 거칠게 만들다. ④ 침범하다.
❹ 荒びる〔あらびる〕(自上1) ① 거칠어지다. ② 거칠게 굴다. 난폭한 짓을 하다. ③ 황무하다.
❺ 荒っぽい〔あらっぽい〕(形) ① 난폭하다. ② 조잡하다.
❻ 荒らげる〔あららげる〕(他下1) 거칠게 하다. 声を～; 목소리를 거칠게 하다.
❼ 荒れる〔あれる〕(自下1) ① 거칠어지다. ② 황폐해지다. ③ 날뛰다. 설치다. 난폭하게굴다. ④난잡해지다. 무절제해지다. ⑤ (피부가) 꺼칠꺼칠해지다. ⑥ 섬세하지 못하다.
荒れ〔あれ〕① 거칢. ② 폭풍우. 풍파. ③ 피부가 거칠음.
荒れ果てる〔あれはてる〕(自下1)몹시 거칠어지다. 몹시 황폐해지다.
荒れ狂う〔あれくるう〕(自5) ① 미친 듯이 날뛰다(설치다). ② (물결이)거칠어지다.
荒れ肌〔あれはだ〕꺼칠꺼칠한 피부.
荒れ模様〔あれもよう〕(날씨가) 거칠어질 모양.
荒れ性〔あれしょう〕(기름기가 적어서)살갗이 거칠어지기 쉬운 체질.
荒れ野〔あれの〕황야. 거친 들.
荒れ田〔あれた〕황폐해진 논.
荒れ地〔あれち〕황무지. 거친 땅.

파 생 어

荒稼ぎ〔あらかせぎ〕① 막일. 막벌이. ② 강도질. ③ 수단을 가리지 않고 벎. ④투기로 큰 돈을 벎.
荒肝〔あらぎも〕담력. 두둑한 배짱
荒気なし〔あらけなし〕(形) ⇨荒荒しい.
荒技〔あらわざ〕힘으로 하는 거친 수.
荒磯〔あらいそ〕바위가 많은 바닷가. 파도가 거친 바닷가.
荒塗り〔あらぬり〕바닥칠. 초벌칠.
荒療治〔あらりょうじ〕① 우악스럽게 치료함. ② 과감한 개혁. ③ 참혹한 살상(殺傷).
荒立つ〔あらだつ〕(自5) ① 거칠어지다. ② 사태가 험악해져서(얽혀서)표면화되다.
荒立てる〔あらだてる〕(他下1) ① 거칠게하다. ② 복잡하게(더 시끄럽게)만들다.
荒馬〔あらうま〕길들이지 않은 말. 사나운 말.
荒木田土〔あらきだつち〕붉은 차진 흙.
荒武者〔あらむしゃ〕① 난폭한 사람. ②예의와 멋을 모르는 우악스런 무사.
荒物〔あらもの〕(부엌용의)잡화.
荒法師〔あらほうし〕우악스런 중.
荒仕事〔あらしごと〕① 막일. 힘드는 노동. ② 강도질. 살인.
荒事〔あらごと〕(歌舞伎에서) 용맹스러운 동작.
荒縄〔あらなわ〕굵은 새끼. 밧줄.
荒御魂〔あらみたま〕용맹한 신령.
荒夷〔あらえびす〕성질이 거친 사람. 난폭한 시골뜨기.
荒波〔あらなみ〕거센 파도.
荒海〔あらうみ〕파도가 사나운 바다.
荒行〔あらぎょう〕고행(苦行).
荒荒しい〔あらあらしい〕(形)몹시 거칠다. 매우 난폭하다.

音 読

荒涼〔こうりょう〕황량. 황폐하여 처량함.
荒城〔こうじょう〕황성. 황폐한 성.
荒野〔こうや〕황야. 거친 들.
荒廃〔こうはい〕황폐.

〔皇〕 풀：임금 황.
音：① オウ ② コウ ③ ノウ
訓：

音 読 1

皇女〔おうじょ〕황녀. 천황의 딸.
皇子〔おうじ〕천황의 아들.

音 読 2

皇居〔こうきょ〕천황이 사는 곳. 宮城.
皇国〔こうこく〕천황이 다스리는 나라.
皇妃〔こうひ〕황비. 황제의 아내.
皇室〔こうしつ〕황실. 천황의 집안.
皇位〔こうい〕황위. 임금의 지위.
皇帝〔こうてい〕황제. 제국의 군주.
皇族〔こうぞく〕황족. 천황의 집안.
皇太子〔こうたいし〕황태자.
皇后〔こうごう〕황후. 황제의 아내.

音 読 3

天皇〔てんのう〕천황. 일본의 군주.

〔黄〕 풀：누를 황.
音：① オウ ② コウ
訓：① き ② こ

訓 読 1

黄〔き〕노랑.

黄ばむ 〔きばむ〕 (自5) 노래지다. 노란 빛을 띠다. 노랗게 물들다.
黄み 〔きみ〕 노랑. 노랑 기운.
黄菊 〔きぎく〕 황국. 노란 국화.
黄色 〔きいろ〕 노랑색.
黄色い 〔きいろい〕 (形) 노랗다.
黄身 〔きみ〕 노른 자위.

訓 読 2

黄金 〔おうごん：こがね〕 황금.
黄桃 〔おうとう〕 황도.
黄疸 〔おうだん〕 황달.
黄銅 〔おうどう〕 황동. 놋쇠.
黄燐 〔おうりん〕 황린.
黄変 〔おうへん〕 누렇게 변함.
黄色人種 〔おうしょくじんしゅ〕 황색 인종.
黄熟 〔おうじゅく〕 (곡식이) 누렇게 익음.
黄土 〔おうど：こうど〕 황토.

音 読

黄葉 〔こうよう〕 황엽. 누런 잎.
黄泉 〔こうせん〕 황천. 저승.

〔**慌**〕 풀：다급할 황.
音：**コウ**
訓：① **あわただしい** ② **あわてる**

❶ **慌ただしい** 〔あわただしい〕 (形) 어수선하다. 분주하다. 황망하다.
❷ **慌てる** 〔あわてる〕 (自下1) ① 당황하다. ② 황급히 굴다.
慌て者 〔あわてもの〕 덜렁이. 촐랑이.

音 読

恐慌 〔きょうこう〕 공황. 경제계의 혼란 상태. 경제 공황.

【회】

〔**会**〕 풀：모일 회.
音：① **エ** ② **カイ**
訓：**あう**

会う 〔あう〕 (自5) ① 만나다. ② 면회하다. 대면하다. ③ 우연히 겪다. 맞다. 雨に～；비를 만나다. ④ 우연히 만나다.

音 読 1

会得 〔えとく〕 터득.
会釈 〔えしゃく〕 고개를 끄덕이는 가벼운 인사.
会式 〔えしき〕 法会의 의식.
放生会 〔ほうじょうえ〕 방생회. 잡은 동물을 놓아 살려 주는 일.

音 読 2

会 〔かい〕 ① 모임. ② 만남. ③ 집회.
会する 〔かいする〕 (自他サ) ① 모이다. 모으다. ② 만나다.
会見 〔かいけん〕 회견. 서로 만나 봄.
会計 〔かいけい〕 회계.
会館 〔かいかん〕 회관.
会談 〔かいだん〕 회담.
会社 〔かいしゃ〕 회사.
会席 〔かいせき〕 회석. 여럿이 모임.
会食 〔かいしょく〕 회식.
会心 〔かいしん〕 회심. 마음에 맞음.
会員 〔かいいん〕 회원.
会議 〔かいぎ〕 회의.
会衆 〔かいしゅう〕 회중. 많이 모인 사람.
会合 〔かいごう〕 회합.
会話 〔かいわ〕 회화.

〔**灰**〕 풀：재 회.
音：**カイ**
訓：**はい**

灰 〔はい〕 재. タバコの～；담뱃재.
灰皿 〔はいざら〕 잿털이.
灰色 〔はいいろ〕 회색. 잿빛.

音 読

灰白 〔かいはく〕 회백. 잿빛을 띈 흰색.
灰分 〔かいぶん〕 회분. 재.

〔**回**〕 풀：돌 회.
音：① **エ** ② **カイ**
訓：① **まわす** ② **まわる**

❶ **回す** 〔まわす〕 (他5) ① 돌리다. 회전시키다. ② 차례로 돌리다. ③ 두르다. ④ 수배하다. 손을 쓰다. ⑤ 돈을 굴리다.
回し 〔まわし〕 ① 샅바. ② 돌려가면서 함. ③ 한 창녀가 하룻밤에 여러 손님을 받음.
回し飲み 〔まわしのみ〕 큰 그릇의 것을 돌아가며 마심.
回し者 〔まわしもの〕 스파이. 간첩.
❷ **回る** 〔まわる〕 (自5) ① 돌다. ② 구석구석까지 미치다. ③ 이익이 생기다. ④ (시간이) 지나다.
回り 〔まわり〕 ① 돎. 회전. ② 근처. 주위.
回りくどい 〔まわりくどい〕 (形) (이야기를) 빙 돌려서 하다. 번거롭다.
回りくねる 〔まわりくねる〕 (自5) 몇 번이나 꺾어 돌다.
回り気 〔まわりぎ〕 이것저것 재는 성질. 의심 많은 성질.
回り道 〔まわりみち〕 길을 돌아서 감.
回り燈籠 〔まわりどうろう〕 회전등. 주마등.
回り舞台 〔まわりぶたい〕 회전 무대.
回り番 〔まわりばん〕 윤번. 순번.
回り縁 〔まわりえん〕 바깥 툇마루.
回り遠い 〔まわりどおい〕 (形) ① 길이 빙 돌아 멀다. ② (수단 따위가) 번거롭다.
回り持ち 〔まわりもち〕 차례로 담당함.
回り合(わ)せ 〔まわりあわせ〕 운수. 운명.

音 読 1

回心 〔えしん〕 (불교) 改心.
〔かいしん〕 뜻을 바꿈. 改心.
回向 〔えこう〕 불공을 드려 죽은 사람의 명복을 빎.

音 読 2

回〔かい〕회.
回顧録〔かいころく〕회고록.
回教〔かいきょう〕회교. 모하멧교.
回読〔かいどく〕회독. 돌려가며 읽음.
回覧〔かいらん〕회람. 돌려가며 봄.
回廊〔かいろう〕회랑.
回路〔かいろ〕회로.
回想〔かいそう〕회상. 돌이켜 생각함.
回数券〔かいすうけん〕회수권.
回転〔かいてん〕회전.
回避〔かいひ〕회피.
回航〔かいこう〕회항.

〔悔〕 풀：뉘우칠 회.
音：**カイ**
訓：① **くいる** ② **くやしい** ③ **くやむ**

❶ **悔いる**〔くいる〕(他上1) 후회하다. 뉘우치다.
悔い〔くい〕후회. 뉘우침.
❷ **悔しい**〔くやしい〕(形) 분하다.
悔しがる〔くやしがる〕(自5) 분해하다.
悔し涙〔くやしなみだ〕분해서 흘리는 눈물.
悔し紛れ〔くやしまぎれ〕(形動) 분한 김. 홧김.
悔し泣き〔くやしなき〕분해서 울.
❸ **悔やむ**〔くやむ〕(他5) ①후회하다. 원통하게 여기다. ②애도(哀悼)하다.
悔(や)み〔くやみ〕①후회. 뉘우침. ②문상(問喪).

音　読

悔悟〔かいご〕회오. 지난 일의 잘못을 뉘우쳐 깨달음.
悔恨〔かいこん〕회한. 뉘우치고 한탄함.

〔絵〕 풀：그림 회.
音：① **エ** ② **カイ**
訓：

音読 1

絵〔え〕그림.
絵の具〔えのぐ〕그림 물감.
絵巻〔えまき〕그림 두루마리.
絵図〔えず〕①그림. ②(주택의)평면도.
絵馬〔えま〕神社나 절에 봉납하는 말 그림 액자.
絵柄〔えがら〕(공예품 등의)그림이나 도안.
絵本〔えほん〕그림책.
絵膚〔えはだ〕그림에서 받는 느낌.
絵葉書〔えはがき〕그림 엽서.
絵羽模様〔えばもよう〕(일본 옷에서) 솔기에 걸쳐서 있는 큼직한 그림 무늬.
絵羽羽織〔えばばおり〕큼직한 그림 무늬가 있는 여자용 덧옷(외출복).

音読 2

絵画〔かいが〕회화. 그림.

〔賄〕 풀：뇌물 회.
音：**ワイ**
訓：**まかなう**

賄う〔まかなう〕(他5) ①마련해 공급하다. 조달하다. ②밥을 먹게 해 주다. 식사를 제공하다. ③경비를 맡아 처리하다. 꾸려가다.
賄い〔まかない〕①식사를 준비하고 시중을 듦. ②식모. 요리사.
賄い方〔まかないかた〕식사를 준비 제공하는 사람.
賄い付き〔まかないつき〕식사 제공.

音　読

賄賂〔わいろ〕뇌물. ～を使う; 뇌물을 쓰다. ～で買収する; 뇌물로 매수하다.

〔懐〕 풀：품을 회.
音：**カイ**
訓：① **なつかしい** ② **なつかしむ** ③ **なつく** ④ **なつける** ⑤ **ふところ**

❶ **懐かしい**〔なつかしい〕(形) ①그립다. ②반갑다. ③귀엽다. ④애정이 두텁다.
❷ **懐かしむ**〔なつかしむ〕(他5) 그리워하다. 반가워하다.
❸ **懐く**〔なつく〕(自5) 따르다. 子供がよく～; 어린애가 잘 따르다.
❹ **懐ける**〔なつける〕(他下1) 길들이다. 따르게 하다.
❺ **懐**〔ふところ〕①품. 母の～; 어머니의 품. ②호주머니. ③마음 속. 내막.
懐勘定〔ふところかんじょう〕속셈. 호주머니 사정을 속으로 계산함.
懐刀〔ふところがたな〕품에 지니고 다니는 호신용 칼.
懐手〔ふところで〕양손을 품속에 넣고 있음. 팔짱을 낌. 아무일도 하지 않음.
懐紙〔ふところがみ〕휴지.

音　読

懐柔〔かいじゅう〕회유. 교묘하게 설복시켜 따르게 함.
懐疑〔かいぎ〕회의. 의심을 품음.
懐中物〔かいちゅうもの〕품이나 호주머니에 넣는 물건.
懐抱〔かいほう〕회포. 마음 속에 품은 생각.

【획】

〔獲〕 풀：얻을 획.
音：**カク**
訓：**える**

獲る〔える〕(他下1) (사냥에서) 얻다. 획득하다.
獲物〔えもの〕①(사냥에서) 잡은 것. 사냥감. ②전리품(戰利品). 빼앗은 것.

音　読

獲得〔かくとく〕획득. 손에 넣음.
漁獲高〔ぎょかくだか〕어획고.

〔画〕 풀：그을 획.
音：① **カク** ② **カッ**
訓：

画する〔かくする〕(他サ) ①선을 긋다. ② 구획하다. 경계를 짓다. ③ 계획하다.
画数〔かくすう〕획수.
画一的〔かくいつてき〕획일적.
画期的〔かっきてき〕획기적. ～な方法; 획기적인 방법.

【횡】

〖横〗 풀 : 가로 횡.
音 : **オウ**
訓 : **よこ**

横〔よこ〕①가로. 옆. ②곁. ③不正.
横たえる〔よこたえる〕(他下1) 수평으로 놓다. 가로 놓다.
横たわる〔よこたわる〕(自5) ①가로 눕다. 길게 눕다. ②가로 놓이다.
横っちょ〔よこっちょ〕측면. 옆댕이.
横降り〔よこぶり〕센 바람 때문에 비나 눈이 옆으로 들이침.
横綱〔よこづな〕①最上位의 씨름꾼. ②제일인자. 왕자.
横坑〔よここう〕옆으로 파들어간 갱도.
横見〔よこみ〕한눈 팖. 곁눈질.
横の関係〔よこのかんけい〕횡적 관계.
横殴り〔よこなぐり〕옆쪽으로 때림.
横根〔よこね〕①가래톳. ②옆 뿌리.
横筋〔よこすじ〕①가로줄. 횡선. ②옆길. 딴 길.
横倒し〔よこたおし〕옆으로 길게 쓸어짐.
横道〔よこみち〕①옆길. 골목길. ②邪道.
横恋慕〔よこれんぼ〕기혼자나 약혼한 사람을 사랑함. 시련(邪恋).
横流し〔よこながし〕부정으로 유출시킴.
横流れ〔よこながれ〕부정. 유출됨.
横っ面〔よこっつら〕①따귀. 귀싸대기. ②옆쪽. 측면.
横木〔よこぎ〕횡목. 가로대.
横目〔よこめ〕①곁눈질. ②인쇄용지의 결을 잘못 써서 생긴 주름.
横文字〔よこもじ〕가로 쓰는 글자.
横物〔よこもの〕옆으로 긴 모양의 액자나 족자.
横腹〔よこばら〕배의 측면. 옆구리.
横付け〔よこづけ〕(선박이나 자동차의) 측면을 목적의 장소에 갖다 댐.
横っ飛び〔よこっとび〕모로 뜀.
横浜〔よこはま〕요꼬하마.
横糸〔よこいと〕횡사. 씨실.
横書き〔よこがき〕횡서. 가로 쓰기.
横手〔よこて〕옆쪽. 옆 방향. 측면.
〔よこで〕(흥분해서)자신도 모르게 치는 손뼉.
横顔〔よこがお〕①옆 얼굴. ②프로우필.
横様〔よこざま〕옆쪽.
横雲〔よこぐも〕옆으로 길게 비낀 구름.
横這い〔よこばい〕①모로 길. ②保合 시세.
横切る〔よこぎる〕(他5) 가로 지르다. 횡단하다.
横町〔よこちょう〕골목길. 골목.
横組〔よこぐみ〕활자의 가로 짜기.
横座り〔よこすわり〕다리를 모아 옆으로 하고 편히 앉음.
横紙〔よこがみ〕①결이 가로로 된 종이. ②가로 놓고 쓰는 종이.
横紙破り〔よこがみやぶり〕관습에 벗어난 일을 억지로 하려 함.
横車〔よこぐるま〕생억지. 억지.
横槍〔よこやり〕말참견함. 간섭함.
横綴じ〔よことじ〕옆으로 길게 궤맴.
横取り〔よこどり〕가로챔. 옆에서 빼앗음. 새치기.
横太り〔よこぶとり〕땅딸보.
横波〔よこなみ〕측면으로 부딪치는 파도.
横抱き〔よこだき〕옆으로 껴안음.
横割り〔よこわり〕조직을 통하지 않고, 일정한 지역을 중심으로 하여 벌이는 선거운동.
横向き〔よこむき〕옆으로 향함.
横好き〔よこずき〕못하는 주제에 덮어놓고 (무조건) 좋아함.
横縞〔よこじま〕가로 줄무늬,
横滑り〔よこすべり〕옆쪽으로 미끄러짐. 동격인 다른 지위로 이동함. 자리바꿈.

音　読

横断〔おうだん〕횡단. 가로 지름.
横領〔おうりょう〕횡령.
横柄〔おうへい〕방자하고 거만함.
横死〔おうし〕횡사. 사고로 죽음.
横着〔おうちゃく〕①건방짐. 방자함. ②뻔뻔스러움. 능청스러움. ③게으름.
横暴〔おうぼう〕횡포. 방자하고 거침.

【효】

〖孝〗 풀 : 효도 효.
音 : **コウ**
訓 :

孝〔こう〕효. 효도. 효행(孝行).
孝心〔こうしん〕효심. 효성스러운 마음.
孝養〔こうよう〕효도로 부모를 모심.
孝子〔こうし〕효자. 효도하는 자식.
孝行〔こうこう〕효행. 효도.

〖効〗 풀 : 보람 효.
音 : **コウ**
訓 : **きく**

効く〔きく〕(自5) 효과가 있다. 듣다. 薬が～; 약이 듣다.
効き〔きき〕효능. 효력.
効き目〔ききめ〕효과. 효력. 보람.

音　読

効果〔こうか〕효과. 좋은 결과.
効能〔こうのう〕효능. 효력.
効力〔こうりょく〕효력. 효능.
効用〔こうよう〕효용. 효험. 효능.
効率〔こうりつ〕효율.
効験〔こうけん〕효험. 효력. 효용.

〖暁〗 풀：새벽 효.
音：ギョウ
訓：あかつき

暁〔あかつき〕①새벽. 새벽녘. ②(장래 어떤 일이 실현되는) 그 때. 그 날.
暁闇〔あかつきやみ〕달 없는 밤의 새벽녘의 어스름.

音読

暁星〔ぎょうせい〕효성. 새벽 별. 샛별.
暁鐘〔ぎょうしょう〕효종. 새벽 종.
暁天〔ぎょうてん〕새벽 하늘. 새벽 녘.

〖酵〗 풀：곰팡이 효.
音：コウ
訓：

酵母〔こうぼ〕糖類를 발효시켜서 알콜을 만드는 균류(菌類).
酵素〔こうそ〕효소. 특수한 화학 반응의 촉매물.

【후】

〖后〗 풀：왕후 후.
音：①コウ ②ゴウ
訓：

音読1

后妃〔こうひ〕후비. 황후.
太后〔たいこう〕태후.

音読2

皇后〔こうごう〕황후.
皇太后〔こうたいごう〕황태후.

〖朽〗 풀：썩을 후.
音：キュウ
訓：くちる

朽ちる〔くちる〕(自上1) ①(나무 따위가) 썩다. ②쇠퇴하다. 헛되이 죽다.
朽ち木〔くちき〕썩은 나무(빛을 보지 못한 채 일생을 마치는 사람).

音読

老朽〔ろうきゅう〕노후. 낡아서(늙어서) 쓸모가 없음.
不朽〔ふきゅう〕불후. 썩어 없어지지 않음. 후세까지 오래 남아 있음.

〖侯〗 풀：제후 후.
音：コウ
訓：

侯爵〔こうしゃく〕후작. 귀족의 제2계급.
諸侯〔しょこう〕제후. 봉건 시대에 영토를 가지고 영내의 인민을 지배하는 권력이 있던 사람.

〖候〗 풀：기후 후.
音：コウ
訓：そうろう

候〔そうろう〕(自4) ①'あり(있다)' 'おり(있다)'의 공손한 말.
候文〔そうろうぶん〕문장의 끝을 '候(そうろう)'로 끝맺는 文語体의 편지 글.
居候〔いそうろう〕남의집에서 얻어 먹고 있는 사람. 식객(食客).

音読

候補〔こうほ〕후보. 어떤 지위에 등용될 수 있는 소질과 자격을 갖추고 있는 사람.
候鳥〔こうちょう〕후조. 철새.
気候〔きこう〕기후. 날씨.

〖喉〗 풀：목구멍 후.
音：コウ
訓：のど

喉〔のど〕목구멍. 목청.
喉仏〔のどぼとけ〕목의 중간에 있는 甲状軟骨의 돌기(성인 남자에게서 뚜렷함).
喉元〔のどもと〕목구멍 맨 안쪽.
喉越し〔のどごし〕음식이 목구멍으로 넘어감. 넘어가는 맛.
喉自慢〔のどじまん〕노래 자랑.
喉笛〔のどぶえ〕숨통.

音読

耳鼻咽喉科〔じびいんこうか〕이비인후과. 귀, 코, 목구멍에 관한 질병을 치료하는 의술(医術).

〖厚〗 풀：두터울 후.
音：コウ
訓：①あつい ②あつかましい

❶ 厚い〔あつい〕(形) ①두껍다. ～紙：두꺼운 종이. ②두텁다. 情が～：정이 두텁다.
❷ 厚かましい〔あつかましい〕(形) 뻔뻔스럽다. 철면피하다.
厚さ〔あつさ〕두께.
厚ぼったい〔あつぼったい〕(形) 투박스럽다.
厚み〔あつみ〕두께.
厚焼き〔あつやき〕두껍게 구운 음식.
厚手〔あつで〕바탕이 두꺼운 것.
厚切り〔あつぎり〕두껍게 벰(썲).
厚地〔あつじ〕두꺼운 천.
厚紙〔あつがみ〕두꺼운 종이.
厚着〔あつぎ〕옷을 많이 껴 입음.
厚化粧〔あつげしょう〕짙은 화장.

音読

厚生〔こうせい〕후생. 생활이 넉넉해지도록 돕는 일.
厚遇〔こうぐう〕후우. 융숭한 대접.
厚意〔こうい〕후의. 친절한 마음.
厚情〔こうじょう〕후정. 두터운 정.

〖後〗 풀：뒤 후.
音：①ゴ ②コウ
訓：①あと ②のち ③うしろ

④ おくらす ⑤ おくらせる ⑥ おくれる

訓 読 1

後 ❶〔あと〕① 뒤. ② 뒷일. ③ 다음. ④ 후임자. ⑤ 후손. ⑥ 이전. ⑦ 나머지 일. ❷〔のち〕① (시간적인) 뒤. 후. ② 미래. ③ 사후(死後).
後から〔あとから〕뒤에서. 나중에.
後で〔あとで〕나중에.
後口〔あとくち〕① 입가심. ② (신청 등에서) 뒤에 온 것.
後金〔あときん〕후불(後払). 잔금.
後戻り〔あともどり〕① 되돌아옴. ② 퇴보.
後味〔あとあじ〕뒷맛.
後返り〔あとがえり〕되짚어 돌아가기.
後付け〔あとづけ〕부록(付録).
後釜〔あとがま〕후임자. 후처(後妻).
後腐れ〔あとくされ〕일이 끝난 뒤의 말썽. 뒤탈.
後払い〔あとばらい〕후불.
後白浪〔あとしらなみ〕행방 불명.
後棒〔あとぼう〕(가마 등의) 뒤채를 메는 사람.
後腹〔あとばら〕① 훗배앓이. ② 뒷고생. 뒤탈. ③ 후처 소생.
後備え〔あとぞなえ〕행군하는 부대의 맨뒤(적의 추격에 대비하는 부대).
後山〔あとやま〕(광산, 탄광에서) 파는 사람을 돕거나 광물을 운반하는 인부.
後産〔あとざん〕후산. 해산한 뒤에 태(胎)를 낳음.
後書き〔あとがき〕① (책의)뒷말. ② 追申.
後先〔あとさき〕① 앞뒤. 전후. ② 순서가 바뀜. 뒤바뀜.
後刷り〔あとずり〕초판 뒤에 다시 박음. 또는 그 인쇄물.
後始末〔あとしまつ〕뒤처리. 마무리.
後押(さ)え〔あとおさえ〕⇨ 後備え,
後押し〔あとおし〕① 뒤에서 밂. ② 후원자. ③ 뒤에서 꼬드김. 선동.
後厄〔あとやく〕액년(厄年)의 다음 해.
後染め〔あとぞめ〕짠 다음에 염색하기.
後月〔あとげつ〕지난 달.
後引き〔あとひき〕먹을수록 음식, 특히 술을 탐내는 일.
後の祭り〔あとのまつり〕① 때를 놓쳐 보람이 없음. 행차 후의 나팔. ② 제사 다음날.
後足〔あとあし〕뒷다리. 뒷발,
後歯〔あとば〕왜나막신의 뒷굽.
後退り〔あとじさり：あとずさり〕뒷걸음질치기.
後片付け〔あとかたづけ〕뒷처리. 마무리.
後回し〔あとまわし〕(순서를 바꾸어) 뒤로 미룸. 뒷전.

訓 読 2

後の世〔のちのよ〕① 장래. ② 사후(死後).
後の月〔のちのつき〕음력 9월 13일 밤의 달.
後程〔のちほど〕조금 지난 뒤에. 나중에.
後添い〔のちぞい〕후처(後妻).
後後〔のちのち〕장래.
❸ **後ろ**〔うしろ〕① 뒤쪽. ② 등. ③ 뒷모습.
後ろめたい〔うしろめたい〕(形) 꺼림칙하다. 뒤가 켕기다. 불안하다. 버젓하지 못하다.
後ろ見〔うしろみ〕후견. 후견자.
後ろ鉢巻〔うしろはちまき〕뒤에서 맨 머리띠.
後ろ髪〔うしろがみ〕뒷머리털.
後ろ付き〔うしろつき〕뒷모습. 뒷모양.
後ろ上がり〔うしろあがり〕뒤쪽이 들려 있음.
後ろ傷〔うしろきず〕도망칠 때 입은 칼의 상처.
後ろ手〔うしろで〕① 뒷짐. ② 뒤쪽.
後ろ楯〔うしろだて〕후원. 후원자.
後ろ押し〔うしろおし〕① 뒤를 밈. ② 후원. 뒤에서 밀어 줌.
後ろ暗い〔うしろぐらい〕(形) 버젓하지 못하다. 떳떳치 못하다.
後ろ姿〔うしろすがた〕뒷모습.
後ろ前〔うしろまえ〕앞뒤가 바뀜.
後ろ指〔うしろゆび〕뒷손가락질.
後ろ下がり〔うしろさがり〕뒤쪽이 내려 앉아 있음.
後ろ合(わ)せ〔うしろあわせ〕① 등을 맞댐. ② 반대.
後ろ向き〔うしろむき〕① 등을 돌림. ② 소극적임. 역행함.
❹ **後らす**〔おくらす〕(他 5) ⇨ 後らせる
❺ **後らせる**〔おくらせる〕(他下 1) 늦추다. 늦게 하다.
❻ **後れる**〔おくれる〕(自下 1) ① 늦다. ② 더디다. ③ 뒤지다. 뒤떨어지다. ④ 여의다. 親に～; 부모를 여의다.
後れ〔おくれ〕① 늦음. 늦은 정도. ② 뒤짐. 지연.
後れ毛〔おくれげ〕(여자의)살쩍. 귀밑머리.

音 読 1

その後〔そのご〕그 후.
後家〔ごけ〕① 과부. 미망인. ② (한 벌에서)한 쪽이 없어진 것.
後光〔ごこう〕후광.
後生〔ごしょう〕① (불교) 来世에 다시 태어나는 일. ② ～だからゆるしておくれ; 제발 용서해 주게.
後手〔ごて〕① 적에게 기선을 빼앗김. 수세에 몰림. ② 뒤떨어짐. ③ (장기, 바둑에서)상대의 뒤를 따르는 일.
後日〔ごじつ〕후일. 뒷날.
後妻〔ごさい〕후처.
後詰め〔ごづめ〕후방 부대.

音 読 2

後見〔こうけん〕후견.
後継者〔こうけいしゃ〕후계자.
後記〔こうき〕후기. 뒤에 기록함.
後期〔こうき〕후기. 후반기(後半期).
後代〔こうだい〕후대. 뒤의 세대(世代).

後半〔こうはん〕후반.
後輩〔こうはい〕후배.
後世〔こうせい〕후세. 뒤의 세상.
後援〔こうえん〕후원. 뒤에서 도와 줌.
後遺症〔こういしょう〕후유증.
後任〔こうにん〕후임.
後者〔こうしゃ〕후자.
後進国〔こうしんこく〕후진국.
後退〔こうたい〕후퇴. 뒤로 물러남.
後天的〔こうてんてき〕후천적.
後篇〔こうへん〕후편.
後悔〔こうかい〕후회.

【훈】

〔**訓**〕 풀：가르칠 훈.
音：クン
訓：

訓〔くん〕漢字를 일본말에 맞추어 읽는 것. (例：'手'자를 'て'로 읽음).
訓ずる〔くんずる〕(他サ) 漢字를 訓으로 읽다.
訓戒〔くんかい〕훈계. 타일러 경계함.
訓読〔くんどく：くんよみ〕훈독. 漢字를 訓으로 읽음.
訓練〔くんれん〕훈련. 무술을 연습함.
訓令〔くんれい〕훈령.
訓釈〔くんしゃく〕한문 글자의 뜻을 해석함.
訓示〔くんじ〕훈시. 가르쳐 보임.
訓育〔くんいく〕훈육. 가르쳐 기름.

〔**勲**〕 풀：공 훈.
音：クン
訓：

勲〔くん〕①功勲. ②훈장(勲章).
勲功〔くんこう〕훈공. 공훈.
勲章〔くんしょう〕훈장.

〔**薫**〕 풀：향기 훈.
音：クン
訓：かおる

薫る〔かおる〕(自5) 향기가 나다. 좋은 냄새가 나다.
薫り〔かおり〕향기. 좋은 냄새.
薫風〔くんぷう〕훈풍. 첫여름에 상쾌하게 부는 훈훈한 남풍.
薫育〔くんいく〕훈육. 덕으로 사람을 인도하여 기름.

【휘】

〔**揮**〕 풀：휘두를 휘.
音：キ
訓：ふるう

揮う〔ふるう〕(他5) 휘두르다. 筆を～：붓을 휘두르다. 腕を～：능력을 발휘하다. 刀を～：칼을 휘두르다.

音　読

揮発油〔きはつゆ〕휘발유.
揮毫〔きごう〕휘호. 붓을 휘둘러 글을 쓰거나 그림을 그림.
発揮〔はっき〕발휘.
指揮〔しき〕지휘.

〔**輝**〕 풀：빛날 휘.
音：キ
訓：①かがやく ②かがやかす ③かがやかしい

❶輝く〔かがやく〕(自5)(눈부시게) 빛나다. 目か～：눈이 빛나다.
❷輝かす〔かがやかす〕(他5)빛내다.
❸輝かしい〔かがやかしい〕(形) 빛나다. 훌륭하다. 朝日が～：아침 해가 빛나다. ～成功：빛나는 성공.
輝石〔きせき〕휘석. 광석의 일종.
輝煌〔きこう〕휘황.

【휴】

〔**休**〕 풀：쉴 휴.
音：キュウ
訓：①やすまる ②やすむ ③やすめる

❶休まる〔やすまる〕(自5) (심신이) 편안해지다.
❷休む〔やすむ〕(自5) ①쉬다. ②결근하다; 결석하다. ③(학교나 직장이) 놀다. 쉬다.
休み〔やすみ〕①휴식. 쉼. ②휴가. 휴일. ③결근. 결석. ④잠자리에 듦. 취침.
休み休み〔やすみやすみ〕(副) 쉬엄쉬엄. 작작. ばかも～言え：바보같은 소리좀 작작 해라.
❸休める〔やすめる〕(他下1) ①쉬게 하다. 휴식시키다. ②멈추다. 묵히다. ③편안히 하다.
休暇〔きゅうか〕휴가.
休講〔きゅうこう〕휴강.
休憩室〔きゅうけいしつ〕휴게실.
休校〔きゅうこう〕휴교.
休務〔きゅうむ〕휴무. 직무를 쉼.
休息〔きゅうそく〕휴식. 잠깐 쉼.
休養〔きゅうよう〕휴양. 편안히 쉼.
休業〔きゅうぎょう〕휴업.
休日〔きゅうじつ〕휴일.
休戦〔きゅうせん〕휴전. 전쟁을 중지함.
休学〔きゅうがく〕휴학. 학업을 쉼.
休火山〔きゅうかざん〕휴화산.
休会〔きゅうかい〕휴회.

〔携〕 풀：가질 휴.
音：ケイ
訓：① たずさえる ② たずさわる

❶ 携える〔たずさえる〕(他下1) ① 휴대하다. 손에 들다. 지니다. ② (서로 손을 잡고)함께 가다. 데리고 가다.
❷ 携わる〔たずさわる〕(自5) (어떤 일에) 종사하다. 관계하다. 教育に～; 교육에 종사하다.
携帯〔けいたい〕휴대. 지니고 다님.
携行〔けいこう〕휴행. 가지고 감.

【흉】

〔凶〕 풀：흉할 흉.
音：キョウ
訓：

凶家〔きょうか〕흉가. 흉한 일이 계속 일어나는 집.
凶器〔きょうき〕흉기.
凶年〔きょうねん〕흉년. 농작물이 잘되지 아니한 해.
凶悪〔きょうあく〕흉악. 흉하고 악함.
凶作〔きょうさく〕흉작.

〔胸〕 풀：가슴 흉.
音：キョウ
訓：① むね ② むな～

訓 読 1

胸〔むね〕① 가슴. ② 마음. 심금.
胸当(て)〔むねあて〕① 가슴에 대는 갑옷. ② 가슴에 대어 더러움을 막는 천.
胸糞〔むねくそ〕가슴 속. 기분.
胸焼け〔むねやけ〕가슴앓이.

訓 読 2

胸高〔むなだか〕허리띠를 가슴 언저리에 올려 맴.
胸苦しい〔むなぐるしい〕(形) 가슴이 답답하다.
胸紐〔むなひも〕① 일본 옷의 가슴 부분에 단 끈.
胸突き八丁〔むなつきはっちょう〕정상(頂上)에 가까운 급한 고갯길.
胸毛〔むなげ〕가슴털.
胸算用〔むなざんよう〕속셈. 꿍꿍이셈.
胸先〔むなさき〕앞가슴. 가슴패기.
胸騒ぎ〔むなさわぎ〕가슴이 두근거림. 설렘. なんとなく～する; 웬일인지 가슴이 설레다.
胸元〔むなもと〕앞가슴. 가슴패기.
胸倉〔むなぐら〕멱살.
胸板〔むないた〕앞가슴.

音 読

胸郭〔きょうかく〕흉곽. 가슴을 둘러싼 골격(骨格).
胸膜〔きょうまく〕흉막. 늑막(肋膜).
胸部〔きょうぶ〕흉부.
胸像〔きょうぞう〕흉상. 가슴에서 윗 부분만의 상(像).

【흑】

〔黒〕 풀：검을 흑.
音：① コク ② コッ
訓：① くろ ② くろい

❶ 黒〔くろ〕① 검정. 흑. ② 검은 물건. ③ 범죄 혐의가 뚜렷함.
❷ 黒い〔くろい〕(形) ① 검다. 까맣다. ② 범죄 혐의가 짙다.
黒ずむ〔くろずむ〕(自5) 거무스름해지다. 검은 빛을 띠다.
黒っぽい〔くろっぽい〕(形) ① 거무스름하다. ②〈俗〉전문가 티가 나다. 화류계 여인 티가 나다.
黒はえ〔くろはえ〕장마때 부는 마파람.
黒ばむ〔くろばむ〕(自5) 거무스름해지다.
黒み〔くろみ〕검은 빛. 칙칙한 느낌.
黒む〔くろむ〕(自5) 검은 빛을 띠다. 검어지다.
黒める〔くろめる〕(他下1) 검게 하다. 검게 물들이다.
黒光り〔くろびかり〕검은 윤이 남.
黒南風〔くろはえ〕장마 때 부는 마파람.
黒塗り〔くろぬり〕검은 칠을 한 물건.
黒幕〔くろまく〕흑막. ① 검은 무대막. ② 뒤에서 조종하는 사람. 막후 인물.
黒毛〔くろげ〕털빛이 검은 말.
黒木〔くろき〕① 30㎝정도로 잘라 가마에 넣어 검게 그슬린 장작.
黒目〔くろめ〕(눈의) 검은 자위.
黒文字〔くろもじ〕이쑤시게.
黒蜜〔くろみつ〕흑사탕을 녹여서 진하게 끓인 액체.
黒髪〔くろかみ〕검은 머리.
黒ん坊〔くろんぼう〕검둥이. 흑인.
黒白〔くろしろ：こくびゃく〕흑백. 흑과 백.
黒砂糖〔くろざとう〕흑설탕.
黒山〔くろやま〕사람이 많이 모임.
黒星〔くろぼし〕① (씨름에서)졌음을 나타내는 표(●) ② 실패. 패배. ③ 흑점. 과녁 중앙의 검은 동그라미.
黒焼き〔くろやき〕동식물을 검게 쪄서 구운 것.
黒水引〔くろみずひき〕반은 흑색, 반은 흰색의 포장용의 끈(궂은 일에 쓰임).
黒穂〔くろほ〕흑수. 깜부기.
黒煙〔くろけむり〕시커먼 연기.
黒玉〔くろだま〕① 검은 구슬. ② 흑점. ③ 눈동자. ④ 폭발하지 않은 花砲의 알.
黒雲〔くろくも〕① 먹구름. ② 방해물.

黑熊〔くろくま〕흑곰.
黑子〔くろこ〕(歌舞技에서) 배우의 시중을 드는 사람. 또 그 사람이 입은 옷.
黑字〔くろじ〕흑자. 이익.
黑裝束〔くろしょうぞく〕검정 일색의 복장.
黑潮〔くろしお〕흑조(일본 열도에 따라 태평양을 흐르는 난류. 일본 해류).
黑地〔くろじ〕검은 바탕의 천.
黑茶色〔くろちゃいろ〕흑갈색.
黑土〔くろつち〕검은 흙.
黑血〔くろち〕먹피.
黑黑〔くろぐろ〕아주 새까만 모양.

音 読 1

黑鉛〔こくえん〕흑연.
黑人〔こくじん〕흑인.
黑点〔こくてん〕흑점. 검은 점.
黑板〔こくばん〕흑판. 칠판.

音 読 2

黑海〔こっかい〕흑해.

【흡】

〔吸〕 풀：빨 흡. 마실 흡.
音：キュウ
訓：すう

吸う〔すう〕(他５) ①(공기 따위를) 들이마시다. ②(유동 식물을) 먹다. 마시다. ③빨아들이다. ④빨다. タバコを～；담배를 피우다.
吸(い)殼〔すいがら〕①(담배) 꽁초. ②성분을 짜내고 남은 찌꺼기.
吸口〔すいくち〕(담뱃대의)물부리.
吸い寄せる〔すいよせる〕(他下１) ①빨아당기다. ②사람의 마음을 끌다.
吸い付く〔すいつく〕(自５) 딱 달라 붙어 떨어지지 않다.
吸い付ける〔すいつける〕(他下１) ① 빨아서 끌어 당기다. ②담배를 남의 담뱃불 따위에 갖다 대어 빨아서 불을 붙이다. ③항상 같은 담배를 피우다.
吸い付け煙草〔すいつけたばこ〕담배에 불을 붙여 곧 피울 수 있도록 해서 권하는 담배.
吸い上げる〔すいあげる〕(他下１) 빨아 올리다.
吸(い)玉〔すいだま〕고름을 빨아내는 기구.
吸い込み〔すいこみ〕①빨아 들임. ②하수를 빨아 들이게 파 놓은 구멍.
吸い込む〔すいこむ〕(他５) 빨아들이다.
吸い取る〔すいとる〕(他５) ①빨아들이다. 흡수하다. ②착취하다. 등치다. ③졸라대어 빼내다(얻어 먹다).

音 読

吸力〔きゅうりょく〕흡력.
吸収〔きゅうしゅう〕흡수. 빨아들임.
吸熱〔きゅうねつ〕흡열. 주위의 열을 흡수함.
吸引〔きゅういん〕흡인. 빨아들임.
吸入〔きゅうにゅう〕흡입. 빨아들임.

【흥】

〔興〕 풀：흥할 흥.
音：①キョウ ②コウ
訓：①おこす ②おこる

❶興す〔おこす〕(他５) 활기를 돋우다. 国を～；나라를 일으키다. 勇気を～；용기를 불러 일으키다.
❷興る〔おこる〕(自５) 흥하다. 国が～時；나라가 흥할 때.

音 読 1

興〔きょう〕흥. 흥겨움. ～に乗る；흥겨워하다.
興がる〔きょうがる〕(自５) ①흥겨워하다. ②보통과 다르다.
興じる〔きょうじる〕(自サ) 흥겨워하다.
興味〔きょうみ〕흥미.
興趣〔きょうしゅ〕흥취.
興致〔きょうち〕흥치. 흥과 운치.

音 読 2

興国〔こうこく〕흥국. 나라를 흥하게 함.
興起〔こうき〕흥기. 떨쳐 일어남.
興亡〔こうぼう〕흥망. 일어남과 망함.
興奮〔こうふん〕흥분.
興盛〔こうせい〕흥성. 왕성하고 흥함.
興信所〔こうしんじょ〕흥신소.
興敗〔こうはい〕흥패. 흥함과 패함.
興行〔こうぎょう〕흥행.

【희】

〔希〕 풀：바랄 희.
音：キ
訓：①こいねがう ②まれ

❶希う〔こいねがう〕(他５) 간절히 바라다. 열망하다.
希わくは〔こいねがわくは〕(副) 바라건대. 부디.
❷希〔まれ〕(形) 드뭄. 희소(稀少)함.
希求〔さきゅう〕희구. 바라며 요구함.
希望〔きぼう〕희망. 기대하여 바람.
希小〔きしょう〕희소. 드물어서 적음.

〔姫〕 풀：계집 희.
音：
訓：ひめ

姫〔ひめ〕①여성에 대한 미칭. ②귀인의 딸로 미혼녀.
姫鏡台〔ひめきょうだい〕귀엽고 작은 경대.
姫君〔ひめぎみ〕귀인의 딸의 높임말.
姫松〔ひめまつ〕작은 소나무.
姫始め〔ひめはじめ〕새해 들어 처음으로 하는 성교.
お姫様〔おひめさま〕귀인의 딸의 높임말. 아가씨.
姫垣〔ひめがき〕낮은 울타리.
姫糊〔ひめのり〕밥을 뭉갠 풀.

〔喜〕 풀 : 기쁠 희.
音 : **キ**
訓 : ① **よろこばしい** ② **よろこぶ**

❶ **喜ばしい**〔よろこばしい〕(形) 경사스럽다. 즐겁다. 기쁘다.
❷ **喜ぶ**〔よろこぶ〕(他5) ①좋아하다. 기뻐하다. 즐거워하다. ②기꺼이 받아들이다. 달갑게 받아들이다.
喜び〔よろこび〕①기쁨. ②경사. 경하의 말씀. ③흡족하게 여김. 만족스러움.

音 読

喜劇〔きげき〕희극.
喜悲〔きひ〕희비. 기쁨과 슬픔.
喜捨〔きしゃ〕희사. 남을 위하여 기꺼이 재물을 내놓음.
喜色〔きしょく〕희색.
喜悦〔きえつ〕희열. 기뻐하고 즐거워함.

〔戯〕 풀 : 희롱할 희.
音 : **ギ**
訓 : ① **たわむれる** ② **たわける**

❶ **戯れる**〔たわむれる〕(自下1) ①희롱하다. 가지고 놀다. ②노닥거리다. ③놀리다. 장난치다. 불장난하다. 女に～; 여자를 희롱하다.
戯れ〔たわむれ〕장난. 농담. ～に; 장난삼아. 장난으로.
❷ **戯ける**〔たわける〕(自下1) ①까불다.
戯け〔たわけ〕①희롱. ②바보. 천치.
戯言〔たわこと〕농담. 실없는 소리.

音 読

戯曲〔ぎきょく〕희곡. 연극의 극본.
戯弄〔ぎろう〕희롱.

〔犠〕 풀 : 희생 희.
音 : **ギ**
訓 :

犠牲〔ぎせい〕①神에게 제물로 바치는 산 짐승. ②어떤 목적을 위해 생명, 재물, 노력 등을 자진해서 바치는 일.

【힐】

〔詰〕 풀 : 힐난할 힐.
音 : ① **キツ** ② **キッ**
訓 : ① **つまる** ② **つむ** ③ **つめる**

❶ **詰まる**〔つまる〕(自5) ①가득차다. 잔뜩 쌓이다. ②막히다. ③궁하다. ④막다르다. 종말에 달하다. ⑤줄어들다. 짧아지다. 임박하다.
詰まり〔つまり〕①막힘. 막다른 곳. ②줄어 듬. 오그라듬.
詰まる所〔つまるところ〕(副) 요컨대. 결국.
❷ **詰む**〔つむ〕(自5) ①궁하다. 막히다. ②촘촘하다. ③(장기에서)궁이 움직일수 없게 되다. 외통수에 몰리다.
詰み〔つみ〕(장기에서) 궁의 길이 막힘. 외통수가 됨.
❸ **詰める**〔つめる〕(自他下1) ①채워 넣다. 채우다. ②처넣다. ③틀어 막다. ④쭉 계속하다. (他下1) ①막다. ②궁지로 몰아 넣다. 몰아 대다. 따지다. ③(장기에서)궁을 꼼짝 못하게 하다. ④뒤쫓다. ⑤줄이다. 짧게 하다. (自下1) 대기하다.
詰め〔つめ〕①가득 채움. ②마개. びんの～; 병마개. ③최종 판국. 마무리.
詰め掛ける〔つめかける〕(自下1) ①바싹 다가서다. ②몰려들다.
詰め寄せる〔つめよせる〕(自下1) 몰려들다. 다가서다.
詰め寄る〔つめよる〕(自5) 따지고 대들다. 대들다. 다가서다.
詰め襟〔つめえり〕목닫이.
詰め物〔つめもの〕①틀어 막는 물건. 봉. ②틈막이
詰(め)番〔つめばん〕당직. 당번.
詰(め)腹〔つめばら〕할 수 없이 하는 할복(割腹). ②강제적으로 辞職당함.
詰(め)所〔つめしょ〕대기소(待機所).
詰(め)込(み)主義〔つめこみしゅぎ〕주입식(注入式) 교육 방법.
詰め込む〔つめこむ〕(他5) 가득 처넣다. 밀어 넣다. 가득 채우다.
詰(め)将棋〔つめしょうぎ〕외통 장기.
詰め切る〔つめきる〕(自5) 쭉(내내) 붙어 있다.

音 読 1

詰難〔きつなん〕힐난. 힐문하여 비난함.
詰論〔きつろん〕힐론. 힐난하는 변론.
詰問〔きつもん〕힐문. 트집을 잡아 따져 물음.

音 読 2

詰責〔きっせき〕힐책. 잘못을 따져 꾸짖음.
詰斥〔きっせき〕힐척. 힐책하여 배척함.

附　　録

1. 읽기 어려운 漢字
2. 틀리기 쉬운 漢字
3. 同音異義의 漢字
4. 同字異音의 漢字
5. 四字成句
6. 日本姓 읽기
7. 획수로 찾기

1. 읽기 어려운 漢字

一画

一入 ひとしお
一寸 ちょっと
一向 ひたすら
一如 いちにょ
一行 ひとくだり
一対 いっつい
一抹 いちまつ
一昨日 おととい・おとつい
一途 いちず
一節切 ひとよぎり
一瓢 いっぴょう
一瞥 いちべつ
一齣 ひとこま・ひとくさり・いっせき
乙 きのと・めり
乙甲 めりかり
乙夜 いつや・おつや
乙張 めりはり

二画

七五三縄 しめなわ
丁 ひのと
丁重 ていちょう
丁幾 チンキ
丁稚 でっち
丁髷 ちょんまげ
乃公 だいこう・ないこう
九十九折 つづらおり
九十九髪 つくもがみ
九品 くほん
了解 りょうかい
了簡 りょうけん
二十重 はたえ
二合半 こなから
二形 ふたなり
二進も三進も にっちーもさっちーも
二幅 ふたの
入内 じゅだい
入木道 じゅぼくどう
入水 じゅすい
入母屋 いりもや
入声 にっしょう
入来 じゅらい
入洛 じゅらく
入相 いりあい
入魂 じっこん・じゅっこん・じゅこん
入輿 じゅよ
八百万 やおよろず
八束 やつか
八朔 はっさく
八幡 ばはん
八衢 やちまた
刀自 とじ
刀背打ち むねうち・みねうち
匕首 あいくち
十二単 じゅうにひとえ
十六夜 いざよい
十六武蔵 じゅうろくむさし
十姉妹 じゅうしまつ
十露盤 そろばん
卜部 うらべ
卜筮 ぼくぜい

三画

下戸 げこ
下手 へた
下枝 しずえ

下剋上　げこくじょう
下衆　げす
下種　げす
三十一文字　みそひともじ
三位　さんみ
三昧　ざんまい
三和土　たたき
三毬杖　さぎちょう
三幅　みの
三椏　みつまた
三番叟　さんばそう
上巳　じょうし・じょうみ
上手い　うま-い
上戸　じょうご
上衣　うわぎ
上枝　ほつえ
上梓　じょうし
上達部　かんだちめ・かんだちべ
上洛　じょうらく
上臈　じょうろう
上簇　じょうぞく
万年青　おもと
万朶　ばんだ
与　むた
久遠　くおん
干戈　かんか
干支　えと
凡例　はんれい
凡庸　ぼんよう
刃傷　にんじょう
千千　ちぢ
千屈菜　みそはぎ
叉手網　さであみ
口占　くちうら
口伝　くでん
口舌　くぜち・くぜつ
口吻　こうふん
口授　くじゅ
口訣　くけつ
口説　くぜち・くぜつ
土圭　とけい
土師　はにし・はじ
土産　みやげ
土筆　つくし・つくづくし
土塊　つちくれ
土竜　もぐら・むぐらもち
夕星　ゆうずつ
夕餉　ゆうげ
大凡　おおよそ
大仰　おおぎょう
大角豆　ささげ
大炊寮　おおいりょう
大原女　おはらめ
大祓　おおはらえ・おおはらい
大晦日　おおみそか・おおつごもり
大殿　おとど
大殿油　おおとなぶら
大蒜　にんにく
大輔　たいふ・たゆう
大嘗祭　だいじょうさい
大幣　おおぬさ
大輪　たいりん
大鋸　おが
女女しい　めめしい
女夫　めおと・みょうと
女形　おやま・おんながた
女郎花　おみなえし
女将　おかみ
女衒　ぜげん
女婿　じょせい
子　ね
孑孑　ぼうふら
寸莎　すさ・つた
小火　ぼや
小波　さざなみ
小連翹　おとぎりそう
小雀　こがら
小蔀　こじとみ
小賢しい　こざか-しい
尸　しかばね
尸位　しい
山毛欅　ぶな
山羊　やぎ
山車　だし・だんじり
山姥　やまうば・やまんば
山茶　つばき

山茶花　さざんか
山梔子　くちなし
山雀　やまがら
山葵　わさび
山颪　やまおろし
山窩　さんか
山賤　やまがつ
己　つちのと
己惚れ　うぬぼーれ
巳　み・し
干瓢　かんぴょう
弓手　ゆんで
弓弦　ゆづる
弓筈　ゆはず・ゆみはず
弓箭　きゅうせん
弓懸　ゆがけ
才　ざえ・かど

四画

不犯　ふぼん
不如帰　ほととぎす
不図　ふと
不束　ふつつか
不見転　みずてん
不味い　まずーい
不易　ふえき
不知火　しらぬい
不貞寝　ふてね
不貞腐れる　ふてくさーれる
不埒　ふらち
不愍　ふびん
中心　なかご
中臈　ちゅうろう
云爾　しかいう・うんじ
五十路　いそじ
五月雨　さみだれ
五月蠅　さばえ
五月蠅い　うるさーい
五加　うこぎ
五百　いお
五衣　いつつぎぬ
五倍子　ふし
五節　ごせち
今生　こんじょう
今際　いまわ
什器　じゅうき
仁王　におう
仁侠　にんきょう
仄聞　そくぶん
仆れる　たおーれる
仏手柑　ぶしゅかん
仏刹　ぶっさつ・ぶっせつ
仏掌薯　つくねいも
内帑　ないど
内宮　ないくう
内証　ないしょ・ないしょう
内障眼　そこひ
允許　いんきょ
公方　くぼう
公事　くじ
公孫樹　いちょう
公魚　わかさぎ
公達　きんだち
六十　むそ・むそぢ
六合　りくごう
六芸　りくげい
六花　りっか
円　つぶら
円居　まどい
円壔　えんとう
切支丹　キリシタン
分限　ぶげん
分銅　ふんどう
勾玉　まがたま
勾配　こうばい
勿れ　なかーれ
勿忘草　わすれなぐさ
勿体　もったい
勿怪　もっけ
勿論　もちろん
化身　けしん
匹夫　ひっぷ
匹儔　ひっちゅう
午　うま
午餐　ごさん

双六　すごろく
反物　たんもの
反吐　へど
反故　ほご・ほうご・ほぐ・ほうぐ
反っ歯　そーっーぱ
反駁　はんばく
壬　みずのえ
太占　ふとまに
太白神　ひとひめぐり
天辺　てっぺん・てんぺん
太神楽　だいかぐら
天邪鬼　あまのじゃく
天柱　ちりけ
天秤　てんびん
天蚕糸　てぐす
天晴　あっぱれ
天稟　てんぴん
天誅　てんちゅう
天麩羅　テンプラ
天鵞絨　ビロード
天籟　てんらい
天譴　てんけん
夫子　ふうし
夫役　ぶやく・ぶえき
夭折　ようせつ
尺　さし
尺牘　せきとく・しゃくどく
屯　たむろ
屯倉　みやけ
巴布　パップ
巴旦杏　はたんきょう
引目勾鼻　ひきめかぎばな
心太　ところてん
戈　ほこ
手水鉢　ちょうずばち
手向け　たむーけ
手足れ　てだーれ
手実　てまめ
手斧　ちょうな
手風　てぶり
手弱女　たおやめ・たわやめ
手械　てかせ
手絡　てがら
手解き　てほどーき
手綱　たづな
手練　てだれ
手鑑　てかがみ
文目　あやめ
文机　ふづくえ・ふみづくえ
文色　あいろ
文身　いれずみ・ほりもの
文箱　ふばこ
斗枡　とます
斗鶏　とけい
方人　かたうど
方舟　はこぶね
方便　たずき・たつき、
日向　ひなた・ひゅうが
日和　ひより
日和見　ひよりみ
日雀　ひがら
日嗣　ひつぎ
日僑　にっきょう
月代　さかやき
月次　つきなみ
木乃伊　ミイラ
木末　こぬれ
木瓜　ぼけ
木耳　きくらげ
木角豆　きささげ
木通　あけび
木挽き　こびーき
木偶　でく
木斛　もっこく
木菟　ずく・みみずく
木菟入　ずくにゅう
木賊　とくさ
木綿　もめん・ゆう
木魂　こだま
木霊　こだま
木履　ぽっくり・ぼくり
木槿　むくげ・もくげ
木槵子　むくろじ
木鐸　ぼくたく
欠伸　あくび
欠唇　いぐち

比丘　びく
比目魚　ひらめ
毛茛　うまのあしがた・きんぽうげ
水口　みなくち
水夫　かこ
水母　くらげ
水団　すいとん
水松　みる・いちい
水門　みと・みなと
水垢離　みずごり
水面　みのも・みなも
水屑　みくず
水脈　みお
水渋　みしぶ
水雲　もずく
水葱　なぎ
水黽　あめんぼ
水精　すいしょう
水鶏　くいな
火保ち　ひもーち
火筒　ほづつ
火熨斗　ひのし
片方　かたえ
牛王　ごおう
牛尾菜　しおで
牛車　ぎっしゃ
牛蒡　ごぼう
牛膝　いのこずち
犬蓼　いぬたで

五画

世故　せこ
丙　ひのえ
仕業　しわざ
仕種　しぐさ
仕舞屋　しもたや
仙人掌　サボテン
仙洞　せんとう
代赭　たいしゃ
付子　ぶし・ぶす
令外　りょうげ
令閨　れいけい
兄　このかみ
冊立　さくりつ・さくりゅう
冬瓜　とうがん・とうが
冬葱　わけぎ
凧　いかのぼり・たこ
出帆　しゅっぱん
出汗　だし
出衣　いだしぎぬ
出家　すけ・しゅっけ
出納　すいとう
出藍　しゅつらん
出廬　しゅつろ
功徳　くどく
北狄　ほくてき
北叟笑む　ほくそえーむ
半平　はんぺん
半蔀　はじとみ
半銭　きなか
卯木　うつぎ
卯槌　うづち
去年　こぞ
可笑しい　おかーしい
可惜　あたら
古文書　こもんじょ
古刹　こさつ
古強者　ふるつわもの
叩首　こうしゅ
史　ふびと・ふみ
只管　ひたすら
台詞　せりふ
台　うてな
四十雀　しじゅうから
四方　よも
四阿　あずまや
四季施　しきせ
四幅　よの
囚人　めしゅうど・めしうど
外郎　ういろう
外連　けれん
外寇　がいこう
外戚　げさく・がいせき
奴婢　ぬひ
尻尾　しっぽ

巨刹　きょさつ
巨擘　きょはく
左袒　さたん
左褄　ひだりづま
市井　しせい
布衣　ほい・ほうい
布袋　ほてい
弁鰓類　べんさいるい
弘法　ぐほう・こうぼう
戊　つちのえ・ぼ
打棄る　うっちゃーる
打擲　ちょうちゃく
払子　ほっす
払底　ふってい
払拭　ふっしょく・ふっしき
本卦　ほんけ
本望　ほんもう
本意　ほい
末　うれ・うら
末枯れ　うらがーれ
末期　まつご
未　ひつじ・み・び
未曾有　みぞう
正朔　せいさく
正嫡　しょうちゃく・せいてき
正鵠　せいこく・せいこう
母衣　ほろ
永劫　えいごう
氷雨　ひさめ
氷柱　つらら
氷魚　ひお
汀　みぎわ・てい
氾濫　はんらん
玄人　くろうと
玄孫　やしゃご・やしゃまご
玄翁　げんのう
玉章　たまずさ
玉蜀黍　とうもろこし
玉箒　たまばはき
瓦落　がら
甘葛　あまづら
甘藍　かんらん
生一本　きいっぽん
生姜　しょうが
生粋　きっすい
生業　なりわい・すぎわい
生絹　すずし
生憎　あいにく・あやにく
生薑　しょうが・はじかみ
生簀　いけす
生贄　いけにえ
用達　ようたし
田作　ごまめ・たづくり
田圃　たんぼ
田麸　でんぶ
田螺　たにし
田鶴　たず
甲　きのえ・かん・よろい・かぶと
甲声　かんごえ
甲斐絹　かいき
申　さる
由緒　ゆいしょ
由縁　ゆえん・ゆかり
白及　しらん
白和　しらあえ
白面　しらふ
白帯下　こしけ
白粉　おしろい
白酒　しろき
白湯　さゆ
白楊　どろのき・どろやなぎ
白熊　はぐま
白髪　しらが
白膠木　ぬるで
白韲　しらあえ
白癬　しらくも・はくせん
白鑞　しろめ・びゃくろう
目処　めど
目交ぜ　めまーぜ
目利き　めきーき
目見　めみえ
目映い　まばゆーい
目差し　まなざーし
目眩　めまい
目減り　めべーり
目蓋　まぶた

目論見　もくろみ
矢作　やはぎ
石女　うまずめ
石松　ひかげのかずら
石首魚　いしもち
石斑魚　うぐい
石榴　ざくろ
石蓴　あおさ
石楠花　しゃくなげ
石蕗　つわぶき
示唆　しさ
礼　いや・らい
礼拝　らいはい・れいはい
礼盤　らいばん
礼讃　らいさん
穴賢　あなかしこ
立錐　りっすい
辺　ほとり・あたり・へ・べ
艾　もぐさ

六画

亥　い・いぬい
交趾　コーチン
交喙　いすか
伊達　だて
仮初　かりそめ
仮借　かしゃく
仮病　けびょう
仮庵　かりほ・かりいお
会得　えとく
会釈　えしゃく
会厭　ええん
仰山　ぎょうさん
伝　つて
伝奏　てんそう
伝馬船　てんません
伝播　でんぱ
任侠　にんきょう
光参　きんこ
充てる　あーてる
充填　じゅうてん
先限　さきぎり
先蹤　せんしょう
兆す　きざーす
再来月　さらいげつ
凩　こがらし
凪　なぎ
匡正　きょうせい
吉方　えほう
吉左右　きっそう
吃逆　さくり・しゃくり
向日葵　ひまわり
向脛　むかはぎ
后　きさい・きさき
合羽　カッパ
合点　がてん・がってん
合従　がっしょう
合掌　がっしょう
合歓　ねむ・ねぶ
名利　みょうり
因業　いんごう
回向　えこう
団居　まどい
団扇　うちわ
団栗　どんぐり
団欒　だんらん
圭角　けいかく
地口　じぐち
夙夜　しゅくや
多寡　たか
夷　えびす・い
奸佞　かんねい
好事　こうず
好悪　こうお・こうあく
如月　きさらぎ
如何　いかん・いかが・いかに
如来　にょらい
如実　にょじつ
如雨露　じょうろ
妄執　もうしゅう
字　な・あざ・あざな
安佚　あんいつ
安居　あんご
安堵　あんど
守宮　やもり

屹度　きっと
扱く　こーく
曳航　えいこう
曲尺　かねじゃく・まがりがね
曲玉　まがたま
曲者　くせもの
曲舞　くせまい
有心　うしん
有卦　うけ
有漏　うろ
有職　ゆうそく・ゆうしょく
朱雀　しゅじゃく・すざく
朱欒　ザボン
朱鷺　とき
朴　ほお・ぼく
朴訥　ぼくとつ
此方　こなた・こち・こちら
此処　ここ
気風　きっぷ
気障　きざ
汚穢　おわい
汗衫　かざみ
汗疣　あせも
汗疹　あせも
江浦草髪　つくもがみ
灰汁　あく
灰燼　かいじん
灯影　ほかげ
百日紅　さるすべり
年魚　あゆ
弛緩　しかん・ちかん
忖度　そんたく
戎衣　じゅうい
戌　いぬ
成就　じょうじゅ
扛秤　ちきり
早乙女　さおとめ
早生　わせ
百舌　もず
百足　むかで
百済　くだら
竹刀　しない
竹柏　なぎ
竹篦　しっぺい
竹叢　たかむら・たけむら
糸瓜　へちま
糸遊　かげろう
羊歯　しだ
羊羹　ようかん
羊蹄　ぎしぎし
老海鼠　ほや
老酒　ラオチュウ
老舗　しにせ
老獪　ろうかい
老麺　ラーメン
肉豆蔲　にくずく
肉刺　まめ
肉桂　にっけい
肌理　きめ
自惚れ　うぬぼーれ
艮　うしとら・ごん
芋茎　ずいき
芝生　しばふ
芍薬　しゃくやく
芒　すすき
虫唾　むしず
血餅　けっぺい
行方　ゆくえ・ゆくかた
行火　あんか
行灯　あんどん
行李　こうり
行幸　みゆき
行宮　あんぐう
行脚　あんぎゃ
行縢　むかばき
行衛　ゆくえ
衣紋　えもん
衣被き　きぬかずーき
衣魚　しみ
衣鉢　いはつ・えはつ
西瓜　すいか

七画

乱声　らんじょう
佚楽　いつらく

何方　どなた・どち・いづち・いづら
何時　いつ
伽　とぎ
伽藍　がらん
似而非　えせ・にてひなる
似非　えせ
佇立　ちょりつ
低廉　ていれん
佃煮　つくだに
余殃　よおう
余喘　よぜん
伶人　れいじん
克己　こっき
克明　こくめい
兌換　だかん
禿筆　ちびふで・とくひつ
兎に角　と－に－かく
兎唇　いぐち・みつくち
兵児帯　へこおび
兵站　へいたん
兵糧　ひょうろう
冶金　やきん
初める　そ－める
初冠　ういこうぶり
初陣　ういじん
初孫　ういまご
別墅　べっしょ
利鞘　りざや
利鎌　とかま
助ける　す－ける
労　いたずき
労う　ねぎら－う
含羞　がんしゅう・はにかみ
含羞草　おじぎそう
含嗽　うがい・がんそう
吟味　ぎんみ
吾子　わこ・あこ
吾亦紅　われもこう
吾妹　わぎも
吾妹子　わぎもこ
吾殿　わどの
吾嬬　あずま
告文　こうもん
吹雪　ふぶき
吹聴　ふいちょう
吶吶　とつとつ
呑気　のんき
呑噬　どんぜい
否応　いやおう
吻合　ふんごう
呆気　あっけ
呂律　ろれつ
吝か　やぶさ－か
吝嗇　りんしょく
囲炉裏　いろり
囲繞　いにょう・いじょう
囮　おとり
困憊　こんぱい
図る　はか－る
均らす　な－らす
均斉　きんせい
均霑　きんてん
声色　こわいろ
声明　しょうみょう
売女　ばいた
売僧　まいす
夾侍　きょうじ
妓夫　ぎゅう
妓生　キーサン
妖姫　ようき
完遂　かんすい
寿詞　よごと・じゅし
対句　ついく
対屋　たいのや
対峙　たいじ
対蹠　たいせき・たいしょ
局　つぼね
尾籠　おこ・びろう
岐路　きろ
巫　かんなぎ
巫女　みこ
巫山戯る　ふざけ－る
希有　けう
希覯書　きこうしょ
序品　じょぼん

床几　しょうぎ
庇う　かばーう
庇護　ひご
弄ぶ　もてあそーぶ
形相　ぎょうそう
彷彿　ほうふつ
彷徨　ほうこう
忌む　いーむ
忌引き　きびーき
忌部　いみべ・いんべ
忌詞　いみことば
忌憚　きたん
忌諱　きい・きき
忍冬　にんどう・すいかずら
忍摺　しのぶずり
忸怩　じくじ
抉る　くじーる・こじーる・えぐーる
折伏　しゃくぶく
折板　へぎいた・へぎ
折敷　おしき
抓る　つねーる
投網　とあみ
把手　とって
抜萃　ばっすい
抜擢　ばってき
批准　ひじゅん
扶持　ふち
扼腕　やくわん
改竄　かいざん
更衣　ころもがえ
更迭　こうてつ
更紗　さらさ
肝魂　きもだま
杏　あんず・きょう
束子　たわし
村夫子　そんぷうし
村雨　むらさめ
杜氏　とうじ・とじ
杜松　ねず
杜若　かきつばた
杜漏　ずろう
杜撰　ずさん・ずざん
杜鵑　ほととぎす・とけん
杓　ひしゃく・ひさご
杓子　しゃくし
杓文字　しゃもじ
杙　くい
来迎　らいごう
李　すもも
李下　りか
杣　そま
求法　ぐほう
求肥　ぎゅうひ
決潰　けっかい
沙子　いさご
沙蚕　ごかい
沙魚　はぜ
沙弥　しゃみ
沢瀉　おもだか
沈丁花　じんちょうげ・ちんちょうげ
沛然　はいぜん
没分暁漢　わからずや
没義道　もぎどう
沃土　よくど
沃度　ヨード
牡丹　ぼたん・ぼうたん
牡丹餅　ぼたもち
牡蠣　かき
狆　ちん
男郎花　おとこえし
早莢　さいかち
社稷　しゃしょく
私淑　ししゅく
究竟　くっきょう・くきょう
花卉　かき
花梨　かりん
花崗岩　かこうがん
花筐　はながたみ
花魁　おいらん
花簿　はなすすき
花鬘　はなかずら
芳醇　ほうじゅん
芥子　からし・けし
芴　すさ

見栄　みえ・みばえ
角力　すもう
角逐　かくちく
角髪　みずら
言伝　ことづて
言質　げんち
言霊　ことだま
豆汁　ごじる・あめ
貝独楽　べいごま
赤目魚　めなだ
赤棟蛇　やまかがし
赤熊　しゃぐま
赤銅　しゃくどう
走狗　そうく
足袋　たび
身柱　ちりけ
身繕い　みづくろーい
車前草　おおばこ
辛　かのと
辛夷　こぶし
辛辣　しんらつ
辰砂　しんしゃ
迂遠　うえん
返戻　へんれい
酉　とり
防人　さきもり

八画

乖離　かいり
乳母　うば・おんば・めのと
京師　けいし
依怙贔屓　えこひいき
些細　ささい
供奉　ぐぶ
供物　くもつ
供進　ぐしん
供御　くご・くぎょ
供養　くよう
使嗾　しそう
佩刀　はかせ
侮る　あなどーる
侮辱　ぶじょく
侮蔑　ぶべつ
画餅　がべい
刮目　かつもく
刳る　くーる
刷毛　はけ
刺青　いれずみ
刺草　いらくさ
刹那　せつな
卒塔婆　そとば・そとうば
卓袱　しっぽく
卓袱台　ちゃぶだい
参内　さんだい
参差　しんし
受領　ずりょう
呵責　かしゃく
咎める　とがーめる
舎人　とねり
周章てる　あわーてる
呪詛　じゅそ
呻吟　しんぎん
咀嚼　そしゃく
咄　はなし・とつ
味寝　うまい
味醂　みりん
和む　なごーむ
和毛　にこげ
和布　わかめ
和声　かせい
和物　あえもの
和栲　にぎたえ
和御魂　にぎみたま
和琴　わごん・やまとごと
和幣　にきたえ・にぎて
固陋　ころう
固唾　かたず
国帑　こくど
囹圄　れいご
坩堝　るつぼ
坤　ひつじさる・こん
坤徳　こんとく
坤輿　こんよ
垂　しで
垂水　たるみ

垂乳根　たらちね
垂迹　すいじゃく
垂涎　すいぜん・すいえん
夜半　よわ
奇天烈　きてれつ
奇特　きどく・きとく
奇禍　きか
奈何　いかん
奉納　ほうのう
奔湍　ほんたん
委しい　くわーしい
委曲　つばら
姑娘　クーニャン
姑息　こそく
妻夫　めおと・みょうと
学舎　まなびや
宗匠　そうしょう
定紋　じょうもん
定宿　じょうやど
定斎屋　じょうさいや・じょさいや
屈む　こごーむ・かがーむ
屈託　くったく
岳父　がくふ
岩代　いわしろ
岩魚　いわな
岩漿　がんしょう
帚木　ははきぎ
幸先　さいさき
庚申　こうしん・かのえさる
底方　そこい
底翳　そこひ
店子　たなこ
庖厨　ほうちゅう
延縄　はえなわ
弩　いしゆみ
征矢　そや
彼是　あれこれ
忽然　こつぜん・こつねん
忽焉　こつえん
忠恕　ちゅうじょ
忝い　かたじけなーい
念珠　ねんじゅ・ねんず
忿怒　ふんぬ
忿懣　ふんまん
怏怏　おうおう
怪我　けが
怪訝　けげん
怯懦　きょうだ
性分　しょうぶん
怖気　おじけ・おぞけ
怫然　ふつぜん
所以　ゆえん
所作　しょさ
所為　せい・しょい
所望　しょもう
所縁　ゆかり
所謂　いわゆる
押韻　おういん
拗音　ようおん
拐帯　かいたい
拘泥　こうでい
招聘　しょうへい
招請　しょうせい
拙劣　せつれつ
担桶　たご
抽斗　ひきだし
拈る　ひねーる
拈香　ねんこう
拝眉　はいび
拍板　びんざさら
披瀝　ひれき
抛つ　なげうーつ
拋る　ほうーる
抹殺　まっさつ
拉ぐ　ひしーぐ
拉致　らち・らっち
放す　ほかーす
放れる　たーれる
放生会　ほうじょうえ
放埒　ほうらつ
放恣　ほうし
放縦　ほうしょう・ほうじゅう
放擲　ほうてき
斧鉞　ふえつ
易簀　えきさく
昇汞　しょうこう

昔日　せきじつ
明太　ぬんたい
明晰　めいせき
明礬　みょうばん
股引　ももひき
肯綮　こうけい
股肱　ここう
服膺　ふくよう
枉駕　おうが
果敢ない　はかーない
采女　うねめ
采邑　さいゆう
枝折　しおり
松明　たいまつ
松脂　まつやに
松毬　まつかさ・まつぼっくり
松魚　かつお
松蘿　さるおがせ・しょうら
枢要　すうよう
枕詞　まくらことば
枕頭　ちんとう
東風　こち
東雲　しののめ
枇杷　びわ
林檎　りんご
河岸　かし
河骨　こうほね
河豚　ふぐ
河童　かっぱ
沽券　こけん
沮喪　そそう
注連縄　しめなわ
注疏　ちゅうそ
泥障　あおり
泥濘　ぬかるみ
泥鰌　どじょう
波布　はぶ
法会　ほうえ
法名　ほうみょう
法度　はっと・ほっと
法被　はっぴ
法眼　ほうげん
法螺　ほら

版図　はんと
物怪　もっけ
狐疑　こぎ
狗尾草　えのころぐさ
狛犬　こまいぬ
狒狒　ひひ
玩ぶ　もてあそーぶ
玩弄　がんろう
直会　なおらい
直伝　じきでん
直衣　のうし・なおし
直垂　ひたたれ
直截　ちょくせつ
祈ぎ事　ねーぎーごと
知己　ちき
知悉　ちしつ
空念仏　からねんぶつ
空蟬　うつせみ
突兀　とっこつ
突慳貪　つっけんどん
苦汁　にがり
苦竹　まだけ
苦患　くげん
茎　なかご
若干　そくばく・そこばく・じゃっかん
若布　わかめ
苗代　なわしろ
茄子　なす・なすび
苛斂　かれん
苟且　かりそめ・こうしょ
苧　からむし・お
苧麻　からむし・ちょま・まお
苧環　おだまき
苞・つと
茅花　つばな
茅屋　ぼうおく
茅巻　ちまき
茅蜩　ひぐらし
苜蓿　うまごやし
虎杖　いたどり
虎魚　おこぜ
虎斑　とらふ

表衣　うえのきぬ
軋轢　あつれき
迫間　はざま
金木犀　きんもくせい
金打　きんちょう
金団　きんとん
金糸雀　カナリヤ
金柑　きんかん
金海鼠　きんこ
金雀児　エニシダ
金盞花　きんせんか
金鳳花　きんぽうげ
金輪際　こんりんざい
金鍔　きんつば
長刀　なぎなた
長女　おさめ
長押　なげし
長閑　のどか
門跡　もんぜき
阿修羅　あしゅら
阿堵物　あとぶつ
阿漕　あこぎ
阿諛　あゆ
阿闍梨　あじゃり
阻喪　そそう
隹　ふるとり
青鈍　あおにび

九画

乗冪　じょうべき
信天翁　あほうどり
信夫擢　しのぶずり
信楽焼　しがらきやき
信憑性　しんぴょうせい
俎上　そじょう
俘虜　ふりょ
便殿　びんでん
俚諺　りげん
冠木門　かぶきもん
冠者　かじゃ・かんじゃ
冠冕　かんべん
前栽　せんざい
剃刀　かみそり
勃興　ぼっこう
匍匐　ほふく
南瓜　かぼちゃ
南風　はえ
卑賤　ひせん
哀惜　あいせき
哀悼　あいとう
咳　しわぶき・せき
哄笑　こうしょう
咫尺　しせき
垢離　こり
変貌　へんぼう
契丹　きったん・キタイ
姻戚　いんせき
姦佞　かんねい
客人　まろうど
室咲き　むろざーき
宥める　なだーめる
封戸　ふこ・ふこ
封緘　ふうかん
単衣　ひとえ
単寧　タンニン
巻子　へそ
巻繊　けんちん
巷間　こうかん
幽邃　ゆうすい
建水　けんすい・こぼし
建立　こんりゅう
後方　しりえ
後毛　おくれげ
後込み　しりごーみ
後退り　あとじさーり・あとずさーり
後妻　うわなり
後凋　こうちょう
後朝　きぬぎぬ
待惚け　まちぼーけ・まちぼうーけ
律儀　りちぎ
怨嗟　えんさ
怨霊　おんりょう
急度　きっと
急須　きゅうす

思惟　しい・しゆい
怒濤　どとう
恪勤　かくごん・かくご・かくきん
恰好　かっこう
恰度　ちょうど
恰幅　かっぷく
恤兵　じゅっぺい
恬淡　てんたん
恬澹　てんたん
恫喝　どうかつ
扁舟　へんしゅう
拱手　きょうしゅ
拷問　ごうもん
指物　さしもの
指値　さしね
指貫　さしぬき
指嗾　しそう
政所　まんどころ
施行　しこう
施策　しさく
施薬　せやく
昵懇　じっこん
春宮　とうぐう
星菫派　せいきんは
星霜　せいそう
昼餉　ひるげ
冒瀆　ぼうとく
胡瓜　きゅうり
胡乱　うろん
胡坐　こざ・あぐら
胡狄　こてき
胡桃　くるみ
胡粉　ごふん
胡麻　ごま
胡椒　こしょう
胡蝶花　しゃが
胡頽子　ぐみ
胡獱　とど
胡簶　やなぐい
背向　そがい
背負う　しょーう・せおーう
背面　そとも
胚胎　はいたい
胚嚢　はいのう
胞衣　えな
栄螺　さざえ
枷　かせ
柑子　こうじ
枳殼　からたち・きこく
枸杞　くこ
枯露柿　ころがき
柵　しがらみ・さく
柞蚕　さくさん
柿落とし　こけらおーとし
柘植　つげ
柘榴　ざくろ
柊　ひいらぎ
柔和　にゅうわ
枹　ばち
柄杓　ひしゃく・ひさく
柚子　ゆず
柳川　やながわ
柾目　まさめ
歪　いびつ
歪曲　わいきょく
毘沙門天　びしゃもんてん
毘盧遮那仏　びるしゃなぶつ
洟　はな
海　わた
海人　あま
海人草　まくり
海女　あま
海月　くらげ
海布　め
海老　えび
海松　みる
海参　いりこ
海苔　のり
海星　ひとで
海胆　うに
海神　わたつみ
海豹　あざらし
海豚　いるか
海象　せいうち
海路　うなじ
海髪　うご・おご・おごのり

海鼠　なまこ
海鼠腸　このわた
海嘯　つなみ
海鞘　ほや
海螺　つび
海獺　らっこ
海蘊　もずく
海驢　あしか
洒脱　しゃだつ
洒落　しゃれ
浄玻璃　じょうはり
浅茅　あさじ
浅黄　あさぎ
浅葱　あさぎ・あさつき
浅傷　あさで
洗滌　せんでき
洋妾　ラシャめん
洋灯　ランプ
炬燵　こたつ
炯眼　けいがん
炭団　たどん
炭櫃　すびつ
炮烙　ほうらく・ほうろく
為体　ていたらく
為替　かわせ
点てる　たーてる
点火　とぼし
点前　たてまえ・てまえ
点綴　てんてつ・てんてい
狢　むじな
狭間　はざま・さま
狭隘　きょうあい
狡知　こうち
狡猾　こうかつ
狡獪　こうかい
狩衣　かりぎぬ
狩座　かりくら
独活　うど
独楽　こま
独鈷　とっこ・とこ・どっこ
独擅場　どくせんじょう
珊瑚　さんご
玳瑁　たいまい
玻璃　はり
玲瓏　れいろう
甚麼　いんも
疫病神　やくびょうがみ
疥　はたけ
疥癬　かいせん
疣　いぼ
癸　みずのと・き
発心　ほっしん
発作　ほっさ
発足　ほっそく
発条　ばね
発疹　はっしん
発起　ほっき
発端　ほったん
皇子　みこ
皇女　みこ
皇祚　こうそ
皇儲　こうちょ
看取り　みとーり
看経　かんきん
相好　そうごう
相伴　しょうばん
相剋　そうこく
相殺　そうさい
相聞　そうもん
相撲　すもう・すまい
眉尖刀　なぎなた・びせんとう
眉間　みけん
矜持　きょうじ
砂蚕　ごかい
砂嘴　さし
祝ぐ　ほーぐ
祝詞　のりと
祝歌　ほぎうた
祝儀　しゅうぎ
神子　みこ
神神しい　こうごうーしい
神酒　みき
神楽　かぐら
神嘗祭　かんなめさい
神輿　みこし
神籬　ひもろぎ

科　とが
科白　せりふ
秋刀魚　さんま
秋海棠　しゅうかいどう
秋蚕　あきご
窃盗　せっとう
穿く　はーく
穿つ　うがーつ
穿鑿　せんさく
竿秤　さおばかり
糾合　きゅうごう
糾明　きゅうめい
糾弾　きゅうだん
紅型　びんがた
紅葉　もみじ
紅蓮　ぐれん
約款　やっかん
美人局　つつもたせ
荒布　あらめ
荒磯　ありそ
草鞋　わらじ・わらんじ
茶巾　ちゃきん
茶袱紗　ちゃぶくさ
茶筅　ちゃせん
茶飯事　さはんじ
茵　しとね
荊棘　ばら・いばら・けいきょく
茱萸　ぐみ
荏苒　じんぜん
茗荷　みょうが
茘枝　れいし
衵　あこめ
要諦　ようたい・ようてい
要黐　かなめもち
臥所　ふしど
赴任　ふにん
軍鶏　しゃも
逆旅　げきりょ
逆艣　さかろ
逆鱗　げきりん
退る　しさーる・しざーる
退嬰　たいえい
追而書　おってがき
追風　おいて
追剝　おいはぎ
追従　ついしょう・ついじゅう
追悼　ついとう
郁子　むべ
郎子　いらつこ
郎女　いらつめ
重石　おもし
閂　かんぬき
陋屋　ろうおく
陋巷　ろうこう
陋習　ろうしゅう
面子　メンツ
面目　めんぼく・めんもく
面体　めんてい
面妖　めんよう・めいよう
面映ゆい　おもはーゆい
面皰　にきび
面繫　おもがい
韋駄天　いだてん
風　ふり
風信子　ヒヤシンス
風除　かざよけ
風情　ふぜい
風袋　ふうたい
風態　ふうてい・ふうたい
風薬　かざぐすり
飛白　かすり
飛翔　ひしょう
飛沫　しぶき
飛蝗　ばった
飛礫　つぶて
首座　しゅそ
首途　かどで
香具師　やし
香華　こうげ
香魚　あゆ
香奠　こうでん

十画

倶楽部　クラブ
倦怠　けんたい

倦厭　けんえん
借問　しゃもん
倉廩　そうりん
俯瞰　ふかん
倣う　なら－う
倭文　しず
冤罪　えんざい
冥加　みょうが
冥利　みょうり
准后　じゅごう
凋む　しぼ－む
凍む　し－む
凌霄花　のうぜんかずら
凌駕　りょうが
剣呑　けんのん
剔抉　てっけつ
哮る　たけ－る
唐土　もろこし
唐茄子　とうなす
唐黍　もろこし・とうきび
唐箕　とうみ
唐櫃　からびつ
埋木　うもれぎ
夏安居　げあんご
夏越　なごし
娑婆　しゃば
娉う　つまど－う
家苞　いえづと
家鴨　あひる
宸翰　しんかん
宸襟　しんきん
容喙　ようかい
射干　ひおうぎ・しゃが
射干玉の　ぬばたま－の
将監　しょうげん
峻険　しゅんけん
島嶼　とうしょ
帰依　きえ
帯刀　たてわき・たちはき
庫裏　くり
庭訓　ていきん
弱竹　なよたけ
修法　ずほう
修験　しゅげん
従容　しょうよう
徒士　かち
徒事　ただごと
徒然　つれづれ
徒跣　かちはだし
恩愛　おんない
恩頼　みたまのふゆ
恵方　えほう
恵比須　えびす
恣　ほしいまま
恣意　しい
恁麼　いんも
恥辱　ちじょく
悚然　しょうぜん
悄気る　しょげ－る
悄然　しょうぜん
悖徳　はいとく
悋気　りんき
挙句　あげく
拿捕　だほ
挺子　てこ
挿頭　かざし
捏造　ねつぞう・でつぞう
捌く　さば－く
挽回　ばんかい
挽茶　ひきちゃ
挽歌　ばんか
料簡　りょうけん
旅籠　はたご
晏如　あんじょ
時化　しけ
時雨　しぐれ
時宜　じぎ
時鳥　ほととぎす
時艱　じかん
書肆　しょし
書牘　しょとく
脇侍　きょうじ・わきじ
朔日　ついたち・さくじつ
脆弱　ぜいじゃく
能書　のうがき
案山子　かかし

格子　こうし
格好　かっこう
核　さね
栞　しおり
桔梗　ききょう
桀紂　けっちゅう
校合　きょうごう
校倉　あぜくら
栲　たえ
桟敷　さじき
桎梏　しっこく
栴檀　せんだん
栓塞　せんそく
梅桃　ゆすらうめ
栗鼠　りす
残滓　ざんし
殺生　せっしょう
殺陣　たて
殺戮　さつりく
浚渫　しゅんせつ
涅槃　ねはん
浜木綿　はまゆう
浮子　うき
浮腫む　むく－む
浮塵子　うんか
浦曲　うらわ・うらみ
浴衣　ゆかた
流人　るにん
流布　るふ
流石　さすが
流行る　はや－る
流暢　りゅうちょう
流鏑馬　やぶさめ
流離う　さすら－う
烟草　たばこ
烙印　らくいん
烏有　うゆう
烏帽子　えぼし
烏賊　いか
烏滸　おこ
烏竜茶　ウーロンちゃ
烏鷺　うろ
特牛　こってい・ことい
狷介　けんかい
狼狽　ろうばい
狼煙　のろし
狼藉　ろうぜき
珪化木　けいかぼく
珪砂　けいしゃ
珪藻　けいそう
痀瘻　せむし・くる
疾風　はやて
疾病　しっぺい
病葉　わくらば
疱瘡　ほうそう
益体　やくたい
益荒男　ますらお
眩む　くら－む
眩暈　めまい・げんうん
真田紐　さなだひも
真字　まな
真如　しんにょ
真秀　まほ
真砂　まさご
真紅　しんく
真面目　まじめ
真魚鰹　まながつお
真葛　さねかずら
真摯　しんし
真澄鏡　ますかがみ・まそみかがみ
真鍮　しんちゅう
真鶴　まなづる
矩尺　かねじゃく・かねざし
砥粉　とのこ
砧　きぬた
破子　わりご
破落戸　ごろつき・ならずもの
破目　はめ
破風　はふ
破綻　はたん
破籠　わりご
祠　ほこら
祗候　しこう
祓う　はら－う
秦皮　とねりこ
秣　まぐさ

窄む　つぼーむ・すぼーむ
窈窕　ようちょう
笋　たけのこ
笑顔　えがお
笊　ざる
粃　しいな
紗綾　さや
索麪　そうめん
紙魚　しみ
紙鳶　いか・いかのぼり
紙縒り　こよーり
紙燭　しそく
素人　しろうと
素生　すじょう
素地　きじ
素見　ひやかし
素面　しらふ
素魚　しろうお
素襖　すおう
素謦　そけい
素麵　そうめん
紐帯　じゅうたい・ちゅうたい
納戸　なんど
納所　なっしょ
納屋　なや
紛う　まがーう
紛糾　ふんきゅう
紛擾　ふんじょう
紊乱　ぶんらん・びんらん
紡錘　つむ
翁　おきな
耆宿　きしゅく
耄碌　もうろく
耕耘　こううん
耽る　ふけーる
耽溺　たんでき
耽読　たんどく
般若　はんにゃ
荷前　のざき
華奢　きゃしゃ
芻蕘　すうじょう
莟　つぼみ
莞爾　かんじ
荼毘　だび
莫大小　メリヤス
莫迦　ばか
蚕豆　そらまめ
蚕飼　こがい
蚩尾　しび
蚋　ぶよ・ぶゆ・ぶと
蚊帳　かや
衾　ふすま
被る　こうむーる
被衣　かつぎ・かずき
袍　うえのきぬ・ほう
訓詁　くんこ
豺狼　さいろう
起居　たちい
起請　きしょう
軒輊　けんち
辱い　かたじけなーい
造作　ぞうさ
造詣　ぞうけい
速歩　はやあし
逐次　ちくじ
逐鹿　ちくろく
通草　あけび
通暁　つうぎょう
途端　とたん
透垣　すいがい
透綾　すきや
連枷　からざお
連袂　れんべい
連翹　れんぎょう
連繫　れんけい
郢曲　えいきょく
酒槽　さかぶね
陥穽　かんせい
針孔　みぞ・めど
降誕　こうたん
除目　じもく
隼人　はやと
馬刀貝　まてがい
馬匹　ばひつ
馬陸　やすで
馬酔木　あしび・あせび

馬喰　ばくろう
馬歯莧　すべりひゆ
馬銜　はみ・くつわ・くつばみ
馬鍬　まんが・まぐわ
骨牌　カルタ
骨董　こっとう
高天原　たかまがはら
高庇　こうひ
高御座　たかみくら
高粱　こうりゃん
高邁　こうまい
高嶺　たかね
高麗鼠　こまねずみ
竜頭　りゅうず

十一画

乾　いぬい
乾海鼠　ほしこ
乾飯　かれいい・ほしいい
乾瘡　はたけ
乾瓢　かんぴょう
健気　けなげ
側妻　そばめ
偸安　とうあん
偸盗　ちゅうとう
偏衫　へんさん
兜巾　ときん
剪定　せんてい
匏　ひさご
啀む　いがーむ
啓蒙　けいもう
唾棄　だき
啄む　ついばーむ
啄木鳥　きつつき・けら
基督　キリスト
埴生　はにゅう
埠頭　ふとう
婉曲　えんきょく
寄生木　やどりぎ
寄居虫　やどかり
寂寞　じゃくまく・せきばく
寂寥　せきりょう
宿世　すくせ
宿酔　ふつかよい
宿曜　すくよう
帷　とばり
帷子　かたびら
帷幄　いあく
常世　とこよ
常春　とこはる
常套　じょうとう
常滑　とこなめ
帳　とばり
庶幾くは　こいねがわーくは
強靭　きょうじん
強飯　こわめし
強請　ゆすり・ごうせい
彩絵　だみえ
御手洗　みたらし
御目見　おめみえ
御衣　みぞ・おんぞ・みけし
御伽　おとぎ
御佩刀　みはかし
御法　みのり
御首　みぐし・みしるし
御食　みけ
御修法　みしほ・みずほう
御酒　みき
御斎　おとき
御稜威　みいつ
御髪　おぐし・みぐし
御霊　みたま
御襁褓　おむつ
御簾　みす
御饌　みけ
徘徊　はいかい
悪阻　つわり
悪食　あくじき
悪寒　おかん
悪業　あくごう
悪辣　あくらつ
悪戯　いたずら
悉畳　しったん
悠揚　ゆうよう
惟神　かんながら・かむながら

惚気　のろけ
情誼　じょうぎ
扈従　こしょう・こじゅう
掩蔽　えんぺい
掛詞　かけことば
掘鑿　くっさく
控除　こうじょ
捷径　しょうけい
推敲　すいこう
接骨木　にわとこ
探湯　くかたち
掉尾　とうび・ちょうび
掏摸　すり
捺印　なついん
捺染　なっせん
捻子　ねじ
掠る　かすーる
捩子　ねじ
救世　くせ・ぐせ・きゅうせい
救恤　きゅうじゅつ
教唆　きょうさ
斜子　ななこ
斜交　はすかい
旋毛　つむじ
旋頭歌　せどうか
族　やから
晦冥　かいめい
晦渋　かいじゅう
晨鶏　しんけい
曹達　ソーダ
曼珠沙華　まんじゅしゃげ
脚立　きゃたつ
脚気　かっけ
脚絆　きゃはん
脚榻　きゃたつ
脛巾　はばき
脱兎　だっと
脱漏　だつろう
望月　もちづき
梟首　きょうしゅ
梟雄　きょうゆう
梧桐　あおぎり
梭魚　かます
梔子　くちなし
梯子　はしご
梃子　てこ
梵唄　ぼんばい
梵論師　ぼろんじ
梨園　りえん
毬藻　まりも
渇仰　かつごう・かつぎょう
涵養　かんよう
混沌　こんとん
混淆　こんこう
済度　さいど
淑景舎　しげいしゃ
深閑　しんかん
お清汁　おーすまし
清白　すずしろ
清掻　すががき
清澄　せいちょう
清穆　せいぼく
淡竹　はちく
淘汰　とうた
淋巴腺　リンパせん
淋漓　りんり
烱眼　けいがん
烽火　のろし
牽牛　けんぎゅう
猊下　げいか
猜疑　さいぎ
猖獗　しょうけつ
猪口才　ちょこざい
猪牙　ちょき
猛者　もさ
猟虎　らっこ
猟矢　さつや
率先　そっせん
現つ神　あきーつーかみ
現世　うつしよ
現身　うつせみ・うつしみ
理　ことわり
琅玕　ろうかん
瓠　ふくべ・ひさご
甜菜　てんさい
産土　うぶすな

産毛　うぶげ
産声　うぶごえ
産湯　うぶゆ
産霊　むすび
畢生　ひっせい
畢竟　ひっきょう
皐月　さつき
盗汗　ねあせ
眼間　まなかい
眷族　けんぞく
眥　まなじり
祭粢料　さいしりょう
移徙　わたまし
章魚　たこ
笞杖　ちじょう
粗目　ざらめ
粗朶　そだ
粘稠　ねんちゅう
経文　きょうもん
経綸　けいりん
紺青　こんじょう
紺屋　こうや
紺碧　こんぺき
細波　さざなみ
細流　せせらぎ
細雪　ささめゆき
細魚　さより
細螺　きさご・きしゃご
紮げる　からーげる
終焉　しゅうえん
紬　つむぎ
絆纏　はんてん
羞恥　しゅうち
羞悪　しゅうお
翌檜　あすなろ
聊爾　りょうじ
舷　ふなばた
舳　みよし
舳先　へさき
船枻　ふなだな
菫　すみれ
菰　こも
萌す　きざーす
萌黄　もえぎ
虚仮　こけ
虚貝　うつせがい
虚空　こくう
虚無僧　こむそう
蚯蚓　みみず
蛇蝎　だかつ
衒う　てらーう
袞竜　こんりょう・こんりゅう
袱紗　ふくさ
規那　キナ
許嫁　いいなずけ
訥弁　とつべん
貪婪　どんらん・たんらん
貪欲　どんよく
販ぐ　ひさーぐ
貶す　けなーす
趺坐　あぐら・ふざ
転嫁　てんか
転寝　うたたね
軟膏　なんこう
這入る　はいーる
這般　しゃはん
逡巡　しゅんじゅん
逗留　とうりゅう
逢瀬　おうせ
逸物　いちもつ・いつぶつ
進捗　しんちょく
郭　くるわ
都都逸　どどいつ
野分　のわき・のわけ
野木瓜　あけび
野老　ところ
野点　のだて
野面　のもせ
野晒　のざらし
野蚕　くわご
釣瓶　つるべ
釣魚　ちょうぎょ
陰陽師　おんみょうじ
陳者　のぶれば
陶冶　とうや
陸稲　おかぼ

雀斑　そばかす
雪ぐ　すすーぐ・そそーぐ
雪洞　ぼんぼり
雪消　ゆきげ
雪辱　せつじょく
雪冤　せつえん
雪隠　せっちん
雪踏　せった・せきだ
魚籃　びく
魚籠　びく
鳥羽絵　とばえ
鳥瞰　ちょうかん
鳥黐　とろもち
鹵簿　ろぼ
鹿子　かのこ
鹿毛　かげ
鹿砦　ろくさい
麻疹　はしか
麻笥　おけ
黄心樹　おがたまのき
黄昏　たそがれ
黄泉　よみ
黄麻　つなそ
黄楊　つげ
黄蜀葵　とろろあおい
黄蘗　きわだ・きはだ
黄櫨　はじ・はぜ
黒子　ほくろ
黒酒　くろき
黒檀　こくたん
斎忌　ゆき
斎場　ゆにわ

十二画

傀儡　かいらい・くぐつ
傅育　ふいく
傍輩　ほうばい
割烹　かっぽう
割愛　かつあい
勤行　ごんぎょう
博奕　ばくち
厨　くりや・ちゅう
厨子　ずし
厨房　ちゅうぼう
喟然　きぜん
喬木　きょうぼく
喧伝　けんでん
喧騒　けんそう
喞筒　ポンプ
善知鳥　うとう
喘ぐ　あえーぐ
喇叭　ラッパ
堰堤　えんてい
堪能　たんのう・かんのう
堅磐　かきわ
報奨　ほうしょう
塔頭　たっちゅう
壺中　こちゅう
奢侈　しゃし
奠都　てんと
寔に　まことーに
富饒　ふうじょう・ふじょう
就中　なかんずく
属目　しょくもく
屠る　ほふーる
屠殺　とさつ
屠蘇　とそ
嵌入　かんにゅう
幇助　ほうじょ
幾許　いくばく
廂間　ひあわい
弑逆　しぎゃく・しいぎゃく
弾劾　だんがい
復辟　ふくへき
惑溺　わくでき
惹起　じゃっき
愕然　がくぜん
掌握　しょうあく
掣肘　せいちゅう
揮毫　きごう
揣摩　しま
提子　ひさげ
提灯　ちょうちん
揶揄　やゆ
揚繰網　あぐりあみ

揺籃　ようらん
敢然　かんぜん
敬虔　けいけん
散華　さんげ
散楽　さるがく
敝衣　へいい
斑猫　はんみょう
琺瑯　ほうろう
斯界　しかい
斯道　しどう
最期　さいご
曾祖父　ひいじじ・ひじじ・そうそふ
曾祖母　ひいばば・ひばば・そうそぼ
曾遊　そうゆう
晩生　おくて
晩稲　おくて・おしね
普請　ふしん
普賢　ふげん
腊葉　さくよう
朝餉　あさげ
朝靄　あさもや
極付　きわめつき
極書　きわめがき
検見　けみ
桟敷　さじき
森閑　しんかん
棗　なつめ
棕櫚　しゅろ
棚機　たなばた
棒手振　ぼてふり
椋鳥　むくどり
欺瞞　ぎまん
湮滅　いんめつ
温石　おんじゃく
温気　うんき
温突　オンドル
渾名　あだな
渾身　こんしん
湿気る　しけーる
渡座　わたまし
湯女　ゆな
湯湯婆　ゆたんぽ
湯熨　ゆのし
渺茫　びょうぼう
満天星　どうだんつつじ
満俺　マンガン
満腔　まんこう
焜炉　こんろ
焙炉　ほいろ
焙烙　ほうろく
煮沸　しゃふつ・しょふつ
焦眉　しょうび
無花果　いちじく・いちじゅく
無言　しじま
無垢　むく
無患子　むくろじ
無聊　ぶりょう
無碍　むげ
無辜　むこ
無漏　むろ
犇めく　ひしーめく
猩猩　しょうじょう
猥褻　わいせつ
琴柱　ことじ
琴瑟　きんしつ
琥珀　こはく
琢磨　たくま
畳紙　たとうがみ
番い　つがーい
痛痒　つうよう
痘痕　あばた
登攀　とうはん
短尺　たんざく
稀覯　きこう
稀覯書　きこうしょ
窘める　たしなーめる
筐　かたみ・はこ
筋斗　とんぼ・もんどり
笄　こうがい
等閑　とうかん・なおざり
筆誅　ひっちゅう
結納　ゆいのう
結紮　けっさつ
結縄　けつじょう

絢爛　けんらん
紫丁香花　むらさきはしどい
紫苑　しおん
紫陽花　あじさい
紫雲英　れんげそう・れんげ
絨毯　じゅうたん
絮説　じょせつ
絡繹　らくえき
翕然　きゅうぜん
翔破　しょうは
落丁　らくちょう
落人　おちゅうど・おちうど
落葉松　からまつ
落款　らっかん
落魄れる　おちぶーれる
落籍す　ひかーす
葭葦　よしず
葛藤　かっとう
葛籠　つづら
葷酒　くんしゅ
萱草　かんぞう
葡萄　ぶどう
葯　やく
葦芽　あしかび
葦簾　よしず
萵苣　ちしゃ・ちさ
蛞蝓　なめくじ
蛟竜　こうりょう・こうりゅう
衆生　しゅじょう
裂地　きれじ
補陀落　ふだらく
補塡　ほてん
補綴　ほてつ・ほてい
証憑　しょうひょう
貼付　てんぷ
跋扈　ばっこ
跋渉　ばっしょう
軽衫　カルサン
達引　たてひき
達磨　だるま
遍羅　べら
遊山　ゆさん
遊弋　ゆうよく
遊行　ゆぎょう
遊惰　ゆうだ
遊説　ゆうぜい
酣　たけなわ
酢和　すあえ
酢漿　かたばみ
釉薬　うわぐすり
開眼　かいげん
間歇　かんけつ
開闢　かいびゃく
閏年　うるうどし
随神　かんながら
陽炎　かげろう・かげろい
雁来紅　はげいとう
雁擬　がんもどき
集注　しっちゅう
雄叫び　おたけーび
雄渾　ゆうこん
雲丹　うに
雲母　きらら
雲脂　ふけ
雲雀　ひばり
靫負　ゆげひ
須臾　しゅゆ・すゆ
須要　しゅよう・すよう
颪　おろし
歯朶　しだ

十三画

傴僂　せむし
傾城　けいせい
傲然　ごうぜん
催馬楽　さいばら
剽窃　ひょうせつ
剿滅　そうめつ
剽悍　ひょうかん
剽軽　ひょうきん
勧請　かんじょう
勢子　せこ
嗚咽　おえつ
嗜む　たしなーむ
嗜好　しこう

皺い　しわーい
園生　そのう
塩梅　あんばい
塞の神　さえーのーかみ
塒　とぐろ・ねぐら・とや
塑像　そぞう
塡める　はーめる
塗炭　とたん
塗師　ぬし
媼　おうな
嫁う　あーう
媾曳　あいびき
嫋やか　たおーやか
寛に　ゆたーに・ゆたかーに
廉　かど
微恙　びよう
微温湯　ぬるまゆ
微塵　みじん
愛弟子　まなでし
愛玩　あいがん
意匠　いしょう
感泣　かんきゅう
感佩　かんぱい
愚弄　ぐろう
慈姑　くわい
慊焉　けんえん
戦ぐ　そよーぐ
搾滓　しめかす
搦手　からめて
搔爬　そうは
損耗　そんもう
搗く　つーく
搗栗　かちぐり
数多　あまた
数奇　すき・さっき
数珠　じゅず・すず
斟酌　しんしゃく
新発意　しんぼち
新開　あらき
新嘗祭　にいなめさい
新墾　あらき・にひばり
暈　かさ・ぼかーす
暖簾　のれん
腫瘍　しゅよう
楽車　だんじり
業火　ごうか
業物　わざもの
楚囚　そしゅう
楊枝　ようじ
楊柳　かわやなぎ
楊梅　やまもも
毀傷　きしょう
溢水　いっすい
滑莧　すべりひゆ
漢才　からざえ
漢意　からごころ
滉瀁　こうえん
溷濁　こんだく
滂沱　ぼうだ
煙管　キセル
煩い　うるさーい
煩悩　ぼんのう
煩悶　はんもん
煩瑣　はんさ
猿麻枠　さるおがせ
獅子吼　ししく
瑕疵　かし
瑕瑾　かきん
痼り　しこーり
痴　おこ
痴れる　しーれる
痴言　しれごと
雎鳩　みさご
睫毛　まつげ
睡蓮　すいれん
睥睨　へいげい
睦月　むつき
矮鶏　ちゃぼ
碍子　がいし
硼酸　ほうさん
禍禍しい　まがまがーしい
稠密　ちゅうみつ
稟性　ひんせい
稟議　りんぎ
筵　むしろ・えん
筥迫　はこせこ

筥狭子　はこせこ
筧　かけひ
節会　せちえ
節供　せちく・せっく
絛虫　さなだむし
続飯　そくい
罨法　あんぽう
罪業　ざいごう
義捐　ぎえん
群青　ぐんじょう
羨望　せんぼう
羨道　えんどう
聖衆　しょうじゅ
聘する　へい－する
舅姑　きゅうこ
艀　はしけ
蒸籠　せいろう・せいろ
蒟蒻　こんにゃく
蒿雀　あおじ
蒐集　しゅうしゅう
蓐瘡　じょくそう
蓆　むしろ
蒼穹　そうきゅう
蒼氓　そうぼう
蒲公英　たんぽぽ
蒲柳　ほりゅう
蒲葵　びろう・びりょう
蒲鉾　かまぼこ
蒙昧　もうまい
蒙塵　もうじん
蜈蚣　むかで
蜀黍　もろこし
蜀魂　ほととぎす
蜑　あま
蜉蝣　かげろう
蛹　さなぎ
裏漉　うらごし
裲襠　うちかけ
詮衡　せんこう
誅戮　ちゅうりく
豊饒　ほうじょう
貉　むじな
賄う　まかな－う
賄賂　わいろ
跪座　きざ
跫音　きょうおん
跨線橋　こせんきょう
践祚　せんそ
辟易　へきえき
遠流　おんる
遁走　とんそう
遁辞　とんじ
逼迫　ひっぱく
鉱滓　こうし
鉄砧　かなとこ
鉄傘　てっさん
鉄漿　おはぐろ・かね
鉋　かんな
閘門　こうもん
隘路　あいろ
雉子　きじ・きぎす
雹　ひょう
零余子　むかご・めかご
頑癬　たむし・がんせん
頌歌　しょうか
馴染　なじみ
髢　かもじ
鳩尾　みずおち・みぞおち
鳩首　きゅうしゅ
鼓吹　こすい

十四画

僥倖　ぎょうこう
僭越　せんえつ
僕　やつがれ・しもべ
厭世　えんせい
嘖嘖　さくさく
嗽　うがい・くちすす－ぐ
塹壕　ざんごう
塵埃　じんあい
墨堤　ぼくてい
嫗　おうな
嫣然　えんぜん
嫦娥　じょうが
嫡男　ちゃくなん

寡欲　かよく
屢述　るじゅつ
廓　くるわ
慇懃　いんぎん
慚愧　ざんき
慟哭　どうこく
截然　せつぜん
斡旋　あっせん
旗幟　きし
暢気　のんき
暢達　ちょうたつ
膃肭臍　おっとせい
膏肓　こうこう
槓杆　こうかん
寨　とりで
漁火　いさりび
漆喰　しっくい
漸進　ぜんしん
漱ぐ　くちすすーぐ・すすーぐ
漫　そぞろ・すずろ
漏斗　じょうご
漏泄　ろうせつ・ろうえい
漏洩　ろうせつ・ろうえい
犒う　ねぎらーう
獄　ひとや・ごく
瑣事　さじ
瑣細　ささい
瑪瑙　めのう
瑠璃　るり
瘧　わらわやみ・おこり・えやみ
瘋癲　ふうてん
皹る　かがーる
碩儒　せきじゅ
碧潭　へきたん
禊　みそぎ
稲架　はさ
稲置　いなき
稲熱病　いもちびょう
端唄　はうた
端境期　はざかいき
箝口　かんこう
箋註　せんちゅう
箙　えびら
精緻　せいち
綺語　きご・きぎょ
綺羅　きら
緇衣　しい・しえ
綽名　あだな
綽綽　しゃくしゃく
緒言　しょげん
緒論　しょろん
総角　あげまき
綴代　とじしろ
綴字　てつじ
綾羅　りょうら
緑青　ろくしょう
綸子　りんず
綸旨　りんし
綟　もじり
綰ねる　わがーねる・たがーねる
翠眉　すいび
翠黛　すいたい
翠巒　すいらん
翡翠　かわせみ
聚落　しゅうらく
聞道　きくならく
肇国　ちょうこく
蔑　ないがしろ
蓬　よもぎ
蓬萊　ほうらい
蔓延　まんえん
蜿蜒　えんえん
蜾蠃　すがる
蜻蛉　とんぼ
蜥蜴　とかげ
蜘蛛　くも・ささがに
蜩　ひぐらし
裳層　もこし
裳瘡　もがさ
褐色　かちいろ・かっしょく
誑かす　たぶらーかす
語彙　ごい
誤謬　ごびゅう
誦経　ずきょう・じゅきょう
読誦　どくじゅ
誣いる　しーいる

誣言　しいごと・ふげん・ぶげん
豪物　えらぶつ
豪奢　ごうしゃ
賑やか　にぎーやか
跼まる　せぐくーまる・くぐーまる
跼蹐　きょくせき
輓近　ばんきん
輔弼　ほひつ
辣腕　らつわん
辣韮　らっきょう
遮る　さえぎーる
遮蔽　しゃへい
遡及　そきゅう
酷い　むごーい
酷模　すいば・すかんぽ
酸漿　ほうずき
銜える　くわーえる
銀杏　いちょう・ぎんなん
銓衡　せんこう
銛　もり
銅鑼　どら
鉾　ほこ
銚釐　ちろり
閨　ねや・けい
閨秀　けいしゅう
隠亡　おんぼう
障泥　あおり
障碍　しょうがい
障礙　しょうげ・しょうがい
雑木　ぞうき
雑兵　ぞうひょう
雑炊　ぞうすい
雑魚　ざこ・じゃこ
雑駁　ざっぱく
雑纂　ざっさん
静謐　せいひつ
頗る　すこぶーる
領く　うしはーく
領巾　ひれ
領袖　りょうしゅう
颯爽　さっそう
駅馬　はゆま
駅路　はゆまじ
駁する　ばくーする
骰子　さい・さいころ
髣髴　ほうふつ
魁　さきがけ
鳶尾　いちはつ
鳳梨　パイナップル
鳳凰　ほうおう
鳳輦　ほうれん
鳳闕　ほうけつ

十五画

億劫　おっくう
僻目　ひがめ
僻地　へきち
僻陬　へきすう
劈く　つんざーく
劈頭　へきとう
噎ぶ　むせーぶ
嘶える　いばーえる
嘲弄　ちょうろう
嘲笑う　あざわらーう
審か　つまびらーか
弊衣　へいい
慧眼　けいがん
慫慂　しょうよう
慳貪　けんどん
憔悴　しょうすい
憧憬　しょうけい・どうけい
憫笑　びんしょう
憫察　びんさつ
憤怒　ふんぬ
憐憫　れんびん
戯言　ざれごと・たわごと
戯歌　ざれうた
撒水　さっすい
撞木　しゅもく
播種　はしゅ
撓う　しなーう
撓む　たわーむ
撚糸　ねんし
撥条　ばね
撫子　なでしこ

撩乱　りょうらん
敷衍　ふえん
敵愾　てきがい
敵娼　あいかた
暫時　ざんじ
膠化　こうか
膠着　こうちゃく
横溢　おういつ
権化　ごんげ
権柄　けんぺい
標榜　ひょうぼう
潰走　かいそう
潰瘍　かいよう
潟湖　せきこ
澎湃　ほうはい
熨斗　のし
熬る　いーる
熟寝　うまい
犛牛　ヤク
皚皚　がいがい
皺　しぼ・しわ
盤陀　はんだ
瞋恚　しんに・しんい
磔刑　たくけい・たっけい・はりつけ
碾臼　ひきうす
碾茶　ひきちゃ
磐石　ばんじゃく
磊落　らいらく
稼穡　かしょく
稽首　けいしゅ
箴言　しんげん
範疇　はんちゅう
糊口　ここう
糊塗　こと
緘口　かんこう
緞子　どんす
編木　びんざさら
罵詈　ばり
罷る　まかーる
翫ぶ　もてあそーぶ
翩翻　へんぽん
蔵人　くろうど・くらうど・くらんど
蕎麦　そば
蕁麻　いらくさ
蕁麻疹　じんましん
蕪菁　かぶら
蝦夷　えぞ・えみし
蝦蟇　がま
蝌蚪　おたまじゃくし・かと
蝸牛　かたつむり
虱　しらみ
蝶番　ちょうつがい
蝙蝠　こうもり・かわほり
衝立　ついたて
褒貶　ほうへん
褒賞　ほうしょう
褥　しとね・じょく
褫奪　ちだつ
諸肌　もろはだ
諾う　うべなーう・うずなーう
諂う　へつらーう
誹謗　ひぼう
諒恕　りょうじょ
諒解　りょうかい
諒闇　りょうあん
論う　あげつらーう
賜物　たまもの
質す　ただーす
質種　しちぐさ
賞でる　めーでる
踠く　もがーく
踝　くるぶし
輪廻　りんね
輦台　れんだい
遺憾　いかん
遵守　じゅんしゅ
鄭重　ていちょう
醇乎　じゅんこ
鋳物　いもの
閲する　けみーする
鞏膜　きょうまく
鞐　こはぜ
餌食　えじき
餉　かれい
駕籠　かご

駘蕩　たいとう
魴鮄　ほうぼう
魯鈍　ろどん
鴉片　アヘン
麾下　きか
黎民　れいみん
黎明　れいめい
黙す　もだ－す

十六画

冀う　こいねが－う
叡覧　えいらん
噯気　おくび
嘯く　うそぶ－く
噬臍　ぜいせい
嚆矢　こうし
壊死　えし
壊疽　えそ
墾道　はりみち
壁蝨　だに
壅塞　ようそく
嶮し　さが－し
憑人　よりまし
懈怠　けたい
操觚　そうこ
擂鉢　すりばち
橄欖　かんらん
樵　きこり
濁世　じょくせ
濁声　だみごえ
濁酒　どぶろく
熾烈　しれつ
燐寸　マッチ
燕子花　かきつばた
瓢　ひさご・ふくべ
瓢虫　てんとうむし
瓢簞　ひょうたん
瘭疽　ひょうそ
瞠若　どうじゃく
磚茶　せんちゃ
穎悟　えいご
穏便　おんびん
窶す　やつ－す
篝　かがり
簒奪　さんだつ
篠懸　すずかけ
築山　つきやま
築地　ついじ
縊死　いし
縕袍　どてら
縦令　たとい・たとえ
縉紳　しんしん
罹る　かか－る
罹災　りさい
薫陶　くんとう
薪能　たきぎのう
薦被り　こもかぶり
薬玉　くすだま
薬師　くすし
薬罐　やかん
薊　あざみ
薔薇　ばら・いばら
蕭条　しょうじょう
薙刀　なぎなた
薇　ぜんまい・わらび
蕗　ふき
蕗纈染　ろうけつぞめ
螟虫　ずいむし
蟇蛙　ひきがえる
衡　はかり・こう
褓褓　おしめ・むつき
親炙　しんしゃ
諱　いみな
諧謔　かいぎゃく
諫言　かんげん
諮る　はか－る
諮問　しもん
諮詢　しじゅん
諡　おくりな・し
諷諫　ふうかん
謀反　むほん
謡歌　わざうた
蹂躪　じゅうりん
輻射　ふくしゃ
輻輳　ふくそう

還俗　げんぞく
錯綜　さくそう
錫杖　しゃくじょう
錣　しころ
閻魔　えんま
隷属　れいぞく
雕る　えーる・ほーる
霍乱　かくらん
頤　おとがい・あご
頤使　いし
頷く　うなずーく
頸椎　けいつい
頽廃　たいはい
頭巾　ときん・ずきん
頭陀　ずだ
駱駝　らくだ
骸　むくろ・がい
骸子　さいころ
髷　まげ
髻　もとどり・たぶさ
髻華　うず
鴛鴦　おしどり
鴨跖草　つきくさ
鴟尾　しび
麩　ふすま
龍胆　りんどう
龍涎香　りゅうぜんこう

十七画

優曇華　うどんげ
嚔　くしゃみ・くさみ
嬲る　なぶーる
彌撒　ミサ
彌縫　びほう
懇ろ　ねんごーろ
懇望　こんもう
懦夫　だふ
膾　なます・かい
膾炙　かいしゃ
膺懲　ようちょう
朦朧　もうろう
擬宝珠　ぎぼし・ぎぼうしゅ
檜皮　ひわだ
濤声　とうせい
燦然　さんぜん
燦爛　さんらん
燧石　ひうちいし・すいせき
獰猛　どうもう
瞥見　べっけん
磯魚　いさな
簀子　すのこ
簓　ささら
糠蝦　あみ
糟糠　そうこう
縮緬　ちりめん
縹渺　ひょうびょう
縷言　るげん
罅　ひび
聳える　そびーえる
聳動　しょうどう
薯蕷　とろろ・やまいも
艱苦　かんく
蟄居　ちっきょ
蟋蟀　こおろぎ
螽斯　きりぎりす
螺子　ねじ
螺旋　らせん
螺鈿　らでん
螻蛄　おけら・けら
蟒蛇　うわばみ
豁然　かつぜん
賽子　さいころ
趨向　すうこう
趨勢　すうせい
蹉跌　さてつ
蹌踉　そうろう
甑　こしき
輿望　よぼう
邂逅　かいこう
邁進　まいしん
邀撃　ようげき
醜女　ぶおんな・しこめ
醜男　ぶおとこ・しこお
鍔　つば
鍾馗　しょうき

鍼灸　しんきゅう
鍛冶　かじ
鍍金　めっき
霙　みぞれ
鞠躬如　きっきゅうじょ
餞　はなむけ
餞別　せんべつ
馘首　かくしゅ
駿馬　しゅんめ
鮟鱇　あんこう
鴇毛　つきげ・ときげ
鼾　いびき

十八画

儲君　ちょくん
擾乱　じょうらん
擲つ　なげうーつ
擽る　くすぐーる
檸檬　レモン
檳榔毛　びろうげ
殯宮　ひんきゅう
瀆職　とくしょく
濫觴　らんしょう
瞿麦　なでしこ
瞽女　ごぜ
穢土　えど
竄入　ざんにゅう
簣　あじか
簪　かんざし
簞笥　たんす
繧繝　うんげん
繭紬　けんちゅう
繙読　はんどく
藁沓　わらぐつ
藁稭　わらしべ・わらすべ
藪柑子　やぶこうじ
蟯虫　ぎょうちゅう
蟠踞　ばんきょ
覆轍　ふくてつ
謦咳　けいがい
謬見　びゅうけん
贅肉　ぜいにく
贅沢　ぜいたく
軀　むくろ・く
轆轤　ろくろ
醤蝦　あみ
醪　もろみ
鎧袖　がいしゅう
鎮下　ほしずめ・ちんか
鎹　かすがい
闕下　けっか
闖入　ちんにゅう
鞦韆　ぶらんこ・ふらここ
鞭撻　べんたつ
題簽　だいせん
類聚　るいじゅう
馥郁　ふくいく
験者　げんじゃ・げんざ
騒擾　そうじょう
鬩ぐ　せめーぐ
鯉濃漿　こいこく
鵙　もず
鼬　いたち

十九画

嚮導　きょうどう
壟断　ろうだん
懶惰　らんだ
寵児　ちょうじ
臘月　ろうげつ
曝首　されこうべ・さらしくび
曝書　ばくしょ
櫛笥　くしげ
櫟　くぬぎ
櫓　やぐら
櫓櫂　ろかい
瀝青　チャン・れきせい
瀟洒　しょうしゃ
獺　うそ・かわうそ
禰宜　ねぎ
簾　す・すだれ
羆　ひぐま
羹　あつもの
羸弱　るいじゃく

艨艟　もうどう
蘊奥　うんのう・うんおう
蘊蓄　うんちく
藷　さとうきび
蘇鉄　そてつ
蘆　よし・あし
蠆子　さし
蟾蜍　ひきがえる
蟷螂　かまきり
襦袢　ジバン・ジュバン
警策　きょうさく・きょうざく
警蹕　けいひつ
警邏　けいら
譎詐　けっさ・きっさ
蹶起　けっき
蹴鞠　けまり・しゅうきく
蹼　みずかき
轍　わだち・てつ
鏑　かぶら
鏝　こて
鏤める　ちりばーめる
鏤刻　るこく・ろうこく
鞴　ふいご
韜晦　とうかい
願文　がんもん
顛末　てんまつ
饂飩　うどん
鯱　しゃち
鶏冠　とさか
鶉　うずら
鵲　かささぎ
鵯　ひよどり
鵬　おおとり・ほう
麒麟　きりん

二十画

懸詞　かけことば
懸樋　かけひ
懺悔　ざんげ・さんげ
臙脂　えんじ
朧　おぼろ
蘖　ひこばえ
瀰漫　びまん
灌腸　かんちょう
矍鑠　かくしゃく
礬水　どうさ
糯米　もちごめ
繽粉　ひんぷん
罌粟　けし
蘩蔞　はこべ
蘭麝　らんじゃ
蠑螈　いもり
蠕動　ぜんどう
襤褸　ぼろ
譫言　うわごと
躄る　いざーる
醵金　きょきん
鐚銭　びたせん
鐔　つば
鐙　あぶみ
闡明　せんめい
霰　あられ
饅頭　まんじゅう
驀地　まっしぐら
驀進　ばくしん
鰕　えび
鰊　にしん
鶚　みさご
鶫　つぐみ
鹹湖　かんこ
麵麭　パン
鼯鼠　むささび・ももんが
齣　こま
齟齬　そご

二十一画

囂しい　かまびすーしい
囃子　はやし
巍然　ぎぜん
殲滅　せんめつ
爛漫　らんまん
瓔珞　ようらく
竈　へっつい・へつい・かまど
蠢動　しゅんどう

蠟燭　ろうそく
譴責　けんせき
贔屓　ひいき
躊躇　ちゅうちょ・ためらい
躍如　やくじょ
鐺　こじり
霹靂　へきれき
饒舌　じょうぜつ
騾馬　らば
鬘　かずら・かつら
魑魅　すだま・ちみ
鰭　はた・ひれ
鶴首　かくしゅ
鶸　ひわ
鶺鴒　せきれい
麝香　じゃこう

二十二画

嚢中　のうちゅう
籠絡　ろうらく
蘿蔔　すずしろ
羇旅　きりょ
艫　とも・ろ
襷　たすき
覿面　てきめん
贖う　あがなーう
贖罪　しょくざい
躑躅　つつじ
轡　くつわ・くつばみ
驕者　きょうしゃ
驍将　ぎょうしょう
鬻ぐ　ひさーぐ
鷓鴣　しゃこ
黐　もち
龕　がん

二十三画

攪乱　こうらん・かくらん
攪拌　こうはん・かくはん
籤　くじ
蠱惑　こわく
躙る　ふみにじーる
鑢　やすり
靨　えくぼ
髑髏　どくろ・しゃれこうべ
鷦鷯　みそさざい
黴菌　ばいきん

二十四画

癲癇　てんかん
讒謗　ざんぼう
靄　もや
顰蹙　ひんしゅく
驟雨　しゅうう
鬢　びん
鷽　うそ
齷齪　あくせく
齲歯　うし・むしば・くし

二十五画

籬　まがき・ませ・り
羈絆　きはん
鑵　かん
鼈　すっぽん・べつ
鼈甲　べっこう

二十六画

驢馬　ろば
鱲子　からすみ
顴骨　けんこつ・かんこつ

二十七画

顳顬　こめかみ
驥尾　きび

二十八・二十九画

鑿　のみ・さく
鸚哥　いんこ
鸚鵡　おうむ
鸛　こうのとり
鬱金　うこん

2. 틀리기 쉬운 漢字

あ

ああ　嗚呼→嗚呼

あいきゃく　合客→相客

あいず　相図→合図

あいづち　合づち→相づち

あいにく　合憎→生憎

あいぼう　合棒→相棒

あきる　呆きる→飽きる・厭きる

あっとう　圧到→圧倒

あとかた　跡方→跡形

あんのじょう　案の条→案の定

あんぴ　安非→安否

い

いかんなく　如何なく→遺憾なく

いきおい(込む)　意気おい→勢い

いきしょうてん　意気昇天→意気衝天

いきとうごう　意気等(当)合→意気投合

いくじ　意久地→意気地

いくどうおん　異句同音→異口同音

いこん　意恨→遺恨

いさい　偉彩→異彩

いしはくじゃく　意思薄弱→意志薄弱

いしひょうじ　意志表示→意思表示

いしんでんしん　意心伝心→以心伝心

いたけだか　威猛高→居丈高

いちず　一図→一途

いちぶしじゅう　一分始終→一部始終

いちまつ　一沫→一抹

いちようらいふく　一陽来福→一陽来復

いちりつ　一率→一律

いちれんたくしょう　一連托生→一蓮托生

いっかくせんきん　一獲千金→一攫千金

いっしどうじん　一視同人→一視同仁

いっしゃせんり　一写千里→一瀉千里

いっしょ　一諸→一緒

いっしんどうたい　一身同体→一心同体

いっすい(の夢)　一睡→一炊

いってんばり　一天張り→一点張り

いっとうち(を抜く)　一等地→一頭地

いひん　遣品→遺品

いみしんちょう　意味深重→意味深長

いわかん　異和感→違和感

いんしょう　印像→印象

いんぜん(たる勢力)　陰然→隠然

いんそつ　引卒→引率

いんどう　引道→引導

いんとく　隠徳→陰徳

いんとくぶつ　陰匿物→隠匿物

いんにんじちょう　陰忍自重→隠忍自重

いんぼう　隠謀→陰謀

う

うかい　紆回→迂回

うけおう　受け負う→請け負う

うけつぐ　受け次ぐ→受け継ぐ

うごう(の衆)　有合→烏合

うちょうてん　宇頂天→有頂天

うよきょくせつ　迂余曲折→紆余曲折

うんぷてんぷ　運賦天賦→運否天賦

え

えいたつ　営達→栄達

えいよう　営養→栄養

えんがわ　緑側→縁側

えんき　廷期→延期

えんこうきんこう　遠攻近交→遠交近攻

えんぼうしんりょ　遠望深慮→遠謀深慮

お

おうこう　王候→王侯

おうしゅう(する)　押集→押収

おうたい　応待→応対

おうふく　往複→往復

おうぼう　押暴→横暴

おうよう　応揚→鷹揚

おおだてもの　大立て物→大立て者

おかん　悪感→悪寒

おし(量・測る)　押し→推し

おそまきながら　遅巻きながら→遅蒔きながら

おちいる　落ち入る→陥る

おとろえる　劣える→衰える

おもかげ　思影→面影

おんけん　温健→穏健

おんこう　温好→温厚

おんこちしん　温古知新→温故知新

おんとう　隠当→穏当

か

がいかくだんたい　外角団体→外郭団体

かいきゅう(の情)　回旧→懐旧

かいけつ　解結→解決

かいさつぐち　開札口→改札口

かいしん　快心→会心

かいせつ　解設→解説

がいぜんせい　盖然性→蓋然性

かいてき　快的→快適

かいとうらんま　怪刀乱麻→快刀乱麻

かいふく　回複→回復

かいほうかん　開放感→解放感

がいりゃく　慨略→概略

かいろうどうけつ　階老同穴→偕老同穴

かえだま　換え玉→替え玉

かくう　仮空→架空

かしゃく　可責→呵責

かしょうひょうか　過少評価→過小評価

かちく　家蓄→家畜

かひ　可非→可否

かふちょう(的)　家夫長→家父長

かへい　貨弊→貨幣

がりょうてんせい　画竜天晴→画竜点睛

かんがい(にふける)　感概→感慨

かんきょう　還境→環境

かんげい　観迎→歓迎

かんこう　観行→観光

かんせい　観声→歓声

かんそく　歓測→観測

かんちょう　間牒→間諜

かんてつ　完徹→貫徹

かんどころ　感所→勘所

かんにん　勘忍→堪忍

かんねん　感念→観念

かんのう　感能→官能

かんぺき　完壁→完璧

かんべん　堪弁→勘弁

かんぼう　寒冒→感冒

かんぽう　漢法→漢方

かんまん　緩漫→緩慢

かんゆう　観誘→勧誘

かんらくきょう　歓楽郷→歓楽境

かんりゃく　間略→簡略
かんれき　環暦→還暦

き

きいっぽん　気一本→生一本
きがい　気慨→気概
きかいたいそう　機械体操→器械体操
きかん　器管→器官
ききいっぱつ　危機一発→危機一髪
きけん　危検→危険
きげん　気嫌→機嫌
きこ(の勢い)　旗鼓→騎虎
きこう　記行→紀行
ぎしんあんき　疑心暗気→疑心暗鬼
ぎせい　犠性→犠牲
きたい　奇体→奇態
きたい(に瀕す)　危胎→危殆
きとく(の土)　奇篤→奇特
きねん　紀念→記念
きまじめ　気まじめ→生まじめ
ぎまん　偽瞞→欺瞞
きもいり　肝入り→肝煎り
きゅうえん　急援→救援
きゅうきゅうしゃ　急救車→救急車
きゅうきょう　窮況→窮境
きゅうきょく　窮局→究極
きゅうくつ　窮窟→窮屈
きゅうしゅう　吸集→吸収
(万事)きゅうす　窮す→休す
きゅうせんぽう　急先方→急先鋒
きゅうたいいぜん　旧態以前→旧態依然
きょうい　驚威→驚異
ぎょうぎょうしい　業々しい→仰々しい
きょうしょう　狭少→狭小
きょうどういっち　共同一致→協同一致
きょうねん　亨年→享年
きょうみしんしん　興味深深→興味津津
ぎょかい　魚貝→魚介
ぎょかく　魚獲→漁獲
きょくがくあせい　曲学亜世→曲学阿世
(美の)きょくち　極地→極致
ぎょせん　魚船→漁船
ぎりょうはくちゅう　技量伯中→技量伯仲
きんせいひん　禁製品→禁制品

く

ぐうい　偶意→寓意

くうかんち　空間地→空閑地

ぐうぜん　遇然→偶然

ぐうはつ　遇発→偶発

くきょう　苦況→苦境

くじょ　駆徐→駆除

くちく　駆遂→駆逐

くちょう　句調→口調

くっしん　屈身→屈伸

くのう　苦脳→苦悩

くはい　苦敗→苦杯

くびじっけん　首実験→首実検

くみする→組する→与する

くめん　苦面→工面

くよう　供要→供養

ぐんしゅうしんり　群衆心理→群集心理

ぐんしょう　群少→群小

くんとう　訓陶→薫陶

くんどう　薫導→訓導

ぐんゆう　郡雄→群雄

け

けいき　契期→契機

けいきょもうどう　軽挙盲動→軽挙妄動

けいこう　傾行→傾向

けいじ　恵示→啓示

けいすう　系数→係数

けいたい　型態→形態

けいとう　傾到→傾倒

けいよう　傾揚→掲揚

げきやく　激薬→劇薬

げざい　解剤→下剤

けつじょ　欠除→欠如

けっしん　決審→結審

けっせい　血精→血清

けっせんとうひょう　決戦投票→決選投票

けつまくえん　血膜炎→結膜炎

けつろん　決論→結論

げねつ　下熱→解熱

げんあん　元案→原案

げんいん　原困→原因

げんか　源価→原価

げんかけいさん　現価計算→原価計算

げんかしょうきゃく　原価消却→減価償却

げんしてき　元始的→原始的

げんすい　元師→元帥

けんせい　索制→牽制

けんぜん　建全→健全

げんそく　元則→原則

げんどうりょく　源動力→原動力
けんびきょう　検徴鏡→顕微鏡
けんぼうしょう　建忘性→健忘症
けんやく　検約→倹約
げんりゅう　元流・原流→源流

こ

こうかい　後侮→後悔
こうかんしんけい　交換神経→交感神経
こうがんむち　厚顔無知→厚顔無恥
こうき　網規→綱紀
こうぎ　講議→講義
こうげき　抗撃→攻撃
こうげんれいしょく　好言冷色→巧言令色
こうこう　膏盲→膏肓
こうじまおおし　後事魔多し→好事魔多し
ごうじょう　剛情→強情
こうせい(畏るべし)　後世→後生
こうせき　功積→功績
こうたく　光択→光沢
こうとうしもん　口答試問→口頭試問
こうない　講内→構内
こうにゅう　講入→購入
こうはいち　向背地→後背地
ごかく　互格→互角
こくゆ　告輸→告諭
こけい　個形→固形
こしたんたん　虎視耽耽→虎視眈眈
こじらいれき　古事来歴→故事来歴
こせい　固性→個性
こせきとうほん　戸籍騰本→戸籍謄本
こぞう　子僧→小僧
ごたぶん(にもれず)　御多聞→御多分
こっぱみじん　木っ葉みじん→木端みじん
こどく　弧独→孤独
こべつほうもん　個別訪問→戸別訪問
こもん　顧門→顧問
こゆうめいし　個有名詞→固有名詞
ごらく　誤楽→娯楽
ごりむちゅう　五里夢中→五里霧中
ごんごどうだん　言語同断→言語道断
こんてい　根低→根底

さ

さいきかんぱつ　才気換発→才気煥発

さいくつ　採堀→採掘

さいけつ（を下す）　採決→裁決

さいこうちょう　最高調→最高潮

さいじき　歳事記→歳時記

さいそく　再捉→催促

さいだい（漏らさず）　最大→細大

さいてい　最底→最低

さいばい　裁培→栽培

さいばんしょ　栽判所→裁判所

さいりょう　採量→裁量

さくいん　策引→索引

さしょう　些小→些少

さつえい　撮映→撮影

さっとう　殺倒→殺到

さんしすいめい　山姿水明→山紫水明

さんじょ　参助→賛助

ざんしん　暫新→斬新

さんちょう　山項→山頂

ざんにん　惨忍→残忍

さんび（をきわめる）　惨鼻→酸鼻

さんみいったい　三身一体→三位一体

し

じかく　自確→自覚

じがじさん　自我自賛→自画自賛

しこうさくご　思考錯誤→試行錯誤

しさい　思細→子細（仔細）

しそうけんご　思想堅固→志操堅固

しつうはったつ　四通発達→四通八達

しっぷうじんらい　疾風迅来→疾風迅雷

しなんやく　師南役→指南役

しひゃくしびょう　四百余病→四百四病

しふく　雌服→雌伏

しまつ　仕末→始末

じまん　自漫→自慢

しめんそか　四面疎歌→四面楚歌

しゃだつ　酒脱→洒脱

じゃっかん　若冠→弱冠

しゅうかく　収獲→収穫

しゅうかんし　週間誌→週刊誌

しゅうき　週忌→周忌

しゅうぎょとう　集漁灯→集魚灯

しゅうしゅう　拾収→収拾

しゅうせん　周施→周旋

しゅうもく　周目→衆目

しゅくさつ　縮冊→縮刷

しゅこう　趣好→趣向

じゅじゅ　受授→授受

じゅそ　呪咀→呪詛

しゅっしょしんたい　出所進退→出処進退

しゅはん　首犯→主犯

じゅよう　需用→需要

じゅんかん　循還→循環

じゅんしん　純心→純真

じゅんのう　準応→順応

しょうかい　招会→紹介

しょうかい　昭会→照会

しょうかん　召換→召喚

じょうき　蒸汽→蒸気

じょうき(を逸する)　常規→常軌

しょうこ　証固→証拠

しょうこう　少康→小康

しょうこくみん　小国民→少国民

しょうしんしょうめい　正真証明→正真正銘

しょうしんよくよく　小心欲欲→小心翼翼

しょうたい　紹待→招待

しょうとつ　衡突→衝突

しょぎょうむじょう　諸行無情→諸行無常

じょこう　除行→徐行

しょさい　書斉→書斎

しょざい(無い)　処在→所在

しょばつ　所罰→処罰

しょほうせん　処法箋→処方箋

しれん　試錬→試練

しろみ　白味→白身

しんがい　浸害→侵害

しんぎ　真疑→真偽

しんきいってん　心気一転→心機一転

しんきんかん　身近感→親近感

しんげん　神厳→森厳

しんこく　深酷→深刻

しんこくざい　申告罪→親告罪

じんじいどう　人事移動→人事異動

しんしん　身心→心身

しんすい　侵水→浸水

じんせいかん　人生感→人生観

じんちく　人蓄→人畜

しんにんじょう　信認状→信任状

しんぼう　辛棒→辛抱

しんみ　親味→親身

しんりゃく　浸略→侵略

す

すいげんち　水源池→水源地

すいこう　逐行→遂行

すいせん　推選→推薦

ずがいこつ　頭骸骨→頭蓋骨

すもう　相僕→相撲

すんか　寸仮→寸暇

せ

せいいん　製因→成因

せいおん　静隠→静穏

せいじけっしゃ　政事結社→政治結社

せいせき　成積→成績

せいぞう　制造→製造

せいてんはくじつ　晴天白日→青天白日

ぜいむしょ　税務所→税務署

せいれき　西歴→西暦

せきさい　積戴→積載

せきにんてんか　責任転化→責任転嫁

せっしょう　接衝→折衝

せったい　接対→接待

ぜったい(の権力)　絶体→絶対

ぜったいぜつめい　絶対絶命→絶体絶命

せっぱん　切半→折半

ぜひ　是否→是非

せめく　攻め苦→責め苦

ぜんごさく　前後策→善後策

せんざいいちぐう　千載一偶→千載一遇

ぜんじ　暫時→漸次

ぜんじんみとう　前人未踏→前人未到

せんせいこっか　専政国家→専制国家

せんせんきょうきょう　戦戦競競→戦戦兢兢

せんたく　選沢→選択

せんにゅうかん　先入感→先入観

せんぼう　羨望→羡望

せんもん　専問→専門

せんれん　洗錬→洗練

そ

そうご　双互→相互

そうごん　壮厳→荘厳

そうし　想思→相思

そうだい　荘大→壮大

そうちょう　壮重→荘重

そうほう　相方→双方

そくしん　速進→促進

そくめん　則面→側面

そくりょう　側量→測量

そっこく　速刻→即刻

そっせん　卒先→率先

そっちょく　卒直→率直

そっとう　率倒→卒倒

そんぞく　尊族→尊属

た

たいいんれき　大陰暦→太陰暦

たいきばんせい　大器晩生→大器晩成

たいきゅうりょく　待久力→耐久力

たいてい　大低→大抵

たいねつごうきん　対熱合金→耐熱合金

たいほ　逮補→逮捕

だかい　打解→打開

たくしょく　柘植→拓殖

たくはつ　託鉢→托鉢

たしせいせい　多士斉斉→多士済済

たしょう　多小→多少

だせい　惰勢→惰性

たぜい(に無勢)　大勢→多勢

たたり　崇→祟

たちおうじょう　立往上→立往生

だっきゃく　脱脚→脱却

だっこく　脱殻→脱穀

だらく　惰落→堕落

だりょく　堕力→惰力

だんあつ　断圧→弾圧

だんぎ　談議→談義

たんしょ　端初→端緒

たんしょう　短少→短小

たんぞう　鍜造→鍛造

たんてき　短的・単的→端的

たんとうちょくにゅう　短刀直入→単刀直入

たんぱくしつ　淡白質→蛋白質

たんぺいきゅう　単兵急→短兵急

ち

ちぐう　知偶→知遇

ちくさん　蓄産→畜産

ちくじょう　遂条→逐条

ちくせき　畜積→蓄積

ちゃくふく　着復→着服

ちゅうこく　注告→忠告

ちょうこうぜつ　長口舌→長広舌

(税を)ちょうしゅう　徴集→徴収

ちょうだい　頂載→頂戴

ちょうたつ　徴達→調達

ちょうてい　朝延→朝廷

ちょうび　棹尾→掉尾

ちょうふく　重復→重複

ちょくじょうけいこう　直情経行→直情径行

ちょすいち　貯水地→貯水池

ちょっけい　直経→直径

ちんせいざい　沈静剤→鎮静剤

つ

ついぜんくよう　追前供養→追善供養

つうじょう　通状→通常

つうせき　痛借→痛惜

て

ていおん　底温→低温

ていこう　抵坑→抵抗

ていさい　体栽→体裁

ていしゅつ　堤出→提出

ていたい　低滞→停滞

ていのう　低脳→低能

ていめい　停迷→低迷

ていぼう　提防→堤防

てきがいしん　敵慨心→敵愾心

てきざいてきしょ　適才適所→適材適所

てっかい　徹回→撤回

てってい　徹低→徹底

てっとうてつび　撤頭撤尾→徹頭徹尾

てっぱい　徹廃→撤廃

てばなす　手離す→手放す

てらこや　寺小屋→寺子屋

てんいむほう　天衣無法→天衣無縫

てんくうかいかつ　天空開濶→天空海濶

てんこう　天侯→天候

てんしゅかく　天主閣→天守閣

てんしゅきょう　天守教→天主教

てんじょうさじき　天上桟敷→天井桟敷

てんじょうてんげ　天井天下→天上天下

てんしんらんまん　天心爛漫→天真爛漫

てんちむよう　天地無要→天地無用

でんどうし　伝導師→伝道師

と

とういす　藤椅子→籐椅子

どうか(親しむ)　灯下→灯火

どうかせん　道火線→導火線

とうき　謄貴→騰貴

どうぎ　動義→動議

とうげんきょう　桃原境→桃源郷

どうこういきょく　同巧異曲→同工異曲

どうし(の結束)　同士→同志

とうしゃばん　騰写版→謄写版

とうしんだい　頭身大→等身大

とうぜん　当前→当然

どうどう(巡り) 同同→堂堂
とうほん 謄本→謄本
とくしか 特志家→篤志家
どくぜつ 毒説→毒舌
どくせん 独専→独占
どくだんせんこう 独断先行→独断専行
どりょう 度料→度量
どんよく 貧欲→貪欲

な

(病気が)ないこう 内向→内攻
なや 納家→納屋
なんぎ 難義→難儀
なんぎょうくぎょう 難業苦業→難行苦行
なんこう 難行→難航
なんなく 何なく→難なく
なんぱせん 難波船→難破船

に

にきさく 二季作→二期作
にそくさんもん 二足三文→二束三文
にっしんげっぽ 日新月歩→日進月歩
にゅうしん(の技) 入信→入神
にんめい 任名→任命

ね

ねっせい 熱勢→熱誠
ねむる 寝むる→眠る
ねんしょう 年小→年少

の

のうさつ 農殺→悩殺

は

はいく 排句→俳句
はいぐうしゃ 配遇者→配偶者
ばいばい 買売→売買
はがんいっしょう 波顔一笑→破顔一笑
はくないしょう 白内症→白内障
はけん 派遺→派遣
はつらつ 潑刺→潑剌(溂)
はてんこう 破天候→破天荒
はなれわざ 放れ技→離れ技
はめつ 破減→破滅
はんえい 繁営→繁栄
はんが 板画→版画
はんしんふずい 半身不髄→半身不随
ばんぜん 万善→万全

はんぷ　頒付→頒布

ひ

ひえき　稗益→裨益

ひげき　非劇→悲劇

(衝突は)ひっし(だ)　必死→必至

ひってき　必敵→匹敵

ひなん　否難→非難

ひにく(の嘆)　皮肉→髀(脾)肉

ひにん　非認→否認

ひへい　疲幣→疲弊

びょうげんきん　病源菌→病原菌

ひょうばん　評伴→評判

ひんし　頻死→瀕死

ふ

ふかけつ　不可決→不可欠

ふくがん　復眼→複眼

ふくざつ　復雑→複雑

ふくしゃ　復写→複写

ふくしゅう　複習→復習

ふくしん　腹臣→腹心

ふくせい　復製→複製

ふくぞう　腹臓→腹蔵

ふぐたいてん　不具戴天→不倶戴天

ふくめい　複命→復命

ふしぎ　不思儀→不思議

ふしまつ　不仕末→不始末

ふしょうぶしょう　不性不性→不承不承

ふしん(訊問)　不信→不審

ふせつ　布設→敷設

ふそく(の事態)　不即→不測

ふそくふり　不測不離→不即不離

ふたまたこうやく　二又膏薬→二股膏薬

ぶっこ　物古→物故

ふっこく　複刻→復(覆)刻

ふぶんりつ　不分律→不文律

ふへん　普辺→普遍

ふろうしゃ　不浪者→浮浪者

ふわらいどう　不和雷動→付(附)和雷同

ふんいき　分囲気→雰囲気

ふんき　憤起→奮起

ふんこつさいしん　粉骨砕心→粉骨砕身

ふんしつ　粉失→紛失

ふんしょく　紛飾→粉飾

ぶんせき　分折→分析

へ

へいこうかんかく　並行感覚→平衡感覚

へいこうしんぎ　平行審議→並行審議

へいこうせん　並行線→平行線

へいしんていとう　平身底頭→平身低頭

へいどく　並読→併読

べつどうたい　別動隊→別働隊

へんくつ　変屈→偏屈

へんけん　遍見→偏見

へんしつ　偏質→偏執

へんずつう　片頭痛→偏頭痛

べんぴ　便泌→便秘

ほ

ぼうがい　暴害→妨害

ほうがちょう　奉賀帳→奉加帳

ほうけん　封権→封建

ほうこうにん　奉行人→奉公人

ほうしょうきん　報償金→報奨金

ぼうせん　妨戦→防戦

ほうそう　報送→放送

ほうねんまんさく　豊年万作→豊年満作

ほうまん　放慢→放漫

ほうもん　訪門→訪問

ほうよう　法養→法要

ほうようりょく　抱擁力→包容力

ほうろく　俸録→俸禄

ほかく　捕穫→捕獲

ほけん　保倹→保険

ほっき　発企→発起

ぼんさい　盆裁→盆栽

ほんせき　本藉→本籍

ま

まぎわ　真際→間際

まぢか　真近→間近

まったん　未端→末端

まんかい　万開→満開

まんさい　万載→満載

まんしん　漫心→慢心

まんぜん　慢然→漫然

まんねんゆき　満年雪→万年雪

まんべんなく　万遍なく→満遍なく

み

みくだりはん　三下り半→三行半

みせいねん　未青年→未成年

みぜん（に防ぐ）　未前→未然

みつげつ　密月→蜜月

みゃくはく　脈膊→脈搏（拍）

みらい　末来→未来

む

むがむちゅう　無我無中→無我夢中

むしんろん　無信論→無神論

むぞうさ　無雑作→無造作

むぼう　無暴→無謀

むらさめ　群雨→村雨

め

めいぎ　名儀→名義

めいし　名剌→名刺

めいろう　明郎→明朗

も

もうかんじゅうそう　盲貫銃創→盲管銃創

もくひけん　黙否権→黙秘権

もほう　模放→模倣

ゆ

ゆうし　有士→有志

ゆうぜん　友染→友禅

ゆうと　勇途→雄図

ゆうもう　雄猛→勇猛

ゆうよ　裕余→猶予

ゆうり　優利→有利

ゆかい　輸快→愉快

ゆしゅつ　輪出→輸出

よ

ようごしゃ　要護者→擁護者

ようとうくにく　羊頭苦肉→羊頭狗肉

よぎない　余義ない→余儀ない

よきん　予金→預金

よゆう　予猶→余裕

ら

らっかろうぜき　落花浪籍→落花狼藉

り

りしょく　利植→利殖

れ

れっきょ　例挙→列挙

れんきんじゅつ　練金術→錬金術

れんさい　連戴→連載

れんま　練磨→錬磨

ろ

ろうきゅう　老旧→老朽

ろうしょう　老小→老少

ろっこんしょうじょう　六根正浄→六根清浄

ろてん　路天→露天

ろぼう　路旁→路傍

わ

わび（住居）　詫び→侘び

3. 同音異義의 漢字

あ

あいせき
愛惜
哀惜
あう
合う
会う
遭う
あける
明ける
空ける
開ける
あげる
上げる
揚げる
挙げる
あし
足
脚
あたい
価
値
あたためる
暖める
温める
あつい
暑い
熱い
厚い
あっせい
圧政
圧制
あてる
当てる
充てる
あぶら
油
脂
あらい
荒い
粗い
あらわす
表す
現す
著す
ある
有る
在る

い

いき
委棄
遺棄
いぎ
異義
異議
いし
意志
意思
いしゅく
畏縮
萎縮
いじょう
異常
異状
いたく
委託
依託
いたむ
痛む
傷む
悼む
いどう
異動
移動
いよう
威容
偉容
いりょう
衣料
衣糧
いんたい
引退
隠退

う

うける
受ける
請ける
うつ
打つ
討つ
撃つ
うつす
写す
映す
うまれる
生まれる
産まれる
うれえる
憂える
愁える

え

えいき
英気
鋭気

お

おうじ
往時
往事
おかす
犯す
侵す
冒す
おくれる
遅れる
後れる
おくる
送る
贈る
おこす
起こす
興す
おさえる
押さえる
抑える
おさめる
納める
収める
治める
修める
おす
押す
推す
おどる
踊る
躍る

おろす
下ろす
降ろす
卸す
おんじょう
温情
恩情
おんぷ
音符
音譜
おんわ
温和
穏和

か

かいこ
回顧
懐古
かいご
改悟
悔悟
かいしん
会心
快心
かいそく
快足
快速
かいてい
改定
改訂
かいとう
解答
回答
かいふく
回復
快復
かえる
変える
代える
換える
替える
かおる
薫る
香る
かき
夏季
夏期
かくさ
格差
較差
かくてい
確定
画定
かげ
影
陰
かける
掛ける
懸ける
架ける
かじゅう
加重
荷重
過重
かた
形
型
かたい
堅い
固い
硬い
がっか
学科
学課
かてい
過程
課程
かもく
科目
課目
かりょう
科料
過料
かわ
皮
革
かんじ
幹事
監事
かんしょう
観賞
観照
鑑賞
かんしん
歓心
関心
感心
かんせい
歓声
喚声

き

きうん
気運
機運
きかい
機械
器械
きく
聞く
聴く
きく
効く
利く
きけい
奇計
詭計
きじゅん
基準
規準
きせい
既成
既製
きせい
規正
規制
きてい
規定
規程
きてん
起点
基点
きゅうはく
急迫
窮迫
きゅうめい
究明
糾明
きょうこう
強行
強硬
きょうせい
矯正
匡正
きょうそう
競争
競走
きょうどう
共同
協同
きょうはく
強迫
脅迫
きょうゆう
享有
共有
きょくげん
極限
局限
きわめる
極める
究める
窮める

く

くきょう
苦境
苦況
くじゅう

苦汁
苦渋
ぐんき
軍規
軍紀
くんじ
訓示
訓辞
ぐんしゅう
群集
群衆

け

けいがん
慧眼
炯眼
けっさい
決裁
決済
げんけい
現形
原形
原型

こ

こうい
厚意
好意
こうおん
厚恩
高恩
こうがく
好学
向学
こうぎょう
興行
興業
こうこく
公告
広告
こうじょう
厚情
交情
こうせい
厚生
更生
更正
こうてい
考訂
校訂
更訂
こうてい
工程
行程
こうほう
公報
広報
こうもく
項目
綱目
こうや
荒野
広野
こえる
越える
超える
こたい
固体
個体

さ

さいけつ
採決
裁決
さいご
最期
最後
さいせい
再生
再製
さいろく
採録
載録
さく
裂く
割く
さくい
作為
作意
さくせい
作成
作製
さす
差す
指す
挿す

し

じき
時期
時季
時機
しこう
志向
指向
しざい
資材
資財
しずめる
静める
鎮める
じせい
自制
自省
じせい
時世
時勢
じつじょう
実状
実情
じったい
実態
実体
じてん
辞典
字典
事典
じにん
自認
自任
しぼる
絞る
搾る
しめる
締める
絞める
閉める
しゅうきょく
終局
終極
しゅうしゅう
収拾
収集
じゅうじゅん
柔順
従順
しゅうせい
修正
修整
しゅうち
周知
衆知
しゅうよう
収容
収用
じゅうよう
重要
重用
しゅうりょう
修了
終了
しゅうれん
修練
習練
しゅかん
主幹
主管
しゅぎょう

修行
修業
しゅくせい
粛清
粛正
じゅけん
受検
受験
しゅし
主旨
趣旨
しゅしょう
首唱
主唱
しゅせき
首席
主席
しゅだい
主題
首題
しゅっしょ
出所
出処
しゅどう
主動
主導
しゅのう
首脳
主脳
しょうかい
紹介
照会
しょうがい
傷害
障害
しょうかん
召喚
召還
じょうき
条規
常規
しょうきん
賞金
奨金
しょうしゅう
召集
招集
しょうすう
少数
小数
じょうせき
定石
定跡
しょうどう
唱道
唱導
しょうほん
証本
正本
抄本
じょうり
条理
情理
しょくりょう
食料
食糧
しょよう
所用
所要
しりょう
資料
史料
試料
しんき
心気
心機
しんこく
申告
親告
しんじつ
信実
真実
しんしゅつ
浸出
滲出
しんしょ
信書
親書
しんしょく
侵食
浸食
しんしん
心身
心神
しんしん
津々
深々
森々
駸々
しんずい
心髄
真髄
神髄
しんどう
振動
震動
しんにゅう
侵入
浸入
しんにん
信任
親任
しんろ
進路
針路

す

すいしょう
推奨
推賞
推称

せ

せいいく
成育
生育
せいかく
正確
精確
せいき
正規
制規
せいぎょう
生業
正業
せいけい
整形
成形
せいこう
精巧
精好
せいこん
精根
精魂
せいさく
製作
制作
せいさん
清算
精算
せいじ
政治
政事
せいじょう
性状
性情
せいそう
正装
盛装
せいちょう
生長
成長
せいてん
青天
晴天
せいとう
正当
正統
せじょう
世上

世情
せっきょう
説教
説経
せっせい
摂生
節制
せんせい
専制
専政
せんゆう
占有
専有

そ

そう
沿う
添う
そうらん
争乱
騒乱
そかく
阻隔
疏隔
そくせい
促成
速成
即製
そくだん
即断
速断
そびょう
素描
粗描

た

たいけい
体系
大系
たいしょう
対照
対象
対称
たいせい
体制
態勢
体勢
たいひ
退避
待避
たえる
耐える
堪える
たたから
戦う
闘う
たつ
断つ
絶つ
裁つ
たてる
立てる
建てる
たま
玉
球
弾
たんきゅう
探求
探究

ち

ちょうしゅう
徴集
徴収
ちょうせい
調整
調製
ちょっかん
直感
直観
ちょめい
著名
著明
ちんせい
鎮静
沈静
ちんつう
沈痛
鎮痛

つ

ついきゅう
追究
追求
追及
つかう
使う
遣う
つぐ
次ぐ
継ぐ
接ぐ
つける
付ける
着ける
就ける
つつしむ
慎む
謹む
つとめる
努める
勤める
務める

て

ていけい
定型
定形
ていし
停止
底止
てきかく
的確
適格
てきせい
適正
適性
てんか
転化
転嫁
てんせい
転生
転成
でんどう
伝導
伝動

と

どうけい
同形
同型
どうし
同士
同志
とく
解く
溶く
とくしゅ
特殊
特種
ととのえる
整える
調える
とぶ
飛ぶ
跳ぶ
とめる
止める
留める
泊める
とる
取る
採る
捕る
執る

撮る

な

なおす
直す
治す
なんぎ
難義
難儀

に

にくしん
肉身
肉親

ね

ねんき
年期
年季

の

のせる
乗せる
載せる
のばす
伸ばす
延ばす
のぼる
上る
登る
昇る

は

はいふ
配布
配付
はかる
図る
計る
測る
量る
はじめ
始め
初め
はなす
離す
放す
はやい
早い
速い
はんこう
反攻
反抗
はんざつ
煩雑
繁雑
はんめん
反面
半面

ひ

ひ
火
灯
ひうん
非運
悲運
ひかげ
日陰
日影
ひきのばし
引き延ばし
引き伸ばし
びしょう
微小
微少
ひっし
必至
必死
ひつよう
必要
必用
ひほう
秘方
秘法
ひぼし
日ぼし
干ぼし
ひょうき
表記
標記
ひょうけつ
表決
票決
評決
ひょうご
標語
評語
びょうたい
病体
病態

ふ

ふしょう
不祥
不詳
ふせつ
付設
敷設
ふたく
付託
負託
ふね
船
舟
ふやす
殖やす
増やす
ふよ
付与
賦与
ふよう
不用
不要
ふるう
振るう
奮う
震う
ぶんか
分化
分科

へ

へいこう
平行
並行
平衡
べつじょう
別条
別状
へんい
変移
変異
変位
へんざい
偏在
遍在
へんしゅう
編集
編修
へんせい
編成
編制

ほ

ほうおう
法王
法皇
ほうし
奉仕
奉伺
ほうじょう

豊穣
豊饒
ほしょう
保証
補償
保障

ま

まぜる
交ぜる
混ぜる
まち
町
街
まわり
回り
周り

み

みとう
未到
未踏
みる
見る
診る

む

むじょう
無情
無常
むそう
無想
夢想

め

めいかい
明快
明解
めいき
銘記
明記
めいげつ
名月
明月
もくれい
目礼
黙礼

や

やせい
野性
野生
やぶれる
破れる
敗れる
やわらかい
柔らかい
軟らかい

ゆ

ゆうぎ
遊技
遊戯
ゆうこう
有功
有効
ゆうし
勇姿
雄姿
ゆうせい
優性
優勢
ゆうと
雄図
雄途

よ

ようけん
要件
用件
ようご
養護
擁護
ようだん
要談
用談
ようち
要地
用地
よとく
余得
余徳
よむ
読む
詠む

り

りょうち
料地
領地
りょうよう
両用
両様

れ

れいぎ
礼義
礼儀
れんけい
連係
連携

わ

わかれる
分かれる
別れる
わずらう
煩う
患う

4. 同字異音의 漢字

あ

愛敬
あいきょう
あいけい
相乗
あいのり
そうじょう
赤子
あかご
せきし
悪性
あくしょう
あくせい
飛鳥
あすか
ひちょう
悪口
あっく
あっこう
わるくち
洗髪
あらいがみ
せんぱつ

い

言伝
いいつたえ
げんでん
ことづて
生花
いけばな
せいか
一行
いちぎょう
いっこう
一見
いちげん
いっけん
一期
いちご
いっき
一時
いちじ
いっとき
ひととき
一定
いちじょう
いってい
一途
いちず
いっと
一段
いちだん
いったん
市場
いちば
しじょう
一番
いちばん
ひとつがい
一分
いちぶ
いちぶん
いっぷん
一歩
いちぶ
いっぽ
一文
いちぶん
いちもん
一目
いちもく
ひとめ
一間
いっかん
いっけん
ひとま
一寸
いっすん
ちょっと
一品
いっぴん
いっぽん
一方
いっぽう
ひとかた
色紙
いろがみ
しきし

う

有為
うい
ゆうい
魚
うお
さかな
憂世
うきよ
ゆうせい
牛
うし
ぎゅう
大人
うし
おとな
たいじん
有情
うし(じ)ょう
ゆうじょう
後手
うしろで
ごて
上手
うわて
かみて
じょうず

お

黄土
おうど
こうど
大切
おおぎり
たいせつ
大事
おおごと
だいじ
大家
おおや
たいか
たいけ
大業
おおわざ
たいぎょう
伯父
おじ
はくふ
叔父
おじ

しゅくふ
御供
おそなえ
おとも
落着
おちつき
らくちゃく
自ら
おのずから
みずから
伯母
おば
はくぼ
叔母
おば
しゅくぼ

か

開眼
かいがん
かいげん
下種
かしゅ
げす
片言
かたこと
へんげん
下品
かひん
げひん
げぼん
上方
かみがた
じょうほう
空手
からて
くうしゅ
堪能
かんのう
たんのう
香ばしい
かんばしい
こうばしい

き

木馬
きうま
もくば
気骨
きこつ
きぼね
逆手
ぎゃくて
さかて
香車
きょうしゃ
こうしゃ
経典
きょうてん
けいてん
強力
きょうりょく
ごうりき
勤行
きんこう
ごんぎょう

く

工夫
くふう
こうふ

け

現場
げんじょう
げんば

こ

好事
こうじ
こうず
後生
こうせい
ごしょう
後世
こうせい
ごせ
高潮
こうちょう
たかしお
戸口
ここう
とぐち
骨
こつ
ほね
小人
こども
こびと
しょうじん
独楽
こま
どくらく
声色
こわいろ
せいしょく

さ

在郷
ざいきょう
ざいごう
再建
さいけん
さいこん
最中
さいちゅう
もなか
座頭
ざがしら
ざとう
月代
さかやき
つきしろ
作物
さくぶつ
さくもつ
さくもの
つくりもの
作文
さくぶん
さくもん
雑色
ざっしき
ざっしょく
ぞうしき
新地
さらち
しんち

し

時雨
じう
しぐれ
自重
じじゅう
じちょう
死水
しすい
しにみず
下手
したて
しもて
へた
七宝
しちほう
しっぽう
十分
じっぷん
じゅうぶん
地味
じみ
ちみ
霜降
しもふり
そうこう

祝詞
しゅくし
のりと
手札
しゅさつ
てふだ
入水
じゅすい
にゅうすい
手練
しゅれん
てれん
正座
しょうざ
せいざ
上人
しょうにん
じょうにん
上品
じょうひん
じょうぼん
正味
しょうみ
せいみ
白首
しらくび
しろくび
白金
しろがね
はっきん
人気
じんき
にんき
ひとけ
ひとげ
人事
じんじ
ひとごと
心中
しんじゅう
しんちゅう
身上
しんしょう
しんじょう
みのうえ
深情
しんじょう
ふかなさけ
新生
しんせい
にいばえ
身代
しんだい
みがわり
みのしろ
新道
しんどう
しんみち

す

水気
すいき
みずけ
数奇
すうき
すき
素性
すじょう
そせい

せ

成立
せいりつ
なりたち
前頭
ぜんとう
まえがしら

そ

造作
ぞうさ
ぞうさく

た

立食
たちぐい
りっしょく

ち

中間
ちゅうかん
ちゅうげん
中品
ちゅうひん
ちゅうぼん
中立
ちゅうりつ
なかだち
手水
ちょうず
てみず
長刀
ちょうとう
なぎなた

つ

追従
ついじゅう
ついしょう
土筆
つくし
どひつ
爪弾
つまはじき
つまびき
つめびき

て

手取
てとり
てどり
出船
でぶね
でふね

と

特種
とくしゅ
とくだね
読書
どくしょ
よみかき
読本
とくほん
よみほん
土産
どさん
みやげ
捕手
とりて
ほしゅ
豚
とん
ぶた

な

名代
なだい
みょうだい
名主
なぬし
みょうしゅ
めいしゅ

に

肉食
にくじき
にくしょく
二世
にせ
にせい
人形

にんぎょう
ひとがた

は

博士
はかせ
はくし
白衣
はくい
びゃくえ
半月
はんげつ
はんつき
万歳
ばんざい
まんざい

ひ

百姓
ひゃくしょう
ひゃくせい
評定
ひょうじょう
ひょうてい
平地
ひらち
へいち

ふ

奉行
ぶぎょう

無性
ぶしょう
むしょう
むせい
付属
ふしょく
ふぞく
仏語
ふつご
ぶつご
仏法
ふつほう
ぶっぽう
文書
ぶんしょ
もんじょ

へ

変化
へんか
へんげ

ま

枕草子
まくらぞうし
まくらのそうし
末期
まっき
まつご

み

明朝
みょうちょう
みんちょう

め

面子
めんこ
めんつ

や

夜業
やぎょう
よなべ
山川
やまかわ
やまがわ

よ

横手
よこて
よこで

ら

来日
らいじつ
らいにち
礼拝
らいはい
れいはい
落書
らくがき
らくしょ

り

利益
りえき
りやく

5. 四字成句

あ

合縁奇縁　あいえんきえん
相碁井目　あいごせいもく
愛別離苦　あいべつりく
曖昧模糊　あいまいもこ
悪戦苦闘　あくせんくとう
悪木盗泉　あくぼくとうせん
阿鼻叫喚　あびきょうかん
蛙鳴蝉騒　あめいぜんそう
阿諛追従　あゆついしょう
安心立命　あんしんりつめい
暗中飛躍　あんちゅうひやく
暗中模索　あんちゅうもさく

い

唯唯諾諾　いいだくだく
意気軒昂　いきけんこう
意気消沈　いきしょうちん
意気衝天　いきしょうてん
意気阻喪　いきそそう
意気投合　いきとうごう
意気揚揚　いきようよう
異曲同工　いきょくどうこう
異口同音　いくどうおん
以心伝心　いしんでんしん
一意専心　いちいせんしん
一衣帯水　いちいたいすい
一言一行　いちげんいっこう
一言居士　いちげんこじ
一期一会　いちごいちえ
一言半句　いちごんはんく
一字千金　いちじせんきん
一日千秋　いちじつせんしゅう
一念発起　いちねんほっき
一部始終　いちぶしじゅう
一望千里　いちぼうせんり
一味徒党　いちみととう
一網打尽　いちもうだじん
一目瞭然　いちもくりょうぜん
一陽来復　いちようらいふく
一粒万倍　いちりゅうまんばい
一蓮托生　いちれんたくしょう
一攫千金　いっかくせんきん
一喜一憂　いっきいちゆう
一気呵成　いっきかせい
一騎当千　いっきとうせん
一挙両得　いっきょりょうとく
一口両舌　いっこうりょうぜつ
一刻千金　いっこくせんきん
一子相伝　いっしそうでん
一視同仁　いっしどうじん
一瀉千里　いっしゃせんり
一触即発　いっしょくそくはつ
一生懸命　いっしょけんめい
一心同体　いっしんどうたい
一心不乱　いっしんふらん
一心万宝　いっしんまんぽう
一石二鳥　いっせきにちょう
一殺多生　いっせつたしょう
一知半解　いっちはんかい
一張一弛　いっちょういっし
一朝一夕　いっちょういっせき
一長一短　いっちょういったん
一擲千金　いってきせんきん
一刀両断　いっとうりょうだん
一得一失　いっとくいっしつ
一顰一笑　いっぴんいっしょう
意馬心猿　いばしんえん
萎靡沈滞　いびちんたい
意味深長　いみしんちょう

因果応報　いんがおうほう
慇懃無礼　いんぎんぶれい
因循姑息　いんじゅんこそく
隠忍自重　いんにんじちょう

う

有為転変　ういてんぺん
羽化登仙　うかとうせん
右顧左眄　うこさべん
有象無象　うぞうむぞう
内股膏薬　うちまたごうやく
烏兎匆匆　うとそうそう
海千山千　うみせんやません
紆余曲折　うよきょくせつ
雲烟飛動　うんえんひどう
雲散霧消　うんさんむしょう
雲集霧散　うんしゅうむさん
雲泥万里　うんでいばんり
運否天賦　うんぷてんぷ

え

栄枯盛衰　えいこせいすい
英明果断　えいめいかだん
英明豁達　えいめいかったつ
益者三友　えきしゃさんゆう
会者定離　えしゃじょうり
遠交近攻　えんこうきんこう
円孔方木　えんこうほうもく
円転滑脱　えんてんかつだつ
円木警枕　えんぼくけいちん

お

横行闊歩　おうこうかっぽ
往事茫茫　おうじぼうぼう
岡目八目　おかめはちもく
温故知新　おんこちしん
音吐朗朗　おんとろうろう
厭離穢土　おんりえど

か

鎧袖一触　がいしゅういっしょく
外柔内剛　がいじゅうないごう
快刀乱麻　かいとうらんま
偕老同穴　かいろうどうけつ
下学上達　かがくじょうたつ
格物致知　かくぶつちち
臥薪嘗胆　がしんしょうたん
佳人薄命　かじんはくめい
花鳥風月　かちょうふうげつ
隔靴掻痒　かっかそうよう
合従連衡　がっしょうれんこう
我田引水　がでんいんすい
画竜点睛　がりょうてんせい
苛斂誅求　かれんちゅうきゅう
夏炉冬扇　かろとうせん
鰥寡孤独　かんかこどく
轗軻不遇　かんかふぐう
侃侃諤諤　かんかんがくがく
汗牛充棟　かんぎゅうじゅうとう
換骨奪胎　かんこつだったい
癇癪貧乏　かんしゃくびんぼう
勧善懲悪　かんぜんちょうあく
艱難辛苦　かんなんしんく
頑迷固陋　がんめいころう
閑話休題　かんわきゅうだい

き

気炎万丈　きえんばんじょう
危機一髪　ききいっぱつ
奇奇怪怪　ききかいかい
規矩準縄　きくじゅんじょう
奇策縦横　きさくじゅうおう
起死回生　きしかいせい
旗幟鮮明　きしせんめい
起承転結　きしょうてんけつ
喜色満面　きしょくまんめん
疑心暗鬼　ぎしんあんき
奇想天外　きそうてんがい

気息奄奄　きそくえんえん
喜怒哀楽　きどあいらく
牛飲馬食　ぎゅういんばしょく
旧態依然　きゅうたいいぜん
急転直下　きゅうてんちょっか
朽木糞牆　きゅうぼくふんしょう
行住坐臥　ぎょうじゅうざが
拱手傍観　きょうしゅぼうかん
協心戮力　きょうしんりくりょく
驚天動地　きょうてんどうち
狂瀾怒濤　きょうらんどとう
虚虚実実　きょきょじつじつ
曲学阿世　きょくがくあせい
旭日昇天　きょくじつしょうてん
玉石混淆　ぎょくせきこんこう
虚心坦懐　きょしんたんかい
毀誉褒貶　きよほうへん
金科玉条　きんかぎょくじょう
欣喜雀躍　きんきじゃくやく
緊褌一番　きんこんいちばん
金枝玉葉　きんしぎょくよう
禽獣夷狄　きんじゅういてき
金城鉄壁　きんじょうてっぺき
金城湯池　きんじょうとうち
金声玉振　きんせいぎょくしん

く

空前絶後　くうぜんぜつご
空中楼閣　くうちゅうろうかく
苦海十年　くかいじゅうねん
苦髪楽爪　くがみらくづめ
苦心惨胆　くしんさんたん

け

軽挙妄動　けいきょもうどう
軽佻浮薄　けいちょうふはく
鶏鳴狗盗　けいめいくとう
戯作三昧　げさくざんまい
外題学問　げだいがくもん
月下氷人　げっかひょうじん
牽強付会　けんきょうふかい
喧喧囂囂　けんけんごうごう
拳拳服膺　けんけんふくよう
言行一致　げんこういっち
乾坤一擲　けんこんいってき
堅忍不抜　けんにんふばつ
権謀術数　けんぼうじゅっすう

こ

行雲流水　こううんりゅうすい
厚顔無恥　こうがんむち
剛毅木訥　ごうきぼくとつ
巧言令色　こうげんれいしょく
口耳四寸　こうじしすん
公序良俗　こうじょりょうぞく
広大無辺　こうだいむへん
黄道吉日　こうどうきちにち
荒唐無稽　こうとうむけい
好評嘖嘖　こうひょうさくさく
光風霽月　こうふうせいげつ
公平無私　こうへいむし
豪放磊落　ごうほうらいらく
甲論乙駁　こうろんおつばく
高論卓説　こうろんたくせつ
呉越同舟　ごえつどうしゅう
古往今来　こおうこんらい
狐疑逡巡　こぎしゅんじゅん
国士無双　こくしむそう
孤軍奮闘　こぐんふんとう
古今無双　ここんむそう
虎視眈眈　こしたんたん
孤城落日　こじょうらくじつ
古色蒼然　こしょくそうぜん
故事来歴　こじらいれき
碁勢弓力　ごせいゆみぢから
五臓六腑　ごぞうろっぷ
誇大妄想　こだいもうそう
炬燵水練　こたつすいれん
炬燵弁慶　こたつべんけい
五風十雨　ごふうじゅうう
孤立無援　こりつむえん

五里霧中　ごりむちゅう
欣求浄土　ごんぐじょうど
金剛不壊　こんごうふえ
言語道断　ごんごどうだん

さ

才気煥発　さいきかんぱつ
才子多病　さいしたびょう
才色兼備　さいしょくけんび
里腹三日　さとばらみっか
三寒四温　さんかんしおん
三三五五　さんさんごご
山紫水明　さんしすいめい
三拝九拝　さんぱいきゅうはい
三位一体　さんみいったい
三面六臂　さんめんろっぴ

し

思案投首　しあんなげくび
四海兄弟　しかいけいてい
自画自賛　じがじさん
自家撞着　じかどうちゃく
時期尚早　じきしょうそう
色即是空　しきそくぜくう
自給自足　じきゅうじそく
四苦八苦　しくはっく
舳艫千里　じくろせんり
自業自得　じごうじとく
獅子奮迅　ししふんじん
自然淘汰　しぜんとうた
時代錯誤　じだいさくご
七転八起　しちてんはっき
質実剛健　しつじつごうけん
実践躬行　じっせんきゅうこう
七転八倒　しってんばっとう
疾風迅雷　しっぷうじんらい
櫛風沐雨　しっぷうもくう
四分五裂　しぶんごれつ
自暴自棄　じぼうじき
揣摩臆測　しまおくそく
四面楚歌　しめんそか
自問自答　じもんじとう
弱肉強食　じゃくにくきょうしょく
縦横無尽　じゅうおうむじん
周章狼狽　しゅうしょうろうばい
秋霜烈日　しゅうそうれつじつ
十人十色　じゅうにんといろ
十年一日　じゅうねんいちじつ
主客転倒　しゅかくてんとう
熟読玩味　じゅくどくがんみ
熟慮断行　じゅくりょだんこう
取捨選択　しゅしゃせんたく
衆生済度　しゅじょうさいど
首鼠両端　しゅそりょうたん
酒池肉林　しゅちにくりん
首尾一貫　しゅびいっかん
春日遅遅　しゅんじつちち
純真可憐　じゅんしんかれん
春風駘蕩　しゅんぷうたいとう
醇風美俗　じゅんぷうびぞく
順風満帆　じゅんぷうまんぱん
盛者必衰　じょうしゃひっすい
生者必滅　しょうじゃひつめつ
精進潔斎　しょうじんけっさい
小心翼翼　しょうしんよくよく
枝葉末節　しようまっせつ
諸行無常　しょぎょうむじょう
諸説紛紛　しょせつふんぷん
白河夜舟　しらかわよふね
支離滅裂　しりめつれつ
思慮分別　しりょふんべつ
神韻縹渺　しんいんひょうびょう
心機一転　しんきいってん
深山幽谷　しんざんゆうこく
人事不省　じんじふせい
唇歯輔車　しんしほしゃ
神出鬼没　しんしゅつきぼつ
信賞必罰　しんしょうひつばつ
針小棒大　しんしょうぼうだい
新進気鋭　しんしんきえい
身辺座右　しんぺんざう
深謀遠慮　しんぼうえんりょ
人面獣心　じんめんじゅうしん
森羅万象　しんらばんしょう

す

酔生夢死　すいせいむし
頭寒足熱　ずかんそくねつ
寸進尺退　すんしんしゃくたい
寸善尺魔　すんぜんしゃくま
寸馬豆人　すんばとうじん

せ

晴耕雨読　せいこううどく
盛衰興亡　せいすいこうぼう
贅沢三昧　ぜいたくざんまい
青天白日　せいてんはくじつ
清風明月　せいふうめいげつ
精励恪勤　せいれいかっきん
清廉潔白　せいれんけっぱく
是是非非　ぜぜひひ
切磋琢磨　せっさたくま
切歯扼腕　せっしやくわん
絶体絶命　ぜったいぜつめい
是非曲直　ぜひきょくちょく
浅学菲才　せんがくひさい
千客万来　せんきゃくばんらい
千軍万馬　せんぐんばんば
前後不覚　ぜんごふかく
千載一遇　せんざいいちぐう
千差万別　せんさばんべつ
千紫万紅　せんしばんこう
千辛万苦　せんしんばんく
戦戦兢兢　せんせんきょうきょう
前代未聞　ぜんだいみもん
千篇一律　せんぺんいちりつ
千変万化　せんぺんばんか
先憂後楽　せんゆうこうらく
千理一跳　せんりひとはね

そ

粗衣粗食　そいそしょく
造次顚沛　ぞうじてんぱい
即身成仏　そくしんじょうぶつ
率先躬行　そっせんきゅうこう
率先垂範　そっせんすいはん
樽俎折衝　そんそせっしょう

た

大廈高楼　たいかこうろう
大器小用　たいきしょうよう
大器晩成　たいきばんせい
大義名分　たいぎめいぶん
大言壮語　たいげんそうご
泰山北斗　たいざんほくと
泰然自若　たいぜんじじゃく
大胆不敵　だいたんふてき
大同小異　だいどうしょうい
大同団結　だいどうだんけつ
多岐亡羊　たきぼうよう
多士済済　たしせいせい
他力本願　たりきほんがん
胆大心小　たんだいしんしょう
単刀直入　たんとうちょくにゅう
談論風発　だんろんふうはつ

ち

知足安分　ちそくあんぶん
魑魅魍魎　ちみもうりょう
朝三暮四　ちょうさんぼし
長者三代　ちょうじゃさんだい
彫心鏤骨　ちょうしんるこつ
打打発止　ちょうちょうはっし
長汀曲浦　ちょうていきょくほ
朝令暮改　ちょうれいぼかい
直情径行　ちょくじょうけいこう
直截簡明　ちょくせつかんめい
猪突猛進　ちょとつもうしん
治乱興亡　ちらんこうぼう
沈思黙考　ちんしもっこう

て

適材適所　てきざいてきしょ

鉄心石腸　てっしんせきちょう
徹頭徹尾　てっとうてつび
手練手管　てれんてくだ
天衣無縫　てんいむほう
天空海闊　てんくうかいかつ
電光石火　でんこうせっか
天災地変　てんさいちへん
天神地祇　てんしんちぎ
天真爛漫　てんしんらんまん
輾転反側　てんてんはんそく
天罰覿面　てんばつてきめん
田夫野人　でんぷやじん
天変地異　てんぺんちい
天佑神助　てんゆうしんじょ

と

当意即妙　とういそくみょう
陶犬瓦鶏　とうけんがけい
同工異曲　どうこういきょく
同床異夢　どうしょういむ
道聴塗説　どうちょうとせつ
東奔西走　とうほんせいそう
読書三到　どくしょさんとう
読書亡羊　どくしょぼうよう
独立自尊　どくりつじそん
独立独歩　どくりつどっぽ
徒手空拳　としゅくうけん

な

内憂外患　ないゆうがいかん
南船北馬　なんせんほくば

に

二河白道　にがびゃくどう
肉食妻帯　にくじきさいたい
二束三文　にそくさんもん
日進月歩　にっしんげっぽ
如是我聞　にょぜがもん
二律背反　にりつはいはん
二六時中　にろくじちゅう

ぬ

盗人上戸　ぬすびとじょうご
拈華微笑　ねんげみしょう

は

杯盤狼藉　はいばんろうぜき
馬鹿果報　ばかかほう
破顔一笑　はがんいっしょう
博引旁証　はくいんぼうしょう
薄志弱行　はくしじゃっこう
博覧強記　はくらんきょうき
馬耳東風　ばじとうふう
破邪顕正　はじゃけんしょう
八面玲瓏　はちめんれいろう
八面六臂　はちめんろっぴ
抜山蓋世　ばつざんがいせい
八宗兼学　はっしゅうけんがく
八方美人　はっぽうびじん
抜本塞源　ばっぽんそくげん
撥乱反正　はつらんはんせい
鼻先思案　はなさきじあん
波瀾万丈　はらんばんじょう
反間苦肉　はんかんくにく
盤根錯節　ばんこんさくせつ
半信半疑　はんしんはんぎ
万世不易　ばんせいふえき
繁文縟礼　はんぶんじょくれい
万里同風　ばんりどうふう

ひ

悲歌慷慨　ひかこうがい
比肩随踵　ひけんずいしょう
飛耳長目　ひじちょうもく
美辞麗句　びじれいく
美人薄命　びじんはくめい
悲憤慷慨　ひふんこうがい
百人百様　ひゃくにんひゃくよう
百家争鳴　ひゃっかそうめい
百花繚乱　ひゃっかりょうらん

百鬼夜行　ひゃっきやこう
表裏一体　ひょうりいったい
品行方正　ひんこうほうせい

ふ

風紀紊乱　ふうきびんらん
風光明媚　ふうこうめいび
風声鶴唳　ふうせいかくれい
不易流行　ふえきりゅうこう
不倶戴天　ふぐたいてん
不言実行　ふげんじっこう
不惜身命　ふしゃくしんみょう
夫唱婦随　ふしょうふずい
不即不離　ふそくふり
二股膏薬　ふたまたごうやく
不撓不屈　ふとうふくつ
不得要領　ふとくようりょう
不偏不党　ふへんふとう
武陵桃源　ぶりょうとうげん
附和雷同　ふわらいどう
粉骨砕身　ふんこつさいしん
焚書坑儒　ふんしょこうじゅ
文人墨客　ぶんじんぼっかく

へ

弊衣破帽　へいいはぼう
平身低頭　へいしんていとう
兵馬倥偬　へいばこうそう
片言隻語　へんげんせきご

ほ

砲煙弾雨　ほうえんだんう
判官贔屓　ほうがんびいき
暴虎馮河　ぼうこひょうが
傍若無人　ぼうじゃくぶじん
飽食暖衣　ほうしょくだんい
茫然自失　ぼうぜんじしつ
鵬程万里　ほうていばんり
捧腹絶倒　ほうふくぜっとう
泡沫夢幻　ほうまつむげん
奔放不羈　ほんぽうふき
本末顛倒　ほんまつてんとう
本屋学問　ほんやがくもん

ま

満身創痍　まんしんそうい
満目蕭条　まんもくしょうじょう
三日天下　みっかてんか
三日坊主　みっかぼうず
未来永劫　みらいえいごう

む

無為自然　むいしぜん
無学文盲　むがくもんもう
無我夢中　むがむちゅう
無常迅速　むじょうじんそく
無知蒙昧　むちもうまい
無二無三　むにむさん
無味乾燥　むみかんそう
無欲恬淡　むよくてんたん

め

明鏡止水　めいきょうしすい
明窓浄机　めいそうじょうき
明哲保身　めいてつほしん
明眸皓歯　めいぼうこうし
面従腹背　めんじゅうふくはい

も

孟母三遷　もうぼさんせん
孟母断機　もうぼだんき
物臭道心　ものぐさどうしん
門戸開放　もんこかいほう
門前雀羅　もんぜんじゃくら

や

薬罐信心　やかんしんじん

夜郎自大　やろうじだい

ゆ

唯我独尊　ゆいがどくそん
勇往邁進　ゆうおうまいしん
優柔不断　ゆうじゅうふだん
優勝劣敗　ゆうしょうれっぱい
有職故実　ゆうそくこじつ
有名無実　ゆうめいむじつ
悠悠自適　ゆうゆうじてき
油断大敵　ゆだんたいてき
弓矢八幡　ゆみやはちまん

よ

余韻嫋嫋　よいんじょうじょう
用意周到　よういしゅうとう
羊頭狗肉　ようとうくにく
夜声八町　よごえはっちょう
余裕綽綽　よゆうしゃくしゃく

ら

楽髪苦爪　らくがみくづめ
落花流水　らっかりゅうすい
落花狼藉　らっかろうぜき

り

理非曲直　りひきょくちょく
柳暗花明　りゅうあんかめい
流汗淋漓　りゅうかんりんり
流言飛語　りゅうげんひご
竜頭蛇尾　りゅうとうだび
粒粒辛苦　りゅうりゅうしんく
流連荒亡　りゅうれんこうぼう
良知良能　りょうちりょうのう
良風美俗　りょうふうびぞく
臨機応変　りんきおうへん

ろ

老驥伏櫪　ろうきふくれき
老少不定　ろうしょうふじょう
老若男女　ろうにゃくなんにょ
老婆親切　ろうばしんせつ
六根清浄　ろっこんしょうじょう
論功行賞　ろんこうこうしょう

わ

和気藹藹　わきあいあい
和光同塵　わこうどうじん
和魂洋才　わこんようさい
和洋折衷　わようせっちゅう

6. 日本姓 읽기

※ 日本人의 姓 가운데 代表的인 것을 들어둔다.

ㄱ

加納 かのう
加島 かじま
加藤 かとう
加茂 かも
歌川 うたがわ
角谷 かくたに
角屋 かどや
角田 つのだ
間宮 まみや
葛飾 かつしか
甲野 こうの
江見 えみ
江崎 えざき
岡崎 おかざき
江島 えじま
江藤 えとう
岡本 おかもと
岡田 おかだ
岡井 おかい
岡倉 おかくら
江川 えがわ
皆川 みながわ
建部 たけべ
犬養 いぬかい
犬塚 いぬづか
結城 ゆうき
鎌田 かまた
景山 かげやま
桂 かつら
堺 さかい
高見 たかみ
古谷 ふるや
高橋 たかはし
高崎 たかさき
高島 たかしま
高柳 たかやぎ
高木 たかぎ
高峰 たかみね
高浜 たかはま
高山 たかやま
古山 ふるやま
高杉 たかすぎ
高桑 たかくわ
古西 ふるにし
高野 たかの
古田 ふるた
古井 ふるい
高倉 たかくら
古川 ふるかわ
高村 たかむら
高平 たかひら
古賀 こが
谷崎 たにざき
谷川 たにがわ
工藤 くどう
菅江 すがえ
関谷 せきや
関根 せきね
関野 せきの
菅原 すがわら
広瀬 ひろせ
光明 こうみょう
広田 ひろた
広津 ひろつ
橋本 はしもと
橋爪 はしづめ
溝口 みぞぐち
久米 くめ
久保田 くぼた
鳩山 はとやま
亀山 かめやま
久我 くが
久野 くの
九条 くじょう
久坂 くさか
久板 ひさいた
国広 くにひろ
国本 くにもと
国松 くにまつ
国安 くにやす
菊田 きくた
菊池 きくち
堀口 ほりぐち
堀内 ほりうち
堀部 ほりべ
堀越 ほりこし
堀田 ほった
宮崎 みやざき
宮代 みやしろ
宮島 みやじま
宮本 みやもと
宮城 みやぎ
宮地 みやじ
宮川 みやがわ
宮沢 みやざわ
近藤 こんどう
近松 ちかまつ
根岸 ねぎし
近衛 このえ
及川 おいかわ
金原 きんばら
金子 かねこ
今井 いまい
金井 かない
今川 いまがわ
磯貝 いそがい

吉江　よしえ
吉岡　よしおか
吉本　よしもと
吉野　よしの
吉屋　よしや
吉田　よしだ
吉井　よしい
吉川　よしかわ
吉村　よしむら
吉行　よしゆき

ㄴ

南　みなみ
南方　みなかた
南雲　なぐも
南原　なんばら
南田　みなみだ
楠田　くすだ
楠川　くすかわ
南村　みなみむら
内藤　ないとう
内山　うちやま
内野　うちの
内田　うちだ
内川　うちかわ
内村　うちむら
内海　うつみ

ㄷ

丹野　たんの
丹羽　にわ
唐沢　からさわ
大江　おおえ
大岡　おおおか
大久保　おおくぼ
大内　おおうち
大島　おおしま
大林　おおばやし
大木　おおき
大山　おおやま
大森　おおもり
大杉　おおすぎ
大石　おおいし
大野　おおの
大塩　おおしお
大隈　おおくま
大友　おおとも
大原　おおはら
代田　しろた
大田　おおた
大庭　おおば
大町　おおまち
大井　おおい
待井　まちい
大鳥　おおとり
大竹　おおたけ
大津　おおつ
大倉　おおくら
大村　おおむら
大宅　おおや
大平　おおひら
徳田　とくだ
徳川　とくがわ
島崎　しまざき
島尾　しまお
渡辺　わたなべ
稲垣　いながき
島田　しまだ
島井　しまい
嶋中　しまなか
島地　しまじ
島津　しまづ
稲村　いなむら
島村　しまむら
都筑　つづき
東　あずま
東　ひがし
棟方　むなかた
桐本　きりもと
桐山　きりやま
東条　とうじょう
東郷　とうごう
藤岡　ふじおか
藤島　ふじしま
藤本　ふじもと
藤山　ふじやま
藤森　ふじもり
藤原　ふじわら
藤田　ふじた
藤村　ふじむら
藤沢　ふじさわ

ㄹ

落合　おちあい
梁川　やながわ
恋川　こいかわ
鈴木　すずき
鹿島　かしま
滝田　たきた
滝井　たきい
滝川　たきがわ
滝沢　たきざわ
瀬戸　せと
柳　やなぎ
柳瀬　やなせ
柳生　やぎゅう
柳原　やなぎはら
柳田　やなぎだ
柳井　やない
柳川　やながわ
柳沢　やなぎさわ
菱川　ひしかわ
里見　さとみ
梨本　なしもと
里村　さとむら
林　はやし
立石　たていし
立松　たてまつ
立原　たちはら
笠原　かさはら
笠井　かさい
立川　たちかわ
立沢　たつざわ
立花　たちばな

口

麻生 あそう
馬場 ばば
麻田 あさだ
末広 すえひろ
末松 すえまつ
末次 すえつぐ
望月 もちづき
梅崎 うめざき
梅原 うめはら
梅田 うめだ
梅川 うめがわ
梅沢 うめざわ
綿貫 わたぬき
明石 あかし
毛利 もうり
木谷 きたに
木暮 こぐれ
牧野 まきの
牧田 まきた
木村 きむら
木下 きのした
木戸 きど
武藤 むとう
武林 たけばやし
武富 たけとみ
茂原 しげはら
武田 たけだ
茂村 しげむら
門脇 かどわき
尾谷 おたに
尾崎 おざき
美濃部 みのべ
梶山 かじやま
尾上 おのえ
梶原 かじわら
米田 よねだ
米倉 よねくら
尾形 おがた

ㅂ

芳賀 はが
飯尾 いいお
飯田 いいだ
飯塚 いいづか
百瀬 ももせ
白瀬 しらせ
柏木 かしわぎ
白石 しらいし
百田 ももた
白井 しらい
百井 ももい
白鳥 しらとり
白川 しらかわ
白河 しらかわ
別所 べっしょ
並木 なみき
並河 なみかわ
保坂 ほさか
伏見 ふしみ
福島 ふくしま
卜部 うらべ
服部 はっとり
福永 ふくなが
福田 ふくだ
福井 ふくい
福地 ふくち
福沢 ふくざわ
本間 ほんま
本岡 もとおか
本多 ほんだ
本木 もとき
本田 ほんだ
本村 もとむら
富岡 とみおか
副島 そえじま
富安 とみやす
富永 とみなが
富田 とみた
浮田 うきた
北里 きたざと
北原 きたはら
北園 きたぞの
北畠 きたばたけ
北条 ほうじょう
北川 きたがわ
北村 きたむら
北沢 きたざわ
飛田 とびた
比田 ひだ
肥田 ひだ
飛鳥 あすか
浜口 はまぐち
浜田 はまだ
浜村 はまむら
氷上 ひかみ

人

寺岡 てらおか
寺内 てらうち
司馬 しば
寺田 てらだ
寺村 てらむら
寺沢 てらさわ
山口 やまぐち
山崎 やまざき
山路 やまじ
山名 やまな
山本 やまもと
山田 やまだ
山川 やまかわ
山村 やまむら
山片 やまがた
山下 やました
山県 やまがた
山脇 やまわき
森 もり
三島 みしま
三輪 みわ
三木 みき
森本 もりもと
杉山 すぎやま
杉原 すぎはら
森田 もりた
三井 みつい
三条 さんじょう

三枝　さえぐさ
森川　もりかわ
三宅　みやけ
三浦　みうら
杉浦　すぎうら
三好　みよし
森戸　もりと
渋江　しぶえ
渋谷　しぶや
渋川　しぶかわ
渋沢　しぶさわ
上島　かみじま
相良　さがら
上司　かみつか
上杉　うえすぎ
相原　あいはら
上原　うえはら
上田　うえだ
上村　うえむら
生島　いくしま
生田　いくた
西尾　にしお
緒方　おがた
西山　にしやま
西田　にしだ
西条　さいじょう
西川　にしかわ
西村　にしむら
西郷　さいごう
西脇　にしわき
石橋　いしばし
石原　いしはら
石田　いしだ
石井　いしい
石川　いしかわ
石坂　いしざか
船田　ふなだ
成島　なるしま
成瀬　なるせ
星野　ほしの
成田　なりた
城戸　きど
細谷　ほそや

笹森　ささもり
細川　ほそかわ
小関　おぜき
小堀　こぼり
小宮　こみや
小磯　こいそ
小島　こじま
小林　こばやし
小杉　こすぎ
小西　こにし
小野　おの
小熊　おぐま
小田　おだ
小田原　おだわら
小池　こいけ
小倉　おぐら
小川　おがわ
小泉　こいずみ
小村　こむら
小出　こいで
小沢　おざわ
松岡　まつおか
松根　まつね
松尾　まつお
松方　まつかた
松本　まつもと
松永　まつなが
松隈　まつくま
松田　まつだ
松井　まつい
松村　まつむら
松平　まつだいら
松下　まつした
守谷　もりや
水谷　みずたに
水上　みながみ
水野　みずの
水原　みずはら
矢内　やない
矢島　やじま
矢部　やべ
矢野　やの
柴野　しばの

市場　いちば
柴田　しばた
時枝　ときえだ
矢倉　やぐら
市川　いちかわ
植木　うえき
植村　うえむら
神谷　かみや
神崎　かんざき
新島　にいじま
新美　にいみ
神保　じんぼう
新田　にった
神田　かんだ
新井　あらい
新村　しんむら
新浦　にいうら
神戸　こうべ
深田　ふかだ
深川　ふかがわ
深沢　ふかざわ
辻　つじ

○

児島　こじま
阿倍　あべ
阿部　あべ
児玉　こだま
我妻　あづま
岸　きし
安岡　やすおか
安達　あだち
安藤　あんどう
安倍　あべ
安本　やすもと
岸本　きしもと
安部　あべ
岸田　きしだ
安田　やすだ
安井　やすい
岩谷　いわや
岩崎　いわさき

岩野　いわの
岩永　いわなが
岩倉　いわくら
岩沢　いわざわ
岩波　いわなみ
桜田　さくらだ
野間　のま
野口　のぐち
野呂　のろ
野上　のがみ
野田　のだ
野中　のなか
野村　のむら
野沢　のざわ
若林　わかばやし
若山　わかやま
若松　わかまつ
塩谷　しおや
影山　かげやま
永井　ながい
奥寺　おくてら
奥山　おくやま
五十嵐　いがらし
奥田　おくだ
奥村　おくむら
羽生　はぶ
宇野　うの
羽田　はねだ
宇田川　うだがわ
宇佐美　うさみ
友枝　ともえだ
宇治　うじ
熊谷　くまがい
熊本　くまもと
熊田　くまだ
熊沢　くまざわ
原　はら
遠藤　えんどう
円山　まるやま
遠山　とおやま
園田　そのだ
元田　もとだ
原田　はらだ

有吉　ありよし
有島　ありしま
由利　ゆり
由井　ゆい
栗林　くりばやし
栗本　くりもと
栗山　くりやま
衣笠　きぬがさ
二見　ふたみ
二宮　にのみや
伊能　いのう
伊丹　いたみ
伊達　だて
伊東　いとう
伊藤　いとう
伊原　いはら
伊庭　いば
二条　にじょう
人見　ひとみ
仁田　にった
日高　ひだか
日笠　ひがさ
日比野　ひびの
日野　ひの
一条　いちじょう
入江　いりえ

ㅈ

長岡　ながおか
長谷川　はせがわ
長崎　ながさき
長門　ながと
長沼　ながぬま
長束　ながつか
長与　ながよ
長田　おさだ
長田　ながた
長井　ながい
長塚　ながつか
斎藤　さいとう
猪野　いの
赤城　あかぎ

赤沼　あかぬま
赤松　あかまつ
赤染　あかぞめ
田岡　たおか
田口　たぐち
田宮　たみや
田内　たうち
田代　たしろ
前島　まえじま
田辺　たなべ
田山　たやま
畠山　はたけやま
田沼　たぬま
田安　たやす
前野　まえの
畑野　はたの
田淵　たぶち
前原　まえばら
前田　まえだ
田中　たなか
前川　まえかわ
田村　たむら
鮎沢　あゆざわ
正岡　まさおか
井関　いぜき
井口　いぐち
正木　まさき
井本　いもと
井上　いのうえ
井原　いはら
町田　まちだ
正宗　まさむね
井出　いで
斉藤　さいとう
鳥居　とりい
篠崎　しのざき
朝永　ともなが
鳥羽　とば
朝倉　あさくら
早川　はやかわ
朝河　あさかわ
足立　あだち
足羽　あしば

足田　あしだ
佐久間　さくま
佐藤　さとう
佐伯　さえき
佐佐木　ささき
佐倉　さくら
住吉　すみよし
住友　すみとも
酒井　さかい
竹崎　たけざき
竹内　たけうち
竹本　たけもと
竹越　たけごし
竹田　たけだ
竹村　たけむら
竹沢　たけざわ
中岡　なかおか
中江　なかえ
中谷　なかや
重光　しげみつ
中島　なかじま
中里　なかざと
中林　なかばやし
中山　なかやま
中西　なかにし
中野　なかの
重野　しげの
中原　なかはら
重田　しげた
中田　なかだ
中井　なかい
中川　なかがわ
中村　なかむら
中塚　なかつか
仲沢　なかざわ
中河　なかがわ
曽根　そね
増田　ますだ
池尻　いけじり
池辺　いけべ
池田　いけだ
志筑　しづき
志賀　しが
直木　なおき
織本　おりもと
織田　おだ
真崎　まざき
真木　まき
真山　まやま
真船　まふね
真室　まむろ
津田　つだ
真田　さなだ

ㅊ

倉橋　くらはし
倉本　くらもと
倉田　くらた
泉　いずみ
浅見　あさみ
川鍋　かわなべ
川口　かわぐち
川崎　かわさき
川端　かわばた
川路　かわじ
川上　かわかみ
浅沼　あさぬま
天野　あまの
浅野　あさの
千葉　ちば
浅井　あさい
川合　かわい
清岡　きよおか
清島　きよしま
青柳　あおやぎ
青木　あおき
青山　あおやま
清水　しみず
青野　あおの
清元　きよもと
清原　きよはら
青地　あおち
清浦　きようら
村山　むらやま
村上　むらかみ
村石　むらいし
村野　むらの
村田　むらた
塚本　つかもと
推名　しいな
秋本　あきもと
秋山　あきやま
秋田　あきた
築地　つきぢ
春山　はるやま
春日　かすが
冲　おき
冲野　おきの

ㅌ

湯浅　ゆあさ
湯川　ゆかわ
太田　おおた
沢田　さわだ
土方　ひじかた
土屋　つちや
土井　つちい
土井　どい
土佐　とさ
樋口　ひぐち
筒井　つつい

ㅍ

坂口　さかぐち
坂内　ばんない
坂本　さかもと
板垣　いたがき
坂田　さかだ
板倉　いたくら
八木　やぎ
貝原　かいばら
片岡　かたおか
片桐　かたぎり
片山　かたやま
片上　かたがみ
坪内　つぼうち

平林　ひらばやし
平山　ひらやま
平沼　ひらぬま
平野　ひらの
平田　ひらた
坪田　つぼた
平井　ひらい
坪倉　つぼくら
平塚　ひらつか
平賀　ひらが
浦部　うらべ
浦上　うらがみ
浦野　うらの
浦田　うらた
豊谷　とよたに
豊島　とよしま
豊臣　とよとみ
豊永　とよなが
豊田　とよだ

하

下岡　しもおか
河内　かわち
下山　しもやま
河上　かわかみ
河野　こうの
下田　しもだ
河井　かわい
下条　しもじょう
河竹　かわたけ
下中　しもなか
下川　しもかわ
夏川　なつかわ
下村　しもむら
河村　かわむら
河合　かわい
海老原　えびはら
海上　うながみ
向井　むかい
香川　かがわ
戸田　とだ
和田　わだ
和泉　いずみ
丸岡　まるおか
丸谷　まるたに
丸木　まるき
丸茂　まるも
丸尾　まるお
丸山　まるやま
荒木　あらき
荒田　あらた
荒井　あらい
荒川　あらかわ
会田　あいだ
横江　よこえ
横光　よこみつ
横山　よこやま
横田　よこた
横井　よこい
横倉　よこくら
厚見　あつみ
後藤　ごとう
黒島　くろしま
黒木　くろき
黒部　くろべ
黒石　くろいし
黒岩　くろいわ
黒田　くろだ
黒川　くろかわ
黒沢　くろさわ

7. 획수로 찾기

※ 획수를 세는 데에 틀리기 쉬운 것은 두곳에 기입하였음.
例 : (免) 7 획과 8 획으로 잘못 세는 수가 있으므로 7 획순과 8 획순 두 곳에 나와 있음.

6획

7획

8획

10획

11획

13획

14획

15획

16획

仮名(かな)音訓索引

* 이 색인은 본문에 수록한 한자의 음훈을 현대 仮名표기법에 따라 五十音순으로 배열하여 page를 표시한 것이다.
* カタカナ는 音을, ひらがな는 訓을 나타낸 것이다.
* 같은 음인 경우에는 획수순으로 배열하였다.

【ア・あ】

【イ・い】

【ウ・う】

【エ・え】

【オ・お】

【カ・か】

【キ・き】

【ク・く】

【ケ・け】

【サ・さ】

【シ・し】

【ス・す】

【セ・せ】

【ソ・そ】

【タ・た】

【チ・ち】

【ツ・つ】

【ナ・な】

【ニ・に】

【ヌ・ぬ】

【ネ・ね】

【ノ・の】

【ハ・は】

【ヒ・ひ】

【フ・ふ】

【ホ・ほ】

【マ・ま】

【ミ・み】

【ム・む】

【メ・め】

【モ・も】

【ヤ・や】

【ユ・ゆ】

【ヨ・よ】

【ラ・ら】

【リ・り】

【ル・る】

【レ・れ】

【ロ・ろ】

【ワ・わ】

■ 著者의 著書紹介

- 김영진 日本語漢字 읽기辭典
- 김영진 日本語漢字 읽기 요령
- 김영진 日本漢字 마스터코스
- 김영진 日本語조사 조동사辭典
- 재미있는 김영진 일본어문법
- 김영진 생활일본어 첫걸음 ①②③
- 김영진 개인지도 독학 일본어문법 첫걸음

金榮振 日本語 漢字읽기辭典 정가 7,000원

1975년 10월 22일 초판 발행
1977년 8월 28일 개정증보판발행
1994년 4월 25일 중 쇄

저 자 金 榮 振
발행자 (주)진명출판사

서울 마포구 상수동 321-1 / ㊚ 121-160
☎ 338-6011 / FAX. 338-6017
등록 1994. 4. 4. 제 10-959호

*낙장본 파본은 교환해 드립니다.

진명출판사의 교재에 대한 독자의 의견을 구하고 있습니다. 오자나 탈자, 어색한 문장, 문제의 오답 등은 저희에게 소중한 자료가 될 것입니다. 저희 책에 도움이 될 좋은 의견이나 오류를 지적해서 보내주시면 진명클럽회원으로 모십니다.

- **통신판매 안내** 전화 · FAX · 우편 · 수문하시면 배달 증명으로 보내드리겠습니다.(주문 338-6011)
- **전화相談** 본사 교재내용(일어 · 중국어)에 관한, 문의가 있으면 근무시간에 전화 주십시오.(338-6011)

ISBN 89-8010-063-9

平仮名・ローマ字対照表

段／行	ア段		イ段		ウ段		エ段		オ段	
ア行	あ	a	い	i	う	u	え	e	お	o
か行	か	ka	き	ki	く	ku	け	ke	こ	ko
サ行	さ	sa	し	shi	す	su	せ	se	そ	so
タ行	た	ta	ち	chi	つ	tsu	て	te	と	to
ナ行	な	na	に	ni	ぬ	nu	ね	ne	の	no
ハ行	は	ha	ひ	hi	ふ	hu	へ	he	ほ	ho
マ行	ま	ma	み	mi	む	mu	め	me	も	mo
ヤ行	や	ya			ゆ	yu			よ	yo
ラ行	ら	ra	り	ri	る	ru	れ	re	ろ	ro
ワ行	わ	wa							を	o
ガ行	が	ga	ぎ	gi	ぐ	gu	げ	ge	ご	go
ザ行	ざ	za	じ	ji	ず	zu	ぜ	ze	ぞ	zo
ダ行	だ	da	ぢ	ji	づ	zu	で	de	ど	do
バ行	ば	ba	び	bi	ぶ	bu	べ	be	ぼ	bo
パ行	ぱ	pa	ぴ	pi	ぷ	pu	ぺ	pe	ぽ	po